최후의 천조(天朝)

모택동 · 김일성 시대의 중국과 북한

이 책은 관훈클럽 신영연구기금의 지원을 받아 번역·출판되었습니다.

최후의 천조(天朝)

모택동·김일성 시대의 중국과 북한

초판 1쇄 발행 2017년 5월 25일

지은이	션즈화(沈志華)
옮긴이	김동길(金東吉)·김민철(金旻徹)·김규범(金珪範)
펴낸이	윤관백
펴낸곳	도서출판 선인

등 록	제5-77호(1998.11.4)
주 소	서울시 마포구 마포대로 4다길 4(마포동 324-1) 곳마루 B/D 1층
전 화	02)718-6252 / 6257
팩 스	02)718-6253
E-mail	sunin72@chol.com

정가 80,000원
ISBN 979-11-6068-047-8 93910

· 잘못된 책은 바꿔 드립니다.
· www.suninbook.com

최후의 천조(天朝)

모택동 · 김일성 시대의 중국과 북한

션즈화 지음

김동길 · 김민철 · 김규범 옮김

본인의 졸저『최후의 천조』한국어판이 마침내 출판된 것을 매우 기쁘게 생각합니다. 본서에서 토론한 주제들에 대한 한국의 연구자들과 독자들의 관심이, 중국인 못지않은 것으로 알고 있습니다. 이 때문에, 저는 이번 출판을 더욱 기쁘고 영광스럽게 생각합니다. 바로 이점이 본 저서의 영문판, 일본어판과는 달리 특별히 한국어판에 서문을 준비하게 된 이유입니다.

　본문에서 토론한 내용에서 언급된 중조관계 역사는 대체로 한국인들이 큰 관심을 가지고 있는 주제이며, 필자 역시 한국의 독자들과 견해를 나누고 싶었던 주제들입니다.

1. 중국이 출병하여 조선을 지원한 동기

　혁명당의 영수로서 모택동은 무력 수단을 통한 정권탈취와 조선반도의 통일 방안을 원칙적으로 지지하였습니다. 그러나 중국혁명과 통일이 아직 완전히 성공하지 못한 상황에서, 모택동은 사실상 스탈린과 김일성의 전쟁 계획을 찬성하지 않고, 소련과 조선 양국의 공동 결정을 부득이하게 따를 수밖에 없었습니다. 전쟁발발 이후, 모택동은 조선전쟁이 신중국 정권에 초래한 전쟁위협을 해소하기 위해, 중국이 비밀리에 참전하여 조선이 신속하게 승리할 수 있도록 지원할 것을 적극적으로 주장하였습니다. 그러나 스탈린의 조선전쟁 목적은 김일성과 달랐으며, 스탈린이 원했던 것은 전쟁의 (승패-역자 주) 결과가 아닌, 전쟁을 일으키는 것 자체였습니다. 그 이유는 극동지역이 긴장상태에 놓이기만 해도, 소련은 태평양으로 나아갈 수 있는 출구(出海口) 및 부동항(不凍港)을 유지할 수 있었으며, 극동의 전략적 이익을 유지할 수 있기 때문입니다. 따라서 스탈린은 줄곧 중국의 조기 참전을 반대하였습니다.

미국의 인천상륙 성공 이후, 스탈린은 소련이 안전을 위협받는 것을 피하기 위해 중국에 조선으로 즉시 출병하여 미국과 작전할 것을 요구하였습니다. 그러나 군사적으로 유리한 시기가 이미 지나갔기 때문에, 대다수 중국지도자들은 참전을 원치 않았으나, 모택동은 다수의 반대를 물리치고 조선에 출병할 것을 굳게 주장하였습니다. 그 이유는, 첫째 조선을 지원하여 아시아 혁명지도자의 책임을 다하기 위함이었고, 둘째, 스탈린의 신임을 얻고 중소동맹을 공고히 하여, 신중국의 안보를 보장하기 위함이었습니다.

2. 중조관계에 관한 서술

한국 학계와 여론은 일반적으로 모택동-김일성 시대의 중조관계를 "혈맹" 관계라 부르며, 중국인들과 조선인들은 자주 "선혈로 맺어진 우의" "깨질 수 없는 동맹"이라고 말하곤 합니다. 그러나 본인은 본 저서에서, 이러한 서술과 이해가 잘못된 것임을 밝혔습니다.

첫째, 모택동 시대의 중조관계가 언제나 친밀하고 우호적인 관계를 유지했던 것은 결코 아니며, 모순과 불화 역시 존재하였으며, 심지어 모택동이 강제력을 행사하여 김일성을 지도자 위치에서 축출을 고려하기까지도 한 심각한 충돌 국면도 있었습니다. 따라서 수십 년간의 중조관계는 사실 냉탕과 온탕을 수시로 오가는 상태에 있었습니다. 물론 1958년 중국인민지원군이 조선에서 철수한 이후, 모택동은 조선이 중국을 계속 추종할 것을 희망하고, 김일성을 자신의 편으로 끌어들이고자 하였습니다. 이에 따라, 중조관계는 확실히 매우 특수한 관계로 나타났습니다.

둘째, 역사적으로, 제2차 세계대전 이후 조선은 소련의 위성국이었습니다. 그러나 중국의 조선출병 이후, 스탈린이 조선 문제의 주도권을 모택동에게 넘겨주면서, 중조관계 역시 빠르게 발전되었습니다. 그러나 사람들이 목격한 전쟁 시기 중조 간 우호 관계는, 단지 표면적이고 하급 관계에서만 볼 수 있었던 현상이었습니다. 반대로 양국 지도자 간에는 매우 심각한 의견 대립과 갈등이 존재하였습니다. 이러한 갈등은 군대지휘권, 철도관리권, 남하작전 전략, 정전 담판 전략 등 일련의 중대한 정책 결정에서 나타났습니다. 따라서 조선전쟁은 중조우호의 시작인 동시에, 중조갈등의 기원이기도 합니다.

셋째, 중조관계의 특수성은 확실히 존재하며, 이는 모택동의 김일성에 대한 사심 없는 지원과 지속적인 포용, 그리고 김일성의 지원 요청을 모택동이 반드시 수용하는 것으로부터 잘 나타나고 있습니다. 그러나 이러한 특수관계는 70년대 후반부터 점차 사라지기 시작하였습니다. 중미관계 정상화는 중조 양국 외교전략에 괴리를 가져왔으며, 중국의 개혁개방은 양국 간 경제관계에 하강을 가져왔습니다. 가장 중요한 점은, 한중 양국의 수교로 중조동맹의 정치적 기초가 완전히 허물어졌다는 점입니다.

3. 모택동 시대의 중조관계 성격

본질적으로 중조관계는 사회주의진영 내부의 국가관계에 속하기 때문에, 사회주의 국가관계의 일반적 특징을 가지고 있습니다. 이 관계는 무산계급 국제주의 원칙의 지도하의 각국 공산당 간 당제관계의 연장선상에 있습니다. 그 주요한 특징으로, 첫째는 주권 개념의 모호성입니다. 즉, 국제주의 이념과 이데올로기적 동질성으로 민족 혹은 국가 이익 간의 갈등을 대체하거나 덮어버리려는 현상이 존재하고 있습니다. 두 번째 특징은 국가들 간의 수직적 관계입니다. 이는 동맹 내부 지도국과 피지도국 간의 조직 원칙이, 각국이 평등한 권리를 가진다는 준칙과 대립한다는 것을 의미합니다. 주로 사회주의 진영의 통일적 지도가 동맹국들이 마땅히 누려야하는 평등 권리를 배제하는 형태로 나타났습니다.

사회주의 국가관계 중에서, 중조관계는 또 다른 특수성을 지니고 있습니다. 조선은 역사적으로 오랫동안 중국의 속국이자 보호 대상이었으며, 중국 봉건왕조의 관할하에 있었습니다. 이러한 전통적 "천조" 관념은, 당시 중국의 지도자(특히 모택동)의 의식 속에 일정 정도 남아 있었습니다. 조선이 중국과 함께할 경우, 모택동은 김일성의 모든 요구를 최대한 만족시켜 주었으나, 김일성은 중국을 추종하는 동시에 언제나 "사대주의" 반대 명분을 통해 조선의 자주독립을 옹호하는 것을 자신의 소임으로 삼았습니다. 이 점은 중조관계 발전의 논리적 역설을 구성하게 되었습니다.

결론적으로, 중조 간의 역사적 관계는 정상적 국가관계라 할 수 없으며, 현대적 의미에서 고찰하면 성숙하지 못한 국가관계라 할 수 있습니다.

이 책은 역사학적 관점에서 연구를 진행하였으며, 역사를 다시 기술하였습니다. 저는 독자들이 이 책을 통해서, 더 많은 역사의 모습을 볼 수 있기를 희망합니다. 당연히 중국인 학자로서, 역사에 대한 저의 인식이 중국적 색채를 가질 수밖에 없다고 생각합니다. 따라서 한국학자들의 아낌없는 가르침을 청하며, 동시에 저와 우리 모두의 공통 관심사에 관해 토론을 희망합니다. 큰 의미에서, 양국 학자들 사이의 이러한 교류는 양국 인민들의 상호 이해의 기초라 할 수 있습니다.

중국과 한국은 문화전통 분야의 역사가 매우 유구하며, 경제적 교류에서 매우 상호보완성을 가지고 있는, 우호적인 이웃 국가입니다. 그러나 냉전의 배경하에 양국은 서로 적대적 정치집단에 소속되어 수십 년 동안 인접해 있으면서도 교류가 단절되어 있었습니다. 그러나 이러한 역사 시기는 지나갔으며, 작금의 상황은 이전과 크게 다릅니다. 중한 양국이 정식 수교한 지 25년이 되었으며, 그동안 중한 양국 인민들은 밀접하게 교류하고 깊은 우정을 쌓았습니다. 비록 작금의 동북아 정세가 복잡하고 급변하고 있지만, 양국 국민이 서로 존중하고 서로 이해할 수만 있다면, 양국 간 미래는 언제나 밝을 것입니다. 이 책의 한국어출판이 중한 양국 국민 사이의 상호 교류와 이해를 높이는 데 조그마한 기여를 할 수 있기를 희망합니다.

마지막으로 이 책의 출판을 위해 노력을 기울여주신 북경대 역사학과 김동길 교수, KBS 김민철 북경특파원, 북경대 한반도연구센터 김규범 연구원 및 도서출판 선인에 특별히 감사를 드립니다. 그들의 노력으로, 중국학자의 저작이 마침내 한국의 독자들과 만날 수 있게 되었습니다.

2017년 4월
북경 만수로(北京 万寿路)에서
션 즈 화

차례

· 한국어판을 내면서 / 5

|머리말| 중조관계사에 대한 재고찰 ······························ 17

|서장| 중조 공산당의 역사적 연원 ····························· 43

1. 초기 중조 공산당원 간의 관계 / 47

2. 조선공산당의 만주지역 활동 / 63

3. 중공, 조선인의 입당 전면 허용 / 73

4. 중공이 키운 연안파 간부 / 91

5. 소련 야영지에서의 유격대파 형성 / 101

6. 조선 혁명가들의 서로 다른 귀국 행로 / 129

|제1장| 약즉약리(若即若离):
동지가 곁에 있어도 사귀지 않는다(1945~1949) ····················· 141

제1절 소련의 위성국이 된 북조선 / 142

1. 소련의 북조선 연합정부 정책 / 145

2. 조선공산주의 조직의 통합 / 157

3. 스탈린, 김일성에게 권력을 이양 / 170

제2절 정권 수립 시기 양당 관계 / 181

1. 동북 내전 시기 조선이 제공한 원조 / 182
2. 중국혁명이 직면한 민족 정체성 문제 갈등 / 198
3. 중국의 동북 조선인 문제에 대한 해결 방침 / 221

제3절 중공의 아시아혁명 영도 계획 / 243

1. 모택동의 동방정보국 구상 / 244
2. 중공의 아시아혁명 주도권 확보 / 254
3. 여전히 소련의 손에 있었던 조선 / 263

|제2장| 조선전쟁: 조선 문제 주도권의 이동(1949~1953) ·························· 271

제1절 모택동과 김일성의 첫 만남 / 272

1. 평양에 찬물을 끼얹은 모스크바와 북경 / 273
2. 김일성에게 청신호를 보낸 스탈린 / 281
3. 쌍두마차에 끌려간 모택동 / 287

제2절 압록강을 건넌 중국 인민지원군 / 295

1. 중국의 출병을 피하려 애쓴 스탈린 / 296
2. 국제부대 조직을 요구한 김일성 / 305
3. 조선 출병과 원조를 결심한 모택동 / 311

제3절 조선 문제에 대한 발언권의 이동 / 330

1. 압박을 받아 군 지휘권을 포기한 김일성 / 331
2. 전군에 진격 중지를 명령한 팽덕회 / 346
3. 조선 철도에 대한 군사관제 시행 / 355
4. 전쟁 장기화를 견지한 모택동 / 368

|제3장| 주체의 제창: 김일성 각종 난국을 극복 ·· 383

제1절 동맹국에 대한 조선의 경제원조 요청 / 384

   1. 중조 양국의 우호를 위한 모택동의 노력 / 385

   2. 조선의 전후복구에 대한 중소 양국의 원조 / 390

   3. 조선 3년 경제계획의 결함 / 404

제2절 김일성의 조선노동당 내 정적 숙청 / 409

   1. 박헌영과 남로당파의 전멸 / 410

   2. 연안파와 소련파의 축출 / 416

   3. 김일성의 '주체' 의식 확립 제기 / 429

제3절 조선노동당 8월 사건 / 440

   1. 스탈린 격하운동과 조선노동당 제3차대회 / 441

   2. 반대파의 당내 정치투쟁 시작 / 452

   3. 김일성의 반격과 8월 전원회의 / 465

제4절 조선 내정에 대한 중소의 공동간섭 / 483

   1. 중소 양당은 대표단을 평양에 파견하기로 결정 / 484

   2. 김일성, 중앙위원회 전원회의를 어쩔 수 없이 다시 개최 / 497

   3. 모택동 김일성을 동방의 임레 나지로 비유 / 506

|제4장| 회유정책: 전력을 다해 김일성을 도운 모택동(1956~1960) ············ 525

제1절 폴란드·헝가리 사건과 중국의 조선에 대한 정책 전환 / 526

   1. 형제당과 관계 처리에 있어서 중소의 곤경 / 527

   2. 김일성은 기회를 놓치지 않고 국내 문제를 해결 / 537

   3. 모택동은 이해득실을 따져 조선과 관계 완화를 결정 / 545

제2절 중국 인민지원군의 자발적인 조선 철수 / 555

   1. 모택동은 김일성에게 직접 과오를 인정 / 556

   2. 모든 중국 인민지원군 부대의 철수와 그 결과 / 567

   3. 김일성, 조선에서 천하통일 실현 / 579

제3절 '대약진'과 '천리마'를 유인 / 587

   1. 김일성의 중국 '대약진'에 대한 전면적 학습 / 588

   2. 천리마 운동에 대한 모택동의 전폭적 지지 / 598

   3. 중조 손을 잡고 '공산주의'로 나아가다 / 604

|제5장| 중소분열: 김일성의 등거리 외교(1960~1966) ····························· 617

제1절 조선 중소 양측에서 지원을 획득 / 618

   1. 조선에 대한 북경과 모스크바의 격렬한 쟁탈전 / 619

   2. 김일성, 중소 양국과 동맹조약 체결 / 633

   3. 중국은 곤경 중에도 조선에 우호를 표시 / 644

제2절 중국, 변경지역 조선족의 대규모 월북을 용인 / 656

   1. 조선족 주민의 국적 문제와 해결 과정 / 658

   2. 조선의 노동력 수요와 국경지역 주민의 북한 이동 / 667

   3. 불법 월경 문제에 대한 중국의 처리방식 / 680

제3절 모택동, 조선의 영토 요구를 수용 / 697

   1. 중국의 국경 영토분쟁 처리에 관한 방침 / 699

   2. 김일성, 국경조약 체결을 돌연 제안 / 711

   3. 중국 장백산 주봉과 천지를 조선에게 할양 / 724

제4절 김일성의 중국일변도와 그 한계 / 740

   1. 모택동은 김일성에게 동북지방의 처리를 맡김 / 741

   2. 중국은 조선을 여러 면에서 끌려가면서 포용 / 748

   3. 김일성의 실용주의 외교방침 / 760

|제6장| 모합신리(貌合神離)

: 대북정책에서 모택동의 곤경(1966~1976) ················ 773

제1절 혁명적 우호관계의 재회복 / 774

　1. 원수가 된 과거의 혈맹 / 776

　2. 최용건, 천안문 성루에 돌연 등장 / 791

　3. 모택동과 김일성의 화해 / 808

제2절 중미 화해가 중조관계에 미친 영향 / 817

　1. 중미관계 정상화의 국제적 배경 / 818

　2. 중미 외교담판 중의 조선 문제 / 824

　3. 중미관계 완화 중에 이익을 얻은 조선 / 834

　4. 중국, 최선을 다해 조선의 이익을 옹호 / 842

제3절 조선, 중국을 대신해 혁명을 지속 / 852

　1. 중국의 대외전략 조정과 그 영향 / 852

　2. 김일성주의로 모택동사상을 대체 / 864

　3. 두 혁명 지도자의 최후의 만남 / 872

|에필로그| 중국 개혁개방과 중조관계의 복원 ················ 887

|맺음말| 중조관계에 대한 적합한 평가 ················ 893

· 지은이 후기 / 905

중조관계사에 대한 재고찰

중조관계사에 대한 재고찰

　지난 수십 년간 중화인민공화국 및 조선민주주의인민공화국에서 널리 전해오는 중조관계 역사에 관한 하나의 신화가 있다.[1] 1949년 중화인민공화국 건국 이후 지금까지 중공 중앙 기관지 『인민일보』, 조선노동당 기관지 『노동신문』 및 양국의 수많은 간행물에서 수없이 반복 사용된 말이 있다. 즉, 중조 양국 관계는 "순망치한", "친형제처럼 깊은 정을 나눈 관계", "동고동락의 관계"로 묘사되었으며, 중조 간의 우의는 피를 통하여 공고해지고 전쟁의 포연을 통하여 재차 확인되었고, 중조 인민의 전통적 우의 관계는 대대손손 전해질 것 등으로 서술되었다.

　필자가 일생 동안 중조관계에 대해 보고 들은 것은 이와 같은 미사여구가 전부였다. 심지어 양국 고위층이 갈등을 겪고 있던 시기에도 같은 말만 되풀이하여 들었다. 세 사람만 모이면 없던 호랑이도 만들 수 있다는 중국의 속담처럼, 진실 여부를 막론하고 60년 동안 일관되게 전해오는 중조관계에 관한 이와 같은 묘사들은 이미 하나의 신화가 되어버렸다.

　사실 몇 년 전까지만 해도, 대부분의 중국인에게 조선은 극히 신비로운 국가

---

[1] 서술의 편의를 위해 본서에서 사용한 "조선"의 개념은, 1948년 조선반도가 양분되기 전의 조선반도 전체를 지칭하였다. 이후 조선민주주의인민공화국(Democratic People's Republic of Korea)을 중국의 습관에 따라 일반적으로 "조선"으로 쓰지만, 지역에 내포된 의미를 강조할 때 "북조선"이란 표현도 사용하였다. 대한민국(Republic of Korea, 줄여서 한국)은 한중 수교 이전 중국에서는 "남조선"이라 불렸으며, 본서에서 역사적 문헌 자료를 직접 인용할 경우, 당시의 명칭 그대로를 사용하였다.

로 여겨졌다. 이는 우선 조선이 가지고 있는 국가의 폐쇄성에서 기인한다. 언론의 대외 개방과 인민들의 대외 접촉면에서 조선은 전 세계에서 가장 폐쇄적 국가라고 할 수 있다. 본 필자는 기타 외국인들과 마찬가지로 조선에서 명승지 참관 및 유람, 쇼핑, 여행, 휴식 등이 모두 보안요원의 엄격한 감시와 통제하에 이루어지는 것을 직접 체험하였다. 이는 조선이 외부 세계와 완전히 격리된 국가라는 인상을 필자에게 주었다.

더욱 중요한 것은, 중국의 주류 매체들 모두 중조관계에 대해 수십 년간 오직 하나의 목소리를 일관되게 내고 있다는 점이다. 중국의 개혁개방이 활기차게 진행된 후, 조선에 대한 중국의 정책에 다소 변화가 발생하였지만 중국의 관영매체에서 이에 관한 뉴스는 전혀 들을 수 없었다.[2] 얼마 전까지만 해도 조선 문제를 말하는 것은 중국에서 매우 민감하게 여겨졌다. "조선"이라는 두 글자를 함부로 언급할 수 없었으며, 또 조선을 언급할 때는 좌우를 살필 수밖에 없었다.

이 때문에 중국에서는 아무도 조선 및 중조관계에 대한 역사적 진실을 이해하고 연구하려 하지 않는 것처럼 보였다. 정치·외교 영역은 물론이고 학술 영역에서도 조선 혹은 중조관계에 대한 평론은 매우 기피되었으며, 학자들은 논란의 여지가 될 수 있는 부분은 최대한 언급을 피하였다.[3]

중국 내 저명한 중조관계사 학자인 양소전(楊昭全)이 자신의 논문에서 "지금까지도 중국에 당대 중조관계사를 서술한 전문 저서가 하나도 없다는 사실이

---

2) 『인민일보(人民日報)』를 자세히 살펴보면, 1960년대 이후 중국은 조선을 공개적으로 비판한 일이 없었음을 알 수 있다. 기껏해야 어느 일정 기간 신문에서 조선 관련 소식이 갑자기 사라지는 정도였다. 연구를 통해 알게 된 것은, 그 시기는 바로 중조관계가 악화된 시기였다. 조선의 간행물 상황도 대체로 비슷하였다. 물론 어떤 때는 중국을 암암리에 공격하고, 빗대어 욕하기도 하였다.

3) 최소한 공개된 출판물은 그렇다. 예를 들면, 길림성 사회과학원이 편집한 『中朝关系通史』(长春: 吉林人民出版社, 1996)가 그 예다. "중국지망(中国知网)"의 중국 학술지 데이터베이스에서 "조선"과 "중조" 두 단어를 주제어로 하여 1990년 이후의 연구 성과를 검색한 결과, 총 21,649건을 검색하였다(2011년 8월 현재). 그 주요 내용은 거의 모두 조선의 상황과 조선전쟁에 관한 연구이며, 중조관계를 다룬 것은 대부분 명청 시대 혹은 중화인민공화국 건국 이전의 역사이고, 휴전 이후부터 탈냉전기 중조관계에 관한 연구는 거의 없다. 2001~2002년 중국 내 조선반도 연구 학술지 『东北亚论坛』에 게재된 조선반도 관련 논문은 총 81편으로, 이 중 중조관계를 다룬 논문은 단 한 편도 없다. 2003~2005년 158편 중, 현대의 중조관계를 다룬 논문은 5편뿐이었고, 내용도 『人民日報』와 크게 다를 바가 없었다. 이는 사람들이 현대의 중조관계 문제를 다루기를 꺼려한다는 것을 알 수 있다. 다음을 참고할 것. 朴键一主编, 『中国对朝鲜半岛的研究』, 北京: 民族出版社, 2006年.

매우 유감스럽다"고 강조한 것도 결코 무리가 아니다.[4] 그 결과, 중국의 정책 결정 기관과 연구자들에게 중조관계에 대한 전면적, 객관적인 이해가 부족하게 되었다. 그들 역시 일반인들과 마찬가지로 이전부터 내려오는 중조관계 신화의 늪에 자연스럽게 빠지게 되었다.

언제부터인가 중국인들은 양국 관계가 이미 복잡하게 얽힌 상태에 있으며, 조선에 대한 중국의 정책 역시 "진퇴유곡"의 어려운 상황에 처하였음을 깊이 느꼈다. 이러한 상황에서도 조선과 중조관계에 관한 기존 신화는 여전히 사람들의 생각을 단단히 구속하고 한층 뚫기 어려운 신비의 베일로 감싸, 중조관계에 관한 새로운 이해를 어렵게 만들었다. 이 신화와 이로 인한 구속은 특수한 "언어 환경"으로 이루어져 있다. 냉전이라는 특정 시기에 양국의 제1대 지도자들이 맺은 정치동맹을 보호하기 위하여 만들어진 "언어 체계"가 바로 그것이다.

이 신화와 이로 인한 구속은 중국 사람들이 과거 경험한 중조 간 "전통 우의"의 역사적 기억과 서로 맞물리고, 현실 정치의 역사적 의의를 초월하여 중조관계를 해석하고자 할 때 극복하기 어려운 "언어 환경"이 된다. 동시에 이는 변화 중에 있는 중조관계를 역사와 현실이라는 "딜레마의 역설"로부터 벗어나기 어렵게 한다. 바로 이것이 양국 관계의 진면목을 볼 수 없게 만드는 것이다.

사실 중국과 조선 이외의 지역에서도 이와 비슷한 현상은 존재한다. 미국과 기타 서방국가의 학자들 또한 중조관계의 폐쇄성 및 그 신비성에 자주 미혹되어 동북아시아 문제를 논할 때, 중국은 조선에 영향력을 행사할 수 있는가? 언제 어느 정도의 영향력을 발휘할 수 있는가? 등의 문제에서 이를 정확하게 이해하지 못한다.

중조관계의 현실은 이러한 무거운 역사의 짐을 짊어지고 있다. 이 때문에 중국(사실 다른 나라도 마찬가지지만)에서 향후 중조관계의 나아갈 방향을 정하고자 한다면, 중조관계의 성격에 대한 정확한 분석의 바탕 위에서 조선에 대해 합리적이고 실질적인 정책이 수립되어야 한다. 중조관계의 역사적 진실을 이

---

[4] 杨昭全, 「建国60年来我国的朝鲜·韩国史和中朝, 中韩关系史研究综述」, 『朝鲜·韩国历史研究』 第12辑(2012年), 470쪽.

해하기 위해서는 먼저, 중조관계가 어떠한 과정을 거쳐 오늘에 이르렀는지를 반드시 알아야 한다.

이를 위해 중조관계에 관한 이전의 "신화"를 타파하고, 중조관계에 관한 고정관념을 지배하는 그 특별한 "언어 환경"의 속박으로부터 벗어나야만 한다. 심지어 국제정치와 외교정책에 특별한 관심이 없다하더라도, 마르크스가 유일한 과학이라고까지 말했던 역사학 분야의 역사학자, 특히 중국의 역사 연구자들은 학문적 관심에서 출발하여 중조관계에 관한 신화를 타파하고 역사 본래의 면모를 복원해야 할 의무와 책임이 있다.[5] 본서의 목적 또한, 중조 사이에는 깨어지지 않고 영원불변한 피로 맺어진 "우의"가 존재한다는 수십 년간 내려오는 신화를 타파하는 데 있다.

그러나 양국 관계에 관한 역사 연구는 오랜 기간 침체 상태를 벗어나지 못하고 있다. 냉전시기 중조관계 역사에 관한 국제학술계의 연구는 활성화되지 못하였다. 이 분야에 관한 연구는 주로 한국학자들에 의해 주도되었으며, 정치학적 방법을 통하여 중조관계 현상을 분석하고, 미래를 예측하는 데 연구가 집중되었다.[6] 이 시기 일부 소련학자들의 연구가 있지만, 중국과 마찬가지로 이데올로기 색채가 농후하고 학술적 측면보다 정치색이 강조되었다. 러시아학자들은 한국학자보다 비교적 사료를 많이 활용했지만, 분석 방법과 결론의 과학성 및 공정성은 의심스러웠다.[7]

중조관계를 역사학적 관점에서 연구를 진행한 학술적 성과로는 다음 두 권의 영문 저서가 주목할 가치가 있다. 미국 앨라배마대학의 한국계 장청(張淸) 교수는, 중소 분열 후(1958~1975년) 조선이 어떻게 중소 간의 긴장 상태를 이용

---

5) 참고로 다음을 볼 것. 『马克思恩格斯全集』第3卷, 北京: 人民出版社, 1960年, 20쪽의 주석.

6) 가령 Yiu Mike Myung-Kun, "The Factors of North Korean Neutral Behavior in the Sino-Soviet Conflict", *International Behavioral Scientist*, Vol.4, No.1, March 1972, pp.1-10; Synn Seung-kwon, "Kim Il-sung between Moscow and Peking", *The Korean Journal of International Studies*, Vol.5, No.2-3, Spring-Summer 1974, pp.7-16; Kim Deok, "Sino-Soviet Dispute and North Korea", *Korea Observer*, Vol.10, Spring 1979, pp.3-30 등이 있다.

7) 참고로 다음을 볼 것. Шин В.А. Китайикорейские государства вовторойполовинеXXстолетия, Москва: Изд-во МГУ, 1998, с.6-7, 11-12.

하여, 북경과 모스크바 사이에서 균형을 유지하며 조선의 독립성을 높였는지를 주목하였다. 즉, 북한은 외교·사상적으로는 중국에 기울었지만, 군사·경제 방면에서는 소련의 원조를 도모하였다는 것이다.[8]

서울대 김학준 교수는 한국전쟁 기간 및 중소분쟁 이후 중조관계 변화에 관하여 비교적 상세하게 고찰하였다. 김학준 교수는 두 가지 문제에 대해 해답을 시도하였다. 첫째는, 1950년 이전의 중공과 조선의 관계는 매우 제한적이었는데 중국은 왜 결정적 순간에 조선 출병을 결정했는지에 대한 문제와, 둘째, 그 후 조선이 중소 양대 강국 사이에서 어떻게 대응하며 양국 관계를 발전시킬 수 있었는지에 관해 토론하였다.[9]

이 두 저작은 역사학적 방법을 사용하였지만, 아쉬운 것은 당시 제한된 조건 때문에 미국의 일부 외교 문건을 제외하고, 사용한 사료가 모두 중국과 조선에서 공개적으로 출판된 출판물이었다는 점이다. 이 밖에도 논문에서 중조관계 역사를 다룬 학자들이 있지만, 주로 2차 자료에 근거한 연구들이었다.[10]

냉전이 끝난 후, 특히 북핵위기 발생 이후 국제무대에서 동북아 문제가 갈수록 부각되자, 조선 문제와 중조관계에 관심을 갖는 학자들이 점차 많아졌다. 그러나 대부분의 연구 성과는 국제관계의 현상 분석 혹은 정치학 영역에 속하는 것들이며, 진정한 역사학적 관점에서 토론을 진행한 학자는 매우 적었다.[11]

---

[8] Chin O. Chung, *Pyongyang between Peking and Moscow: North Korea's Involvement in the Sino-Soviet Dispute, 1958-1975*, Alabama: The University of Alabama Press, 1978.

[9] Kim Hak Joon, *The Sino-North Korean Relations: 1945-1985*, Seoul: Korean Research Center, 1985.

[10] Shin Myung Soon, "China's Foreign Relations with North Korea, 1949-1975", *Korea Observer*, Vol.10, No.4, Winter 1979, pp.390-404; Donald S. Zagoria, "North Korea: Between Moscow and Beijing", in Robert A. Scalapino and Jun-Yop Kim(eds.), *North Korea Today: Strategic and Domestic Issues,* Berkeley: Institute for East Asian Studies, 1983, pp.351-371; Park Jae Kyu, "North Korea's Political and Economic Relations with China and the Soviet Union: from 1954 to 1980", *Comparative Strategy*, Vol.4, No.3, 1984, pp.273-305.

[11] 이 분야에서 비교적 중요한 저작은 Andrew Scobell, *China and North Korea: From Comrades-in-Arms to Allies at Arm's Length, Strategic Studies Institute*, U.S. Army War College, March 2004; Chung Jae Ho, *Between Ally and Partner: Korea-China Relations and the United States*, New York: Columbia University Press, 2008; Scott Snyder, *China's Rise and the Two Koreas: Politics, Economics, Security*, Boulder: Lynn Rienner Publishers, 2009 등.

중조관계의 역사를 다룬 것으로, 1996년 출판된 재미 한국학자 이재진 박사의『중국과 조선: 역동의 관계(China and Korea: Dynamic Relations)』가 주목할 만하다. 이 연구는 전쟁, 군사, 외교, 경제 등 4장으로 나누어, 1950~1990년대 조선에 대한 중국의 정책에 관해 토론하였다. 저자는 중국의 정책 변화가 3가지 요인에 의해 결정된다고 봤다. 즉, 중국 국내 정치와 정책 방향, 남북한의 동기와 능력에 대한 중국의 인식, 중국과 소련(러시아), 미국, 일본과의 관계이다.[12]

2003년 한국학자 이원엽(李元燁)은『중미 양국의 한반도정책 발전 과정 연구(中美兩国的朝鮮半島政策演进历程研究)』를 홍콩에서 출판하였다. 그는 중미관계에 중점을 두고 중국의 대(對)한반도 정책의 변화와 발전, 한 단면만을 서술하였다. 저자는 중조관계에 대해 종번관계(宗藩, 또는 책봉·조공 관계 - 역자 주)에서 현대적 국가 관계로의 변화를 겪었음에도 불구하고, 역사적 특수성(공동 항일과 중조 양국 공산당 사이의 "장기간 밀접한 협력") 때문에 "매우 보기 드문 상호 호혜적 관계"를 유지하였다고 주장하였다.[13]

2009년 한국학자 최명해는 국제관계 이론적 측면에서 1961년 체결된 중조동맹조약을 분석하였다. 그는 중조관계를 외부 위협에 대한 공동 대응이라는 전통적 해석을 거부하고, 중조동맹의 내부 효용성을 강조하였다. 즉, 중조동맹은 공동의 외부 위협에 대응하기 위한 협력체계가 아니라, 상대방 국가의 미래 불확실성을 최소화하기 위한 관리규범 체계라고 보았다.[14]

2010년 일본학자 히라이와 슌지(平岩俊司)는 중조 간 "순치관계(唇齿关系)" 구조와 그 변화를 논한 저서를 출판하면서, 1958년 중국 인민지원군 철군부터 북핵위기를 둘러싼 6자회담에 이르기까지 중조관계의 구조적 변화를 분석하였다. 이들의 시각과 연구 결과들은 중조관계 발전 과정을 관찰하는 데에, 일정

---

12) Chae-Jin Lee, *China and Korea: Dynamic Relations*, Stanford: Hoover Press Publication, 1996.

13) 李元燁,『中美兩国的朝鮮半島政策演进历程研究—从对抗走向协调(1945-2000)』, 香港: 香港社会科学出版社有限公司, 2003年. 41, 294-295쪽의 인용문을 볼 것.

14) 최명해,『중국과 북한 동맹관계: 불편한 동거의 역사』(서울: 오름출판사, 2009).

부분 영감을 주는 역할을 하였다. 그러나 이용된 자료 모두가 공개된 출판물 혹은 간접 자료들일 뿐만 아니라, 접근 방식도 정치학에 편중되었으며, 기본적으로 역사 과정에 대한 상세한 서술이 없다.[15]

"신냉전사" 혹은 "냉전국제사"가 역사학계에서 새롭게 주목받으면서 국제관계사 연구는 새로운 도약 단계에 접어들었다. 지난 20여 년간 중미관계와 중소관계 연구는 매우 활발하게 진행되었다. 미소관계, 소련과 동유럽 관계, 그리고 제3세계에서의 강대국 간의 경쟁 또한 학자들의 주요 연구 대상이 되었다. 이 밖에도 서유럽, 일본, 인도, 동남아, 아프리카, 남미 관련 분야 역시 연구자들의 관심 대상이었다. 조선 문제에 관해 가장 먼저 국제학계의 주목을 받은 것은 조선전쟁 연구였으며, 지난 20여 년간 가장 많은 발전을 이루었다고 할 수 있다.[16]

21세기 들어 중국과 러시아, 또 이전 사회주의 동유럽 각국의 관련 당안이 지속적으로 비밀 해제 및 공개되면서, 기존의 조선외교사와 중조관계사에 관한 서술에 많은 허점과 결함, 오류 및 편파성, 허위 등이 존재한다는 사실이 발견되었다. 이에 따라 역사학자들은 역사 서술을 다시 해야 하는 임무를 부여받게 되었다.

당안이 대량 공개됨에 따라 조선 자체의 역사와 조소관계사, 조선과 동유럽과의 관계사에 관한 연구 성과가 크게 늘어났다. 연구의 주 내용은 북조선 정치발전사,[17] 조선노동당의 8월 종파사건,[18] 조선에 대한 소련과 동유럽의 경제기술 원조,[19] 냉전시기 조선과 소련의 관계 변화,[20] 김일성 주체

---

15) 平岩俊司, 『朝鮮民主主義人民共和国与中华人民共和国——"唇齿关系"的结构与转型』(일문), 横濱: 世织书房, 2010年.

16) 조선전쟁 연구에 관한 상황은 다음을 참고. 邓峰, 「朝鲜战争研究在中国: 十年综述」, 『中共党史研究』 2010年 第9期, 116-125쪽; James I. Matray, "Korea's War at 60: A Survey of the Literature", Cold War History, Vol.11, No.1, February 2011, pp.99-129.

17) 김광운, 『북한정치사연구 1: 건당, 건국, 건군의 역사』(서울: 선인출판사, 2003); 和田春树, 『北朝鮮 現代史』(일문)(東京: 岩波书店, 2012)(중문 번역본은 다음을 볼 것. 和田春树, 『北韩: 从游击革命的金日成到迷雾笼罩的金正恩』, 许乃云译, 台北: 联经出版事业股份有限公司, 2015年).

18) Andrei Lankov, Crisis in North Korea: The Failure of De-Stalinization, 1956, Honolulu: University of Hawaii Press, 2004; Син Се Ра Политическая борьба в руководстве КНДР в 1953-1956 гг.: причины и динамика// Проблемыдальнего востока, 2009, No.3, pp.119-135.

사상의 탄생과 발전 과정,21) 북조선의 통일정책의 변천22) 등에 관한 것들이 있었다. 이들 연구 중에서, 많든 적든 모두 중조관계 역사를 부분적으로 다루었다.

북한의 대외 관계 역사(1950~1992)에 관한 비교적 전면적인 연구로는 미국 콜롬비아대학교 찰스 암스트롱 교수가 2013년에 출판한 저서가 있다. 이 책은 냉전시기 조선 대외 관계의 동인, 전개 과정 및 효과를 규명하였다. 책에서 중국의 조선전쟁 연루, 조선의 경제 재건에 대한 중국의 지원, 중소분쟁과 중미관계 해빙 시기 조선의 대책 등 비교적 많은 내용을 서술하였다.23)

중조관계사에 관한 전문적 연구 성과물은 많지는 않지만 조금씩 출간되기 시작하였다. 러시아학자 신(V. A. Shin)은 1998년『20세기 후반기 중국과 조선 (Китай и корейские государства во второй половине XX столетия)』

---

19) Balazs Szalontai, ""You Have No Political Line of Your Own": Kim Il Sung and the Soviets, 1963-1964", *CWIHP Bulletin*, Issues 14/15, Winter 2003-Spring 2004, pp.87-103; Charles Armstrong, ""Fraternal Socialism": The International Reconstruction of Korea, 1953-62", *Cold War History*, Vol.5, No.2, May 2005, pp.161-187; James Person, "We Need Help from Outside: The North Korean Opposition Movement of 1956", *CWIHP Working Paper*, No.52, August 2006; Balazs Szalontai and Sergey Radchenko, "North Korean's Efforts to Acquire Nuclear Technology and Nuclear Weapons: Evidence from Russian and Hungarian", *CWIHP Working Paper*, No.53, August 2006; Avram Agov, "North Korea in the Socialist World: Integration and Divergence, 1945-1970", Ph.D. Dissertation, The University of British Columbia, Vancouver, 2010, Unpublished.

20) Andrei Lankov, *From Stalin to Kim Il Sung: The Formation of North Korea 1945-1960*, London: Hurst & Company, 2002; BalázsSzalontai, K*im Il Sung in the Khrushchev Era, Soviet-DPRK Relations and the Roots of North Korean Despotism, 1953-1964*, Washington, D.C.: Woodrow Wilson Center Press, Stanford: Stanford University Press, 2005; 下斗米伸夫, 『莫斯科与金日成——冷战中的北朝鲜(1945-1961)』(일문)(东京: 岩波书店, 2006).

21) James Person, "From Anti-Foreignism to Self-Reliance: The Evolution of North Korea's Juche Ideology", The Paper for The International Symposium "North east Asia in the Cold War: New Evidence and Perspectives", Hokkaido University, Summer 2008; Charles K. Armstrong, "Juche and North Korea's Global Aspirations", *NKIDP Working Paper*, No.1, December 2010; Mitchell Lerner, ""Mostly Propaganda in Nature": Kim Il Sung, the Juche Ideology, and the Second Korean War", *NKIDP Working Paper*, No.3, December 2010.

22) Bernd Schaefer, "Over confidence Shattered: North Korean Unification Policy, 1971-1975", *NKIDP Working Paper*, No.2, December 2010.

23) Charles K. Armstrong, *Tyranny of the Weak: North Korea and the World*, 1950-1992, Ithaca and London: Cornell University, 2013.

을 출간하였다. 그는 책의 전반부 6절에서, 1949년부터 1979년까지 중조 양국 관계의 역사를 서술하고, 중조관계의 기복(起伏)에 관하여 대체적인 윤곽을 제시하였다. 그는 적지 않은 러시아의 비밀 해제된 당안, 중조 양국의 공개적인 출판물, 각종 회고 사료를 사용하였다. 그러나 전체의 절반 이상을 1980년대 이후의 상황 서술에 할애하고 있어 진정한 "역사"라고 부를 수 있는 시기에 관한 연구는 매우 간단하고, 또한 역사 사실의 묘사보다는 분석과 토론에 더욱 치중한 점은 유감스럽다.[24] 전체적으로 이 책은 중조관계 약사(略史)라고 부를 수 있다.[25]

한국 세종연구소 연구위원(전 통일부 장관) 이종석 박사는 『북한－중국관계 (1945~2000)』를 2000년에 출간하였다. 이 책은 대량의 사료를 이용하여 항일 전쟁 이후부터 20세기 말까지의 중조관계 역사를 기술하였으며, 많은 부분에서 중조 양국 교류 역사의 면모를 복원하였다. 그는 비교적 많은 구술 사료를 이용하였다. 특히 주목할 것은, 저자가 중국에서 1962년 중조 변경협상 관련 문건들을 발굴하였다는 것이다. 여기엔 「중조변계문제회담기요(中朝边界问题 会谈纪要)」, 「중조변계조약(中朝边界条约)」 정본과 1964년 3월 20일 체결된 「중조변계의정서」가 포함되어 있다.[26] 이는 탈냉전 이후 지금까지 국제 학술 계에서 중조관계 역사를 전문적으로 연구한 저작 가운데 가장 값진 것이라 할 수 있다. 다만 중국, 러시아 및 기타 관련국에서 이후에 공개된 대량의 당안 문헌을 반영하지 않았다는 점이 아쉬우며, 이 점이 정전 이전의 역사는 비교적 상세히 서술하였지만 국경 문제를 제외한 나머지 부분의 서술이 간단했던 원인이었다.

전문 서적뿐만 아니라 새롭게 비밀 해제된 당안을 중점적으로 사용한 논문

---

[24] 각국의 법률은 당안의 기밀 해제 연한을 25~30년 정도로 규정하고 있다. 그래서 학술계는 연한이 차지 않은 사실을 성문화할 수 없다. 소위 "역사"라는 것은 지금으로부터 30년 이전부터의 사건을 의미한다.

[25] Шин В. А. Китайкорейские государства вовторойполовинеXXстолетия, Москва: Изд-во МГУ, 1998.

[26] 이종석, 『북한–중국관계(1945-2000)』(서울: 도서출판 중심, 2000). 본서의 뒤에서 이 내용을 자세히 다룰 것이다.

들도 있다. 독일계 미국 학자 셰퍼(Bernd Schaefer)의 두 편의 논문은 독일과 동유럽 국가에서 비밀 해제된 문서를 이용하여 조선이 중소분쟁에 휘말려가는 과정과 중국 "문화대혁명" 시기의 중조관계 변화의 역사를 논하였다.[27] 중국학자 여위민(余伟民)은 조선노동당 연안파 간부들의 운명을 단서로 1950년대의 중조관계 변화를 고찰하고, 소련의 조선정책 시각에서 중조관계를 분석하고 토론하였다.[28] 성효하(成晓河)는 주로 새로이 공개된 중국외교부 당안에 의존하여, 1960년대 중소분쟁 과정에서의 중조관계 변화를 토론하였다.[29]

미국 학자 아담 캐스카트(Adam Cathcart)는 1945~1950년 동북 연변지역의 주덕해를 대표로 하는, 조선족들의 중공에 대한 지지와 조선혁명과 조선전쟁 과정에서 발휘한 그들의 특수한 역할을 연구하였다. 즉, 1950~1954년 시기 중조 간 사회적 교류로, 중국이 어떻게 조선 난민과 중국으로 피난 온 조선 군인들을 어떻게 받아들였는지와, 조선 유학생 양성, 중국에 공연 온 조선 문화단체의 접대 및 조선의 전후 복구 관련 대규모 원조의 문제 등이 포함됐다.[30]

최근에는 존스홉킨스대 정치학 교수 칼라 프리만(Carla P. Freeman)이 중조관계 논문집을 편집 출간하고, 현재를 제외한 중국의 조선정책, 조선의 대외정책 및 중조관계를 토론하였고, 여기엔 중조관계 역사를 연구한 논문이 몇 편 수록되었다.[31]

---

27) Bernd Schaefer, "Weathering the Sino-Soviet Conflict: The GDR and North Korea, 1949-1989", *CWIHP Bulletin,* Issues 14/15, pp.25-71; "North Korean "Adventurism" and China's Long Shadow, 1966-1972", *CWIHP Working Paper,* No.44, October 2004

28) 余伟民, 「"延安派"在朝鲜革命中的沉浮──解读中朝关系史的一条历史线索」, 『中国社会科学内部文稿』 2009年 第1期, 171-186쪽; 「苏联的选择与中朝关系的形成」, 『朝鲜·韩国历史研究』 第15辑(2014年), 347-363쪽.

29) 成晓河, 「"主义"与"安全"之争: 六十年代朝鲜与中苏关系的演变」, 『外交评论』 2009年 第2期, 21-35쪽; Cheng Xiao he, "The Evolution of Sino-North Korean Relations in the 1960s", Asian Perspective, Vol. 34, No.2, 2010, pp.173-199.

30) Adam Cathcart, "Nationalism and Ethnic Identity in the Sino-Korean Border Region of Yanbian, 1945-1950", *Korean Studies,* Vol.34, 2010, pp.25-53; "The Bonds of Brotherhood: New Evidence of Sino-North Korean Exchanges, 1950-1954", *Journal of Cold War Studies,* Vol.13, No.3, Summer 2011, pp.27-51.

필자는 일찍이 중국과 러시아 양국의 당안을 광범위하게 이용하여, 중소관계 측면에서 조선전쟁의 기원과 발발, 중국의 출병 과정을 전반적으로 상세히 고찰한 바 있다.[32] 이를 기초로 하여, 조선전쟁 기간 중조 양국 지도자들 간의 심각한 의견 대립과 첨예한 모순을 연구한 논문을 발표하였다.[33] 이 밖에도 조선전쟁 이후 중국의 대북 경제원조, 중조 동맹 관계의 수립과 지속 과정, 중조 국경조약 체결의 역사적 배경, 국경지역 조선족의 월경에 대한 중국의 정책, 그리고 중미 데탕트가 중조관계에 미치는 영향 등에 관하여 다룬 바 있다.[34]

결론적으로, 역사학 관점을 채용한 중조관계에 관한 국제 학술계의 연구는, 성공적으로 시작되었다고 말할 수 있다. 그러나 연구 범위와 토론의 깊이를 볼 때, 아직까지는 성숙되었다고 말하기 어렵다. 냉전시기 중조관계 역사에는 아직까지 풀리지 않은 일련의 수수께끼가 존재하고 있으며, 아직도 많은 현상들이 해석을 필요로 한다. 본서가 대답하고자 하는 근본적인 문제는 모택동 시기의 중조관계에 있어 특수성의 존재 여부와 이러한 특수관계는 언제 시작되었으며, 언제 끝났는가? 또한 이 특수관계의 기본과 본질적 특징은 무엇인가? 하

31) Carla P. Freeman, *China and North Korea: Strategic and Policy Perspectives from a Changing China*, New York: Palgrave Macmillan, 2015.

32) 대표 저작으로 다음을 볼 것. 沈志华, 『毛泽东, 斯大林与朝鲜战争』第三版(珍藏本), 广州: 广东人民 出版社, 2013年; Shen Zhihua, *Mao, Stalin and the Korean War*, trans. by Neil Silver, London and New York: Routledge, 2012.

33) 자세한 것은 다음을 볼 것. Shen Zhihua, "Sino-North Korean Conflict and its Resolution during the Korean War", *CWIHP Bulletin*, Issues 14/15, pp.9-24; 沈志华, 「试论朝鲜战争期间的中朝同盟关系」, 『历史 教学问题』 2012年 第1期, 4-16쪽.

34) Shen Zhihua, "Alliance of "Tooth and Lips" or Marriage of Convenience?——The Origins and Development of the Sino-North Korean Alliance, 1946-1958", *Working Paper Series* 08-09, The U.S.-Korea Institute at SAIS, December 2008; 沈志华, 「'唇齿相依'还是'政治联姻'?——中朝同盟的建立及其延续(1946-1961)」, (台北) 『中央研究院近代史研究所集刊』 第63期(2009年 3月), 147-194쪽; 「左右逢源: 朝鲜战后经济重建与 外来援助(1954-1960)」, 『参阅文稿』 No.2011-6, 2011年 2月 10日; 「中朝边界争议的解决」, 『二十一世纪』 2011年 4月号, 34-51쪽; 「东北朝鲜族居民跨境流动: 新中国政府的对策及其结果(1950-1962)」, 『史学月刊』 2011年 第11期, 69-84쪽; Shen Zhihua/Ya fengXia, "China and the Post-War Reconstruction of North Korea, 1953-1960", *North Korea International Documentation Project Working Paper*, No.4, May 2012; "A Contested Border: A Historical Investigation into the Sino-Korean Border Issue, 1950-1964", *Asian Perspective*, Vol.37, No.1, 2013, pp.1-30; 「面对历史机遇: 中美关系和解与中朝关系(1971-74)」, 『华东师范大学学报』 2014年 第1期, 1-14쪽.

는 점이다. 다음의 많은 세목들은 이 근본 문제를 반영한 것이다.

- 초기 조선공산당과 중국공산당의 관계는 어떠한 관계였으며, 본래 조선공산 당에 속했던 성원들이 왜, 어떻게 중국공산당에 가입하였는가?
- 국공내전 시기, 특히 동북내전 시기 조선 혁명가들은 중공에 많은 지원을 제공하였으나, 중공 중앙과 조선노동당은 왜 직접적인 관계를 맺지 않았으 며, 왜 많은 중공 지도자들은 심지어 김일성이 어떤 인물인지도 모르고 있 었는가?
- 일찍이 1949년 여름, 스탈린은 아시아혁명의 지도 책임을 중공에 부여했고, 모택동 역시 이를 흔쾌히 수락하였지만, 중공 중앙이 아시아 각국의 공산당 을 위해 조직한 "학습조"와 마르크스—레닌학원에는 왜 유독 조선의 당 간부 는 없었는가?
- 전쟁 발발 후 모택동은 처음부터 끝까지 조선 출병을 적극 주장하였으며, 심 지어 미군이 38선을 넘고 소련이 공군의 출동을 거부한 극히 불리한 조건하 에서, 다수의 의견을 물리치고 결연히 참전을 결정하였다. 이 과정에서 중소 동맹관계를 고려한 것 이외에, 조선 문제에 대한 고려는 없었는가?
- 조선전쟁으로 중국은 막대한 인적·물적 손실을 입었다. 그러나 전후에 김 일성이 북경에 와서 지원을 요청했을 때, 중국은 전쟁 기간 제2선에 머물러 있었던 소련과 동구권 국가들의 조선에 대한 지원 총액을 크게 상회하는 자 금과 물적 지원을 김일성에게 제공한 이유는 무엇인가?
- 1955년 말, 김일성은 교조주의와 형식주의를 비판하며, 조선노동당 내에 "주 체"를 확립할 것을 요구하였다. 그 배경과 핵심 내용은 무엇이며, 소련을 겨 냥한 것인가? 아니면 중국을 겨냥한 것인가? 혹은 중소 양국 모두를 겨냥한 것인가?
- 1956년 조선노동당 내부에서 혼란이 발생하였을 때, 김일성은 중국으로 망 명한 연안파 간부들의 송환을 요구하였다. 모택동은 크게 반발하며 이례적 으로 조선 내정에 간섭하였는데, 그 이유는 어디에 있는가?
- 1958년 중국의 인민지원군 전면 철수 동의안은 어떻게 제출됐으며, 그 목적 이 당시 사람들에게 알려진 대로 정치적 선전과 주한미군의 철수를 압박하 기 위해서였는가?
- 한국전쟁 발발 이전, 김일성은 중국과 동맹 체결을 요구하였지만, 중조 간의 동맹조약은 왜 전후 8년이 지난 후에야 체결되었으며, 왜 조소동맹조약과 동 시에 체결되었는가?

- 중국 현대사를 약간이나마 이해하고 있는 중국인이라면, 대부분 1962년 신장 변경지역 주민의 대규모 월경탈주 사건, 즉 "이타사건(伊塔事件)"을 알고 있다. 그러나 같은 시기, 훨씬 많은 조선족 주민이 오랜 기간에 걸쳐 중조 국경을 불법으로 넘어 조선으로 간 사건에 대한 이야기는 과연 얼마나 알고 있는가?
- 1962년 체결된 중조 국경조약 협상에서 서명의 구체적 내용은 무엇이며, 왜 중국과 조선 사이에 백 년 이상 논쟁이 계속된 백두산과 천지의 귀속 문제가 단 몇 개월 만에 해결되었는가?
- 모택동은 여러 차례 김일성에게 중국 동북지역은 조선의 큰 후방기지이며 나중에 조선에 넘겨주겠다고 말하였다. 모택동이 그렇게 말한 의도는 무엇이며 이에 대한 김일성의 반응은 어떠하였는가?
- 문화대혁명 초기, 중국의 외교정책은 통제력을 상실하였다. 대외관계가 고립된 상황에서 이 기간 중조관계 악화의 원인이 어디에 있으며, 양국 지도자들은 반응은 어떠하였는가?
- 중미 데탕트 비밀 담판 과정에서 조선 문제는 어떠한 지위에 있었고, 주은래는 김일성의 우려를 어떻게 불식시켰으며, 동시에 조선의 요구를 어떻게 만족시켰는가?
- 1960년대 초반부터 본서가 서술하고 있는 시기까지(문화대혁명 초기의 중조 분쟁기는 제외), 중국은 조선과의 우의를 유지하기 위하여 김일성이 요구하면 반드시 이에 응하고 무조건 따랐던 이유는 무엇인가?
- 모택동 말년, 조선은 전 세계를 향하여 주체사상과 김일성주의를 대대적으로 선전하며, 세계혁명과 국제공산주의 운동이 새로운 단계에 진입하였다고 주장하였다. 그 주장의 원인과 목적은 어디에 있는가?

이 밖에도 나열하기 어려울 만큼 수많은 문제들에 대하여, 필자 나름의 해답을 제시하였다.

상술한 중조관계에 대한 연구 상황 소개와 대답해야 할 많은 문제들이 아직도 산적해 있다. 이로부터 중조관계의 역사적 진실을 이해하기 위해서는, 역사학자들이 할 일이 아직도 많이 있음을 알 수 있다. 중국 연구자들이 가장 먼저 해야 할 일은, 현재 우리의 사고를 감싸고 있는 "언어 환경"의 굴레에서 벗어나 1차 사료 당안을 이용하여 우리 마음속에 남아있는 중조관계 역사의 신화를 타파하고, 엄격하고 충실하게 고증을 거친 사료의 바탕 위에서 중조관계의 기본적인 역사적 사실들을 재구성해야 한다. 이것이 본서의 요지이다.

여기에서 사료의 발굴이 최우선 문제다. 현재, 중조관계에 관련된 당사국 및 관련국 당안의 비밀 해제와 대외 공개 정도는 아직 완전하지 않다. 그러나 자세히 관찰해보면 연구의 기초로 활용할 수 있는 내용과 양이 결코 적지 않다.

가장 중요한 문건은 당연히 중국 당안이다. 중국 외교부 당안관은 2004년 개방 이래 이미 세 차례에 걸쳐 1965년까지 대량의 관련 외교문건을 비밀 해제하였다. 그중 조선과 관련된 것은 모두 2,424건이며, 그 내용은 양국 지도자의 대화록, 중국 외교부와 조선 주재 중국 대사관 간의 전보, 외교부와 조선 문제 유관기관의 정보자료, 중조관계 문제의 처리를 위한 규정과 방안, 조선 주재 중국 대사관의 업무보고 및 일지 등이다. 이들 1차 사료는 중조관계 역사 연구를 위해 매우 중요하며, 본 연구의 기본 사료 중 하나이다.

그러나 중국 외교부의 당안 공개에 두 가지 문제점이 있다. 첫째, 비밀 해제 속도가 너무 느려 지금까지 1965년까지만 공개되었으며, 이후 시기의 당안(중국의 당안 법규에 따르면, 최소한 1981년도까지가 이미 공개되었어야 한다)은 언제 공개될지 아직까지 모르고 있다. 둘째, 공개에 과도한 제한이 가해졌다. 중조 간의 분열, 갈등 혹은 충돌에 관한 당안들은 원칙적으로 하나도 공개되지 않았다. 따라서 볼 수 있는 당안들은 모두 중조 간 우호와 친밀한 관계를 보여주는 내용뿐이다. 따라서 중국의 외교 당안에만 의존한다면, 연구자들은 시간의 제약뿐만 아니라 편협한 결론을 도출할 가능성이 높다.

중국의 각 성(省)·시(市) 당안관에서 공개한 자료들은, 외교부 당안관에서 공개한 자료의 한계를 일정 부분 보충해주다 중국의 지방 당안관은 일반적으로 1980년대까지의 관련 자료를 공개하였으며, 지역에 따라서는 1990년대의 내용까지도 공개하였다.

지방 당안관에서 공개한 당안은 주로 다음과 같은 내용을 포함하고 있다. 첫째, 중공 중앙과 국무원의 조선 문제 관련 정책규정으로 전국적인 성격의 문건은 모든 성과 시에 인쇄 배포되고, 지방에만 관련된 문건일 경우에는 관련된 성·시에만 배포되었다. 둘째, 조선에 대한 경제기술 원조 제공 수행에 참여했거나 혹은 중국을 방문한 조선대표단이 갔던 각 성과 도시에는 이에 관한 관련 보고서, 통지문, 결산 문건들이 대량으로 보관되어 있다. 셋째, 조선의 구체적 혹은 특수한 문제와 관련된 성과 시에는 중앙의 관련 부분과 오고간 서신, 전보가 적지 않게 보관되어 있다. 예를 들면, 사천성, 섬서성, 산서성 당안관에는 중국에 망명한 조선노동당 연안파 간부들의 생활 상황에 관한 문건이 보관되어 있다. 본 연구가 다루고 있는 많은 사실(史實)에 대한 고증과 서술은 상해시, 호북성, 길림성, 하북성, 사천성, 산서성, 그 밖의 여러 시·현에서 발굴한 지방 당안들로부터 큰 도움을 받았다.[35]

1980년대 중반 이후, 중공 중앙 문헌연구실, 중앙 당안관, 중국인민해방군 군사과학원 등과 같은 중국의 국책 연구기관들은 많은 문헌집과 중국 지도자들의 연보, 문집, 문고 및 전기 등을 계속해서 편집·출판하였다. 비록 이러한 문헌들은 편집 과정에서 엄격한 제한과 심지어 일부 수정이 가해져 연구자들이 당안관에서 직접 이들 자료들을 열람하는 것만큼 독립적이지는 못하지만, 중국의 대외정책과 대외관계를 이해하는 데 여전히 없어서는 안 되는 직접적 사료다.

중국 자료를 열람할 때 특별히 주의해야 할 점이 있다. 중공 중앙과 정부 각 부서들은 모두 내부 문건을 만든다. 예를 들면, 중공 중앙선전부는 『선교동태(宣教动态)』, 『선전통신(宣传通讯)』, 중공 중앙 대외연락부는 『각국 공산당 동향(各国共产党动向)』, 『각국 공산당개황(各国共产党简况)』, 『형제당 및 형제국가의 간행물 자료(兄弟党和兄弟国家报刊材料)』, 국무원 외사판공실은 『외사공작통신(外事工作通讯)』, 외교부는 『외사동태(外事动态)』, 공안부는 『공안공작보고(公安工作简报)』, 신화사는 『내부참고(内部参考)』, 『국제공산주의 운동 참고자료(国际共运参考资料)』 등을 각각 편집·출간한다.

이들 내부 간행물들은 각 방면에서 각각의 문제를 매우 전면적으로 다루고 있다. 비록 이러한 간행물들은 정책 결정 과정과 그 결과 등은 별로 다루고 있

---

[35] 이 부분은 설명이 필요하다. 최근 2년 동안 중국의 당안 관리가 보다 엄격해지며 많은 제한을 두고 있으며, 이전에 이미 비밀 해제했던 당안들을 거두어들이기 시작하며 다시 공개하지 않고 있다. 그래서 해당 당안관을 방문하더라도 필자가 사용한 당안을 열람할 수 없을 것이다.

지는 않지만, 중국 지도부와 정책 결정 기관들이 정책 결정에 근거로 삼은 자료와 정보를 그로부터 유추할 수 있으며, 동시에 고위층의 의도와 경향을 파악할 수 있다.

모택동과 주은래 등 지도층이 이 내부 간행물들을 매우 중시하여 언제나 책상 위에 두었을 뿐 아니라, 내부 자료의 일부 내용을 출판하도록 자주 추천하기도 하였다. 이 점은 『건국 이래 모택동문고(建国以来毛泽东文稿)』나 『모택동문집(毛泽东文集)』을 한 번만 읽어보면 알 수 있다.[36] 이런 간행물들은 지방 당안관과 여러 도서관에 많이 소장되어 있으며, 어렵지 않게 찾을 수 있다.

조선의 당안은 당연히 폐쇄되어 있어 누구도 볼 수 없다. 현재 연구자가 이용할 수 있는 것은 이미 공개적으로 출판된 자료로 예를 들면, 조선 지도자의 강연과 저작, 조선노동당의 역대 회의 문건 및 조선노동당 기관지 『노동신문』, 이론지 『근로자』 및 기타 간행물 등이다. 그러나 이 자료들은 진실성과 신뢰도에 큰 한계가 있기 때문에 연구자들이 이들 문건을 사용할 때는 반드시 조심해야 하며, 그렇지 않을 경우 반드시 필히 "함정"에 빠지게 된다. 예를 들어, 필자는 조선에서 출간된 『김일성 저작집』은 중문판과 조선어판 사이에 차이가 있으며, 중국 문제와 관련된 담화와 보고는 중문판에는 없다는 사실을 발견하였다.[37]

또한 출판자가 문집을 편집할 때 많은 보고와 담화 내용을 크게 수정하였다는 것에 주의해야 한다. 이 밖에도 오랫동안 조선을 연구한 란코프 교수가 지적한 바와 같이, 조선의 간행물을 읽을 때에는 조선의 정치와 조선노동당의 전문 용어에 대한 깊은 이해를 필요로 하며 그 진의를 파악해야만 한다.[38] 따라

---

36) 주유쟁(朱维铮)은 자신이 문화대혁명 시기 『문회보(文汇报)』와 내부 참고자료 『문회정황(文汇情况)』을 편집했던 일을 회고 하며 모택동, 주은래와 "중앙문혁" 위원들이 어떻게 내부 간행물을 주목하고 그 가운데 관심 있는 소식들을 취득했는지에 대해 언급하였다. 주유쟁 구술, 김광요(金光耀) 정리, 「在"文汇报"北力的经历」, 『炎黄春秋』, 2013年 第4期, 21-27쪽.

37) 한국학자 김학준은 조선 문헌과 신문들이, 역사를 수정 왜곡한 갖가지 현상들에 관해 상세히 서술하였다. 金学俊, 『朝鲜五十七年史』, 张英译, 『中国东北边疆研究译丛』, 内部资料, 2005年, 26-29쪽. 인용한 당안과 문헌자료는 소장기관의 번호와 출처가 표시되지 않은 것들로, 모두 비공식 혹은 민간 수집 출판물이며, 필자 본인 혹은 화동사범대학 냉전국제사연구센터 자료실에 복사본이 있음을 밝혀둔다.

서 조선의 외교, 내정 및 정책 결정 상황에 대한 이해는 많은 부분을 조선과 교류한 각국의 당안 자료를 통하는 수밖에 없다.

실제로 러시아, 헝가리, 동독, 루마니아, 체코슬로바키아, 불가리아, 알바니아, 몽고 등 조선과 밀접하게 왕래했던 과거 사회주의 국가들의 비밀 해제 당안 중에는 조선과 중조관계에 관련된 내용이 매우 풍부하다. 최근 몇 년간 이들 국가의 당안 공개로, 연구자들은 조선의 정책 수립 과정과 그 변화를 볼 수 있게 되었을 뿐만 아니라, 중조관계의 "좋은 면만을 공개"하는 중국 외교 당안의 단점도 보완할 수 있게 되었다. 예를 들어, 1956년 8월 종파사건을 전후하여 중조관계가 분열의 상태에 빠졌던 상황은, 만일 러시아 당안이 비밀 해제되지 않았다면 그 내막을 이해하기 매우 어려웠을 것이다.

또한, 문화대혁명 기간 중국에 대한 조선의 입장, 태도 및 중조관계의 변화 과정은 이 시기 중조관계에 관한 러시아와 중국 당안이 공개되지 않았기 때문에, 오직 동유럽과 몽고 당안이 제공한 수많은 정보를 통하여 파악할 수밖에 없다. 동유럽 당안의 언어장애 해결에서, 미국 우드로 윌슨 연구소의 국제냉전사팀(Woodrow Wilson International Center for Scholars)과 북한국제문헌프로젝트(North Korea International Documentation Project)는 큰 기여를 하였다. 그들은 대량의 동유럽 각국 당안을 전문가들을 조직하여 문건을 선별하고, 그중 중요 문건은 영어로 번역하여 전 세계 학자들이 이용할 수 있도록 하였다.[39]

냉전시기 중조관계는 사회주의 국가 간의 관계에 속했음은 틀림없다. 따라

---

38) Andrei Lankov, *Crisis in North Korea*, p.ix.

39) 참고로 다음을 볼 것. Csaba Békés and Vojtech Mastny, "Inside North Korea: Selected Documents from Hungarian and Polish Archives", *CWIHP Bulletin*, Issues 14/15, pp.72-85; Sergey Radchenko, "The Soviet Union and the North Korean Seizure of the USS Pueblo: Evidence from the Russian Archvies", *CWIHP Working Paper*, No.47, April 2005; James F. Person(ed.), "New Evidence on North Korean in 1956", *CWIHP Bulletin*, Issue 16, Fall 2007/Winter 2008, pp.463-527; James F. Person(ed.), "Limits of the Lips and Teeth Alliance-New Evidence on Sino-DPRK Relations 1955-1984", *NKIDP Document Reader*, No.2, March 2009; James Person(ed.), "New Evidence on Inter-Korean Relations, 1971-1972", *NKIDP Document Reader*, No.3, September 2009. 이 밖에 Woodrow Wilson International Center for Scholars에서 공개한 1차 자료 영문 번역본들을 참고. http://digitalarchive.wilsoncenter.org/collection.

서 이전 사회주의 국가들의 당안을 이용하여 그에 대한 관찰과 분석을 진행하는 것은, 당연히 연구자들이 반드시 해야 할 숙제이다. 그러나 철의 장막의 다른 한쪽 국가들로부터 나온 문헌 역시 중요하지 않을 수 없으며, 일부 문제에 있어서는 필수적이기까지 하다. 이는 한국 당안과 미국 당안의 이용도 포함된다.

한국 외교사료관의 개방은 연구자들에게 중국과 조선의 외교정책 및 중조관계 관찰에 대한 전혀 다른 시각과 자료들을 제공해주었다. 특히 1960년대 후반기 이후 조선의 외교관계에 대한 파일들이 다량 보관되어 있을 뿐 아니라, 중조관계에 관한 연도별 파일이 별도로 비치되어 있다. 이 밖에 남북관계도 중조관계에 영향을 끼친 중요한 요인이었다. 또 북한 접촉, 교섭, 회담 등의 상황에 관한 한국 외교 당안의 기록은 지금으로서 이러한 배경을 이해할 수 있는 유일무이한 1차 사료이다.

미국 당안의 비밀 해제와 개방은 대체로 전 세계에서 가장 모범적이며 적시에 이루어졌다. 미국 국립문서보관소에는 중조관계에 관한 직접적인 문헌자료는 없지만 중앙정보국, 국무성 정보연구소 및 주한미군 정보부서의 정보 분석과 평가는 읽지 않으면 안 되는 귀중한 사료들이다. 비록 일부 소량의 비밀 정보를 제외하고는 이들 보고가 기본적으로 신문 잡지나 기타 공개된 정

보에 근거해 이루어져 있지만, 그 관찰의 세밀함과 분석의 정밀함은 사고의 맥락을 일깨워줄 뿐 아니라 연구자들에게 대량의 간접사료를 제공해 준다.[40] 또한 1970년대 초, 미중 해빙 과정에서 조선 문제를 처리할 때 중국이 고려한 점과 생각 역시 당시 중조관계에 지대한 영향을 미쳤다는 것은 의심할 여지가 없다. 이 방면은 현재까지는 미국이 최근에 공개한 외교문서 닉슨 대통령 파일과 기타 외교 당안에 의존할 수밖에 없다.[41]

---

40) 필자가 이 당안들을 접한 것은 처음엔 2004년 미국 국가정보위원회가 개최한 1차 국제회의 덕택이었다. 이 회의는 참가자들에게 미국 정보기구가 최근 비밀 해제한 다량의 중국 관련 정보 평가 보고서를 제공해주었다. 이후 필자는 미국 국가안전 당안관의 작업에서도 큰 수확이 있었다. 이쪽 방면은 미국의 『비밀 해제 당안 참고 시스템』(DDRS: Declassified Documents Reference System), 『디지털 국가안보 당안』(DNSA: Digital National Security Archive) 등 데이터베이스는 연구자들에게 전에 없는 편리함을 줄 것이다.

상해 화동사범대학 냉전국제사연구센터는 현재 국가사회과학기금 특별위탁 프로젝트와 상해시 철학사회과학 핵심 프로젝트를 수행하고 있으며, 그 임무 가운데 하나는 냉전시기 중조관계와 관련된 외국 당안(러시아, 미국, 한국 및 동유럽)을 정리하고 번역하는 것이다. 현재까지 이 프로젝트는 순조롭게 진행되고 있으며, 문건의 수집과 정리 단계는 이미 완료되었으며 지금은 번역 작업이 진행 중이다.

역사 연구에 구술 자료를 이용하는 것 역시 매우 중요하다. 특히 당안 문헌이 부족한 상황에서는 더욱 그렇다. 조선과 같이 매우 "신비한 국가"에 대한 연구에서는, 단지 공개된 정보나 문헌 자료에만 의지해서는 이해하기 어렵다. 배경의 복잡함과 문화적 차이 때문에, 때로는 심지어 문헌의 언어 환경에 들어가는 것조차 어렵다. 이러한 상황에서, 당사자들에 대한 인터뷰와 회고록을 이용하는 것은 필수적이다.

한국학자의 북한 연구에 있어서 한 가지 특징은 당사자와 탈북자의 구술 회고와 인터뷰 자료를 광범위하게 활용한다는 점이며, 중조관계 연구 또한 그러하다. 앞서 언급한 이종석 박사의 저서는 당사자들에 대한 인터뷰 기록을 많이 이용하였다. 특히 주의할 만한 것은, 이종석이 1991년 조선내무상과 직업총동맹(总工会, 줄여서 "직총"이라 함 - 역자 주) 위원장을 역임했던 서휘(徐辉)와 조선노동당 전(前) 평양시부위원장 홍순관(洪淳宽)을 인터뷰한 점이다. 이 두 인물은 1956년 8월 사건 이후 중국으로 망명하여 줄곧 중국에서 생활해 왔으며, 이들 인생 역정의 우여곡절은 중조관계의 바로미터의 하나라고 할 수 있다.

1956년 조선노동당 간부들이 중국에 망명하였다는 소식을 접한 후, 필자 역시 그들의 행방을 사방으로 수소문하였다. 1995년 섬서성 퇴직간부국을 통해 서안에서 홍순관을 찾았을 때, 애석하게도 그는 이미 병이 위중하여 말을 할

---

41) 필자가 이용한 것은 주로 최근에 출판된 미국 외교문건집이다. FRUS, 1969-1976, Richard M. Nixon/ Gerald R. Ford, Vol.17, China, 1969-1972, Washington D.C.: Government Printing Office, 2006; FRUS, 1969-1976, Richard M. Nixon/ Gerald R. Ford, Vol.18, China, 1973-1976, Washington D.C.: Government Printing Office, 2007. 동시에 중미화해 협상 중 조선 문제 관련 보충 문헌으로는 FRUS, 1969-1976, Vol. E-13, Documents on China, 1969-1972, http://history.state.gov/historical documents/frus1969-76ve13/comp1 등이 있다.

머리말 ǀ 중조관계사에 대한 재고찰　35

수 없는 상태였다. 또한 홍순관의 윗집에 거주했던 서휘 또한, 2년 전 지병으로 이미 사망하였다. 하지만 노력이 헛되지 않아, 필자는 2010년 산서성 태원에 거주하던 전 조선인민공화국 문화성 부상 김강(金剛)과 전 노동당 평양시위원 회 조직부장 김충식(金忠植)을 만날 수 있었다. 그들은 비록 고령이었으나 필 자의 장시간에 걸친 인터뷰에 응해주었으며, 모든 질문에 자세히 대답해 주었 다.[42] 그들의 구술 회고 자료 역시, 본 연구에서 중요한 사료의 원천이 되었다.

상술한 중국, 러시아, 미국, 한국 및 동유럽 각국의 관련 자료와 중조 양국의 공개 출판물, 부분적 구술 사료와 이전 연구 성과는 본 저서 서술의 기초가 되 었다.

본 저서의 주요 임무는, 어렵게 수집한 다량의 사료에 대하여 사실관계를 확 인하고 고증을 거친 후, 이 기초 위에서 중조 양국 공산당 창당 이후부터 중국 의 개혁개방 시작 때까지의 역사(주요 부분은 냉전시기)와 중조 양당 및 양국 관계 발전의 대체적인 흐름을 정리하는 것이다.

필자는 본 연구를 통하여, 다음의 4가지 요인이 중조관계에 큰 영향을 미쳤 음을 발견하였다.

첫째, 지정학적 요인이다. 오랜 기간 동안, 조선은 중국 동북지역 안전의 관 문이었다. 청일전쟁부터 한국전쟁까지, 조선의 불안정은 자주 중국의 신경을 자극하였다.

둘째, 냉전 구도이다. 조선은 양대 진영이 대치하고 있는 구도에서 동방 사 회주의 진영의 보루였다. 미중 대립 시기, 조선은 중국의 동맹국이자 미국과의 대결에 있어서 전초기지가 되었기 때문에, 중국의 큰 관심을 받았다.

셋째, 이데올로기적 요인이다 조선과 중국은 모두 공산당이 지도하는 국가 이며, 마르크스-레닌주의는 양당이 신봉하는 지도사상이다. 국제주의 원칙과

---

[42] 필자는 2010년 2월 16일과 17일 태원에서 각각 김강과 김충식을 인터뷰하였다. 당시 김강은 94세 임에도 사고 능력과 발음이 매우 정확했지만, 청력은 좋지 않았다. 그의 몸 상태를 고려하여 한 시간 정도 인터뷰를 진행하였다. 그의 집을 나서려 할 때, 김강은 필자에게 그가 소장하고 있던 자신의 개인 자료들을 주었다. 김충식은 당시 87세였고, 건강했으며 달변이었고 술을 좋아하였 다. 2011년 음력 설날에 필자는 재차 태원으로 가 김충식을 인터뷰하였고(김강은 이미 사망), 인 터뷰 시간은 2-3시간이었다.

양당 간의 당적 관계는, 양당 관계의 정치적 기초가 되었다. 이 측면에서 보면, 중조관계 역시 사회주의 국가 간 정치구조의 보편성을 반영한다.

넷째, 양국 간의 전통적 요인이다. 조선은 역사적으로 오랫동안 중국과 속번 관계와 보호국 관계를 맺어왔다. 봉건왕조 체제하에서 형성된 전통적인 "천조(天朝)" 사상은, 여전히 중국 지도자(특히 모택동)들의 관념 속에 얼마간 남아 있었다. 반면에 김일성은 중국을 추종하는 동시에, 줄곧 "사대주의"를 반대하고 조선의 자주독립을 옹호하는 것을 자신의 소명으로 삼았다. 이 측면에서 보면, 중조관계는 분명한 특수성을 가진다고 할 수 있다.

필자는 이러한 요인들을 중심으로, 중조관계의 역사적 변화를 서술하고 분석하였다.

본 연구의 서술 구조와 기본 논리는 다음과 같다.

중조 양국의 공산당원들은 모스크바의 교육과 배양으로 발전되었지만, 그들 사이에 직접적인 관계는 수립되지 않았다. 이 점은 후에 중조관계의 방향을 결정하는 동시에 제약하기도 하였다. 제2차 세계대전 이후 조선은 소련의 위성국이 되었으며, 한국전쟁 발발과 중국의 참전 및 스탈린 사망 이후 조선 문제에 관한 중국의 발언권과 주도권은 점점 커졌다.

조선노동당 사건에 대한 중소의 공동 개입이 실패한 이후, 모택동은 방향을 바꾸어 김일성을 달래는 정책으로 전환하여 김일성이 당내에서 절대적 지위를 수립할 수 있도록 도왔으며, 이때부터 조선은 진정한 독립적인 지위를 얻었다고 할 수 있다. 중소관계의 악화와 분열은 조선에 넓은 정치·외교적 공간을 제공하였으며, 김일성은 중소 양쪽에서 지원을 얻으며 국제공산주의 운동에서 조선의 지위를 크게 높였다.

모택동은 연미항소(미국과 연합하여 소련에 대항 – 역자 주) 전략을 취하면서도, 조선의 이익을 최대한 배려하였다. 그러나 중국은 이 때문에 양국 공동의 최고 지향점인 이데올로기를 포기할 수밖에 없었으며, 중조 양국의 외교노선은 대립의 방향으로 치달아 중조관계는 겉과 속이 다른 관계가 되었다. 김일성은 세계혁명의 깃발을 짊어지고 모택동의 혁명을 계승하고자 하였지만, 중국은 전면적 개혁개방을 선택하여 현대화의 새로운 역정을 시작하였다. 중조관계는 표면적으로 우호적이었지만 사실은 이미 각자의 길을 가고 있었다. 탈냉전 이후 한국과 중국이 수교함에 따라, 중조관계는 이미 객관적으로 과거와 전혀 다른 새로운 역사 단계에 접어들었다.

사료를 해독하고 정리하면서, 필자는 중조관계 변화의 과정 중에 다음과 같은 중요한 역사적 사실이 있음을 발견하였다.

첫째, 전후 스탈린의 아시아 전략 설계 측면에서 보면, 북조선은 모스크바가 반드시 실효적으로 통제해야 하는 지역 중의 하나였다. 한국전쟁 이후 모택동은 조선을 지원하여 큰 재목으로 키우고자 하였다. 그러나 실제로는 모택동이 말한 바와 같이, 조선이라는 "어린 나무"는 소련과 중국이 공동으로 키운 것이었다.

둘째, 중국은 한국전쟁에 참전한 필연적인 결과의 하나로, 조선 문제에 관해 사회주의 진영 내부에서의 발언권과 주도권을 획득하였다. 그러나 스탈린이 사망하고 조선전쟁이 끝난 뒤, 조선은 점차 소련 위성국으로서의 지위와 이미지를 바꾸었다. 그러나 이와 동시에 조선은 독립적인 지위를 쟁취하려는 창끝을 중국을 향해 돌리기 시작하였다.

셋째, 동북으로 이주해 온 다수의 조선인들과 그 후손들은 "과계민족(跨界民族: 역사적으로 하나의 민족이면서 두 나라 또는 여러 나라에 걸쳐 거주하는 민족을 지칭 – 역자 주)"에 속하여, 그들과 인접해 있는 조선인들과 공동의 언어, 문화, 생활습관 및 역사전통을 공유하고 있지만, 중화민족으로서의 인식은 부족하였다. 이 상황은 중조관계를 계속해서 어렵게 만들었으며, 접경지역의 인적 교류와 국경선 획정, 중국 국경지역의 안정에까지 영향을 미치기도 하였다.

넷째, 중소관계 악화와 장기간의 대립 구도로 인해 조선은 중소 양국으로부터 지원과 이익을 획득하였다. 중조관계가 양호한 상황에서의 교류는 대부분 조선이 주동적인 위치를 차지하였다. 그러나 양국이 불화, 충돌 및 위기를 맞을 경우에는 기본적으로 중국이 먼저 화해의 태도를 취하고 양보하였다.

다섯째, 수십 년 동안의 중조관계는 양국이 선전하는 "영원한 우정"과는 거리가 멀었으며, 양국 관계는 수시로 냉탕과 온탕을 오갔고 그 변화 또한 심하였다. 기타 사회주의 국가와의 관계와 마찬가지로 중조동맹은 표면적으로 평온해 보였지만 시종 불안정한 상태에 있었다.

여섯째, 모택동 시대의 중조관계는 확실히 일종의 특수성을 나타낸다. 이 특수성의 기본 성질은, 조선에 충분한 자유와 주권을 주는 것을 포함하여 중국은 조선의 모든 요구를 최대한 만족시켜주고, 조선은 중국이 제공하는 보호와 지원을 필요로 하는 것으로 나타난다. 이 특수성은 중국이 조선에 대한 방침을 근본적으로 전환한 1957년부터 시작되었다. 이후 모택동이 사망할 때까지 비록 쌍방관계가 여전히 모순의 존재를 피할 수 없었지만, 모택동과 김일성 모두 양국의 동맹관계와 형제관계를 최대한 옹호하였다. 중미관계의 완화와 중조 간 외교전략 이견 표출 및 등소평의 개혁개방으로 중조 간의 이 특수성 역시 철저히 그 막을 내리게 되었다.

상술한 현상에 대한 해석에 관해 필자는 맺음말에서 다음과 같이 결론 내렸다. 즉, 문제의 본질은 중국 지도자(특히 모택동 자신)들의 중조관계 처리의 출발점은 표면적으로 세계 공산혁명이었지만 그 핵심은 중국의 전통적인 중앙 왕조 관념이었다는 데 있다. 중국 지도자들은 조선을 포함한 주변 국가(특히 동아시아) 모두를 사회주의 진영 혹은 연맹 중에서 중국의 지도를 받아야 하는 국가들로 보았으며, 중국을 하나의 혁명의 "천조(天朝)"로 만들려고 시도하였다.

반면에 김일성은 조선의 독립적 지위와 자신(가족을 포함)의 독재정치 확립을 일생의 투쟁 목표로 삼았다. 때문에, 외교 이념상 양국 간에는 모순이 잠재되어 있었고 언제든 표면화될 수 있었다. 냉전 구도하의 현실 문제 처리 과정에서, 지정학적 관점에서 미국의 봉쇄와 이후의 소련의 위협에 대처하기 위해 중국은 조선이 자신의 "방패막이"와 전략적 완충지대가 되는 것이 필요하였고, 조선 역시 중국이 자신의 "대후방"이 되는 것을 필요로 하여, 그들은 확실히 일종의 특수한 동맹관계를 맺었다.

그러나 중미관계가 풀린 뒤로 중조 동맹관계는 외교전략 단계에서 실제적인 균열이 생겨났다. 따라서 모택동이 꿈꾸었던 "천조(天朝)"는 소멸의 길로 가고 있었다. 더 깊게 들여다보면, 중조 간 문제점의 기원은 중소관계와 마찬가지로 사회주의 진영 내부의 국가관계의 구조적 폐단—이러한 관계는 국제공산주의

운동 중에서 당제관계(党际关系) 원칙의 기초위에 만들어진다─에 있었다. 이 때문에, 이러한 특수 관계는 현대국가의 정상적인 관계라고 할 수 없다.

이 밖에도 중조관계는 양국 쌍방 관계뿐 아니라, 냉전시기 중국의 국가안보 전략, 대외전략의 수립 및 변화에 직접적으로 영향을 미쳤으며, 심지어 일부 특수한 시기에는 전면적 영향을 미쳤음을 알 수 있다. 만약 냉전시기 중국의 대외 정책이 미소 양국에 어떻게 대항할 것인지, 주변 국제환경을 어떻게 관리할 것인지에 중점이 있었다면, 중조관계는 이와 핵심적으로 결부된 사항이었다.

중조관계의 전모와 그것이 중국 지도부의 의사결정에서 차지했던 특수하고 중요한 위치를 이해하지 못하였기 때문에, 사람들은 다량의 연구 중에서 중국 외교의 전체적 국면과 중국 지도부의 외교사상, 특정 시기 중국의 외교행위를 명확히 파악할 길이 없었다. 중국의 대외관계를 연구하는 학자들에게 과거에 그려진 역사라는 한 폭의 그림에 큰 결함들이 존재하고 있음을 상기시키고, 수많은 중대한 사건들의 인과관계에 대하여 재검토가 필요함을 알리는 것이 필자가 본서를 집필한 원인 중 하나였다.

같은 이유에서, 그 근거들은 상당히 제한적인 연구였다고 판명되었으며, 따라서 이에 기초한 조선반도 현 사태에 대한 관점 및 정책적 건의들 역시 새로이 검토되어야 한다. 본서는 충분한 역사문헌들을 이용하여 학계의 중조관계 인식에 문제점이 존재하며, 최소한 매우 단편적이었다는 점을 증명하였다.

중조 공산당의 역사적 연원

서장 중조 공산당의 역사적 연원

19세기말 중국과 조선 간의 종번관계가 종식됨과 동시에, 중조 양국은 동병상련의 처지가 되어 장기간 함께 일본 제국주의라는 공동의 적에 대항했고, 동일하게 소련공산당으로부터 지도를 받았다.[1] 모택동과 김일성이 만나기 훨씬 이전인 20세기 초부터 중국과 조선의 공산당원들 사이에는 이미 어느 정도 교류 관계가 있었다. 조선이란 국가는 당시 존재하지 않았기 때문에 혁명지사들의 항일투쟁 무대는 대부분 중국이 되었으며, 일부 조선공산당원들은 이후 부득이 중국공산당에 입당하여 중국혁명(특히 중국 동북지역의 항일투쟁)의 중요한 역량으로서 한 몫을 하였다.

제2차 세계대전이 끝나기 직전 복잡한 국제관계 상황으로 인하여, 스탈린은 전후 아시아에서 소련의 전략적 이익을 추구함에 있어서 중국공산당을 협력 대상으로 채택하지 않고, 조선반도 통제를 위해 조선의 공산주의자를 소련의 대리인으로 세우는 방법을 택하였다. 이 시기 중국과 조선(혹은 두 민족)의 공산당원들은 밀접하게 협력하고, 어깨를 나란히 한 채 함께 투쟁하였으며, 최종적으로 소련공산당의 지도하에 각각 독립적 혁명역량으로 성장하였다. 이러한

---

[1] 1952년 10월 소련공산당 제19차 당대회가 개최되기 전까지 소련공산당의 정식 명칭은 "러시아공산당(볼셰비키당, 이하 '볼'로 표기)", "소련공산당(볼)"이었고 간단히 "러공(볼)", "소공(볼)"이었다. 서술의 편의를 위해, 본서는 일반적인 경우 "소공"으로 표기하였다.

관계의 특징 및 성질은 이후로 큰 틀에서 중국공산당과 조선노동당의 관계, 중화인민공화국과 조선민주주의인민공화국의 관계의 방향을 결정하고, 동시에 제약하기도 하였다.

그 시기 국제공산주의 운동에서 각국 공산당은 일정한 독립성을 누렸지만, 코민테른(제3인터내셔널)의 한 지부로서 모두 모스크바(실제로는 소련공산당)로부터 수직적이고 직접적인 영도를 받았다. 그러면 이러한 체계에서, 중국공산당과 조선공산당은 대체 어떠한 관계를 유지하고 있었는가?

이 분야에 관해 외국의 연구 성과는 그다지 많지 않고, 전문적인 저작은 거의 없으며, 학술적 논문도 매우 드물다.[2] 이 시기 중조관계 역사에 관한 중국 학자들의 연구 성과가 상대적으로 많으며, 주로 두 가지 분야, 즉 중국 정부와 대한민국 임시정부 및 조선의 정치단체들과의 관계와 중국(특히 중국 동북지역)에 이주 혹은 체류하는 조선인들의 반일 활동 및 그들과 중국공산당과의 관계에 연구가 집중되었다.

이 밖에도, 동북항일연군 역사에 관한 수많은 연구에서도 일부 중조관계에 관련된 내용이 있다. 이 시기 중국공산당과 조선공산당원들 간의 관계에 대한 전문적인 연구는 최근 몇 년 사이에 큰 진전이 있었다. 주로 양소전(楊昭全) 선생의 저작과 논문들이다.[3]

그러나 필자가 보기에는, 중국의 중조 양당 관계에 대한 연구는 분명 일부

---

2) 외국 학자의 전문적 연구는 매우 적다. 조선공산당 초기 역사나, 조소관계의 역사에 관한 논의에서 일부 중조 양당 관계를 다룬 것은 비교적 많다(상세한 것은 다음 각주를 볼 것).

3) 楊昭全, 『中朝关系史论文集』, 北京: 世界知识出版社, 1988年; 楊昭全, 何彤梅, 『中国-朝鲜·韩国关系史下册』, 天津: 天津人民出版社, 2001年. 최근 십여 년간 이 분야의 논문이 많았다. 예를 들면, 石源华, 「论中国共产党与朝鲜义勇军的关系」, 『军事历史研究』 2000年 第3期, 51-58쪽; 金雄鹤, 「抗日战争时期中国共产党与朝鲜反日民族解放运动—以关内地区为中心」, 『朝鲜·韩国历史研究』 第12辑(2012年), 347-358쪽; 金春善, 「试论东北地区朝共党人转入中共组织及其影响」, 『延边大学学报』 2003年 第1期, 41-45쪽; 金成镐, 「试论朝鲜民族早期共产主义运动和共产党的建立」, 『韩国研究论丛』 第24辑(2010年), 49-73쪽; 权赫秀, 「关于朝鲜共产主义者支持中国共产党创建工作的若干实事」, 『朝鲜·韩国历史研究』 第14辑(2012年), 258-276쪽; 崔凤春, 「中共上海韩人支部」, 『朝鲜·韩国历史研究』 第13辑(2013年), 268-289쪽; 许永吉, 「论东北地区朝鲜共产党人介入中共问题」, 『朝鲜·韩国历史研究』 第13辑(2013年), 290-306쪽; 楊昭全, 「中国共产党与朝鲜·韩国独立运动(1921-1945)」, 『朝鲜·韩国历史研究』 第13辑(2013年), 338-365쪽 등이 있다.

결함이 존재하며 그 결함은 주로 세 가지 측면에서 나타난다.

첫째, 논술이 주로 일본과 한국학자들의 논문과 저서에 근거하고 있다. 인용한 문헌의 출처가 중국(동북항일연군) 당안을 제외하고는 대부분 정보 분석과 구두 진술 위주인 일본 문헌이며, 조선공산당의 발전과 중조 양당 관계에 직접 영향을 끼친 소련공산당 문건과 코민테른의 문건은 거의 이용되지 않았다.

둘째, 일부 중요한 사실, 예를 들어 조선공산당의 성립과 재건, 조선공산당의 명운에 관한 코민테른의 결정, 중국공산당이 조선 혁명가들을 수용하는 과정과 88여단의 형성 및 그 결말 등은 의견이 분분하고, 아직까지 역사적 사실이 확실하게 밝혀지지 않은 것이 많다.

셋째, 초기의 양국 공산당원 간의 관계에 대해 다수의 연구자들은 단지 일본 침략에 대한 공동 저항의 쌍방 이익과 피로 맺어진 전투적 우의만을 볼 뿐, 그 속에서의 양자 간의 불화와 갈등, 특히 소련이라는 변수가 한 역할에 대한 분석은 비교적 적다.

중조 양당 관계에 관한 역사 연구는, 주로 양국의 당안 문헌을 사용해야 함은 당연하다. 그러나 매우 아쉬운 것은, 조선 당안은 볼 수가 없고 중국이 공개한 관련 당안 역시 매우 제한적이라는 점이다.[4] 따라서, 코민테른 당안은 이 분야 연구에서 가장 중요한 자료가 되었다. 그러나 소련 해체 이전, 많은 관련 문헌이 이미 대량으로 출판(중국어 번역본도 다량 있다)되었음에도 불구하고, 그중에 조선공산당에 관한 내용을 포함하는 문건은 극히 적다.

러시아 당안의 개방 이후에야 그러한 상황이 개선되었다. 현재 조선공산당 초기 역사와 중조관계에 관련된 코민테른 당안은, 주로 러시아 국적 한인 학자 보리스 박이 편집한 『소련, 코민테른 및 조선독립운동』과 일본의 와다 하루키 교수가 편찬한 『소련공산당(볼), 코민테른과 조선』에 수록되어 있다.[5]

---

[4] 이 시기 역사 연구에서, 가장 주목할 만한 중국 문헌은 바로 중앙 당안관과 동북3성 당안관이 공동 편찬한 『东北地区革命历史文件汇集』(68권, 1988-1991년)이다. 아쉬운 것은 이 당안들이 동북항일연군 시기의 역사만 다루고 있다는 것이다.

[5] Пак Б. Д. СССР, Коминтерн и корейское освободительное движение: 1918-1925, Москва: ИВ РАН, 2006; Харуки Вада(отв. ред.)ВКП(б), Коминтерн и Корея, 1918-1941 гг., Москва: РОССПЭН, 2007.

본 연구는 기존 연구의 바탕 위에 러시아와 중국의 당안 문헌을 이용하여, 이 시기 역사 과정을 자세하게 정리하고 일부 중요 사실들에 대해 진상을 규명하였다. 이 기초 위에서 중조 양국의 공산당원 사이의 복잡성과 특수성을 분석하고 토론하였다.

조선공산당의 역사는 전·후기 두 시기로 나눌 수 있다. 전기는, 1919년 러시아에서 조선인 공산주의 단체가 조직된 이후부터 1935년 조선공산당의 재건 작업이 중단될 때까지이다. 후기는 1945년 조선공산당이 서울에서 재건되어 1949년 평양에서 조선노동당으로 흡수될 때까지를 의미한다.

조선공산당의 초기 역사는 다시 4단계로 구분할 수 있다. 제1단계는 1919~1920년 소련에서 조선인 공산주의 단체가 연이어 생겨나던 시기로서, 그중 가장 영향력이 큰 조직은 이르쿠츠크파와 상해-치타(시베리아 남동부의 도시-역자 주)파로, 이 두 파벌은 각각 소련공산당 서시베리아국과 소련공산당 극동국 분국의 지지하에 서로 경쟁하며 대립하였다.

제2단계는 1921~1924년 시기로서, 이 시기 코민테른은 양 파벌의 모순을 조정하고 연합하여 통일된 조선공산당을 조직하려고 시도하였다. 그러나 양 파벌의 대립이 너무나도 심각하여 공존이 불가능하자, 결국 이를 포기하였다.

제3단계는 1925~1928년 기간으로, 이 기간 공산당 창당 운동의 중심이 국내로 옮겨졌으며, 통일된 조선공산당 및 중앙위원회가 서울에서 조직되고 코민테른의 승인 역시 매우 빨리 받았다. 그러나 일본 통치자의 잔혹한 탄압 및 당내의 격렬한 계파 싸움으로, 조선공산당 조직과 중앙위원회가 연이어 4차례나 바뀌고도 존립이 어렵자, 코민테른은 할 수 없이 각 계파의 조선공산당 조직을 더 이상 승인하지 않을 것임을 선포하였다.

제4단계는 1929~1935년 기간으로, 코민테른은 공농(工農) 중심의 원칙을 강조하며, 조선내 공산주의 각 파벌을 통합하여 통일된 조선공산당 재건을 다시 시도하였다. 그러나 일본 당국의 삼엄한 통제와 특히 소련에서 시작된 정치적 숙청으로 제1세대 조선공산당원은 거의 남아있지 않게 되었으며, 코민테른 제7차대회 이후 재건 사업은 기본적으로 중단되었다.[6] 이후 일본이 패망할 때까지 조선공산당원은 조직상으로는 존재하지 않았다. 그들의 활동은 주로 중국에서 이루어졌고 그 구성원들도 기본적으로 중국공산당에 가입하였다.

1. 초기 중조 공산당원 간의 관계

중국공산당과 조선공산당 창당 이전 및 창당 초기에는 쌍방 간의 직접적인 교류가 별로 없었다. 그러나 공동의 신념과 추구하는 바가 그들을 함께 엮어 갔으며, 이는 주로 중국에 있는 조선 혁명가들이 개인 자격으로 중국공산당에 입당하여 중국혁명에 투신하는 것으로 나타났다. 소련과 조선에서 당 창당이 실패하고, 중국에서 국공 양당 관계가 깨진 이후, 조선공산당 사람들은 활동의 중심을 만주지역으로 옮겼다.

이때 중국공산당도 이 지역에서의 당 조직을 발전시키기 시작하였고, 아울러 혁명 활동의 주체로서 조선인의 역량을 이용하려고 시도하였다. 그러나 여러 방면으로부터 압력을 받아, 재만(在滿) 조선공산당의 각 계파 조직은 잇따라 자진 혹은 강제로 해산되었다.

코민테른의 지지를 받은 후 중국공산당은 조선 혁명가의 입당을 광범위하게 추진하여 만주에서의 세력을 빠르게 확대하였으며, 동시에 조선공산당 재건을 지원하는 책임도 맡았다. 9·18사변 이후 중공 중앙이 동북에서 무장 항일투쟁을 전개할 것을 호소하면서, 조선인들은 곧 무시할 수 없는 중요한 역량이 되었다. 중공의 투쟁 방침이 점차 항일투쟁 위주로 바뀜에 따라, 중조 양당의 요구는 완전히 일치하게 되었으며 중국 내 조선공산당원들은 결국 중국공산당 대오에 완전히 융합되었다.

러시아 10월 혁명 성공 이후, 1919년 발생한 조선의 3·1운동은 조선공산주의 운동의 형성과 발전을 촉진시켰고, 중국의 5·4운동 역시 중국의 1세대 지식인들에게 러시아 혁명과 마르크스주의를 추구하게 하였다. 중조 양국의 공산주의자들 모두 마르크스주의 이론과 코민테른의 지도를 받아들였고, 조선공

---

6) 초기 조선공산당의 역사에 관한 상세한 연구는 다음을 참조할 것. 沈志华, 崔海智, 「朝鲜共产党早期历史再述: 国外篇(1919-1924)」, 『韩国研究论丛』 第27辑(2014年), 71-97쪽; 「朝鲜共产党早期历史再述: 国内篇(1925-1935)」, 『韩国研究论丛』 第29辑(2015年), 107-129쪽.

산당원들은 환경의 제약을 받아 점차 활동무대를 중국으로 옮겼다. 공동의 사상적 바탕과 지리적 밀접성으로 그들은 처음부터 상대방을 전우로 인식하였다.

그러나 현재까지의 사료를 보면 비록 같이 코민테른의 지도와 지지를 받았지만 조선공산당이 수립되고 30년대에 소멸될 때까지, 중조 양당 사이에는 직접적이고 수평적인 조직관계가 수립된 적이 없었다. 그들의 관계는 주로 조선공산당원과 혁명가들이 개인 자격으로 중국공산당과 교류 혹은 연락하거나, 직접 중공에 가입하는 것으로 나타났다.

1920년대 초까지, 조선 혁명운동에 대한 중국공산당의 지지는 주로 두 가지 방식으로 나타났다.

첫째는 여론과 도의적 지지이다. 조선의 3·1운동 발발 시, 이대교(李大釗)와 진독수(陈独秀)가 발간하던 『주간평론(每周评论)』, 모택동의 『상강평론(湘江评论)』, 주은래의 『천진학생연합회회보(天津学生联合会会报)』와 『각오(觉悟)』는 모두 조선의 독립운동을 높게 평가하고 열렬한 지지를 표하면서, 조선인민의 독립투쟁 사업에 지대한 성원을 보냈다.[7] 중국공산당 발기인 중 한 명인 진독수 자신도 글에서 조선인민의 불요불굴과 영용한 저항 정신을 크게 칭송하였다.[8]

둘째, 한중호조사(韓中互助社) 등 민간 조직의 건립이다. 1920년 겨울부터 중국 내 조선 혁명지사들은 한중 협력을 부단히 호소하였으며, 이에 저명한 대법률가 시양(施洋)이 가장 먼저 호응하고, 1921년 1월 무한(武汉)에서 중한국민호조사(中韩国民互助社)를 창설하였다. 그 후 전국 각지에 이를 모방한 호조사가 생겨났으며, 심지어 광동호법정부(广东护法政府)도 그 가운데 참여하여 광동중한협회(广东中韩协会)를 만들었다.[9] 이 과정에서 중국 공산당원들의 활동도 있었다. 1921년 3월 14일, 모택동, 하숙형(何叔衡) 등은 조선인 친구 이희춘(李熙春), 이약송(李若松) 등과 협력하여 장사(长沙)에서 중한호조사를 공

7) 杨昭全, 何彤梅, 『中国-朝鲜·韩国关系史』 下册, 802-803쪽.

8) 陈独秀, 「朝鲜运动之感想」, 『每周评论』 第14号(1919년 3월 23일). 다음에서 재인용. 任建树, 张统模, 吴信忠编, 『陈独秀著作选』 第1卷, 上海人民出版社, 1993年, 509-510쪽.

9) 崔奉春, 玄千秋, 「"中韩互助社"的活动」, 中国朝鲜族历史足迹丛书编辑委员会编, 『火种·中国朝鲜族历史足迹丛书(2)』(조선어판), 北京: 民族出版社, 1995年, 647-654쪽.

동으로 조직하였다. 이 조직에서 모택동은 통신부 중국 측 주임을, 하숙형은 선전부 중국 측 주임을 맡았다.[10]

조선공산당원들의 중국공산당에 대한 도움과 지지에 관해서, 중국학자들은 "당시 상해에 있는 중조 양국 공산주의자의 초기 조직 및 그 구성원 간에는 매우 밀접한 교류와 협력 관계를 유지하고 있었으며", 최소한 상해의 조선 공산주의자와 그 조직은 "상해지역 중국공산당 초기 조직의 성립과 발전을 추동한 중요한 외부 요인이었다"고 단언하였다. 더 나아가 1921년 중국공산당 조직의 성립과 "동아시아 최초의 공산당 조직으로서 한인사회당(韩人社会党) 및 그 핵심분자들의 활동이 서로 직접적 영향을 미쳤음은 의심할 바 없다. 대한민국 임시정부 세력의 중국공산당 초기 창당 작업에 대한 도움과 지지도 이와 같이 이해할 수 있다"고 주장하였다.[11] 필자가 보기에, 이 주장들은 아직 사료적 근거가 불충분하기 때문에 현재로선 이런 판단은 시기상조로 보인다.

러시아 내에서의 조선인 최초의 공산주의 조직인 "한인사회당(韩人社会党)"의 지도자 이동휘(李东辉), 박진순(朴镇淳)이 제2차 코민테른 회의에 참석한 이후, 중국에 와서 북경과 상해 등지에서 중국공산당 창설자 이대교와 진독수를 만났다는 논문이 있지만, 사료의 출처를 밝히는 주석이 없어 확인할 방법이 없다.[12] 어떤 학자는 초기 공산주의운동에 참가했던 양영현(梁泳泫)의 회고에 근거하여, 중국공산당 창당을 돕기 위해 중국에 파견된 코민테른 대표 "보이틴스키(G. N. Voitinsky)가 상해 진독수의 아파트에서 한국 민족주의자와 공산주의자를 만났다"고 밝히고 있다.[13]

이 밖에도 또 다른 사료는 보이틴스키가 양명헌(杨明轩) 및 조선인 혁명가 안모(某)와 함께 1920년 8월 상해로 와서, 중국공산당 창당 준비 작업 진행을 도왔다고 서술하고 있다. 이는 코민테른 대표가 중국에 와서 중공의 창당 작업

10) 中共中央文献研究室编, 『毛泽东年谱(1893-1949年)』 上卷, 北京: 人民出版社, 中央文献出版社, 1993年, 82쪽.

11) 权赫秀, 『关于朝鲜共产主义者支持中国共产党创建工作的若干实事』, 273, 274쪽.

12) 金泰国, 「犹如雪花般飞到朝鲜族地区的马克思主义书籍和刊物」, 『火种』, 408-413쪽.

13) 梁泳泫, 「解放别录」, (香港) 『自由人』 76号(1951年), 다음에서 재인용. 权赫秀, 『关于朝鲜共产主义者支持中国共产党创建工作的若干实事』, 271-272쪽.

을 도왔다는 점을 증명할 수 있고, 동시에 조선혁명가와 진독수 사이에 일부 접촉과 협력이 있었음을 말해줄 수는 있지만,[14] 그것은 단지 개인 간의 왕래일 뿐 조선공산당 조직과 중공 창당 준비자들 사이에 직접적인 접촉이라고 말하기는 매우 어렵다. 조선공산당 당원 김만겸(金万谦)과 안병찬(安秉瓉)이 코민테른 대표와 함께 중국에 와서 활동을 하였다는 주장 역시, 단지 그들과 코민테른의 관계를 보여줄 수 있을 뿐, 이것이 꼭 조선공산당원과 중국공산당원 사이에 연계가 있었다는 결론을 도출하는 근거는 될 수 없다.[15]

그 외에도 설명이 필요한 두 가지 사건이 있다.

첫째, 조선공산당원이 중국공산당의 창당을 도왔다는 문제에 관해 중국공산당 초기 지도자 왕약비(王若飞)의 설명에 따르면, 1919년 조선인 박진순이 코민테른의 명을 받아 중국에 와서 중공의 창당 사업을 도왔다.[16]

그러나 일부 학자의 논증으로는, 박진순은 실제로는 임시정부 총리 이동휘(조선공산당 상해파의 지도자)를 통해 연락하고, 도운 것은 황개민(黄介民) 등이 조직한 대동당(大同党)이라고 한다.[17] 당연히 대동당은 공산당이라 할 수 없다. 다만, 당시 중국의 사회사상이 활기를 띠고 파벌이 난립하여, 코민테른도 서둘러 동방에서 공산주의 운동을 추진하던 상황하에서, 이러한 상황이 일어나는 것은 매우 정상적이다. 박진순이 임무를 완수하지는 못했지만, 어쨌든 조선공산당인으로서 최선을 다하였다고 할 수 있다.

둘째, 대한민국 임시정부와 중국공산당 창당과의 관계이다. 장국도(张国焘: 중공 창당 발기인 중 한 명)의 회고에 따르면, 당시 대한민국 임시정부는 그에게 자신들이 모스크바와 관계를 맺고 있으며, 소련 임시정부와도 외교관계 수립을 준비 중이라고 말하였다고 회고하였다.

---

14) 「清算陈独秀」, 『现代史资料』第4 集(1935年); 崔志鹰, 「在旧上海的朝鲜共产党人」, 『档案与史学』 1996年 第2期, 62-63쪽.

15) 다음을 참고. 权赫秀, 『关于朝鲜共产主义者支持中国共产党创建工作的若干实事』, 268-272쪽.

16) 王若飞, 「关于大革命时期的中国共产党」(1943년 12월 20일과 21일 연안에서의 강연록 원고), 『近代史研究』 1981年 第1期, 41쪽.

17) 李丹阳, 「朝鲜人 "巴克京春" 来华组党述论」, 『近代史研究』 1992年 第4期, 164-166쪽. 巴克京春은 朴镇淳(Park Jin-sun)의 음역 표기이다.

이 밖에 영국의 정보자료에도, 1920년 2월 상해 영락호텔에서 한국 임시정부 외무위원 이광수(李光洙)가 주탁문(朱卓文: 중국의 노동운동가) 및 이한준(李汉俊: 중공창당 발기인 중 한 사람)과 회의를 개최하였으며, 회의 후에도 일련의 활동을 하였다고 기술하고 있다. 당시 이동휘 등 조선공산당원들은 확실히 임시 정부 내에서 주도적 역할을 담당하고 있었으며, 이광수 또한 이동휘의 위임을 받았을 가능성이 있다. 그러나 장국도가 회고한 대로, 이대교와 진독수는 이들 임정 인사들이 마르크스주의에 대한 지식이 극히 적고, 단지 당시 유행하던 공산주의를 따르는 것일 뿐이라고 보고, 그들과의 협력에 별 관심을 가지지 않았다.[18]

▲ 1920년 7월, 공산국제(코민테른) 제2차 대회에 참석한 조선대표 박진순(우측 3번째), 레닌 옆에 앉아 있다.

따라서, 상술한 두 사건 모두 당시 조선공산당과 중국공산당원 사이에 직

18) 张国焘, 『我的回忆』第1册, 现代史料编刊社, 1980年, 82쪽; 李丹阳, 『朝鲜人"巴克京春"来华组党述论』, 167-168쪽.

접적 연계가 있었다는 점을 설명할 수는 없으며, 조선공산당이 중국공산당원에게 그 어떤 도움을 주었다는 사실은 더욱 증명할 수 없다. 물론 이것이 조선인들이 코민테른의 위탁을 받고 중국에 와서 중국공산당원과 관계를 맺으려한 것을 배제하는 것은 아니며, 심지어 조선인들은 원래 그런 의도가 있었을수 있다.

조선공산당이, 중국공산당 창당을 도왔음을 설명할 수 있는 분명한 정황이하나 있다. 과거 일부 연구에 의하면 한인사회당이 코민테른 자금을 중국인들에게 전달하여 중국에서 중국공산당의 창당을 도왔다는 것이다. 어떤 이는20,000위안(元) 어떤 이는 11,000위안이라고 하며, 어떤 이는 중국공산당에, 어떤 이는 대동당 혹은 사회당에 돈을 전달하였다고 서술하였다.[19]

실제 상황이 어떤지에 관해 얼마 전 러시아가 공개한 코민테른의 당안 두건이 자세하게 설명하고 있다. 그중 한 문건은 1921년 4월 28일 한인사회당에서 모스크바에 파견한 대표 이한영(李翰榮)이 러시아 외교인민위원에게 제출한 보고서로, 코민테른에서 수령한 자금의 사용 내역을 설명한다. 이한영의 보고서에 따르면 그는 혼자 200만 루블(지폐)을 가지고 중국에 도착한 후, 그중상해의 "중국의 사회주의 지도자 진독수에게 20,000엔(일본 화폐 – 역자 주)을제공하여 당 창건을 위하여 사용하도록 하였다"고 보고하였다.[20]

또 다른 당안은, 같은 해 10월 16일 이동휘와 박진순이 외교인민위원 치체린(G. V. Chicherin)에게 보고한 문건이다. 당시 이동휘와 그의 비서 김립(金立)이 모스크바에서 가져 온 지원금을 유용 혹은 횡령하였다는 소문이 있었기 때문에, 이 보고서는 지원 자금의 원천과 용도 및 방향 등에 관하여 매우 명확하게 설명하였다

이 보고서에서 조선공산당(상해파)은 모두 두 차례 모스크바로부터 자금을

19) 다음을 참고. 李丹阳, 『朝鲜人"巴克京春"来华组党述论』, 164-166쪽.
20) АВПРФ, ф.0146, оп.8, д.36, л.29-30, Пак Б. Д. СССР, Коминтерн и корейское освободительное движение, pp.211-213. 당시 1엔은 금화 약 1루블 또는 0.5달러에 해당한다는 설명이 있다. Robert Scalapino and Chong-Sik Lee, *Communism in Korea*, Berkeley: University of California Press, 1972, p.19.

수령하였다. 즉 1920년 3월 이한영이 이르쿠츠크에서 코민테른으로부터 400만 루블(구 러시아, 두마, 및 소비에트 세 종류의 지폐로 나누어)을 수령하였다. 그러나 출발도 하기 전에 러시아 외교인민위원회 전권부(副)대표 사바렌스키 (F. P. Savarenski)에게 수령액의 절반인 200만 루블을 빼앗겼으며, 북경 도착 후 극동공화국 전권대표 루린(I. Iulin)에게 다시 100만 루블을 빼앗겼다. 결과적으로 이한영은 실제 100만 루블만 수령한 셈이다.

1920년 9월, 외교인민위원회는 모스크바에서 이동휘와 박진순에게 금화 40만 루블을 교부하였으며, 그중 4만 루블은 북경으로 돈을 운반하던 사람이 살해를 당하는 바람에 분실하였고, 3만 루블은 치타에서 조선공산당 중앙위원 박애(朴愛)에게 주었으며, 상해에 도착한 이후 또 6만 루블을 한현(韓玄)에게 주어 러시아로 가져가도록 하였다. 따라서 실제 사용한 액수는 금화 27만 루블이었다.

보고서에 따르면 이 두 차례의 지원금은 상해에서 중국 화폐 254,300대양(大洋, 멕시코 은화)으로 환전되었다. 보고서는 1921년 6월 1일까지의 이 자금의 사용 내역을 상세히 나열하였으며, 그중 일본공산당 중앙위원회에 2만 대양, 중공 중앙에 10,500대양을 제공하였고, 나머지는 모두 조선공산당 중앙위원회와 소속기관들에 배분되었다(치타파 서기처의 1,900대양을 포함).[21]

이로부터 알 수 있듯이 조선공산당(상해파)은 확실히 소련의 지원 자금을 중국공산당에 제공하였다. 그 금액은 10,500대양(일화로 20,000엔)으로서, 시점은 1921년 6월 이전이었다. 그러나 두 가지 문제를 설명한 문건들이 명확하지 않다.

첫째, 코민테른의 이 돈은 이한영이 직접 진독수(혹은 중공 중앙)에게 전달한 것인지, 혹은 중개인(조선인 또는 중국인)을 통해 전달했는지는 알 수 없다. 지금까지의 사료로는, 양국 공산당의 고위층 간에 직접적인 교류가 있었는지를

---

21) РГАСПИ, ф.495, оп.135, д.59, л.3-10, Харуки Вада ВКП(б), Коминтерн и Корея, 1918-1941гг., Москва: РОССПЭН, 2007, pp.147-151. 부연 설명하자면, 조선공산당에 제공한 경비 외에, 소비에트 러시아 정부는 1920-1921년 대한민국 임시정부 주 모스크바 전권대사였던 한형권(韓馨权)에 60만 대양(멕시코 은화)을 지원하였다. Пак Б.Д. СССР, Коминтерн и корейское освободительное движение, pp.83-84, 173-174을 참조; Scalapino and Lee, Communism in Korea, pp.19-20.

증명할 수 없다. 둘째, 중공 중앙(일본공산당 중앙을 포함)에 제공된 자금이 코민테른의 위탁을 받아 전달한 것인지, 아니면 조선공산당이 자발적으로 나누어 준 것인지가 불분명하다. 조선인들이 모스크바의 자금에 대해 서로 쟁탈전을 벌인 상황을 감안하면, 필자는 전자의 가능성이 크다고 생각한다.[22]

장국도의 회고에 따르면, 당시 중국공산당 창당 비용은 모두 개인적으로 출연하여 매우 어려웠다. 출연금은 이대교부터 북경대 러시아 교원까지 각 사람이 수 위안에서 수십 위안 등으로 다 달랐는데, 이대교는 가장 많이 출연하여 매월 자신의 월급에서 100위안을 납부하였다. 중국공산당 창당 초기, 중앙본부와 북경, 무한, 장사, 광주 등 지부의 매월 활동경비(생활보조금 포함)는 총 1,000여 위안이 소요되었다.[23]

종합해보면, 중조 양당의 창당 이전과 창당 초기 그들의 코민테른과의 관계는 그리 깊지 않았다. 앞에서 설명한 바와 같이, 러시아에는 많은 조선인들이 거주하였기 때문에 모스크바와의 관계가 비교적 일찍부터 시작되었고 그 관계 또한 매우 밀접하였다. 코민테른의 조선 공산주의자들에 대한 지원도 자연히 더 많을 수밖에 없었으며, 심지어 조선인들을 통해 중국에 가지고 들어가기도 하였다.

현재까지 사료로서 확실히 말할 수 있는 것은, 조선공산당원들은 분명 중국공산당 창당 작업을 도왔으며 주요하게 코민테른의 자금 일부를 전달한 것이었다. 그러나 그들은 중국공산당 창당 과정의 핵심 인물들과 직접적인 관계는 전혀 없었다. 따라서 만일 1919~1921년 사이 조선공산당이 중국공산당 창당 초기 간접적인 지원을 제공하였다고 하거나 혹은 코민테른과 중국 공산주의자 간의 일정 정도의 "교량 역할"을 하였다고 말한다면, 비교적 신뢰할 만한 결론이다.

---

[22] 조선공산당 내부 및 민족주의자 간 소비에트 러시아의 제공 자금을 놓고 벌인 분쟁과 상호 질책 관련 상세한 것은 다음을 볼 것. РГАСПИ, ф.495, оп.135, д.63, л.22-25, Пак Б.Д. СССР, Коминтерн и корейское освободительное движение, pp.361-368; Scalapino and Lee, *Communism in Korea*, p.21.

[23] 张国焘, 『我的回忆』 第1冊, 113-114, 152쪽.

• 1922년 1~2월 원동지역 각국 공산당 및 민족혁명단체 제1차 대표대회에 참석한 54명의 조선
대표들.

중조 양국 공산당의 초기 관계에서 주목해야 할 것은 중국공산당 건당 초기
부터 중국에 거주 혹은 활동하고 있는 수많은 조선인들이 중국의 혁명 활동에
투신하였으며, 그중 많은 조선인들이 중국공산당에 가입하였고 심지어 어떤 이
들은 중공의 고위간부까지 되었다. 다음은 중국 사료에 비교적 많이 등장하는
대표적인 조선인들이다.

최초로 중국공산당에 가입한 조선인은, 한낙연(韩乐然, 韩厂宇)이다. 그는
1898년 길림성 연변의 용정촌에서 출생하였으며, 1919년 블라디보스토크로 갔
다가 1920년 상해로 왔다. 처음에는 조선공산당의 조직 활동에 참가하였으나,
조선혁명가들의 내부 파벌 싸움에 실망해 중국 공산주의자들에게 접근하기 시
작했고, 1923년 상해 미술전문학교 재학 중에 중국공산당에 가입하였다. 졸업
후 봉천(奉天, 지금의 선양－역자 주)으로 가 염보항(阎宝航)과 친분을 맺었고
항일전쟁 이후 무한에서 유란파(刘澜波)와도 교류하였다. 중국공산당 조직원
으로서 추천을 받아 "동북구국총회(东北救亡总会)"의 선전 및 연락 책임을 맡

았다. 1938년 11월, 곽말약(郭沫若)이 지도하는 중화민국 군사위원회 정치부 제3청이 조직한 작가 및 예술가 연안 방문단의 일원으로 중공 중앙 소재지를 방문하고 모택동의 접견을 받았다. 1947년 비행기 사고로 사망하였다.[24]

초기 중공에 가입한 최연소 조선인은 주문빈(周文彬, 金成鎬)이다. 그는 1908년 평안북도 의주군에서 태어나 1914년 부친을 따라 중국으로 이주하였다. 1926년(18세) 고등학교 재학 시절 사회주의 사상 학습을 조직하고 같은 해 중공에 가입하였다. 1929년 북평(지금의 북경 – 역자 주)의 지하당 임무에 참가하고 연경대학(燕京大学)과 보인대학(辅仁大学)의 당조직 활동의 지도책임자가 되었다. 1936년 중공 당산시(唐山市)위원회 노동자위원회(工委)서기를 역임한 뒤 1939년에는 중공 기동(冀东: 하북성 동부 – 역자 주) 지역위원회 서기를 담임하였으며, 1943년에는 중공 기동특위(冀东特委: 하북성동부특별위원회) 조직부장과 란중(滦中: 지금의 당산지역 부근) 지역위원회 서기를 겸하였다. 1944년 10월 전투 중에 희생당하였다.[25]

중공에서 가장 먼저 군사 간부를 맡은 조선인은 양림[杨林 또는 杨宁, 毕士悌, 본명은 김훈(金勋)]이다. 그는 1898년 평안북도에서 태어났고 아버지가 1919년 3·1운동에 참가하여 살해당한 후 중국 동북에 망명하였다. 1921년 운남 강무당(讲武堂)에 입학한 뒤 졸업 후에는 광동에 가서 황포군관학교 구대장(区队长)을 맡았다. 1925년 중공에 가입하였고 후에 북벌, 남창기의(南昌起义), 광주폭동(广州暴动)에 참가하였다. 1928년 7월 소련 중산대학과 모스크바 보병학교에 파견되어 수학하였다. 1930년 중국으로 돌아온 후, 만주성위(满洲省委: 만주성위원회, 이하 만주성위 – 역자 주) 군사위원회 서기와 동만특위(东满特委, 동만주특별위원회 – 역자 주) 군사위원회 서기를 역임하였다. 1932년 7월 중공 중앙의 명을 받아 상해로 간 후, 중앙 소비에트로 전출되어 노동 및 전쟁

---

24) 崔龙洙,「人民艺术家韩乐然」, 中国朝鲜族历史足迹丛书编辑委员会编,『决战·中国朝鲜族历史足迹丛书(4)』(조선어판), 北京: 民族出版社, 1991年, 469-480쪽; 盛成等编著,『缅怀韩乐然』, 北京: 民族 出版社, 1998年.

25) 韩今玉,「富有名望的政治活动家周文彬」, 中国朝鲜族历史足迹丛书编辑委员会编,『烽火·中国朝鲜族历史足迹丛书(3)』(조선어판), 北京: 民族出版社, 1989年, 503-509쪽; 韩俊光 主编,『中国朝鲜族人物传』, 延吉: 延边人民出版社, 1990年, 273-286쪽.

위원회 참모를 역임하였으며, 그 후 무장부(武裝部) 참모장을 지냈다. 1935년 홍군을 따라 대장정에 참가한 후 섬북(陝北)에 도착하여 홍군 제15군단 75사단 참모장을 맡았다. 1936년 초 동도황하(东渡黄河) 작전 중 사망하였다.[26]

중공의 간부 중 가장 유명한 조선인은 무정(武亭, 金武亭)이다. 그는 1905년 함경북도 경성군에서 태어나 1923년 중국에 망명하였다. 먼저 북평문화대학에서 중국어를 배우고 1924년 북방군관학교(포병과)에 입학하였다. 1925년 중국공산 당에 가입하여 북벌전쟁과 광주기의에 참가하였다. 그 후 상해로 가, 중공 한인 지부에서 활동하였으며 1929년 체포되었다가 출옥한 뒤, 홍콩을 거쳐 다시 강서 소비에트에 갔다. 1934년 10월 홍군을 따라 장정에 참가하였고 사령부 작전과장 을 맡았다. 항일전쟁 발발 후 팔로군(八路軍: 항일 전투에 참가한 중국공산당의 주력부대 중 하나 – 역자 주) 사령부 작전과장을 맡으며 주덕(朱德)과 팽덕회(彭 德怀)의 깊은 신뢰를 받았다. 1938년 팔로군 포병단 단장을 역임하고 유명한 백 단대전(百团大战)에도 참가하였다. 1941년 화북조선청년연합회와 조선의용대를 조직하였다. 1941년 10월에는 외국인 항일지도자 자격으로 연안에서 개최된 "동 방민족 반파시즘 대표대회"에 참석하였다. 그의 초상화는 모택동의 초상과 함께 나란히 회의장에 걸렸다. 항일전쟁 승리 후 조선으로 귀국하였다.[27]

김산(金山, 张志乐)은 중공의 보안부서에 의해 비밀리에 총살을 당한 조선인 중공당원이다. 그는 1905년 평안북도 용천군에서 태어나 1919년 조선을 떠났 다. 1921년 북경 국립협화의과대학에 입학하여 재학 중 중국의 초기 공산주의 자들과 접촉하기 시작하였다. 이대교, 구추백(瞿秋白)과 만나 친분을 맺으며 큰 영향을 받았다. 1925년 광주에서 중공에 가입하였고, 이후 황포군관학교 교 도단에 들어갔다. 광주기의가 실패한 후, 해륙풍(海陆丰: 지금의 광동성 산미 시(汕尾市) 일대의 지명 – 역자 주) 소비에트에 들어갔으며, 팽배(澎湃)의 소개 로 홍콩의 중공 당 조직에 가입해 활동하였다. 1929년 북방으로 올라와 중공

26) 李政文,「杰出的军事家杨林」,『烽火』, 464-473쪽; 韩俊光 主编,『中国朝鲜族人物传』, 103-114쪽; 中共党史人物研究会编,『中共党史人物传』第16卷, 西安:陕西人民出版社, 1984年, 165-176쪽.

27) 金淳基,『朝鲜义勇军司令员』,『决战』, 337-357쪽; 朱芹,「朝鲜义勇军司令武亭将军」,『军事历史 研究』 2009年 第2期, 132-138쪽.

북평시위원회 조직부장을 맡았다. 1930년 12월 체포되어 조선으로 압송되었으나 후에 증거 불충분으로 석방되었다. 1931년 북평으로 돌아온 후, 현지 당조직으로부터 의심을 받아 당적을 회복할 수 없었다. 1936년 8월, 조선민족해방동맹 대표 자격으로 섬감녕(陝甘寧) 소비에트로 온 뒤 홍군군정대학 교관에 배정되었다. 1938년 8월, 미국 작가 님 웨일즈(애드거 스노우의 부인)와 친밀하게 교류한 것 때문에, 연안 보위부의 의심을 받아 조사도 없이 비밀리에 처형되었다.[28]

중공으로 이적한 조선공산당 간부로는 이철부(李铁夫, 韩伟健)가 있다. 그는 1901년 함경남도 홍원군에서 태어나 1919년 소련에 갔다가 중국으로 왔으며, 다음해 일본 와세다대학에 입학하여 수학하였다. 1924년 서울로 돌아와 1926년 12월 조선공산당(ML파)에 가입하고, 조선공산당 제2차대표자대회에 참석하여 제3차 중앙위원회 위원으로 선출되었다. 조선공산당 조직이 붕괴된 이후 1928년 상해로 망명한 후 중공에 가입하였으며 화북지역에 파견되어 업무를 수행하였다. 1932년 중공 하북성위 선전부장과 조직부장을 맡았다. 1933년 체포되었으나 곧바로 당 조직에 의해 감옥에서 구출되었다. 1934년 당적을 회복하였지만 그 후 좌경 모험주의에 반대한 것 때문에 "철부노선(铁夫路线)"과 우경 취소주의(取消主义)자라고 비판받았다. 1936년 봄 중공 중앙이 당내 좌경 오류를 시정한 후, 천진시위원회 서기로 임명되었다. 1937년 5월 연안의 중공 백구(白区: 중공이 국민당 통치구역 내 만든 조직 – 역자 주) 공작회의에 참가하고, 모택동을 만났다. 같은 해 7월 불행하게 병사하였다.[29]

조선에 돌아간 후 최고위직에 오른 인물은 최용건(崔庸健, 崔石泉)이다. 그는 1900년 평안북도 용천군에서 태어나 중학교 재학 시절 반일 활동을 조직한

28) 崔龙水, 金德泉, 「朝鲜族杰出的革命家——张志乐」, 『烽火』, 479-493쪽; 尼姆·韦尔斯, 金山, 『在中国革命队伍里』, 江山碧译, 香港: 南粤出版社, 1977年, 26-27, 76-191, 201쪽. 웨일즈는 책에서 (pp.11-23) 자신이 김산과 나눈 대화를 자세히 서술하였고, 김산을 자신이 동방에서 만난 "가장 매력적인 인물 중 하나"이며 그는 매사에 추종자가 아닌 "지도자"로서 생각하였다고 말하였다. 1983년 1월, 중공 중앙조직부는 『关于给金山平反恢复党籍的决定』를 출간하였다. 韩俊光 主编, 『中国朝鲜族人物传』, 239쪽.

29) 金亨直, 「誓死反对"左"倾路线的李铁夫」, 『烽火』, 494-502쪽; 中共中央党史研究室, 『中国共产党历史』 第1卷, 北京: 中共党史出版社, 2011年, 439-440쪽; 中共党史人物研究会编, 『中共党史人物传』 第30卷, 西安: 陕西人民出版社, 1986年, 168-195쪽.

혐의로 형을 선고 받았으며 1922년 중국에 망명하였다. 먼저 천진 남개대학에서 수학하고, 후에 운남 강무당으로 옮겼다. 1925년 황포군관학교 제5기 6구대장에 임명되었고, 1926년 중국공산당에 가입해 북벌과 광주기의에 참가한 뒤, 흑룡강 지역으로 옮겨 혁명 활동을 전개하였다. 1936년에는 동북항일연군 제7참모장을 맡았고, 항일연군이 소련으로 퇴각한 후 교도여단(제88여단)이 조직되자, 부참모장과 중공 동북지역당위원회 서기를 역임하였다. 1945년 10월 조선으로 돌아갔으며 후에 김일성에 이어 당정의 2인자가 되었다.[30]

1930년대 젊은 조선 공산주의자들이 대거 중국공산당에 가입하기 이전, 상술한 인물 외에도 중공에 가입한 인물들이 있지만 그 수는 많지 않다. 이들은 항일전쟁 이후 연안에 온 많은 조선인들과는 다르다. 그들은 당시 중공의 간부들 사이에서 외국인으로 취급받지 않았다. 이 시기 비교적 특수한 상황이 있는데 즉, 중공 조직 내에 조선인 지부가 독자적으로 있었다는 점이다.

제1기 조선공산당과 조선공산당 중앙이 해체된 후, 일부 간부들은 상해로 망명하여 조선공산당 국외국(해외부)을 조직하였으나 제2기 조선공산당 중앙위원회의 비준을 받지 못하였다.[31] 따라서 1926년 4월 조선공산당 상해지부가 성립되었고 주요 간부로는 홍남표(洪南杓, 책임서기), 양명(梁明), 조봉암(曺奉岩), 구연음(具然饮 ,具沧海) 등이 있었다. 얼마 뒤엔 조선공산당 북경지부도 결성되었다.[32] 동시에 조선공산당 만주총국과 그 예하 지부들도 성립되었다.[33]

그러나 이러한 행위는 코민테른의 규정을 위반하는 것이었다. 앞서 1924년 6월 코민테른 제5차대회에서는 "일국일당" 원칙을 결정하고, 한 국가에서는 오직 하나의 공산당 조직만이 코민테른에 가입할 수 있도록 규정하였다. 어느 한 국가의 공산당원이 타국으로 옮기도록 승인을 받으면, 반드시 소재국 공산당에

30) 국방부 군사편찬연구소 편, 『소련 군사고문단장 라주바예프의 6 · 25전쟁보고서(1)』(러시아 당안 영인본), 서울, 2001년 6월, 35-37쪽; 중국외교부당안관, 204-01496-05; 姜万吉, 陈文寿 译, 『韩国现代史』, 北京: 社会科学文献出版社, 1997年, 85-86쪽.

31) РГАСПИ, ф.495, оп.135, д.124, л.103-103об, Харуки Вада ВКП(б), Коминтерн и Корея, с.368-370; 崔凤春, 『中共上海韩人支部述论』, 29-30쪽.

32) 杨昭全, 何彤梅, 『中国·朝鲜 · 韩国关系史』, 824-825쪽.

33) 만주 문제는 상당히 복잡하여 뒤에 상세히 서술할 것이다.

가입해야만 하였다.[34]

1925년 9월 21일, 코민테른 집행위원회는 재차 "중국의 조선공산당 조직은 전(全)조선공산주의 조직의 부분 조직으로 간주하고 조선공산당 중앙의 지도 하에 있지만 업무 수행에 관해서는 반드시 중국공산당과 협의를 진행해야 한다"고 규정하였다.[35] 11월 9일, 코민테른 동방부는 조선공산당 중앙에 보낸 서신에서 "국외(소련을 포함)의 조선공산당 조직은 조선의 국내 사무에 간섭할 수 없으며, 동시에 국외에서 독자적으로 조선공산당이 존재하는 것도 불허한다"고 통보하였다.[36] 이 규정에 따라 중국 내의 모든 조선공산당 조직은 국내의 조선공산당 중앙위원회의 지도를 받아야만 했지만, 문제는 조선공산당의 내부 투쟁이 매우 심각한 수준이었다는 점이다.

1926년 9월부터 1927년 12월 사이, 제3기 조선공산당 중앙위원회는 코민테른의 승인을 받았지만, 빈번한 내부의 파벌 갈등으로 당서기가 5번이나 바뀌었다.[37] 해외로 망명한 조선인들은 조선 내 조선공산당 중앙위원회 지도를 원치 않거나 제한된 여건으로 인해 지도를 받을 수 없는 상황에 처하게 되었다. 동시에 독자적 당 조직을 재건할 수도 없는 상황에 놓이게 되었다. 따라서 그들은 코민테른의 규정을 따라 중국공산당에 집단적으로 가입하였다. 중공 강소성위원회 산하 상해 프랑스조계 남부 한인특별지부는 바로 이러한 상황에서 출범하였다.[38]

1926년 9월 상해 한인지부가 창립되어 여운형(呂运亨)이 창립대회를 주재하

---

34) 珍妮·德格拉斯选编, 『共产国际文件』 第2卷, 北京编译社译, 北京: 世界知识出版社, 1964年, 165, 171쪽.

35) РГАСПИ, ф.495, оп.135, д.104, л.60-62, Харуки Вада ВКП(б), Коминтерн и Корея, с.338-340.

36) РГАСПИ, ф.495, оп.135, д.106, л.40-44, Харуки Вада ВКП(б), Коминтерн и Корея, с.344-346.

37) РГАСПИ, ф.495, оп.1, д.27, л.131-134; оп.135, д.156, л.33-58а, Харуки Вада ВКП(б), Коминтерн и Корея, с.502-504, 477-493; Scalapino and Lee, *Communism in Korea*, p.87.

38) 기존 연구는 모두 중공 한인지부가 코민테른 규정에 의거해 설립되었다고 주장하고 있는데, 물론 틀린 말은 아니지만, 주목할 필요가 있는 것은 조선인들의 본의는 그렇지 않았고, 국외국(또는 해외부) 설립 요구가 거절당한 뒤로, 다급한 상황에서 이렇게 한 것이다. 중공은 조선인들을 단체로서 중공 조직으로 수용하였다. 주된 고려사항은 언어가 통하지 않아, 개인 자격으로는 중국의 조직활동에 참여하기 어려웠다. 다음을 볼 것. 『东北地区革命历史文件汇集』 乙2, 29-30쪽.

고 조봉암이 보고를 하였다. 회의에서 선출된 지부위원은 홍남표(책임서기), 여운형(조직부장), 현정건(玄鼎健, 선전부장) 등이었다. 회의에서는 토론을 거쳐 중국공산당에 가입할 것과 중공의 강령과 당헌을 준수하여 활동할 것을 결정하였다.

상해의 많은 조선인들이 프랑스조계에 거주하고 있고, 불과 1개월 전 조직된 중공 프랑스조계 남부지역위원회의 활동 범위가 중공 프랑스조계위원회와 중공 상해시 남부위원회의 관할하에 있었기 때문에, 여운형 등에게 위임하여 중공 프랑스조계 남부위원회와 연락을 취해 입당 등 필요한 관련 수속을 밟도록 하였다. 상해지부 임시 사무실은 포석로(蒲石路, 현재의 장악로) 128호 여운형 자택에 두었다가, 후에 뇌미로(雷米路, 현재의 영강로) 30호로 옮겼다. 한인지부에는 중국에 있는 일단의 조선 공산주의자들과 혁명 청년들이 모여들어 당원 수가 30~40명에 달하였다.

상해지부 서기를 맡은 사람은 김원식(金元植, 金炯善), 황훈(黃勛, 崔重鎬), 조봉암, 구연음 등이었으며, 무정, 이철부, 김산 등 중공에 참여한 조선 혁명가들도 이 조직에서 활동하였다. 중공 특파원 왕하영(汪河荣), 임원조(林远祖) 등이 지부 업무의 지도를 맡았고 매월 두 세 차례 회의를 개최하여 중공의 활동 상황과 행동 계획을 전달하였다.

1927년 제1차 국공합작이 파기된 후, 한인지부는 비밀조직으로서 다수의 외곽 조직을 통해 선전이나 집회, 시위 및 파업 선동, 모금활동 등의 활동을 전개하였다. 한인지부는 또, 중공이 위임 혹은 지시한 임무들을 수행하였다. 가령, 1930년 7월에서 1931년 4월 사이 홍남표와 김명시(金命时)는 상부의 지시로 북만주에 파견되어 조선공산당 만주총국 성원들이 중공에 가입하도록 하였으며, 1931년 전후 무정, 장태준(张泰俊), 한용(韩镕) 등 십여 명의 당원들은 명을 받고 강서 소비에트로 들어가 업무를 수행하였다. 이후 중국(국민당) 당국, 프랑스조계 경찰서, 일본총영사관 경찰 등의 탄압으로 인해, 한인지부 구성원 대부분은 체포되거나 상해를 떠났으며, 1933년 1월 9일 김단야(金丹冶)가 지부회의를 소집하여 활동을 잠시 중단할 것을 결정하였다.[39]

이 기간, 조선공산당 중앙위원회는 한인지부를 통해 중공 조직과 접촉을 시도하였다. 광주기의 실패 후, 많은 조선 혁명가들이 상해로 모여들어 한때 상해 한인지부의 숫자는 배로 증가하여 그 수가 80여 명에 달하였다. 조선공산당 중앙위(ML파)는 즉시 상해로 대표를 파견, 한인지부를 통해 중공 프랑스조계 남부위원회와 접촉하고 중조 양당 간 연락처를 구성하는 문제를 논의하였다. 1928년 2월, 양명이 상주 대표로서 중공과 접촉을 계속하였다.

그러나 뜻밖에도 한인지부 내에 내부 분열과 상호 비난이 난무하였다. 중공 프랑스조계위원회는 한인지부 내부의 화해를 중재할 의향이 있었지만 상황이 불분명하고 의사소통도 되지 않아 포기하였다. 그 후 중공 프랑스조계위원회는 조선공산당과의 관계 수립에 흥미를 잃고, 중조 양당 간의 지부 관계 또한 소원해졌다. 결국 양명도 상해를 떠났다.[40]

한인지부에 대한 중공의 판단과 태도는 당시의 중공 당안에서도 산발적으로 확인할 수 있다. 예를 들어 1928년 7월 상해 한인지부에 대해 중공 프랑스조계위원회는 "책임자가 훌륭하고 능력도 있으며", "한인 민중들에 깊이 파고 들 수 있다"라고 평가하였다. 1932년 4월, 중공 프랑스조계위원회가 대표자대회를 개최하였을 때, 한인지부 대표가 회의에서 보고를 하고 회의는 한인지부의 특수성을 강조하여 "조선민족의 독립과 해방, 반제국주의 전쟁 임무 완성을 지원"할 것을 결의하였다.[41]

제1차 국공합작 시기, 혁명의 발원지 광동 역시 중국에 온 조선 혁명가들의 활동 중심지였다. 1926년 11월 22일 광주 주재 일본 총영사관 경찰부 통계자료에 따르면, 당시 광동지역의 조선인은 총 405명에 달하였고 그중에는 코민테른이 소련군사학교 졸업생 중 광동 국민정부의 각 군사 직책에 파견한 조선인

---

39) 崔凤春, 『中共上海韩人支部』, 268-289쪽. 이 글은 주로 일본공산당의 재판기록을 참조하였다. 중공의 프랑스조계 남부위원회의 상황은 다음을 참고할 것. 中共中央组织部等编, 『中国共产党组织史 资料(1921-1997)』第2卷, 北京: 中共党史出版社, 2000年, 1,243쪽.

40) 『东北地区革命历史文件汇集』 乙1, 7-14쪽.

41) 石源华, 『韩国独立运动与中国的关系论集上册』, 北京: 民族出版社, 2009年, 57-58쪽. 이 책은 상해시 당안관에서 한인지부에 관한 자료 2건만을 인용했는데, 필자는 해당 당안관을 다시 방문하여 보다 많은 자료들을 찾아보고자 했으나 거절당하였다. 이전에 비밀 해제된 문건을 포함해 조선과 관련된 모든 당안을 통제했기 때문이다.

24명이 포함되어 있었다. 황포군관학교 제3기 졸업 후 임관된 조선인은 48명 (전사자 7명 포함), 제4기 졸업 후 각 군에 파견되거나 계속 학교에 남아 학습 중인 조선인은 32명, 제5기 재학생 228명, 중산대학 본과 및 예과생 13명, 기타 의열단, 공산당 등 각종 조직에 참가 혹은 비행학교에서 수업 중인 조선인은 모두 60명에 달하였다.

이 중에 몇 명이 중공에 가입했는지는 확인할 수 없다.[42] 당사자인 김산의 설명에 의하면, 중공이 조직한 광주기의에 참가한 조선인은 대략 200여 명 정도이다.[43] 광동에서 중국혁명에 참가한 조선인 중, 후에 이름이 알려진 인물로는 상술한 무정, 양림, 김산, 최용건 등이 있다.

결론적으로 중공 창당 초기 및 제1차 국공합작 시기, 조선공산당과 중공은 직접적인 양당 간의 조직적 관계는 갖지 못하였다. 상해 한인지부 창설 또한 양당 간의 협의와 협력이라고 할 수 없으며, 상해의 조선공산당원들의 개인적인 행위라고 할 수 있다. 이 시기 중공에 가입한 조선공산당원들은 비록 그 수가 많지 않지만 대부분 엘리트 혁명가들이었다. 그들은 학력과 문화수준이 높았으며 경험이 많고 투쟁의지 또한 강하였다. 그들이 중국의 대지에서 반일투쟁과 독립운동을 전개한 것은 중국의 혁명 활동에 큰 도움과 지지가 되었음은 의심할 여지가 없다. 대혁명 실패 이후 소수의 조선공산당원들이 강서 소비에트로 들어간 것을 제외하고, 나머지 대다수는 조선인들의 집중 거주지인 동북지역으로 갔다.

2. 조선공산당의 만주지역 활동

소련의 아무르강(흑룡강) 연안과 연해주지역을 제외하고 중국 만주(특히 동

---

42) 崔凤春, 『中共上海韩人支部』, 272-273쪽.

43) 韦尔斯, 金山, 『在中国革命队伍里』, 86쪽. 조선혁명가들의 광주지역 상황에 대해서는 다음을 참고. 『羊城晚报』 1982년 12월 8일 2면; 金扬, 『广州起义和朝鲜族勇士们』, 『火种』, 678-690쪽. 광주기의 당시 희생된 조선혁명 청년들은 약 150여 명으로 알려져 있다. 韩俊光 主编, 『中国朝鲜族人物传』, 17쪽.

만지역) 역시 조선인들이 가장 많이 거주하였다. 이에 조선공산당은 자연스럽게 이 곳을 독립투쟁의 거점 지역으로 여겼다.[44]

이동휘를 중심으로 하는 조선공산당(상해파)은 창당 때부터 만주에서 독립운동을 전개하는 것을 중시하고 당 간부를 파견하여 활동하도록 하였다. 이에 현지의 민족주의 단체인 "간도국민회"와의 합작을 통하여 신속하게 활동을 전개하여, 연변(간도) 돈화(敦化)현에 조선공산당 중앙위원회 총감부를 설치하고, 각 도본부(道本部)와 군회(郡會)를 두어 당 조직을 대대적으로 확대하였다. 1922년 4월까지, 연변도본부 소속 9개 군회가 설치되었고 1,721명의 공산당원과 829명의 예비당원을 확보하였다. 남만도본부(길림) 소속에는 6개 군회, 153명의 조선공산당원과 65명의 예비당원이 있었다. 북만도본부(요하)소속에는 5개 군회, 275명의 공산당원과 87명의 예비당원이 가입하였다.[45]

조선공산당 상해파는 총감부가 민족주의 성향이 비교적 농후한 외곽 조직이라는 점을 감안하여, 1923년 8월 장기영(張基永), 주건(朱健) 등을 동만에 재차 파견, 간도국민회 청년책임자와 협상을 통해 조선공산당 만주지방위원회를 구성하였다.[46] 이때까지 민주에서는 조선공산당의 통일된 조직은 조직되지 않았기 때문에, 이동휘의 상해파 세력은 만주지역에서 세력이 가장 큰 공산주의 단체라 할 수 있었다.

1925년 초 코민테른은 소련에서 조선공산당 조직을 건설하려는 시도를 포기

---

44) 1921년 중공 만주성위는 100만 명이 넘는 만주의 조선인 가운데 약 15%가 "공산주의자 및 기타 혁명분자"라고 추산하였다. 중공 만주성위의 만주의 고려인 문제에 관한 제안(1930년 6월)을 볼 것. 中共延边州委党史研究所编,『东满地区革命历史文献汇编』, 1999年, 925-929쪽. 일본 측 자료의 추산도 비슷하였으나. "반수지역에서 15만 명 정도의 조선인들이 공산주의 선전의 영향을 받았다"고 추산하였다. Scalapino and Lee, *Communism in Korea*, p.142. 본 절에서 인용한 중문 및 영문 논저의 사료들은 상당 부분 일본 당안이나 한국어, 일본어 저작에서 가져온 것이다. 지면 관계상 각주 부분에 원문을 제시하지는 않았다.

45) 杨昭全 等,『中国朝鲜族革命斗争史』, 长春: 吉林人民出版社, 2007年, 205-206쪽; 许永吉,「论朝鲜共产党满洲总局的反日民族运动」,『朝鲜·韩国历史研究』第12辑(2012年), 310쪽; Пак Б.Д. СССР, Коминтерн и корейское освободительное дижение, с.238-243. 杨昭全의 책에는 인용한 숫자에 틀린 부분이 있다.

46) 朴昌昱,『中国朝鲜族历史研究』, 延吉: 延边大学出版社, 1995年, 227-228쪽; 许永吉,『论朝鲜共产党满洲总局的反日民族运动』, 310-311쪽.

하고, 대신 조선공산당의 활동 중심지를 조선으로 옮기도록 지시하였다. 통일된 조선공산당과 중앙위원회가 조직된 이후 계속된 일제의 탄압과 파괴 활동으로 인하여 1926년 초 대부분의 핵심역량들이 중국의 상해와 광동으로 건너오게 되었다. 1927년 제1차 국공합작 파기 이후, 중국공산당은 관내에서 탄압을 받았고 이때 다수의 조선공산당원들은 부득이하게 만주로 건너오게 되었다. 이러한 과정을 거친 후 만주는 점차로 조선공산당의 중요한 생존지대와 활동무대가 되었다. 이 과정에서 특히 1928년 조선공산당 제4기 중앙위원회가 와해된 이후 조선공산당 만주총국은 사실상 조선공산주의 운동의 중요한 지도기관이 되었다.[47]

화요파를 중심으로 하는 조선공산당 제2기 중앙위원회가 출범한 이후, 1926년 4월 말 김찬(金燦)은 조봉암, 최원택(崔元澤), 김동명(金東明) 등을 만주 주하현(珠河縣) 일면파(一面坡)에 파견하여 상해파 간부들과 조선공산당 만주총국을 건립하는 문제를 논의하였다. 5월 13일, 조선공산당 중앙위원회는 "만주부"를 "만주총국"으로 개칭하기로 결정하고, 조봉암을 책임서기로 임명하였다.

5월 16일 만주총국이 정식으로 조직되어 책임서기 조봉암(화요파), 조직부장 최원택(화요파), 선전부장 윤자영(尹滋英, 상해파)으로 상무집행위원회를 구성하였다. 만주총국 총부는 흑룡강성 영안현 영고탑에 두고 동만구역국, 남만구역국, 북만구역국을 설치하는 한편, 김하구(金河球), 김철훈(金哲勛) 등을 각지에 파견하여 기본 조직을 구성하도록 하였다. 동시에 만주총국은 김동명을 책임서기로 하는 고려공산청년회 만주총국을 조직하였다. 그러나 만주총국은 여전히 분열의 운명을 피하지 못하였다.[48]

1926년 말, 화요파의 불만과 윤자영, 김하구의 사퇴를 계기로 만주총국이 80명 이상의 상해파 당원을 출당시킨 이후, ML파가 제3, 4기 조선공산당 중앙위원회에서 실권을 장악하면서 그들의 세력이 점차 만주에 진입하기 시작하였다.[49]

---

47) 다음을 참고할 것. 沈志华, 崔海智, 「朝鮮共产党早期历史再述: 国外篇(1919-1924)」, 『韩国研究论丛』 第27辑(2014年 7月), 71-97쪽; 「朝鮮共产党早期历史再述: 国内篇(1925-1935)」, 『韩国研究论丛』 第29辑(2015年 4月), 107-129쪽.

48) 许永吉, 『论朝鲜共产党满洲总局的反日民族运动』, 314-315쪽.

세 파벌이 합쳐서 세운 만주총국은 사실 내부적으로 각종 모순을 내재하고 있었다. 1927년 10월, 만주총국이 일본 경찰에 의해 와해(제1차 간도 공산당 사건)되자, 만주지역의 조선공산당 활동은 삼자 병립의 국면이 형성되었다. 즉 화요파, 한상파, ML파는 각자 만주총국을 설립하였다.[50]

비록 계속해서 탄압을 받았지만, 만주에서 조선공산당원은 여전히 상당한 세력을 유지하고 있었다. 1929년 9월에 이르러, 화요파 만주총국 지도하의 동만과 북만지역은 300여 명의 공산당원과 공산주의청년회원 380여 명, 농민조합 회원 4,000여 명, 청년회원 20,000여 명을 거느리고 있었다.[51]

• 1927년 10월, 제1차 간도공산당사건 과정에서 체포된 조선공산당 만주총국 당원들. 조직부장 최원택(앞줄 오른쪽), 동만구역국 책임서기 안기성(중간), 위원 이주화(뒷줄 왼쪽), 김지종(뒷줄 오른쪽), 김소민(앞줄 왼쪽).

49) 许永吉,『论朝鲜共产党满洲总局的反日民族运动』, 317쪽; 朴昌昱,『中国朝鲜族历史研究』, 299쪽.
50) 자세한 사항은 다음을 참조할 것. Scalapino and Lee, *Communism in Korea*, pp.144-146; 许永吉,『论朝鲜 共产党满洲总局的反日民族运动』, 320-322쪽.
51)『东北地区革命历史文件汇集』乙1, 68쪽.

초기부터 존재하던, 소련과 조선 국내의 조선공산당 내부 파벌 싸움은 중국에까지 이어졌고 더욱 격화되기까지 하였다. 조선에서의 조선공산당 파벌 투쟁 형식이 빈번한 중앙위원회 교체로 각파가 돌아가면서 권력을 장악한 것으로 나타났다면, 만주에서의 파벌 투쟁은 같은 시기 같은 지역에서 각자 제멋대로의 행동과 주도권 싸움으로 나타났다. 조선 국내에서 가장 엄중한 파벌 투쟁이 밀고 혹은 배신이었다면, 만주에서는 상대방의 기반 무너뜨리기, 집단난투, 청부살인, 심지어 직접 "혁명동지를 살해하는 짓"도 서슴지 않았다.

이에 대해 중공 만주성위는, "조선공산당 만주총국은 비록 많은 활동을 전개하고 제국주의에 대해 강고한 투쟁을 전개하였지만", "당내 각 조직 간의 무원칙한 파벌 투쟁"과 각 혁명단체 간의 "무원칙한 분열"로 투쟁은 통일성을 상실하고 "무기력한 상태에 빠졌다"고 평가하였다. 중공 남만성위원회 또한 "만주의 조선 공산주의자들은 붕괴 직전의 모습 같다"라고 보고하였다.[52] 그러나 중공이 더욱 우려한 또 다른 문제는 비록 만주의 조선공산당원들은 강력하고 매우 용감한 활동을 전개하고 있지만, 코민테른집행위원회 조선위원회가 1930년 5월 지적한 바와 같이 "만주지역에서 벌어지는 조선 농민운동은 시종 중국의 통제를 벗어난 상태에 있다는 것"이었다.[53]

비록 조선인들이 중국에서 활동을 하고 있었지만 코민테른과 조선공산당은 중국의 혁명운동과 항일 역량과의 관계를 고려할 수밖에 없었다. 1925년 9월 21일, 통일된 조선공산당이 성립된 직후 코민테른은 조선공산당 중앙위원회에 "하루 빨리 일본 동지 및 중공 중앙과 관계를 수립하여 서로 협조하고 상호 지원"할 것을 지시하였다.[54] 1926년 12월 6일, 조선공산당 제2차 대표대회 역시 "군사적으로 중국혁명군을 지원해야 하며, 이를 위해 만주의 조선유격대 중에서 우수한 자들을 선발할 것"을 제기하면서, 당연히 "조선공산당이 그들을 지도

---

52) 『东北地区革命历史文件汇集』甲5, 305-334쪽. 『东满地区革命历史文献汇编』, 925-929, 1,064-1,068쪽. 만주총국 내부의 파벌투쟁에 관한 자세한 내용은 다음을 참조할 것. 朴昌昱, 『中国朝鲜族历史研究』, 238-246쪽; 黑龙江省社科院 地方党史研究所编印, 『访问录选编: 周保中专辑』, 1980年 10月, pp.10-11.

53) РГАСПИ, ф.495, оп.135, д.175, л.43-46, Харуки Вада ВКП(б), Коминтерн и Корея, с.600-603

54) РГАСПИ, ф.495, оп.135, д.104, л.60-62, Харуки Вада ВКП(б), Коминтерн и Корея, с.338-340.

해야 한다"고 주장하였다.[55]

코민테른 당안에는 1928년 초에 작성된 조선공산당 간도국 업무에 관한 보고서가 있다. 보고에서 논의된 9가지 문제 중 하나는 "만주 중국인의 항일에 대한 지지" 문제로서, 항일 통일전선 형성을 위해 중국인과 조선인은 단결하여 일본 제국주의에 반대할 것을 호소하고 있다.[56] 그러나 이 모든 것은 단지 결의와 문서 중에만 존재하는 구호에 불과했다. 1930년대 초 만주의 모든 조선공산당 조직이 해산될 때까지, 재만 조선인의 반일 독립운동이건 혹은 조선공산당 각 파벌의 만주총국이 지도하는 혁명 활동이건, 중국공산당 및 중국 민중과는 거의 아무런 관계가 없이 독립적으로 진행되었다.[57] 여기에서 중요한 것은 조선 공산주의자들의 정체성에 대한 인식과 투쟁 방법이었다.

조선인들은 비록 중국으로 이주한 지 오래되었고 많은 사람들이 이미 이민 2세대 혹은 3세대에 속했지만, 절대다수는 만주, 특히 동만지역을 잠시 머물다 가는 곳쯤으로 여겼으며, 중화민족과의 동질감이 없었다. 서방 이념의 충격하에, "머리를 깎고 옷을 바꿔 입는" 것으로 상징되는 황제와 국가에 대한 충성은 국적 귀속의 법률 규정으로 대체되었다.

1909년 청 정부는 중국 역사상 최초로 "국적법"을 공포하였다. 중화민국 성립 이후 가장 먼저 공포한 법률이 국적법이었다. 이후 두 차례의 수정이 가해졌다. 그 목적은 외국으로부터 건너와 국경지역에 거주하고 있는 외래 민족들을 하루빨리 "귀화입적"시키기 위한 것이었지만 그 효과는 별로 크지 않았다.

1929년 중화민국 정부는 일본인의 동북 침략의 음모에 대항하기 위하여 국적법을 수정할 때 이중국적을 허용하였다. 그럼에도 불구하고, 130만 명에 달

---

[55] РГАСПИ, ф.495, оп.135, д.123, л.45-48, Харуки Вада ВКП(б), Коминтерн и Корея, с.397-400.

[56] РГАСПИ, ф.495, оп.135, д.147, л.72-78, Харуки Вада ВКП(б), Коминтерн и Корея, pp.473-477. 간도국은 조선공산당 청년회 만주총국의 전신으로, 소비에트 러시아 공산주의 청년회 블라디보스토크 성 간부국 조선부의 영도를 받았다. 다음을 참조할 것. 『东满地区革命历史文献汇编』, 1,394쪽.

[57] 다음을 참조할 것. 『东北地区革命历史文件汇集』乙1, 65-72쪽; 『东北地区革命历史文件汇集』乙2, 29-40쪽; РГАСПИ, ф.495, оп.135, д.175, л.43-46, Харуки Вада ВКП(б), Коминтерн и Корея, с.600-603.

하는 동북 거주 조선인 중 중국 국적을 취득한 사람은 1/10도 되지 않았다.[58] 이처럼 중국에서 생활하는 절대다수의 조선인들은 이미 조선 국적을 상실했음에도 불구하고, 일본 국적도 중국 국적도 취득하기를 원치 않아 무국적자로 남았다. 그러나 그들은 마음속으로 자신을 여전히 조선인이라고 여기고 독립과 해방에 대한 기대와 의지가 충만하였다.

조선인들에게 만주는 단지 "생활을 의탁하는 장소"이자, "조국 광복을 위해 투쟁하는 중요 기지"이고, 조선혁명 운동의 "중심 근거지"일 뿐 아니라 동만지역은 "조선의 연장"이었다. 이것이 소위 "조선혁명 연장론"이다. 따라서 당시 중국공산당이 국민당 반동파 및 지주, 관료, 그리고 매판자본가와 대대적인 계급투쟁을 전개한 것과 달리, 만주의 조선공산당은 일본 제국주의와 매국노를 대상으로 한 민족투쟁을 주로 전개하는 데 주력했고 중국 군벌, 관료 및 지주의 이익은 건드리려 하지 않았다.[59] 동북지역으로 눈을 돌리기 시작한 중국공산당으로서는 우려하지 않을 수 없는 상황이었다.

제1차 국공합작이 결렬된 이후 중공은 관내 지역 활동이 극도로 위축되어 있었기 때문에 국민당 세력이 아직 미치지 않는 곳에서 혁명역량의 발전을 도모하려 하였다. 동북지역은 그러한 곳이었다. 그러나 중공 창당 초기를 전후로 나장용(罗章龙)과 임육남(林育南) 등을 동북에 파견하여 활동을 전개하였지만 큰 진전을 이루지 못하였고, 1925년이 되어서 중공 하얼빈특별지부와 봉천지부를 설립할 수 있었다.

1926년 봄, 중공은 하얼빈에 "북만지방 집행위원회"를 설치하고 그 휘하에 10개 지부를 두었다. 산하에는 73명의 당원이 있었다. 그 후 약간의 발전이 있었지만 계속적인 파괴 공작을 받아 1927년 여름에는 단 30여 명의 당원만이 남았다. 1926년 9월에 이르러 봉천지부에는 22명의 당원만 있었다. 1926년 1월,

---

[58] 다음을 참고할 것. 孙日春, 沈英淑, 「论我国朝鲜族加入中华民族大家庭的历史过程」, 『东疆学刊』 2006年 第4期, 54-60쪽. 일본영사관의 다른 통계에 의하면 1929년까지 동북 조선족이 귀화하여 국적을 취득한 자는 10,979가구 55,823명으로 그중 간도 지구는 3,168가구 19,367명이었다. 다음을 참조할 것. 孙春日, 『中国朝鲜族移民史』, 北京: 中华书局, 2009年, 350쪽.

[59] 『东北地区革命历史文件汇集』甲4, 1988年, 391-395쪽; 延边朝鲜人自治州档案局(馆)编, 『中共延边吉东吉敦地委延边专署重要文件汇编』第1集, 1985年, 334쪽.

중공 대련특별지부가 설치되고 1927년 5월에는 대련시위원회로 개칭하였다. 여기에는 중공 중앙의 직접 지도를 받는 230명의 당원이 있었지만, 반 년 후에는 4개 지부 17명의 당원만이 남았다.[60]

1927년 5월 18일, 중공 중앙정치국 상임위원회는 동북지역의 형세와 당의 건설 문제를 연구 토론한 끝에, 중공 만주성위를 조직키로 결정하였다. 그 후 얼마 지나지 않아 중공 만주성위 조직 작업은 배신자의 배반으로 중단되었다. 9월 하순, 중공 중앙은 순직성(順直省)위원회 진위인(陈为人) 조직부장을 만주에 파견하여 만주성위를 재건하기로 재차 결정하였다. 이에 따라 10월 24일 하얼빈에서 동북지구 제1차 당원대표대회를 개최하고 중공 만주임시위원회를 구성하였다.

1928년 12월에는 동북지역에 총 36개 지방당 조직과 270명의 당원이 확보되었다. 그러나 같은 달 만주성위 서기 진위인, 조직부장 오려석(吴丽石), 노동운동부장 당굉경(唐宏经) 등 13명이 체포되면서 만주성위와 봉천시위가 모두 와해되었다.

1929년 1월, 유소유(刘少猷)는 만주성 임시성위원회 재건을 명받았다. 6월 4일, 중공 중앙은 유소기(刘少奇)를 만주성위 서기로 파견하기로 결정하고, 만주지역 활동에 대한 지도를 강화하기 시작하였다.[61] 이때부터 만주에 있던 조선공산당원들의 운명이 중국공산당과 함께 하기 시작하였다고 할 수 있다.

진위인은 만주에서 성위원회 재건을 시작할 때, 이 지역에 조선인 난민들이 많고 "비밀조직"과 "3천여 명의 무장" 조직이 있음에 주목하였다. 동시에 장래 만주에서의 투쟁은 "주로 일본에 대한 혁명폭동과 혁명전쟁"이 될 것이며, 중국의 노동자 농민과 조선 농민이 반드시 참여해야 한다고 보았다.[62] 만주성 임시성위원회는 1927년 12월 24일 현재 공작 계획에 관한 결의안에서 "만주지여이 혁명공작"은 반드시 "중국 농민을 영도하여 조선 농민을 연계하고" 수십만의 산업노동자, 수공업자들과 함께 "지주 군벌 및 일본인 자본계급에 맞서는 투쟁"이 되어야 한다고 밝혔다.[63]

---

[60] 『中国共产党组织史资料(1921-1997)』第1卷, 248-256쪽;『中国共产党组织史资料』第2卷, 2094쪽.

[61] 『中国共产党组织史资料』第2卷, 2,060-2,063, 2,122쪽.

[62] 『东北地区革命历史文件汇集』甲1, 203-216쪽.

이를 위해, 1928년 6월 11일 중공 중앙은 중공 만주성위에 보낸 서신에서, 만주성위의 당면 임무는 첫째, "민족자결"과 "민족평등"의 원칙하에 소수민족의 해방투쟁을 지원하고, 둘째, 조선과 몽고의 농민·노동자 대중과 일치단결하여 자본가와 지주에 반대하는 동시에, 통일된 노동자·농민조직을 결성하는 것이라고 규정하였다.[64] 만주성위 또한 1928년 10월 개최된 동북당원 제3차 대표대회에서, 약소민족에 대한 지원, 중공의 토지강령과 민족정책의 선전, "조선인의 반일, 반봉건운동의 지도" 및 토지혁명과 무장폭동을 전개할 것을 특별히 강조하였다.[65]

이 시기 "소수민족"이라는 개념은 여전히 모호하였지만, 당시 국제주의의 이념적 지도하에 중국 내 조선인들의 해방과 독립운동은 중공이 영도하는 중국의 혁명운동에 포함시킬 필요가 있었다. 그러나 그 시기 만주에서 중공의 활동은 시작 단계에 불과하였고, 또한 탄압으로 계속 조직이 파괴되고 군중 조직 능력 또한 매우 취약하였다.

만주성위 문건에 따르면, 성위원회가 조직된 이후 각지의 기구는 "여전히 완비되지 않았고" 조직 발전의 "성과가 전혀 없었다"고 기록하고 있다. 1929년 초까지도 상황은 개선되지 않았고, "성위원회의 조직은 심상치 않게 취약"하였으며, 지방 사업은 "어지럽게 흩어진 무조직 상태"에 처했고, "기능을 발휘할 수 있는 조직은 한두 곳에 불과"하였다. 봉천, 무순, 연길 등지에서 어떤 곳은 "조직이 와해"되어 회의 소집조차 어려웠고, 어떤 곳은 사방으로 숨어 "두려움에 활동을 감히 못하는 상황"이었다. 하얼빈의 상황이 다소 양호한 것을 제외하면, 기타 지역의 활동은 기본적으로 중단된 상태였다.[66]

이러한 상황에서 중공의 당면한 의제는, 한편으로 다수의 조선인들을 상대로 조직운동을 전개해야 하고, 또 다른 한편으로는 중공 자신의 역량이 매우 약했기 때문에, 수적으로 우세하고 활동이 매우 활발한 조선공산당과의 관계

63) 『东北地区革命历史文件汇集』甲1, 219쪽.

64) 『东满地区革命历史文献汇编』, 894쪽.

65) 『东北地区革命历史文件汇集』甲2, 194, 207-211쪽.

66) 『东北地区革命历史文件汇集』甲2, 201-206쪽; 甲3, 429-434, 435-437쪽.

수립 및 양쪽 관계의 문제를 처리하는 것이 될 수밖에 없었다.

　1928년 1월, 만주성 임시위원회는 연변지역의 노동자와 농민 중 조선인이 절대다수를 차지하며, 과거 조선공산당이 이 지역에서 활발하게 활동한 점을 고려하여 중공 중앙에 이 점에 관한 지시를 내려줄 것을 요청하였다. 즉 연변에서 당의 공작활동, 특히 농민 공작활동을 할 때 조선공산당과 긴밀하게 관계를 맺어야 하는지, 또 어떠한 관계를 맺어야 하는지에 관한 지도 요청이었다.[67] 현재 이 문제에 대한 중공 중앙의 답신 문헌은 발견되지 않고 있다. 물론 실제 공작 과정에서 중공 지부가 조선공산당 조직과의 연계를 갖기 시작하였거나, 혹은 연변, 화전(樺甸) 등지에서 개별적으로 조선인들의 입당 접수를 받은 적은 있었다.[68]

　한편 조선공산당의 내부 파벌 투쟁에 대해 우려하고 있던 코민테른은 1928년 12월 10일, 조선공산당 내에 존재하는 그 어떤 파벌도 인정하지 않으며 새로운 통일된 당 조직을 건설할 것을 요구하는 결의안을 통과시켰다. 이후 얼마 동안 코민테른과 조선공산당(특히 상해파)은 조선공산당 재건 노력을 적극적으로 전개하였다.[69]

　대다수 중국학자들은 12월 결의 이후 코민테른이 중국에 사람을 파견하여 "만주의 조선공산당원들은 '일국일당' 원칙에 입각하여 중국공산당에 가입해야 한다"는 견해를 전달하고, "중공 중앙과 만주성위 역시 조선 공산주의자들이 중공에 가입하도록 적극적으로 노력해줄 것"을 당부하였다고 주장하였다.[70] 이 주장들은 대체로 양일진(杨一辰), 한광(韩光) 등 당사자들의 회고에 영향을 받은 것들이다. 이들은 모두 조선공산당이 해산된 이후 코민테른이 조선공산당원들에게 개별적으로 중공에 가입하도록 지시하거나, 중공에 위탁하여 일부 우수한 조선공산당원들을 흡수하도록 하였다고 회고하였다.[71] 그러나 이는 정확

---

67) 『东北地区革命历史文件汇集』甲1, 247쪽.
68) 『东满地区革命历史文献汇编』, 895쪽; 许万锡, 「早期桦甸县共产党组织中的朝鲜族」, 『火种』, 532-534쪽.
69) 상세한 상황은 다음을 볼 것. 沈志华, 「同命相连: 朝鲜共产党人融入中共的历史过程(1919-1936)」, 『社会科学战线』 2015年 第2期, 1-18쪽.
70) 杨昭全等, 『中国朝鲜族革命斗争史』, 218쪽; 许永吉, 『论东北地区朝鲜共产党人介入中共问题』, 295-296쪽.

72　　최후의 천조(天朝)

한 설명이라고 할 수 없다.

문건에 따르면, 코민테른은 1930년 5월 이전까지는 중공에게 조선공산당의 재건을 도울 것만을 강조하였으며 조선공산당원들에게 중공 가입을 제안하지는 않았다. 코민테른이 보기에 이 시기 동북의 조선공산당원들은 단지 혁명의 필요성 때문에 중국에 건너온 외래 민족일 뿐이었다. 중공이 조선공산당원을 흡수하는 복잡한 과정을 보면, 코민테른은 이를 하나의 기정사실로 받아들였다고 보는 것이 정확하다.

3. 중공, 조선인의 입당 전면 허용

코민테른의 1928년 12월 결의가 언제, 어떻게 중공 중앙에 전달되었는지는 아직까지 알려지지 않고 있다. 그러나 만주성위 임시 서기 이실(李实)의 회고에 따르면, 1926년 6월 유소기가 만주성위 서기로 임명될 때 중공 중앙은 "조선공산당의 파벌 문제를 해결"할 것과 "만주에서 조선공산당 재건"을 지원하는 두 가지 임무를 부여하였다.[72] 이는 분명히 코민테른의 지시 집행을 의미하는 것이었다. 그러나 중공 만주성위는 만주에서 조선공산당원들이 적극적으로 활동하는 정황을 조기에 인식하고 이들을 중공에 흡수하는 문제를 제기하였다.[73]

1929년 7월 20일, 중공 상해 한인지부 서기 옥진(玉真, 가명)은 중공 중앙에 만주총국은 "일국일당의 원칙에 따라 중국 당 조직에 편입시키는 것이 당연할 것이며, 민족 관계를 고려하여, 특별 조직의 방식"으로 채용해야 할 것이라고 건의하였다. 7월 25일, 만주성위 조선공작위원회 위원 강우(江宇)의 보고도 같은 주장을 하면서, 이 문제를 코민테른 대표와 조선공산당이 논의하여 해결할 것을 주장하였다.[74]

1929년 8월, 중공 중앙은 중공과 조선공산당원 간의 관계 구축을 지원할 목

---

71) 辽宁社会科学院地方党史研究所编, 『中共满洲省委时期回忆录选编』 第2册, 1985年 3月, 2,167쪽.
72) 『中共满洲省委时期回忆录选编』 第3册, 88-89쪽.
73) 『东北地区革命历史文件汇集』 乙2, 17-18쪽.
74) 『东北地区革命历史文件汇集』 乙1, 32쪽.

적으로 북평시위원회 조직부장인 조선인 간부 김산(金山, 张志乐)을 동북에 파견하였다. 동시에 그에게 길림에서 개최되는 조선혁명청년연맹대회에 중공 대표로 참석토록 하였다. 김산은 1922년 중국 국적을 취득하였지만 활동에 방해가 된다는 이유로 이를 포기하였다. 김산의 말에 따르면, 조선혁명청년연맹대회 지도자들은 모두 광주기의에 참여했던 조선혁명당원들이었고, 그들은 새로운 노선, 즉 중공과의 조직 통합을 적극적으로 주장하였다. 그러나 동시에 조선혁명청년동맹은 여전히 독립적인 체계를 유지하면서, 만주성위 조선공산주의청년단 지부의 영도를 받아들였다.[75]

9월, 유소기는 조선공산당원을 흡수하는 문제를 만주성위 공작의 중요 사안으로 규정하고, 상호교류 및 정보공유 강화를 기본 정신으로 하는 "한당과의 관계(与韩党关系)"에 관한 6가지 의견을 제시하였다.[76] 10월 9일, 상해 한인지부는 중공 중앙 민족위원회에 보내는 서신에서, 조선공산당 만주총국의 해산은 코민테른의 허가를 받을 것과, 중공이 코민테른과 가능한 한 빨리 연락을 취하여 이에 대한 코민테른의 방침을 알려줄 것을 요청하였다.[77] 그러나 코민테른의 태도 표명과 중공 중앙의 비준이 있기도 전에, 만주성위와 만주지역의 조선공산당 주요 세 파벌의 관계에서 변화가 이미 나타나고 있었다.

코민테른 12월 결의의 정신을 알고 난 후, 만주에서 적극적으로 활동 중인 조선공산당의 3개 주요 파벌, 즉 한상파(汉上派), 엠엘파(ML派), 화요파(火曜派)는 각각 당 재건 행동에 나섰다.

한상파의 목표는 단독으로 조선공산당을 재건하는 것이었으며, 다만 창당 활동의 중심을 만주로 옮기는 것이 다를 뿐이었다. 1928년 8월, 한상파는 돈화(敦化)에서 조선공산당 재건위원회 만주부를 설치하고 주건(朱健)을 책임서기로 임명하였다. 10월에는 윤자영(尹滋英), 김일수(金一洙), 김영만(金荣万) 등 주요 간부들을 중심으로 연길에서 조선공산당 재건준비 열성자대회를 개최하였다.[78]

---

75) 尼姆·韦尔斯, 金山, 『在中国革命队伍里』, 137-143쪽.

76) 谭译, 『谭译史论选』, 香港: 盛世中华国际出版有限公司, 2004年, 28쪽.

77) 『东北地区革命历史文件汇集』乙2, 35-36쪽.

이와 반대로, ML파는 중공의 지도하에 조선 당부(黨部) 구성을 추진하였다. 만주성위 비서장 요여원(廖如愿)이 중공 중앙에 보고한 바에 따르면, 같은 해 9월 조선공산당 ML파 당원 400여 명은 중공만주당 조직에 가입을 요청하였으며, 만주성위는 이를 허락하였다. 이들은 원래의 조직을 해산하고 단독의 당부(黨部)를 구성하며, 당원명부와 문건을 만주성위의 민족운동위원회로 이관하는 방식을 취하였다.[79] 요여원에 따르면 이는 단체가 중공 조직에 가입하는 형식을 취한 것이었다.

화요파는 중공에 조직 합작을 진행할 것을 요구하였다. 9월 15일, 중공 만주성위 대표와의 담판에서, 화요파 만주총국은 중공의 정치노선을 받아들이고 중공과 일치된 행동을 취한다는 것에 동의를 표하고, 만주의 중공 조직과 상호 대표를 파견하고 우당 관계를 맺기로 하였다. 화요파는 탄탄한 실력을 가지고 있었다. 그들은 많은 당원과 농민, 청년을 장악하고 있었으며, 민족주의 무장세력 한국독립군과도 밀접한 관계를 유지하고 있었다. 이 때문에, 중공은 화요파를 "우군"으로서 매우 중시하였다.[80]

9월 19일, 만주성위는 조선공산당 조직과의 관계 변화 상황을 보고하면서, 조선공산당 조직이 중공에 가입하는 문제를 해결해 줄 것과 믿을 수 있는 조선인 중공당원을 파견하여 이 사업을 책임지도록 해줄 것을 요청하였다.[81] 9월 29일 만주성위는 조선공산당 조직 관계 해결과 관계 설정을 조속히 해줄 것을 재차 중공 중앙에 요청하였다.[82]

1929년 11월, 코민테른은 동방노동자공산주의대학 졸업생 조선인 한빈(韓斌)과 이춘산(李春山)을 상해로 파견하였다. 그들은 중공 중앙과의 논의를 거

---

[78] 朴昌昱, 『中国朝鮮族历史研究』, 249-250쪽; 김준엽, 김창순, 『한국공산주의운동사5』(서울: 고려대 아세아문제연구소, 1976), 399쪽.

[79] 『东北地区革命历史文件汇集』甲3, 236쪽. 『汇集』에서는 요여원 문건의 시기가 1929년 7월이라고 밝히고 있지만, 담역(谭译) 선생의 고증을 거친 후, 이 문건의 생산 시기는 1930년 3월 중하순일 것으로 봤다. 다음을 볼 것. 谭译, 『谭译史论选』, 27-29쪽. 담역의 책 내용 중의 오타에 주의할 것. 28쪽에 1933년은 1930년임.

[80] 『东北地区革命历史文件汇集』乙1, 65-72쪽.

[81] 『东北地区革命历史文件汇集』甲3, 308-310쪽.

[82] 『东北地区革命历史文件汇集』甲3, 341-343쪽.

처 중공 대표 소문(苏文)을 대동하고 1930년 1월 하얼빈에 도착한 후, 만주성위 간부(14명)와 조선공산당 각 파벌 지도자(12명) 합동회의를 소집하고, 만주의 조선공산당 조직과 중공과의 조직 관계 문제를 논의하였다. 회의의 구체적인 내용을 밝혀주는 사료는 아직까지 발굴되지 않았지만, 회의 직후 조선공산당 각 파벌들은 신속하게 반응하였던 것으로 보인다.[83]

1월 30일 한상파 만주총국은 중공 중앙에 다음과 같이 보고하였다. "만주에서의 운동은 중국혁명의 일부분이라고 인정하며, 재만 조선인 조직 역시 원칙적으로 중공에 가입해야 한다. 중공 중앙의 제안에 동의하며, 최단 시간 내에 조선공산당을 중공이 지도하는 독립조직으로 개편한다." 동시에 한상파 만주총국은 "조선공산당의 외곽 조직인 농민동맹과 청년동맹을 당분간 해산하지 않으며, 동만 4개현은 조선공산당부가 계속 직접 지도하도록 하고, 만주운동의 지도기구에는 조선, 소련 및 일본 동지들도 참여해야 한다"고 주장하였다. 이 밖에도 "이러한 결정은 조선공산당의 비준을 받은 후 중공 중앙과 재차 자세한 토론을 거쳐야 한다"고 덧붙였다.[84]

사실, 이 시기에는 조선공산당 중앙위원회가 이미 존재하지 않고 있었던 때였던 만큼, 이 보고는 사실상 한상파가 중공에 가입하는 것에 대해 부정적인 태도를 가지고 있다는 것을 의미한다. 그러나 이때 조선공산당 각 파벌의 보통 당원과 기층 농민의 정서는 각 파벌 지도자들의 선택에 영향을 미치기 시작하였다. 조선공산당 각 파벌 지도자들은 감투와 밥그릇 싸움에 여념이 없었으며, 행동은 없고 구호만 일삼는 행태로 아래로부터 큰 불만을 일으켰다. 동시에 더욱 중요한 것은, 설상가상으로 코민테른이 조선공산당을 더 이상 인정하지 않는다는 소식이 크게 퍼졌다는 사실이었다. 이와 반대로, 중국공산당은 코민테른의 정식 지부의 하나일 뿐만 아니라, "민족자결 원칙"과 만주의 조선인을 위해 토지권 쟁취 구호를 제기하며, 점점 더 조선공산당원과 조선인 혁명군중의

83) 中共穆棱市委组织部, 党史研究室编, 『中国共产党穆棱历史第1卷(1919-1946)』, 哈尔滨: 黑龙江人民出版社, 2009年, 954쪽; Scalapino and Lee, Communism in Korea, p.152; Усова Л. А. Корейское коммунистическое движение, с.91.
84) 『东北地区革命历史文件汇集』 甲4, 379-399쪽.

신뢰를 얻어가고 있었다.[85]

1930년 3월, 조선공산당 각 파벌 대표들은 다시 협상회의를 개최하였다. ML파 대표는 중공에 가입하는 것에 줄곧 동의하였으며, 화요파의 장시우(张时雨)와 한상파의 주건(朱健), 윤자영 역시 같은 의견이었다. 그러나 김찬(화요파) 등 소수는 이에 반대를 표시하며 조선인 스스로의 역량으로 조선공산당을 다시 재건해야 한다고 주장하였다.[86]

3월 20일, ML파 만주총국은 해체 선언을 하였다. 그들은 해체 선언에서 "조선연장론"은 완전히 잘못된 것임을 인정하고, 조선공산당 만주 조직을 해산하고 만주의 조선공산당원들은 개인 신분으로 중공에 가입해야 한다고 주장하였다.[87] 얼마 후, 화요파 총국 내부에서 분열이 발생하여 김책(金策), 최동범(崔东范, 李福林) 등 많은 청년 적극분자들과 다수의 총국위원들이 연이어 중공에 가입하였다. 김찬은 총국위원직에서 해임되고 중공 가입을 반대하는 위원들은 소련으로 돌아갔다.[88]

조선공산당 각 파벌 조직의 해산과 조선공산당원의 중공 가입이 대세인 것처럼 보였다. 4월 2일, 중공 만주성위는 조선공산당을 "하나의 군중단체로 봐야 하고," "한 명, 한 명씩" 그들을 입당시켜 흡수할 것을 제기하였다.[89] 5월 8일 연변특별지부는, 중공은 이미 이 지역 대중운동의 지도업무 전반을 인수 관할하고 있으며, 원래의 조선공산당 조직 내부의 파벌분쟁을 종식시켰다고 보고하였다.[90]

만주성위 소수민족운동위원회는 5월 24일 결의에서 "한국 동지들의 중국당

85) 『东北地区革命历史文件汇编』甲5, 141-147쪽; 『东满地区革命历史文献汇编』, 7-13쪽.

86) 朴昌昱, 『中国朝鲜族历史研究』, 254-256, 301-303쪽.

87) 杨昭全, 李铁环编, 『东北地区朝鲜人革命斗争资料汇编』, 674-677쪽; РЦХИДНИ, ф.495, оп.135, д.174, л.30, Усова Л. А. Корейское Коммунистическое Движение, с.92. 이 부분에서 언급할 것이 있다. 중공 만주성위 순시원 진덕삼(陈德森)은 이후 한 건의 보고서에서, 많은 ML파의 다수가 중공에 적극 가입을 주장한 데에는 투기심리가 있었는데, 이를 통해 중공 내에서 자신들의 지위를 강화하려는 의도라고 분석하였다. 『东北地区革命历史文件汇编』甲5, 141쪽.

88) 梁焕俊, 「二十年代后期在满朝共党人的活动」, 『延边文史资料』第4辑(1985年), 14쪽.

89) 崔圣春 主编, 『中国共产党延边历史大事记』, 北京: 民族出版社, 2002年, 33쪽.

90) 『东满地区革命历史文献汇编』, 4-6쪽.

화" 구호를 제기하였다. 결의는 또 "만주의 한국 근로대중을 반드시 현재의 중국혁명 투쟁에 참가"시키고, 만주의 조선공산당원은 일국일당의 원칙에 따라 중국당에 가입해야만 하며, 만주의 조선공산당 "모든 조직은 모두 그 뿌리부터 해체"시킬 것과, 조선공산당원들은 일정한 수속을 거쳐 중공에 가입토록 하며, 중공의 당헌에 따라 각지에 지부를 설치해야 한다고 주장하였다.[91]

이때 중공은 "중국당화(中国党化)" 구호가 무의식중에 큰 문제를 불러일으키고 있음을 인식하지 못했을 수 있었다. 이는 외부로부터 온 민족의 "중화민족화" 실현의 전조일 뿐만 아니라, 조선공산당원이 중공에 융합되는 법리적 논거와 논리적 전제 조건이었다. 또 중국의 소수민족으로서 만주의 조선인 혁명가들은 중공이 지도하는 혁명대오에 당연히 가입해야 한다는 것이기도 했다.

이런 상황에서 코민테른이 마침내 명확한 입장을 표시하였다. 1930년 5월 18일, 코민테른 동방서기처 조선위원회는 다음과 같이 건의하였다. "재만 조선인의 모든 활동을 중국공산당의 지도하에 귀속시킨다. 중공은 조선 동지들과 연락을 유지하고 지지해야 한다. 조선공산당이 재건될 때까지, 중공 중앙은 조선공산당에 관련된 모든 문제를 반드시 코민테른 동방서기처와 논의해야 한다. 3명의 동지로 조직된 새로운 만주국(满洲局)을 설립하여, 중공 중앙 만주위원회 소속하에 둔다."[92]

코민테른의 입장 표명 결과로 6월 10일 화요파 만주총국은 해산을 발표하였다. 그 이전 동만지역 화요파 간부들은 총국의 지시를 기다리지 않고, '해산선언'을 이미 발표한 뒤 중공이 지도한 5·30폭동에 참가하였다. 한상파의 주요 간부들 또한 만주의 조선공산당 해산과 중공에 가입이 불가피함을 인식하고는 있었지만, 그들은 여전히 국내의 조선공산당 재건에 기대를 걸고 있었다. 따라서 일종의 과도조직의 형식을 취하기로 하였다. 6월 24일, 한상파는 윤자영 등이 기초한 선언서 발표를 통해, 재건된 조직의 해산과 '재만 조선인공산주의자동맹' 성립을 선포하고, 중공 가입을 위해 필요한 사상적·조직적 준비를 하였

---

91) 『东北地区革命历史文件汇集』乙1, 77-81쪽; 『东满地区革命历史文献汇编』, 914-918쪽.

92) РГАСПИ, ф.495, оп.135, д.175, л.43-46, Харуки Вада ВКП(б), Коминтерн и Корея, с.600-603.

다.[93] 그러나 이때 코민테른은 한상파가 희망하는 조선공산당의 독자적 재건을 가로막고 나섰다.

1930년 6월 20일, 동방서기처는 한상파의 조선공산당재건주비위원회의 자진 해산을 요구하였다. 즉, 이 위원회의 조선에서의 모든 조직과 기구 및 자금을 코민테른 집행위원회로 이관할 것과 중국 내의 모든 조직, 기구 및 자금은 중공에 이전하도록 하였다.[94] 이때 코민테른은 조선공산당의 재건을 포기하지는 않았지만, 조선인들의 오랜 파벌 투쟁에 대한 우려가 있는 만큼, 한편으로는 코민테른 대표를 조선에 파견하여 활동을 전개하고, 또 다른 한편으로는 이에 대한 중공의 개입과 지원을 희망하였다.[95] 중공은 코민테른으로부터 권한을 넘겨받은 후 즉각 중공의 분명하고 확고한 입장을 표명하였다.

6월 29일, 중공 중앙은 만주성위에 다음과 같이 지시하였다. "만주의 한인 투쟁운동을 반드시 중국혁명의 범주로 포함시키고, 중공의 노선에 따라 동맹파업과 지방 폭동을 조직하고 토지혁명을 철저히 실천하며 소비에트 정권을 수립한다. 중공은 '한국 동지들의 중공 가입을 승인'하지만, 그들은 반드시 중공의 강령과 당헌을 받아들여야만 하며, 파벌 혹은 단체 명의가 아닌 오직 개인 자격으로만 입당할 수 있다. 중공 조직 내에 조선인 당원을 관리하는 특별기구는 설치하지 않고, 한인들로 구성된 지부의 경우에도 각급 지방당의 지도를 받도록 한다. 또 조선공산당의 파벌 투쟁이 중공 내로 유입되지 못하도록 각별히 주의해야 하며, 파벌 성향이 있는 사람은 절대로 입당을 허가하지 말고, '이미 입당한 경우엔 반드시 출당'시키도록 한다."[96]

중공 중앙은 7월 1일, 중공 만주성위와 공청단 만주성위를 통해 만주의 조선 공산주의자들에게 공개서한을 보내 이러한 원칙과 규정을 설명하였다.[97] 이를

93) 朴昌昱, 「风浪中的"在满朝鲜人共产主义者同盟"」, 『火种』, 470-477쪽; Харуки Вада ВКП(б), Коминтерн и Корея, с.30.

94) РГАСПИ., ф.495, оп.154, д.425, л.5, Харуки Вада ВКП(б), Коминтерн и Корея, с.603-604.

95) 코민테른에서 파견한 이들의 재건 공작에 관해서는, 沈志华, 崔海智, 「朝鲜共产党早期历史再述: 国内篇(1925-1935)」, 『韩国研究论丛』 第29辑(2015年 4月) 107-129쪽.

96) 『东满地区革命历史文献汇编』, 919-924쪽.

볼 때 만주의 조선공산당 조직은 중공에 가입하거나 중국을 떠나는 것 외에 다른 선택의 여지가 없었다.

7월 초 한상파 만주총국은 해산을 선포하였다.[98] 8월에는 성립된 지 2개월 밖에 안된 재만조선인공산주의자동맹도 해산을 선포할 수밖에 없었다. 윤자영, 김일주 등은 잇따라 조선으로 돌아가 비밀리에 당 재건 사업에 종사하였다.[99] 결국, 1930년 여름에 이르러 만주지역에서의 조선공산당 활동은 기본적으로 중국공산당의 직접적인 지도 아래 놓이게 되었다.[100]

만주의 중공 대오는 많은 조선인 당원들이 가입하기 시작하였기 때문에 빠른 속도로 확대되어 갔다. 중공 조직사 자료에 의하면, 만주성위 소속 조직당원 수는 1929년에 254명에 불과했으나, 1930년에는 2.5배 증가하여 853명에 달했고 1931년에는 2,132명으로 크게 늘어났다.[101] 1933년 여름, 심양과 대련을 제외한 만주지역 중공당원은 2,500명 이상으로 늘어났고, 특히 동만지역 1,200여 명의 당원 중 1,100명이 조선인이었다.[102]

계산해 보면, 만주의 중공 당원의 절반 정도가 조선인이었다. 이와 동시에 중공 간부들 중에도 조선인이 크게 늘어났다. 1930년 8월 당 조직을 구성할 때부터 조선인이 서기를 맡은 곳은 연화중심현위원회 왕경(王耿, 文甲松), 길림임시현위원회 왕평산(王平山, 金昌根), 청원현위원회 강의봉(姜义峰), 반석현위원회 이박봉(李朴奉, 朴銀秀), 유하현위원회 이창일(李昌一, 崔昌一) 등이 있었다.[103] 1930년대 초, 중공 동북지역의 현위원회 서기와 구위원회 서기는 거의

---

97) 『东北地区革命历史文件汇集』 甲5, 1988年, 58-62쪽; РЦХИДНИ, ф.495, оп.135, д.174, л.39, Усова Л. А. Корейское Коммунистическое Движение, с.105.

98) РЦХИДНИ, ф.495, оп.135, д.174, л.30, Усова Л. А. Корейское Коммунистическое Движение, с.91-92.

99) 朴昌昱, 『中国朝鲜族历史研究』, 254-256쪽; 朴昌昱, 「风浪中的"在满朝鲜人共产主义者同盟"」, 『火种』, 470-477쪽.

100) 마지막으로, 이종락(李宗洛) 등은 전 국민정부 조선혁명군을 "조선혁명군 길강지휘부(吉江指挥部, 후에 조선혁명군사령부로 개명)"로 개편하였다. 그러나 그들은 시종 중공에 가입하기를 거부하였고, 결국 1931년 초 종적을 감추었다. 朴一初, 「朝鲜革命军吉江指挥部的活动」, 『火种』, 478-481쪽.

101) 『中国共产党组织史资料』 第2卷, 2,122쪽.

102) 『东满地区革命历史文献汇编』, 1,131-1,132쪽; 崔圣春 主编, 『中国共产党延边历史大事记』, 99쪽.

전부 조선인이 맡았다. 가령 영안현의 2대 연임 서기, 연변지역의 4개 현서기, 그리고 발리(勃利), 탕원(湯源), 요하(饒河), 보청(宝清), 호림(虎林), 의란(依兰) 등의 현위원회 서기와 현위원회 위원 역시 대부분 조선인들이었다.[104]

상술한 바와 같이 코민테른이 중국에 있는 조선공산당원들에게 중공에 가입하도록 한 것은 결코 중공이 조선공산당을 배척 혹은 대체하도록 한 것은 아니었다. 단지 조선공산당이 조선 내에서 다시 재건되기 전에 임시로 취한 조치에 불과하였다. 이에 대한 코민테른의 입장과 태도 역시 매우 명확하였다. 뿐만 아니라, 중공은 만주의 조선공산당원들을 흡수함과 동시에 조선에서 조선공산당 재건을 지원할 임무도 떠맡게 되었다.

이에 관해, 1930년 9월 25일 만주성위는 동만특위에 "조선 내 공작을 지원"하고, "조선공산당 조직을 발전"시키며, "조선혁명을 지원하는 것이 핵심 임무 중 하나"라고 지시하였다. 또한, 만주성위는 동만특위에게 조선국내공작위원회를 조직하고 "조선 국내 공작을 계획대로 시작할 것"을 지시하였다.[105] 1931년 2월 23일, 동만특위는 만주성위에 보낸 보고에서 "현재 조선 국내의 대중운동에 대한 지도가 매우 시급하며, 대중들은 당의 영도를 열렬히 염원하고" 있지만, 조선인들의 파벌 투쟁에 대한 혐오감을 고려하여 조선 국내의 대중운동에 대한 영도는 "반드시 중국 당의 도움을 얻도록 해야 한다"고 주장하였다.

또 특위는 "동만의 공작에 호응하고, 조선 국내의 공작 발전과 조선공산당의 기초 건설"을 위해서 다음과 같이 결정하였다. "요여원을 서기로 조선국내공작위원회를 구성한다. 먼저 당원 3명을 함흥, 신흥, 경성, 평양에 파견하고, 재차 회령 등지에도 사람을 파견하여, 대중 공작과 당 조직 건립을 추진한다. 개산둔(开山屯), 훈춘 등 지역 조직에 조선 국내 조직 발전에 적극 나설 것을 촉구

---

103) 『中国共产党组织史资料』 第2卷, 2,090-2,096쪽. 다른 자료에는 이박봉의 본명이 박근수(朴根秀)라고 표기되어 있다. 『磐石党史资料』 第2辑(1992年), 405쪽. 장귀(张贵, 길림성 신문연구소 전 직원)의 박 모씨에 대한 인터뷰와 조사에 따르면, 『磐石党史资料』의 내용이 정확하다.

104) 『访问录选编: 周保中专辑』, 11-12쪽.

105) 『东北地区革命历史文件汇集』 甲5, 233-234쪽.

하고, 특위와 만주성위 조선국내공작위원회의 명의로 조선혁명 원조 선언을 발표한다." 아울러 동만특위는 이상의 공작에서 상당한 기반을 다진 후에 코민테른으로 이관할 것을 결정하였다.106)

3월 20일, 코민테른의 건의에 의해 조선공산당재건준비위원회(한상파)가 정식으로 해산을 선언하였다. 동시에 중공 동만특위의 지도 아래 '행동위원회'를 조직하고 조선공산당 재건을 위한 준비 작업을 진행하도록 하였다.107)

3월 27일, 만주성위는 "한국혁명의 지원"을 "만주당의 주요 임무 중의 하나"라고 확정하였다.108) 4월 15일, 만주성위는 중공 중앙의 의견에 따라 소수민족부를 신설하여 "한인 공작 문제를 전반적으로 계획 토론"하고, 동시에 산하 각 특위에도 소수민족부 설치를 준비하였다. 만주성위는 또한 "동만지역은 한국혁명을 힘껏 지원해야 하며, 필요시 일부 동지들을 한국 동지들에게 보내 대중을 동원하고 당을 조직적으로 발전시킨다. 장차 상당한 기반이 다져지기를 기다렸다가 중공 중앙에 보고하여 한국당의 문제 해결을 코민테른에 이관"할 것을 주장하였다.109)

5월 26일, 만주성위가 중공 중앙의 '만주의 한국 민족 문제에 관한 결의 초안'을 참고하여 통과시킨 결의안은 만주와 조선 국내에서 전개하는 민족공작의 의의와 위상을 한 차원 더 높였다. 결의안은 만주 소수민족 운동 과정에서 "마땅히 완전한 민족자결을 외쳐야 하고, 한국인이 분리되어 나가 독립국가를 세울 권리를 승인할 때까지, 중심 구호로 하기로" 하였다. 또 "한국혁명에 대한 지원은 중국당 특히 만주당의 핵심적인 실제 임무 중 하나"이고, 계속 "한국 동지들을 국내로 보내 공작하도록" 하였으며, 상세한 정황을 보고하여 코민테른

---

106) 『东满地区革命历史文献汇编』, 42-44쪽.

107) РЦХИДНИ, ф.534, оп.3, д.908, л.1-19, Усова Л. А. Корейское Коммунистическое Движение, с.92; 김준엽, 김창순, 『한국공산주의운동사5』, 400-401쪽.

108) 『东北地区革命历史文件汇集』甲7, 183-196쪽.

109) 『东北地区朝鲜人革命斗争资料汇编』, 723-724쪽; 『东北地区革命历史文件汇集』甲7, 221-222쪽. 인용된 문건 중 2번째 문건에 2차례 언급되는데, 여기에 적시된 시간은 1931년 4월 15일이다. 그러나 또 다른 곳에는 1930년 4월 15일로 되어 있다(『东北地区革命历史文件汇集』甲4, 357-358쪽을 볼 것). 고증 결과, 이 문건의 생산 시간은 1931년이다.

에 전하기로 하였다.[110]

조선공산당 재건 문제에 관한 만주성위 9월 12일 결의는, 코민테른의 정식 비준을 얻기 전에 조선 국내에서 발전한 당원들은 중공 조직에 속하지도 않고, 조선공산당의 독립 조직도 아니며, "다만 장래에 조선공산당을 발전시킬 기반"이라고 보았다. 중공을 경유하여 코민테른에 보고되어 비준을 얻은 후에야, 조선공산당은 정식으로 독립된 조직으로 인정받을 수 있었다. 이때, "조선에서 새로이 가입한 동지들과 과거 조선에 파견되어 공작한 동지들은 모두 조선 당에 넘겨"줌으로써, "중국당과의 조직 관계를 벗어날" 수 있었다.[111] 그러나, 이때 동북의 정세가 급변하여 조선공산당 재건 지원 사업은 더 이상 계속되지 못하였다.

9·18 만주사변 후, 중공 중앙은 "반장항일(反蔣抗日)"과 "민족혁명전쟁" 개시의 구호를 제기하고, 전국 각지에서 인민 무장을 조직하여 일본 침략자들과 직접 싸울 것을 주장하였다.[112] 1931년 말, 만주성위는 "유격전을 동원하여 반일 민족전쟁을 주도하고, 만주에서 새로운 유격 거점을 개척"하는 것을 "가장 핵심적이고 시급한 실제적 전투 임무"라고 규정하고, 당과 단원 및 기간 간부 200여 명을 각지에 파견하여 의용군 조직 사업을 추진하였다. 1932년 봄부터 1934년 봄까지 동만, 남만, 북만, 길림 동부 각지에, 중공의 직접적인 영도와 지휘를 받는 18개 유격무장 단체가 잇따라 만들어졌다.[113]

이때 이 지역에서 중공 당내의 구성원은 물론, 중공의 영도를 받는 무장대오 중의 주요 구성원 역시 거의 모두 조선인들이었다. 만주의 중공 조직 중 가장 세력이 강했던 동만지역의 당과 단의 조직 및 대중조직의 "95%는 한국 동지"들이었다.[114] 심지어 북만 일부 지역(빈현(宾县), 탕원, 요하)의 조선족 당원 비

---

110) 『东满地区革命历史文献汇编』, 1,080-1,085쪽; 『东北地区革命历史文件汇集』 甲8, 133-144쪽.

111) 『东北地区革命历史文件汇集』 乙1, 287-292쪽.

112) 中央档案馆编, 『中共中央文件选集』 第7册, 北京: 中共中央党校出版社, 1991年, 416-424쪽; 『中共中央文件选集』 第8册, 5-6, 14-17쪽.

113) 『中国共产党组织史资料』 第2卷, 2,066, 2,097-2,098쪽.

114) 『东北地区革命历史文件汇集』 甲17, 274-275쪽.

율은 99%에 달했으며, 남만지역의 반석현도 마찬가지였다.[115]

그중 비교적 유명한 유격대 지도자로는 요하의 최석천(최용건), 김문형(金文亨), 이학복(李学福), 반석현의 진진옥(陈振玉), 이송파(李松波), 연길의 박동근(朴东根), 박길(朴吉), 화룡의 장승환(张承焕), 김창섭(金昌涉), 왕청(汪清)의 양성룡(梁成龙), 김명균(金明均), 훈춘의 공헌침(孔宪琛), 박태익(朴泰益) 등이 있었다.[116] 1934년 말, 중공이 지도하는 동북항일유격대 중에 소수민족(주로 조선족)이 차지하는 비율은 90%에 달하였다.[117]

1934년 10월부터 1936년 1월 사이, 만주성위는 각 유격대를 차례로 동북인민혁명군 제1군, 제2군, 제3군, 제6군, 동북항일동맹군 제4군, 동북반일연합군 제5군으로 개편하였으며, 1936년 2월에는 이들을 동북항일연군으로 통합 개편하였다.[118]

이 시기 동북에서의 항일투쟁은 매우 활기차게 전개되었다. 이 상황에서 동만특위는 그들의 핵심 임무가 여전히 "한국 공작을 개척 발전"시키고, "가능한 한 일부 간부를 파견하여 이 임무를 집행하는 것"이라고 문건에 명시하고 있지만, 실제로 중공 중앙과 동만특위는 조선공산당 재건 사업을 지원할 겨를이 없었으며, 동북 조선인들의 활동 역시 완전히 중공의 지도와 조직 범위 안에 있었다.[119] 따라서, 중공과 조선공산당은 조직상에서 정식으로 맺어지지 않았다.[120]

중조 양국, 특히 중국에서 중조 두 민족의 인민들은 일본 제국주의에 대항하

---

115) 『东北地区革命历史文件汇集』甲12, 295-296쪽.

116) 『中国共产党组织史资料』第2卷, 2,100-2,105쪽.

117) 『东北地区革命历史文件汇集』甲20, 310쪽.

118) 『中国共产党组织史资料』第2卷, 2,105-2,106쪽.

119) 『东北地区革命历史文件汇集』甲12, 28쪽.

120) 1935년 코민테른 제7차대회 이후까지 조선공산당 재건 작업은 계속 중지되었다. 沈志华, 崔海智, 「朝鲜共产党早期历史再述: 国内篇(1925-1935)」, 『韩国研究论丛』第29辑(2015년 4월), 107-129쪽. 그 전엔 일본 점령당국이 "민족자결" 구호를 이용해 민족 혐오를 부추기려는 음모가 있음을 고려하여, 1933년 5월과 7월, 만주성위는 중앙의 "1·26 지시문"의 정신에 근거하여 "민족자결"과 "한국자치구"의 구호를 폐기하고, 소수민족의 단결과 공동 항일투쟁을 강조하였다. 中国人民解放军 东北军区司令部编, 『东北抗日联军历史资料』第3集, 1955年, 166-167쪽; 『东北地区革命历史文件汇集』甲14, 21-22쪽.

기 위하여 어깨를 나란히 하고 싸운 전우였다. 특히 중공이 무장 항일 구호를 제창한 이후 그들의 투쟁 목표는 완전히 일치하였으며, 조선인들의 중국혁명 대오 가입이 어쩔 수 없는 것에서 자발로 바뀌었다. 조선민족의 참가가 없었다면, 동북이 함락되는 시기(특히 초기) 중공이 지도하는 무장 항일운동은 없었다고 말할 수 있다. 그러나 이때 출현한 "반민생단 사건"은 조선인들의 큰 불만과 코민테른의 우려를 낳았다.

민생단은 원래 일본인이 만든 '한인 자치조직'으로 구성원은 모두 조선인이었으며, 중조관계를 이간시키고 동북의 항일운동과 공산주의 운동을 파괴할 목적으로 만들어졌다. 이 조직은 조선인 사회의 지지를 받지 못했기 때문에, 성립된 지 얼마 지나지 않은 1932년 7월 해산을 선언하였다. 그러나 1개월 후 항일유격대가 일본군 헌병대에서 풀려난 조선인 '송씨 노인'을 심문하는 과정에서 그가 자신을 민생단 단원이라고 인정하자 항일유격대는 매우 민감해졌다. 그 직후 중공 동만 당내와 동만 근거지에서 민생단을 조사하는 투쟁이 전개되었다.[121]

중공 동만특위는 한때 반민생단 투쟁을 "우리 당의 각 임무 가운데 가장 중요한 임무"라고 규정하고, 동시에 숙청위원회를 조직하였다. 동만특위의 추산으로는 민생단 분자가 지방의 당 조직과 인민혁명군 가운데 40%에 이르고, 심지어 일부에서는 "한국 동지는 모두 민생단원"일 것으로 보았다. 이처럼 조선족 간부와 민중들을 의심하는 분위기 속에서 중공은 당과 군내의 조선인 간부및 사병들을 대량으로 체포, 심문 숙청하기 시작하였다.

강제 자백을 통하여 560명이 체포되었으며 그중 430명이 사형에 처해졌다. 그중에는 동만특위와 현위원회 간부 25명도 포함되었다. 동시에 동만특위는 동북인민혁명군을 조직하는 과정에서 간부 교체(군단과 사단급 기관은 모두 중국 국적 간부로 교체)와 편제 조정(기층부대를 중국인과 고려인으로 분리하여 편제) 등을 통하여, 조선인에 대한 각종 예방조치를 취하였다. 반민생단 투

---

121) 민생단과 관련된 자세한 것은 다음을 참조할 것. 『关于东北抗日联军的资料』分册, 李铸等译, 北京: 中华书局, 1982年, 92-103쪽; 李昌役, 白成靖, 「民生团"事件」, 『烽火』, 163-176쪽; 崔圣春 主编, 『中国共产党延边历史大事记』, 73-75쪽.

쟁의 확대는 항일대오 내부를 공황상태로 만들었고 많은 당 조직은 마비 상태에 빠지기에 이르렀다.[122]

1934년 말까지, 만주성위는 동만성위에 "민생단 파벌 반대 투쟁 중의 당내 상호 의심 및 불신, 공황의 경향(예를 들면 중국 동지들이 조선인 모두를 민생단으로 보거나 불신하는 경향)을 방지 및 교정하고, "반민생단, 반파벌 투쟁이 당내의 두 갈래 전선 투쟁을 대체하지 않도록 할 것을 요구"하였으나, 단위원회 특파원은 여전히 상황이 매우 심각하다고 보고하였다. 즉, 동만 "당단현(党团县)위원회 및 당단구(党团区)위원회의 2/3 이상이 민생단"이며, "우리 당과 단 기관의 6, 7할이 민생단 분자"라고 보고하였다. 또, 이들 민생단은 "우리의 영도 기관을 정신이 얼떨떨한 기관으로" 만들었으며, 심지어 "우리당을 완전히 반혁명당으로 변질시켰다"고 보고하였다.[123]

중공의 행위는 조선공산주의자들과 혁명 군중의 강한 불만을 야기하였으며, 다수가 중공 조직과 중공이 영도하는 항일대오를 이탈하였다. 심지어 원래의 조선공산당 ML파 일부 인사들은 독립된 조선공산당 조직 재건을 선언하고, 강령을 통하여 조선인들의 연합을 시도하였다.[124]

1935년 여름과 가을, 일부 저명한 조선인 지도자들은 상해에서 비밀리에 집회를 개최하고, 조선혁명과 조직 문제를 토론하였다. 그들 모두는 "9·18사변" 이후 중국 동북은 곧 조선혁명의 중심이고, 조선의 혁명역량은 분산될 수 없으며, "중국의 혁명운동 중에 물에 소금이 녹듯이 소멸될 수는 없다"고 주장하면서, "반드시 대등한 조직으로서 중국혁명에 가입"해야 하며, 반드시 단결하여 조선혁명 전체에 대한 통일된 지도를 실천해야 한다고 주장하였다. 중공이 "8·1선언"에서 항일민족통일전선 형성을 제기한 이후, 조선혁명가들은 조선민족해방동맹을 조직하였다.[125]

---

122) 『东满地区革命历史文献汇编』, 114-118, 414-429쪽; 姜万吉, 『韩国现代史』, 86-87쪽. 일본 당안에 반영된 상황과 대체로 같다. 이에 관해서는 다음을 참조할 것. 『关于东北抗日联军的资料第 1分册』, 95-98쪽.

123) 『东北地区革命历史文件汇集』 甲20, 314, 323쪽.

124) Dae-sook Suh, *The Korean Communist Movement, 1918-1948*, Princeton: Princeton University Press, 1967, pp.245-246; Усова Л. А. Корейское Коммунистическое Движение, с.148-149.

코민테른은 반민생단 상황을 이해한 이후 중공과는 다른 견해를 보였다. 1935년 11월 2일, 코민테른 제7차 대회에 출석한 중공 대표 양송(楊松, 吳平: 중공 길동특위 서기 역임)은, 민생단 사건에 대한 중공의 태도를 비판하는 글을 발표하였다. 그는 민생단 전체를 일본의 "주구 단체", "간첩 및 염탐 기관"으로 보아서는 안 되며, 소수의 상류층 반동 지도자들과 광범한 기층 대중들을 구분해야 한다고 주장하면서, 중공 조직을 견고히 확대한다는 목표하에 "한국민족혁명당"을 조직할 것을 제안하였다.126) 양송의 발표문은 코민테른 제7차 대회의 정신을 반영한 것이었다.127)

주보중(周保中)의 회고에 따르면, 1935년 7월 개최된 코민테른 제7차 대회는 동북 "항일구국회" 소속 조선인들 중 일부를 분리하여 "조선조국광복회"를 조직하고, "동북인민혁명군" 내의 조선인 부대를 별도로 "조선인민군"으로 개칭할 것을 결정하였다.128) 중공은 즉각 코민테른 제7차 대회의 제안을 받아들이는 동시에, 중조 민족연합의 항일을 실현하기 위해 "간도 한인 민족자치구 설치"와, 동만인민혁명군을 "중한항일연군"으로 개칭, 한국민족혁명당 조직과 중공 현위원회 혹은 구위원회의 통일된 지도하에 한인당의 소조 또는 당 지부를 구성할 것을 제안하였다. 이는 코민테른이 대체로 중조 간 모순이 동북지역 반일 활동 전체에 영향을 미칠 것을 우려한 데서 나온 것이었다.

그러나 당시 중국에서 독립된 조선당과 단체, 조선인 군대를 조직할 조건은 구비되지 않았고, 이 주장들도 대부분 구호에만 그쳤다. 여러 이유 때문에 조선인민군과 민족혁명당은 모두 정식으로 조직되지 못하였다. 느슨한 대중조직 (단순한 조선 교민 계열)으로서 광복회는 1936년 6월 설립을 선포하였으나, 이 조직 또한 실질적으로 중공의 지도하에 있었다. 또한 1938년 혜산체포사건 이후에는 이름만 존재하는 단체가 되었다.129)

---

125) 尼姆·韦尔斯, 金山, 『在中国革命队伍里』, 199-200쪽. 지금까지 공개된 사료로 볼 때, 조선민족해 방동맹은 활동을 개시하지도 않았으며, 영향력도 없었다.

126) 『东满地区革命历史文献汇编』, 1,235-1,237쪽. 杨松이 1936년 제1, 2기 『코민테른』에 발표한 글.

127) 『东北地区革命历史文件汇集』 甲28, 10-11쪽;『东满地区革命历史文献汇编』, 1,453쪽.

128) 『访问录选编: 周保中专辑』, 13쪽. 최근 공개된 코민테른 당안에는 이와 관련된 문건은 없다.

어쨌든 1936년 2월 반민생단 활동은 중지되고 조선공산당원에게 드리워진 어두운 그림자는 마침내 지나갔다. 동시에 중조 양국 공산당원 간의 관계에도 근본적인 변화가 일어났다. 첫째, 1930년대 초 만주의 조선공산당 각 조직의 해산을 겪고 나서, 전(前) 조선공산당 기간 간부들은 일본에 체포된 경우를 제외하고는 모두 조선으로 돌아가거나 혹은 시베리아로 건너갔다.[130] 둘째, 1932~1935년 사이 진행된 반민생단 사건으로 지도 간부를 맡았던 조선공산당원들은 대거 숙청되었다. 따라서 코민테른 제7차 대회 이후 중공 조직 혹은 무장대오 중에 남아있는 조선인들은 모두 새로운 인물들로 교체되었다. 이때 두각을 나타낸 조선인들은 30년대 초에 입당한 청년들이었으며 그중에 이후 조선의 영도자가 된 김일성이 있었다.[131] 그는 동북항일연군에서 조선인들을 상대로 한 반민생단 운동을 시작하던 1932년에 중국공산당에 입당하였다.[132]

129) 『访问录选编: 周保中专辑』, 102-103쪽; 『东北地区革命历史文件汇集』甲28, 259-261쪽; 姜万吉, 『韩国现代史』, 89-91쪽; Усова Л. А. Корейское Коммунистическое Движение, с.139; Харуки Вада ВКП(б), Коминтерн и Корея, p.34. 북한 당국의 주장에 따르면, 1934년 김일성은 동만주와 남만주 항일유격대를 규합하여 소위 "조선인민혁명군"을 조직하였다. 1935년 5월 5일에는 재차 항일 통일전선 조직인 "조국광복회"를 결성하였다(朝鮮『劳动新闻』编辑部, 『金日成传略』, 冰蔚等译, 北京: 世界知识出版社, 1952年, 9-10쪽; 『朝鲜概况』, 平壤: 外国文出版社, 1961年, 28-30쪽). 조선인민혁명군의 실제 상황에 대해 중국학자들이 별도의 연구를 진행한 결과, 그 당시 그러한 이름이 있기는 하였지만 실체가 없는 조직으로 밝혀졌다. 金成镐, 张玉红, 「四论"朝鲜人民革命军"说」, 『朝鲜·韩国历史研究』第10辑(2009年), 324-354쪽. 광복회의 발기인에 대해 한국학자 강만길은 오성륜(전광), 이상준(이동광) 등이며, 김일성이 아니라고 주장하였다. 앞에서 인용했던 중국 당안에 따르면, 1938년 8월 중공 길동성위는 최희향에게 "특별히 "재만 조선인 조국광복회"의 대중운동"을 벌일 것과 "조선교포 내에 비밀리"에 공작을 진행할 것을 지시하였다(260쪽). 이는 중공이 전에 분명히 광복회의 부활을 시도했음을 보여주지만, 이후엔 더 이상의 광복회 관련 활동에 관한 사료 기록이 존재하지 않는다.

130) Dae-sook Suh, *The Korean Communist Movement*, p.235.

131) 중공 중앙 기관지 『해방일보』는 1943년 3월 1일 중공동북공작위원회 부주임 이연록(李延禄)의 기명 기사를 게재하였다. 기사에서는 동북에서 항일투쟁 중인 조선인 간부들의 이름을 언급했는데, 그중에는 이홍광, 김일성, 김책, 이학복 등이 포함되어 있다. 刘金质等 编, 『中朝中韩关系文件资料汇编』, 北京: 中国社会科学出 版社, 2000年, 830-834쪽.

132) 『东北地区革命历史文件汇集』乙2, 180쪽; ЦАМОРФ, ф.33, оп.687572, ед. хранения 2317, записи No.46172033. 1974. 김일성의 중국공산당 입당 시기에 관해서는 많은 이견이 존재한다. 예를 들면, 입당 시기가 1930년(ЦАМОРФ, ф.Устаск, оп.614631, д.43, л.68-77)에서, 1931년(『소련 군사고문단 단장 라주바예프의 6·25전쟁 보고서(1)』, 21-24쪽; 『人民日报』1950년 7월 19일 4면), 1932년(『东北地区革命 历史文件汇集』乙2, 180쪽), 그리고 1933년(『东满地区革命历史文献 汇编』, 353쪽)으로 된 곳도 있다. 필자는 공산당의 정식 조직 자료가 정확하다고 본다.

88   최후의 천조(天朝)

중공 조직사 자료 기록에 따르면 1927년 10월부터 1937년 7월까지, 중공 만주성위와 하얼빈특위, 남만성위, 길동성위, 북만성위 및 소속 당, 정, 군, 단 조직 가운데 조선족 간부는 모두 78명(현위원회 서기 이상 간부는 33인)이었으며, 그중에 1935년 7월 코민테른 제7차 대회 이후에도 당 조직에서 여전히 직무를 수행한 인물로는, 이동광(李东光, 李东一, 李相俊 남만성위 조직부장), 유좌건(刘佐健, 남만성위 청년부장), 전광(全光, 吴成仑, 남만성위 선전부장), 풍검영(冯剑英, 崔凤官, 유하현위 서기), 권영벽(权永碧, 장백현위 서기), 이복림(李福林, 북만임시성위 상무위원 및 조직부장), 김책(金策, 북만임시성위 집행위원회 위원), 허형식(许亨植, 李熙山, 북만임시성위 집행위원회 위원), 장복림(张福林, 하얼빈동특위 서기) 등이 있었다.[133]

이 밖에도, 중공이 지도하는 무장대오에서 활약하는 일단의 조선인들이 있었다. 그중 비교적 유명한 인물들로는 박한종(朴翰宗, 1934년 제1군 참모장), 이홍광(李红光, 1934년 제1군 제1사(師)사장), 이민환(李敏焕, 1934년 제1군 제1사 참모장), 한호(韩浩, 1935년 제1군 제1사 사장), 김일성(1936년 제2군 제3사 사장), 최석천(최용건, 1936년 제4군 제2사 참모장), 김철우(金铁宇, 1936년 제7군 제3사 정치부 주임), 최현(崔贤, 1936년 제2군 제1사 1단 단장), 김일(金一, 朴德山, 1937년 제1로군 제2군 6사 8단 정치위원), 김광협(金光侠, 1937년 제2로군 제5군 2사 4단 정치위원), 강신태(姜信泰, 姜健, 1937년 제2로군 제5군 3사 9단 정치부 주임), 이영호(李永镐, 1938년 제2로군 제7군 3사 7단 정치위원) 등이 있었다.[134]

희생자들을 제외하고, 이들 조선인 간부들은 이후 조선민주주의인민공화국 건국에 중요한 역량 중의 하나가 되었으며(조선노동당 내에서 "항일유격대파" 혹은 "만주파"라 칭함), 중국공산당 및 중화인민공화국과 오랫동안 밀접한 관계를 유지하였다.

코민테른 제7차 대회에서 통일전선 구축 주장이 제기된 이후, 중공의 방침은 점차로 반장(反蒋)에서 항일투쟁 위주로 전환하였다. 이때에는 중공과 조선인들의 투

133) 『中国共产党组织史资料』第2卷, 2,060-2,140쪽. 여기에서 집계된 인원수는 문건 중에 "조선족"으로 표시된 것들이다.

134) 中国人民解放军历史资料丛书编审委员会编, 『东北抗日联军·综述, 表册, 图片』, 沈阳: 白山出版社, 2011年, 453-499쪽.

쟁 방향이 완전히 일치하였기 때문에 만주의 조선공산당원들은 중공에 흡수되는 것에 매우 만족하였다. 7·7사변과 중일전쟁이 전면 발발한 이후 중조 양국은 운명공동체가 되었고, 중조 공산당의 관계 또한 새로운 역사적 단계로 접어들게 되었다.

역사를 정리해보면, 조선공산당원은 처음부터 끝까지 자신의 조직을 형성하지 못하고 결국에는 중국공산당에 편입될 수밖에 없었다. 그 이유는 첫째, 코민테른은 세계 공산당 조직의 최고 지도기관으로서, 각국 공산당원들은 코민테른이 정한 규정과 지시에 반드시 복종해야만 하였다. 둘째, 조선공산당 내부의 극심한 파벌 투쟁으로 통일된 조직으로 결합되기 어려웠다. 셋째, 민족국가로서 조선은 이미 소멸되었으며, 중국 동북에 거주하는 조선인들은 외부로부터 온 이주민으로 점차 중국 내의 소수민족으로 편입되는 과정에서, 중국에 있는 조선혁명가들이 중공에 융합되는 것은 매우 자연스럽다 할 수 있었다.

많은 조선공산주의자들이 중공에 가입한 것은 중공세력 강화, 특히 동북지역의 항일역량 강화에 도움이 된 것만은 틀림없다. 그러나 조선민족은 과계민족이었고, 동북에서 생활하는 조선인들은 중화민족과의 동질감이 결여되어 있었다. 코민테른이 해산되고 전후 조선의 독립이 회복됨에 따라, 많은 조선인 간부들이 중공을 떠나 귀국하였으며, 후에 중조관계에 중요한 영향을 미치는 요소가 되었다.

1937년 중일전쟁이 전면적으로 발발하였을 때, 중국 내에 거주하는 조선공산주의자들은 완전히 중공에 융합되어 있었다. 그 후 8년간의 항일투쟁 과정에서 처한 환경이 달랐기 때문에 중공 조직 내의 조선혁명가들은 두 그룹으로 나누어졌다.

첫 번째 그룹은 김두봉(金枓奉, 金白淵)과 무정을 중심으로 조선독립동맹과 조선의용군을 조직하여 화북지역과 화중지역을 주요 활동무대로 하였으며, 중공이 이끄는 동방 반파시즘 국제통일전선의 구성원으로 중공의 지도를 받았다. 두 번째 그룹은 김책, 최용건, 김일성 등이 이끄는 중공 지휘하의 항일 무장대오 중의 하나로서, 동북지역을 투쟁기지로 하여 동북의 중공 당 조직의 직접적인 관할하에 있었다.[135]

---

135) 당시 중공 조직에서 김책은 동북지구 조선인 중 최고 지위에 있었고, 항일연군 부대가 소련으로 이전한 후, 비로소 김일성이 점차 조선인들의 핵심인물이 되었다. 김책의 경력에 관한 상세한 것은 다음을 볼 것. 金成镐, 姜圣天, 「朝鲜共产主义者金策在中国东北的抗日革命历程」, 『延边大学学报』 第48卷 第3期(2015年 5月), 38-47쪽.

1941년 이후, 중공 중앙과 연락이 두절된 동북항일연군 잔여부대는 소련 원동지역으로 후퇴하여 소련군의 직접 지휘를 받는 특별부대, 즉 제88독립보병여단(항일연군교도여단, 또는 항일연군교도려, 88여단이라고도 칭함-역자 주)이 되었다. 항일전쟁 승리 직전, 중공 중앙은 조선의용군에게 소련군을 도와 조선을 해방시킬 것을 명령하였다. 부대는 압록강에서 입북을 저지당하였지만 주요 지도자들은 계속해서 조선으로 귀국하였다.

일본 항복 후, 스탈린은 김일성을 중심으로 하는 88여단 소속의 조선공작단을 조선에 파견하고 그들에게 소련 점령군과 협력하도록 지시하였다. 이때, 장기간 중국 내에서 활동한 두 그룹의 조선공산당원들은 각각 조국으로 돌아가, 북조선의 두 파벌, 즉 "연안파"와 "유격대파"를 형성하였다. 이 단계의 역사는 장래 중조관계의 초석을 다지는 데에 매우 중요한 역할을 한다.

4. 중공이 키운 연안파 간부

"연안파" 간부는 주로 3개 세력으로 구성되어 있다. 첫째는 조기에 중공에 가입하거나, 중공이 직접 양성한 조선공산주의자들이다. 둘째는 조선민족혁명당에서 분리되어 나온 조선공산주의청년전위동맹의 혁명 청년들, 셋째는 중공과 전위동맹의 영향하에서 조선의용대를 이탈해 북상한 조선의용대 전사들이다.

연안파 중에서 가장 유명한 인물은, 홍군의 장정을 따라서 섬북(陝北: 섬서성 북부-역자 주)에 도착한 무정이다. 앞에서 설명했듯이, 무정은 중공 초기에 가입한 인물 중 하나이다. 무정과 함께 이름을 날린 인물은 언어학자이자 역사학자인 김두봉이다. 그는 1920년 조선공산당(상해파)에 가입하고, 1935년 조선민족혁명당 창설에 참여하였으며, 1938년 조선의용대에 참여하였다. 1939년 조선민족혁명당 총부를 따라 중경으로 왔으며, 1942년 연안에 도착한 후 조선독립동맹위원장과 조선혁명군정학교 교장을 역임하였다.[136]

136) 『소련 군사고문단장 라주바예프의 6·25전쟁보고서(1)』, 72-74쪽. 그 외 다음을 볼 것. 杨昭全 等编, 『关内地区朝鲜人反日独立运动资料汇编』, 沈阳: 辽宁民族出版社, 1987年, 1,338-1,339쪽.

‣ 조선혁명군정학교 동굴.

‣ 조선혁명군정학교 유적 문전과 필자.

• 조선혁명군정학교 유적을 소개하는 필자.

 항일전쟁 초기, 연안의 조선인 중 주요 인물들은 다음과 같다.

 박일우(朴一禹, 王巍)는 중국 동북의 빈농 가정에서 태어나 1933년부터 중공의 지하공작에 가담하였다. 1937년 연안으로 온 후 항일군정대학에서 수학하였고, 그 후 항일 근거지 현위원회 서기, 조선혁명군정학교 부교장, 조선의용군 부사령관을 역임하였다. 1945년 5월 중공 제7차 당대회에 참석하고 조선독립동맹을 대표하여 연설하였다.[137]

 최창익(崔昌益)은 함경북도 농민 가정에서 태어나 1921년부터 정치 활동에 참여하기 시작하였다. 1927년 모스크바에 가서 학습하였고, 후에 조선에서 조선공산당 창당 작업에 참가한 뒤 체포되었다. 1934년 출옥 후 중국으로 망명하였으며 1936년 연안으로 왔다. 그 후 항일군정대학 교원과 1942년 조선독립동

137)『소련 군사고문단장 라주바예프의 6・25전쟁보고서(1)』, 46-47쪽; 杨昭全等编, 『关内地区朝鲜人反日独立运动资料汇编』, 1,438-1,345쪽.

맹집행위원회 서기를 역임하였다.[138]

김웅(金雄, 王信虎)은 경상북도 출생으로 1930년 초 중국에 망명하였다. 1933년에 남경중앙군관학교에 입학하였고 1937년에 연안항일군정대학에 입학하여 수학하였다. 1940년 군사교원으로 팔로군 제5종대를 따라 남하한 후, 신사군(新四軍: 1938년 국공합작 이후 편성된 중국공산당 예하부대 - 역자 주) 제3사단 참모장과 항일군정대학 제5분교 교육장을 역임하였다.[139]

중공이 직접 양성하고 중공의 대오 속에서 성장한 조선인 간부들도 있었다. 1936년 중공에 입당, 중공의 명을 받아 서안사변에 참가한 이휘(李辉), 1937년 섬북공학(陝北公学) 진학 후 조선청년연합회 섬감녕(陝甘宁) 지회장을 역임한 정율성(郑律成), 연안홍군대학 졸업 후 조선독립동맹 연안분맹 집행위원을 역임한 서휘(徐辉), 태행산(太行山) 동북간부훈련반에서 훈련받고 국공내전 시기 중국인민해방군 제4야전군 164사 부사장을 역임한 이덕산(李德山)과 166사 정치위원 방호산(方虎山) 등이다.[140] 1940년 항일군정대학 등 중공 학교를 졸업한 조선 청년들은, 약 40여 명에 달하였다.[141]

조선공산주의 청년전위동맹의 전신 "시월회(十月会)"는 원래 조선독립당의 내부 비밀결사 조직으로 사실상 중국공산당의 외곽 조직이었고, 조선족 중공당원 이유민(李维民)을 통해 중공과 연락을 유지하였다. 1932년 "12·8사변" 후 일본은 상해를 직접 통제하여, 홍구공원 사건(윤봉길 의사 폭탄투척 사건 - 역자 주)을 구실로 반일 활동을 광적으로 탄압하였다. 따라서 상해의 모든 조선인 항일단체와 조직은 차례로 남경으로 옮겨 활동하였다.

---

138) 『소련 군사고문단장 라주바예프의 6·25전쟁보고서(1)』, 38-39쪽; 『解放日报』 1942년 8월 29일, 刘金质等编, 『中朝中韩关系文件资料汇编』, 727쪽.

139) 中共江苏省委党史工作办公室等编, 『新四军统战纪实』, 北京: 中共党史出版社, 2007年, 367쪽.

140) 金淳基, 「朝鲜义勇军司令员」, 『决战』, 337-357쪽; 尼姆·韦尔斯, 金山, 『在中国革命队伍里』, 江山碧译, 香港: 南粤出版社, 1977年, 202쪽; 韩昌熙, 李政文, 李斗万, 「人民音乐家郑律成」, 『决战』, 449-468쪽; 黄龙国, 「朝鲜义勇军的活动与中国朝鲜族历史的联系」, 『东疆学刊』 第23卷 第2期 (2006年 4月), 65쪽; 崔刚, 『朝鲜义勇军史』(朝文), 延吉: 延边人民出版社, 2006年, 162-163쪽; 中共中央组织部等编, 『中国共产党组织史资料(1921-1997)』 第4卷, 北京: 中共党史出版社, 2000年, 2,023-2,024쪽.

141) 杨昭全 等, 『中国朝鲜族革命斗争史』, 429-431쪽.

1935년 7월, 조선혁명당과 조선독립당 등은 남경에서 연합하여 조선민족혁명당을 창당하고 김약산(金若山, 金元凤)을 총서기로 추대하였다. 1936년, 코민테른에서 조선공산당 건설에 참여했던 한빈(韓斌, 王志延)이 남경으로 와 "시월회"를 "청년전위동맹"으로 개칭하였다. 이 "동맹"은 중공 외곽 조직의 비밀 신분을 유지하면서 민족혁명당이라는 이름으로 활동을 전개하고 조직을 발전시켰다.

1938년 6월, 최창익 등이 민족혁명당을 떠나 청년전위동맹을 독자 조직으로 만들었다. 이 "동맹"의 핵심 구성원으로는 한빈과 최창익 등 비교적 일찍부터 연안으로 건너온 사람들 외에도 김학무(金学武), 김창만(金昌满), 이익성(李益星), 이상조(李相朝), 장지민(張志民) 등이 있었으며 대다수가 중공당원들이었다. 그들은 조선의용대 창설에 직접 참여하였으며, 1941년 중공 관할하의 항일 근거지로 대오를 옮겼다.[142] 이들 중에는 훗날 8월 종파사건의 주요 인물로 유명한 윤공흠(尹公钦)이 있다. 그는 일찍부터 조선에서 학생운동에 참가하였고, 1937년 중국으로 건너온 후 조선의용대에 가입하였다. 1940년 조선독립동맹에 가입하였고 그 후 연안의 항일군정대학에서 수학하였다. 졸업 후, 조선혁명군정학교 교육공작 책임을 맡았다.[143]

전면적 항일전쟁이 발발한 후 관내의 조선혁명가들은 매우 적극적으로 활동하였다. 1938년 7월 4일, 한구(汉口)에서는 김학무를 단장으로 조선청년전지복무단(朝鲜青年战地服务团)이 조직되어 국민정부 군사위원회 정치부 제3청의 지휘를 받았다. 이들은 무장을 갖춘 준군사조직이었다.[144]

10월 10일, 장개석의 비준을 거쳐 민족혁명당과 청년전위동맹 구성원을 중심으로 조선의용대가 창설되었다. 조선의용대는 산하에 2개 지대(후에 3개 지대로 확대)를 두고, 김약산이 총지대장을, 김학무는 정치조장을 맡았으며, 국민

---

142) 文正一, 「战斗在我国战场上朝鲜义勇军」, 『黑龙江民族丛刊』 1985年 第3期, 49쪽; 石源华, 『韩国独立运动与中国』, 上海: 上海人民出版社, 1995年, 218, 246쪽; 森川展昭, 「朝鲜独立同盟の成立与活动」, 『朝鲜民族运动史研究』 1984年 第1期, 155-157쪽, 다음에서 재인용. 杨昭全 等编, 『关内地区朝鲜人反日独立运动资料汇编』, 247-249쪽.

143) 金光云, 『北韩政治史研究』, 182쪽.

144) 文正一, 『战斗在我国战场上朝鲜义勇军』, 49-50쪽; 石源华, 『韩国独立运动与中国』, 246쪽.

정부군사위원회 정치부 제2청에 배속되었다. 당시는 제2차 국공합작 초기였으므로 중공은 적극적인 지지를 보냈다.

정치부 부주임 주은래와 제3청 청장 곽말약이 조선의용대 발대식에 참석해 발언을 하였다. 중공의 『신화일보』도 조선의용대에 관한 소식과 공적을 크게 보도하였다. 조선의용대의 창설 준비 기간에 주은래는 연안으로 북상하여 항일에 참가할 것을 주장하는 조선 청년들에게 조선의용대에 남을 것과 국제적 연합과 국공합작의 대국적인 견지에서 조선의용대에 가입해 국민당 통치 구역에 투입돼 항일투쟁을 할 것을 권고하였다.145)

일부 연구가들은 이를 근거로 조선의용대가 중공 주도 및 지도하에 조직되었다고 주장하지만 이런 주장은 타당하지 않다. 당안 문건에 나타난 의용대의 창설 과정과 경비의 근원 및 편제 조직을 보면 중공과 직접적 관련은 없다. 그러나 의용대 구성원 중에 분명 적지 않은 중공당원과 청년전위동맹 성원이 있었으며, 제2지대(지대장 이익성(李益星)은 중공당원)는 "중공 지부의 직접적인 지도하에" 신사군의 지휘를 받고 있었다.146) 이는 후에 의용대가 북상하는 기초가 되었음은 의심할 나위가 없다.

1940년 10월, 의용대는 중경에서 제1차 확대간부회의를 개최하였다. 지난 2년간 의용대가 주로 전선에서 선전활동과 정보공작을 했던 상황 설명과 함께, 회의에서는 일본군 점령지역을 향한 무장부대의 새로운 임무 수립과 발전 계획이 제기되었다.147) 조선의용대는 화북 전장에 출동하여 임무를 수행하기 위해 특별 언론발표회를 개최하였다. 『신화일보』는 기명 기고문에서 조선의용대의 가장 시급한 임무는 적진에 깊숙이 침투한 뒤, 화북을 활동 무대로 많은 조

145) 文正一, 『战斗在我国战场上朝鲜义勇军』, 50-51쪽; 权立, 「朝鲜义勇队的创建及早期斗争」, 『决战』, 308-310쪽; 郭沫若, 「朝鲜义勇队」, 『郭沫若全集』 第14卷, 北京: 人民出版社, 1992年, 205-207쪽. 조선의용대와 관련해서는 많은 연구 성과가 있다. 상세한 사료는 다음을 참조할 것. 杨昭全 等 编, 『关内地区 朝鲜人反日独立运动资料汇编』, 831-997쪽.

146) 文正一, 『战斗在我国战场上朝鲜义勇军』, 52쪽; 文正一, 池宽容, 「抗日战争中的朝鲜义勇军」, 『民族团结』, 1995年 第7期, 20-24쪽.

147) 『朝鲜义勇队通讯』 第37期, 1940년 10월 10일; 第41期, 1941년 9월 29일; 杨昭全 等编, 『关内地区 朝鲜人反日独立运动资料汇编』, 971-982, 986-993쪽.

선인 대중을 단결시키고 조선의용대를 "조선혁명군"으로 확대시키는 것이라고 강조하였다.[148]

　최초의 의용대의 북상은 무한회전(武汉会战) 실패 후, 조선의용대 총사령부와 소수의 부대원들이 민족혁명당을 따라서 계림으로 철수한 뒤 중경으로 옮겼고, 부대 주력은 하남 낙양으로 이전함으로써 이루어졌다. 당사자인 문정일(文正一), 최채(崔采), 김학철(金学铁) 등의 회고에 따르면, 의용대가 결국 팔로군과 신사군의 근거지에 들어가게 된 실질적 원인은 중공의 노력 때문이었다.

　1939년 국민당 제5기 5중전회 이후 국공 간의 갈등이 더욱 심해지고 마찰이 끊이지 않았으며, 1941년 초에는 환남사변(皖南事变: 국공합작 시기 지금의 안휘성 남부에서 발생한 국공 간 충돌 사건 – 역자 주)이 발생하기에 이르렀다. 중공 중앙은 국민당의 반공 방침에 대항하고 자신의 역량을 확대하기 위해 국민당에 정면 대응하였는데, 그중의 하나가 조선의용대를 쟁취하는 것이었다. 이를 위해 중경의 중공 대표 주은래는 의용대 총대장 김원봉과 비밀리에 접촉하고 주력부대의 북상을 논의하는 한편, 다른 한편으로 조선의용대 청년들 다수의 높은 항일 의식을 이용, 그들을 적의 후방 근거지로 이동시켜 항전을 계속하도록 할 계획을 세웠다.

　중공의 치밀한 계획하에, 조선의용대 각 지대는 1940년 말부터 1941년 중엽까지 4차례로 나누어 황하(黄河)를 건너, 주력부대는 태행산의 항일 근거지로 진입하였으며 그 밖의 소수 부대원들은 소북(苏北), 산동 및 회북(淮北)의 신사군 주둔지로 이동 배치되었다.[149] 1941년 7월까지, 중공의 영도 아래로 들어간 조선의용대 장교와 사병은 약 140명에 이르렀다.[150]

---

148) 『中央日报』 1940년 10월 4일; 『新华日报』 1940년 10월 9일; 刘金质 等编, 『中朝中韩关系 文件资料汇编』, 543-544, 548-549쪽.

149) 杨昭全, 『朝鲜独立同盟与朝鲜义勇军』, 10-13쪽; 文正一, 『战斗在我国战场上朝鲜义勇军』, 52-53쪽; 崔采, 「前往太行山根据地」, 『决战』, 314-315쪽; 杨昭全, 何彤梅, 『中国·朝鲜·韩国关系史』, 923-924쪽. 조선의용대 대원들의 진술에 기초한 일본 자료는, 중공이 의용대 내부의 분열 상황과 격한 정서를 잘 활용했음을 보여준다. 森川展昭, 『朝鲜独立同盟的成立与活动』, 166-171쪽, 다음에서 재인용. 杨昭全 等编, 『关内地区朝鲜人反日独立运动资料汇编』, 1,105-1,106쪽.

150) 모택동이 주은래에게 보낸 전보, 1942년 2월 27일.

조선인 부대들의 흡수와 개편을 위해 중공은 1941년 1월 10일, 먼저 팔로군 총사령부 소재지 산서동욕(山西桐峪)에서 무정을 회장으로 하는 "화북조선청년연합회"를 조직하였다. 팽덕회는 조직 발대식에 참가하여 중국과 한국이 단결하여 항일할 것과 광범한 반일통일전선을 수립할 것을 호소하고, 조선인민의 영웅적 투쟁에 대한 중공과 팔로군의 적극적인 지지를 표하였다.[151] 그 후 얼마 지나지 않아 "화북조선청년연합회"는 섬감녕(陝甘宁)지회, 진찰기(晋察冀)지회 및 산동 분회 등을 연이어 조직하였다.[152]

중공이 조선의용대 조직 준비를 진행하는 것과 동시에, 의용대 각 지대는 계속해서 북상하고 팔로군에 합류하였다. 1941년 6월, 화북조선청년연합회의 영도하에 중공 부대에 합류한 조선의용대는 조선의용대 화북 지대로 개편되고, 박효삼(朴孝三)을 지대장으로, 김학무를 정치지도원으로, 이익성을 부지대장으로 임명하고, 휘하에 3개 지대와 유수대를 두었으며, 지대원들은 청년연합회에 집단으로 가입하였다. 이 인물들 중, 최창익(유수대), 김강(제2지대), 김창만(일본군 점령지 공작대) 등 적지 않은 사람들이, 후에 조선노동당 "연안파"의 주요 인물들이 되었다.[153]

국공관계와 통일전선 문제를 고려하여, 당시 의용대 개편 소식은 대외적으로 공개되지 않았다.[154] 그러나 1년이 지난 후 중공은 자신이 영도하는 이 조선인 조직에 대해 정식으로 공개적 개편을 단행하였다.

---

[151] 『晋察冀日報』 1941년 1월 26일, 刘金质等编, 『中朝中韩关系文件资料汇编』, 564-566쪽.

[152] 『新华日报』 1941년 7월 9일, 『晋察冀日報』 1941년 12월 11일, 1942년 5월 21일, 刘金质等编, 『中朝中韩关系文件资料汇编』, 575-576, 618, 696쪽.

[153] 森川展昭, 『朝鲜独立同盟的成立与活动』, 166-171쪽, 다음에서 재인용. 杨昭全 等编, 『关内地区朝鲜人反日独立运动资料汇编』, 1,102-1,104쪽; 崔刚, 『朝鲜义勇军史』, 79쪽. 김강 본인의 회고에 따르면, 그는 일찍이 팔로군 야전정치국의 지도 아래 적 점령지에 잠입하여 반란 획책과 정보 수집을 하였다. 필자의 김강 인터뷰 기록.

[154] 주의할 것은 1942년 2월 소련 홍군 건군절 때, 중경에 있던 조선의용대 총사령부는 스탈린에게 서한을 보냈다(АВПРФ, ф.0100, оп.30, п.225, д.9, л.12-13). 그러나 실제로는 이 시기 조선의용대의 기본 대열은 이미 중경총사령부의 통솔에서 벗어나 중공과 팔로군 휘하로 들어갔다.

•중국 항일전쟁 전장에서 무정.　　•중국 화북지역에서 조선의용군의 선전활동.

　『해방일보』의 보도에 따르면, 1942년 4월 30일 당시 52세의 조선독립혁명당의 창설자이자 민족혁명당 책임자인 김백연(金白淵: 金枓奉)이 변구(边区: 항일운동 당시 일부 지역에서 공산당이 운영하던 혁명지부－역자 주)에 왔을 때, 팽덕회가 변구에 나가 그를 직접 영접하였다.[155] 당시 김두봉은 연륜과 명성이 높고 민족주의 색채가 농후하였기 때문에, 중공이 국제항일 통일전선 공작을 전개하기에 매우 이상적인 대상이었다.[156]

　7월 11일 화북조선청년연합회는 제2차 대표대회를 소집하여, 팽덕회가 축사와 치사를 하였다. 대회는 화북조선청년연합회를 화북조선독립동맹으로 개칭하기로 결의하고 김두봉을 위원장, 최창익과 한빈을 부위원장, 문정일을 비서처장으로 선출하였다. 조선의용대 화북지대 또한 조선의용군 화북지대로 개칭하고 무정을 사령관, 박일우를 정치위원, 박효삼을 참모장으로 임명하였다.[157] 이때 조선의용대 화북지대는 조선민족혁명당으로부터 완전히 분리되어 중공의

155) 『解放日報』 1942년 5월 22일, 刘金质 等编, 『中朝中韩关系文件资料汇编』, 697쪽.
156) 김두봉이 어떻게 섬감녕 변구에 왔는지 러시아 당안에서는 언급이 없지만, 국민당의 추격 때문이었을 것으로 보인다. 다음을 참조할 것. 『소련 군사고문단장 라주바예프의 6·25전쟁보고서(1)』, 72-74쪽. 그러나 이상조 등 조선 "연안파" 간부들의 언급에 따르면, 중공은 김두봉에게 북상을 요청했고, 특별히 중공사회부 책임자 이극농(李克农)을 보내 중경에서 김두봉과 회담을 하고 북상에 관해 구체적인 안배를 하였다. 杨昭全, 『朝鮮独立同盟与朝鮮义勇军』 15-16쪽.
157) 『晋察冀日報』 1942년 8월 29일, 刘金质 等编, 『中朝中韩关系文件资料汇编』, 727-729쪽; 文正一, 『战斗在我国战场上朝鮮义勇军』, 52-53쪽; 中共延边州委党史工作委员会, 党史研究所编, 『延边历史事件党史人物录(新民主主义革命时期)』, 내부자료, 1988년, 252-253쪽.

직접 지도하에서 조선인의 정치조직과 무장역량을 조직하기 시작하였다.[158]

화북조선독립동맹과 조선의용군 화북지대는 수가 그다지 많지는 않았지만 사기가 높고 왕성한 활동을 벌였다. 그들은 작전, 선전, 잠입, 정보 등 각 방면에서 모두 적극적인 역할을 하였다. 이 밖에도 조선의용군 화북지대는 각종 혁명학교를 세우고 간부를 양성하여 중공으로부터 깊은 주목을 받았다. 1944년 2월, 화북조선독립동맹 총부는 진찰기 변구로부터 연안으로 이전하고, 팔로군 야전정치부주임 라서경(罗瑞卿)의 직접적인 지도하에 공작 활동을 전개하였다.

박일우가 중공 제7차 전당대회에서 설명한 바에 따르면, "중국공산당과 팔로군의 직접적인 영도하에" 조선독립동맹 맹원은 1940년 21명에서 1945년에는 9개의 분맹(分盟), 2개 학교, 1,000명으로 발전하였다. 그중 60여 명은 중공당원, 30여 명은 공산주의 지지 소조 조직원이었으며, 그들은 동맹조직의 핵심을 이루었다. 특히 주의해야 할 것은, 독립동맹은 각 근거지에서 큰 발전을 이루었을 뿐만 아니라, 적 점령지로 소그룹을 파견하고, 중국 동북지역은 물론 조선 국내에도 분맹을 설치하였다는 점이다.[159]

결론적으로, 조선독립동맹과 조선의용군은 비록 중국공산당의 지도 아래 있었지만 중공의 조직 계통에는 들어가 있지 않았다. 민족혁명 성격의 혁명단체로서 활동하였으며 중공이 추진하는 국제 반파시즘 통일전선의 중요한 부분이었다. 중공 중앙의 이러한 행위는 코민테른의 요구를 만족시키기 위한 것이기도 하였다. 1940년 2월 8일, 코민테른 집행위원회 서기처는 "중공 중앙은 중

---

158) 조선의용대가 북상을 시작할 무렵인 1940년 9월 17일, 한국독립당 위원장 김구의 요청과 장개석의 비준으로 한국광복군이 설립되었고 사령관에 이청천(지청천) 장군이 임명되었다. 1942년 5월까지 김구의 요청으로 인원이 얼마 남지 않았던 조선의용대는, 국민정부 군사위원회에 의해 광복군 제1지대로 개편되었다. 이청천의 관할 아래 직속으로 들어갔고, 김약산(김두봉)은 광복군 부사령관을 맡았다. 『中央日报』 1940년 9월 16, 28일; 1942년 5월 21일; 刘金质等编, 『中朝中韩关系文件资料汇编』, 534, 539, 696-697쪽. 이 시기, 모스크바와 직접적인 연락을 유지한 사람들은 여전히 중경에 있던 조선인들이었다. 1942년 9월 6일, 이청천과 김두봉은 스탈린에게 연명으로 서한을 보내, 대한민국 임시정부에 대한 소련의 승인과 광복군에 물자 지원을 요청하였다. АВПРФ, ф.0100, оп.30, п.225, д.9, л.31-32.

159) 조선독립동맹과 의용군 관련 자세한 내용은 박일우의 1945년 5월 21일 중공 제7차대회 발언을 참조할 것; 武亭, 「华北朝鲜独立同盟 1944年 1月至 1945年 5月 工作经过报告」, 1945년 5월 9일, 杨昭全等编, 『关内地区朝鲜人反日独立运动资料汇编』, 1,438-1,445, 1,129-1,162쪽.

국에서 조선공산당이 조선인 간부를 양성하는 문제를 연구해야 한다"고 결의하였다.[160]

중공 중앙은 독립동맹의 주요 책임자 김두봉을 "조선혁명의 지도자", "조선혁명의 거두"로 보았다. 그러나 그는 연안에 온 많은 조선인들과 달리, 자신은 조선공산당 당원이었지만 중국공산당에는 가입하지 않았다. 즉 그는 한 명의 공산주의자일 뿐이었으며 이 상황은 송경령(宋庆龄)과도 비슷하다. 중공의 일관된 원칙에 따라, 그들이 중공당 밖에 있는 것이 중공에 가입하는 것보다 큰 역할을 발휘할 수 있었기 때문이었다.

이 밖에, 1941년 11월 진기노예(晋冀鲁豫: 강서, 하북, 산동, 하남성의 약칭 -역자 주) 변구 정부는 '조선인민 우대규정'을 반포하고, 1943년 4월 진찰기 변구 정부는 '조선인민 우대방법'을 반포하였다. 동시에 조선의용군 사령관 무정이 섬감녕 변구 참의원으로 선출되고, 화북조선독립동맹 서기 박효삼은 진기노예 변구 참의원으로 초청되었다. 이 또한 당연히 통일전선 공작과 조선민족과의 단결을 통한 공동 항일의 목적에서 이루어진 것이었다.[161]

상술한 관내 조선공산당원들이 "국제친구"와 "동맹자"의 신분으로 중공의 조직체계에 편입된 것과는 달리, 동북항일연군 소속의 조선인들의 발전 방향은 정반대 방향으로 진행되었다.

5. 소련 야영지에서의 유격대파 형성

"유격대파"(혹은 "만주파")는 동북항일연군 소속의 조선인 부대에 그 기원을 두고 있으며, "연안파" 간부들과 비교해 가장 큰 차이점은 처음부터 중공 조직에 융합되어 중국의 소수민족 간부로 대우받았고, 중공 당내 및 동북항일연군

160) 中共中央党史研究室第一研究部译, 『联共(布), 共产国际与抗日战争时期的中国共产党(1937-1943.5)』 共产国际, 联共(布)与中国革命档案资料丛书 第19卷, 北京: 中共党史出版社, 2012年, 19쪽.

161) 『晋察冀日报』1941년 11월 13일, 1942년 9월 29일, 1943년 4월 30일, 刘金质等编, 『中朝中韩关系文件资料汇编』, 610-611, 770-771, 861-862쪽; 中国科学院历史研究所第三所编, 『陕甘宁边区参议会文献汇辑』, 北京: 科学出版社, 1958年, 168-170쪽.

의 기타 민족 간부들과 차이가 없었다.[162] 이후 동북당 조직과 동북항일연군이 중공 중앙과 연락이 두절되고 동북항일연군의 잔여 대원들이 소련으로 피신한 이후부터, 코민테른과 소련공산당(볼셰비키)의 직접적인 지도를 받았다. 이 변화는 매우 중요하다. 그 후 항일연군 대오 중에서 성장한 조선 간부 및 전사들은 점차 김일성을 중심으로 하는 민족 역량으로 발전되어 갔으며, 항일전쟁이 끝난 후에 스탈린의 명령에 의해 모두 조선으로 돌아갔다.

코민테른 지부의 하나인 중공은 당연히 모스크바의 명령에 복종하였다. 동북의 중공 당 조직은 설립(1927년)될 때부터 중공 중앙의 직접적 영도를 받았으며, 중공 중앙이 강서 소비에트로 이전(1933년)한 후부터는 중공 상해중앙국과 코민테른 중공대표단의 이중 지도를 받았다.[163] 그러나 중공의 기타 지방 조직과 비교하면, 지리적인 이유 때문에 동북의 중공당 조직은 설립 초부터 모스크바의 각별한 관심을 받았다.

당사자 회고에 따르면, 1928~1929년 사이 북만의 당 조직 활동은 소련의 영향을 받았다. 하얼빈 특위의 경비는 주로 모스크바로부터 제공되었고, 동시에 소련공산당의 지시를 받았다.[164] 1933년 1월 이후 비록 이중 지도하에 있었지만 코민테른 중공대표단으로부터 직접 지도를 받았다. 예를 들어, 동북지역 공작 방침을 개정하도록 한 유명한 "1·26 지시"는 왕명 등이 모스크바로부터 직접 보낸 것이며, 상해 중앙국과는 아무런 관련이 없었다.

코민테른의 광범위한 통일전선 방침을 관철하기 위해, 1932년 말 코민테른 중공대표단은 왕명과 강생(康生)의 주재하에, 동북 당 조직에 보내는 지시서한(장문천(张闻天)과 양상곤(杨尚昆)이 토론에 참여)을 기초한 후, 코민테른의 비준을 거쳐 동북에 사람을 파견하여 만주성위에 전달하였다. 1933년 5월, 만주성위는 토론을 거친 후 이 지시에 따라 동북의용군의 3대 역량(구 군대, 자발적 농민 무장 및 공산당 유격대)의 통합에 착수하고, 동북인민혁명군(후에 동북항일연군으로 개칭)을 창설하였다.[165]

---

[162] 상세한 것은 본 책의 서장을 참고할 것.

[163] 『中国共产党组织史资料』第2卷, 16, 2,061쪽.

[164] 『中共满洲省委时期回忆录选编』第2册, 1, 117-121쪽.

동시에, 코민테른 중공대표단은 만주에서 중공의 활동을 지원하기 위하여 많은 제안과 건의를 하였다. 1934년 4월 9일, 왕명, 강성 및 중공 주재 코민테른 대표인 파벨미프(Pavel Mif) 이름으로 코민테른에 다음과 같이 제안하였다.

첫째, 중공 중앙과 코민테른은 블라디보스토크에 전권대표 1인을 각각 파견하여 만주에서의 공작을 지원하고, 동시에 코민테른과 연락 체계를 세우도록 한다. 둘째, 코민테른은 매년 2만 루블을 중공에 제공하여, 위 인원들의 급여와 경비로 사용하도록 한다. 셋째, 중공에 제공한 기금에서 매월 200달러는, 블라디보스토크와 만주의 당 조직 간의 체계적인 연락 체계를 구축하는 데 사용하도록 한다.[166]

중국학자들의 관찰에 따르면, 중공 중앙이 강서 소비에트로 옮겨간 후 중공 중앙과 코민테른 및 소련공산당과의 연락은 주로 상해의 코민테른 국제원동국과 중공 상해중앙국이 보유한 무전기를 이용하여 이루어졌다. 비록 중공 중앙은 한때 모스크바와 직접적인 전신 연락체계를 구축하기도 했지만 그리 오래가지 못하였다. 1934년 10월, 상해의 무전기 3대 모두가 파괴되고, 중공에 대한 국민당의 제5차 포위작전(第五次围剿: 1933년 12월 25일부터 1934년 10월 10일까지 진행된 국민당군의 공산당 토벌 작전 – 역자 주)에 대한 반격도 실패하여, 중공 중앙과 홍군 주력부대는 부득이하게 다른 곳으로 이전하게 되어, 중공 중앙과 상해중앙국 및 코민테른과의 연락이 두절되었다.[167]

이에 따라, 동북 당 조직에 대한 쌍중 지도는 코민테른 중공대표단의 단독 지도로 바뀌게 되었다.[168] 아울러 투쟁환경의 변화와 코민테른 중공대표단의 결정에 따라 1936년 1월 만주성위가 폐지되고 하얼빈특위로 대체되었다. 그 후 남만성위, 북만(임시)성위 및 길동성위가 계속해서 설치되어 각지의 항일투쟁을 지도하게 되었다.[169]

165) 『中共満洲省委时期回忆录选编』第2册, 224-229쪽; 第3册, 8-10쪽.

166) РЦХИДНИ, ф.495, оп.19, д.575, л.8-9.

167) 王新生, 「红军长征前后中共中央与共产国际的电讯联系考述」, 『党的文献』 2010年, 第2期, 79-82쪽.

168) 『中国共产党组织史资料』第2卷, 2,061쪽; 『中共満洲省委时期回忆录选编 第3册』, 217쪽. 1935년 7-8월, 상해중앙국은 완전히 파괴되었고 공작도 중단되었다. 『国共产党组织史资料 第2卷』, 22쪽; 中共中央党史研究室, 『中国共产党历史』 第1卷, 北京: 中共党史出版社, 2011年, 440쪽.

• 1934년9월 오평(양송). 코민테른 주재 중공대표단 의 파견으로 길동지구에서 순시지도사업을 진행하였다.

코민테른 중공대표단은 양송[楊松, 가명 오평(吳平)]이 책임자로 있는 블라디보스토크의 연락사무소를 통하여 동북 각지의 당 조직과 연락을 유지하였지만, 환경이 악화되면서 연락이 두절되었다. 1937년 11월 이후, 코민테른 중공대표단 책임자 왕명과 왕가상(王稼祥)은 차례로 연안으로 돌아갔으며, 블라디보스토크에 설치되었던 연락사무소 또한 폐쇄되었다.

이때부터 동북의 당 조직과 중공 중앙과의 연락은 완전히 두절되었다.[170] 1939년 7월 5일 코민테른 중국문제연구소조 회의에서, 중국대표 임필시[任弼时, 가명 진림(陈林)]는 만주의 당 조직과 중공 중앙 간의 연락이 완전히 단절되었다고 확인하였다.[171] 실제로 만주성위 특파원 한광에 따르면, 이때부터 1945년까지 동북지역에는 "통일된 지도기관과 조직체계가 없었다."[172] 이후 동북지역의 항일투쟁 역시, 극도의 어려움에 빠졌다.

1934~1937년 시기는 동북항일유격대 활동의 최고 전성기였다. 중공은 각 방면의 무장역량을 동북항일연군으로 통합하였으며, 그 수가 최대 11개 군 45,000명에 달하였고, 동맹군과 우군세력 또한 5,500명이나 되었다. 그러나 중일전쟁이 발발한 이후 일본군은 "후방" 동북을 공고히 하기 위해 만주의 일본군 병력을 1938년에 50만으로 증강시켰다. 그중 일부는 소련군에 대항하기 위한 것이

169) 『中国共产党组织史资料』 第3卷, 1,288쪽.

170) 『东北地区革命历史文件汇集』甲60, 107-136쪽;『中国共产党组织史资料』第3卷, 238, 1,288, 1,292쪽; 彭施鲁, 『东北抗日联军和苏联远东军关系回顾』, 『中共党史资料』 总第56辑, 32쪽.

171) 中共中央党史研究室第一研究部译, 『联共(布), 共产国际与抗日战争时期的中国共产党(1937-1943.5)』共产国际, 『联共(布)与中国革命档案资料丛书』第18卷, 北京: 中共党史出版社, 2012年, 169쪽. 코민테른 주재 중공 대표단의 마지막 단장 임필시는 1940년 3월 귀국하였다.

172) 『中共满洲省委时期回忆录选编』第2册, 185-186쪽. 이 시기 동북 당 조직 변화의 상황은 주보중과 장수전이 상세 보고를 하였으며, 다음을 참고할 것. 『东北地区革命历史文件汇集』甲63, 319-332쪽.

었지만, 다른 일부는 항일연군을 뿌리 뽑기 위한 것이었다.

동시에 일본인들은 "치안숙정(治安肅整)" 계획을 실행하였다. 예를 들면 "비민분리(匪民分離)" 정책을 통해 "집단부락"을 건설하여, 일반 대중이 자신들의 집과 농지를 떠나 오직 지정된 부락에만 거주토록 하는 "귀둔병호(歸屯幷戶)"를 강제로 시행하였으며, 동시에 "보갑(保甲)"과 "십호연좌제" 등을 실시하여 인민대중과 항일연군 부대와의 연계를 차단하였다. 이에, 동북의 항일투쟁은 큰 타격을 받아 당 조직은 붕괴되고 생존 자체가 어렵게 되었다. 무장역량 역시 지리멸렬하고 탄약과 양식이 바닥나는 엄청난 희생이 발생하였다. 1941년 항일연군의 병력은 약 2,000명으로 급감하였고 1942년 말에는 동북당과 항일연군 모두 합쳐 1,000명도 되지 않을 정도로 위축되었다.[173]

▸ 1936년 2월 24일 선포된 간도공산당 복심(재심) 판결.

173) 周保中, 『东北的抗日游击战争和抗日联军』(초고), 『东北抗日联军历史资料』附录一, 1-21쪽; 『中国共产党组织史资料』第3卷, 1,291-1,292, 1,313-1,314쪽; 『东北地区革命历史文件汇集』甲63, 331-332쪽.

1938년 11월 2일, 중공 길동성위 서기이자 항일연군 제2로군 총사령관 주보중(周保中)은, 동북의 유격운동은 이미 "패배와 해체의 위기"에 직면하였다고 중공 중앙에 보고하고, 향후 대처 방안에 대해 중공 중앙의 지원과 지시를 요청하였다.[174] 1939년 1월 26일, 중공 중앙 서기처는 동북항일연군 문제에 관한 보고를 청취하고, 동북공작에 대한 지도를 강화하기 위해 왕명을 주임으로 하는 중공 중앙 동북공작위원회를 조직하기로 결정하였으며, 동시에 동북 문제 논의를 위한 회의를 개최하기로 하고 양송(楊松)을 회의 소집 책임자로 임명하였다.

모택동은 소집된 회의에 참석하여, 현재 가장 중요한 문제는 중공 중앙과 항일연군 사이에 연락을 회복할 방법을 강구하는 것이라고 강조하였다.[175] 그러나 동북이 일본군의 수중에 들어간 지 이미 오래되어, 교통이 두절되었다. 중공 중앙이 파견한 연락원 왕붕(王鵬)은 1940년 동북에 도착하였으나, 일본군 봉쇄선을 통과할 때, 자신의 신분을 증명할 수 있는 문서를 잃어버려 상당 기간 항일 연군의 신뢰를 얻지 못하였다.[176]

또, 그 이전인 1936년 동북항일연군 제1로군은 동북의 서부지역에 대하여 두 차례나 공격을 감행하여 중공 중앙 및 관내 홍군과의 연락을 시도하였으나 끝내 실패로 끝났다.[177] 이때 유일하게 이들에게 도움을 줄 수 있는 곳은 동북과 강 하나를 사이에 두고 있는 소련뿐이었지만, 스탈린의 태도는 애매모호하였다.

"9·18" 사변 발발 후, 소련은 중국과 일본 사이에서 양면정책을 취하였다. 소련은 한편으로 국민정부와 관계 회복에 적극 나서고 중국의 항일투쟁을 지지하면서도, 다른 한편으로 일본의 괴뢰정권 "만주국"을 주동적으로 승인하고, 일본의 시베리아 침공을 저지하기 위해 상호불가침조약을 체결할 것을 수차례

174) 吉林省档案馆,中共吉林省委党史研究室编,『周保中抗日救国文集』下册, 长春: 吉林大学出版社, 19 96年, 58-60쪽.

175) 『中国共产党组织史资料』第3卷, 48쪽;『毛泽东年谱(1893-1949年)』下卷, 120쪽.

176) 『东北地区革命历史文件汇集』甲63, 327쪽; 金日成,『金日成回忆录: 与世纪同行』第8卷, 平壤: 外文出版社, 1998年, 355쪽. 왕붕에 관한 상세한 내용에 대해서는 다음을 참조할 것. 彭施鲁,『在苏联北野营的五年』(미탈고)』, 1981年, 개인 소장, 19쪽; 王连捷, 谭译,『隐藏在深层次的历史真相』, 沈阳: 辽宁人民出版社, 2012年, 297-305쪽.

177) 孙继英等,『东北抗日联军第一军』, 哈尔滨: 黑龙江人民出版社, 1986年, 139-146쪽.

나 일본에 제안하였다.[178] 소련은 중국 동북의 항일투쟁에 대해 양수겸장의 접근법을 취한 것이다.

일본군의 강력한 포위 공격과 강한 압력에 항일유격대는 중소 국경을 넘어 소련 원동지역으로 도주할 수밖에 없었다.[179] 이에 대해, 앞서 1932년 6월 1일 소련공산당 중앙위원회정치국은 "무기를 휴대한 모든 중국 장교와 사병은 억류하여 소련 내지의 군통제 지역으로 압송"할 것을 결의하였다.[180]

러시아 톰스크주 당안관이 최근 공개한 문건에 따르면, 1932년 12월 소련 정부 동의하에 마점산(马占山) 휘하의 동북민주구국군 소병문(苏炳文) 부대 2,890명과 1,200명의 일반인들이 소련 영내에 진입하였다. 한 달 후에는 이두(李杜)와 왕덕산(王德山)이 인솔하는 5,000여 명이 재차 소련으로 퇴각하였다. 소련 외교부는 일본 정부의 항의 및 송환 요구를 거부하였지만, 그들을 중국으로 돌려보내 항일 전쟁을 계속하게 할 수는 없었다. 이에 소련은 이 부대들을 시베리아 노동수용소에 수용하고, 소련 병사에 준하는 대우를 제공하였다.

외교적 풍파가 지나간 후, 중소 양국 정부의 조치에 따라 소련에 있는 중국의 일반 국민들은 블라디보스토크를 거쳐 천진항으로 돌아왔으며, 소병문 등 고위 군관 등은 유럽을 경유하여 중국으로 귀국하였다. 그러나 대부분의 관병들은 중앙아시아를 거쳐 신강지역으로 보내졌으며, 신강에서 친소정책을 펴나가던 신강임시감독 성세재(盛世才)에 수용되고 개편되었다.[181]

이 사건 이후 소련 정부는 새로운 규정을 재정하였다. 1933년 3월 8일, 스탈린은 "이후로는 최고위 장관은 억류하고, 기타 인원은 무장을 해제한 후 수용소로 보내지는 않는 대신, 그들에게 보급품을 제공하지 말고 노동에 종사하게 한

---

178) 罗志刚, 『中苏外交关系研究(1931-1945)』, 武汉: 武汉大学出版社, 1999年, 19-32, 68-86, 121-151쪽.

179) 주보중은 일본군의 추격을 피해 국경을 넘은 후 강을 바라보며 "건너갈 작은 배 한 척이 없어 우수리강이 나의 오강(乌江:항우가 해하전투에서 유방에 패한 후 자결한 곳-역자 주)이 되었구나"하며 한탄하였다. 周保中, 『东北抗日游击日记』, 北京: 人民出版社, 1991年, 529쪽.

180) РЦХИДНИ, ф.17, оп.162, д.12, л.152.

181) 吴佩环, 「苏联收留中国东北救国军」, 『档案春秋』 2012年 第4期, 34-36쪽. 이 부대의 소련과 신강 지역에서의 경험과 최후 운명에 관해서는 당시 관련자들의 회고가 있다. 상세한 것은 다음을 참조할 것. 李砥平, 「东北抗日义勇军在新疆」, 余骏升 主编, 『新疆文史资料精选』 第2辑, 乌鲁木齐: 新疆人民出 版社, 1998年, 134-143쪽.

다. 만일 노동을 거부하면 즉각 국경 밖으로 쫓아내며, 중국으로 돌아가기를 원하면 자비로 떠나는 것을 저지하지 않는다"는 명령서에 서명하였다.[182]

1933년 여름부터 동북 항일부대는 총 8차례에 걸쳐 소련을 거쳐 신강지역으로 보내졌다. 그 숫자는 부대원들의 가족을 포함해 약 3만 명에 달하였다.[183] 소련이 이러한 행동을 취한 목적은 매우 명확하였다. 일본의 불만을 사지 않도록 하는 동시에 중국인에게 미안한 행동을 해서는 안 되기 때문이었다.[184]

중공이 지도하던 유격대도 예외가 아니었다. 1937년 말과 1938년 초, 항일연군 제11군 군장 기치중(祁致中)과 북만임시성위 집행위원회 주석 겸 제3군 군장 조상지(赵尚志)가 지원 요청을 위해 소련 국경을 넘어왔을 때, 그리고 제6군 군장 대홍빈(戴鸿宾)이 부대를 이끌고 소련 국경을 넘어 들어왔을 때, 그들 모두 소련군에 의해 억류되었다. 억류 기간 역시 1년 이상이었다.[185]

이 밖에도, 1936년 6월 초 소련인민위원 예조프(N. I. Yezhov)는 원동지역에서 체포되고 행방불명된 중국인과 기타 외국인 모두를 신강과 카자흐스탄 지역으로 이전시킬 것을 제안하였다.[186] 그러나 그 후 연이어 발생한 몇 가지 중대한 사건으로 인해, 소련은 항일연군에 대한 태도를 바꾸었다.

변화의 시작은, 소련 내무인민위원 원동 변강구 내무인민위원회 관리국 국

---

182) РЦХИДНИ, ф.17, оп.162, д.14, л.93.

183) 张凤仪, 「东北抗日义勇军进入新疆十年中的遭遇」, 『新疆文史资料精选』 第2辑, 125쪽.

184) 다음은 소련이 중국과 우호관계를 유지하였다는 명확한 사례이다. 안전보장을 위해, 소련은 1936-1937년 원동지역의 조선인들을 중앙아시아로 이주시켰다. 동일한 접근 방식으로, 1938년 6월 3일 내무인민위원회는 소련 여권과 중국 여권이 없는 중국인들을 모두 신장지역으로 이주시키고, 소련 여권을 소지한 중국인들은 카자흐스탄으로 이주시키도록 명령하였다. 그러나 열흘 뒤 소련공산당 중앙위원회 정치국 결의로 또 다른 명령을 하달하였다. 즉, 원동 변경지역 내 중국인들의 이주를 중단하고, 이주를 원하는 중국인에 한하여 신장으로 이주시킨다는 것이었다. 이로서 중국인들의 카자흐스탄 이주 계획은 완전히 취소되었다. ЦАФСБ, ф.3, оп.5, д.60, л.62; д.87, л.206-210, Поболь Н.Л., Полян П.М.(сост.) Сталинские депортации, 1928-1953, Москва: МФД, 2005, pp.102, 103-104.

185) 叶忠辉等, 『东北抗日联军第八·十一军』, 哈尔滨: 黑龙江人民出版社, 2005年, 265-266쪽; 本书 编写组, 『东北抗日联军史料』上, 北京: 中共党史资料出版社, 1987年, 316-317쪽; 彭施鲁, 『我在抗日联军十年』, 长春: 吉林教育出版社, 1992年, 270쪽.

186) ЦАФСБ, ф.3, оп.4, д.152, л.227; ф.3, оп.4, д.10, л.232; ф.3, оп.5, д.60, л.62, Поболь Н.Л., Полян П.М. Сталинские депортации. 1928-1953, с.101-102.

장 류슈코프(G. S. Lyushkov)의 반역 및 도주 사건이 계기가 되었다. 류슈코프는 1937년 7월 원동지구로 전보되어 반혁명분자들의 숙청 책임을 맡았다. 당시 소련의 "대숙청"운동의 광풍은 극에 달했으며, 원동군구에서만 20만 명이 체포되고 그중 7,000명 이상이 처형되었다. 마지막에는 류슈코프 자신도 매우 위험한 상황에 처하게 되었다.

류슈코프가 모스크바로부터 자신의 안전에 "주의"하라는 통보를 받은 후인 1938년 6월 13일, 그는 포세트−훈춘 중소 국경을 넘어 일본 관동군 진지로 도주하였다. 류슈코프가 제공한 정보를 토대로 일본군은 100여 명의 소련 정보요원들을 체포하였고 만주지역의 소련 정보망은 한 순간에 마비되었다.[187] 1939년 일본 신문은 '류슈코프 대장 수기'를 전재하고, 스탈린 대숙청의 내막과 소련의 원동지구 군사 배치 상황을 폭로하였다.[188]

류슈코프 사건 발생 이후 소련과 일본 관계는 급속히 냉각되었다.[189] 일본 관동군은 소련 원동군의 군사력을 시험코자 했고, 소련 또한 일본의 소련 진공 생각을 결연히 단념시키고자 하였다. 이에 결국 양국은 장고봉(张鼓峰)전투(1938년 8월)와 낙문감(诺门坎)전투(1935년 5월)를 연이어 벌였다.[190] 당시 소련의 정보공작 측면에서, 동북의 중공 조직과 항일연군 부대는 없어서는 안 되는 역량이 되었다.

---

187) Тужилин С. 『Провокаторы』: тайная война на Дальнем Востоке(конец 1930-х - начало 1940-х гг.)// Проблемы дальнего востока, 2011, No.3, с.134-138; Alvin D. Coox, "L'Affaire Lyushkov: Anthomy of a Defector", Soviet Studies, Vol.19, No.3, January 1968, pp.405-416; 林三郎編著, 『关东军和苏联远东军』, 吉林省哲学社会科学研究所日本问题研究室译, 长春: 吉林人民出版社, 1979年, 73쪽.

188) 留希科夫, 「留希科夫大将手记」, 1938년 7월 2일, 日俄通信社, 『日俄年鉴·昭和十四年版(1939年)』 (일본어판), 东京: 日俄通信社, 1939年, 779-784쪽; 赤松祐之, 『昭和十三年的国际情势(1938年)』 (일본어판), 东京: 日本国际协会, 1939年, 332-340쪽.

189) 소련 원동지구 정보기관의 보고서는 이 부분을 상세히 담고 있다. 다음을 참조할 것. 沈志华执行总主编, 『苏联历史档案选编』第16卷, 北京: 社会科学文献出版社, 2002年, 4-10쪽; 第17卷, 38-39, 284-290쪽.

190) 장고봉 전역과 낙문감(노몬한) 전역에 관한 상세한 내용은 다음을 참조할 것. 林三郎 编著, 『关东军和苏联 远东军』, 71-91, 100-129쪽.

· 장고봉을 점령한 소련군.　　　　　　　　　　　　· 류슈코프.

　　소련은 1920년대 초반부터, 중공 당원을 이용하여 원동지역에서 정보수집
활동을 벌였다. 만주성위는 코민테른의 요구에 응해 간부들을 소련 원동 정보
부서에 가입해 소련만을 위한 군사정보를 수집하도록 소개해주었다. 이 간부
들은 전적으로 소련의 관리와 지휘를 받았기 때문에 사실상 중공 당적을 떠나
소련공산당으로 이적하였다. 만주성위는 자신들이 소개한 일부 인원들의 궤도
를 벗어난 행위에 대해 불만을 갖고 있었다. 이에 만주성위는 소련 정보부문과
중공 중앙 간의 관계를 강화시키기 위하여, 만주성위가 이 부문에 관한 책임자
를 파견할 것을 희망한다는 견해를 코민테른에 전해줄 것을, 중공 중앙에 요청
하였다.[191]

　　일본의 동북 점령 후, 모스크바는 다소 신중해졌으며 동북 항일활동에 대한
지원 역시 더욱 은밀해졌다.[192] 그러나 류슈코프 사건과 장고봉 전투가 발발하
면서 소련은 다시 태도를 바꾸어 동북항일연군에 대해 적극적인 태도를 취하
기 시작하였다. 1939년 4월 15일, 소련국방인민위원 보로실로프와 내무인민위
원 베리아는 원동군구에 다음과 같이 명령하였다.

　　첫째, 소련 원동홍기 제1, 제2방면군 군사위원회는 중국 유격대에게 무기, 탄

191) 『东北地区革命历史文件汇集』甲4, 133-135쪽; 『中共满洲省委时期回忆录选编』第1册, 20-21쪽.
192) 상세한 것은 다음을 볼 것. 朴宣泠, 「东北义勇军与苏联」, 『民国研究』总第4辑(1998年), 103-112쪽.

약, 식량 및 의약품을 지원하고 그들의 공작을 지도한다. 다만 지원 물품은 반드시 외국에서 생산된 것이거나 생산 공장 표기가 없어야 한다. 둘째, 억류중인 유격대원들 중에서 일부 심사를 거쳐 만주로 돌려보내 정찰 활동을 하도록 하고 유격대원들의 활동을 돕도록 한다. 셋째, 원동의 각지 내무인민위원부는 억류된 동북항일연군 유격대원의 심사와 선발을 포함한 군사위원회 활동에 협조하도록 한다. 원동군구 각 변방군은 소련에 들어오는 유격대 소조와 연락원을 받아들인다.

이 밖에도 내무인민위원부 연해주 변강국(濱海边疆局)은 현재 소련에 억류중인 중국 유격대원 350명을 심사를 거쳐 제1방면군에 인계하고, 하바로프스크 변강국은 억류 중인 유격대 지도자 조상지(赵尚志)와 대홍빈(戴鸿宾) 등을 제2방면군에 인계하여, 이상의 목적에 이용토록 하였다.[193]

이러한 명령을 받은 후, 5월 30일 제2방면군 지휘관은 조상지, 대홍빈, 기치중과 회담하고, 그들에게 중국으로 돌아가 송화강 일대의 유격대와 연락을 취하여 사령부와 비밀기지를 세워 통일된 영도를 진행할 것을 제의하면서, 동시에 전면적인 지원을 제공할 것도 약속하였다. 아울러 소련군은 그들에게 이후 적군에 관한 정보를 제공해줄 것을 요구하였다. 6월 하순 조상지 등은 110명의 대오를 이끌고 동북으로 돌아왔다. 수개월 후, 조상지의 유격대는 소련에 일련의 정보를 제공하기 시작하였으며, 소련군 정보 부문의 새로운 지시도 받았다.[194]

투쟁 환경이 더욱 어려워지면서 중공의 동북당 조직과 항일연군의 소련에 대한 의존성 역시 더욱 커졌다. 1940년 1~3월 사이, 중공 북만 및 길동(吉東) 당대표회의가 하바로프스크에서 개최되었다(제1차 하바로프스크회의). 회의에서는 '동북 항일구국운동 관련 신요강 초안'이 통과되었다.

이 기간에 주보중, 조상지 및 항일연군 제3로군 정치위원 풍중운(冯仲云) 등은 소련 원동지구당 및 군 책임자들과 수차례에 걸쳐 회담을 가졌다. 양측은

193) 『苏联历史档案选编』 第17卷, 34-36쪽.

194) Горбунов Е. Наши партизаны в Маньчжурии// Независимая газета, 20 январь 2006; 李在德, 『松山风雪情——李在德回忆录』, 北京: 民族出版社, 2013年, 140-141쪽.

소련이 중공 내부 사무에 간섭하지 않는다는 원칙하에, 소련공산당 변강지역 당 조직과 원동군이 동북항일연군을 지도하고 지원하기로 합의하였다. 이를 위해 소련은 하바로프스크와 우수리스크 국경 부근에 북야영과 남야영을 설치 하고, 중소 국경을 넘은 항일연군 대원들이 은거하면서 재정비할 수 있는 기지 로 사용하도록 하였다.[195]

회의 이후에도 항일연군 지도자들은 여전히 중공 중앙과 연락을 시도하였 다. 3월 24일 주보중(길동성위 대표)과 풍중운(동만성위 대표)은 중공 중앙에 보내는 서신에서, 동북 당 조직이 지난 4년간 "외지당(化外党)"으로서 겪은 고 통을 구구절절이 토로하였다. 그들은 서신에서 소련공산당으로부터 "정치적 지 도와 지원"을 받고 있음을 암시하였다. 그러나 그들은 가능한 빨리 중공 중앙 과 직접 연락을 회복하길 희망하였다.[196]

4월과 7월, 중공 남만성위 서기 위증민(魏拯民) 역시 코민테른 중공대표단에 게 서신을 보내 항일연군이 처한 어려운 상황을 보고하였다. 중공 중앙과 연락 이 두절되었기 때문에 "우리는 망망대해에서 조타수를 잃어버린 작은 배와 같 다. 마치 두 눈을 실명한 아이처럼 이리저리 부딪히면서, 어디로 가야할 지를 모르고 있으며, 항일연군은 이미 모두 와해되기 직전"이라고 보고하였다. 그는 서신에서 코민테른 중공대표단이 동북당과 항일연군 부대에 대한 통일된 지도 를 강화할 수 있는 조치를 취해줄 것을 거듭 요청하였다.[197]

이 서신들이 소련에 전달되었을 것이라고 추측할 수 있지만, 그것이 코민테 른 중공대표단 혹은 중공 중앙을 통해 전달했는지는 알 수 없다. 그러나 항일 연군 지도자들의 급박한 심정을 소련이 정확히 알게 되었고, 이 부대들을 받아 들여 88여단으로 재편성하는 계기가 되었다.

---

195) 周保中, 『东北抗日游击日记』, 446-447, 456쪽; 『中国共产党组织史资料』第3卷, 1,289쪽; 『东北抗 日联军史料』上, 185-198쪽.

196) 『中国人民解放军历史资料丛书』编审委员会编, 『东北抗日联军文献』, 沈阳: 白山出版社, 2011年, 794-795쪽.

197) 『东北抗日联军文献』, 796-805쪽; 『东北抗日联军历史资料』第9集, 184-201, 253-256쪽.

• 남야영지 일부 장병들의 모습(앞줄 오른쪽이 김일성).

• 주보중 군관신분증.

　1940년 9월 30일, 소련군 연락책임자 왕신림(王新林, 바실리)은 중공 중앙이 원동지역에 자신들의 대표를 파견할 것이라는 것을 이유로, 항일연군 제1로군 지도자 양정우(楊靖宇), 위증민, 제2로군 지도자 주보중, 조상지, 왕효명(王效

明), 제3로군 지도자 장수전(张寿篯, 李兆麟), 풍중운 등에게 "동북당 조직과 유격대 활동의 모든 문제를 해결하기 위해" 12월 전에 하바로프스크에서 회의(제2차 하바로프스크회의)를 개최할 것을 제안하였다.[198]

1941년 1월, 항일연군의 주요 간부(양정우, 위증민 제외)들이 하바로프스크에 모였으나, 중공 중앙 대표는 기일이 되어서도 도착하지 않았다. 이에 왕신림은 소련 측이 회의를 주재할 것을 제안하고, 동시에 항일연군은 중공 조직을 떠날 것과 소련 측 장군이 이 부대의 사령관을 맡도록 할 것을 요구하였다.

주보중 등은 이치를 따지며 격렬히 반대하고 동시에 스탈린과 코민테른 총서기 디미트로프에게 이를 고발하였다. 양측의 대치는 약 한 달 동안 계속되었으며, 최후에 모스크바는 주보중의 의견에 동의하고 원동군 정보부장 소르킨을 파견해 연락책(대외적으로는 여전히 왕신림)을 맡게 하였다. 쌍방은 항일연군은 계속 중공이 지도하는 대오라고 인정하고, 다만 중공 중앙과 연락이 두절되었기 때문에 임시로 소련군의 지휘를 받는 것으로 합의하였다.

회의는 하바로프스크에 중공 동북지역 임시위원회를 구성하고, 위원 3인은 잠정적으로 남만성위 서기에 위증민, 길동성위 서기에 주보중, 북만성위 서기에 김책을 세우기로 결정하였다. 동시에 항일연군 총사령부를 재건하고 주보중을 총사령관, 장소전을 부총사령관, 위증민을 정치위원으로 임명하였다.[199] 그러나 이는 소련이 택한 일시적 편법에 불과하였다. 동북 당 조직과 항일연군 잔여부대가 장기간 소련에 얹혀사는 상황에서 소련군의 관할하에 놓이게 되는 것은 단지 시간문제일 뿐이었다.

1941년 4월, 소련의 강온 양면 노력으로 마침내 일본과 '소일중립조약'이 체결되었다. 스탈린은 일본인이 야욕을 잠시 숨긴 것일 뿐 여전히 시기를 기다리고 있다는 점을 당연히 잘 알고 있었다. 두 달 후, 독소전쟁이 발발하면서 원동

---

198) 『东北地区革命历史文件汇集』甲59, 287-290쪽; 周保中, 『东北抗日游击日记』, 536-539, 563쪽.

199) 彭施鲁, 「诞生在苏联的东北抗日联军教导旅」, 『党史博览』 2011年 第12期, 27-28쪽; 周保中, 『东北抗日游击日记』, 572쪽; 『东北地区革命历史文件汇集』甲61, 103-110쪽; 『谭译史论选』 226-227쪽; 黑龙江省社科院地方党史研究所编印, 「访问录选编: 冯仲云专辑」, 1979年 12月, 43쪽. 이후 주보중과 장소전은 중공 중앙에 이에 관하여 상세한 보고를 하였다. 『东北地区革命历史文件汇集』甲63, 319-332쪽.

지역 안전에 대한 소련의 우려는 더욱 커졌다. 언제 있을지 모르는 일본의 공격에 대비하기 위해 소련은 원동과 남부 국경지역에 156만 8천 명의 병력을 배치하였다. 이는 소련군 전체 병력의 약 28%에 달하는 규모였다.[200]

이 밖에 코민테른은 각국 공산당에 소련 보위에 적극 나서도록 요구하였다. 원동지역에서 이 책임을 가장 먼저 맡을 수 있는 곳은 당연히 중국공산당과 그 관할하의 무장역량이었다. 소련군은 일부 인원을 선발하여 원동 정보부처에 직접 귀속시켜 임무를 담당하도록 하는 것 이외에도, 항일연군 부대가 두 가지 방면에서 역할을 해 줄 것을 희망하였다.

첫째, 일본에 대한 군사정보를 수집하는 것이고, 둘째는 동북지역에서 일본군에 대한 교란과 견제를 하는 것이었다. 이에 따라, 소련 원동군은 자신의 관할구역에 항일연군 잔여부대를 위한 훈련지 2곳, 즉 우수리스크의 "남야영지"와 하바로프스크의 "북야영지"를 설치하여, 소련에서 재정비 중인 항일연군 유격대원들에게 적의 후방 유격전투 전술, 기술 훈련 및 낙하산 훈련을 집중적으로 실시하였다. 동시에 15개의 정찰 소분대를 편성하여 이들을 동북 내지로 지속적으로 보내 정보를 수집하고, 파괴 활동을 전개하였다.[201]

스탈린은 중공이 빠른 시일 내에 만주지역과 상시 연락망을 구축하고 만주에서의 정치공작과 유격운동을 강화하여, 일본과의 전쟁이 발발하면 중공 정규군을 남만 작전에 파견해줄 것을 제안하였다. 모택동은 이에 대한 회신에서 화중과 화남 유격대가 일본군의 강력한 공격에 놓여 있으며, 하북에서 동북으로 이어진 통로는 적들이 굳게 지키고 있기 때문에 부대 파견이 어렵고, 해당 지역의 항일 유격 역량에 의지하여 일본을 견제할 수밖에 없다고 강조하였다. 또한 중공은 일부 우수한 간부와 사병들을 선발하여 몽고에 파견하고 이들을 소련군에 지휘하에 둘 수도 있다고 밝혔다.

디미트로프 코민테른 주석은 만주 항일운동 지도 임무를 중공이 담당해 줄

---

[200] Кошкин А.А. Вступление СССР в войну с Японией в 1945 году. Политический аспект//Новая новейшая история, 2011, No.1, с.32-33.

[201] 彭施鲁,『东北抗日联军和苏联远东军关系回顾』, 45-46쪽; 周保中,『东北抗日游击日记』, 600-601, 603-604쪽.

것을 연안에 여러 차례 촉구하였으나, 모택동은 중공이 현재 할 수 있는 것은 만주와 기타 일본군 점령 지역에 정보망과 폭파 실행 조직을 갖추는 것뿐이라고 회신하고, 이를 위해 50만 달러와 통신장비 및 폭파 기자재를 중공에 제공해 줄 것을 소련에 요청하였다.[202]

1942년 초, 디미트로프의 계속된 독촉에 중공 중앙은 답장을 보내 진찰기 변구에 한광을 대장으로 하는 동북공작위원회를 조직하고, 공작조를 동북으로 파견하여 활동을 전개할 것을 약속하였다. 다만 중공은 이전에도 길동지역에 세 차례나 대원들을 파견하였지만 유격대를 찾을 수 없었다면서, 소련이 소련 영내 유격대로 하여금 중공 중앙과 연락을 취하도록 해줄 것을 희망하였다. 디미트로프는 이에 대해 모스크바도 유격대 기지의 정확한 위치를 모른다고 회신하였다. 그 후 이 일은 흐지부지되었다.[203]

• 1942년 7월, 항일연군 소분대 출발 전. 배웅하는 소련군관들과 단체 사진.

202) 『季米特洛夫日记选编』, 马细谱等译, 桂林: 广西师范大学出版社, 2002年, 148, 150, 154, 156쪽; 『联共(布), 共产国际与抗日战争时期的中国共产党(1937-1943. 5)』 丛书 第19卷, 204, 217, 222-223, 231, 235-236쪽.
203) 『联共(布),共产国际与抗日战争时期的中国共产党(1937-1943. 5)』 丛书 第19卷, 248-249, 256, 257-258, 265, 295쪽.

사실 당시 중공은, 동북지역에 정규군을 파견할 수 있는 상황이 아니었다.[204] 중공은 1939년 연안에 이연록(李延禄)과 이범오(李范五)를 책임자로 하는 동북공작위원회를 설립하여 주로 정보 수집과 정세 연구 임무를 수행하였다. 진찰기 변구에 조직된 동북위원회는 1942년 7월 활동을 개시하고, 한광이 일상적인 업무를 주재하면서 수십 명의 간부를 차례로 동북으로 잠입시켰다. 그들의 주요 임무는 동북에 잠입해 역량을 축적하고 동북항일연군의 행방을 수소문 하는 것이었지만 별다른 수확을 거두지 못하였다.[205]

그러나 소련은 바로 이때 남·북 야영에서 항일연군을 훈련시키며 정보수집 활동을 전개하고 있었음에도 불구하고 유격대 위치를 모른다고 거짓으로 둘러댔다. 이는 명백하게 의도적으로 중공에 사실을 숨긴 것이며 이 부대를 소련 자신의 부대로 보고 있었음을 보여준다. 이러한 판단의 근거는 다음과 같다.

첫째, 소련은 일찍이 중공 동북당이 직접 사람을 파견하여, 중공 중앙과 직접적인 연락을 취해서는 안 된다고 결정하였다.[206] 주보중 등 항일연군의 간부들은 소련인들과의 회의 및 대담에서, 중공 중앙과 신속하게 연락을 회복하고 보고를 전달하기 위해 소련에 여러 차례에 걸쳐 협조를 요청하였지만 아무런 대답을 얻지 못하였다.[207]

둘째, 소련은 중공 중앙이 동북에 파견한 연락원 왕봉의 신분을 확인한 후에도, 그의 임무를 소련에 있는 항일연군에게 알리지도 않았으며, 주보중의 수차례에 걸친 추궁에 소련 측은 그가 모스크바로 파견되어 임무 수행 중에 있으며 지금까지도 그의 행방이 묘연하다고 설명하였다.[208]

204) 소련과 독일 간 전쟁 발발 후, 모택동은 주은래에게 다음과 같은 전보를 보냈다. "아군과 적군 간의 역량차가 커서, 만약 일본이 소련을 공격하면 중공은 군사상 협력 효과가 크지 않다. 무턱대고 공격을 개시할 경우, 철저히 섬멸당할 가능성이 있어서 양측이 모두 불리하다." 모택동이 주은래에게 보낸 전보, 1941년 7월 15일.

205) 『中国共产党组织史资料』第3卷, 48쪽; 中共吉林省委党史研究室, 吉林省东北抗日联军研究基金会, 『韩光党史工作文集』, 北京: 中央文献出版社, 1997年, 9-10, 19-27쪽.

206) 周保中, 『东北抗日游击日记』, 635쪽.

207) 『东北地区革命历史文件汇集』甲25, 145-150쪽; 甲61, 3-6쪽; 乙2, 225-252쪽; 『周保中抗日 救国文集』下册, 58-60쪽; 周保中, 『东北抗日游击日记』, 553쪽.

208) 王连捷, 谭译, 『隐藏在深层次的历史真相』, 305-310쪽.

셋째, 소련정보부는 사전 논의 없이 항일연군 대원들을 동북에 수시로 파견하는 일이 빈번해졌다. 주보중은 1941년 9월 14일 자신의 일기에, 소련의 항일연군이 표면적으로는 독립성을 여전히 유지하고 있는 것처럼 보이지만 실제로는 소련군의 "직접 지배"를 받고 있다고 기술하고 있다.[209] 1942년 4월, 이 문제에 관하여 중소 양당 사이에 격렬한 논쟁이 벌어졌다.[210]

마지막으로, 항일연군이 소련으로 후퇴한 것은 소련에서 재정비한 후 조건이 성숙되면 동북으로 다시 돌아와 군사작전을 계속 전개할 계획이었는데, '소일중립조약'이 체결된 후, 소련은 소수의 정보수집 및 파괴 요원을 제외하고, 일반적 상황에서 항일연군이 중국에 들어가 일본군과 교전하는 것을 허용하지 않았다.[211] 따라서 항일연군 부대는 점차 소련의 통제를 받았으며 고립된 부대가 되어갈 수밖에 없었다.

1942년 1월, 소르킨은 "야영 확충, 병영 건설, 교통 정비, 식량의 자급자족 실현"을 주보중에게 제안하면서, 소련의 항일연군 임시 거주지를 장기 근거지로 개조하도록 할 의향을 내비쳤다.[212] 이러한 현실 문제에 직면하여 주보중과 장수전 또한 북야영에 교도단(教導団)을 조직하고 소련군 교관을 파견하여 집중적으로 훈련시킬 것을 검토하고, 이를 소련군에 제안하였다. 소련 원동군사령부는 이 제안에 따라 동북항일연군 교도단을 조직할 것을 결정하고 최고사령부에 승인을 요청하였다. 후에 스탈린의 의견에 따라 교도단은 교도여단(教導旅)로 확대되고 소련군 부대의 정식 편제번호가 부여되었으며, 소련군 표준 규정에 따라 군수와 병참 지원이 이루어졌다.

1942년 7월 21일, 소련 원동군 총사령관 아파나센코는 동북항일연군 교도여단 창설을 명령하고, 소련 원동 홍기방면군 제88독립 보병여단(국제여단)의 부대 번호를 부여하였다. 여단은 소련에 있는 동북항일연군 380명을 중심으로,

---

209) 周保中, 『东北抗日游击日记』, 620-621쪽.

210) 彭施鲁, 『在苏联北野营的五年』, 19-21쪽.

211) 彭施鲁, 『在苏联北野营的五年』, 14쪽. 1942년 7월까지 소련은 심지어 한 차례 소만 국경을 봉쇄하고 파견 업무조차도 중지시켰다. 周保中, 『东北抗日游击日记』, 657쪽.

212) 周保中, 『东北抗日游击日记』, 645쪽.

소련군 장병(나나이족 50명 포함)과 만주국에 반발하여 소련으로 망명한 만주군 봉기장병 71명 등으로 구성되었다.

여단장에 주보중, 정치위원에 장수전, 부참모장에 최석천이 임명되었으며, 예하에 4개 보병대대와 1개의 통신대대 및 1개의 박격포중대를 두었다. 김일성, 왕효명, 허형식(실제 담임하지는 못하였고, 왕명귀(王明贵)가 직책을 인계받음) 및 시세영(柴世荣)이 대대장, 안길(安吉), 강신태, 김책, 계청(季青)이 대대 정치위원으로 임명되었다. 이 밖에, 여단과 대대 참모장 및 정치부, 병참부, 군수처, 통신대대, 박격포중대의 주요 직책은 모두 소련군이 맡았으며, 기존 항일연군은 모두 소련 군복으로 바꾸어 입고 소련군 계급장을 부여받았다.

여단의 임무는 군사 및 정치 간부를 양성하고 때가 되면 소련군의 동북 해방을 돕는 것이었다. 8월 1일 여단의 창립 행사가 거행되었다.[213] 이때에 중공당 조직이 엄연히 존재하고 있었음에도 불구하고, 항일연군 부대는 완전히 소련군에 흡수되어 교도여단 전체의 운명은 이미 소련군의 수중에 있었다.[214] 그 후 항일연군은 소련의 사상 및 정치교육, 전문적인 첩보원 교육과 일반 군사훈련을 체계적으로 받았으며, 동시에 소련군이 부여한 각종 임무를 수행하였다.[215] 이 과정에서 교도여단의 조선인들은 점차 김일성을 중심으로 모스크바의 명령을 따르는 대오로 형성되어 갔다.

---

213) 彭施鲁, 『诞生在苏联的东北抗日联军教导旅』 27-28쪽; 周保中, 『东北抗日游击日记』, 658-662쪽; 『中国共产党组织史资料 』第3卷, 1325쪽; ЦАМОРФ, ф.1896, оп.1, д.1, л.1, Почтарев А.Н. Из истории советско-корейских отношений в 20-50-е годы// Новая и новейшая история, 1999, No.5, pp.140-141. 88여단의 인원 구성에 관해서는 다음과 같은 자료들이 있다. 펑시로의 회고에 의하면 여단 창설 초기 인원은 약 700명 정도였다(彭施鲁, 「东北抗日联军教导旅组建始末」, 『中共党史资料』 2006年 第2期, 125쪽). 러시아 당안 기록에 의하면 1945년 8월 25일까지 여단 총원 1,354명이었으며, 그중 중국인 374명, 조선인 103명, 나나이족 416명, 러시아인 462명이었다 (ЦАМОРФ, ф.2, оп.19121, д.2, л.3-5).

214) 1942년 9월 교도여단에 중공 동북특별지부가 설치되었고, 후에 중공 동북위원회로 개칭하여 교도여단과 동북지역 내 중공당원들을 통합적으로 지휘하였다. 길동, 북만주성위는 모두 폐쇄되었다. 『中国共产党组织史资料』第3卷, 1,289쪽. 주보중을 정식으로 임명하기 전에, 소련국방부 간부관리 총국은 그의 이력을 사전에 상세히 조사하였다. 1942년 10월 22일 작성된 그에 대한 정치평가에서, 주보중은 "흔들림 없는 성격에 창조적이고 군사 경험도 많은 지도자로, 유격대 내에 신망이 높다"고 평가하였다. РГАСПИ, ф.495, оп.225, д.138, л.16об.

215) 상세한 것은 다음을 참조할 것. 周保中, 『东北抗日游击日记』, 663-671쪽.

• 1942년 쌍성자에서
주보중, 왕일지, 장수전의 모습.

• 88여단의 군기.

앞서 언급한 바와 같이, 1932~1935년 발생한 "민생단" 사건은 비록 중공 내의 조선인들에게 큰 타격을 주었지만, 코민테른과 중공 중앙이 과오를 수정한 이후 일부 젊은 조선 간부들이 중공 내에서 다시 성장하였으며, 중공의 충분한 신임도 얻었다. 1936년 이후 동만지역 조선인들은 여전히 무시할 수 없는 역량이었다. 당시 김산의 조사에 따르면 1937년 중공 지도하의 조선유격대는 7,000명에 달하였다.[216) 항일연군 제2군의 조선인 비중이 제일 높아 전체의 60%를 점하였으며, 전체 길동과 남만유격대의 중공당원 중 조선인 비중 역시 20~30%에 달하였다.[217) 항일연군 제1로군의 통계에 따르면, 1932~1941년 사이 869명의 사병이 사망하였고 그 가운데 신원이 확인된 459명 중 조선인은 356명에 이르렀다.[218)

제1차 하바로프스크 회의를 전후한 시기에 많은 조선인 간부들이 중공 당 조직과 항일연군에서 중요한 지도적 임무를 맡고 있었다. 김책은 북만성위 서기와 항일연군 제3로군 정치위원직을, 이희산(李熙山, 허형식)은 북만성위 집행위원과 제3로군 총참모장직을, 최석천은 길동성위 집행위원과 제2로군 참모장 및 88여단 총참모장직을 각각 맡고 있었다. 전광(全光)은 남만성위 선전부

216) 尼姆·韦尔斯, 金山, 『在中国革命队伍里』, 141쪽.

217) 『东满地区革命历史文献汇编』, 1,508-1,510쪽; 『东北地区革命历史文件汇集』 甲63, 324-325쪽.

218) 『东满地区革命历史文献汇编』, 823-846쪽.

장과 지방공작부장 및 제1로군 제2군 정치부 주임을 맡았다. 김일성은 제1로군 제2방면군 지휘 및 제1지대장을, 강신태는 제2로군 제2지대 정치위원과 북야영 임시당위원회 서기직을, 김윤호(金潤浩)는 남야영 임시당위원회 서기직을, 김 광협은 항일연군사령부 경위대 정치위원직을 각각 맡고 있었다.[219] 이들 간부 중에 김일성은 가장 뛰어난 신예였다.

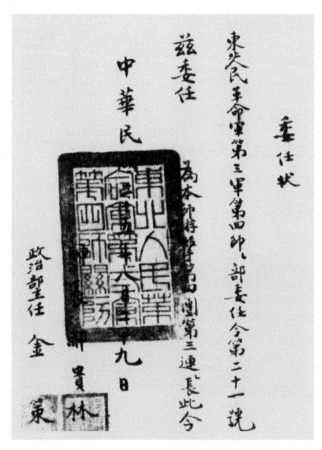

• 김책이 서명한 항일연군 제3로군 제4사 위임장.

219) 『中国共产党组织史资料』 第3卷, 1,293-1,296, 1,306-1,308, 1,311-1,315, 1,317-1,318쪽; 周保中, 『东北 抗日游击日记』, 456-458, 571, 577쪽; 『周保中抗日救国文集』 下册, 356쪽.

• 항일유격대의 보천보지구 진입을 보도한 당시 신문.

• 소련 야영지에서 김일성. 계청. 최현. 안길.

김책, 최석천, 허형식에 비해 김일성은 직위가 낮고 나이 또한 젊었지만 대담하게 말하고 행동하여 주목을 받았다. 일찍이 1935년 중공 동만특위 보고서는 두 차례나 김일성을 언급하면서 "충직하고, 적극적이고, 용감하고, 유격전 경험이 풍부하고", "구국군(救国军) 중에서 믿음(공산주의에 대한—역자 주)이 상당"하다고 평가하였다. 또한 "용감하고 적극적이며, 중국어를 말할 수 있고", "정치 문제에 대해 아는 것이 많지는 않지만", "말하는 것을 좋아하고, 믿음이 있다"고 평가하였다.[220]

1939년 8월 30일 『신화일보』는 "김일성을 중심으로 한 유격대가 강 건너편 조선 각지에 자주 나타나 적 경비대를 습격하였다"고 보도하였다.[221] 일본은 조선 내에서의 김일성의 유격 활동에 놀라 50만 엔의 현상금을 걸고 그를 체포하려 하였다. 일본이 조선신문에 김일성을 언급하면서 "조선인민의 마음속에 김일성의 명성과 지명도를 높아졌음"은 말할 나위가 없다.[222]

그러나 김일성이 두각을 나타나게 된 것은, 그가 기회를 잘 이용하고 화를 복으로 바꾸었기 때문이었다. 일본군의 대규모 토벌이 시작된 후, 1939년 10월 항일연군 제1로군은 유격대를 분산시켜 역량을 보존하기로 방침을 결정하였다. 1940년 겨울에 이르러 제1로군의 병력 손실이 극심하였다. 총사령관 양정우가 사망하였고 부사령관 겸 정치부주임 위증민은 병으로 몸져누웠다. 예하 1방면군 지휘관 조아범(曹亚范), 제3방면군 지휘관 진한장(陈翰章) 및 많은 간부들이 연이어 희생되었으며, 제2방면군 가운데 김일성이 이끄는 부대만이 백두산 밀림지역으로 탈출할 수 있었다.[223]

일본군의 포위 공격을 벗어나기 위해 김일성이 이끄는 부대는 안도(安图)에서 북상하여 1940년 10월 23일 국경을 넘어 소련으로 진입하였다.[224] 김일성과 그 부하들은 소련 국경을 넘은 후 소련 변방군에 의해 억류되었으나 다행이 주보중이 나타남

220) 『东北地区革命历史文件汇集』 甲30, 247쪽; 『东满地区革命历史文献汇编』, 397쪽.
221) 刘金质等编, 『中朝中韩关系文件资料汇编』, 486쪽.
222) 『소련 군사고문단장 라주바예프의 6·25전쟁보고서(1)』, 21-24쪽.
223) 霍辽原等, 『东北抗日联军第二军』, 哈尔滨: 黑龙江人民出版社, 1987年, 195-204쪽; 崔圣春 主编, 『中国共产党延边历史大事记』, 191쪽.
224) 『东北地区革命历史文件汇集』 甲65, 115-137쪽.

으로써 문제가 해결되었다.[225] 주보중과 김책은 후에 위증민에게 보낸 서신에서 김일성 등이 "기회주의적으로" 임의로 월경한 것은 어찌되었든 잘못된 것이라고 지적하면서, 비록 이 잘못이 "혁명 입장의 동요"도 아니고 김일성 자신 또한 과오를 인정하였지만, 주보중은 규율에 따라 김일성 등을 처벌하여야 한다고 건의하였다.[226]

그러나 운 좋게도 이때 소련이 하바로프스크에서 항일연군 각 군 지도자회의를 소집했는데 제2, 제3로군 책임자들은 모두 연락이 되어 참석했지만, 제1로군 위증민은 아무런 소식이 없었다.[227] 이에 따라 김일성이 소련 내의 제1로군 최고책임자와 유일한 대표가 되었다. 소련 측 요구에 따라 1941년 1월 1일 김일성, 안길, 서철(徐哲)이 제1로군에 관한 상황 보고를 하였다.[228] 곧이어, 김일성은 제1로군 대표로 제2차 하바로프스크회의에 참석하게 되었다.[229]

항일연군 내에서 김일성의 지위 상승은 주보중의 추천과 관련이 있다. 주보중은 1941년 7월 1일 왕신림에게 보낸 서신에서, "김일성은 가장 뛰어난 군사 간부이며, 중국공산당 내의 고려인 중 가장 우수한 인재이다. 그는 만주 남부와 압록강 동쪽, 조선 북부 일대의 활동에서 매우 중요한 역할을 할 수 있다"고 강조하였다.[230] 9월 15일에 보낸 서한에서도 주보중은 "김일성은 현재 남만 제1로군 유일의 중요 간부이며, 양정우, 위증민 두 동지의 희생 이후, 김일성만이 계속해서 남만주 유격대 지휘 책임을 감당할 수 있다. 이는 남만의 모든 문제와 직결되는 문제다"고 김일성의 중요성을 설명하였다.[231]

---

225) 『金日成回忆录: 与世纪同行』 第8卷, 72쪽; 金学俊, 『朝鮮五十七年史』, 73-75쪽. 당시 관련자들의 회고 기록으로는 다음을 참조할 것. 한국일보 편, 『증언 김일성을 말한다: 유성철, 이상조가 밝힌 북한정권의 실체』(서울: 한국일보사출판국, 1991), 26-27쪽; 임은, 『김일성정전』(서울: 옥촌문화사, 1989), 138-139쪽.

226) 『东北地区革命历史文件汇集』 甲61, 103-110쪽.

227) 周保中, 『东北抗日游击日记』, 536-539쪽.

228) 『东北地区革命历史文件汇集』 甲60, 95-105쪽; РГАСПИ, ф.514, оп.1, д.1041, л.2-8, Харуки Вада ВКП(б), Коминтерн и Корея, с.739-744.

229) 周保中, 『东北抗日游击日记』, 567, 572쪽. 김일성은 자신의 회고록에서 코민테른 회의에 대한 통지를 받은 후 위증민에게 이를 보고했지만, 위증민이 병이 나서 김일성 자신에게 위임하여 자신이 소련에 가게 되었다고 설명하였다. 『金日成回忆录: 与世纪同行』 第8卷, 47-48쪽. 그러나 이는 전혀 사실과 다르다. 소련 당안은, 소련으로 퇴각하기 전, 김일성은 하바로프스크 회의에 대해 "전혀 알지 못하였다"고 밝히고 있다. 다음을 참조할 것. Харуки Вада ВКП(б), Коминтерн и Корея, с.744.

230) 『东北地区革命历史文件汇集』 甲61, 295-296쪽.

• 김일성이 왕신림에게 보낸 보고

　　이에 따라 김일성의 지위는 매우 빠르게 상승하였다. 1941년 3월 중공 남야
영 위원회가 조직될 때, 서기는 계청이었고 김일성은 단지 위원에 불과하였
다.232) 그러나 일 년이 지나 교도여단이 창설될 때 김일성은 제1대대 대대장직
에 임명되었을 뿐만 아니라, 당내의 직위 역시 매우 높아져 중공 동북특별지부
국 부서기와 중공 동북위원회 위원이 되었다.233)

　　이 기간, 기타 조선인들의 지위는 김일성과 비교해 부족함이 크게 드러난다.
허형식은 작전 중 희생되었고 김책과 최석천의 지위는 낮아졌다. 김책은 동북
에 머무를 때 소련에 오기를 주저하여 주보중의 비판을 받았다. 주보중은 김책

---

231) 『东北地区革命历史文件汇集』甲61, 337-344쪽.

232) 崔圣春 主编, 『中国共产党延边历史大事记』, 205쪽.

233) 『中国共产党组织史资料』第3卷, 1,321-1,324쪽; 『访问录选编: 周保中专辑』, 6쪽.

이 독립성을 주장하고 있으며, 조직 기율 또한 강하지 않다고 비판하였다.[234] 김책의 동북당 내에서의 지위(1939년 4월 북만성위 서기 역임)가, 88교도여단에서 대대 정치위원밖에 맡을 수밖에 없었던 것은 이와 무관하지 않다.[235] 1943년 1월, 최석천은 돌연 부참모장직에서 해임되고, 정치부 청년과 부과장을 맡아 선전공작을 담당하게 되었다.[236] 그의 지위 변동 이유는 아직까지도 확실하게 알려져 있지 않다. 그러나 그가 계속 중공 동북당위원회 서기 직책을 계속 유지한 점으로 보아, 소련이 그에게 불만을 가졌던 것으로 보인다.

어쨌든, 이러한 상황에서 김일성의 약진은 더욱 두드러졌다. 이는 그가 주보중으로부터 신임을 얻었을 뿐만 아니라 소련인들의 호감도 얻었다는 것을 말해준다. 러시아 당안은 김일성이 조선 유격대원 중에서 재능이 가장 출중하였고, 비교적 양호한 군사적 기초를 가지고 있었을 뿐 아니라, "러시아어 학습 방면에서 우수한 성적을 거두어" 여러 차례 표창을 받았으며, 그가 지도하는 제1대대는 "군사 소양 수준이 비교적 높고 군사 기율이 비교적 확립되어 있다는 특징이 있다"고 기술하고 있다.[237] 주목할 것은, 소련 원동군 정보부는 김일성을 위해 소련군 장교를 배속시켜 그를 돕도록 하였고, 소련 국적의 중국인을 김일성에게 파견하여 연락을 담당하도록 하였다는 점이다.[238] 소련의 태도가 김일성에 대한 관심이든 혹은 감시이든 간에 당시 소련이 김일성을 매우 중시하였다는 점만큼은 틀림없다.

---

[234] 李在德, 『松山风雪情』, 293쪽; 金宇钟, 「在北满坚持游击战的抗联部队」, 『决战』, 259-265쪽.

[235] 1941년 1월 작성된 개인 이력서에서, 김책은 "상급자들이 나의 문제점과 잘못을 알 것이다. 나의 능력은 약하다"고 고백하고 있다. 『东北地区革命历史文件汇集』 甲60, 192쪽.

[236] ЦАМОРФ, ф.238, оп.1620, д.197, л3; 周保中, 『东北抗日游击日记』, 699쪽.

[237] ЦАМОРФ, ф.1896, оп.1, д.4, л.29; д.10, л.2-3об, Почтарев А.Н. Из истории советско-корейских отношений, с.141-142.

[238] 글루코프의 인터뷰 기록, 1991년, 24쪽. 필자는 2014년 7월 하바로프스크에서 현지 신문『쾌속보』의 편집인 글루코프를 만났을 때, 그가 한 인터뷰 기록을 전부 받을 수 있었다. 필자는 하바로프스크에서의 인터뷰 중 종소청(钟少清, Чжун Шао Чин)에 관해 알게 되었는데, 그는 1936년 가족과 함께 흑룡강성 미산에서 국경을 넘어 소련으로 이주하였고 이후 소련 원동군 정보부에 들어갔다. 1942년 88여단 창설 때, 제1대대에 파견돼 김일성의 통신연락원을 맡았다. 필자와 종소청의 딸과의 인터뷰, 2014년 7월 25일 하바로프스크.

• 동북항일연군 교도여단(88여단) 일부 간부들 단체 사진. 1943년 10월 5일 북야영지에서 촬영한 것으로, 왼쪽부터 첫째 줄에 바다린 부(副)여단장, 장수전(張壽箋) 정치부여단장, 왕일지(王一知) 통신대대 정치부대대장, 주보중 여단장, 김일성 제1대대장, 슈린스키 부여단장. 둘째 줄에 장광적(張光迪) 제3대대 5중대장, 풍중운 정치부 정보부장, 왕명귀 제3대대장, 왕효명 제2대대장, 최석천 부참모장, 팽시로 제2대대 3중대장. 셋째 줄에 양청해(楊淸海) 3중대 소대장, 서철(徐哲) 3중대 소대장, 강신태 제2대대 정치부대대장, 김광협 제2대대 5중대장, 김철우 5중대 정치부중대장, 수장청(隋長靑, 쳬建平) 제3대대 6중대장. 넷째 줄에 안길 제1대대 정치부대대장, 박건산(김일)제1대대 1중대 정치부중대장, 최용진 제1대대 1중대장. 도우봉(陶雨峰) 제4대대 8중대장, 김경석 제1대대 2중대 정치부중대장.

• 김일성 회고록에 실린 88여단 간부 사진.

하바로프스크 부근에 위치한 88여단 야영지에서 김일성을 핵심으로 하는 조선인 유격대 그룹은 이렇게 형성되어, 후에 "유격대파"로 불리게 되었다. 팽시로(彭施鲁)의 회고에 따르면 88여단 내의 조선인 숫자는 여단 창설 초기, 항일연군 대원의 약 40%인 280명 정도였다.[239] 러시아 문헌에 따르면 88여단이 해체되기 직전 조선인 대원은 102명이었다.[240] 조선인이 비교적 많았던 부대는 김일성이 이끄는 88여단 제1대대였다.

한국학자 김광운의 연구에 따르면, 제1대대의 조선인 간부와 병사는 총 60여 명이었고, 일찍 사망한 안길을 제외하면 대부분이 조선노동당과 국가의 지도자 혹은 고위 간부가 되었다. 그중 저명한 인물로는 김일(국가부주석), 박성철(朴成哲, 국가부주석), 이영호(최고인민위원회 부위원장), 최현(국방위원회 부위원장), 최용진(崔勇进, 내각부총리), 오진우(吳振宇, 인민무력부장), 한익수(韓益洙, 인민군총정치국장), 서철(노동당검열위원회위원장), 전문섭(全文燮, 국가검열위원회위원장), 김경석(金京石, 노동당평양시위원장) 등이 있다.[241]

김일성은 후에 스탈린의 명을 받고 조선에 돌아갔다. 그때 김일성이 거느리고 온 인물들 역시 이들이었다.[242] 이때가 김일성의 정치 역정에서 새로운 시작점이었다. 이때부터 김일성은 모스크바에 의존하기 시작하였다. 오랜 시간이 흐른 후 김일성은 이 시기를 회고하면서, 조선 항일유격대는 "전투 과정에서 소련인민 및 중국인민과의 국제주의적 단결이 강화되었으며, 특히 소련과 긴밀한 관계를 유지하였다"고 회상하였다.[243]

239) 彭施鲁, 「东北抗日联军教导旅组建始末」, 『中共党史资料』 2006年 第2期, 125쪽.

240) ЦАМОРФ, ф.2, оп.19121, д.2, л.3-5.

241) 김광운, 『북한정치사연구』, 116-120쪽. 그러나 저자는 김책을 생략하는 실수를 하였다. 당시 김책은 제3대대 정치부(副)대대장이었다.

242) 러시아 당안에 의하면 조선으로 돌아간 대원들은 모두 98명이었다.(ЦАМОРФ, ф.2, оп.19121, д.2, л.3-4).

243) 金日成, 「朝鲜人民军是抗日武装斗争的后继人」, 1958년 2월 8일, 『金日成著作集』 第12卷, 平壤: 外国文出版社, 1983年, 59쪽.

6. 조선 혁명가들의 서로 다른 귀국 행로

1943년 카이로선언은 전후에 조선에 독립된 지위를 부여할 것을 약속하였다. 제2차 세계대전이 끝났을 때, 소련과 중국에 있던 조선 혁명가들은 연안과 모스크바로부터 조국으로 귀국하도록 각각 명령을 받았다. 그러나 그들의 노정과 결과는 크게 달랐다.

독일 항복 후, 스탈린은 얄타 비밀협정에 근거하여 관심을 동북아시아로 돌렸다. 1945년 5월, 소르킨은 "몇 개월 개시가 예정된 대일 작전 과정에서 88여단은 소련 원동 제2방면군에 편입되고 10만 명 규모의 정규군으로 확대될 예정"이라는 원동군사령부의 지시를 주보중에게 전달하였다. 얼마 후, 소련군과 논의를 거쳐 주보중과 장수전은 행동 방안을 제정하고, 동시에 중공 중앙과의 연계 회복, 항일연군의 재건 및 동북당 조직의 회복을 제안하며, 중공 중앙의 정치노선에 따라 행동할 것 등을 소련 측에 요구하였다. 주보중의 계획에 따라, 88여단의 작전 임무는 다음과 세 가지로 나뉘어졌다.

첫째, 동북지역에 있는 소분대는 유격전을 전개하고, 동시에 정찰 임무를 수행하며 소련군 작전에 협력한다. 둘째, 소련군이 출병할 때 교도단 선발대를 동북에 공중 투하하여, 소련군을 위해 전술적 정찰과 향도 임무를 수행한다. 셋째, 88여단 주력부대는 소련군과 동시에 진격하여 동북 해방에 참여한다.[244]

7월 말, 중공 동북당위원회는 전체 회의를 개최하고 상황 변화를 반영하여 당위원회 개조를 단행하였다. 새로운 당위원회는 중국으로 귀국하여 장춘에 설치할 것과, 서기에 주보중, 풍중운, 장소전, 왕효명, 팽시로, 왕명귀 등 중국인 이외에도 조선인 강신태와 김광협을 위원으로 임명하였다. 동시에 최석천을 서기, 김일성(정치와 군사책임), 김책, 안길, 서철, 김일, 최현 등을 위원으로 하는 조선공작단을 조직하고, 조선으로의 귀국을 목표로 정하였다.[245] 그러나,

---

244) 周保中, 『东北抗日游击日记』, 811-812쪽; 『访问录选编: 周保中专辑』, 157쪽; 彭施鲁, 「东北 抗日联军和苏联远东军关系回顾」, 『中共党史资料』总第56辑(1996年 2月), 46-47쪽; 本书编写组, 『东北抗日联军斗争史』, 北京:人民出版社, 1991年, 478쪽.

상술한 88여단 주력부대가 소련군과 협력하여 동북지역을 해방시킨다는 구상은 실현되지 못하였다.

소련군이 동북으로 진공하기 위해서는 특히 정찰, 정보 및 향도 방면에서 88여단의 전면적인 협력이 필요로 하였다. 이 임무를 수행하기 위해 원동군사령부와 주보중은 세심한 준비 작업을 하였으며, 잘 훈련된 88여단 전사들 역시이를 훌륭하게 완수하였다. 7월 하순, 소련군은 선발된 290명의 88여단 장병들로 선발 소분대를 조직하고, 동북 18개 지역에 공중 투하하여 곧 시작될 전면 공격을 위한 정찰 활동을 전개하도록 하였다.[246]

그러나 88여단 주요 간부와 주력부대의 운명은, 정세가 바뀌면서 근본적인 변화를 맞게 되었다. 미국은 포츠담선언과 연합국의 무조건 항복 요구를 일본이 거부하자 1945년 8월 6일 히로시마에 첫 번째 원자폭탄을 투하하였다. 8월 8일 소련은 일본에 선전포고를 하고, 9일부터 소련군 150만 명이 3개 방향으로 나뉘어 중국 동북과 조선으로 대대적인 진격을 개시하였다. 같은 날, 미국은 재차 나가사키에 두 번째 원자폭탄을 투하하였으며, 8월 15일 일본 국왕은 항복을 선언하였다. 스탈린은 급격한 상황 변화와 정세 변화를 고려하여 88여단의 앞날을 새롭게 안배하였다.[247]

---

245) 『东北抗日联军斗争史』, 479쪽; 『访问录选编: 周保中专辑』, 18쪽. 김일성은 회고에서, 1945년 7월, 자신과 주보중이 모스크바에 가서 소련군 총참모부가 소집한 원동 작전회의에 참석하고 주다노프의 접견을 받았다고 말하였다.(『金日成回忆录: 与世纪同行』 第8卷, 384쪽.) 그러나 필자는 이를 매우 의심스럽게 생각한다. 스탈린이 왜 일개 대대장(더욱이 외국인)을 그렇게 중요한 회의에 참석하게 했을까? 만약 이것이 사실이라면, 주보중의 일기에도 마땅히 기록되어 있어야만 한다. 그의 일기를 보면, 주보중이 전에 소련 장군과 모스크바에 가는 일을 상의했던 것만을 증명할 수 있을 뿐이고(2월 26일), 이에 대한 준비도 있었던 것으로 보이지만(6월 11일), 이후 그가 모스크바에 실제로 갔는지는 증명할 방법이 없다. 더욱이 일기에 김일성에 대한 언급은 전혀 없다. 周保中, 『东北抗日游击日记』, 808-809, 813쪽.

246) 王一知, 「'八一五'前后的东北抗日联军」, 中共中央党史资料征集委员会编, 『辽沈决战』上, 北京: 人民出版社, 1988年, 160쪽; Почтарев А.Н. Из истории советско-корейских отношений, c.141-142. 선발된 선발 소부대의 활동에 관한 상세한 내용은 다음을 참조할 것. 周保中, 『东北抗日游击日记』, 816쪽; 『东北抗日联军斗争史』, 481-483쪽; 彭施鲁, 『在苏联北野营的五年』, 37-38쪽; 李在德, 『松山风雪情』, 197쪽.

247) 8월 9일 소련이 일본에 선전포고를 하던 당일, 이미 선발대로 340명의 항일연군교도여단 장병들이 소련군과 함께 동북으로 들어와 소련군의 작전을 도왔다. 周保中, 『东北抗日游击日记』, 816쪽. 또 다른 자료에는 소련군과 함께 동북으로 들어온 항일연군교도여단 숫자가, 600여 명이었다고 전한다(『辽沈决战』下册, 589쪽). 이는 소련군 정보부가 직접 뽑은 중국인도 포함된 숫자인 것으로 보인다.

전후 원동지역에서 스탈린의 목표는 러일전쟁 시기 동북과 일본해(동해-역자 주)에서 일본에 빼앗긴 일체의 권리를 회복하고, 동시에 외몽고를 중국 영토로부터 분리하는 것이었다. 중국에서 합법적으로 목표를 실현하기 위해 스탈린은 국민 정부와 우호동맹조약 체결을 필요로 하였다. 스탈린의 원래 구상은 대일작전 참전을 미끼로 소련이 제시한 조약 체결 조건을 중국이 수락하도록 압박하는 것이었으며, 이 구상에 대해 미국의 동의도 얻었다. 그러나 중소 회담이 교착상태에 빠지고 미국이 갑자기 원자폭탄을 투하하면서 각자의 태도와 입장에 변화가 생기게 되었다.

스탈린은 일본이 항복하게 되면, 중국이 소련의 출병을 필요로 하지 않고 동맹조약 역시 필요로 하지 않을 것을 우려하였다. 이 경우 원동지역에 대한 자신의 구상 실현이 어렵기 때문에 스탈린은 소련군의 출병을 앞당기기로 결정하였다. 소련 대군이 동북에 밀어닥친 상황에서, 장개석은 소련 점령군이 동북을 점령한 후 철수하지 않거나, 동북을 중공에 넘겨주지 않을까 우려하였다. 이에 따라 양측은 타협을 시도하게 되었다. 장개석은 소련이 제시한 모든 조건을 받아들였으며, 스탈린은 소련이 중공을 절대 지원하지 않을 것과 동북의 주권을 국민당 정부에 이양할 것을 약속하였다.[248] 이러한 상황에서, 과거 중공 영도하에 있었고 지금은 중공과 연락을 회복하려고 서두르고 있던 항일연군 부대는, 소련의 외교적 목적을 실현하는 데 오히려 장애가 되었으며 당연히 주보중의 구상은 뜻대로 실현될 수 없게 되었다.

소련이 동북에 출병한 이튿날 88여단도 동원대회를 소집하였다. 전 여단의 장병은 모두 전의가 충만하였고 모두들 소련의 반격 작전에 동참하여 관동군을 토벌하고 항일전쟁의 최후 승리를 쟁취할 것을 원하였다. 대회 후, 주보중은 소련 원동군 사령관 바실레프스키(A. M. Vasilevsky)에게 서한을 보내 88여단을 동북에 파견해 줄 것을 요구하였다. 김일성도 서한을 보내 자신의 1대대를 조선으로 보내줄 것을 요청하였다. 하지만 두 사람은 구두상의 위로의 말만을 들었을 뿐, 소련군으로부터 어떠한 정식 답변도 받지 못했다.[249]

---

248) 이에 관한 필자의 상세한 논증은 다음을 참조할 것. 沈志华, 『无奈的选择』, 第一章 第一, 二节.

그 후 며칠 동안 주보중은 불안해하며 사령부와 연락장교에게 수시로 이에 관한 소련의 결정을 탐문하였다. 그러나 소련사령부는 자꾸 말을 바꾸며 결정을 계속 미루고 있었다. 8월 11일 88여단이 흑룡강성 동강으로 이동할 준비를 하라는 통지를 받았지만, 12일에는 "현지에서 당분간 대기"하라는 명령을 받았고, 15일에도 계속 "현지에서 대기"할 것을 명령받았다. 주보중은 계속 독촉하고 문의하였지만 일본이 이미 항복을 선언하고 수일이 지난 23일까지 돌아온 답변은 여전히 기다리라는 것이었다.[250] 이 기간 동안 스탈린은 "소련군의 임무는 동북을 해방시키는 것이고, 88여단의 임무는 동북을 건설하는 것"이라는 명령을 보냈다.[251] 설령 스탈린이 이같이 말하였다 하더라도 이는 항일연군을 단지 구두로 위로하는 것뿐이라 할 수 있었다. 이제 88여단의 실제 임무는 소련 점령군을 도와 동북과 조선을 통제하는 것으로 바뀌었다.

8월 24일, 주보중은 더 이상 기다릴 수 없다고 판단하고 바실레프스키 사령관에게 또 장문의 서신을 보내 88여단의 동북지역 진주와 소련군의 역내 질서 유지에 대한 협조, 동북 민주정부와 인민군대 건립의 필요성을 상세히 설명하였다. 주보중은 끝으로 이상의 요청을 들어줄 수 없다면 88여단의 중국인과 일부 조선인 동지들은 중공 중앙 혹은 팔로군 사령관 주덕에게 이관하여, 그들이 지도를 받게 해줄 것을 요구하였다.[252]

88여단 장병들의 계속된 요구를 받은 모스크바는 "88여단을 해산하고 핵심 역량들을 소련 원동군에 분산 파견하며 소련군의 행동에 협력"하도록 할 것을 결정하였다. 관련 러시아 문건에 따르면, 소련 원동군 정보처가 상급기관에 보고한 파견 방안은 1945년 8월 25일까지 88여단 장병 총 1,354명(간부 149명, 부사관 358명, 사병 847명) 중 소련의 각 원동 작전부대가 운용할 878명을 선발할

---

249) ЦАМОРФ, ф.1856, оп.1, д.4, л.43, Иванов В.И.ВтылахКвантунскойармии: Правдао88-йкитай ско-корейскойбригаде Дальневосточного фронта, Москва: ИДВРАН, 2009, с.115-117; 彭施魯, 『在苏联北野 营的五年』, 39쪽.

250) 周保中, 『东北抗日游击日记』, 817-818쪽.

251) 王一知, 『"八一五"前后的东北抗日联军』, 161쪽.

252) ЦАМОРФ, ф.66, оп.3139, д.1, л.15, Почтарев А.Н. Из истории советско-корейских отношений, с.142-143.

준비를 하고, 279명(유격대원 215명, 전 만주국 사병 64명)은 동북의 각 지역에 보내 경비사령부, 지방보안단 및 기타 기구에 참가해 업무토록 하고, 113명(조선 유격대원 98명, 소련국적 조선인 15명)은 조선으로 보내 경비사령부, 지방보안단 및 기타 기구에서 업무에 참여하도록 하게 한다는 것이다.

또한 구체적인 배분 지점을 다음과 같이 지정하였다. 즉, 주보중－장춘시, 장수전－하얼빈시, 김일성－평양시, 왕효명－길림시, 강신태－연길시, 김책－함흥시, 풍중운－심양시 등등이었다. 보고서는 또, 해산 전에 88여단 유공자들에게 훈장과 상장을 주고, 중국과 조선 인원들에게 계급 승진을 시켜줄 것을 건의하였다.[253]

8월 26일, 원동군 군사위원 쉬킨(Shikin)은 주보중에게 바실레프스키 사령관의 명령을 전달하였다. 즉, 88여단의 중국인과 조선인을 소련 원동의 3개 방면군에 분산 배치시키고, 여단 내 중국인들은 소련군을 따라 동북의 각 전략거점을 점령하여, 소련 홍군의 점령지 질서 유지를 돕고, 점령지의 적 잔여 세력과 반혁명 분자들을 처단하며, 현지 대중들 사이에서 홍군에 대한 위신 제고 및 중소 인민 간의 우호 증진에 힘쓸 것, 아울러 군사관제에 참여하고 있는 합법적 지위를 이용하여 당 조직을 수립하고, 대중운동을 추진하여 주요 점령지구 이외에도 인민 무장과 근거지 건립을 할 것 등이었다. 조선인들은 소련군을 따라 조선으로 들어와 자신들의 무장역량과 정권기구 수립에 착수하였다.[254]

8월 28일, 주보중은 연대급 이상의 간부를 소집해 회의를 열고 소련군의 명령에 의거한 구체적인 임무를 하달하였다.[255] 9월 3~13일까지 각 로군 병력들이 연이어 동북지역과 조선으로 떠났다.[256] 10월 15일 88여단의 주요 인사들이 소련을 떠난 후, 소련 원동군 제2방면군 사령부는 공식 명령을 하달하여 특수부대를 공식 해산하고, 12월 11일까지 88여단 해산 작업이 모두 마무리됐다.[257]

253) ЦАМОРФ, ф.2, оп.19121, д.2, л.3-5.

254) 주보중이 동북국에 보낸 신청서, 1949년 3월 19일. 高树桥, 『东北抗日联军后期斗争史』, 沈阳: 白山出版社, 1993年, 294-295쪽; 『东北抗日联军 斗争史』, 484쪽.

255) 周保中, 『东北抗日游击日记』, 819-820쪽.

256) 周保中, 『东北抗日游击日记』, 820-822쪽.

257) ЦАМОРФ, ф.2, оп.12378, д.1, л.68-69.

88여단이라는 국제적 성격을 띤 부대의 해산에 따라 김일성과 그를 따르는 조선공산당원들은 중공과의 관계를 청산하였다. 김일성 일행은 9월 말 조선으로 돌아갔다.[258] 10월 14일, 소련군이 공들여 기획한 평양 군중대회에서 김일성은 처음으로 조선민중들에게 모습을 드러내고 연설을 하였다.[259] 이후, 김일성이 이끄는 유격대파는 정치역량 강화에 힘쓰며 북조선 정권 수립에 힘을 기울였다. 주보중의 기록에 따르면, 88여단 해산 이후 11월까지 조선에 주둔하던 소련군 내 88여단 출신의 조선인들은 모두가 중공 당적과 연군 군적에서 탈퇴하였다.[260] 당연히, 88여단 출신이라는 김일성의 경력은 이후 모스크바가 그를 북조선의 통치자로 낙점하는 데 가장 중요한 요인이었다.

여기에 두 가지 주의 깊게 살펴볼 점이 있다. 하나는, 무슨 목적에서 출발하였든지 간에 스탈린은 88여단이 독립된 편제로 동북 해방을 위한 군사행동에 참여하는 것을 원치 않았다. 둘째는, 88여단의 주력 부대가 분산 귀국한 후, 중국인 대원들의 임무는 주로 소련군과 협조하여 동북지역을 점령 관리하는 것이었다. 그러나 조선인 대원들의 임무는 이외에도 분명 "자신의 독자적인 무장역량과 정권기구를 조직할 것"이라는 추가적 임무가 있었다. 이처럼 뚜렷한 차이가 나는 것은, 전후 소련이 중국과 조선에 대해 취한 정책이 서로 달랐던 것과 직접적인 관계가 있다.

스탈린은 중국 동북지역에 대해 국민당 정부에 주권을 반환하기로 이미 약속했기 때문에, 당연히 중공의 정권기구 수립을 공개적으로 지원할 수 없었다. 최소한 초기에는 그러하였다. 하지만 조선에 대해서는 1946년 초까지 스탈린의 마음속에 있는 가장 좋은 방안은, 국제사회의 신탁통치 방식을 통해 미국과 공조하여 소련과 우호관계를 유지하는 통일된 조선 정부를 수립하는 것이었다.[261] 그래서 소련에서 훈련 받고 귀국한 조선 간부들은 자연히 특별한 중시를 받았다.

마찬가지로, 소련이 처음 확정한 전후 대조선정책은 중국에 있던 조선공산

---

258) 김일성의 귀국 시기에 관해서는 다른 견해가 있다. 뒤에서 상세히 다루기로 한다.

259) ЦАМОРФ, ф.379, оп.11019, д.8а, л.12-13, Почтарев А.Н. Из истории советско-корейских отношений, с.150.

260) 周保中, 「"八一五"东北光复时期前东北抗日联军人员分布概况」, 中共吉林省委党史研究室编, 『周保中将军和他的抗联战友』, 长春:吉林教育出版社, 1993年, 29쪽.

261) 상세한 자료와 논증은 다음을 볼 것. 沈志华, 『毛泽东, 斯大林与朝鲜战争』第一章 第二节.

당 사람들인 "연안파" 간부들의 운명에도 영향을 미쳤다. 소련에 있던 조선인들과는 달리, 중공의 지원을 받던 중국의 조선 혁명가들의 귀국 목적은 처음부터 명확했지만, 그 과정에는 큰 곡절이 있었다.

소련의 만주 출병 소식을 듣고 8월 10~11일 팔로군 연안사령부는 7개의 지령을 잇달아 하달하며 예하 각 부대에게 일본군에 대대적인 공격을 감행할 것을 요구하였다. 제6호 지령에서 주덕 장군은 조선의용군 무정 사령관과 박효삼, 박일우 부사령관에게 즉시 부대를 이끌고 팔로군과 함께 동북으로 진공하여 적과 만주국 괴뢰군을 섬멸하는 동시에, "동북 지역의 조선인들을 규합하여 조선 해방의 임무를 완수하라"고 명령하였다.[262] 8월 11일 조선독립동맹총부도 각 지역의 분맹(分盟)에 전보를 보내 팔로군과 신사군을 도와 실지를 수복하고, 조선독립동맹 혹은 조선의용군에 참가하여 "조선에 돌아갈 것"을 촉구하였다.[263]

동맹 주석 김두봉은 당시 언론과의 인터뷰에서 조선인들의 목표를 보다 명확히 하였다. 즉, 소련군의 조선 진공 작전을 도와 일본 왜적을 섬멸하여 조선을 해방시키고, 동북과 화북의 피점령 지역 220만 조선인들을 조직하여 고향에 돌아가 "중국과 유사한" "신민주주의공화국의 신(新)조선"을 건설할 것을 주문하였다.[264]

그리하여, 조선독립동맹과 조선의용군 및 각 지부들은 잇따라 연안과 화북, 화중, 화남 각지에서 동북을 향하여 진격하였다. 거리가 멀었기 때문에 이들 부대는 10월 말에서 11월 초에야 심양에 도착할 수 있었다.[265] 하지만 이때 일본은 이미 항복한

262) 中央档案馆编, 『中共中央文件选集』 第15册, 223쪽.

263) 杨昭全等编, 『关内地区朝鲜人反日独立运动资料汇编』, 1,171쪽.

264) 『解放日报』 1945년 8월 15일, 『晋察冀日报』 1945년 8월 17일; 刘金质等编, 『中朝中韩关系文件资料汇编』, 1,041-1,042쪽.

265) 杨昭全等编, 『关内地区朝鲜人反日独立运动资料汇编』, 1,179-1,180쪽; 文正一, 「战斗在我国战场上朝鲜义勇军」, 54-55쪽; 韩青, 李枫, 「朝鲜义勇军先遣纵队和独立大队」, 中国朝鲜族历史足迹丛书编辑 委员会编, 『胜利』(조선어판), 北京: 民族出版社, 1991年, 38-43쪽; 郑吉云, 「从中原到东北」, 『胜利』, 29-30쪽. 郑吉云, 「朝鲜义勇军华中支队与冀鲁豫支队」, 『决战』, 376-380쪽. 관내 조선의용군이 심양에 도착했을 당시 그 수에 대해선 자료마다 다르고 차이가 크다. 700여 명(崔海岩, 『朝鲜义勇军第一支队史』(조선어판), 沈阳: 辽宁民族出版社, 1992年, 18쪽)이라는 주장이 있고, 3,000여 명(文正一, 池宽容, 『抗日战争中的朝鲜义勇军』, 22쪽)이라는 주장도 있다. 심지어 원래 심양에서 조직된 조선의용군 부대와 합해, 2만여 명이었다는 주장도 있다(杨昭全, 『朝鲜独立同盟与朝鲜义勇军』, 31쪽). 그러나 지금까지 이를 증명할 수 있는 사료는 없다.

때였다. 더욱이 조선으로 돌아가고 싶은 마음 간절했던 이 조선인들로서 뜻밖이었던 것은 조선에 진주한 소련군이 이들의 조선 입국을 거부하였다는 점이었다.

• 1945년 9월 초 연안나가평마을 조선독립동맹 의용대와 조선군정학교 간부 400명 단체 사진.

1945년 10월 12일, 조선에 진주한 소련군 총사령부는 북조선 내 모든 현존 무장세력을 해산하고 각 도의 치안유지를 위한 자체적인 경찰부대 조직만을 허가한다는 명령을 공포하였다.[266] 같은 날, 조선의용군 선발대는 한청의 인솔 아래 소련의 동의를 거쳐 신의주로 들어왔다. 그러나 소련 점령 당국은 포츠담 회담의 결의 이행이란 명목으로 이 부대의 무장을 해제하였다. 며칠간 격렬한 협상과 논쟁을 거쳐, 결국 소련군은 조선의용군이 무장을 휴대하고 다시 중국으로 돌아가는 것에 최종 동의하였다. 11월 5일 한청이 이끄는 선발대는 심양으로 돌아와 관내 도착한 의용군 각 부대와 합류하였다.[267]

[266] ЦАМОРФ, ф. 379, оп. 11034, д. 22, л. 96-97, Ки Кван Со Из истории формирования вооруженных сил северной Кореи(1945-1950) //Проблемыдальнеговостока, 2005, No.6, p.134.

[267] 상세한 내용은 다음을 볼 것. 金东吉,「1945年 10月 朝鮮义勇军先遣纵队回国及其受挫」,『韩国研究论丛』 第20辑(2009年), 256-267쪽; 韩青, 李枫,「朝鮮义勇军先遣纵队和独立大队」,『胜利』, 38-39쪽. 포츠담회담의 문건에 유사한 규정이 없다. 그러나 스탈린은 이전에 루스벨트 및 처칠과 "신탁통치를 실시하는 상황하에서는 외국 군대의 진입을 불허한다"고 약속하였다. 다음을 참조할 것, 1945년 7월 2일, 스탈린과 송자문의 회담 기록(АПРФ, ф.45, оп.1, д.322, л.3-17). 동시에, 미군정 역시 한국광복군의 남한 입국에 반대하였다. 이후 한국 임시정부 요인들도 개인 자격으로 입국하였다. 石源华,『韩国独立运动与中国』, 574쪽; 石源华,「论归国前后的大韩民国临时政府及驻华机构」,『民国档案』 2004年 第3期, 122-123쪽.

분명히, 소련은 이 부대를 별로 필요로 하지도 않았고 더욱이 신임하지도 않았다. 이런 상황에서, 조선독립동맹과 조선의용군은 회의를 개최하여 동맹의 주요 지도자인 김두봉, 무정, 최창익, 한빈 등이 먼저 조선에 돌아가 교섭하고, 부대는 잠시 동안 심양에 남아 명령을 기다리며 동시에 부대를 재편하여 새로운 조선의용군 지휘부를 구성하기로 하였다.

이에 따라 무정을 총사령관에, 박일우를 정치위원에, 김강을 참모장에 임명하고, 예하에 3개 지대를 두었다. 제1지대는 지대장 김웅, 정치위원 박효삼, 참모장 한빈, 제3지대는 지대장 이상조(김택명), 정치위원 주덕해, 참모장 김연, 제5지대는 지대장 이익성, 정치위원 박웅일(朴雄一), 참모장 조열광(赵烈光)이었다. 또한 김호(金浩)와 김강을 안동(지금의 단동 – 역자 주)으로 보내 조선의용군 압록강지대를 조직토록 하였다.

12월 초, 김두봉 일행 70여 명이 평양에 도착하였지만 소련 사령부와의 협상은 성과를 거두지 못하였고, 조선의용군의 입국은 여전히 거절당하였다. 이후 김두봉, 무정, 최창익 등은 중국으로 돌아가지 않고 조선에 남기로 하였다.[268] 이 시기 김호와 김강은 새로 조직한 압록강지대 대원 600여 명을 이끌고 압록강을 건넜으나, 역시나 소련군의 무장해제로 인해 빈손으로 돌아올 수밖에 없었다.[269]

김두봉을 비롯한 주요 간부들이 조선으로 입국한 후 조선의용대의 각 지대는 동북 각 지역으로 흩어져 중국혁명에 참여하였다. 조선으로 돌아온 연안파 간부들과 관련해선 갖가지 장애로 김일성이 이끄는 유격대파 일행보다 두 달이나 늦게 귀국했고 그것도 인원이 크게 줄면서, 연안파 간부의 북조선 정치무대에서의 영향력은 약화될 수밖에 없었다. 동시에 중공의 북조선에 대한 영향력도 간접적으로 약화되었다.

---

268) 박일우가 모택동과 주덕에게 보낸 서한, 1946년 3월 29일, 다음에서 재인용. 杨昭全, 「朝鲜独立同盟与朝鲜义勇军」, 金健人主编, 『韩国独立运动研究』, 北京: 学苑出版社, 1999年, 32-33쪽. 이 밖에 다음을 볼 것. ВанинЮ.Из истории становления Трудовой партии Кореи(По материалам российских архивов)//Проблемыдальнего востока, 2013, No.1, p.133-134; 중앙일보특별취재팀, 『비록 조선민주주의 인민공화국 상권』(서울: 중앙일보출판사, 1992), 143, 155-156쪽.

269) 杨昭全, 『朝鲜独立同盟与朝鲜义勇军』, 32-33쪽; 『비록 조선민주주의인민공화국 상권』, 149-150쪽.

항일전쟁 기간, 중·소·조 삼국 공산당원들 간의 관계는 반파시스트 동맹 국가들의 관계와 마찬가지로 협력도 있었지만 갈등도 있었다. 일본 제국주의를 타도한다는 점에서 그들의 이익을 일치하였다. 공동의 적에 대해 다 함께 적개심을 불태우며 서로 도왔지만 자국의 안위와 이익, 특히 전후 정치적 안배를 고려할 땐 각자의 계산이 있었다.

중조 양국 공산당의 관계는 이러한 배경에서 형성되있다. 서로 다른 출신, 서로 다른 경력은 미래 조선공산당 내와 지도층 내부에 서로 다른 파벌을 형성했고, 중조 양당 관계의 정치적 기초가 되었다.

"연안파" 간부들은 외국인으로서 중공이 건립한 국제통일전선의 동반자였고 일본 패망 후 중공의 지시를 받아 조선으로 돌아갔으나 소련의 방해를 받았다. 그러나 "유격대파" 대원들은 중국 내 소수민족으로 간주되어 원래는 중공과 더 밀접한 관계였지만, 소련이 동북항일연군 부대로 재편하여 소련의 통제를 받기 시작한 후부터 점차 모스크바로 돌아섰으며, 귀국 명령과 소련 점령군 지원의 임무를 받았다. 이 두 갈래의 대오는 모두 중공의 손으로 키웠지만 이후의 정세 변화로 유격대파는 소련의 선택을 받았고, 결국 전후 조선에 순조롭게 발붙일 수 있게 되었다.

그러나 "연안파"의 귀국은 여러 차례 장애에 부딪혔다. 이후의 상황이 분명히 보여주는 것은, 당시 외국인으로 간주된 "연안파"와 중공과의 관계는 비교적 밀접해졌지만, 당시 소수민족으로 간주됐던 "유격대파"는 이후 중국과의 관계가 오히려 비교적 소원해졌다. 여기서 핵심적인 문제는 전후 소련이 북조선에 대한 통제권을 장악하였다는 것과, 소련 점령군을 도울 능력과 의지가 있었던 세력은 일찍이 소련 원동지역에서 훈련을 받았던 유격대파 인사들이었다는 점이다.

이 점에서 보면, 이후 조선의 당내 파벌 투쟁과 중조관계의 배후에는 사실 중소관계 요인이 내포되어 있음을 알 수 있다. 심지어 중조관계의 역사는 큰 틀에서 중·소·조 삼국관계의 역사라고 할 수 있다. 이것이 바로 중조관계사의 역사적 배경과 정치적 토대이다.

제1장

약즉약리

약즉약리(若即若离)*

동지가 곁에 있어도 사귀지 않는다(1945~1949)

【개요】

조선반도가 처음부터 강대국의 주목을 받았던 지역은 아니었다. 전쟁 직후 발생한 미·소 양국의 대치 국면과 유럽 냉전의 발발로, 미소 양국은 아시아 지역에서도 강경한 전략을 취하였고 이는 결국 조선반도의 분단을 초래하였다.

이러한 상황에서 소련군은 김일성을 육성하여 조선노동당을 세웠고 북조선을 소련의 위성국가로 만들었다. 미국을 자극할 것을 우려한 소련군이, 중공 지도하에 있던 조선 무장세력의 귀국을 거부하였기 때문에 대부분의 조선의용군 관병들은 부득이하게 중국의 혁명 대오에 참여할 수밖에 없었다. 객관적으로 이는 중공의 동북지역 정권 쟁취에 큰 도움이 되었다.

또 한편으로 동아시아에서 소련의 전략적 이익을 확보하기 위해 스탈린은 국공내전 시기 동북지역에서 조선을 통해서(소련이 점령하고 있는 여순, 대련을 포함) 강력하고 효과적인 지원을 중공에 제공하였다. 그러나 조선은 소련의 위성국가로서 언제나 소련의 직접적인 통제 아래 있었다.

---

* 약즉약리(若即若离): 가까운 듯 가깝지 않음.

모택동은 중국혁명의 결정적 승기를 잡았을 때, 아시아혁명을 영도하기 위해 동방정보국(혹은 아시아정보국이라 칭함)을 조직하고자 하였다. 비록 스탈린은 중공이 아시아혁명을 책임지는 것에는 동의하였지만, 조선에서 손을 뗄 생각은 없었다. 이 시기, 중공 정권과 조선의 관계는 중소관계의 영향 아래 있었으며, 중공 중앙과 조선노동당 간에 직접적이고 정식적인 관계는 수립되지 않았다. 당시 중조관계는 가까운듯하면서도 가깝지 않은 상태에 있었다.

제1절 소련의 위성국이 된 북조선

1943년 11월, 루즈벨트, 장개석, 처칠이 공동 채택한 카이로선언은 적절한 시기에 조선에 자유와 독립을 부여할 것을 선언하였다.[1] 1945년 2월 얄타회의에서 전후 미·영·중·소 4개국에 의한 조선의 신탁통치를 결정하였지만, 회의에서는 구체적으로 어떤 방식으로 신탁통치를 실행할 것인지에 대해서는 언급하지 않았다.[2]

포츠담회의 개막 하루 전날, 미국 육군장관 스팀슨(Henry L. Stimson)은 트루먼 대통령에게 비망록을 제출하였다. 그는 비망록에서 조선에 대한 소련 단독의 점령을 막기 위해 조선에서 하루빨리 신탁통치를 실시할 것을 소련에 요구하고, 신탁통치 기간에도 최소한의 상징적 숫자의 미군을 조선에 주둔시켜야 한다고 주장하였다.[3] 소련 주재 미국 대사 해리먼과 마셜 합참의장은 포츠담회의 기간 중 원자탄 실험에 성공하였다는 소식을 접하고, 조선과 중국 동북

---

1) 世界知识出版社编, 『国际条约集(1934-1944)』, 北京: 世界知识出版社, 1961年, 407쪽. 카이로 회담을 전후로 한 미국과 중국의 조선에 대한 입장 변화에 관해 자세한 것은 다음을 볼 것. 刘晓原, 「东亚冷战的序幕: 中美战时外交中的朝鲜问题」, 『史学月刊』 2009年 第7期, 68-79쪽.

2) United States Department of State, *Foreign Relations of the United States(FRUS), the Conferences at Malta and Yalta, 1945,* Washington, D.C.: GPO, 1955, pp.770, 977.

3) *FRUS, the Conference of Berlin(the Potsdam Conference), 1945,* Vol.2, Washington, D.C.: GPO, 1960, p.631.

지역에서의 미군 상륙 문제를 제기하였다.[4]

그러나 전쟁의 향배를 아직 확실하게 예측할 수 없는 상황이었기 때문에 미국 최고지도부는 정상회담에서 이 문제를 제기하지 않고, 이를 구체적인 군사 작전 문제로 보고 군인들에게 맡겼다. 미·영·소 3국의 군사 지도자들은 분명 "조선에서 미국과 소련의 공군, 해군 작전 범위의 경계선 획정"에 동의하였지만, 양측의 지상 작전이나 점령 구역 등에 관해서는 그 어떠한 협의도 하지 않았다.[5]

1945년 8월 9일 새벽, 소련의 150만 대군이 일본 관동군에 대하여 대대적인 공격에 돌입하였다. 이로 인해 전쟁의 종결은 신속하게 앞당겨졌으며, 조선 문제는 동맹국들의 전후 원동 문제 논의 의제가 되었다. 소련의 대군이 조선으로 물밀듯이 진입할 때, 한반도에서 가장 가까이 있었던 미군 부대는 수백 킬로미터 떨어진 오키나와에 있었다.[6] 38선을 경계로 점령지역을 분할하자는 미국의 제안에 스탈린이 동의한 점에서 볼 수 있듯이, 소련은 동맹국인 미국과 협력관계를 유지해 나가기를 희망하였고, 조선반도를 단독으로 점령할 생각은 전혀 없었다.[7] 이는 소련군이 북조선에 대해 실시한 점령 목표로부터도 충분히 알 수 있다.

1945년 6월, 소련 외교부는 포츠담회의에 참가하기 위해 준비한 보고서에서 조선 문제 해결에 대한 5가지 결론을 제시하였다. 소련 외교부는 보고서에서

---

[4] FRUS, The Far East, China, 1945, Vol.7, Washington D.C.: GPO, 1969, pp.950-952, 967; James F. Schnabel, United States Army in the Korean War: Policy and Direction, the First Year, Washington, D.C.: Office of the Chief of Military History, United States Army, 1972, pp.6-7.

[5] Harry S. Truman, Memoirs by Harry S. Truman, Volume Two, Year of Trial and Hope, 1946-1953, New York: Doubleday & Company, Inc., 1956, pp.316-317. 소련 자료에 따르면, 1945년 8월 5일 미소 양국 해군이 획정한 구역은 동해(일본해)의 경우 대륙으로부터 90에서 120해리, 태평양과 베링해 구역의 경우, 소련 해안으로부터 15에서 25해리로 정하였다. C.E.扎哈罗夫等, 『红旗太平洋舰队』, 廉正海 译, 北京: 三联书店, 1977年, 206쪽.

[6] 1945년 8월 25일 소련군은 북조선 전 지역에서 일본군 무장 해제를 완료하였다. 이튿날 맥아더 사령관은 남한에 있던 일본군에게 투항을 명령하였고, 이때 일본군의 투항을 접수했던 하지 장군과 미군 제24군단은 아직 류큐지역에 있었다. Петухов В.И. У истоков борьбыза единства и независимость Кореи, Москва: Наука, 1987, p.9; 刘金质等编, 『中朝中韩关系文件资料汇编』, 1,046쪽.

[7] 38선 분할 관련, 세부 내용은 다음을 참고. 沈志华, 『毛泽东, 斯大林与朝鲜战争』, 69-70쪽.

"조선의 독립은, 조선이 장래에 소련 침략을 위한 전진기지로 전락하는 것을 효과적으로 방지할 수 있을 것임에 분명하며, 이는 일본 혹은 원동지역에서 소련을 위협하려는 기타 국가들의 그 어떠한 시도에 대해서도 마찬가지이다. 조선 독립과 소련 원동지역의 안전을 가장 효과적으로 보장하는 방법은, 소련과 조선 간에 밀접하고 우호적인 관계를 수립하는 것이며, 조선 정부 수립 시에 이 점이 반드시 반영되어야 한다"고 주장하였다.[8]

이 보고서는 스탈린의 안보관과 완전히 일치한다고 할 수 있다. 이는 소련은 초기에 조선반도를 단독으로 점령하고자 하는 구상 또는 일부 영토 점령에 대한 욕심이 없었으며, 단지 소련에 "우호적이고 밀접한 관계"를 갖는 정부가 수립되는 것을 희망하고 있었음을 분명히 보여준다. 이것이 조선반도에 대한 소련의 기본 목표였다고 할 수 있다. 그러나 이후 미소관계의 변화로 인해 조선에 대한 스탈린의 구체적 정책 역시 조정을 거치게 되었다.[9] 대체적으로 1950년 이전까지 소련의 조선반도 정책은 다음의 세 단계로 나눌 수 있다.

제1단계(1945~1946): 북조선에 대한 실효적 통제라는 기초 아래, 국제 신탁통치의 형식으로 미국과 협력하고 소련과 우호관계를 가지는 통일 정부를 수립하는 방안이다. 이는 스탈린이 가장 선호하는 방안이었다.

제2단계(1946~1947): 북조선의 정치·경제적 역량을 강화시키고 이를 기초로 조선민족의 통일을 촉진한다. 조선 전역에서 보통선거를 실시하여 친소 성향의 통일 정부를 수립하는 방안이다. 이는 미국과의 이익 충돌로 인해 한발 양보한 차선책이었다.

제3단계(1947~1949): 미소공동위원회의 기능이 중단되고 조선 남부에서 유엔에 의한 단독 선거가 실시된 이후, 조선 북부에 단독 정부 수립을 지원하여

8) АВПРФ, ф.0430, оп.2, п.18, д.5, л.18-30, 다음에서 재인용. Kathryn Weathersby, "Soviet Aims in Korea and the Outbreak of the Korean War, 1945-1950: New Evidence from the Russian Archives", *CWIHP Working Paper*, No.8, 1993, pp.9-11.

9) 전후 소련의 외교정책 변화에 관해서는 다음을 참고할 것. 沈志华, 「斯大林与1943年共产国际的解散」, 『探索与争鸣』 2008年 第2期, 31-40쪽; 沈志华, 张盛发, 「从大国合作到集团对抗—战后斯大林对外政策的转变」, 『东欧中亚研究』 1996年 第6期, 55-66쪽; 沈志华, 「共产党情报局的建立及其目标—兼论冷战形成的概念 界定」, 『中国社会科学』 2002年 第3期, 172-187쪽.

조선 북부에 대한 소련의 통제를 실현함으로써 미국에 대항하는 방안이다. 이는 냉전이 발발한 이후 부득이하게 선택한 방안이었다.

이러한 과정을 거치면서 변방에서 크게 주의를 끌지 못했던 조선반도는 미소 양국이 각축을 벌이는 대결장이 되었고, 조선 북부는 동유럽 국가 및 몽고와 마찬가지로 소련의 위성국으로 전락하게 되었다.

1. 소련의 북조선 연합정부 정책

소련의 조선 점령 당시 초기 목표는, 폴란드의 경우와 마찬가지로 조선 전체를 통제하겠다는 계획이 아니었다. 또한 전후 동독처럼 조선반도를 분할하거나, 조선 북부를 단독으로 점령하려는 의도 역시 없었다. 스탈린은 단지 조선에 소련과 우호적 관계를 유지하는 통일국가가 수립되어, 조선반도에서 미국과 소련의 이익 및 영향력이 균형을 이룰 수 있기를 희망하였다. 이에 따라, 북조선에 도착한 소련 점령군은 "약탈"정책을 취하였다.

소련이 전후에 점령한 모든 피점령국(중국 동북지역 포함)과 마찬가지로 소련은 조선에서도 대규모 "전리품" 노획정책을 시행하였다.[10] 소련 점령군은 공개적인 명령서에서는 조선의 민간기업과 공공자산에 대한 보호를 선언하였다. 그러나 실제로는 10월부터 12월 중순까지 "전리품" 노획의 명분하에 소련 군대는 통제력을 상실한 듯이 조선인과 일본인들을 거리낌 없이 약탈하였다. 그들이 중국 동북지역에서 일제 식민지 시기 발전한 공업 시설들에 대해 취했던 행동과 마찬가지로, 소련군은 조선 북부의 수많은 공장들을 철거하여 소련으로 가져갔다. 미국 정보기관은 소련의 이러한 행동을 근거로 "러시아인들은 북조선에 남아 있을 생각이 없다"라고 판단하였다.[11]

---

10) АВПРФ, ф.0102, оп.1, п.1, д.15, л.22-29.
11) 『情報綜述‧北朝鮮』 第1期, 1945년 12월 1일, 6쪽, 다음에서 재인용. Lee In Ho, "The Soviet Military Government in North Korea", *Korea Observer*, 1992, Vol.23, No.4, p.525.

• 조선의 향촌 지역을 행군하는 소련군대.

　이러한 단기적 행위는 스탈린이 처음에 결정한 전후 소련 외교정책에 근원을 두고 있다. 근본적 목적은 전후에도 서방 특히, 미국과 동맹관계를 계속 유지하는 것이었다. 양측의 협력을 실천하기 위한 기본적 조치로서, 소련의 세력 범위 안팎을 막론하고 공산당이 상당한 세력을 장악하고 있는 국가에서도 공산당의 일당 집권이 아닌, "연합정부"를 수립하는 정책을 실행하는 것이었다. 이를 통해서 소련은 서방국가들의 위기의식 및 공포감을 해소시키고자 하였다.[12] 북조선

---

12) "연합정부" 정책 및 유럽과 중국에서의 실시에 관한 세부 내용은 다음을 볼 것. 沈志华, 「斯大林的 "联合政府"政策及其结局(1944-1947)」, 『俄罗斯研究』 2007年 第5期, 71-77쪽; 第6期, 77-85쪽; 「斯大林与中国内战的起源(1945-1946)」, 『社会科学战线』 2008年 第10期, 115-131쪽.

에서 소련의 점령정책도 이와 같이 "연합정부"를 구성하는 것이었다.

이 점은 스탈린이 1945년 9월 20일, 조선 주둔 제1방면군 25집단군에 하달한 명령서에 분명하게 나타나 있다. 명령서에는 첫째, "북조선에 소련 정부의 [공산당]위원회와 기타 기구를 구성하지 않도록 한다. 둘째, 각 항일 민주정당과 단체의 광범위한 연합의 바탕 위에, 자산계급 민주정부를 수립한다"로 되어 있다. 또 홍군이 북조선에 진입한 것은 "조선에 소련의 제도를 시행하기 위함이 아니고, 더욱이 조선 영토를 차지하기 위한 것도 아니다"라고 강조하였다.[13] 스탈린의 이 말은 단지 모양새만 갖추는 데에 있는 것이 아니었다. 왜냐하면 이는 내부 명령이었고 10월 12일 공표된 '조선 주둔 소련 제25집단군 사령관 명령'은 앞의 모스크바 명령 제4~6조의 내용 거의 모두를 반복하고 있으며, 단지 본문에서 인용한 앞의 2개 조항만이 빠져있기 때문이다.[14]

일본이 항복하고 소련군이 진주함에 따라 북조선에서 각종 지방자치기구가 연이어 구성되고 각 지역에 대한 관리를 스스로 책임지기 시작하였다. 이러한 토대 위에서, 소련 점령당국은 임시 권력기구 수립을 구성하고 승인하였다. 이것이 바로 인민위원회였다.

조만식(曹晩植)은 북조선에서 가장 먼저 지방자치기구를 수립한 인물 가운데 하나이다. 조만식은 식민지 시기에 저명한 기독교 활동가이자 민족주의자로, 심지어 일본인들의 관심과 신임을 받기도 하였다.[15] 일본이 항복한 3일 뒤인 8월 17일 62세의 조만식은 일본인과 협력을 거절하고, 평양에서 평안남도 건국준비위원회를 구성하여 위원장에 취임하였다. 건준 22명의 위원 중에 민족주의자들이 절대다수를 차지하였다.

8월 26일 소련군이 본격적으로 평양에 주둔하기 시작하여 동시에 점령군 사령부가 설치되었다. 8월 29일 소련군 사령부는 각계 인사들로 회의를 개최하

13) ЦАМОРФ, ф.66, оп.178499, д.4, л.632-633, 다음에서 재인용. Почтарев А.Н. Из истории советско-корейских отношений в 20-50-е годы// Новая и новейшая история, 1999, No.5, с.145.

14) 이 명령 공표에 대한 상황은 다음을 참고. АВПРФ, ф.0480, оп.4, п.14, д.46, л.6.

15) Ванин Ю.Из истории становления Трудовой партии Кореи(По материалам российских архивов)//Проблемыдальнего востока, 2013, No.1, с.133; ЦАМОРФ, ф.Устаск, оп.433847, д.1, л.38-41, 46-49.

고, 평안남도 인민정치위원회를 정식 수립하도록 하여 조만식을 위원장으로, 공산당원 현준혁(玄俊赫)을 부위원장으로 선출하였다. 32명의 위원 중에 공산주의자와 민족주의자는 각각 절반씩을 차지하였다.

이와 함께 북조선의 각 도(道)와 시, 군에 잇따라 임시 권력기구가 설치되었고 그 명칭은 대부분 인민위원회였다.[16] 당시 소련 원동 제1방면군 정치부 미클러(Mekler) 중령의 회고에 따르면, 그들은 조만식이 공산주의자가 아니라는 것을 당연히 알고 있었고 "북조선 주민 사이에서 명성이 가장 높다"는 것도 이미 알고 있었다.[17]

• 평양 "화방" 식당에서 김일성(오른쪽 1번째)과 조만식(왼쪽 1번째)의 1번째 대면.

10월 8~10일 평양에서 조선 북부 5도 인민위원회 대표회의가 개최되어 각

---

16) 金学俊, 『朝鮮五十七年史』, 101, 104쪽; 『비록 조선민주주의인민공화국 상권』, 49-50쪽; ЦАМОР Ф, ф.Устаск, оп.433847, д.1, л.38-41, 42-45; ф.32, оп.11306, д.692, л.49-52. 조선의 행정구역도, 시(부), 군, 면, 리는 대개 중국의 성, 전구(专区), 현, 향(진), 촌에 해당한다.

17) 『비록 조선민주주의인민공화국 상권』 56-57쪽; 金学俊, 『朝鮮五十七年史』, 109-110쪽.

도 인민위원회의 합병과 임시정권 수립 문제를 토론하였다. 회의 참가자는 170명이었으며, 각 정당 및 사회단체 대표 및 제25집단군 치스차코프(Ivan M. Chistyakov) 사령관이 회의에서 연설하였다. 이 회의에서는 조선 북부에 존재하는 각종 자치 권력기구를 인민위원회로 모두 개조할 것을 결정하고, 각급 위원회의 위원 수와 선거 절차를 확정하였다.[18]

이때에 소련에서 교육받고 신임을 얻은 공산당원 김일성이 막 귀국하여 곧바로 정치무대에 나섰다. 10월 14일 제25집단군 사령부와 정치부가 치밀하게 준비하고 조직한 대규모 평양 군중대회에서, 김일성은 처음으로 조선 민중들 앞에 공개적으로 모습을 드러내고 조만식과 함께 연설을 하였다. 그러나 소련 점령군은 김일성에게 권력을 즉각 넘겨주지 않고, 그를 평양 주재 소련군 대표의 부책임자(평양 위수사령부 부사령관)로 임명하였다. 그의 전우들 역시 각 도, 군에서 상응하는 직책을 맡았다.[19]

소련군의 지원과 지도하에 있는 조선 중앙행정관리기구로서, 북방 5도 행정국은 11월 19일 평양에서 수립을 선포하고, 민족주의 지도자 조만식을 위원장으로 선출하였다. 행정국 위원회 구성원 30명은 모두 조선인이었고, 같은 수의 민족주의자와 공산주의자로 구성되었다.[20] 행정부 산하 각 국(局)의 간부들은 모두 154명이었고(1945년 12월 1일), 농민 33명, 지주 5명, 상인 15명, 직원 101명으로 구성되었다. 당파로 구분할 때 공산당 17명, 공청단 1명, 민주당 12명, 무당파 124명이었다.[21] 이는 확실히 여러 당파의 "연합정부" 구조로 소련 점령당국이 심혈을 기울인 결과였다.

소련군이 주둔하기 이전부터 북조선에는 각 정당과 사회단체가 잇따라 결성되었다. 공산당을 포함하여 사회민주당, 민족사회당, 기타 민족주의 조직 및 청년단, 노동자회, 농민회 등이 있었고, 그중 비교적 활동이 활발하고 영향력이

18) ЦАМОРФ, ф.172, оп.614630, д.9, л.1-26; ф.32, оп.11306, д.581, л.585-592; Lee In Ho, "The Soviet Military Government in North Korea", pp.538-539.

19) Почтарев А.Н. Из истории советско-корейских отношений, с.143.

20) Почтарев А.Н. Из истории советско-корейских отношений, с.143, 150; Lee In Ho, "The Soviet Military Government in North Korea", pp.538-539.

21) ЦАМОРФ, ф.Устаск, оп.343253, д.9, л.168-170.

큰 곳은 공산주의 조직이었다. 소련 점령군의 보고서를 통해서 이 상황에 대한 소련인들의 속마음을 분명히 알 수 있다.[22]

그러나 모스크바의 정책에 근거하여 북조선에 "자본계급 정부"를 수립하기로 한 이상, 반드시 하나의 자본계급 정당이 참여하고 지도해야만 하였다. 관건은 소련에 우호적인 하나의 정당을 세워야 한다는 것이었다. 이 밖에 해방 직후 청년 학생들 중 보편적으로 존재하였던 반공 정서는 역시 주의할 만하다. 1945년 11월 23일, 신의주에서 발생한 청년 계층의 시위와 이로 인해 발생한 경찰들과의 격렬한 충돌이 바로 그런 단적인 사례이다.[23]

점령당국은 당시 자산계급 정당의 반 소련 성향을 고려할 때 새로운 정당 건립을 필요로 하였다.[24] 북조선민주당은 이러한 배경에서 창립되었다. 소련 당국이 파악한 상황은, 조선민주당 본부는 서울에 있고 대지주와 대자본가들의 이익을 대변하는 정당으로서, 매우 반동적 성향이지만 영향력이 가장 크고 당원 수 또한 많았다.[25] 그래서 민주당이 우선적인 목표가 되었다.

10월 19~21일, 제25집단군 군사위원회와 정치부의 협조 아래, 북조선민주당 준비위원회는 논의를 거쳐 당 강령과 당장(党章)의 초안을 확정하고 이를 선포하였다. 11월 3일, 당대표대회를 개최하여 당 강령과 당장을 통과시키고 공포하였으며, 조만식을 위원장으로 선출하였다. 조만식을 완전히 믿을 수 없었기 때문에 당시 방금 귀국한 김일성의 소련 시절 전우 최용건을 부위원장에 임명하였다. 북조선민주당의 주요 목표는 민주주의 인민공화국의 수립과, 평화를 애호하는 모든 민주국가들, 특히 소련과의 우호관계를 유지하며 평화수호, 농공업 및 민족문화의 번영 발전을 위해 노력하는 것이었다.[26]

---

22) ЦАМОРФ, ф.Устаск, оп.433847, д.1, л.38-41, 104; ф.32, оп.11306, д.692, л.49-52.

23) 이 사건 관련 상세 내용은 다음을 볼 것. Adam Cathcart and Charles Kraus, "Peripheral Influence: The Sinuiju Student Incident of 1945 and the Impact of Soviet Occupation in North Korea", *The Journal of Koreant Studies*, Vol. 12, No.1, Fall 2008, pp.1-28.

24) ЦАМОРФ, ф.Устаск, оп.433847, д.1, л.38-41; ф.Устаск, оп.343253, д.2, л.250-260.

25) ЦАМОРФ, ф.Устаск, оп.614631, д.2, л.21-26; ф.Устаск, оп.614631, д.43, л.37-41.

26) ЦАМОРФ, ф.Устаск, оп.614631, д.2, л.21-26; ф.Устаск, оп.614631, д.38, л.22; ф.Устаск, оп.614631, д.43, л.129-130.

북조선민주당은 분명 소련의 주도와 지원하에 조직되었다. 소련 사령부가 처음엔 조만식에게 당을 조직할 것을 제안하였지만 거절당하자 곧바로 김일성과 최용건에게 연이어 나서 줄 것을 제안하였다.[27] 조만식은 당대표대회에서 발언할 때 "김일성이 민주당 창당을 주장하였다"고 언급하기도 하였다.[28] 이 밖에도 필자는 러시아 당안에서 조선민주당의 러시아어로 된 당장 1부를 발견하였는데 번역자가 김일성이었다.[29] 이 자료 또한 김일성이 민주당 창당 작업에 참여했음을 보여준다고 할 수 있다.

그러나 어찌되었든, 초기 점령지역에 대한 효과적 관리는 점령군 스스로에 의존해야 했다. 이는 남북한 모두 마찬가지였다. 다른 점은 미국은 남측에서 자치기구 설립을 금하고 군정을 수립하는 직접 관리방식을 택했고, 소련은 북측에서 자치기구를 개조하여 민정국을 설립하는 간접 관리방식이었다는 점이다.[30]

소련 점령군이 북조선에 설치한 최초의 군사관제 기구는 위수사령부(衛戍司戍部)였다. 소련군 주둔 이후, 연해주군구 군사위원회는 즉시 각 지역에 위수사령부의 설치를 명령하였다. 명령에 따라 98개의 위수사령부가 설치되었다. 그중 6개는 도 단위, 7개는 시 단위, 85개는 군 단위였다. 경위(警卫)소대를 제외하고, 도 단위 사령부에는 군사대표와 부관을 포함하여 22명으로 구성하고, 군 단위는 6명, 시 단위는 상황에 따라 결정하였다. 군 단위 이하엔 군사관제 기구를 설치하지 않았지만, 85개 군 단위 위수사령부 및 이들과 밀접하게 연결된 조선의 지방단체와 조직을 통하여, 소련군의 통제력은 모든 도시와 농촌까지 미치게 되었다.[31] 10월 18일, 제1방면군 정치부는 군사대표에게 강령을 교

---

27) 金学俊, 『朝鮮五十七年史』, 116-117쪽.

28) ЦАМОРФ, ф.Устаск, оп.433847, д.1, л.126-129.

29) ЦАМОРФ, ф.Устаск, оп.433847, д.1, л.131-132.

30) 미국의 남한 점령과 관제 상황에 관한 연구는 다음을 참고. B.C. Bonnie(ed.), *Korea Under the American Military Government, 1945-1948*, Westport, CT: Praeger, 2002.

31) 위수부 건립과 업무 상황과 관련, 상세 내용은 다음을 볼 것: ЦАМОРФ, ф.66, оп.178499, д.4, л.541-543, 다음에서 재인용. Почтарев А.Н. Из истории советско-корейских отношений, с.146; АВПРФ, ф.0480, оп.4, п.14, д.46, л.4-5, 39-40; Lee In Ho, "The Soviet Military Government in North Korea", pp.527-528.

제1장 │ 약즉약리(若即若离)　151

부하고 위수사령부의 임무와 권한을 규정하였다.[32]

전체적으로 보면, 위수사령부의 주된 임무는 조선의 치안 유지와 일본이 남긴 무기 및 물자에 대한 관리였다. 전쟁으로 파괴된 경제기반의 복구와 조선의 행정기구 수립 등의 문제는 결코 군인들이 할 수 있는 일이 아니었다. 당시 관계자들의 회고에 따르면 민정사무 관리 문제는 1945년 10월에 제기되었다.

치스차코프 상장은 특별 기구를 설치하고 이를 통하여 조선의 내정관리 임무를 수행해야 한다고 보고, 이를 제1방면군 사령관 메레츠코프(Kirill A. Meretskov) 원수에게 정식으로 건의하였다. 메레츠코프는 이 의견을 비준하면서, 연해주군구 군사위원회의 위원 슈티코프(Terentiy F. Shtykov) 상장과 로마넨코 소장을 내정관리 책임자로 각각 임명하였다.[33] 10월 17일 소련외교부 부(副)인민위원 로조프스키는 몰로토프(Vyacheslav M.Molotov)외상에게 북조선 민정국 조직에 관한 메레츠코프의 건의 사항을 보고하였다.[34]

1945년 말에 이르러 소련 국방부는 정식으로 이 명령을 하달하였다. 조선의 소련군 사령부에 민정사무를 책임지는 부사령관직을 신설하고, 50명의 장교로 구성된 민정 관리기구인 민정국을 지도하도록 하였으며, 예하에 정치고문부, 공업부, 재정부, 조달무역부, 토지임업부, 의료위생부, 사법감찰부 및 경찰을 감찰하고 지휘하는 부분을 설치하였다. 연해주군구 위원회는 이를 로마넨코 소장에게 맡겼다. 이를 위해 경제, 금융, 법률, 교통 등 각 분야의 전문가들 역시 대거 조선에 들어왔다. 소련 민정국의 지도와 협조로 북조선 모든 경제, 정치와 문화생활 상황은 개선될 수 있었다.

1947년 5월까지 소련국방부 부인민위원 불가닌(Nikolay A.Bulganin)의 명령에 따라 이 기구를 북조선 주재 소련 민정관리국으로 정식 명명하고, 북조선의 일체의 민정 관련 사무를 책임지며, 집단군 군사위원 레베데프를 국장으로, 집단군 정치부주임 이그나티예프는 정치부(副)국장으로 임명하였다. 1946년 2월

32) ЦАМОРФ, ф.32, оп.11318, д.196, л.90-102.

33) Lee In Ho, "The Soviet Military Government in North Korea", pp.528-529. 이 문제는 9월에 제기됐다는 연구자도 있다. 다음을 볼 것. ПетуховВ.И. Уистоковборьбы, с.17-19.

34) АВПРФ, ф.0102, оп.1, п.1, д.5, л.7-8.

이후 민정국의 모든 소련 간부들은 북조선 임시정권 기구인 5도 행정국 및 예하 각 부서의 고문으로 위촉되는 동시에, 소련군 각 지역 군사 대표처의 업무를 책임지게 되었다.[35]

그러나 이 기구들은 단지 조선 북부의 임시적 통치기구에 불과하였다. 소련의 이러한 노력은 궁극적으로 미국과 협조하여 조선반도에 소련이 믿을 수 있는 통일 정부를 조속히 수립하기 위한 계획의 일환이었다. 그리고 이의 실현을 위해서는 반드시 신탁통치 제도를 거쳐야만 하였다.

신탁통치 제도는 미국이 처음으로 제안한 것이다. 목적은 파시스트 국가들의 패전 후 나타나는 "권력 공백"을 임시적으로 통제하여, 지속적 혼란과 무정부 상태가 초래할 국제 충돌을 방지하는 데 있었다.

소련은 처음에는 신탁통치를 식민지 종주국이 식민지에 대한 이익을 감추거나 보호하기 위한 행위, 혹은 이를 위한 자산계급의 통치기구로 인식하였다. 그러나 소련은 과거 식민지 혹은 추축국 지배 지역에 대한 국제적인 신탁통치가, 국익 측면에서 볼 때 해당 지역내 자신의 영향력과 지배력을 강화할 수 있는 절호의 기회라는 점을 재빨리 인식하였다. 이에 따라, 소련은 신탁통치에 대한 적극적 참여와 협조의 입장으로 돌아섰다.[36]

러시아 외교부 문서보관소의 문건들은 소련이 얄타회담 이후 신탁통치를 조선 문제 처리 방법으로서 우선 고려하고 있었으며, 이를 태평양 지역에서 미국의 역량을 저하시키고, 동북아 지역에서 자신의 지위를 강화하는 데 유효한 수단으로 인식하고 있었다는 사실을 보여주고 있다.

소련이 조선 북부를 점령한 후인 1945년 9월, 소련 외교부는 2건의 보고서를 제출하였다. 첫 보고서에서는 원동-태평양 지역에서 신탁통치를 실행해야 하는 지역들을 나열하였다. 또 다른 보고서는, "조선 영토에 대한 동맹군의 점령

---

35) АВПРФ, ф.0480, оп.4, п.14, д.46, л.7-11. 민정국 상황에 관한 또 다른 자료로 다음을 볼 것: Lee In Ho, "The Soviet Military Government in North Korea", pp.533-535; Петухов В.И. У истоков борьбы, с.17-19; Почтарев А.Н. Из истории советско-корейских отношений, с.145-146.

36) 신탁통치제도의 형성 과정에 대한 상세 내용은 다음을 참고. 董洁, 「在朝鲜半岛的利益博弈: 苏联与战后对朝鲜的托管政策」, 沈志华主编, 『一个大国的崛起与崩溃——苏联历史专题研究(1917-1991)』(三册), 北京: 社会科学文献出版社, 2009年, 651-680쪽.

기간이 끝난 후, 조선은 반드시 소련, 미국, 영국과 중화민국 4개 대국의 공동 신탁통치에 편입되어야 함"을 명확히 하였다. 또한 조선 신탁통치의 목적은, 조선인민들이 정치 · 경제 · 사회 방면에서 독립을 회복하도록 돕는 것이고, 유엔 헌장 제2조 76항에 근거하여 조선이 독립의 방향으로 발전하도록 돕는 것"이라고 명확히 밝혔다.[37] 소련은 이러한 목표의 실현을 위해선 미소 양국의 주도로 신탁통치를 시행할 수밖에 없다고 보았다.

1945년 12월 모스크바 3상회의 결과에 스탈린은 당연히 만족했다. 소련 측의 건의를 토대로 만들어진 공동성명은 다음과 같이 밝히고 있다. "조선 문제의 해결을 위하여 미소 점령군 사령부 대표들은 미소공동위원회를 구성하고, 조선의 각 민주정당과 사회조직들과의 협상을 통하여 임시 민주정부 수립 준비를 위한 각종 건의들을 미 · 영 · 중 · 소 4개국 정부에 송부하여 참고하도록 한 후, 최종적으로 미소 양국 정부가 결정하도록 한다. 임시정부 수립 후 5년간 4개국 신탁통치를 거쳐 독립된 조선 정부를 수립한다." 또 3상회의는 미소 점령군 사령부가 책임지고 방안을 만들어 "행정 및 경제 업무 목적상, 상시 연락을 취하도록" 하였다.[38]

따라서 얄타회담에서 확정된 4개국 신탁통치 원칙은, 실제로는 미소 양국의 책임으로 바뀌었다. 그러나 모스크바 3상회의의 신탁통치 결정은, 남 · 북 조선에서 강력한 반대를 불러일으켰다.

신탁통치에 대한 격렬한 반대운동은 남쪽에서 먼저 시작되었다. 각 정당과 사회단체들의 항의문과 성명 발표가 계속되었고 이 결정에 항의하는 대중 시위가 전개되었다. 심지어 "반탁위원회"까지 출현하였다. 신탁통치는 남한 정치 세력의 정치적 영역을 일깨우는 역할도 하였다. 남쪽의 좌익 정당도 처음에는 모스크바 회의의 결정에 반대하였다. 그러나 1946년 1월 3일 북쪽의 지시를 받은 이후, 공산당 및 관련 단체들은 신탁통치를 지지하는 성명을 발표하였다. 반탁세력 해산, 사회질서 유지 및 조선인들의 지지를 얻기 위해서, 미군 점령당

---

37) АВПРФ, ф.0431I, оп.1, п.52, д.8, л.40-43, 44-45, 다음에서 재인용. Weathersby, "Soviet Aims in Korea", pp.9-11.

38) 『朝鮮問題文件汇編』 第1集, 北京: 世界知识出版社, 1954年, 52, 13-14쪽.

국은 1946년 2월 임시 통치기구인 민주의원(民主議院)을 수립하고, 이승만(李承晩)을 의장으로 선출하였다. 의원으로 추대된 인사들은 대부분 보수 일색이었고, 진보적 정치인들은 참가를 거부하였다.[39]

소련이 관할하는 조선 북부는 상황이 좋았다. 1946년 1월 2일, 북조선의 공산당, 노동자회, 농민회, 민주청년연합회, 부녀연합회 등 단체들은 모스크바 3상회의 결정을 지지하는 공동선언을 통과시켰다. 1월 6일, 공산당은 10만 명이 참가하는 시위를 조직하고, 조선 문제에 관한 모스크바 결정을 지지하였다.

그러나 반대의 목소리와 행동도 끊이지 않았다. 많은 사람들이 거리에서 전단을 뿌리며 시위를 벌이고 나섰다. 단 2~3일 만에 평양에서 소련 점령당국은 70명을 체포하였다. 주로 전단을 살포한 학생들이었다. 당국이 가장 우려했던 것은 조만식을 대표로 하는 민주당의 입장이었다. 조만식은 모스크바 3상회의 결정에 대한 공동 지지를 선언하자는 공산당의 제안을 거부하고, 라디오 방송 연설을 하게 해 줄 것을 요구하였다. 심지어 만약 이를 거절한다면 민중 소요가 일어나더라도 자신은 어떠한 책임도 지지 않을 것이라고 위협하였다.

1월 4일, 평안남도 인민위원회 전체회의에서 조만식은 미소 점령군의 결정 사항을 거부하자고 호소하였다. 이튿날 모스크바 3상회의의 결정에 관한 토론에서 조만식은 자신이 위원장으로 있는 한, 모스크바회의 결정을 찬성하는 결의안은 도출될 수 없음을 분명히 하였다. 결국 조만식과 다른 세 명의 인민위원회 민주당 위원들은 압력을 받아 사임하였다.[40]

당시 관련 인사의 회고에 따르면, 로마넨코는 회의 전 조만식을 찾아 면담하고 그에게 신탁통치를 지지해줄 것을 희망하면서 이후 그를 정부의 대통령으로 추천하고 김일성에게는 군대를 관장하는 민족보위상을 맡기도록 할 것이라고 말하였다.[41] 슈티코프는 다음과 같이 회고하였다. "우리는 이 기회에 조만

---

[39] F.C. Jones, H. Borton and B.R. Pearn, *The Far East, 1942-1946*, London: Oxford University Press, 1955, pp.435-438; 本书编委会, 『战后世界历史长编』第4分册, 上海: 上海人民出版社, 1978年, 199-207쪽.

[40] ЦАМОРФ, ф.Устаск, оп.614631, д.37, л.42.

[41] 『비록 조선민주주의인민공화국 상권』, 62-63, 193쪽.

식과 끝장을 보려 하였다."[42] 다음날, 조만식은 정치무대는 물론 조선 사회에서 자취를 감췄다.[43] 2월 24일 소집된 민주당 대표대회에서는 기존의 중앙위원회 해산을 결정하였다. 회의에 불참한 조만식과 그 지지자들은 출당 조치되었고, 민주당 위원장엔 최용건이 당선되었다.[44]

• 1945년 10월 14일 평양시군중대회에 참여한 김일성(원문에는 '김정일'이라고 되어 있으나 오기인 듯 보임. 좌측 3번째)과 조만식(우측 5번째).

[42] Почтарев А.Н. Из истории советско-корейских отношений, с.150.

[43] 한국 연구자들에 따르면, 조만식은 1946년 1월 5일 소련경비대에 의해 납치되어 평양 고려호텔에 연금된 뒤, 사동(寺洞, 평양 외곽: 역자 주)으로 옮겨졌다. 1950년 10월 북조선이 위기 상황에 처하자 조만식은 비밀리에 처형됐다. 강인덕 편, 『북한전서 상권』(서울: 극동문제연구소, 1974), 255쪽; 金学俊, 『朝鮮五十七年史』, 125쪽.

[44] АВПРФ, ф.0480, оп.4, п.14, д.46, л.72-73, 89-94; ЦАМОРФ, ф.Устаск, оп.614631, д.39, л.9-10. 또 다른 자료로 다음을 참고할 것. Почтарев А.Н. Из истории советско-корейских отношений, с.150-151.

• 조선민주당성립대회 전경(평양).

조만식을 포기하고 민주당을 개편한 것은 스탈린의 "연합정부" 정책이 북조선에서 이미 실현되기 힘들다는 것을 보여주는 일이었다. 복잡하고 혼란스러운 정치 상황에 직면한 소련 점령당국은 오직 조선공산당만을 전적으로 신뢰하기 시작하였다.

2. 조선공산주의 조직의 통합

후에 통일된 공산주의 조직이 되는 조선노동당에는 출신 성분상 수많은 파벌이 존재하였다. 소련에서 귀국한 "유격대파"와 중국에서 귀국한 "연안파" 이외에도 상당한 영향력을 가진 파벌들이 있었다.

"국내파"는 일제강점기 조선 북부에서 항일운동을 전개했던 세력으로 대표적 인물로는 현준혁, 김용범(金鎔范), 박정애(朴正愛), 장시우(張時雨), 주영하(朱寧河), 이주연(李周淵), 박금철(朴金喆) 등이 있었다. "남로당파"는 일제강점기 조선 남부에서 항일과 혁명 활동을 전개했던 공산당원들로, 대표적 인물로는 박헌영(朴憲永), 이영(李英), 허헌(許憲), 이승엽(李承燁), 홍명희(洪命熹) 등이 있었다. "모스크바파(소련파)"는 일본 패망 이후 소련에서 귀국한 조선혁명가들로(다수는 소련 국적을 유지함) 대표적 인물로는 허가이(許嘉谊, 또는 許哥而로 번역, 알렉세이 이바노비치 허가이 – 역자 주), 박창옥(朴昌玉), 박의완(朴义琓), 김승화(金承化), 박영빈(朴永彬), 남일(南日), 방학세(方学世), 허진(許真, 林隐) 등이 있었다.[45]

조선 공산당내 파벌이 난립하고 투쟁이 끊이지 않았던 점에 대해서 코민테른과 소련공산당은 일찍이 교훈을 얻은 바 있었다.[46] 과거 모스크바가 조선공산당을 도와 통일시키는 데 역부족이었다면, 지금 소련은 조선 각 파벌의 혁명역량을 통합할 충분한 능력과 조건을 이미 갖추고 있었다.

처음에 소련 점령당국이 중시했던 인물은 박헌영이었다. 박헌영은 1921년 고려공산청년동맹을 조직하고 같은 해에 조선공산당에 가입하였으나, 이후 2차례 체포되어 투옥되었다. 1928~1930년, 그는 모스크바 국제레닌학교에서 수학하였고 1931년 코민테른 집행위원회 동방서기처에서 근무하였다. 그는 조선 문제를 담당하는 "3인 소조"의 구성원이었다. 1932년, 상해로 파견되어 조선공산당 재건 업무를 맡았으며 1939~1945년 조선으로 돌아와 지하공작을 이끌었다.

일본 패망 후, 박헌영은 8월 18일 서울에서 지하당원 소조 회의를 소집하고 조선공산당 재건을 위한 준비위원회를 조직하여 재건 작업에 착수하였다. 이 위원회는 20일 통과된 결의에서 "조선은 현재 자산계급의 민주혁명 단계"에 처해있으며, "점진적 민주화"를 실현할 것이고, 당면한 가장 중요하고 시급한 임

---

45) 조선의 각 정치세력의 상황에 대한 소련 당국의 분석은 다음을 볼 것. ЦАМОРФ, ф. Устаск, оп.614631, д.38, л.17-27 여기에 나열된 명단은 杨昭全, 『金日成传』一书(香港亚洲出版社, 2010年, 996쪽)을 참조하였다. 필자가 당사자 및 한국학자들을 인터뷰할 때, 명단에 대한 대조 및 수정을 하였다. 주의할 것은 조선노동당이 창립될 때, 현준혁, 김용범은 이미 사망하였다는 점이다. 이 밖에 임은은 그 뒤 소련에 피신하였는데, 조선노동당의 내막을 폭로하는 책을 내 유명해졌다. 한국 중앙일보사의 인터뷰 자료에 따르면, 임은은 바로 "허진"이었다. 『비록 조선민주주의인민공화국 상권』, 175쪽.

46) 상세한 내용은 다음을 볼 것. 沈志华, 崔海智, 「朝鲜共产党早期历史再述: 国外篇(1919-1924)」, 『韩国研究论丛』第27辑(2014年), 71-97쪽; 「朝鲜共产党早期历史再述: 国内篇(1925-1935)」, 『韩国研究论丛』第29辑(2015年), 107-129쪽.

무는 "새롭고 통일된 조선공산당을 조직"하여 현재 나타나고 있는 혁명운동을 영도하는 것이라고 주장하였다.

그러나 같은 지하당원 출신인 이영(李英)은 이 결의에 반대하였다. 이영은 1925년 조선공산당에 가입하고 1929~1934년 사이 두 차례 체포 투옥되었다가 출옥 후 서울에서 은둔하며 지냈다. 이영은 조선에서 직접 무산계급 혁명을 진행하고, 노동자 농민 봉기를 호소하여 소비에트 정권을 수립할 것을 주장하였다.

1945년 9월 11일 개최된 조선공산당 회의에서 박헌영은 중앙위원회 서기에 선출되었다. 이영은 이에 불복하여 다른 파벌을 이끌고 또 다른 중앙위원회(장안파)를 조직하였고, 자신을 총서기라고 칭하였다. 이후 이영은 평양으로 가 소련 당국에 이를 보고하였다. 이영의 주장은 소련의 방침에 명확히 위배되는 것이었다. 슈티코프는 이영을 만난 자리에서 그의 잘못을 지적하며 책임지고 남으로 돌아가 분열 활동을 중지하도록 권고하였다.[47]

• 모스크바에서 박헌영 가족.

47) 『소련 군사고문단장 라주바예프의 6·25전쟁보고서(1)』, 25-27쪽; ЦАМОРФ, ф.Устаск, оп.614631, д.38, л.18-19; ф.Устаск, оп.343254, д.23, л.6-10; Ванин Ю.Из истории становления Трудовой партии Кореи, с.129-131.

박헌영을 수반으로 하는 조선공산당의 영향력은 날로 확장되어 모스크바의 승인을 받았다. 1945년 12월 16일, 소련공산당(볼) 중앙은 결의문을 통과시켜 연해주군구 군사위원회로 하여금 조선공산당에게 1946년도 활동자금 일화 1,500만 엔을 전달하도록 지시하였다.[48] 그러나 공개적 활동에 있어 소련은, 평양이 미국의 점령지에서 적극적인 선전선동 활동을 전개하고 있다는 인상을 남기고 싶지 않았다.

당시 조선공산당의 본부는 서울에 있었다. 미 점령군 및 남조선 반공단체들의 파괴 활동 및 압력을 받고 있던 조선공산당 중앙은 여러 차례에 걸쳐 소련 점령당국에 지원을 요청하였다. 특히 미국 점령당국이 조선공산당의 합법적 활동을 허가해주도록 설득해줄 것을 요구하였다. 그러나 소련군 사령부는 어떠한 유효한 개입 행위도 거절하였고, 오히려 그들에게 미국 점령당국과 협조하도록 요구하였다. 또한, "조선의 국제적 지위에 대한 적절한 이해가 있어야만 정확한 전략노선을 수립할 수 있다"고 설명하면서, 미국과 소련은 "조선 문제를 보는 관점에 있어서 이견이 없다"고 밝혔다.

당시 미국의 군정정책은 남한 사회에서 강한 반대에 직면하고 있었다. 따라서 공산당의 활동은 소련의 정치적 발전에 매우 유리하다고 할 수 있었다. 그러나 조선으로부터의 보고서에는 소련이 남조선에서 선전활동을 전개하였다는 언급이 전혀 없었다.[49] 소련은 미소 갈등이 격화될 것을 우려하여 부득이하게 공산당 조직을 통합하여 그 중심을 조선 북반부로 이전시켰다.

당시 대부분의 조선인들은 38선이 영구적 분계선으로 고착화될 것이라고는 생각하지 않았고 서울이 수도인 만큼 당연히 서울이 정치의 중심지라고 생각하였다. 서울에 있는 조선공산당 중앙은 평양의 지지가 필요했으며, 동시에 조선 북부에서도 공산당 창당 사업을 적극적으로 전개하였다. 일본이 투항한 후, 북조선 각지에서 공산당원들은 일제히 활동에 나섰고 그 인원은 모두 2,124명이었다. 그러나 그들은 모두 "각자 독자적으로 활동"했을 뿐, 서울의 조선공산

---

48) АПРФ, ф.3, оп.65, д.840, л.2, 다음에서 재인용. Почтарев А.Н. Из истории советско-корейских отношений, с.149.

49) РЦХИДНИ, ф.17, оп.128, д.47, л.19-21, 다음을 참고. Weathersby, "Soviet Aims in Korea", p.12.

당 중앙과는 교류가 없었다.[50)]

박헌영이 처음 협력 대상으로 고려했던 인사는 조선 북부 공산주의 운동에서 명망이 있었던 현준혁으로, 그를 도와 평양에 조선공산당 평안남도 위원회를 조직하였다.[51)] 그러나 1945년 9월 3일, 현준혁은 그가 평안남도 인민정치위원회 부위원장을 맡은 지 5일째 되는 날 암살당하였다.[52)]

현준혁을 대신한 이는 김용범(金鎔范)으로, 소련군 사령부는 그의 경력을 잘 알고 있었기 때문에 그를 선택했던 것으로 보인다. 김용범은 1925년 소련에서 정치 교육을 받고 만주로 파견되어 임무를 수행하였다. 1927~1931년에는 모스크바 동방노동자공산주의대학에서 수학한 후 다시 만주지역으로 파견되었다. 1939년 김용범은 조선으로 돌아와 지하공작을 전개하였으며, 그와 동행한 이는 그와 위장 결혼한(훗날 실제 결혼) 백춘아(白春娥, 1960년대 조선노동당의 핵심 인물이 된 박정애)였다.[53)]

1945년 10월 1일, 평양에서 조선공산당 각 도 지도자들이 참석하는 회의가 소집되어 조선공산당의 통일 행동 문제가 논의되었다. 회의는 박헌영을 수반으로 하는 조선공산당 산하에 조직국을 설립하여 북조선에서의 공산당 각급 조직을 구체적으로 영도할 것을 결정하였다.[54)] 이러한 조치는 소련 역시 처음에는 서울을 중심으로 조선반도에서 공작을 전개하는 것을 구상하였다는 점을 보여준다.

그러나 바로 이때 김일성이 조선에 귀국한다. 1945년 9월 5일, 김일성이 이

---

50) ЦАМОРФ, ф.Устаск, оп.433847, д.1, л.42-45.

51) 金学俊, 『朝鮮五十七年史』, 103쪽.

52) 암살 원인과 암살범에 대해 이견이 있어 지금까지 단정하기 어렵다. 다음을 참고. Ванин Ю.Из истории становления Трудовой партии Кореи, pp.130-131; 金学俊, 『朝鮮五十七年史』, 104쪽; 강인덕 편, 『북한전서 상권』, 256쪽.

53) ЦАМОРФ, ф.32, оп.11306, д.692, л.30; ф.32, оп.11306, д.682, л.272-273; РГАСПИ, ф.17, оп.128, Ед.хр.47, л.19, 다음에서 재인용. Ванин Ю.Из истории становления Трудовой партии Кореи, с.131. 또 다른 자료로 다음을 참고. Ланьков А.Н. Возникновение и деятельность "советской группировки"//Восток, 2003, No.1, с.106.

54) РГАСПИ, ф.575, оп.1, д.29, л.24, 다음에서 재인용. Ванин Ю.Из истории становления Трудовой партии Кореи, с.131-132.

끄는 88여단 조선공작단 단원들은 북 야영지(하바로프스크와 우수리스크의 변경 일대 – 역자 주)를 출발하였다.

원래는 만주를 거쳐 9월 9일 흑룡강성 목단강에 도착할 예정이었지만, 교통상 문제로 인하여 하바로프스크쪽으로 이동하여 해로를 택하였다.[55] 김일성이 귀국한 시점에 대하여 사료마다 서술이 다르다. 김일성의 회고록에는 소련 군함을 타고 9월 19일 원산에 도착하여 22일에 평양에 도착하였다고 말한다.[56] 하지만 다수의 러시아 당안 기록에 의하면, 김일성 일행이 탄 군함 푸가초프호는 10월 초에 원산에 도착한 것으로 되어있다.[57]

그러나 어찌되었든, 10월 10일 조선신문에는 "반동분자들이 두려워하는 김일성"이 조국에 이미 돌아왔다는 기명 기사가 게재되었다.[58] 10월 7~8일 평양에서는 각 도 공산당 지도자 회의가 소집되었다. 회의는 여전히 서울의 중앙위원회를 지지하고, 가까운 시일 내에 대표회의를 열어 조선 북부에 지도기구를 조직할 것을 결정하였다.[59]

한국 자료에 의하면, 회의 기간 박헌영도 평양을 비밀리에 방문하여 로마넨코 주선으로 김일성과 만남을 갖고 남북공산당 조직 간의 연계 문제를 토론하였다. 김일성은 조선공산당 중앙을 이미 해방된 평양으로 이전해야 한다고 주장하였다. 로마넨코도 이 주장을 지지하며 박헌영에게 평양에 와서 활동할 것을 권고하였다. 그러나 박헌영은 서울이 조선 정치의 중심이기 때문에 조선공산당 중앙도 마땅히 서울에 있어야 한다는 입장을 견지하였다. 회담에서 조공 중앙은 지도기구로서 여전히 서울에 두고, 평양에 북조선 분국을 설치하기로 합의하였다.[60]

---

55) 周保中, 『东北抗日游击日记』, 821쪽; 吉在俊, 李相全, 『帮助中国东北解放争』, 平壤: 科学百科辞典出版社, 2008年, 29-30쪽.

56) 다음을 볼 것. 『金日成回忆录: 与世纪同行』 第8卷, 404, 408쪽.

57) ЦАМОРФ, ф.32, оп.11306, д.604, л.283; ф.2, оп.12378, д.1, л.47; 『소련 군사고문단장 라주바예프의 6·25전쟁보고서(1)』, 21-24쪽.

58) ЦАМОРФ, ф.32, оп.11306, д.604, л.283.

59) ЦАМОРФ, ф. Устаск, оп.433847, д.1, л.42-45 공산당이 다시 회의를 개최한 것은 아마 김일성이 왔기 때문일 것이다. 이에 따라 추론하면 김일성의 조선 귀국 날짜는 10월 1일 이후여야 한다.

• 귀국 당시 김일성 모습.

1945년 10월 13일, 조선공산당은 평양에서 69명의 대표가 참가한 회의를 개최하였다. 회의에서는 조선공산당 북조선 분국(이후 북조선공산당 중앙조직위원회로 개칭)을 설치하기로 결정하였다. 동시에 이를 서울의 중앙위원회 산하에 두며, 제1서기에 김용범, 제2서기에 오기섭(吳琪燮, 1932년 모스크바 공산대학 졸업 후 귀국함, 박헌영의 친구)을 임명하고, 위원에는 김일성, 장시우, 정달헌(鄭达宪), 김책 등 총 16명을 임명하였다. 김일성은 비서 직책을 맡았다. 그러나 슈티코프가 11월 모스크바에 제출한 보고서에서는 북조선 공산당의 실질적 지도자는 김일성이며, 그가 미래 조선 정부의 지도자로서 가장 적합한 인물이라고 특히 강조하였다.[61]

얼마 후인 12월 17일 개최된 북조선 분국 제3차 확대집행위원회 회의에서

---

60) 『비록 조선민주주의인민공화국 상권』, 105쪽; 金学俊: 『朝鮮五十七年史』, 112-113쪽.

61) ЦАМОРФ, ф.Устаск, оп.614631, д.38, л.20; ф.Устаск, оп.614631, д.2, л.21-26. 다음을 참고할 것. Ванин Ю.Из истории становления Трудовой партии Кореи, с.132.

김일성은 제1서기에 당선되었다. 김용범은 제2서기로 임명되었으며, 동시에 연안파의 지도자인 무정이 제3서기로 선출되었다(간부처 처장도 겸임).[62] 공산당의 영향력도 북조선에서 빠르게 확대되었다. 1946년 1월 1일까지 북조선 공산당은 도 단위 위원회 6개, 군 단위 위원회 80개와 1,360개의 기층 당 조직을 확보하였다.[63] 당원 수도 1945년 11월 6,000명에서 1946년 2월에는 3만 명으로 크게 증가하였다.[64] 반년 후에는 27만 6천여 명으로 확대되었다.[65] 당연히 이 시기 소련의 조선 공산주의 조직 통합의 무게중심은 서울에서 평양으로 이미 바뀌었다.

필자는 러시아 당안 중에서 1945년 11월 1일 박헌영이 김일성에게 보내는 편지 한 통을 발견하였다. 편지에서 박헌영은 북측에게 간부 양성반 운영을 지원해줄 것과, 출판과 인쇄경비 135만 원(元, 당시 한화 "환"을 지칭 – 역자 주) 및 경상비 100만 원을 제공해 줄 것을 희망하였다. 동시에 무선 통신기와 권총의 제공도 요청하였다.[66] 이는 박헌영이 남쪽에서 역량 부족으로 인하여 부득이 북측에 의지해야 하는 상황에 처해 있었다는 사실을 알 수 있음을 시사한다. 다시 말해, 공산당 공작 중심이 북쪽으로 이동하는 것은 시간 문제였다.

한국학자들의 연구에 따르면, 조선공산당 북부 기구의 명칭은 1946년 1월 29일까지 "조선공산당 북조선분국"으로 불리다가, 4월 19일에 "북조선공산당"으로 개칭되었다.[67] 목적은 당연히 조선 공산주의운동과 혁명에서 평양의 핵심적 지위를 부각시키는 데 있었다. 그러나 이 시기 북조선의 공산주의 조직은 조선공산당 하나만 있는 게 아니었다. 조선공산당과 병존하면서 영향력도 비

62) АВПРФ, ф.Упр.сов.гр-ской Адм.в Сев.Корее, оп.2, д.2, п.1, л.6, 다음에서 재인용. Ванин Ю. Из истории становления Трудовой партии Кореи, с.132; ЦАМОРФ, ф.Устаск, оп.614631, д.43, л.129-130.

63) РГАСПИ, ф.575, оп.1, д.29, л.21, 다음에서 재인용. Ванин Ю.Из истории становления Трудовой партии Кореи, с.130-131.

64) ЦАМОРФ, ф.Устаск, оп.614631, д.43, л.129-130; ф.Устаск, оп.614631, д.2, л.21-26; РЦХИДНИ, ф.17, оп.128, д.1013, л.41.

65) АВПРФ, ф.0480, оп.4, п.14, д.46, л.40-52.

66) ЦАМОРФ, ф.Устаск, оп.614631, д.17, л.109-110.

67) 김창순, 『북한의 이념』(서울: 북한연구소, 1998), 379쪽.

교적 큰 연안파 간부들에 의해 조직된 조선신민당이 있었다.

김두봉을 비롯한 연안파 간부들은 1945년 12월 귀국 이후, 기존의 명성을 바탕으로 김두봉을 주석으로 하는 조선독립동맹회를 결성하였다. 명성이 높았기 때문에 결성 직후부터 수많은 사람들이 이들과 함께하였다.[68] 얼마 후 김두봉은 동맹회를 기반으로 신민당을 설립하여 위원장직을 연임하였고 최창익과 한빈이 부위원장을 맡았다. 1946년 2월 15일 신민당이 출범할 때 당원은 11,000명 정도였고 반년 후에는 9만 명으로 급증하였다.[69]

이들에 대한 소련의 평가도 나쁘지 않았다. 소련은 김두봉에 대해 "조선의 거물급 정치활동가", "지식인들 사이에서 신망이 두텁고 소련의 상황을 잘 아는" 사람으로 평가하였고, 최창익은 "신망 있고 우수한 간부"로, 한빈은 "러시아어에 능통하고 지식이 폭넓다(그러나 입장이 다소 흔들린다)"고 평가하였다.[70]

신민당은 공산당과 같이 모스크바 3상회의 결정을 지지하고 북조선 임시정부 수립에 적극 참여하였으며, 소련이 조선 북부지역에서 추진하는 일련의 민주혁명을 지지하였다.[71] 당연히 이 같은 혁명역량을 무시할 수 없었지만 소련군 사령부가 우려했던 점은 신민당과 공산당 사이의 대립 및 충돌 조짐이었다.[72] 보도에 따르면, 북조선에서 "회의를 할 때 레닌, 스탈린, 김일성, 김두봉 사진이 도처에 걸렸다."[73] 그러나 지역마다 약간의 차이가 있었다. 평양과 기타 주요 도시에는 "김일성 만세"라는 표어가 더 많았지만, 황해도와 평안도에는 "김두봉 만세" 또는 "무정장군 만세"라는 전단이 비교적 많았다.[74]

---

[68] ЦАМОРФ, ф.Устаск, оп.614631, д.43, л.129-130.

[69] ЦАМОРФ, ф.Устаск, оп.614631, д.43, л.120-121; д.24, л.2; АВПРФ, ф.0480, оп.4, п.14, д.46, л.74-75. 최창익은 중공에서 옮겨와 1952년 12월 북조선공산당 중앙조직위원회 위원으로 선출되었다. 『소련 군사고문단장 라주바예프의 6・25전쟁보고서(1)』, 38-39쪽. 주의할 점은, 같은 연안파 출신의 무정은 여전히 공산당에 남은 듯하였다.

[70] ЦАМОРФ, ф.Устаск, оп.614631, д.43, л.68-77.

[71] Ванин Ю.Из истории становления Трудовой партии Кореи, с.133-134.

[72] АВПРФ, ф.Упр.сов.гр-ской Адм.в Сев.Корее, оп.2, д.7, п.2, л.6, 다음에서 재인용. Ванин Ю. Из истории становления Трудовой партии Кореи, с.135.

[73] 『中央日報』 1947년 3월 3일, 5일, 刘金质等编, 『中朝中韩关系文件资料汇编』, 1,236-1,241쪽.

[74] 김창순, 『북한의 이념』, 264-265쪽.

• 1945년 11월 말 조선으로 귀국한 무정.

이 밖에도 또 하나의 세력으로 소련파가 있었다. 소련파는 당 혹은 조직을 결성하고 있지는 않았지만 높은 수준의 소양이 있었고, 그 수가 적지 않았으며 모두 요직에서 활동하고 있었다. 이들은 전후 소련에서 귀국한 조선 이민자 출신들이었다. 일본의 침공 우려로 스탈린은 1936~1938년 원동의 조선인들을 모두 중앙아시아 지역으로 강제 이주시켰다. 소련의 1939년 인구조사에 의하면, 소련내 거주 조선인은 모두 약 18만 명이었고 그중 대부분(약 17만 명)이 카자흐스탄과 우즈베키스탄공화국으로 강제 이주되었다.[75]

조선 점령 후, 소련은 조선어를 아는 다수의 간부, 전문가 및 통역 요원을 시급히 필요로 했기 때문에 중앙아시아의 조선족 간부들을 대규모로 조선에 파견하였다. 1945년 9~11월 사이, 128명의 소련 국적 조선인들이 북조선에 입국하였으며 모두 군대 업무에 파견되었다.[76] 또한 소련 자료에 따르면, 소련군

---

[75] Бугай Н.Ф. и др.(ред.) Корейцы в Союзе ССР-России: ХХ-й век., История в документах, Москва: ИНСАН, 2004, с.152-153, 157-158. 소련 국적 조선인들의 이주에 관해서는 다음을 참고할 만하다. Почтарев А.Н. Из истории советско-корейских отношений, с.139.

총정치부는 1945년 11월에만 중앙아시아 각 지역의 당, 소비에트 및 교육 분야 지도급 부서로부터 127명의 소련 국적 조선족 간부를 선발하여 북조선에 파견하고, 군사 및 민정 간부 혹은 번역 업무에 종사하게 하였다.[76]

1946년 8월, 이렇게 입북한 소련인 간부들은 최소한 200여 명에 이르렀다.[78] 출신 지역, 혁명 경력, 교육 배경, 심지어 언어 습관도 완전히 다른 여러 갈래의 공산주의 세력이 같은 시기에 모인 것이 조선 공산주의 운동의 특징 중의 하나라고 할 수 있다. 이러한 북조선 내부의 정치상황은 소련 점령당국에 의한 혁명역량 통합을 절실히 요구하고 있었다. 이와 동시에 통합을 요구하는 외부의 압력도 증가되고 있었다.

모스크바 3상회의의 결정에 따라 1946년 3월 20일 서울 덕수궁에서 미소공동위원회가 개최되었다. 주요 안건은 조선 임시정부 수립이었다. 소련 측은 신탁통치와 모스크바회의 결정에 반대하는 어떤 세력과도 조선 정부 수립 문제를 상의할 수 없다고 주장하였다. 그러나 미국 측은 언론 사상의 자유를 제한할 수 없으며 어떤 단체와 조직이든 임시정부 수립을 위한 토론에 참여할 수 있다고 주장하였다. 제1차 회담은 24차례에 걸쳐 진행되었지만, 양측은 모두 자신의 의견만 고집하여 접점을 찾을 수 없었으며, 5월 8일 무기한 휴회를 선포하였다.[79]

이런 상황에서 미소 양국은 각자의 점령 지역에서 장래 구성될 조선 정부의 기반을 계획하고 조직하여 자국의 지위를 강화하고자 하였다. 그러나 1947년 미소공동위원회가 중단되기 이전, 양측은 이미 협력을 지속할 수 없다고 인식하고는 있었지만 곧바로 남북에 각자의 단독 정부를 수립하려고 한 것은 아니었다. 미소 양국은 각자 자신들이 통제하고 있는 조선인들을 통해서 조선 전역에서 보통선거를 실시하여 자국에 유리한 통일된 조선 임시정부를 수립하고자

76) РЦХИДНИ, ф.17, оп.128, д. 55, л.5. 다음에서 재인용. Ланьков А.Н. Возникновение и деятельность"советской группировки", с.108.

77) ЦАМОРФ, ф.Устаск, оп.614631, д.37, л.80-85.

78) 『비록 조선민주주의인민공화국 상권』, 178, 182쪽.

79) 상세한 내용은 다음을 볼 것. ЦАМОРФ, ф.Устаск, оп.614631, д.30, л.18-38; Jones, Borton and Pearn, *The Far East, 1942-1946*, pp.438-440; 『战后世界历史长编』 第4分册, 209-211쪽.

하였다. 이러한 외부적 상황으로 인하여 소련은 북조선의 정치역량을 조속히 통일시킬 필요가 있었다. 이에 따라 새로운 정당이 반드시 필요로 하였으며 그것이 바로 북조선노동당이었다.

레베데프는 1946년 5월 보고서에서 앞으로의 선거를 통제하고 친소 성향의 정권 수립을 보장하기 위해서 공산당의 역량 강화가 필수적이라고 강조하였다.[80] 또 이 목적을 달성하기 위한 관건은 이그나티예프가 조사보고서에 언급한 바와 같이 "신민당과 공산당이 연합하여 북조선노동당을 수립하는 것"이며, "이 통합은 중요한 정치적, 국제적 의의를 가지고 있기" 때문에, 결과적으로 분명 "조선 임시 민주국가의 수립을 앞당길" 것이라고 지적하였다.[81]

7월 28~29일, 북조선공산당과 조선신민당 양당은 평양에서 확대위원회 회의를 개최하고 합당을 통하여 북조선노동당을 창설할 것을 결정하였다. 김일성은 연석회의 석상에서 양당 합당에 관한 정치보고를 하였다.[82] 레베데프는 보고서에서 합당 건의는 신민당이 제기하였지만, "지위고하를 막론하고 공산당원 모두가 발기인이고 조직자이며 선전자"라고 설명하였다.[83]

8월 28일 평양에서 801명의 대표가 참가한 북조선노동당 창당대회가 열렸다. 토의를 통해 당의 강령과 당장 및 전체 당원과 조선인민 보고서가 통과되었다. 31일에 열린 북조선노동당 제1차 중앙위원회 전체회의에서 김두봉은 당위원장에, 김일성과 허가이는 부위원장에 당선되었다. 13명의 상임위원에는 김일성과 김책, 김일 등 유격대파 외에도 연안파인 김두봉, 최창익, 박일우와 국내파인 박정애, 주영하 그리고 소련파인 허가이, 박창옥, 기석복(奇石福), 김열(金烈)이 선출되었다.

소련공산당(볼) 중앙 국제부 보고서는, 김두봉을 위원장에 당선되도록 한 것은 "전략적 고려에서 나온" 것이었다고 설명하였다. 왜냐하면, 김일성이 이미

---

80) ЦАМОРФ, ф.Устаск, оп.614631, д.37, л.80-85.

81) ЦАМОРФ, ф.Устаск, оп.614631, д.25, л.1-5.

82) Ванин Ю.Из истории становления Трудовой партии Кореи, с.136;『金日成著作集』第2卷, 平壤: 外国文出版社, 1971年, 277-278쪽.

83) АВПРФ, ф.0480, оп.4, п.14, д.46, л.74-75.

수개월 전에 조직된 북조선 임시인민위원회 위원장직을 맡고 있었기 때문이다. 보고서는 "김일성은 천재적인 조직자이며, 원기 왕성하고, 정치적 소양을 갖춘 지도자이다. 국내에서 많은 신망과 명성을 얻고 있으며, 사람들로부터 조선의 지도자로 불리고 있다"고 소개하였다.[84]

• 조선공산당과 신민당 합당대회.

1948년 8월, 북조선노동당 창당은 소련 점령당국이 조선공산당원들에 대한 초보적 통합을 완성한 동시에, 장래 조선의 통일된 독립정부를 위한 선거의 정

84) РГАСПИ, ф.575, оп.1, д.29, л.26-27, 다음에서 재인용. Ванин Ю.Из истории становления Трудовой партии Кореи, с.136; АВПРФ, ф.0480, оп.4, п.14, д.46, л.74-75; 中共中央对外联络 部编, 『朝鮮革命資料』第2輯, 1951년 11월 18일, 46-48쪽. 中共中央对外联络部编, 『朝鮮劳动党 历届中央全会概况』, 1981年, 4쪽. 러시아 학자가 인용한 소련 당안과, 중공 중앙 대외연락부가 인용한 『朝鮮中央年鉴(1950年)』에 나오는 수치가 다르다. 본서는 인원수는 러시아 당안을, 인명 은 대외연락부 자료를 참조하였다.

치적 준비를 시작한 것으로 볼 수 있다. 그러나 한반도의 정세는 이 시기에 중대한 변화가 발생하였다.

3. 스탈린, 김일성에게 권력을 이양

국제 여론의 압력으로 미소 양국은 협상을 거쳐 1947년 5월 서울에서 공동위원회 업무를 재개하였지만, 유럽에서 냉전이 시작되면서 미소 양국이 통일되고 독립된 조선 정부 수립 문제에 의견을 일치시키는 것은 이미 불가능하게 되었다. 3개월 동안 계속된 임시정부 참여 정당과 단체 선정에 관한 양국 대표의 협상은 교착상태에 빠졌다.

미국 정부는 공동위원회를 통해 문제를 해결할 수 없다고 보고, 8월 26일 조선 문제를 미, 소, 중, 영 4개국 회의로 이관해 논의하자고 제의하였다. 소련이 이 제안을 거절한 이후 9월 17일 미국은 남북 문제를 제2차 유엔총회에 상정하였다. 10월 18일, 미국대표단은 미소공동위원회 회의에서 공동위원회 활동의 종결을 선언하였다.[85]

10월 23일, 소련 외상 몰로토프는 유엔 주재 소련 대표 비신스키(Andrey Y. Vyshinsky)에게 조선반도 문제가 유엔의 의사일정에 이미 포함되어 있기 때문에 재차 반대하는 것은 적절치 않다고 지시하였다. 소련 정부의 주장은 1948년 초, 미소 양국 군대가 동시에 철군하고 남북 양측 대표단을 유엔총회 정치위원회(총회 제1위원회, 소총회)에 초청하여 조선반도 문제를 토론하자는 것이었다.[86]

비신스키가 유엔총회에 이 의안을 먼저 상정했음에도 정치위원회는 수정을 거친 미국의 의안을 통과시켰다. 11월 14일 유엔총회가 통과시킨 결의안은 유엔한국임시위원단(UNCOK, United Nations Commission on Korea — 역자 주)을 구성하고, 이 위원단은 조선반도 전 지역을 방문, 시찰 및 협의하며 의회 선거를 감독할 수 있는 권한을 가지며, 전 조선을 대표하는 정부를 수립한 후 미소

---

85) 다음을 참고. 『朝鮮問題文件匯編』第1集, 46-56쪽.

86) АПРФ, ф.45, оп.1, д.346, л.7-9.

점령국은 "가능한 한 조속히 철군"할 것을 규정하였다.

소련 대표는 임시위원단을 승인하지 않겠다고 선언하면서 이 결의안에 대한 표결에도 참여를 거부하였다.[87] 이로 인해 조선반도에서의 미소 양국 관계는 급속히 악화되었다. 1948년 5월 북한은 남한에 대한 전력 공급을 완전히 중단하였으며 동시에 서울 주재 소련 연락관의 소환을 요청하였다. 그 이유는 연락관의 기본적인 신변 안전과 업무 수행 여건이 보장되지 않았기 때문이었다. 연락관들은 평양과 연락을 취할 수도 없었다.[88] 상황이 이렇게 발전하면서 조선반도와 조선민족의 분열은 불가피해졌다.

예상대로 임시위원단의 업무 수행은 북조선에서 저항에 부딪혔다. 소련군 사령부와 북조선 지도자들 모두 임시위원단과의 접촉과 연락을 거부하였다. 트뤼그베 리(Trygve H. Lie) 유엔 사무총장이 나서 소련 정부와 교섭을 시도했지만 문전박대를 당하였다. 결국 임시위원단은 1948년 2월 힘이 미치는 범위 내에서만 선거를 실시하여 정부를 수립하기로 결정하였으며, 바로 이것은 미국 정부가 원하는 것이었다.

이 결정은 남한 사회에 큰 풍파를 몰고 왔다. 좌익 세력만이 이를 강력히 반대한 것이 아니라, 북쪽이 이를 본받아 분열 국면을 조성할 것을 우려한 김규식(金奎植) 등의 중립 세력과 김구(金九)가 이끄는 우익 세력도 모두 남한만의 단독선거를 반대하였다. 오직 이승만(李承晚)과 그가 이끄는 극우 세력만이 임시위원단의 결정을 지지하고, 미국은 조선반도에 소련 세력을 저지할 수 있는 방어선을 구축하기 위해 이승만을 적극적으로 옹호하여 단독으로 정권을 장악하게 할 것을 결정하였다.

미군 점령당국이 연출하고 보호한 남한만의 단독 선거에서는 협박과 뇌물 및 폭력이 난무했지만, 임시위원단이 감독할 수 있는 부분은 전체 선거의 극히 일부분에 불과하였다. 7월 20일 이승만은 자신의 염원대로 대한민국 대통령에

---

87) 『朝鮮問題文件汇編』第1集, 66, 76-78쪽; Peter Calvocoressi, *Survey of International Affairs, 1947-1948*, London: Oxford University Press, 1952, pp.316-318.

88) Почтарев А.Н. Из истории советско-корейских отношений, с.148; ЦАМОРФ, ф.40, оп.178427, д.90, л.28-30.

선출되었고, 8월 15일 서울에서 대한민국 정부 수립이 정식으로 선포되었다. 그리고 이는 미국에 의해 "유엔 총회의 결의에 의해 수립된 조선 정부"로 인정받았다.[89]

소련은 이 결과에 못마땅해 했지만 이를 의외로 여기지는 않았다. 신탁통치안이 조선에서 강한 반발에 부딪치고 미소공동위원회 협상이 진척이 없는 상황에서, 미소 양측이 모두 받아들일 수 있는 통일된 정부 수립이 요원하다는 것은 이미 예견된 것이었다. 소련 점령군이 향후 선거에 영향력을 행사하기 위해 북조선에서 진행한 일체의 준비, 즉 1946년 시작한 경제개혁과 1947년 완성한 정치개혁은 실제로는 북한에 단독 정권 수립을 위한 견고한 기초를 놓은 것이었다.

1945년 12월에 열린 모스크바 3상회의 이전에 소련은 북조선에 대한 경제약탈 정책을 이미 수정하고 소련의 방식에 따른 경제제도를 구축하기 시작하였다.[90] 1946년 2월 9일에는 김일성과 김두봉을 수반으로 하는 북조선임시인민위원회가 수립되었다.[91]

소련 점령당국의 지휘 아래 새 정권의 가장 우선적이고 주요한 임무는 혁명적 방식에 따른 경제 개조였다. 3월 5일 임시인민위원회는 토지개혁에 관한 법령을 통과시키고 11,500개의 농민회를 설립하여 농민회 위원 8만여 명을 선발하였다. 일 년여의 토지개혁 운동 기간에 몰수한 일본인들과 지주들의 토지는 약 100만 헥타르에 달했으며 이는 전체 경작 면적의 99%에 달했다. 동시에 임야 350만 헥타르 및 7,000헥타르의 과수원 역시 몰수되었다. 농지가 없는 농민 또는 소농 72만 명이 토지를 분배받았다.[92]

1946년 8월 10일, 임시인민위원회는 공업, 교통, 통신과 은행에 관한 국유화 법령을 공포하고 이에 대하여 국유화 조치를 취하기 시작하였다. 국유경제 요

89) 자세한 내용은 다음을 볼 것. Calvocoressi, *Survey of International Affairs, 1947-1948*, pp.318-324.

90) Тихвинский С.Л.(отв. ред.) Отношения советского союза с народной Кореей 1945-1980, Документы и материалы, Москва: Наука, 1981, с.16-18.

91) ЦАМОРФ, ф.32, оп.11473, д.45, л.104-105.

92) ЦАМОРФ, ф.Устаск, оп.614631, д.39, л.18-20; д.24, л.32-33.

소가 주도적 역할을 할 수 있도록 보장하기 위해 소련군 사령부는 일본이 남겨놓은 모든 기업, 은행 및 기타 자산을 북조선 임시정권에 넘겨주었다. 1946년 10월 30일의 인수인계 증명서에는 중공업 기업 81개, 경공업 기업 407개, 광산 243개, 수력발전소 19개 등 1,034개의 공업기업과 철도, 해운 시설 기업이 포함되었으며, 그 가치는 제2차 세계대전 이전 가격으로 총 약 44.21억 엔에 달하였다. 또한 조선 임시정권에 넘겨진 국유기업의 노동자, 직원 및 기술자는 모두 108,564명에 달하였다.[93]

1947년 10월 21일 서명된 북조선 내 일본의 잉여자산 인수인계 증명서에는 건물과 호텔 등 33,247동, 창고, 학교, 병원 등 21,829개 업소가 넘겨졌으며 이는 1946년 불변가격으로 약 10.73억 원에 달하였다.[94]

민간사업을 보장하고 격려하는 동시에 국유와 합작 상업도 발전하였다. 1947년 5월 1일까지, 국유와 합작 상점은 이미 948개사에 달했고 이들의 비중은 국내 상품 유통액 가운데 1946년 5~7%에서 25~30%로 상승하였다. 소련 점령군은 산업 국유화 조치가 북조선의 계획경제 발전 및 생산력 제고의 가능성을 만들어낸 것이라며 만족을 표시하였다.[95]

1947년 2월 북조선은 역사상 처음으로 국민경제계획을 실시하였고 12월에는 화폐개혁도 단행하였다. 이를 위해 소련의 관련 전문가 13명이 각종 경제계획 수립 과정에 참여하여 도와주었다. 그해 공업생산 총 가치는 역대 최고 수준(1944년)의 49%에 이르렀다. 공업생산 총 가치 가운데 국영기업의 비중 역시 1946년의 72.4%에서 83.2%로 상승하였다. 식량 생산 역시 206.7만 톤에 달하여 목표치에 접근하였으며 1944년 수준을 초과하였다. 1949년까지 공업총생산 가치 중 북조선 사회주의 경제요소의 비율이 90.7%에 달했고, 소매업 유통 총액에서는 56.5%를 점하였다. 그해, 공업총생산 가치는 1946년에 비해 2.4배 성장하였고 식량은 기본적으로 자급자족을 이루었다.[96]

93) АВПРФ, ф.0480, оп.4, п.14, д.46, л.11-12; Тихвинский С.Л.(отв. ред.) Отношения советского союза с народной Кореей, с.24-25, 25-27.

94) Тихвинский С.Л.(отв. ред.) Отношения советского союза с народной Кореей, с.31-32.

95) ЦАМОРФ, ф.Устаск, оп.614631, д.39, л.33.

1947년 11월 13일 소련의 유엔대표 그로미코(Andrei A. Gromyko)는 유엔에서 행한 연설에서 북조선에서 진행 중인 "일련의 민주개혁"을 언급하면서, 미국은 한국에서 이러한 일들을 하지 않는다고 주장하였다.[96] 당시 북조선 새 정권의 경제 기초는 이미 형성되고 있었다.

사회의 정치세력을 정리(계급 대오의 정화)하는 차원에서, 이질적 정치세력을 제거하는 것 외에도 중요한 것은 모스크바의 명령을 잘 듣는 통일된 정당, 즉 노동당을 조직, 확대하는 것이었다. 1947년 9월, 북조선노동당의 당원은 이미 68만 명에 달하였고 1948년 11월에는 77만 천여 명으로 더욱 증가하였다.[98] 비공산주의 계열 정당 중 민주당은 이미 노선을 전환하였고, 농민들에게 큰 영향력을 발휘하며 23만 명 이상의 당원을 확보하고 있었던 천도교 청우당 역시 소련의 정책을 전면적으로 옹호하였다.[99]

집권당의 대오가 커지는 과정에서 북조선 단독 정권을 수립하기 위한 발걸음은 부단히 빨라졌다. 1946년 11월과 1947년 1월 실시된 각급 인민위원회 선거에서 김두봉과 김일성이 이끄는 노동당과 최용건이 이끄는 민주당은 도, 시, 군 단위 일급 인민위원회의 42.8%를 차지하였고(무당파 인사 50.1% 점유), 리와 면 단위 인민위원회에서의 비율은 각각 64.1%와 67.48%에 달하였다. 다음 달인 1947년 2월, 북조선 인민회의가 소집되고 최고입법기관을 조직하였으며 인민회의 상무위원장에 김두봉, 부위원장에 최용건과 김달현(金达铉, 천도교 청우당 위원장)이 임명되었다. 중앙행정기구도 조직되어 인민위원회 위원장에 김일성, 부위원장에 김책과 홍기주(洪基疇, 민주당부위원장)가 임명되었다.[100] 새 정부를 조직할 때 가장 중요한 과제 가운데 하나는 간부 양성 문제였다.

96) АВПРФ, ф.0480, оп.4, п.14, д.47, л.12, 231; Почтарев А.Н. Из истории советско-корейских отношений, с.150;『朝鮮劳动党历史教材』, 平壤: 朝鮮劳动党出版社, 1964年, 201-208, 230-236쪽, 다음에서 재인용. 杨人一, 罗晋坤,「朝鮮国民经济发展概况」,『学术研究丛刊』第5期, 1979년 3월 13일, 1-14쪽.

97) Правда, 19 ноября 1947г..

98) АВПРФ, ф.0480, оп.4, п.14, д.46, л.40-52, 73-76.

99) ЦАМОРФ, ф.Устаск, оп.614631, д.39, л.11.

100) АВПРФ, ф.0480, оп.4, п.14, д.46, л.40-52, 73-76, 또 다른 자료로 다음을 참고. 金学俊,『朝鮮五十七年史』, 145-146쪽.

가령 1946년 10월 31일, 연해주군구 정치부 처장은 조선 현지의 간부 부족이 "현재 가장 중요한 문제 가운데 하나"라며, "특히 정치 방면에서 국가간부 배양과 재교육이 절실히 필요하다"고 보고하였다. 보고서는 조선 주둔 소련군과 민정국은 이를 위해 협조·감독해야 하며, 동시에 조선 간부들에게 "더 많은 독립성과 자주"를 부여해야 한다고 주장하였다.[101]

대량으로 양성된 조선인 간부와 전문가들을 통해 소련의 각종 제도가 점차 북조선 정권 조직 내로 이식되었다. 구 소련공산당 당안관에는 소련 전문가들이 북조선을 위해 기초한 헌법과 법규 등 대량의 문헌, 그리고 소련의 지원하에 양성될 북조선의 간부, 전문가, 기술자, 선전기구 및 각종 사회조직 건설에 관한 지시 요청과 건의 및 보고서들이 소장되어 있다.[102]

이를 위해 소련은 조선에 대량의 출판물과 선전물을 제공하였다.[103] 예를 들어 소련은 조선의 공업 간부 육성을 위해 전문학원을 개설하였다. 1946~1947년, 124명의 공장 책임자가 소련에서 교육을 받았고 1,763명의 현장 간부들과 기술자들 역시 생산 현장에서 직접 교육을 받았다.[104]

대학 교육에 있어서 조선의 대학교수들은 자주 소련으로 파견되어 소련식 인민 교육체제를 학습하고 연구하였다. 1947년, 1회 4개월 과정의 훈련반 30명의 대학교수들이 모스크바에서 교육을 받았다. 1946년부터 북조선 청년들이 대거 소련의 대학과 기술학교에서 학습하기 시작하였다. 1950년까지 소련의 각 대도시 대학에서 수학하는 조선의 대학생과 대학원생들은 702명에 달하였다.[105]

전문가 파견 역시 간부 육성의 중요한 경로였다. 1948년 2월 18일, 소련고등교육부는 연내 조선의 대학에 150만 루블의 자금 및 실험 기자재 교통수단 등

101) ЦАМОРФ, ф.Устаск, оп.614631, д.18, л.42-47.

102) РЦХИДНИ, ф.17, оп.128, д.1119, 또다른 자료로 다음을 참고. Weathersby, "Soviet Aims in Korea", p.17.

103) 상세한 내역은 다음을 볼 것. АВПРФ, ф.0480, оп.4, п.14, д.46, л.313-317, 322-341.

104) Почтарев А.Н. Из истории советско-корейских отношений, с.152.

105) ЦАМОРФ, ф.142, оп.107494, д.3, л.51-52; ф.16, оп.31392, д.16, л.155-160, 다음에서 재인용. Поч тарев А.Н. Из истории советско-корейских отношений, с.152

을 제공하고, 31명의 교수(23개 전공 분야)를 파견하는 동시에 11명의 번역가를 조선의 대학에 파견할 것을 결정하였다.[106] 조선에서 대규모의 현지 간부가 양성됨에 따라 소련군은 북조선에 대한 직접 관리를 점차 줄여나갔다. 그 결과 1946년 2월 민정국 산하 20개 부문에 128명이 정식 편제되어 있었지만, 1947년 5월까지 13개 부분 78명으로 감소하였다.[107]

국가 정권의 중요 기둥은 군대다. 비록 소련의 초기 태도는 매우 신중하였지만, 미소공동위원회 제1차 회의 결렬 이후부터 군대 창건 준비 작업도 진행되기 시작하였다.

러시아 당안 기록에 따르면 1945년 11월, 김일성과 슈티코프 상장은 군관학교 설립을 스탈린에게 건의하였으나 스탈린은 즉답을 피하였다.[108] 그 후 김일성이 1946년 5월 21일 제기한 요구에 따라, 연해주군구 군사위원회는 북조선 내에 군관학교 1개소를 설치하여 군 간부를 양성하고, 철도경비부대를 조직하여 철도경비를 맡기며, 경찰부대를 만들어 국경을 수비하도록 해줄 것을 요청하였다. 소련공산당 중앙은 이 계획 비준과 아울러, 북조선의 철도경비부대와 국경수비대 및 군관학교에 필요한 무기 구매도 승인하였다.[109]

1947년 7~8월, 북조선은 다시 해경학교 1곳을 설치한 데 이어, 항공협회 회원과 정치학원 항공부 졸업생들을 중심으로 공군 정규부대를 창설하였다. 김일성이 건의한 보병사단과 탱크여단 창설은 비준을 받지 못했지만, 유엔이 한국 문제에 개입한 이후 상황이 변하였다. 마침내 1948년 2월 보병 1개 사단을 중심으로 조선인민군이 정식 창설을 선포하였다. 그해 연말 북조선 무장부대는 보병

---

106) 소련 고등교육부가 조선에 제공한 교육원조에 대한 보고서, 1948년 2월 18일, 沈志华 수집 정리, 『俄国档案原文复印件汇编: 朝鲜战争』 第1卷, 화동사범대학냉전국제사연구센터 소장, 2004년, 98-105쪽. 본 필자가 수집한 한국전쟁 관련 러시아 당안 원문 복사본은 모두 여기에 집대성하였다. 일부 당안은 수집 당시 소속 당안관의 번호를 표시하지 않았는데, 검색의 편의를 위해 문건의 페이지를 적었다.

107) ЦАМОРФ, ф.Устаск, оп.614631, д.38, л.51-56; АВПРФ, ф.0480, оп.4, п.14, д.46, л.7-11.

108) ЦАМОРФ, ф.172, оп.614632, д.23, л.4-5, 다음에서 재인용. Ки Кван Со Из истории формирования вооруженных сил северной Кореи(1945-1950) //Проблемыдальнеговостока, 2005, No.6, p.135.

109) ЦАМОРФ, ф.379, оп.166654, д.1, л.12; АВПРФ, ф.06, оп.8, п.39, д.638, л.93-94, 다음에서 재인용. Ки Кван Со Из истории формирования вооруженных сил северной Кореи, с.136.

1개 사단 및 1개 여단, 경찰여단 1개 및 공군대대 1개로 확대되었다.[110]

1948년 2월까지 경제, 정치 및 군사 각 방면에서 북조선은 이미 단독 정부 수립에 필요한 모든 조건을 구비하였다고 할 수 있다. 이로써 미국이 지원한 대한민국정부 수립 후 한 달도 안 돼 9월 9일 김일성을 총리로 하는 조선민주주의인민공화국이 수립을 선포하였고, 10월 12일에는 소련 정부로부터 정식 승인을 받았다.[111]

주목할 것은 박헌영이 내각의 부총리 직을 맡았다는 점이다. 사실, 북조선노동당 창립 이후 박헌영은 소련의 지시에 따라 남한에서 여운형이 이끄는 조선인민당과 백남운(白南云)이 이끄는 신민당과의 통합 작업에 착수하였다. 노력 끝에 3당은 1946년 9월 4일 통합에 합의하였고, 11월 23~24일 남조선노동당이 결성되었다. 1946년 6월 7일 미군정의 박헌영에 대한 체포령 이후 박헌영은 김일성과 마찬가지로 부위원장 직에 머물렀지만 실권을 장악하고 있었다.[112] 남한에서 좌익정당에 대한 탄압이 가중되자 박헌영 등은 사실상 북조선에서 남로당 활동을 원격으로 지도할 수밖에 없었다.[113]

조선반도 분열 이후 남로당은 정식으로 북로당에 흡수되었다. 1949년 7월 1일 조선노동당 중앙위원회는 제1차 전체회의를 개최하고, 김일성을 당 중앙위원회 위원장, 박헌영과 허가이를 부위원장에 각각 선출하였다.[114] 30년의 투쟁 끝에, 조선공산주의자들은 결국 조선노동당의 깃발 아래 모두 통합되었다. 최소한 표면적으로는 그렇게 보였다.

---

110) ЦАМОРФ, ф.379, оп.166654, д.1, л.59-60, 72, 다음에서 재인용. Ки Кван Со Из истории формирования вооруженных сил северной Кореи, с.137-139; ЦАМОРФ, ф.23, оп.173346, д.274, л.152; д.196, л.24, 810, 다음에서 재인용. Почтарев А.Н. Из истории советско-корейских отношений, с. 154.

111) АПРФ, ф.45, оп.1, д.346, л.10.

112) РГАСПИ, ф.575, оп.1, д.29, л.27-32, Ванин Ю.Из истории становления Трудовой партии Кореи, pp.136-137; 『소련 군사고문단장 라주바예프의 6·25전쟁보고서(1)』, 27-28쪽에서 인용.

113) ЦАМОРФ, ф.Устаск, оп.614631, д.17, л.23-27; Ванин Ю.Из истории становления Трудовой партии Кореи, с.137

114) 中联部编, 『朝鲜劳动党历届中央全会概况』, 10-11쪽.

• 조선민주주의인민공화국 성립당시 김일성과 박헌영 등 지도자들.

• 1949년 3월 4일 조선민주주의인민공화국 정부대표단이 모스크바 기차역에 도착하였다. 당시 김일성이 연설하는 모습.

이에 소련 점령당국은 매우 만족하였다. 이전에 소련은 조선을 최대한 엄격히 통제하고자 하였다. 소련 대사관은 북조선 지도자의 모든 공개적 강연 내용을 조사하였고 모든 주요 군 간부의 임명과 승진도 결정하였다.[115] 그러나 합당 이후 모스크바는 안심할 수 있었다. 1948년 12월 25일 소련군 철수 직전 레베데프는 북조선의 주요 지도급 간부 43명에 대한 평가보고서를 제출하였다. 일부 주요 지도자에 대한 평가는 극히 좋았다. 그 주요 내용은 다음과 같다.

즉, 김일성은 "조선의 탁월한 정치가로 이미 성장"하였고, 박헌영은 "조선의 탁월한 정치지도자"이며, 김책은 "정치력이 강하고 비교적 강력한 조직 능력도 갖춘" 인물이고, 최용건은 "정치적으로 신뢰할 만하고, 인민 민주 사업에 충실"하다고 평가하였다. 더 나아가 최창익은 "당의 조직 경험과 선전선동 경험을 풍부히 갖추고" 있으며, 박일우는 "조선인민들 가운데 신망"이 있고, 김두봉은 "학자와 혁명가로서 조선인민들에 널리 친숙하고 신망도 매우 높다"고 평가하였다. 특별히 언급이 필요한 점으로 모든 사람에 대한 평가에서 소련에 대한 태도 관련 부분이 있었는데, 이에 대해 대부분 긍정 또는 비교적 긍정으로 평가하였다는 점이다.[116]

이 때문에 소련은 완전히 마음을 놓을 수 있었다. 이 밖에도 조선에 머물러 있는 소련 국적의 조선인 간부들을 통해 모스크바는 북조선 정권에 대한 장악력을 강화할 수 있었다. 1948년 말 소련에서 귀국한 조선인 간부들(대부분 소련 국적을 유지)은 560명에 달하였고 그중 다수가 중요한 직책에 있었다.[117]

란코프 교수의 통계에 따르면, 조선에서 "소련파"의 영향력이 절정에 달했을 때 소련 국적 조선인들은 조선노동당 중앙위원회 의석의 4분의 1을 점하였고 정치위원회 의석의 3분의 1을 차지하기도 하였다.[118] 조선에 대한 모스크바의

115) Lankov, *Crisis in North Korea*, p.20.

116) 『소련 군사고문단장 라주바예프의 6 · 25전쟁보고서(1)』, 21-102쪽.

117) АПРФ, ф.3, оп.65, д.828, л.28; д.817, л.140-155; ЦАМОРФ, ф.487, оп.179343, д.58, л.98-101, 다음에서 재인용. Почтарев А.Н. Из истории советско-корейских отношений, с. 153.

118) Ланьков А.Н. Возникновение и деятельность"советской группировки", с.113.

영향력이 매우 컸던 만큼, 러시아학자의 판단처럼, "김일성과 북조선의 지도자들은 소련의 지휘를 그대로 따랐다."[119]

스탈린은 조선을 자국의 위성국이라고 판단하였기 때문에 조선에서의 철군을 적극적으로 고려하였다. 1948년 9월 20일 소련군은 1949년 1월 1일 이전에 조선에서 철군을 완료할 것이라고 일방적으로 선포하였다.[120]

1949년 3월 김일성이 이끄는 조선 정부 대표단이 소련을 방문하여 조소경제문화협정에 서명하였다.[121] 주목할 점은 소련의 세력 범위 안에 있었던 국가들과는 달리, 조소 양국 사이에 동맹 성격을 갖는 "우호협력조약"을 체결하지 않았다는 사실이다. 일부 학자들은 이를 근거로 "조선은 러시아가 특별히 관심을 갖는 지역이 아니었다"고 주장하였다.[122] 그러나 사실은 그렇지 않다.

조선반도가 통일되고 소련에 우호적인 정부가 수립됐다면 모스크바는 당연히 안심할 수 있다. 그러나 현 상황처럼 분열된 조선반도가 또 하나의 냉전의 전장이 될 수도 있다는 우려가 있었다. 그러니 소련이 어찌 관심을 기울이지 않았겠는가? 다만 베를린 위기가 이제 막 지나갔고 소련의 핵심 이익은 여전히 유럽에 있었기 때문에, 스탈린은 북조선이 원동지역의 보호장벽 역할을 하며 발전하고 소련에 충성을 다하는 것으로 만족하려 했다. 스탈린으로선 조선 통일의 책임과 부담을 떠안기를 원치 않고 있었을 뿐이었다. 그 이유는 미국을 자극하여 소련의 역량이 미치지 않는 시기와 지역에서 서구세력과 분쟁과 충돌이 발생하는 것을 피하고자 했기 때문이다.

불행한 것은 조선이었다. 이리를 쫓아내니 호랑이가 들어오는 격으로 일본 식민통치에서 벗어나자마자 미소의 세력 범위로 분할 편입되었기 때문이다. 마침 이때 조선반도와 인접한 또 하나의 대국에서 격변이 일어났다. 중국공산

119) Шин В.А. Китайикорейские государства вовторойполовинеXXстолетия, Москва: Изд-во МГУ, 1998, с.26.

120) Тихвинский С.Л.(отв. ред.) Отношения советского союза с народной Кореей, с.48-49, 53-54.

121) 상세한 내용은 다음을 볼 것. Тихвинский С.Л.(отв. ред.) Отношения советского союза с народной Кореей, с.67-68.

122) Ткаченко В.П. Корейский полуостров и интересы России, Москва: Восточная литература РАН, 2000, с.17.

당이 정권을 탈취하고 북조선과 더불어 소련의 위성국으로 전락하는 일이 똑같이 벌어진 것이다. 이는 장래의 중조관계가, 중소관계 및 조소관계에 의해 크게 영향을 받을 것이라는 점을 예시하는 사건이었다.

제2절 정권 수립 시기 양당 관계

1928년 10월 코민테른이 조선공산당 각 파벌을 승인하지 않는다고 발표하기 전, 소수의 조선 혁명가들이 중공에 가입한 것을 제외하면, 중국과 조선의 공산당 사이에 직접적인 교류가 없었다는 사실은 연구를 통해서 밝혀졌다. 1930년대 초 중국으로 이주한 조선인 혁명가들과 공산당원들은 연이어 중국공산당에 가입하였다. 그들은 개인 신분으로 입당(동북지역의 경우)하였거나, 반파시스트 국제동맹의 명의로 중공의 지도를 받았다(중국 관내 지역의 경우).

따라서 여전히 양당 사이에는, 당 대 당의 관계가 존재했다고 할 수 없었다. 2차 대전 종전까지 소련(하바로프스크)과 중국에서 활동하던 조선공산당원들이 귀국하고, 소련공산당의 지원하에 통일된 조선노동당이 수립된 이후에야 비로소 중조 양당은 초보적인 관계를 수립할 수 있었다.

1945~1949년, 중국 대륙과 조선반도 북부에 공산당 정권이 동시에 수립되는 역사적 상황이 출현하였다. 이는 이 시기 중조관계에 있어 가장 주목할 만한 역사적 배경이었다. 그러나 대부분의 연구는 중화민국과 대한민국 임시정부의 관계만 다루고 있다.[123] 일부 연구만이 중국공산당과 조선노동당과의 관계를 다루고 있을 뿐이다. 그것도 국공내전 시기 북조선의 중공에 대한 지원만 간단히 언급하고 있을 뿐, 이에 대한 논증과 분석도 결여되었다.[124] 필자는 중국,

---

123) 다음을 참고할 것. 杨昭全, 「建国60年来我国的朝鲜·韩国史和中朝, 中韩关系史研究综述」, 『朝鲜·韩国历史研究』 第12辑(2012年), 468-474쪽.

124) 가령, 이종석, 『북한-중국관계』, 59-70쪽; 赵素芬, 『周保中将军传』, 北京: 解放军出版社, 1988年, 516-522쪽; 赵俊清, 『周保中传』, 哈尔滨: 黑龙江人民出版社, 2009年, 493, 590-591쪽; 姚光, 「解放战争时期朝鲜人民对我国的支持」, 韩俊光, 金元石主编, 『中国朝鲜族历史研究论丛』 Ⅱ, 哈尔滨: 黑龙江朝鲜民族出版社, 1992年, 53-57쪽.

북한, 러시아, 미국의 관련 당안과 사료를 이용하여 이 시기 중조 양당 관계에 대한 기초적인 정리를 진행하였다.

당시 중공과 조선이 함께 직면했던 문제는 2차 대전 이후 형성된 양대 진영의 냉전 국면이 중조관계 발전을 현저히 제약하였다는 점이다. 북조선은 소련의 위성국이 되었고 중공의 성패도 소련의 대중 정책에 크게 의존하였다. 이때문에 소련 요인은 중조 양당 관계에서 중요한 역할을 하였다.

중국(주로 동북지역)에는 백여 만 명의 조선 이주민이 생활하고 있었고, 중공 내에는 많은 조선족 간부와 전사들이 있었다. 이들은 과계민족으로서 이들 중 절대다수는 국적이 확정되지 않았던 상태였으며, 동시에 비교적 강한 민족 정서를 가지고 있었다. 그리하여 중조 두 혁명 동지는 민족의식의 갈등에 빠지게 되었다.[125]

이러한 정치적·역사적·민족적 배경은 이 시기 중조 양당 관계의 특수성을 구성하였다. 즉 상호 지지와 협조는 물론, 피할 수 없는 대립과 모순도 공개적으로 드러내지 않는 듯했다. 전체적으로 볼 때 신 중국 수립 이전 조중 양당 관계는 여전히 가까운 듯 가깝지 않은 상태에 처해 있었다.

1. 동북 내전 시기 조선이 제공한 원조

국공내전 시기 중조관계에 관하여 학자들은 통상 조선의 중공에 대한 원조, 즉 중국혁명을 지원한 각종 상황을 말한다. 김일성 본인도 저작과 회고록에서 여러 차례 이를 언급하였다.[126] 일부 북한의 저서들은 이에 대해 다음과 같이

---

125) 1950년대 초까지 중국에 와서 사는 조선인들 대부분이 국적을 확정하지 않았다. 이들에 대한 호칭에 대해 사료에는 "조선족", "한인", "조교(朝僑)", "한교(韓僑)" 등으로 나와 개념이 혼란스럽다. 필자가 이 개념을 사용할 때 사료에 의존하거나, 오직 글쓰기의 편의에 따를 뿐, 전혀 국민속성에 대한 명확한 정의를 내리지 않았다. 1953년 이후엔 개념이 비교적 명확해졌다. 일반적으로 조선민족 가운데 중국 국적을 취득하지 않은 이들을 "조선인"으로 통칭하고, 중국 국적을 취득했으면 "조선족", 중국에 거류하지만 중국 국적을 취득하지 않은 이들을 "조교(조선 교포 – 역자 주)"라 한다.

126) 『金日成全集』(조선어판) 第2卷 19-24쪽; 第6卷 260-262쪽; 第8卷 384-389쪽, 平壤 朝鮮 劳动党出版社, 1992, 1993, 1994年; 『金日成回忆录: 与世纪同行』第8卷, 223-225, 261-265쪽. 흥미로운 것은 평양출판사 중문판 『金日成著作集』에는 이 문장들이 전혀 수록되지 않았다는 점이다.

찬양을 아끼지 않는다.

즉, 국제공산주의 운동과 세계혁명의 눈으로 중국혁명을 보았으며, 동북 해방전쟁 시기 조선부대는 "주력부대로서" 중국의 "장병들을 선동하고 용기를 북돋아"주었다고 주장하였다. 또한 국공내전의 엄혹한 시기에 김일성은 직접 단동(안동)에 가서 요동군구 작전회의에 참석하고, "어려움을 겪던 상황을 뒤집는 전략전술을 명확히 제시"하였으며, 또한 포병 여단을 파견하여 중공의 작전을 지원하고, 동북지역에서부터 해남도 해방 전역까지 참전하였다고 서술하고 있다. 아울러 1949년 2월, 중공은 평양에 사람을 보내 조선이 중국의 해방전쟁을 끝까지 도와 줄 것을 요청하였고, 김일성은 "흔쾌히 승락하였다"고 주장하였다.[127]

물론 이러한 표현들에는 과장과 허풍, 심지어 허구적 요소도 있다. 하지만 국공내전 당시, 북조선이 중국에 대규모 지원을 제공하였다는 것은 기본적인 역사적 사실이다.

지정학적으로 볼 때, 동북지역이 중국혁명의 승리에서 갖는 의의는 말할 필요도 없다. 일찍이 항일전쟁 승리의 전야에 모택동은 중공 제7차 당대회에서 "동북지역은 극히 중요한 지역"이며 혁명 승리를 위한 "기반"이라고 강조하였다.[128] 일본의 패망 직후, 국공 양당 간에 동북지역 확보를 위한 쟁탈전이 시작되었고, 1945년 9월 24일 중공 중앙의 대리주석 유소기는 동북국에 주력부대를 집중적으로 "열하, 외몽고, 소련, 조선 지역과 인접한 지역으로 배치하여 근거지를 개척하고 발전을 도모해야 한다"고 지시하였다.[129] 9월 28일에는 재차 "아군을 동북지역에 배치하는 기준은, 먼저 소련 · 조선 · 외몽고 · 열하 등 의존할 수 있는 중요한 도시와 향촌을 등지고 지구전 투쟁 기지를 구축해야 한다"고 강조하였다.[130]

---

127) 吉在俊, 李尙典, 『金日成与中国东北解放战争』, 韩宽浩等译, 平壤: 外文出版社, 2011年, 62, 139, 168쪽.

128) 中共中央文献研究室编, 『毛泽东文集』 第3卷, 北京: 人民出版社, 1996年, 410-411쪽.

129) 中共中央文献研究室编, 『刘少奇年谱(1898-1969)』 上卷, 北京: 中央文献出版社, 1996年, 502쪽.

130) 中央档案馆编, 『中共中央文件选集』 第15册, 北京: 中共中央党校出版社, 1991年, 300쪽.

국민당 대군이 국경까지 진격하고, 소련 점령군도 외교적 고려에서 지원하지 않는 불리한 상황에서 중공 중앙은 "큰 길을 내어주고 양 옆길을 점령(让开大路, 占领两厢)"하며 동북지역 근거지를 수립하는 대응방침을 제시하였다.[131] 중공 중앙의 뜻에 따라 동북국은 1945년 12월 15일, 동북업무의 핵심은 "조선, 소련, 외몽고 그리고 열하를 배후로 하는 대규모의 견고한 근거지를 만드는 것"이라고 설명하였다.[132]

위에서 언급한 지시의 수사적 변화에서 알 수 있듯, 중공은 조선이 제공할 수 있는 실제적 지원을 점점 더 중요하게 보았다. 중공은 장기간 동북으로부터 멀리 떨어져 있었기 때문에 급히 이 지역에 근거지를 수립하기에는 당연히 기반이 부실했고 어려움이 가중되었다. 부대를 이끌고 동북에 진입한 황극성(黄克诚)은 1945년 11월 26일 모택동에게 보낸 전보에서, 중공과 예하부대에는 동북에서 "7가지가 없는 상황"이라고 보고하였다. 즉, 당 조직과 대중 지지가 없고, 정권이 없으며, 식량, 경비, 의약품, 의복·신발·양말이 없었다는 것이었다.[133]

1946년 4~5월, 국민당의 대규모 병력이 북진하고 소련 점령군이 잇따라 철수함에 따라 중공은 동북에서 위기에 직면하였으며 견고한 근거지 구축이 무엇보다 급선무였다. 또한 근거지의 군사적·경제적·사회적 공급 보장에서 조선의 지지와 원조는 지극히 중요한 요소 중의 하나였다. 이를 위해 당시 동북국 부서기였던 진운(陈云)은 "북조선을 통한 수륙 운송로를 빌려 다급한 아군의 물자 운송 문제를 해결"할 것을 지시하였다.[134] 조선에 대한 동북국의 원조 요청은 주로 두 가지 방식을 통해 이루어졌다. 즉, 개인관계와 기구설립의 방식이었다. 일반적으로 상황이 급하고 특수할 때는 개인 채널을 이용했고, 사무기구를 통해서는 일상 업무를 처리하였다.

---

131) 『刘少奇年谱』上卷, 530-531, 534-535쪽.

132) 『辽沈决战』下册, 600-601쪽.

133) 『黄克诚自述』, 北京: 人民出版社, 1994年, 196-197쪽.

134) 赵俊清, 『周保中传』, 493쪽.

김일성은 옛 정을 잊지 않는 사람이었다. 특히 전장에서 그와 어깨를 나란히 맞대고 도왔던 중국 전우들에 대해 그러하였다.[135] 그리하여 항일연군 교도여단(대외적으로는 소련 원동 홍기군 제88특별보병여단) 여단장 주보중과 항일연군 부대는 중조 양당 관계의 중요한 연결 고리가 되었다.[136] 김일성과 주보중은 헤어진 뒤에도 통신 연락을 유지하였다.[137]

주보중이 처음 조선에 온 것은 1946년 3월 동북민주연군 부사령관 신분으로 급히 조선에 지원을 요청하기 위해서였다. 이때 김일성은 특별히 평양에서 도문(图们) 맞은편 함경북도 남양으로 달려와 그와 만났다. 김일성은 "중국 전우들과 동북에서 치르는 전쟁 관련 문제들은, 우리가 모두 해결할 것이고 일체의 가능한 지원을 제공할 것"이라고 회답하였다.[138] 이후에도 주보중은 자신의 아내이자 전우였던 왕일지(王一知)를 네 차례에 걸쳐 조선에 보내 지원을 요청하였다. 기타 항일 연군 전우인 팽시로(彭施鲁), 왕효명, 강환주(姜焕周) 등도 각각 자신이 속한 부서의 위탁을 받아 이와 같은 업무를 수행하였다.[139]

---

135) 김일성은 회고 중 상당히 많은 부분을 할애하여 혁명 승리 후 자신과 중국 전우들과의 우정을 언급하였다.(『金日成回忆录: 与世纪同行 第8卷』, 215-234쪽) 주보중이 1954년 12월 북경에서 요양할 때, 중국을 방문 중이던 김일성은 직접 이화원 요양지를 방문하였다(中共吉林省委党史研究室编, 『周保中将军和他的抗联战友』, 长春: 吉林教育出版社, 1993年, 86쪽). 1964년 2월 주보중이 병으로 사망했을 때, 김일성과 최용건은 특별히 조문을 보냈다(中共中央对外联络部二局, 『中朝贺唁电汇集(1949-1979)』, 1980年 12月, 183쪽). 필자가 전에 수많은 항일연군 후손들을 인터뷰하였는데 그들은 이구동성으로 같은 말을 하였다. 즉, 김일성과 조선 정부는 늘 항일연군 전우와 그 가족들을 북한으로 초청하여 국빈급으로 융숭한 대접을 하였다. 1994년 김일성이 사망했을 때, 조선 정부는 어떠한 외국 대표단의 조문도 받지 않는 게 원칙이었지만 김정일의 지시로 특별히 "김일성 주석과 함께 전투를 치렀던 전우 및 그 자녀들"은 평양에 와서 추도 활동을 하게 하였다. 필자는 2014년 주보중의 딸 주위(周煒), 풍중운의 딸 풍억라(冯忆罗), 팽시로의 아들 팽월관(彭越关), 왕효명의 아들 왕민(王民), 그리고 우보합(于保合)과 이재덕(李在德)의 아들 우명(于明) 등을 인터뷰하였다.

136) 항일연군 및 주보중과 김일성의 관계에 대한 상세한 내용은 이 책의 서장을 참조.

137) 周保中, 『东北抗日游击日记』, 828쪽.

138) 『金日成回忆录: 与世纪同行』 第8卷, 224쪽; 吉在俊, 李尚典, 『金日成与中国东北解放战争』, 117-119쪽.

139) 赵素芬, 『周保中将军传』, 517-522쪽; 『金日成回忆录: 与世纪同行』 第8卷, 224-227쪽; 中共吉林省委党史研究室编, 『周保中将军和他的抗联战友』, 81쪽.

• 평양 인민군 총사령부에서 왕효명과 왕일지. 팽시로.

• 1948년 11월 1일, 평양을 방문한 중국조선인대표단, 항일연군 노전우 단체 사진.
  앞줄 좌측부터 허창숙. 김영숙(김철우의 부인). 김철우. 뒷줄 오른쪽부터 이재덕과 박경옥.

• 1948년 8월~11월, 조선의 요청으로 조선을 방문한 주보중 부부, 11월 19일 김일성 자택에서 고별하기 전 단체 사진. 앞줄 좌측부터 김정일. 주위(周伟). 뒷줄 김일성. 김정숙. 왕일지. 주보중.

중공 동북국은 국내와 국외에 조선과 연락하는 사무소를 각각 개설하였다. 1946년 6월 동북국과 동북민주연군사령부는 동만지역 근거지의 항구도시 도문에 사람을 파견하고 사무소를 개설하였다. 주요 업무는 북조선의 남양시로 연결되는 도문강 대교를 보호하고 교통 운송의 원활한 소통 보장과 왕래하는 인원의 안전, 전방의 물자 공급 보장 등의 책임을 지는 것이었다. 9월에는 동북무역총공사 도문 사무소를 개설하고, 동북국 사무소와 병합하여 업무를 수행하였다.

그해 11월 동북국은 도문 사무소를 동북국 민주연군총부와 길림군구의 "대표기관"으로 규정하고 요빈(饶斌)을 처장에 임명했으며, 그 직책은 "대외 무역정책과 대외 교섭을 관할"로, 길림성의 수출입 업무를 전담하며, 치안과 세관 및 출입경 업무도 겸하여 맡도록 하였다. 1947년 6월에는 동북행정위원회 도문 주재 사무소로 개칭하였다.[140]

1947년 7월 동북국은 주리치(朱理治)와 소경광(蕭勁光)을 평양으로 파견하여 동북국 조선 주재 사무소를 개설하였다. 대외적으로는 조선리민공사(朝鮮利民公司)라고 칭하였다. 같은 해 9월 소경광은 귀국하였고, 주리치는 평양에 남아 동북국 조선 주재 전권대표를 맡았다. 사무소의 주요 임무는 북조선과 교섭하여 부대 부상 병력의 철수와 배치, 전략물자 이관, 동북 각 근거지 간의 소통 및 대련(大連)과의 물자교류, 출입경 인원에 대한 조치, 군수물자 구매, 경제무역거래의 촉진, 조선 거주 화교들에 대한 업무 협조 등이었다. 사무소는 남양, 신의주, 만포, 나진에 분소를 개설하였다.[141]

조중 양국 모두 사무소 업무를 중요하게 여겼으며, 조선노동당 평안북도위원회와 인민위원회 내무성 모두 이를 위해 많은 역량을 투입했고, 동북국 재정위원회 서기 이부춘(李富春)도 평양에 직접 가서 상무협상을 지휘하였다.[142] 주리치는 김일성, 최용건 등 조선의 지도층과 밀접하게 교류하였으며, 언제나 박일우, 무정, 강건(강신태, 姜信泰) 등 과거 중국에서 시간을 보냈던 간부들과 옛일을 회상하며 자주 술자리를 가졌다. 조선 주재 소련군 군관도 사무소에 들러 술자리를 가지며 교류하길 좋아하였다.[143]

현재 널리 인용되지만 혼란을 주는 사료에 대한 정리와 고증을 통해, 조선이 제공한 원조를 대체로 다음 몇 가지로 나타낼 수 있다.

첫째, 무역 방식을 통해 중국에 긴급 물자를 제공하였다. 양국의 물자 교류

---

140) 中共中央文献研究室编, 『陈云文集』 第1卷, 北京: 中央文献出版社, 2005年, 554-555쪽; 蒋泽民, 「解放战争时期的图们办事处」, 姚作起编, 『硝烟千里—解放战争时期的朝鲜族人民』, 沈阳: 辽宁人民出版社, 1997年, 102쪽.

141) 丁雪松等, 「回忆东北解放战争期间东北局驻朝鲜办事处」, 『中共党史资料』 第17辑(1986年), 197-200쪽.

142) 中共河南省委党史研究室编, 『纪念朱理治文集』, 北京: 中共党史出版社, 2007年, 240쪽; 丁雪松 等, 「回忆东北解放战争期间东北局驻朝鲜办事处」, 204-205쪽.

143) 吴殿尧, 宋霖, 『朱理治传』, 北京: 中共党史出版社, 2007年, 468-470쪽.

는 주로 1년에 한 번씩 체결하는 무역협정에서 잘 드러났다. 조선의 수출품은 주로 군용 황산과 초산, 다이너마이트, 폭약 등과 기관차, 기계, 교량 재료, 연료용 유류, 무연탄, 수산물 그리고 민수용품(포목, 면화, 신발, 모포, 소금, 성냥)이었다. 1946년과 1947년 봄, 산동에서 활동하던 중공군은 두 차례에 걸쳐 폭약 420톤, 초산 200톤, 아세톤 100톤, 뇌관 300만 개, 도화선 120만 미터 그리고 신발 15만 켤레를 구매하였다.[144]

중공 측의 주요 수출품은 식량, 유연탄 및 역청과 생활용품들이었다. 1946년 11월 진운의 지시로, 1947년 1월부터 북만지역에서 매월 식량 2,500톤이 조선 지역으로 운송되었다.[145] 1947~1948년에만 중공은 증여와 물물교환 방식으로 조선에 5만 톤 가까운 식량을 제공하였다.[146] 이외에도 주한미군 정보에 의하면, 긴급상황이 발생할 경우 중공 군대는(이홍광 지대 경우와 같이) 몰래 사람을 보내 국경을 넘어 조선으로 들어가 조선 측과 직접 접촉하여 식량과 군수물자를 교환하기도 하였다.[147] 이 시기 양측의 무역 총액에 대한 자료는 지금까지도 발견되지 않고 있다.

둘째, 조선 내에 중공군을 위한 피난처를 제공하였다. 1946년 여름 국민당 군대가 심양, 장춘을 점령하면서 중공의 남만과 북만 조직은 단절되었고 10월에는 남만지역에 대한 대규모 공격이 시작되었다.[148] 중공군은 어쩔 수 없이 후퇴를 시작하였지만 부상 병력과 군인 가족들은 부대를 따라가기 어려웠고, 대량의 물자들도 휴대하고 이동하기는 어려웠다. 이에 중공 동북국은 조선에 도움을 요청할 수밖에 없었다. 중국학자들의 연구에 따르면 1946년 11

---

144) 丁雪松等, 「回忆东北解放战争期间东北局驻朝鲜办事处」, 204-205쪽; 中共中央文献研究室编, 『陈云年谱(1905-1995)』上卷, 北京: 中央文献出版社, 2000年, 468쪽.

145) 『陈云年谱』上卷, 472쪽.

146) 丁雪松等, 「回忆东北解放战争期间东北局驻朝鲜办事处」, 207쪽.

147) 상세한 보고는 다음을 볼 것: Institute of Asian Culture Studies, Hallym University(ed.), HQ, USAFIK, Intelligence Summary Northern Korea, 1989, Vol.1, No.30, pp.489-490; Vol.2, No.35, pp.32-33; Vol.4, No.152, pp.98-102. 조선의 자료도 부분 정보는 진실성을 증명할 수 있어 보인다. 다음을 볼 것. 吉在俊, 李尚典, 『金日成与中国东北解放战争』, 74-75쪽.

148) 『辽沈决战』下册, 620쪽.

월, 주보중은 왕일지를 두 차례 조선에 파견하며 김일성에게 남만부대 가운데 2만여 명의 부상병과 군인 가족들 및 보급 인원과 2만여 톤의 물자를 조선으로 이동시키는 문제를 해결해줄 것을 요청하였다.[149] 조선의 저작에서도, 김일성은 당시 요동군구 사령관 소화(蕭華)의 요청을 받고 직접 안동으로 달려가 회의를 거쳐 중공 부대의 부상 병력과 기타 인원을 수용하기로 결정하였다고 언급하고 있다.[150]

어찌됐든, 중공의 당사 자료들은 당시 안동 철수 전에 "이미 안동성 정부는 대량의 군수물자와 기타 주요 물품들을 태평초(太平哨)와 조선으로 옮기기 시작"했음을 분명히 보여준다.[151] 이 밖에 주리치가 동북국에 보고한 내용에 따르면 통화와 안동지역이 함락된 뒤, 중공은 15,000여 명의 부상 병력과 군인 가족들을 북조선으로 퇴각시켰다. 이들은 조선 주민의 집에 분산 배치되었고 중상자들은 입원시켜 치료받도록 하였다. 1947년 6월까지도 2,000여 명이 조선에 체류하였다.

중공이 조선에 임시로 보관을 맡긴 물자는 약 2만여 톤이었는데, 물자의 이동은 모두 조선노동당 당원들의 지원하에 이루어졌다.[152] 뿐만 아니라, 소규모 부대를 남겨 유격전을 전개하는 것 외에, 중공 안동지위 당정기관과 지방 무장 세력은 모두 조선으로 철수하였다.[153]

이외에 조선은 중공군의 전세가 불리해질 때 도망갈 수 있는 피난처가 되었다. 가령 1946년 6월, 무장혁명을 일으킨 국민당군 184사단이 두율명

---

149) 赵素芬, 『周保中将军传』, 518-520쪽. 김일성회고록에는 해당 시기가 1947년 초라고 기록돼 있다.(『金日成回忆录: 与世纪同行第8卷』, 225쪽) 그러나 이는 오류다.

150) 吉在俊, 李尚典, 『金日成与中国东北解放战争』, 109-110쪽. 한국학자의 저작에도 이 일이 언급되었다. 다음을 볼 것. 이종석, 『북한-중국관계』, 65쪽.

151) 中共辽宁省委党史研究室, 中共丹东市委党史研究室编, 『解放战争时期的安东根据地』, 北京: 中共党史出版社, 1993年, 10쪽.

152) 『纪念朱理治文集』, 240쪽. 국경을 넘어 온 부상자 등이 총 18,000명이며, 전략물자의 85%를 압록강 동편으로 옮겼다는 자료도 있다. 丁雪松等, 「回忆东北解放战争期间东北局驻朝鲜办事处」, 201쪽.

153) 『解放战争时期的安东根据地』, 12쪽.

190   최후의 천조(天朝)

(杜聿明) 부대의 추격에 쫓겨 압록강 근처 집안에 이르렀을 때, 더 이상 도망갈 곳이 없었지만 조선이 입경을 허락한 뒤로 겨우 곤경에서 벗어날 수 있었다.[154] 한국독립당 동북특파원 판사처 보고에 따르면 "중앙군이 안동에 진주했을 때, 팔로군 약 4만 명이 조선으로 입국하였다."[155] 이 밖에 미군 정보당국은 "보수적 추산"으로, "1~2만 명의 중공군이 북조선으로 피난했을 가능성이 있다"고 보았다.[156] 정리하면, 주리치가 동북국에 보고한 내용은 정확하다. "북조선은 남만지역에서 중공의 큰 후방기지의 역할을 하였다."[157]

셋째, 조선은 중공의 물자와 군인 수송을 위한 수송로를 개통하였다. 군사적으로 중공군은 기동전에 매우 능하였다. 동북지역의 대도시가 적에 점령되어 수송로가 두절된 후 조선은 중공의 물자와 군대의 필수적인 우회로가 되었다. 협의를 거쳐, 동북국은 조선에 4개 방면의 수륙 운송로를 만들었다. 즉, 안동−신의주−남양−도문선, 통화−집안−만포−도문선, 대련−남포선과 대련−나진선이었다.[158]

조선으로 이동시킨 물자 중 가장 대표적인 것은 무기 공장 설비로, 1946년 6월 동북민주연군 군공부(軍工部)의 기차 화물칸 300여 개 분량의 기계와 물자가 통화에서 출발하여 도문과 남양을 거쳐 훈춘으로 향했다. 이 밖에도 군공부의 탄약공장, 제강소, 화학공장 역시 조선의 아오지 지역으로 이동한 후, 나중에 다시 훈춘지역으로 이동하였다.[159] 양쪽의 합의에 따라 조선은 운송 물자에 대해서 1% 미만의 국경통과세만 받았고, 운임도 매우 저렴했으며 어

154) 赵素芬, 『周保中将军传』, 516-518쪽; 赵俊清, 『周保中传』, 590-591쪽.

155) 闵石麟, 『韩国现况报告』, 1947년 1월 17일, 中国国民党党史会, 特档 016-4. 다음에서 재인용. 石源华, 「战后韩国驻华代表团与中国政府关系述考」, 『韩国研究论丛』 第20辑(2009年), 269-271쪽.

156) HQ, USAFIK, ISNK, Vol.1, No.25, pp.386-391.

157) 『纪念朱理治文集』, 242쪽.

158) 丁雪松等, 「回忆东北解放战争期间东北局驻朝鲜办事处」, 203쪽.

159) 张维权, 「珲春军工生产基地」, 『延边历史研究』 第3辑(1988年), 193-194쪽.

떤 때는 면제해주기도 하였다. 긴급 물자일 경우는, 심지어 조선 측 자신들의 객차 운행을 중단하기까지 하였다.[160) 불완전한 통계지만, 1947년 1~7월 운송된 물자는 모두 21만 톤에 달했고 1948년 한 해에만 30.09만 톤에 달하였다.[161)

중공군의 조선 국경 내 진입과 이동 상황은 주한미군의 정보에 대량으로 포착되었다. 예를 들어 "1946년 8월, 중공군은 만포, 청진과 정주의 광활한 지역에 분산되어 있다", "국민당이 안동지역을 점령한 즉시, 대규모의 중공 군대가 북조선으로 이동하는 일이 발생하였다", "북조선의 거의 모든 철도망이 이들 중공군의 이동에 이용되었다 …(중략)… 1947년 1월 중공군은 아직도 계속해서 함경도 지역 흥남으로 이동하였다" 등과 같은 것이다.

미국 정보요원의 총체적 평가는 다음과 같았다. "조선으로 들어간 중공 군대의 인원수는 5~7.5만 명 정도로 보인다. 중공은 북조선을 후방기지로 활용하고 있으며, 북한은 현재 만주지역 전장을 지원하고 있을 가능성이 있다."[162)

수치는 정확하지 않지만 중공군의 이러한 이동 의도에 대한 미군의 판단은 정확한 것이었다. 중국 측 관련 자료는 매우 완전하지 않고 통계 또한 항구를 통해 정상적으로 국경을 통과한 인원만 다루고 있다(요동지역에서 왕래한 간부는 포함되지 않았다). 1947년 6월까지 약 2만 명, 1948년에만 도문에서 남양으로 이동한 인원은 8,685명이었다.[163) 어쨌든 중공에게는 조선과 같은 전략적 활동 공간의 존재가, 이들이 남만지역 전세를 역전시키는 데 중요한 역할을 하였다. 주리치가 보고한 것처럼 동북국은 조선을 위장된 후방기지로 삼아 남만 작전을 지원하는 목적을 실현하였다.[164)

---

160) 『紀念朱理治文集』, 240쪽.

161) 丁雪松等, 「回忆东北解放战争期间东北局驻朝鲜办事处」, 202쪽.

162) HQ, USAFIK, ISNK, Vol.1, No.30, pp.485-489.

163) 『紀念朱理治文集』, 240쪽; 丁雪松等, 「回忆东北解放战争期间东北局驻朝鲜办事处」, 203쪽.

164) 『紀念朱理治文集』, 242쪽.

• 1948년 12월, 북조선을 지나 동북해방구에 도착한 민주인사들 (좌측부터): 전백찬(翦伯贊, 이후 북경대학 부교장), 마서륜(马叙伦, 중국민주촉진회 초대주석), 환향(宦乡, 이후 유럽각국대사를 역임, 중국사회과학원 부원장), 곽말약(郭沫若, 이후 중국문학예술계연합회주석, 전국정치협상회의 부주석), 진기우(陈其尤, 중국치공당 중앙주석), 허광평(许广平, 노신의 부인), 풍유방(冯裕芳, 손문의 추종세력 혁명가), 후외려(侯外庐, 이후 중국사회과학원 역사연구소 소장), 허보구(许宝驹, 중국국민당혁명위원회의 창설자 중 일인), 연관(连贯, 이후 전국정치협상회의 부비서장, 중국공산당 중앙대외연락부 부부장), 심지원(沈志远, 이후 출판총서편역국국장, 중국인민은행 고문), 조맹군(曹孟君, 중국민혁동맹비서장), 구철(丘哲, 중국민주연맹의 창설자), 가장 우측은 중공안동지역 책임자. 周海婴: 『历史的 "暗室"』. 广西师大出版社. 2011年. 44쪽을 참고하였음.

넷째, 조선은 중공군에 무기와 탄약을 무상으로 제공하였다. 국공내전 초기, 중공군의 무기와 탄약 부족이 매우 심각하였으며, 국공 양당 간의 군사력은 큰 차이가 있었다. 1945년 말, 동북 인민자치군의 병력은 총 10만여 명이었다. 그러나 소총은 4만여 정에 지나지 않았으며 기관총은 1,244정, 척탄통 59개, 박격포는 64문뿐이었다.[165]

---

[165] 刘统, 「解放战争中东北野战军武器来源探讨」, 『党的文献』 2000年 第4期, 78쪽.

1946년 1월, 주은래는 소련 대사에게 중공군은 "대포와 기타 무기들의 부족으로 점령지역을 방어할 수 없다"고 통보하였다. 같은 해 2월 주은래는 소련 대사에게 미군사령부가 국민당에게 50개 사단 규모의 군사장비 및 비행기, 전함을 제공할 것을 결정한 명령을 보여주었다.[166] 주은래가 이러한 행동을 한 이유는 중공에도 소련이 원조를 제공하길 희망했기 때문이다.

양규송(杨奎松) 교수의 통계에 따르면 1946년 여름과 가을, 중공은 소총과 권총 20~30만 정, 기관총 8,000정, 각종 화포 1,000여 문을 획득하였다.[167] 그러나 중공 중앙이 이 무기들을 모두 동북에 남겨놓은 것이 아니라는 점은 분명하다. 예를 들면, 1945년 11월 11일 팽진(彭真)이 모택동에게 보낸 전보에서, 소총 12,500정과 기관총 300정을 열하지역으로 운반하였다고 보고하였다.[168] 1946년 여름, "화북지역 전투가 치열하여, 탄약이 극히 부족"하였기 때문에, 중앙은 요동군구와 동북국에게 소련과 연락을 취해 화북지역으로 대량의 탄약을 보내줄 것을 연이어 요구토록 하였다.[169] 따라서 1946년 5월 말 북만주로 후퇴하였을 때, 동북 민주연군의 병력은 32만여 명이었지만 소총은 16만 정, 경기관총 4,033정, 중기관총 749정, 각종 화포는 556문뿐이었다.[170] 이 때문에 1946년 10월 3일 임표(林彪)는 소련에 대표를 파견하여 군사원조를 요청하였다.

러시아학자는 이것이 해당 시기 중공이 소련에게 군사원조를 요청했던 유일한 문건이라고 주장하였으며 소련 측은 이 요청에 회신하지 않았다.[171] 이는 소련이 중공을 원조하여 외교 분쟁이 발생하는 것을 원하지 않았음을 보여준다. 이러한 상황에서 중공을 원조하는 책임은 김일성의 어깨에 지워졌다.

---

166) АВПРФ, ф.0100, оп.34, п.253, д.20, л.7, 16-17, Самохин А.В. Советская военная помощь КПК, 1945-1946 гг. ǁ Россия и АТР, 2007, No.3, pp.62, 63-64.

167) 杨奎松, 「关于解放战争中的苏联军事援助问题」, 『近代史研究』 2001年 第1期, 304쪽.

168) 本书编写组, 『彭真年谱』 第1卷, 北京: 中央文献出版社, 2012年, 315쪽.

169) 군사위가 소화(萧华)와 증극림(曾克林)에게 보낸 전보, 1946년 7월 4일; 중앙이 동북국에 보낸 전보, 1946년 8월 24일.

170) 刘统, 「解放战争中东北野战军武器来源探讨」, 『党的文献』 2000年 第4期, 80쪽.

171) АВПРФ, ф.0100, оп.34, п.254, д.30, л.27, Самохин А.В. Советская военная помощь КПК (1945-1946 гг.) ǁ Россия и АТР, 2007, No.3, pp.64-65.

그렇다면, 조선은 해당 시기 대체 얼마나 군사원조를 중공에 제공했는가에 대하여 현재까지 명확한 수치는 발견되지 않았다. 주리치가 보고한 바에 따르면 1947년 6월에 조선이 동북국에 원조한 물자(일부 교환물자 포함)는 모두 4번에 걸쳐 객차로 대략 800~1,000량에 달했고, 이 가운데 주요 물자는 일본군이 조선에 남겨둔 군용 물자였다.

이 물자들은 김일성이 자발적으로 소련에게 건의하여 중공을 도운 것이다.[172] 이 중에는 일부 무기류도 포함되어 있는데 어떤 무기들이었는지는 보고서에 자세히 나와 있지 않다. 일부 김일성의 회고를 인용하는 조선의 저작들에 따르면, 1946년 진운은 모택동의 위임을 받아 평양에서 김일성과 회담하고 조선에게 무기 제공을 요청하였다. 진운이 떠난 후, 8월 26일 김일성은 총 10만 정과 일부 대포 및 탄약을 열차 30량에 실어 비밀리에 중국으로 보내도록 명령하였다.[173] 그러나 이 수치는 의심해 볼 필요가 있다. 러시아 문헌에 따르면, 1945년 9월 3일까지 북조선을 점령한 소련 제25집단군 각 부대가 노획한 일본군 무기는 보병용 소총 43,290정, 기관총 687정, 척탄통 232개, 박격포 16문, 각종 대포 134문 등이었다.[174]

조선의 중공 원조를 전반적으로 평가하자면, 중공이 전국적 정권 쟁취에 성공할 수 있었던 중요한 요인들 중 외부적 요소는 부차적인 것이었으며, 조선의 역할은 더욱 제한적이었다고 할 수 있다. 그러나 조선 입장에서는 최선을 다한 것이며 일부에서는(가령, 남만 작전의 경우) 조선의 지원이 결정적 역할을 하였다.[175] 김일성은 임표에게 보낸 서신에서 중공이 맡긴 일은 항상 힘껏 도왔

---

172) 『念朱理治文集』, 239-240쪽.

173) 吉在俊, 李尚典, 『金日成与中国东北解放战争』, 59-61쪽.

174) 제25집단군이 노획한 전리품에 관해서는 1945년 9월 3일, ЦАМОРФ, ф.379, оп.11019, д.27, л.20 를 참조.

175) 1946년 말 진운은 남만주 공작을 주관하는 업무에 파견된다. 남만주 근거지의 포기 여부를 놓고 논쟁을 벌이던 중, 진후은 "고수"할 것을 주장한다. 그 조건 중 하나로 "배후의 긴 의자"(소련과 조선의 원조를 의미)를 말하였다. 다음을 볼 것. 萧劲光, 「四保临江的战斗岁月」, 『辽沈决战』 上册, 255-256쪽. 소경광은 토론에서 "조선을 등지는 것은 우리가 뒤돌아볼 걱정이 없게 해주고, 반격에서 의탁할 곳이 있게 해준다"라고 말하였다. 이것이 중공이 남만주 작전을 고수하는 근거 가운데 하나라는 것이다. 『吉林党史资料』, 1985年 第1辑, 4-5쪽.

다고 말한 바 있다.[176] 동북에서 중공혁명의 명운이 조선과 밀접한 관계가 있다는 점을 김일성은 명확히 알고 있었다.[177] 어떤 평가를 막론하고 조선은 소국이고, 가용 자원도 제한적이었으며, 역량도 부족했지만, 중국혁명을 위해 이같은 공헌을 했다는 점은 결코 쉬운 일이 아니었다. 중조관계의 측면에서 고찰할 때, 조선의 중국 지원 문제에 관해 아직 설명이 필요한 문제 3가지가 있다.

첫째, 소련이 점령하고 있던 당시 북조선의 상황에서 모든 중요한 결정은 김일성 단독으로 할 수 없었다.[178] 조선의 중공 지원 여부는 전적으로 모스크바에 달려있었다. 소련의 동의 없이는 김일성이 지원을 원한다 해도 할 수 없었고, 김일성이 지원을 원치 않아도 소련이 요구하면 실행할 수밖에 없었다. 이 밖에도 스탈린과 모택동 간에 신뢰가 형성되지 않았고, 소련의 동북 점령 기간 동안 중공에 대한 방침도 불분명하였지만, 동북은 소련의 아시아 전략이익과 관련되어 있었기 때문에 스탈린은 결코 동북을 포기할 생각이 없었다.[179]

1946년 3월, 여론의 압력에 의해 소련군이 철군하기 전 스탈린은 이전의 신중한 태도에서 벗어나, 중공의 동북 대도시 점령을 적극 도왔으며 특히 북만을 "극도로 중시"하였다.[180] 소련은 중공에 의한 동북지역 통제가 필요한 동시에 미국의 개입으로 아시아 정세가 복잡해질 것을 우려하였다.

소련은 이에 조선을 통해서만 중공을 원조할 수 있었다.[181] 1948년 말 소련이 철군하기 이전, 조선의 중요 부처와 자원은 사실상 소련 점령군이 통제하고 있었다. 예를 들어, 조중 국경지역 경비도 6개 대대, 128개 초소를 비롯한 소련

---

176) 『纪念朱理治文集』, 239쪽.
177) 『金日成回忆录: 与世纪同行』第8卷, 223-224쪽.
178) 소련의 북조선 점령과 통제에 대한 자세한 내용은 본 장 제1절을 참조.
179) 상세한 것은 다음을 볼 것. 沈志华, 『无奈的选择─冷战与中苏同盟的命运』, 第一章.
180) 동북국이 중앙에 보낸 전보, 1946년 3월 18일; 本书编写组, 『彭真传』第1卷, 北京: 中央文献出版, 2012年, 421쪽.
181) 암암리에 중공을 원조하는 데 있어 소련 점령지 여대(여순과 대련 및 주변 지역: 역자 주)도 큰 역할을 하였다. 다음을 참조할 것. 汪朝光, 「战后中共与苏联在旅大关系研究」, 『中共党史资料』 2008年 第4期, 113-125쪽; 郑成, 「内战时期中共与旅大苏军的关系: 以『实话报』为例」; 何思凯 (Christian Hess), 「苏联人在旅顺和大连的活动(1945-55年)」; 沈志华, 李滨(Douglas Stiffler) 主编, 『脆弱的联盟: 冷战与中苏关系』, 北京: 社会科学文献出版社, 2010年, 1-27, 28-46.

의 2개 국경경비부대가 책임지고 있었다.[182] 소련군의 허가 없이 중공의 군대와 인사들은 국경을 넘을 수 없었다. 철도 운송 역시 조선의 모든 교통 분기점과 주요 역은 소련군 대표가 운영 지휘를 책임졌고, 중공 군대의 조선 경내 이동도 "소련군의 지시와 도움이 없으면 끝낼 수 없는 일이었다."[183] 따라서 큰 시각에서 보면 조선의 중공 원조는 사실상 소련의 중공에 대한 원조였다.

둘째, 국공내전 시기 조선에 체류하던 화교들도 중국의 동북지역 작전에 큰 도움을 주었다. 일본 투항 당시 조선에 체류하던 화교는 약 8만 명이었고 그중 6만 명이 북조선에서 거주하고 있었다. 1946년 12월 북조선 화교연합회가 평양에서 결성되었다. 초기에는 조선노동당 교무(僑務)위원회와 중공 동북국 조선 주재 사무처 양쪽의 지도를 받았다.[184] 화교연합회의 지도와 조직 아래 수많은 화교들이 중공의 작전을 지원하는 활동에 참여하였다. 그들은 중공 부대를 도와 부상병과 물자를 수송하고, 모금운동을 전개하고, 적극적으로 자식들을 입대시키는 등 큰 공헌을 하였다.[185] 화교들도 중공과 북조선의 연대에 일정 수준 연결고리가 되었다고 할 수 있다.

셋째, 중공과 북조선 간에는 동북지역 조선인의 신분 인정 문제가 있었다. 뒤에서 언급하겠지만, 동북 민주연군에는 확실히 조선인들이 많이 있었고, 동북지역(특히 연변지역)의 조선인들은 분명 중공혁명을 위해 뛰어난 공헌을 하였다. 그러나 문제는 이들이 도대체 중국인인지 아니면 조선인인지에 있었다. 당시 명확한 경계가 없었다. 지금까지 국제학술계는 조선이 군대를 파견해 중공의 전투를 지원한 문제에 대하여 활발한 논쟁이 있었는데, 결국 이 문제로 귀착되었다.[186]

김일성과 일부 조선의 저작들은 조선 부대가 중국 군대의 주력으로 흑룡강에

---

182) АВПРФ, ф.0480, оп.4, п.14, д.46, с.255.

183) *HQ, USAFIK, ISNK*, Vol.1, No.30, pp.488-489.

184) 楊昭全, 孫玉梅, 『朝鮮华侨史』, 北京: 中国华侨出版公司, 1991年, 302, 321쪽.

185) 상세한 것은 다음을 볼 것. Charles Kraus, "Bridging East Asia's Revolutions: The Overseas Chinese in North Korea, 1945-1950", *The Journal of Northeast Asian History*, Vol.11, No.2, Winter2014, pp.37-70; 楊昭全, 孫玉梅, 『朝鮮华侨史』, 323-325쪽.

186) 상세한 것은 다음을 볼 것. 이종석, 『북한-중국관계』, 69-70쪽.

서부터 해남도에 이르기까지 전투를 하였다고 주장하였다. 따라서 중국혁명은 조선의 도움으로 성공한 것이라고 여겼다. 그 전제는 바로 중국에서 생활하던 조선인(군인 포함)을 북조선의 국민으로 확신했기 때문이다.[187] 실제로 이는 조선인이 과계민족으로서 중국으로부터 민족정체성을 인정받는 문제를 포함하고 있어 매우 복잡한 문제이며, 오랜 기간 중조 양당과 양국관계를 괴롭혔다.

2. 중국혁명이 직면한 민족 정체성 문제 갈등

1912년 중화민국 수립으로 중국은 최소한 형식적으로는 현대적 민족국가가 되었다. 혁명당원들은 초기 "만주족을 몰아내고 중화를 회복하자"를 정치 구호로 삼아 전제정치를 타도하려 했고, 이후 "5개 민족 공화제" 주장을 받아들였다가 나중에는 다시 "중화민족" 개념을 내세웠다. 민족국가 건립이라는 시각에서 볼 때, 민족주의의 관념을 중앙과 변방지역 및 각 소수민족의 이데올로기를 통합한 것으로 간주한 것은 분명 진보이고, 소수민족의 중국에 대한 민족정체성을 촉진하는 데도 긍정적인 역할을 하였다. 하지만, 이러한 주장은 당시 정치적 호소의 범위에만 머물렀다. 특히, 다수가 중국의 변경지역에서 생활하는 과계민족(동북지역 조선족이 전형적 사례)에게 실제 영향은 그다지 크지 않았다.

실무 영역에서 과계민족의 문제를 처리할 때 가장 중요한 부분은 바로 국적 확정의 문제다. 중화민국 초기, 일부 조선족 거주민들은 중국에서 공민의 합법적 권익을 이미 누리고 있었다. 가령 연변지역 4개 현에서 조선인에 대한 제2차 중국 국적 취득 업무를 처리하였으며 많은 조선 이민자들이 이를 통해 합법적 지위를 획득하였다.[188] 하지만 전체적으로 보면 중국 국적을 취득한 조선인 수는 그리 많지 않았다. 일본의 동북 침략 음모에 대항하기 위하여 중화민국 정부가 1929년 국적법을 개정할 때, 이중국적에 대한 제한규정을 폐지하였다. 그럼에도 1930년대 동북지역의 조선 거주민들 중 실제 중국 국적 취득자는 전

---

187) 사실, 중공의 수백만 대군 중 1949년까지 조선족 장교와 사병은 모두 6만 5천 명 정도였다(하북성 당안관, 700-1-13, 7쪽), 그들을 모두 조선 국적으로 간주해도 매우 일부분에 불과하였다.

188) 延边朝鲜族自治州档案馆编, 『中共延边地委延边专署重要文件汇编』 第2集, 1986年, 14-15쪽.

체의 1/10도 되지 않았고, 무국적 조선인들이 절대다수였다.[189]

조선민족은 19세기부터 중국 이민을 시작하였고, 1910년 한일합방 이후와 1931년 9·18 만주사변 이후 등 2차례 이민 전성기가 있었다. 1945년 8월, 동북지역에 거주하는 조선인들은 216만 3천 명에 이르렀다.[190] 일본 항복 후 조선인들은 대거 귀국하였다. 중국 관내 수만 명의 한국계 교민들도 대부분 남한으로 귀환하였다.[191] 그러나 중국 관내와는 달리 중국 동북지역의 조선인 귀환자는 약 1/3 정도에 불과하였다.

1947년, 동북지역 조선인은 약 140만 명이나 있었고 그중 90% 이상이 중공 해방구 지역에서 생활하였다.[192] 이들은 귀국하고 싶지 않았던 것이 아니라 귀국할 조건이 되지 않았다. 많은 당사자들의 말에 따르면 당시 귀국자 대부분은 한반도에 친척이 있거나 경제적 여건이 비교적 좋은 도시 사람들이었으나, 남아 있는 이들은 주로 생활이 빈곤한 농민들이었다.

그들은 중국에 거류한 지 이미 2~3대가 지났으며, 주로 연변지역에 집중적으로 거주하였다. 기본적으로 스스로 모여 촌락을 형성하였고 한족들이 섞여서

---

[189] 孙日春, 沈英淑, 「论我国朝鲜族加入中华民族大家庭的历史过程」, 『东疆学刊』 2006年 第4期, 54-60쪽. 20-30년대 동북 조선인 국적 문제에 대한 더 자세한 내용은 玄千秋, 「日帝的"第一次领事会议"及对朝鲜族不公平的"二重国籍"问题」, 『火种』, 13-25쪽. 소위 "무국적"은 사실상 국적이 불분명한 경우였다. 일본이 한반도를 강제 합병한 뒤 조선인들은 으레 일본인으로 간주되어야 했지만, 조선인들은 대부분 이를 인정하지 않았을 뿐만 아니라, 일본인들도 이견이 있었다. 중국으로 이주한 조선인들은 더욱 모호하였다.

[190] 『东北韩侨概况』, 辽宁省档案馆藏, 东北行辕, 全卷号JEI, 다음에서 재인용. 孙春日, 『中国朝鲜族移民史』, 635쪽. 그러나 주보중은 이 숫자는 과장된 것이라 주장하였다. 그가 가지고 있던 자료에 의하면 총 인구는 170여 만 명이었다. 다음을 볼 것. 延边朝鲜族自治州档案局(馆)编, 『中共延边吉东吉敦地委延边专署重要文件汇编』 第1集, 1985年, 332쪽. 소련 총정치국이 파악한 인구는 이보다 작은 150여 만 명 정도였다. 다음을 볼 것. ЦАМОРФ, ф.32, оп.11306, д.692, л.35-39.

[191] 관내 한국 교민의 수에 대해서는 이견이 있다. 『申报』지에 실린 중국 당국에서 나온 숫자는 65,363명(1945년 8월), 한국학자가 제시한 숫자는 7-8만 명이다(1945년 10월). 그러나 숫자에 상관없이 중국 정부가 추진한 귀환정책으로 1946년 말까지 관내 한국 교민은 이미 "모두 중국을 떠났다"고 상해 『大公报』가 보도하였다. 그 수는 58,000명이었다. 다음을 볼 것. 马军, 单冠初, 「战后国民政府遣返韩人政策的演变及在上海地区的实践」, 『史林』 2006年 第2期, 61, 63쪽; 김정인, 「임정주화대표단의 조직과 활동」, 『역사와 현실』 1997년, 제24호, 133쪽.

[192] 민석린이 오철성에게 보낸 서한, 中国国民党党史会, 特档016-26, 다음에서 재인용. 石源华, 『战后韩国驻华代表团与中国政府关系述考』, 271-272쪽; 『东北韩侨概况』, 辽宁省档案馆藏, 东北行辕, 全卷号JEI, 다음에서 재인용. 孙春日, 『中国朝鲜族移民史』, 636쪽.

살았다. 관념적 혹은 심리적으로 그들은 늘 자신들을 조선인으로 인식하였고 "조선을 자신의 조국"으로 여겼다. 때문에 중국 국적을 취득한 이들은 극히 적었으며, 절대다수는 모두 조선 교민에 속하였다. 일본 항복 후 조선인의 애향심은 더욱 높아져, 많은 이들이 뜨거운 눈물을 흘리고 태극기를 흔들며 "조선독립만세"를 크게 외쳤다.[193] 이는 중공이 동북지역에서 혁명과 해방구 정권을 건설 과정에서 직면한 중요한 문제였다.

동북의 도시에 거주하고 있던 조선인이 귀국하게 된 또 다른 주요 원인은 국민당 정부의 조선 교민 추방과 재산 몰수 정책 때문이었다. 1945년 8월 장개석의 동북지역 인수 준비 계획은, 일본의 이민정책에 근거하여 중국으로 온 한인 국적의 모든 이민자들을 모두 국경 밖으로 추방하도록 규정하였다.[194] 국민당 군대가 심양을 점령한 후인 1946년 4월, 동북행영(行营)은 개인 신분의 모든 조선인들은 "즉각 일률적으로 귀국시킨다"고 규정하였다.[195] 동북보안사령장관부는 송환되거나 신고된 조선인 부동산은 모두 "일률적으로 잠정 압류"하고, 남은 조선인들의 부동산은 파견된 관원들이 연차적으로 접수 관리하도록 명령하였다. 그 결과 연말까지 조선인 부동산 1,516건이 압류되었다.[196]

이 밖에도 "만주국" 시기 동북지역 중국인들은 "3등 국민"으로 취급받았고, 조선인들은 일본인 다음의 지위, 즉 "2등 국민"으로 대우받았다. 따라서 일본 패망 이후 중국인들의 조선인에 대한 "보복심리"는 약탈과 박해의 원인이 되었

193) 赵凤彬, 『我的人生自述: 一个朝鲜家族变迁史录』, 北京: 民族出版社, 2013年, 86-87쪽; 韩泽洙, 「庆贺解放之日」, 中国朝鲜族历史足迹丛书编辑委员会编, 『胜利·中国朝鲜族历史足迹丛书(5)』 (조선어판), 北京: 民族出版社, 1992年, 4-7쪽; 周保中, 「延边朝鲜民族问题」, 1946年 12月, 『中共 延边吉东吉敦地委延边专署重要文件汇编』 第1集, 332-333쪽; 刘俊秀, 「在朝鲜族人民中间」, 『延边党史资料通讯』1987年 第1期, 3쪽. 다음에서 재인용. 孙春日, 『中国朝鲜族移民史』,722-724쪽.

194) 中央设计局东北调查委员会, 『东北复员计划』 下册, 1945年 8月, 175쪽.

195) 东北韩侨处理通则, 1946年 4月, 국민대학교한국학연구소편, 『중국지역 한인 귀환과 정책3(중국 동북지역)』(서울: 역사공간, 2004), 250-255쪽.

196) 『处理韩侨临时办法』, 『东北韩侨产业处理计划』, 辽宁省档案馆藏, 东北行辕, 全卷号JE1, 다음에서 재인용. 姜丰裕, 「抗日战争胜利后中国共产党解决东北朝鲜族国籍问题的过程」, 『延边大学学报』 第45卷 第2期(2012年 4月), 120쪽.

다.[197] 중공의 상황은 이와 달랐다. 중공은 주로 농촌에서 활동했으며 중국 정부를 대표하지도 않았다. 국민당은 중국 정부를 대신해서 조선 교민 문제를 처리하였지만, 중공의 출발점은 현 정부를 전복하는 혁명이었다.

혁명 초기, 중공의 민족 문제에 대한 인식은 상당히 모호했고 정책도 계속 변화하였다. 1928년 7월 중공 제6차 전국대표대회에서 통과된 '민족 문제에 관한 결의안'은 동북지역의 조선인을 소수민족으로 인정하였다. 그러나 두 달 후 중공 만주성위는 오히려 동북지역의 조선 농민들을 조선에서 "쫓겨나 만주로 피난 온 난민"으로 규정하였다.

1929년 6월 중공 중앙 제6기 2중전회의 조직 문제 토론에서 외국인 소수민족 문제는 더욱 복잡해졌다. 중국에 있는 외국인, 심지어 인도, 베트남, 조선, 대만 사람들 모두를 소수민족의 범주에 포함시켰기 때문이다.[198] 1930년대 중공 만주성위는 "재만주(在滿洲) 고려인"을 소수민족으로 보았다. 그러나 1945년 8월 팔로군 총사령부는 조선의용군의 임무를 "동북지역 조선인민들을 조직하여 조선의 해방을 달성하는 임무"라고 설명함으로써, 조선인들을 재차 외국인으로 간주하였다.[199] 이 정책은 그 시작부터 매우 혼란스러웠으며, 1922년 개최된 중공 중앙 제2차 회의에서는 "자결", "자치", "민주자치연방", "연방공화국" 수립 구호를 동시에 제시하였다. 1923년 6월 중공 제3차 회의부터 1928년 6월 제6차 회의까지는 민족자결권을 특히 강조하였다.[200]

이에 중공 만주성위는 1930년대 초 "만주의 고려인 노동대중들의 소비에트 자치공화국"과 중국, 일본, 한국이 연합한 "만주 소비에트"를 건설할 것을 제기하였다.[201] 그러나 중일전쟁이 발발한 후 중공의 입장은 민족자결로 선회하였

---

197) 『中共延边吉东吉敦地委延边专署重要文件汇编』第1集, 356, 384쪽. 동북지역 국민당 "수복지역"에서 조선인들이 당한 박해에 대한 상세 내용은 다음을 볼 것. 金春善, 「日本投降后国共两党对东北 地区朝鲜人的政策及其影响」, 『延边大学学报』第47卷 第5期(2014年 9月), 49쪽.

198) 中共中央统战部编, 『民族问题文献汇编』, 北京: 中共中央党校出版社, 1991年, 87, 94-95, 109쪽.

199) 中共延边州委党史研究所编, 『东满地区革命历史文献汇编』, 1999年, 925-929, 1,119쪽; 『中共中央文件选集』第15册, 223쪽.

200) 中共中央统战部编, 『民族问题文献汇编』, 11-19, 21-22, 86쪽.

201) 『东满地区革命历史文献汇编』, 925-929, 1,119쪽.

다. 가령 1941년 5월 제시한 "몽고족 및 회족자치구" 등이다. 1945년 10월에는 내몽고 지역에 대해 "기본 방침은 구역(区域)별로 자치를 실행"하는 것이라고 이를 더욱 강조하였다.[202]

이 시기 중공 중앙은 기본적으로 동북지역과 단절되어 있었고, 동북지역의 당 조직과 무장역량은 소련 내부로 후퇴해 들어갔던 시기였기 때문에, 자연히 이 지역의 민족 문제에 신경 쓸 겨를이 없었다.[203] 그러나 항일전쟁 승리 후, 조선민족 문제를 어떻게 처리하느냐는, 중공이 동북지역(특히, 동만지역) 정권 수립에 필연적으로 직면하게 될 주요 문제 중 하나가 되었다.

마르크스주의에서 민족 문제란 결국 계급 문제이고, 민족의 요구는 당연히 계급투쟁의 요구에 복종해야 한다.[204] 이런 인식은 단지 세계혁명과 공산주의 이념에서 나온 것이 아니라 혁명을 일으켜 정권을 탈취하는 실질적인 필요에서 나온 것이다. 어느 민족이건 어느 국가의 사람이건 상관없이, 그들을 동원하여 무산계급 혁명의 큰 흐름에 동참시키기만 하면 목적은 달성한 것으로 본다.

따라서 혁명 초기 단계에서 동북지역의 조선인들의 민족적 특성은 그다지 중요하지 않았으며, 즉각 분명한 태도를 표시해야 할 필요성도 느끼지 않았다. 1945년 8월 중공이 동북지역에 진입한 후 중공은 현지 중국인과 조선인 간의 민족 모순이 상당히 첨예한 점을 주목하기 시작하고 문제의 심각성을 인식하고 있었다. 그러나 전통적이고 관습적인 견해에 따라 중공은 사업 수행 중에서 민족 평등과 민족 단합만을 강조하였으며, 민족 특성 문제가 공산주의 정권 수립에 미치는 중요성은 아직 인식하지 못하고 있었다.[205]

---

202) 中共中央统战部编,『民族问题文献汇编』, 595, 678, 964-965쪽.

203) 상세한 것은 이 책의 서장을 볼 것.

204) 참고로 다음을 볼 것.『马克思恩格斯全集』第4卷 488쪽, 第8卷 231쪽, 北京: 人民出版社, 1958年, 1961年;『列宁全集』第24卷 137-138쪽, 第25卷 238쪽, 北京: 人民出版社, 1990年, 1988年.『斯大林全集』第1卷 36쪽, 第2卷 307쪽, 北京: 人民出版社, 1953年.

205) 姜东柱,「从"八·一五"到十一月间的延边工作」, 1945年 12月; 周保中,「延边朝鲜民族问题」, 1946年 12月;『中共延边吉东吉敦地委延边专署重要文件汇编』第1集, 3, 327-360쪽; 雍文涛,「创建延边根据地往事」,『延边文史资料』第9辑(1999年), 54-55쪽. 주보중은 보고서에서 동북국은 1945년 9월 말 이미 "화북지역 항전(국공내전－역자 주)에 참여하는 조선의용군 이외에도 동북지역에 있는 조선 거주민들을 일반적으로 중국 내 소수민족으로 본다"고 말하였다(327쪽). 이와 같이 보는

예를 들어, 1945년 11월 동북국은 "동북지역에 사는 한국 교민"의 생명과 합법적 권익을 마땅히 보호해야 하고, 공평하고 합리적으로 "중한 양국 인민" 사이의 갈등을 해결해야 한다고 주장하였다.[206] 11월 27일, 중공 길림성위원회(이하 길림성위─역자 주)는 본 성 및 간도(연변)지역 조선족의 특수한 상황을 고려할 때, "중한 민족의 단결 문제"가 매우 중요하며 특히 "당내 단결이 더욱 중요하다"고 강조하였다.[207] 12월 1일, 안동성공위(省工委)는 "조선인민의 조직 사업을 더욱 잘 도와 그들의 조국의 철저한 해방을 쟁취하기 위해 투쟁"해야 하며, 단결을 통해 "중국인들이 편협한 민족관과 보복 수단으로 일반 일본인 및 조선인 거주민들을 대해서는 안 된다고 설득"할 것을 지시하였다.

12월 10일, 동만인민자위군 사령관 소화(蕭華)는 안동의 라디오 연설을 통해 "조선인민은 … 피압박 민족"이라고 언급하였다.[208] 이후 통화(通化) 지역위원회는 조선인들에 대한 업무 처리 지시에서, 통화 각 현의 "조선인들을 대하는 태도는 마땅히 국제주의적, 계급적 입장을 지녀야 하며 그들의 독립을 도와야 한다"고 밝혔다.[209] 이를 통해 알 수 있듯이 이 시기 중공 지도자들은 동북 조선인들을 여전히 외국인으로 보고 있었으며, 그들은 국적 문제를 전혀 의식하지 않고 있었다.

연변지역 행정 책임자 동곤일(董昆一)은 1946년 신년사에서, 연변 민주정부의 규정에 따라 "중국 국적의 취득을 원하는 한국인은 국적을 취득할 수 있고 중화민국의 국민이 될 수 있으며, 이를 통해 조선족은 중화민족 중의 소수민족이 될 수 있다"고 선언하였다. 비록 항일투쟁 시기, 동북 조선인을 소수민족에 편입시켜 그들을 동원하고 새로운 정권을 옹호하는 것에 대한 의의를 의식하

학자들도 일부 있다. 姜丰裕,「抗日战争胜利后中国共产党解决东朝鲜族国籍问题过程」,『延边大学学报』第45卷 第2期(2012年 4月), 121쪽. 그러나 이런 견해는 현재 볼 수 있는 자료들로는 검증할 수 없다. 관련 문헌을 읽어 보면, 당시 조선민족 문제는 동북국이 아직 명확히 설명하지 못했거나 의견일치를 보지 못한 것 같았다. 주보중만 비교적 일찍 이 문제를 인식하였다.

[206] 中共中央统战部编,『民族问题文献汇编』, 978쪽.

[207] 吉林省档案馆编,『中国共产党吉林省委员会重要文件汇编』第1册, 1984年 5月, 15-17쪽.

[208] 『解放战争时期的安东根据地』, 34, 39쪽.

[209] 『通化地委档案』第1卷, 34쪽, 다음에서 재인용. 王丽媛, 吕明辉,「东北解放战争期间朝鲜居民的国籍问题研究」,『社会科学战线』2014年 第8期, 126쪽.

고 있었음에도 불구하고, 결국 이는 일반적인 호소에 그쳤으며, 구체적인 실천 방안도 없고 임의적 성격이 강하였다.

며칠 후인 1월 8일, 연변지역위원회 서기 옹문도(雍文涛)는 지역위원회 회의 보고에서 여전히 한국인과 중국인을 구별하였다. 여기에는 언어 습관의 문제가 있긴 했지만, 민족 특성을 문제를 해결하려는 생각이 전혀 없음을 보여준다. 3월 하순, 연변 간부회의에서도 이 문제에 대한 해석은 모호하였다. 즉, 조선인이 "중국에 거주하면 중국 국민이 될 수 있고, 부대에 있는 조선인들은 조선인을 위해 복무할 뿐만 아니라, 연변 전체를 위해 복무하는 것이며, 중국인도 마찬가지다"라고 결론내렸다.[210]

안동성이 5월 10일 반포한 시정강령(施政纲领)은, "성(省) 내의 한국 인민"을 일률적으로 "교민"으로 지칭하였다.[211] 옹문도는 훗날 회고에서, "조선족 인민들이 중국 공민이면서 동시에 조선 교민이라는 점은 동만 근거지 건설 과업에서 반드시 해결해야 할 실제적 문제였다"고 설명하였다. 그러나 당시 "이 문제는 완전히 해결되지 못하였다."[212]

이후 토지개혁 운동이 전개되는 가운데 이 문제에 대한 중공의 인식은 나아졌다. 하지만 여전히 계급투쟁의 범주에 머무르고 있었다. 일본은 동북지역 점령 시기 통치 기반을 공고히 하기 위해, 대규모로 수탈한 토지를 "개척지", "만척지" 등의 이름으로 일본인과 조선 농민들에게 주었다. 그 결과 한편으로 대토지 소유제가 약화되어 중농계층이 빠르게 확대되었지만, 다른 한편으로 중조 농민들 간의 갈등이 발생하였다.

중공은 동북을 점령한 후, 이 토지들을 일률적으로 "공지(公地)"로 정하고, 토지가 없거나 적었던 농민들에게 분배하였다. 이는 중조 간 민족 갈등을 상당히 심화시켰다.[213] 진운은 이에 대한 문제의식이 분명했다. 그는 토지개혁 시작 전(1946년 1월 17일) 이미 개척지, 만척지에서 소작농으로 일하는 조선 농민

210) 『中共延边吉东吉敦地委延边专署重要文件汇编』第1集, 8, 9-11, 24-25, 321쪽.

211) 『解放战争时期的安东根据地』, 76쪽.

212) 雍文涛, 『创建延边根据地往事』, 57-58쪽.

213) 『中共延边吉东吉敦地委延边专署重要文件汇编』第1集, 99-129, 132-136쪽.

들에게도 중국 농민과 마찬가지로 토지를 분배할 것을 제안하였다.[214]

그럼에도 불구하고, 민족 간의 거리와 편견이 여전히 존재하였기 때문에, 실제 토지개혁 실행 과정에서 조선족 농민들의 이익을 침해하는 상황이 항상 발생하였다. 일부 지역에서는 심지어 "민족적 원칙"에 따라 토지 분배를 진행하여, "중국인에 먼저 혹은 더 많이 분배하고, 조선인에게는 나중 혹은 적게 분배"하였다.[215] 연변지역위원회 서기 공원(孔原)의 주장에 따르면, 1947년 초 길림 해방구의 조선인은 61.6만 명으로 총 인구의 35%를 차지하였고, 특히 연변지역의 조선인은 54.4만 명으로 총 인구수의 79%를 차지하였다. 연변 농촌지역의 많은 곳에서는 심지어 90%에 이르기까지 하였다.[216]

이에 연변지역위원회는 "연변 조선민족의 문제는 본질적으로 농민의 토지 문제"이며, "연변지역 공지 문제의 정확한 해결이 곧 연변지역 조선족 문제의 올바른 해결의 고리가 될 것"이라고 언급하였다.[217] 다른 지역에서도 이와 비슷한 요구들이 있었다. 1946년 9월 수녕성군공회의(綏寧省群工會議)는 "조선족에 대해 차별 없이 토지를 분배하고, 토지소유권도 함께 부여"할 것을 규정하였다.[218] 10월 5일, 요동성 민족부(部) 역시 조선인들이 중국 농민과 같이 토지를 분배받게 하자고 제안하였다.[219]

그러나 주보중은 이에 불만을 느낀 것으로 보인다. 1946년 12월 그는 길림성 대중공작회의에서 연변 민족 문제에 대한 장문의 보고서를 발표하고, "이번 회의에서 연변 조선족 문제를 제기한 목적은 지도사상과 실무 과정에서 명확한 방향을 정하기 위한 것"이라며, "당은 비록 현재의 새로운 환경에서 아직 조선인의 소수민족 지위를 명확히 선포하지는 않았지만, 실제로는 조선인에 대해 소수민족으로서의 평등한 정책을 시행하고 있으며 향후 이를 반드시 발전시켜

---

[214] 中共中央文献研究室编, 『陈云文集』 第1卷, 北京: 中央文献出版社, 2005年, 485쪽.

[215] 『中共延边吉东吉敦地委延边专署重要文件汇编』 第1集, 144쪽.

[216] 『中共延边吉东吉敦地委延边专署重要文件汇编』 第1集, 131쪽.

[217] 『中共延边吉东吉敦地委延边专署重要文件汇编』 第1集, 101쪽.

[218] 徐基述主编, 『黑龙江朝鲜民族』, 牡丹江: 黑龙江朝鲜民族出版社, 1988年, 99-100쪽.

[219] 辽宁省档案馆编, 『中共中央东北局西满分局辽东省委档案文件汇集(1946-1947)』, 1986年, 246쪽.

나갈 것"이라고 말하였다.[220] 오랜 기간 조선 혁명가들과 어깨를 나란히 하고 전투를 치렀던 노전사 주보중은, 중공이 조선인에 대한 민족정책에 대해 조속히 결정을 내리고 명확히 하기를 희망하였다.

길림성위는 주보중의 이 호소를 중시하였다. 즉 길림성위 서기 진정인(陈正人)은 1947년 7월 24일 성위원회 확대회의에서, 근거지 건립의 중심 임무 중 하나가 바로 "조선민족에 대한 정책을 신속하게 확립, 관철하는 것이며, 민족 문제를 해결할 수 없다면 다수의 대중들을 동원할 수 없는 것과 마찬가지이며, 근거지 또한 만들 수도 없다"고 주장하였다. 회의는 길림성의 조선인 거주민은 "중국 내의 소수민족"이라고 선언하였다.[221] 동시에 1947년 2월 20일, 길림성위는 토지 분배의 원칙과 방법을 결정하였다. 즉, 인구를 기준으로 하여 민족(중한 인민들에게 일률적으로 평등하게 분배)과 성별, 연령을 구분하지 않고, 인구 수에 따라 동등하게 토지가 없거나 적은 농민에게 분배하도록 결정하였다.[222] 이후 이 방식의 토지 분배 정책은 동북의 전 지역으로 확대되었다.

1947년 12월 11일, 동북행정위원회는 '토지법대강' 실행에 관한 규정, 즉 "동북해방구 소수민족은 한족과 동등하게 토지를 분배받고 소유권을 향유해야 한다"는 규정을 반포하였다.[223] 그러나 혁명 과정에서 중공이 주목한 민족 문제의 주된 출발점은 역시 계급투쟁이었다.

1946년 10월 21일, 길림성위는 대중 동원 강화 및 토지 분배에 관한 결정에서, "중한(中韓) 농민의 계급적 우애를 강화하고, 공동의 적에 대한 계급적 원한을 고조시켜 공동으로 계급투쟁을 진행함으로써, 장기적 투쟁과 교육과정에서 민족의 이질감과 편견을 극복"한다고 설명하였다. 1947년 1월과 7월에 개최된 현 단위 간부회의에서 진정인은 재차 민족 평등정책을 관철시키고, "민족 내부의 계급투쟁을 한층 더 발전시켜야 한다"고 강조하였다. 만약 "조선민족

---

220) 『中共延边吉东吉敦地委延边专署重要文件汇编』第1集, 358-359쪽.

221) 中共吉林省委党史研究室编, 『东满根据地』, 1994年, 50, 52-53, 312쪽.

222) 中共吉林省委党史研究室编, 『东满根据地』, 203-205쪽.

223) 中国的土地改革编辑部, 中国社会科学院经济研究所现代经济史组编, 『中国土地改革史料选编』, 北京: 国防大学出版社, 1988年, 439쪽.

내부의 계급투쟁을 떠나서" 민족의 특수성을 논한다면 "이는 우리의 민족 이론이 아니다"라고 말하였다.[224] 어찌되었든, 중공 토지개혁 중의 민족정책은 큰 효과를 거두었고, "(중조)민족 간 대립 및 반목을 대체적으로 해결"하였다.

이로써 조선인들은 적극적으로 추동되어, 중공 혁명정권 수립의 거대한 물결에 뛰어들게 되었다. 국공내전 시기 조선족 인구가 절대다수를 차지하고 있던 연변지역에서 참전한 군인들은 5만 2천 명(조선족이 4만 명), 이 중 전쟁영웅 칭호는 290명, 혁명열사 칭호는 3,350명(이 중 조선족이 3,041명)이 받았다. 국공내전에 동원된 노동자는 연인원 30만 2,300명, 무공을 세워 상을 받은 자는 3,434명에 달하였다. 이 밖에도, 연변지역 민중들은 전선 작전 지원을 위하여 만 9천여 차례에 걸쳐 차량을 제공하였고, 2.65억 위안의 기부금과 약 8억 위안 상당의 현물을 헌납하였다.[225]

총체적으로 보면 국공내전 시기 동북국의 민족정책은 성공적이었다. 그러나 중공은 여전히 전국적인 정권을 수립하지 못했기 때문에, 조선인은 소수민족으로서 중국 공민 신분을 법적으로 인정받지 못하였다. 주목할 점은 당시 국민당 정부도 동북 조선인의 지위를 인정하는 방향으로 태도를 바꾸기 시작하였다는 점이다. 1947년 8월까지, 국민당 정부는 한국 교민에 대한 정책을 바꾸어 그들이 거류증을 발급받은 후 당분간 체류할 수 있도록 허가하였다. 또한 연변지역에 거주하는 조선인들에 대해 "중국인민과 동일하게 대우하며 중국 국적"이라고 선언하였다.[226] 물론 얼마 후 국민당 정부가 패망하면서 이 정책은 실효성을 상실하였다. 그러나 동북 조선인의 정체성 문제가 국가적 차원에서 중시를 받고 있었다는 점만큼은 틀림없었다.

중공의 정권 장악 직후, 산적한 문제들이 분출했고, 통치 경험 및 이념부족

---

224) 中共吉林省委党史研究室编,『东满根据地』, 201, 65쪽;『中共延边吉东吉敦地委延边专署重要文件汇编』第1集, 77쪽.

225) 하북성당안관, 700-1-13, 2-12쪽; 中共延边州委组织部, 中共延边州委党史工作委员会, 延边朝鲜自治州档案馆编,『中国共产党吉林省延边朝鲜族自治州组织史资料(1928-1987)』, 101쪽;『中共延边吉东吉敦地委延边专署重要文件汇编』第1集, 86쪽. 자료에 화폐종류는 표시 안 됨.

226)『中国地区韩人归还与政策』第3卷, 317쪽;『外交部核复中央党部秘书处对东北韩侨处理意见』, 辽宁省档案馆藏, 东北行辕, 全卷号JEI, 다음에서 재인용. 孙春日,『中国朝鲜族移民史』, 688-689쪽.

으로 이 문제에 대하여 면밀하게 고려하지 못한 점은 이해될 수 있다. 더욱이 당시 중공 중앙은 소련이 점령한 북조선과 직접적 관계를 맺지 않고 있었다. 중공 정권 수립 과정에서 진정으로 중국 국민으로서의 신분이 확정되지 않아 조선과 갈등이 유발된 집단이 있었는데, 그들은 바로 혁명 간부 및 그 조직이 었다.

중국혁명에 참여하여 중요한 역할을 했던 조선족 간부들은 세 부류로 나눌 수 있다. 원래 동북에서 생활해온 현지 조선인, 연안 및 기타 관내 지역에서 온 조선의용군 대원, 그리고 소련에서 온 동북항일연군 내의 조선인이 그들이 다. 이들은 모두 중공에 흡수되어 중국의 혁명운동에 참여하였다는 공통점이 있다(대부분이 중공당원). 다만 그들의 국적이 아직 확정되지 않고 있었을 때, 그들 대다수는 자신을 조선인이라고 확신하고 있었다.

이러한 상황은 적에 대한 정보에서 혼란을 초래하고 자주 오판하게 하였을 뿐만 아니라 혁명대오 내부에서 일련의 문제를 야기하였다. 중공은 처음엔 이 문제에 대해 주의를 기울이지 않았다. 단지 국민 정부에 반대하기만 하면 혁명 가로 보았다. 심지어 중공 내부에 조선인의 독립지부 설치를 허가하였다. 1945 년 10월 양환준(梁煥俊)이 지도하는 중공 길림특별지부 조선인 분지부(分支 部)(11월에 길림 조선지부로 개칭)는 이렇게 조직되었고, 4개월 사이에 세 차례 에 걸쳐 당원을 받아들였다.[227] 그러나 다수의 조선인 대중조직 및 단체의 출 현에 대해 중공은 곧 우려하였다.

일본 투항 이후 동북에서 가장 먼저 조직을 만든 이들은 조선인이며 두 부류 로 나눠진다. 첫 번째 부류는 연안에 본부를 둔 조선독립동맹이 초기 적의 후 방으로 깊숙이 침투하여 사업하던 유리한 조건을 이용하여 동북 각 성과 현에 세운 지방위원회였다. 두 번째 부류는 각지의 대중들이 자발적으로 결성한 농 민, 청년, 부녀자 동맹이었다. 이 조직들은 혁명 성향을 띠고 있었으며 소련군

---

227) 梁煥俊, 「中共吉林特別支部朝鮮人分支部」, 『胜利』, 147-152쪽; 中共吉林省委党史工作委員会, 『永吉的黎明』, 1989年, 14쪽. 이러한 현상은 1926년 상해에서만 발생했던 상황이다. 당시 중공 강소성위는 상해 프랑스조계 남부위원회 한인특별지부를 설립하였다. 자세한 것은 이 책의 서장 을 참조.

의 해방을 환영하였고 중공의 지도를 받아들였다.

그러나 중공의 입장에서 심각한 문제가 존재하였다. 주된 문제는 "지도부 구성이 복잡"해진 점과 "조선 독립만 주장하며 법석"을 피우는 것이었다(주보중의 증언). 이에 중공은 동북 각 지역에 들어가 한편으론 이 조직들을 허가 및 지원하고, 한편으론 지도와 개조를 강화하였다. 우선 "독립"적 성향을 지우고 간부들을 인사이동시켰으며, 명칭도 바꿨다. 그 다음, 시기가 무르익자 조직들을 해산시키고 현지 중공 정권 조직에 융합시켰다.

예를 들어 중공이 연변에 진입한 직후 현지의 각종 조선인 단체를 통합한 노농청총동맹에 대해 개편을 진행하여, 1945년 10월 "연변인민민주대동맹"으로 통합하였다[위원장 지희겸(池喜謙)]. 토지개혁이 시작된 후인 1946년 8월(또는 7월), 이 조직은 "자신도 모르는 사이에 해체"되었다(주보중의 증언). 목단강 고려인민협회는 1945년 11월 조선민족해방동맹으로 바뀌었고, 1946년 말 다시 목단강지구 조선(인)민주동맹으로 바뀌었다. 또한 1946년 9월, 기존의 조선독립동맹 북만특별위원회(서기 김택명(金澤明), 즉 이상조)는 북만지구 조선(인)민주동맹[위원장 정경호(鄭京浩)]로 바뀌었고, 1947년 8월 해산을 선포하였다. 조선독립동맹 남만공작위원회(주임 방호산)는 1946년 초 남만지구 조선(인)민주연맹 공작위원회로 개칭하였고, 같은 해 4월 또다시 요녕성 조선(인)민주연맹 공작위원회로 개칭한 뒤, 1948년 8월 해산을 선포하였다.

물론 중공도 초기엔 이 조직들이 긍정적인 역할을 하며 대중을 동원하고, 비적 토벌과 매국노 청산, 토지개혁, 입대와 참전 및 전방 지원 등에서 큰 공헌을 하였다는 점을 인정하였다. 그러나 외래 민족의 독립 성향에 대하여 오랫동안 용인할 수는 없었다. 이들 군중 조직의 간부들은 소수가 조선으로 귀국한 것을 제외하고 대부분 중공에 임용되었다(상당수는 이후 중심에서 밀려났다).

예를 들어, 연변지역 토지개혁대(隊) 간부는 절반 이상이 민주대동맹 출신의 조선인 핵심 인물들이었다. 요녕성 민주동맹 해산 이후 515명의 간부들이 요북, 요동으로 옮겨 성 정부에서 사업하였다.[228] 현지 간부들과 북조선 정부 사이에는 별 연계가 없었고, 북한으로 가려고 해도 달리 방법이 없었다. 또한 중국에 남은 조선의용군 간부들 대부분은 처한 상황이 각자 달랐다.

소련 점령군의 저지로 인해 연안을 출발해 조선으로 귀국하려던 조선독립동맹과 조선의용군의 여정은 중단되었다. 김두봉과 최창익, 무정, 한빈 등 70여 명의 지도급 간부를 제외한 모든 부대는 부득이하게 중국 동북에 체류하게 되었으며, 이후 중공은 이들을 다시 받아들였다.[229]

1945년 11월, 조선의용군이 집결하여 조직 개편할 때 심양, 하얼빈, 안동 및 동북 각지의 부대는 모두 3,500여 명이었다.[230] 부대 개편 후, 김웅(지대장)과 방호산(정치위원)이 이끄는 제1지대 1,600여 명은 남만주 통화지구로 이동했고 11월 말까지 그 규모가 5,000여 명으로 발전하였다.[231] 제3지대 지대장으로 임명된 김택명은 하얼빈에서 이미 조선독립대대를 조직하였는데, 11월 19일 정치위원 주덕해가 간부 19명과 함께 도착한 후 부대는 하얼빈에서 자진 철수하고, 11월 25일, 빈현(宾县) 비극도(輩克图)에서 제3지대 성립을 정식으로 선언하였다. 이때 병력은 약 600여 명이었다.[232]

박일우(정치위원), 이익성(지대장)이 이끄는 제5지대 900여 명은 동만지역으로 출발하여 12월 말 연길에 도착하였다. 먼저 도착했던 문정일은 그곳에 조선

---

228) 자세한 것은 다음을 볼 것. 하북성당안관, 700-1-13, 2-12쪽;『中共延边吉东吉敦地委延边专署重要文件汇编 第1集』, 1-4, 22-23, 350-354쪽; 徐基述主编,『黑龙江朝鲜民族』, 102-105쪽; 池喜谦,「光复初期延边人民民主大同盟及其活动」,『文史资料选辑』第1辑(1982年), 1-12쪽;「尖于延边根据地的建设」,『吉林党史资料』1985年 第1辑, 138쪽; 崔支洙,「朝鲜民主联盟琐忆」,『哈尔滨文史资料』第10辑(1986年 12月), 102-106쪽; 韩武吉, 梁在华,「解放初期牡丹江市朝鲜人民主同盟的活动」,『延边历史研究』第1辑(1986年 3月), 107-123쪽; 崔刚, 张礼信,「南满地区东北朝鲜人民主联盟」; 赵京亨, 徐明勋,「朝鲜独立同盟北满特委」; 徐明勋, 权宁河, 梁在华,「北满地区朝鲜人民主联盟」,『胜利』, 115-120, 131-132, 133-142쪽. 이들 조선인의 조직이나 단체의 명칭과 관련해 현재 저술에서 "조선", "조선인", "조선족", "조선민족" 등으로 혼용하고 있다. 번역 명을 명확히 하기 위해 필자는 동북사범대학의 장민군(张民军), 첨흔(詹欣) 교수의 도움을 받아 당시의『동북일보』,『길림일보』,『합강일보』등을 조사하였다. 그 결과, 가장 많이 쓴 표현은 "조선인"과 "조선"이었고, "조선족", 특히 "조선인민"이란 표현은 발견하지 못하였다.

229) 조선의용군의 건립, 활동 및 제1차 개편에 대한 상세한 것은 이 책의 서장을 볼 것.

230) 崔刚,『朝鲜义勇军史』(조선어판), 延吉: 延边人民出版社, 2006年, 188쪽.

231) 崔海岩,『朝鲜义勇军第一支队史』(조선어판), 沈阳: 辽宁民族出版社, 1992年, 23, 26, 134-135쪽; 崔刚,「朝鲜义勇军第一支队」,『胜利』, 49-56쪽.

232) 徐明勋,「朝鲜义勇军第三支队」,『哈尔滨文史资料』第10辑(1986年 12月), 3-5쪽; 赵京亨, 徐明勋,「朝鲜独立同盟北满特委」,『胜利』, 126-130쪽.

의용군 연변사무처를 설치하였다.[233] 이 밖에 한청(韓青)을 지도자로 하는 조선의용군 독립대대와, 김호(金浩, 蔡国范), 이명(李明)과 김강(金刚)이 이끄는 조선의용군 압록강지대가 1946년 2월 모두 안동에 도착하였으며 후에 6,000명의 병력으로 발전하였다.[234]

이후 조선의용군 대오에 가입한 부대가 있다. 즉 11월 29일 중공 길림시특별지부 조선인 분지부가 조직한 길림보안 제7대대로, 화전(桦甸)에서 명령에 따라 조선의용군 제7지대로 개편하였다. 마침 명을 받고 이곳을 지나가던 제5지대 박훈일(朴勋一)이 지대장 겸 정치위원에, 최명(崔明)이 부지대장에 임명되었다. 두 사람 모두 연안이 양성된 사람들이었다.[235]

항일연군 부대의 조선 간부들이 중국 내의 소수민족으로 인식되었던 것과는 달리, 조선의용군 간부들은 원래 연안과 팔로군 내에서 외국인 전우로 대우받았다. 주덕이 하달한 명령도, 조선인 간부들은 귀국하여 혁명에 참여하라는 뜻이었다. 이들은 비록 잠시 타국에 의지하고 있었지만 한시도 자신들이 조선인임을 잊지 않았다.

제5지대가 청원(清远), 반석(磐石)의 조선인 거주 지역에 도착했을 때, 환영나온 사람들은 모두 그들과 얼싸안고 울면서 큰 소리로 "우리의 군대", "조선독립만세"를 외쳤다. 제1지대 역시 병력 확대를 위해 전단을 평안북도의 북부지역까지 뿌리면서, 해당 지역의 조선 청년들에게 입대를 적극 호소하였다. 전단에는 "조선의용군에 입대하여 조국의 독립을 지키기 위해 싸우자"고 쓰여 있었다.[236] 제5지대가 연길에 도착한 지 며칠 후, 연변 조선독립촉진연합회가 창립했다. 박일우 및 문정인 모두 이 위원회 위원을 맡았다.[237]

필자는 중국인이 보기에 이상한 사진 1장을 발견하였다. 이홍광(李红光) 지

233) 金应三, 金焕,「朝鲜义勇军第五支队」,『胜利』, 77-82쪽; 李昌役,「朝鲜义勇军及其第五支队」,『延边文史资料』第9辑(1999年), 25-29쪽.

234) 韩青, 李枫,「朝鲜义勇军先遣纵队和独立大队」,『胜利』, 38-43쪽; 崔海岩,『朝鲜义勇军第一支队史』, 29-30쪽.

235) 宋武燮,「朝鲜义勇军第七支队」,『胜利』, 94-99쪽.

236) 金应三, 金焕,「朝鲜义勇军第五支队」,『胜利』, 78-79쪽; 이종석,『북한-중국관계』, 102쪽.

237) 韩光, 安华春,「解放战争时期延边重要事件选辑」,『延边历史研究』1988年 第3期, 66쪽.

대(전신은 조선의용군 제1지대)가 혁명지도자들의 초상을 들고 행진하는 사진인데, 마르크스와 엥겔스, 레닌, 스탈린의 초상 뒤에 뒤따르는 것은 뜻밖에도 모택동이 아닌 김일성의 초상이었다.[238] 이러한 정서는 막 타오르기 시작한 동북지역의 중국혁명에 미묘한 영향을 줄 수밖에 없었다. 1946년 2~3월, 조선의용군은 재차 조직 개편을 단행하고, 장병들이 대거 조선으로 귀국했는데, 당연히 이와 관련이 있을 것으로 보인다.

• 1947년 김일성의 초상화를 들고 행진하는 이홍광지대.

1946년 1월, 미 대통령 특사 조지 마셜(George C. Marshall)의 중재로 중공과 국민당은 정전협정에 서명하였고, 양측은 군대를 개편하는 핵심 의제에 관해 협상을 시작하였다. 중공은 원칙적으로 자치군을 취소하고 군대를 국유화하는 방안을 수용하면서도 일부 양보를 통해 중공 군대의 합법화를 추진하였다. 2월 25

---

238) Bruce Cumings, *The Origins of The Korean War, Vol. 2, The Roaring of the Cataract, 1947-1950*, Princeton: Princeton University Press, 1990, p.362.

일, 3자는 "군대 개조 및 중공 군대를 국군으로 통일 재편성하는 문제에 관한 기본 방안"에 서명하였다.[239] 이 과정에서 중공은 동북지역의 각 부대들을 동북민주연군으로 통합 편성하고자 하였다. 동북국은 항일연군과 관련된 부대를 양정우(楊靖宇) 지대, 조상지(趙尚志) 지대 등으로 재편성하여 "소련의 외교적 책임을 피하고자" 하였으며, 각 지역 주력과 부대의 절반 이상을 지방보안대 혹은 경찰로 개편함으로써, 협상에서 군대 수가 제한을 받는 것을 피하고자 하였다.[240]

조선의용군의 각 지대도 당연히 개편 대상이었다. 동북국과 민주연군 사령부의 1946년 2월 10일 결정을 근거로(16일 하달), 제1지대는 이홍광 지대로 개칭하고 김웅과 방호산은 계속해서 사령관과 정치위원 맡았으며, 통화(通化) 보안사령부 소속으로 편성되었다.[241] 김웅이 조선으로 귀국한 이후에는 부사령관 왕자인[王子仁, 최인(崔仁)]이 승계하였다. 부대 개편 후, 부대 내에 중공의 하부 당 조직도 건설되었다.

같은 해 11월, 조선의용군 독립대대와 압록강 지대가 합병되었다.[242] 1948년 4월, 이홍광 지대는 동북야전군 독립4사(師)로 개편되었는데, 제2사장 유자의(劉子仪, 한족)가 사장을 승계하였고 방호산은 계속해서 정치위원직을 맡았다. 동시에 한족 간부 몇 명이 증파되어 부(副)사령 및 부정치위원직을 맡았다. 같은 해 11월, 이홍광 지대는 중국인민해방군 제166사로 개편되었다.[243]

제5지대는 연길에 도착한 후, 곧 연변군분구경비여단(延边军分区警备旅)에 편입되어 현지 조선인 부대와 병합되었으며, 조선의용군 제15단으로 개편되었다. 1946년 3월, "조선의용군" 편제를 버리고, 길동군구 경비1여단(吉东军区警备一旅)로 편입되었고, 1948년 11월 중국인민해방군 제156사 제466단이 되었

239) 상세한 것은 다음을 볼 것. 牛军, 『从赫尔利到马歇尔: 美国调处国共矛盾始末』, 北京: 东方出版社, 2009年, 221-231쪽.

240) 本书编写组, 『彭真年谱』 第1卷, 371쪽.

241) 『中国共产党组织史资料』 第4卷, 884-885쪽; 唐洪森, 「略谈东北人民解放军中的朝鲜官兵」, 邢安臣, 白俊成主编, 『东北解放战争中的少数民族』, 北京: 民族出版社, 1995年, 144쪽.

242) 韩青, 李枫, 「朝鲜义勇军先遣纵队和独立大队」, 『胜利』, 38-43쪽; 崔海岩, 『朝鲜义勇军第一支队史』, 29-30쪽.

243) 崔刚, 「朝鲜义勇军第一支队」, 『胜利』, 49-56쪽; 中国人民解放军东北军区司令部编, 『东北三年解放战争军事资料』, 1949年 10月, 76쪽.

다. 조선의용군 제5지대 참모장이었던 전우(全宇)가 부사단장을 맡았다.[244]

　1946년 3월, 제7지대는 화전보안단으로 개편되고 양상곤(楊上堃, 한족)이 단장을, 현위서기 왕소천(汪小川, 한족)이 정치위원을 담임하였다. 1946년 9월에는 길남군분구(吉南軍分區) 제72단으로 개편되었다. 제3지대의 개편은 비교적 늦은 편이었다. 1946년 6월 김택명이 조선으로 귀국한 이후 부지대장 이덕산(李德山)이 지대장을, 주덕해는 계속해서 정치위원을 맡았으며, 이후 동북민주연군 송강군구 제8단으로 개편되었다. 이 2개의 단은 1948년 4월 새로이 조직된 동북야전군 독립 11사가 되었으며, 11월에는 중국인민해방군 제164사로 다시 개편되고, 이덕산은 부사단장으로 임명되었다.[245] 이 과정에서 조선의용군의 "조선"의 색채는 점차로 퇴색되고 중공군 대열에 융화되었다.

　조선의용군 제2차 개편은 많은 장교와 사병들의 귀국에 직접적인 계기가 되었다. 개편에 대한 조선의용군 장병들의 태도 및 입장에 관련된 사료는 거의 존재하지 않고, 단지 하나의 간단한 기록만 남아있다. 1946년 2월, 조선의용군 각 지대의 주요 간부들이 매하구(梅河口)에서 회의를 개최하고 조선의용군의 명칭을 취소하기로 결정하였으며, 잔여부대 모두를 동북민주연군 혹은 각 지방의 부대로 편입하기로 결정하였다고 기록되어 있다.[246] "취소하기로 결정"이라고 말했는지는 불확실하다. 그러나 동북민주연군 사령부의 명령을 수용하여, "취소하기로 결정"하였을 것으로 보인다.

　2월 16일 조선의용군 제1지대 개편 명령 하달 뒤에, 3월 25일 동북국은 조선의용군의 임시 개편안을 제정하였다. 즉 "조선의용군 모두가 귀국할 수 없는 점을 고려하여 그들을 재편성하고, 장병 16,500명중 2,000명을 조선으로 귀국시키며, 나머지는 동북지역 무장역량으로 잠정 편성하기로" 결정하였다.[247]

---

244) 金应三, 金焕, 「朝鮮义勇军第五支队」, 『胜利』, 82-83쪽; 军事科学院军事图书馆编著. 『中国人民解放军组织沿革和各级领导成员名录』, 北京: 军事科学出版社, 2000年, 757, 786쪽.

245) 『永吉的黎明』, 17쪽; 赵京亨, 徐明勋, 「朝鮮义勇军第三支队」, 『胜利』, 65-66쪽; 『东北三年解放战争军事资料』, 76쪽.

246) 韩光, 安华春, 「解放战争时期延边重要事件选辑」, 『延边历史研究』, 1988年 第3期, 78쪽.

247) 中共中央东北局关于朝鮮义勇军暂编方案, 1946년 3월 25일, 다음에서 재인용. 杨昭全, 「朝鮮 独立同盟与朝鮮义勇军」, 金健人主编, 『韩国独立运动研究』, 北京: 学苑出版社, 1999年, 34쪽.

만약 이 사료가 신뢰할 수 있는 자료라면 조선의용군은 개편에 불만이 있었으며 중국을 떠날 준비를 하고 있었다는 사실을 추정할 수 있다. 그러나 조선의용군 선발대가 입북을 거절당했던 것처럼, 조선 주둔 소련군 역시 만 명이 넘는 장병들의 귀국을 모두 수용할 수는 없었을 것이다. 따라서 의용군의 핵심 간부들과 위원들만 귀국하였고 다수는 중국에 체류하도록 한 것으로 보인다.[248]

1946년 2월부터 조선으로 귀국한 주요 조선인 간부로는 제1지대 지대장 김웅, 참모장 안빈(安斌), 정치부 주임 주연(朱然),[249] 제3지대 지대장 김택명(이상조), 참모장 김연, 정치부 주임 이근산,[250] 제5지대 정치위원 박일우 및 주요 간부,[251] 제7지대 지대장 박훈일 등이 있다.[252] 압록강 지대 정치부 주임 김강의 증언에 따르면, 그는 안동성위원회 서기 소화의 지시를 받아 부대를 이끌고 조선으로 돌아갔다.[253]

조선의용군이 귀국한 후 항일연군교도려 내의 조선인 간부들도 잇따라 장병들과 조선으로 돌아갔다. 비록 소련에서 동북으로 돌아온 항일연군 대오 중에 조선인 간부들이 많지는 않았지만, 그 직위가 높고 중요한 역할을 하였으며 주요 지도자들은 모두 김일성과 직접적인 관계를 맺고 있었다. 일본 항복 이후 소련은 하바로프스크에 주둔하던 항일연군교도려를 해산하고, 그 핵심을 2개의 공작단으로 재편성하여, 각각 중국 동북과 조선으로 파견, 소련 점령군의 업무 수행에 협조하도록 하였다.[254]

---

[248] 이후에도 적지 않은 전사들이 조선으로 돌아갔다. 제3지대에서 조선으로 귀국한 인원은 2,000여 명이었다고 한다. 红卫兵延吉市红色造反大军等, 『延边头号党内走资本主义道路的当权派朱德海卖国罪状』第四批材料, 1967년 7월 24일, 9쪽.

[249] 崔海岩, 『朝鲜义勇军第一支队史』, 55쪽; 崔刚, 「朝鲜义勇军第一支队」, 『胜利』, 51쪽.

[250] 赵京亨, 徐明勋, 「朝鲜义勇军第三支队」, 『胜利』, 65-66쪽.

[251] 文正一, 「战斗在我国战场上朝鲜义勇军」, 『黑龙江民族丛刊』 1985年 第3期, 54-55쪽; 『全心全意为人民, 创建延边根据地』, 韩俊光, 姚作起编著, 『解放战争时期的东满根据地』, 延吉: 延边人民出版社, 1991年, 10-11쪽.

[252] 黄凤锡, 「桦甸军政学校成立前后」, 姚作起主编, 『东北军政大学吉林分校』, 沈阳: 辽宁民族出版社, 1994年, 163쪽.

[253] 『金刚简历』(본사본), 필자 개인 소장.

[254] 상세한 내용은 이 책의 서장을 볼 것.

주보중을 따라 중국 동북에 온 이들 가운데에는 소수의 조선인 간부들이 있었다. 이들은 크게 두 부류로, 하나는 강신태[姜信泰, 강건(姜健)]와 함께 연변으로 간 최명석[崔明锡, 최광(崔光)], 박낙권(朴洛权), 김만익(金万益), 강위룡(姜渭龙), 김창봉(金昌奉, 金昌凤), 김명주(金明珠) 등 22명과,[255] 또 한 부류는 김광협(金光侠)과 함께 목단강으로 간 유창권(柳昌权), 황동화[黄东华, 김동규(金东奎)], 조명선(赵明善), 김진호(金镇浩) 등이었다.[256]

당시(1945년 9월), 항일연군은 아직 중공 중앙과 연락을 회복하지 못하고 있었다. 주보중이 주재한 동북당위원회는 동북의 연군 간부들에게 각 지구당위원회를 조직할 것을 명령하고, 강신태를 연길지역위원회 서기, 김광협을 목단강지역위원회 서기로 임명하였다. 당시 이들은 중공의 간부 신분으로 공작에 참여하였다.[257] 그러나 그들은 자신들은 조선인이며 결국에는 조선을 위해 일해야 한다고 생각하였다. 1946년 1월, 연변조선독립추진연합회가 발족될 당시 강신태는 위원 중 한명이었다.[258] 1946년 9월, 목단강 군정간부학교와 군구교도단이 재조직되었을 때, 김광협은 조선인 중대를 단독으로 조직할 것을 요구하였다.[259]

1945년 9월 20~23일 주보중, 최석천(최용건), 풍중운은 동북국 서기 팽진에게 동북당과 항일연군의 업무 현황을 상세히 보고한 뒤, 중공 중앙의 지시에 따라 소속 증명서와 당안 자료 등을 인계하고 동북당위원회를 해체하였다. 11월에는 항일연군 편제를 없앴고, 항일연군과 간부들은 그때부터 동북국 중앙의 영도하에 귀속되었다.[260]

255) 中共延边州委党史工作委员会, 党史研究所编, 『延边历史事件党史人物录(新民主主义革命时期)』, 1988年, 248-249쪽; 资料编辑室, 「抗联配合苏军解放东北」, 『吉林党史资料』 1985年 1辑, 185-186쪽; 崔圣春主编, 『中国共产党延边历史大事记』, 220쪽.

256) 徐基述主编, 『黑龙江朝鲜民族』, 85-87쪽; 徐明勋, 『解放战争时期黑龙江省剿匪斗争中的朝鲜族』, 『中国朝鲜族历史研究论丛』 Ⅱ, 258-259쪽; 资料编辑室, 「抗联配合苏军解放东北」, 187쪽.

257) 『中国共产党组织史资料(1921-1997)』 第3卷, 1,323-1,325쪽. 중공 동북항일연군교도려 위원회가 성립될 당시 서기는 최석천(최용건)이었고, 17명의 위원과 후보 위원 중 6명이 조선인이었다. 1945년 8월 24일 새롭게 결성된 중공 동북위원회의 서기는 주보중이었고, 위원 중 조선인은 강신태와 김광협이었다.

258) 韩光, 安华春, 「解放战争时期延边重要事件选辑」, 『延边历史研究』 1988年 第3期, 66쪽.

259) 梁在华, 「牡丹江军区的朝鲜族官兵」, 『胜利』, 24-25쪽.

260) 『中国共产党组织史资料(1921-1997)』 第3卷, 1,289쪽; 『彭真年谱』 第1卷, 301쪽.

항일연군 간부의 초기 동북 활동은 중공의 동북 점령에 중요한 역할을 하였다. 그들의 주된 역할은 두 가지였다. 첫째, 그들은 소련군과의 특수한 관계를 이용하여 대량의 무기와 탄약을 취득하여 중공에 제공하였다. 1945년 11월, 중공은 소련 점령군으로부터 총 10만 정과 대포를 제공받았다. 그중 대부분은 항일연군 간부들이 이전에 노획한 것들과 주보중이 소련군의 허락을 받고 장춘의 일본군 무기고에서 반출하여 제공한 것들이었다.[261] 둘째, 동북지역의 상황에 밝은 장점을 이용하여 인민 무장역량을 크게 발전시킨 점이다. 10월 관내로부터 간부들이 도착하기 전까지 항일연군이 조직한 각종 무장역량은 약 27,000명에 달했으며, 그중에는 연변 조선족 부대 7,000명과 목단강의 조선인 위주의 부대 2,000명이 있었다.[262]

중공 동북국이 조직됐을 때, 항일연군 간부들을 매우 중시하였다. 1945년 11월 초 동북 인민자치군이 건립되었을 때, 동북국은 주보중을 제3부사령(副司令)으로 임명해줄 것을 제안하였다.[263] 12월 26일 중공 중앙은 동북국에 지시하여 "항일연군은 과거 오랫동안 항일했던 역사가 있고, 동북 인민들과의 관계가 밀접하며, 관내에 상당한 영향력이 있기 때문에 우리는 이를 충분히 활용해야 한다"고 강조하였다.[264]

동북국이 연변에 파견한 책임자 옹문도는 항일연군 간부들이 조직한 조선족 부대를 극찬하면서, "조선인들은 혁명성이 강하고 열정이 높아서 무장의 기반을 조선인 동지들에게 두어야 한다"고 주장하였다.[265]

---

[261] 모택동이 11월 12일 정치국회의에서 말한 것은 12만 정의 총과 화포들이었다. 中共中央文献研究室编, 『毛泽东文集』 第4卷, 北京: 人民出版社, 1996年, 74쪽. 진운은 11월 29일 동북국과 중앙에 보낸 보고에서 총 10만 정, 화포 300문이라고 하였다. 진운이 동북국 및 중앙에 보낸 보고, 1945년 11월 29일. 항일연군간부가 수집한 무기 상황 관련 자세한 내용은 다음을 볼 것. 『周保中文选』, 昆明: 云南人民出 版社, 1985年, 130쪽; 赵素芬, 『周保中将军传』, 477-478쪽.

[262] 『东北三年解放战争军事资料』, 20쪽; 周保中, 『东北抗日游击日记』, 829-830쪽. 주보중은 이후 다른 회고 기록에서 당시 항일연군은 이미 10여 개의 연대를 설립했고, 병력 수는 4만 이상에 달하였다고 밝혔다. 『周保中文选』, 30쪽.

[263] 『彭真年谱』 第1卷, 325쪽; 『中国人民解放军组织沿革和各级领导成员名录』, 749쪽. 그러나 주보중이 제4부사령관에 임명됐다는 저작도 있다. 『毛泽东年谱(1893-1949年)』 下卷, 48쪽; 『彭真传』 第1卷, 361쪽. 필자는 조사할 방법이 없어, 임시로 해방군과학원의 견해를 사용한다.

[264] 『彭真年谱』 第1卷, 359-360쪽.

중공 조직사 자료에 나오는 항일연군 조선인 간부들의 연변 지방 부대 조직 상황을 볼 때 그들은 초기에 중용(重用)되었다. 1945년 11월 23일, 성립된 동북 인민자치군 연변군분구는 강신태를 사령관으로 임명하고 그 예하에 경비려 4 개단 7,000명으로 조직되었다. 그중 3개단의 단장이 조선인으로, 각각 박낙권, 최명석, 박근식이었다. 1946년 2월 동북민주연군 길동군구를 건립하여 강신태 가 사령관을 맡고 예하에 2개 여단 7개단(19,000명)을 조직하였다. 그중 조선인 간부로는 제1단 단장 박낙권, 제3단 단장 남창수, 제5단 정치위원 문광덕, 제6 단 단장 김동파, 포병단 단장 김철 등이 있었다. 1946년 7월, 연변경비려는 야 전군에 편입되었으며, 길동군구는 길동군분구로 개편되어 김광협이 사령관을 맡았다.[266] 강신태와 김광협은 모두 중공 길림성위 위원이었다.[267]

▲ 1946년 8월 연길길림군구사령부에서 주보중과 강신태(좌측), 김광협(우측).

265) 雍文涛, 「创建延边根据地往事」, 『延边文史资料』 第9辑(1999年), 52쪽; 『中共延边吉东吉敦地委延 边专署重要文件汇编』 第1集, 11쪽. 옹문도가 이러한 역사적 사실을 언급하였다. 즉, 국민당의 공격으로 위기에 처했을 때, 중공이 모집한 상당수의 집단이 반란을 일으켰다. 가령, 둔화현의 경우 8개 부대 중 7곳이 배반했는데, 오직 조선족 부대만 예외였다.

266) 『中国共产党吉林省延边朝鲜族自治州组织史资料(1928-1987)』, 139-146쪽.

267) 『中国共产党组织史资料』 第4卷, 925쪽.

결국 이 간부들은 김일성 직계이자 핵심이었다. 김일성은 당연히 이들을 필요로 하였다.[268] 항일연군교도려 간부들이 소련에서 귀국할 때 중국공작단과 조선공작단으로 나뉘어졌는데, 김일성의 회고에 따르면 주보중이 이들 조선 간부들을 자신의 공작단에 배속해줄 것을 "먼저 요구"했다고 주장하였다.[269] 당시 김일성은 주보중의 직접 영도를 받았으며 당연히 상급자에게 복종해야 했다. 그러나 지금 상황은 완전히 바뀌어 김일성과 다른 귀국 간부들은 1945년 11월에 이미 중공 당적과 항일연군의 군적을 포기한 상태였다.[270]

또 1946~1947년은 김일성이 소련 점령군의 지원하에 국내 각파의 정치역량을 결집하고 있던 결정적 시기였다.[271] 이러한 상황에서 1946년 7월 강신태가 먼저 조선으로 귀국하였다. 1946년 가을, 김일성의 회고에 따르면 "나는 최광을 시켜 유능한 핵심 인력들을 선발해 귀국하도록 하였다. 최광은 곧바로 자신의 부대를 인계하고 200여 명을 선발하여 조선으로 귀국하였다." 1947년 5월 김광협도 조선으로 귀국하였다.[272]

김일성의 기대에 맞게 강신태와 김광협은 모두 단신으로 조선으로 돌아오지 않았다. 그들과 함께 귀국했던 노전사의 회고에 따르면 강신태는 최소한 1개단의 병력을, 김광협은 1개 대대를 이끌고 각각 귀국하였다.[273] 이는 중국의 군사 당안을 통해서도 증명된다. 기록에 따르면 1947년, 길동군구경비 제1여단 2연대의 1개 대대 약 1,200명이 "조선으로 귀국"하였다.[274] 1948년까지, 조선독

268) 김일성과 강신태는 매우 밀접한 관계로, 친분이 두터웠으며, 그 능력도 높이 추앙하였다. 『金日成回忆录: 与世纪同行』 第8卷, 242-245쪽.

269) 『金日成回忆录: 与世纪同行』 第8卷, 249쪽.

270) 周保中, 「东北抗日联军人员分布概况」, 中共吉林省委党史研究室编, 『周保中将军和他的抗联战友』, 长春: 吉林教育出版社, 1993年, 29쪽.

271) 상세한 것은 본서 제1장 제1절을 볼 것.

272) 『金日成回忆录: 与世纪同行』 第8卷, 249쪽. 강신태의 중국공산당 내 임무는 1946년 7월 종료됐고, 김광협은 1947년 5월 마무리됐다. 『中国共产党组织史资料』 第4卷, 925, 941쪽.

273) 徐龙男, 「延边籍朝鲜人民军退伍军人采访录」, 『冷战国际史研究』 第7辑(2008年 冬季号), 267-268, 283쪽.

274) 「吉林军区司令部三年工作报告」, 1948年 12月, 다음에서 재인용. 邢安臣, 白俊成 主编, 『东北解放战争中的少数民族』, 150쪽.

립동맹의 전 주석 김두봉 역시 동북에 있는 자신의 옛 친구들에게 서신을 보내, 그들이 조선으로 돌아오길 희망하였다.[275]

• 강신태(강건) 연변주재 소련군 위수사령부 부사령원, 중공연변지역위원회 서기. 김광협, 목단강 주재 소련군 위수사령부 부사령원, 중공목단강 지역위원회 서기(우).

조선 간부가 이끄는 이 두 집단의 귀국은 북조선 정권 건설을 적극 추동하였다. 1946년 초, 김일성은 조선 정규부대의 창설을 서둘렀지만, 소련은 망설이며 별 관심을 표시하지 않았다.[276]그러나 김일성은 이 핵심 대오가 돌아온 뒤 자신감을 회복할 수 있었다. 하바로프스크 야영 훈련과 동북에서의 실전으로 단련된 두 집단의 조선인 지휘관 및 사병들은 귀국 후 사실상 창설 준비 중이던

275) 姜根模, 「他的高尚的人格与情操」, 中国朝鲜族历史足迹丛书编辑委员会编, 『风浪·中国朝鲜族历史足迹丛书(7)』(조선어판), 北京: 民族出版社, 2013年, 348-353쪽.

276) ЦАМОРФ, ф.379, оп.166654, д.1, л.12, 59-60, 72; АВПРФ, ф.06, оп.8, п. 39, д.638, л.93-94, 다음에서 재인용. Ки Кван Со Из истории формирования вооруженных сил северной Кореи, с.136-139.

조선인민군의 초기 지휘관들이 되었다.[277]

이와 동시에 이러한 상황이 중국혁명의 진전에 부정적 영향을 가져왔음 또한 알 수 있다. 1946년 2~3월은 국공내전이 발발하기 직전으로 양측 모두 자신의 역량을 적극적으로 집중하고 있던 시기였다. 당시 동북국 서기 팽진은 간부 부족으로 인해 큰 어려움을 겪고 있었기 때문에, 그는 소련군이 동북에서 철수 이전에 간부들과 대규모의 병력을 재차 동북에 증파해 줄 것을 중공 중앙에 요청하고 있었다.[278]

1947년 역시 국공이 동북의 패권을 놓고 쟁탈전을 벌인 매우 중요한 시기로, 전세는 매우 치열하게 전개되었다. 이러한 시기에 사람과 지리에 밝고 상당한 전투력을 갖춘 조선인 핵심 대오가 조선으로 귀국하는 것을 비준해야 하는 중국 지도자의 마음을 어떠했을지 능히 짐작할 수 있다.

소련이 양성했든, 연안이 양성했든지 간에 그들은 본래 조선인이었다. 중국혁명을 돕기 위해 온 것은 국제주의 의무를 이행하기 위한 것이었지만, 그들이 조선으로 돌아가 자신의 혁명 정권을 건설하는 것 역시 정해진 이치였다. 더욱이 김일성이 이들의 귀국을 거듭 요구하였다. 중요한 것은, 그들이 비록 중국에서 수년 간 생활을 하였지만 조국을 그리워하는 민족 유대감은 사라지지 않았으며, 중국 국적 취득도 하지 않았던 것이다. 동북지방에 중공 통치구역이 건설됨에 따라 중공은 점차 이 문제의 심각성을 인식하게 되었으며, 국가 관계와 국민정체성 차원에서 문제를 해결해야 한다고 보았다.

3. 중국의 동북 조선인 문제에 대한 해결 방침

전국적 정권 수립 이전의 중공과 북조선 관계는 사실상 국가 관계로 보기

---

[277] Почтарев А.Н. Из истории советско-корейских отношений в 20-50-е годы// Новая и новейшая история, 1999, No.5, pp.135-160; 徐龙男, 「延边籍朝鲜人民军退伍军人采访录」, 『冷战国际史研究』 第7辑(2008年 冬季号), 267-268쪽. 조선 간부들의 귀국 후 직무 관련 상세 내용은 다음을 볼 것. 吉在俊, 李尚典, 『金日成与中国东北解放战争』, 11, 16, 23-28, 31-38, 70, 84, 89, 101쪽. 조선인민군 창설 당시, 강건(강신태)는 총참모장, 김광렵은 작전부장을 맡았다.

[278] 『彭真年谱』 第1卷, 392, 399쪽.

힘들며, 양당 관계 역시 소련의 영향력하에 있었다. 진정한 의미에서 양자 관계로 볼 수 있는 것은 동북지역 조선인 문제 정도였다. 이 방면에서 중공은 세계혁명 이념에 입각하여 간부 배양과 조선인 부대 귀국 등에서 대체로 북조선의 요구를 만족시켜주었다. 그러나 국경 지역 거주민 문제와 국경 문제 처리에 있어서 지방정부는 어려움을 겪었다.

우선 간부 문제가 있었다. 중공은 조선의용군과 항일연군 소속 조선인 간부들의 귀국을 저지할 수 없었다. 그러나 조선족 간부로 구성된 작은 규모의 부대는 스스로 양성할 수 있었다. 중공 역시 이 방면에서 풍부한 경험을 가지고 있었다. 동북지역의 조선족 밀집 거주 지역에 도착한 직후, 가장 중요한 임무 중의 하나는 현지 민족 간부 육성과 활용이었다.

동북국과 길림성위의 구체적 방안은 간부학교 및 각종 학교의 광범위한 운영을 통해, 새로운 조선인 청년 간부를 양성하고 기용하여 현지 출신의 복잡한 역사적 배경을 가진 노간부, 특히 민주대동맹 출신의 다수 간부들을 대체하는 것이었다. 1945년 말, 동북국은 다음과 같이 통보하였다. "간부 문제 해결을 위한 기본적 방안은, 현지에서 인재를 발굴하여 지방 간부로 양성하는 것이다. 각급 당, 정, 군 기관들은 훈련반, 교도대, 군정학교 등을 다수 개설하고, 청년 지식인, 소학교 교원 및 노동자 농민 중 열성분자들을 다수 확보하여 단기간 훈련을 통해 각종 업무에 안배한다."279)

당시 동만지역은 가장 중요한 근거지 중 하나이자 대후방으로서 각종 간부학교가 밀집한 지역이 되었다. 1946년 1~2월, 이 지역에는 조선인 혹은 조선인 위주의 군정학교들이 설립되었다. 연안항일군정대학을 토대로 설립한 동북군정대학 동만분교, 조선의용군 제7지대가 설립한 조선혁명군정학교 길림분교(화전군정학교), 길동군구가 개설한 길동군정대학, 그리고 태행산 조선혁명군정학교 간부반을 토대로 만들어진 조양천 교도대 등이 대표적이다. 6월 초, 길동군구는 이 학교들을 모두 동북군정대학 동만분교와 통합하고, 소재지를 연길시 북대영에 두었으며, 도석도(涂錫道)를 교장 겸 당위원회 서기에 임명하였다.

---

279) 『彭真年谱』 第1卷, 362쪽.

이 학교는 10월 18일 정식으로 개교하여 동북군정대학 길림분교로 개칭하였다. 1948년 6월 길림으로 옮겨 본교와 합병하였다. 이 학교는 3년 동안 모두 3,760명의 군정 간부를 배양하였는데, 그중 조선인은 2,520명이었다.[280] 1946년 8월, 길림성 정부는 연길에 민주학원을 개설하고 공업, 교육, 행정, 재정 등의 학과를 설치하였으며, 각 분야의 조선족 간부들을 전문적으로 육성하였다. 1948년 4월, 연변간부학교가 문을 열고 조선족 당정 간부 육성을 주요 목표로 하였다.[281] 국공내전 기간 동북지구 전체에서 육성된 조선인 간부는 모두 6,200여 명에 달하였다(각 현의 간부학교는 포함되지 않음).[282]

‣ 1946년. 동북군정학교 북만분교(北満分校) 학생들 단체 사진.

개설 초기, 동북군정대학은 북조선을 위해 적지 않은 인재를 육성하여 귀국

280) 朱士煥, 「在东满根据地创办军政大学」, 姚作起主编, 『东北军政大学吉林分校』, 沈阳: 辽宁民族出版社, 1994年, 55-73쪽; 金址云, 「朝鲜族军政干部的摇篮—东北军政大学东满分校史略」, 『延边 大学学报』 1986年 第4期, 115-125쪽.
281) 崔圣春主编, 『中国共产党延边历史大事记』, 244, 276쪽.
282) 하북성당안관, 700-1-13, 7-8쪽.

시켰다. 1946년 8월, 조선 정부의 요청에 따라 동만분교는 약 300여 명의 학생을 조선으로 귀국시켰다. 이는 교내 전체 조선족 학생(2,080명) 사이에서 큰 반향과 충격을 일으켰으며, 대다수 학생들은 중국에 체류하는 것을 불안하게 생각하게 되었다.[283]

1947년 5월 동북국의 비준을 거친 후, 조선 정부는 길림분교 출신 제1기 조선족 학생 중 50명을 선발, 평양으로 보내 일하게 하였다. 7월에는 제2기 졸업생 중 100명의 조선족 학생을 다시 선발하여 조선으로 귀국시켰다.[284] 그러나 전반적으로는 중공 자신을 위해 젊은 조선족 민족 간부들을 양성하였다. 동시에 기존 조선족 간부들에 대해 심사 및 재정비를 진행하였다.

1947년 4월 18일, 길림성위는 용정 동북군정대학 길림분교에 고급간부연구반 개설을 결정했는데, 실제로는 현존 조선인 간부들에 대한 선별에 집중했다. 연구반의 실질적 책임자는 과거 연안의 정풍학습에 참가한 바 있는 연변전서(专署: 성과 자치구에서 필요에 따라 설치한 파출소 같은 기구─역자 주)의 부전원(副专员) 문정일(文正一)과 허명(许明)이었다. 학생들은 군대의 대대장급 이상, 지방은 구(区)장 이상 간부 116명으로 구성되었는데, 그중 1명을 제외하고 모두가 조선인이었고 그 가운데 중공당원은 93명이었다. 이들은 주로 일본 항복후 자발적으로 부대와 기구를 조직한 간부들이었고 항일연군 및 의용군 간부 출신들도 있었다.

7월 초부터 1948년 1월까지 검열 절차가 진행되었다. 그 결과 80~90%의 학생들이 모두 크고 작은 과거의 문제가 있어, 그중 71명은 당적을 박탈당하였고 42명은 직위가 해제되었다. 당시 문정일이 조선을 방문하였을 때, 부수상대리 김책은 고급 간부반 학생들이 연변에서의 업무 임용에 어려움이 있다면 조선

[283] 金址云, 「朝鮮族軍政幹部的搖籃」, 『延边大学学报』 1986年 第4期, 118쪽; 徐龙男, 「延边 籍朝鲜人民军退伍军人采访录」, 『冷战国际史研究』 第7辑(2008年 冬季号), 268-269쪽.

[284] 朱士焕, 「在东满根据地创办军政大学」, 周佑, 「我在东北军政大学吉林分校的岁月」, 姚作起主编, 『东北军政大学吉林分校』, 64, 80쪽. 1948년 5월 길림성위는 조선족 간부들의 귀국 제한을 강화하였다. 규정상 지위(地委)의 검열, 비준을 반드시 거쳐야 했고, "확실히 귀국하는 것이 아니라면, 쉽사리 허용해선 안 되고, 가능한 한 숫자를 줄일 것"을 요구하였다. 국민대학교한국학연구소편, 『중국지역 한인 귀환과 정책6』(서울: 역사공간, 2004), 441쪽.

으로 귀국시켜주도록 요청하였다.

이후, 문정일의 소개를 통해 일부 간부들은 조선노동당 조직부로 보내졌다.[285] 물론 이 같은 재정비 과정이 전체적인 민족 간부 양성과 임용을 방해한 것은 아니다. 기존 간부들을 재정비하는 과정에서 중공 연변지역위원회는 1947년 6월 5일 각급 조직에 보낸 서한에서 현지 간부들, 특히 조선족 간부들을 적극 양성하고 기용해야 하며, 조선민족 중 간부와 열성분자들을 더 많이 훈련시켜야 한다고 강조하였다.[286]

간부를 양성하는 과정에서 당 조직은 자연히 빠르게 발전하였다. 1947년 7월, 길동 8개 현의 중공 당원의 총수는 2,337명이었고, 그중 1,173명이 조선인이었다. 1948년 7월, 연변 5개 현은 지구 단위 당위원회 34개, 촌 단위 당 지부 221개가 설치되었고, 당원은 2,999명으로 늘었으며 그중 조선인 당원은 1,689명이었다. 농촌에 조직된 당의 기층 조직 대부분에 핵심계층과 열성분자 집단이 구성되었다. 1949년 1월, 조선족 당원 수는 더 증가하여 3,834명이 되었으며 이는 총 당원 수의 73.1%를 차지하였다.[287] 이때, 연변정부의 지구(区) 단위 간부는 783명이었으며, 그중 조선족은 83.9%를 차지하였다. 촌 단위 간부 4,631명 중 조선족은 79.7%에 달했고 기용된 221명의 현 및 지구 단위 간부 중 조선인은 59.3%였다.[288]

조선족 간부의 대규모 양성은, 중공이 동북의 조선인 거주 지역에 정권을 수립하는 데 있어 견실한 토대를 다지기 위한 것이었으며, 다음 단계인 민족자치 정책 추진을 위한 정치 간부를 준비한 것으로 볼 수 있다. 근거지가 날로 견고해지면서 동북의 전세는 크게 호전되었다.

---

285) 『中国共产党吉林省延边朝鲜族自治州组织史资料(1928-1987)』, 99쪽; 崔圣春主编, 『中国共产党延边历史』, 257-258쪽; 金亨植主编, 『激情岁月: 文正一同志回忆录』(조선어판), 北京: 民族出版社, 2004年, 214-216쪽. 다른 자료는 白栋材, 「对东满根据地党的组织建设的回顾」, 『东满根据地』, 355-356쪽; 池喜谦, 「光复初期延边人民民主大同盟及其活动」, 『文史资料选辑』第1辑(1982年), 9쪽. 1985년 중공 연변주위(州委) 조직부는 이때, 간부 심사를 재조사하여 오류를 수정하였다.

286) 『中共延边吉东吉敦地委延边专署重要文件汇编』第1集, 59-62쪽.

287) 『中国共产党吉林省延边朝鲜族自治州组织史资料(1928-1987)』, 156, 101-102쪽.

288) 「关于延边根据地的建设—延边州委党史办综合材料」, 『吉林党史资料』1985年 第1辑, 142-143쪽.

이에 중공은 지방정권 건설을 강화하고 정부 명의로 국경 관리, 거주민 국적 문제, 지방정권 성격 등 일련의 문제 해결에 나서기 시작하였다. 1947년 6월 1일, 길림성위는 다음과 같은 문건을 통과시켰다. "전체 성 인구 중 조선민족이 30%를 차지하고 있으며, 연변지역은 70%에 이른다. 따라서 민족 문제의 정확한 처리, 조선민족을 어떻게 중시할 것인지, 그들을 동원하여 근거지 건설에 적극 참여시키는 것은 매우 중요한 문제이다."[289]

그러나 중조 변경지역, 특히 조선인 밀집 지역의 상황은 매우 복잡하였다. 연변지역위원회 및 전원공서의 보고에 의하면 용정, 연길, 훈춘 3개 현과 조선은 강 하나를 사이에 두고 마주 볼 수 있는 거리에 있었다. 국경은 700여 리(350Km) 정도로 수심이 얕은 곳은 걸어서 건널 수 있고, 더욱이 겨울철에 결빙되면 막힌 곳이 없었다. 양안의 거주민들은 친인척 관계가 많고 생활상의 필요로 인한 빈번한 왕래는 이미 습관이 되었다. 더욱이 과거 중국의 변경 관리는 엄격하지 않아 조선의 변경지역 주민들이 중국으로 와서 농사일을 하는 경우가 많았다. 이들은 아침에 왔다가 저녁에 돌아가고, 봄에는 파종하고 가을에 조선으로 수확물을 운반해가는 것이 허락되었다. 강가의 주민들에겐 국경, 변경이라는 개념이 전혀 없었다.

중화인민공화국 정부 수립 이후 국경관리를 강화했지만, 많은 조선족들은 "몸은 하나지만 나라는 두 개가 있다"고 생각하였기 때문에, 국민과 교민의 구분이 모호하였고 정부의 제한에 큰 불만을 나타냈으며, 불법 월경이 빈번하고 밀수가 심각하였다. 이 밖에도 "조선이 조국"이라는 생각이 농후하여 소수의 당 간부를 포함한 많은 조선 거주민들은 조선으로의 귀국을 요청하였고, 더욱이 청년학생과 지식인들 중에 이러한 관념이 비교적 강하였다.[290]

289) 『中国地区韩人归还与政策』 第6卷, 137쪽.

290) 『中共延边吉东吉敦地委延边专署重要文件汇编』 第1集, 384-385쪽; 『中国地区韩人归还与政策』. 第6卷, 523-536쪽. 이 시기 동북 조선인들의 귀국자 수에 대해 조선 주재 소련 민정국의 출입국 등기 통계 보고에 의하면 1946년 6월부터 1948년 12월까지 378,296명이었다. АВПРФ, ф.0480, оп.4, п.14, д.46, с.255. 그러나 중국 지방정부의 통계에 의하면 1949년 초 동북지역의 조선인은 약120여 만 명이었다. 다음을 볼 것. 하북성당안관, 700-1-13-2, 2-12쪽. 앞에 인용한 숫자를 따를 경우, 1947년 동북 조선인들은 140만 명 정도이고, 그렇다면 귀국자는 20만 명에 불과하다. 이런 차이가 나는 이유는 소련군의 통계 숫자가 단지 국경을 넘은 사람들의 수만을 집계한 것으로,

지방의 질서와 정권의 안전 보호라는 차원에서 중공은 반드시 이 문제를 해결해야만 하였다. 동시에 조선의 관점에서 필요한 것은 훈련을 거친 간부들과 작전 경험이 있는 장병들이었으므로 대규모 가족 단위의 입국은 허락되지 않았다. 그래서 "양국 관계에 영향" 주는 것을 피하기 위해 하루 빨리 필요한 조치가 취해져야만 하였다.[291] 과도적 권력이 완성된 후, 중공 역시 국가적 차원에서 이 문제를 고려하기 시작하였다.

1948년 8월 5일, 동북행정위원회는 "조선인 귀국을 위한 잠정적 조치"를 공포하였다. 즉, 귀국을 신청한 모든 조선인은 소재지의 현 단위 이상의 정부에서 비준을 받고 북조선인민위원회의 동의 회신을 받아야만 규정에 따라 귀국 수속을 진행할 수 있도록 하였다.[292]

그러나 이 규정 역시 "조선인"의 정체성을 명확히 설명하지 못한다. 사실 당시 중국 정부는 "조선인"이 과연 중국 국민인지, 아니면 조선 국민인지에 관해서도 확실한 견해가 없었다. 이에 8월 15일 연변지역위원회는, 연변에 거주하고 호적을 등기한 조선인은 중국 공민, 가족은 조선에 있지만 가장과 재산이 연변에 있는 조선족 거주민과 정부의 허가를 받고 상시 조선을 오가는 조선인 거주민도 중국 공민으로 인정한다고 규정하였다. 호적 등기를 하지 않은 자 혹은 비준을 거쳐 조선으로 이주한 후 다시 돌아온 자는 일괄 조선 교민으로 규정하였다.

이 밖에도 북조선과 외교적 성격을 띤 기관을 설치하여 관련 문제를 즉시 처리 및 해결할 수 있도록 해줄 것을 성위원회(省委)에 건의하였다. 또한 조선족의 역사와 관습을 고려하여, 변경지역 생필품 교환 문제를 적절하게 해결하도록 하였다. 도문강 발원지의 물길이 바뀌어 양국의 경계가 모호하기 때문에 강 주류를 경계로 국경 획정이 필요하며, 그 지역에 살고 있는 거주민들은 본인 의사에 따라 해당 지역에 계속 거주하든지 혹은 본국으로 돌아갈 수 있도록

이들 가운데는 평소 빈번하게 국경을 왕래했거나 다른 곳을 통해 중국으로 돌아온 자들이 있을 것이다(가령 앞서 언급한 중공 군대).

291) 『中國地區韓人归还与政策』 第6卷, 71-72쪽.

292) 『中國地區韓人归还与政策』 第6卷, 454-455쪽.

하였다.293) 이러한 규정과 건의는 국민의 정체성과 국가 관계의 각도에서 문제 해결을 모색한 것이라 할 수 있다.

그러나 혁명이념의 영향과 연변 조선족의 관념과 정서를 고려하여, 중공은 여전히 국적을 구분하는 명확한 정책을 가지지 않고 있었다. 1948년 12월 9일, 중공 연변지역위원회 서기 유준수(刘俊秀)는 민족 문제를 말할 때, 한편으로 "연변 경내에 거주하는 조선인들은 중국 경내의 조선족 소수민족과 중화민주공화국의 일부분으로 인정하고, 민주정부는 민족 평등원칙에 입각하여 조선인민에게 토지권, 인권 및 재산권을 부여하고, 인민의 생명과 재산의 안전을 보호"하며, 이 원칙에 따라 "공민과 교민을 엄격히 구분"해야 한다고 설명하였다.

그는 다른 한편으로, "중국 경내의 조선인민은 과거에 자신의 조국−조선민주공화국이 있었음을 인정해야 한다." 따라서, 그들의 "조국"이 침략 혹은 위협을 받았을 때, 중국 경내의 조선인민들은 "조국"을 지킬 책무가 있다고 주장하였다.294) 이는 동북 조선인들이 동시에 2개의 국적을 갖는 것을 인정한 것이며, 이들은 중국 공민으로서 중국의 해방전쟁에 참가할 수 있을 뿐만 아니라, 언제나 조선 공민의 신분으로 귀국하여 조선의 혁명투쟁에 참가할 수도 있다는 것을 의미하였다.

이는 중공이 국적 문제를 고려할 때 여전히 혁명의 내용을 포함하고 있었음을 설명해준다. 이렇게 공민과 교민을 구분하는 것에는 당연히 전략적 고려가 있었다.295) 그러나 분명한 것은, 국적법을 통해 조선인의 국민 정체성을 확인하기 전에, 중국 경내 조선인들의 "중화민족화" 문제는 여전히 완전히 해결할 수 없음을 분명하게 보여준다.

그럼에도 불구하고 정권 수립 진행 과정에서 민족자치 실행의 행보는 빨라졌다. 1946년 1월, 정치협상회의에서 중공대표단은 "소수민족 지역에서 각 민

---

293) 『中共延边吉东吉敦地委延边专署重要文件汇编』 第1集, 387-391쪽.

294) 『中共延边吉东吉敦地委延边专署重要文件汇编』 第1集, 392쪽

295) 연변지역위원회 서기 유준수는 회고를 통해 당시 조선인민들은 여전히 "마음속 깊이 조선이 조국"이라고 여겼기 때문에 "갑자기 이들을 중국 국적으로 편입시켰을 때, 정서에 상처를 줄 수 있었다"라고 언급하였다. 그래서 나온 전략이 바로 복수 국적 취득 방안이었다. 刘俊秀, 「在朝鲜族人民中间」, 『胜利』, 709-711쪽.

족의 평등한 지위와 자치권을 인정해야 한다"고 지적하였다.296) 예를 들어 이
때 '화평건국강령초안(和平建国纲领草案)'이 국민당과 어떻게 천하를 쟁패할
것인가의 문제를 더 많이 고려한 것이라면, 1947년 5월 1일 내몽고 자치정부를
수립하고 공포한 것은, 중공이 장래 신중국의 소수민족 지역에서 민족자치를
실행하는 방침을 이미 확정하였음을 보여준 것이라 할 수 있다.297)

1947년 10월 10일 반포한 '중국인민해방군 선언'에서, 재차 분명히 "중국 경
내의 각 소수민족은 평등 자치의 권리를 가짐을 확인"하였다.298) 이러한 배경
아래 1948년 9월 23일, 중공은 '동북해방구 현촌 각급 정부조직 조례초안'을 공
포하였다. 이 중 민족자치구의 조항은 각 소수민족이 집중적으로 거주하는 지
역에서, 소수민족이 전체 인구의 절반 이상을 초과하면 민족자치촌, 자치구, 자
치현 수립이 가능하다고 규정하였다.299)

12월 9일, 연변지역위원회는 "계획과 절차에 맞는 상향식의, 인민의, 민주적
자치정부 수립과 민족자치 실현을" 위해, 충분한 준비 작업을 잘 준비할 필요가
있다고 지적하였다. 즉, 계급적 단결의 토대 위에 중조 민족의 단결을 공고히
하는 것, 서로 다른 민족의 공민과 비율에 따른 공평 선거를 보장하는 것, 민족
간부들의 과감한 발탁, 민족문화 건설 강화, 민족 간 분쟁을 원만히 처리하는
것이라고 밝혔다.300) 또 전체적인 준비 작업 과정에서 가장 중요한 것은 믿을
만한 소수민족 간부를 임용하는 것이었다.

연변지역 중공 당 조직과 정권기관에서 조선족 간부의 임용 현황을 통해 알
수 있는 것은, 1949년 초에 이미 이 지역에서는 민족자치정부 수립의 조건이
성숙했다는 사실이다. 1945년 10월부터 1948년 3월까지 지역위원회 단위에서
강신태와 김광협의 단기간 임직(박일우는 미임직)을 제외하고는, 지도부 구성
원 중에 조선인은 없었다. 현 위원회 단위에서 문정일이 1945년 말 연길현위원

---

296) 中共中央统战部编, 『民族问题文献汇编』, 991쪽.
297) 中共中央统战部编, 『民族问题文献汇编』, 1,128쪽.
298) 中共中央统战部编, 『民族问题文献汇编』, 1,133쪽.
299) 中共中央统战部编, 『民族问题文献汇编』, 1,332쪽.
300) 『中共延边吉东吉敦地委延边专署重要文件汇编』 第1集, 393-395쪽.

회 부서기직을 한 달 간 맡은 것 외에, 줄곧 현급 지도 그룹에서 조선인은 없었다. 그러나 1948년 4월 이후 상황에 뚜렷한 변화가 있었다.

새로이 출범한 연변지역위원회에서는 1949년 3월 이전까지 임춘추가 부서기를 맡았고 그 이후에는 주덕해가 서기직을 맡았다. 연변지역위원회 각 기관에서 조선인들은 선전부장, 청년노동자위 서기, 부녀노동자위 서기, 연변일보사 편집국장, 동북조선인민보사 사장과 편집국장, 연변정치간부학교 교육장을 맡았다. 현위원회 단위에서 조선인이 임용된 경우는, 연길현위원회 상무위원(2명), 간부훈련반 주임, 용화현위원회 비서 및 부녀노동자위 서기, 왕청현위원회 비서, 조직부장, 당훈련반 주임, 안도현위원회 상무위원 등이 있었다.

정부기관 중에서 1945년 11월 연변 행정감찰전원공서의 설립 후 지도자들 가운데 조선인은 없었으며, 길동공서로 개편 뒤 문정일이 부전원(副专员)을 맡았지만 반년을 채우지 못하였다. 용화현 현장과 부현장을 제외하고 기타 각 현에서 영도 직무를 맡은 조선인은 없었다.

1948년 3월부터 전원에 임춘추, 문정일, 주덕해가 차례로 임명되었고, 연길, 왕청, 훈춘현 현장과 화룡, 안도, 돈화현 부현장에도 조선인이 임용되었다.[301] 동북지역 전역에서 1949년 6월까지, 정부기관 계장 이상의 실질적 직위에 임명된 조선족 간부는 모두 132명이었고, 이 밖에도 1,184명의 조선족이 현구(县区) 인민위원회 위원 혹은 과원(科员)과 조리(助理)직을 맡았다.[302]

그러나 중공 정권에게 민족자치 실현의 가장 큰 장애물은 여전히 국민 정체성, 즉 중국내 과계민족의 민족 정체성(중화민족화) 문제였다. 이 문제에 있어서 중공이 해결해야 할 문제는 민족 문제뿐만이 아니라 장래 정권과 조선과의 관계 문제도 있었다. 오랫동안 연변지구에서 살아온 조선민족은 과연 중국인인가, 아니면 조선인인가? 심지어 연변지구는 중국에 속하는가 아니면 조선에 속하는가? 관념적이든 정책적이든 이 문제들은 하나도 해결되지 않았다.

이로 인해, 연변 자치정부 준비 과정에서 한바탕 큰 풍파를 피할 수 없었다.

---

301) 『中国共产党吉林省延边朝鲜族自治州组织史资料(1928-1987)』, 104-136쪽.
302) 하북성당안관, 700-1-13, 7쪽.

1948년 12월부터 1949년 2월까지 중공 중앙은 길림성위에서 민족공작좌담회 소집을 위임하였다. 회의에 참석한 조선인은 주로 각 현에서 민족 업무를 책임진 간부 30여 명이었다.

회의 주재는 동북행정위원회 민정부 민족사무처의 처장 주덕해, 연변공서 전원 임춘추, 연변일보사 사장 임민호(林民鎬), 164사 사단장 이덕산과 정치처 주임 장복(张福) 등 5명이 맡았고, 중공 길림성 서기 진정인, 성정부 주석 주보중도 회의에 참석하였다. 회의에서는 열띤 토론이 있었다. 어떤 이는 "조선족의 조국은 조선"이라고 주장하고, 어떤 이는 "다(多)조국론"을 주장하였다. 즉, "무산계급의 조국은 소련이고, 민족적 조국은 조선이고, 현실적 조국은 중국"이라는 주장이었다.

연변지구 정권 설립의 성격 문제에 대해, 모스크바동방노동대학 출신 임민호는 조선족이 집단적으로 연변에 공화국을 설립하여 소련처럼 중앙공화국에 가입하는 가맹식공화국(加盟共和国)을 건립해야 한다고 주장하였다. 조선에서 온 임춘추는 연변을 조선으로 귀속시켜 연변의 민족 문제를 근본적으로 해결해야 한다고 주장하였다. 회의에서 주덕해는 이상의 두 의견은 모두 "공상"이며, 모두 연변의 역사와 현실에 부합하지 않는다고 분명하게 지적하였다. 중국 동북지역의 조선민족과 조선의 조선인이 같은 민족이기는 하지만, "전자는 이미 다른 공민권을 누리고 있는 중국 조선족"이므로, 연변에서는 중국 정부의 통일된 영도하의 민족자치를 실행할 수 있을 뿐이라고 주장하였다.[303]

여기서 가장 놀라운 것은, 연변지역위원회 부서기이자 연변공서 전원인 임춘추가 예상 외로 연변을 중국에서 분리하자는 제안을 하였다는 점이다. 임춘추가 회의에서 이 문제를 제기했는지 여부와, 왜 이 문제를 제기했는지를 확인하기 위해, 필자는 이에 대한 구술 증거를 제시한 한국의 이종석 박사에게 자

---

[303] 崔国哲, 『朱德海评传』, 陈雪鸿译, 延边: 延边人民出版社, 2012年, 14-16, 172-175쪽; 本书编写组, 『朱德海一生』, 北京: 民族出版社, 1987年, 135쪽; 염인호, 『또 하나의 한국전쟁』(서울: 역사비평사, 2010), 201-203쪽; 중국인 A씨의 증언, 1996년 9월, 연길, 이종석, 『북한-중국 관계』, 51-52쪽에서 인용. 민족공작좌담회에 대해서는, 『延边日报』 1949년 1월 29일 1면에 간략한 보도가 실려 있다. 1월 21일 회의가 열렸는데, 주덕해 장군은 민족공작 보고를 하였고 회의 대표들에게 "기탄없이 방안을 건의해 달라"고 요구하였다.

문을 구했고, 그가 말하는 A씨는 『중국조선족역사연구』라는 책의 저자인 연변대학 교수 박창욱이라는 것을 알게 되었다.

이 일은 매우 중요한 사안이고, 동시에 이에 관한 문헌자료도 부족한 만큼 필자는 수차례에 걸쳐 신빙성을 따졌다. 이종석 박사는 비록 세월이 여러 해 흘렀고 대화 기록도 이미 유실되었지만, 이에 대한 그의 기억은 매우 깊어 틀릴 리가 없다고 말하였다. 이 밖에 이종석 박사는 전후 상당 기간 동안 도문강변 양쪽 조선인들의 통념 속에는 보편적으로 간도지역이 조선에 속하는 것으로 인식하였기 때문에, 조선에서 파견한 간부 임춘추가 이러한 견해를 제시한 것은 매우 자연스러운 것이라고 설명하였다.[304]

이 문제에 관해 두 가지 사료를 주의 깊게 살펴볼 만하다. 하나는 1947년 겨울부터 1948년 여름까지 주한미군 정보부서에 지속적으로 보고된 자료로서 북조선지역에서 보내온 정보인데, 간도(즉, 연변)지구가 향후 조선에 귀속되거나 혹은 조선인민위원회의 관리에 맡긴다는 정보였다. 이러한 소문이 도처에 퍼지자 중국 측은 강하게 반대하였다.[305] 또 하나는 1948년 9월 조선민주주의인민공화국 수립 전후, 김일성과 임춘추가 연변지역에서 조선의 건국 축하행사를 심혈을 기울여 계획하였다는 정보였다. 이는 연변지역에서 조선의 영향력을 확대하고 어쩌면 심지어 연변을 조선의 영토 범위에 편입시키려는 시도일 수 있다.

한국학자는 "문화대혁명" 기간, 연변지구 조반파(造反派)의 비판 자료를 인용하여, 김책과 김광협 등이 비밀회동을 소집, 연변의 간부들의 참가를 요청하여 연변의 조선 귀속 문제를 논의하였다고 주장하였다.[306] 이를 통해 판단해 보면, 임춘추가 민족공작좌담회에서 "연변은 조선에 귀속되어야 한다"는 주장을 제기했을 가능성이 크다. 바로 이러한 상황이 있었기 때문에 초기 중조관계에서 유쾌하지 못한 일화가 있었던 것이다.

---

304) 필자와 이종석 박사의 대담, 2015년 5월 22일, 서울

305) *HQ, USAFIK, ISNK,* Vol.3, No.129, pp.148-162; No.133, pp.234-252; No.146, p.517.

306) 염인호, 『또 하나의 한국전쟁』, 192-193, 198-200쪽.

• 1949년 2월 4일 중공 길림성위원회 민족공작실 좌담회 폐막. 전체회의 참석 인원 단체 사진.
임춘추(첫째 줄 우측 2번째). 이재덕(첫째 줄 좌측 4번째). 주보중(둘째 줄 좌측 4번째).

임춘추는 일찍이 항일연군 시기 때부터 김일성의 부하였고 김일성의 아내
김정숙과는 사제지간이었다. 이런 인연으로 임춘추는 김일성의 깊은 신임을
받았다.[307] 연변에서 태어난 임춘추는 일본이 투항한 후, 항일연군교도려 중국
공작단에 배속되었다. 그는 강신태를 따라 연변지구에 와서 얼마간 일을 하였
으며, 이후 조선으로 돌아가 북조선공산당 평안남도위원회 제2서기를 맡았고
김일성이 가장 신임하는 간부 중 하나가 되었다.

1947년 3월 주보중은 중공 중앙의 지시에 따라 김일성을 만나, 연이어 귀국
한 강신태와 김광협을 대신할 조선 간부 한 사람을 연변에 보내 도와줄 것을
희망하였다. 김일성은 곧 바로 임춘추를 천거하였다. 임춘추는 처음에는 민족
사무청 청장을 맡았고, 동시에 용정고급간부연구반(龙井高干研究班) 당위원회
서기도 맡았다(실무는 부서기인 문정일이 맡았다). 연구반의 일이 끝난 후

307) РГАСПИ, ф.514, оп.1, д.1041, л.2-8, Харуки Вада(отв. ред.)ВКП(б), Коминтерн и Корея,
с.739-744; 『金日成回忆录: 与世纪同行第8卷』, 258-260쪽.

1948년 3월, 임춘추는 연변으로 돌아와 임무를 맡았는데, 이 역시 김일성이 주보중에게 건의하여 이루어졌다. 업무를 수행하는 동안 김일성은 임춘추와 수시로 연락을 취했을 뿐만 아니라 접견이나 서한의 방식으로 "그의 공작을 구체적으로 지도하였다."308)

주보중의 부인 왕일지에 의하면 임춘추는 확실히 김일성이 중국에 보내서 온 것이라고 증언하였다.309) 중공은 연변에 자치정부를 세우고 조선과의 관계를 증진시키고자 하였다. 당연히 매우 신뢰할 수 있는 조선 간부가 동북에 와서 업무를 주관해야 했던 상황에서, 길림성 정부 주석으로서 주보중 역시 김일성과 상호 신뢰하고 관계가 매우 밀접했기 때문에 김일성의 제안을 사리에 맞는 것으로 받아들였다. 임춘추는 중공 당국이 잘 알고 있는 항일연군 간부였고 또한 김일성의 추천이 있었기 때문에 중공은 당연히 그를 매우 중시하였다.

1948년 2월 임춘추가 연변지역위원회에 부임하기 전, 동북국은 그를 중공 길림성위 위원으로 임명하였다.310) 3월 4일, 길림성위는 길동지역위원회 서기 공원(孔原)이 연변을 현지 시찰한 후 건의한 내용을 보고하였다. 공원은 보고에서 연변은 소수민족 지역으로 이 특성은 절대로 부정할 수 없기 때문에 민족업무에 자신감 있는 유능한 간부를 파견하여 지도를 강화할 필요가 있다고 주장하였다. 공원은 옹문도를 연변으로 파견하는 한편, 지구위원회와 전서는 반드시 조선 동지들을 영도 업무에 참가시키고, 그들을 발전 육성시켜 항구적이며 근본적인 대책이 되도록 할 생각이었다. 이 일은 이미 2년 이상 진행된 것으로 더 이상 지체할 수 없었다.

공원은 간부 배치와 관련하여, 임춘추가 지역위원회의 서기 혹은 지역위원회 부서기 겸 전원(专员)을 맡을 수 있다고 보고, 결국 연변의 지도자로는 조선인을 선발해야 한다고 건의하였다. 성위원회는 공원의 보고를 검토한 뒤 그 제

308) 韓俊光, 姚作起编 著, 『解放战争时期的东满根据地』, 303-304쪽; 김광운, 『북한정치사연구』, 38쪽; 吉在俊, 李尚典, 『金日成与中国东北解放战争』, 139-144쪽; 金亨植主编, 『激情岁月』, 141, 214-215쪽; 김일성과 임춘추의 담화, 1948년 10월 23일, 『김일성전집』 제8권(조선어판), 평양: 노동당출판사, 1994년, 386-387쪽. 중문판 『金日成著作集』에는 이 담화가 생략됐음,
309) 王一知, 『八·一五前后的东北抗日联军』(내부토론용 원고), 1984年 6月.
310) 中共吉林省委党史研究室编, 『东满根据地』, 104쪽.

안이 성위원회의 기본 정신에 부합한다고 인정하였다.[311] 그리하여 1948년 3월 27일, 임춘추는 길림성 민족사무청 청장에서 연변공서 전원직으로 자리를 옮겼고, 4월에는 지역위원회 부서기에 임명되었다.[312]

중공이 혁명투쟁의 경험에서 출발해 민족자치 실현을 위해 간부 문제를 먼저 해결하려한 것은 이해할 수 있다. 그러나 인식과 정책에 있어서 민족정체성 문제에 대한 진지한 고려가 부족했기 때문에 결국 난관에 봉착하게 되었다. 어쩌면 이 시기가 되어서야 중공은 민족 정체성이 특히 고위급 간부들 사이에 매우 중요한 문제라는 것을 비로소 인식하였다.

민족공작회의가 끝나고 얼마 되지 않은 1949년 3월 13일, 임춘추는 갑자기 자신이 맡고 있던 두 직책에서 자취를 감추고 조선으로 귀국하였다.[313] 뒤이어 조선 측과의 연락인이자 김일성과 긴밀한 관계를 유지하고 있던 주보중 역시 전출되어 동북을 떠났다. 주보중은 1945년 11월부터 줄곧 중공 길림성위 위원, 상무위원 그리고 성정부 주석직을 맡아왔다. 그러나 중화인민공화국 수립 직전, 갑자기 동북에서 운남으로 전보된 것이었다.

일부 연구자들은 이 전보 조치가 동북국 서기 고강과 주보중과의 긴장된 관계와 연관이 있을 가능성이 있다고 보고 있다. 고강은 일찍이 주보중이 동북에서 "독립왕국"을 만들고 있다며 주보중을 비난한 바 있다.[314]

그러나 러시아 당안 기록에 따르면 동북을 놓고 국공 양당이 투쟁을 시작한 초기부터, 동북민주연군 지도자들은 "주보중의 정치적 순수성을 의심"하기 시작하였으며, 그 이유는 주보중이 중국으로 귀국하기 이전에 "나는 동북 전체를 관리"해야 하고, "모택동과 주덕은 화남지역을 관리하는 것이 당연하다"라고 공언하였기 때문이었다. 또 동북민주연군이 창설될 때, 주보중은 만주국에서 직

---

311) 『中国地区韓人归还与政策』 第6卷, 401-404쪽.

312) 『延边文史资料』 第2辑(1984年), 194쪽; 『中国共产党组织史资料』 第4卷, 931, 936쪽.

313) 『延边文史资料』 第2辑(1984年), 198쪽; 吉在俊, 李尚典, 『金日成与中国东北解放战争』, 144쪽. 1949년 6월 임춘추는 노동당원 강원도위원회 위원장 신분으로 모습을 드러냈다. 김광운, 『북한정치사연구』, 38-39쪽.

314) 『中国共产党组织史资料』 第4卷, 921, 924, 936쪽. 주보중의 운남지역 전출과 관련된 자세한 내용은 다음을 참고. 赵俊清, 『周保中传』, 628-638쪽.

책을 맡았던 이들을 일부 연대장급 간부로 임명하고자 하였지만, 고강은 이들을 매국노라 칭하며 임명을 저지하였다.[315]

만약 사실이 이와 같다면, 이는 주보중의 군권 삭탈과 관련이 있을 수 있지만, 동북에서 운남으로 전보된 것과는 무관하다 할 것이다. 왜냐면, 주보중은 군대를 떠난 후에도 줄곧 길림성정부 업무를 주재하였기 때문이다.

필자가 추측하기로는, 1943년 3월 임춘추의 조선 귀국과 9월 주보중의 운남으로의 전보, 이 두 가지 사이에 모종의 관계가 있을 것이라고 생각한다. 다만 이 일은 관계가 복잡하다. 임춘추는 김일성의 추천을 받은 인물이고 동시에 두 사람의 관계는 매우 밀접하기 때문에, 명확하게 설명하기 어렵다.[316] 어찌되었든, 확실한 것은 변경지역에서 과계민족의 "중화민족화"는 중공 정권이 직면할 수밖에 없는 문제이자 동시에 시급히 해결해야 할 문제였다는 점이다. 나아가 국경을 넘나드는 민족 문제는 더욱 민감하고 중요한 문제, 즉 영토 귀속 문제를 야기할 수 있었다.[317]

이는 동북 조선인 문제가 신중국 정권 수립 직전까지 중공을 곤란하게 하였음을 보여준다. 이 문제에서 중공이 가장 곤혹스럽게 느꼈던 점은, 조선족들의 국민 정체성을 확정하는 문제가 아니라 혁명 대오 내부의 수많은 간부들의 신분과 그들의 생각이었다.

중공의 간부 대오에는 언제나 많은 조선인들이 있었으며 이러한 상황은 매우 특수하였다. 항일전쟁이 끝난 후 중공은 입당 심사를 강화하고 외국인의 입당을 엄격하게 제한하였다. 당시 아직 성문화되지 않은 중공 중앙의 규정에 따르면, 외국 국적 공민의 중공당 입당은 중공 중앙서기처 서기의 비준을 받아야만 하였다.[318]

---

315) РГАСПИ, ф.495, оп.225, д.138, л.11.

316) 사건의 관건은 민족공작좌담회에서 임춘추가 발언 중 사용한 표현이다. 만약 이종석 박사가 인용한 "증언"이 사실이라면 모든 내용을 논리적으로 설명할 수 있다. 길림성당안관에서 당시 회의와 관련된 자료의 비밀을 해제한다면 이 일을 증명하는 것이 그렇게 어려운 것이 아니다.

317) 이 부분에 대해 충분한 설명을 하자면 1952년 9월 연변 조선자치주가 성립할 때, 상당수의 조선인들은 이를 독립으로 오해하였고, 심지어 조선과의 합병을 요구하기도 하였다. 하북성당안관, 694-3-76, 5-8쪽.

1949년 10월, 중공 중앙은 중국공산당에 입당을 신청하는 외국인은 모두 중앙조직부의 비준을 받아야 하지만 동북의 조선인들만은 예외로 한다고 분명히 하였다.[319] 이 같은 특수성은 한편으로는 조선인이 과계민족이라는 점과 관련이 있었고, 다른 한편으로는 중조 간의 혁명적 우의와도 관련이 있었다. 강신태, 김광협 및 임춘추가 동북지역에서 직책을 맡았던 사실이 이를 잘 설명해준다. 1949~1950년 조선족 장병들의 귀국도 이의 전형적인 예라고 볼 수 있다.[320]

일본의 항복 이후 조선노동당 및 조선 정부는 중공 중앙과 직접적 연계를 가지지 않았다. 첫 번째 접촉은 조선인민군 총정치부 주임 김일이 조선노동당 중앙의 위탁으로 중국인민해방군 소속의 조선인 부대와 장비의 송환을 요청한 일이었다. 1949년 4월 30일 김일은 심양에 도착해 고강에게 자신과 중공 중앙을 연결해 줄 것을 요청하였다.

김일은 북경에서 주덕, 주은래와 4차례, 모택동과는 1차례의 회담을 가졌다. 조선의 요구에 모택동은 흔쾌히 동의하였다. 모택동은 중국 군내에 조선족 사단이 3개 있으며, 2개 사단은 심양과 장춘에 있기 때문에 언제든지 무기와 장비 모두를 조선 정부에 이관할 수 있으며, 또 다른 1개 조선족 사단은 현재 전투에 참가하고 있기 때문에 전투가 끝난 후에야 조선으로 돌려보낼 수 있다고 말하였다. 모택동은 이들 부대가 필요로 하는 탄약에 관해 "조선이 원하는 만큼 얼마든지 제공할 수 있다"라고 대답하였다.[321]

스탈린이 북경으로부터 받은 보고서에 의하면, 모택동은 조선인 장교 200명은 보충 훈련을 거친 후 한 달 후에 조선으로 귀국시킬 수 있고, 만약 남북한

---

318) 李敦白 口述, 徐秀丽 撰写, 『我是一个中国的美国人—李敦白口述历史』, 北京: 九州出版社, 2014年, 63쪽.

319) 『中国地区韩人归还与政策』 第6卷, 522쪽.

320) 이 사건의 세부 전개 과정에 대해 여러 전문 연구들이 있다. 다음을 볼 것. 金东吉, 「中国人民解放军中的朝鲜师回朝鲜问题新探」, 『历史研究』 2006年 第6期, 103-114쪽; 金景一, 「关于中国军队中朝鲜官兵返回朝鲜的历史考察」, 『史学集刊』 2007年 第3期, 52-61쪽; 沈志华, 『毛泽东、斯大林与朝鲜战争』, 196-199, 211-213쪽. 여기선 중공의 조선족 장병들의 귀국에 대한 태도와 방식이 어떠했는지를 다루고 있다.

321) АПРФ, ф.3, оп.65, д.9, л.51-55.

사이에 전쟁이 발발할 경우 중국은 최선을 대해 모든 것을 제공할 것도 약속하였다.[322]

모택동이 즉시 조선으로 보낼 수 있다는 2개의 조선인 사단은 제164사단과 제166사단이었다. 164사단의 왕효명 전임 사단장과 송경화(宋景华) 정치위원은 부대가 조선으로 이관될 때 중국 내 다른 곳으로 전보되었고, 부사단장 이덕산(조선족)이 사단장 겸 정치위원을 맡았다. 조선에 들어갈 때 사단의 실제 인원은 10,821명이었다. 제166사단의 유자의(劉子议) 전 사단장과 방호산(조선족) 정치위원이 조선에 들어갈 때, 방호산이 사단장 겸 정치위원을 맡았다. 제166사단이 조선으로 들어갈 때, 실제 병력은 10,320명이었다.[323] 7월 초순, 김일성의 명령에 따라 이 2개 사단은 조선으로 출발하였으며, 심양사단(166사단)은 신의주에, 장춘사단(164사단)는 나남에 배치되었다.[324]

• 1949년 여름 심양에서 166사 장병들 단체 사진.

[322] АПРФ, ф.45, оп.1, д.331, л.59-61.
[323] 『东北三年解放战争军事资料』, 76-77쪽. 1949년 6월, 동북국은 길림성 164사에 15,000명의 조선족 신병을 즉시 확충하여 7월 18일 이전에 인계할 것을 명하였다.(『中国地区韩人归还与政策』第6卷, 487, 488쪽). 이 숫자는 당연히 164사에서 귀국한 전사들의 수를 포함한 것이다.
[324] АПРФ, ф.3, оп.65, д.5, л.25-27.

1949년 12월 29일, 총참모장 섭영진(聶榮臻)은 모스크바에 있던 모택동에게 보낸 전보에서, 제4야전군 사령관 임표가 보낸 전보를 인용하여 현재 제4야전군 각 부대 내의 조선족 장병은 16,000명 정도이며, 소대장급 이상 간부는 2,092명이라고 보고하였다. 그들은 중국 인민해방군에서 교육 훈련을 받고 역량이 크게 발전했으며 작전, 군비확충 및 정치공작의 경험을 갖추고 있었는데, 그 일부가 부대의 남하 이후 사상적 동요를 일으켜 조선으로 귀국시켜줄 것을 요구하였다. 이에 임표는 "조선인민의 이익을 위해 훈련된 이 간부들을 조선으로 송환하는 것"을 고려할 것을 제안하였다.[325] 1950년 1월 중순 인민군 총참모부 작전부장 김광협은 소련 및 조선과의 협의를 거쳐 중국에서 이 부대를 이관 받는 동시에 이들이 소지한 무기와 장비를 조선으로 가져갈 수 있도록 해줄 것을 요청하였다. 모택동은 이에 동의하고 비준하였다.[326]

제4야전군은 지시를 받은 이후 즉시 부대 내 조선인 장병들을 정주(鄭州)로 집결시키고, 1개 사단과 1개 연대 총 15,800명으로 재편성하였다. 이 부대의 정치적 소양은 매우 높았다. 부대원의 69%가 중공당원이었고 전공을 세운 사람도 많았다. 무장 역시 매우 강력했고 포병 장비도 완비하였다. 또한 김광협의 요구에 따라 나이가 많고 신체가 쇠약한 자와 성분이 좋은 않은 사람들을 편성에서 제외하도록 하였다.[327]

사실상, 조선인 장병들을 조직하여 조선에 돌려보내는 행동은 제4야전군뿐만 아니라 모든 해방군 부대 내에서 전개되었다. 중국군 측 통계자료에 의하면 1950년 1월 29일부터 6월까지, 각 군구 및 각 병과는 중공 중앙군사위원회의 지시에 따라 각 부대에 소속된 조선인 병사들을 송환하도록 통보하였다. 1월에서 4월까지 중남군구에서 22,392명의 조선인 부대원(사단장급 간부 1명, 연대

---

325) АПРФ, ф.45, оп.1, д.334, л.8-9, Ледовский А.М. Сталин, Мао Цзэдун и корейская война, 1950-1953 годов// Новая и новейшая история, 2005, No.5, pp.89-90.

326) 中共中央文献研究室、中央档案馆编.『建国以来刘少奇文稿』第1册, 北京: 中央文献出版社, 2005年, 320-321쪽; АПРФ, ф.45, оп.1, д.334, л.22.

327) 1950년 5월 11일 등자회(鄧子恢)가 중공 중앙군사위원회와 인민해방군 총정치부 및 임표에게 보고한 내용. 당시 중국에 거주하던 조선인의 절대다수는 아직 국적이 확정되지 않은 상태였기 때문에 문건에서 사용하는 "조선적(籍)"이라는 표현은 정확한 것이 아니다.

장급 간부 13명, 대대장급 간부 93명, 중대장급 간부 88명, 소대장급 간부 1,857명, 사병 19,887명 기타 인원 453명)들은 정주에 차례로 집결한 후에, 1개 사단, 1개 연대, 1개 간부대대(大队), 1개 교도대대 및 1개 후방 공작대대로 재편성되었으며, 4월 15일 북상을 시작하여 조선으로 귀국하였다.[328] 이 부대는 156사단(2개 연대)을 주력으로 개편되었다. 6월 귀국 전 독립15사단은 동북군구에 편입되었고 156사단의 전우(조선족) 전 부사단장이 사단장으로 임명되었다.[329]

이 밖에도 여러 부대에 흩어져 있던 조선인 부대들도 계속해서 북조선으로 귀국하였다. 예를 들면, 심양의 공군부대 경위연대 1,000명은 3월 심양항공학교 부교장의 지휘하에 야영 훈련을 구실로 조선으로 들어갔다.[330] 6월 20일, 철도병단 내의 조선인 3,231명도, 하북성 석가장을 출발해 귀국길에 올랐다.[331] 이를 합산해보면 제2차로 귀국한 조선인 부대는 총 26,623명 이상이었으며, 1949년 귀국한 인원을 더하면 인민해방군 내에서 조선으로 귀국한 조선인은 47,764명을 초과하였다.

상술한 조선인 장병의 귀국과 이후 발발한 조선전쟁과의 직접적 관계는 없다. 스탈린은 원래 김일성이 무력으로 조선반도 통일 문제를 해결하는 것에 줄곧 반대하다가, 1950년 1월 31일이 되어서 생각을 바꾸었고, 4월 중순 모스크바에서 김일성과 구체적인 계획을 논의하였다.[332] 또 앞서 설명한 바와 같이, 모택동은 김일이 1949년에 요청한 바이자, 동시에 임표가 제안했던 조선족 부대의 귀국에 동의하고 이를 비준하였는데, 이는 모두 1950년 1월 말 이전에 발생한 일들이었다. 물론 이미 전쟁을 벼르고 공격을 준비하고 있던 김일성으로서는 장기간 전쟁으로 단련된 무장 부대가 조선으로 귀국했을 때, 이들의 귀국이 인민군의 객관적 전투력을 크게 제고할 것으로 보았을 것이다. 그러나 전쟁 준비에 관해선, 이것이 김일성으로선 오랫동안 원했던 것일 수 있지만, 당시 중국

328) 中国人民解放军总参谋部,『中国人民解放军军事工作大事记』上册, 1988年 12月, 4쪽.

329) 『中国人民解放军组织沿革和各级领导成员名录』, 882쪽.

330) 徐龙男,「延边籍朝鲜人民军退伍军人采访录」,『冷战国际史研究』第7辑(2008年 冬季号), 280-281쪽.

331) 『中国人民解放军军事工作大事记』上册, 4쪽.

332) 상세한 과정은 다음을 볼 것. 沈志华,『毛泽东, 斯大林与朝鲜战争』, 185-228쪽.

은 이에 관해 전혀 모르고 있었다는 것이다.[333]

실제로, 중국이 제4야전군 부대 내 조선인 병사들의 귀국에 동의 혹은 건의한 것은 주로 다음과 같은 인식에 바탕을 둔 것이었다. 즉, 그들은 원래 조선인이고 당시 귀국을 요구하고 있었다. 조선 역시 이를 필요로 하고 있었으며, 중공 역시 이렇게 하는 것이 국제주의 의무를 다하는 것이었기 때문에 이들을 귀국시키는 것은 매우 합당한 것이라고 판단했다.

종합해보면, 제2차 세계대전이 끝나고 한국전쟁이 발발하기 이전까지의 기간, 조선노동당 및 조선 정부와 중공의 관계는 매우 미묘했고, 중공과 기타 각국 공산당과의 관계와 비교해 봐도 이들의 관계는 분명 특수하였다. 총체적으로 "가까운 듯하면서 가깝지 않은" 상태에 있었다고 할 수 있다. 이는 다음의 몇 가지 측면에서 이해될 수 있다.

첫째, 중공과 조선노동당 모두 혁명 정당이기 때문에 공통의 혁명 목표와 이념이 이들을 연결시켰고, 마르크스주의의 국제주의 이론이 쌍방 관계의 기초를 세웠다. 그리하여 중조 간의 지원은 상호적이었다. 그러나 중조 간(특히 고위층 간)에 직접적인 조직적 관계는 거의 없었고, 양측과 관련된 모든 일은 소련 공산당의 허락을 거쳤으며, 심지어 모스크바를 통해서만 소통해야 했다. 그 근본 원인은 국제공산주의 운동과 세계혁명의 흐름 속에서 중공과 북조선은 모두 모스크바의 지도와 지지 및 협조를 받는 입장으로서, 중공은 아직 정권을 수립하지 못하였고 조선은 소련의 위성국이었던 점에 있었다. 따라서 양국 관계 및 상호 협력의 형성과 그 수위는 본질적으로 스탈린의 대 중국정책과 극동정책의 필요에 달려 있었다.

둘째, 혁명의 진행 과정에서, 특히 혁명이 아시아에서 민족국가가 형성된 지얼마 되지 않은 상황에서 발생했기 때문에, 혁명 정권의 수립은 이론적·현실적 모순에 직면하였다. 마르크스주의 이론에 따르면, 혁명은 당연히 유럽 선진국에서 동시에 발생해야 하는 세계적 혁명이어야만 했다. 동시에 그 결과, 국가와 민족은 소멸되고 공산주의 대동세계가 건설되어야 했다. 그러나 현실에

---

333) 沈志华, 『毛泽东, 斯大林与朝鲜战争』, 219-220쪽.

서는 낙후된 러시아에서 먼저 혁명이 일어났고, 또 더욱 낙후된 아시아의 두 국가에서 발생하였다. 세계 대동의 목표는 염원할 수는 있지만 요원한 것이었다. 중국공산당과 조선노동당이 관할하거나 혹은 건립한 것은 지리적으로 서로 연결되는 두 민족국가였는데, 마르크스주의 초기 이론에 따르면 2개 부분으로 구성된 하나의 혁명정권(세계 소비에트)이어야 하였다. 그러나 실제로는 각자 독립적이고 융합할 수 없는 서로 다른 정치집단이었다. 이는 냉전시기에 구성된 사회주의 국가 사이에서 일어나는 하나의 보편적 현상이며 동시에 그들 간 관계의 현실적 기초였다.

셋째, 이 기간 동안 중조 양당은 특수한 문제에 직면하고 있었다. 즉, 중국에서 오랜 기간 생활한 많은 조선인들은 과계민족이었고, 신중국이 수립될 때까지 그들 대부분의 국적은 확정되지 않았다. 그들이 일반 거주민이든 혁명가든 모두 강한 민족의식을 가지고 있었기 때문에 중화민족에 대한 일체감이 부족하였다. 더욱이 중공 계통에는 수많은 조선족 당원과 간부들이 있었고, 조선노동당 계통에도 과거 중국에서 장기간 생활하고 일했던 간부들이 있었다(심지어 그들 중 일부는 중국 국적을 보유하고 있었다). 이 점은 중조 양국을 떼려야 뗄 수 없는 밀접한 관계가 되도록 하였다. 간단히 말해서 "중국 속에 조선이 있고, 조선 속에 중국이 있는" 그런 관계였다. 이 상황은 중공과 북조선 관계의 연결고리가 되었지만, 동시에 양당 관계 및 이후 두 정권 관계 처리에 있어 부담과 어려움을 초래하였다.[334]

넷째, 내전 중에 군사적으로 승리하고 지방정권을 수립함에 따라 중국공산당은 국가관계와 국민 정체성 관점에서 조선민족의 문제를 고려하고 처리하기 시작하였다. 동북 조선인의 국적 문제, 조선민족의 정체성 문제 및 정권 수립 과정의 민족자치 문제 등에 대해 중공은 정세 변화에 따라 끊임없는 인식의 심화 과정을 거쳤다. 그러나 처음에는 여전히 소련의 영향과 세계혁명 프레임에서 벗어나지 못하였다. 그리고 소위 "국제주의"라는 언어 환경 가운데 있으

---

334) 1956년까지도 조선인민군 내에는 5,000여 명이 중국 국적을 가지고 있었고 중국 인민해방군 내에도 100여 명 정도가 조선 국적을 가지고 있었는데, 이들 중 대부분은 귀국을 원하였다. 国务院办公厅大事记编写组,『中华人民共和国中央人民政府大事记』第4卷, 1991年, 61, 153-154쪽.

면서도 중공의 지도자들(특히 모택동)은 중국 중심의 "천조(天朝)" 이념을 은연중에 갖고 있었다. 따라서 국제관계 혹은 당제관계 처리에 있어서 모두, 조선문제에는 일종의 특수성이 존재하는 것처럼 보였다.[335]

북조선과 중공의 가까워 보이는 듯하지만 사실은 소원한 관계는 중국혁명 성공 후 모택동이 동방정보국 설립을 구상할 때 뚜렷하게 나타났다.

제3절 중공의 아시아혁명 영도 계획

1949년 초, 중국혁명에 승리의 서광이 비치고 있었다. 이 무렵 아시아와 사회주의 진영 내부에서 주목할 만한 두 가지 상황이 나타났다. 첫째, 국가관계의 측면에서 중국에 대한 소련의 정책이 전환되었다. 과거에 소련은 국민당 정부와의 외교관계 유지를 중시했지만 점점 중공에 대한 공개적 지지로 바뀌었고, 심지어 중공으로 하여금 조속히 전국 정권을 수립할 것을 요구하였다. 둘째, 중공은 군사적 승리와 함께 주변 국가의 혁명에 관심을 갖기 시작하였고, 중국을 핵심으로 아시아에서 유럽 공산당정보국과 같은 공산당 국제조직 설립을 시도하였다. 이 과정에서 중공과 조선노동당의 관계는 매우 미묘해졌다.

1947년 9월, 유럽 9개국 공산당은 모임을 개최하고 공산당 및 노동자당 정보국(코민포름(Cominform) – 역자 주) 설치를 선포하였다. 소련공산당(볼) 중앙위원회 서기 즈다노프(Andrei A. Zhdanov)는 보고에서, 국제정세에 이미 두 개의 대립된 진영이 출현했다는 유명한 연설을 하였다. 즈다노프 보고는 트루먼주의에 상응하는 소련의 냉전 선언으로 인식되었으며, 공산당정보국은 사회주

---

[335] 이 부분에 대해서는 전문적인 논의가 필요하다. 미국의 사회학자 월러스타인(I. Wallerstein)의 주장에 따르면 종족(Race)은 유전적인 집합체이고 민족은 "역사적 사회-정치적 집합체"인 동시에 "문화적 집합체"이다. 중국학자 마융(馬戎)은 중화민족(the Chinese Nation)이라는 표현을 유지하며 기존에 관습적으로 사용하는 "소수민족(Minority Nationality)"이란 표현을 "족군(族群) 또는 소수 족군(Ethnic Group)"으로 바꾸자는 의견을 제시하였다. 다음을 볼 것. 马戎, 『族群, 民族与国家构建—当代中国民族问题』, 北京: 社会科学文献出版社, 2012年, 3-20쪽. 필자는 이 견해에 동의하며 이를 통한 "조선민족" 문제의 해석이 학술적, 현실적인 의의를 지닌다고 본다.

의 진영을 영도하고 서방과의 대결을 영도하는 근거지이자 사령부가 되었다.

그 후 아시아지역, 특히 중국에서 공산당 동방정보국이 조직된다는 소문이 돌기 시작하였다. 그러나 한바탕 떠들썩하다가 동방정보국의 그림자도 볼 수 없었기 때문에 소문은 자연스레 사라졌다. 오늘날까지도 이 일을 거론하는 이는 매우 적다. 냉전의 기원(아시아 냉전의 기원을 포함하여)을 연구한 수많은 저작들 가운데, 동방정보국의 존재 여부에 주목한 학자는 거의 없었다.[336]

냉전체제가 붕괴되고 중국과 러시아 당안들이 계속해서 비밀 해제되고 공개되면서 동방정보국 문제가 재차 수면 위로 떠올랐다. 물론 후에 조선전쟁이 발발하고 전후 중소 양국이 평화공존 방침을 실행하면서 동방정보국은 결국 구성되지 못했지만, 중국공산당은 실제로 1950~1960년대에 아시아혁명을 영도할 책무를 분명히 지고 있었다.

그렇다면 동방정보국 문제는 어떻게 제기되었는가? 스탈린의 냉전 전략 가운데 아시아는 어떠한 위치에 있었는가? 모택동은 아시아혁명 영도에 대해 어떠한 생각을 하고 있었는가? 아시아혁명의 지도권이 어떻게 모스크바에서 북경으로 이동하였는가? 특히, 이러한 이동 과정에서 조선노동당의 태도는 어떠했으며, 어떠한 지위에 놓여 있었는가? 실제로 이것은 사회주의 진영 내 아시아 각국 공산당 간 동맹관계의 형성 및 중국을 축으로 하는 사회주의 아시아 진영에 조선이 언제, 어떻게 진입했는가 하는 흥미로운 문제와 관련된다.

1. 모택동의 동방정보국 구상

유럽 9개국 공산당정보국이 구성된 지 얼마 지나지 않은 후, 동방정보국에 관한 소문이 나돌기 시작하였다. 1947년 11월 19일 홍콩 라디오방송국은 "믿을 만한" 소식 하나를 보도하였다. 즉, "11월 20일 만주, 몽고, 조선, 인도네시아,

---

336) 필자는 일찍이 화동사범대학 냉전국제사연구센터에서 박사과정 중인 최해지의 박사논문 『共产党情报局: 冷战与苏联对外政策的转变』을 지도하였다. 2011년 박사논문 통과 후, 최해지는 내용을 수정하고 보충하여 출판하게 된다. 역사문헌상에는 "동방정보국", "동방공산당정보국", "원동정보국", "아주정보국", "아주국" 등으로 표기되어 있는데 기술의 편의를 위해 본 책에서는 관련 문제를 언급할 때, "동방정보국"이란 표현을 사용한다.

말레이시아 및 인도차이나 공산당은 하얼빈에서 대표자 대회를 개최할 것이며, 회의에서 동남아와 원동정보국을 설립할 예정이다. 코민테른이 베오그라드에서 활동을 재개한 것은, 소련 정부가 위장을 하던 시기가 다시 반복되지 않을 것임을 분명하게 증명하였다."

그 다음날 상해의 『동남일보(东南日报)』는 주목할 만한 내용을 재차 보도하였다. "원동정보국 설립 문제 토론을 위해 오늘 하얼빈에서 원동 공산당 대표 대회가 개최되었다. 중국, 조선, 몽골과 시암(태국) 대표가 참석하였고, 모택동은 저명한 중공 지도자 이립삼(李立三)을 파견하여 회의 주석을 맡도록 하였다. 이립삼은 지금 만주에 있다."

신문은 또, 원동정보국 설립은 베오그라드에서 유럽정보국을 설립한 이후 논리에 부합되는 첫걸음이라고 논평하였다. 이 소식은 순식간에 파리와 런던의 신문에 퍼져, 과거 아시아의 자국 식민지에 대한 통제력을 회복하고자 노력하고 있던 프랑스와 영국에게 우려와 당혹감을 안겨주었다.[337]

11월 29일, 중국 국민당 기관지 『중앙일보(中央日报)』 역시 "동방 7개국 공산당회의 세부 상황"에 관해 다음과 같이 계속 보도하였다. "이번 회의에서는 다음 몇 가지 문제를 토론하였다. 1) 원동지역에 공산당 정보국 설립 2) 자치의 쟁취 투쟁 과정에서 원동지구 각국의 상호 협조 3) 중단 없는 공산주의 혁명 진행" 등이었다.

그러나 소련의 정보요원은 이 보도에 대해 국민당이 9개국 공산당회의를 겨냥하여 유포시킨 유언비어 공세이며, 이번 회의와 정보국 설립을 "코민테른의 부흥", 심지어 "코민테른이 지하에서 지상으로 나온 것"으로 묘사하려는 시도라고 보았다.[338] 중국 주재 미국 군사 전문가들도 이 소문의 진실성에 대해 회의를 나타냈다.[339] 이 소문들은 매우 빨리 종적을 감추었다. 왜냐하

337) РЦХИДНИ, ф.17, оп.128, д.51132, л.171, 다음에서 재인용. Адибеков Г.М. Коминформ и послевоенная Европа, 1947-1956 гг., Москва: Россия молодая, 1994, с.80-81.

338) РЦХИДНИ, ф.17, оп.128, д.1173, л.9-10. 코민테른의 해산에 관해서는 다음을 참고. 沈志华, 「斯大林与1943年共产国际的解散」, 『探索与争鸣』 2008年 第2期, 31-40쪽.

339) HQ, USAFIK, ISNK, Vol.3, No.137, pp.334-337.

면 소문으로 떠돌던 동방정보국 자체가 근본적으로 출현하지 않았기 때문이었다.

스탈린의 냉전전략 중에 공산당 국제조직을 아시아에도 설립하겠다는 구상은 애초부터 없었던 것이 확실하다. 냉전은 유럽에서 이미 발발하였고, 스탈린이 만든 모스크바 중심의 사회주의 진영 역시 자연스레 아시아혁명 운동을 무시할 수 없는 역량으로 볼 수 있었지만, 스탈린의 초기 전략은 "외선 방어, 내선 공격"이었다. 즉, 미국과 서방에 보수적, 방어적 책략을 취하는 동시에 역량을 진영의 내부 정돈과 사상통일, 공동 보조에 집중하여 서방과의 대결에서 사회주의 진영의 전열을 안정시키겠다는 것이었다.

이 밖에도 소련 외교의 중점은 언제나 유럽에 있었으며, 스탈린 역시 아시아를 크게 중시할 정력과 관심이 없었다. 이 점은 공산당정보국 설립 당시 분명히 드러났다. 스탈린은 국내에서 무장투쟁을 지도하고 있던 그리스 공산당의 정보국 창설회의 참가를 거부했고, 즈다노프의 보고서는 기세등등한 중국혁명 투쟁을 가볍게 다루었다. 또 스탈린은 발칸연맹 및 그리스 지원 문제에서 티토의 경솔한 행동을 이유로 유고공산당을 사회주의 진영에서 축출하였다. 이 모든 것은 소련의 냉전전략이 결코 공격성을 띠지 않았다는 사실, 그리고 미국과의 직접 충돌을 피하거나 지연시키기를 희망하였음을 보여준다.[340]

바로 이러한 관점에서 소련공산당 중앙과 스탈린은 1947년 여름부터 1948년 봄까지, 부다페스트에서 도나우강 유역국가 공산당 대표회의를 개최하자는 헝가리 공산당 지도자 라코시의 제안을 거부하였을 뿐만 아니라, 덴마크와 노르웨이 공산당의 북유럽국가 공산당 대표대회 개최 제안에도 회의적이었다. 동시에 세계청년민주연맹 주재 소련공산당 대표 체체트키나(Olga Chechetkina)의 동남아공산당 연합조직 건립에 관한 보고(보고자는 면직됨)를 강하게 비판하고, 파키스탄, 터키 및 이라크 공산당이 제안한 아랍국가 공산당 대표회의

340) 상세한 논증은 다음을 볼 것. 沈志华, 「共产党情报局的建立及其目标—兼论冷战形成的概念界定」, 『中国社会科学』 2002年 第3期, 172-187쪽.

개최에 대한 제안도 거부하였다.[341]

뿐만 아니라 기존의 연구 결과가 보여주듯이 1948년 6월 말레이시아 공산당이 일으킨 무장봉기는 모스크바의 지도와 지원을 받지 못하였다. 스탈린은 심지어 인도차이나 공산당이 영도하는 다년간의 반프랑스 식민주의 혁명투쟁에도 관심을 기울이지 않았다.[342]

실제 상황은, 러시아학자 에피모바(Larisa Efimova)가 소련공산당 중앙위원회 당안 자료를 열람한 후 내린 다음의 결론과 같다. 즉, 공산당정보국설립 후 국제공산주의 운동 관련 선전 자료에는 소련의 투쟁성이 높아졌지만, 소공(볼)당중앙 대외정책부의 비밀 보고서에서는 이러한 투쟁성을 전혀 볼 수 없다. 뿐만 아니라 비밀보고서에는 무장투쟁을 강조하지도 않았고, 소련 지도자들이 아시아 공산당들에게 자산계급 정부에 반대하여 일어날 것을 호소하는 그 어떠한 암시도 발견할 수 없었다.

1948년 봄 이전, 소련공산당은 동남아시아의 모든 공산주의 활동과 일정한 거리를 두었고 이들 나라의 국내 투쟁에 연루되지 않으려 애썼다. 동남아 각국 공산당은 무기 공급 등 군사적 원조를 포함한 소련의 지원을 기대하였지만 모스크바는 이를 전혀 제공하지 않았다. 이들 국가들이 민족해방 투쟁에서 승리를 거둘 수 있을지 확신하지 못했기 때문에, 소련 지도자는 동남아 공산당과 정상적 관계를 맺는 것도 원치 않았다.[343] 일부 연구에서 이미 밝혀졌듯이, 베

---

341) 자세한 내용은 다음을 참고. **Адибеков Г.М. Коминформ и послевоенная Европа**, pp.80-81; Larisa Efimova, "Did the Soviet Union instruct Southeast Asian communists to revolt? New Russian evidence on the Calcutta Youth Conference of February 1948", *Journal of Southeast Asian Studies*, Vol.40, No.3, October 2009, pp.455-463.

342) 자세한 내용은 다음을 참고. Igor Bukharin, "Moscow and Ho Chi Minh, 1945-1969", Paper for the Conference "The Cold War in Asia", January 1996, Hong Kong; Leon Comber, "The Origins of the Cold Word in Southeast Asia: The Case of the Communist Party of Malaya(1948-1960), A Special Branch Perspective", *ISEAS Working Paper: Politics & Security Series*, No.1, 2009, pp.2-3; Karl Hackand Geoff Wade, "The Origins of the Southeast Asia Cold Word", *Journal of Southeast Asian Studies*, Vol.40, No.3, 2009, pp.441-448; Mark A. Lawrence, "Transnational Coalition-Building and the Making of the Cold War in Indochina, 1947-1949", *Diplomatic History*, Vol. 26, No.3, Summer 2002, pp.453-480.

343) Larisa Efimova, "Did the Soviet Union instruct Southeast Asian communists to revolt", pp.468-469.

트남 상황과 관련된 최초의 기사는 소련이 베트남민주공화국을 승인한 후인 1950년에 이르러서야 『프라우다』와 『이즈베스티야』에 실렸다.[344]

그러나 모스크바는 중공이 유럽 공산당정보국 회의에 비상한 관심을 보이며 원동지역에도 유사한 조직을 설립하려고 하는 것에 주목하였다. 소공 당중앙에 제출된 중국 정세 관련 보고서는, 중공이 유럽 9개국 공산당회의에 지대한 관심을 보이고 있다고 밝혔다.

보고서는 1947년 10월 12~16일에 중공 해방구 지역의 모든 공산당 신문과 민주신문, 특히 만주지구의 『하얼빈일보』, 『동북일보』, 『대련일보』, 『관동일보』, 그리고 홍콩에서 발간되는 중공 중앙의 기관 잡지 『군중(群众)』과 『신보(晨报)』 모두, 타스사의 보도자료를 인용하여 유럽 9개국 공산당정보국 설립 소식과 성명서 및 선언을 게재하였음을 밝혔다.

10월 14일 『대련일보』와 『관동일보』 및 만주지역의 기타 출판물 역시 공산당정보국 조직을 축하하는 『프라우다』의 10월 10일자 사설을 게재하였다. 10월 16일 중공 해방구의 모든 라디오방송국은 이 내용을 보도하였으며, 모든 민주 간행물도 이와 관련된 신화사의 국제 평론을 보도하였다. 10월 20일, 해방구 지역의 각 매체는 중공 동북국 선전부가 편집한 '9개국 공산당회의의 몇 가지 문제에 관하여'라는 제목의 선전자료를 보도하였다.

10월 26일, 만주지역의 민주 간행물에는 중공 동북국이 회의 선언과 보고에 근거해 편집한 '현대 국제정세 연구의 요강'을 재차 게재하였다. 보고서는, 공산당정보국의 설립이 중국혁명을 크게 고무시켰으며, 중공 중앙으로 하여금 "폭력수단을 통한 국민당 제도 전복과 제국주의자들을 중국에서 몰아내자"는 공개적 정치 목표의 제시를 촉진시켰다고 결론지었다. 그러나 이 보고서는 결론 부분에서, 중공은 국민당의 "동방 공산당정보국 설립"에 관한 허위 선전에 대해서는 공격을 하지 않았다고 지적하였다. 이는 분명 모택동이 1947년 12월 25일 중앙회의에서 천명한 것처럼, 중공 중앙 자신이 동방정보기관의 설립을

---

344) ОгнетовИ.А.Малоизвестные аспекты советско-вьетнамских отношений// Вопросыистории, 2001, No.8, p.137.

344) ОгнетовИ.А.Малоизвестные аспекты советско-вьетнамских отношений// Вопросыистории, 2001, No.8, p.137.

344) ОгнетовИ.А.Малоизвестные аспекты советско-вьетнамских отношений// Вопросыистории, 2001, No.8, p.137.

옹호했기 때문이라고 강조하였다.[345]

보고서가 지적했듯이, 공산당을 혐오하는 국민당 분자들이 유언비어를 조작해 민중을 현혹하고 있다는 사실, 공산당정보국 설립에 영국, 프랑스 정부가 공포를 느꼈다는 점 등은 모두 이해될 수 있다. 그러나 모택동이 당시 동방정보국과 같은 국제조직 설립을 희망하였다는 점은 아무래도 과장되었다. 1947년 말, 국공내전이 공산당에 유리한 상황으로 막 전개되기 시작할 시점에, 모택동의 동방정보국 관련 언급은 단지 유럽 공산당정보국이 조직된 것을 이용하여 사기를 고취하려 한 것에 불과한 것이었다.

그러나 국민당의 패배가 결정되고 공산당이 정권을 장악하려 할 때, 모택동은 분명히 "동방정보국"을 떠올렸다. 1948년 9월 30일, 모택동은 중공 중앙정치국 회의에서 확신에 찬 어조로, "중앙정부 성립을 선포한 뒤, 소련을 중심으로 하는 국제 인민 민주역량은 우리와 협력할 수 있다. 또한 우리도 기타 형제당과의 연계 역시 늘려야 한다. 우리 당의 국제적 위신은 크게 높아졌다. 이는 큰 사건이다"라고 말하였다.[346]

1949년 초에 이르러 스탈린은 중국 문제에 대해 관망적이던 이전의 태도를 바꾸었다. 단독으로 국공내전을 중재하려던 소련 정부의 시도에 대한 모택동의 강한 반대 입장을 확인하면서, 스탈린은 중공에 대한 실질적인 이해가 부족하고 만일 모스크바가 중공에 대한 지지를 통하여 장래의 중국 정권과 우호관계 수립 목적을 이루고자 한다면, 우선 중공의 성격과 정치적 주장을 명확하게 알 필요성이 있음을 절감하였다. 이에 정치국원 미코얀을 즉시 중국으로 파견하였다.[347]

---

[345] РЦХИДНИ, ф.17, оп.128, д.1173, л.4-8, 37. 보고서에서 주의 깊게 다루는 내용은 모택동이 연설에서 "동방 각국의 모든 반제국주의적 역량은 반드시 단결해야 하며 제국주의와 각국 반동파의 압력에 반대하며, 동방의 10억 이상의 핍박당하는 인민들의 해방을 투쟁의 목적으로 해야 한다"는 부분이었다. 다음을 참조. 『毛泽东选集』, 北京: 人民出版社, 1967年, 1,155-1,156쪽. 『真理报』 1948년 1월 6일 3, 4면에 이 내용이 실렸다. 다음을 참조. Правда, 6января1948г., 3-й стр, 4-й стр.

[346] 中共中央文献研究室编, 『毛泽东文集』 第5卷, 北京: 人民出版社, 1996年, 143쪽.

[347] 필자의 1947-1948년 소련의 대중국 정책에 관한 연구를 참조. 「求之不易的会面: 中苏两党领导人之间的试探与沟通」, 『华东师范大学学报』, 2009年 第1期, 1-13쪽.

1949년 2월 3일, 미코얀과의 회담에서 모택동은 아시아 공산당정보국 건립에 관한 문제를 정식으로 제기하였다. 이에 앞서 1948년 7월, 모택동은 중공 중앙 주재 소련공산당 중앙 대표 코발료프에게 조속한 모스크바 방문 희망을 표시하면서, 스탈린과 회담할 때 동방 혁명역량의 연합과 동방 각국 공산당 및 기타 당파와의 관계 정립 문제를 포함할 것을 제안하였다.[348]

미코얀이 아시아 각국 공산당 간의 연합 행동에 대해 질문했을 때, 모택동은 중공이 아직 구체적인 생각은 없지만 인도차이나와 시암, 필리핀, 인도네시아, 미얀마, 인도, 말레이시아 및 조선공산당과 관계를 수립하는 것에 대해 찬성한다고 밝혔다. 그는 현재 중공은 인도차이나 및 조선공산당과의 관계가 비교적 밀접하며, 기타 공산당과의 연계는 비교적 적다고 밝히면서, 주로 홍콩의 연락원을 통해 연락을 하고 있고 일본공산당과는 기본적인 연계조차 없다고 설명하였다.

모택동은 유럽 공산당정보국과 같은 아시아국을 반드시 조직해야 한다고 제기하며 이 문제는 중국 정세가 안정된 이후 다시 논할 수 있다고 주장하였다. 모택동은 일본공산당 상황을 소개한 후, 재차 시암과 인도차이나 공산당은 이전에 이와 같은 기구 설립에 동의를 표시하였다고 말하였다. 중공은 중국과 조선, 인도차이나, 필리핀의 공산당 같은 아시아 몇 개 나라의 공산당 대표들을 중심으로 아시아 국가국(国家局)을 조직할 수 있다고 주장하였다.

미코얀은 즉시 소공 중앙은 중공 중앙이 (유럽) 공산당정보국에 참가할 필요가 없으며, 중공을 중심으로 하는 공산당 동아시아 국가국(局)을 설립하기를 희망한다고 말하였다. 처음에는 3개 정당, 즉 중국공산당과 일본공산당 그리고 조선공산당으로 조직하고, 이후 점차로 기타 당을 흡수할 수 있다고 주장하였다. 이때 모택동은 중공과 소련공산당의 관계가 직접적이어야 하는지 여부와 동아시아 국가국 설립 문제에 있어서 일본 및 조선공산당과 연락을 취해야 하

348) АПРФ, ф.39, оп.1, д.31, л.41, Ледовский А.М., Мировицкая Р.А., Мясников В.С.(сост.) Русско-китайские отношения в XX веке, Документы и материалы, Том V, Советско-китайские отношения, 1946-февраль 1950, Книга 1: 1946-1948гг., Москва: Памятники исторической мысли, 2005, pp.451-452.

는지 여부를 물었으며, 이에 대해 미코얀은 모두 긍정적으로 대답하였다.[349] 비록 모택동의 처음 어조는 탐색적 성격을 띠었지만 미코얀과의 대답 후에는 매우 적극적으로 변하였다.

이후 중공과 아시아 각국 공산당 간의 연락 상황에 대해 아직까지 사료기록은 발견되고 있지 않다. 그러나 같은 해 5월 초, 조선노동당 대표 김일과의 회담에서 모택동은 재차 정보국 문제를 꺼냈다. 이 회담에 관해서 조선과 중공은 각각 소련에 통보하였다. 조선이 통보한 내용은, 모택동이 김일성의 3월 모스크바 방문에 관해서 상세히 질문하였으며, 특히 스탈린과 정보국 설립에 관한 문제를 논의했는지 여부와 이에 대한 조선노동당의 견해를 알고 싶어 했다는 것이었다. 또한 모택동은 중공이 이미 미얀마, 말레이시아, 인도차이나 등 4개국 공산당으로부터 "동방 공산당정보국의 건립을 건의"하는 서한을 받았다는 것을 말했다고 보고하였다.

이에 관한 중공의 견해에 대해서 모택동은 여지를 남겨놓는 듯한 태도가 역력하였다. 즉 모택동은 "현재 정보국을 건립하는 것은 아직 시기상조인 듯"하다고 말하였다. 왜냐하면, 중공과 인도차이나 모두 지금 전쟁 중에 있고 조선 정세 역시 긴장 상태에 있기 때문에, 만약 지금 정보국을 조직하면 이는 군사동맹의 구축으로 인식될 수 있기 때문이라고 설명하였다.[350]

중공이 소련에 통보한 내용은 비교적 간단하였다. 모택동은 "동방정보국 설립 문제가 아직 무르익지 않았다"고 보았으며, 그 이유는 12개 동방국가들 가운데 중공은 몽고와 태국, 인도차이나, 필리핀과 조선의 공산당과만 연락을 유지하고 있고, 기타 국가들의 상황에 대해서는 이해가 적으며, 일본과 인도네시아 공산당과는 연락조차 없기 때문이라고 설명하였다. 따라서 중공은 이들 국가들의 공산당과 우선 연락 관계를 구축하고 상황을 이해한 후에, 정보국 설립에

---

[349] АПРФ, ф.39, оп.1, д.39, л.47-53.

[350] АПРФ, ф.3, оп.65, д.9, л.51-55. 스탈린과 김일성의 3월 5일 회담에 대해서는 다음을 볼 것. C.F. Ostermann et al.(eds.), *Stalin and the Cold War, 1945-1953: A Cold War International History Project Document Reader,* For the Conference "Stalin and the Cold War, 1945-1953", Yale University, 23-26 September 1999, pp.434-439. 여기에서는 정보국 문제에 대한 내용이 없다. 하지만 다른 비밀회담에서 논의를 했는지는 알 수 없다.

착수할 수 있다고 설명하였다.[351]

이 2개의 통보에서 미세한 차이를 볼 수 있다. 모택동은 동방정보국 설립에 큰 관심을 가지고 있었지만 자신의 조급한 마음을 스탈린에게 보이고 싶지 않았다. 소위 "시기상조" 혹은 "아직 무르익지 않았다"는 어투는 일종의 탐색적 화법에 불과하였다. 당시 모택동은 스탈린이 자신을 동방의 티토로 여길까 여전히 우려하고 있었다.[352] 모택동은 스탈린이 진정으로 공산당 동방정보국 설립에 찬성하는지 알 수 없었고, 스탈린이 중공이 아직 정권을 쟁취하지 못한 상황에서 "딴 살림을 차리는 것"으로 느끼는 것은 더더욱 원치 않았다.

모택동의 우려는 과연 틀리지 않았다. 5월 26일의 답신에서 스탈린은 모택동을 다음과 같이 지적하였다. "일단 인민해방군이 인도차이나, 미얀마, 인도의 국경에 근접하면 이들 국가와 심지어 인도네시아와 필리핀에서도 혁명적 상황이 조성될 수 있다. 제국주의자들에게 이는 이들 국가들을 잃을 수도 있다는 것을 의미한다. 이 때문에 제국주의자들은 모든 수단을 동원하여 봉쇄 혹은 인민해방군과 무장충돌을 유발하여, 화남지역을 자신들의 세력 범위로 통제하려 할 것이다. 이 뿐만 아니라, 영국과 미국은 남쪽으로 깊숙이 전진한 인민해방군 주력의 후방, 즉 청도(靑島)에 군대를 상륙시킬 수 있다. 이 같은 위험성은 매우 심각한 것이다. 어쩌면 영국과 미국은 천진의 당고(塘沽)항과 같은 다른 항구를 이용하여 인민해방군 후방에 상륙할 수 있다."

이에 스탈린은 중공이 급하게 군대를 인도차이나, 미얀마, 인도 국경으로 남진시킬 준비를 하지 말 것과, 남진해 있는 해방군 주력부대 가운데 우수한 2개 부대를 뽑아 천진과 청도로 이동시켜 적의 상륙에 대비할 것을 제안하였다. 이어 스탈린은 지금 동방공산당 정보국을 조직하는 것은 적절치 않다는 모택동의 의견에 동의를 표시하였다.[353]

---

[351] АПРФ, ф.45, оп.1, д.331, л.59-61.

[352] 모택동은 그 뒤 여러 차례 스탈린에게 자신에 대한 의심 문제를 언급했고, 스탈린도 분명 이에 대한 염려가 있었다. 1948년 12월 스탈린은 중국에서 코발료프를 불러들인다. 스탈린은 그에게 직접 "유고슬라비아 사건"에 대한 중공의 입장 문제를 꺼내, 중국은 어느 편인지 알려달라고 요구하였다. КовалевИ.В. ДиалогСталинасМаоЦзэдуном// Проблемыдальнего востока, 1992, No.1-3, p.86.

스탈린의 회답은 확실히 모택동을 실망시켰다. 사실, 모택동은 중국에 아시아혁명의 대본부를 세우길 진심으로 희망하였다. 이에 유소기의 소련 비밀 방문 기회에 모택동은 스탈린의 의중을 다시 탐색해보기로 하였다.

7월 27일, 중소 양당 대표단 회담에서 스탈린은 1945년 자신이 모택동에게 중경 담판에 가도록 한 것은 실수였다고 주동적으로 사과하였다. 스탈린은 중국공산당은 성숙한 당이며, 중공이 국제공산주의 운동에 선봉에 설 것을 축원하였다. 그는 국제혁명운동 과정에서 중소 양국은 모두 일련의 의무를 져야 하고 역할 분담을 해야 한다고 말하였다. 스탈린은 계속해서 중국은 이후 동방과 식민지·반식민지 국가에 더 많은 공작을 하고, 소련은 서방에 더 많은 의무를 맡기를 희망하였다. 혁명의 중심은 현재 중국과 동아시아로 이동하였고, 중공은 마땅히 동아시아 각국의 혁명에 대해 의무를 져야하기 때문에, 동남아 각국과 밀접한 관계를 구축해야 한다고 주장하였다.

말이 여기에 이르자 중국대표단 고강(高崗)은 갑자기, 중공이 유럽 공산당정보국에 참가할 수 있는지에 관한 의도성 있는 질문을 하였다. 스탈린은 당연히 숨은 뜻을 알아차리고, 중국의 상황은 유럽은 전혀 다르기 때문에 그렇게 하는 것은 부적절하다고 대답하였다. 동아시아 각국과 중국 상황이 유사하기 때문에 "동아시아 각국 공산당연맹" 건립은 고려할 수 있지만 아직은 시기상조라고 말하였다. 스탈린은 소련은 유럽국가인 동시에 아시아 국가이기 때문에, 향후 "동아시아 공산당 연맹"에 참가할 수 있다고 말하였다.[354] 스탈린은 말로는 아시아혁명의 지도 책임이 중국에게 있다고 말하면서 실제로는 마음을 놓지 못하고 있었던 것으로 보인다.

그러나 모택동은 스탈린이 아시아혁명에서 중공의 지위를 인정하였고, 중국이 아시아 각국 공산당의 영도를 먼저 제안하였기 때문에 실질의 문제는 이미

353) АПРФ, ф.45, оп.1, д.331, л.73-75.

354) 유소기가 중공 중앙서기처에 보낸 전보, 1949년 7월 27일; 『建国以来刘少奇文稿』 第1册, 40-41쪽; 金冲及主编, 『刘少奇传』, 北京: 中央文献出版社, 1998年, 651-652쪽; 师哲回忆, 李汉文整理, 『在历史巨人身边—师哲回忆录』, 北京: 中央文献出版社, 1991年, 411-414쪽. КовалевИ.В. Диалог Сталина с Мао Цзэдуном// Проблемы дальнего востока, 1992, No.1-3, с.78-79. 코발료프는 정보국 문제는 유소기가 제기한 것이라고 기억했지만, 착오인 셈이다.

해결된 것으로 보았다.[355] 스탈린이 "상방보검(황제가 하사한 보검을 일컫는 말—역자 주)"을 하사하자 모택동은 즉시 실제 행동으로 옮겼으며, 동방정보국은 단지 형식의 문제에 지나지 않았으므로 이를 더 이상 고집하지 않았다.

2. 중공의 아시아혁명 주도권 확보

중공 중앙이 1949년 3월 하순 서백파(西柏坡)에서 북경으로 옮기고 처음 실행한 일 가운데 하나가 바로 아시아 각국 공산당과의 연락을 취하고, 그들 국가의 혁명 활동을 지도하는 것이었다. 7월 초부터 중공 중앙 통일전선부는 아시아 각국 공산당 지도자들을 조직하고 중국의 혁명 경험을 학습하도록 하는 계획을 준비하기 시작하였다.

이에 따라 스탈린이 중소 양당의 분업 협력 방안을 제안한 이후 유소기의 귀국을 기다리지 않고, 7월 말 제1학습조가 중남해에 개설되어 1년 학기로 수업을 시작하였다. 통일전선부 비서장 연관(連貫)이 학습조 조장을 맡았고, 3개실(室) 부주임 허립(許立)과 이계신(李啓新)이 각각 지부 서기와 부서기를 맡았다. 학습조는 국가별로 7개 소그룹으로 나눴다. 베트남공산당 그룹 6명(정치국 위원 황문환(黃文歡) 등), 태국공산당 그룹 10명(총서기 왕빈(王斌) 등), 필리핀공산당 그룹 6명(임청산(林靑山) 등), 인도네시아공산당 그룹 2명(중앙위원 오영명(吳英明) 등), 미얀마공산당 그룹 2명(중앙위원 정문(丁文) 등), 말레이시아공산당 그룹 2명(정치국 위원 단여홍(單汝洪) 등), 인도공산당 그룹 1명이었다.

학습자료로는 모택동 선집을 위주로 하였다. 강의 내용은 무장투쟁, 통일전선, 당의 건설, 대중운동 등의 이론 문제와 중국혁명의 경험 등이 포함되었다. 수업은 모두 중공 중앙 지도부와 각 유관 부서의 책임자들이 진행하였다. 주덕,

---

[355] 1957년 5월 25일, 모택동은 중국을 방문한 소련 최고 소비에트 주석 보로실로프(K. Y. Voroshilov)에게 중국은 아시아의 대국으로서 우선 관심 지역이 아시아이며, 이는 1949년 스탈린과 인식을 같이한 것으로, 즉 중국은 아시아 문제에 주요 역량을 집중해야 한다는 것이라고 말하였다. 閻明復, 「1957年 形勢与伏罗希洛夫访华」, 『百年潮』 2009年 第2期, 13-17쪽.

진의(陳毅), 유백승(刘伯承), 등소평(邓小平), 이도(李涛), 이유한(李维汉), 팽진(彭真), 장문천(张闻天), 라서경(罗瑞卿), 진백달(陈伯达), 유영일(치宁一), 요로언(廖鲁言) 등이 진행하였다.[356]

중화인민공화국이 수립됨에 따라 특히 표면적으로 스탈린이 무력을 통한 정권 쟁취라는 중국의 혁명 경력을 인정하면서, 중국은 아시아혁명의 지도자로서의 지위가 더욱 부각되었고, 중공도 더욱 적극성을 띠었다.

1949년 10월 7일, 공산당정보국 기관지에 게재된 사설에서 중국혁명의 승리는 인류역사상 하나의 이정표이며 세계사적 의의를 띤 것으로, 중국인민들의 운명에 영향을 끼쳤을 뿐만 아니라, 동·서방 모든 인민들의 운명에도 영향을 끼치게 될 사건이라고 주장하였다. 또한 중화인민공화국은 식민지와 피압박 인민들의 "충실한 친구이자 믿음직한 보루"이며, 중국혁명의 승리는 "세계 노동인민의 최후 승리와 공산주의 승리의 도래를 한층 가속화"할 것이라고 평가하였다.[357] 물론 이는 축전 형식의 사설이었지만 중국혁명의 의의에 대한 평가는 중국을 흥분시키기에 충분하였다. 곧이어 개최된 아시아-오세아니아 세계노동자대회 사건으로 중공의 혁명 지도 경험과 지위는 더욱 부각되었다.

1949년 11월 16일, 세계노동자연합회 아시아-오세아니아 회의가 북경에서 개막되었다. 제1차 회의 주석 유소기는 개회사에서 중국혁명의 경험과 의의를 대대적으로 설명하였다. 무장투쟁의 전개는 중국인민들이 승리를 확보하는 기본적인 노선이었고, "이 노선은 바로 모택동의 노선"이며 "수많은 식민지·반식민지 인민들의 독립과 해방을 쟁취하기 위한 피할 수 없는 노선"이라고 결론 내렸다.[358]

유소기의 연설은 소련대표단을 포함한 장내 수많은 국가 대표단의 반대를 불러 일으켰다. 그들은 아시아-오세아니아회의는 노동자들의 회의이지 정치 회의가 아니며, 심지어 많은 자본주의 국가 대표들도 참가한 이 회의에서 무력

356) 阿成(单汝洪),『我肩负的使—马共中央政治局委员阿成回忆录之四』, 吉隆坡: 21世纪出版社, 2007年, 11-37쪽.

357) 『人民日报』 1949년 10월 9일 3면.

358) 『人民日报』 1949년 11월 17일 1면, 11월 22일 1면.

을 통한 정권 쟁취라는 정치적 구호를 제기해서는 안 된다고 주장하였다. 논의를 거쳐 많은 국가 대표들은 유소기 연설의 대외 공개에 반대하였다. 유소기는 굴하지 않고 공개하려했지만 결국은 이 결정을 받아들였다.

11월 18일, 중국대표단 유영일(刘宁一)은 대회 발언을 통해서 무장을 통한 정권 쟁취라는 정치적 구호를 다시는 제기하지 않을 것을 약속하였다. 스탈린은 이 소식을 보고 받은 후, 즉각 소련대표단 단장 소로브요프(Solovyov)에게 전보를 보내, 소로브요프가 유소기의 연설문 공개를 반대한 것은 심각한 정치적 과오를 범한 것이며, 소련 지도부는 유소기의 이 연설을 정확하며 시기적절하다고 본다고 강조하였다. 스탈린은 소로브요프에게 즉각 중국대표단에게 소련은 중국 측의 유소기 연설 공개에 동의한다고 통지할 것과, 이러한 모스크바의 입장을 다른 국가 대표단에게도 통보할 것을 지시하였다. 그리고 스탈린은 특별히 "귀하들은 반드시 모택동 동지가 나의 이 전보의 전문을 상세하게 알 수 있게 할 것"을 명령하였다.

며칠 후인 11월 21일, 중화전국총노동자회 부주석 이립삼은 대회에서 행한 중국 노동자운동 보고에서, 재차 광범위한 인민의 옹호를 쟁취하고 혁명의 무장투쟁을 전개하며, 중국공산당의 영도를 견지한 것이 중국 노동자 계급이 혁명을 이끌어 승리할 수 있었던 근본 원인이라고 주장하였다. 다음날 『인민일보』는 이 보고를 게재하고, 동시에 1면에 6일 전 유소기가 행한 개회사 전문도 실었다.

그러나 회의가 종결될 때 재차 갈등이 불거졌다. 유소기는 세계노동자 연합회 집행위원회가 기초한 결의안 초안에 대해 무장투쟁 전개 문제를 회피하려 했다는 이유를 들어 강하게 반대하였다. 유소기는 집행위원회의 건의를 받아 다른 결의안 초안을 기초하였는데, 그 초안에는 노동자회의의 기본 임무는 반동 정부에 대한 무장투쟁을 조직하고 지지하는 것이라고 강조하였다.

세계노동자연합회 총서기 루이 싸이앙(Louis Seilhan)과 집행위원회는 유소기의 결의안 초안은 근본적으로 이치에 맞지 않는다고 주장하였다. 만약 결의가 공포될 경우, 자본주의 국가의 모든 세계노동자연합회 조직은 활동을 할 수 없게 되며, 집행위원회도 파리에서 모스크바로 옮겨야만 한다고 주장하였다.

결국, 중국대표단은 수정된 내용에 불만이었지만 집행위원회의 수정된 결의안에 찬성하였다.

12월 1일 아시아 오세아니아－회의가 폐막되었다. 각국 노동자대회 보고에 관한 결의와, 아시아 각국 노동자 및 모든 노동자에게 고하는 글에서, 무장투쟁을 통한 정권 쟁취 노선은 언급되지 않았다. 그러나 간접적으로 중국 노동자계급의 투쟁 경험(민족통일전선, 농공연맹, 제국주의의 압박에 대한 무장 저항, 인민무장 구축 등)을 배울 것을 제기하였다.

중국 대표는 회의가 시작될 때 반대했던 집행위원회의 또 다른 건의, 즉 (세계 노동자연합회) 아시아 국가 연락국 설치에 대해 동의하였다. 이후 유소기의 설명에 따르면, 이 안건에 중국이 동의한 이유는 집행위원회가 "연락국의 지도적 역할은 아시아 국가의 상황을 가장 잘 아는 중국 동지들에게 있다"고 인정하였기 때문이었다. 12월 하순, 소련은 유소기에게 회의에서 연설한 내용과 결의문 초안의 번역문 확정본을 제공해줄 것을 요청하였다. 1950년 1월 4일『프라우다』에 유소기의 아시아 오세아니아 노동자대회 회의의 개회사 전문이 게재되었다.[359]

사실 이를 두고 스탈린이 중공의 무력을 통한 정권 쟁취 노선이 보편적 의의를 지닌다고 생각했다고 보기는 어렵다. 나아가 그가 무장투쟁을 세계노동자연합의 공작 노선으로 삼는 데 동의했다고 보는 것은 더욱 불가능하다. 스탈린이 이렇게 한 것은 단지 모택동의 모스크바 방문을 염두에 둔 것 때문이었다. 스탈린 자신도 중국이 소련의 의도에 따른 중소동맹조약을 조인함으로써 아시아에서 소련의 전략적 이익을 보장하고 유지해주기를 희망하였다.[360]

---

[359] 다음을 참고. АВПРФ, ф.0100, оп.43, п.302, д.10, л.18-30; 沈志华 主编,『俄罗斯解密档案选编: 中苏关系』, 上海: 东方出版中心, 2015年, 第1卷, 206-207쪽;『人民日报』1949년 11월 19일 3면, 11월 22일 1-2면, 12월 2일 1-2면; Правда, 4 январь1950 г., 3-й стр.. 刘宁一『历史回忆』, 北京: 人民日报出版社, 1996年, 140-144, 374-376쪽. 1952년 업무를 시작한 아시아연락국은 주요 업무가 아시아지역, 호주지역 각국 상황에 대한 자료를 수집하는 것과 이들 지역의 노동운동과 세계 노동자회 연합과의 연계를 강화하는 것이었다. 또한 해당 지역의 노동계급이 필요로 하는 각종 지원도 주요 업무 중 하나였다. 1958년 3월 세계 노동자연합회 집행위원회 제17차 회의는 아시아 연락국의 철수를 결정하였다.『刘少奇文稿』第2册, 138-139쪽.

[360] 스탈린의 이런 관점에 대한 자세한 분석은 沈志华,『毛泽东, 斯大林与朝鲜战争』, 243-247쪽.

스탈린의 진정한 의도가 무엇이었든 간에 세계노동자연합회 사건과 『프라우다』의 보도가 중공을 고무시켰다는 것만은 의심의 여지가 없다. 아시아 각국 공산당에 대한 이해와 지도를 강화하기 위해 1950년 2월 중공 중앙은 통일전선부 산하에 동방 각국 혁명문제연구회를 설립하였다. 이유한(李维汉)이 서기를 맡았고, 요승지(廖承志), 연관, 이인리(李韧梨), 유영일, 요로언, 허립(许立), 왕임숙(王任叔) 등 7명이 위원으로 임명되었다.[361]

조선전쟁 발발 이후 모택동은 극도의 어려운 여건에서도 소련의 요청에 응하여 결연히 파병을 결정하였다. 조선에 파병하여 전쟁을 수행함으로써 스탈린의 신임을 얻었을 뿐 아니라, 사회주의 진영과 아시아 각국에 큰 반향을 불러일으켰다. 모택동이 출병을 결정할 때 이를 강조한 중국은 "응당 참전해야 하고, 반드시 참전해야 하며, 참전의 이익은 지극히 크다. 중국, 조선, 동방 그리고 세계에 지극히 유리하다"라고 한 것은 분명 이 점들을 고려한 것이었다. 중국은 아시아 국가 하나가 혁명의 위기에 처해 있을 때, 자진하여 실질적 지도책임을 떠안았고, 사람들을 탄복시켰으며 북경의 중심적 지위도 자연히 부각되었다.[362] 모택동의 생각은 다른 중공의 지도자들과는 크게 달랐다. 그의 시선은 이미 중국 이외의 세계를 향하고 있었다.

중국 주재 미국 대사였던 스튜어트(John L. Stuart)는 만일 장래에 "중소 분열 혹은 전쟁이 발생한다면, 수많은 원인 중 가장 중요한 것은 남에게 지기 싫어하는 모택동이 아시아의 레닌이 되고자 한 때문일 것"이라고 일찍이 정곡을 찌르는 말을 하였다.[363] 이후 중국과 아시아 각국 공산당의 연계는 급속히 확대되었고, 사업도 점차 밀접해지고 중요해졌다.

1950년 말 중조연합군이 순조롭게 38선까지 남하할 때 모택동, 유소기 및 주은래는 『모택동선집』의 편집을 돕기 위해 파견된 소련의 저명한 철학자 유딘

---

361) 『刘少奇文稿』 第3册, 27쪽.

362) 中共中央文献研究室编, 『建国以来毛泽东文稿』 第1册, 北京: 中央文献出版社, 1987年, 556쪽.

363) Nanking(Stuart)to Secretary of State, June 6, 1949, Office of Chinese Affairs, Decimal Files, Document 893.00B/6-649, Microfiche LM69, Reel 19, National Archives. 다음에서 재인용. Thomas J. Christensen, "Worse Than a Monolith: Disorganization and Rivalry within Asian Communist Alliances and U.S. Containment Challenges, 1949-69", *Asian Security*, Vol.1, No.1, 2005, p.80.

(Yudin)을 만나 아시아 각국 공산당의 상황과 중공과 그들의 관계에 대해 상세하게 설명하였다.

12월 31일 대화에서 모택동은 유딘에게 "현재 아시아 국가 공산당들은 모두 조언과 도움을 받기를 원한다. 북경은 이미 인도공산당을 제외한 모든 아시아 공산당의 대표들을 소집하였다"고 설명하였다. 모택동은, 중공이 마땅히 아시아 각 당의 상황을 연구하여, 그들에게 의견을 제시하고 각 방면의 원조를 제공해야 한다고 주장하였다. 동시에 소련공산당 중앙이 중공 중앙에 대표를 상주시켜, 아시아 각국 공산당 문제를 공동으로 연구하고 해결하기를 희망한다고 하였다.

1951년 1월 3일, 유소기 역시 모택동의 위임을 받고 유딘에게 이에 관해 자세하게 설명하였다. 유소기는 "현재 아시아 각국 공산당은 중공 중앙에 상주대표를 파견하고 있으며, 심지어 미얀마 공산당과 인도네시아 공산당처럼 서로 적대시하는 당내 양 파벌도 모두 중국에 대표를 주재시키고 있다. 그들 모두 스스로 왔고, 사전에 중국의 허가를 거친 것이 아니다. 최근 인도공산당도 대립하는 양 파벌 모두 중국에 대표를 보내겠다고 요청하였다. 일본공산당도 역시 두 파로 분열되었는데, 두 명의 정치국 위원과 5명의 중앙위원이 새로운 중앙위원회를 조직하여 도쿠다 슈이치(德田秋一)와 노사카 산조(野坂参三)를 필두로 하는 원 중앙위원회를 반대하고 나섰다. 현재 도쿠다와 노사카가 북경에 있으면서 주로 당내 반대파와의 투쟁을 조직하고 있다. 중공은 일본공산당 통일을 옹호하고 일본 당내 반대파에게도 북경에 대표를 파견하여, 도쿠다 및 노사카와 협상을 통해 당의 통일된 활동 방침을 세우도록 준비할 것을 주장하고 있다"고 설명하였다.

또한 유소기는 최근 인도공산당의 심각한 분열 상황에 대해 집중적으로 설명하였다. 그는 인도공산당은 파벌 투쟁으로 전후 20만 명이던 당원수가 4만 명으로 급감하였는데, 중공은 인도공산당 각 파벌 대표들을 북경이나 모스크바로 초청하여 상세히 토론하고 바람직한 정치 노선을 결정하여 단결을 강화함으로써 함께 적에 대항할 필요가 있다고 본다고 설명하였다. 유소기는 베트남과 미얀마, 그리고 인도네시아공산당의 상황에 관해서도 설명하였고, 말레이시아공산당 상황에 대해서는 긍정적으로 평가하였다.

유소기는 이러한 문제들의 해결을 위해 소련공산당 중앙이 북경에 상주 대표처를 설치하고 중공 중앙의 지도하에 공동으로 아시아 각국 공산당을 지원하기를 희망한다고 제안하였다. 이와 관련하여 중공은 400여 명이 참가하는 훈련반을 조직하여 아시아 각국 공산당을 위한 핵심 인력을 양성하고 있었다. 1월 4일에는 주은래가 유단을 방문하고, 일본과 인도의 현안에 대해 재차 논의하였다.[364]

아시아 각국 공산당이 발전하고 업무량이 늘어남에 따라 중공의 기구 조직도 재차 조정이 필요하였다. 동남아 중국인과 화교 문제를 고려하여, 이전에 아시아 각국 공산당과의 연락은 모두 중공 중앙 통일전선부가 겸해서 관리하였다. 1950년 8월 통일전선부 부장 이유한은 중앙에, 최근 동방 각국의 형제당과의 관계가 점차 늘어나 국제부를 설치하여 이 방면의 업무를 전문적으로 관리할 필요가 있다고 건의하였다.[365]

1951년 1월 16일, 유소기는 모스크바 대사직을 맡고 있던 왕가상(王稼祥)에게 중공 중앙은 귀하를 중앙 대외연락부장으로 임명하며, 각국 형제당과의 연락 책임과 함께 가장 중요한 임무는 동방 각국 형제당과 연락하고 그들을 도와주는 것이라고 통지하였다. 이 업무는 당연히 중공 대외연락부가 당면한 중요 공작이었고, 이들 업무와 보조를 맞추는 기관은 노동자회와 여성·청년단체의 국제연락부 및 외교부였다.

중공 중앙은 1월 24일 전보로 대외연락부의 성립을 정식으로 통보하였다. 2월 19일 왕가상은 유소기에게 서한을 보내 중앙연락부의 기구 조직 편성에 대한 의견 및 주요 간부 명단을 제출하고 각국 형제당 간부 훈련을 위한 간부학교 설립을 건의하였다. 2월 22일 유소기는 중공 중앙을 대표하여 왕가상이 제출한 인원 편제 등의 의견에 동의를 표하였다. 간부학교에 관해 유소기는 "이

364) АРАН, ф.1636, оп.1., д.194, л.9-13, 다음에서 재인용. Бухерт В.Г. П.Ф.Юдин о беседах с Маоц зэдуном: докладныезаписки И.В.Сталину и Н.С.Хрущеву, 1951-1957 гг.// Историческийа рхив, 2006, No.4, с.15-18. 그 외 다음을 참고. 『刘少奇文稿』第3册, 25-27쪽.

365) 徐则浩编著, 『王稼祥年谱(1906-1974)』, 北京: 中央文献出版社, 2001年, 400쪽.

학교의 존재는 비밀로 하고, 학교의 정식 호칭 및 교장은 칭하지 않으며, 중앙위가 전문적인 책임자를 파견하여 일상 업무는 모두 연락부가 처리할 것"을 지시하였다.366)

과거 각국 공산당 간부의 훈련에 대해 중남해의 고급 간부 학습조를 제외하고 일반 간부들은 모두 각 학교에 분산 배치되어 학습하였다. 가령 1950년 1월 초 마르크스-레닌학원은 베트남에서 온 간부 21명의 학습을 위한 전용 학습반을 개설하였다. 마르크스-레닌학원은 중공 중앙이 1948년 7월에 문을 연 고급 당교로서 유소기가 원장, 진백달이 부원장을 맡았다. 임무는 "이론을 갖춘 당의 지도 간부와 선전 간부의 체계적 육성"이었다. 7월 베트남은 280명을 재차 파견하였고, 유소기는 통일전선부에 화북인민혁명대학 혹은 인민대학과 논의하여 이들을 임시 수용, 학습시키도록 지시하였다.367)

1952년 초까지 중국에서 교육을 받은 아시아 각국 공산당 간부들의 수는 갈수록 늘어나 중공 중앙은 마르크스-레닌학원의 제1분원을 설치하여 3년제 과정으로 아시아 각국 공산당의 이론 간부를 전문적으로 양성하기로 하였다.

제1분원은 중남해 학습반과 마찬가지로 국가별로 7개 반으로 나누었다. 제1반에는 베트남노동당의 200여 명이 있었고, 주임은 당 중앙선전부장 황송(黃頌)이 맡았다. 제2반은 호주, 뉴질랜드, 파키스탄공산당의 20여 명에, 주임은 호주공산당 정치국 위원이 맡았다. 제3반은 인도네시아공산당의 20여 명에, 주임은 정치국 위원 오영명(吳英明, 马尤诺)이 맡았다. 제4반은 말레이시아공산당의 20여 명에 학습위원 주임은 아성(阿成)과 천루이(陈瑞)가 맡았다. 제5반은 태국공산당의 50여 명에 주임은 중앙위원 장원(张元)이, 제6반은 미얀마공산당의 70여 명에 학습위원 주임은 중앙위원 양광(杨光)이, 제7반은 일본공산당의 700여 명으로, 학습위원 주임은 중앙위원 한 명이 맡았다. 일본 간부가 많았기 때문에, 후에 일부는 천진 분원으로 이전하였다. 제1분원의 제1기 학습 간부들은 1955년 말에 수료하였다. 이 밖에 다른 성(省)과 시에도 2년제 분원들

---

366) 『刘少奇文稿』第3册, 25-27쪽.
367) 『刘少奇文稿』第1册, 294-295쪽; 第2册, 266-268쪽.

이 설치되었다.[368]

소련공산당 중앙과 대외연락부 부부장 스테파노프의 보고에 따르면, 1952년 8월 중공은 기존의 마르크스-레닌학원 분원(앞에서 말한 천진분원일 가능성이 크다)을 중심으로 일본공산당 특별학교를 재차 설립하고, 교장에는 일본공산당 전 중앙위원 다카쿠라 데루(高倉輝)를 임명하였다. 인원은 1,500명으로 대다수는 전후 중국에 남은 일본인들 중에서 선발하였다. 소련공산당 중앙은 이 학교에 4명의 교사를 파견하여 소련공산당의 역사, 정치경제학 및 러시아어를 각각 가르쳤다.[369]

1951년 초, 중공 중앙 대외연락부가 설치되었을 때 북경은 이미 아시아 각국 공산당 대표들의 활동 중심지가 된 것으로 보인다. 당시 아시아 각국의 미집권 공산당은 모두 대표들을 중국에 파견하고 있었고, 대부분 가족들과 함께 마르크스-레닌학원 제1분원(지금의 중공 중앙 고급당교 소재지)에 거주하였다. 1957년 학습이 수료된 이후 각 당의 북경 주재 핵심 인사들은 목서지(木樨地) 대외연락부 동부 분원의 제1초대소에 거주했으며, 기타 성원과 가족들은 북경 시내 대외연락부의 기타 초대소에 분산되었다.

예를 들어 말레이시아공산당 대표단은 선무구(宣武区) 승상로(丞相胡同)의 제5초대소에 거주하다가, 이후에 동성구(东城区) 라고거리(锣鼓巷)의 제3초대소로 옮겼다. 기타 각국 대표단은 각각 제2, 7, 18초대소에서 거주하였다. 이 대표들은 주로 본국의 당과 중공 간의 연락원으로서 상황 보고와 지시 청취, 문제 연구 등을 담당하였고, 자국의 당을 대표하여 중요 회의에도 참여하였다. 예를 들어 말레이시아공산당 정치국 위원 아성은 일찍이 자국당의 정식 대표로 소련공산당 제20차 당대회와 중공 제8차 당대회에 참석한 바 있다.

초기에 일부 대표들은 이중 신분 자격으로 중공 업무에 직접 참여하기도 하였다. 아성은 이전에 북경시위원회 조직부 부부장을 역임하기도 하였다. 이들 대표들 대부분은 통신원을 통해 자국 당과 비밀 연락을 유지하였으며 정보 전

368) 阿成(单汝洪), 『我肩负的使命』, 43-49, 213-214쪽.
369) РГАНИ, ф.5, оп.28, д.3, л.94-95.

달, 경비 송금, 지시 전달, 간부 접대 등도 통신원의 주요 업무였다. 상주 대표들의 자녀들은 나이가 어릴 경우 중남해 유치원, 마르크스-레닌 분원 탁아소에 위탁되었고, 학생 연령인 경우 해전구(海淀区) 인재학교에서 대외연락부 간부 자녀들과 함께 수업을 받았다.[370] 이 모든 상황은, 1920~1940년대 각국 공산당 대표들이 코민테른에 상주했던 것과 유사하였고 이는 아마도 중공이 곤란한 상황에 봉착했을 때 소련공산당 중앙에 도움을 요청한 원인이 되었을 수 있다.

상술한 상황들로 미루어 보아 중국의 조선 출병 이후 스탈린은 아시아혁명의 주도권을 완전하게 중공에 이양했음을 알 수 있다. 1951년 5월, 스탈린은 중공 중앙 대외연락부장 왕가상과 면담할 때, 중국 중심의 아시아사회주의연맹 건설 구상을 먼저 제안하였다.[371] 모택동의 희망은 결국 현실이 되었다.

그러나 중공이 동방정보국을 구상하고 실제 조직하면서 아시아혁명을 지도하는 과정에 한 가지 상황이 주목할 만했다. 거의 모든 아시아 각국 공산당 조직이 중국의 도움과 지도를 받아들였고 모두 대표를 중국에 파견하여 혁명 경험을 학습하였는데, 두 나라의 예외가 있었다. 몽고 인민혁명당과 조선노동당이었다. 이유는 간단했다. 몽고와 조선은 모두 소련의 위성국이었고, 소련공산당 중앙의 지도를 직접 받았기 때문이었다.

3. 여전히 소련의 손에 있었던 조선

소련군이 북조선을 점령했던 시기, 소련군 사령부와 민정국은 외교, 경제, 군대, 철로, 국경, 간부 인선, 기관 설립 등 모든 분야를 통제하였다.[372] 점령자인 소련이 일체의 권력을 장악한 것은 당연한 일이었다. 김일성은 소련 대외정책의 금기사항들을 잘 알고 있었다. 1948년 10월 중공이 동북에서 주도권을 장악

---

370) 이단혜와 필자의 아성 및 그 자녀들 인터뷰 기록, 2011년 2월 24일~3월 6일, 태국 핫야이, 말레이시아 베통.

371) 徐则浩编著, 『王稼祥年谱』, 402쪽.

372) 자세한 내용은 본 장 제1절을 참조.

하기 전까지 조선노동당 기관지 『노동신문』은 미국의 보도를 인용하는 것 외에는 "중국공산당"의 이름을 거의 드러내지 않았다.[373]

중공 중앙 역시 이 뜻을 잘 알고 있었다. 따라서 이 기간 동북국과 그 산하기구들은 북조선과 매우 친밀한 관계를 유지하였지만, 중공 고위층은 조선노동당 혹은 북조선 임시 권력기구와 어떠한 직접적 접촉도 하지 않았으며 심지어 북조선 및 그 지도자를 제대로 알지 못하였다.

당시 관내에 있던 중공 중앙 지도기구와 선전기관들은 대한민국 임시정부 구성원과 및 남한의 정치 활동가들에 대해서는 비교적 잘 알고 있었으며 일부 교류도 있었다.[374] 반면에 조선의 조직기구 및 지도자들에 대해서는 매우 낯설어 했다. 당시 중공의 신문들만 뒤적여도 이점을 알 수 있다.

조선노동당과 주요 지도부에 대하여 『동북일보(东北日报)』의 번역명이 정확했던 점을 제외하면, 관내 중공의 큰 신문(『신화일보』, 『해방일보』, 『진찰기(晋察冀)일보』 등)과 신화사는 대부분 음역을 사용하였고 그마저도 제각각이었다. 가령 조선노동당을 "노공당(劳工党)", "공인당(工人党)"으로 번역하였고, 김일성을 "김민송(金民松)", "개미생(盖弥生)", "김이손(金贻荪)"으로, 김두봉을 "전사붕(钱士鹏)", "강보빈(康宝宾)", "김탁본(金托本)"으로, 최용건은 "최양현(崔养贤)", "진인금(秦仁金)"으로, 박헌영은 "백형녕(柏亨宁)", "두서영(杜西英)", "파극(派克)"으로 번역하였다.

심지어 아예 영문 "Park Hewn Yong"을 그대로 썼다. 이러한 상황에 대해 『동북일보』는 부득이하게 1948년 4월 23일 정정보도를 발표하였다. 조선민주주의인민공화국 수립이 선포되고 9월 19일 중공의 신문들이 관련 소식과 모택동 및 주덕의 축전을 보도할 때 비로소 조선의 지도자와 조직기구들에 대한 정확한 번역명이 통일되었다.[375]

---

373) 『로동신문』에 처음 정식으로 게재된 중국공산당 관련 내용은 중공 중앙의 토지개혁 관련 문건이었다. 다음을 참고. 『로동신문』 1947년 10월 18일 4면.

374) 주은래는 중경에 상주하면서, 모택동이 중경에서 중경담판을 할 때는 물론, 일부러 시간을 내어 한국 임시정부 요원들을 만났다. 『毛泽东年谱(1893-1949年)』 下卷, 22쪽.

375) 다음을 볼 것. 刘金质等编, 『中朝中韩关系文件汇编』, 특히, 다음 각 페이지. 78, 1,104, 1,118, 1,144, 1,148, 1,200, 1,202, 1,217, 1,247-1,250, 1,391-1,392, 1,419, 1,553, 1,559, 1,576-1,578쪽.

1948년 말 소련군은 조선에서 철수하였다. 이후 스탈린은 심혈을 기울여 선발한 김일성에게 권력을 이양하였다.[376] 그러나 조선노동당과 조선 정부의 중요한 모든 결정, 특히 외교·군사 문제와 관련된 사안은 모두 모스크바의 허가를 받아야만 하였다.

코민포름 설립 이후, 스탈린은 세계 공산당 체계 내의 정보 교류와 행동 통일을 매우 강조하였다. 티토는 바로 발칸연맹 및 그리스 내전 문제에서 보인 독단적인 행동 때문에 스탈린의 분노를 샀으며, 코민포름에서 축출되었을 뿐 아니라 소련국가보안위원회(KGB)에 의해 피살될 뻔하였다.[377]

김일성은 총명한 사람으로서 당연히 그 속의 심오한 이치를 잘 알고 있었다. 러시아 당안에 있는 대량의 전보와 회담 기록에서 보듯 김일성은 일 처리에 신중했고, 절대 자기 권한의 한계를 한 발짝도 넘지 않았으며, 특히 중국공산당과의 관계를 처리할 때는 더욱 그러하였다. 김일성이 독자적 권한을 가진 이후에도 조선전쟁 발발 전까지, 중조 간 일의 해결은 완전히 스탈린의 손에 달려 있었다. 몇 가지 사례를 들자면 다음과 같다.

— 1949년 5월 초, 중공 지도부는 김일을 만나 조선 정부대표단의 모스크바 방문 기간 동방정보국 설립 문제의 언급 여부, 조선노동당 중앙의 이 문제에 대한 의견, 조선이 전출을 요구한 중국 군대 내의 조선인 사단 문제에 대해 소련 동지들이 알고 있는지 등을 질문하였는데, 이에 조선 대표는 모두 회피하는 태도를 보였다. 최소한 김일성이 소련 대사에게 담화 내용을 보고할 때, 이 같은 인상을 남겼다.[378]

사실상, 4월 25일 김일성이 소련에서 귀국한 이후에야 김일을 중국에 파견하였으며, 조선이 제기한 모든 문제들은 소련의 의견을 구했을 것이다. 러시아 당안의 기록에 따르면 4월 10일 김일성은 스탈린과 회담에서 원동공산당 및 노동당정보국 설립을 희망하였다. 이에 스탈린은 소련이 일본, 인도네시아 그리

---

[376] 자세한 내용은 본 장 제1절을 볼 것.

[377] 자세한 내용은 다음을 볼 것. 沈志华, 「对1948年苏南冲突起因的历史考察」, 『历史研究』 1999年 第4期, 5-26쪽.

[378] АПРФ, ф.3, оп.65, д.9, л.51-55.

고 필리핀 등 공산당의 상황을 잘 알지 못하기 때문에 이 문제는 숙고해야 한다고 대답하였다.[379] 김일성 역시 동방정보국의 설립을 원했을 가능성이 크다. 이 점에서 이때의 김일성은 모택동보다 스탈린과 더욱 밀접했음을 알 수 있다.

— 소련을 비밀 방문한 기간, 1949년 7월 6일, 유소기는 스탈린에게 서한을 보내 일련의 요구 사항들을 제기하였다. 이 중에는 중조 양국이 공유하고 있는 압록강 (수풍) 수력발전소에서 생산하는 전력의 분배 문제가 들어 있었다. 중공은 댐 건설 당시 중국이 7,500만 엔을 투자하였고 조선은 5,000만 엔을 투자한 것을 이유로, 발전소 전력의 절반은 동북지역으로 보내줄 것을 요청하였다. 유소기는 이 문제를 해결하기 위해 소련의 도움을 요청하였다.[380]

수풍 수력발전소는 만주국과 식민지하의 조선이 공동 출자하여 건설한 댐으로 1943년 완공되어 전력 생산을 시작하였다. 전후 중조가 공동으로 접수하여 재산권을 각자 절반씩 나누었으나, 전력 배분 문제에 있어서는 합의를 이루지 못하고 있었으며, 중공 정권이 수립된 이후에도 몇 차례 협상을 하였지만 의견 일치를 보지 못하였다. 소련이 관여한 뒤로 쌍방이 평양에서 정식 담판을 시작하였다. 협상 과정에서 조선 외무상은 소련 대사관에 끊임없이 상황을 통보하였다. 1950년 6월까지 조선대표단이 북경에 와서 협상을 진행하여 이 문제는 비로소 해결되었다.[381]

— 조선노동당 중앙 대표들이 처음 모택동을 만났을 때, 조선노동당 중앙은 중국의 신정부가 수립된 이후 즉각 이를 승인하고 김일성을 수반으로 하는 조선 정부대표단의 파견을 희망하였다.[382] 중화인민공화국 중앙인민정부 수립이 선포된 직후 김일성과 조선노동당 중앙은 즉시 축전을 보냈다.[383] 그럼에도 불

---

379) 『苏联历史档案选编』第20卷, 755쪽; 沈志华编, 『朝鲜战争: 俄国档案馆的解密文件』, 台北: 中央研究院近代史研究所, 2003年, 334쪽.

380) АПРФ, ф.45, оп.1, д.328, л.51-55.

381) Петухов В.И. У истоков борьбы за единства и независимость Кореи, Москва: Наука, 1987, p.155; 刘金质等编, 『中朝中韩关系文件资料汇编』, 1,276-1,279쪽; 『朝鲜战争: 俄国档案馆的解密文件』, 189-190, 228-229쪽; 외교부가 동북인민정부에 보낸 전문, 1950년 6월 16일, 중국외교부당안관, 106-00021-04, 5쪽; 中国社会科学院, 中央档案馆编, 『1949-1952年中华人民共和国经济档案资料选编对外贸易卷』, 北京: 经济管理出版社, 1994年, 534-535쪽.

382) АПРФ, ф.3, оп.65, д.9, л.51-55.

구하고 중국을 승인할 것인지 또 언제 승인할 것인지에 대해서는 모스크바의 지시를 기다려야만 하였다. 1949년 10월 3일 21시 15분, 스탈린은 전보를 보내 "조선민주주의인민공화국과 중화인민공화국의 외교관계 수립에 동의하며 시기는 빠르면 빠를수록 좋다"고 통보하였다.[384] 10월 4일 조선 외무상 박헌영은 주은래에게 서한을 보내, 조선 정부의 중국과의 국교 수립에 관한 결정을 통보하였다. 신속한 전달을 위해, 서한은 북경 주재 조선중앙통신사 특파원이 신화사에 전달하였다.[385]

　― 1950년 1월, 중조 간에 조선인 사단 귀국 문제를 논의할 때 쌍방 모두 스탈린의 의견을 구하였다. 1949년 12월 29일, 총참모장 섭영진은 임표가 건의한 해방군 내의 조선인 장병들의 귀국 관련 전보를 모스크바를 방문 중인 모택동에게 전달하였다.[386] 1950년 1월 1일, 스탈린은 모택동에게 전해들은 소식을 조선 주재 소련 대사 슈티코프에게 통보하며 조선의 의견을 구하도록 하였다.[387] 물론 중국 정부는 김일성에게 서신을 직접 보냈지만 김일성은 이에 대해 회답을 주지 않고 있다가 1월 9일이 되어서야 자신의 생각을 소련에 전달하였다.[388] 모스크바의 동의를 거친 후에야 조선은 비로소 중국에 사람을 파견하여 문제 해결에 나섰다.

　― 1950년 4월 10일, 부수상 김책은 중국 주재 조선 대사 이주연(李周淵)이 김일성에게 보낸 보고를 받고, 모택동이 이주연의 제안에 따라 김일성과 언제, 어떻게 회견할 지에 관해 토론하였다고 말하였다. 당시 김일성은 모스크바에서 스탈린과 비밀 회담을 통해 전쟁 개전 문제를 논의하고 있었기 때문에, 김책은 이주연의 보고서를 소련 대사관을 통해서만 소련 외교부에 전할 수 있었

383) 中共中央对外联络部二局, 『中朝贺唁电汇集(1949-1979)』, 1980年 12月, 129, 130-131쪽.

384) АПРФ, ф.45, оп.1, д.346, л.58.

385) 廉正保等 編著, 『解密外交文献―中华人民共和国建交档案(1949-1955)』, 北京: 中国画报出版社, 2006年, 87쪽.

386) АПРФ, ф.45, оп.1, д.334, л.8-9, Ледовский А.М. Сталин, Мао Цзэдун и корейская война, pp.89-90.

387) АПРФ, ф.45, оп.1, д.346, л.110-111.

388) АПРФ, ф.45, оп.1, д.346, л.114-115.

고(중국 대사관의 상황과 마찬가지로, 당시 조선 대사관도 국내와의 직통 전화나 전보망이 없었다), 또 김일성에게 전달할 수 있었다.[389) 이는 김일성이 모스크바로 출발하기 전, 이주연에게 모택동을 만나 자신의 방중 문제를 제기하라고 지시하였음을 의미한다.

그러나 김일성은 조선으로 귀국한 후 이와는 다른 말을 하였다. 5월 12일, 김일성은 슈티코프 대사를 만나 자신은 귀국하자마자 이주연의 서신을 받았으며 김일성의 방중 문제를 논의하였다고 말하였다. 김일성은 당 중앙이 이주연에게 모택동을 만나 자신의 중국 방문 문제를 논의하라는 어떠한 권한도 위임한 적이 없으며, 이 때문에 이주연을 조선으로 소환하고 그에게 지시를 내리도록 결정하였다고 통보하였다. 이주연은 5월 10일 중앙의 위임을 받아 다시 북경으로 돌아가서 김일성의 방중 문제를 준비하였다.[390) 이주연이 너무 대담해서 이처럼 중대한 행동을 독단적으로 취하였다고 말할 수도 있다. 또는 김일성이 자신의 독단적 행동을 스탈린이 질책할까 두려워 거짓말을 한 것이라 주장할 수 있다. 필자는 후자에 가까울 것이라고 추측한다.

중국혁명의 승리는 당연히 사회주의 진영 내에서 중국의 위상을 크게 제고하였다. 스탈린도 모택동이 아시아혁명 영도의 책임을 지는 것에 동의하였지만, 조선에 대해서만은 예외였다. 스탈린은 여전히 소련 원동 안전의 관문인 조선을 완전히 자신의 통제하에 두고자 하였으며, 이에 중조관계 역시 계속 "가까운 듯 가깝지 않은" 상태에 처하게 되었다. 조선전쟁이 발발할 때까지, 특히 중국의 항미원조(抗美援朝) 출병 이후가 되어서야 상황은 비로소 바뀌게 되었다.

---

389) АВПРФ, ф.059а, оп.5а, п.11, д.4, л.98-99.
390) АПРФ, ф.45, оп.1, д.346, л.90-94.

조선전쟁

제2장

조선전쟁

조선 문제 주도권의 이동(1949~1953)

【개요】

　모택동은 김일성과 스탈린의 개전 결심에 대해 불만이 있었음에도 불구하고 조선전쟁에 전적인 지지를 보냈다. 전쟁이 발발한 후에는 조속히 참전하여 전쟁을 조기에 끝내도록 할 것을 주장하였다. 스탈린은 유엔군이 38선을 돌파하여 북진하는 긴박한 순간에 부득이하게 중국의 출병을 요청하였다. 모택동은 소련이 공군 출동을 거부한 어려운 여건에서도, 다수의 반대를 뿌리치고 조선 출병을 결연히 결정하였다.

　모택동이 출병을 결정한 이유는 첫째, 스탈린의 신임을 얻어 중소 동맹관계를 굳게 함으로써 신생 정권의 기반을 튼튼히 하고 둘째, 김일성을 보호하고 도와 아시아혁명의 영도 책임을 짊어지기 위해서였다. 그 동기가 어디에 있든지 간에 중국은 항미원조 전쟁 출병으로 객관적으로는 조선반도에 관한 발언권과 주도권을 장악하였다.

　전쟁 기간 널리 선전되었던 "순망치한", "더없이 친밀한 우의"의 이면에는 중조 양국 지도층 간의 잦은 분쟁과 충돌이 있었고, 양국 관계는 매우 긴장되었다. 군대 지휘권 문제에 있어서 팽덕회는 중조 군대는 통일된 지휘와 동원이 필요하다는 입장을 고수하였다. 그러나 김일성은 시종일관 조선인민군에 대한 통제권을 포기하려 하지 않았다. 38선을 넘은 후 남진의 지속 여부에 관해, 모택동과 팽덕회는 전군의 공격을 중단하고 전면적 휴식과 재정비를 취할 것을 주장하였다. 그러나 김일성과 소련 고문은 "쇠뿔도 단 김에 빼야 한다"며 단숨에 미군을 조선반도에서 몰아내야 한다고 주장하였다.

김일성은 전쟁이 대치 국면에 들어가자 조선의 철도관리권을 교통성으로 귀속시킬 것을 주장하였으나 주은래와 팽덕회는 군사 관제를 계속 실행할 것을 고수하였다. 정전협상이 오래도록 결론이 나지 않자 김일성은 중국이 미국의 조건을 받아들여 조속히 정전할 것을 요구했지만 모택동은 반대로 강경한 입장을 고수하며 미국과 끝까지 공방을 벌일 것을 주장하였다.

이 모든 중조 간의 분쟁은 결국에는 모스크바가 최종적인 결정을 내림으로써 해결되었다. 이전에 조선은 소련의 도움과 지지에 의존해왔지만, 전쟁 기간 중에는 중국의 위상 제고로 인하여 종종 중국이 주도적인 역할을 하였다. 때문에 중조 간 중대한 의견 불화와 갈등이 있을 경우 스탈린은 예외 없이 모택동을 지지하였다. 이로 인해 조선 문제의 주도권은 점차 모택동의 수중으로 옮겨갔으며 김일성에게 깊은 마음의 상처가 되었다. 중국은 분명 조선을 위해 많은 피를 흘렸지만, 중조 지도자와 중조 양국 간의 진정한 우의는 결코 다져지지 않았다.

제1절 모택동과 김일성의 첫 만남

1949~1950년, 모택동은 대만을, 김일성은 남한을 각각 해방하려 하였다. 양쪽은 통일 추구 과정에서 경쟁 관계가 형성되었고 동시에 모스크바의 지지를 희망했다. 중공이 대만 공격을 적극적으로 준비하던 때에 조선전쟁이 발발하였으며 이는 스탈린이 평양 쪽에 서 있었음을 말해 준다.

과거 전통학파 학자들 중에 조선전쟁은 소련과 중국, 조선이 공동으로 계획하였다는 "공모론"적 주장이 있었으며 후에 일부 학자들도 이와 비슷한 견해를 갖고 있었다.[1] 그러나 최근에 비밀 해제된 기밀문서들은, 이 주장은 지나치게 단순하고 사실에도 부합하지 않는다는 것을 보여준다. 실제로 스탈린과 모택동은 처음에는 군사적 수단을 통해 조급하게 조선의 통일을 실현하겠다는 김일성의 주장에 반대하였지만, 후에 스탈린이 생각을 바꾸어 김일성에게 청신호를 보내면서 모택동에게 자신의 주장을 포기하도록 압박하였다. 이 문제에 있어서 중·소·조 3국 관계는 매우 복잡 미묘하고 중국은 조선의 행동에 불만을 가졌지만 지지할 수밖에 없었다. 하지만 모택동과 김일성이 첫 만남을 갖게 된 것 역시 조선전쟁 때문이었다.

1. 평양에 찬물을 끼얹은 모스크바와 북경

국가로서 조선은 역사상 오랜 기간 남에게 의존하였으며 한때 식민지로 전락하기도 했었다. 제2차 세계대전이 끝나갈 무렵, 비로소 조선반도의 독립과 자유에 서광이 비쳤다. 하지만, 국제 냉전 국면이 형성되면서 조선반도는 인위적으로 2개의 국가로 분리되었고, 동북아에서 미소 간의 주도권 다툼과 이익 충돌이 더해져 평화적 방식을 통한 조선민족의 통일과 독립 가능성은 점점 희박해졌다. 남북의 지도자 이승만과 김일성은 모두 민족의 통일 과업을 완수하는 것에 조급하였다. 평화적 방식은 당장 효과를 보기 어려웠고 그들은 무력에 희망을 걸었다.[2] 하지만 그 전제는 그들이 각각 미국과 소련의 동의를 얻어내야 한다는 점이었다. 이때 미국과 소련 모두 조선반도의 무사 안녕을 희망하고, 이 극동지역 구석에서 촉발되는 위기에 휘말리길 원하지 않았다.

무력 사용을 통한 조선반도 통일 문제 해결이 처음 언급된 때는, 1949년 3월

---

[1] 일본학자 나카지마 미네오(中島嶺雄)는 이 주장을 상세하게 소개한 바 있다. Mineo Nakajima, "The Sino-Soviet Confrontation: Its Roots in the International Background of the Korean War", *The Australian Journal of Chinese Affairs*, No.1, 1979, pp.19-47. 이 밖에도 다음을 참고할 것. Sergei N. Goncharov, John W. Lewis, and Xue Litai, *Uncertain Partner: Stalin, Mao, and the Korean War*, Stanford: Stanford University Press, 1993, pp.130-154; Chen Jian, *Mao's China and the Cold War*, Chapel Hill & London: The University of North Carolina Press, 2001, pp.106-121.

[2] 조선인민군은 서울을 점령한 뒤, 이승만의 북방 공격계획에 대한 비밀 문건을 발견하였다. 북한은 모스크바의 비준을 받아 이 문건을 공개하였다. АПРФ, ф.3, оп.65, д.827, л.43-48; АПРФ, ф.3, оп.65, д.827, л.42. 공개된 내용은 다음을 참고. 『人民日报』, 1950년 9월 22일, 24일, 4면.

김일성이 모스크바를 방문했던 기간이었다. 러시아 사료에 의하면 3월 5일 스탈린과의 정식 회담 중 김일성이 38선의 긴장 국면을 언급했을 때, 스탈린은 그리 중시하지 않는 듯하였고 단지 적의 침투를 막을 것만을 김일성에게 환기시켰다.[3] 스탈린은 아마도 김일성의 이런 생각을 미리 감지하고 3월 11일 비공식 회담에서 남쪽이 북쪽에 대해 공격하는 상황에서만 군사행동을 취할 수 있다고 김일성에게 강조하였다.[4] 따라서 3월 14일 조선대표단이 제출한 토론 의제 목록에는, 조선반도의 통일 문제는 포함되지 않았다.[5]

1949년 6월 말, 미군의 조선반도 철수 후 김일성은 더욱 조급해져 선수를 쳐서 주도권을 잡고자 하였다. 38선의 긴장 국면을 이용하여 김일성은 대량의 현대화된 무기와 장비(주로 소련으로부터)를 얻었을 뿐만 아니라, 잘 훈련된 작전 부대도 얻었다(주로 중국에서 왔다). 그 후 김일성이 고려한 것은 남측으로부터의 공격을 어떻게 방어할 것인가가 아니라, 남쪽의 방어를 어떻게 깨뜨리고 국가 통일의 대업을 실현하느냐에 있었다.

이승만이 북측의 평화통일 제안을 거절한 뒤, 1949년 8월 12일 김일성과 박헌영은 소련 대사에게 "대남 공격을 준비하는 문제"를 처음으로 제기하였다. 그들은 "만약 우리가 공격 준비를 안 하면 조선인민이 이를 이해할 수 없을 것이다. 우리는 조선인민의 신임과 지지를 잃고, 조국통일의 위대한 역사적 시기를 놓치게 될 것이다. 조선인민을 영원히 지지하고 도와주는 스탈린 동지는 우리의 이런 심정을 이해할 것"이라고 주장하였다.

슈티코프가 스탈린이 3월 11일 회담 중에 표명했던 입장을 언급하자, 김일성은 "미군 철수로 38선 장애물은 이미 없어졌다. 지금 미국과 소련은 조선에 대해 어떠한 통제도 하고 있지 않는데 왜 이 선을 지켜야 하는가?"라고 반문하면서, "반격" 문제를 다시 생각해야 한다고 강조하였다. 그는 현재 남한은 북쪽에

---

3) 스탈린과 조선정부대표단의 대화록, 1949년 3월 5일, 『朝鮮战争: 俄国档案馆的解密文件』, 156-162쪽.

4) АПРФ, ф.3, оп.65, д.775, л.102-106, 다음에서 재인용. Торкунов А.В., Загадочнаявойна: корейскийконфликт 1950-1953 годов, Москва: Российскаяполитическаяэнциклопедия, 2000, с.30-31.

5) 조선정부대표단의 소련방문 의제목록, 1949년 3월 14일, 『朝鮮战争: 俄国档案馆的解密文件』, 165쪽.

대한 전면 공격을 이미 연기하였고, 38선을 따라 견고한 방어선을 구축하기로 결정하였다. 따라서 조선인민군은 반격의 시기를 기다릴 수 없다. 남쪽 군대에 비해 조선인민군은 분명히 우세를 점하고 있기 때문에 단숨에 적의 방어 체계를 분쇄할 수 있다고 주장하였다.

하지만 슈티코프는 이 계획의 실현 여부에 대해 회의적이었다. 그는 김일성의 상황 판단이 지나치게 낙관적이고 이상주의적이라 보았다. 소련 대사의 대답을 듣고, 김일성은 "매우 의기소침하였다."[6]

8월 14일 김일성은 남한에 대한 공격 문제를 다시 제기하면서 문서 한 부를 전달하였다. 김일성은 철저하게 전투 준비를 해야 한다는 슈티코프 대사의 주장에 동의하면서, 이를 고려하여 해안 옹진반도의 38선 이남 지역을 점령하는 것을 목표로 하는 국지전 개시 계획을 제안하였다. 만약 이 계획이 성공하면 북조선은 38선의 육지경계를 120km 단축시킬 수 있을 뿐 아니라, 전면적 공격의 전초기지도 만들 수 있다고 주장하였다.[7]

9월 3일 슈티코프가 직무 보고를 위해 귀국한 기회를 이용하여, 김일성은 자신의 개인 비서 문일(文日)을 소련 대리대사 툰킨(G. I. Tunkin)에게 재차 보냈다. 문일은 툰킨에게 최근 남조선이 옹진반도 38선 이북지역을 탈취하고, 해주시의 시멘트 공장을 포격하려 한다는 믿을만한 정보를 입수하였다고 통보하였다. 이에 김일성은 남쪽에 대해 군사행동을 취하여 옹진반도와 그 동쪽 개성 부근까지의 남조선 영토를 점령하고 방어선을 단축할 수 있도록 허락해 줄 것을 요청하였다. 그는 만약 국제정세가 허락하면, 계속 남쪽으로 진격할 준비를 할 것이라고 덧붙였다.

김일성은 2주에서 최대 2개월 내에 남조선을 점령할 수 있다고 주장하였다. 그러나 툰킨은 문일을 통해 "성급하게 움직이지 말고, 당분간 이 문제에 대해 그 어떠한 결정도 내리지 말 것"을 김일성에게 정중히 요청하였다. 툰킨은 모스크바에 보낸 보고에서, 8월 15일부터 38선상에 어떠한 중대 사건도 발생하지

---

[6] АПРФ, ф.3, оп.65, д.775, л.102-106, Торкунов А. В. Загадочная война, с.30-31.

[7] АПРФ, ф.3, оп.65, д.775, л.108-111, Торкунов А. В. Загадочная война, с.31-32.

않았다고 확인하였다. 문일이 통보했던 남조선 군대의 해주시 포격은 전혀 발생하지 않았으며, 또한 남조선이 옹진반도 38선 이북지역을 공격하려 한다는 것 또한 "현재 남쪽에서 귀순한 자의 구두 자백만 있을 뿐"이었다.[8]

9월 11일, 비신스키 외상은 툰킨에게 김일성을 조속히 만나 남조선 군대와 인원 수, 무기 및 무장과 전투력, 조선의 남조선에서의 유격대 활동 상황, 북쪽이 먼저 공격할 경우의 여론과 주민들의 호응여부, 남쪽 민중들이 북쪽 군대에 어떠한 실질적 도움을 줄 수 있는지, 김일성은 북쪽이 공격을 개시할 경우 미국이 어떤 조치를 취할 것으로 생각하는지, 북측은 자신들의 군사력을 어떻게 평가하는지 등에 관해, 자세히 파악하여 보고할 것을 지시하였다. 동시에 이상에서 언급한 상황과 조선의 지도자가 건의한 내용의 현실성과 합리성에 대한 툰킨 자신의 판단도 보고하도록 지시하였다.[9]

툰킨은 9월 12일과 13일 김일성과 박헌영을 두 차례 만난 뒤, 9월 14일 모스크바에 남북한 군사력에 관한 상세한 상황과 김일성의 생각, 그리고 이에 대한 자신의 판단을 보고하였다. 툰킨은 "김일성은 남조선 군대의 전투력은 강하지 않고, 북쪽 군대가 기술과 장비(탱크, 대포, 전투기), 기율, 훈련 상태 및 사기 등의 방면에서 남쪽 군대보다 모두 우월하다고 생각하고 있다"고 보고하였다.

하지만 김일성은 여론과 민중의 반응에 대해서는 아직 결론을 내리지 못하고 있으며, "만약 내전이 길어지면 그들은 정치적으로 불리한 위치에 놓이게 되고 지금의 조건에서는 신속한 승리를 기대하기 어려우며, 이 때문에 김일성은 전면적 공격을 주장하지 않고 단지 옹진반도와 그 동쪽 개성 부근의 일부 남조선 영토만을 점령할 것을 제안"하였으며, 또 북쪽 군대가 남조선에 들어가면 "남조선에서 공산당 조직들이 일련의 봉기를 일으킬 수 있을 것"이고, 만일 진행이 순조로울 경우 "남쪽으로 계속 진격할 수 있을 것"이라 주장하고 있다고 보고하였다.

김일성과 박헌영은 조선 내전이 발발할 경우 미국이 직접 출병하여 개입할

---

8) АПРФ, ф.3, оп.65, д.775, л.116-119.
9) АПРФ, ф.3, оп.65, д.775, л.122.

수 없을 것으로 보았다. 그러나 툰킨은 김일성의 국지성 전쟁 계획은, 남북한 간의 전면적 내전으로 이어질 가능성이 높고, "남측에 속전속결로 승리하기엔 북쪽의 군대가 아직 충분히 강하지 않으며, 내전이 길어지면 군사적, 정치적으로도 북측에 불리하다"고 판단하면서, "김일성이 계획하는 국지전의 개시는 부적절하다"고 결론 내렸다.[10]

그렇지만 슈티코프 대사의 생각은 달랐다. 그는 9월 15일 스탈린에게 한 보고에서, 김일성의 국지성 전투 계획에 찬성하였다. 슈티코프는 먼저 평화적 방법을 통한 조선 통일이 이미 불가능해진 상황에서 "지금 통일을 위하여 군사적 방법을 쓰지 않으면, 통일 문제는 여러 해 지연될 수 있다"고 강조하였다. 그는 남조선 반동파들은 이 기회를 이용하여 "남쪽의 민주운동을 탄압"하고, "북조선을 공격하기 위해 더욱 강한 군대를 조직할 것"이며, "북측이 수 년 간에 건설한 모든 것을 소멸시킬 것"이라고 주장하였다.

슈티코프 대사는 남북한 경제와 정치 상황을 상세히 소개하면서, "남조선 정부의 정치적 지위는 결코 견고하지 않으며", 조선반도의 상황은 북측에 유리하다고 강조하였다. 슈티코프는 미국의 간섭 가능성을 이유로 들어 전면적 공격에는 동의하지 않았지만, "조선 남부에 유격대 운동을 발전시키고, 이들에게 각종 지원과 영도를 제공하는 것은 가능하고 타당하며", 형세가 유리하게 발전되면 "남조선인들이 38선에서 도발하는 것을 이용하여, 그들의 38선 파괴에 대한 응징의 대가로 옹진반도와 개성 지역을 점령할 수도 있다"고 결론지었다.[11]

소련 지도자들은 몰로토프 주재로 이 문제를 놓고 진지한 연구를 진행한 결과, 9월 24일 소련공산당 중앙위원회 정치국회의는 다음과 같은 결의를 하였다.

현재 아시아 전 지역의 정세가 소련과 조선에 매우 유리하다. 첫째, 중국혁명이 미국의 간섭 없이 이미 근본적인 승리를 순조롭게 쟁취하였다. 둘째, 미군이 조선반도에서 이미 철수하였다. 셋째, 조선인민의 혁명 열기가 매우 고양

---

[10] АПРФ, ф.3, оп.65, д.837, л.94-99.

[11] АПРФ, ф.3, оп.65, д.776, л.1-21.

되어 있다. 넷째, 남한 사회 내부의 경제와 정치는 극히 불안정한 상황에 처해 있다.

그러나 스탈린은 김일성의 계획을 최종적으로 반대하고, 정치국회의의 비준을 거쳐 조선 주재 소련 대사에게 다음과 같은 전문을 보냈다.

"북조선은 군사적, 정치적으로 공격을 위한 준비가 잘 안 되어있고, 무장력도 절대적인 우세를 차지하지는 못하고 있으며, 유격 투쟁과 남쪽 인민 봉기 공작 또한 아직 전개되지 않고 있다. 옹진반도와 개성지구의 국지전은 곧바로 '북조선과 남조선 간의 전면적 전쟁의 시작'이 될 수 있다."

이 밖에도, 만약 북한이 먼저 발동한 군사행동이 장기전으로 변하게 되면 "미국인들에게 조선 문제에 개입할 수 있는 각종 구실을 제공할 수 있다." 또한 스탈린은 "조선인민군의 역량을 한층 강화"하는 동시에 "남조선에서 유격 투쟁을 전개하고, 해방구를 건설하고 전민 무장봉기를 일으켜 반동정권을 전복하고 조선통일의 임무를 성공적으로 완수"할 것을 주문하였다.[12]

10월 4일, 평양으로 이미 돌아온 슈티코프 대사는 김일성과 박헌영을 만나 모스크바의 결의문을 전달하였다. 슈티코프는 스탈린에게 조선 지도자는 통보를 마지못해 받아들였고, 김일성은 통보를 듣고 어쩔 수 없는 듯이 "좋습니다"라고 말하였다고 보고하였다.[13]

모스크바의 거부 후에도 김일성은 좀처럼 포기하지 않고 모택동을 찾았다. 김일성은 중국공산당이 무장 정권 쟁취의 한 길로 가고 있으며, 중국은 무력을 통해 중국의 통일을 실현해야 한다는 것을 당연히 알고 있었다.

1949년 5월 조선노동당 중앙위 대표 김일(金一)과 회담할 때, 모택동은 이런 뜻을 확실히 표했다. 남조선이 일본인의 도움 아래 북조선을 공격할 수 있다는 조선인들의 말에 대해, 모택동은 중국은 은밀히 부대를 보내 북조선을 도울 수 있다고 말하였다. 하지만 남조선이 공격하지 않을 경우, 북측이 먼저 공격해선 안 된다고도 권고하였다. 왜냐면, 그 경우 미국의 개입을 자초할 수 있고, 중공

---

12) АПРФ, ф.3, оп.65, д.776, л.30-32.

13) АПРФ, ф.43, оп.1, д.346, л.59.

군대는 모두 장강 이남에서 국민당 군대와 전투 중이어서 조선 지원이 어렵기 때문이라고 설명하였다. 모택동은 유리한 시기를 노려 공격해야 하며, 그 시기는 1950년 초일 수 있다고 말하였다.[14]

이를 보면 김일성은 모택동에게 이전의 약속을 이행해 줄 것을 요구한 것이었다. 그러나 이때에는 상황의 변화가 있었다. 1949년 10월 중화인민공화국 수립은 선포되었지만 서남지역 전체는 여전히 국민당의 통제 아래 있었다. 더욱이 대만 진공은 금문(金門) 탈취 실패로 부득이하게 연기할 수밖에 없었다. 중국은 아직 통일을 완성하지 못했는데, 모택동이 군대를 북상시켜 김일성을 도울 마음이 생기겠는가? 그렇다고 김일성의 요청을 직접 거절하기가 어려웠을 수 있다. 이에 모택동은 이 문제를 스탈린에게 넘겼다.

러시아학자에 따르면, 10월 21일 모택동은 스탈린에게 전보를 보냈다. 그 내용은, 조선의 동지들이 남조선 문제를 무력으로 해결하려는 것을 중국 지도자가 그렇게 해선 안 된다고 권고하였다는 것이었다.[15]

10월 26일, 몰로토프는 스탈린을 대신하여 그로미코 외교부 부부장 명의로 모택동에게 보내는 회신 전문의 초안을 기초하였다. 전문에서 "우리는 현재 조선인민군은 (아직) 공격 행동을 실행에 옮겨선 안 된다는 귀하의 의견에 찬성합니다. 우리는 조선 친구들에게 조선인민군의 대남 공격을 아직은 해서는 안 된다고 권고하였습니다. 왜냐면, 군사적 혹은 정치적 측면에서 공격을 위한 충분한 준비가 안됐기 때문입니다. 우리가 볼 때, 현재 조선 친구들은 조선통일 투쟁에서 유격 투쟁을 확대하고, 조선 남부지역에 해방구를 건립하고, 조선인민군의 전면적 강화에 자신의 역량을 기울여야 한다고 생각합니다."[16]라고 적었다.

---

14) АПРФ, ф.3, оп.65, д.9, л.51-55; АПРФ, ф.45, оп.1, д.331, л.59-61.

15) 필자의 리도프스키 인터뷰 기록, 1996년 7월 31일, 모스크바. 리도프스키는 러시아 연방 대통령 당안관을 언제나 출입할 수 있는 몇 안 되는 러시아학자 가운데 한 명이었다.

16) АПРФ, ф.45, оп.1, д.332, л.47-48, ЛедовскийА.М.Сталин, МаоЦзэдун и корейскаявойна, с.92-93. 리도프스키는 당안 원본을 보고, 필자에게 괄호안의 글씨 "아직"은 스탈린이 써넣은 것이라고 설명해주었다. 이는 스탈린은 모택동이 북한의 군사행동을 원칙적으로는 반대하지 않고 있지만, 공격 시기를 다르게 고려하고 있었다고 생각하고 있음을 보여준다.

필자는 러시아에서 비밀 해제된 당안 중에 스탈린이 모택동에게 보내는 또 하나의 회신을 발견하였다. 11월 5일자로 되어 있는 이 회신에서, 스탈린은 "10월 21일 조선 문제에 관한 귀하의 전보 내용을 고려하여, 우리는 꼭 귀하께 통보해야 한다고 생각합니다. 우리는 그 문제에 관해 당신의 의견을 지지하며, 이 같은 정신에 따라 조선의 친구들에게 권고를 하였습니다."[17]라고 답하였다.

스탈린이 이전의 전문을 고쳤든지 이 전문이 또 다른 전문이든지 관계없이 비록 출발점은 다르다고 해도 이 당시 조선 문제에 관한 스탈린과 모택동의 입장과 완전히 일치한다.

아울러, 스탈린은 38선 부근에서 끊이지 않는 군사 충돌에 대해 더욱 우려하면서, 소련 대사와 군사고문이 이런 긴장 해소에 적극 나서지 않은 것을 엄하게 질책하였다. 10월 26일 슈티코프에게 보낸 전문에서, 그로미코는 "상급"(스탈린을 지칭)의 다음과 같은 지시를 전달하였다.

"중앙은 귀하에게 사전 허가 없이 북조선 정부에 남조선인들에 대하여 적극적 행동을 취하도록 건의하는 것을 금지한 바 있다. 동시에 이미 계획된 일체의 행동과 38선상에서 발생하는 일체의 사건은 즉시 중앙에 보고하도록 지시한 바 있다. 그러나 이런 지시들은 전혀 이행되지 않았다. 귀하는 제 3경비여단이 취한 대규모 공격 행동을 보고하지 않았을 뿐만 아니라, 우리의 군사고문이 이 행동에 참여하도록 사실상 허용하였다. 귀하는 또한 10월 14일 발생한 전투를 보고하지 않았으며, 우리는 4일이 지난 후에 다른 경로를 통해 이 일을 알게 됐다. 귀하는 이에 관하여 10월 20일이 되어서야 보고하였으며, 그것도 국방부 장관이 귀하에게 특별히 요구하여 이루어졌다. 지금 지적한 귀하의 잘못된 행동과 상부의 지시 불이행 행위에 대해, 귀하는 마땅히 책임지고 해명할 것과 귀하에게 내린 지시를 엄격히 이행하도록 해야 한다."[18]

10월 31일에 슈티코프는 이 일의 상세한 경과를 보고하고 자신의 잘못을 변호하면서, 38선 북쪽 고지대에서 발생한 충돌은 중요하게 생각하지 않아 즉시

---

17) 그로미코가 코발레프에게 보낸 전문, 1949년 11월 5일, 『朝鮮战争: 俄国档案馆的解密文件』, 276쪽.
18) АПРФ, ф.3, оп.65, д.5, л.103.

보고하지 않았다고 잘못을 인정하였다.[19] 슈티코프의 해명은 더욱 엄중한 스탈린의 질책을 불렀다.

11월 20일 그로미코가 보낸 전보는 "귀하가 보고한 해명은 전혀 만족스럽지 않다. 이는 귀하가 모스크바로부터 받은 지시를 이행하지 않았음을 증명하며, 귀하는 38선 상황을 복잡하게 만들지 말라는 중앙의 지시를 성실하게 이행하지 않았고 반대로 이 일에 대한 토론에 참여하였으며, 지시를 전혀 이행하지 않았다"는 것을 보여준다고 강하게 질책하였다. 모스크바는 소련 대사에게 "경고" 처분을 내렸다.[20]

전체적으로, 김일성이 1949년 8월 군사적 수단을 통한 조선의 통일을 제안한 이후, 모스크바와 북경은 모두 반대 입장을 견지하였다. 모택동의 태도는 비교적 완곡했고, 자신의 반대 입장을 조선에 명확히 표명하지는 않았지만, 스탈린은 반복해서 김일성과 조선 주재 소련 대사관에 주도적으로 공격해서는 안 된다고 강조하였다.

그러나 얼마 지나지 않아, 스탈린은 태도를 완전히 바꾸었다.

2. 김일성에게 청신호를 보낸 스탈린

모택동과 스탈린의 첫 만남에서 우선 논의된 것은 전쟁과 평화의 문제였다. 스탈린은 모택동이 모스크바에 도착한 당일, 즉 1949년 12월 16일 곧바로 모택동과 정식 회담을 진행하였다. 회담이 시작되자 모택동은 "현재 가장 중요한 문제는 평화를 보장하는 것이다. 중국은 3~5년간 숨을 돌릴 평화의 시간이 필요하고, 이 기간을 이용하여 전쟁 이전의 경제 수준을 회복하여 전국을 안정시켜야 한다. 중국이 해결해야 할 가장 중요한 문제는, 장래의 평화의 전망에 달려있다"고 강조하였다.

이어서 모택동은 앞으로 세계 평화의 전망과 이의 보장 여부를 스탈린에게

---

[19] АПРФ, ф.3, оп.65, д.5, л.104-106.
[20] АПРФ, ф.3, оп.65, д.9, л.26.

물었다. 이에 스탈린은 현재 중국에 대한 직접적 위협은 다음과 같은 이유를 들어 존재하지 않는다고 설명하였다.

"일본은 아직 회복되지 않았고, 이 때문에 일본은 전쟁을 준비할 능력이 없다. 미국이 비록 전쟁을 떠들어대고 있지만, 그들은 전쟁을 가장 두려워한다. 유럽은 전쟁 때문에 간이 콩알만해졌다."

스탈린은 웃으면서 "누구도 중국과는 전쟁을 할 수 없다. 설마 김일성이 중국을 공격하겠는가?"라고 반문하였다. 스탈린은 "평화는 우리의 노력에 달렸다. 우리가 합심하여 협력하면 평화는 보장될 수 있으며 5년, 10년이 아니라 20년, 그 이상의 평화도 가능하다"고 설명하였다.[21]

이는 1949년 말까지 조선 문제에 관해 스탈린과 모택동의 입장은 일치하였고 그들은 모두 평화 유지를 희망하고 있었음을 보여준다. 하지만 이후 불과 1달의 정도의 시간이 지난 후에 모든 것이 변하였다. 동시에 이 상황 변화는 모두 김일성이 일으킨 것이었다.

1950년 1월 17일, 조선 외무상 박헌영은 초대 주중 대사로 임명된 이주연(李周淵)을 환송하기 위해 소규모 오찬 연회를 개최하였다. 환송회 석상에서 김일성은 남조선 해방 문제를 언급하였다. 그는 중국이 해방 과업을 완성한 이후 다음 문제는 바로 조국 남반부의 인민들을 어떻게 해방시키느냐 하는 것이라고 강조하였다.

"남한 인민들은 나를 신임하고 있으며, 또한 우리의 무장역량에 기대를 걸고 있다. 유격대로는 문제를 해결할 수 없다. 남한 인민들은 우리가 우수한 부대를 가지고 있다는 것을 알고 있다. 최근 나는 어떻게 조국통일을 이룰 수 있을지를 고민하느라 잠을 이루지 못하고 있다. 만약 남조선인민의 해방과 조국통일 과업이 늦어진다면, 나는 조선인민의 신임을 잃어버릴 수 있다."

김일성은 계속해서 술기운을 이용하여 "본인이 모스크바에 있을 때 스탈린은 남반부 공격을 하지 말고 이승만의 군대가 먼저 공격을 개시할 때에만 반격할 수 있다고 말하였다. 하지만 이승만은 지금까지 공격해오지 않고 있고 남조

21) АПРФ, ф.45, оп.1, д.329, л.9-17.

선인민의 해방과 국가의 통일은 이처럼 지연되어 왔다"고 말했다. 김일성은 자신은 공산당원이고 기율을 지키는 사람이며 자신에게 스탈린의 지시는 곧 기율이라고 말하였다. 그래서 자신은 다시 모스크바에 가서 스탈린을 만나 자신의 행동을 허락해 줄 것을 요청하고 싶다고 말하였다. 김일성은 또, 만일 스탈린을 만날 수 없다면 과거 모택동이 중국 내전이 종결되면 조선을 돕겠다고 약속했기 때문에 곧장 북경에 가서 모택동을 만날 것이라고 말하였다.

흥분된 상태로 김일성은 소련 대사에게 왜 옹진반도 공격을 허락해주지 않느냐고 물었다. 인민군은 3일 내에 옹진반도를 점령할 수 있고, 한 차례 총공격을 개시하면 며칠 내에 서울을 점령할 수 있다고 주장하였다. 슈티코프는 1월 19일 전문에서 경위를 상세히 보고하면서, 김일성의 속셈은 다른 곳에 있으며, 술김에 오랫동안 마음속에 담아둔 말을 하며 소련의 태도를 떠본 것이라고 설명하였다.[22]

스탈린은 전보를 받고 오랫동안 반응하지 않았다. 하지만 11일이 지난 1월 30일, 그는 돌연 슈티코프에게 전보 한 통을 보냈다.

"귀하의 보고를 받았다. 나는 김일성 동지의 불만을 이해한다. 그러나 남조선에 대해 그 같은 중대한 행동을 하려면 충분한 준비가 있어야 한다는 것을 그는 알아야 한다. 이 일은 반드시 치밀하게 준비해야 하며 큰 모험을 해선 안 된다. 만약 김일성 동지가 본인과 이 일을 논의하고자 한다면 나는 언제든 그를 만나 논의할 준비가 되어 있다. 이를 김일성 동지에게 전하고 나는 이 일에 관해서 그를 도울 준비를 하고 있음을 전달하기 바란다."[23]

지금까지의 사료 중에서 이 전문은 스탈린이 처음으로 김일성의 군사계획에 동의하고 청신호를 보낸 자료이다. 이를 볼 때 이 문건은 소련의 조선반도 정책이 1950년 1월 말부터 변하기 시작했다는 것을 보여주는 증거이다.

1월 31일 슈티코프는 답장 전문에서, 김일성은 스탈린의 지시를 전해듣고 매우 만족하였고, 심지어 자신의 귀를 의심하며 재차 "그렇다면 이 문제의 논의를

---

22) АПРФ, ф.45, оп.1, д.346, л.62-65, 그 외 다음을 참조. Волкогонов Д. Следует ли этого бояться?// Огонёк, 1993, No.26, с.28-29.
23) АПРФ, ф.45, оп.1, д.346, л.70.

위해서 스탈린 동지를 만나러 가도 되겠습니까?'하고 물었고, 재차 긍정적인 답변을 듣자, 즉각 모스크바로 갈 준비를 하겠다고 말하였다고 보고했다.[24]

그러나 스탈린은 마음이 놓이지 않아 2월 2일 슈티코프에게 재차 다음과 같은 보충 지시를 내렸다.

"현 상황에서 김일성 동지가 나와 토론하려고 하는 이 문제는 모두에게 비밀을 유지하도록 김일성 동지에게 전달하도록 한다. 이 일은 북조선의 다른 지도자들과 중국의 동지들에게도 비밀을 유지해야 하며, 우리들의 적들이 알게 해서는 더더욱 안 된다. 모택동과의 회담은 모스크바에서 계속 진행할 예정이며, 우리는 조선의 군사력과 방어 능력의 제고를 위해 조선민주주의인민공화국에 대한 지원 필요성과 가능성에 대해 논의하였다."[25]

필자가 보기에 스탈린의 이 말에는 3가지 의미가 있다.

첫째, 이 일은 얼마간 모택동에게 알려선 안 된다. 왜냐하면 김일성이 지금 군사행동을 취하려는 것에 대해 모택동이 반대하고 있다는 사실을 스탈린이 알고 있고, 소련의 입장에서는 조선과 먼저 얘기가 잘 되어야 하기 때문이다. 둘째, 스탈린과 모택동 간의 조선 문제 논의는 오직 남조선의 공격을 방어하는 문제에 한정되어 왔으며, 이는 이전부터 계속되어 왔던 주제이다. 셋째, 김일성은 지금 당장 모스크바에 와서는 안 된다. 왜냐하면 모택동이 그곳에 있기 때문이고, 스탈린은 모택동이 조선전쟁 개시를 반대하고 있다는 것을 잘 알고 있기 때문이다.

스탈린이 왜 한 달 내에 조선 문제에 관한 방침과 계획을 완전히 바꾸었는지에 관해 필자가 연구 끝에 내린 결론의 핵심은, 소련의 극동지역 안전과 전략적 이익 보장에 있다는 것이다.

즉, 모택동이 스탈린에게 압박했던 중소우호동맹조약 체결로 인하여 소련은 향후 2년 안에 대련과 여순, 그리고 장춘철도를 상실하게 되고, 이 세 곳은 전후 소련의 아시아 전략 이익의 기지, 즉 태평양으로 통하는 통로를 구성하는

---

24) АПРФ, ф.45, оп.1, д.346, л.71-72.

25) АПРФ, ф.45, оп.1, д.347, л.12, Торкунов А. В. Загадочная война, с.56.

곳이다. 하지만 중국이 제출한 초안에는, 만약 극동지역에서 전쟁이나 전쟁의 위험이 발생하면 소련 해군은 계속 여순항에 머무를 수 있다고 규정하였다. 이 조항이 스탈린에게 계시를 주었을 수 있다. 이틀 후 소련은 다시 보충조항, 즉 만약 극동지역에 전쟁이나 전쟁의 위험이 발생하면 소련 군대는 장춘철도를 따라 자유롭게 이동할 수 있다는 조항을 추가로 제안하였다.

따라서 극동지역에 긴장 국면이 발생하기만 하면 결과가 어떻든 스탈린은 원하는 바를 이룰 수 있다. 즉 전쟁이 순조로울 경우 스탈린은 요동반도의 항구를 조선반도의 부동항으로 대체할 수 있다. 전쟁이 순조롭지 못할 경우에도 소련은 계속 요동반도의 군사기지를 보유할 수 있다.[26]

스탈린의 1월 말 태도 표명에 김일성은 더없이 감격하였으며 주저 없이 행동을 시작하였다. 2월 4일 김일성은 슈티코프를 접견하면서 세 가지 요구사항을 전달하였다.

"첫째, 조선 정부는 국채 20억 원 발행을 준비 중이며 이 채권이 모스크바에서 인쇄되기를 희망한다. 둘째, 보병 3개 사단을 새로이 조직하여 인민군을 총 10개 사단으로 증강한다. 셋째, 소련이 조선에 제공하기로 한 1951년 차관을 조기에 사용하여, 새로이 조직되는 부대의 소련식 무기 및 장비 구입에 사용할 수 있도록 소련이 동의해 줄 것" 등을 요청하였다.[27]

이에 대한 모스크바의 답변은 매우 빨랐다. 2월 9일 소련 외교부는 조선의 요구를 완전히 만족시킬 것임을 통보하였다.[28] 김일성은 이에 대해 더없이 감격하며 "스탈린 동지의 원조에 대해 감사의 뜻을 전해 줄 것을 재차 요청"하였다.[29]

2월 하순 소련 국방부는 조선 군대를 잘 훈련시키기 위해 조선 주재 군사고문단 단장을 정치공작 출신의 슈티코프에서 작전 경험이 풍부한 바실리예프(N. A. Basiliev) 중장으로 교체하였다.[30] 뿐만 아니라 조선의 소련 군사고문단

---

26) 이와 관련 상세한 것은 다음을 볼 것. 沈志华, 『毛泽东, 斯大林与朝鲜战争』第三章, 第三节.

26) 이와 관련 상세한 것은 다음을 볼 것. 沈志华, 『毛泽东, 斯大林与朝鲜战争』第三章, 第三节.
27) АПРФ, ф.45, оп.1, д.346, л.74-75.
28) АПРФ, ф.45, оп.1, д.346, л.76.
29) АПРФ, ф.45, оп.1, д.346, л.77.

이 소련 국방부의 지도와 감독하에 임무를 수행하도록 하고, 동시에 조선민족보위성(국방부)과 인민군 총사령부에도 소련 군사고문을 파견하도록 하였다.

조선인민군 각군 사령부와 병참부, 단(团) 이상의 모든 부대, 교도대, 군관학교 및 경찰 간부학교 등에도 모두 소련의 군사고문이 배치됐다. 조선인민군은 완전히 소련군 조직체계로 개편되었으며, 군관 교육에서 소련군의 커리큘럼과 교재가 사용되었고 작전 훈련에서도 소련군의 수칙과 조례가 사용됐다.[31]

3월 9일 김일성은 인민군의 작전 능력 강화를 위해 이전에 신청한 목록에 따라 1950년에 1.2~1.3억 루블의 군사기술 장비를 조선에 제공해 줄 것을 소련 정부에 요청하고, 조선은 이에 상응하여 소련에 1.38억 루블 상당의 황금(9톤), 백은(40톤)과 몰리브덴(1.5만 톤)을 제공할 것을 약속하였다.[32] 3월 18일 스탈린은 회신에서 "소련 정부는 이 요청을 완전하게 만족시킬 것을 결정하였다"고 회신하였다.[33]

전쟁 준비의 발걸음은 부단히 빨라졌지만 모스크바는 김일성의 전반적인 계획을 아직 이해하지 못하고 있었다. 3월 20일 슈티코프는 스탈린의 지시에 따라 김일성과 박헌영을 만나 조선 지도자의 소련 방문을 논의하였다. 김일성은 그와 박헌영이 4월 초에 모스크바로 갈 예정이라고 말하였다.[34]

3월 23일 슈티코프는 김일성이 소련을 방문하여 토론할 예정인 의제에 관한 세부 목록을 모스크바로 보냈다. 그 가운데는 1) 무력을 이용한 국가 통일의 과정과 방법, 2) 경제 문제, 3) 조중관계(모택동과의 회담, 중국과 조약 체결 및 중국 거주 조선인 문제), 4) 유럽공산당 및 노동자당 정보국 관련 문제, 5) 해운 주식회사 조약의 재심의(함흥항 반환 청구) 등의 의제가 포함되어 있었다.[35] 의제에 대해 모스크바의 동의를 받은 후 3월 24일 슈티코프는 출발 일자와

---

30) АВПРФ, ф.059a, оп.5a, п.11, д.4, л.148.

31) 다음을 참조할 것. Ки Кван Со Из истории формирования вооруженных сил северной Кореи (1945-1950)// Проблемыдальнеговостока, 2005, No.6, с.140.

32) АВПРФ, ф. 059a, оп.5a, п.11, д.4, л.149-150.

33) АВПРФ, ф. 059a, оп.5a, п.11, д.4, л.142.

34) АПРФ, ф.45, оп.1, д.346, л.90-91.

35) АПРФ, ф.45, оп.1, д.346, л.92-93.

비행편, 전용 열차편 등에 대해 김일성과 상의를 마쳤다고 보고하였다.[36] 3월 29일 비신스키는 김일성과 조선 외무상 박헌영이 3월 30일 평양을 출발하여 4월 8일 모스크바에 도착할 것이라고 스탈린에게 보고하였다.[37]

김일성의 방문은 비밀에 부쳐졌으며 소련은 그의 방문에 관한 어떠한 보도도 하지 않았다. 크렘린궁의 스탈린 집무실 방명록 기록에 의하면 4월 10일 21시 10분 김일성, 박헌영, 문일(통역관)이 스탈린의 집무실로 들어갔고, 소련 측은 스탈린, 마린코프, 몰로토프, 비신스키가 회담에 참석하였으며 회담은 23시에 마쳤다.[38] 이는 김일성이 대체로 예정된 시간에 모스크바에 도착했음을 보여준다. 김일성이 조선으로 돌아간 시간은 4월 25일이었다.[39]

대략 반 개월 만에 스탈린과 김일성은 조선전쟁의 작전 계획을 협의하고 결정하였으며 그동안 모택동은 이에 관해 전혀 모르고 있었다.

3. 쌍두마차에 끌려간 모택동

비밀 해제된 러시아 당안을 보면 4월 10일 회담에서 소련과 조선이 토론한 것은 경제계획과 소련의 원조 문제이었다.[40] 전쟁과 관련한 회담은 모두 비밀리에 진행되었다.

스탈린과 김일성 사이의 비밀 회담에 관한 구체적 내용에 관해 현재 볼 수 있는 것은 모두 당사자의 기억에 의한 것이다. 특히 전쟁 계획에 참여하거나 이를 알고 있는 조선의 고위관리는 오랜 기간 김일성의 러시아어 번역을 담당한 문일, 내무성 부상 강상호, 내각 모(某)성의 부상 신성길(가명), 부총참모장 이상조, 총참모부 작전부장 유성철, 노동당 중앙위원 임은(가명) 및 인민군 고

---

36) АПРФ, ф.45, оп.1, д.346, л.94-95.

37) 다음을 참조할 것. Kathryn Weathersby, "The Soviet Role in the Early Phase of the Korean War: New Documentary Evidence", *The Journal of American-East Relations*, 1993, Vol.2, No.4, p.441.

38) 다음을 참조할 것, 『苏联历史档案选编』第20卷, 755쪽.

39) АПРФ, ф.45, оп.1, д.346, л.150.

40) 스탈린과 김일성, 박헌영의 회담록(수기), 1950년 4월 10일, 『朝鮮战争: 俄国档案馆的解密文件』, 332-335쪽.

위 장령 정상진 등이 있다. 그리고 소련 외교부 관리 캐피사(Capisa)와 훗날 국방부 군사역사연구소 소장을 맡은 볼코고노프(D. A. Volkogonov)가 있다.

그들의 회고 사료를 종합 대조해 보면, 확실히 틀린 기억들을 제거했을 경우, 아래의 주요 내용으로 귀결된다. 기본적으로 일치되는 이 기억들은 후대 역사를 통해서 검증된 것이다.[41)]

첫째, 군사행동을 취한 후의 정치적 후과에 관한 것이다. 김일성은 전체적 형세가 나쁘지 않고 남북 모두 통일을 준비하고 있다고 말하면서, 다만 마음을 놓지 못하는 것은 인민들이 통일을 위해 취할 결정적 조치들에 대하여 어떤 반응을 보일지 모르겠다는 것이었다. 이에 대해, 스탈린은 인민들은 양떼와 같아서 항상 무리의 우두머리가 가는 대로 따를 뿐, 우두머리 양이 어디로 가는지에 상관하지 않는다고 김일성을 설득하였다.

이어서 박헌영이 남쪽에서 현재 전개되고 있는 이승만 정권 반대 운동의 상황을 자세히 설명하였다. 박헌영은 "남한에는 20만 명에 달하는 공산당원들이 북측에서 신호를 보내기만 하면 봉기할 준비가 되어 있고, 남한인민들은 토지개혁과 기타 북방에서 이미 실행된 민주개혁을 내내 기다리고 있다"고 설명하였다. 여기에서 스탈린은 1949년 9월 정치국의 결정과 전혀 상반된 설명을 하였다. 당시 소련이 김일성의 국지전 계획을 반대한 이유 가운데 하나는 바로 조선 사회 내 정치적 반응이 불리하다는 것이었으나, 지금은 인민들의 반응을 전혀 고려할 필요가 없다고 스탈린은 김일성을 설득하였다. 박헌영의 말은 스탈린의 뜻에 완전히 영합하는 말이었다.

그러나 조선 남방에서 유격대의 활동이 가장 활발했던 시기는 실제로는 1949년 가을이었다. 당시 유격대는 대도시를 정면 공격할 수 있을 정도로 발전하였고, 병력 규모는 일급 정규군 사단과 전투를 진행할 정도에 달하였다. 그러나 1950년 봄에는 진압을 당해 남한 내에서 유격대 활동은 거의 사라졌다.[42)]

---

41) 다음에 인용된 회고 사료를 참조할 것. Kim Chull-baum(ed.), *The Truth About the Korean War: Testimony 40 Years Later*, Seoul: Eulyoo Publishing Co., Ltd., 1991, pp.77, 105-106, 152; Goncharov, Lewis and Xue, *Uncertain Partner*, pp.141-145, 151-152; Weathersby, "The Soviet Role", p.433.

이는, 모스크바가 군사적으로 반드시 승리할 것이란 확신이 있지 않다는 의미인데, 바로 이 시기에 스탈린이 김일성의 행동에 동의하고 심지어 권유까지 한 것은 분명히 특별한 목적이 있다고 할 수 있다.

둘째, 미군의 참전 여부에 관한 것이다. 김일성은 "미국인들은 중소동맹의 체결로 인하여 억제될 것"이라고 보고 미국이 전쟁에 참여할 수 없는 네 가지 이유를 제시하였다. 첫째, 이 작전은 남쪽이 전혀 예상하지 못한 기습 공격으로 3일 내에 승리할 것이다. 둘째, 20만 명의 남한 조선공산당원들의 무장 봉기가 진행될 것이다. 셋째, 남한 각 도의 유격대가 조선인민군을 지지할 것이다. 넷째, 미국은 개입을 준비할 시간이 없다.

스탈린은 당연히 김일성의 호언장담에 흔들리지는 않았지만, 조선인 스스로 자신감을 갖기만 하면 그것으로 족하다고 생각하였다. 스탈린이 이 전쟁에 동의한 동기를 보면, 중요한 것은 전쟁의 결과가 아니라 전쟁 그 자체였다. 실제로 김일성이 모스크바에 와서 협상을 진행하는 것을 동의한 것은 스탈린이 이 문제에 대해 이미 고려하고 있었음을 나타낸다.

셋째, 이번 군사행동을 위한 국제원조 제공 문제이다. 스탈린은 소련이 아직 조선 문제보다 더욱 중요한 문제에 직면하고 있기 때문에, 조선 친구들이 소련으로부터 많은 원조와 지지를 기대해서는 안 된다고 말하였다. 그는 조선 친구들은 모택동과 더 많이 협의를 해야 하며 그 이유는 모택동이 "동방 문제에 대해 훨씬 더 잘 알고 있기 때문"이라고 설명하였다. 스탈린은 "만약 당신들이 강력한 저항을 만난다 할지라도, 우리는 조금도 도와주지 못할 것이다. 반드시 모택동에게 얼마간의 도움을 요청해야 한다"고 김일성에게 당부하였다.

스탈린은 만일 미국이 참전하여 북조선이 버티지 못하는 상황까지도 분명 고려하였다. 김일성이 만일 남한을 점령하지 못한다 하더라도 이는 결코 큰 문제가 되지 않는다고 생각하였다. 그러나 미국이 북조선을 점령하는 것에 대해서는 크게 우려하였다. 이는 소련 극동지방의 안전까지 위태롭게 할 수 있는

---

42) 상세한 것은 일본 육전사연구보급회 편, 『朝鮮战争』上卷, 高培等译, 北京: 国防大学出版社, 1990年, 4쪽. 소련은 이런 상황에 대해 이미 완전히 파악하고 있었다. 다음을 볼 것. АВПРФ, ф.0102, оп.6, п.21, д.48, л.84-108.

문제였다. 소련은 또다시 베를린 위기에서처럼 미국과 직접 대치하는 것을 원치 않았다. 그 경우에는 중국에 기대할 수밖에 없었다. 스탈린이 회담에서 여러 차례에 걸쳐 행동 개시 전에 반드시 모택동의 의견을 구하라고 강조한 이유가 바로 여기에 있었다.

회담 결과에 관해 소련 외교부가 1966년에 발간한 『조선전쟁의 배경 보고』는, 스탈린이 김일성이 제기한 전략 배치를 비준하고, 조선이 요구한 일체의 무기 및 장비를 충족시킬 것을 명령하였음을 보여준다. "조선 정부는 3단계로 나누어 그들의 목표를 실현하고자 하였다. 1) 38선 부근에 부대를 집결하고 2) 남한을 향해 평화통일을 촉구한 후 3) 남한이 평화통일 제의를 거절하면, 군사행동을 개시한다는 것이었다. 스탈린의 명령에 따라, 새로이 조직된 인민군 작전부대를 위한 무기 및 무장 제공 요구는 모두 가장 신속하게 충족되었다."[43]

회담 후 스탈린은 즉각 행동을 개시하였다. 조선 민족보위성에서 군수국장을 역임한 한 장군의 회고에 따르면, 김일성이 모스크바에서 돌아온 뒤 소련의 "무기들이 대량으로 청진항 부두에 도착하기 시작하였고, 그 수량은 이전에 비해 크게 늘어났다. 이는 전쟁의 최후 준비 단계였다. 무기가 도착하면 즉시 38선 부근에 배치된 부대로 분배"되었다.[44] 비밀 유지를 위해 모스크바와 평양은 그들의 군사행동 준비 소식을 심지어 중국인에게도 함구하였다. 유성철의 말에 따르면 이전부터 군사 부문에서 종사하던 중국에서 온 연안파 간부들 중 일부는 이때 작전계획 입안 관련 부서에서 다른 부서로 전보 조치되었는데, "이는 비밀 유지가 필요했기 때문"이었다.[45]

구체적인 공격 계획 수립 과정에서 조선인민군 작전부장 유성철은, 김일성이 1950년 4월 소련에서 돌아온 후 소련은 남조선 공격에 동의하는 전보를 보냈다고 회고하였다. 5월부터 조선 주재 소련인들이 전면적으로 교체되기 시작하여 이전에 조선에 파견되어 훈련을 책임졌던 군사고문들 다수가 작전 전문

43) РГАНИ, ф.5, оп.58, д.266, л.122-131, *CWIHP Bulletin*, Issue 3, Fall 1993, pp.15-17.

44) Goncharov, Lewis and Xue, *Uncertain Partner*, p.146.

45) Goncharov, Lewis and Xue, *Uncertain Partner*, p.153.

가로 교체되었다. 소련 고문은 문서로 된 어떠한 작전명령서도 소련으로부터 가지고 오지 않았다.

5월 1일 노동절 경축대회 후, 소련 고문단은 조선 측이 수립한 "계획"을 받았지만 이 계획은 곧 바로 거부되었고 소련 고문이 다시 제정한 것으로 결정되었다. 그리고 3~4일 후 "선제공격 작전계획"으로 명명된 총참모장 강건의 명령서 한 부가 유성철에게 전달되어 조선어로 번역되었고, 김일성에게 보내진 후 정식으로 서명되었다. 유성철은 이 계획이 "군사훈련을 가장하여 남침 준비를 위장"하였으며, 그중에는 모든 공격 부대에 행군 노선과 작전 명령, 육해공 및 포병 등 각종 병과의 합동작전 문건, 공병과 후방 병참 지원 문건 등을 포함하고 있었다고 회고하였다.

이 공격 계획의 구체적 내용과 관련하여 유성철은, 전선지휘부의 통일된 지휘하에 각 부대는 2개 군단으로 나누어졌으며, 제1군단은 정면 주공격 부대로서 제1, 2, 3, 4, 6보병사단과 제105탱크사단으로 구성되었고, 사령관엔 김웅, 공격 방향은 해주→개성→연천→서울이었다고 증언하였다. 제2군단은 측면부대로서 제7, 12보병사단과 기계화단으로 구성되었고, 사령관은 무정, 공격 방향은 춘천→수원이었으며, 3일 내에 춘천과 홍천을 거쳐 서울 남쪽에 도달하여 포위망을 형성하는 것이었다고 회고하였다.[46]

모든 준비가 완료된 후에 이 내용이 모택동에게 통보되었다. 이런 중대한 군사행동은 당연히 그리고 반드시 모택동의 허락을 얻어야만 하였다. 아시아혁명은 본래 중국 공산당에게 부여된 책임이었다. 하물며, 만일 전쟁에서 어려운 국면이 발생하게 되면 중국이 나서 도와야만 하였다. 그래서 5월 3일 스탈린은 모택동에게 전보를 보내 "조선의 동지가 우리에게 왔다. 그들과의 회담 결과는 가까운 기일 내에 귀하에게 통보될 것이다"라고 알렸다.[47] 그러나 수일이 지나

46) Goncharov, Lewis and Xue, *Uncertain Partner*, p.150; Vladimir Petrov, "Soviet Role in the Korean War Confirmed: Secret Documents Declassified", *Journal of Northeast Asian Studies*, Vol.13, No.3, 1994, pp.63-67; Yu Songchol, "I Made the "Plan for the First Strike"", Kim Chull-baum(ed.), *The Truth About the Korean War*, pp.153-154.
47) АПРФ, ф.45, оп.1, д.331, л.54.

도, 모스크바로부터 진전된 통보가 없었다. 분명 스탈린은 신중히 생각한 후에 자신이 직접 설명하지 않는 것이 좋다고 생각하고, 조선인을 모택동에게 보내기로 한 것으로 보인다.

5월 10일 이주연 대사는 김일성의 방중 문제를 가지고 북경으로 왔다. 모택동이 김일성의 중국 방문에 대해 동의했다는 내용의 전보를 받은 후, 5월 12일 김일성은 자신과 박헌영이 함께 중국을 방문한다고 소련에 통보하였다. 모택동과 토론할 의제는 1) 무력으로 국가를 통일하려는 의도와 모스크바에서의 회담 결과에 대한 통보, 2) 가까운 시일 내에 중조무역 조약 체결에 관한 의견 교환 및 조선통일 후 우호조약을 체결하는 문제, 3) 모스크바에서 토론된 기타 문제의 통보 및 조선노동당과 중국공산당 간의 보다 긴밀한 관계를 구축하는 문제, 4) 수풍 수력발전소와 중국 내 조선인 문제 등 조중 쌍방의 공통 관심사에 관한 의견 교환이었다.

슈티코프 대사는 조선이 중국으로부터 어떤 도움이 필요한 지를 물었다. 이에 김일성은 그의 모든 요구는 모스크바가 만족시켜 주었기 때문에 모택동에게 지원을 요청할 필요가 없다고 말하였다. 마지막으로 김일성은 작전 준비에 관해 필요한 모든 지시를 총참모장에게 하달하고, 작전 명령의 초안 작성 작업에 착수하였으며, 6월 말 전쟁 개시를 희망한다고 말하였다. 김일성과 박헌영은 5월 13일 현지 시간 5시 20분 비행기로 북경에 가기로 했다.[48]

김일성 일행은 5월 13일 북경에 도착하여 당일부터 중국 지도자들과 회담을 가졌다. 회담의 구체적인 내용에 관한 자료는 현재까지 발견되지 않았다. 하지만 소련 대사 로신이 모스크바에 보낸 보고에 따르면 회담은 그리 순조롭게 진행되지 않았으며, 모택동은 김일성이 전달한 스탈린의 의견에 의문을 품었다.

당일 밤 23시 30분, 주은래는 소련 대사관으로 와서 다음과 같은 내용을 스탈린에게 즉시 보고해주도록 요구하였다. 즉, "조선 동지들이 필리포프 동지의 다음과 같은 지시를 통지하였다. '현재의 형세는 과거와 달라, 북조선은 행동을

48) АПРФ, ф.45, оп.1, д.346, л.90-94.

개시할 수 있게 되었다. 그러나 이 문제는 반드시 중국 동지와 모택동 본인과 논의해야 한다.' 따라서 모택동 동지는 필리포프 동지 본인이 이 문제에 대해 직접 설명해주기를 희망한다"는 내용이었다. 모스크바에 보낸 로신의 전보 말미에는 "중국 동지가 신속한 회신을 요구한다"고 부연하였다.[49]

이때가 되어서야 스탈린은 하는 수 없이 중국 지도자에게 이 문제에 관한 소련의 입장이 확실히 바뀌었음을 설명하였다. 5월 14일 오후, 모택동은 스탈린의 다음과 같은 회신을 받았다.

"조선 동지와의 회담 중에 필리포프 동지와 그 친구들은 국제정세의 변화를 고려하여, 조선의 통일 실현에 관한 건의에 동의하였다. 동시에 보충할 점은, 이 문제는 최종적으로 중국과 조선의 동지들이 함께 해결해야 하며, 만약 중국 동지가 동의하지 않으면 이를 어떻게 해결할지 다시 논의되어야 한다. 세부 회담 내용은, 조선 동지가 귀하에게 설명해 줄 것이다."[50]

이미 소련과 조선이 사전에 논의하여 합의된 내용이었기 때문에, 회신을 받은 후 모택동은 모스크바의 견해에 찬성을 표시할 수밖에 없었다.[51] 모택동은 불만을 가졌지만 어찌할 도리가 없었다.

소련은 본래 중공의 대만 해방 전투를 돕는 데 동의하고 지지했었다. 그러나 중소동맹조약이 동북아에서 소련의 기존 이익을 침해한 뒤로 스탈린은 이에 보복하려 하였다. 소련은 대만 도하작전 수행에 필요한 비행기와 군함의 인도를 차일피일 미루었지만, 조선으로 보내는 무기와 장비는 끊이지 않고 보내졌다.[52] 이 점에 대해 모택동도 느낄 수 있었다.[53]

5월 15일 김일성과의 회담에서 모택동은 원래 자신은 대만을 먼저 공격하여

---

49) 로신이 모스크바에 보낸 전문, 1950년 5월 13일, 『朝鮮战争: 俄国档案馆的解密文件』, 383쪽.

50) АПРФ, ф.45, оп.1, д.331, л.55.

51) РГАСПИ, ф.558, оп.11, д.334, л.56.

52) 상세한 것은 다음을 볼 것. 沈志华, 「中共进攻台湾战役的决策变化及其制约因素(1949-1950)」, 『社会科学研究』, 2009年 第3期, 34-53쪽.

53) 후에 모택동은 "이 전쟁은 해서는 안 되는 전쟁이었다"고 조선인들에게 분명하게 말하였다. 회담에 참석한 팽덕회와 이극농은 심지어 전혀 주저함이 없이 최용건에게 "조선전쟁은 도대체 누가 일으켰는가? 미 제국주의인가 아니면 당신들이 일으켰는가?"라고 추궁하였다. 모택동과 최용건의 대화 기록. 1956년 9월 18일.

점령한 후 조선이 남한을 공격하는 것을 계획하였으며 그때에는 중국이 조선에 충분한 지원을 제공할 수 있을 것이라고 설명하였다. 그러나 조선은 지금 공격할 것을 이미 결정하였고, 이 또한 중조 공동의 과업이므로 동의한다고 말하며 필요한 협조를 제공할 준비를 약속하였다. 모택동은 만약 미국이 참전하면 중국은 부대를 보내 북조선을 도울 것이라고 말하면서 중국 군대 일부의 중조 국경 배치 필요 여부와 무기와 탄약 제공의 필요 여부를 물었다. 김일성은 이 제안에 대해 감사를 표시하였지만 사절하였다.

회담이 끝났을 때 김일성은 즉시 모택동 앞에서, 회담에서 모든 의제에 관해 완전한 의견 일치를 보았다고 소련 대사에게 선언하였다.[54] 득의양양한 김일성의 면전에서 모택동이 처했을 난처한 입장은 미루어 짐작할 수 있다. 모택동과 김일성의 첫 번째 회담에서 중국과 조선 사이에는 이미 마음속의 응어리가 생기게 되었고, 관계 또한 소원해졌음이 분명하다.

김일성이 모택동에게 불만을 느끼는 데에는 그만한 이유가 있었다. 김일성의 입장에서 보면, 조선은 중국혁명의 승리를 위해 큰 공헌을 하였지만 모택동은 승리를 얻은 뒤 조선의 통일과 해방을 위해 전심전력으로 도와주지 않았다. 사실 모택동은 조선이 무력으로 국가를 통일하는 문제에 대해 원칙적으로는 반대하지 않았다. 김일성이 이렇게 하는 것은 바로 중국혁명의 뒤를 잇는 것이었기 때문이다. 그러나 모택동의 계획에 따르면 조선 문제는 중국의 통일 대업(대만 해방, 가능하면 티베트도)을 완성한 후에 다시 해결되어야 하는 문제였다. 그러나 성격이 급한 김일성은 모스크바에 도움을 요청할 수밖에 없었고, 스탈린이 1950년 1월 조선에 대한 정책을 수정했을 때에는 아시아혁명의 주도권이 중공에 떠맡겨졌다. 이 점 또한 모택동을 불쾌하게 하였다.

바로 이 같은 중국에 대한 불만족과 불신임 때문에 김일성은 귀국 후 더 이상 모택동에게 전쟁 준비나 개전과 관련한 어떠한 정보도 통보하지 않았다. 북

---

54) Архив Внешней Политики РоссийскойФедерации(АВПРФ), Хронология основных событий кануна и начального периода корейской войны, январь 1949~октябрь 1950 гг.(непубликована), с.30-31. 그 외 다음을 참조할 것. Goncharov, Lewis and Xue, *Uncertain Partner*, p.145.

조선의 전 고위 군수관의 회고에 따르면, 전쟁 발발 전 소련의 무기들은 중국 철도를 통하여 조선으로 운반되지 않고 모두 바다를 통해 조선으로 들어왔다. 이렇게 한 특별한 목적은 조선의 전쟁 준비 작업을 중국이 알지 못하게 하려는 데 있었다.[55]

전쟁 발발 후 셋째 날이 되어서야 김일성은 무관 한 명을 보내어 전황을 통보하였다. 모택동은 매우 화가 났고 통역인 사철(师哲)에게, "그들은 우리의 이웃인데, 전쟁 발발 문제도 우리와 논의도 없이 겨우 지금에 와서 통보"하였다고 말하였다.[56] 그러나 이러한 정서마저도 모택동의 조선 원조를 위한 출병 주장과 결심까지는 막지 못하였다.

제2절 압록강을 건넌 중국 인민지원군

조선전쟁에 관한 연구 중에 가장 흥미롭고 논란이 많은 부분은 중국의 조선 출병 문제이다. 이 문제에 관한 상세한 역사적 사실에 대해서는 근래 10여 년 간 학자들의 중국과 러시아 당안 연구를 통해 대체적으로 일치된 견해가 형성되었다.[57] 6월 25일 북조선 군대가 38선을 돌파한 때부터 10월 19일 중국 군대가 압록강을 넘을 때까지 3개월 남짓한 짧은 시간 동안(특히 10월 1일부터 19일까지의 보름 남짓한 기간)에, 중국 참전의 전 과정은 기복이 많고 복잡하게 얽혀서 사람의 눈을 어지럽게 하였다. 이 기간 동안의 변화는 사회주의 동맹 내부의 중·소, 중·조, 조·소 간의 미묘한 관계와 각 나라 지도자들의 복잡한 심리 상태를 잘 보여준다.

---

55) 다음을 볼 것. Goncharov, Lewis and Xue, *Uncertain Partner*, pp.153, 163.

56) 다음을 볼 것. 李海文, 「中共中央究竟何时决定志愿军出国作战?」, 『党的文献』 1993年 第5期, 85쪽.

57) 이 문제에 관해 전반적인 연구를 한 논저로는 Торкунов А.В. Загадочная война: корейский конфликт 1950-1953 годов, Москва: Российская политическая энциклопедия, 2000; Chen Jian, *Mao's China and the Cold War*, Chapel Hill & London: The University of North Carolina Press, 2001; 沈志华, 『毛泽东, 斯大林与朝鲜战争』.

1. 중국의 출병을 피하려 애쓴 스탈린

중소동맹조약 체결로 중국과 소련을 분열시키려던 미국의 기도는 좌절되었다. 한편 NSC 제68문건의 등장과 함께 미국의 새로운 냉전전략, 즉 전면적 억제전략이 형성되었다.[58] 따라서 조선전쟁이 발발했을 때 미국의 출병은 피하기 어렵게 되었다.

모택동은 비록 모스크바와 평양의 행동에 큰 불만이 있었지만, 미국이 직접 전쟁에 참가하고 특히 제7함대가 대만 해협을 봉쇄하는 상황에서, 전력을 다해 북조선을 지지하는 방침을 취하였다. 7월 초, 중국 정부는 동북군구 부대 중의 200명의 조선족 출신 간부들을 조선으로 귀환시키는 데 동의하고, 조선족 의료 인력과 운전수, 기술자 등의 귀국을 전면적으로 추진하였다.[59] 6월 하순에서 9월 초까지 동북 외사국을 통해 귀국 수속을 밟은 조선 간부와 군인, 기술 인력은 347명에 이르렀다.[60]

동시에 주은래는 소련의 군용물자를 장춘철도와 중국 영공을 거쳐 조선으로 운송하게 해달라는 소련의 요구에 대해 동의한다고 로신 대사에게 전하였다.[61] 7월 4일 중국 정보총서의 서장 추대붕(邹大鹏)은, 심지어 산동반도의 항구를 통해 북조선 군대를 남한으로 어떻게 수송할 수 있을지, 또한 어떻게 하면 중국의 군사 전문가를 남한 전장에 보내어 조선인민군을 도울지에 대한 구체적 구상을 로신과 협의하기까지 하였다.[62]

[58] NSC68 문건 관련 전반적인 분석은 다음을 볼 것. 周桂银,「美国全球遏制战略: NSC68决策分析」, 沈宗美主编,『理解与沟通: 中美文化研究论文集』, 南京: 南京大学出版社, 1992年, 74-102쪽; Ernest R. May(ed.), *American Cold War Strategy: Interpreting NSC 68*, Boston, New York: Bedford Books of St. Martin's Press, 1993; 张曙光,『美国遏制战略与冷战起源再探』, 上海: 上海外语教育出版社, 2007年, 83-247쪽.

[59]『周恩来年谱(1949-1976)』上卷, 54쪽; АВПРФ, Хронологияосновныхсобытийкануна, с.38.

[60] 중국외교부당안관, 118-00080-03, 67-68쪽.

[61] 中共中央文献研究室, 中央档案馆编,『建国以来周恩来文稿』第3册, 北京: 中央文献出版社, 2008年, 31-32, 60쪽.

[62] 로신과 추대붕 담화 비망록, 1950년 7월 4일, 다음에서 재인용 O.A.Westad, "The Sino-Soviet Alliance and the United States: Wars, Policies, and Perceptions, 1950-1961", The Paper for the International Conference "The Cold War in Asia", January 1996, Hong Kong.

모택동은 분명히 이같이 의외로 앞당겨 발발한 전쟁을 서둘러 종결시켜 중국 경제의 회복을 위한 평화로운 국제 환경을 조성하려 하였다. 모택동은 통일 대업의 계속 완수를 위해 이미 포기했던 대만 진공 전투를 다시 시작할 가능성도 있었다.[63]

중국 지도부는 또한 특히 직접적 군사원조를 조선에 제공하는 문제를 소련에 제기하였다. 7월 2일, 주은래는 로신과의 면담 때 조선의 전황에 대한 중국 측의 예상을 전하였다. 즉, "미국이 조선에 병력을 증원해 남측 항구들에 상륙하고 철도를 따라 북진할 가능성이 있다. 인민군은 신속히 남진하여 이 항구들을 점령하고, 특히 인천지역에 강력한 방어를 구축하여 서울을 보위하고, 미군 육전대가 이곳에 상륙하는 것을 저지해야 한다고 건의해야 한다"는 것이었다.

주은래는 한편으로 미국이 군사적 개입을 할 것이라는 모택동의 여러 차례에 걸친 경고를 조선 지도자가 무시하였다고 원망하면서, 다른 한편으로 만일 미군이 38선을 넘으면 중국은 인민군 제복을 입은 지원군을 조직하여 미군과 싸울 것임을 강조하였다. 주은래는, 현재 동북지역에 3개 군 12만 명의 병력을 이미 집결시켰으며 소련 공군이 엄호를 제공해 줄 것을 희망하였다.[64] 이는 중국이 처음으로 출병 문제를 제기한 내용이다.

당시 인민군의 진격이 매우 순조롭게 진행되고 있었음에도, 미국이 이미 참전을 시작한 상황에서 나타날 수 있는 의외의 상황을 반드시 고려해야만 했다. 이에 스탈린은 즉각 주은래의 건의에 다음과 같이 지지했다. "중국이 중조 국경지대에 9개 사단을 즉각 집결시켜 적이 38선을 넘을 때 조선에서 지원군이 활동할 수 있게 한 것은 정확하다. 우리는 이 부대들에 대한 공중 엄호 제공에 최대한 노력할 것이다."[65] 또 스탈린은 대표단을 조선에 조속히 보내, 연락 및

---

[63] 중앙군사위 7월 13일 결정으로, 대만 공격의 총지휘자 속유(粟裕)가 동북변방군 사령관 겸 정치위원으로 전근됐다. 이것은 당시 중공이 이미 대만 해방 생각을 잠시 접어두었다는 것을 충분히 설명해준다. 『周恩來年谱(1949-1976)』 上卷, 52-53쪽.

[64] АВПРФХ, ронология основных событий кануна, c.35-37. 실제로, 동북변방군 건립을 정식으로 결정한 것은 7월 13일이고, 8월 초순 집결이 완성된 부대는 모두 4개 군 및 3개 포병사단, 총 25만 5천 명이었다. 逄先知, 金沖及 主编, 『毛澤东传(1949-1976)』, 北京: 中央文献出版社, 2003年, 108-109쪽. 또 주은래는 이 생각을 소련 측에 십여 일 앞당겨 미리 알려주고, 중국 지도자의 마음이 다급하고 초조하다고 설명하였다.

문제 해결을 할 것을 중국 측에 촉구하였다.[66]

이때, 조선 주재 중국 대사 예지량(倪志亮)은 병 치료를 위해 중국 국내에 머무르고 있었다. 주은래는 조선 측과 연락을 유지하기 위해 6월 30일, 원래 동독에 파견하기로 돼있던 시군무(柴軍武)(후에 시성문(柴成文)으로 개명)를 정무참사 명의로 조선에 파견하였다. 그가 조선으로 떠나기 직전 주은래는 "현재 조선인민은 투쟁의 제일선에 있으며, 조선 동지들에게 지지를 표시해야 한다. 우리가 할 수 있는 일이 있으면 제기하도록 하고, 우리는 최대한 그들의 요구대로 해야 한다"고 말하였다.[67]

비록 이때 주은래와 스탈린이 정한 중국 군대의 출병 시기는 "미군이 38선을 넘는" 때였지만, 중국의 출병 준비는 일찍부터 시작되었고 북조선을 향해 이러한 뜻을 전달하였다. 7월 12일, 주은래는 김일성에게 미국의 조선에 대한 간섭을 중국은 용인할 수 없으며 중국 정부는 이 전쟁 중에 조선이 필요로 하는 모든 지원을 제공하기 위하여 준비를 하고 있다고 통보하였다. 동시에 중국에 "10만분의 1, 20만분의 1, 50만분의 1의 조선지도 각 500장, 그리고 조선의 최전선 전황을 통보해 줄 것"을 희망하고, "최대한 빨리 조선인민군의 군복 견본을 보내줄 것"을 요청하였다.

이에 김일성은 당연히 이 뜻을 알아차렸다. 김일성은 미군의 참전을 전혀 예상하지 못했을 뿐만 아니라 이는 승리에 대한 김일성의 믿음에 적지 않은 타격을 주었다. 김일성은 즉시 이 상황을 소련 대사에게 알리고 "미국 등의 나라들이 이미 이승만 편에 서서 참전했으니, 체코슬로바키아나 중국 등 민주국가들도 자신의 군대를 이용하여 조선을 도울 수 있을 것"이라고 말하였다. 그러나 슈티코프는 고의적으로 이 문제를 피하였다.[68] 이때 중국은 이미 적극적인 참전 준비를 시작한 것처럼 보였고, 중국 군대의 참전 방식은 과거 모택동의 구상과 같이 조선인민군으로 위장하여 몰래 조선으로 들어가는 것이었다.[69]

65) АПРФ, ф.45, оп.1, д.331, л.79.
66) АПРФ, ф.45, оп.1, д.331, л.82.
67) 『周恩来年谱(1949-1976)』上卷, 51쪽.
68) ЦАМОРФ, ф.5, оп.918795, д.122, л.303-305.

소련의 회피 태도는 조선인들을 다소 불안하게 하였다. 7월 19일, 김일성은 자신의 북경 대표와 모택동 간의 회담 내용을 소련 대사관에 재차 보고하였다. 즉, "모택동은 미국이 장기 참전하여 조선에 더 많은 병력을 투입할 수 있을 것으로 보고 있다. 모택동은 김일성에게 '부대에 적을 향한 공격을 중지하도록 명령하여, 자신의 주력을 보존할 것'을 건의하면서, 조선에 무기와 군용 물자를 제공할 것을 약속하였다. 모택동은 또한 만약 조선이 원하면 중국은 자신의 군대를 조선에 파견할 수 있으며, 이를 위해 4개 군단 32만 명이 이미 준비되어 있고, 8월 10일 전까지 중국 출병의 필요 여부에 관한 김일성의 입장을 알려줄 것도 아울러 요청하였다"는 등의 내용이었다.

김일성이 중국의 출병 문제에 관해 소련 대사에게 스탈린의 의견은 어떠한지 물었을 때, 슈티코프는 "전혀 아는바 없다"라고 대답하였다. 김일성은 이 문제가 스탈린과 논의된 것으로 알고 있어서, 이것이 단지 모택동 자신의 견해에 불과한 것이라고는 생각하지 못하였다고 말하였다. 슈티코프는 이에 전혀 아는 바가 없다고 말하였다. 소련 대사는 전보에서 중국의 출병 문제에 관한 모스크바의 입장을 조속히, 수일 후에 김일성에게 회답할 수 있도록 해 줄 것을 요구하였다.[70]

스탈린은 이에 대해 회신을 하지 않았다. 스탈린은 중국이 자국 군대의 출병 조건을 "적이 38선을 넘을 때"라고 말한 바 있고, 또한 소련의 원조만으로도 김일성이 승리할 수 있는데 왜 중국이 끼어들 필요가 있는지, 그리고 만약 지금 중국이 출병한다면 소련은 조선전쟁의 목표를 실현하기 위해 조선을 어떻게 통제할 수 있겠는가? 라고 생각하였다. 모스크바는 상황이 위급하지 않다면 중국 군대가 전쟁에 개입하는 것을 결코 원치 않았던 것으로 보인다. 몇 차례 탐색을 거친 뒤 김일성 또한 스탈린의 이러한 생각을 알아차렸다.

모스크바의 입장에 영향을 받아 조선 지도자는 중국 대사관에 정보를 봉쇄하는 조치를 취하였다. 시성문의 회고에 따르면, 자신이 평양에 도착한 후에

69) 다음을 볼 것. 슈티코프가 비신스키에게 보낸 전문, 1949년 5월 15일, 『朝鮮戰爭: 俄國檔案館的解密文件』, 187-188쪽.

70) ЦАМОРФ, ф.5, оп.918795, д.122, л.352-355.

김일성은 최고의 예우로 자신을 맞이하며 그에게 "앞으로 무슨 일이 있으면 아무 때나 본인을 찾으라"고 말하고, 인민군 총정치국 부국장 서휘를 지명하여 매일 중국 무관에게 전황을 소개하도록 하였다. 그러나 얼마 지나지 않아 중국 대사관은 서휘가 말한 정황의 절대 대부분이, 조선이 당일 저녁 대외적으로 방송한 전황 보고였음을 알았으며, 시성문 자신도 조선 최고 지도자를 자주 만날 수 없었다. 중국 대사관 부무관을 인민군 군대에 보내 참관 및 학습할 수 있게 해달라는 중국 대사관의 요청에 대해서도 조선 측은 회신을 미루기만 할 뿐 대답이 없었다.

다른 조선 측 인사와의 접촉을 통하여 시성문은 이 전쟁의 군사정보가 기본적으로 중국인에게 "금역"이라는 것을 느꼈고, 과거 어깨를 나란히 하여 싸웠던 "연안파" 간부라 할지라도 엄격한 규제 때문에 전장의 상세한 상황에 관해 언급하는 것을 피하였다.[71] 이와 동시에 중국 군대는 전황 파악을 위해 참모단을 조선에 파견하려 하였지만 이 역시 거절당하였다.[72]

조선의 전황은 8월에 낙동강에서 교착 국면에 빠졌다. 이에 중국 지도자들은 출병 준비에 더욱 박차를 가하였다. 8월 11일, 이미 동북에 집결한 제13병단은 모택동의 지시에 따라 소속 각 군 및 사단 간부회의를 소집하였다. 동북군구 사령관 겸 정치국위원 고강은 회의에서, 출국하여 작전하는 목적과 의의를 충분히 설명하면서 주도적이고 적극적으로 조선인민을 지원해야 한다고 다음과 같이 강조하였다. "조선에 가는 것은 지원군의 이름으로 갈 것이며, 조선 복장을 입고, 조선의 군번을 사용하며, 조선인민군 깃발을 들고 주요 간부는 조선 이름으로 개명한다." 아울러 각 준비사항에 대해 전담자가 모두 책임지고 엄격한 검사를 하며 기한 내에 완수하도록 지시하였다.[73]

---

[71] ЦАМОРФ, ф.5, оп.918795, д.122, л.352-355.

[72] 조선에 참모단을 즉시 파견할 수 없었던 원인에 대해 주은래는 8월 26일 군사회의에서 중국 측 스스로의 고려에서 비롯되었다고 말한 바 있다. 中共中央文献研究室, 中国人民解放军军事科学院编, 『周恩来军事文选』第4卷, 北京: 人民出版社, 1997年, 45-46쪽. 그러나, 이후 그는 소련 대사에게 조선이 동의를 하지 않았기 때문이라고 설명하였다. АВПРФХ, ронология основных событий кануна, с.52-54. 후에 당시 관계자가 이에 관해 직접 증언을 하였다. Goncharov, Lewis and Xue, *Uncertain Partner*, p.163.

8월 19일과 28일 모택동은 중국에서 『모택동선집』 수정과 출판을 돕고 있던 유딘 학술원 원사와 두 차례에 걸쳐 환담을 나누었다. 대화에서 모택동은 특히 만약 미군이 계속 병력을 증원하면 북조선만으로는 대적할 수 없으며 그들은 중국의 직접적 도움을 필요로 할 것이라고 말하였다. 또한 최신 정보에 의하면, 미국은 조선에서 병력을 대규모로 증강시키기로 결정하였다는 점을 거론하며,[74] 중국 지도자는 최악의 상황에 대비해야 한다는 점을 조선 측에 직접 환기시켰다. 모택동이 비록 중국의 출병 문제를 분명하게 제기하지는 않았지만 여기에 숨은 뜻은 쉽게 알 수 있었다.

모택동은 8월과 9월 초 두 차례 조선 대표 이상조를 접견하여 전쟁 상황을 논의하면서, 인민군이 충분한 예비부대를 만들지 않고 모든 전선에 걸쳐 병력을 똑같이 분산 배치하여 적을 섬멸할 생각은 하지 않고 단지 적을 격퇴하여 영토만 탈취하려 한 것에 잘못이 있음을 지적하였다. 모택동은 특히, 인천-서울과 남포-평양과 같은 중요 핵심지역은 적의 기습을 받을 수 있기 때문에 병력을 후퇴시켜 재배치하는 문제를 고려해야 한다고 지적하였다.

유소기 역시 인민들은 전쟁이 시간을 끌어 지구전으로 갈 수 있기 때문에 이에 대한 사상적 준비를 해야 한다고 강조하였다.[75] 9월 초 모택동의 연이은 재촉에 동북변방군 병력 증강 계획은 70만 명으로 늘어났고, 별도의 보충 병력 또한 20만 명으로 증강되었으며 동시에 무기와 장비도 강화되었다.[76] 모택동이 이때 적극적으로 출병을 준비한 것은 주로 군사 방면의 고려, 즉 미국이 기습 행동을 취할 것을 예방하기 위한 것이었다. 어찌되었든 조선전쟁을 조기에 끝내는 것이 모든 면에서 중국에 유리하였다.

김일성은 전황이 점점 불리해지는 상황에서 부득이하게 중국에 도움을 청하

---

73) 고강의 심양 군사회의에서의 담화, 1950년 8월 13일. 다음에서 재인용. 軍事科學院軍事歷史研究部, 『抗美援朝戰爭史』第1卷, 北京: 軍事科學出版社, 2000年, 91-92쪽.

74) АВПРФХ, ронология основных событий кануна, с.45, 47.

75) АВПРФХ ронология основных событий кануна, с.48-49; Chen Jian, *China's Road to the Korean War*, p.273. 이상조의 회고가 이 상황을 증명하였다. 李相朝, 「初次披露朝鮮戰爭眞相」 (일본어판), 櫻井良子采访, 『文藝春秋』第68卷 第5期, 1990年 4月, 171-172쪽.

76) 『建國以來周恩來文稿』第3冊, 247-251쪽.

는 것을 고려하였다. 그러나 그는 이러한 이유로 스탈린에게 죄를 지을 수는 없었기 때문에 반드시 모스크바의 의견을 먼저 구해야만 하였다. 8월 26일 김일성은 소련 대사에게 전화로 자신이 파악한 정보에 따르면 미국인들은 인천과 수원 지역에서 상륙하려 하고 있으며, 조선 측은 필요한 조치를 취해 상술한 지역의 방어를 강화할 것이라고 통보하였다.

그날 저녁, 김일성은 자신의 비서 문일을 통해 슈티코프에게 "인민군의 현재 전선 상황이 너무 힘들기 때문에, 조선은 여전히 중국 동지에게 군대를 파견하여 조선을 지원하도록 요청할 생각이다. 그러나 본인은 이에 대한 모스크바의 견해를 알고 싶으며 이미 수차례에 걸쳐 스탈린에게 편지를 쓰려하였다"는 사실을 상기시켰다. 또한 김일성은 이 문제를 노동당 정치국 회의에서 토론에 부칠 것임을 통보하였다.

문일은 슈티코프가 이 문제에 대해 논의할 생각이 없음을 알자 급히 말을 바꿔, "상술한 문제들은 모두 자신이 지어낸 말이며, 김일성은 결코 이 문제들을 말하라고 한 적이 없다"고 말하였다. 슈티코프는 "최근 들어 김일성은 자신의 힘으로 전쟁에서 승리하는 데 점점 자신감을 잃어가고 있으며, 중공군의 조선 지원을 요청하기 위해 소련 대사관의 동의를 얻으려고 여러 차례 시도하고 있다"라고 보고하였다. 그러나 문일을 통해 소련의 의중을 알아차린 뒤로 김일성은 이 문제를 더 이상 언급하지 않았다.[77]

스탈린의 계산은 김일성이 버틸 수만 있다면, 동아시아 정세가 더욱 복잡해지거나 조선에 대한 통제력을 상실하는 것을 방지할 수 있도록 중국 군대가 조선의 일에 끼어들게 하고 싶지 않았다. 스탈린은 중국이 개입할 경우의 문제 때문에 김일성의 계속된 요구에도 국제원조를 제공해달라는 요구를 분명하게 거절하였다.

8월 28일 전문에서 스탈린은 먼저 김일성에게 "소련공산당 중앙위원회는 외국의 간섭자는 곧 조선에서 쫓겨나갈 것이란 점을 의심하지 않는다"고 말하면서, "외국 간섭자와의 투쟁 중에 연이어 승리를 쟁취하지 않았다고 불안해 할

77) ЦАМОРФ, ф.5, оп.918795, д.127, л.666-669.

필요가 없으며, 승리에는 때때로 좌절과 심지어는 부분적 패배도 수반될 수 있다"고 김일성을 위로하였다. 스탈린은 마지막으로 김일성에게 "만약 필요하다면 우리는 다시 조선에 폭격기와 전투기를 제공할 수 있다"고 강조하였다.[78)

스탈린의 의견을 직접 듣고 난 후 김일성은 "매우 기뻐하며 여러 차례 감사를 표시"하고, "이 편지는 매우 중요하며 정치국 위원들에게 반드시 전달해야 한다"고 거듭 강조하였다. 김일성은 소련 대사에게 "일부 정치국원은 정서적으로 비정상적이며 이 편지의 내용을 이해하는 것이 그들에게 좋을 것"이라고 말하였다.[79) 이후 스탈린의 의도를 완전히 이해한 김일성은 중국에 원조 제공을 요구하는 문제는 다시는 제기하지 않았으며, 모든 희망을 모스크바에 걸었다.

모스크바의 지지와 약속이 있자 조선 지도자는 자신감이 높아진 것처럼 보였다. 중공군의 지원을 받지도 못하고 스스로 철수해서 방어할 여력도 없었으므로 김일성은 남쪽의 전투를 최대한 빨리 끝내기로 결심하였다. 9월 4일 시성문이 김일성에게 전쟁이 이미 교착상태에 처했다고 말하자, 김일성은 매우 자신 있게, 부산 전투는 이미 시작되었고 정예 돌격부대가 투입된 후 교착 국면을 곧 타개할 수 있을 것이라고 말하였다. 시성문이 미군이 후방에 상륙할 가능성이 있는지 물었을 때, 김일성은 자신 있게 "미군이 지금 반격하는 것은 여전히 불가능하다고 예상하며, 비교적 대규모 병력 증원이 없으면, 우리 후방의 항구에 상륙하는 것은 어렵다"고 말하였다.

이와 동시에 김일성의 모험주의적 경향은 더욱 두드러졌다. 시성문은 조선의 지도자는 처음에는 미국의 출병을 고려하지 않고 대략 1개월이면 전쟁이 끝날 것이라고 말했으며, 미군 참전 후에는 "8·15 이전에 문제를 해결할 것이며, 8월은 승리의 달이 될 것"이라는 구호를 제시하였다고 보고하였다. 대규모 기술 인력 동원과 학생 입대 및 인력과 재원의 심각한 낭비 등의 상황에서 보듯이, 조선은 완전히 모든 것을 걸고 최후의 승부를 낼 작정이었다.

78) АПРФ, ф.45, оп.1, д.347, л.5-6, 10-11.
79) АПРФ, ф.45, оп.1, д.347, л.12-13.

9월 10일 시성문이 중국에서 귀국 보고를 마친 뒤 다시 평양으로 돌아왔다. 그는 주은래의 지시에 따라 김일성에게 조선 군대가 전략적 후퇴를 고려할 것을 긴급히 제안하였다. 김일성의 대답은 "나는 전혀 후퇴를 고려하지 않는다"는 것이었다.[80]

이 문제에 관해 필자는 1996년에 중공 중앙 문헌연구실과 중앙 당안관의 책임자와 얘기를 나눴을 때 다음과 같은 말을 들었다. "모택동의 1950년 10월 2일 전문의 첫 시작 부분 일부분(출판 시 삭제됨)은 주로 김일성이 자신의 권고를 듣지 않고 무모하게 남진하는 것에 대한 원망이었다."

후에 필자는 기밀 해제된 러시아 당안 중에서 이와 관련되는 증거를 또다시 찾아냈다. 1956년 10월 5일, 소련 주재 조선 대사 이상조는 소련 외무차관 페도렌코에게 의뢰해 자신이 조선노동당 중앙위원회에 보내는 공개서한을 소련공산당 중앙위원회에 전달하였다. 편지는 다음과 같은 내용을 밝히고 있다.

조선전쟁이 시작된 지 얼마 지나지 않아 이상조는 김일성의 개인 대표로 북경에 왔다. 조선인민군이 낙동강 전선까지 치고 내려갔을 때인 8월, "모택동은 한 차례의 장시간 대화 중에 인민군이 적에게 퇴로가 막힐 위험에 직면하고 있으며, 조선 지도자는 마땅히 전략적 후퇴를 하여 전진을 위한 일보 후퇴를 할 것을 제안"하였다. 이상조는 김일성에게 모택동과의 대화 내용을 상세히 보고하였으나, 김일성은 모택동의 건의를 묵살하고 이상조에게 이 상황을 외부에 전하지 말라고 경고하였다는 내용이다.[81]

김일성은 내심으로는 당연히 중국의 즉각적인 지원을 얻기를 희망했지만, 그는 반드시 모스크바의 말과 계획을 따라야만 하였다. 왜냐하면 조선의 진정한 빅보스는 스탈린이었기 때문이었다. 만부득이한 경우가 아니면, 조선은 주도적으로 이 문제를 다시 제기할 수 없었던 것을 보여준다.

---

[80] 필자의 시성문 인터뷰 기록. 이상조의 회고도 당시 김일성의 거절과 철수를 증명한다. 李相朝, 「初次披露朝鮮战争真相」, 『文艺春秋』第68卷 第5期, 1990年 4月, 171-172쪽.

[81] РГАНИ, ф.5, оп.28, д.410, л.233-295.

2. 국제부대 조직을 요구한 김일성

9월 15일 미군이 인천 상륙작전에 성공하자 전세가 역전되어 중대한 변화가 일어났다. 중국 지도자는 조선 파병이 이미 불가피하다고 느꼈다. 9월 18일 주은래가 로신과 소련 군사고문을 만났을 때, 조선이 군사 문제에 관해 중국에 제공하는 정보가 매우 적어 군사기술 간부들을 조선에 보내 전장의 형세를 관찰할 수 있도록 요청하였지만, 지금까지 평양으로부터 어떠한 답변도 얻지 못하였다고 불만스럽게 말하였다.

주은래는 조선 정부의 공식 발표에 근거하여 만일 예비부대(약 10만 명)가 충분치 않다면 조선의 주력부대는 북으로 철수해야 한다고 건의하였다. 주은래는 의도적으로, "현재 서방국가들은 시간이 충분치 않고 대규모의 전쟁 준비가 되어 있지 않기 때문에 중국과 소련이 조선의 군사 충돌에 참여하는 것을 매우 우려하고 있다. 우리는 이러한 공포 심리를 이용하여 우리의 의도를 실현할 수 있는 절차들을 밟아가야 한다. 이런 점에서, 중국 군대가 남방에서 동북으로 이동하는 것만으로도, 영국과 미국 정부를 충분히 불안하게 할 수 있다"고 주장하였다.

마지막으로 주은래는 이런 의견을 하루 빨리 소련 정부에 전달하고 회답해 줄 것을 요청하였다.[82] 9월 20일, 모스크바는 "조선이 군사정보를 적시에 제공하지 않은 것은 잘못된 것이며 그 원인은 그들이 젊고 경험이 없기 때문이다"라고 회신하였다. 동시에 중국의 건의에 대해 소련은 즉시 인민군 주력을 북쪽으로 철수시켜 서울 방어선을 구축하는 데 동의하였다. 그러나 주은래가 제기한 중국 출병의 문제에 관해 스탈린은 어떠한 반응도 하지 않았다.[83]

주은래는 이에 대한 회신에서, 김일성이 병력을 집중하여 38선을 확보하고 자력갱생과 장기전의 방침을 견지할 것만을 건의하였다.[84] 9월 21일 유소기는 또 다시 로신 대사에게 중국의 지도자들은 만약 조선에서 미국이 우세를 점한

[82] АПРФ, ф.45, оп.1, д.331, л.123-126, Торкунов Загадочная война, с.106-108.

[83] 그로미코가 로신에게 보낸 전문, 1950년 9월 20일, 『朝鮮戰爭: 俄國檔案館的解密文件』, 542-545쪽.

[84] 『建國以來周恩來文稿』第3冊, 311-312쪽.

다면 "중국은 조선 동지를 도울 의무가 있다"고 말하였다.[85]

시점으로 볼 때, 미군의 인천 상륙 이전에 중국이 출병을 요구한 것이 신속한 승리를 거두고 전쟁을 종결시키기 위한 것이었다면, 이때의 출병 요구는 분명히 조선 북부에 침략을 받지 않도록 보호하여 주변의 안전을 확보하는 것에 있다고 할 수 있다. 군사적 측면에서 고찰해보면 이렇게 하는 것도 가능한 일이었다.

주은래는 모스크바에 중국의 출병 문제를 제기함과 동시에 조선의 견해를 직접 물었다. 9월 19일 주은래는 이주연 조선 대사를 불러 그에게 전날 로신과 나누었던 대화 내용을 설명하고, 미군의 인천 상륙 후 "조선 정부는 다음에 중국 정부에 어떠한 요구를 할 것인지"에 관해 질문하였다.[86]

다음 날, 김일성은 주은래와의 대화 내용을 소련 대사에게 전달하면서 만약 적이 후방에 상륙하면 중국은 자기의 군대로 조선을 돕겠다는 약속이 조중 간에 있었다고 설명하였다. 이어 김일성은 슈티코프에게 중국에 어떻게 답해야 할지에 관해 물었다.

"드릴 말씀이 없다"는 소련 대사의 외교적 발언 후에 김일성은 곧장 "중국군은 매우 우수할 뿐만 아니라 작전 경험도 있지만, 미국의 비행기가 대량으로 쉴 새 없이 폭격하는 상황하에서 그들의 승리를 장담하기 어렵다"고 말하였다. 배석한 조선의 지도자들은 모두 "만약 중국 군대가 조선전쟁에 참전하더라도 공중 엄호를 제공할 공군이 없다면 전투는 여전히 매우 힘들어 질 것"이라고 이구동성으로 말하였다. 오직 외무상 박헌영만이 명확한 말로 중국의 참전을 희망하였다. 슈티코프는 모스크바의 지시를 받지 않은 상태였기 때문에 "이 문제에 대해 답변을 회피하였다."[87]

9월 21일, 조선노동당 정치국회의가 소집되어 주은래의 제안에 어떻게 회신할지에 관해 토론하였다. 박헌영, 김두봉 및 박일우는 모두 조선의 힘만으로는 미국을 이길 수 없음이 분명해진 이상, 중국 정부에 파병을 요청해야 한다고

---

85) АПРФ, ф.45, оп.1, д.331, л.133-135, Торкунов Загадочная война, с.109-111.

86) АПРФ, ф.45, оп.1, д.331, л.131, Торкунов Загадочная война, с.109.

87) ЦАМОРФ, ф.5, оп.918795, д.125, л.86-88.

주장하였다. 그러나 김일성은 "우리가 요구한 무기를 소련이 모두 주었다. 우리가 무슨 근거로 중국에 도움을 요청할 수 있겠는가?"라고 말하였다. 김일성은 "소련과 중국 모두 미국이 조선을 완전히 점령하도록 내버려 두지는 않을 것"이라고 믿었다. 마지막에 김일성은 "당분간 중국 정부에 도움을 요청하는 결의안을 통과시키지 말고, 먼저 스탈린 동지에게 편지를 보내 중국 군대의 지원 요청에 관해 자문을 구하도록 할 것"을 제안하였다. 김일성은 "만약 소련에 물어보지도 않고 우리 마음대로 중국 군대의 도움을 요청한다면 소련이 자신들의 군사고문과 무기 제공이 충분치 않은 것이냐며 원망할 수 있다"고 강조하였다. 또한 김일성은 만약 조선이 신속히 새로운 부대를 창설할 경우, 중국인들의 도움을 반드시 구할 필요가 없다고 말하였다. 회의에서는 어떠한 결의안도 통과되지 않았다.[88] 조선의 입장에서는 북경과 모스크바 중에 누가 더 중요한지 매우 분명하였다.

그러나 전황은 계속 악화되었다. 9월 26일 스탈린 특사 마트베예프는 미국 공군이 절대적인 제공권을 장악하여 인민군의 전선과 후방에 무차별 폭격을 하고 있으며 미 육군부대가 신속히 진격하여 인민군은 이미 포위되었다고 보고하였다. 인민군 부대는 "거의 모든 탱크와 수많은 대포를 잃었으며, 현재 매우 힘겨운 방어전을 벌이고 있다. 부대는 탄약과 연료가 부족하며, 보급은 거의 이루어지고 있지 않다. 위로부터 아래까지 부대 지휘 조직이 모두 무너졌고, 통신 역시 보장되지 않고 있다"고 보고하였다.[89]

초조하고 불안해진 스탈린은 조선 군대와 소련 고문들을 크게 질책하였다. 9월 27일 전문에서, 스탈린은 조선의 "전선사령부, 집단군사령부 및 각 부대의 지휘 구성원들은 특히 전술 분야에서 심각한 과오를 범하였다"고 책망했고, 소련 "군사고문 또한 이 잘못에 더 큰 책임이 있으며", 그들의 탱크 전술 운용상에서의 "어리석음"과 정보공작의 "무지함"을 질책하였다. 스탈린은 만약 "주요 전선에서 4개 사단을 서울로 철수시키라는 소련 최고사령부의 명령이 정확히

88) ЦАМОРФ, ф.5, оп.918795, д.125, л.89-91.
89) АПРФ, ф.3, оп.65, д.827, л.103-106.

적시에 이행되었다면, 서울 일대의 전세를 근본적으로 바꿀 수 있었을 것"이라고 생각하였다.[90]

10월 1일 전문에서도 스탈린은 슈티코프 대사가 조선 지도자에게 소련의 의견과 제안을 적시에 제공하지 않아 "조선 지도자들의 마음이 계속 흔들리도록 조장하였다"고 책망하였다. 또한 마트베예프 역시 "지금까지 조선의 정세에 대한 자신의 평가를 모스크바에 보낸 적이 없으며, 현 정세에서 필요한 자신의 생각과 의견도 제시한 적이 없었다"고 질책하고, 이로 인해 모스크바의 결정이 방해를 받았고, 결국 "조선 지도자들로 하여금 38선과 그 이북 지역의 공화국을 보위할 어떠한 계획도 세우지 못하게 하고, 남조선에서 부대를 철수시킬 계획도 세우지 못하게 하였다"고 꾸짖었다.[91]

그러나 질책과 원망은 아무런 도움이 되지 않았다. 그래도 조선인들이 비교적 현실적이었다. 그들은 중국에 출병을 요청하는 문제를 재차 고려할 수밖에 없었다. 단지 이 문제를 제기하는 방식에서 적지 않은 고민을 하였다.

9월 28일 조선노동당 정치국은 회의를 개최하고 토론을 거쳐, 스탈린에게 편지를 보내 소련 공군의 지원을 요구하기로 결정하였다. 동시에 그들은 또한 모택동에도 편지를 보내 지원 요구를 암시하도록 하였다. 9월 29일 슈티코프는 김일성의 요청으로 김일성을 만났다.

대화 중, 김일성은 전선의 군대 상황을 간단하게 소개하였다. 그 내용은 "기율이 해이해져 명령에 복종하지 않고 있으며, 적은 이미 인민군 2개 군단 간의 연락을 끊었다. 평양과 서울에서 작전을 지휘하는 최용건 민족보위상과의 사이에도 역시 연락이 오래 전부터 두절되었다. 후방에 15개 사단의 새로운 부대 조직 계획은 아직 실현되지 않았으며, 만일 이때 적이 38선을 돌파하면 효과적인 저항을 할 수 없다"고 슈티코프 대사에게 설명하였다.

잠시 후, 김일성은 조선노동당정치국의 결정 사항을 통보하고 스탈린에게 보내는 편지를 어떻게 써야 할지 슈티코프가 말해주길 희망하였다. 슈티코프

---

90) АПРФ, ф.3, оп.65, д.827, л.90-93.

91) 스탈린이 슈티코프와 마트베예프에게 보낸 전문, 1950년 10월 1일, 『朝鮮战争: 俄国档案馆的解密文件』, 573-574쪽.

는 또다시 침묵하였다.

다음날 모스크바에 보내는 전문에서 슈티코프는 최근에 새롭게 진전된 정세에 관해 이러한 요지로 보고하였다. "서울은 이미 함락되었고, 38선에서는 효과적인 저항을 조직할 수 없으며, 정치적 상황 또한 복잡해지기 시작하여, 북조선의 반동세력들이 이미 준동을 시작하였다. 반면에 김일성과 박헌영은 초조하고 불안해하며, 목전의 형세에 대해 당황하고 자신감이 결여되었다"는 내용이었다. 9월 30일 저녁, 슈티코프 대사는 김일성이 스탈린에게 지원을 요청하는 편지를 소련 정부에 보냈다.[92]

정교하게 쓰여진 이 편지에서, 김일성과 박헌영은 처음으로 "위험한 상황이 이미 출현하였다"고 인정하였다. 그들은 미국 공군의 절대적 우세는 인민군의 모든 유효한 군사행동을 파괴하고, "우리 측 인원과 물자에 거대한 손실을 초래하였으며", 통신은 두절되고 보급은 붕괴돼 남쪽에 있는 각 부대가 모두 포위되어 고립무원의 상태에 처해있고, "서울의 함락은 이미 불가피하다"고 설명하였다. 그들은 "독립, 민주와 인민의 행복을 위해 최후의 피 한 방울까지 흘려 싸워야 한다"는 결의를 표시한 후, 스탈린에게 "특별한 도움", 즉 "적이 38선 이북으로 진격해 오는 지금, 우리는 소련으로부터의 직접적인 군사원조가 절실히 필요하다"고 지원을 "간청"하였다.

김일성은 이 말이 소용없다는 것을 알고 있었지만 하지 않을 수도 없었다. 뒤이어 그가 진정으로 하고 싶은 말이 이어졌다. "만일 어떤 이유로 이렇게 하는 것이 불가능할 경우, 중국과 기타 인민민주주의 국가에서 국제적인 지원부대를 조직하여 우리의 투쟁에 군사적 원조를 제공하도록 도와줄 것을 요청"하겠다는 것이었다.[93] 편지에 쓴 문구에서 알 수 있듯이, 김일성은 이때 출병할 수 있는 나라는 중국이 유일하다는 것을 명백히 알고 있었지만 김일성은 중국에 대한 직접적인 출병 요청을 최대한 피하려고 하였다.

스탈린은 김일성에게 직접 회신하지 않고 10월 1일 조선 주재 소련 대사와

92) АПРФ, ф.45, оп.1, д.347, л.46-49, л.41-45.

93) АПРФ, ф.45, оп.1, д.347, л.41-45.

군사대표, 그리고 모택동에게 각각 두 통의 전보를 보냈다.

평양에 보낸 전보에서 스탈린은 직접 군사원조를 제공하는 문제에 관해 "보다 더 가능한 형식은 인민지원군을 조직하는 것이다. 이는 중국 동지들과 먼저 논의해야 한다"고 말했다. 그러나 스탈린 자신도 중국과의 논의 결과에 대해서는 확신이 없었기 때문에 스탈린이 반복해서 강조했던 것은 북조선은 스스로 방어할 능력이 있다는 점이었다.

"조선의 방어 구축 능력을 낮게 평가해서는 안 된다. 북조선은 동원을 극대화할 수 있는 잠재력과 자원이 있고, 북조선이 38선과 그 이북 지역에서 저항을 할 수 없다는 관점은 잘못된 것이라고 우리는 생각한다. 조선 정부는 충분한 역량이 있으며 필요한 것은 모든 역량을 조직하고 최선을 다해 전투를 진행하는 것"이라고 말하였다.

북경에 보낸 전보에서, 스탈린은 매우 공손하지만 타협을 허용치 않는 어조로 중국에 요구를 제기하였다.

"나는 지금 모스크바로부터 매우 먼 곳에서 휴가를 보내고 있어 조선의 정세에 대해 잘 알지 못한다. 그러나 오늘 모스크바로부터 받은 보고에 의하면 조선 동지들이 이미 곤경에 처한 것으로 보인다"고 조선 상황을 간단히 설명한 후, "현 정세를 고려하여 중국이 조선인들을 위해 원조 부대를 제공할 수 있다면, 5~6개 사단이라도 좋으니 즉시 38선으로 출동시켜 귀 부대의 엄호 아래 38선 이북에서 조선 동지들이 예비 역량을 조직하도록 해야 한다. 중국 부대는 지원군 신분으로 참전할 수 있으며 당연히 중국 지휘관이 지휘하여야 한다"고 덧붙였다.

물론, 스탈린은 조선이 과거 소련에 같은 요구를 하였으나 소련이 이를 거절하였다는 것을 모택동이 아는 것을 원치 않았다. 따라서 그는 전문 말미에 미스터리한 말을 하였다. "우리는 조선 동지에게 이 일을 말하지 않았으며 말하지 않을 계획이다. 그러나 그들이 이 일을 알고 나면 매우 기뻐할 것을 의심치 않는다."[94]

---

94) 스탈린이 슈티코프와 마트베예프에게 보낸 전문, 1950년 10월 1일, 『朝鮮战争: 俄国档案馆的解密文件』, 573-574쪽; АПРФ, ф.45, оп.1, д.334, л.97-98.

94) 스탈린이 슈티코프와 마트베예프에게 보낸 전문, 1950년 10월 1일, 『朝鮮战争: 俄国档案馆的解密文件』, 573-574쪽; АПРФ, ф.45, оп.1, д.334, л.97-98.

120

• [1950년 10월 1일 (원문에 없음)] 모택동에게 중국 군대의 조선 파병을 건의하는 스탈린의 전보(좌). 김일성이 모택동에게 보낸 서신(우).

이렇게 상황은 한 단계 더 발전해, 직접 조선에 군사원조를 제공할 책임이 모택동의 어깨에 지워졌다.

3. 조선 출병과 원조를 결심한 모택동

군사적 관점에서 보면 1950년 10월 이전 중국 군대에게는 출병에 유리한 기회가 두 차례나 있었다. 조선인민군이 남쪽을 향해 진격할 때 중국 지도부는 미군이 후방 기습 전술을 취할 가능성을 정확히 예측하고 출병하여 조선을 지원하려 힘썼다. 만약 이때 스탈린이 중국 출병을 허락하여 조선반도 중부의 동서 해안선에 몇 개 군단을 배치하였다면 인천 상륙은 절대로 성공할 가능성이 없었다.

미군이 인천 상륙작전 성공 이후 조선인민군이 북쪽으로 패퇴를 시작했을 때 중국 지도자는 또 다시 출병을 주도적으로 요구하였다. 이때는 미국이 38선을 넘어 북조선을 공격할지 여부를 여전히 머뭇거리고 있던 시기였다. 물론 유리한 전세 때문에 백악관은 적극적으로 북진하여 38선 돌파를 주장하는 맥아더의 주장을 받아들였지만, 9월 27일 참모장 연석회의 명령은 전방부대의 행동에 조건을 달았다. 즉, 만약 북조선 지역에 소련 혹은 중국 군대가 출현하거나 소련 혹은 중국이 출병 준비 성명을 발표할 경우 미 지상군은 군사행동을 멈추어야 한다는 것이었다.[95]

만약 이때 스탈린이 중국 출병에 동의하여 38선 부근에 중국군 몇 개 군단이 배치되어 있었다면, 미군은 38선에서 진격을 멈추었을 가능성이 높다. 그러나 이 두 번의 기회를 모두 놓쳤다. 스탈린이 중국에 출병을 요청했을 때 유엔군은 이미 38선을 넘기 시작했고, 조선은 이에 저항할 여력이 전혀 없었다. 중국 출병에 유리한 모든 군사적 조건은 더 이상 존재하지 않았다. 바로 이러한 판단 때문에 맥아더는 이후 중국군은 절대로 북조선에 나타날 수 없을 것이라고 트루먼에게 장담하였다.[96]

스탈린의 전보를 받은 후 모택동의 첫 번째 반응은 오랫동안 준비한 중국 군대에게 즉각적인 출정을 명령하는 것이었다. 모택동은 10월 2일 기초한 회신 초안에서 "우리는 지원군의 이름으로 일부 군대를 조선에 파견하여 미국 및 그 주구 이승만 군대와 작전을 벌여 조선 동지들을 원조하기로 결정하였다"고 밝혔다.

모택동이 밝힌 구체적 배치는 다음과 같았다. "전에 남만주로 이동한 12개 사단은 10월 15일 출동하고, 북조선의 적당한 지역(꼭 38선일 필요는 없지만)에 배치하여, 한편으로 38선 이북으로 진격하는 적과 전투를 벌이되, 초기에는 방어전만을 벌여 적의 소규모 부대를 섬멸시키고 동시에 각 방면의 현황을 확실하게 파악한다. 또 한편으로 소련 무기의 도착을 기다리고

---

[95] JCS message 92801 sent to MacArthur, 27 September 1950, Harry S. Truman Papers, Staff Member and Korean War Files, Box 13, Truman Library. 중국어 번역서는 다음을 참조할 것. 迪安·艾奇逊, 『艾奇逊回忆录』, 上海 『国际问题资料』 编辑组等译, 上海: 上海译文出版社, 1978年, 307-308쪽.

[96] 1950년 10월 15일 트루먼과 맥아더의 웨이크섬 회담 내용에 관해서는 다음을 참조할 것. Papers of DA, Memoranda of Conversation, Box 67, Truman Library.

아군의 무장을 완료한 뒤 조선 동지와 함께 반격을 시작하여 미 침략군을 섬멸한다."

또한 전보로 소련 공군의 지원 문제를 간접적으로 제기하면서 대량의 무기와 장비를 공급해 줄 것을 소련에 직접적으로 요구하기로 하였다.[97] 그러나 이 전보는 중국 지도층 내부의 의견이 엇갈려 스탈린에게 발송되지 않았다.

10월 1일 스탈린의 중국 출병 요구 전보를 받은 뒤 모택동은 밤을 새워 중앙서기처 긴급회의를 소집하고 조선의 정세와 대책을 논의하였다. 회의에는 모택동과 주덕, 유소기 및 주은래가 참석하였다(임필시는 병으로 참석하지 못하였다). 회의에서는 출병 여부를 놓고 의견이 나뉘었지만 주은래의 지지로 모택동의 출병 의견이 우세하였다. 회의는 다음날 북경에 주재하고 있는 고위 군사 지휘관이 참가하는 중앙서기처 확대회의를 소집하여 이 문제를 다시 논의하기로 결정하였다.[98]

회의 후 모택동은 고강에게 급히 전보를 보내 북경으로 올 것과 동시에 동북 변방군이 언제든지 출동할 수 있도록 준비할 것을 명령하였다.[99] 바로 이러한 상황에서 모택동은 10월 2일부터 출병에 동의하는 전보의 초안을 기초하였다. 하지만 그날 오후 개최된 중앙서기처 확대회의에서 출병 주장은 다수로부터 질의를 받았다. 모택동은 회의 참석자들에게 각자의 생각과 조선 출병의 조건, 특히 출병에 불리한 조건들을 열거할 것을 요청하였다. 그 결과 대다수는 조선 출병 문제는 신중하게 처리해야 한다고 주장하였다. 회의는 4일 재차 정치국 확대회의를 개최하여 토론하기로 결정하였다.

모택동은 주은래에게 전용기를 급히 서안으로 보내 팽덕회에게 북경으로 와

---

97) 『建国以来毛泽东文稿』 第1册, 539-540쪽. 〈문고〉 편집인은 필자에게 원본은 전문 뒤에 소련에게 제공을 요청한 무기 목록이 첨부돼있다고 얘기해줬다. 분량이 너무 많아 〈문고〉 편집 때 수록하지 않았다.

98) Chen Jian, *China's Road to the Korean War*, p.173. 진겸은 이 책을 쓰는 과정에 중국 쪽 당사자와 관련자들에 대한 인터뷰를 많이 하였다. 상술한 상황은 군 인사의 인터뷰를 통해 얻은 것이다. 필자가 다른 경로를 통해 이해한 상황이 진겸의 말을 입증해준다.

99) 『建国以来毛泽东文稿』 第1册, 538쪽.

서 회의에 참석할 것을 요구하였다.[100] 그리고 모택동은 10월 2일 저녁 소련 대사 로신을 초치하여 "당분간 출병치 않을 것임"을 통보하였다. 여기에서 모택동은 다음과 같이 말하였다.

"우리는 원래 적이 38선 이북으로 진격할 때 몇 개 사단의 지원군을 북조선으로 보내 조선 동지들을 지원할 계획이었다. 그러나 신중히 검토한 결과 우리가 지금 이러한 행동을 취할 경우 더욱 엄중한 후과를 초래할 수 있다."

대화 중에 모택동은 몇 가지 이유를 다음과 같이 들었다. 무기 장비가 너무 낙후하여 승리의 확신이 없다는 점, 중국의 참전은 중미 간의 충돌로 이어져 소련까지 전쟁에 끌어들일 수 있다는 점, 그리고 인민에게는 평화가 필요하고 경제는 회복을 필요로 한다는 점 등이었다.

그러나 모택동은 이것이 최종 결정이 아니고 중공 중앙은 회의를 개최하여 계속 토론할 예정이며, 동시에 주은래와 임표를 소련에 파견하여 스탈린과 직접 이 문제를 논의하고자 한다고 말하였다. 모택동이 "중공 중앙의 많은 동지들이 이에 대해 신중할 필요가 있다고 생각한다"는 표현을 쓴 것으로 볼 때, 그 자신은 여전히 출병을 주장한다는 사실을 스탈린이 알아주기를 희망한 것으로 보인다. 그러나 로신은 모택동의 입장을 전하는 전보에서 "중국 지도자는 조선 문제에 대한 최초의 입장을 바꾸었다"고 판단하였다.[101]

이때 김일성의 특사가 북경에 도착하였다. 조선 내무상 박일우는 김일성과 박헌영의 지원 요청 편지를 휴대하고 10월 2일 심양에 도착한 뒤 이튿날 비행기로 북경에 도착하였다.[102] 모택동은 박일우와 두 차례 총 10시간의 대화를 나누었다. 모택동은 중국은 전력을 다해 조선을 도울 수 있지만 군대만은 파견할 수 없다고 말하였다.

---

100) 다음을 참조할 것. 王焰等编,『彭德怀传』, 北京: 当代中国出版社, 1993年, 400쪽; 苏维民,「杨尚昆谈抗美援朝战争」,『百年潮』2009年 第4期, 11쪽; 雷英夫,『在最高统帅部当参谋—雷英夫 将军回忆录』, 南昌: 百花洲文艺出版社, 1997年, 156-157쪽.

101) АПРФ, ф.45, оп.1, д.334, л.105-106.

102) 『建国以来周恩来文稿』第3册, 380쪽.

그는 그 이유로 다음과 같이 설명하였다. "중국의 출병은 소련을 이 전쟁으로 끌어들일 수 있다. 중국의 참전은 제3차 세계대전으로 비화될 수 있다. 중국 군대는 수는 많지만 현대화된 무기 및 장비가 없을 뿐 아니라, 더욱이 공군과 해군이 없다"는 등의 이유였다. 다만 모택동은 중국 동북을 근거지로 하여 유격전을 전개할 수 있을 것이라고 조선인들에게 제안하였다.

박일우는 조선으로 돌아간 후 10월 6일 조선노동당 정치국회의에서 중국 측의 의견을 보고하였다. 그날 회의에서는 다음과 같은 결정이 내려졌다. "외부의 무력 지원이 없는 상황에서 한편으로 산악지역에서 유격전을 계속 유지하고, 다른 한편으로는 중국에서 새로운 군단을 조직하여 후일의 공격을 준비하도록 한다"는 것이었다.

그러나 평양은 박일우가 전한 상황을 소련에 전혀 통보하지 않았다. 김일성는 단지 자신의 개인 비서 문일을 소련 대사에게 보내 "조선은 이미 전쟁에서 패했고 만약 외부의 원조가 없을 경우 조선 전체를 잃을 것"이라고 전하였다. 아울러 "남은 길은 오직 하나, 산속으로 들어가서 유격전을 하는 것이며, 동시에 새 부대를 조직하여 후일 반격에 대비하는 것"이라고 전하면서, 소련이 조선을 위해 "1,500명의 조종사와 기타 전문 장교를 양성해줄 것"을 희망하였다.[103]

그런데 미국 군대가 38선을 넘지 않는다면 중국 역시 이 곤란한 선택을 할 필요가 당연히 없었다. 따라서 주은래는 10월 3일 새벽 중국 주재 인도 대사 파니카(K. M. Panikkar)를 급히 불러, 인도를 통해 "만일 미국(한국이 아니라) 군대가 38선을 넘으면 중국은 "개입할 것"이라는 경고를 미국에 전달하기를 희망하였다.[104]

10월 4일 중남해에서 열린 중공 정치국 확대회의에서는 여전히 참석자들의 의견이 나뉘었다. 많은 사람들이 출병을 반대하였고 출병에 따르는 갖가지 어려움을 열거하였다. 회의 전반기에는 주로 "만부득이한 경우가 아니면 이 전쟁

103) ЦАМОРФ, ф.5, оп.918795, д.121, л.705-706; ЦАМОРФ, ф.5, оп.918795, д.124, л.89-90.
104) 中共中央文献研究室编, 『周恩来外交文选』, 北京: 中央文献出版社, 1990年, 25-27쪽.

은 하지 않는 것이 가장 좋다"는 주장이 주를 이루었다.[105]

다음날인 10월 5일 오후 팽덕회는 모택동과 사적으로 대화를 나눈 후 회의에 참석하여 열변을 토하였고 그 영향은 매우 컸다.[106] 양상곤의 회고에 따르면 팽덕회의 발언이 있은 후 모택동은 참석자들을 더욱 설득시키기 위해 중·소·조 3국을 세 마리의 말이 이끄는 마차에 비유하였다. "세 마리 말이 끌고 있는 수레에서 두 마리 말이 앞으로 달리고자 하는데 무슨 방법이 있겠는가?"라며 참전의 필요성을 설명하였다. 바로 이때, 사철(师哲)이 소련공산당 중앙위원회 대표 코발레프와 함께 모택동을 찾아왔다.

모택동은 풍택원(丰泽园)에서 이들 소련 방문객을 접견한 뒤 다시 회의장으로 돌아와 말했다. "자 다들 보십시오. 아니나 다를까, 그 말 두 필(소련과 조선)은 꼭 마차를 끌어야 한다는데, 우리만 마차를 끌지 않으면 어떻게 되겠습니까?"라고 말하였다. 회의는 즉시 출병을 결정하였다.[107] 회의 후 모택동은 팽덕회에게 "10일의 준비 시간을 줄 것이며 출병 예정 시각은 10월 15일"이라고 말하였다.[108]

이렇게 중국에서 회의가 진행되던 기간(10월 5일) 스탈린은 모택동에게 보내는 전보를 기초하고 있었다. 대강의 내용은 "중국이 출병하여 조선을 원조하는 것은 조선이 중국을 반대하는 미국과 일본의 군사기지가 되는 것을 방지하기 위함이며, 따라서 이는 우선 중국과 밀접한 이해관계가 있다는 것"이었다. 또, 지금이 중국 출병의 적기인 이유는 "미국은 전쟁 준비가 안 되어 있고 일본도 원기가 회복되지 않았으며, 독일 역시 쇠락하여 유럽의 기타 자본주의 국가들도 군사적 역량이 별로 없기 때문에, 중국과 소련이 연합해 그들과 '진검승부

---

105) 师哲回忆,『在历史巨人身边』, 494-495쪽; 王焰等编,『彭德怀传』, 401-402쪽; 聂荣臻,『聂荣臻 回忆录』, 北京: 解放军出版社, 1982年, 585-586쪽. 이 밖에 팽덕회의 10월 14일 항미원조 동원대회에서 한 강연을 참고할 것. 彭德怀传记编写组,『彭德怀军事文选』, 北京: 中央文献出版社, 1988年, 320-321쪽.

106) 王焰等编,『彭德怀传』, 401-403쪽.

107) 苏维民,「杨尚昆谈抗美援朝战争」,『百年潮』2009年 第4期, 12쪽;『杨尚昆谈新中国若干 历史问题』, 成都: 四川人民出版社, 2010年, 28쪽.

108) 彭德怀,『彭德怀自述』, 北京: 人民出版社, 1981年, 258쪽; 王焰等编,『彭德怀传』, 403쪽.

를 벌인다면 미국은 양보할 것이고, 그렇게 되면 조선 문제의 해결뿐만 아니라 미국은 대만도 포기할 수밖에 없게 될 것"이라고 주장하였다.[109]

그러나 10월 6일 밤 로신 대사가 모택동에게 스탈린의 전보를 전달했을 때 중국은 이미 출병을 결정한 후였다. 모택동은 마침 이 기회를 이용하여 소련에 무기 및 장비와 공군 제공 문제를 제기하였다. 로신은 "모택동이 스탈린의 국제정세와 향후 발전 예상에 대한 분석에 완전히 동의하였으며, 중국이 소련과 공동으로 미국에 대해 투쟁을 전개하는 것에 매우 흥분하였다"고 보고하였다. 모택동 역시 지금 미국과 전쟁을 시작해야 하지만, 섣불리 조선에 출동해 작전하는 것은 적절치 않다며 미군을 북조선에 분산시킨 후 그들을 각개 격파해야 한다고 주장하였다.

이 밖에도 중국으로선 준비가 필요하였다. 중공군의 무기와 장비는 매우 낙후하였다. 탱크도 없고 대포도 부족할 뿐 아니라 기타 기술 병과의 전문 인력과 운송수단 역시 매우 부족하였다. 가장 심각한 문제는 중국에 공군이 없다는 것으로, 중국의 대도시와 공업 중심 지역을 보호할 수 없을 뿐만 아니라, 조선으로 들어가는 지상군 부대에 공중 엄호를 제공할 방법도 없었다. 이런 상황에서 참전하였다가 미국이 중국에 공중 폭격을 할 경우 중국 국내는 혼란에 빠질 것이 분명하였다. 또한 중국은 당장 필요한 무기와 탄약을 구매할 자금도 없었다. 이 모든 것에 소련의 도움이 필요하였다. 때문에 주은래와 임표를 소련에 보내, 스탈린에게 대면 보고토록 하였다.[110]

10월 8일 스탈린은 김일성에게 이 상황을 전해주었다. 그는 전보에서 10월 5일 모택동에게 보낸 전보 내용을 전달하며, 이를 통해 중국 지도자가 "결정을 내리지 못하고 망설일 때", 소련의 의견이 결정적인 역할을 하였음을 설명하고자 하였다. 또한 모택동의 대표들과 세부회담을 진행해야 하기 때문에, 중국군

---

[109] 스탈린이 모택동에게 보낸 전문, 1950년 10월 5일, 『朝鮮战争: 俄国档案馆的解密文件』, 581-584쪽. 필자는 스탈린이 10월 4일 작성한 이 전문의 초고도 봤다. 대체적인 내용은 동일하나, 수정 후의 전문은 한층 강경한 어조였다. 다음을 볼 것. 『俄国档案原文复印件汇编: 朝鮮战争』第7卷, 909-916쪽.

[110] 로신이 스탈린에게 보낸 전문, 1950년 10월 7일, 『朝鮮战争: 俄国档案馆的解密文件』, 588-590쪽.

은 "지금 당장이 아니라 일정 시간이 지난 후에 출병하게 될 것"이라고 김일성에게 알려주었다.[111]

사실, 10월 8일 새벽 6시 김일성은 중국 대사관이 전한 비밀 전문을 받았다. 전문에 의하면 중국은 곧 출병할 예정이며, 지휘관은 팽덕회라는 내용과 김일성에게 대표를 심양에 보내 회의를 진행하고 전선의 상황을 설명해달라는 내용이었다. 김일성은 소련 대사관에 보고하는 것과 동시에 지체 없이 조선에 곧 진입할 중국 부대의 배치에 대해 안배하고, 박일우를 당일 밤 심양으로 가게 하였다.[112]

슈티코프의 보고에 따르면 중국의 출병 소식을 들은 후, 김일성은 "이제는 우리 앞에 광명의 서광이 비친다"며, 박헌영에게 확실한 조치를 취하여 전선을 강화하고 예비부대의 조직을 가속화해야 한다고 말하였다.[113]

10월 8일 모택동은 중국 인민지원군 조직에 관한 명령을 정식으로 발표하고, 팽덕회를 사령관 겸 정치위원으로 임명한 뒤 제13병단 및 예하 4개 군, 변방 포병사령부 및 예하 3개 포병사단을 이끌고 출동 대기를 명령하였다. 병참 보급의 책임은 고강에게 맡겨졌다.[114]

"모든 준비를 마쳤으며 단지 "동풍"만이 모자랐다." 이 '동풍'은 바로 소련의 무기 장비와 공군 지원이었다. 10월 8일 저녁 10시 30분 모택동은 스탈린에게 보내는 전보를 소련 대사에게 전달하였다. 모택동은 먼저 "우리 당중앙위원회는 귀하의 의견에 전적으로 동의합니다"라고 설명하였다. 전보에서 팽덕회를 지원군 사령관 겸 정치위원으로, 고강을 병참 보급 책임자로 임명하였으며, 지원군은 10월 15일 이전부터 조선에 진입할 것이라고 통보하였다. 마지막으로 모택동은 주은래와 임표가 당일 새벽 비행기로 소련으로 출발하였으며, 그들의 임무에 대해서는 비밀에 부칠 것을 스탈린에게 요청하였다.[115]

111) АПРФ, ф.45, оп.1, д.347, л.65-67.

112) ЦАМОРФ, ф.5, оп.918795, д.121, л.711, 712-713; 『建国以来毛泽东军事文稿』 上卷, 237쪽.

113) ЦАМОРФ, ф.5, оп.918795, д.121, л.720.

114) 『建国以来毛泽东文稿』 第1册, 543-545쪽.

115) РГАСПИ, ф.558, оп.11, д.334, л.132, Ледовский А.М.Сталин, Мао Цзэдун и корейская война, с.107-108.

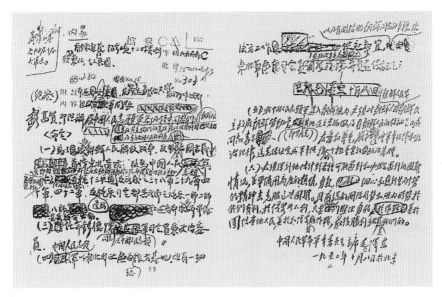

• 모택동이 수정한 중국인민지원군 조직에 관한 명령(자필).

　주은래와 임표의 비밀 임무란 것은 바로 스탈린에게 자신의 이전 약속—중국 군대에 무장 장비 제공과 공군 지원—을 구체적인 이행을 요구하는 것이었다. 이는 또한 중국이 조선에 출병하여 미국과 작전을 벌이는 데 있어 중국이 제기한 유일한 조건이었다. 앞에서 언급했던 모택동의 10월 2일 두 통의 전보가 명확히 보여주듯이, 모택동의 초기 출병 결심의 기조에는 출병하여 반드시 승리한다는 것뿐만 아니라, 반드시 신속하게 승리하여야 한다는 것이 있었다. 이렇게 해야만 중국의 모든 걱정과 고난이 일거에 해결될 수 있었다.

　신속한 승리를 담보하려면 동맹국 소련은 필요한 군사원조를 대량으로 제공할 의무가 있었다. 특히 공군 지원은 필히 보장해야 하였다. 중국군 지도부는 지원군이 출국하여 전투를 하기 위해서는 반드시 소련 공군의 지원이 필수적임을 명확하게 제기하였다. 일찍이 제13병단 집결 후인 8월 31일, 등화(邓华), 홍학지(洪学智), 해방(解放)은 그들이 구상한 조선에서의 전투 방침은 "속전속결 추구"이며, 이를 위해 소련 공군의 지원을 받아 "가능한 한 공군과의 대규모 합동작전을 조직"하는 것이 "이 방침 실현의 가장 중요한 수단"이라고 임표에게 보고하였다. 보고는 만약 공군의 준비가 불충분할 경우 "출동 시기를 연기하는 것이 유리하다"고 주장하였다.[116]

지원군이 정식으로 설립된 후, 팽덕회와 고강은 즉각 심양으로 돌아가 10월 9일 다음과 같이 보고하였다. "군단장 이상의 고급 간부회의에서 비록 준비가 아직 충분하지 않지만 15일에 2개 군단을 먼저 출동시키기로 결정하였다. 각 군단은 모두 수송수단과 대전차무기 및 고사포 무기가 부족하다. 공군이 언제 출동할 수 있는지 속히 통보를 기다린다."

다음날인 10일, 재차 전보를 보내 비록 인민지원군은 모든 면에서 출동 준비가 충분치 않지만 미 공군의 압록강대교 폭격으로 인해 참전 기회를 놓칠 것을 우려하여, 전군이 동시 출동하여 모두 강남(압록강 남쪽인 북한쪽 – 역자 주)에 집결토록 결정하였다고 보고하였다. 모택동은 11일 회신에서, 4개 군단과 3개 포병사단이 모두 출동하여 기회를 보아 적을 섬멸하는 작전에 동의하였다. 또, 고사포 부대는 이미 상해에서 전방으로 이동했으며 "공군은 당분간 출동할 수 없다"고 회신하였다. 12일 모택동은, 재차 제9병단에게 제2예비대로 북상하여 동북으로 직행을 명령하였다.[117]

당일, 슈티코프는 박일우가 심양에서 돌아왔으며, 중국 군대는 15일 3개 방면에서 국경을 넘어 20일에 예정된 지역에 집결할 것이라고 스탈린에게 보고하였다.[118] 그러나 바로 이날 모스크바로부터 온 소식은 주은래와 스탈린이 흑해회담에서 중국의 출병 문제에 관해 합의를 이루지 못하였다는 내용이었다.

주은래와 임표는 며칠을 전전하여 10월 11일 스탈린의 흑해 요양지 소치에 도착한 뒤 곧 바로 스탈린과 회담을 진행하였다. 회의에서 주은래는 중국 출병에 필요한 두 가지의 소련 지원을 요구하였다. 현대화된 무기 장비 제공은 스탈린이 두말없이 약속하였지만, 소련의 공군 지원 문제에 대해서는 기술적인

116) 邓洪解,「关于边防军作战准备情况问题给林彪的报告」, 1950년 8월 31일, 编写组编, 『志愿军第一任参谋长解方将军(1908-1984)』, 北京: 军事科学出版社, 1997年, 89-98쪽. 사평은 회고록에서도 이 보고서를 수록하였다. 杜平, 『在志愿军总部』, 北京: 解放军出版社, 1989年, 22쪽, 하지만 이 보고는 주덕에게 쓴 것이라고 하였다. 명백한 기억 착오였다.

117) 『建国以来毛泽东军事文稿』 上卷, 242-243, 246쪽.

118) ЦАМОРФ, ф.5, оп.918795, д.121, л.735-736.

이유를 들었다. 즉, 공군 준비에 시일이 필요하며 중국 육군이 먼저 출동할 것을 제안하였다. 소련 공군은 2개월~2개월 반 후에야 지원이 가능하다고 밝혔다. 그러나 주은래와 임표는 반드시 동시에 출동할 것을 고집하였고 양쪽은 서로의 주장을 굽히지 않았다.

결국, 스탈린과 주은래는 모택동에게 보내는 연명전보(어휘로 볼 때 스탈린이 초안을 작성하였다)에 서명하고, 중국 군대는 조선에 들어가 작전하지 않기로 결정하였다. 전보에서, "중국 지원군은 아직 준비가 완료되지 않았고, 공군은 최소한 2개월 후에나 출동할 수 있으며", 또 중국의 참전이 중국에 "초래할 불리한 요소"들을 고려하여 중국 군대는 중조 국경을 넘지 않기로 결정하였으며, 조선 군대는 북부 산악에 남아 방어선을 구축하고 새로이 징용된 부대는 동북으로 후퇴하여 재편성할 것과 최대한 빨리 평양과 기타 중요 거점의 소개(疏開)를 단행할 것을 결정하였다. 전보는 말미에 "당신의 결정을 기다린다"고 끝을 맺었다.[119]

결정적인 순간에 스탈린은 다시 한 번 공을 모택동에게 넘겼다. 사실은 중국 공산당을 떠보는 것이었다. 10월 12일 오후 3시 30분, 모택동은 전보를 보고 즉시 스탈린과 주은래의 결정에 동의를 표시하였다. 저녁 10시 12분, 모택동은 다시 스탈린에게 전보를 보내 "중국 군대에게 조선에 들어가는 계획의 집행을 중지하도록 이미 명령하였다"고 통보하였다.[120] 모택동의 전보를 받은 후, 스탈린은 즉시 슈티코프와 바실리예프(N.A. Vasiliev)에게 전보를 보내 11일 연명전보의 내용을 김일성에게 전달하고, 특히 모택동 동지가 이번 회의의 결정에 동의하고 찬성하였다는 사실을 알리도록 지시하였다.[121]

슈티코프는 스탈린의 지시에 따라 13일 김일성과 박헌영을 만나 스탈린의 전보를 그들에게 낭독해 주었다. "전보의 내용을 들은 김일성과 박헌영으로선

---

119) РГАСПИ, ф.558, оп.11, д.334, л.134-135, Ледовский А.М. Сталин, Мао Цзэдун и корейская война, с.108-109. 상세한 고증은 다음을 볼 것, 沈志华, 『毛泽东, 斯大林与朝鲜战争』, 304-311쪽.

120) РГАСПИ, ф.558, оп.11, д.334, л.140, 141, Ледовский А.М. Сталин, Мао Цзэдун и корейская война, с.109.

121) РГАСПИ, ф.558, оп.11, д.334, л.142-144, Ледовский А.М. Сталин, Мао Цзэдун и корейская война, с.110.

의외였다. 김일성은 이것이 우리들 입장에서 받아들이기 매우 어려운 것이지만, 이미 이러한 건의가 있었으니 이에 따라 집행할 것이라고 말하였다." 김일성은 또한 후퇴 계획에 대해 소련이 지원해 줄 것을 요구하고 그날 밤부터 철수 준비를 시작하였다.[122] 그러나 김일성과 스탈린이 절망하고 있을 때 모택동은 갑자기 새로운 결정을 하였다.

모택동이 스탈린에게 중국 군대에게 조선에 들어가는 계획의 실행을 중지시켰다고 말한 것은 다소 고려하는 바가 있어서였다. 모택동이 스탈린에게 정식으로 회신하기 전에 내린 명령은, "10월 9일 명령은 당분간 실행하지 않고, 동북의 각 부대는 계속 원위치에서 훈련을 진행하며, 당분간 출동하지 않으며", 제9병단 역시 "계속 원위치에서 훈련을 하고", 동시에 간부들과 민주 인사들에게 "새로운 설명을 하지 말 것"을 당부하였다. 동시에, 팽덕회와 고강에게는 북경으로 돌아와 논의할 것을 지시하였다.[123]

모택동이 이렇게 여지를 남겨둔 행위를 한 것은 소련 공군이 당분간 출동하지 못하는 상황에서 첫째, 모택동 자신은 여전히 출병 쪽에 생각이 기울어 있었고, 둘째, 중국 군사 지휘관들이 자신과 같이 출병 태도를 계속 견지하는지에 관해 자신이 없었다는 점을 보여준다.[124]

10월 13일 정오 팽덕회와 고강이 북경에 도착하였다. 오후에 모택동은 이년당(頤年堂)에서 중앙정치국 긴급회의를 소집하여 출병과 불출병의 이해득실에 관해 재차 토론을 시작하였다. 모택동은 결연히 출병을 주장하였다. 모택동은 비록 소련 공군이 전쟁 개시 단계에 조선에 들어올 수 없지만 스탈린이 중국 영토에 대해 공중 엄호 제공과 중국에 대량의 군사장비 제공을 약속하였다고

122) АПРФ, ф.45, оп.1, д.335, л.3. 김일성의 철수 계획에 대한 상세한 상황은 다음을 볼 것. Alexandre Y.Mansourov, "Stalin, Mao, Kim, and China's Decision to Enter the Korean War, Sept.16-Oct.15, 1950: New Evidence from the Russian Archives", *CWIHP Bulletin,* Issues 6-7, Winter 1995/1996, p.104.

123) 『建国以来毛泽东军事文稿』上卷, 247, 248쪽.

124) 10월 9일 팽덕회가 심양에 도착해 제13병단 고급 간부 회의를 소집했을 때, 많은 사람들이 출병에 대해 부정적이었다. 팽덕회의 고강 문제에 관한 1차 담화, 1955년 2월 8일. 팽덕회가 왕염에게 주임을 맡겨 원래의 기록본을 베끼도록 하였다.

팽덕회와 고강을 설득하였다. 최종적으로 회의는 당분간 소련 공군의 지원이 없다 하더라도, 미군이 대거 북진하는 상황에서 그 어떤 어려움이 있다 하여도 반드시 즉시 출병하여 조선을 도와야 한다고 결정하였다. 14일 모택동, 팽덕회 및 고강은 지원군이 조선에 들어간 이후의 작전 방안에 관하여 상세하게 연구하였다.[125]

회의가 끝난 후, 모택동은 13일 저녁 9시 로신 대사를 불러 "중공 중앙은 필리포프 동지의 최근 전보와 '나의 결정'에 관해 다시 토론하였다. 우리 지도부 동지들은 우리가 조선을 도와야한다고 생각한다"고 전하였다. 모택동은 "우리 동지들이 그 전에 결심을 못한 이유는 국제정세와 소련의 군사원조 및 공중 엄호 문제에 대해 잘 몰랐기 때문이다. 지금은 이 모든 문제가 이미 명백해졌기 때문"이라고 설명하였다. 모택동은 "지금 중국 부대를 조선에 파병하는 것이 유리하며 중국은 부대를 보낼 의무가 있다. 먼저 9개 사단으로 구성된 제1그룹을 잠정 파견할 예정이며, 비록 장비는 열악하지만 이승만 부대와는 싸울 수 있다. 이 기간 중국 동지들은 제2그룹을 준비할 예정이다"라고 말했다.

모택동은 특히 "주요한 문제는 우리를 엄호할 공군이 꼭 필요하다는 것이다. 우리는 공군이 하루빨리 도착하기를 바라며 무슨 일이 있어도 2달을 넘겨서는 안 된다"고 강조하였다. 또한 중국 정부는 현재 소련이 제공하는 장비에 대해 지불할 현금이 없기 때문에, "임차 방식으로 이 장비들을 얻기를 희망"한다고 피력하였다. 이를 위해 주은래는 "필리포프 동지와 이 문제들을 다시 논의해야만 한다"고 말하였다.[126] 전보에서 말한 "나의 결정"이라는 것은, 모택동 본인의 조선 출병 결심이 결코 변하지 않았음을 스탈린으로 하여금 알게 하려는 것이 분명했다.

---

[125] 王焰等编, 『彭德怀传』, 405-406쪽; Chen Jian, China's Road to the Korean War, pp.201-202. 진겸이 확보한 자료에 따르면, 팽덕회는 소련이 공군 지원을 하지 않을 것이란 말을 듣고 매우 화가 났다. 지원군 사령관을 그만 두겠다고 하였다. 하지만 이런 말에 대해서는 증거자료를 확보하지 못하였다.

[126] АПРФ, ф.45, оп.1, д.335, л.1-2; РГАСПИ, ф.558, оп.11, д.334, л.145, Ледовский А.М. Сталин, Мао Цзэдун и корейская война, с.110-111.

중국 지도자가 일방적으로 내린 이 결정은 스탈린의 예상을 크게 벗어난 것이었다. 로신의 첫 번째 전보를 받은 후 스탈린은 즉각 김일성에게 통보하였다. "우리는 방금 모택동으로부터 전보를 받았다. 그는 전보에서 중공 중앙은 현 상황에 대해 다시 토론한 뒤 비록 중국 군대의 무기와 장비가 매우 부족하지만 조선 동지에게 군사원조를 제공할 것을 결정하였다. 본인은 지금 이에 관한 모택동의 상세한 통보를 기다리고 있으며, 중국 동지의 새로운 결정을 감안하여 어제 귀하에게 보낸 북조선의 소개 및 조선 군대의 북쪽으로의 철수에 대한 이행을 당분간 보류한다."[127]

로신의 후속 전보를 받은 뒤 스탈린은 재차 김일성에게 전보를 보내 "이전에 귀하에게 통보한 중소 지도자회담에서 제기된 제안은 취소한다. 중국 군대의 출동과 관련된 구체적인 문제는 귀하가 중국 동지와 함께 상의하여 결정하도록 해야 한다"고 강조하였다.[128]

로신과의 담화 후에 모택동은 밤 10시 주은래에게 보내는 전보 초안을 기초하였다. 전보의 내용은 다음과 같다.

"팽덕회, 고강 및 기타 정치국 동지들과 상의한 결과 우리 군은 여전히 조선에 출동하는 것이 유리하다는 데 의견이 일치하였다. 초기에는 오직 한국 군대와만 싸우고, 원산-평양선 이북의 근거지를 만들어, 조선인민의 사기를 진작시키고 조선인민군을 다시 조직하도록 한다. 소련 공군의 도착을 기다리고, 소련의 무기 및 장비를 받은 후에 다시 미군을 공격할 예정이다."

모택동은 "우리가 상술한 정책을 적극 취하면, 이는 중국과 조선, 동방과 전 세계 모두에게 극히 유리하다. 그러나 우리가 출병하지 않고 적이 압록강변까지 압박해 오게 되면, 국내외 반동세력의 기세가 높아져 모두에게 불리하다"고 주은래에게 설명하였다. 모택동은 "마땅히 참전해야 하고, 반드시 참전해야 한다. 참전의 이익은 극히 크고 참전하지 않으면 그 손해가 극히 크다"고 결론지

---

[127] АПРФ, ф.45, оп.1, д.347, л.75.
[128] АПРФ, ф.45, оп.1, д.347, л.77.

었다. 모택동은 주은래에게 모스크바에 며칠 머무르면서 스탈린과 차관 형식으로 소련 무기를 구매하고, 소련 공군이 시간에 맞추어 출동하는 문제를 상의하여 결정할 것을 지시하였다.[129]

14일 새벽, 모택동은 진의(陳毅)에게 제9병단은 원 계획에 따라 집결하고, 동북으로의 이동 명령을 기다릴 것과 대공포 부대는 즉시 동북으로 출발할 것을 지시하였다.[130]

또한 주은래에게 재차 전보를 보내 지원군이 조선에 들어간 후 평양에서 원산까지의 이북지역에 방어체계를 구축하면, 적은 "다소 우려하여 전진을 멈출 것"이라고 지적하였다. 그리하여 "군사 장비의 훈련 시간을 확보하고 동시에 소련 공군의 도착을 기다린 후 다시 싸울 것"이라고 설명하였다. 모택동은 특히 중요한 것은 "2개월 내에 소련이 전방의 지원 공군과 후방 각 도시를 엄호할 공군을 확실히 보낼 수 있는지 여부", 그리고 "소련이 임대 형식으로 군사 장비를 제공할 수 있는지 여부"라고 강조하였다.[131]

14일 저녁, 모택동은 재차 주은래에게 전보를 보내 지원군의 전략 방침을 스탈린에게 통보하도록 하였다. 내용은 아래와 같았다. "전군 26만 명은 10월 19일에 동시에 출병하여 10일 내에 도강을 완료하고 남쪽으로 진군하여 덕천(德川)－영원(宁远)선 이남 지역에 방어시설을 구축하고, 공중과 지상에서 모두 적군에 비해 압도적으로 우세한 조건을 구비한 후, 즉 6개월 후에 공격을 개시한다. 이렇게 함으로써 "국방선을 압록강에서 덕천, 영원과 그 이남선까지 확장할 수 있을 뿐 아니라, 이렇게 하는 것은 승산이 있고 우리에게 매우 유리한 것이다."[132]

한미 군대가 이미 평양 공격을 준비한다는 소식을 들은 후인 15일 새벽, 모택동은 급히 고강과 팽덕회에게 행동을 앞당겨 2개 군단을 17일과 18일 각각 분산 도강시켜 신속히 덕천지구로 가서 방어시설을 구축하도록 명령하였

129) 『建国以来毛泽东军事文稿』上卷, 252-253쪽.
130) 『建国以来毛泽东军事文稿』上卷, 255쪽.
131) 『建国以来毛泽东军事文稿』上卷, 256-257쪽.
132) 『建国以来毛泽东军事文稿』上卷, 258-259쪽.

다.[133] 같은 날, 주은래에게 소련은 공군 1개 사단을 먼저 북경에 투입시켜 "수도를 공중 방어"해 줄 것을 요청하라고 지시하였다.[134]

이 전보를 자세히 읽어보면, 모택동은 "출이부전(出而不战), 즉 출병하되 싸우지 않는다"는 전략에 기본적으로 2가지 조건이 있음을 알 수 있다. 첫째, 적의 북진 속도가 비교적 느리거나 북진을 멈춰(미군의 망설임과 인민군의 저지에 의해), 중국 인민지원군이 지원을 기다릴 시간과 공간을 벌게 해 줘야 한다. 둘째는 두 달 뒤 소련 공군이 참전하고 6개월 후 소련의 장비가 제때 도착하면, 인민지원군은 반격의 확신을 가질 수 있다는 점이다. 이렇게 하면 전선을 북중 국경에서 먼 곳으로 밀어낼 수 있고, 이로써 "항미원조, 보가위국(抗美援朝, 保家卫国)"의 목적을 이룰 수 있다. 그러나 이 두 가지 조건은 곧 중대한 변화를 맞게 된다.

주은래가 13일 모택동이 보낸 전보를 받았을 때, 그는 흑해에서 모스크바로 이미 돌아왔으며 그는 곧장 모택동의 전보를 러시아어로 번역하여 소련 측에 전달하고, 당일 밤 몰로토프를 만나 무기 공급 문제를 상담하였다. 논의 중에 주은래가 소련 측의 견해를 물었을 때, 몰로토프는 자신은 이 문제를 결정할 수 없고 모든 것은 반드시 스탈린이 결정하도록 해야 한다고 말하였다.[135]

스탈린의 회신은 지금까지는 아직 발견되지 않고 있다. 그러나 14일 주은래가 스탈린에게 보낸 서한으로부터 스탈린이 처음으로 공군 지원을 하겠다고 약속하였음을 알 수 있다. 주은래는 다음과 같은 요구를 스탈린에게 보냈다. "소련 지원군 16개 제트기 연대가 출동한 후, 폭격기를 계속해서 조선 경내로 출동시켜 중국 군대와 합동작전을 전개할 수 있는지? 소련 정부는 지원 공군을 조선에 파견하여 작전하는 것 이외에, 공군을 추가로 파견하여 중국 연해

---

133) 『建国以来毛泽东军事文稿』上卷, 263쪽.

134) 『建国以来毛泽东军事文稿』上卷, 264쪽. 1950년 2~3월에 중국 보위 상해 지구에 온 표도르비치 공군 사단은 10월 중순에 승진하여 귀국하고, 장비들은 양국 정부의 가격협상을 거쳐 중국에 팔았다. 王定烈 主编, 『当代中国空军』, 北京: 中国社会科学出版社, 1989年, 78쪽.

135) 『周恩来年谱(1949-1976)』上卷, 86쪽; 사철회고, 『在历史巨人身边』, 501-502쪽.

각 대도시에 주둔이 가능한지? ……소련 지원 공군이 조선에서의 작전에 참가할 때, 중국 지원군과의 지휘체계는 어떻게 해결할 것인지?' 등에 관해 질문하였다.[136]

그러나 스탈린이 이 편지를 받은 후에 한 답변은 오히려 주은래를 크게 놀라게 하였다. 스탈린은 몰로토프에게 전화로 다음과 같은 내용을 주은래에게 전달할 것을 지시하였다. "소련의 공군은 오직 중국 국내의 방어만을 위해 파견하고, 2개월 혹은 2개월 반 이후에도 조선에 들어가 작전할 준비는 하지 않는다."[137] 이는 의심할 것 없이 중국 군대가 조선에서 작전을 할 때 소련 공군의 도움을 받을 것을 기대하지 말도록 중국 지도자에게 분명하게 전달한 것이다.

스탈린은 왜 갑자기 생각을 재차 바꾸었는가? 현재까지의 사료로는 정확한 판단을 내리기가 어렵다. 필자는 스탈린이 중국의 의도와 능력에 대해 다소 의심을 품었기 때문일 가능성이 높다고 추측한다. 1949년 국공 평화회담 중재 문제의 논쟁에서부터 1950년 초기 중소조약 담판 협상 때까지, 모택동은 두 번이나 스탈린을 압박하여 양보하도록 하였다. 이는 부득이하게 스탈린으로 하여금 다음과 같은 의심을 유발하도록 하였다. 즉, "모택동은 기쁜 마음으로 모스크바의 지휘를 따를 것인가? 중국공산당은 사회주의 진영의 충실한 구성원인가? 모택동이 조선에 출병하더라도 미국 군대에 저항할 능력이 있는가?"하는 의심이었다.

왜냐하면 이때 스탈린은 또 한 가지 설상가상의 소식을 들었기 때문이다. 10월 13일 오전 소련 해군 총참모장 고로브코(G. Golovko)는 스탈린에게 오늘 새벽, 함흥지역 해상에서 미국 전함 1척, 중형 항공모함 3척, 호위함 2척, 중형 순양함 3척, 순양함 3척, 구축함 12척, 그리고 소해정 분대와 수륙양용부대가 발견되었다고 보고하였다. 동시에 "함흥이 해상과 공중으로부터 맹렬한 폭격을 받고 있다"고 보고하였다.[138]

---

136) 『建国以来周恩来文稿』 第3册, 404-405쪽.

137) 『周恩来年谱(1949-1976)』 上卷, 87쪽; 『建国以来毛泽东军事文稿』 下卷, 372-374쪽.

138) АПРФ, ф.3, оп.65, д.827, л.139.

제2장 | 조선전쟁   327

함흥은 조선의 북방인 평양-원산선의 동해안에 위치하였기 때문에, 미군이 다시 한 차례 수륙 상륙작전을 전개하고, 곧바로 압록강을 향해 나아가면, 이때 조선은 이미 방어능력을 완전히 상실할 것임을 스탈린은 어렵지 않게 예상할 수 있었을 것이다. 바로 이러한 상황에서 만약 장비가 열세한 중국 군대가 미군을 저지할 수 없다면 소련 공군의 참전은 제 무덤을 스스로 파는 것이나 마찬가지였다. 스탈린은 부득이 신중할 수밖에 없었다.

주은래가 전해온 소식은 중국 지도부의 얼굴에 찬물을 끼얹는 것과 같았다. 그러나 모택동의 결심은 이것으로 결코 동요되지 않았다. 그는 17일 팽덕회와 고강에게 전보를 보내, 한편으로는 부대를 19일에 출동시킬 준비를 하도록 지시하면서, 내일(18일) 당일 정식 명령이 재차 있을 것"이라고 통보하였다. 다른 한편으로는 북경으로 와서 논의할 것을 지시하였다.[139]

18일 회의의 토론 상황에 대해서는 현재까지 그 어떠한 문헌 기록도 발견되고 있지 않다. 그러나 그 결과는 매우 확실하다―지원군은 원래의 계획대로 행동하였다.[140] 사철(師哲)의 회고에 따르면 모택동은 회의에서 결연히 "현재 적은 평양을 이미 포위 공격하고 있으며, 며칠 있으면 압록강에 도착할 것이다. 우리는 하늘이 무너져도 지원군이 강을 건너 조선을 돕는 것을 다시 바꿀 수 없다. 더 이상 시간을 늦출 수 없으며 원래 계획대로 도강한다"고 결정하였다.[141]

팽덕회의 회고에 따르면 주은래로부터 모스크바의 소식을 받고 난 후 모택동은 팽덕회에게, 참전하여 계속 싸워야 하는지와 소련이 완전히 손을 씻은 것인지(관여 안하는지)에 관해 질문하였다. 팽덕회는 소련이 무기만 제공하고 공

---

139) 『建国以来毛泽东军事文稿』 上卷, 265쪽.

140) 이 회의에 관해, 현재 볼 수 있는 유일한 사료는 고강의 담화이다. 1950년 10월 25일 로신이 모스크바에 보낸 전문엔 고강이 심양에 돌아온 후 소련 총영사 리도프스키를 만나, 중공 중앙 정치국 내부의 조선 출병 논쟁에 대해 말하였다고 한다. 고강의 말에 따르면, 주은래는 회의에서 출병에 반대했고, "결정적 시기에 고강이 팽덕회와 함께 모택동에게 신속한 출병을 건의하라고 권하였다." АПРФ, ф.45, оп.1, д.335, л.80-81, Торкунов А.В. Загадочная война, с.119. 고강과 주은래 간 대립에 대해 쓴 이 말은 믿기 어렵다. 최소한 증거가 불충분해 받아들이기 어렵다.

141) 王焰等编, 『彭德怀传』, 407쪽.

군은 출동하지 않은 것은, 소련이 "손을 반만 씻은 것이며, 또한 싸울 수 있다"고 생각하였다. 모택동은 마지막으로 "설령 미국에 져도 좋다. 그러면 그(스탈린)는 어찌되었든 우리에게 빚을 졌다. 우리는 언제든지 싸우고 싶을 때, 다시 싸울 수 있다"고 말하였다.[142]

모택동은 회의를 마친 당일 밤 등화에게 다음과 같이 명령하였다. "4개 군단과 3개 포병사단은 예정된 계획에 따라 19일 밤 안동과 집안 2곳에서 비밀리에 도강하여, 야간에 행군하고 낮에는 멈추며 은폐, 전진한다."[143]

이렇게 중국 인민지원군의 첫 번째 부대가 조선의 땅을 밟았고 10월 25일에는 항미원조 전쟁의 첫 포성이 울렸다.

모택동이 다수의 의견을 물리치고 조선 출병을 시종 견지한 이유에 대해 학계에는 서로 다른 관점과 분석이 있다. 필자는 사회주의 진영에 대한 국제주의 책임의 이행과 미 제국주의를 직접적인 적수로 생각하는 혁명 정서, 신중국의 안전과 주권을 보호하려는 지도자 의식, 그리고 중소동맹 유지의 전략적 사고 등이 그 이유라고 생각한다. 이 4가지 요소가 모택동이 출병을 결심한 기본 동기와 목적을 구성하였다.

조선전쟁 발발 후 수개월 동안 모택동의 조선 출병 결심까지는 다중의 고려가 있었고 서로 다른 외부 환경하에서 고려할 부분 또한 다소 달랐다. 그러나 스탈린의 신임을 얻는 것은 물론 중소동맹조약을 이용한 중공 신정권 보호는 시종 관철되었으며 또한 최종 결정을 하게 된 동기도 거기에 있었다. 만약 대외전략 정책 중에서 국가 이익을 최고의 원칙으로 삼는다면, 모택동의 이러한 고려는 모택동 자신에게는 물론 그의 당과 심지어 그의 모든 민족과 국가에 의심의 여지없이 적절한 것이고, 최종적으로는 미국의 38선 돌파 결정에 대한 합리적인 반응이라고 할 수 있다.[144]

---

[142] "팽덕회의 고강 문제에 관한 1차 담화, 1955년 2월 8일," 팽덕회가 왕염에게 주임을 맡겨 원래의 기록본을 베끼게 함. "칠 수 없어도 쳐야 한다"는 의미와 관련해 1970년 10월 10일 모택동과 김일성의 담화 때도 비슷한 말을 하였다. 즉 "중국이 조선에 출병하여 가장 나쁜 결과는 "단지 들어가기만 하고, 미국인에게 쫓겨나는 것입니다. 그래도 나는 끝끝내 들어가서 귀하와 함께 한 차례 친 것입니다." 『建国以来毛泽东军事文稿』下卷, 372쪽.

[143] 『建国以来毛泽东军事文稿』上卷, 266쪽.

중국의 조선 출병은 모택동에게 의외의 결과를 가져 왔다고 할 수 있다. 즉 북조선과 관련된 문제의 처리에 있어서 중국은 점차 발언권을 확보하였으며, 최소한 객관적으로 그러하였다.

제3절 조선 문제에 대한 발언권의 이동

모택동이 무슨 이유로 출병하였든지 간에 1950년 10월 19일 중국의 출병은 위기에 처한 김일성과 그 정권을 구하였다. 이후 오랜 기간 중조 양국 인민과 군대가 어깨를 나란히 하여 미 제국주의 침략에 저항하고, 사회주의의 동방 전선을 보위한 것은 사회주의 진영에 미담으로 전해졌다. 오늘날까지 중국에서 중조관계에 관해 이야기할 때, 항상 "중조 양국은 순망치한(脣齒相依)"이며, 전투 중에 "피로 맺어진 우정"으로 비유되곤 한다. 양국정부의 오랜 정치선전 공작으로 사람들은 줄곧 중조우의는 영원히 변하지 않을 것이며 중조동맹은 견고하여 무너지지 않을 것으로 생각한다. 한국과 서방의 시각에서도 전쟁 중에 맺어진 중조 "혈맹" 관계는 의문의 여지가 없는 정설로 받아들여지고 있다.

이런 관계는 특히 중국 군대와 조선인민들의 생각의 기저에 분명히 존재한다.[145] 그러나 러시아와 중국의 당안들이 계속 공개됨에 따라 연구자들은 조선전쟁 시기 중조 고위지도부 간에 수많은 첨예한 모순과 심각한 이견이 실제로 존재하였음을 발견하였다. 표면상으로는 함께 전투를 치른 전우이지만 일련의 전략적 결정과 각자의 이익과 관련된 중대한 문제에서는 실제 서로 다른 생각이 있었고, 심지어는 완전히 대립되는 주장도 있었다.

---

[144] 모택동의 출병 동기에 관한 상세 분석은 다음을 볼 것. 沈志华, 『毛泽东, 斯大林与朝鲜战争』, 317-328쪽.

[145] 필자의 백조림(白兆林), 영해풍(荣海丰) 인터뷰 기록, 2011년 2월 18일(태원). 백조림과 영해풍은 모두 중국 인민지원군 전사들이었다.

• 지원군 참전용사들과 사진 촬영. 2011년 2월 태원시.

1. 압박을 받아 군 지휘권을 포기한 김일성

중국군이 조선으로 진입하여 인민군과 어깨를 나란히 하고 군 작전을 수행하면서 처음 부딪힌 문제는 군대 지휘권의 귀속 문제였다. 이는 또한 군사동맹 관계를 형성하는 과정에서 쌍방이 반드시 해결해야 하는 문제다. 이 문제로 인해 중조 간에는 심각한 갈등이 발생하였다.

1950년 10월 소련에서 주은래가 스탈린과 무기 및 장비와 공군 지원 문제를 논의할 때, 중조 양국은 중국 출병의 구체적 사안에 관한 논의를 이미 시작하고 있었다. 그러나 당시 상황이 긴박했기 때문에 양측은 출병 이후의 지휘, 통신, 보급, 운수 등 일련의 문제에 관하여 토론을 진행하지 못하였으며 그 어떤 사전 합의도 이룰 수 없었다.

10월 8일 모택동은 김일성에게 전보를 보내 중국은 출병을 결정하였다고 통보하면서, 조선내무상 박일우를 심양으로 보내 지원군이 조선에 들어가는 문제에 관한 제반사항을 논의할 것을 요청하였다. 박일우는 당일 저녁 심양에 도착하였지만 중국 인민지원군의 조선 진입 이후의 구체적인 사항에 관해서는 논의하지 못하였으며, 단지 김일성의 요구에 따라 미국이 지금 조선에 계속 병력 증강을 하고 있기 때문에, 중국 부대의 즉각적인 출동을 독촉했을 뿐이었다.

후방 보급 문제에 관해서도 단지, 지원군은 조선에 진입한 이후 일률적으로 조선 화폐를 사용하고 이후에 다시 비율에 따라 상환하며, 필요한 장작은 현지 정부가 일괄 구매하여 시장가격으로 지원군에 제공하기로 하였다. 또한 박일우는 김일성은 현재 평양 이북의 덕천(德川)으로 옮겼으며 지원군 사령부도 거기에 설치하길 희망한다고 말하였다. 이는 조선인들이 사실상 중조 군대의 통일 지휘 문제를 고려하고 있었음을 보여 준다.

시성문의 관찰에 따르면 초기 김일성의 생각은 비교적 간단하였다. 즉, 긴박한 상황하에 중국 군대가 출동하여 조선이 얼마간 버틸 수 있도록 지원을 요청하는 것이었다. 이 경우 지원군의 지휘권은 자연스럽게 조선 지도자가 장악하게 될 것으로 보았다. 그러나 김일성은 중국이 수십만의 군대를 나누어 조선에 파병하여 작전할 것이라는 계획을 알고 난 후, 상황의 중대함을 감지하고 자신이 직접 중국 군대를 지휘하는 방안을 직접 제기하기가 적당하지 않다고 느꼈다. 이에 따라 김일성은 쌍방의 지휘소를 한 곳에 합치자고 했던 것이다.[146]

지원군의 사령관으로서 팽덕회는 이와는 다른 고려를 하고 있었다. 첫째, 10월 1일 스탈린은 중국 출병을 건의하는 전보에서 지원군은 "당연히 중국 지휘관에 의해 통솔"되어야 한다고 분명하게 밝혔다.[147] 둘째, 조선에서 목격한 바에 따르면 팽덕회는 사실 조선인들의 지휘 능력에 대해 크게 우려하고 있었다.

---

[146] 모택동이 김일성에게 보낸 전문, 1950년 10월 8일; 팽덕회가 모택동에게 보낸 전문, 1950년 10월 10일; 필자의 시성문 인터뷰 기록.

[147] АПРФ, ф.45, оп.1, д.334, л.97-98. 주의할 것은 이 전문은 북경에만 보낸 것으로, 평양은 이에 대해 전혀 몰랐다.

그는 중앙군사위에 보내는 전보에서 "조선의 징병 문제는 대단히 심각하며, 16~45세 남자는 모두 징발한다. 징병된 노동자 가족은 아무도 보살피지 않고 있으며, 일반 군중들은 먹을 것이 없다. 지휘 능력은 매우 유치하며, 19일 평양 사수 명령을 하달하여 그 결과 3만여 명이 후퇴하지 못하였다. 조선은 비록 인민군 내에서 당의 활동과 정치 활동을 전개하는 것에 동의하였지만, 정치위원 제도 설치에는 동의하지 않고 있다"고 보고하였다.

이후에 팽덕회는 시성문에게 다음과 같이 말하였다. "나는 중조 인민과 수십 만 병사를 책임져야 한다!"[148] 이 때문에 팽덕회는 중국 군대를 조선의 지휘에 맡길 생각이 전혀 없었다. 다만 이때, 조선 군대의 지휘 문제를 제기하는 것은 적절치 않다고 생각하였다. 그 이유는 첫째, 조선 측 주장을 아직 알지 못하고 있었고, 둘째, 인민군 주력부대는 이미 붕괴하였으며 새로 조직되는 인민군 병단은 중국 국내에서 훈련 중에 있어 아직까지 군사행동에 직접 참여할 수 없었다.[149]

따라서 10월 21일 팽덕회와 김일성이 대유동(大楡洞)에서 처음으로 대면했을 때 쌍방은 모두 지휘 통일 문제를 꺼내지 않고, 다만 양군이 어떻게 협력할 것인지에 관해 논의하였고, 김일성은 박일우를 인민지원군 사령부로 파견하여 연락을 유지하는 데에 동의하였다. 10월 25일, 중공 중앙은 박일우를 정식으로 지원군 부사령관 겸 부정치위원, 당위원회 부서기에 임명하였다.[150]

전쟁이 확대됨에 따라 양군의 통일적 지휘 문제가 점차 표면화되었다. 제1차 전역(戰役) 기간, 팽덕회는 언어 불통, 지형 미숙, 조선 당정군민의 철수에 따른 교통체증 등 중조 간 사전 조정 부족으로 "인민지원군의 행군과 작전이 지장을

---

148) 팽덕회가 모택동에게 보낸 전문, 1950년 10월 25일; 필자의 시성문 인터뷰 기록.

149) 10월 30일까지 합의에 따라 조선인민군은 9개 보병사단과 특 병력 등 도합 11만 7천여 명이 중국 동북 경내로 들어가 정돈 및 훈련을 하였다. 다음을 볼 것. АПРФ, ф.45, оп.1, д.347, л.81-83. 이와 별도로 이 임무를 책임졌던 이상조의 회고에 따르면, 전쟁 기간 중국 국내에서 훈련받은 조선 부대의 총수는 35-36만 명이었다. 李相朝, 「初次披露朝鮮战争真相」, 『文艺春秋』第68卷 第5期(1990年 4月), 173쪽. АПРФ, ф.45, оп.1, д.347, л.81-83

150) 필자의 시성문 인터뷰 기록; 王焰 主编, 『彭德怀年谱』, 北京: 人民出版社, 1998年, 445쪽; 『建国以来毛泽东军事文稿』上卷, 291쪽.

받고 있다"고 여러 차례 보고하였다.[151] 특히 인민군이 지원군을 오인 사격하는 사건이 다수 발생하였다. 예를 들면 11월 4일 지원군 제39군단이 박천(博川) 동남쪽에서 미군 제24사단을 포위 공격할 때, 명령을 받고 순천으로 진격하던 인민군 탱크사단의 오인 공격을 받아, 그 결과 포위된 적이 탈출하였다.

물자 공급과 교통 운수 등에 있어서, 통일된 사전 조정 및 지휘가 없어 역시 혼란스러운 국면이 발생하였다.[152] 이에 팽덕회는 북경을 통해 중국 대사관이 작전 과정에서 양국 간 협력 문제를 김일성에게 제기하도록 하고, 인민군 총사령부가 지원군 총사령부와 인접한 곳으로 이전하기를 희망하였다.

11월 7일 팽덕회는 또 박일우에게 김일성을 만나 군사행동과 관련된 몇 가지 문제를 논의하도록 요구하였다. 그러나 3일에 걸친 논의 결과는 다음과 같이 매우 실망스러운 것이었다.

첫째, 적 후방에 전선을 여는 문제는, 슈티코프가 중국의 주장을 단호하게 지지하였기 때문에 김일성은 이에 마지못해 동의하였다. 둘째, 양군의 협조 문제에 관해서 김일성은 단지 참모만을 파견하여 통신연락과 정보교환을 담당토록 할 것만을 주장하면서, 조선과 중국 인민지원군 총사령부를 근접시키는 것에 동의하지 않았으며, 연합 형식을 취하는 것에는 더욱 동의하지 않았다. 셋째, 조선이 포로를 매우 학대하고 심지어 영국과 미국 대사관원들에게 화를 입힌 사실에 대해서 팽덕회는 완곡하게 이견을 표시하였다. 넷째, 병역을 기피한 주민들 처리 문제에 있어서 김일성은 지원군이 도망자들을 다시 입대시키는데 협조하는 것에 동의하면서도, 동시에 이들에 대해 반란죄로 무장토벌을 진행할 준비를 하였다.[153]

이 기간, 팽덕회는 인민군 제6사단에 아직 6,200명의 병력이 남아 있으며 이들을 지원군 제125사단과 합류시켜 해당 지역에서 계속 지원군 작전에 협조해 주기를 희망한다는 뜻을 중앙군사위가 김일성에게 전해줄 것을 요청하였다.

---

151) 팽덕회가 모택동에게 보낸 전문, 1950년 10월 25일, 11월 2일.
152) 팽덕회가 모택동에게 보낸 전문, 1950년 11월 11일, 『抗美援朝战争史』 第2卷, 167쪽.
153) 참고로 필자의 시성문 인터뷰 기록을 볼 것; 『抗美援朝战争史』 第2卷, 167쪽; 팽덕회가 모택동에게 보낸 전문, 1950년 11월 11일; 王焰主编, 『彭德怀年谱』, 449쪽.

그러나 김일성은 아랑곳하지 않고 제6사단 병력을 다른 곳으로 이동시켰다. 후에 팽덕회는 인민군 제7사단 5,000명이 제125사단과 합류하고 해당 지역에 잔류할 것을 제안하였지만 김일성은 이를 거부하였다.

이 밖에도 조선 측과 조선 주재 소련 군사고문은 수십 킬로미터 후퇴한 후 매복하자는 제2차 전역 방침에 반대하고, 지원군은 청천강 이남으로 계속 진격하여 적을 추격해야 한다고 주장하였다.[154] 중공 동북국 부서기 이부춘(李富春)은 동북으로 돌아온 후, 즉 11월 13일 보고에서 조선에서 지원군의 작전은 매우 어려우며 군중의 지지가 없을 뿐 아니라 우군의 협력도 얻지 못하고 있다고 보고하였다. 이부춘은 소·중·조 연합위원회를 구성하여 각 방면의 문제를 해결할 것을 제안하였다.[155]

김일성은 주권과 존엄을 고려하여 조선 군대에 대한 지휘권 포기를 원치 않았다. 이 점은 충분히 이해될 수 있다. 그러나 수십만 군대를 상실한 직후 또다시 수십만의 중국 지원군을 지휘하려는 것은 이해하기 어렵다. 현재까지 발견된 사료로 볼 때 김일성이 이러한 환상을 가진 이유는 첫째, 그가 모스크바의 입장을 알지 못하였고, 둘째, 그가 중국 지도부의 일부 표현 방식을 오해하였기 때문이다.

미국을 자극하지 않기 위해 중국 정부는 조선에 진입한 중국 군대의 "비정규군"적 성격을 특별히 강조하였다. 이 때문에 부대 지휘권 문제를 공개적으로 발언하는 것에 특별히 신중하였다. 제1차 전역의 승리를 앞두고 있던 11월 3일 팽덕회는 "장래에 조선 문제가 어떤 방식으로 해결되든지 간에, 조선인민의 이익 확보를 위해 중국이 반드시 참가해야 하기 때문에 금후 조선인민군과 중국인민지원군 공동 명의로 보도할 것"을 제안하였다.

모택동은 즉각 팽덕회에게 "적을 미혹시키기 위해서도 지금 연합사령부 이름으로 전황을 발표하는 것은 결코 적절치 않으며 인민군 총사령부 이름으로 전황을 발표해야 한다"고 회신하였다.[156] 11월 6일 시성문은, 김일성이 사기

---

154) 팽덕회가 군사위를 통해 김일성에게 전달한 전문, 1950년 11월 9일; 팽덕회가 모택동에게 보낸 전문, 1950년 11월 18일.

155) 리부춘이 모택동, 주은래에게 한 보고, 1950년 11월 13일.

진작을 위해, 중국 인민지원군 참전 사실 발표에 중국이 동의해 줄 것을 희망한다고 보고하였다.

11월 7일 모택동은 김일성이 연설에서 "중국 인민지원군 부대가 조선인민군의 통일된 지휘하에 인민군과 협력하여 침략자와 싸우고 있다"고 언급하는 데에는 동의하였지만, 많은 말을 하는 것은 적절치 않다고 강조하였다. 주은래 역시 답변에서 "중국 지원군"이 아닌 "중국 인민지원군"임을 특별히 강조하였다. 11월 12일, 주은래는 전보에서 김일성의 연설 어휘는 반드시 "중국 인민지원 부대는 조선인민군 총사령부 지휘하에 작전에 참가하고 있다"고 수정하도록 재차 강조하였다.[157]

그러나 이 모든 것은 공개 선전에서 사람들의 이목을 속이기 위한 표현일 뿐이었다. 실제로 중국은 자신의 군대를 조선의 지휘에 맡기는 것을 전혀 고려해보지 않았다. 반대로 팽덕회가 보고한 문제들의 해결을 위해 모택동은 고강을 조선에 파견하여 김일성이 조속히 팽덕회와 고강을 직접 만나 작전과 보급 문제에 관해 논의할 것을 결정하였다.[158] 실제로 이 회의의 중요 의제 중의 하나가 바로 양군의 지휘 통합 문제였다.

중조 쌍방이 토론을 시작하기 전, 모택동은 급히 모스크바의 견해를 물었다. 11월 13일 스탈린에게 보내는 전문에서 모택동은 팽덕회의 다음과 같은 건의 사항을 전달하였다.

"팽덕회는 김일성, 슈티코프 동지가 전방에 상주하고, 김일성, 슈티코프, 팽덕회 세 사람이 3인 소조를 구성하여 군대편성, 작전, 전후방 전장 그리고 작전에 관련된 수많은 현 정책을 포함한 군사정책 결정을 책임지고, 의견 일치를 이루도록 하여 전투 진행을 도울 것을 희망하였다. 우리는 이 제안에 동의하며, 특별히 전보를 보내 귀하의 지시를 구한다. 만일 이 제안이 타당하다고 생각하면 귀하께서 슈티코프와 김일성 동지에게 이를 제안하는 것이 타당하다."

156) 팽덕회가 모택동에게 보낸 전문, 1950년 11월 3일; 모택동이 팽덕회에게 보낸 전문, 1950년 11월 5일, 『建国以来毛泽东军事文稿』 上卷, 337쪽.

157) 『建国以来周恩来文稿』 第3册, 473-474, 491쪽.

158) 『建国以来周恩来文稿』 第3册, 475-476쪽.

모택동은 특히 "현재 중요한 문제는 조선, 소련, 중국 3국의 지도부가 조선에서 굳게 단결하여 모든 군사·정치 정책에 대해 일치된 의견을 도출하고, 동시에 조선인민군과 중국 인민지원군이 작전에서 잘 협력하고, 귀하의 제안대로 일정 수의 조선 군대와 중국지원군이 혼합편제(조선인민군의 편제 단위는 유지)를 가능케 하는 것이다. 만일 이렇게 할 수만 있다면, 우리는 승리를 확신할 수 있다"고 강조하였다.[159]

　11월 15일 김일성과 슈티코프는 초청에 응해 지원군 총사령부에 도착하였으며 고강 역시 심양으로부터 급히 달려왔다. 회의 시작 후, 김일성은 모두 발언에서 조선에 대한 소련의 대규모 원조를 크게 찬양하였다. 또한 중국의 지원에 대해서도 감사를 표하였지만, "적이 서울을 점령하고 38선을 향해 전진할 때, 본인(김일성)은 모택동에게 조선 군대에 지원을 제공해 줄 것을 요청하였으며, 적이 평양을 점령하기 전에 이러한 원조를 받을 수 있기를 희망하였다"고 말하며 불만을 표시하였다.

　슈티코프는 "김일성의 발언 중에서, 중조 군대 작전 중의 종속관계 문제언급을 고의적으로 회피"한 점에 주목하였다. 성격이 직설적인 팽덕회는 먼저 "중국 군대의 조선 진입 시기는 적절하였다"고 강조하였다. 그는 이어서 중국 군대가 조선에서 직면한 어려움을 나열한 후, "중조 군대는 반드시 더욱 협력하여 작전을 펼쳐야 한다"고 강조하고 김일성, 슈티코프, 그리고 자신으로 3인 소조를 구성하여, 군사 문제에 관한 협상과 통일 지휘에 대한 모든 책임을 질 것을 제안하였다.

　이 문제에 대해, 고강은 조선반도는 지리적으로 협소하여 전투에서 통일된 지휘가 없으면 안 된다고 설명하였다. 고강은 또한 "쌍방의 합작 방식 문제를 고려할 필요가 있다"고 제기하면서 팽덕회의 제안에 지지를 표시하였다. 조선인에 대해 믿음을 상실한 슈티코프는, 인민군은 가장 좋은 소련의 장비를 가지고도 패배하였다고 비판하였지만, 중국지원군은 열악한 장비로 다수의 적을 소

159)『抗美援朝战争史』第2卷, 167-168쪽; 本书编写组,『周恩来军事活动纪事(1818-1975)』下卷, 北京: 中央文献出版社, 2000年, 162-163쪽.

멸시켰다고 찬양하였다. 동시에 중국 지휘의 정확성에 어떠한 의심도 품어서는 안 된다고 덧붙였다.

그러나, 김일성은 지휘권 및 이에 관련된 정책 문제에 관해 시종 입을 다물었다. 슈티코프 역시 3인 소조 구성에 대해서는 분명한 입장을 표시하지 않았다. 6시간의 토론에도 결론이 나오지 않자 마지막에 고강과 팽덕회는 지휘 통일 문제는 2차 전역이 끝난 후 회의를 개최하여 재차 토론하자고 말할 수밖에 없었다.[160]

• 1950년 11월5일 대유동 회담에서 조중부대의 지휘통일 문제에 관하여 논의하고 있다. 좌측부터 고강. 김일성. 팽덕회.

[160] ЦАМОРФ, ф.5, оп.918795, д.118, л.50-59, Вартанов В.Н. Война в Корее 1950-1953 гг.: Докум енты и материалы, Москва, 1997, с.270; 『抗美援朝战争史』 第2卷, 167쪽; 팽덕회가 모택동에게 보낸 전문, 1950월 11일 18일. 슈티코프는 전문에서 개인적으로 "부대의 작전 행동은 당연히 통일된 지휘기관이 있어야 한다"고 생각하였다고 밝혔다.

▲ 중조연합사령부성립, 사진은 김일성과 조중 양측 고위장성 단체 사진. 우측부터 김웅, 박일우. 김일성. 팽덕회. 진경. 감사기.

그러나 회담이 끝난 지 얼마 되지 않아 모스크바에서 소식이 도착하였다. 11월 17일 모택동은 팽덕회와 고강에게 전보를 보내, 스탈린은 중국 동지가 통일 지휘를 하는 것에 전적으로 찬성하였으며, 김일성과 슈티코프에게 이미 전보를 보냈다고 통보하였다. 또한, 중국 주재 소련 군사고문 단장 자하로프 역시 통일 지휘를 찬성하였다.

모택동은 김일성의 반응을 관찰할 것을 팽덕회에게 지시하였다.[161] 이전 11월 15일, 스탈린은 슈티코프를 통해 김일성에게 소련의 견해를 분명하게 전달하였다. 그 내용은 연합사령부 설치에 동의하며, 중국인이 사령관을 맡는다는 것이었다.[162]

161) 『建国以来周恩来文稿』 第3冊, 515쪽; 『周恩来军事活动纪事』 下卷, 164쪽.

김일성의 입장에서 보면 군사 지휘권을 잃는 것은 하늘이 무너지는 것과 같은 것이었다. 체면도 잃게 되고(조선에서의 전쟁에서 외국인이 자신의 군대를 직접 지휘하는 점 때문에), 자신의 통치 지위에도 영향을 미칠 수 있었다(당내 파벌 투쟁이 오래 전부터 존재하였다). 따라서 김일성은 스탈린의 의견을 즉시 전달하지 않았으며, 동시에 어떠한 행동도 취하지 않았다. 이에 대해 스탈린은 재차 김일성에게 강력한 압력을 가하였다.

11월 21일, 슈티코프는 김일성과 박헌영을 만나 소련 국방부장관의 명령에 따라 군사고문단장 바실리예프(N. A. Vasiliev) 장군이 소련으로 소환될 것을 통보하였다. 바실리예프 장군 후임으로 라주바예프(V. N. Razuvaev) 중장이 임명되었다. 슈티코프는 또한 국방부장관의 명령에 따라 군사고문 업무와 관련된 문제는 모두 라주바예프 장군이 전적으로 책임을 지게 되며, 자신은 어떠한 군사 문제에도 다시는 관여하지 않을 것이라고 말하였다.

김일성은 대체로 이 통보의 숨은 뜻을 알아듣고, 잠시 생각에 잠긴 후에 다음과 같이 말하였다. "그렇다면 저도 총사령관 자리에서 물러나야 할 것 같다"고 말하였으며, 이에 대해 슈티코프는 대답하지 않았다.[163] 모스크바가 이미 태도를 표시한 마당에 김일성은 복종할 수밖에 없었다. 그러나 그는 방법을 강구하여 이의 실행을 늦추려 하였다.

이틀 후, 김일성은 슈티코프를 만나 자신은 중국인들이 어떤 생각을 하고 있는지 모르며, 통일된 지휘부 구성에 반대한 적이 전혀 없다고 설명하였다. 또한 조선노동당 정치위원회가 연합사령부 조선 측 부사령관 인선 문제를 논의하였으나 결정하기가 매우 어렵다고 하였다. 김책은 지휘 자질과 경력이 부족하고, 박일우는 군인이 아니며, 김웅(金雄)은 현재 인민군 총참모장을 맡고 있어 모두 부적합하다고 하였다. 김일성은 자신이 당과 정부 직무를 포기하고,

<hr />

162) ЦАМОРФ, ф.5, оп. 918795, д.124, л.499-501, Вартанов В.Н. Война в Корее 1950-1953 гг., с.293-295.

163) ЦАМОРФ, ф.5, оп. 918795, д.124, л.308-310, Вартанов В.Н. Война в Корее 1950-1953 гг., с.282. 1950년 7월 4일 김일성은 조선인민군 최고사령관을 맡았다(『金日成略传』, 平壤 外国文出版社, 2001年, 157쪽). 이후 김일성은 이 직무에서 전혀 사임하지 않았다. 여전히 항상 최고사령관 명의로 명령을 내렸다. 하지만, 조선인민군에게만, 대외로는 주로 전황 보고 발표에서 그렇게 하였다.

연합사령부의 부사령관직을 맡는 것 또한 "좋지 않다"고 말하였다.

김일성은 소련의 의견을 제시해 줄 것을 희망하였지만, 슈티코프는 이 문제에 대한 언급을 하지 않을 것이라고 명확하게 밝혔다. 마지막에 김일성은 모택동이 김일성 자신을 전혀 이해하지 못하고 있으며, 박헌영을 보내 모택동을 직접 만나 충분히 설명하고, 양군의 지휘 통일 문제를 협상할 것이라고 원망하듯 말하였다.[164]

얼마 후, 김일성은 모택동을 만나기 위해 박헌영과 박일우를 파견할 것이라고 중국에 통보하였다. 그러나 모택동은 이 문제는 오직 김일성 본인과 논의하여 결정할 수밖에 없는 문제라는 사실을 잘 알고 있었기 때문에, 김일성이 직접 중국에 오는 것을 희망한다는 답신을 보냈다. 김일성은 소련 대사의 의견을 구했고, 슈티코프는 모스크바의 지시에 따라 이는 조선 자신의 일이며 만약 김일성 자신이 가기를 원한다면 당연히 좋은 일이라고 대답하였다.[165]

퇴로는 없어 보였다. 김일성은 즉시 결정을 해야만 하였다. 11월 29일 조선노동당 정치위원회가 개최되어 김일성은 스탈린의 11월 15일자 전보를 낭독하였다(무려 보름이 지나서였다). 회의는 김웅을 중조 연합사령부 부사령관으로 임명하기로 결정하고, 김일성이 직접 북경에 가서 모택동을 만날 것을 결정하였다. 회의가 끝난 후 슈티코프의 제안에 따라 김일성은 11월 15일 전보에서의 소련의 결정, 즉 중조 군대를 통일 지휘하는 연합사령부 설치와 중국인이 사령관을 맡고 조선인이 부사령관을 맡는 방안에 대해 전적으로 지지한다는 전보를 직접 기초하였다.[166]

12월 3일, 김일성은 북경에서 모택동, 유소기, 주은래와 회담을 가졌다. 중조 양군 관계에 대해 모택동은 쌍방 모두 단결에 주의해야 한다고 말하였다. 또, 중국 인민지원군에게 조선노동당, 김일성 수상, 그리고 조선 인민정부를 옹호하고, 조선인민군을 사랑하며, 쌍방관계를 잘 유지할 것을 요구하였다고 말하

164) ЦАМОРФ, ф.5, оп. 918795, д.124, л.326-329, Вартанов В.Н. Война в Корее 1950-1953 гг., с.285.

165) ЦАМОРФ, ф.5, оп. 918795, д.124, л.429, Вартанов В.Н. Война в Корее 1950-1953 гг., с.289; 『建国以来周恩来文稿』第3册, 565-566쪽.

166) ЦАМОРФ, ф.5, оп. 918795, д.124, л.480-481, 499-501, Вартанов В.Н. Война в Корее 1950-1953 гг., с.291, 293-295.

였다. 중국 인민지원군의 일반 규율은 좋지만 그럼에도 최근 기율 위반 사건이 십 여 건이나 발생하여, 전방에선 엄중히 처벌하기로 하였으며 현지인들에게 잘못을 인정하도록 하였다고 말하였다.

이에 김일성은 "중국 지원군의 규율은 가장 좋다"고 말하면서, 스탈린이 전보에서 중조 군대는 통일된 지휘가 필요하며, 중국 지원군이 경험이 풍부하기 때문에 중국 동지가 사령관을 조선 동지는 부사령관을 맡도록 지시하였고, 조선노동당 정치위원회는 이에 동의하였다고 통보하였다. 이어서 모택동은 팽덕회를 사령관 겸 정치위원으로 추천하였고, 김일성은 김웅을 부사령관, 박일우를 부정치위원으로 추천하였다. 양측은 연합사령부의 명령은 팽덕회, 김웅, 박일우 3명의 서명을 거쳐 내리도록 하고, 지원군에 대한 단독 명령은 여전히 이전대로 하는 것에 합의하였다.

연합사령부 창립 이후, 작전 및 전선에 속한 일체의 활동은 모두 연합사의 지휘에 귀속되었고 후방 동원, 훈련, 군정, 경비 등 업무는 조선 정부가 직접 관할하였다. 그러나 연합사는 후방에 필요한 요구와 건의를 할 수 있도록 하였다. 연합사 산하에 지원군 사령부와 인민군 총참모부 등 2개 기구를 설치하여 한 곳에서 업무를 처리하기로 하였다. 연합사의 창설은 대외적으로 비공개되었고 오직 내부 문서에서만 사용하도록 하였다. 철도 운수와 정비는 연합사의 지휘에 귀속되었다. 회담 후 주은래는 '중조 연합지휘부 창립에 관한 중조 쌍방 합의' 초안을 기초하였다. [167)

12월 5일 저녁 김일성이 조선으로 돌아온 후 라주바예프에게 북경의 회담 상황을 즉시 보고하였다. 김일성은 연합사령부 창설 문제에 대해서는 합의하였지만, 모택동은 이 일을 서두르지 말도록 제안하였다고 말하였다. [168) 김일성을 안심시키기 위해 모택동이 고의적으로 이 말을 했을 가능성이 있다(현재까지 문헌 증거는 없다). 하지만 김일성은 이를 특별히 강조함으로써 모스크바의 결정 이행에 대한 지연 책임으로부터 벗어나고자 했던 것으로 보인다.

167) 中共中央文献研究室编, 『毛泽东年谱(1949-1976)』第1卷, 北京: 中央文献出版社, 2013年, 254-255
쪽; 『周恩来军事活动纪事』 下卷, 168-169쪽; 『周恩来军事文选』第4卷, 122-123쪽.

168) ЦАМОРФ, ф.5, оп. 918795, д.124, л.553, Вартанов В.Н. Войиа в Корее 1950-1953 гг., с.299.

그러나 실제로는 모택동은 지휘 통일 문제가 매우 시급한 문제라고 보았다. 김일성이 평양으로 돌아간 다음 날, 즉 2월 6일 모택동은 팽덕회에게 전보를 보내 다음과 같은 지시를 내렸다.

"중조 군대의 연합작전에 관해서, 먼저 방호산 군단은 원산 방면으로 진격하지 말고 신속히 남조선으로 출동시키도록 한다. 조선인민군 제3군단은 풍산(丰山)으로 진격하지 말고 송시륜(宋时轮)의 지휘하에 북청(北青), 함흥(咸兴)을 향해 신속히 전진하도록 한다. 강계(江界)와 정주(定州)의 2개 군단은 지원군 사령부의 지휘를 받도록 김일성이 신속히 명령을 내려, 지원군 작전에 협력하도록 할 것" 등을 지시하였다.[169]

• 김일성은 북경을 방문하고 모택동과 정전담판과 관련된 문제들을 논의하였다.

[169] 『毛泽东年谱(1949-1976)』 第1卷, 258-259쪽; 『建国以来毛泽东军事文稿』 上卷, 399-400쪽.

12월 7일 김일성은 팽덕회와 만나 구체적인 사안에 대해 재차 논의하였다. 팽덕회의 보고에 따르면 양측의 "대화는 매우 원만"하게 진행되었다. 김일성은 수일 내에 연합사령부를 조직할 것을 약속하였으며 향후 군사 지휘에는 직접 관여하지 않을 것을 보장하였다. 또한 중국 측 제안을 받아들여 인민군 제3군단에 대한 이동 명령을 취소하고 지원군 제9병단 송시륜의 지휘를 받도록 명령하였다.[170]

팽덕회도 단결의 취지에서 "인민군의 용감하고 강인한 정신과 엄격한 소련식 군사관리 제도는 배울 가치가 있다"고 강조하였다. 또한 제9병단 간부들에게 배우는 자세로 인민군 제3군단의 상황을 파악하도록 지시하였으며, "기회를 보아 중국군 건군 과정에서의 정치공작과 지방공작 경험을 인민군에게 설명"하도록 지시하였다고 말했다. 하지만 상대방의 제도와 모순이 발생할 경우 "딱딱하게 해결해서는 안 된다"고 강조하였다.[171]

이 뿐만 아니라, 모택동은 여전히 이 일이 김일성을 과도하게 자극하지 않을까 염려하였다. 12월 8일 지원군사령부에 보낸 전보에서 모택동은 연합사령부 직권 조례 초안을 만들지 말도록 지시하면서, 이는 "양국 관계뿐만 아니라 국제 관계에 있어서" 모두에게 불리하다고 말하였다. 모택동은 중조 연합사령부는 실무기구일 뿐이며 대외적으로 공개할 수 없고 내부적으로도 군부와 독립사단 사령부에만 명령을 내려야 한다고 강조하면서도, 전쟁에 관련된 모든 사안에서 반드시 실질적인 통일 지휘가 이루어져야 한다는 점을 재차 강조하였다.[172]

12월 8일 주은래는 '중조 연합지휘부 성립에 관한 중조 雙方 합의' 초안을 기초하면서 "이하 문건은 김일성 동지의 의견을 구해야 하며, 만일 동의 혹은 다소 수정을 가할 경우 우리의 동의를 얻어 최종 방안으로 확정한 후, 실행되어야 한다"고 설명하였다. 12월 초, 중국 인민지원군과 조선인민군 연합사령부 (연합사)가 정식으로 창설되었다.[173]

---

170) 필자의 시성문 인터뷰 기록; 팽덕회가 모택동에게 보낸 전문, 1950년 12월 7일; 王焰 主编, 『彭德懷年谱』, 453쪽.

171) 팽덕회가 제9병단에게 보낸 전문, 1950년 12월 13일, 16일, 19일; 王焰主编, 『彭德懷年谱』, 465쪽.

172) 모택동이 지원군 본부에 보낸 전문, 1950년 12월 8일.

지상군 이외에 공군 작전에서도 행동 통일이 필요하였다. 중국 군대가 비밀리에 출동하여 초기 승리를 얻은 후, 스탈린은 소련 공군의 투입을 결정하였다.[174] 1950년 10월 29일 소련 고문은 모스크바는 소련 공군이 "안동 지역 상공을 방어하는 것"과 중조 국경을 비행하여 조선에 들어가는 것에 동의하였다고 주은래에게 통보하고, 10일 후 소련 공군기지를 심양에서 안동으로 이전할 것이라고 약속하였다.[175]

11월 1일 소련 공군은 최초로 압록강 상공 전투에 투입되었다.[176] 1951년 1월 초 자하로프는 소련 공군 2개 사단이 가까운 시일 내에 조선으로 들어가 집안-강계, 안동-안주까지의 2개 전선을 엄호할 것이라고 통보하였다. 이 밖에도 4월 초부터는 5개 중국 공군사단과 3개 조선 공군사단이 전투에 참가할 예정이었다.

이에 따라 소련 고문의 동의하에 중국은 통일된 공군지휘부 창설의 필요성을 제기하였다. 중조 간 협상을 거쳐 1951년 3월 연합사 조직 원칙을 참고하여 중조 공군연합 집단군 사령부를 창설하였다. 정치적 고려와 언어 소통 문제 등의 이유로 소련 공군은 연합사령부에 가입하지 않았다.[177]

그러나 실제 작전에서 조선인민군 부대 모두가 연합사의 지휘를 받은 것은 아니다. 1951년 4월 15일까지 중국에서 훈련 받은 부대가 귀국함에 따라 조선인민군은 총 7개 군단으로 늘어났다. 그중 4개 군단만 연합사령부의 지휘하에 작전하였고 3개 군단은 조선인민군 총사령관에 소속되었다.[178]

연합사 내의 조선인 간부는 조선노동당 중앙위원회가 직접 임명하였다. 김웅과 박일우는 모두 연안파 간부로, 항일 전쟁 시기 중공 중앙과 팔로군, 신사군의 직접 지도아래 활동하였다.[179] 그들은 중국 지도부와 가깝고 신임을 받았

---

173) 『周恩来军事活动纪事』下卷, 169-171쪽.

174) 소련 공군 참전의 최신 연구에 관해서는 다음을 볼 것. 沈志华, 「对朝战初期苏联出动空军问题的再考察」, 『社会科学研究』 2008年 第2期, 31-43쪽.

175) 『建国以来周恩来文稿』 第3册, 427쪽.

176) АПРФ, ф.45, оп.1, д.335, л.71-72.

177) 『周恩来军事活动纪事』下卷, 178-179쪽; 沈志华, 『毛泽东, 斯大林与朝鲜战争』, 331-340쪽.

178) 조선인민군 각 군단 상황 보고, 1951년 4월 15일 이후, 『朝鲜战争: 俄国档案馆的解密文件』, 748쪽.

지만 김일성은 거꾸로 이들에 대해 안심할 수 없었다.

1952년 7월 6일 김일성은 지원군사령부에 서신을 보내 조선노동당 중앙정치위원회는 김웅을 민족보위성 부상으로 전보하고, 연합사 부사령관은 김일성의 항일연군 시절의 오랜 전우 최용건이 맡게 되었다고 통보하였다. 1953년 2월 5일 연합사 부정치위원 박일우도 소환되었으며 그의 직무 또한 최용건이 대신하였다.[180] 김일성은 여전히 군대 지휘권 포기를 원치 않았다고 할 수 있다.

만일 미국의 유엔군 부대 통일 지휘가 당연한 것이라면, 중조 양국 군대의 연합작전과 지휘 통일 문제는 선택이 어려운 모순된 상황에 처하게 된다. 조선에게는 확실히 주권과 존엄의 문제가 있었으며 그들이 자신들의 군대 지휘권을 포기하는 것은 민족정서상 받아들이기 어려웠을 것이다. 반면에 중국이 주로 고려했던 점은 전쟁의 승패였다. 실력과 경험에서 중국은 모두 절대적 우세를 점하였다. 이해득실, 전장 상황 및 현실적 이익의 관점에서 본다면, 지원군이 인민군의 지휘권을 가지는 것은 피할 수 없는 대세였으며, 스탈린 역시 그렇게 할 수밖에 없었다. 이 또한 김일성이 중국과 동맹을 맺을 때, 반드시 부딪쳐야 할 사실이었다.

사실, 중조 연합사령부가 창설된 지 1개월도 지나지 않은 시점부터 김일성은 군사 지휘권 상실로 번뇌와 고통을 직접 느끼기 시작하였다.

2. 전군에 진격 중지를 명령한 팽덕회

조선인민군이 순조롭게 남진하고 있을 때, 모택동은 김일성의 개인 대표 이상조와 장시간 대화를 나누었다. 모택동은 조선인민이 마주한 것은 매우 강력한 적이며 이 점을 언제나 명심해야 한다고 강조하였다. 인민군은 오직 전진만을 생각할 뿐 후방 수비는 매우 취약했으며, 적이 후방에 상륙하여 인민군의 교통선을 차단할 가능성이 높았다. 모택동은 조선 지도자들에게 이 위험성을

---

179) 상세한 것은 이 책의 서장을 볼 것.
180) 『抗美援朝战争史』第3卷, 269, 394쪽.

346   최후의 천조(天朝)

인지하고, 병력 집중과 전략적 후퇴를 제안하였다. 이상조는 모택동의 이 의견을 김일성에게 전하였지만, 김일성은 이를 귀담아 듣지 않고 오히려 이 일을 누설하지 말도록 이상조에게 경고하였다.[181]

지원군이 두 차례 전역을 성공적으로 마쳤을 때 주 전선은 38선 부근으로 이동하였다. 전장의 지휘관으로서 팽덕회는 실제 상황을 고려하여 부대의 재정비를 요구하였다. 팽덕회는 승리로 인해 조선의 당·정·군 사기가 높아졌지만, 한편으로 신속한 승리와 맹목적인 낙관 정서가 전 부분에서 팽배하다고 보고하였다. 팽덕회는 보고에서 "소련 대사는 적이 급히 도망칠 것이기 때문에 우리 군은 신속히 진격해야 한다고 말하였다. 이는 소련 대사의 의견일 뿐 아니라, 조선노동당 중앙위원회 다수 동지들의 요구이기도 하다"고 말하였다.

그러나 팽덕회 자신은 "적군은 공격에서 방어로 전환하여 전선이 단축되었고, 병력 집중으로 정면이 협소해져 종심(从深)이 자연히 강화되어 연합병종 작전에 유리하기 때문에 조선전쟁은 여전히 장기간의 어려운 싸움이 될 것"으로 예측하였다. "적의 사기가 이전보다 좀 떨어졌지만 그들은 여전히 26만 병력을 가지고 있어 조선에서 즉각 철수하지는 않을 것"이기 때문에 "우리 군은 반드시 완만한 진격 방침을 취해야 한다"고 주장하였다.[182]

주은래 역시 같은 생각이었다. 서울 부근에서 기회를 보아 적을 섬멸하는 것과는 별개로, 적이 서울을 고수하든 포기하든 우리 군은 일정 기간 재정비를 해야 한다고 보았다.[183] 그러나 모택동은 국제정치적 이유를 들어 즉시 제3차 전역을 일으켜 38선을 돌파할 것을 명령하였다.[184]

그러나 군사전략적 측면에서 모택동은 팽덕회의 전쟁 장기화 예상과 완만한 진격 제안에 찬성하고, 38선을 넘어 한차례 전투를 치른 뒤 군대를 곧바로 철수하여 인민군을 포함한 전군의 주력을 수십 킬로미터 후퇴시켜 재정비한다는 데에 동의하였다. 모택동은 심지어 38선 이남 또는 이북 어디에서 휴식하든

181) РГАНИ, ф.5, оп.28, д.410, л.233-295.
182) 팽덕회가 모택동에게 보낸 전문, 1950년 12월 19일; 王焰主编, 『彭德怀年谱』, 456쪽.
183) 『建国以来周恩来文稿』 第3册, 625-626쪽.
184) 『建国以来周恩来文稿』 第3册, 625-626쪽.

"상관없다"며, 이렇게 할 경우 적은 안도감을 느끼고 방어선을 회복하겠지만 이는 아군의 춘계 공격에 유리하다고 지적하였다.[185]

제3차 전역이 시작된 후 1951년 1월 3일, 팽덕회는 김일성에게 "방어선이 무너진 후 적이 신속히 퇴각하여 중조 연합군의 전과는 별로 크지 않으며 3,000명의 포로를 잡는 데 그쳤다. 만약 적이 계속 남쪽으로 도망하면 수원까지만 추격하고 명령을 기다리도록 한다. 이 전투는 서울, 인천, 수원, 이천 등을 점령한 후 즉시 진격을 멈추고 재정비와 보충을 준비한다. 만약 적이 강력한 군대로 서울을 방어하면 우리는 잠시 공격하지 않는다. 여러 조건이 모두 충분히 성숙되지 않았기 때문이다"라고 통보하였다.[186]

모택동은 이 결정을 스탈린에게 전달하였다.[187] 전황은 팽덕회의 예상대로 전개되었으며 제3차 전투는 비록 순조롭게 38선을 돌파하고 서울을 점령하였으나, 유엔군이 주도적으로 철수하였기 때문에 중조 연합군은 일부 지역의 점령 외엔 적의 작전부대에 큰 손실을 입히지 못하였다. 팽덕회는 이때 지원군이 이미 피로해진 점과[188] "적이 견고한 진지를 구축한 낙동강까지 아군을 깊숙이 유인하기 위해 계속 공격하도록 할 음모" 등을 고려하여, 1월 8일 부대의 진격을 멈추고 전군이 쉬도록 명령하였다.[189] 이 같은 팽덕회의 행동은 조선 측의 강한 불만과 반대를 불러왔다.

38선 돌파 전부터 김일성은 "중국 군대의 완만한 진격"에 극히 불만이었으며, 소련 군사고문단장에게 이렇게 하는 것은 "주로 그들이 북경으로부터 이에 관한 지시를 받았기 때문"이라고 말하였다.[190] 12월 30일 전역을 개시하기 하

185) 『毛泽东军事文集』第6卷, 北京: 军事科学出版社, 中央文献出版社, 1993年, 245-246, 249-250쪽. 『建国以来毛泽东军事文稿』上卷, 420-422, 423-424쪽.

186) 『彭德怀军事文选』, 383쪽; 팽덕회가 김일성에게 보낸 전문, 1951년 1월 3일; 王焰 主编, 『彭德怀年谱』, 464쪽.

187) АПРФ, ф.3, оп.1, д.336, л.81-82.

188) 지원군 당위원회 보고. 당시 부대는 "병력이 부족하고, 급양 상태가 나쁘며, 체력은 약화되고, 휴식과 보충 및 보급 수송이 개선되지 않아 계속 작전하기 어려웠다." 지원군 당위원회가 중공중앙에 보낸 전문, 1951년 1월 8일. 참고로 다음을 볼 것. 杨凤安, 王天成, 『驾驭朝鲜战争的人』, 北京: 中共中央党校出版社, 1993年, 222쪽.

189) 彭德怀, 『彭德怀自述』(내부인쇄본), 350쪽.

루 전, 김일성은 모택동과 팽덕회로부터 온 서신을 라주바예프에게 전달하면서, 중국의 작전계획에 따르면 전투 종심이 결코 크지 않으며, 인민군 2개 군단을 38선 이북으로 철수시켰다고 통보하였다.[191] 소련 고문단장은 "북경은 38선은 존재하지 않는다고 이미 선언하였는데, 38선을 돌파하고 다시 철수한 것은 정치적으로 어떻게 설명할 수 있는가? 또한 왜 인민군 2개 군단의 38선 이북 철수를 명령했는가?"라고 팽덕회를 질책하였다.[192]

제3차 전역이 개시된 이후 조선인들은 흥분하기 시작하였다. 1월 2일 『노동신문』은 김일성의 며칠 전 노동당중앙위원회 제3차 상임위원회 보고를 전재하였다. 김일성은 보고에서 노동당과 조선인민은 38선 구분을 "용인할 수 없고 좌시할 수 없다"고 강조하며, 당면한 군사적 임무는 38선을 넘어 도망하는 적에 대해 "추격전을 적극 전개하고, 결정적인 전투를 준비하는 것"이라고 주장하였다.[193]

과거 작전 실패의 교훈과 압력 때문에 김일성은 38선 돌파 후 두 달간의 군대 재정비 계획에는 동의하였다. 그러나 그의 속마음은 사실상 신속한 승리를 주장하는 것이었으며, 그러나 의견을 발표할 때는 전술적으로 신임 소련 대사 라주바예프와 외무상 박헌영을 전면에 내세웠다.

팽덕회가 진격 중지를 명령한 당일, 김일성은 시성문에게 휴식이 너무 길어져서는 좋지 않으며 한 달 정도면 충분하다고 말하였다. 김일성은 만일 시간이 길어지면 하천과 논의 얼음이 녹아 부대의 이동에 어려움이 가중되며, 적들은 장비를 보충하고 숨을 돌릴 여유를 갖기 위해 시간을 끌려고 기도할 것이라고 주장하였다. 김일성은 또한 팽덕회의 처소로 가서, 그와 면담하려 하였다. 팽덕회는 김일성의 의견을 모택동에게 즉시 전보로 보고하면서, 동시에 부대의 재정비와 보충 필요성을 강조하였다.[194]

190) ЦАМОРФ, ф.5, оп. 918795, д.124, л.667-668, Вартанов В.Н. Война в Корее 1950-1953 гг., с.300.

191) ЦАМОРФ, ф.5, оп. 918795, д.124, л.750-752, Вартанов В.Н. Война в Корее 1950-1953 гг., с.303-305.

192) 王焰主编, 『彭德怀年谱』, 463쪽.

193) 『内部参考』, 1951년 2월 12일, 第21期, 21-61쪽.

1월 9일 오전, 중국 주재 소련 군사고문단장 자하로프는 조선에서의 부대가 전진을 중지하였다는 사실을 듣고 이에 반대하였다. 그는 승리한 군대가 적군을 추격하지 않고 승리 성과를 확대하지 않는 군대는 세상 어디에도 없다고 불만을 표시하였다. 동시에 이렇게 할 경우 적에게 숨 돌릴 시간을 주게 되고, 전투 기회를 놓치는 실수를 범하게 될 것이라고 지적하였다. 비록 총참모장 대리 섭영진이 인내심을 가지고 설득하였으나 자하로프는 여전히 자신의 의견을 굽히지 않았다.195) 같은 날, 스탈린은 전보를 보내 중국에 대한 국제사회의 비난을 피하기 위해 중국 인민지원군은 38선 이북과 그 동서 해안만을 통제하고, 인민군은 계속 남진하여 적을 추격할 것을 제의하였다. 모택동은 즉시 이 전보를 팽덕회에게 보냈다.196)

1월 10일 밤, 시성문은 김일성과 함께 팽덕회의 지휘부를 방문하였다. 회의에서 팽덕회는 적과 아군의 상황을 분석한 후 아군은 현재 휴식이 필요하며 충분한 준비를 거친 후 다음 전역에서 더 많은 적군을 섬멸할 수 있다고 강조하였다. 김일성은 휴식에는 동의하지만 그 시간은 최대한 단축되어야 하며, 우선 3개 군단을 출동시켜 남진하고 나머지 부대는 한 달간 휴식하도록 할 것을 제안하였다.

팽덕회는 지금 출동하면 적이 몇 개 지역을 포기하도록 압박할 수는 있지만, 너무 빨리 적의 주력을 부산의 협소한 지역에 몰아넣는 것은 분할 포위하여 적을 섬멸하는 데에 불리하다고 주장하였다. 김일성은 적을 소멸시킬 수는 없다 하더라도 영토를 확대하는 것 또한 매우 중요하다고 주장하였다. 이에 팽덕회는 영토를 확장하는 것은 적을 소멸시키는 것만 못하며 적을 소멸시키면 영토는 자연스럽게 획득할 수 있다고 주장하였다.

그러나 김일성은 지금은 영토를 더 많이 점령하여 인구를 늘려야 정전 후 선거에 유리하다며 여전히 자신의 주장을 굽히지 않았다. 팽덕회는 그 점들은

---

194) 필자의 시성문과의 인터뷰 기록; 팽덕회가 모택동에게 보낸 전문, 1951년 1월 1일; 시성문이 팽덕회에게 보낸 전문, 1951년 1월 8일; 王焰主编, 『彭德怀年谱』, 465-466쪽.

195) 王亚志, 「抗美援朝战争中的彭德怀、聂荣臻」, 『军事史林』 1994年 第1期, 11쪽.

196) 王焰主编, 『彭德怀年谱』, 465쪽.

크게 고려할 필요가 없고 당면한 임무는 승리를 거두고 적을 소멸시키는 것이라고 주장하였다.

양측의 논쟁이 그치지 않자 팽덕회는 당시 모택동의 9일자 전보를 김일성에게 보여 주었다. 김일성은 자신이 말한 것은 개인 견해가 아니라, 조선노동당 정치국의 집체적인 견해라고 주장하며 전화로 박헌영을 당일 밤 팽덕회 사령부로 급히 불렀다.[197]

1월 11일 팽덕회는 모택동의 급전을 받았다. 군의 재정비 시간을 단축해야 한다는 김일성의 주장에 대해 모택동은 스탈린의 전보를 근거로 다음과 같이 제안하였다.

"인민군 제1, 2, 3, 5군단을 모두 한강 이남의 제1선에 배치하고, 지원군은 인천과 한강 이북으로 철수하여 2~3개월 재정비하며 인천과 서울의 방어는 지원군이 담당한다. 인민군은 현재 동북에서 훈련 중인 신병으로 더 보충하고, 만일 김일성이 보충이 필요 없다고 생각하면 인민군이 곧바로 진격하여 적을 공격하는 것에 동의하며, 조선이 직접 이 부대들을 직접 지휘할 수 있다. 동시에 인민지원군은 인천, 서울 및 38선 이북 지역의 방어를 맡는다."

팽덕회는 이 내용을 김일성에게 통보하였다. 그날 밤, 팽덕회, 김일성, 박헌영 간의 회담에서는 더욱 격렬한 논쟁이 벌어졌다. 김일성과 박헌영은 스탈린이 말한 인민군의 단독 진격은 현 정세에 부합하고 미군을 조선에서 몰아내는 데 유리하다고 보았다. 박헌영은 최근의 일부 신문 보도와 소련이 제공한 정보를 거론하며 "미군은 반드시 조선에서 물러날 것이다. 그러나 우리 군이 추격하지 않으면 미국이 구실을 찾지 못해 물러나지 않을 것"이라고 단정적으로 말하였다.

이에 팽덕회는 "우리가 추격하지 않으면 미국은 자연스럽게 물러날 것이며 이것이야 말로 가장 좋은 구실이 될 것"이라고 반박하였다. 박헌영은 재차 "미군은 추격하지 않으면 물러나지 않을 것이며 미국 자산계급 내부의 모순을 이용해야 한다"고 반박하였다. 팽덕회는 "미군 몇 개 사단을 다시 소멸하기만 하

---

197) 필자의 시성문과의 인터뷰 기록; 팽덕회와 김일성의 회담 기록, 1951년 1월 10-11일.

면 그 모순은 더욱 심화될 것이며 이것이야말로 우리에게 유리한 조건이 될 것이며, 지원군은 재정비를 거친 후에만 전투가 가능하다"고 강조하였다. 이때 김일성이 끼어들어 "15일 내에 지원군 3개 군단은 계속 남진하고 기타 부대들은 한 달간 재정비한 후에 공격을 다시 시작하자"고 주장하였다.

팽덕회는 더 참지 못하고 격앙된 목소리로 "당신들의 생각은 잘못되었으며, 그것은 단지 당신들의 희망 사항일 뿐이다. 당신들은 과거 미국이 절대로 출병하지 않을 것이라고 믿고 미국이 출병할 경우에 어떻게 할 것인지에 대해서는 아무런 대책도 세우지 않았다. 지금은 또 미군은 조선에서 반드시 물러갈 것이라면서 미군이 물러나지 않을 경우 어떻게 할 지에 대해서는 전혀 고려하고 있지 않다. 당신들은 신속한 승리를 원하면서도, 정작 이를 위한 구체적인 준비는 하지 않고 있는데, 그 결과는 전쟁의 연장일 뿐이다. 당신들이 전쟁 승리를 운에 맡기고 인민의 사업을 가지고 도박을 한다면 전쟁은 또다시 실패할 수밖에 없다. 인민지원군 재정비와 보충에는 2개월이 필요하며 단 하루도 적어서는 안 된다. 아마 3개월이 걸릴 수도 있으며, 충분히 준비되지 않으면 1개 사단도 남진할 수 없다. 나는 당신들의 적을 경시하는 잘못된 견해에 단호히 반대한다. 만일 당신들이 나 팽덕회가 이 직책에 적합하지 않다고 생각한다면, 파면하여 재판에 넘길 수 있고, 목을 베어도 좋다"고 목소리를 높였다.

이어서 팽덕회는 모택동이 보낸 전보에 근거하여, "인천 – 양양 이북 지역과 모든 해안선의 경계와 후방 교통 유지는 인민지원군이 책임지며, 인민군 4개 군단 약 12만 명 병력은 이미 2달간 재정비 기간을 가졌으므로 귀하들에게 지휘권을 돌려줄테니 귀하들 마음대로 계속 남진"할 것을 김일성에게 통보하였다. 그는 "당신들 예상대로 미군이 조선에서 물러난다면 나는 당연히 조선 해방 만세를 부르며 축하할 것이며, 만일 미군이 물러나지 않으면 인민지원군은 예정된 계획에 따라 남진하여 작전할 것"이라고 했다.

이러한 상황에서 김일성은 인민군은 아직 준비가 되지 않았으며, 원기 또한 회복되지 않아 단독으로 진격할 수 없다고 말하면서, 우리에게 신속한 승리만을 원하는 정서가 있었음을 인정하고, 지원군의 2개월간 재정비에 마지못해 동의하였다. 마지막으로, 쌍방은 1월 24일 양군 고위간부 연석회의를 개최하여

경험을 교류하고 사상을 통일시킬 것을 결정하였다.[198]

스탈린은 군사 지휘 문제에 있어서 중조 간에 논쟁이 있었음을 알고 난 후 보낸 전보에서 "중국 지원군의 영도는 적절하고, 진리가 팽덕회 동지의 손에 있음을 의심하지 않으며", "팽덕회는 열악한 장비로 세계 최강의 미 제국주의를 격파한 당대의 천재적 군사전략가"라고 칭송하였다. 스탈린은 소련 대사가 군대 사무를 잘 이해하지 못하고 있다고 질책하고, 팽덕회의 지휘에 다시는 간섭하지 않도록 지시하였다.[199]

이때 모택동 역시 김일성에게 더욱 압박을 가하였다. 모택동은 1월 14일 김일성에게 보낸 전보에서 "장래 2~3개월 동안 중국 지원군과 조선 군대는 극심한 어려움을 극복해야 하며, 버겁고 힘든 과업을 완수해야 한다. 구체적으로, 훈련을 마친 신병들로 부대를 보충하고, 노병들의 경험을 학습하게 해야 한다. 또, 부대의 무기 장비를 강화하고 철도를 복구하며 보급과 탄약도 준비해야 한다. 수송과 후방보급 업무도 개선해야 한다. 이 과업들을 잘 완성한 후에야 비로소 최후의 승리를 보장할 수 있다"고 강조하였다.

모택동은 적들이 계속 저항할 준비를 하고 있는 상황에서 "우리는 반드시 충분한 준비를 해야만 계속 전쟁을 할 수 있다. 그렇지 않으면 조선 군대가 1950년 6월~9월 사이 범한 과오를 우리도 반복할 수 있다. 중조 양국 동지들은 인내심을 가지고 필요한 준비를 해야 한다"고 강조하였다. 다음날 모택동은 이 전보를 스탈린에게도 보냈다.[200]

1월 16~18일 재차 열린 팽덕회와의 회담에서 김일성은 조선인민군의 단독 남진은 모험을 수반하는 것이며, 조선노동당 정치국은 토의를 거쳐 중국이 제기한 2달의 재정비 기간이 필요하다는 제안은 적절한 것으로 결론 내렸다고 통보하였다.[201] 그러나 김일성 마음속의 불만은 충분히 예상할 수 있었다.

198) 필자의 시성문 인터뷰 기록; 王焰主編, 『彭德怀年谱』, 466쪽.
199) 王焰主編, 『彭德怀年谱』, 461쪽; 洪学智, 『抗美援朝战争回忆』, 北京: 解放军文艺出版社, 1990年, 111-112쪽; 王亚志, 『抗美援朝战争中的彭德怀, 聂荣臻』, 11쪽.
200) АПРФ, ф.45, оп.1, д.337, л.1-3.
201) АПРФ, ф.45, оп.1, п.337, л.37-40.

조선 주재 소련 대사는 후에 "미국인들이 조선에서 철수를 준비하고 있을 때, 중국인들은 반대로 수원에서 38선으로 퇴각하고, 대규모 공격을 포기하고 일부 잘 준비되어 있지 않은 군대들만 공격에 참가시켜 38선 부근에서 전쟁을 끝내려는 의도를 분명히 하였다. 비록 조선인들은 중국군이 어떠한 어려움에 처했는지 잘 알고 있었음에도 이 모든 것들은 조선 지도자의 마음속에서 중국의 위신을 크게 훼손시켰다"고 보고하였다.[202]

전쟁이 끝난 직후까지 조선노동당에는 "1951년 초 무장 간섭자(미군 또는 유엔군 측 - 역자 주)가 패배하고 있을 때 중국 지원군은 조선을 철저히 해방시키기를 원하지 않았다"는 소문이 돌았다.[203] 이는 이 사건이 김일성에게 준 충격이 매우 깊다는 것을 보여준다.

군사적 관점에서 팽덕회의 주장은 당연히 실사구시적이고 충분한 근거가 있었다. 반면에 조선 지도자들의 주장은 단지 희망에 불과했으며 막무가내 식이었다. 동시에 정치적 고려와 기타 요인의 영향을 받았음이 분명하다. 그러나 여기서 보충 설명이 필요한 점은 중조 간의 이러한 갈등은 단지 군사 전술면에서 서로 다른 주장에 불과한 것이며, 전체적 전략 측면에서 보면 북경, 평양 및 모스크바는 주장이 일치하였고, 세 나라 모두 군사적 수단 또는 군사적 압력을 통하여 유엔군을 조선반도에서 몰아내고 조선 문제를 철저히 해결하고자 하였다는 점이다.

이러한 정서하에서, 모택동과 김일성은 모두 1951년 1월 유엔정치위원회가 제안한 정전회담 결의안을 심각하게 고려하지 않았으며 이에 따라 전쟁을 더 일찍 끝낼 수 있는 유리한 기회를 놓쳤다. 그로 인해 중국은 정치, 외교 및 군사적으로 극히 수동적인 상황에 처하게 되었다.[204]

---

202) 라주바예프가 모스크바에 보낸 전문, 1951년 9월 10일, 『朝鮮战争: 俄国档案馆的解密文件』, 1,022-1,026쪽.

203) РГАНИ, ф.5, оп.28, д.314, л.48.

204) 상세한 것은 다음을 볼 것. 沈志华, 「试论1951年初中国拒绝联合国停火议案的决策」, 『外交评论』 2010年 第4期, 125-146쪽.

3. 조선 철도에 대한 군사관제 시행

지원군이 세 차례 전역에서 연이어 승리하고 전선을 남쪽으로 확대 이전함에 따라 중조 군대의 후방 보급선은 갈수록 길어졌다. 때문에 군대의 후방 보급 보장의 중요성이 더욱 부각됐다. 한편 조선의 경제 건설은 전쟁으로 큰 타격을 받았으며, 1950년 말에는 "공업생산이 완전히 중단"되었다.

경제복구와 인민경제의 정상적 운영을 위해 중조 연합군이 38선을 돌파한 직후 조선 정부는 '1951년 제1분기 인민경제의 회복 및 발전계획에 관하여' 등 일련의 경제 관련 결정을 발표하였다. 특히 1951년 2월 22일, '전쟁 시기 철도 사업을 개선에 관한' 결정에서 "공업과 농업생산 회복을 위한 국민경제 운수 보장의 임무"를 제기하였다.[205] 그러면서 철도운수와 관리체제를 어떻게 보장할 것인가 하는 문제에서 중조 간 모순과 충돌이 발생하였다.

중국 군대가 조선에서 작전하는 데 있어서 후방 보급은 매우 중요한 문제였다. 지원군 사령부의 전보에 의하면 처음 출병한 두 달 동안 보급은 항상 부족한 상황이었다. 대부분의 부대는 식량을 현지에서 조달해야 했으며 식사를 할 수 없는 상황이 자주 발생하였다. 기름과 소금이 없었고 심지어 일부 부대에는 방한화도 없었다. 탄약은 보충되지 않았고 부상자는 제때 치료받을 수 없었다. 후방의 물자는 전선까지 도착할 수 없었다.[206]

조선이 처하고 있던 전쟁으로 인한 큰 타격과 손실 및 원래의 자원 부족 문제로 인해 지원군 부대들은 현지에서 물자를 조달할 수 없었다. 반대로 미군의 장비는 우수하고 기동력이 뛰어나 적으로부터도 물자를 획득할 수도 없었다. 따라서 물자와 장비는 기본적으로 중국 국내로부터의 조달에 의존하였다. 그러나 조선은 산지가 많고 운송거리가 길었으며 도로 상황 역시 매우 열악하였다. 또한 지원군은 원래부터 차량이 부족하였고 설상가상으로 적의 계속되는 폭격으로 막대한 손실이 발생하여, 도로 운송 능력은 더욱 불안했다.[207] 이 상

---

205) 라주바예프가 조린에게 보낸 조사보고서, 1951년 5월 1일, 『俄国档案原文复印件汇编: 朝鲜战争』 第9卷, 1,178-1,195쪽.
206) 『周恩来军事文选』 第4卷, 131-134쪽. 『建国以来周恩来文稿』 第3册, 694-697쪽.

황에서 철도운수의 중요성이 더욱 부각되었다.

1950년 11월 4일, 철도부장 등대원(滕代远)은 주은래에게 보낸 전보에서 "현재 조선의 철도운수 업무는 매우 열악하며 인력도 제대로 갖춰지지 않아 많은 군수 보급이 제대로 수송되지 않고 있다"고 지적하면서, "두 개 분국의 역량에 해당하는 간부들을 동북철도국에서 뽑아 조선의 철도운수를 직접 장악해야 한다"는 동북철도국의 제안에 동의를 표하였다. 주은래는 이에 동의하고 동북국에 신속히 처리할 것을 전화로 주문하였다.[208]

11월 초, 팽덕회는 철도운수를 강화하고 통일 지휘기구를 설치할 것을 동북국에 제안하였다. 또한 철도병을 조선에 파견하여 철도 복구 능력을 제고해 줄 것을 중공 중앙에 요구하였다. 11월 6일 철도병단과 철도직공 지원원조(志愿援朝)대대가 조선으로 속속 들어와 조선인민군 철도 응급복구 부대 및 조선 철도원들과 함께 철도 복구 작업을 진행하였다.[209]

철도운수 관리의 개선, 중조 쌍방의 운수 임무의 협조, 적시 전선 보급 및 부상자 이송을 보장하기 위해, 11월 16일 고강과의 회담에서 팽덕회는 중조 철도연합 지휘기구 구성을 재차 제안하였다.[210] 이 문제 해결을 위해 중국 측은 관련 인사들을 조선으로 보내 대사관의 안배에 따라 조선 측 관련 인사들과 여러 차례 협상을 가졌으나 모두 진전을 이루지 못하였다. 12월 3일 김일성이 북경에서 중국 지도부와 중조 연합사령부 설치에 관하여 논의할 때, 양측은 이 문제에 관해서도 원칙적인 합의에 도달하였다.[211]

11월 7일 팽덕회와의 회담에서, 김일성은 고강이 철도관리원을 임명하는 것에 동의하였다.[212] 12월 9일 중앙군사위원회는 고강에게 보내는 전보에서 동

207) 1951년 지원군 수송 열차의 손실률은 84.6%에 달하였다. 『抗美援朝战争后勤经验总结·专业勤务』 下册, 北京: 金盾出版社, 1987年, 140쪽.
208) 『建国以来周恩来文稿』 第3册, 452쪽.
209) 张明远, 「风雪战勤—忆抗美援朝战争的后勤保障」, 『当代中国史研究』 2000年 第6期, 34쪽; 『抗美援朝战争后勤经验总结·专业勤务』 下册, 6쪽.
210) 王焰主编, 『彭德怀年谱』, 449쪽; 张明远, 「风雪战勤」, 29쪽.
211) 필자의 시성문 인터뷰 기록.
212) 필자의 시성문 인터뷰 기록; 팽덕회가 모택동에게 보낸 전문, 1950년 12월 7일.

북군구 철도군운 부사령관에 유거영(刘居英), 정치위원에 여광생(余光生), 부사령관에 엽림(叶林)을 임명하는 것에 동의하였다. 동시에 유치중(刘致中)을 조선 군우리(軍隅里) 군운관리국(軍運管理局) 국장에, 유진동(刘震东)을 정주(定州) 군운관리국 국장에 임명하였다. 동시에 조선의 군운 관리국에는 반드시 한 명의 조선 동지가 동시에 국장을 맡도록 하고, 중국인 국장과 모든 업무를 함께 처리할 것도 지시하였다.[213]

12월 19일 주은래는 자신이 심사 수정한 '동북 철도운수의 군사관제(軍事管制) 실시에 관한 중앙군사위원회의 지시'에서, 전시 운수 수요에 부응하기 위해 "금후 군사, 무역 등 물자를 포함한 동북지역의 모든 운수는 일률적으로 군사운수사령부의 비준을 거쳐 이행하여 혼란을 피할 것"을 지시하였다. 이로써 동북 철도의 전 노선에서 군사관제가 실행되었다.[214]

12월 말, 동북군구 철도운수사령부(东北军区铁道运输司令部: 후에 동북군구 운수사령부로 개칭)가 정식으로 조직되어, 전방 지원 운수조직과 철도 응급 복구 작업을 책임지도록 하였다. 동시에 임시로 조선철도 군사관리국(이하 군관국 – 역자 주)을 설치하고, 중조 양측이 공동 관리토록 하여 역량을 강화하였다.[215] 1951년 1월 15일 조선교통성은 안주, 평양, 함흥의 철도관리국에 열차, 기관차, 기술, 전기 관련 업무는 철도군사관리국의 명령에 따라 집행하지만 그 밖의 자재, 재무, 인사, 위생, 총무 등의 영역은 교통성 각 주관 국장의 동의를 얻은 후에 집행될 수 있다고 지시하였다.[216]

1951년 1월 동북군구는 심양에서 회의를 개최하고, 지원군의 후방 보급 문제를 연구하였다. 주은래는 섭영진 등을 대동하고 회의에 참가하기 위해 심양에 왔다. 회의에서 주은래는 무너지지 않고 파괴되지 않는 강철 같은 철도운수선을 건립할 것을 임무로 제시하였다.[217] 갖은 노력으로 구장(球场), 정주 이북

213) 『建国以来周恩来文稿』 第3冊, 618쪽.

214) 『周恩来年谱(1949-1976)』 上卷, 108쪽; 『建国以来周恩来文稿』 第3冊, 675-676쪽.

215) 『抗美援朝战争后勤经验总结 · 专业勤务』 下冊, 6쪽.

216) 조선교통성명령, 1951년 1월 15일.

217) 『抗美援朝战争后勤经验总结 · 基本经验』, 北京: 金盾出版社, 1987年, 41-42쪽; 张明远, 「风雪战勤」, 34쪽.

(총 연장 384km)의 중단된 철도 운수가 빨리 회복되었으며, 1951년 1월에는 2,994대의 열차 화물이 중국에서 조선으로 운송되어, 전 달에 비하여 44% 증가하였다. 4월에는 군관국 관할하의 선로 1,391Km 중 1,321Km가 개통되었다.[218]

철도선은 대체로 복구되어 열차가 개통되었지만, 후방 보급의 근본적인 모순은 결코 해소되지 않았다. 중국과 조선이 각자 자신의 영토 내의 철도를 관리하였기 때문에 협조가 어려웠으며, 안전 보안 문제에도 중대한 허점이 있었다. 예를 들면, 조선철도는 통상의 전신부호 통신을 사용하였으며, 적의 특무활동이 강화되어 운수정보가 자주 유출되면서 철도운송과 물류저장소가 막대한 피해를 입었다.

당시 후방에서 공급하는 물자 중 60~70%만이 전선까지 운반되었고, 나머지는 도중에서 모두 파괴되었다.[219] 적의 폭격으로 초래된 손실 이외에 가장 심각한 문제는 철도운수 내부의 관리 혼란과 통일 배차의 결여였다. 각 부서와 각 단위 간의 이해가 부족하고 각자의 중요성만 강조하며 열차, 노선, 시간을 놓고 갈등과 충돌이 빈번하게 발생하였다. 자주 발생하는 문제는 급히 운반되어 온 물자가 급히 필요한 물자가 아니었으며, 동시에 하역할 인원도 부족하였다는 점이다.

또한 급히 필요한 물자는 또 산속 터널에 막혀 후방 철도에 어려움을 가중시켰다. 이에 따라 열차의 운행시간이 일반적으로 크게 길어졌고 희천 이북의 터널은 심하게 막혔다(예로 1950년 12월 말, 산속 터널에 막혀 있던 화물열차는 329대에 달하였다).[220]

안주군관국의 보고에 따르면 운수 지휘 분야에서도 중조 간에 의견 갈등이 발생하였다. 당시 중국 측 철도인원이 부족하여 일부 규모가 작은 역의 배차원들은 모두가 조선인인 경우가 많았다. 2월 2일, 조선의 역 배차원은 임의로 4002호 열차의 긴급물자 운송을 뒤로 미루고 조선 정부의 소금 운반으로 변경

---

218) 『抗美援朝战争后勤经验总结 · 资料选编(铁路运输类)』下册, 北京: 解放军出版社, 1988年, 273, 282, 285쪽.

219) 张明远, 『我的回忆』, 北京: 中共党史出版社, 2004年, 370쪽.

220) 『抗美援朝战争后勤经验总结 · 资料选编(铁路运输类)』下册, 283-284쪽; 张明远, 「风雪战勤」, 33쪽.

하였다. 기차운행표상에서 그 변화를 알 수 없었기 때문에 중국 측은 다음 날 열차를 점검할 때에 비로소 이 사실을 알게 되었다.

2월 7일 조선 배차원은 지시와 논의를 거치지 않고, 양방향의 지원군 열차 통행을 중지시키고, 철로 한 선을 인민군 열차가 우선적으로 운행하도록 하였다. 3월에는 조선인들이 무력으로 열차 운행을 저지하고 열차를 억류하는 사건이 자주 발생하였으며, 심지어 총기로 군사대표를 위협하고, 기관총으로 운행 중인 기차에 사격을 가하는 경우까지도 발생하였다.[221]

비록 철도군관국이 조직되고 공동으로 관리하였지만 중조 간에는 여전히 큰 의견 차이가 존재하였다. 관리방침에 있어 군사관제 방식을 취할지 혹은 군사대표제만을 실행할지에 관해 아직 확정하지 못하고 있었다. 운수능력 배분 원칙에 있어서, 군수물자를 우선할지, 민간용과 경제건설 물자를 위주로 할지에 관해서도 양측 간에 논쟁이 있었다. 여기에 기구 조직의 부실이 더해지고, 사람들의 생각과 정서가 안정되지 않아 철도운수 상태는 여전히 매우 어려운 상황에 처해 있었다.

이에 팽덕회는 모택동에게 운수 문제를 "신속히 해결할 방법이 없으면 전쟁은 필히 연장될 것이다"고 불만을 나타냈다.[222] 각 부문들이 잘 협조하여 배차와 지휘체계가 통일된 철도운송 시스템 구축과 안전하고 원활한 철도 운수를 보장하는 문제는 눈앞에 놓인 시급한 문제가 되었다.

중조 연합철도운수사령부의 건립에 관한 문제는 일찍이 12월 김일성이 북경을 방문했을 때 기본 원칙이 확정되었다. 김일성은 조선으로 돌아온 후 "이전에 철도운수 군사관제에 관해 중국 동지들과 우리는 수차례 논의를 하였다. 우리 측의 일부 동지들은 군사적인 승리가 없으면 어떤 것도 논할 수 없다는 이치를 이해하지 못하고 있다"고 말하면서, "이 일은 북경에서 이미 합의되었다. 고강 동지에게 그에게 위임된 철도 관련 인원들의 임명 문제를 처리하도록" 통보하였다고 했다.[223] 그러나 구체적인 담판 과정에서 어려움이 거듭되었고 조

---

[221] 국장 황탁(黃鐸), 정치위원 오야산(吳冶山)이 유거영(刘居英)에게 한 보고, 1951년 2월 11일, 3월 17일.

[222] 『抗美援朝战争后勤经验总结 · 专业勤务』下册, 6, 3-4쪽.

선의 저항은 매우 컸다.

1951년 2월 19일, 중국 측 협상대표 엽림(동북교통부 부장), 장명원(동북 후방보급사령부 부사령관), 그리고 팽민(철도병 간부)은 다음과 같이 보고하였다. 담판 과정에서 조선 측은 종종 문제에 대해 주도면밀한 고려가 없고 제기한 의견이 앞뒤가 맞지 않았지만, 그 중심 사상만큼은 분명했다.

첫째, 양측의 운수물량이 조선철도의 운수능력을 초과하는 상황에서, 조선 측은 중국의 "군수물자 수송 우선 원칙"에 반대하고 조선의 경제 회복을 비교적 우선시했다. 박헌영의 말에 따르면, 경제는 곧 정치이기 때문에 이 문제는 김일성과 고강이 나서 직접 해결하는 것이 가장 좋다. 둘째, 조선 측은 조선교통성이 철도관리에 참여할 수 있도록 요구하였다. 비록 연합 군운사령부(이하 연운사─역자 주) 창설에 동의하고, 중국이 사령관을, 조선이 부사령관을 맡아 중조 연합사령부의 지도를 받기로 하였지만, 조선은 반드시 교통성과 함께 업무를 처리할 것과 중국도 조선의 군사교통국과 유사한 기구를 만들 것을 제안하였다. 셋째, 철도관리 기구 문제에 있어서 군사관제 실시에 반대하고 있다. 박헌영은 조선의 각 철도관리국을 회복시키고, 이미 구성된 임시 철도군관국을 정주관리국으로 개칭할 것을 제안하였다.[224]

3월 중순, 철도관리 기본 원칙에서 양측은 여전히 큰 견해차를 보이고 있었다. 군사관제와 철도행정의 통일은 전시 철도운수의 효율을 제고할 수 있는 효과적 방법인데다, 철도군관국은 중조 양국이 공동 군사관제를 실시하기 위한 구체적 조직 형식이었다. 이에 대해, 조선은 직접 반대하기가 곤란해지자 자체적으로 군사교통국을 창설하여 철도를 통제하고 원래의 관리국의 제도와 업무를 일부 회복시켰다(교통성 21호 명령). 이는 사실상 군관국을 약화시키고 제한하여 권한을 온전히 행사할 수 없도록 하였다.

신속한 합의를 이루기 위해 주은래는 타협하였다. 즉, "중조연합사 지휘 아래 양측이 통일된 군사관제사령부를 설치하여 철도 응급복구와 운수 배차를

---

223) 필자의 시성문 인터뷰 기록.

224) 엽림, 장명원, 팽민이 고강에게 보낸 전문, 1951년 2월 19일.

통일시키는 것"을 견지하는 외에, "전쟁 기간 조선 교통상은 조선의 철도행정을 관할한다"는 데에 동의하였다. 중국의 양보에 대해, 김일성은 기본적으로 동의를 표시하였다.

그러나 중국 대표와 조선 교통상 박의완(朴義玩)이 세부 항목에 대해 담판을 진행할 때, 조선 측은 다음과 같이 요구하였다. "철도 행정조직을 전과 같이 조선교통성 지도하에 두는 것 이외에도, 군관국은 계획을 제정하는 것만 책임지며, 그 기능도 철도운수에 대한 검사와 감독에만 국한되어야 한다. 또한, 철도 응급복구 작업은 별도의 연합기구를 조직하고, 조선교통성의 지시를 받도록 할 것"을 요구하였다. 이는 사실상 이미 조직된 중조 연합군사관제기구를 취소하는 것과 같은 것이었다. 담판 과정에서 조선 측의 일관성 없는 태도를 고려하면 양측은 기본 인식에 매우 큰 차이가 있었다.

이에 중국 측 대표는 문제가 복잡하고 사안이 중대하다고 느껴, 설령 양측이 형식상의 합의를 이른다 하더라도 실제 이행에서 이를 실행하기가 매우 어렵다고 생각하였다. 이에 따라 "명망 높은 유능한 간부를 다시 파견하여 시간을 가지고 담판할 것"을 요청하였다. 팽덕회는 할 수 없이 교통성의 견해를 김일성에게 전달하고 쌍방 정부가 나서 해결할 것을 요구하였다. 동시에 조선에 "숫자대로 군사물자 수송의 완성을 보장할 것과 철도 관리와 운송의 구체적인 방법을 확정"해 줄 것을 요청하였다.[225]

뒤이어 조선 측이 제시한 3가지 원칙, 즉 "조선교통성에 철도행정을 귀속시키고, 연운사를 창설하여 중국 측이 사령관을, 조선 측이 부사령관을 맡으며, 통일된 철도병단사령부(중국 측이 말한 응급복구사령부)를 조직하여 중국이 책임자를, 조선이 부책임자를 맡는 것"에 대해, 고강은 5가지 의견을 제안하였다.

"첫째, 조선 철도에 대하여 군사관제 제도를 유지하면서, 동시에 군사대표제를 실행할 수 있다. 연운사 산하에 각급 군사대표를 설치하고 중국이 책임자를

---

225) 엽림, 장명원, 팽민이 고강에게 보낸 전문, 1951년 3월 15일; 팽덕회가 고강과 주은래에게 보낸 전문, 1951년 3월 22일.

조선은 부책임자를 맡도록 하며, 군사대표는 일체의 군사운수에 대해 최후 결정권을 행사하도록 한다. 둘째, 연운사는 심양에 두고, 전권대표를 조선교통성에 파견하여 군사물자 운송의 집행을 감독하도록 한다. 셋째, 조선은 연운사와 전권대표 및 각급 군사대표 간의 원활한 전화 소통을 보장한다. 넷째, 통일된 응급복구사령부를 조직하여 연운사의 지휘를 받도록 하며 동시에 조선교통상과 연운사의 지도를 받는다. 다섯째, 조선에 있는 중국 직원 및 노무자들은 조선철도국의 지도를 받으며 그들의 정치공작은 중국 군사대표의 직접적인 지도를 받는다."

엽림, 장명원 그리고 팽민은 이를 근거로 조선교통상과 재차 담판을 진행하였다. 조선 측은 응급복구사령부 지휘권 귀속 문제에 대해 분명한 태도를 표명하지 않은 것 외에는, 고강의 5가지 제안에 기본적으로 동의하였다. 그러나 조선교통성이 소속 철도관리국에 대해 관할권 행사를 확인해줄 것을 요구하였다. 운수 문제에 관해서 조선 측은 원칙적으로 모든 기차를 개통시키는 것에 동의하고, 연운사가 군용물자와 인민경제에 필요한 물자 운수 비율을 심사하여 결정하도록 하였다. 교통성과 기타 소속 각 관리국에 대해서는, 조선은 중국이 인원을 파견하여 부책임 직위를 맡도록 요청하였다. 양측은 협상기록을 정리하고 서명한 후 각 정부에 비준을 상신하기로 결정하였다.

상황을 숙지한 후, 주은래는 중국 대표에게 가능한 한 기록에 응급복구사령부 지휘권 관련 내용을 포함시키도록 지시하는 한편 엽림, 장명원, 팽민 3인이 오직 협상기록에 서명하는 것에만 동의하고, 기록 전문을 북경으로 가지고 오도록 지시하였다.[226) 바로 이때 모스크바의 견해가 도착하면서 국면은 전환되었다.

협상 당사자 장명원의 관찰에 의하면, 중조회담에서 결론을 내지 못한 이유는 사실상 연운사 지휘권의 귀속 문제 때문이었다. 당시 조선의 철도와 대부분의 기관차는 파괴되어 운행되는 열차 대부분은 중국으로부터 들어온 것이었으며, 선로의 응급복구, 물자가 운송되는 부대 및 기관사와 승무원 대부분은 중국

226) 주은래가 고강, 팽덕회에게 보낸 전문, 1951년 3월 25일.

인을 중심으로 되어 있었다. 심지어 응급복구 기자재와 조선 노무자들에 대한 부분적인 보급까지도 중국 측이 책임지고 있었다.

이러한 실질적 상황으로부터 보면 조선 측이 정상적인 철도운수를 지휘하고 조정하는 것이 불가능하였다. 따라서 중국 측은 전쟁 기간 중조 철도의 연합운수는 중국이 반드시 주도해야 한다고 생각하였다. 그러나 조선 측과 조선 주재 소련 고문은 철도운수에 대한 관리는 국가주권에 저촉되는 문제이기 때문에 반드시 조선이 주도하고 지휘해야 한다고 생각하였다. 이에 대해 주은래는 문제의 근원은 평양에 있지 않고 모스크바에 있으며, 합리적 해결을 추구하기 위해서는 소련과의 협상이 필요하다고 지적하였다.[227]

주은래가 담판 기록에 서명할 준비를 하라고 중국 대표들에게 지시한 당일(3월 25일) 스탈린은 소련의 최종 입장을 보내왔다.

"방금 심양 주재 소련 총영사 리도프스키가 정확하게 부대를 조직하고 군수물자를 전선으로 수송하기 위해서는 반드시 조선의 중국사령부가 조선 철도를 관리해야 한다는 고강 동지의 견해를 보고하였다. 리도프스키 총영사의 보고에 따르면, 김일성 수상은 이를 지지하였지만 조선의 다른 장관들은 이 경우 조선의 주권이 훼손된다고 주장하며 반대하는 듯하다. 만일 나와 소련공산당 중앙위원회 견해가 필요하다면, 우리는 전적으로 고강 동지의 의견에 찬성한다고 귀하에게 말할 수 있다. 순조로운 조선의 해방전쟁 진행을 위하여 이 방법이 반드시 선택되어야 한다. 결론적으로, 우리는 조선 자신의 이익을 위해서도 중국과 조선 간에 더욱 밀접한 국가관계를 이루는 것이 최선이라고 생각한다"라고 강조하였다.[228]

이에 주은래는 즉각 이 전보를 고강과 팽덕회에게 보내고 "연합철도 응급복구사령부는 중조연합사 혹은 연운사 지휘하에 귀속시키도록 계속 노력할 것과 더 나아가 조선철도관리국을 군사관제의 직접적 관리하에 두도록 할 것을 조선 측에 제안"하도록 지시하였다. 동시에 주은래는 중국 대표에게 서명을 잠시

---

227) 张明远, 『风雪战勤』, 34쪽.

228) 스탈린이 모택동에게 보낸 전문, 1951년 3월 25일, 『朝鮮战争: 俄国档案馆的解密文件』, 724-725쪽.

연기할 것과 정부가 나서 조선 교통상을 심양으로 불러 다시 논의하도록 통보하였다.[229]

스탈린의 의견에 따라 중국은 완전히 새로운 방안을 제안하였다. 1951년 4월 16일 주은래는 예지량 대사를 통해 김일성에게 다음과 같은 전보를 보냈다. "전쟁의 필요에 부응하기 위해, 조선 철도는 즉시 통일된 군사관제하에 두어야 한다. 즉 중조연합사의 지도하에 중조연합의 군운사를 설치하고 조선 철도의 관리, 운수, 복구와 보호사업을 통일 관리해야 하며, 중국 동지가 사령관을, 조선 동지가 부사령관을 맡아야 한다. 또 산하 각급 조직은 모두 중조 양국이 책임자와 부책임자 직을 담당하도록 한다. 연합 군운사령부는 잠시 심양에 두고, 그 산하 철도군사관리총국은 조선 영토 내에 설치하며, 중국 철도병단 및 조선 철도복구기구는 모두 군운사령부의 통일적 관할하에 두도록 할 것"을 제안하였다.[230]

스탈린이 명확한 태도를 밝힌 상태에서 김일성은 중국 측에 양보하고 주은래의 새로운 제안을 수락할 수밖에 없었다.

5월 4일 중조 양국 정부는 북경에서 '전시 철도군사관제 실시에 관한 중조 양국의 협의'를 체결하고 관리체계, 조직기구, 운수능력 배분 문제 등 중요한 문제에 관해 명확하게 규정하였다. 그 주요 조항은 다음과 같다. "조선 철도는 즉각 통일된 군사관제하에 둔다. 중조 연합사령부의 지도하에, 심양에 중조 연합철도 군사운수사령부를 설치하며 사령관과 정치위원은 중국 동지가 담임하고, 조선과 중국 양국은 각 1~3인을 파견하여 부사령관과 부정치위원에 임명하도록 한다. 연합철도 군사운수사령부의 지도하에, 조선 경내에 철도 군사관리총국을 설치하고 총국장은 중국 동지가, 부총국장은 중조 양국이 각자 1명씩 파견하여 임명토록 한다. 산하 군사관리국장, 분국장, 중점역 역장, 단장 및 열차, 기관차, 기술, 전기, 자재 등 부문 책임자는 모두 중국이 정(正)직을 조선이 부(副) 직을 맡는다. 인사, 보급, 총무, 위생, 보건 부문 책임자는

---

229) 주은래가 고강, 팽덕회에게 보낸 전문, 1951년 3월 25일.

230) 『周恩来年谱(1949-1976)』上卷, 148쪽; 『周恩来军事活动纪事』下卷, 204쪽.

조선이 정(正) 직을, 중국이 부(副) 직을 맡는다. 철도운수의 중요 임무는 군대 작전에 보급을 우선적으로 보장하고, 철도용 석탄과 철도 응급복구 기자재의 운송 수요를 보장하는 것이다. 중조 군대에 합리적으로 운수능력을 배분하기 위하여, 양측 작전물자의 운수량은(특수병과 장비와 공항 건설과 관련은 물품은 제외) 당분간 5 : 1(중국 5, 조선 1)로 정한다. 조선인민 경제운수 역시 중시해야 하지만, 군수운수를 방해하지 않는 원칙하에서만 합리적으로 배려한다."[231]

이 협의 규정은 매우 상세하고 내용이 복잡하였는데, 이로 미루어 볼 때 철도운송 관리 문제에서 중조 양측의 갈등과 모순이 얼마나 컸는지를 알 수 있다. 그러나 이 합의가 없었다면 전쟁 시기 중조 연합군에 대한 원활한 후방 보급은 이루어지지 못했을 것이다.

협의 정신에 따라 7월 안주(安州)에 조선철도군사관리총국(朝鮮铁道军事管理总局, 이하 군관총국―역자 주)이 정식으로 설립되고, 유거영이 국장 겸 정치위원에 임명되었다. 중국과 조선은 각 1인씩 부국장에 임명하여 조선전구의 철도운수의 관리, 조직 및 실행을 통일 관리하도록 하였다. 군사관리총국 산하에 희천(熙川), 정주(定州), 신성천(新成川), 평양, 고원(高原) 5곳에 분국이 세워졌으며, 노무자를 포함한 조선 지원 총 인원은 12,000여 명에 달하였다. 8월 1일 심양에 중조 연합철도 군사운수사령부(약칭 연운사)가 창설되어 중조 연합사령부의 직접적 지휘를 받았으며 동북군구 부사령관 하진년(贺晋年)은 사령관을, 장명원은 정치위원직을 겸임하였다.

같은 해 11월, 안주에서 연운사의 전방 파견기구인 전방 철도운수사령부가 창설되어, 유거영이 사령관 겸 정치위원에 임명되었으며, 중조 양측은 각 1명의 부사령관을 파견하여, 군사관리총국, 응급복구 지휘부 및 철도 고사포 부대와 협조하고 지도하도록 하였다. 철도병단은 4개 사단과 3개 단(团)으로 확대되었으며, 조선지원공정총대(援朝工程总队)가 있었다. 인원은 총 52,000여 명에 달하였다. 이때부터 통일된 지도와 조직하에서, 철도운수부대, 응급복구 부대 및 고사포 부대는 긴밀히 협력하여 행동하기 시작하였으며, "집중에는 집중

---

231) 『中朝两国关于铁路战时实行军事管制的协议』, 1951년 5월 4일.

으로, 기동에는 기동으로"의 작전 방침을 실행하여, 철도수송 효율을 크게 제고하였다.[232]

철도관제는 국가주권 문제와 저촉되기 때문에 연운사는 조선의 이익과 수요를 특별히 배려하였다. 1952년 4월 유거영은 고위간부회의에서 중조연운사 창설 이후 "조선국민 경제운수에 대해 비교적 주의"하였으며 인민군과 조선 정부 및 조선철도국 석탄의 운송량은 상대적으로 증가하였다고 지적하였다.[233] 1951년 하반기와 비교하여, 1952년 상반기 지원군의 후방 보급 운수량은 30% 감소하였던 반면에, 조선인민군과 조선 정부의 운수량은 36.4%가 증가하였다.[234]

1952년 11월 중조 양국이 체결한 '전시 연합군사관제의 조선철도 운용에 필요한 열차 문제 보장에 관한 중조협의'는 "군사운송의 임무가 완성된 상황에서, 조선인민 경제운수의 수요를 최대한 보호하여야 하며, 전방 운수사령부는 매월 운수계획에 필요한 중국에서 건너오는 물자(조선인민군 및 조선 정부가 필요한 물자를 포함) 차량, 중국 동북군구 군운사령부는 동북의 각 철도관리국과 적재 계획에 근거하여 차량을 안배하고, 전방 운수에 필요한 차량을 충분히 확보하도록" 규정하였다.

'조선 영토 내에서의 철도 건설에 관한 협정'은 양국은 공동으로 조선에 3개 구간 총연장 216km의 철도를 건설하고, "철도 건설 후에는 그 소유권은 조선에게 귀속되고 전시에는 중조 양국이 공동으로 이용"하며, "건설에 필요한 경비는 조선이 부담할 수 있는 것 이외에는 모두 중국이 부담"하기로 규정하였다.[235]

이 밖에도, 전후 조선 정부의 철도관할권 이관 및 경영관리 문제를 고려하여, 1953년 6월 유거영은 주동적으로 주은래와 중앙군사위원회에 "현재의 군사관리총국 및 각 급의 지도기구의 지도간부들은, 현재의 중국이 책임자를, 조선이 부책임자를 맡던 원래 방식에서, 조선이 책임자를 중국이 부책임자를 담임

---

[232] 『抗美援朝战争后勤经验总结·专业勤务』下册, 6-7쪽; 『抗美援朝战争后勤经验总结·基本经验』, 66-67쪽.

[233] 刘居英, 『1952年第一季度对敌斗争总结报告』, 1952년 4월.

[234] 前方铁道司令部, 『1952年上半年度朝鲜铁路对敌斗争及运输工作总结』, 1952년 7월 20일.

[235] 『关于保证战时中朝联合军事管制的朝鲜铁路所需运用车辆问题的协议』, 『关于在朝鲜境内修筑铁路的协定』, 1952년 11월.

하는 방식으로 바꾸어야 하며", "이후 철도운수의 지휘권을 조선철도성에 완전히 이양하기 위해서는 지금부터 조선의 철도 간부를 배양해야 한다"고 제안하였다.

이를 위해 총국은 훈련반 개설 방식을 통하여 1,700여 명의 조선인을 이미 배양하였고, 도제식 방법과 당직을 돌아가며 맡는 방식을 통해 조선의 운송 인력 배양을 시작하였으며, 학습 상황을 보아가며 점차 조선 직원들이 단독으로 책임지도록 준비하고 있다고 보고하였다.[236]

주은래는 즉각 이 의견을 김일성에게 전달하면서, 전후 조선의 국민경제 회복과 군사적 수요 충족을 위하여, 중국은 조선이 증기기관차 22대, 화물칸 5,000량의 사용을 보장하도록 수리 복구를 돕고, 만약 수리 복구 후에도 이 수량에 미치지 못하면, 중국이 부족분을 공급할 것이라고 약속하였다. 전후 조선의 수요는 객차 200량으로 예상되며 그중 100량은 중국이 공급하고 다른 100량은 소련에서 수입하거나, 혹은 원재료만 수입하여 중국이 조립을 책임질 것을 약속하였다. 이렇게 해도 여전히 부족할 경우 중국은 객차 100량을 추가 제공할 것이라고 말하였다. 이 밖에도 중국은 3개 사단과 2개 단의 철도병 부대를 파견하여 조선의 철도 복구를 도왔다.[237]

그럼에도 불구하고, 철도관할권은 결국 조선의 내정 및 주권과 저촉되는 문제였기 때문에, 중조 양국 사이에 격렬한 논쟁이 벌어졌던 사안 중의 하나였다. 1959년 팽덕회는 자신이 비판을 받았을 때 이 문제를 회피하지 않았다. 그러나 팽덕회가 강조한 것처럼 철도에 대한 군사관제 실행은 전시 조건하에서 불가피하였으며, 또한 정전협정 체결 후에는 철도관리권을 즉시 조선에 반환하였다.[238] 그러나 모스크바의 간섭하에 강제적으로 이루어진 행위는 결국 김일성에게 마음의 상처를 남겼다.

---

236) 刘居英, 『朝鮮停战后有关铁路管理和修建问题的意见』, 1953년 6월 22일.

237) 주은래가 김일성에게 보낸 전문, 1953년 6월 28일.

238) 彭德怀, 『彭德怀自述』, 352쪽. 조선의 철로 수리를 도울 필요가 있어서 철도군사관리총국 책임 간부를 조선이 정, 중국이 부를 맡는 형식도 한동안 보류됐다. 1954년 3월 1일 중조연합군운사령부(연운사 — 역자 주)는 정식으로 철수하였다. 군관총국당위원회 확대회의록 1953년 8월 18일; 『抗美援朝战争史』 第3卷, 515쪽.

4. 전쟁 장기화를 견지한 모택동

조선전쟁은 3년 동안 지속되었다. 그러나 1951년 7월부터 전쟁이 끝날 때까지 전투와 협상을 반복하면서 절반 이상의 시간을 정전협상 과정에서 소비하였다. 2년이 넘는 시간 동안 중조 양국은 정전협상 원칙의 문제에 있어서 의견 차와 논쟁이 그치지 않았다.

제5차 전역 이후 중국은 마침내 전쟁을 계속하는 것이 어렵다는 것을 깨달았다. 1951년 5월 말, 모택동은 중공 중앙회의를 개최하고 "싸우면서 담판을 통하여 문제 해결을 쟁취한다"는 방침을 결정하였다.[239] 그러나 김일성은 여전히 신속한 승리를 주장하며, 모택동의 전쟁 장기화 계획에 반대하면서 6월 말~7월 중순까지 중조 연합군이 재차 총공격을 개시할 것을 요구하였다.

모택동은 김일성에게 6월 3일 북경에 와서 이 문제를 직접 논의할 것을 요청하였다. 김일성은 논의를 거쳐 6~7월에 공격을 개시하지 않는 것에 동의하였지만, 여전히 준비를 거쳐 8월에 한차례 반격을 개시할 것을 요구하였다.[240] 모택동은 하는 수 없이 스탈린에게 김일성과 고강을 만날 것을 요청하면서, 동시에 소련에서 병 치료 중인 임표 역시 그들의 만남에 동석하도록 요청하였다.

스탈린의 동의를 거쳐 6월 10일 김일성과 고강은 소련이 파견한 전용기를 타고 모스크바에 도착하였다.[241] 스탈린은 정전협상에 관한 중국 측의 의견을 자세히 질문한 후 동의를 표하고, 모택동에게 "우리는 지금 정전하는 것이 좋다고 생각한다"고 통보하였다.[242] 김일성은 자신의 의견을 다시 고집할 수 없게 되었으며 이로써 조선전쟁은 싸우면서 담판(边谈边打)하는 단계로 접어들었다.[243]

239) 聶榮臻, 『聶榮臻回忆录』, 591쪽.

240) 김일성이 팽덕회에게 보낸 전문, 1951년 5월 30일; 모택동이 팽덕회에게 보낸 전문, 1951년 6월 11일.

241) АПРФ, ф.45, оп.1, д.339, л.23, 28-29.

242) АПРФ, ф.45, оп.1, д.339, л.31-32.

243) 정전협상에 관한 상세한 과정은 다음을 볼 것. 柴成文, 赵勇田, 『板门店谈判』, 北京: 解放军出版社, 1992年. 중미 각각의 대책은 다음을 참조할 것. 牛军, 『抗美援朝战争中的停战谈判决策研究』, 『上海 行政学院学报』 2005年 第1期, 35-47쪽; 邓峰, 「追求霸权: 杜鲁门政府对朝鲜停战谈判的政策」, 『中共党史研究』 2009年 第4期, 34-45쪽.

소련 대사 라주바예프의 관찰에 의하면 "조선 지도자들이 비록 공개적 혹은 직접적으로 표출하지는 않았지만, 정전협상에 대해 다소 경계심을 갖고 있었다"고 했다. 조선으로 돌아온 김일성은 매우 낙담하였으며, 6월 23일 유엔에서 소련 대표 말리크의 정전협상 호소 발언을 "중국이 정전에 합의하여 조선 지원의 부담에서 벗어나고자 하는 가장 분명한 표시"라고 생각하였다. 심지어 말리크의 성명 후 며칠 동안 조선의 매체 및 기타 선전기관들은 이에 대하여 "어떠한 상세 해설이나 평론, 사설도 발표하지 않았다."

비록 조선 지도자들은 이후 정전협정 체결의 군사정치적 필요성을 인식하였지만, 중국대표단(책임자 이극농)이 정전협정 합의를 위해 미국에 지나친 관용과 양보를 하고 있다고 생각하였다. 동시에 중국인들이 협상 과정에서 조선대표단의 견해에 적시에 충분하게 귀를 기울이지 않는다고 불만을 나타냈다.

특히 7월 27일 모택동이 김일성에게 만약 미국이 현재의 전선을 휴전선으로 고집할 경우, 중국은 미국에게 양보할 수 있다고 통보하였을 때 김일성은 극도의 불만을 터뜨렸다. 그는 즉각 모택동에게 이는 조선에 "엄청난 정치적 타격"을 의미하기 때문에 "이러한 양보는 불가능"하다고 회신하였다. 심지어 김일성은 박헌영에게 "나는 차라리 중국의 도움이 없는 상태에서 전쟁을 계속할지언정 이러한 양보는 할 수 없다"고 토로하였다.

후에 미국 대표가 휴전선 문제에 있어 과도한 요구를 하고, 중립지대 설정을 위한 협상에서 미국의 계속적인 도발을 이유로 중국이 강경한 태도를 취하기 시작하자, 조선 지도부의 감정은 다소 호전되었다. 그러나 라주바예프 대사는 "최근 몇 개월 사이 중국인에 대한 조선인의 태도가 크게 냉담해졌으며, 조선인들의 소련 의존 방침은 더욱 확고해졌다"고 느꼈다.[244]

담판에 대한 중조 양측의 태도는 곧 대립각을 세우기 시작하였다. 1952년 하반기, 조선 전황이 기본적으로 힘의 평행을 이룸과 동시에 판문점 정전 회담은 반대로 교착상태에 빠졌다. 초기에 모택동이 가장 쉽게 해결될 수 있다고 믿었

---

244) 라주바예프가 모스크바에 보낸 전문, 1951년 9월 10일, 『朝鮮战争: 俄国档案馆的解密文件』, 1,022-1,026쪽. 당안 복사본에 수신자가 표시되지 않음.

던 전쟁포로 문제에서 교착상태에 빠졌다.[245]

당시 모택동은 전쟁을 계속할 것을 주장하였고 정전 협상에서 전혀 양보하지 않았다. 그러나 이때 조선은 반대로 미국의 정전 조건을 받아들여 하루 빨리 정전협정이 체결되기를 희망하였다. 스탈린은 미국과의 대치라는 세계전략에서 출발하여 모택동의 입장을 다시 지지하였다.

1952년 2월 판문점 담판에서 정전협정 체결 후 90일 내에 관련 국가 정치회의를 개최하여 조선 문제를 해결한다는 합의가 이루어졌다. 그러나 기타 의사일정 특히 전쟁포로 문제에 관해서는 여전히 논쟁이 계속되었다. 이때 조선 측은 담판을 최대한 빨리 끝내기를 주장하였으며 김일성은 "전쟁을 계속하기를 원치 않는다"는 견해를 모택동에게 직접 전달하기까지 하였다.[246]

소련 대사는 모스크바에 "김일성은 협상이 교착상태에 빠진 원인을 놓고 남일(南日)과 토론할 때, 정전협정을 체결하도록 건의하여야 하며 미해결된 문제들은 모두 관련국 정치회의로 넘겨 연구하도록 해야 한다는 견해를 밝혔다"고 보고하였다. 소련 대사는 김일성이 "미국 공군이 계속 조선에 엄청난 손실을 주고 있기 때문에, 담판을 연기하는 것은 불리하다고 생각하고 있으며, 포로 논쟁은 더욱 큰 손실로 이어지기 때문에, 전쟁포로 문제를 가지고 계속 논쟁하는 합리성을 찾을 수 없다"고 생각하고 있다고 스탈린에게 보고하였다.

또한 김일성은 중국 지원군의 포로 대다수가 과거 장개석 군대의 사람이어서 정치적으로 신뢰할 수 없으며, 따라서 "그들을 위해 투쟁하는 것은 특별한 의의가 없다"고 말하였다. "김일성은 남일에게 이 문제에 대한 중국의 태도를 명백히 알아볼 것과 이극농의 이름으로 전쟁포로 문제에서 양보할 것을 건의하도록 지시하였다."[247]

라주바예프는, 중국 지도부는 "조선전쟁이 종결되면 소련으로부터 대량의

---

245) 최소한 1951년 11월 중순까지 모택동은 전쟁 포로 문제와 관련한 합의에 이르는 데 어려움이 없을 것이라고 믿었다. 다음을 볼 것. АПРФ, ф.45, оп.1, д.342, л.16-19.

246) АПРФ, ф.45, оп.1, д.342, л.81-83.

247) 라주바예프의 1952년 제1분기 업무보고, 다음에서 재인용. Волохова А. Переговоры о перемирии в Корее, 1951-1953гг.//Проблемы дальнего востока, 2000, No.2, с.104.

군사 장비의 공급이 감소 또는 중단되는 것을 우려하고 있으며, 문제를 성급하게 해결하는 것은 반대로 중조 양측의 역량 약화로 이어질 것을 우려"하고 있다고 보고하였다. 이극농은 만일 국제사회의 여론 역량을 발동하지 않거나 장기 투쟁의 준비를 하지 않는다면, 미국인들은 양보하지 않을 것이라고 보았고, 모택동 또한 담판 전망을 이와 같이 판단하고 있었다. 모택동은 이극농에게 "중도에 포기하지 않고 입장을 굳게 견지하면, 귀하들은 주도권을 쥐게 되고 적을 양보하도록 압박하게 될 것이다. 담판에서 이 같은 목표를 실현하기 위해서 귀하들은 몇 달간 대결할 준비를 하여야만 한다"고 지시하였다.[248]

5월 2일, 정전협상 5개 의사일정 중에 4개항은 완전한 합의를 이루었다. 그러나 제4항 의사일정, 즉 전쟁포로 처리 문제에서 미국은 자원(自願) 송환 원칙을 제기하고, 중국은 전원 송환 원칙을 고수하면서 담판은 교착상태에 빠졌다. 조선 지도자들은 원래 늦어도 5월까지는 미국과 정전협정이 체결되기를 희망하였으며, 이를 기초로 1952년 하반기 경제사업과 정치사업을 계획하였다. 그러나 전쟁포로 문제의 논쟁이 정전협정 체결의 연기로 이어질 것이라고는 전혀 예상하지 못하였다.

이 결과 "조선 지도부는 크게 실망하였으며 김일성은 중국에 전쟁포로 문제를 양보하고 정전협정을 체결하자고 제안"하였다.[249] 조선의 희망을 배려하기 위해 7월 3일 중조 대표단은 새로운 방안을 제기하였다. 즉 비조선 국적 포로는 전원 송환하는 대신 조선 국적의 포로는 전원 송환할 필요가 없다는 점에 동의하였다. "즉 거주지가 상대방 영토인 조선 국적 포로는 모두 상대국에 반환한다. 포로로 잡힌 곳이 자신의 원 거주지인 조선 국적 포로는, 모두 원 지역에 남은 후 석방하여 집으로 귀가 조치시키도록" 제안하였다.[250]

그러나 미국은 중조 양국의 양보(모든 포로의 송환을 요구하지 않는 것을 포

---

248) 라주바예프의 1952년 제1분기 업무보고, 다음에서 재인용. Волохова А. Переговоры о перемирии в Корее, 1951-1953гг.//Проблемы дальнего востока, 2000, No.2, с.104.

249) 라주바예프의 1952년 제2분기 업무보고, 다음에서 재인용. Волохова, Переговоры о перемирии в Корее, с.104.

250) 비신스키가 몰로토프에게 보낸 전문, 1952년 7월 7일, 『朝鮮戰爭: 俄国档案馆的解密文件』, 1,182-1,183쪽.

함)에도 불구하고, 7월 13일 83,000명(인민군 포로의 80%와 중국 인민지원군 포로의 32%에 해당)의 포로 송환을 제안하였다. 동시에 이 숫자는 최종적이며 더 이상의 조정은 불가하다고 덧붙였다.[251] 중조 양국은 최후의 선택을 강요받게 되었다.

이에 대해 중국 지도부의 태도는 매우 단호하였다. 7월 15일 모택동은 김일성에게 보낸 전보에서, 적의 무자비한 폭격의 군사적 압력에 직면하여 이처럼 도발적이고 유혹적이지만, 진정성 없는 양보안을 수용한다면 정치군사적으로 중조 양국에 극히 불리하다고 설명하였다.

모택동은 "전쟁이 계속될 경우 조선인민과 지원군의 피해는 더욱 늘어나겠지만, 중조 양국의 인민들은 전쟁을 통해 더욱 강해질 것이며, 전 세계 평화애호 인민들의 침략전쟁에 대한 반대를 크게 고무시키고 전 세계 평화보위운동의 발전을 자극할 것이다. 전쟁으로 미국의 주력이 동방에서 계속 손실을 입고 있는 동안, 소련의 건설은 강화되고 동시에 각국 인민의 혁명운동 발전에 영향을 주게 되어, 세계대전의 발발 역시 연기될 수밖에 없다"고 주장하였다.

그는 전보에서 중국인민들은 조선인민들의 어려움을 해결하는 데 최선을 다해 도울 것을 약속하였다. 말미에 모택동은 중국의 견해와 방침에 대해 스탈린의 의견을 들은 후, 평양에 재차 통보하겠다고 김일성에게 통보하였다.[252] 같은 날, 모택동은 스탈린에게 보낸 전보에서 중국은 "적의 이러한 도발적, 유인적 방안"을 단호히 거부하며, 전쟁 장기화를 준비할 것이라고 통보하였다. 모택동은 또한 "김일성 동지는 다른 견해를 가지고 있다"고 말하였다.[253]

김일성은 7월 16일 모택동에게 보낸 회신에서, 모택동의 현 상황에 대한 분석에 동의하고, 중국이 전력을 다해 원조를 제공하겠다는 약속에 감사를 표시

251) 『周恩来年谱(1949-1976)』上卷, 249-250쪽. 미국의 정전협상 전략의 변화와 원인 관련 상세한 것은 다음을 볼 것. 沈志华, 「对日和约与朝鲜停战谈判」, 『史学集刊』 2006年 第1期, 66-75쪽.

252) 『周恩来军事文选』第4卷, 289-290쪽. 이 전문의 러시아 당안은 다음을 볼 것. АПРФ, ф.45, оп.1, п.343, л.72-75.

253) 『周恩来军事活动纪事』下卷, 280쪽.

하였다.[254] 그러나 같은 날 스탈린에게 보낸 전보에서는, 소극적인 방어 방침 때문에 적군의 폭격은 조선의 도시와 인민들에게 엄청난 피해를 주고 있으며, 이런 정세하에서 중국은 적이 제시한 방안을 받아들이기를 거부하고 있다고 원망하였다. 그는 비록 모택동의 의견에 동의를 표시하였지만 동시에 전쟁이 최대한 빨리 정전되기를 희망하였다.

김일성은 "우리는 반드시 정전협정의 신속한 체결과 휴전의 실행, 그리고 제네바협정에 근거한 포로 송환이 이루어지도록 최대한 노력하여야 한다"면서, "이러한 요구는 전 세계 평화애호 인민들의 지지를 받을 것이며, 우리를 수동적인 국면에서 벗어나도록 해 줄 것"이라고 주장하였다.[255]

정전회담 중 포로 문제에 있어서 중조는 서로 다른 입장을 견지하였다. 중조 양국이 다른 입장을 취한 데에는 정치적인 이유 외에도 실질적인 이유가 있었다. 즉 양측의 전쟁포로 정책은 완전히 달랐다.

중국 측은 국내 전쟁의 전통적인 포로 처리 방법에 영향을 받고, 국제 투쟁의 경험이 없었기 때문에 처음부터 포로를 억류할 생각을 하지 않았다. 1950년 11월 17일 팽덕회는 중앙군사위원회에 보낸 전보에서, 적의 군심 동요를 위해 전역 개시 전에 100여 명의 포로를 석방할 계획임을 보고하였다. 18일 모택동은 회신에서, "전쟁포로 일부를 석방하는 것은 매우 옳다. 금후 전쟁포로는 수시로 석방하고, 이에 대해서는 승인을 요청할 필요가 없다"고 통보하였다.[256] 이에 따라 중국 측이 확보하고 있는 전쟁포로는 상대적으로 매우 적었다.

이 밖에도 1951년 11월 중조 양국은 전쟁포로 석방의 편리를 위해 한국군 포로는 인민군에 인계하고 기타 국가의 전쟁포로는 인민지원군에게 인계하여 관리하도록 결정하였다.[257] 이렇게 되어 중국 측이 실제 관리하는 포로의 숫자는 매우 적었으며 따라서 담판의 밑천이 별로 없었다. 이것이 대체로 중국이

---

254) 모택동이 스탈린에게 보낸 전문, 1952년 7월 18일, 『朝鮮戰爭: 俄国档案馆的解密文件』, 1,187-1,189쪽. 모택동은 이 전문에 김일성의 7월 16일 답전을 첨부하였다.

255) 라주바예프가 스탈린에게 보낸 전문, 1952년 7월 17일, 『朝鮮戰爭: 俄国档案馆的解密文件』, 1,184-1,185쪽.

256) 王焰主编, 『彭德怀年谱』, 449쪽.

257) 참고로 다음을 볼 것. 『周恩来军事活动纪事』 下卷, 242쪽.

"모든 포로의 송환"을 주장하는 이유 중의 하나였다.

반면 조선은 전후 경제건설에 필요한 노동력 확보 차원에서 다수의 포로를 암중으로 억류하였다. 소련 대사 수즈달레프(S. Suzdalev)의 보고에 따르면 "조선 동지는 다수의 남조선 포로를 억류하여 조선에서 각종 육체노동에 종사시키는 것이 보다 낫다고 생각하고 있으며, 자신의 고향으로 돌아가길 바라는 포로들의 희망은 전혀 고려하지 않고 있다"고 보고하였다.

이에 따라 조선 측은 13,094명의 이승만 군대 포로를 억류하였으며, 그중 6,430명은 인민군에서 복무시키고 나머지 인원은 내무부와 철도부에서 각종 노동에 종사하도록 하였다. 이 밖에도 전쟁 초기 남조선 지역에서 "징병"된 42,262명(북조선은 이들이 전쟁포로가 아니라고 주장한다)을 억류하였다.[258] 이러한 상황에서 조선 지도부는 당연히 "모든 포로의 송환" 원칙을 주장할 수 없었다.

이 문제 역시 모스크바에 의해 최종적으로 해결되었다. 1952년 7월 15일 모택동은 스탈린에게 전보를 보내 미국 측이 제시한 방안은 "양자 비율이 극히 맞지 않으며 적들은 이를 이용하여 중조 인민의 전투적 단결에 대한 이간질을 시도"하고 있고, "적의 압력에 굴복하는 것은 우리에게 극히 불리하다"고 주장하였다. 그는 "이 문제는 정치 문제이기 때문에 중조 양국뿐만 아니라, 혁명진영 전체에도 영향을 준다"고 강조하면서, 설령 담판이 결렬된다 하더라고 절대로 양보할 수 없다고 통보하였다. 다음 날 스탈린은 답신에서 "귀하가 평화협정 담판에서 견지한 입장은 전적으로 정확하다"고 모택동에게 통보하였다.[259]

그 후 8월 주은래는 소련을 방문하여 스탈린과 중국 경제건설에 대한 지원 문제를 토론하였다. 스탈린의 동의를 거쳐 김일성과 박헌영, 팽덕회가 중간에 소련에서 진행된 정전협상 방침에 대한 회담에 참석하였다. 주은래는 스탈린에게 전장에서의 중조 연합군의 역량을 소개하면서 "현재 우리는 충분한 자신

---

[258] Волохова Переговоры о перемирии в Корее, c.106, 108.

[259] 『周恩来年谱(1949-1976)』 上卷, 250쪽; 스탈린이 모택동에게 보낸 전문, 1952년 7월 16일, 『朝鮮战争: 俄国档案馆的解密文件』, 1,186쪽.

이 있으며 더 오랜 기간 전쟁을 진행할 수도 있다. 또한 견고한 갱도가 이미 완성되었기 때문에 미국의 폭격에도 견딜 수 있다"고 설명하였다.

전쟁포로 문제에 관해 스탈린은 먼저 "미국인들은 자신들의 주장대로 포로 문제가 해결되기를 원한다. 그러나 국제법에 따르면 교전 쌍방은 범죄자를 제외한 모든 포로를 송환해야만 한다"고 말하였다. 스탈린은 전쟁포로 문제에 관한 모택동의 견해가 무엇인지를 물었다. 즉 양보할 것인지, 아니면 자신의 주장을 견지할 것인지를 물었다.

이에, 주은래는 이 문제에 관한 중조 간의 견해 차이를 간략하게 소개하면서 "모든 포로를 반드시 송환해야 한다"는 모택동의 주장을 설명하였다. 주은래는 "조선인들은 매일 발생하는 인명 손실이 논쟁 중인 포로의 인원 수를 초과하기 때문에 전쟁을 계속하는 것은 조선에게 불리하며, 정전은 미국에 불리하다고 생각한다. 그러나 모택동은 전쟁을 계속하는 것이 미국의 제3차 세계대전 준비를 못하게 할 수 있기 때문에 유리하다고 생각한다"고 역설하였다.

이에 스탈린은 즉각 "모택동의 생각은 옳다. 이번 전쟁은 미국의 원기를 상하게 하였다. 북조선인들은 전쟁 과정에서 인명 희생 외에 그 어떤 것도 잃은 것이 없다. 미국은 이 전쟁이 그들에게 불리하다는 것을 인식하고 있기 때문에 전쟁을 끝내야 한다고 생각한다. 특히 그들은 소련군이 중국에 계속 주둔하게 되었다는 것을 알고 나서는 더욱 그렇다. 필요한 것은 끈기와 인내심이다"고 말하였다.

스탈린은 중국 지도부를 더욱 자극할 수 있는 문제를 제기하였다. 그는 주은래에게 "미국에 반드시 강경한 태도를 취해야 한다. 중국 동지는 이 전쟁에서 미국이 패배하지 않는다면, 중국은 대만을 영원히 수복할 수 없다는 점을 알아야 한다"고 주의를 환기시켰다.

전쟁포로 문제의 구체적인 해결 방법에 관해 주은래는 만일 미국인들이 부분적인 양보를 할 경우, 다음의 방침에 따라 담판을 진행할 것임을 밝혔다. 첫째, 미국이 여전히 포로의 부분적 송환을 주장할 경우 같은 비율의 미국과 한국의 포로를 억류할 것임을 선언한다. 둘째, 전쟁포로 문제를 중립국(예를 들면 인도)에 이관하여 중재하도록 한다. 셋째, 정전협정을 먼저 체결하고 전쟁

포로 문제는 이후에 해결하도록 한다.

회담에서 스탈린은 첫 번째 방안을 선호하였고 주은래가 중점적으로 언급한 것은 두 번째 방안이었다. 그러나 그들 모두가 찬성한 전제는 우선 모든 포로의 송환을 견지하고, 미국이 먼저 양보하도록 하는 것이고, 미국의 협박에는 물러서지 않는다는 것이었다.[260] 스탈린은 만찬석상에서 "중소 단결은 어떤 제국주의 국가도 두려워하지 않는다." "중국은 동방의 병기 공장으로 거듭나야 한다." "동방의 해방은 중국에 달려있다." 중국은 "아시아의 핵심이다"라고 말하였다.[261] 이 같은 스탈린의 태도가 조선 문제에 있어 중국의 발언권을 강화하였음은 의심의 여지가 없다.

평양 설득도 당연히 모스크바가 나섰다. 9월 4일 회담에서 스탈린은 김일성에게 중조 간 정전협상 문제에 있어서 이견이 있는지 여부를 물었다. 김일성은 "우리 사이에 원칙적인 이견은 없다. 우리는 중국동지들이 제기한 그 방안에 동의한다. 그러나 조선인민이 지금 처한 상황이 엄중하기 때문에, 우리는 하루빨리 정전협정이 체결되길 원한다"고 대답하였다.

스탈린은 곧바로 "우리는 바로 여기에서 이 문제를 중국대표단과 토론하였고, 전쟁포로 문제에 관한 미국의 제안에 동의하지 않으며, 자신의 조건을 견지하도록 제안하였다"고 말하였다. "만일 미국이 중조 연합군 포로 20%를 송환하지 않으면 … 이쪽도 포로의 20%를 송환하지 않을 것이며, 그들이 중조 포로를

<hr />

260) 스탈린과 주은래 회담 기록, 1952년 8월 20일, 9월 19일, 『朝鮮战争: 俄国档案馆的解密文件』, 1,195-1,204, 1,227-1,232쪽. 일본학자 와다 하루키는 다른 견해를 제시하였다. 그는 1952년 주은래의 소련 방문 때 조선은 정전을 요구했고 소련도 정전을 하고 싶어 했지만, 중국이 정전을 원치 않아, 스탈린은 부득이 주은래의 의견에 동의하였다고 본다. 다음을 볼 것. Haruki Wada, "Stalin and the Japanese Communist Party, 1945-1953", The Paper for the International Conference"The Cold War in Asia", January 1996, Hong Kong. 그러나 저자는 이 말에 근거가 되는 문건을 제시하지 않았다. 미국학자 마스트니는 필자가 동의할 수 없는 또 하나의 생각을 갖고 있다. 그의 생각은 주은래가 소련에 간 것은 중국과 조선이 정전을 바라고 있음을 밝히러 갔고, 스탈린은 단호히 반대하였다는 것이다. 그는 심지어 2달 뒤 유소기가 모스크바로 가서 소련 공산당 19차 당대회에 참석한 것은 스탈린을 설득해 정전을 실현시키기 위함이라고 본다. 다음을 볼 것. Vojtech Mastny, The Cold War and Soviet Insecurity: The Stalin Years, New York and Oxford: Oxford University Press, 1996, pp.147-148. 필자가 볼 때 일본과 미국학자들을 혼돈에 빠지게 한 것은 주은래의 함축적이고 완곡한 화법 때문이다.

261) 홍학지가 전달한 스탈린의 연회상에서 말, 1952년 11월 18일.

억류하지 않을 때까지 그렇게 할 것이다"고 김일성에게 설명하였다. 스탈린은 마지막으로 "이것이 바로 이 문제에 대한 우리의 입장"이라며 이 문제를 마무리하였다.262)

1952년 11월 10일 유엔 주재 소련 대표는 유엔에서 조선 문제 해결을 위한 새로운 방안을 제안하고 24일 보충 제안을 다시 제출하였다. 28일 주은래는 "정전협정 체결 후 모든 포로 송환"의 소련 제안에 전적으로 동의한다는 중국 정부 성명을 발표하였다.263)

이후 스탈린이 사망할 때까지 김일성은 즉각적인 정전 주장을 다시는 제기하지 않았으며, 어떻게 하면 소련으로부터 더 많은 원조물자를 얻어낼 수 있는 가에 더 많은 관심을 기울였다. 그러나 전쟁이 끝나기 직전 중국과 조선 사이에는 정전협정에 곧바로 조인하는 문제를 두고 또 갈등이 발생하였다. 이는 전쟁 기간의 마지막 의견 충돌이었다.

1953년 3월 이후 소련의 대외정책과 전쟁 방침에 큰 변화가 발생하였고 이는 정전회담 협상을 촉진시켰다.264) 그러나 이승만은 정전을 원치 않았으며 독단적으로 포로를 석방하는 방법으로 정전협정 체결을 방해하려 하였다. 이 때문에 중국은 재차 전투를 개시할 것을 주장하고 이를 통해 더욱 유리한 조건을 쟁취하고자 하였다. 반면에 조선은 정전협정에 즉각 서명할 것을 요구하면서, 이승만이 포로를 석방한 행위에 대해서는 추궁하지 않았다. 팽덕회는 김일성의 주장을 무시하고 모택동의 지지하에 자신의 뜻대로 대규모 진지 돌파전을 개시하여 큰 성공을 거두었다.265)

정전 문제에서 김일성이 고려했던 것은 조선의 실질적 이익이었음이 분명하다. 김일성은 전쟁에서 승리가 무망해지자, 현상유지의 전제하에 하루빨리 전쟁을 종결지어 경제건설을 추진하여 북조선에서 자신의 통치 기반을 공고히

---

262) 스탈린과 김일성, 팽덕회의 대화록, 1952년 9월 4일, 『朝鮮战争:俄国档案馆的解密文件』, 1,214-1,221쪽.

263) 중국외교부당안관, 113-00118-01, 3-5쪽.

264) 상세한 것은 다음을 볼 것. 沈志华, 『毛泽东, 斯大林与朝鲜战争』, 396-414쪽.

265) 彭德怀, 『彭德怀自述』, 352쪽.

하고자 하였다. 그러나 모택동은 조선전쟁으로 아시아혁명의 지도 책임을 짊어지게 되었으며, 따라서 반드시 양대 진영 대립의 전체적 상황을 고려하고 동시에 동북아시아, 더 나아가 아시아 전체의 사회주의 진영의 안보이익을 고려해야만 하였다. 이렇기 때문에 중조 간 갈등이 발생했을 때 모택동은 계속 스탈린의 지지를 얻을 수 있었다.

조선전쟁 시기 소련, 중국, 조선의 삼각동맹 및 중조관계의 실지 상황에 대한 회고와 탐구를 통하여 대체로 다음과 같은 결론을 내릴 수 있다.

첫째, 스탈린은 비록 전면에 나서지 않고 배후에 있었지만 의심할 여지없이 사회주의 진영의 기수였다. 모택동이 매우 곤란한 조건하에서 조선 출병을 결정한 것은, 소련과 사회주의 진영에 대한 중공의 충성을 잘 보여준다. 동시에 실질적으로는 아시아혁명의 영도 책임을 떠맡게 된 것이다. 이로써 모택동은 스탈린의 신임을 얻었으며 중소동맹 역시 공고해졌다. 전쟁 기간 모스크바와 북경의 주장은 기본적으로 일치하였으며, 중소 우호관계는 날로 강화되었다.

둘째, 중국은 대규모로 계속해서 조선에 군대를 파견함으로써 사실상 북조선과 관계된 문제, 특히 전쟁 전략면에서 실제로 발언권을 장악하였다. 중소 양대 강국이 일치단결한 상황에서 스탈린은 중조 간의 모든 분쟁에서 예외 없이 모택동을 지지하였으며, 김일성은 "굴욕을 참고", 복종할 수밖에 없었다. 조선은 절대로 소련의 뜻을 거스를 수 없었으며 이로 인해 중국에 대해 내심 불만과 원망으로 가득 찼다.

셋째, 김일성은 강렬한 민족독립 의식을 가지고 있었고 조선에 자신의 강력한 통치 체제를 수립하고자 하였다. 그러나 조선노동당 내부에는 수많은 파벌들이 존재하였고 그중 위협이 될 수 있는 주요 세력은 남로당파, 모스크바파 및 연안파가 있었다. 특히 전쟁 중에 연안파 구성원 다수는 군의 수뇌부가 되었을 뿐만 아니라 참전한 중국 군대와도 밀접한 관계를 유지하였다. 이는 김일성을 불안하게 하였다. 이러한 심리적 불안과 조선의 지휘 및 작전 능력에 대한 중국 군사지도자들의 멸시 및 중국의 모스크바를 통한 압력 행사는, 중조 지도부 간에 이데올로기를 넘어서 일종의 진정성과 신뢰를 결여하게 하였으며,

이는 중조동맹 관계에 큰 장애와 불편을 초래하였다. 전후 중조관계는 사실상
이 같은 먹구름 위에서 시작되었다.

제3장

주체의 제창

제3장 주체의 제창

김일성 각종 난국을 극복

【개요】

스탈린의 사망과 조선전쟁의 정전으로 조소관계와 중조관계에 미묘한 변화가 나타나기 시작하였다. 크렘린의 새로운 지도자들은 아시아혁명의 영도와 조직 책임을 사실상 중국에게 이양하였고, 모택동은 이를 흔쾌히 수용하였다.

모택동은 김일성을 위무하고 전후 조선 문제에 대한 중국의 발언권과 주도적 역할을 유지하기 위하여, 대규모 경제원조를 조선에 제공하기로 하였다. 조선의 전후 복구 사업은 주로 중국, 소련, 동유럽 등 사회주의 진영 국가들의 원조 아래 이루어졌다. 중국은 경제력에서 소련에 한참 못 미쳤고 전쟁으로 막대한 손실을 입었지만 소련보다 훨씬 많은 원조를 조선에 제공하였다.

이에 김일성은 매우 만족하였지만 공개석상에서는 오히려 "자력갱생"을 강조하고 중국과 소련의 원조에 대해서는 거의 언급하지 않았다. 조선의 당·정·군 권력을 자신에게 집중시키는 과정에서, 김일성은 각종 구실과 수단을 동원하여 당내 남로당파를 모두 제거하고, 뒤이어 모스크바파와 연안파 간부들을 공격함으로써 그들을 권력으로부터 배제시켰다. 동시에, 김일성은 교조주의와 형식주의에 대한 반대를 제기하고 "주체"사상을 확립하면서 이데올로기 방면에서 유리한 고지를 선점하였다.

제3장 | 주체의 제창   383

소련공산당 제20차 대회 이후, 김일성은 모스크바 신 노선의 수용을 원하지 않았다. 연안파 간부는 모스크바파와 연합하고 조선에 대한 소련공산당의 불만을 이용하여 김일성에 대한 비판을 전개함으로써 김일성의 노선을 바꾸고자 하였다. 이 소식을 알게 된 김일성은 각종 수단을 총동원하여 국면을 통제하였다.

1956년 8월 말 개최된 중앙위원회 전원회의에서 김일성이 반대파 주요 성원들을 반당 집단으로 규정하고 출당 처분과 철직 및 조사를 강행하자, 연안파의 일부 간부들은 중국으로 도망쳤다. 모택동은 이에 크게 분노하였으며 소련공산당 대표단과 협의를 거친 이후 미코얀과 팽덕회가 이끄는 대표단을 평양으로 파견하고 김일성에게 결정을 철회할 것을 강요하였다. 김일성은 모스크바와 북경의 압력에 못 이겨 잘못을 인정하였으나, 이를 진심으로 받아들이지 않았다.

폴란드, 헝가리 사건 발생 이후 김일성은 이를 기회로 내부 숙청을 강화하는 한편, 조선 문제를 유엔을 통하여 처리할 것을 시도하였다. 모택동은 조선이 통제력을 상실하였다고 판단하고, 동방 사회주의 진영의 틈을 메워야 한다고 강조하였으며 심지어 극단적 수단을 사용하여 해결하려는 방안을 소련과 논의하였다. 이로부터 중조관계는 중대한 위기 국면에 처하게 되었다.

제1절 동맹국에 대한 조선의 경제원조 요청

중국의 조선 출병으로 조성된 객관적인 결과 중 하나는 사회주의 진영 내부에서 조선 문제에 대한 발언권과 주도권의 대부분이 소련에서 중국으로 옮겨졌다는 점이다. 전쟁 시기 중요한 전략 결정 및 배치 문제에서 중조 양국 지도부 사이에 첨예한 의견 충돌과 갈등이 존재하였지만, 스탈린이 개입하여 최종적인 결과는 언제나 중국의 주장을 조선이 수용하는 것으로 끝을 맺었다. 이로인해 조선 지도부는 중국에 불만을 가지게 되었고 깊은 상처를 받았다.

그러나 아시아혁명의 책임자 또는 지도자로서 모택동의 뜻은 조선의 주권을 침해하고 조선의 내정을 간섭하는 것이 아니었다. 실제로 조선전쟁 발발 이전 모택동은 스탈린과는 달리 조선을 직접적으로 통제하려 하지 않았다. 오히려 중조 양국의 우호를 증진하고 전쟁 기간 중조 지도부 사이의 긴장관계 해소를 위하여 모택동은 정치, 외교 방면에서 중국 정부와 군대에게 조선을 존중하고 평등하게 대할 것을 재차 요구하였다. 또한 경제와 군사 분야에서 전력을 다해 조선을 지원하였다. 이들 정책과 조치들은 중국의 조선 출병 이후부터 전후 조선의 경제 회복 및 복구 시기까지 계속되었다.

1. 중조 양국의 우호를 위한 모택동의 노력

인민지원군 조직 초기 모택동은 조선과의 관계에 특별히 주목하였다. 1950년 10월 18일 하달된 '중국 인민지원군 조직 명령'에 관한 문건을 비준할 때 모택동은 다음과 같은 내용을 추가하였다.

"우리 중국 인민지원군은 조선 영토 내로 진입한 후 조선인민, 조선인민군, 조선민주정부, 조선노동당(즉 공산당), 기타 민주당파 및 조선인민의 지도자 김일성 동지에 대해 반드시 우애와 존중을 표시하고 군사 및 정치 기율을 엄격히 준수해야 한다. 이는 군사임무 중의 극히 중요한 정치적 기초이다."[1]

12월 3일, 북경에서 개최된 김일성과의 회담에서 모택동은 조선노동당과 김 수상, 조선인민정부를 애호하고 조선인민군을 애호하여, 돈독한 상호관계를 수립할 것을 중국 인민지원군에게 요구하였음을 전달하였다.[2]

조선당의 일부 정책적 결함과 양측 군대의 협력에 대한 팽덕회의 전보를 받고 모택동은 1950년 11월 12월 회신을 보내 다음과 같이 당부하였다.

"조선 동지와 협의할 때 그 방식에 주의하고, 마땅히 다음과 같은 심리적 준비를 하여야 한다. 즉 조선과의 논쟁과 갈등은 매우 오랜 기간 있어 왔다. 전투에서 수많은 승리를 거둔 후 중국 동지의 의견이 사실상 정확하였음이 여러 차례 증명된 후에야 조선 동지들의 동의와 신뢰를 얻을 수 있다. 이는 당연한 것이다."[3]

1) 『建国以来毛泽东军事文稿』上卷, 235-236쪽.
2) 『毛泽东年谱(1949-1976)』第1卷, 254-255쪽.
3) 『建国以来毛泽东军事文稿』上卷, 348쪽.

중조관계가 긴장될 기미를 보이자 모택동은 12월 26일 팽덕회 등에게 보내는 전보에서 다음과 같은 내용을 특별히 지시하였다.

3차 전역 종결 후 전군의 주력을 후방으로 철수하고 재정비를 하는 시기, "기율을 정돈하고 중국 동지와 조선 동지 사이의 관계를 개선하고(조선 동지에게 함부로 행동한 자들은 엄중한 비판을 받아야 하며, 혐의가 중대한 자는 철직시킬 것), 군대와 인민 군중 사이의 관계를 개선하며(3대기율과 8항주의를 엄격히 준수할 것), 군민 군중사업을 올바르게 실행(재난을 당한 인민들의 물자부족 해결을 돕는 것을 포함)" 하도록 지시하였다.[4]

1951년 1월 19일, 모택동은 팽덕회가 중조 군대 군단급 고위간부 연석회의에서 발표하기로 되어있는 연설문 원고를 검토하였다. 모택동은 "중국인이 조선의 정책과 사업을 결정한다는 인상을 주는 것을 피하기 위하여" 원고의 일부를 수정하고, 다음과 같은 내용을 추가하였다.

"조선에 있는 모든 중국 지원군 동지들은 반드시 조선 동지들로부터 열심히 배워야 한다. 전심전력을 다해 조선인민, 조선민주주의인민공화국 정부, 조선인민군, 조선노동당, 조선인민의 지도자 김일성 동지를 보호해야 한다. 중조 양국 동지들은 친형제와 같이 단결하고 동고동락하며, 승리를 위해 생사를 서로 의지하며 공동의 적들과 끝까지 싸워야 한다. 중국 동지들은 조선에서의 사업을 반드시 자신의 사업으로 여겨야 하며, 관병들은 조선의 산하와 나무 한 그루, 풀 한 포기까지 애호하고 조선인민들의 바늘과 실 하나까지도 가져가서는 안 된다. 국내에 있을 때와 같게 행동해야 한다. 이것이 바로 승리의 정치적 기초이다."[5]

이와 같이, 모택동이 조선을 보는 시각은 마치 고대의 제왕들과 유사하였다. 당나라의 조선 지역에 대한 정복 혹은 토벌 정책이든, 명나라의 방임 혹은 원조정책이든지 공통적으로 마치 자기 집안의 일처럼 여겼음을 알 수 있다.

모택동의 지시가 하달된 후 지원군 각 부대들은 이를 매우 중시하였다. 조선 군민과의 단결과 기율 준수는 "중대한 정치원칙 문제"로 여겨졌으며 부단히 검토

---

4) 『建国以来毛泽东军事文稿』 上卷, 420-422쪽.
5) 『毛泽东年谱(1949-1976)』 第1卷, 284-285쪽.

되고 관련 조치들이 시행되었다. 또한 위반자들에게 엄격한 처분이 내려졌다.

제12군 정치부는 전군 정치공작회의에서 조선 동지들과의 연계를 강화하고 조선 노동자들에 대해 함부로 비판하는 것을 금지하자는 의견을 제시하였다. 또한 조선인민들의 풍습을 존중하여 실내로 들어갈 때 신발을 벗고 함부로 침을 뱉지 않는 등의 의견이 제기되기도 하였다. 철도군운수총국 고위 간부회의에서도 철도 운수와 정비사업 중에서, 중조 간의 단결을 강화하고 군민(軍民) 관계를 강화할 것이 제기되었다. 또한 생활과 사업 중에서 조선 동지와 밀접하게 협력하고 자신을 엄격하게 제약하며 타인을 더 많이 돕고 자발적으로 더 많은 문제 해결에 나서는 문제가 제기되었다. 수많은 부대들은 중조 단결 공약과 각종 규정들을 내걸었으며, 관병들에게 이를 서로 감독하고 집행할 것을 지시하였다.[6]

조선전쟁 전후 중국 지도부는 시종 이 문제에 주목하였다. 예를 들어 1953년 2월 7일 조선은 김일성에게 원수 칭호를 수여하였다.[7] 중국의 일부 매체들이 이에 주의를 기울이지 않자 중공 중앙선전부는 4월 23일 전국의 각급 선전 부문에 금후 김일성의 대한 호칭을 모두 "장군"에서 "원수"로 변경하도록 지시하였다.[8]

1953년 10월 3일 주은래는 중국인민 제3차 조선 위문단 단장으로 조선을 방문하는 하룡과 중국인민 항미원조 총회 부주석 팽진을 접견하였다. 이 자리에서 주은래는 특별히 다음과 같이 강조하였다.

"지난 2년간의 전쟁 기간, 조선위문단은 지원군 사령부를 우선 방문하여 왔고 이를 조선 동지들도 이해하였다. 그러나 현재 조선전쟁은 이미 정전 되었으므로 전시에 허락되었던 형식과 절차를 변경해야만 한다. 중조 양국의 우의는 피로 맺어지고 이는 형제와도 같지만, 우리는 두 국가로서 반드시 국가 관계에 입각해서 대해야 한다. 따라서 이번 위문단은 반드시 먼저 평양을 방문하여 김일성을 접견하고, 대표단의 일체의 활동은 조선 정부의 계획에 따라야 한다."[9]

---

6) 한림대학교 아시아문화연구소 편, 『한국전쟁기 중공군 문서』 제2권, 자료 총서 제30기(중문 영인본), 한림대학교출판사, 2000년, 13-34쪽, 291-294쪽, 지원군 각 부대가 제정한 중조 우호 수칙 및 규정은 271, 315-317, 362-363쪽을 참고. 군기 위반에 관한 판결문은 255, 265-266쪽을 참고; 李寿轩在运输和抢修干部联系会议的发言摘要, 1951年 9月 27日.

7) 『金日成略传』, 平壤: 外文出版社, 主体90年(2001年), 76쪽.

8) 산서성당안관, C54-1005-17, 163쪽.

중국은 조선전쟁 시기에 조선 정부와 군대에 직접 제공한 원조 이외에 수많은 경로와 형식으로 조선에 물자를 제공하였다. 철도 운송과 관련된 지출은 그중 한 가지 사례이다. 1951년 중조 연합 운수사령부가 창설된 후부터 1953년 말까지 인민폐 2억 위안 규모의 지출이 있었다. 이 중 조선에 직접적으로 원조한 금액은 95%에 달하였다.[10]

더욱 중요한 점은 중국이 조선 민중의 고통을 완화하기 위해 최선을 다했다는 점이다. 전쟁 3년 동안 중국 정부가 조선에 제공한 경제 및 생필품 원조의 총액은 약 7.3억 위안(1953년 말 기준)에 달한다. 이 밖에도 전국적으로 전개된 구호운동은 큰 성과가 있었다. 1952년 5월까지 중화구제총회는 대규모의 식량과 생활필수품을 조선에 전달하였다.[11]

조선 난민의 구호는 중국 정부가 조선에 제공한 원조의 중요한 부분이다. 전쟁 기간 조선에서 중국으로 유입된 난민은 총 13,000여 명(그중 11,000명은 연변에 있었음)에 달했다.[12] 이에 중국 북부의 지방정부들은 이에 관한 전문 통지와 규정들을 결정하였다.

열하성(热河省)은 우선 현과 도시를 위주로 모금운동을 시작하고, 모든 농장, 공장, 학교 및 작은 거리까지 모금운동을 확대하였으며, 매주 헌금 상황을 보고하도록 지시하였다. 산서성(山西省)은 『산서일보(山西日报)』에 10개 조항의 규정을 발표하여 조선난민 구호운동을 개시 및 모집하는 것을 중소 우호협회의 중점 사업으로 삼고, 회원들이 앞서 모금에 나설 것을 호소하였다.[13]

동북지역, 특히 연변의 각 현들은 당연히 큰 책임을 질 수밖에 없었다. 길림

9) 『周恩来年谱(1949-1976)』 上卷, 330쪽.

10) 中朝联合铁道运输司令部, 『援朝铁路经费预决算执行情况报告』, 1954年 4月 19日. 원문 기재는 이전 화폐를 기준으로 계산된 것이다. 1955년 3월 중국인민은행은 새 화폐를 발행하였다(1위안은 구 화폐 1만 위안에 해당). 본 서술은 이미 신 화폐로 환산된 것이다. 이후 서술도 이와 같다.

11) 石林主编, 『当代中国的对外经济合作』, 北京: 中国社会科学出版社, 1989年, 24쪽. 1952년 10월 27일 주은래는 김일성에게 전보를 보내어 조선인민의 월동을 돕기 위하여 상업부 부부장 사천리(沙千里)를 특별히 파견하여 50만 벌의 면 옷, 150만 켤레의 고무신을 골라 조선에 제공하겠다고 통지하였다. 중국외교부당안관, 117-00208-03, 47-49쪽.

12) 하북성당안관, 694-7-10, 103-105쪽.

13) 하북성당안관, 855-1-73, 1쪽, 699-1-6,3쪽 ; 산서성당안관, C49-4-55, 1쪽, C42-1-107, 1쪽.

성은 "일반적으로 이동 난민은 모두 보호소에서 각지의 지방정부로 인계되어 안치할 것," "우호적 인원들의 이동에 대해 우리 성은 적절하게 안치하고 처리한다"는 지시에 근거하여, 1950년 11월 연변지역위원회는 각 현·시장 및 공안국장 회의를 개최하고 주덕해 서기의 직접 지휘하에 감찰조사처, 개산둔, 도문, 남평, 양산천자촌, 권하 등지에 난민보호소와 연락처를 설치하고 난민의 수용과 보호사업을 진행하였다. 구호 경비는 유관기관이 부담한 것 이외에도 각지 민중들의 모금을 사용하였으며 현금과 객방, 의류, 양식 등 다양한 방식으로 모금하였다.

3년 전쟁 기간 동안, 연변지역에 수용된 조선 난민은 11,728명으로 제공된 구제액은 14.88억 위안(동북지역 화폐기준)에 달하였으며, 의류는 43,180벌, 난민들에게 제공된 귀국 비용은 10.1억 위안에 달했다. 이 밖에도, 연변의 각 현에 부상자들을 전담하는 보호소와 후방 병원이 없었지만, 1950년 하반기부터 이들을 수용하기 시작하면서 조선의 부상자 5만여 명을 치료하였다. [14]

전쟁 기간, 조선에는 다수의 고아가 발생하였고 이들의 수용과 부양 문제는 조선 정부의 큰 골칫거리였다. 이 문제의 해결을 위해 사회주의 진영 각국은 구원의 손길을 보냈다. 소련 외교부 보고에 따르면 1952년 하반기까지 각국에서 조선의 고아를 수용하고 교육을 지원한 상황은 다음과 같다.

폴란드, 헝가리, 체코슬로바키아, 불가리아, 몽고가 각각 200명의 조선 고아를, 루마니아는 1,500명을 수용하였다. 중국 동북정부는 전쟁이 끝날 때까지 조선의 미취학 아동을 수용하여 교육받게 할 것을 조선 정부에 자발적으로 제안하였다. 1952년 3분기까지 중국 정부는 조선 아동 23,000명을 수용하였다. [15]

동북정부는 1952년 10월 12일 조선 고아에 대한 수용과 안치에 관한 종합적

---

14) 金英玉, 「无私的援助, 神圣的责任」, 『延边文史资料』 第10辑 2003年, 212-219쪽.

15) 『라주바예프 6·25전쟁 보고서(3)』, 12, 13, 14쪽. 소련은 이 문제에 대하여 비교하듯 따졌다. 상기의 보고를 제출할 때까지 소련 적십자회와 적신월연맹회, 부장회의, 외교부 간에 100명의 조선 고아를 수용하는 여부에 대하여 논쟁을 벌였다. 전후 폴란드는 조선 고아 1,000명을 수용할 것이라는 의사를 표명하였고, 체코슬로바키아는 700명을 수용할 수 있다고 하였다. 1953년 6월 5일 『카를리카와 리동건 담화기록』 АВПРФ, SD44825. 해당문헌은 자료 복제 시 문헌 번호가 유실되었다. 검색의 편의를 위해서 본서에서는 개인 소장 번호를 표기하였다. 이하 동일.

인 방안을 제출하였다. 그중 안동과 도문에, 난민 아동을 접수하고 보호하는 시설을 설치하고 안동성, 요동성, 도문시가 민정, 위생, 재정, 공안 등 각 부문 간부들을 조직하여 구체적 사업에 나서도록 하였으며, 동북 민정국과 길림성 민정국은 인력을 파견하여 이에 협조하였다. 이러한 난민 아동의 접수, 검역, 수용, 의료, 식량 제공 및 교육 문제 등에 관해 상세한 규정이 제정되었고, 그들을 위한 초등학교와 유아원이 만들어졌다.16)

중국은 조선 정부와 인민을 위해 다양한 분야에서 원조를 제공하였다. 예를 들면 다수의 노동자, 선원 및 대학생을 수용하여 중국에서 학습시키는 한편, 폴란드, 불가리아 등이 제공한 조선 구호물자들에 대해 국경 통과세를 면제하기도 하였다.17)

중조 양국 간의 전쟁 전략 및 책략 방면에서 심각한 의견 충돌과 심지어 갈등이 있었지만, 사료로 미루어볼 때 모택동은 시종일관 양측의 단결과 우의를 강조하였으며 특히 인민 생활 방면에서 중국 정부는 최선을 다해 조선의 수요에 응하였다.18) 전쟁 종결 후에도, 중국 정부는 여전히 이 방침을 유지하였다.

2. 조선의 전후복구에 대한 중소 양국의 원조

정전 이후 1954년 개최된 제네바회의에서 참전국 간의 종전에 대한 합의는 끝내 이루어지지 않았다. 그러나 동북아 지역에서 군사충돌이 재발하는 것은 아무도 원하지 않았다.19) 전쟁이 끝난 직후 조선은 전후 복구와 경제회복이라

---

16) 하북성당안관, 700-3-775, 10-15쪽.

17) 이 자료를 자세히 참고할 것. 중국외교부당안관, 106-00031, 106-00036, 109-00161, 109-00330, 109-00360.

18) 1952년 8월 22일 홍학지가 보낸 전보에는, 조선 정부는 중국이 겨울용 의복 최소 30만 벌을 해결해줄 것을 희망하고 있다고 하였다. 모택동은 이틀 뒤 전보에서 "30만 벌의 겨울 의복을 무상 제공할 수 있다"고 답하였다. 28일 조선 측 전보에 대한 외교부의 답전 초고에는 해당 30만 벌은 무료로 제공되는 의복으로 비용을 지불할 필요가 없으며, 정산목록에 기록할 필요가 없다는 내용이 추가되었다. 顾龙生编著, 『毛泽东经济年谱』, 308쪽.

19) 제네바회의의 최신 기밀해제 문헌에 대해서는 이 자료를 참고할 것. 中华人民共和国外交部档案馆编, 『中华人民共和国外交档案选编(第1集):1954年日内瓦会议』, 北京: 世界知识出版社, 2006年.

는 버거운 당면과제에 직면하였고 이는 전쟁과 비교해도 결코 뒤지지 않는 어려움이었다.

3년간의 전쟁은 조선에 엄청난 경제적 손실을 초래하였다. 1954년 소련 대사관이 조선 중앙통계국 자료에 근거하여 작성한 상세 보고에 따르면, 조선 인구는 약 120만 명(이외 60만 명이 징병됨) 정도 감소하였고, 이로 인해 심각한 노동력 부족이 발생하였다. 직접적인 경제손실액은 4,200억 원(약 140억 루블)에 달하며 공장 9,000채, 주택 60만 호, 학교 5,000개소, 병원 1,000개소, 극장과 영화관 263개소 및 수천 개에 달하는 기타 문화생활 기관이 잿더미로 변하였다.

가장 중요한 공산품들의 생산도 급감하였다. 전력생산은 1949년 생산량 59.24억 와트에서 1953년에는 10.16억 와트로 감소하였다. 이에 따라 석탄 채굴량은 394.3만 톤에서 68.8만 톤으로, 강철 생산은 14.4만 톤에서 0.35만 톤, 시멘트 생산량은 53.7만 톤에서 2.65만 톤으로 급감하였으며, 소금(식염) 생산량 역시 28만 톤에서 4.2만 톤으로 줄었다.

금속제련, 화학 및 연료 생산과 같은 일부 중요한 공업 분야는 철저히 파괴되었다. 교통 방면은 614억 8600만 원의 손실을 입었으며, 424량의 기관차, 11,118량의 열차 차량이 폭격으로 파괴되었다. 14곳의 항구와 항만, 1,600채의 공공건축물이 폭격을 받았다. 1,237개소의 대형 상점들은 파괴되어 국가의 상업유통망은 완전히 무너졌으며, 농업 손실 역시 매우 엄중하였다. 다량의 농산물이 파괴되었고 이 밖에도 도살 및 약탈된 소와 양은 10.9만 두, 돼지는 13.5만 두에 달했다. 화재로 8만 9천 그루의 과수가 전소되었다.[20] 이 같은 엄중한 상황에서 외부의 경제원조 없는 조선의 전후 복구는 상상할 수 없었다.[21]

일찍이 전쟁 기간부터 김일성은 전후 경제회복에 대하여 초조함을 느끼고 있었다. 1952년 철도 관리권과 정전 담판 문제에서 조선과 중국 사이에 중대한

---

[20] 『朝鮮战争:俄国档案馆的解密文件』, 1,341-1,344쪽. 그 외 다음을 참고할 것 РГАНИ, ф.5, оп.28, д.314, л.33-63; 『人民日报』 1954년 4월 24일 3면.

[21] 대외원조의 정의에 대하여 학계에 어떤 논쟁이 존재하든, 일반적으로는 두 종류로 분류된다. 협의의 원조는 증여(혹은 무상원조)를 의미하며, 광의의 원조는 차관, 무역 등의 형식까지 포괄한다. 다음을 참고할 것. 詹姆斯·卡特:『苏联对外援助净成本』, 陈绎译, 上海: 上海人民出版社, 1973年, 17-20쪽.

의견충돌이 발생하였던 근본 원인도 바로 여기에 있었다. 따라서 정전협정 서명 직후부터 김일성은 경제원조를 제공해 줄 대상을 찾아 나섰다. 이는 장기간 함께 전쟁을 치른 중국이 아닌 배후에 있었던 소련이었다.

정전협정이 체결된 지 3일 뒤인 7월 31일, 김일성은 전쟁으로 초래된 손실에 관한 상세한 보고와 이와 관련된 조선 정부의 정식 문건을 소련 대사관에 전달하였다. 조선 정부는 문건에서 경제복구 사업, 특히 중요한 공업소의 설계와 복구 계획을 도와 줄 소련 전문가 62명의 파견을 요청하였으며, 필요한 전문가 목록과 복구사업에 참여할 인원 등이 상세히 열거되어 있었다. 이 문건은 소련 전문가를 요청하는 이유로 "조선인들은 스스로 이런 대규모 사업을 완성할 수 없기 때문에 반드시 소련 전문가들이 필요하다"고 강조하였다.

8월 3일 소련 대사관은 모스크바에 이 문서를 전달하며 "조선 정부의 요청을 긍정적으로 연구 검토하는 것이 바람직"하다는 의견을 덧붙였다.[22] 같은 날 소련공산당 중앙위원회 주석단은 10억 루블의 원조를 조선에 제공하여 파괴된 국민경제를 회복시킨다는 결의안을 통과시켰다.[23]

이틀 뒤인 8월 5일 김일성은 조선노동당 중앙 위원회 제6차 전원회의를 개최하였다. 회의에서는 복구사업 계획을 제정하였고 3단계에 걸쳐 국민경제 회복사업을 완성하기로 결정하였다. 계획의 주요 내용은 다음과 같다. 제1단계는 준비 단계로 그 시행 기간은 반 년~일 년 정도로 책정되었다. 제2단계는 3년 계획(1954~1956년)의 실행으로, 국민경제 각 부문을 전쟁 이전 수준으로 회복하는 것을 목표로 하였다. 제3단계는 5년 계획(1957~1961년)의 실천으로, 공업화 기초를 마련하는 것을 목표로 하였다.

김일성은 회의에서 "소련 정부는 우리 인민에게 10억 루블의 원조를 제공하기로 결정하였다는 것을 알려왔습니다. 폴란드, 체코슬로바키아, 헝가리 등 여러 나라 정부들에서도 원조를 줄데 대한 결정들을 채택하고 있습니다. 이 형제

---

22) 『朝鮮战争:俄国档案馆的解密文件』, 1,327-1,328쪽; АВПРФ, ф.0102, оп.09, п.44, д.4, 이 자료는 다음에서 재인용. Charles K. Armstrong, "'Fraternal Socialism': The International Reconstruction of Korea, 1953-62", *Cold War History*, Vol.5, No.2, May 2005, p.163.

23) 『朝鮮战争: 俄国档案馆的解密文件』, 1,326쪽.

나라 인민들 속에서는 이미 조선의 회복과 경제발전을 돕기 위한 군중운동이 전개되고 있습니다"라며 격정적인 연설을 하였다.[24]

김일성이 지나치게 낙관적이었던 데 비해 모스크바의 관심은 조선이 기대하고 선전하던 정도로 높지 않았다.[25]

정전협정 체결 전인 7월 1일, 소련외무성부상 그로미코는 일찍이 소련 대사관에 조선 정부의 정식 요청을 받기 전까지는 조선 측과 전문가 파견 문제를 논의하지 않도록 하고, 조선 주재 소련 고문들에게도 조선에 어떠한 제의도 먼저 하지 말 것을 지시하였다. 또한 소련 정부는 조선에 체류 중인 전문가들에게 "공업 복구계획을 제정할 때 조선의 국민경제에서 가장 급한 수요와 최대한 회복이 가능한 내부적 잠재력을 계획 수립의 출발점"으로 할 것을 조선인들에게 강조하라고 지시하였다.

그러나 8월 7일 소련 대사관은 자신들이 수집한 정보에 기초하여 조선 정부는 파괴된 공장의 복구를 위한 전면적인 원조를 소련과 각 인민민주국가 정부들에게 요청할 예정이며, 특히 소련에게는 "거의 모두 파괴된 대형 기업의 재건"을 요청할 것이라고 보고하였다. 구체적으로 소련이 공정 기술인력, 설비 및 재료를 제공하고, 조선은 현지에서 건축자재와 노동력을 준비할 것을 생각하고 있으며, 조선의 현 계획에 따르면 "최대한 내부적 잠재력을 이용하기보다 소련과 인민 민주국가들로부터 최대한의 많은 원조를 얻어내는 것을 주로 생각하고 있다"고 보고하였다.

대사관은 조선에 대한 경제원조 제공 문제에 관하여 김일성을 모스크바로 초청하여 직접 논의하는 것이 적합하다고 제안하였다.[26] 이는 소련과 조선 사

---

24) 『金日成著作集』第8卷, 平壤: 外国文出版社, 1981年, 16, 35쪽. 사실 이 시기, 조선에 10억 루블을 원조한다는 결정에 대하여 소련은 아직 정부 문서를 작성하지 않았으며, 평양에 정식으로 통보되지 않았다.

25) 어떤 학자의 조사에 따르면, 소련이 최초로 대외 경제원조 제공의 의사를 표명한 것은 1949년 유엔 아시아 및 극동경제위원회 제1차 회의석상이었다. 그러나 회의 종료 후 어떠한 구체적인 행동이나 계획을 표시하지 않았다. 1951년 소련은 재차 극동경제위원회 회원국에게 기술원조를 제공할 것과 무역 확대에 대한 의향을 표명했으나, 여전히 구체적 행동으로 옮기지는 않았다. 1953년 4월 소련은 아프가니스탄과 기술원조협정을 체결하였다. 이는 소련이 저개발국가와 맺은 최초의 원조 협정이다. 詹姆斯·卡特, 『苏联对外援助净成本』, 8-9쪽.

이에 경제원조 문제에 대한 견해차가 있었음을 보여준다.

8월 10일, 소련공산당 중앙위원회 주석단은 외교부장 몰로토프와 대외무역부장 미코얀에게, 조선에 대한 경제 지원 제공 문제 연구에 대하여 전권을 위임하도록 결의하였다. 이 결의에 따라 몰로토프는 조선 주재 소련 대사 수즈달레프에게 소련이 10억 루블의 원조를 조선에 제공하기로 이미 결정하였고, 조선 정부에 이 원조액을 구체적으로 어떻게 사용할지에 대하여 의견을 제시하도록 김일성에게 통보할 것을 지시하였다.[27]

같은 날, 김일성은 조선 주재 수석 군사고문 포리셴코에게 8월 25일 모스크바를 방문(정식이든 비정식이든 모두 가능)하여 경제 회복 등의 문제를 소련 정부와 논의하고 싶다는 희망을 통보하였다.[28] 8월 12일 소련 대사는 김일성과 만나 8월 8일 소련부장회의와 최고 소비에트는 조선 재건을 위한 10억 루블 제공을 결정하였다고 통지하였다. 김일성은 8월 조선 정부 대표단을 이끌고 즉시 소련을 방문하고 싶다는 의향을 표시하였다.[29] 8월 19일, 소련공산당 중앙위원회 주석단은 김일성이 9월 초에 소련을 방문하는 것에 동의하는 결의안을 통과시켰다.[30]

협상을 거쳐 소련과 조선 정부는 9월 19일 원조협정을 체결하였다. 협정 내용에 따르면 소련은 2년 안에 조선에 10억 루블의 무상원조를 제공하며, 그중 6억 루블은 김책 제철소, 성진 제련소, 남포 제련공장, 수풍 발전소, 흥남 비료공장, 평양 방직공장 및 일부 전기로 등과 같은 공업기업의 복구와 증설에 사용하고, 4억 루블은 평양 견직공장, 사리원 트랙터수리소, 평양 적십자중앙병원, 중앙방송국 등의 신설과 건설에 사용하기로 하였다.

소련은 설계 방안과 시공설계도를 작성하고 설비 제공 및 설치를, 조선은 기술간부들의 교육 등을 각각 책임지기로 하였다. 이 밖에도 소련은 과거 조선에

---

26) 『朝鮮战争:俄国档案馆的解密文件』, 1,329-1,330쪽.

27) АПРФ, ф.3, оп.65, д.779, л.2; АПРФ, ф.3, оп.65, д.779, л.11-12.

28) АПРФ, ф.3, оп.65, д.779, л.28-29.

29) АПРФ, ф.3, оп.65, д.779, л.26; 소련 대사 수즈달레프 일기 1953년 8월 12일, АВПРФ, SD44836.

30) АПРФ, ф.3, оп.65, д.779, л.25.

제공한 2억 9,800만 루블 차관의 상환 기간을 연장하고 이를 1957년부터 10년 동안 상품으로 상환할 수 있도록 하였으며 차관 이자를 2%에서 1%로 낮추었다. 또한 조선이 전쟁기간 체납한 비무역지급 채무액 약 7,300만 루블 중 50%를 면제하고 나머지는 1957년부터 2년 내에 상환하도록 하였다. 특별 신용차관 또한 상환기간을 연장하였으며 상환액은 차감되었다.[31]

위의 상황들을 미루어 볼 때, 소련인들은 이미 세밀하게 계산하였다는 점과 소련이 제공한 원조액이 조선의 요구에 못 미치는 것이었다는 점을 알 수 있다.[32] 따라서 김일성은 평양으로 돌아온 후 상업상 이주연을 동유럽 각국에 파견하여 원조를 요청하는 한편, 직접 중국 방문을 준비하였다. 10월 10일 조선노동당 정치위원회는 김일성을 대표로 하는 대표단의 중국 방문을 결정하였다.[33]

사실 전쟁 후반기부터 조선은 동유럽 국가들에게 경제원조를 요청하기 시작하였지만 적은 소득만 있었을 뿐이었다. 1953년 11월 이주연은 폴란드, 체코, 헝가리, 루마니아, 불가리아, 알바니아, 동독을 순방하며 경제원조를 요청하였다. 알바니아가 1만 2,000만 톤의 아스팔트 및 포목을 제공한 것 이외에 기타 국가들은 모두 2~5개의 공장 건설을 지원할 것을 결정하였고, 동시에 다량의 생필품 등의 물자를 제공하기로 하였다.

그러나 동유럽 국가들의 원조가 전후 회복 시기 조선이 받은 경제원조에서 차지하는 비율이 크지 않았다. 동유럽 국가들의 지원 금액 총액은 11억 4,700

[31] АВПРФ, ф.0102, оп.7, п.27, д.47, л.115-120; РГАНИ, ф.5, оп.28, д.412, л.307-327;『人民日报』 1957년 10월 27일 6면. 소련의 원조액 10억 루블은 각각 1954년 6.5억 루블, 1955년 3.5억 루블로 두 차례에 걸쳐 제공되었다. 다음을 참고할 것. АВПРФ, ф.0102, оп.11, п.61, д.12, л.4, Син Се Ра Политическая борьба в руководстве КНДР в 1953-1956 гг.: причины и динамика// Проблемы Дальнего Востока, 2009, No.3, с.122. 소위 전문 항목 차관은 군사부문 차관을 의미하는 것으로 보인다.

[32] 만약 소련 대외원조의 전체적 상황을 알았다면 김일성은 만족하였을 것이다. 소련이 신 중국에게 제공한 최초의 경제원조액은 12억 루블이 안 되는 저금리 차관(무상원조가 아니었다.)이었으며, 개발도상국에 대한 첫 번째 원조로서 1954년 아프가니스탄에게 700만 달러, 도합 2,700만 루블을 제공하였을 따름이다. 다음을 참고할 것.『苏联对外贸易基本统计(1954-1975)』, 北京: 北京人民出版社, 1976年, 155쪽.

[33] 비야코프와 박영빈(朴永彬)의 담화 기록, 1953년 10월 15일,『俄国档案原文复印件汇编: 中朝关系』第1卷, 291-296쪽.

만 루블이었는데 그중 동독이 5억 4,500만 루블로 절반을 차지하였다. 그러나 사용기한은 10년으로 제한되었고, 사실상 경제 회복 시기가 종료되는 즉 1954년 말까지, 동유럽 국가들의 원조 약속 금액 중에서 실제로 사용된 금액은 총 2억 200만 루블에 지나지 않았다.[34] 이 같은 사실에 대하여 어떤 헝가리 학자는 "평양은 자신에게 실질적 원조를 줄 수 없는 공산당 국가들과의 관계 발전에는 큰 관심이 없었으며, 이 냉담한 반응은 대체로 상호적이었다"고 강조한 바 있다.[35]

그러나 김일성은 중국에서 의외의 큰 성과를 거두었다. 전쟁 기간 중조 지도자들 사이에는 중대한 문제들에서 의견대립과 충돌이 발생하면서 조선은 중국에 대하여 사람들이 상상하는 신뢰 혹은 고마운 감정을 전혀 갖고 있지 않았다. 하물며 조선은 경제적 이익에 관해서는 이전부터 시시콜콜 따져왔다. 신중국 건립 직전, 중조 양측은 압록강의 수풍발전소 전력분배에 관한 협상에서 중국은 총 발전량의 50%인 40만 와트를 원했지만 조선은 2만 와트만을 제공했을 뿐이었다. 그러나 이 발전소 건설에서 중국 측의 출자한 투자금은 조선보다 훨씬 많았다.[36]

조선전쟁 초기 김일성은 일부 문제에서 지나치게 세밀하게 따지면서 중국인들의 기분을 상하게 하였다. 중국 인민지원군이 조선에 출병하였을 때 땔감이 부족하여 밥을 지을 수가 없었기 때문에 건조식품 즉 비상식량을 휴대해야만 하였다. 이 문제에 대해 지원군이 조선에 진입하기 직전, 김일성은 사람을 파견하여 지원군이 사용할 땔감은 시장가격에 따라 조선 측에서 제공할 예정이

34) РГАНИ, ф.5, оп.28, д.412, л.170-172; 『人民日報』 1954년 1월 24일 6면, 1956년 7월 9일 5면. 다음을 참고할 것. Bernd Schaefer, "Weathering the Sino-Soviet Conflict: The GDR and North Korea, 1949-1989", *CWIHP Bulletin*, Issues 14/15, p.25; Armstrong, "'Fraternal Socialism': The International Reconstruction of Korea", pp.168-169, 174-175. 또다른 자료에는 1954년 동유럽 각국이 조선에 무상 원조한 총액이 1.44억 루블이었다고 한다. 苏联对外贸易研究所编, 『个人民民主国家经济的发展: 蒙古人民共和国, 朝鲜民主主义人民共和国, 越南人民共和国(1954年概况)』, 北京: 财政经济出版社, 1956年, 34쪽.

35) Balazs Szalontai, "'You Have No Political Line of Your Own': Kim Il Sung and the Soviets, 1963-1964", *CWIHP Bulletin*, Issues 14/15, pp.87-90.

36) АПРФ, ф.3, оп.65, д.363, л.20-23.

며 당장 지불할 수 없다면 전후에 결산할 수 있다고 통보하였다.[37] 중국에 구원의 손길을 내밀었던 당시 조선인들은 이러한 통보를 하기가 상당히 어색했을 것이다.

그러나 김일성을 놀라게 했던 것은 그가 2주간 북경을 방문하여 얻은 소득이 의외로 모스크바와 동유럽에서 얻은 소득보다 훨씬 크다는 사실이었다. 중국 측은 조선에 대한 원조에 관련된 '중조경제 및 문화 합작협정' 등 7개 합의 문건 체결을 제안하였으며, 김일성은 이에 모두 동의하였다. 또한 주은래는 제1차 회담에서 "비밀기술합작협정"을 체결할 수 있다는 뜻을 전달하였다.[38]

이미 공개된 자료에 따르면 중국의 원조는 다음과 같은 내용을 포함한다. 1950년 6월부터 1953년 말까지 중국이 조선에 원조한 7.29억 위안(합 14.5억 루블)의 채무를 완전히 탕감한다. 또한 4년(1954~1957년) 동안 8억 위안(16억 루블)의 무상원조를 조선에 재차 제공하며, 그중 1954년에 3억 위안을 제공하기로 하였다.[39]

원조는 물자원조 방식으로 이루어졌다. 그 내용은 석탄 335만 톤, 코크스 28만 톤, 면화 3만 3,900톤, 무명실 0.3톤, 면직품 87,200미터, 옥수수 41만 톤, 쌀 4,000톤, 대두 17만 톤, 고무 11,200톤, 종이 1.25톤, 철제품 52,900톤, 철로 5,500톤, 객차 및 화물칸 1,600량, 자동차 타이어 1,500개, 수레 4,000량, 각 규격의 금속 배관 20,000톤 등 총 3,000여 종의 물품들이었다.[40]

동독의 문헌기록에 따르면, 1953년 중국은 조선에 1,500만 위안(합 2,760만

---

[37] "1950년 10월 10일 팽덕회가 모택동에게 보낸 전보", 필자의 시성문 인터뷰 기록.

[38] 『周恩来年谱(1949-1976)』上卷, 334-335쪽.

[39] АВПРФ, ф.0102, оп.7, д.47, п.27, л.115-120;『人民日报』1953년 11월 24일 1면. 1955년 3월 중국이 신 화폐를 발권한 후, 중국인민은행이 공시한 환율에 따르면 인민폐 1위안은 2루블에 해당하고, 0.3821달러 가치에 해당하였다. 다음을 참고할 것. 对外贸易部编印,『对外贸易有关资料汇编(第一分册): 我国对外贸易基本情况』, 1956년 5월, 45쪽. 다른 중국 측 자료에 따르면, 전쟁기간 조선에 대한 중국의 무역 흑자는 8,053만 달러였으며, 1953년 모두 조선에게 무상으로 증여하였다. 관련 내용은 다음을 참고할 것. 沈觉人主编,『当代中国的对外贸易』上册, 北京: 当代中国出版社, 1992年, 300쪽. 그러나 해당 금액이 대 조선 경제원조 금액인 7.29억 위안 안에 포함되었는지는 알 수 없다.

[40] 『조선 주재 동독 대사관의 보고서: 형제국가의 경제원조에 대하여』, 1956년 9월 8일, PA MfAA, A7013, Bl.17.

루블)을 지원하는 또 다른 보충 원조협정을 체결하였다. 이 보충 원조의 66.3% 는 석탄, 면화, 운송자재, 화학공업 원료, 의약 및 일상소비품 등 물자로 공급되 었고, 잔여분 33.7%는 철도, 수리 및 건설, 운수 및 전문가 교육 등 재건사업 투자 방식으로 제공되었다.[41] 1953년 12월 30일 중국과 조선은 평양에서 의정 서를 체결하고 중국 측은 지원군이 전쟁 기간 조선 정부로부터 빌린 차관 약 3,373만 위안을 상환할 것을 결정하였다.[42]

이 밖에도 3년(1954~1956년) 동안 중국은 22,735명의 조선의 난민 아동을 부 양하고 이 아동들의 교육을 담당하는 7,186명의 조선 공민 및 가정 구성원들의 생활비를 부담하기로 하였다. 중국이 기타 방면에서 조선에 제공한 원조 조건 은 소련에 비해 혜택이 더 많았다.

중조 협의에 따라 조선에서 근무하는 중국 전문가들에게 조선 정부는 그들 이 중국에서 받던 봉급과 동등한 금액(출장비와 보조금을 포함)과 의료비, 주 택 및 교통비만을 지불하고, 기타 일체 비용은 부담하지 않도록 하였다. 반면 소련 전문가들에게는 상기 비용 외에, 그들의 요구에 따라 매년 소련의 한 달 급여에 해당하는 여행비, 휴가보조비 및 두 달 급여에 해당하는 보조비(고등교 육기관), 특히 매월 전문가들의 기술 등급에 따라 그들이 원래 일하던 소련 기 관 손실비 2,000~4,000루블을 소련 정부에 지불해야만 하였다.

중국에서 연수받는 조선 노동자들은 공공의료를 포함하여 중국의 동등한 직 급의 중국 기술자들과 동일한 대우를 제공받았으며, 조선인들은 숙소비만 부담 하도록 하였다. 이에 따라 조선 정부는 연수 인원들의 출장비와 교통비만 부담 하였다. 반면, 소련은 연수 인원에 대한 규정에 따라 모든 비용을 조선 측이 부담하였다. 이외에도 지도실습비를 별도로 지불해야 했고 이는 일인당 평균 100~150루블에 해당하였다. 조선 유학생에 대해 중국은 조선 정부로부터 학생 의 학비보조금과 국내 여행비만을 받았다. 반면에 소련은 강의, 주거 등 소련

41) 『조선 주재 동독 대사관의 보고서: 형제국가의 조선 국민경제 재건 경제원조에 관한 종합자료』, 1956년 1월 4일, PA MfAA, A7013, Bl.50.
42) 中国人民解放军总后勤部财务部,军事经济科学院编,『中国人民解放军财务工作大事记(1927-1994)』, 1997年 10月, 235쪽.

국내에서 쓰는 일체 지출의 50%를 조선 정부로부터 받았다.

중소 양국의 조선에 대한 원조 정도를 비교하면서 소련 외교부 극동국은 중국이 제공한 조건과 비교하여 재정부와 함께 부장회의에 조소협의 조항을 수정해야 한다는 의견을 제기하였다.[43]

조선의 경제복구 첫 해, 중국이 약속한 무상원조 금액은 소련과 동유럽 국가들의 원조 총액(소련, 동유럽 합계는 22억 루블을 넘지 않는 데 비해 중국이 제공한 원조액은 30억 루블을 초과)을 초과하였다.[44] 이후 인민폐와 루블화 사이의 환율조정이 있었다.[45] 소련의 조선에 대한 무상원조 금액은 그 후 소련이 조선이 상환해야 할 채무를 탕감함으로써 약간 증가하였다.[46] 그럼에도 불구하고 중국이 방금 전쟁을 끝내고 엄청난 경제적 피해를 입었던 상황을 감안한다면, 이렇게 많은 원조를 제공할 결심을 한 것은 확실히 모두의 예상을 뛰어넘는 것이라 할 수 있다.[47]

---

[43] АВПРФ, ф.0102, оп.7, д.47, п.27, л.115-120. 조선 실습 인원과 중국 전문가 조건에 관한 의정서. 해당 내용은 다음을 참고하였다. 상해시당안관, A38-2-352, 50-52쪽.

[44] 소련의 대 조선 원조에 관하여 아고프 박사가 계산한 결과는 18억 루블로, 상환기간을 연기한 2.98억 루블과 면제된 비무역지급채무 0.75억 루블을 제외하고, 1.4억 루블의 차관과 5억 루블의 군사원조를 추가한 금액이다. 다음 연구를 참고하였다.Avram Agov, "North Korea in the Socialist World: Integration and Divergence, 1945-1970", Ph.D. Dissertation, The University of British Columbia, Vancouver, 2010, Unpublished, p.255-256.

[45] 2년 뒤, 소련이 중국에게 제공한 원조 금액의 루블화 환산법에는 변화가 있었다. 소련 외교부 자료에 따르면, 중국이 조선에 제공한 상품의 가격은 소련 상품의 수출가격보다 훨씬 높았다. 이렇게 계산하면 중국이 조선에 원조한 금액 8억 위안 인민폐 총액은 8.5억 루블에 지나지 않는다. РГАНИ, ф.5, оп.28, д.314, л.45-48. 이후 소련의 대외원조 금액 통계는 모두 이 방법에 따라 계산되었다. 루블과 인민폐 가치를 비교하면, 1955년 3월 이전 1루블은 인민폐 5,000위안에 해당하였다. 중국이 신 화폐를 발행한 후 1루블은 0.5위안이었다. 이후 소련이 루블 환율을 올렸다. 1958년 중조 양국 무역에서 루블화로 계산 단위로 바꾸었을 때, 국무원의 비준을 거쳐 1루블은 잠시 0.95위안 인민폐로 계산되었다. 다음을 참고. 호북성당안관, SZ73-02-0351, 16-19쪽.

[46] 1956년 소련은 조선에 대한 5.6억 루블의 차관을 감면하였으며, 1960년에는 7.6억 루블의 차관을 감면하였다. 이후 조선은 또 소련에 대한 채무 1.4억 루블을 감면받았다. Agov, "North Korea in the Socialist World", p.208. 이 14.6억 루블은 자연히 소련이 조선에 제공한 무상원조라고 봐야 한다.

[47] 1953년 중국의 국가예산 수입은 233.5억 위안이었다. 다음을 참고할 것. 中国社会科学院, 中央档案馆编: 『1953-1957中华人民共和国经济档案资料选编』財政卷, 北京: 中国物价出版社, 2000年, 140쪽. 이에 기초하여 계산하면 중국이 조선에 제공한 무상원조 금액은 해당연도 전체 국가예산 수입의 3.4%를 차지한다.

이를 두고 일부 학자들은 당시 중소 양국이 조선에 대한 경제원조에서 이미 "경쟁"을 시작하였다고 주장하였다.[48] 그러나 이 주장은 너무 섣부른 해석이다. 당시 중소 관계는 여전히 상승기에 있었고 중국의 전후 경제회복은 소련의 대규모 원조에 의존하고 있었다. 이 상황에서 중국이 어떻게 소련과 경쟁할 의도를 가지고 있었겠는가? 중국이 자신의 능력을 뛰어넘는 원조 행동을 한 데에는 다른 의도가 있었다고 밖에 볼 수 없다.

모택동은 전쟁 기간 중국이 조선 지도자들로부터 큰 불만을 샀다는 사실을 잘 이해하고 있었다. 중국은 아시아혁명의 지도자였으며 또 역사상 조선과 밀접한 관계를 가지고 있었다. 조선에서 중국의 영향력을 회복하고 조선을 중국을 중심으로 하는 아시아혁명 진영에 참가하게 하기 위해서는, 반드시 비상한 노력과 희생을 감수해야만 하였다.

• 김일성이 북경을 방문하고 중국 국경절 행사에 참여하여 모택동, 유소기, 진운 등 지도자들과 회담하고 있다.

---

48) Kim Deok, "Sino-Soviet Dispute and North Korea", *Korea Observer,* 1979, Vol.10, No.1, p.12.

• 김일성. 서철(徐哲). 이을설이 주보중(周保中)을 방문하다.

중조협정이 체결된 이후인 1953년 12월 10일 중공 중앙은 선전 분야에 관한 지시 사항을 하달하였으며 그 요점은 다음과 같다.

"이번 협정 체결은 항미원조 전쟁 이후 하나의 중대한 사건이며, 중조 양국 인민의 절실한 이익에 부합하는 것으로 '중대한 국제적 의미를 갖는다. 일부에서 생각하는 것처럼 조선을 일방적으로 원조한다고 보는 견해는 틀린 것이다. 조선인민은 영용한 투쟁으로 중국을 도왔다. 과거 조선인민이 우리를 도운 사실에 대한 선전은 적은 편이다. 금후 반드시 주의해야 한다. 이번 전쟁에서 조선의 손실은 매우 크고 생활 형편이 매우 어렵기 때문에 이번 원조가 반드시 필요하다. 조선의 회복과 부강은 중국에게 유리하다. 조선민족의 장점은 고난을 두려워하지 않고, 노동을 사랑하며 기율을 준수하는 것으로, 과거 선전이 부족했기 때문에 금후에는 반드시 늘려야 한다."[49)]

그리고 주은래와 조선대표단이 회담했을 때의 발언을 이용, "중조 양국 인민

들의 전통적 전투적 우애와 양국 간의 협조관계를 조약의 형식으로 확고히 한 것이다"고 설명하였다.[50]

조선의 경제복구 사업 초기 형제국가들의 원조는 결정적인 역할을 하였다. 제공된 자본은 1954년 조선의 국가예산에서 31.6% 이상을 차지하였다. 소련의 원조는 주로 공업 분야에 집중되었으며 특히 중공업 부분에 많았다. 1954년 10월 1일 전까지 소련이 재건 및 신설을 도왔던 조선의 공장 및 사업소는 100개(그중 새로운 사업은 22개, 대형 공업기업은 30개이다)에 달하였다. 주목할 점은 배치 실패로 조선에 운반된 수많은 기기 설비들(특히 금속절삭 선반 등)은 곧 바로 기업에 도착하지 못하고 장기간에 걸쳐 창고에 방치되었다는 사실이다.

소련과 동유럽 국가들의 원조자금이 주로 공업설비와 원재료를 구매하는 곳에 사용되었다면 중국의 원조는 공업설비와 석탄 외에(방직기, 증기기관차, 객차), 주요하게 소비품을 제공함에 있었다. 1954년 중국은 조선에 13만 톤의 양식(1953년에는 20만 톤), 4,000만 미터의 면포(이는 조선 1955년 총 생산량에 해당), 60만 켤레의 신발, 30만 벌의 면 의복 등을 제공하였다.[51]

또한 조선 기술자와 노동자에 대한 교육 역시 중국의 중요한 임무 중의 하나였다. 1954년에 중국으로 온 조선 실습생은 3,000여 명(이후엔 10,000명으로 증가하였다) 이었다. 상해에 파견된 실습생은 269명이었고 기본적으로 경공업과 일용품 공장에 배치되었다. 그중 국영 및 관민 합영기업에 39명, 민간기업에 222명이 배치되었다.[52] 심양에 파견된 509명은 대부분 중국에서 부양된 조선 고아들이었다. 그들은 31개 공장에 배치되어 기계 제조 등 생활 기술을 학습하였고 일 년 후 귀국하여 건설에 참여할 준비를 하였다.[53] 1954년 중국은

---

49) 산서성당안관, C54-1005-15, 85-89쪽.

50) 『周恩来年谱(1949-1976)』上卷, 335쪽.

51) РГАНИ, ф.5, оп.28, д.314, л.45-48. 다른 통계에 따르면, 사회주의 국가들의 원조는 1954년 조선의 재정 수입에 35%를 차지하였다. РГАНИ, ф.5, оп.28, д.412, л.164-167.

52) 상해시당안관, A38-2-352, 1-4쪽; 石林主编, 『当代中国的对外经济合作』, 26쪽.

53) 『人民日报』 1956년 8월 25일 2면.

295명의 공정사와 기술 인력을 조선에 파견하여 경제재건 사업에 참여하도록 하였다.[54]

　자본, 기술 및 물자 원조 외에 중국이 조선의 경제복구에 가장 가치 있는 공헌은 수십만 명의 지원군 병사들의 대규모 노동력을 무상으로 조선에 제공한 것이었다. 이는 조선의 노동력이 매우 부족했던 경제복구 초기에 특히 중요하였다. 정전협정 체결 3개월 이내 인민지원군 철도병들은 교량 308개, 철도 15Km를 복구하고 새로이 건설하였으며 37곳의 역을 복구하였다. 또한 조선 철도원들과 협력하여 조선 북부 철도의 원래 노선을 전부 복구하였다. 아울러 도시 재건, 댐과 제방 및 수도관의 수리 복구, 산림 조성, 봄 파종과 가을 수확, 민간주택 및 학교시설 재건 등 다방면에서 지원군은 대규모 인력을 동원하였다.[55]

　1957년 상반기까지 조선의 경제건설에 투입된 지원군 인력은 43만 명에 달하였다. 1958년 지원군의 조선 철군 이전, 지원군은 조선의 공공장소 881채, 민간가옥 45,412채를 복구하였으며, 4,263개의 교량, 4,096개의 제방 총 43Km를 수리 혹은 건설하였고, 총 길이 1,218.71Km에 해당하는 수로 2,295개를 복구하였다. 이 밖에도, 총면적 8.5억 평에 달하는 농토에서 일을 하였으며 1,314.6담의 거름을 제공하였다. 동시에 3,608.65만 그루를 식수하였고 63,853톤의 식량을 제공하였다.

　이외에 지원군은 의복과 식량을 절약하여 양식 2,126.05만 근, 의복 58.9만 벌 제공하여 해당 지역 주민들이 기근을 넘기도록 도왔고 188.39만 차례에 걸쳐 조선인들의 병을 치료하였다.[56] 1954년 3월 11일 조선 내각은 "인민경제의 전면적 회복과 발전에 필요한 준비 및 정리 사업의 1953년도 계획은 성공적으로 완성되었다"고 선언하고, 경제회복 발전 3년 계획(1954~1956)의 추진을 시작하였다.[57]

---

54) 『조선 주재 동독 대사관의 보고: 형제국가들의 조선 국민경제 재건 원조에 대한 종합자료』, 1956년 1월 4일, PA MfAA, A7013, Bl.51.

55) 『人民日報』 1954년 3월 31일 1면, 6월 25일 3면, 5월 9일 1면, 5월 28일 1면, 6월 6일 1면.

56) 『人民日報』 1957년 10월 25일 5면, 1958년 10월 31일 3면. 조선에 대한 지원군의 도움에 관하여 다음을 참고할 것. 『抗美援朝战争史』 第3卷, 511-518쪽.

57) 『人民日報』 1954년 3월 23일 4면.

3. 조선 3년 경제계획의 결함

중국과 소련, 기타 사회주의 국가들의 경제기술 원조는 조선의 전후 경제복구와 재건에 중대한 역할을 하였다. 1954년 4월 22일 국가계획위원장 박창옥은 최고인민회의 제7차 회의에서 3년 계획 초안에 대하여 보고하였다. 며칠 후 최고인민회의 상임위원회는 3년 계획에 관한 법령을 선포하였다. 1956년까지 공업생산량은 1949년의 1.5배, 농업생산량은 전쟁 이전의 1.19배, 그리고 국민수입은 1949년에 비해 1.3배 증가시킨다는 것을 그 주요 내용으로 하였다.[58]

3년 계획 시기 소련은 계속해서 공업설비 제공을 보장하였고, 중국의 원조는 약간의 경공업 설비와 공장 건설 지원 이외에 대부분은 생활용품과 공업원료을 제공하는 것이었다.[59] 1954~1957년 조선에 대한 중국의 수출 총액은 9.22억 위안, 수입 총액은 1.27억 위안으로, 그 차액은 7.85억 위안이었고 주로 외부의 원조자금으로 무역적자를 메웠다.

중국이 제공한 주요 상품은 양식(주로 좁쌀) 44.9만 톤, 대두 17.8만 톤, 면사 3,950톤, 면화 35,590톤, 면포 8847.6만 미터, 석탄 345.6만 톤, 코크스 26만 톤, 고무 1.12만 톤이었다. 반대로 조선에서 수입하는 상품은 주로 해산물, 철가루, 화공원료 및 사과 등이었다.[60] 조선에 대한 수출을 보장하기 위해 중국의 대외무역부는 조선(베트남을 포함)에 대한 원조는, 반드시 중앙이 비준한 계획을 토대로 그 요구를 충족시킬 것을 요구하였다. 동시에 물자역량의 효율적 이용을 위해 중국은 조선의 수요 상황 조사를 돕도록 하였다. 조선(과 베트남)에 대한 일반 무역은 그 계획에 따라 생산발전을 추진한다는 원칙하에 최대한 배려하였다.[61]

---

58) 『人民日報』 1954년 4월 24일 3면, 4월 27일 4면.

59) 남현욱, 『중·소의 대북한 원조 및 무역현황: 1946-1978』, 국토통일원 조사연구실, 1979년 2월, 10쪽.

60) 중조 무역담판에 대한 이부춘의 지시 요청, 1957년 9월 30일, 중국국가계획위원회 당안과.

61) 对外贸易部办公厅编印: 『对外贸易部重要文件汇编(1949-1955)』, 1957年 3月, 28쪽. 러시아 당안 자료에 따르면, 1956년까지 중조 무역은 극히 불평등하였다. 중국의 물류 제공량은 가격 면에서 조선이 제공하는 물류량의 11배 정도였다. 1956년 9개월 중 중국의 대 조선 수출은 전년도 계획의 90% 이상을 달성했지만, 조선은 겨우 동기 대비 58.4%를 완성했을 뿐이었다. АВПРФ, ф.05, оп.28, п.103, д.409, л.139-163.

사회주의 진영 각국은 전후 조선의 경제회복과 재건에 중대한 공헌을 하였다. 3년 계획의 실행 단계에서 조선이 복구한 공업 분야의 80% 이상은 형제국가의 원조에 의해 완성되었다.[62] 소련과 중국 및 동유럽 국가들의 단독 책임하에 건설된 공업 항목은 총 90개(군사 분야 제외)였으며, 이는 이 시기 조선에서 복구하고 신설한 공장 수의 20%에 해당하였다.[63]

조선의 3년 계획은 큰 성공을 거두었다. 조선이 공개한 자료에 따르면, 1955년 공업의 기본건설 투자금은 전쟁 이전 5년의 평화건설 시기의 공업 기본건설 총 투자액의 3배에 달했다. 그해 국영 및 합자기업의 공업생산량은 원 계획의 106%을 달성하였으며, 전쟁 이전인 1949년 수준을 56%나 상회하였다. 1955년 말, 조선에서는 기계 제조, 제련, 채광 등을 포함하여 290개 이상의 대형, 중형 공업기업들이 복구 및 확대 신설되었다.[64] 이는 공업총생산에서 3년 계획이 1년이나 먼저 완성하였음을 의미한다.

그러나 동시에 대규모 외부 원조는 객관적으로 조선 지도부의 모험적 성향을 부채질하였다. 조선의 공개된 보도와 매체선전들은 3년 계획 기간에 발생한 엄중한 문제 및 위기들을 은폐하였다. 드러난 문제점들은 아래와 같다.

첫째, 국민경제 기본건설에 대한 투자가 과도하여 예산적자가 초래되었다. 속도를 지나치게 강조한 나머지 조선 정부는 전후 회복 기간 동안 국민경제에 대한 투자를 끊임없이 증가시켰다. 소련 관련 부분의 통계에 의하면 조선의 국가 재정수입 총액은 1954년 871억 원, 1955년 979억 원이었지만 예산지출은 각각 1954년 806억 원, 1955년 999억 원이었다. 그중 국민경제투자에 사용한 금액은 1954년 439억 원(54%), 1955년 608억 원(61%)이었다. 1955년에만 20억 원의 재정적자가 발생하였다.

더욱 중요한 것은 재정수입은 108억 원 증가했는데 지출은 193억 원이 증가하였고 그 대부분이 기본건설투자(169억 원)에 사용되었다. 재정 측면에서 형제국가로부터 자금 유입의 감소가 수입이 크게 증가하지 못한 중요 원인 중의

---

[62] Armstrong, "'Fraternal Socialism': The International Reconstruction of Korea", p.164.

[63] Agov, "North Korea in the Socialist World", pp.256-257.

[64] 『人民日报』 1956년 2월 3일 4면, 3월 26일 3면.

하나였다. 1954년 외부로부터 원조 금액은 304억 원(재정수입의 35%를 차지)이었으며 1955년에는 234억 원으로 70억 원이 감소하였다.[65] 이는 외부 원조가 조선의 경제재건에 차지했던 비중을 설명해준다.

둘째, 중공업 발전을 지나치게 강조한 나머지 경제발전의 균형이 크게 훼손되었다. 1955년 1월 소련외교부는 전후 회복 시기 공업 부문 발전에서 "주민의 소비제품 부분의 생산 비중을 높여야 한다"고 조선 동지들에게 일찍부터 환기시킨 바 있다. 5년 계획을 제정할 때에는 "국가경제의 실질 조건과 사회주의 진영 각국의 경제협력 가능성을 충분히 고려"해야 한다고 강조하였다.[66] 그러나 김일성은 "사회주의 공업화의 중심은 중공업을 우선 발전시키는 데 있으며, 강력한 중공업 발전의 전제 아래 모든 공업 부문, 운수업 및 농업의 발전과 사회주의 제도의 승리를 보장할 수 있다"고 주장하였다.[67]

조선통계국의 발표에 따르면 1955년 중공업 생산은 1954년에 비해 62% 증가하였으나 경공업 생필품의 생산은 37% 증가에 그쳤다. [68] 그 결과 주민들의 생활 부분에서 물자부족 현상이 발생하였다. 소련 대사관의 관찰에 따르면 노동자들은 매일 600~800그램의 식품 배급 이외에 어떤 것도 배급 받지 못했다. 당시 조선의 일반 노동자의 월급은 1,500원으로, 시장에서 1미터의 면포는 300원, 넥타이는 300~500원이었다. 그럼에도 불구하고 조선은 원조계획 내에서 일부 소비 품목 제공을 늘려야 한다는 소련의 제안을 거절하며 여전히 공업 설비 제공을 고집하였다.[69]

셋째, 가장 큰 문제는 농업이었다. 농업협동농장의 규모가 지나치게 커지고 협동농장화가 급격하게 이루어지면서 농민들의 불만을 초래하였다. 동시에 부족한 농업투자와 식량 매매 금지 조치로 인하여 보편적으로 식량부족 현상이

---

65) РГАНИ, ф.5, оп.28, д.412, л.164-167.

66) РГАНИ, ф.5, оп.30, д.120, л.28-46.

67) 『金日成著作集』第9卷, 平壤: 外国文出版社, 1982年, 199쪽.

68) 『人民日報』 1956년 2월 3일 4면.

69) РГАНИ, ф.5, оп.28, д.314, л.200-207; РГАНИ, ф.5, оп.28, д.314, л.187-193; 조선 주재 헝가리 대사관이 외교부에게 보낸 보고서, 1955년 4월 13일, *CWIHP Bulletin*, Issues 14/15, p.107.

만연하였다.

조선 정부는 적절한 농업발전을 위한 조치는 시행하지 않고 협동농장화 고조에 희망을 걸었다. 협동농장은 짧은 4개월(1954년 9월부터 12월) 사이에 998개(1.87만 농호)에서 10,098개(33.27만 농호)로 급격히 증가하였다. 이는 농민들의 생산에 대한 적극성에 큰 타격을 가했다. 그해, 식량 생산량은 1953년보다 낮았다. 300만 톤 생산을 계획하였으나 실제 생산은 230만 톤에 불과하였다. 불만으로 가득 찬 농민들은 가축들을 도살하고 종자까지 식량으로 먹어치우면서 국가의 지원을 기다렸다.[70]

각 지방은 식량 생산량을 1정보당 약 3~3.5톤이라고 보고했으나 실제는 2톤에도 미치지 못했다. 생산량 허위보고 때문에 과도한 실물세(23~27%)가 부과되었다. 농민들이 실제로 납부한 식량은 실제 수확량의 50%가 넘었다.

1955년 봄, 아사자가 출현하고 구걸자와 유랑자가 급증하였으며 강도 및 범죄행위 또한 갈수록 늘어났다. 강제 징수와 식량 매매 금지로 일부 지역에서는 반정부 전단과 농민들이 납세 거부 현상이 발생하였다.[71] 수많은 간부들이 식량 징수와 징세 임무를 완성하지 못해 처벌 받았고, 1954년 평안북도의 수많은 간부들이 식량 징수 임무를 다하지 못하여 출당 처분을 받았으며 130명이 자살하였다.[72]

넷째, 맹목적인 국유화 추진으로 민간 무역과 가내수공업이 빠르게 소멸되었다. 조선의 민간기업은 1949년 공업생산의 15%를 차지하였으나 1954년에는 2.5% 이하로 급격히 감소하였으며, 조선 정부는 1955년에는 1.3%까지 감소시킬 계획이었다. 민간자본은 1949년 무역에서 46.8%를 차지하였으나 1954년에 22.8%로 급감하였고, 90%에 가까운 개인 식당들이 문을 닫아 일부 도시의 상당수 주민들은 생계수단을 잃었다.[73] 이러한 상황은, 소비품 생산과 유통의 어

---

70) РГАНИ, ф.5, оп.28, д.412, л.174-176; РГАНИ, ф.5, оп.30, д.120, л.43-46; РГАНИ, ф.5, оп.28, д.314, л.200-207.

71) РГАНИ, ф.5, оп.28, д.314, л.187-193; 조선 주재 헝가리 대사관이 외교부에게 보낸 보고서, 1955년 5월 10일, *CWIHP Bulletin*, Issues 14/15, pp.107-108. 다음 자료도 참조할 것. Син Се Ра Политическая борьба, с.126.

72) РГАНИ, ф.5, оп.28, д.412, л.238-241.

려움을 더욱 가중시켰다.

1954년과 1955년 중국이 제공한 13만 톤과 15만 톤의 식량, 소련이 긴급 제공한 5만 톤의 밀을 이용하여 조선은 급한 불을 끌 수 있었다.[74] 소련의 비판과 건의를 받아들여 조선 정부는 일부 보완조치를 시행하여 위기를 어느 정도 완화시켰으나 근본적으로 문제를 해결할 수 없었다. 1955년 식량 생산은 244만 톤으로 1954년 생산량을 초과하였지만 여전히 1949년 수준(280만 톤)에는 이르지 못하고 있었다. 채소와 면화 생산은 각각 계획의 54%와 34%밖에 달성하지 못했다. 국가와 공공기업 재산의 횡령 및 착복 현상이 매우 심각하였으며 이러한 사건은 해당 연도에 발생한 형사 사건의 70%에 달하였다. 1955년 상반기 조사된 국가 재산의 착복 및 횡령액은 40억 원에 달했고, 같은 시기 국가 기관에서 지출한 비용은 모두 30억 원이나 되었다.[75]

경제재건 과정에서 잘못된 당의 방침과 정책이 초래한 엄중한 상황은 조선 정부를 매우 곤란하게 했다. 이 때문에 김일성은 조선해방 10주년 경축행사에 외국대표단을 초청하지 않기로 결정하였다.[76] 이후 중국대표단이 참석하겠다고 제안하면서 조선은 중국과 소련대표단만을 초청하는 것으로 계획을 수정하였고 여전히 다른 국가의 대표단은 초청하지 않았다. 다른 측면에서, 눈앞의 성과에 급급한 김일성의 행동에 대해 노동당 내의 모스크바파와 연안파 간부들은 소련과 중국의 경험을 인용하며 당의 경제정책을 비판하였다. 이는 자연스럽게 김일성의 불만을 일으켜 당내의 갈등은 더욱 심화되었다.

역사적으로 중국과 조선은 장기간의 종번관계를 유지하였다. 그 특징 중 하나는 종주국이 번속국의 주권을 결코 침범하지 않고 단지 신하의 예와 추종만을 요구할 뿐이라는 점이다. 모택동은 고서에 밝았으며 중국의 최고지도자이자 아시아혁명의 책임자로서 그의 머릿속에는 부지불식간에 "중앙왕조"의 통치

---

73) РГАНИ, ф.5, оп.28, д.314, л.212-214, 271-279.

74) РГАНИ, ф.5, оп.28, д.314, л.33-63; РГАНИ, ф.5, оп.28, д.412, л.6-20. 다음 자료도 참조할 것. Balazs, "You Have No Political Line of Your Own", p.90.

75) РГАНИ, ф.5, оп.28, д.412, л.136-151. 다음 자료도 참조할 것 Син Се Ра Политическая борьба, с.127.

76) 소련대사 이바노프의 일기, 1955년 8월 1일과 6일, АВПРФ, SD44961.

적 이념이 자리 잡고 있었다.

이에 대해 천지엔 교수의 설명은 매우 적절하다. 그는 "모택동이 조선에 파병한 것은 조선의 정치와 군사를 통제하려는, 즉 낮은 단계의 목표를 실현하기 위한 것이 아니라 아시아혁명에서 중국의 지도적 역할을 조선이 진심으로 수용할 수 있도록 하는 더 높은 목표를 실현하기 위한 것이었다"고 주장하였다.[77] 모택동이 조선전쟁 이후 중국경제의 극심한 어려움 속에서도 조선에 지원을 아끼지 않았던 이유도 이런 고려에서 나온 것이다.

대외 관계의 관점에서 보면 중국의 조선에 대한 정책은 지금까지의 힘에 의해 굴복시키는 방식이 아니라 덕을 베풀어 상대방의 탄복과 감사의 마음을 이끌어 내는 방식으로 진행되었다. 신중국 정부의 조선에 대한 외교방침은 바로 이러한 이념적 기초 위에서 형성되었다. 그러나 조선의 당내 모순 격화와 이로 인한 연안파 간부들에 대한 김일성의 탄압, 동시에 조선이 사회주의 진영을 이탈하려 한다는 모택동의 판단이 더해져 조선에 대한 중국의 태도에는 변화가 발생하기 시작하였다.

제2절 김일성의 조선노동당 내 정적 숙청

소련 점령군은 조선에서 철수할 때 김일성에게 권력을 이양했다. 하지만 소련이 김일성을 도와 창당한 조선노동당은 본래 여러 파벌의 연합체 형식으로 구성되어 있었다.[78] 조선노동당은 주요하게 김일성이 영도한 동북항일연군 출신의 유격대파, 박헌영 중심의 남로당파(남한파), 김두봉과 무정을 대표로 하는 연안파, 그리고 파벌을 형성하지 못하였지만 허가이 중심의 소련계 조선인파

---

[77] Chen Jian, "Reorienting the Cold War: The Implications of China's Early Cold War Experience, Taking Korea as a Central Test Case", Tsuyoshi Hasegawa(ed.), *The Cold War in East Asia (1945-1991)*, Washington D.C. and Stanford: Woodrow Wilson Center Press & Stanford University Press, 2011, p.88.

[78] 조선노동당 창당과 소련의 권력 이양에 관한 상세한 내용은 제1장 1절을 참조할 것.

(일반적으로 모스크바파 혹은 소련파라고 칭함), 원래 조선에 존재했지만 기본적으로 이미 없어져 버린 기타 파벌(예를 들면 갑산파 등)들로 이루어졌다.

또한 주요 파벌들 간부들 간의 차이는 매우 컸다. 이들은 각기 다른 국가 및 지역에서 왔다. 유격대파는 소련의 극동지역, 연안파는 중국, 모스크바파는 소련 중앙아시아로부터 조선에 왔다. 그들은 서로 다른 배경과 경력을 가졌다. 예를 들면 유격대파는 주로 농민, 연안파 대다수는 군인과 정치가, 모스크바파는 주로 문관, 남로당파는 직업혁명가가 비교적 많았다. 심지어 언어와 습관 또한 각자 달랐다. 연안파는 비교적 중국어에 능했고 모스크바파는 러시아어로 말하기를 선호하였다. 유격대파와 남로당파는 비록 같은 조선어를 사용하였지만 남조선 간의 언어 차이가 있었다. 이러한 인물들이 모두 함께 모여 있었고 모두가 인정하는 지도자도 없었다. 여기에 조선공산당 파벌 투쟁의 전통이 더해지면서 그들을 하나로 뭉치게 한다는 것은 상상하기 어려웠다.[79]

미국의 인천 상륙작전 성공으로 인한 조선의 군사적 실패 때문에 김일성의 위신과 영향력은 크게 떨어졌다. 지도자로서의 위치도 여러 부분에서 도전에 직면하였다. 김일성은 당내와 국내의 절대적 통치 지위를 얻고 개인의 절대권위를 세우기 위해서 반드시 이러한 파벌들을 차례로 소멸시켜야만 하였다.

1. 박헌영과 남로당파의 전멸

조선노동당 내에서 김일성의 최고지도자적 지위에 도전할 만한 능력이 있었던 세력은 오직 박헌영 및 남로당파 뿐이었다. 그러나 외국 배경이 가장 취약했던 세력도 역시 그들이었다. 박헌영은 1921년 조선공산당에 가입하여 10여

---

79) 조선노동당 당내 파벌의 유래에 대한 상세한 내용은 서장 3절과 제1장 1절을 참조할 것. 조선노동당 당내 파벌의 구분과 명칭은 모두 연구자들의 습관에 의해 명명된 것으로, 필자는 서술상의 편의만을 위하여 이 개념을 차용했을 뿐이라는 점을 앞서 밝혀두고자 한다. 사실 조직적인 활동 여부를 기준으로 본다면, 남로당파를 제외한 소위 연안파, 모스크바파는 "파벌"로 보기 힘들었다. 그들은 대체로 개인으로 활동하였으며 본래 조선공산당 내부 각 파벌이 조직활동을 전개했던 상황과는 판이하게 달랐으며, 남로당파의 구성과도 매우 큰 차이를 보였다. "연안파"는 1956년 8월 사건으로 유명해졌지만, 사실 이 사건의 참여자들이 모두 중국에서 온 조선 간부들이었던 것은 결코 아니다.

년의 수감생활을 했다. 1928~1932년 모스크바 국제 레닌학교에서 수학하고 코민테른 집행위원회에서 일한 바 있으며, 이후 조선에 파견되어 비밀 공작에 투입되었다. 일본 투항 후 조선공산당을 재건하였다.[80]

박헌영은 확실히 모스크바의 중시를 받았고 심지어 그를 핵심인물로 세우는 방안이 고려되기도 하였다. 그러나 조선의 남북이 분열된 정세는 박헌영의 세력과 활동에 대대적인 감소로 이어졌다. 결국 그가 북쪽으로 피신하면서 생존을 기탁하는 신세가 되었고, 개인의 영향력과 권위에 따라 굴욕적으로 2인자 지위에 머무르게 되었다.

남로당의 목표는 매우 명확하였다. 조선에서 김일성의 지위를 차지하는 것이었다. 김일성이 시작한 전쟁이 실패를 맞이한 것은 이를 위한 매우 좋은 기회였다. 김일성 입장에서 이러한 박헌영은 매우 위험한 인물이었다. 국제적 지지 세력이 없는 박헌영과 남로당은 처리하기에 가장 용이하였다. 따라서 당내의 정적을 숙청함에 있어 박헌영과 남로당파를 상대로 먼저 칼을 휘둘렀다.

당안 자료를 참고해보면 김일성과 박헌영 사이의 불화는 일찍부터 시작되었다는 사실을 알 수 있다.

예를 들어 1949년 9월 소련정치국이 김일성의 남한 공격을 위한 "옹진반도 작전계획"을 거부했을 때 보인 두 사람의 반응이다. 10월 4일 소련 대사가 조선 지도부에 모스크바의 결정을 전달하자 김일성은 이에 대해 단지 "알겠다"라고 대답하며 마지못해 동의를 표시하였다. 반면 박헌영은 매우 명쾌하게 "이 결정은 정확한 것이며 우리는 남한에서 더욱 광범위한 유격전을 전개할 필요가 있다"고 대답하였다.[81]

또 미군이 인천에 상륙한 이후, 중국이 조선과 소련에 대해 중국은 출병하여 조선을 도울 수 있다는 태도를 분명히 표시하였을 때 보인 두 사람의 반응 역시 확연한 차이가 있었다. 김일성은 이전과 마찬가지로 이 문제에 대해 찬성 여부를 표시하지 않았다. 김일성은 소련 대사로부터 스탈린이 중국의 출병을

---

80) РГАНИ, ф.5, оп.28, д.314, л.215.
81) 1949년 10월 4일 슈티코프가 스탈린에게 보낸 전문, АПРФ, ф.43, оп.1, д.346, л.59.

원치 않고 있다는 것을 알고 난 후, 지금 중국 군대가 출병하더라도 문제를 해결할 수 없다고 주장하였다. 참석자들 모두가 이 의견을 따랐지만, 오직 박헌영만이 중국에 즉각적인 출병을 요구해야 한다고 주장하였다.[82]

양자 사이의 의견 차이는 조선전쟁의 전황이 불리해지고, 중국의 출병 이후 김일성의 군사 지휘권이 박탈당하는 일을 겪으면서 더욱 커지고 점점 공개적인 것이 되었다. 1951년 7월 정전 협상이 시작된 이후 김일성은 점점 조선의 질서 회복과 경제건설을 위해 최대한 빨리 정전을 실현시키는 방향으로 기울어졌다. 8월 14일 평양에서 개최된 해방 6주년 군중대회에서 김일성은 정전의 필요성을 반복하면서, 연설 중에 "왜 그들(미국인)의 제안에 동의할 수 없는가? 왜 정전 제안에 동의할 수 없는가?"라고 계속해서 의문을 제기하였다.[83] 이는 사실상 박헌영을 겨냥한 말이었다.

박헌영과 남로당 일파는 그들의 고향과 근거지가 남쪽에 있었기 때문에 정전을 절대로 받아들일 수 없었다. 김일성의 연설이 있고 나서 한 달이 지난 9월 15일, 박헌영은 조선을 방문 중인 월남 대표단을 접견한 자리에서 "조선인민은 우리의 땅에서 미국 제국주의 침략자들을 모두 소멸하고 몰아낼 때까지 계속 용감하게 투쟁해야 한다"고 강조하였다. 1952년 1월 25일 평양에서 개최된 전국 농민 열성자대회에서 행한 연설에서는 "어떤 국가의 인민들도 자신의 주권과 독립을 위해 피 흘려 전쟁을 진행해야 한다. 만일 침략자들을 향하여 체계적인 저항을 하지 않는다면 노예가 될 수밖에 없고, 침략자를 위해 복무하는 길로 나아갈 수밖에 없다. 따라서 승리를 얻기 위해서 우리는 희생을 두려워하지 말고 지금부터 지구전을 벌일 계획을 세워야 한다"고 말하였다.[84] "지구전"은 모택동과 스탈린의 생각이었다. 김일성은 이를 내심 받아들일 수 없었다.

1952년 여름에 이르러 김일성의 정전 요구는 더욱 노골화되었다. 그는 심지어 중국인들에게 전쟁포로 문제에 얽매이지 말고 미국의 정전 조건을 받아들

---

[82] 1950년 9월 21일 슈티코프가 그로미코에게 보낸 전문, ЦАМОРФ, ф.5, оп.918795, д.125, л.86-88.

[83] 『金日成著作集』第6卷, 平壤: 外国文出版社, 1981年, 376-380쪽.

[84] 金学俊, 『朝鮮五十七年史』, 张英译, 中国东北边疆研究译丛, 内部资料, 2005年, 214-215쪽.

일 것을 요구하고, 스탈린에게도 자신의 견해를 직접 전달하기도 하였다. 최후에 스탈린은 모스크바에서 서로 다른 의견을 가지고 대립하던 중조 양국 대표 주은래, 팽덕회 및 김일성을 접견하고 모택동의 견해에 지지를 표시하였다.[85] 의기소침해진 김일성은 평양으로 돌아온 후, 박헌영이 여전히 소련과 중국의 입장을 지지하는 연설을 했다는 사실을 들었다.

1952년 11월 발표된 러시아 10월혁명 35주년 기념식 보고에서 박헌영은 조선인민은 "스스로 무장을 충분히 하여, 미 제국주의자들과의 투쟁을 더욱 가열차게 할 것"을 호소하였다. 또, 조선 독립운동에 관해 언급할 때도, 박헌영은 조선공산당의 "주도적 역할"을 강조하면서도, 김일성의 영향에 대해서는 일체 언급하지 않았으며, 그의 이름조차 언급하지 않았다.[86]

박헌영은 조선공산당의 창설자이며 지도자 중의 한 명이지만 김일성은 조선공산당의 당원조차 아니었다. 박헌영은 공공연하고 대담하게 김일성과 경쟁하고 대립하였다. 그는 김일성을 전혀 안중에 두지 않으면서, 다른 한편으로 모스크바와 북경에 기대어 분명히 김일성에게 압력을 가하였다. 박헌영의 이러한 멸시와 도전에 직면한 김일성은 박헌영을 없애기로 결심하였다.

1952년 12월 15일 김일성은 조선노동당 제5차 전원회의에서 행한 보고에서 종파주의 잔여 세력과의 결연한 투쟁을 진행하는 문제를 제기하였다. 그는 보고에서 일련의 종파주의 잔재를 모두 열거하면서 모든 당원들은 반드시 당성을 강화하고 "당에 대한 무한 충성"을 요구하였다. 동시에 종파주의자들에 대한 경계심을 높이고 엄격히 감시할 것을 요구하면서 이들이 당내에서 활동할 수 없도록 할 것을 강조하였다.[87] 선전활동의 진행과 동시에 김일성은 소련계 조선인 박창옥에게 남로당 간부의 종파적 성향과 불만을 비밀리에 조사하도록 지시하고 박헌영 일파의 죄를 증명할 수 있는 자료 조작과 수집에 나섰다.[88]

---

85) 상세한 내용은 본서 제2장 제3절을 참고할 것.

86) 金学俊, 『朝鮮五十七年史』, 216쪽.

87) 『金日成著作集』 第7卷, 平壤 外国文出版社, 1981年, 358-361쪽. 이후에 출판된 『朝鮮劳动党简史』는 김일성의 해당 연설이 박헌영을 향하고 있었음을 증명한다. 관련 내용은 이하 책을 참고할 것. 朝鮮劳动党中央委员会党史研究所编, 『朝鮮劳动党简史』, 北京: 人民出版社, 1986年, 359쪽.

88) 강인덕, 『북한전서』 상, 서울: 극동문제연구소, 1974년, 259쪽.

1953년 3월 16일과 4월 12일 일부 남로당 간부들이 갑작스럽게 체포되었다. 정전협정이 체결되고 3일 후인 7월 30일, 형법 제25조에 근거해 이승엽 등 12명이 국가반역죄로 기소되었으며, 8월 3일 최고재판소는 이들에 대한 심리를 개시하고 6일 심리를 마쳤다. 피고인들은 미국을 위하여 간첩활동을 자행, 남조선 민주인사와 혁명역량의 광적인 파괴 진압 및 무력으로 조선민주주의인민공화국 전복을 기도한 3가지 죄목으로 기소되었다.

이승엽 외에 조소문화협회 중앙위원회 부위원장 임화, 문화선전부 부상 조일명, 경기도 인민위원회 위원장 박승원, 조선노동당 중앙위원회 대외연락부 부장 배철, 조선노동당 중앙위원회 연락부 부부장 윤달순 등이 함께 기소되었다. 기소장에는 범죄 "사실"을 상세히 기술하였으며, 그 결과 10명은 사형, 2명은 12년과 15년 유기징역을 각각 언도받았다.[89]

며칠 후인 8월 5~9일, 조선노동당은 제6차 전원회의를 개최하고 이승엽을 수괴로 하는 반당 반국가 간첩 집단의 죄상을 발표하고, 전원회의 결의를 거쳐 반당반국가분자, 파괴암해분자, 종파분자 박헌영, 주영하, 장시우 등 7인의 직위 해임과 출당, 권오직 중앙위원회 후보위원의 해임과 출당, 구재수 등 4명의 중앙위원에 대해서는 그 직무를 정지시켰다.[90] 이로써 남로당 일파는 거의 일망타진 되었지만 김일성은 남로당의 세력과 영향을 완전히 뿌리 뽑기 위해서 박헌영을 반드시 죽이고자 하였다.

이승엽은 박헌영을 추종한 남로당의 중심 세력이었다. 1949년 남북 노동당 합당 시, 박헌영은 중앙위원회 부위원장에 이승엽은 중앙정치위원회 위원으로 선출되었다. 1950년 12월 이승엽은 조선노동당 서기처 제2서기로 승진되었다.[91]

이승엽 사건은 박헌영 숙청을 위한 사전 정지작업이었다. 사형 판결을 받은 자들을 즉각 사형에 처하지 않은 것은 박헌영의 죄명을 조작해 내기 위해서였다. 그러나 박헌영 같은 유명한 일대 혁명가의 완전한 제거는 결코 쉬운 일이 아니었다.

89) Dae-sook Suh, *Kim Il Sung: The North Korean Leader*, New York: Columbia University Press, 1988, pp.130-134.

90) 中共中央对外联络部编, 『朝鲜劳动党历届中央全会概况』, 1981年, 미출판, 12-14쪽.

91) 中共中央对外联络部编, 『朝鲜革命资料』 第2辑, 1951年 11月 18日, 46-48쪽.

1953년 11월 김일성이 중국을 방문하여 모택동과 회담할 때, 박헌영의 반역이 증거가 불충분하며, 이를 어떻게 처리하는 것이 좋은가에 관해 의견을 나누었다. 이때 모택동은 박헌영은 일개 문인이며 베리아처럼 많은 사람을 죽이지 않았다고 말하면서, 만일 그가 반혁명이 아니면 명예를 회복시켜주고, 확실히 반혁명이라면 그를 투옥시키면 되지만, "그 어떤 경우에도 결코 죽여서는 안 된다"라고 강조하였다. 소련 또한 박헌영의 체포 사실을 알고 조선에 있는 국가안전위원회 소련 고문을 통해 박헌영을 죽여서는 안 된다고 김일성에게 건의하였다.[92]

그러나 2년이 지난 1955년 12월 3일, 박헌영은 이승엽과 같은 죄명으로 기소되었다. 12월 15일 오전 박헌영에 대한 심리가 시작되었고 오후 8시 박헌영에 대한 사형 판결문이 낭독되었다. 박헌영은 국선변호인의 변호를 거부하고 자신에게 뒤집어 씌워진 모든 죄명을 인정했지만, 정변을 기도했다는 것에 대해서는 전혀 알지 못했다고 진술하였다. 그러나 자신 부하들의 행위에 대해서는 책임을 질 것이라고 말했다.[93]

조선노동당내 몇 개의 파벌 중에 남로당의 단결력이 가장 강했으며, 박헌영의 응집력 또한 비교적 컸다. 특히 남한을 점령한 수개월 동안 그의 세력이 크게 커졌다. 이승엽은 남로당 재건 책임자로서 서울시장을 겸직했을 뿐 아니라, 그곳에 정치학원을 세우고 간부와 유격대 지휘관을 양성하고 심지어 무장역량을 모집하기도 하였다. 따라서 많은 한국학자들은 박헌영의 죄명은 모두 조작된 것이고 기소된 내용의 상세한 계획은 믿기 힘들지만, 김일성 정권에 대한 전복 기도 가능성은 있다고 믿고 있다.[94]

그러나 남로당의 행동은 기타 파벌의 지지를 받지 못하였고, 반대로 김일성은 소련계 조선인들을 이용하여 박헌영을 처리하였다. 남로당파의 전멸은 김일성의 권력 정상을 향한 최대의 장애물을 제거한 것이라 할 수 있다. 그러나 최고인민회의 주석단의 박헌영에 대한 사형 집행 비준은 지연되었다.[95] 그 이

---

92) 1956년 9월 18일 모택동과 소련공산당 중앙대표단 회담 기록.

93) Dae-sook Suh, *Kim Il Sung*, pp.134-136. 박헌영 재판에 관한 상세한 경과와 문건은 다음 책을 참고할 것. 김남식, 심지연 편저, 『박헌영노선비판』(서울: 세계, 1986년), 459-535쪽.

94) Dae-sook Suh, *Kim Il Sung*, pp.128-130, 金学俊, 『朝鮮五十七年史』, 216-221쪽.

유는 김일성이 박헌영의 증언을 이용하여 기타 파벌 지도자들을 타도해야 했기 때문이었다.

2. 연안파와 소련파의 축출

연안파의 상황은 가장 흥미롭다. 그들 중에는 개인적으로 경력과 능력이 출중한 인물들이 많았다. 김두봉, 최창익, 한빈, 이상조는 정치 이력이 풍부했고, 무정, 박일우, 김웅, 방호산은 모두 전투에 능한 군 간부 출신이다.

그러나 전반적으로 보면 그들의 역량은 매우 약했다. 그들 사이의 긴밀한 관계가 부족하고 각자 자신의 길을 가고 있었다. 가령, 연안파의 주요 간부들이 귀국한 뒤 김두봉을 중심으로 조선독립동맹을 재건할 때, 무정과 최창익은 여기에 참가하지 않고 조선공산당에 가입하였다. 후에 연안파 중심의 신민당이 조직되자 최창익은 태도를 바꾸어 부위원장을 역임하였으며 제3서기를 맡은 무정은 여전히 공산당 조선 분국에 남아 있었다.[96]

김두봉은 연안파의 일인자로서 일찍부터 조선공산당에 가입하였다가 후에 정치를 포기하고 교육에 종사하였다. 1942년 중국공산당의 요청으로 연안에 온 이후 조선독립동맹의 주석을 역임하였다. 그러나 그는 정치적 포부가 없고 매우 조심스러웠으며 신중하고 권력을 탐하지도 않았다. 모택동과 미코얀은 김두봉을 모두 "좋은 사람," "학문이 높은 사람," "정치적으로 매우 안정된 사람"이라고 평가하였다. 귀국 후 중국을 여행하고자 하였지만 김일성이 동의하지 않아 뜻을 이루지 못했다.[97] 김두봉은 기껏해야 정신적인 지도자라고 할 수 있고 실질적 역할을 발휘하지 못했으며, 김일성도 그를 염두에 두지 않았다. 김일성의 권위에 직접적인 위협이 된 것은 주로 군 출신들이었다.

제2인자 무정은 김두봉과는 달랐다. 성격이 급하고 승부욕이 매우 강했으며

---

95) 1956년 3월 17일 페트로브가 몰로토프에게 보낸 보고서, АВПРФ, ф.5446, оп.98, д.721, л.203-204.

96) 관련 내용은 본서 제1장 1절을 참고할 것.

97) 1956년 9월 18일 모택동과 소련공산당 중앙대표단 회담 기록.

상대하기가 쉽지 않았다. 무정은 일찍부터 경험을 쌓았다. 1925년 중국공산당에 가입하고 홍군의 장정에 참가하였으며 후에 조선의용군 사령관을 역임하였다. 연안에서 개최된 국제 반파시스트연맹 대회에서 무정의 초상화는 모택동의 초상화와 나란히 주석단에 걸리기도 하였다.[98]

만일 중국의 지지를 얻는다면 무정 역시 확실히 김일성의 가장 경쟁력 있는 적수가 될 수 있었다. 따라서 중국의 조선 출병 이후 김일성은 가장 먼저 구실을 찾아 무정을 제거하였다.

1950년 12월 23일, 조선노동당은 강계에서 제3차 전원회의를 개최하였다. 회의에서 김일성은 당·정·군의 각급 간부들이 제국주의 간섭이 가져올 어려움을 충분히 예견하지 못하였고, 적의 공격에 지휘 능력을 상실하고 멋대로 직무를 이탈했으며 기율이 해이해졌다고 강하게 비판하였다. 전원회의는 "엄중한 과오를 범한" 다수의 간부들에 대해 처벌, 파면, 조사 또는 출당을 단행하였다. 무정 또한 그중의 하나로서 제2군단 사령관 직책에서 해임되었을 뿐만 아니라 중앙위원회에서도 축출되었다. 김일성은 회의에서 무정이 평양 방어 작전에서 실책을 범했으며, 방어에 최선을 다하지 않았다고 질책하였다.[99]

문제는 김일성이 책임과 실패를 아래 사람에게 전가하는 데에 있는 것이 아니었다. 예를 들면 무정과 함께 김일성의 유격대 전우인 김일, 최광, 임춘추, 그리고 모스크파의 김열, 국내파의 허성택, 박광희 등이 함께 해임되었지만, 얼마 후 그들은 거의 모두 원직에 복직 혹은 재차 기용되었다. 오직 무정만이 철저하게 평민이 되었다.[100] 그 후 팽덕회(개인명의)의 요구로 무정은 중국으로 가서 위장병을 치료하였지만 1951년 6월 김일성에 의해 소환된 얼마 후 사망하였다.[101]

---

98) 자세한 내용은 서론 제2절을 참조할 것.

99) 『金日成著作集』 第6卷, 169-171쪽, 中共中央对外联络部编, 『朝鲜革命资料』 第2辑, 46-48쪽, 저작집 중문판에는 무정을 지명하여 비판한 내용이 삭제되어 있다. 이 내용은 초기에 출판된 조선어판에서 확인할 수 있다. 『김일성선집』 제3권, 평양: 조선로동당출판사, 1954년, 139-140쪽.

100) 中共中央对外联络部编, 『朝鲜革命资料』 第2辑, 46-48쪽, Dae-sook Suh, *Kim Il Sung*, pp.122-123, 金学俊, 『朝鲜五十七年史』, 201쪽.

101) 중앙일보사 편, 『조선민주주의인민공화국비록』, 147쪽 ; 『세기와 더불어』 제8권, 353쪽. 필자의 김충식 인터뷰 기록, 2010년 2월 17일, 태원. 김충식은 1956년 8월 중국으로 도망 오기 전 조선노동당 평양시 당조직부부장을 역임하였다.

중국 인민지원군이 조선에 들어온 후 김일성은 확실히 연안파 군사간부들에 대한 경계와 대비를 크게 강화하였다.[102] 기타 연안파 주요 군사간부들은 해임되지는 않았지만 중요한 직책으로부터 전출되었다. 예를 들면 방호산은 군사작전 방안에서 김일성과 의견이 일치하지 않았다. 그는 중국군의 전법을 채택할 것을 주장하다가 군단장에서 해임되고 군사학원 원장으로 전보되었다. 김웅은 비록 민족보위부 부상으로 승진하였지만 실권을 박탈당하였으며, 그가 맡고 있던 인민군 전선 사령관의 직무는 김광협에게, 중조연합사령부 부사령관의 직책은 최용건으로 대체되었다.[103] 남은 인물은 다루기가 비교적 곤란했던 박일우였다.

박일우와 중공과의 관계는 극히 밀접하였다. 그는 과거 정식 대표(왕외: 王巍) 자격으로 중국공산당 제7차 당대회에 참석하였고 당대회에서 발언하였다. 이는 박일우가 가지고 있던 유리한 점이었다. 김일성이 중국의 출병을 요청하는 친필 서신은 박일우를 통해서 북경에 전해졌다. 후에 심양에서 중국군의 신속한 출병을 촉구하고 지원군이 조선에 들어온 뒤 중국군과 조선인민군 사이의 연락을 담당한 이도 박일우였다.

중조 연합사령부 창립 후 박일우는 내각의 내무상 직책과 중조 연합사령부 정치위원을 겸하고 하루 종일 팽덕회와 함께하였다. 김일성은 이 점을 매우 불안하게 생각하였다. 1951년 3월 김일성은 사회안전성을 조직하고 내무성의 핵심 업무를 이 부서로 이전하였다. 그 후 1952년 10월, 박일우를 체신상으로 전보 조치함으로써 그의 세력을 더욱 약화시켰다.[104]

김일성이 박일우에게 내각에서 체신상의 직책을 유지하도록 한 이유는, 박일우가 군내에서 명망이 높고 중국인들과의 밀접한 관계를 고려했기 때문이었

---

102) 지원군이 조선으로 출병한 이후, 김일성은 조선 간부들이 중국인과 사적으로 접촉해선 안 된다고 규정하였으며, 박일우가 지원군에게 빈번하게 상황을 보고하는 것과 서휘가 정전담판을 책임지고 있었던 중국외교부 부부장 이극농과 밀접하게 연락하고 있었다는 점에 대하여 매우 분노하였다. 필자의 시성문, 김충식 인터뷰 기록.

103) 필자의 김충식 인터뷰 기록; Син Се Ра Политическая борьба в руководстве КНДР, с.124; 徐龙男, 「延边籍朝鲜人民军退伍军人采访录」, 『冷战国际史研究』第7辑(2008年 冬季号), 268쪽 ; 『抗美援朝战争史第3卷』269쪽.

104) 金学俊, 『朝鲜五十七年史』, 213쪽; 이종석, 『북한-중국관계』, 200쪽.

다.[105] 그러나 이것으로 상황이 끝난 것은 아니었다. 1952년 12월 15일 노동당 중앙위원회 회의에서 김일성은 관료주의 비판으로 묵시적으로 박일우에게 창끝을 겨냥하기 시작했다. 김일성은 관료주의는 사업 중에 일부 사람들을 거만하고 겉만 번지르르하게 하는 경향을 조장하였으며, 심지어 관료주의의 전형적인 산물인 개인 영웅주의 병폐가 당 중앙의 노선을 "자신의 노선"으로 대체하려는 현상까지 나타나게 했다고 비난하였다.[106]

얼마 지나지 않은 1953년 2월 5일 김일성은 중조 연합사령부에서 박일우를 소환하는 한편 박일우가 맡았던 부정치위원직을 최용건이 수행할 것이라고 중국 측에 통보하였다.[107] 그러나 박일우는 중국 인민지원군과의 관계를 계속 유지하면서 조선 내부의 관련 정보를 지원군에게 전달하였다. 박일우는 1954년 조선에서 식량 부족 및 기아로 수백 명이 숨진 사실을 중국인들에게 알렸다. 김일성은 이에 관한 박금철(전 갑산파 간부)의 비밀 보고를 받고 매우 분노하였으며 박일우를 큰 소리로 꾸짖었다.[108]

1955년 1월, 연안파 군사간부들을 겨냥한 움직임이 시작되었다. 방호산을 군사과학원장에서 해임하고 이를 최용건이 겸직하도록 하였으며, 김웅 역시 "방호산 종파분자를 동정"했다고 비판받았다.[109] 이어서 박일우 등에 대한 공개 비판이 진행되었다.

4월 1~4일 개최된 조선노동당 중앙위원회 전원회의에서 김일성은 격한 언어를 사용하며 박일우, 김웅 및 방호산을 중심으로 하는 "구 중공당원 소그룹"을 호명하며 비판하였다. 김일성은 박일우는 "중국으로부터 온 대표를 자처"하며 패거리를 짓고 당을 분열시킬 음모를 꾸몄을 뿐만 아니라, 자신은 모택동이 중조사령부에 파견하여 임무를 수행하고 있으며, 자신의 행위는 조선의 군사지도

---

105) РГАНИ, ф.5, оп.28, д.314, л.192.

106) 『金日成著作集』 第7卷, 355-356쪽. 이후 김일성은 박일우를 "개인영웅주의"라는 명목으로 비판하였다. 다음 책을 참고할 것. 『金日成著作集』 第9卷, 251-253쪽.

107) 『抗美援朝战争史』 第3卷, 394쪽.

108) 김충식과 인터뷰 기록. 이후 박일우의 죄명은 "외국과 내통"이었다.

109) 1955년 1월 14일 삼소노프와 김명섭 담화기록, АВПРФ, SD44979.

방침이나 특히 김일성에게 달려 있는 것이 아니라고 공공연하게 말하였다며 비판하였다. 김일성은 또 이 소집단은 소련 군사고문과 중국의 군사지휘관의 능력을 비교하며 소련 군사고문의 명성을 손상시켰다고 비난하였다.[110]

비록 회의에서 김일성이 "박일우와 그 일당에게 무기를 내려놓고, 당 생활의 관점에서 정확한 입장에 서도록 최후의 기회를 주어야 한다"고는 말했지만, 몇 달 후 박일우와 김웅은 연금당하고 방호산 역시 숙청을 당하였다.[111]

소련 외교부는 조선 지도층의 이러한 변화에 주목하고 우려를 표하였다. 5월 10일 소련외교부 부부장 쿠얼듀코프(I. F. Kurdiukov)는 몰로토프에게, 박일우는 조선과 중국군 지도부에서 명성이 매우 높으며 만일 그를 숙청하면 중국과 조선의 고위 군사간부들 사이에서 불만을 야기할 수 있다고 보고하였다.[112] 그러나 현재까지의 자료로 보면 박일우의 숙청에 대해 중국과 소련의 간섭은 없었다고 보인다.

8개월 후 김일성은 박일우에게 최후의 일격을 가하였다. 1955년 12월 2~3일 개최된 중앙위원회 전원회의에서 박일우를 중앙위원회에서 제명하고 당적을 박탈하도록 결의하였다. 회의에서 김일성은 박일우에 대해 "당과 국가의 기밀 누설", "당과 국가의 수령에 대한 비방", 중국으로부터 온 간부들과 패거리 조성 및 박헌영, 이승엽 집단과 "반당통일전선" 형성, 타락한 생활과 낭비 등을 그의 죄명으로 열거하였다.[113]

12월 15일, 박일우는 정식 체포되어 박헌영과 이승엽 집단과의 결탁 증거 수집 절차가 진행됐고 박헌영은 이에 대한 증언을 하도록 요구받았다. 박헌영은 "박일우는 1950년 조선인민군의 후퇴를 군사 지도부의 무능이 초래한 실패라고 보았다"고만 증언하였다. 3개월 후, 조선 주재 소련대사관은 박일우가 체포된 사실을 본국에 보고하면서 김일성은 아직 박일우가 행한 범죄의 어떤 증거도 찾지 못했다고 덧붙였다.[114]

110) 『金日成著作集』 第9卷, 247-254쪽; РГАНИ, ф.5, оп.28, д.314, л.197.

111) РГАНИ, ф.5, оп.28, д.314, л.202-203, 필자와 김충식 인터뷰 기록; Andrei Lankov, *Crisis in North Korea*, pp.35-36.

112) 1955년 5월 10일 쿠얼듀코프가 몰로토프에게 보낸 보고, АВПРФ, SD45023.

113) ГАРФ, ф.5446, оп.98, д.721, л.205-210; РГАНИ, ф.5, оп.28, д.411, л.22-42.

2개월이 지난 후인 1956년 5월, 김일성은 중앙상무위원회에서 박일우에 대한 조사 결과 아직도 그가 범한 범죄의 구체적인 내용을 확정할 수 없다고 선언하였다.[115] 비록 일부 정치간부(김두봉, 최창익 등) 등이 지도부에 있었지만 연안파는 하나의 "파벌"로서 치명적 타격을 입었다.

김일성이 연안파를 배척한 주요 목적은 군권을 장악하기 위한 것이었다. 중조연합사령부가 조직되고 김일성의 군사 지휘권이 박탈된 이후 그가 가장 우려한 것은 조선인민군 내에서 고위 지휘관을 역임하고 있는 연안파 간부들이었다. 왜냐하면 그들은 중국인들과 밀접한 관계를 맺고 있어서, 결과적으로 김일성의 조선인민군에 대한 통제에 영향을 미칠 수 있었고 심지어 그의 권력을 위협할 수도 있었기 때문이었다. 박일우를 비롯한 연안파 군사간부들의 직책은 대부분 중국인들과 접촉이 비교적 적었던 유격대파 혹은 모스크바파 인물로 대체되었다.

모스크바파 간부들은 모두 소련의 서로 다른 지역으로부터 조선에 왔으며 과거 상호간에 왕래가 없어 사실상 파벌이라 부르기가 어렵다. 이들에게는 남로당파 및 연안파와 다른 점이 있었다. 이들 소련 국적의 조선인 간부들은 한 번도 단체 혹은 정당을 만들지 않았다는 점이다. 이들은 조선에 들어온 후 허가이의 명성이 높았기 때문에 그를 중심으로 뭉쳤다.

허가이는 성격이 쾌활하고 고집스러우며, 소련에 있을 때 주(州)의 당서기를 역임하는 등 제2차로 조선에 온 소련계 조선인들 중에서 최고의 명성의 가진 인물이었다.[116] 따라서 1946년 8월 조선노동당이 창당될 때 허가이는 부위원장을 맡았고 1949년 9월 남북 노동당이 합당할 때 다시 서기처 서기로 당선되었다.[117] 당내 서열은 김일성, 김두봉, 박헌영 다음이었다. 허가이는 당 조직책임을 맡았고 이때부터 김일성과 불화와 모순이 싹트기 시작하였다.

허가이에 대한 김일성의 불만은 주로 당 조직의 건설과 발전 방향 두 가지 방면에 있었다. 첫째, 미군의 인천 상륙 이후 인민군이 패퇴할 때, 많은 당원들은

---

114) ГАРФ, ф.5446, оп.98, д.721, л.203-204.

115) РГАНИ, ф.5, оп.28, д.410, л.173-175.

116) 북한연감간행위원회 편, 『북한총람(1945-1968)』(서울: 공산권문제연구소, 1968년), 173-174쪽.

117) 中联部编, 『朝鲜革命资料』第2辑, 46-48쪽.

당원증을 버리거나 숨겼으며 이들은 후에 허가이가 당 조직을 재건할 때 가혹한 처벌을 받았다. 많은 사람들이 당원증을 제시하지 못해 적과 내통한 혐의를 받았다. 처벌받은 당원 중 약 80~85%는 단지 구 당원증이 없다는 이유였다. 둘째, 당원을 확대할 때 허가이는 소련 방식에 따라 노동자 성분을 중시하였으며 대다수 농민들은 전혀 중시하지 않았다. 예를 들어, 평안북도 박천군은 오직 매월 17명의 농민에게만 입당을 허용하였다. 김일성은 이에 불만을 표시하고 크게 비판하였지만 허가이는 김일성의 의견에 동의하지 않고 또한 정면으로 거부하였다.

1951년 11월 1~4일 개최된 중앙위원회 전원회의에서 김일성은 당 조직 문제를 집중적으로 비판하였으며 허가이를 중앙위원회 서기직에서 해임하고 내각의 농업 담당 부수상으로 좌천시켰다. 1952년 초 허가이를 재차 순안저수지 복구공사 책임자로 파견하였다. 자존심이 강했던 그는 이에 큰 불만을 나타냈고 더 나아가 김일성의 강제적 양곡 수매 정책에 대해 비판하였다. 두 사람 사이의 모순은 점차 격화되었다.[118]

• 김책(좌측), 허가이(가운데)와 김일성(우측). 6·25 당시 전선사령관이었던 김책은 연탄가스에 중독돼 사망한 것으로 되어 있으나 그의 사인(死因) 역시 의문투성이이다(한국일보사 편, 『증언: 金日成을 말한다』, 서울: 한국일보사출판국, 1991, 130쪽).

118) 『金日成著作集』第6卷, 415-421쪽 ; 金学俊, 『朝鮮五十七年史』, 212-213쪽 ; 이종석, 『북한-중국관계』, 200쪽 ; 북한연감간행위원회 편, 『북한총람(1945-1968)』, 173-174쪽 ; Dae-sook Suh, *Kim Il Sung*, pp.124-125.

1953년 6월 30일 개최된 조선노동당 정치위원회 회의에서 김일성은 허가이의 수력발전소 복구에 대한 지도 능력의 부족을 신랄하게 비판하였다. 동시에 이전에 그가 당 조직 사업에서 범했던 과오 문제를 재차 제기하였다. 김일성은 회의에서 허가이를 부수상직에서 해임하고 무역상으로 전보시킬 것을 제안하였다.

정치위원회는 허가이에게 자신에 대한 비판에 변호할 수 있도록 2일간의 준비 시간을 주었다. 그날 허가이는 소련 대사관에 이러한 상황을 보고하면서, 이는 최근 자신이 중앙의 최근 정책에 대해 이견을 표시한 것 때문이며 자신에 대한 김일성과 박창옥의 보복이라고 주장하였다. 소련의 대사 대리는 허가이에게 냉정할 것과 진정으로 반성하고, 다른 의견이 있으면 솔직하게 제안할 것을 권고하였다.

허가이는 대사관을 떠날 때 만일 신임을 얻지 못한다면 계속해서 일을 할 수 없다고 말했다. 7월 2일 소련 대사관은 허가이가 정치위원회 개회 전날 저녁 유서는 남기지 않고 권총으로 자살했다는 통보를 받았다.[119] 8월 4일, 중앙위원회 전원회의에서 이승엽 반당사건의 공개와 동시에 허가이의 자살 소식이 발표되었다.[120]

그러나 김일성이 허가이를 숙청한 주요 이유는 허가이의 개인 행위 때문이었지 결코 소련계 조선인을 숙청하기 위한 것이 아니었다. 김일성은 심지어 소련계 조선인 사이의 모순, 즉 허가이에 대한 박창옥의 불만 등을 이용하기까지 하였다.[121] 1951년 11월, 허가이의 당내 직무 해직을 선전할 때, 김일성은 모스크바파를 안심시키고 소련의 입을 막기 위하여 허가이가 기존에 담당했던 직

119) 1953년 6월 30일, 7월 2일 수즈달레프 일기, АВПРФ, SD44822.

120) 中联部编, 『朝鮮勞動党歷届中央全会概況』, 12-14쪽. 허가이의 사인에 관해서는 현재까지 논쟁이 있다. 실제로 많은 사람들은 허가이가 암살되었다고 믿고 있다. 다음 책을 참고할 것. Lankov, Crisis in North Korea, p.17 ; 이종석, 『북한-중국관계』, 200쪽 ; 金学俊, 『朝鮮五十七年史』, 213쪽. 그러나 필자는, 허가이가 이미 권력을 상실했으며 조직 활동에 참여하지 않았다는 점을 감안한다면, 또 논리적으로 봤을 때 그에 대한 암살 지시는 불필요했다고 생각한다. 허가이의 성격과 당시 정서를 감안한다면, 자살 가능성이 비교적 크다고 생각한다.

121) Ланьков А.Н. Возникновение и деятельность"советской группировки"//Восток, 2003, No.1, c.112.

무를 소련계 조선인이 승계하도록 하였다. 이에 따라 중앙위원회 서기는 박창옥, 중앙위원회 선전선동부장(후에 선전부장으로 개칭됨)은 박영빈이 승계하도록 하였다.

1953년 8월, 박창옥, 박영빈, 김승화, 남일 등 소련계 조선인들은 새로이 구성된 중앙위원회 상무위원이 되었다. 박창옥은 5인 정치위원회 위원이었고 그 중 그의 서열은 4위였다. 1954년 3월, 전후 경제복구사업 강화를 위해 내각을 개편할 때, 박창옥은 내각부수상 겸 국가계획위원회 위원장에, 박영빈은 정치위원회 위원에 임명되었다.[122] 그러나 그 후 1년 동안 조선노동당 내부에서 돌연 소련계 조선인들을 향한 거센 비판이 전개되었다.

김일성 입장에서는 권력 집중이 반드시 필요하였다. 박일우 등 연안파 간부 숙청의 목적이 군권을 빼앗는 데 있었던 반면, 허가이 타도는 조선노동당의 조직과 선전 부문에서의 권력을 되찾아오는 데 있었다. 박창옥과 박영빈이 인수한 부분은 바로 이 두 부분이었다. 그러나 공교롭게도 이 두 영역에서 김일성과 모스크바파 사이에 충돌과 의견 차이가 발생하기 시작하였다.

조직 문제에 있어서의 제1차 충돌은 1954년 4월에 발생하였다. 스탈린 서거 이후 소련 당내의 "개인숭배" 선전 강도는 점차로 약화된 반면 개인 권력에 대한 제한은 점차 두드러졌다. 1955년 1월 말렌코프 연방간부회의 의장의 해임 이유 또한 집단지도체제 관철을 위한 것이었다.[123] 김일성은 당시 스탈린과 말렌코프처럼 자신이 당과 정부의 최고 지위를 겸하고 있었다. 영리한 김일성은 소련의 상황을 보고 곧 바로 조선의 상황을 떠올렸다. 이러한 재난을 사전에 방지하기 위해 세심한 준비가 필요하였다.

중앙위원회 4월 전원회의가 열리기 전, 박창옥과 김두봉은 김일성의 업무가 너무 과중하기 때문에 업무 일부를 해제할 것을 주장하였다. 이에 김일성은 "흔쾌히" 이 제안을 받아들였지만, 동시에 이 사안에 대해 시간이 지난 후 재차 논의할 것을 주장하였다. 이와 동시에 김일성은 항일연군 동지인 최용건에게

---

122) 中联部编, 『朝鲜劳动党历届中央全会概况』,12-16쪽 ; 『人民日报』 1954년 3월 27일 4면.

123) 상세한 내용은 다음을 참고. 「苏联共产党第20次大会,非斯大林化及其对中苏关系的影响」, 『国际冷战史研究』第1辑(2004年 冬季号), 28-70쪽.

민주당위원장 직책에서 주동적으로 사임할 것을 요구하였다. 뒤이어 정치위원회에서 간부 임용 문제를 토론할 때 최용건을 중앙위원회 정치위원회 위원으로 임명할 것을 제안하였다.

이 제안에 모든 사람들이 놀랐다. 박창옥과 박정애는 공개적으로 반대를 표시하였고 기타 위원들은 침묵하였다. 사실상, 박금철을 제외하고는 참가자 전원이 반대하였다. 그러나 김일성은 이후 개최된 중앙위원회 4월 전원회의에서 이 제안을 다시 제기하고 만장일치로 통과시켰다.

최용건이 정치위원회에 들어온 이후 김일성은 9월 전원회의에서 수상직 사임을 스스로 주동적으로 요청하는 한편, 이 직무를 정치위원회 위원으로 임명된 최용건이 승계하도록 할 것을 제안하였다. 박창옥, 박영빈 및 박정애는 재차 반대하였다. 최용건의 능력이 너무 부족해 이 직무를 감당할 수 없다는 것이 반대의 주요 이유였다. 김일성의 제안은 대다수 참석자들의 반대에 의해 철회되었다. 그러나 12월 전원회의에서 김일성의 지지에 의해 최용건과 박금철은 노동당 부위원장으로 나란히 임명되었다.

사실, 김일성은 최용건의 능력에 대해 잘 알고 있었다. 김일성은 1955년 1월, 박창옥을 최용건이 책임지고 있던 국방문제위원회로 전보시키도록 제안하기도 했다.[124] 김일성은 자신에게 충성을 다하기만 하면 중요한 자리에 배치하는 사람이었다. 그 후 최용건은 김일성의 조력자가 되었으며 이는 그가 죽을 때까지 계속되었다.

1955년에 최용건은 수상이 되지 못했다. 하지만 박창옥과 박영빈에 대한 김일성의 신임 역시 거기까지가 끝이었다. 이러한 상황에서 박창옥과 박영빈은 다수의 소련계 조선인 간부들을 기용하였고, 허가이에게 씌워진 "인민의 적"이라는 죄명에 대해서도 이견을 갖고 있었다. 이는 자연스럽게 김일성의 반감과 경계를 일으켰다. 후에 박창옥을 비판한 주요 죄상 중의 하나는 바로 종파활동을 했다는 것이었다. 예를 들어 기석복, 정률, 정동섭 등 자신의 측근들을 사상공작 분야에 배치했는데, 그들은 모두 박창옥과 함께 소련에서 생활하고 학습

---

124) РГАНИ, ф.5, оп.28, д.314, л.186-211; д.410, л.73-85; д.412, л.6-20, 75-83.

했던 동창들이었다.[125]

박창옥과 박영빈은 선전 선동 과업을 수행하는 동안 김일성의 개인숭배 문제에 대해 이견을 제기하면서, 사상 선전 방면에서 지나치게 개인을 부각시키는 "방향성 과오"를 범했다는 점을 여러 차례에 걸쳐 지적하였다. 1955년 2월 중앙위원회 선전부장 직무를 인계받은 박영빈은 출판물에서 인민대중의 역할에 대한 서술을 중시할 것을 정치위원회에서 제기하였다. 김일성은 이 의견에 동의를 표하였다. 박영빈은 이를 그대로 믿고 중앙공작회의에서 김일성의 지시사항을 전달하였다.

박영빈은 소련을 방문하고 귀국한 이후 '평화공존' 방침에 의거하여 출판물에서 반미 선전의 논조를 바꿀 것을 제안하였다. 김일성은 이 제안에 동의하지 않았다. 그러나 박영빈의 측근들은 업무 수행 과정에서 이러한 생각을 이미 실제로 관철하고 있었다.[126] 이러한 일들은 자연스럽게 김일성에게 극도의 불만을 야기하였다. 후에 박창옥과 박영빈에게 씌워진 또 다른 죄명인 "인민들에게 그들의 수령에 대하여 자신의 감정과 태도를 표시하도록 허락하지 않은 것"은 바로 이를 의미한다.[127]

박창옥이 내각부수상과 국가계획위원회 위원장에 취임한 이후 경제 분야에서도 김일성과 재차 의견불화가 발생하였다. 1954년 10~11월 개최된 정치위원회에서 식량 수매 문제를 토론할 때, 박창옥과 박영빈은 소련 방식을 채용하여 소비협동조합이 자신의 원하는 원칙에 따라 농민들로부터 수매할 것을 제안하였다. 그러나 김일성은 수매계획과 그 목표량을 반드시 정해 놓고 실행할 것을 주장하였다. 1955년 2월 노동당 중앙상무위원회는 결국 강제적 식량 수매를 취소하고 농민에게 일정한 보상을 해주기로 결정하였다. 그러나 이 과오의 책임은 여전히 국가계획위원회와 농업성에서 지기로 하였다.

그 외에도 박창옥과 모스크바의 이론가들은 국민경제계획의 투자 비율에서

125) РГАНИ, ф.5, оп.28, д.412, л.102-103; РГАНИ, ф.5, оп.28, д.412, л.75-83.
126) РГАНИ, ф.5, оп.28, д.410, л.57-67; РГАНИ, ф.5, оп.28, д.412, л.75-83; РГАНИ, ф.5, оп.28, д.412, л.122-126.
127) РГАНИ, ф.5, оп.28, д.410, л.73-85.

중공업 우선 발전을 강조하는 대신 소비재 생산을 더욱 발전시킬 것을 주장하였다. 아울러 협동농장의 대규모화와 빠른 속도의 합작화를 반대하면서 소련처럼 먼저 기계화를 서두를 것을 제안하였다. 이 모든 것들은 김일성의 뜻과 위배되는 것들이었다.[128]

이러한 불화들이 이어지면서 박창옥과 박영빈을 중심으로 한 소련계 조선인 간부들의 숙청을 위한 정치운동이 시작되었다.[129] 1개월 동안의 준비를 거쳐 1955년 12월 2~3일 조선노동당 중앙위원회 전원회의가 개최되었다. 회의 주제는 비록 농업 문제와 제3차 당대회 관련 사업을 토론하고, 박일우의 당적 박탈 선포 및 허가이의 영향을 제거하여 "조직 문제를 해결"하는 것이었지만, 전원회의는 소련계 조선인 비판을 위한 여론 준비를 사전에 충분히 진행하였다.

조직 문제에 관한 발언에서 김일성은 먼저 박일우와 허가이를 전면 공격한 후 갑자기 문학공작 중의 과오를 지적하면서, 박영빈의 이름을 거명하며 그가 지도하는 조직부는 여전히 허가이 방식을 답습하고 있다고 질책하고, 극한 언사를 사용하며 기석복과 정률, 정동섭 등 소련계 조선인들을 격렬하게 비판하였다. 그는 계속해서 박영빈 등은 이승엽 집단과 연고가 있는 남쪽 작가 이태준 등을 치켜세우고, 북쪽의 무산계급 작가 한설야와 이기영은 배척하고 깎아내렸다고 비판하였다. 김일성은 이 문제를 반복적으로 지적하면서 "소련에서 온 조선인 간부들은 비판할 수 없다는 것인가"라고 되물었다.

그 결과 전원회의는 박영빈을 조선노동당 선전부장 직무로부터 해임하는 한편 최용건과 박금철을 조선노동당 부위원장에, 임해를 감찰위원회 위원장에, 한상두를 조직부장에, 이효순을 중앙간부부 부부장에, 리일경을 중앙위원회 선전부부장에 각각 임명하였다.[130]

회의 이후 김일성은 남일을 소련 대사관에 보내 인사이동 사실을 통보하고,

128) РГАНИ, ф.5, оп.28, д.412, л.75-83; Син Се Ра Политическая борьба в руководстве КНДР, с.125-128.

129) "캠페인"이란 표현에 관해서는 다음을 참고. РГАНИ, ф.5, оп.28, д.410, л.57-67.

130) РГАНИ, ф.5, оп.28, д.411, л.22-42; РГАНИ, ф.5, оп.28, д.411, л.14-19; 中联部编, 『朝鲜劳动党历届中央全会概况』, 18-19쪽, РГАНИ, ф.5, оп.28, д.412, л.3-6.

이들 소련계 조선인들이 고위 관직에 있으면서 대중과 단절되고 자기 자신을 외부와 단절시킴으로써 현지 간부들과의 갈등이 크게 격화되었다는 설명을 덧붙였다. 또한 "박창옥은 인민대중과 동떨어지고 태도가 난폭하여 많은 간부들이 그를 이미 증오하기 시작"하였고, 박영빈은 "비열한 소인배"라고 비난하였다. 남일은 심지어 "기석복, 정률, 정동섭 등이 음모를 꾸몄고, 박창옥도 이에 관련이 있다"는 암시까지 하였다.[131)

일련의 사전 정지작업이 완료된 후인 12월 27일, 조선노동당 중앙위원회 확대회의가 개최되었다. 참석자들은 400명이 넘었다. 회의에서는 문학 분야의 "반당노선"에 관하여 박창옥, 박영빈, 기석복 등에 대한 집중비판이 있었으며, 한설야 임해 등은 이들 소련계 조선인 간부들이 종파활동을 한 증거를 확보하고 있다고 큰소리쳤다. 김일성은 발언 중에 15명의 허가이 추종자들을 구체적으로 언급하였다.

회의는 김일성의 제안에 따라 박창옥을 정치위원회에서 제명하고, 그가 박헌영과의 투쟁에서 보인 것을 고려하여 중앙위원직과 부수상직은 계속 유지하고 이후 그의 태도를 관찰하기로 결정하였다. 박영빈은 정치위원회와 중앙위원회로부터, 기석복은 중앙위원회로 각각 제명되었다. 동시에 감찰위원회에서 기석복과 정률 등의 문제를 심사할 것도 결정하였다.[132) 1956년 1월 23~24일 개최된 노동당 열성분자대회에서 박창옥과 박영빈은 발언을 통해 자신들이 관료주의와 족벌주의를 범했다고 인정할 수밖에 없었다.[133) 이때에 이르러 모스크바파의 주요 간부들은 모두 당의 핵심에서 제거되었다.

결론적으로, 1956년 1월에 이르러 남로당파는 철저하게 소멸되었고 연안파와 모스크바파의 주요 지도적 인물들도 타도되었다. 그 후 김일성은 당·정·군의 대권을 성공적으로 자신의 손에 움켜쥐었다. 그러나 상황이 모두 끝난 것이 아니었다. 김일성은 종파주의를 이유로 남한, 중국 및 소련으로부터 온 간

---

131) РГАНИ, ф.5, оп.28, д.412, л.94-99.
132) РГАНИ, ф.5, оп.28, д.412, л.102-103; РГАНИ, ф.5, оп.28, д.410, л.73-85; РГАНИ, ф.5, оп.28, д.412, л.75-83; РГАНИ, ф.5, оп.28, д.411, л.18-19.
133) РГАНИ, ф.5, оп.28, д.410, л.122-126.

부들을 계속 탄압하였고, 유일하게 탄압받지 않은 일파는 오랜 기간 자신을 따랐던 유격대파 간부들뿐이어서 비난의 여지가 없을 수 없었다. 김일성은 국면을 진정시키고 인심을 얻기 위해 반드시 자신의 이러한 행동에 대해 합리적이고 합법적인 설명을 제시해야만 하였다.

3. 김일성의 '주체' 의식 확립 제기

김일성이 정치투쟁 과정에서 언제나 승리할 수 있었던 요인은 당연히 그의 능숙한 정치 수완과 무관하지 않다. 상술한 바와 같이 김일성은 당내에서의 개인 간의 갈등, 파벌 간의 대립 등을 십분 이용하여 분리 와해시킨 후 이들을 각개 격파하였다. 김일성은 타도 대상을 직접 찾아 자주 대화를 나누고 한편으로는 위로하고, 다른 한편으로 책임을 교묘하게 다른 사람에게 전가시켰다. 심지어 타도 대상에 대해서 구별하여 대하였다.

예컨데 박창옥과 박영빈에 대해 비판을 조직할 때, 김일성은 박영빈을 위협하여 죄를 인정하게 한 후, 다시 역량을 집중하여 고립된 박창옥을 타도하는 수단을 취하였다.[134] 김일성은 단지 이러한 방법만을 깊이 이해하고 있었던 것이 아니었다. 김일성은 정치적 혜안을 가진 사람이었다. 그는 조선노동당 내 각 파벌 간의 힘의 균형을 대체로 유지하는 상황에서, 최고 및 모든 권력을 움켜쥐고자 하였다. 이를 위해 김일성 개인의 권위를 세워 전당이 복종하도록 만들어야 한다는 점을 잘 알고 있었다.

권위의 수립은 지도자의 생애와 역사적 역할에 대한 설명으로부터 시작한다. 일찍이 1946~1947년, 김일성은 회의를 소집하고 신문, 문화 및 학술 부문 종사자들에게 자신의 생애를 상세히 소개하고 이와 관련된 문장과 작품을 창작할 것을 직접 요구하였다.[135]

1952년 4월 15일 김일성의 40세 생일에 노동당 기관지『로동신문』은 특별란

134) РГАНИ, ф.5, оп.28, д.412, л.75-83, 128-132; РГАНИ, ф.5, оп.28, д.410, л.73-85.

135) РГАНИ, ф.5, оп.28, д.410, л.126-128.

을 편성하고 『김일성장군략전』을 연재하였다.136) 조선전쟁이 끝난 직후 조선 정부는 "김일성 원수 항일전적 조사단"을 파견하고, 중국 동북지역에서 김일성과 관련된 자료를 수집하였다.137) 얼마 지나지 않아 김일성은 조선항일투쟁에서 가장 유명하고 심지어 유일 영명한 지도자가 되었다.

그의 출생지인 만경대와 전투를 벌인 적이 있는 보천보에 각각 김일성 기념관이 건립되었고, 조선인민해방투쟁박물관 역시 김일성 이름으로 명명된 박물관으로 변하였다.138) 1955년 3월, 영화관에서는 김일성의 위대한 공적을 찬양하는 기록영화 '김일성 원수가 영도한 각지의 항일 유격투쟁'이 방영하기 시작하였다. 『로동신문』은 이 기록영화는 노동인민이 "혁명전통을 이해하는 데에 큰 교육적 의의가 있다"고 찬양하였다.

조선의 신문과 강당에서 김일성 원수는 "조중 양국의 우수한 자녀들"의 일본 제국주의에 대한 항거의 지도자가 되었다. 또 "천재적 마르크스－레닌주의 선전가이자 반일유격대 투쟁의 조직자"로서, 김일성은 "일본 제국주의와 군국주의자들에 대한 반대투쟁을 영도"하였고, "조선은 김일성이 이끄는 유격대에 의해 해방"되었으며, 1950~1953년 조국 해방전쟁 기간, 김일성은 "모든 전투의 조직자와 영도자"이자, 모든 승리는 "모두 김일성 원수의 영명한 지도의 결과"이다 등의 선전활동이 전개되었다.139)

따라서 전 조선에서 김일성에 대한 개인숭배가 시작되었다. 신문, 영화, 문학작품, 교과서에서 김일성의 이름이 없는 곳이 없었으며 많은 대학, 거리 및 광장은 김일성의 이름을 따서 명명되었다. 젊은 김일성은 조선인민의 아버지로 호칭되었고 그가 엉겁결에 말한 한마디 한마디는 모두 당의 구호가 되었다. 예를 들어 "쌀

---

136) 『로동신문』 1952년 4월 15일 특별호. 다음 책을 참고할 것. 『金日成将军传略』, 冰蔚等译, 北京: 世界知识出版社, 1952年. 중역본에는 1952년 4월 10일 『로동신문』 특별호에 게재되었다고 기재되어 있다. 필자가 『로동신문』을 열람해본 결과, 4월 10일 신문에는 "금일자 신문 부록에 김일성 장군 략전을 발표한다"는 소식만 써있을 뿐, 해당일자 부록은 출판되지 않았다. 4월 15일에야 특별호 형식으로 발표되었다.

137) 다음을 참고. 중국외교부당안관, 117-00312-01, 117-00312-03, 117-00312-04.

138) 金学俊, 『朝鲜五十七年史』, 215-216쪽 ; РГАНИ, ф.5, оп.28, д.410, л.126-128.

139) РГАНИ, ф.5, оп.28, д.410, л.57-67, 199-223.

은 곧 사회주의이다" 혹은 "방직은 예술이다" 등의 구호가 그런 것들이다.

수많은 교육자들과 피교육자의 머릿속에서 "역사의 주요 추동역량은 모두 수령, 당 및 정부 지도자"의 것이었다. 왜냐하면 조선에서 "모든 문제는 모두 김일성 한 사람의 결단에 의한 것"이기 때문이었다. 이러한 사회 분위기 속에서 수많은 사람들이 지도자에게 불경을 범했다는 이유로 영어의 몸이 되었다. 김일성 초상이 인쇄되어 있는 잡지 표지를 책갈피로 사용하였다가 징역 5년에 처해진 사람이 있었으며, 식량 징수의 고통에 시달린 한 농민은 김일성의 초상을 가리키며 "당신은 인민의 상황을 이해하지 못하고 있고, 오직 사람들을 고생시키는 것만 알고 있을 뿐이다"라고 말했다가 7년 징역형을 선고받았다.[140]

당과 인민들의 마음속에서 김일성의 지위는 이미 흔들릴 수 없게 되었다. 따라서 당내 반대파에 대한 정리에서 자연히 손쉽게 승리할 수 있었다. 또 이것만으로는 부족하여 박헌영, 이승엽 등을 매국 간첩집단으로 몰았다. 비록 증거는 부족(심지어 위조했을 가능성도 있다)하였지만 결국은 법적인 절차를 밟았기 때문에 아무도 이의를 제기할 수 없었다.

그러나 대부분의 연안파 간부와 소련계 조선인 간부들을 숙청한 상황은 이와는 또 달랐다. 그들이 도대체 무슨 죄를 범했는가? 설마 단지 김일성과 의견이 같지 않다는 이유 혹은 사업 방법과 생활상의 문제 때문에 타도되었다는 말인가?

이 때문에 전 당을 납득시키기 위해서 김일성은 여론과 도덕 방면에서 뿐만 아니라 이론에서도 우위를 점해야만 하였다. 이는 이데올로기를 숭상하는 국제공산주의 운동에서 매우 중요하였다. 달리 말하면, 이들은 정치와 사상 노선에서 엄중한 과오를 범하였고 당의 정확한 노선에서 이탈 혹은 반대하였으며 따라서 이들의 노선은 반 마르크스적이고 동시에 이들의 행위는 반당적이라는 논리를 세워야 했다.

노동당중앙 상무위원회가 박창옥, 박영빈 등 일부 소련계 조선인 간부들의 과오를 선포하고 처벌 결정을 내렸던 다음날인 1955년 12월 28일, 김일성은 선전선동 공작에 관한 장편의 연설을 발표하였다. 이 연설은 정식으로 발표될 때 '사상 사업에서 교조주의와 형식주의를 퇴치하고 주체를 확립할 데 대하여'라

---

140) РГАНИ, ф.5, оп.28, д.410, л.233-295, 57-67.

는 제목이었다.[141]

일부 학자들이 주목하였던 "주체"라는 단어는 결코 김일성이 발명한 것이 아니었고 조선의 선전활동 중에서도 오랜 기간 돌출된 적이 없었던 개념이었다.[142] 김일성이 재차 주체 개념을 제기한 때는 1961년 11월 조선노동당 제 4기 제2차 전원회의 보고에서였으며, 당시 단 한 번만 언급했을 뿐이었다.[143] 1962년 12월 19일 로동신문은, 1952년 제5차 전원회의의 역사적 의의를 기념하는 편집부 문장을 발표하면서 김일성의 주체사상을 중점적으로 소개하고 해설을 달았다. 1970년대에 이르러서야 "주체"가 진정으로 김일성의 사상 이론과 정치 노선의 핵심 대명사와 조선노동당과 국가의 주도적 이데올로기로 자리잡았다. 그러나 어찌되었든 김일성이 "교조주의"와 "형식주의"를 비판할 때 이 핵심적인 문제, 즉 "자주성"을 제기했다는 점은 확실히 알 수 있다.

스탈린이 주도한 마르크스-레닌주의 이론 중에서 "국제주의"는 이미 바이블화가 되어 각국 공산당은 모두 이를 받아들였다. 이 개념은 국제공산주의 운동 중에 보급되었으며, 소련과 소련당의 이익은 곧 국제 무산계급의 이익이라는 것으로 합법화되었다. 국제주의의 반대 개념은 민족주의이고, 모스크바의 뜻을 위배하여 소련의 이익을 침해하는 모든 행위는 모두 민족주의로 비판받았다.

당시에는 어떤 국가의 공산당도 자기 민족과 국가의 특징 및 이익을 공개적으로 강조할 엄두를 내지 못했다. 1948년 티토가 혁명 진영에서 파문될 때의 죄명 역시 "민족주의"였으며, 1949~1952년 동유럽 공산당 내의 국내파 간부들이 숙청될 때의 죄명 역시 "민족주의"였다.

중국공산당 역시 스탈린 노선에 대한 지지를 표명하기 위하여 '국제주의와 민족

---

141) 이 문장의 부제는 "당의 선전선동일꾼에 대한 연설"이다. 수많은 연구자들은 이것이 첫 번째 선전사업회의에서의 연설이라고 여기고 있다(다음을 참조. Син Се Ра Политическая борьба в руководстве КНДР, с.128-129). 그러나 원문을 자세히 보면, 김일성은 청중이 모두 "어제의 회의"에 참석했다고 언급하였다. 또, 박창옥은 소련 대사관에 중앙전원회의 확대회의가 27-29일 개최되었으며, 참가자가 400명이 넘었다고 얘기한 적이 있다(РГАНИ, ф.5, оп.28, д.410, л.73-85). 이를 보아, 이 연설이 바로 당시 회의에서 발표된 것임을 알 수 있다.

142) Lankov, *Crisis in North Korea*, pp.40-41.

143) 『人民日報』 1961년 12월 1일 3면.

주의를 논함'이라는 제목의 문장을 발표하였다.[144] 그러나 이 시점에 스탈린은 이미 사망하였고 소련공산당의 새로운 지도자들 역시 개인숭배에 대한 열정이 식어가는 대신, 민주를 제창하고 동유럽 국가들에 대한 간섭을 줄여가고 있었던 때였다.[145]

가장 전형적 의의를 지니는 사건은 아마 소련과 유고슬라비아의 외교관계 회복과 1955년 5~6월 흐루시초프가 티토에게 직접 잘못을 인정한 사건일 것이다.[146] 김일성이 이 기회를 놓치지 않고, "주체" 혹은 "자주" 사상을 제기한 것은 그가 문제를 정확히 보았을 뿐만 아니라 기회를 제대로 잡았음을 의미한다. 이 문제의 본질은 민족주의이며 조선민족의 문화 특징, 역사 전통 및 국가 이익을 표출한 것이다. 이 문제를 장악하는 과정에서 중국과 소련에서 온 간부들의 치명적 약점을 공격한 것이다.

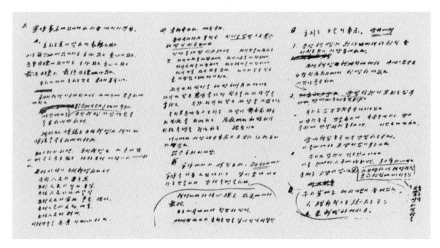

▸「사상사업에서 교조주의와 형식주의를 퇴치하고 주체를 확립할데 대하여」(김일성의 자필 원고).

144) 다음 책을 참고. 沈志华, 『斯大林与铁托—苏南冲突的起因及其结果』, 桂林: 广西师范大学出版社, 2002年; Волокитина Т.В. и др. Москва и Восточная Европа, Становление политических режимов советского типа(1949-1953): Очерки истории, Москва: РОССПЭН, 2002, с.248-300; 刘少奇, 「论国际主义与民族主义」, 『东北日报』 1948년 11월 8일 1면.

145) 沈志华, 「1956年十月危机: 中国的角色和影响」, 『历史研究』 2005年 第2期, 119-143쪽.

146) 爱德华·卡德尔, 『卡德尔回忆录(1944-1957)』, 李代军等译, 新华出版社, 1981年, 160-162쪽; 伍修权, 『回忆与怀念』, 北京: 中共中央党校出版社, 1991年, 297쪽.

김일성은 연설 모두에서 "주체가 없는 것은 사상공작에서 가장 치명적인 결함"이라고 지적하며 "주체를 제대로 확립하지 못하는 것"은 "엄중한 문제"라고 강조하였다. "무엇이 주체인가?"라는 질문에 대해 김일성은 "조선혁명이야말로 우리당 사상사업의 주체입니다. 그러므로 모든 사상사업을 반드시 조선혁명의 이익에 복종시켜야 합니다. 우리가 쏘련공산당의 역사를 연구하는 것이나, 중국혁명의 역사를 연구하는 것이나, 마르크스-레닌주의의 일반적 원리를 연구하는 것이나 다 우리 혁명을 옳게 수행하기 위해서 하는 것입니다"라고 명확하게 밝혔다.

조선의 역사, 조선의 특징을 경시하고 일률적으로 외국(주로 소련)을 모방한 현상들을 열거한 후, 김일성은 모스크바파와 연안파 간부들의 이름을 거명하며 신랄하게 비판하였다. 관련 원문은 다음과 같다.

"박영빈은 쏘련에 갔다 와서 하는 말이 쏘련에서는 국제 긴장상태를 완화하는 방향이니 우리 미 제국주의를 반대하는 구호를 집어 치워야 하겠다고 하였습니다. 이러한 주장은 혁명적 창발성과는 아무런 공통성도 없습니다." "박창옥은 우리나라의 역사와 우리의 현실을 연구하지 않았기 때문에 부르주아 반동 작가인 리태준과 사상적으로 결탁하게 되었습니다……사상사업에 끼친 그의 죄과는 매우 큽니다." "전쟁 시기에 군대 내에서의 정치사업 방법 문제를 가지고 허가이, 김재욱, 박일우가 쓸데없이 서로 싸운 일이 있습니다. 쏘련에서 나온 사람들은 쏘련식으로, 중국에서 나온 사람들은 중국식으로 하자고 하였습니다. 이렇게 쏘련식이 좋으니, 중국식이 좋으니 하면서 싸웠습니다. 이것은 부질없는 일입니다."

김일성은 이어 "사업에서 혁명적 진리, 맑스-레닌주의적 진리를 체득하는 것은 중요하며 그 진리를 우리나라의 실정에 맞게 적용하는 것이 중요합니다. 꼭 쏘련식과 같이 해야만 한다는 원칙은 있을 수 없습니다. 어떤 사람들은 쏘련식이 좋으니, 중국식이 좋으니 하지만 이제는 우리 식을 만들 때가 되지 않았습니까?" "우리나라의 역사도 우리 인민의 전통도 무시하고 우리의 현실과 우리 인민의 각오 정도도 고려함이 없이 남의 경험을 기계적으로 적용한다면 교조주의의 과오를 범하게 될 것이며 혁명사업에 큰 손실을 끼치게 될 것입니다. 이렇게 하는 것은 맑스-레닌주의에 충실한 것도 아니고 국제주의에 충실한 것도 아니며 반대로 그에 배치되는 것입니다"라고 강조하였다.

김일성은 마지막으로 국제공산주의 운동의 전통 이론인 "국제주의"를 겨냥하여 다음과 같이 말하였다.

"국제주의와 애국주의는 서로 뗄 수 없는 문제입니다. 조선의 공산주의자들이 우리나라를 사랑하는 것은 로동계급의 국제주의와 배치되지 않을 뿐 아니라 완전히 일치한다는 것을 알아야 합니다. 조선을 사랑하는 것은 곧 쏘련과 사회주의 진영을 사랑하는 것이며 또 쏘련과 사회주의 진영을 사랑하는 것은 곧 조선을 사랑하는 것을 의미합니다. 이것은 완전히 통일되어 있습니다. 왜냐하면 로동계급의 위업에는 국경이 없으며 우리의 혁명사업은 세계 로동계급의 국제혁명사업의 일부분이기 때문입니다. 모든 나라 로동계급의 유일한 최고의 목적은 공산주의 사회를 건설하는 것입니다. 만일 차이가 있다면 어떤 나라는 먼저 나가고 어떤 나라는 뒤에 나가는 것뿐입니다."

김일성의 결론은 "진정한 애국주의자는 곧 국제주의자이며 또 진정한 국제주의자는 곧 애국주의자"라는 것이었다.[147] 이는 민족주의는 애국주의이고 이것은 바로 국제주의라는 논리를 형성한다. 이로써 김일성의 "주체" 개념과 자주사상은 자연스럽게 마르크스주의 이데올로기 내로 유입되었고, 소련과 중국의 경험에 집착하는 교조주의자와 형식주의자들은 자연스럽게 반 마르크스주의자가 되었다. 이러한 관점에서 보면 주체사상과 모택동의 마르크스주의의 중국화(中国化) 사이에는 유사점이 있다.

이처럼 충분한 이론적 바탕을 다진 후, 1956년 1월 18일 조선노동당 중앙상무위원회는 '문학 예술 분야에서 반동적 부르주아 사상과의 투쟁을 더욱 강화할 데 대하여'라는 제목의 결의문을 채택하고, 박창옥, 박영빈, 기석복 등 인사들에 대한 처벌을 결정하였으며, 이에 관해 전 당의 기층조직에서 토론을 조직하도록 하였다. 결의서와 김일성의 회의에서의 발언은 "이들이 반당 파벌활동을 진행하고, 체계적으로 당의 정책에 반대하였으며, 동시에 그들의 과오는 박헌영과 이승엽 등 매국 간첩집단과 연결되어 있다"는 이유로 고발되었다는 것이었다.[148]

---

[147] 『金日成著作集』第9卷, 397-421쪽.

그때 김일성이 유일하게 우려한 것은 소련의 반응이었다. 왜냐하면 결국 비판 받은 자들은 소련에서 파견하여 귀국하였거나, 아니면 여전히 소련 국적을 가지고 있었기 때문이었다.[149] 소련계 조선인 숙청에 대한 소련의 의심을 불식시키기 위해 김일성은 다음과 같은 행동을 취했다.

첫째, 김일성은 소련계 조선인들에게 가해졌던 과도한 비난이 자신과 무관하다는 점을 소련이 알게 하도록 하였다. 소련 대사관은 박의완, 김승화 등 소련계 조선인 간부들과의 빈번한 접촉을 통해, 수많은 고위 간부들이 박창옥 등의 문제에 대해 조사를 요구하고 있고 김일성은 "처음에는 최대한 버티다가 나중에 할 수 없이 조사하기로 결정"하였다는 소식을 들을 수 있었다. 소련 대사관은 또한 최창익, 림해, 한상두 등 일부 간부들이 12월 당중앙위원회 전원회의 확대회의에서의 김일성 연설의 정신을 정확히 인지하지 못하고, 소련계 조선인 간부들을 잘못 대하다가 김일성이 그들을 크게 비판했다는 소식도 알게 되었다.[150]

둘째, 김일성은 대다수의 소련계 조선인 간부들에 대해 위로 정책을 취했다. 소련계 조선인들을 대하는 문제에 있어서 일부 지도 간부들의 잘못된 행위를 겨냥하여 김일성이 정치위원회에서 소련계 조선 공민들에 대한 회의와 중앙위원회 간부회의를 소집하여 이 문제를 연구하고 해결하도록 건의하였으며, 회의가 소집된 이후 상황이 다소 호전되었다는 사실을 소련계 조선인 간부인 박의완의 입을 통해 소련인들이 알 수 있게 하였다.[151]

더욱 중요한 것은, 김일성이 이들 소련계 조선인 문제의 처리를 합법화하기 위해서 그들을 조선 국적에 편입시키고자 했다는 점이다. 김일성은 "각각의 시기 소련에서 조선민주주의인민공화국으로 귀국해 장기간 공작하는 소련계 조선인 국적 문제 해결"을 제기하였다. 김일성의 요청에 따라 1955년 11월 소련 소비에트 최고주석단은, 소련 국적의 조선 공민이 조선 국적 또는 이중국적을

---

148) РГАНИ, ф.5, оп.28, д.412, л.66-69.

149) 소련 외교부 정보위원회의 한 보고서에 따르면, 1956년 초, 총 196명의 소련계 조선인이 조선당과 국가의 지도부에서 일하고 있었다. РГАНИ, ф.5, оп.28, д.410, л.57-67.

150) РГАНИ, ф.5, оп.28, д.412, л.66-77, 128-132.

151) РГАНИ, ф.5, оп.28, д.412, л.66-69.

가질 수 있도록 허가하는 결정을 통과시켰다.[152]

이 사업이 순조롭게 진전된 후 김일성은 젊은 사람은 이중국적을 가질 수 있으나 "우리에게 중요한 것은, 지도 간부들은 반드시 조선 국적을 가져야 한다"는 것이며 "문제의 중요 의의가 바로 여기에 있다"고 소련 대사에게 명확히 하였다. 동시에 "과오를 범해 처벌을 받은 소련계 조선인들은 조선에 남아 실제 과업 수행 중에 자신의 과오를 교정해야 한다"고 덧붙였다.[153] 이러한 언급은 특히 영도 지위에 있는 간부들의 경우 조선 국적을 가져야만 김일성 자신이 안심하고 권력을 행사할 수 있었다는 점을 분명하게 보여준다.[154]

소련계 조선인 간부에 대한 조선노동당의 비판과 처분에 대해 모스크바는 일부에서 다른 판단이 있었지만 기본적으로 용인하고 온건한 태도를 취했다. 관련 당안에 따르면 소련 대사관과 소련 외교부는 박창옥, 박영빈 등이 범한 과오에 대한 조선노동당의 질책이 "분명히 일부 과장"되었고, 그들의 과오와 허가이 문제를 관련지으려 기도하고 있으며, 지방에서 소련계 조선인을 대하는 데 있어 "과격 행위"가 존재하고 심지어 "국수주의 경향이 나타났다"고 생각하였다. 그러나 기본적 입장은 여전히 이들 간부들의 과오를 인정하고, 그들에 대한 조선노동당의 결론이 "기본적으로 정확하다"고 보았다.[155]

소련계 조선인들이 소련으로 귀국하는 문제에 대해 소련공산당 중앙위원회는 국제부 의견에 따라 조선 주재 소련 대사관에 "과오를 범한 인사는 이를 이유로 책임을 피해 소련으로 돌아올 수 없다. 이러한 인사들은 조선민주주의인민공화국에서 자신의 행위에 대한 책임을 져야 하며, 인민들의 신임을 얻어야 한다"는 처리 원칙을 지시하였다.[156]

필자가 러시아의 관련 당안을 열람한 후 내린 결론은 란코프 교수의 견해와

152) РГАНИ, ф.5, оп.28, д.412, л.63-65.

153) РГАНИ, ф.5, оп.28, д.412, л.109-116.

154) 1956년 4월까지 소련 대사관에 소련 국적 탈퇴를 신청한 사람은 총 96명(이외 그 가족 95명)으로 이중국적을 유지하고자 하였던 사람은 27명이었다. РГАНИ, ф.5, оп.28, д.410, л.117-118.

155) РГАНИ, ф.5, оп.28, д.411, л.14-21; РГАНИ, ф.5, оп.28, д.410, л.57-67.

156) РГАНИ, ф.5, оп.28, д.412, л.63-65.

같다. 즉 조선 주재 소련 외교관을 찾아와서 상황을 보고하거나 억울함을 토로하는 소련계 조선인 간부들은 대부분 피동적 관중 입장이었을 뿐, 가급적 의견 개진이나 제안을 피하였다. 특히 정치적으로 민감한 사안에 관해서는 절대로 입장을 표명하지 않았다.[157] 그 근본 원인은 물론 대사관원들의 신중한 사무처리 태도와 관련 있지만 주된 이유는 아마도 소련이 정해놓은 방침과 정책에 있다고 생각된다.

이 방면에서 중조관계의 상황은 소조관계와 비교할 때 크게 달랐다. 현재까지 볼 수 있는 당안 문헌에 따르면, 조선 지도부는 소련 대사관과 밀접한 관계를 유지하며 상황에 대해 자주 보고하고 의견을 청취하였던 반면, 중국 대사관을 찾는 일은 매우 적었다. 즉 조선 문제에 대해 소련 대사관은 불간섭 방침을 취했음에도 기본적 상황에 대해서는 손바닥 보듯이 파악하고 있었으며 자신들의 견해도 갖고 있었던 반면, 중국 대사관은 전혀 관심도 없었을 뿐만 아니라 알지도 못하고 있었다.

소련 외교부의 관찰에 따르면 중조관계에는 일부 "비정상적 현상"들이 존재하였다. 예컨대 "중국 지원군사령부는 평양에서 수십 킬로 떨어진 곳에 있었으며 거주 여건이 매우 열악하고 조선 지도부 동지들의 방문 역시 극히 드물었다"고 전해졌다. 또 평양의 전쟁기념관 12개 전시실 중에서 오직 한 곳만이 중국 인민지원군 전시실이었으며, 나머지 모든 전시실에서는 조선인민군의 작전 활동은 중국 지원군과 아무런 관련이 없다고 해설하였다. 아울러 "김일성은 중국에 머물렀었던 지도 간부들을 당과 정부의 직책에서 점차 해임할 생각이었다"고 관찰하였다.[158]

중국 외교부 당안에서는, 중국 대사관원과 조선 간부들이 조선의 내부 사무

---

157) 다음 책을 참고할 것. Lankov, *Crisis in North Korea*, pp.20-21.

158) РГАНИ, ф.5, оп.28, д.314, л.48-50. 또 다음을 참고할 것.РГАНИ, ф.5, оп.28, д.412, л.126-127. 전쟁기념관에 대한 내용은 사실이다. 필자가 2006년 평양을 방문하여 이를 참관하였을 때 당시 상황도 여전히 이와 같았다. 지원군 본부에서 1954년 주최한 "중국 인민지원군 항미원조 전쟁전"의 6개 전시실 중 역시 단 한 곳만 중조 군대의 협동작전 상황을 전시하여, 관객에게 "중국 군대만이 적의 조선 공격을 분쇄하여 조선을 해방시켰다"라는 인상을 주었다. 1954년 8월 21일 말코프가 수즈달레프에게 보낸 보고. АВПРФ, SD44921.

에 관하여 대화를 나누는 기록을 전혀 찾아 볼 수 없다. 물론 관련 문서들이 아직 기밀 해제되지 않았을 수 있다. 그러나 이러한 상황이 있다손 치더라도 아주 많을 수는 없다. 조선 주재 중국 대사관의 연례 업무 보고에 따르면, 조선 전쟁이 끝난 이후 조선의 당·정·군 각 기관이 중국 대사관으로 찾아오는 상황은 이미 없어졌다.

일반적 외교 의전에 있어서는 중국 외교관이 소련과 같은 "비교적 특수한" 대우를 받았다. 그러나 양측의 접촉은 모두 정상적인 경제와 문화교류 업무에 관한 것이었고 "조선 측의 중요하고 긴박한 요구는 그리 많지 않았다."[159] 중국은 조선의 내부 사무에 관하여 거의 관심을 갖고 있지 않는 것처럼 보였다. 예를 들면 근 2년 가까이 조선 주재 중국 대사관의 대사 자리가 공석이었다. 1952년 3월 예지량 대사가 이임한 후 1955년 1월이 되서야 중국 정부는 반자력(潘自力)을 신임 대사로 임명하였다.[160]

대사관원들의 일 처리는 융통성 없고 보수적이었으며 업무 처리의 주동성이 결여되고, 조사 연구 공작은 "유명무실"하였다. 또 조선 전체의 상황에 대한 이해가 부족했으며 중국 국내 사정에 대한 "기초적 수요"조차 만족시킬 수 없었다. 심지어 일부 대사관원들은 인민일보를 읽고 나서야 상황을 알 수 있을 정도였다.[161]

여기서 문제는 당연히 대사관원들의 외교적 경험 부족과 무사안일의 태도에 있다기 보다는, 중국 정부의 조선 내정에 대한 불간섭 기본 입장에서 나온 무관심 때문이라고 보아야 할 것이다. 소련 외교부 부부장 쿠얼듀코프는 중국 주재 조선 대사관에서 주최한 연회 상에서, 주은래가 "조선 대표들과 거의 대화를 나누지 않았다"는 점을 주목하였다. 그는 "중국 동지들은 조선인의 행동에 큰 불만을 가지고 있지만(비록 공개적으로 표시하지는 않지만), 그들은 조선인들에 대해 매우 자제하고 있다"고 생각하였다. 소련인들의 관찰은 매우 정확하였다.[162] 실제 상황이 바로 이러하였다.

159) 중국외교부당안관, 118-00524-05, 62-68쪽, 117-00479-03, 10-12쪽.

160) 韩念龙主编, 『当代中国外交』, 北京: 中国社会科学出版社, 1988年, 497쪽.

161) 중국외교부당안관, 118-00524-05, 62-68쪽, 117-00372-01, 3-5쪽.

162) РГАНИ, ф.5, оп.28, д.314, л.48-50.

정전 이후, 조선의 내부 사무에 대하여 소련은 불간섭, 중국은 무관심하였다. 이것이 김일성이 짧은 시간 내에 정적들을 하나하나 제거하고, 당내의 각 파벌 세력을 척결하여 당·정·군의 대권을 장악할 수 있었던 외부적 요인이었다.

결론적으로, 김일성은 남로당파를 매국 간첩집단으로 몰고, 연안파의 주요 간부들을 지도 직책에서 해임시켰으며, 모스크바파에 대한 대규모 비판운동을 전개하여 1956년 초에는 기본적으로 대권을 독점하였다. 김일성은 또한 당에서 "주체" 확립을 제창하여 이데올로기 투쟁에서 우위를 점하였고, 이를 통해 정적을 격파할 수 있는 사상적 무기를 확보하였을 뿐만 아니라, 이후 자신의 사상과 노선 체계 수립을 위한 이론적 기초도 닦았다. 그러나 이후 김일성의 정치 역정은 순탄하지만은 않았다. 소련공산당 제20차 당대회 이후 권력의 정점으로 향하던 김일성은 도중에 새로운 풍파를 만나게 되었다.

제3절 조선노동당 8월 사건

1956년 발생한 조선노동당 "8월 사건"은 오랫동안 잘 알려져 있지 않았다. 그 원인은 첫째, 당시의 위기상황이 매우 빨리 안정되어 큰 영향을 일으키지 않았고, 둘째, 사건 수습 이후 관련자들이 이에 대해 침묵을 지켰으며, 셋째, 관련된 당안 문헌이 비밀에 부쳐져 연구자들이 실제 상황을 이해할 수 없었기 때문이었다.

1980년대부터 1990년대 사이 소련으로 되돌아간 조선의 소련계 조선인 간부들과 "망명자"들의 회고록 또는 인터뷰를 통해 이에 관한 대량의 정보가 공개되었다.[163] 그러나 각자의 설명이 달라 믿기 어렵고, 동시에 한국에만 회자되

---

163) 임은, 『김일성정전』, 서울, 옥천문화사, 1989년; 고봉기, 『김일성의 비서실장 고봉기의 유서』 1989년, 미출판; 한국일보사 편, 『증언 김일성을 말한다—유성철, 이상조가 밝힌 북한정권의 실체』, 서울, 한국일보사, 1991年; 『조선민주주의인민공화국비록』 상권, 1992年; 『조선민주주의인민공화국비록』 하권, 1993年. 이 시기 연구 중 한국계 미국학자 서대숙의 저작 중 1절이 8월 사건을 다루고 있다. Dae-sook Suh, *Kim Il Sung: The North Korean Leader*, New York: Columbia University Press, 1988, pp.137-158.

어 진정한 학술적 연구는 거의 이루어지지 않았다. 냉전이 끝난 후 러시아 당안의 공개로 관련 당안이 모습을 드러내기 시작하고, 특히 21세기 이후 "8월 사건"에 관련된 러시아 당안들이 대량으로 공개되었다. 따라서 최근 몇 년간 국제학술계에는 이에 관한 연구 성과가 나오기 시작하였다.[164] 중국 학계는 중조관계가 지닌 고도의 민감성 때문에 이 문제에 대해 거의 관심을 가지지 않았다.

실제 이 사건은 조선노동당과 중조관계에 있어서 매우 중요한 사건이며, 국제공산주의 운동사에서도 중요한 한 부분을 차지한다. 소련공산당 제20차 당대회 개최와 특히 흐루시초프의 스탈린 격하운동은 1950년대 중반 사회주의 진영과 국제공산주의 운동에 큰 동요를 가져왔으며, 그 직후 발생한 1956년 폴란드 포즈난 사건, 헝가리 사건, 1957년 중국의 반우파 운동 및 소련의 반당집단 사건 모두 당사국의 발전 방향과 사회주의 진영 내부 관계에 중대한 영향을 미쳤다. 같은 시기, 조선에서 발생한 "8월 사건" 또한 조선 자신과 특히 중조관계의 영향 면에서 앞의 사건들 못지않다. 당시의 상황으로 보면 이 사건은 아시아의 "헝가리 사건"이 될 수 있는 위험성을 가지고 있었다.

1. 스탈린 격하운동과 조선노동당 제3차대회

소련공산당 제20차 당대회는 스탈린 격하를 세상에 알림으로써 유명해졌다. 흐루시초프는 먼저 정치 보고에서 "레닌주의 집단지도체제 원칙"의 재건과 강화를 제창하면서 "개인숭배를 신랄하게 비판"하였다. 그 후 속개된 비밀회의에서 '개인숭배와 그 영향에 관하여'라는 제목으로 장시간 연설을 하였다. 그는 격정으로 충만한 장시간의 연설에서 1930년대 대숙청과 애국전쟁(제2차 세

---

164) 비교적 집중적으로 이 시기 역사를 다룬 연구로는 다음 책들이 있다. Andrei Lankov, *Crisis in North Korea: The Failure of De-Stalinization, 1956*, Honolulu: University of Hawaii Press, 2004; 金学俊, 『朝鮮五十七年史』; Син Се Ра Политическая борьба в руководстве КНДР в 1953-1956 гг.: причины и динамика//Проблемы Дальнего Востока, No. 3, 2009, с.119-135; Симотомаи Нобуо Ким Ир Сен и Кремль: Северная Корея эпохи холодной войны(1945-1961 гг.), Москва: МГИМО-Университет, 2010(시모토마이 노부오의 러시아판 저작은 일본판을 번역한 것이다).

계대전) 기간과 전후 당내의 정치생활 중에서 스탈린이 저지른 과오를 나열하였다.

스탈린 비판은 소련공산당 내의 개인 혹은 집단이 권력을 추구하는 수단으로서가 아니라, 이를 과거의 스탈린식 정책과 방법을 바꾸기 위한 마중물로 삼아 냉전 발발 이후 조성된 서방과의 긴장 관계와 내부 발전의 어려움으로부터 벗어나고자 하는 시도였다. 스탈린에 대한 절대적인 개인숭배는 소련 사회의 변혁을 불가능하게 하는 뛰어넘을 수 없는 벽이었기 때문이다. 소련이 위기를 벗어나기 위해서는 반드시 개인숭배라는 올가미를 벗어나야만 하였다. 이는 소련공산당 중앙위원회의 집체적인 결정이었고 문제를 제기하는 방식과 비판 정도에 약간의 의견차이가 있었을 뿐이었다.

그렇지만 제20차 당대회는 인식 능력과 전통 관념에 얽매여, 소련의 사회주의 정치경제체제 개조를 위한 근본적 임무를 제기하지 못하고, 단지 정책 조정과 일부 구체적 조치를 실시하는 것에 만족해야 하였다. 흐루시초프는 전통적인 역량을 이용하여 상대방을 꺾었으며 그 자신 역시 전통 세력의 속박을 받았다.

흐루시초프를 중심으로 하는 소련의 새로운 지도부는 정치적으로 성숙하지 못하고 경험과 지혜가 부족하였음에도 불구하고, 사회주의 발전 방향의 문제를 다시 생각하기 시작하였다. 정확히 말하자면, 제20차 당대회는 공산당 국가들을 위해 방법을 바꿀 수 있는 가능성과 스탈린 방식의 속박을 벗어날 수 있는 역사적인 기회를 제공하였다. 그러나 세상을 놀라게 한 흐루시초프의 이 행동은 반대로 공산당 내부 세계에 대지진을 일으켰다.

비록 흐루시초프가 자신의 보고에서 스탈린을 "완전히 부정"하지 않고, 심지어 스탈린을 "가장 굳센 마르크스주의자 중의 하나"라고 말했지만, 장기간의 혹독한 탄압과 광적인 신격화로 이미 진리의 화신이 되어 전 세계 공산당원이 맹목적으로 그를 숭배하던 분위기 속에서, 스탈린에 대해 문제를 제기하는 것은 여전히 큰 위험성을 가지고 있었다.

흐루시초프가 격정적으로 격렬한 언사를 사용하여 스탈린을 비판하는 동안 장내의 모든 사람들은 전혀 경험해 보지 못한 의외와 놀라움을 느꼈다.

장내 분위기는 매우 어색하고 긴장되었으며, 일부는 그 자리에서 졸도하기까지 하였다.

흐루시초프의 비밀 보고는 매우 빠르게 소련의 기층 당 조직과 각국 공산당 중앙위원회에 전해졌다. 이 소식은 순식간에 일파만파를 일으키며 소련 사회와 공산주의 세계 전체를 진동시켰다. 스탈린 개인숭배에 대한 비판과 스탈린 격하 운동은 단지 그 영향으로만 말한다면 모든 사회주의 국가 인민들에게 사회주의는 어디로 가야하는가? 하는 문제를 생각하도록 일깨웠으며, 또 다른 방면에서 소련과 사회주의 진영의 사상적 혼란과 의혹, 사회 분열 및 혼란을 야기하였다. 그루지야의 군중 폭동, 폴란드의 포즈난 노동자 파업운동 및 전 세계를 진동시킨 헝가리 사건은 모두 개인숭배 비판과 스탈린 격하운동이 가져온 결과였다.[165] 이 풍파는 불가피하게 조선에도 반향을 일으켰다.

김일성의 입장에 보면, 소련공산당 제20차 당대회의 충격파는 재앙적이었다. 개인숭배 비판 소식은 조선에 순식간에 퍼졌으며, 조선노동당 내 간부 및 사회지식인들은 조선 자신의 문제에 관해 고민하기 시작하였다.[166] 김일성은 스탈린처럼 수십 년간 혁명을 지도한 경력이 없을 뿐 아니라, 스탈린 같이 만인이 따르는 명망은 더더욱 없었다. 흐루시초프의 스탈린 개인숭배 비판은 조선에서는 그야말로 김일성을 성토하는 격문과 같은 것이었다.

이는 단지 스탈린이 김일성이기 때문이 아니고, 김일성이 "스탈린 만세"의 구호를 가장 큰 소리로 외쳤기 때문만은 더더욱 아니었다. 가장 중요한 것은 김일성이 스탈린의 방식을 똑같이 흉내 내어 자신을 조선에 높이 세우고, 자신을 자랑하며, 당내에서 거리낌 없이 반대파를 제거하고 살생을 저지른 사실 때문이었다. 당내의 남로당, 연안파 및 모스크바파의 주요 간부들이 연이어 숙청되었다.[167] 그는 많은 사람들에게 죄를 지었으며 노동당 간부 사이에서는 그에

---

165) 흐루시초프 비밀 보고 및 그 영향에 대한 상세한 토론은 필자의 다음 책을 참고할 것. 『无奈的选择—冷战与中苏同盟的命运』, 제6장.

166) 조선 당내 각 파벌 간부, 김일성대학 학자 및 사회 인텔리들의 반응은 대량의 러시아 당안문헌 및 당시 인물들의 회고록을 통해 알 수 있다. 黄长烨, 『我所看见的历史真理』, 105-111쪽; Капица М.С. На разных параллелях, записки дипломата, Москва: Книга и бизнес, 1996, с.236.

167) 본서의 제3장 제2절을 참고할 것.

제3장 | 주체의 제창 **443**

대한 원한이 매우 깊었다. 모스크바에서 벌어진 개인숭배에 대한 비판에 김일성은 당연히 매우 긴장할 수밖에 없었다.

사실 1955년 소련계 조선인 간부들에 대한 비판을 시작할 때부터 김일성은 모스크바의 간섭을 우려하여 소련인들을 피하고 멀리하였다. 아마도 이러한 불길한 예감 때문에 김일성은 정치위원회 회의에서 제20차 당대회에 참석하라는 박정애의 건의도 동독 방문일정을 핑계로 거부하였던 것으로 보인다.[168] 그러나 소련공산당 제20차 당대회에 참석한 위성국 당 대표단은, 조선노동당을 제외하고는 모두 제1인자가 당 대표단을 이끌고 참석하였다.[169] 김일성은 이미 모스크바와 일정한 틈이 벌어지고 있음을 감지하고 있었다.

소련공산당 제20차 당대회가 개최되고 있을 때 김일성은 평양에서 바늘방석에 앉은 듯하였다. 비밀 보고 외에 당대회 공개 보고 중에 흐루시초프와 미코얀은 개인숭배 문제를 언급하였으며, 심지어 미코얀은 스탈린 저작의 이름을 들어가며 비판하였다. 중공 중앙기관지 『인민일보』는 2월 18일과 22일 이 두 문건의 ·전문을 각각 게재하였다.[170] 반대로 김일성은 매우 신중하였다.

흐루시초프의 2월 14일 정치 보고에 대해 『로동신문』 2월 16일 편집본에서는 조심스럽게 "개인숭배"와 "집단지도"라는 단어를 삭제되었으며 23일에야 전문이 게재되었다. 제20차대회에서의 미코얀의 발언이 『로동신문』에 요약 게재될 때도 스탈린 저작에 대한 부분은 삭제되었다.[171]

소련공산당 제20차 당대회의 정신과 관련 문건이 조선노동당과 조선에 전해지는 것을 봉쇄할 수는 없었지만 당내에 전달되는 방식은 완전히 통제할 수 있었다. 1956년 3월 20일 조선노동당은 중앙 각 기관 및 각 도당위원회 지도부가 모두 참가하는 확대전원회의를 개최하였다. 회의에서 소련공산당 제20차 당대회에 참석한 조선노동당대표단 단장 최용건은 3시간에 걸친 보고를 통해

168) РГАНИ, ф.5, оп.28, д.412, л.66-69.

169) 『人民日報』 1956년 2월 17일 4면.

170) 『人民日報』 1956년 2월 18일 2-8면, 2월 22일 5면.

171) 『로동신문』 1956년 2월 16일 3면, 2월 23일 2-7면, 2월 24일 3-4면, 2월 25일 3면. 소련 대사관 역시 이후 관련 보고를 받았으며, 보고상 상황이 사실과 일치하는 것을 확인하였다. РГАНИ, ф.5, оп.28, д.412, л.128-132.

제20차 당대회의 내용과 정신을 전달하였으며, 대표단원 이효순은 흐루시초프의 비밀 보고 번역 전문을 낭독하였다.

보고가 있은 후 김일성과 외무상 남일 및 중앙위원회 선전부 부부장 이일경 등 3인이 발언을 하였다. 김일성은 개인숭배와 그 영향 문제에 발언의 중점을 두었다. 그는 먼저 흐루시초프의 보고를 전반적으로 긍정하였다.

김일성은 "흐루시초프의 보고는 개인숭배가 얼마나 유해하고 위험한 결과로 이어질 수 있는가를 보여주고 있다. 모든 당원들은 이점을 분명히 알아야 한다"고 말하고, 조선의 상황을 언급할 때 "조선에는 개인숭배가 존재하지 않는다"고 재차 구체적으로 부정하였다. 김일성은, 조선노동당의 원칙은 집단지도체제라고 말했지만, 오랜 기간 중앙위원회위원장과 내각수상 및 최고사령관 직책이 1인에게 집중된 것에 관해서는 전혀 언급하지 않았다. 또한 집단지도체제에 관해 전쟁의 어려운 시기에도 정기적으로 중앙위원회 전원회의를 개최하였다고 말하면서도, 8년간 계속해서 당대회를 개최하지 않은 것과 1946~1947년부터 지방정권기구 선출을 위한 선거가 없었던 점에 대해서는 함구하였다.

김일성은 계속해서, 정치위원회는 일찍이 모든 당원들에게 선전활동은 영웅적 개인의 역할이 아닌 인민대중의 역할에 중점을 두어야한다고 지시했다고 말했으나, 전국 각지에서 진행되고 있는 자신의 기념비와 초상 건립과 신문, 영화, 노래, 공연을 가득히 채운 김일성 자신에 대한 찬양에 대해서는 함구하였다. 개인숭배에 관해 김일성은 일부 시기, 일부 지역에서 개인숭배 현상이 존재하였지만, 이는 남한지역에서 박헌영에 대한 개인숭배일 뿐이며, 그 영향은 당이 적기에 그의 반당 반국가 범죄를 폭로하는 것을 방해하였다고 강조하였다.[172]

전원회의는 토론을 진행하지 않고 단지 최용건의 제의로 "소련공산당 제20차 당대회의 문헌을 깊이 연구하고 그 풍부한 경험을 우리 자신의 업무수행 과정에 창조적으로 적용하고, 중앙위원회 조직부와 선전부는 정치조직 임무를

172) РГАНИ, ф.5, оп.28, д.410, л.57-67; РГАНИ, ф.5, оп.28, д.411, л.165-168.

잘 수행하고, 소련공산당 제20차 당대회의 문건에 대한 학습을 확대한다"는 모호한 결의안만을 통과시켰다.[173]

이렇게 해서 조선노동당 각 기관과 하급 조직들은 소련공산당 제20차 당대회 문헌을 선전하고 학습하기 시작하였다. 그 주요 목적은 개인숭배 비판과 스탈린 격하운동의 영향을 희석시키는 데에 있었다.

4월 4일 개최된 평양시 당위원회 문화 출판 및 학술 부분 조직의 강습반에서 사람들이 가장 흥미 있어 하는 개인숭배 문제를 겨냥하여, 시 당위원장 이송운은 조선노동당 중앙위원회는 마르크스―레닌주의의 집단지도 원칙을 조금도 벗어난 적이 없으며, 당내에는 오직 박헌영과 허가이에 대한 개인숭배만이 있었고, 이 종파주의자들은 형식주의 교조주의를 통하여 "스탈린 시기 소련의 개인숭배를 조선에 이식하였다"고 주장하였다.

조직부 부부장 한상두는 보고에서, 이후 김일성 동지를 언급할 때에는 아첨하는 단어는 다시는 사용하지 말고, 수령이란 단어도 다시는 사용하지 말 것을 제기하였다. 그는 김일성 동지는 이를 원치 않았다고 덧붙였다. 한상두는 또한 내각이 평양 광장을 김일성의 이름을 따서 명명토록 결정하였지만, 김일성 본인은 이를 사전에 전혀 알지 못했다고 설명하였다.[174]

1956년 4월 18일 소련 대사관은, 조선노동당이 당의 사상을 통일하기 위해 산하의 모든 기구와 조직에 흐루시초프 비밀 보고의 문제점을 지적하는 비밀 서신을 발송하였다고 보고하였다. 이 서신의 기조는 "소련공산당 제20차 당대회에서 폭로된 소련공산당의 과오는 조선노동당의 생활 중에서는 결코 찾아볼 수 없다"는 것이었다. 서신은 집단지도 원칙은 조선노동당이 견지해 온 최고의 원칙이며 당 중앙은 결코 이 원칙을 포기한 적이 없다고 강조하였다. 소련에서 나타난 개인숭배 현상은 조선에서는 오직 박헌영과 관련이 있을 뿐이고, 당의 사상 공작 수행 과정에서의 과오는 교조주의와 형식주의이며, 특히 외국을 맹신하는 노예 사상에 대해 격렬하게 비판하였다.[175]

---

[173] РГАНИ, ф.5, оп.28, д.411, л.181-182.

[174] РГАНИ, ф.5, оп.28, д.410, л.126-128; РГАНИ, ф.5, оп.28, д.410, л.119-121.

[175] РГАНИ, ф.5, оп.28, д.410, л.140-162.

김일성은 내각회의에서 두 시간에 걸친 격정적인 연설을 통해, 문화 부문이 선전활동 중에 조선민족의 특성을 무시했고 방영된 모든 영화는 소련과 기타 외국 것 일색이라고 호되게 비판하였다. 김일성은 일부에서는 당 정책의 정확성을 의심하고 있고 인민생활의 수준이 낮다고 비아냥거리면서 우리가 거둔 큰 성과들에 대해서는 눈을 감고 있다고 비판하였다. 그는 이 성과들은 다른 "사회주의 진영 국가들이 이룩하지 못한 것"이라고 강조하였다.[176]

이때 조선노동당과 정부는 스탈린 격하라는 전염병이 조선에 전파되는 것을 방지하기 위해 소련으로부터 소식을 차단하고 소련의 영향을 제거하려 시도하였다. 당 중앙의 지시에 따라 군(郡)급 조소문화협회와 그 부속 인쇄소는 폐쇄되었으며, 모든 극장에서 예정된 소련 예술가의 공연은 취소되었다. 또한 소련인들을 위한 조선어 방송은 매일 4회에서 2회로 축소되었으며, 러시아어 외국어대학은 폐쇄되고 학생들은 김일성대학으로 옮겨졌다. 모든 대학에서 러시아어로 수업하는 시간이 줄었고 대학 4~5학년 학생들의 러시아어 수업은 전면적으로 금지되었다.[177]

김일성은 더 나아가 박헌영 사형을 집행하는 문제를 고려하기 시작하였다. 조선은 과거 두 차례나 평양에 주재하고 있는 소련국가안전위원회(KGB) 고문에게 박헌영 사형 집행에 관한 소련의 입장을 타진하였으나, 소련의 대답은 대체로 명확하지 않거나 불만족스러운 것이었다.

4월 19일 김일성은 소련 대사관을 방문하고 이바노프대사에게 이 문제에 관해 의견을 물었다. 이바노프 대사는 소련 검찰기관은 박헌영은 이미 정치적으로 실패하였고 판결이 있은 지 이미 오랜 시간이 지났는데 갑자기 사형을 집행할 경우 국내외의 부정적인 반응을 유발할 수 있다는 이유를 들어 박헌영의 사형은 집행해서는 안 된다고 대답하였다.

이에 김일성은 사형 집행을 미루면 "사회불안과 인민들의 분노를 촉발시킬 수 있다"고 설명하였다. 그는 작금의 상황을 고려하면 박헌영에 대한 사형을

176) ГАРФ, ф.5446, оп.98, д.721, л.212-219; РГАНИ, ф.5, оп.28, д.410, л.121-122.

177) РГАНИ, ф.5, оп.28, д.412, л.207-211; РГАНИ, ф.5, оп.28, д.410, л.191-193.

집행해야만 한다고 더욱 강경하게 주장하면서, 소련 검찰기관은 박헌영 사건의 심리에 결코 관여하지 않았고, 소련 국가안전위원회 고문의 의견을 청취하기 위하여 사람을 보냈지만, 고문의 의견은 완전히 자신의 개인 의견일 뿐이라고 강조하였다. 김일성은 박헌영의 심판에 대해 타협은 있을 수 없으며, 조선인민은 모두 판결의 집행을 원하고 있고 만일 소련 검찰기관이 다른 견해가 있다면, 조선노동당 정치위원회는 이 문제를 토론할 것이라고 덧붙였다.178)

김일성과 이바노프 대사와의 논의 결과를 보여주는 자료는 아직까지 발견되고 있지 않다. 그러나 김일성이 이 문제를 제기했다는 것은 조선 사회와 당내의 사상이 불안정한 상황에서 박헌영이 재기할지도 모른다는 것을 우려한 것으로 보인다. 국면 진정을 위해 가장 중요한 것은 하루빨리 당 대회를 개최하여 사상과 조직 문제를 해결하는 것이었다.

• 조선노동당 제3차 당대회에서 김일성. 브레즈네프. 섭영진.

1956년 4월 23일 조선노동당 제3차 당대회가 개최되었다. 김일성은 종합보고에서, 이전 당내의 문건과 마찬가지로 성과는 과장하고 과오는 축소하면서

---

178) РГАНИ, ф.5, оп.28, д.412, л.214-216.

당의 원칙은 집단지도이며 개인숭배 문제는 오직 박헌영에게만 있었고, 금후 사상 공작 방면의 주요 임무는 교조주의와 형식주의 비판에 있다고 말하였다.[179] 김두봉의 보고를 제외하면, 자화자찬과 좋은 점만을 보고하고 문제점은 전혀 보고하지 않는 것이었다.[180]

대회는 지도자의 공덕을 찬양하는 메아리 속에서 진행되었고, 소련공산당 대표단장 브레즈네프는 모스크바에 보낸 보고에서 "대회의 발언 대부분이 과장이 너무 심하고 내용이 없는 미사여구의 나열이었다."라고 보고하였다. 중앙위원회 정치위원회에 막 들어온 최용건과 박금철은, 조선노동당을 높이 평가하면서 노동당이 이룬 성과가 소련공산당의 성과를 초과한다는 점을 강하게 암시하였고, 그들은 조선노동당 중앙은 집단지도의 원칙을 경시하지 않았으며, 반대로 "성공적으로 집단지도의 기능을 발휘하였다"고 보고하였다. 더 나아가 교육상 한설야의 발언은 "민족주의와 김일성 개인숭배에 대한 무한적 아부를 보여주었다"고 보고하였다.[181]

조선은 대회 개최 이전에 충분한 준비를 하였기 때문에 이렇게 하는 것이 매우 용이하였다. 김일성과 그 지지자들은 여러 차례의 회의와 토론을 거쳐 대회에서의 발언 논지를 결정하고 행동방식을 통일하였으며, 다른 의견을 가진 간부들에게 압력과 위험을 가하였다. 대회 대표들의 모든 발언 원고는 사전에 조직부와 선전부의 상세한 심사를 거쳤고 저자의 동의 없이 임의로 수정되었다.

대회 기간, 소련 주재 조선 대사 이상조는 두 차례나 대회 주석단에 메모를 전달하여 당내 개인숭배 문제를 토론할 것을 제안하였다. 이에 부위원장 김창만은 이상조를 정치적으로 전혀 성숙되지 않았다고 질책하였고, 최용건 등은 그에게 직무 해임을 운운하며 위협하였다. 정치적으로 실의에 빠진 박창옥은 대회에서 자신의 과오에 대한 자아비판을 준비하였으나 거부되었다. 그 이유는 형제당 앞에서 노동당 내부의 불화를 보여서는 안 된다는 것이었다.[182] 건

179) 원문은 다음 자료를 참고할 것. 『金日成著作集』第10卷, 平壤: 外国文出版社, 1982年, 147-256쪽.
180) РГАНИ, ф.5, оп.28, д.411, л.143-159.
181) ГАРФ, ф.5446, оп.98, д.721, л.212-219.

설상 김승화의 발언 원고 또한 심사를 통과하지 못해 본인에게 반환되었다.[183] 대회 기간 조선의 신문, 특히 『로동신문』은 스탈린 개인숭배 비판을 보도한 『프라우다』와 『인민일보』 편집부 문장에 대해 엄격한 보도통제를 하였다.[184]

조선노동당 제3차 당대회 및 직후 개최된 당 중앙위원회 전원회의는 노동당 중앙기구의 신임 지도부를 다음과 같이 선출하였다. 위원장에 김일성, 부위원장은 최용건, 박정애, 박금철, 정일룡, 김창만, 그리고 상무위원회(이전의 정치위원회) 위원 11인은 김일성, 김두봉, 최용건, 박정애, 김일, 박금철, 림해, 최창익, 정일룡, 김광협, 남일, 후보위원 4인은 김창만 이종옥 이효순 박의완이었다.

1948년 3월의 제2기 중앙 최고지도기관 구성과 비교하면 중앙상무위원회는 이미 김일성 1인 천하였다. 11명의 상무위원 중 5인이 유격대파 출신이었고, 기타 박정애와 남일은 일찌감치 김일성파에 가입한 상태였으며 정일룡 또한 비슷한 상황이었다. 오직 연안파 김두봉과 최창익만이 비교적 정치적 독립을 유지하였다.

후보위원 중에 이효순은 유격대파 소속이며 이종옥은 새롭게 발탁한 기술관료 출신이었다. 김창만은 비록 중국으로부터 왔지만 일찍부터 김일성의 나팔수라는 악명을 떨치고 있었으며, 소련계 조선인 박의완은 중립적인 인물이었다.

중앙위원회는 인적 변화가 크지 않고 4명이 더해져 총 71명으로 구성되었지만 권력구조에 중대한 변화를 보여주었다. 원래 유격대파는 중앙위원회에는 8인 중 사망한 김책과 강건을 제외하고는 모두 그 직책을 유지하였고, 새로 5인이 선출되어(최용건, 최현, 이효순, 유경수, 이영호) 유격대파는 총 11명이 되었다. 이전 중앙위원회에는 소련계 조선인 14인이 있었지만, 오직 4인(박창옥, 방학세, 김승화, 한일무)만이 직을 유지하였고 동시에 5인(남일, 최종학, 허빈, 박의완 및 김두삼)이 새로이 임명되어 총 9인으로 늘어났다. 주목할 것은 그중 방학세와 남일은 이미 김일성의 심복이 되어 있었다는 점이다.

182) ГАРФ, ф.5446, оп.98, д.721, л.161-181; РГАНИ, ф.5, оп.28, д.410, л.173-175, 199-223, 233-295.
183) РГАНИ, ф.5, оп.28, д.412, л.207-211.
184) РГАНИ, ф.5, оп.28, д.411, л.143-159.

중앙위원회에서 연안파 간부 숫자의 변화는 그리 크지 않았다. 17인에서 18인으로 늘었지만 교체율은 약 50%로 매우 높았다. 무정, 박일우, 김웅, 박효삼 등 노간부들은 모두 쫓겨났으며, 새로이 보충된 중앙위원 중 서휘와 윤공흠을 제외하고는 모두 1945년 이후 발탁된 새로운 간부들이었다. 나머지 33인의 중앙위원회 중에 오직 박정애, 한설야 및 오기섭(이 두 사람은 일찌감치 김일성에 붙었음)만이 국내파 노간부 출신이고, 7인은 남한 출신, 나머지는 모두 무명 혹은 전혀 새로운 인물들이었다.[185]

전체적으로 보면, 표면적으로는 중앙위원회 내의 각 파벌들이 일정한 비율을 유지하고는 있었지만 실상은 이전과 비교할 수 없었다. 첫째, 많은 사람들이 김일성에게 투항하였기 때문에 그 직을 유지 혹은 승진할 수 있었다. 둘째, 새로 발탁된 간부들은 출신이 어디이건 모두 김일성의 후광으로 성장하였다.

이 결과에 김일성은 매우 만족하였다. 대회가 끝난 후 김일성은 갑자기 태도를 바꾸어 소련계 조선인 간부들을 위로하기 시작하였다. 김일성은 자신이 직접 혹은 박정애 등을 보내 그들과 대화하고 조언을 구했으며, 동시에 소련계 조선인 간부들의 과오를 대하는 태도를 바꾸어야 한다고 강조하였다.

동시에, 내각 각 성의 간부를 배정할 때 일부 직책을 소련인 간부로 배정하였다. 그들을 안심시켜 일에 전념하도록 하기 위함이었다. 제3차 당대회 이후 내각의 상 혹은 부상을 포함한 소련계 조선인들은 위축감을 느꼈고 답답한 심정이었다. 그들은 일에 전념하지 못하고 계속해서 소련으로의 귀환을 허락해 줄 것을 요구하면서, 조선 국적을 선택한 것을 후회한다는 것을 김일성도 잘 알고 있었기 때문이었다.[186] 또 다른 목적은 이를 모스크바를 향한 우호의 제

---

[185] 『朝鮮勞动党第三次代表大会文件汇编』, 北京: 世界知识出版社, 1957年, 197-199쪽; Lankov, *Crisis in North Korea*, pp.68-72. 주목할 점은, 브레즈네프가 소련공산당중앙에 보고하였을 때 조선노동당 중앙상무위원회에서 소련계 조선인의 수가 감소하고, 반대로 중국에서 온 조선인들의 비율이 크게 증가했다고 하였다. 즉, 15명 상무위원회와 후보위원들 중 소련에서 온 사람은 3명에 지나지 않았던 반면, 중국 출신은 10명이었다. ГАРФ, ф.5446, оп.98, д.721, л.218. 브레즈네프는 확실히 이 조선인들의 경력을 알지 못했지만, 이 결론은 아마도 소련공산당 중앙이 조선 문제를 처리하는 태도에 영향을 주었을 것으로 보인다.

[186] РГАНИ, ф.5, оп.28, д.412, л.222-229, д.410, л.173-179, 193-194, 203-206; РГАНИ, ф.5, оп.28, д.412, л.207-211, 204-206.

스처로 삼아 소련의 불만을 진정시키려 한 것이다.

김일성은 경제건설로 눈을 돌리고 제1차 경제계획 5개년계획 실행을 위한 준비 작업에 착수해야만 하였다. 이 계획의 실행을 위해서는 먼저 소련으로부터의 대규모 경제기술 원조 제공이 필수적이었기 때문이었다. 실제로 대회가 끝난 2일후, 김일성은 주요 간부들을 대동하고 브레즈네프를 예방하여 5시간에 걸친 장시간 회담을 가졌다. 회담에서 김일성은 조선노동당과 정부는 소련에 조선의 경제건설을 위한 원조 제공을 요청할 예정임을 분명히 하였다.[187] 소련과 기타 동유럽 형제국가 방문 시기는 6~7월로 정해졌다.[188] 그러나 이때 전심전력을 다해 경제원조 확보를 모색하던 김일성은 한 가지 사실, 즉 당내의 정치투쟁이 사실 아직 끝나지 않았다는 사실을 간과하고 있었다.

2. 반대파의 당내 정치투쟁 시작

제3차 당대회 종합보고에서 김일성은 전후 경제발전과 복구를 위한 "3개년계획의 모든 임무를 사전 혹은 초과 달성하였다"고 자신에 찬 어조로 선언하고, "더욱 휘황찬란"한 제1차 5개년계획(1957~1961년)을 발표하였다. 1956년과 비교해서 이 계획이 제시한 공업 생산량 목표는 다음과 같다. 즉 철강은 2~2.5배, 강재는 2.5~3배, 석탄은 0.7배 이상, 면포는 0.5~1배로 늘리고, 발전량은 85억도, 화학비료 연간 생산량은 40만 톤, 시멘트 100~150만 톤 생산을 목표로 제시하였다.[189]

이러한 목표량 달성을 위해서 조선은 사회주의 동맹국가에 다시 도움을 청하는 수밖에 없었으며, 김일성은 중앙위 1차 전원회의에서 이미 말한 바와 같이, 원조 획득이 가능한 국가는 오직 3개국, 즉 소련과 동독 그리고 체코슬로바키아뿐이라고 생각하고 있었다.[190]

187) ГАРФ, ф.5446, оп.98, д.721, л.212-219.
188) РГАНИ, ф.5, оп.28, д.411, л.158-159.
189) 『金日成著作集』第10卷, 179-191쪽.
190) РГАНИ, ф.5, оп.28, д.410, л.176.

6월 1일 김일성이 대표단을 이끌고 출발한 후, 내각 부수상 최창익은 소련 대사에게 조선 정부 대표단은 이번 소련과 기타 민주국가 방문에 "큰 기대"를 걸고 있으며, 조선에 필요한 원조를 제공하기를 희망한다고 말했다.[191] 그러나 김일성의 이 방문은 실패가 예정되어 있었다. 왜냐하면 이때 소련과 동유럽 형제국가들 모두 조선에 대해 불만이었으며, 3년 전처럼 적극적인 원조를 제공할 준비가 되어있지 않다는 것을 김일성은 알지 못하고 있었기 때문이었다.

1955년 초 소련 대사관은 조선노동당을 통과한 '당과 국가의 현 단계의 임무에 관하여'라는 문건 중에 평화통일을 위해 노력한다는 모스크바의 의견을 따르지 않고, 여전히 "남조선 인민해방"과 "남조선의 친미, 친일 지주집단 소멸"을 조국통일의 방책으로 보고 있음을 주시하였다.[192] 1956년 3월 조선노동당은 제3차 당대회를 위해 준비한 당헌 초안에서 여전히 이 견해를 고집하고 있어 소련 대사관은 이에 대해 수정 의견을 제기하였다. 즉 원문에 "미국의"와 "친미의", 또 "군사적으로 혁명민주기지를 강화한다"는 어구는, "주도권을 적에게 줄수 있고," "조선노동당이 확정한 자신의 임무가 군사적 성격을 띠고 있다는 인상을 줄 수 있다"는 이유로 삭제토록 하였다.[193]

김일성의 제3차 당대회 보고 내용에 대해 브레즈네프는 매우 불만이었다. 그는 소련공산당 중앙에 조선에 대한 소련과 기타 국가들의 경제원조에 관해 김일성은 보고에서 전혀 언급하지 않았다"고 보고하였다.[194] 소련 대사 이바노프 역시, 김일성 보고의 "가장 큰 잘못은 소련, 중국 및 기타 사회주의 진영 국가들이 전후 조선의 국민경제를 위하여 제공한 원조와 조선 인민에게 제공한 대량의 무상원조 자금"에 관해 한 마디 언급도 없었던 점이라고 지적하였다.[195]

평양 주재 불가리아 대사 그리고로브(Grigorov)는, 조선인들이 전혀 사실을

[191] РГАНИ, ф.5, оп.28, д.410, л.210-214.

[192] РГАНИ, ф.5, оп.28, д.314, л.12-15.

[193] РГАНИ, ф.5, оп.28, д.410, л.22-25.

[194] ГАРФ, ф.5446, оп.98, д.721, л.212-219.

[195] РГАНИ, ф.5, оп.28, д.411, л.143-159.

말하지 않고 중요한 문제들에 관해서는 형제국가 외교단에게 "엄격하게 비밀을 유지"한다고 불평하였다.[196] 평양 주재 동독 대사 피셔(R. Fisher) 또한 소련 대사와의 대화에서, 조선대표단은 동독에 차관 제공과 생필품 제공을 요구할 계획이며, 동독이 이 요구에 동의한 후 조선이 "쌍방 모두를 불쾌하게 할 수 있는 새로운 문제"를 재차 제기할 것을 우려하였다. 그는 독일 자신도 여전히 소련의 원조를 필요로 하고 있으며, 조선에 새로운 원조를 제공하는 것에 "어느 정도 어려움이 있다"고 실토하였다.[197]

김일성의 이번 출국은 방문 국가(소련 동유럽 및 몽고 등 9개국)가 많고, 시간(6월 1일부터 7월 19일)이 길었지만 그 성과는 매우 미미하였다. 평양 주재 동독 대사관 보고에 따르면 조선대표단이 이번 방문에서 확보한 원조는 다음과 같았다.

소련은 3억 루블의 물자원조를 무상으로 제공하고 채무상환을 2년 연기하였다. 동독은 압연기 수 대, 루마니아는 2,500만 루블에 상당하는 물자를 무상으로 제공하고, 60대의 트랙터와 10대의 트럭을 원조하기로 하였다. 체코슬로바키아는 상환 기일이 임박한 부채의 상환을 1960년으로 연기하는 데 그쳤으며, 또한 1954년에 약속한 5,000만 루블의 상품과 설비를 되도록 빨리 제공할 것을 약속하는 데 그쳤다. 추가로 3,000만 루블의 물자 및 그 운송비 제공에 동의하였다. 헝가리는 단지 750만 루블의 무상원조 제공을 약속하였다. 알바니아는 1만 톤 아스팔트 무상제공을 약속하였고, 몽고는 소와 양 8만 마리, 그리고 곡물 5,000톤을 제공하기로 약속하였다. 아스팔트와 소, 양 등 가격 환산이 어려운 것을 제외하고, 8개국이 조선에 제공하기로 한 무상원조는 최대 4억 루블을 넘지 않았으며, 폴란드는 어떠한 원조 제공도 거절하였다.[198]

---

196) РГАНИ, ф.5, оп.28, д.410, л.186-187.

197) РГАНИ, ф.5, оп.28, д.410, л.189-191.

198) 1956년 9월 8일 조선 주재 동독 대사관의 보고 '형제국가들의 경제원조에 대하여', PA MfAA, A7013, Bl.3-11. 귀국한 후, 김일성이 보고에서 제기한 숫자는 대체로 이와 같다. 다만 소련이 감면해준 5.7루블의 이전 채무를 더 언급했을 따름이다. ГАРФ, ф.5446, оп.98, д.721, л.69-103. 이외에 반복적 협상을 통해서 동독은 이전부터 제공하던 잔여 자본 중 1,800만 루블을 새로운 무상원조로 전환하였다. РГАНИ, ф.5, оп.28, д.410, л.352-354.

이는 전후 경제복구와 3개년계획 기간 소련 및 동유럽 국가들이 조선에 제공한 22억불의 무상원조와 비교하면 그 차이가 매우 크며, 동시에 5개년 경제계획의 웅대한 목표와 비교하면 턱없이 부족하였다.

소련 각 기관들은 제3차 당대회를 전후한 조선노동당의 행동에 매우 불만이었다. 마르크스주의 이론과 국제공산주의 운동 측면에서 보면 조선노동당을 더 이상 방임하고 내버려둘 수 없었다. 제3차 당대회 이전, 소련외교부정보위원회는 소련공산당 중앙위원회에 "개인숭배 문제가 여전히 조선민주주의 공화국 내에서 일정한 위치를 점하고 있는 것을 고려하여, 레닌주의 건당 원칙을 조선노동당의 당내 생활에서 운용할 수 있도록 조선노동당 중앙을 지원할 것"을 제안하였다. 몰로토프는 이 보고서를 소련공산당 중앙 주석단 위원들에게 배포하도록 하였다.[199]

소련공산당 중앙에 제출한 보고서에서 노동당이 각급 당 조직에 배포한 개인숭배 문제에 관한 비밀 서신을 보면, 브레즈네프는 "조선 동지들은 소련공산당 제20차 당대회의 결의를 이해하지 못하고 있으며," 그들의 행동은 "마르크스주의 정당에서는 받아들일 수 없다"고 지적하였다. 그는 "조선 노동당의 엄중한 과오와 결함"을 고려하여, "김일성 동지가 모스크바를 방문할 때 반드시 그가 이를 중시하도록 할 것"을 제안하였다.[200] 김일성의 조선 정부대표단이 출발하기 전, 평양 주재 소련 대사 이바노프 또한 조선노동당에 존재하는 일련의 문제를 겨냥하여 "모스크바에서 상술한 문제들과 관련하여 김일성과 토론을 가질 것을 건의하였다."[201]

소련 지도자들과 김일성의 모스크바 회담에 관한 자세한 상황을 보여주는 러시아 당안은 아직까지 공개되고 있지 않다.[202] 그러나 간접적인 자료로부터 이 토론이 있었음을 확실히 알 수 있다. 김일성은 기차를 타고 6월 4일 모스크

[199] РГАНИ, ф.5, оп.28, д.410, л.57-67.

[200] ГАРФ, ф.5446, оп.98, д.721, л.212-219.

[201] РГАНИ, ф.5, оп.28, д.411, л.143-159.

[202] 소조의 공동성명에서 양측이 당내와 정치문제를 토론했다는 어떤 정황도 발견할 수 없다. Правда, 13 июля 1956 г., 1-й стр.

바에 도착하였고 며칠 후 동유럽으로 떠났다. 그는 7월 6일 소련으로 다시 돌아와 12일까지 모스크바에 머물렀다.

6월 19일 소련외교부 부부장 쿠얼듀코프(I. F. Kurdiukov)는 이상조 대사에게 조선대표단 접견 계획 초안을 전달하였다. 이상조 대사는 만일 이번 양국 지도부 회담에서 경제 문제 이외에 당과 정치 방면 내용을 토론할 경우, 더 많은 조선 지도자들이 소련의 제안과 의견을 이해할 수 있도록 하기 위하여 조선노동당 대표단 전원이 토론에 참가하도록 할 것을 제안하였고, 이는 김일성의 과오를 시정하는 데 매우 중요하다고 강조하였다.[203]

또한 9월 10일 소련공산당 중앙 서기 포노마레프(B. N. Ponomarev)와의 회담에서, 이상조는 소련공산당 중앙위원회는 7월 김일성, 박정애, 남일과 회담을 가졌다고 밝혔다.[204] 9월 18일 미코얀은 북경에서 가진 모택동과의 회담에서, 김일성과 소련공산당 중앙 지도자들이 모스크바에서 1차례 회담을 가졌으며, 소련공산당 중앙위원회 연락부 또한 김일성과 일련의 구체적 문제들에 관하여 토론하였다고 말하였다. 이때 포노마레프는 당시 김일성은 우리의 의견과 비판을 받아들이고, 이후 과오를 시정할 것을 약속하였다고 밝혔다.[205]

이 밖에도 1960년 5월 21일 김일성이 북경을 방문했을 때 모택동에게, 그가 모스크바에 있을 때 흐루시초프는 3가지 문제, 즉 소련공산당 제20차 당대회의 결의가 조선에 전달되지 않았고, 당서기와 수상 직무는 반드시 분리해야 하며, 소련계 조선인들과 단결할 것을 주문하였다고 말했다.[206]

비록 이러한 자료들이 분산되고 대략적인 것이지만, 이들 자료로부터 소련 지도부(흐루시초프 본인일 가능성이 매우 높다)가 김일성과 회담을 갖고 그에 대하여 비판하였으며, 김일성 또한 소련공산당의 견해에 동의를 표하였고, 회담 시기는 1956년 7월 상순이라는 점을 판단할 수 있다. 특히 회담 내용의

203) РГАНИ, ф.5, оп.28, д.412, л.238-241.
204) РГАНИ, ф.5, оп.28, д.410, л.228-232.
205) 1956년 9월 18일 모택동 소련공산당 중앙대표단 접견 담화기록, 미출간.
206) 1960년 5월 21일 모택동과 김일성 회담 기록. 미출간.

누설은 조선공산당 내부에서 정치투쟁을 재점화하는 데에 결정적인 역할을 하였다.

김일성은 무거운 발걸음으로 귀국하였다. 동시에 자신의 지도적 위치에 대한 당내 반대파의 도전이라는 어려운 상황이 기다리고 있었다. 김일성은 당내에서 자신에 대한 불만이 있고 일부는 암암리에 자신을 반대할 수 있을 것이라고 예상은 하였지만, 누가 나서서 그에게 도전할 것으로는 전혀 예상하지 못했다.

1954년 말부터 1956년 초까지의 노동당 내의 투쟁 상황을 보면 기본적으로 투쟁의 창끝은 모두 소련계 조선인 간부들을 향해 있었다. 당시 남로당파는 이미 존재하지 않았고 연안파의 실력자들도 권력의 중심에서 밀려나 있었다. 연안파 거두 김두봉은 세상일에 초연한, 단지 상징적 인물일 뿐이었다. 따라서 이때 누가 나선다면 모스크바파의 간부 밖에 없었다. 소련공산당 제20차 당대회의 충격파는 마침 그들 행동의 동력이 될 수 있었다.[207]

그러나 김일성은, 최초의 반김일성 활동이 연안파 간부로부터 시작되고, 김일성이 소련계 조선인들을 숙청할 때 이용하였던 인물인 최창익일 줄은 전혀 예상치 못하였다.

최창익은 연안파의 원로이다. 그는 1946년 8월 조선노동당이 창립될 때 정치위원회 위원이었으며, 1948년 9월 조선민주주의인민공화국이 건국될 때에는 재정상에 임명되었다. 그 후 내각 부수상으로 승진하며 제3차 당대회 중앙상무위원회에서는 서열 8위였다. 최창익의 당내 지위가 안정적으로 승진을 거듭한 것으로 보아 그가 김일성으로부터 높은 평가를 받은 것으로 보인다. 최창익은 특히 소련계 조선인 비판 과정에서 김일성을 위해 큰 공을 세웠다.[208]

---

207) 3차 당대회 이전, 김일성과 최용건은 소련계 조선 간부가 조선 국적은 받아들이면서 소련 국적은 포기하지 않는다고 하면서, 이러한 "두 척의 배에 다리를 놓는" 사람들이 어떻게 중앙위원에 선출될 수 있겠는가라고 지적하였다. 반면, 연안파 간부들에게는 매우 관대하였다. 김일성은 심지어 자발적으로 박일우 석방 문제를 제기하였다. 또한 이상조가 대회에서 개인숭배 문제를 토론하려는 문제에 대하여 깊이 파고들지 않았다. РГАНИ, ф.5, оп.28, д.412, л.227-229; РГАНИ, ф.5, оп.28, д.410, л. 174-177, 222-223.

제3장 | 주체의 제창   **457**

김일성과 최창익의 모순이 언제 시작되었는지 현재까지의 자료로는 알 수 없다. 러시아 자료 중 유일한 기록은, 제3차 당대회 이후인 5월 29일 개최된 중앙상무위원회 회의에서 최창익은 자신에 대한 김일성의 평가에 모욕감을 느꼈다고 알려졌다. 최창익은 박의완에게 자신은 현재의 처지를 절대로 참을 수 없으며, 자신은 당내에서 여전히 일정한 지위에는 있지만 자신이 더 이상 필요 없는 사람이라고 느끼면 죽느니만 못하다고 털어놓았다.[209]

지금까지의 자료로 판단해 보면 김일성은 더 이상 최창익을 필요로 하지 않았던 것으로 보인다. 김일성은 소련을 방문하기 전에 소련계 조선인들에게 우호적 태도를 보일 필요가 있었기 때문에 최창익을 속죄양으로 삼은 것으로 보인다.

김일성이 평양을 떠난 직후인 6월 5일, 최창익은 소련 대사관을 방문하여 이바노프 대사와 대화를 나누었다. 대화 중에 최창익은 조선에서 집단지도체제가 충분히 실천되고 있는지 여부에 대해 다른 의견이 존재하기 때문에 소련 지도부가 김일성과 회담할 때 조선노동당과 내각의 지도체제 및 정치 문제에 대해 지적해줄 것을 희망하였다. 이바노프 대사는 최창익이 더 하고 싶은 말이 있음을 알고 6월 8일 자신의 관저에서 다시 만날 것을 약속하였다.[210]

6월 7일 최창익은 김승화를 통해 다시 만날 때 통역은 별도로 준비할 필요가 없으며 김승화만 참가하면 될 것이라고 소련 대사에게 통보하였다.[211] 6월 8일 소련 대사와의 단독 면담에서 최창익은 조선노동당과 국가 지도부 내에 나타난 불건전한 현상에 대해 자신의 견해를 다음과 같이 상세히 설명하였다.

"간부의 선발과 임명에 연고주의와 파벌 투쟁이 존재한다. 당의 영도자(김일성을 지칭)는 책임을 지지 않고 모든 조직 문제의 과오를 허가이에게 전가하였다. 소련계 조선인 간부 허가이와 박창옥에 대한 비판과 투쟁은 불공정하다.

208) 최창익은 모스크바파에 대한 투쟁에 참여하였고, 수많은 소련계 조선인 간부들은 모두 소련 대사관에 이를 보고한 바 있다. 심지어 소련 대사관도 이를 인정하였다. РГАНИ, ф.5, оп.28, д.412, л.66-69, 75-83, 128-132; РГАНИ, ф.5, оп.28, д.410, л.57-67.

209) РГАНИ, ф.5, оп.28, д.410, л.203-206.

210) РГАНИ, ф.5, оп.28, д.410, л.203-206.

211) РГАНИ, ф.5, оп.28, д.410, л.210.

현재의 중앙상무위원회 간부 대부분은 자질이 떨어지고, 경험이 부족하며 아첨배들이다. 당내에서 정상적인 비판과 자아비판이 이루어질 수 없으며, 당의 회의에서 하고 싶은 말을 할 수 없다. 조선 지도부는 조선 해방 과정에서 소련의 역할을 전혀 언급하지 않으며, 교조주의와 형식주의 비판을 통하여 소련 문화의 제거를 옹호하고 있다."

마지막으로 최창익은 소련공산당 중앙과 소련 정부가 김일성에게 필요한 건의를 해줄 것을 희망하였다.[212] 이는 최창익이 명백하게 소련의 의중을 탐색한 것이다. 조선의 거의 모든 간부들은 오직 소련의 압력만이 김일성의 과오를 교정할 수 있음을 알고 있었다. 모스크바의 태도 표명이 없는 상황에서 김일성에 대하여 비판을 제기하는 것은 아무런 도움이 되지 않기 때문이었다.

모스크바의 태도를 모르기 때문에 반대파들은 추가 행동을 취하지 않았으며 평양은 여전히 평온해 보였다. 이때, 모스크바는 이바노프 대사를 소환(소련 지도부와 김일성과의 만남에 관해 상의하기 위한 가능성이 높다) 하였다. 모스크바로 떠나기 직전인 6월 19일, 이바노프 대사는 특별히 조선 내의 업무를 주재하고 있던 최용건을 방문하고, 조선대표단에 전달할 말이 있는지 물었다. 최용건은 아직까지는 어떠한 중대한 상황도 발생하지 않았으며, 모든 것이 김일성의 출국 전 지시에 따라 진행되고 있다고 대답하였다.[213]

만일 7월 상순 소련 지도부가 김일성을 비판했다는 판단이 맞는다면 다음과 같은 합리적 추론이 가능하다. 이상조가 소련 지도부의 김일성 비판 소식을 조선 내에 있는 가까운 친구들에게 전달했고, 이에 따라 반대파 간부들이 7월 중순에 더욱 명백한 정치행동을 시작했을 가능성이 높다.

매우 중요하지만 이론의 여지가 있는 러시아 당안에 따르면, 1956년 7월 14일 건설자재국 국장 이필규가 소련 대사관을 방문하였다. 이필규는 연안파 간부이며 16살 때부터 중국혁명에 참가하였고, 조선으로 돌아온 후 소련 민정부 보안 책임을 맡았다고 자신을 소개하였다. 그는 1948~1950년에는 소련공산당

---

[212] РГАНИ, ф.5, оп.28, д.410, л.210-214.
[213] РГАНИ, ф.5, оп.28, д.412, л.265-267.

중앙위원회 소속 당 학교에서 학습하였고, 귀국 후 인민군 부참모장과 내각의 부상을 역임하고 박일우 등과 관계가 밀접하였기 때문에, 이에 연루되어 내각을 떠나 화학성 부상과 후에 건재국장으로 강등되었다고 계속해서 자신을 소개하였다.

대사가 본국으로 소환되었기 때문에 페트로브(A. M. Petrov) 대리대사가 이필규를 접견하였다. 약 1시간 30분의 대담에서 이필규는 공격의 화살을 직접 김일성을 겨냥하였다. 그는 "더 이상 참을 수 없는" 김일성 개인숭배 현상을 거리낌 없이 비난하면서, 그 결과 당 중앙과 내각에는 김일성에게 전문적으로 아부하는 비열한 사람들이 모여 들었다고 말하였다. 그는 18명의 내각 상 중에서 절반 이상이 역사적 오점을 가지고 있다고 말하였다.

이필규는 현재 일단의 간부들을 규합하여 하루 빨리 김일성과 그 측근들에 대해 행동을 취할 필요가 있다고 생각하며, 그 목적은 현재의 당 중앙과 정부 지도부를 바꾸는 것이라고 설명했다. 그는 행동에는 두 가지 방식이 있다고 했다. 첫 번째 방식은 당내에서 날카롭고 결단성 있는 비판과 자아비판을 진행하는 것인데 이는 김일성이 받아들이지 않을 것 같고, 두 번째 방식은 강제로 정치적 국면을 변화시키는 것인데, 여기에는 희생이 따를 것으로 보인다고 설명하였다.

이필규는 지금 우리 조직의 간부들이 준비를 진행하고 있다고 말했다. 그 조직의 구성원이 누구냐는 소련 대리대사의 질문에 이필규는 대답을 회피하면서도 그는 계속해서 일부 간부들에 대한 자신의 견해를 밝혔다. 그중에서 대체적인 실마리를 찾을 수 있다. 즉, 다음과 같은 언급들이다.

"최용건은 김일성에 대해 불만을 표시하였다. 최창익은 풍부한 혁명 경험을 가지고 있으며, 만일 투쟁이 시작되면 그는 김일성의 대척점에 서게 될 것이다. 김두봉은 현 상태에 만족하지만 김일성을 맹목적으로 추종하지는 않는다. 박창옥은 과거 김일성 개인숭배의 선례를 만든 사람이지만 지금은 자신의 과오를 시정하려 하고 있다. 박의완은 좋은 사람이며 영도 간부 중에서 덕망이 높다. 기타 김일, 박정애, 박금철, 김창만, 한설야 등은 나쁜 사람들이고 소인배들이며 말할 가치가 없다." 마지막으로 이필규는 오늘의 대화 내용을 비밀에 부

쳐줄 것을 요구하였다.214)

7월 20일로 표기되어 있는 이 인쇄 문서에 대해 란코프 교수는 그가 처음 발굴했던 이 문서의 수기 기록 원고와 페트로브가 후에 이바노프 대사에게 한 보고에 대해 상세한 고증을 진행한 뒤 중대한 문제를 발견하였다고 지적하였다.

"우선 시간 표기가 잘못되어 있다. 수기 기록이 만들어진 시간은 7월 14일, 즉 대담한 당일이지만 인쇄는 7월 20일로 되어 있다. 둘째, 내용에 차이가 있다. 인쇄 기록에는 수기 기록 중 김일성을 매우 거칠게 비판하는 이필규의 말이 빠져있으며, 이상조의 개인숭배 반대 부분과 이상조와 이필규의 밀접한 관계를 보여주는 내용이 빠져있다. 반면 수기 기록 중에는 없는, 반대파 조직의 존재 내용이 추가되어 있다. 마지막으로 페트로브가 대사에게 보고할 때 인쇄 기록과 수기 기록에 없는 새로운 내용이 언급되어 있다, 즉, 만일 조선 지도부의 변화가 평화적으로 이루어지지 않고 자신들이 지하투쟁으로 전환하면, 혁명가들과 중국 인민지원군의 지지를 받을 수 있다는 이필규의 주장"을 언급하였다.215)

필자는 오직 인쇄 기록 원고만을 가지고 있으며 두 가지 당안 모두를 보지 못했다(수기기록과 보고 기록). 그러나 두 문건이 확실히 존재한다면 란코프 교수의 고증은 믿을 수 있다.

상술한 문건들을 근거로 다음과 같이 판단할 수 있다. 첫째, 모스크바에서 소련 지도부의 김일성 비판 소식은 이상조가 조선의 친밀한 전우들에게 전달하였으며, 이 소식에 최창익, 이필규 심지어 박창옥을 비롯한 반대파들은 크게 고무되었다(반대파는 이때 서로 연락을 시작했을 수 있다).

둘째, 이 간부들은 김일성과 그 측근들에 대한 정치투쟁을 진행하는 문제를 토론하였다. 즉, 우선 정상적 순서 혹은 일반적 관행에 따라 비판과 자아비판을 전개하고, 만일 이것이 안 될 경우 모종의 강경한 정치적 행동을 취하는 것

---

214) 1956년 7월 20일(14일) 페트로브와 이필규와 담화기요, РГАНИ, ф.5, оп.28, д.410, л.304-308, *CWIHP Bulletin*, Issue 16, Fall 2007/Wenter 2008, pp.478-480.

215) Lankov, *Crisis in North Korea*, pp.79-83.

을 고려한다(회의에서 비판을 강행한다는 것을 가리킨다). 그러나 그들이 조직을 결성했는지 여부(가능성은 크지 않다)는 확인할 방법이 없다.

셋째, 반대파의 주요 목표는 김일성을 포함한 조선노동당과 내각의 지도부 교체에 있었으며, 교체 이유로 개인숭배 문제를 집중 거론할 예정이었다(이는 김일성의 약점이었으며, 소련인들을 가장 빠르게 움직일 수 있었다).

넷째, 반대파들은 자신들이 취할 행동이 소련의 적극적인 지지를 반드시 받을 수 있을 것으로 생각하였고, 그렇기 때문에 소련 대사관에 통보하였다. 소련인 설득을 위한 대화는 매우 솔직하였지만 동시에 과장된 부분이 있었다.

다섯째, "행동 실천"을 준비한 반대파 핵심 인물은 대화 내용으로 보아, 이 필규 본인은 그중의 하나였던 것으로 보인다(페트로브 또한 그렇게 판단하였다). 그러나 김두봉과 최창익은 지지를 기대하고 있는 대상일 뿐이며, 최용건과 박창옥 역시 쟁취할 대상이었다(최용건에 대한 판단은 큰 착오이며, 잘못 생각한 것이거나 혹은 세를 과시하기 위해 고의적으로 과장한 것일 수 있다).

여섯째, 마지막으로 페트로브가 문건을 수정한 이유는 아직 원문을 보지 못했기 때문에 확정적으로 말할 수 없다. 그러나 이는 페트로브 개인의 문제라는 느낌이 들며, 란코프 교수의 추측 혹은 소련 대사관 내부의 모순과 관련이 있을 수 있다.[216] 대화 중 언급된 지하투쟁과 중국 인민지원군 지지를 얻는 문제는 반대파의 일방적인 희망사항임이 분명하다.

이 밖에도 두 가지 문제에 대해 보충이 필요하다. 필자는 노동당 평양시위원회 조직부장을 역임한 김충식을 인터뷰하였다. 그는 조선 국내에서 성장한 젊은 간부로서 김일성 비판에 참가하고 "8월 사건" 이후 중국으로 도망하였다. 그는 두 가지 상황을 말하였다.

첫째, 김일성에 대한 당내의 불만정서가 매우 크게 퍼져 있었으며, 김일성 출국 후 일부 간부들은 곧 다가올 8월 전원회의에서 김일성을 비판할 준비를

---

216) Lankov, *Crisis in North Korea*, pp.108-110.

하였다. 그 조직자는 직업총동맹위원장 서휘였으며, 서휘는 최용건의 지지와 김두봉의 찬성을 얻었다고 말하였다

둘째, 6월 28일 폴란드의 포즈난 노동자 파업 소식이 조선에 전해진 후 큰 반향을 일으켰다. 당의 정책에 불만을 가진 평양의 수만 명의 노동자들 또한 파업을 조직하려 하였으며, 이는 노동당 평양시위원회 부위원장 홍순관의 지지 를 받았다. 동시에 평양시 상무위원회 위원 5명 중 4명이 노동자들에게 동정적 이었다.[217]

이로부터 서휘는 김일성 반대파의 중요한 조직자이며, 이 점은 이후에 발 생한 사건으로도 증명할 수 있다. 소련 대사관의 보고에 따르면 포즈난사건 은 확실히 "조선노동당 지도자에 대한 불만 정서를 더욱 크게 하였다"고 보고 하였다.[218]

• 2011년 2월 태원에서 김충식을 인터뷰하는 필자.

217) 필자의 김충식 인터뷰 기록.

218) РГАНИ, ф.5, оп.28, д.486, л.1-17.

• 2011년 2월 태원에서 김충식을 인터뷰하는 필자.

• 2010년 2월. 김충식을 인터뷰하는 필자.

이러한 폭풍전야의 시기에 김일성이 귀국하였다.

3. 김일성의 반격과 8월 전원회의

김일성이 언제 어떻게 반대파가 "음모"를 기획하고 있는 것을 알았는지에 관해서, 김일성이 외국에 있을 때 최용건과 소련 외교관을 통해서 이미 알고 있었다는 당사자의 회고가 있었다.[219] 그러나 김일성 자신은 회고록에서 귀국 후 자신의 부관 이을설과 남일이 자신에게 이런 사실들을 보고하였다고 말하였다.[220]

이 문제에 관해 주의할 사항이 있다. 귀국 여정 중에 김일성은 7월 13일 모스크바를 떠나 몽고로 향했으며 19일에야 조선으로 돌아왔다. 이는 그가 귀국 여정과 몽고에서 6일을 소모했다는 것을 의미한다.[221] 만일 이때 김일성이 국내에서 일부가 "노동당과 권력을 탈취할" 준비를 한다는 것을 알았다면, 겨우 몇 만 두의 소와 양을 얻기 위해 한가롭게 몽고와 담판을 벌였다고는 상상하기 어렵다. 러시아 당안 역시 김일성은 귀국 후 위기가 존재한다는 것을 확실하게 알았고, 남일이 김일성에게 이 소식을 전하였으며, 그가 상황을 "진화"하는 데 중요한 역할을 한 주요 인물 중의 하나였다는 것을 증명하고 있다.

7월 20일, 김일성은 노동당과 내각 지도부를 접견하면서, 해외 순방 결과의 설명 외에 특별하게 폴란드 사건을 언급하였다. 김일성은 폴란드 위기의 출현은 지도자들이 개인숭배 문제에만 과도하게 주의하고, 지식인의 "위험한 사상"에 대해서는 주의하지 않았기 때문이라고 지적하였다.[222] 김일성은 스탈린 격하의 결과가 곧 바로 정치적 불안정으로 이어졌음이 사실로 증명되었다고 주장하면서 이를 이용하여 자신의 노선을 변호하였다.

바로 이날, 조선의 정치 불안정 소식이 김일성에게 전해졌다. 7월 24일 남일

219) Lankov, *Crisis in North Korea*, pp.87-88, 105-106.

220) 金日成,『与世纪同行』第8卷, 269쪽.

221)『人民日报』1956년 7월 14일 5면, 7월 20일 5면.

222) 1956년 7월 23일 필라토프와 최창익 담화기요, АВПРФ, ф.0102, оп.12, п.68, д.6.

이 페트로브에게 전한 내용에 따르면, 7월 20일 박창옥이 남일의 집으로 찾아와 최창익, 김승화 및 자신 등 일단의 간부들은 곧 개최되는 중앙위원회 전원회의에서 김일성의 통치방식과 개인숭배 등의 과오를 신랄하게 비판할 예정임을 단도직입적으로 말하였다.

박창옥은 남일을 가담시키기 위하여, 그들은 대다수 간부들의 지지를 얻을 수 있으며 심지어 최용건 또한 김일성 비판에 가담하는 것을 배제할 수 없다고 말했다. 남일은 자신은 이런 방식은 있어서는 안 되며 "나쁜 결과로 이어질 수 있다"고 생각하고, 당원과 인민들 사이에 "김일성에 대한 부정적 묘사"는 정치적 혼란을 야기할 수 있다고 주장하였다. 남일은 김일성은 자신의 과오를 이미 인식하고 있고 지금 과오를 시정할 조치를 취하고 있다고 말했다. 그 후 남일은 김일성에게 이를 알려야 되는지 곤혹스럽다고 말하였다.

페트로브는, 연합해서 김일성을 비판하는 행동은 주의할 필요가 있으며, 박창옥이 취하고자 하는 태도는 부정확하고 이는 국내외에 나쁜 영향을 야기할 수 있다고 말했다. 그러나 페트로브 대리대사는 만일 김일성에게 통보할 경우, 구체적인 이름은 거명하지 않는 것이 좋겠다고 덧붙였다. 남일은 이에 즉각 동의하고 김일성의 자아비판 준비를 자진해서 도울 것이라고 말했다.[223] 이는 이때에 이미 박창옥이 반대파의 활동에 참가하고 있었고, 나아가 소련계 조선인들과의 연락 임무를 맡고 있었음을 보여준다. 이후 김일성이 곧바로 모든 정황을 파악했음은 의심할 여지가 없다.

며칠 후 반대파의 활동은 긴박하게 전개되었다. 7월 21일, 박창옥은 소련 대사관 참사관 필라토프에게 차기 전원회의에서 김일성을 집중적으로 비판할 예정이라고 밝혔다.[224] 7월 23일, 최창익은 소련 대사관을 예방하고 필라토프에게 재차 "다음 전원회의에서 김일성은 날카로운 비판을 받을 것이다"라고 통보하였다.[225]

이와 동시에, 김승화는 자신은 최근 두 차례 김두봉과의 대화를 통해 중앙

---

223) РГАНИ, ф.5, оп.28, д.410, л.301-303, *CWIHP Bulletin*, Issue 16, pp.480-481.

224) 1956년 7월 21일 필라토프와 박창옥 담화기요, АВПРФ, ф.0102, оп.12, п.68, д.6.

225) 1956년 7월 23일 필라토프와 최창익 담화기요, АВПРФ, ф.0102, оп.12, п.68, д.6.

전원회의에서 김일성을 비판하는 것에 대한 그의 의견을 구했으며, 김두봉은 이 행동에 큰 만족을 표시하였다. 김두봉은, 김일성은 여전히 자신의 과오를 시정하기를 원하고 있지 않는데 오직 소수만이 김일성 반대를 결심하였다고 말했다.[226]

이 상황에 대하여 이후 중국으로 도피한 서휘 등은 중공 중앙에 제출한 보고서에서, 김일성이 귀국한 지 얼마 지나지 않아 필라토프는 김승화를 통해 최창익, 이필규, 서휘, 윤공흠 등을 면담한 뒤 그들의 생각과 방식에 동의를 표시하고, 심지어 "조선 노동당 내의 개인숭배와 당 생활 중의 심각한 과오를 제거하기 위해서는 반드시 조직적인 투쟁이 필요하며", 소련공산당 중앙위원회 주석단이 나눈 김일성과의 회담 내용 및 김일성이 자신의 과오를 인정한 정황을 그들에게 흘렸다.

서휘 등은 보고에서, 대권을 장악하고 있는 김일성을 형제국의 지지 없이 비판하는 것은 오직 희생만을 유발할 뿐인데 소련의 지지가 있으면 김일성 독재 제지가 가능하기 때문에 "우리들은 크게 고무되었다"고 밝혔다.[227] 그러나 란코프 교수가 인용한 세 차례 담화 내용에서는 이 내용을 전혀 언급하지 않고 있다. 비록 필자가 이 당안 문건의 원본을 직접보지는 못했지만 만일 문건에서 이렇게 중요한 내용을 언급했다면, 란코프 교수가 절대로 그냥 흘려보내지 않았을 것으로 생각한다.

앞에서 인용한 페트로브 대리대사와 남일 간의 대화 내용으로 보면, 소련 외교관 중에서 김일성 반대파에 동정적인 사람이 있다 하더라도 이렇게 노골적으로 표현하는 것은 불가능할 것으로 보인다. 서휘 등이 이렇게 말한 것은 아마도 사건 발생 이후 자신들의 경솔한 행동에 대한 합리적인 해석을 중공 중앙에 제시하기 위한 것을 보인다.

반대파들이 적극적인 활동을 전개하고 있을 때 김일성과 그 지지자들 역시 한가하게 시간을 보내고 있지는 않았다. 그들은 곧 다가올 도전에 충분한 준비

[226] 1956년 7월 24일 필라토프와 김승화 담화기요, АВПРФ, ф.0102, оп.12, п.68, д.6.
[227] РГАНИ, ф.5, оп.28, д.412, л.238-241.

를 하고 체계적인 행동을 개시하였다. 우선 당연히 소련의 지지를 얻기 위한 행동을 시작하였다.

반대파들과 비교해서 김일성과 남일 등은 소련 대사관과 더욱 밀접하고 직접적인 관계를 유지하였다. 외교적 장소에서의 면담과 회담을 제외하고도 페트로브 대리대사는 조선 측의 초청 혹은 요청에 응해, 7월 24일 조선외무성에서 남일과의 면담, 7월 26일 김일성과의 회담, 7월 28일 남일과 박정애의 예방, 8월 1일 남일과의 회담 등을 연이어 가졌다.[228]

비록 전보를 통해 모스크바로 보내진 이 "특별회담 기록"들은 아직까지 공개되지 않고 있지만, 그 내용은 조선 정치와 관련이 있었을 것임은 분명하다. 소련공산당 중앙위원회는 즉시 답변을 보냈다. 모스크바의 지시에 따라 페트로브는 8월 2일 김일성을 면담하고 모스크바의 회신 내용을 전달하였다. 그 주내용은 "조선노동당 중앙과 내각 활동 중의 과오를 비판하는 과정에서 김일성은 마땅히 주동적인 표명을 해야 한다"는 것이었다.[229]

7월 30일, 조선노동당 중앙은 중앙의 각 부서 책임자와 내각 성원이 모두 참석하는 제1차 간부회의를 개최하였다. 박금철과 박정애는 회의에서 각각 발언하였으며 그 내용은 대체적으로 비슷하였다. 그들은 우선 조선노동당 내에서 김일성에 대한 개인숭배와 간부 임용 문제에서 당의 과오가 있었음을 인정하였다.

그러나 그들은 김일성에 대한 개인숭배는 소련에서 스탈린 개인숭배 같은 위험한 지경까지 가지는 않았으며 당은 현재 과오 시정을 준비하고 있다고 밝혔다. 따라서 개인숭배 문제는 전면적으로 토론할 필요가 없으며, 당과 최고지도자는 당의 역량을 약화시킬 수 있는 어떠한 분열행위가 나타나는 것을 허용치 않을 것이라고 말하였다.

박금철과 박정애는 소련 간부들에 대한 공격은 주로 연안파 간부들로부터 시작되었고, 소련공산당은 조선노동당의 행동에 간섭하지 않을 것이라고 흘렸

228) РГАНИ, Ф.5, оп.28, д.410, л.309-314.
229) РГАНИ, Ф.5, оп.28, д.410, л.313, 335-337.

다.230) 이 두 가지는 명백히 김일성의 명을 받은 것으로 그 목적은 배제된 소련계 간부들을 안심시켜 반대파를 분열시키는 동시에 경거망동하지 말 것과 모스크바는 그들을 결코 지지하지 않을 것임을 경고하는 데 있었다.

이를 위해 8월 1일 『로동신문』에 장문의 사설이 게재되었다. 주요 내용은 개인숭배는 마땅히 비판 받아야 하지만, 계급적 적들에게 악용되는 것을 막기 위해 당의 영도하에 질서 있게 진행되어야 한다는 것이었다.231)

국면을 통제하기 위해 김일성은 두 가지 조치를 취하였다. 첫째, 소련에 체류 중인 내무상 방학세를 신속히 귀국시켜 발생할지 모르는 긴급 상황에 대비토록 하였다. 둘째, 충분한 준비를 갖추기 위하여 8월 2일 개최 예정인 중앙위원회 전원회의 개최를 연기하였다. 그리고 김일성, 김일, 최용건 및 박정애는 각각 박창옥, 최창익, 김두봉과 면담하고 그들의 의도를 파악하고자 하였다.

이바노프 대사가 평양으로 돌아온 후인 8월 6일~8일, 김일성, 남일, 박정애는 연이어 면담을 요청하고 상황을 소련 대사에게 통보하였다. 그들의 보고에 따르면 반대파 구성원은 김두봉, 최창익, 서휘, 고봉기, 리필규, 윤공흠, 김승화, 박창옥이며, 그들의 공격 대상은 김일성, 박정애, 정일룡, 박금철, 김창만 등이었다. 김일성 등은 소련 대사와의 면담에서 업무 수행 중의 과오를 인정하고 책임질 것을 약속하였다. 김일성은 심지어 김두봉에게 당의 이익을 위하여 필요할 경우 지도부 직책을 사직할 준비가 되어있다고까지 말하였다.

그러나 김두봉과 최창익은 김일성이 박정애, 박금철, 정일룡, 김창만, 정준택을 지도부에서 해임해야 한다는 입장을 견지하였다. 박정애는 당에 대한 모든 불만과 비난은 최창익이 선동한 것이며, 배후의 활동 역시 그가 기획한 것이라고 주장하였다. 또한 김두봉은 최창익의 오랜 친구이고 박창옥 역시 이에 가담하였으며, 소련계 조선인 간부 김승화는 최창익과 기타 반대파 구성원 사이의 연락책을 맡고 있고, 노동당 중앙위원회는 그를 곧 모스크바로 유학 보내기로 결정하였다고 말했다.

---

230) 1956년 8월 2일 필라토프와 윤공흠 담화기요, АВПРФ, ф.0102, оп.12, п.68, д.6.
231) 『로동신문』 1956년 8월 1일 1면.

회담 말미에, 이바노프 대사는 8월 2일 모스크바 전보의 정신에 따라 김일성, 남일, 박정애에게 모스크바 전보의 대체적 내용을 각각 전달하였는데 그 내용은 다음과 같다.

"조선노동당의 현재 주요 임무는, 당 지도부의 과오에 대해 원칙을 견지하면서도 과감하게 폭로하고, 능동적 비판을 전개하면서도 그러한 불만 의견이 발생한 객관적 원인을 정확히 분석하고, 필요한 조치를 취해 실제 과업 수행에서 부족한 점을 보충함으로써, 당의 지도적 지위를 공고히 하는 것이다. 동시에 갈등이 격화되어 당이 더욱 위험한 상황에 빠지는 것을 방지하기 위해서, 문제를 폭로하고 의견을 제기한 간부들에 대하여 압제를 가해서는 안 되며, 당 기율 처분 수단을 사용해서는 더더욱 안 된다."

이바노프는 자신의 일기에, 김일성과의 회담을 통해서 자신은 조선노동당 내부에 존재하는 불만 정서에 우려하였으며 동시에 이 불만 정서는 그 뿌리가 매우 깊다는 점을 똑똑히 알게 되었다고 기술하였다.

"나는 조선 친구들이 전원회의에서 전면적인 토론을 하기 전에, 중앙상무위원회가 이 문제에 대한 통일된 입장을 정하는 것이 정확한 것이라 생각한다. 이렇게 함으로써 이번 전원회의에서 더욱 광범위하고 건전한 당적 토대 위에서 조선노동당 지도부의 과오를 토론하고, 이러한 과오를 방지할 분명하고도 명확한 조치를 취할 수 있기 때문이다."[232]

이 문건들은, 김일성이 이때 소련의 지지를 이미 획득하였으며 비록 소련이 김일성에게 주동적으로 과오를 인정하고 수정할 것을 촉구하고 있지만, 모스크바는 명백히 조선노동당 지도부에 불안정한 국면이 출현하는 것을 원치 않고 있었음을 보여준다.

4월에서 5월에 이르는 동안 소련은 소련공산당 제20차 당대회 노선을 거부하는 김일성에 큰 불만이었으나 8월 초에 이르러서는 노동당의 안정을 위한 각종 조치들에 대하여 분명한 지지를 표명함으로써 모스크바의 태도에 큰 변화가 발생하였다. 이 변화는 김일성이 견해를 새롭게 인식했기 때문이 아니라 소

232) РГАНИ, ф.5, оп.28, д.410, л.335-341.

런 및 사회주의 진영의 내부 요소의 영향을 받은 것이다.

4월 5일 흐루시초프 비밀 보고가 촉발시킨 충격파에 중공 중앙정치국은 '무산계급 독재의 역사경험에 관하여'라는 제목으로 장문의 사설을 게재하였다. 중공 중앙은 사설에서 소련공산당 제20차 당대회의 역사적 공적, 특히 개인숭배 문제를 폭로하는 용기를 찬양하고 동시에 스탈린의 공과를 7:3으로 평가할 것을 주장하면서 스탈린은 여전히 위대한 마르크스주의자라고 인정하였다. 그 목적은 흐루시초프를 대신해 그의 "부족한 점을 도움으로써", 사회주의 진영의 사상혼란을 해소하는 데에 있었다.[233]

소련공산당은 이를 크게 중시하고, 이 사설을 20만 권 단행본으로 출판하여 당원 간부들에게 학습하도록 하였다. 6월 28일 포즈난 군중시위와 노동자 파업에 대해, 폴란드 정부는 무력 진압을 하였다. 비록 사건은 진정되었지만 사회주의 각국에 큰 동요를 일으켰으며 소련 지도부 또한 이를 크게 우려하였다.[234]

6월 30일, 소련공산당 중앙은 '개인숭배 및 그 결과에 대한 결의'를 채택하고 중공의 이론적 관점을 기본적으로 수용하였고, 개인숭배의 과오를 비판하는 동시에 사회주의 제도와 방식을 반드시 견지해야 할 것을 강조하였다.[235] 7월 12일, 헝가리의 당내 위기에 대처하기 위하여 소련공산당 중앙주석단은 헝가리 노동인민당 총서기 라코시의 "퇴임"를 촉구하기로 결정하고, 헝가리당 내외의 "격앙된 정서"를 수습하고자 하였다.[236]

233) 원문은 다음을 참조할 것. 『人民日報』 1956년 4월 5일 1면.

234) 다음을 참고할 것. Орехов А.М. События 1956 года в Польше и кризис польско-советских отношений//Институт Российской Истории РАН Советская внешняя политика в годы "холодной войны"(1945-1985): новое прочтение, Москва: Международные отношения, 1995, с.217-240.

235) РГАНИ, ф.3, оп.14, д.39, л1, 30-34, Аймермахер К.(гла.ред.) Доклад Н.С.Хрущева о культе личности Сталина на XX съезде КПСС, документы, Москва: РОССПЭН, 2002, с.352-368. 중문자료는 다음을 참조할 것. 『人民日報』 1956년 7월 6일 1면. 이에 대한 상세한 분석은 다음을 참고할 것. 沈志华, 「苏联共产党20次大会、非斯大林化及其对中苏关系的影响」, 『国际冷战史研究』 第1辑(2004年 冬季号), 28-70쪽.

236) 다음을 참고할 것. Волков В.К. и т.д. Советский Союз и венгерский кризис 1956 года, Документы, Москва: РОССПЭН, 1998, с.28-30, 35-40, 85-87; Мусатов В.Л. СССР и венгерские события 1956г.: Новые архивные материалы//Новая и новейшая история, 1993, No.1, с.4-6.

이처럼 다사다난했던 1956년 가을 모스크바는 당연히 동방 사회주의 진영에서 또 다른 위기와 혼란이 발생하는 것을 원하지 않았다. 이에 따라 김일성은 다시 한 번 신의 보살핌을 받게 되었다.

8월 13일, 이바노프는 직접 김일성을 예방하여 방금 도착한 소련공산당 중앙의 서신을 소개하였다. 서신의 주요 내용은 제20차 당대회 결의 토론과 집행 상황에 관한 것이었다. 김일성은 조선 상황을 보면 당내 지도부에 대한 불만은 단지 극히 일부 개인에 불과하며, 그중 중요한 역할을 하고 있는 인물이 서휘라고 설명하였다. 김일성은 또한 김두봉에 대한 불만도 드러냈다.

이바노프 대사는, 김일성과 남일이 모스크바 서신에서 지적한 소련공산당 내부의 개별적 반당 언론을 질책하는 내용에 특별한 관심을 가지고 있으며, 특히 김일성이 서신의 결론 부분 및 관련 내용에 크게 만족하고 있는 점을 주목하였다. 즉 "당내 민주는 당을 해치고 당의 기율을 파괴하고 약화시키는 도구가 되어선 안 되며, 당 지도부, 기관 및 주요 간부들에 대한 불신임 정서와 여론을 전파시키는 데 이용되어선 안 된다"는 것이었다.[237]

김일성은 즉각 노동당 내부에 이 내용을 전달하였다.[238] 이바노프와의 면담 이후, 조선노동당의 내부 분위기는 점차 분명해졌고 김일성은 완전히 주도권을 장악하고 승리에 대한 자신감이 충만하였다.

8월 18일, 김일성은 중앙상무위원회를 소집하여 소련공산당이 보내 온 서신 내용을 통보하며 개인숭배 비판에 대한 소련의 태도가 이미 변했음을 암시하였다. 최창익은 이에 격앙되어 강하게 반발하였다. 김두봉은 절제된 어조로 중앙상무위원회가 특별회의를 개최하여 당내 문제를 토론하자고 말하는 데 그쳤다.

회의에 관해 남일의 통보를 받은 후 이바노프는 소련공산당 중앙이 보낸 건의의 정신을 정확히 이해하여 비판자들을 올바르게 대할 것을 남일에게 제의하였다. 그는 노동당 중앙위원회는 주동적으로 문제를 털어놓고 과오를 밝

---

237) РГАНИ, ф.5, оп.28, д.410, л.341-344.
238) РГАНИ, ф.5, оп.28, д.410, л.228-232.

히며 비판을 전개하여 과오의 원인을 찾아야 하며, 모든 역량을 총동원하여 반대파 활동을 조사하는 등의 행위로 본말을 전도시켜서는 안 된다고 강조하였다.[239]

남일과 박의완의 통보에 따르면 8월 21~23일 노동당 중앙상무위원회가 개최되어 당내 문제를 토론하였다. 김일성의 개회사 이후 최창익이 먼저 발언하였다. 최창익은 조선노동당 내부에 개인숭배 현상이 존재하고 있고 집단지도와 당내 민주가 결여되어 있으며, 간부 선발은 소질과 능력이 아닌 지도자에 대한 충성 여부에 따라 이루어지고 있다고 지적하였다. 최창익은 박금철 노동당 중앙위원회 부위원장의 직무를 해임할 것과, 지금까지 확보한 자료에 근거하여 정일룡과 김창만을 조사할 것을 제안하였다.

이어서 박금철, 김창만, 김일 및 임해가 발언하였고 그들은 모두 최창익을 격렬히 비판하였다. 그들은 최창익의 행위는 김일성을 직접적으로 반대하는 것이며 국가 지도부 내부에 분쟁을 야기하고 당의 역량을 약화시키는 것이라고 특별하게 강조하였다.

김두봉의 발언은 비교적 온화하였지만, 그 역시 박금철 등은 현재 담당하고 있는 직책을 수행할 능력이 없다고 주장하고, 당내에서 개인숭배 반대 투쟁을 전개할 필요가 있으며 진정한 집단지도를 실현해야 한다고 주장하였다. 박금철 등의 발언에 대해 김두봉은 비판자들을 비판하기보다 그들이 제기한 문제를 토론할 것을 주장하였다.

회의 기간 김일성은 박의완과 3시간의 단독면담을 가지면서 그에게 회의에서 중립을 지킬 것과 당과 정부에 대해 비판하지 말 것을 요구하고 박금철을 지지해 줄 것을 요청하였다. 회의 마지막 날, 남일은 최창익을 "철저하게 비판"할 것을 요구하였고, 김두봉은 태도를 바꾸어 일부 간부들의 역사 문제를 가지고 비판을 계속하지 말 것을 제안하면서도 최창익을 직위에서 해임할 것도 계속 주장하였다(남일은 김두봉이 최창익 집단에서 이탈했다고 평가하였다).

김일성은 최후 발언을 통해 제기된 의견들에 동의를 표시하면서, 당 지도부

---

239) РГАНИ, ф.5, оп.28, д.410, л. 347-348.

내에 과오와 결함이 확실히 존재하며 이에 대해 시정조치가 취해 질 것이지만, 당의 기본적 노선은 정확하며 일부 간부들의 인사 문제에 관해서는 증거가 부족하기 때문에 교체할 수 없다고 설명하였다.

회의는, 8월 30일 중앙위원회 전원회의를 개최하기로 결정하고 산회하였다. 박의완은 국가 보안부처에서 이미 일부 간부들에 대해 "강제적 수단"을 사용하였고 그들 주변의 사람들에 대해서도 조사를 하고 있다고 이바노프대사에게 통보하였다.

남일과 박의완의 설명을 청취한 후 이바노프 대사는 회의에서 제기된 지도자에 대한 비판적 의견은 대체로 정확하며, 비판자들에게 대해 그 어떠한 과격 수단을 사용해서는 절대로 안 되고, 비판자들을 "적의를 품고 있는 반당 집단"으로 호칭하는 것 역시 잘못된 것이라 지적하였다. 이바노프는 김일성이 자발적으로 자아비판을 하고 과오 시정에 나서 노동당 내에서 지도적 위치를 더욱 공고히 하도록 권유할 것을 박의완에게 제안하였다.[240] 소련 대사관의 우려는 이미 반대파들이 취할 과격 행동이 아니라 김일성이 과격 수단을 사용하여 그들을 탄압하는 것임을 알 수 있다. 어찌되었든 그 결과는 모순을 격화시키고 위기의 시작으로 이어졌다.

8월 28일 박의완은 소련 대사관을 방문하여 당일 개최된 중앙상무위원회 회의 상황을 알렸다. 회의에서 김일성의 중앙위원회 전원회의 보고 초안이 통과되었으며, 김두봉과 최창익은 보고 초안에서 개인숭배와 그 엄중한 결과에 관해 더 많이 토론하고 파벌 활동에 관한 내용은 축소해야 한다고 평가하였다고 말했다.

박의완은 최근 김일성, 박정애, 김일, 남일 및 방학세가 차례로 자신을 찾아 면담하고, 중앙위원회 전원회의에서 "형세를 크게 긴장시킬 수 있는 문제"를 제기하지 말 것과 "귀찮은 일에 휘말리지 말라고" 강력히 권고하였다고 말했다. 박의완은 김승화가 소련으로 유학 보내진 것과 같이, 현재 반대파 간부들에 대한 탄압 징조가 나타나고 있다고 주장하였다. 박의완은 또, 김일성이 만일 회

---

240) РГАНИ, ф.5, оп.28, д.410, л.354-356, 356-359.

의에서 국가 지도자를 계속 반대하는 발언을 하면, 그들에 대해 노동당 중앙이 확보해둔 관련 자료를 사용할 것이며, 모스크바가 지지하는 인물은 자신이라는 점을 알게 될 것이라고 위협하였다고 했다.[241]

그러나 김일성이 이바노프에게 전달한 8월 28일 상무위원회 회의 상황은 크게 달랐다. 그는 보고 초안이 상무위원회에서 만장일치의 찬성을 받았으며, 최창익은 보고 초안에 지적된 개인숭배 문제가 너무 날카롭다고 발언하였고, 김두봉 역시 보고 내용에 동의하였다고 말했다. 상무위원회 논의의 핵심은 개인숭배 문제가 아니라 간부 문제 토론이었다는 것이었다. 김일성은 또, 박정애와 박금철에 대한 비난은 근거가 없으며, 김두봉도 이 문제를 중앙위원회 전원회의 토론에 부치지 않는 것에 동의했다고 말했다.

김일성은 상무위원회는 중앙 지도자에 대한 일부에서의 비난 목적이 당과 국가의 지도부 파괴에 있다고 결론 내렸다고 말했다. 김일성은 심지어 김두봉이, 자신이 제기했던 간부 문제는 "형제당의 지지를 받았다"고 말했다고 밝힘으로써 소련 대사에게 무언의 압력을 가했다.[242]

지적해야 할 것은, 소련 대사와 김일성의 이 대화는 9월 1일에 이루어졌다는 점이다. 즉 격렬한 투쟁이 이루어졌던 중앙위원회 전원회의는 이미 폐막되었고 김일성이 이미 완승을 거둔 후였다. 이로부터 이바노프 대사와의 대화 내용이 박의완이 말한 상황과 차이가 있는지와 김일성이 왜 감히 소련 대사에게 조선의 내정에 간섭하지 말 것을 암시했는지를 알 수 있다.

이 시기에 서휘, 이필규 등 반대파의 주요 인물의 활동은 당안 자료에 전혀 언급되어 있지 않다. 그러나 김일성 및 그 지지자들이 소련 대사관과 빈번하게 접촉하고, 동시에 중립적 간부들과의 연이은 회동, 의심 가는 간부들에 대해 감시 조치가 실시되고 있는 상황하에서 반대파의 활동 공간은 매우 작아졌다. 설

241) РГАНИ, ф.5, оп.28, д.410, л.317-319.
242) РГАНИ, Ф.5, оп.28, д.410, л.319-321. 박의완은 이후 "형제당"의 의견에 대한 논조에 대하여 김일성이 김두봉의 의견을 완전히 왜곡하였다고 증언하였다. 당시 김두봉은 상임위원회 회의에서 증인의 구두 자백을 연구하는 것은 적당하지 않다고 하며, 김일성에게 이러한 증인들과 회담할 것을 부탁하였다. 이러한 방식은 역시 형제당 내부에서 자주 채용되는 방법이었다. РГАНИ, ф.5, оп.28, д.410, л.321.

령 그들이 어떤 행동을 취하고자 하더라도 고장난명(孤掌难鸣)이었을 것이다.

이러한 배경에서 8월 30~31일 중앙위원회 전원회의가 개최되었다. 반대파는 세력이 극히 미미해진 가운데 승부수를 던지는 수밖에 없었다. 회의 과정은 매우 간단했으며 결과는 이미 충분히 예상할 수 있었다.

8월 30일 중앙위원회 전원회의가 개막되고 김일성이 첫 번째 보고를 하였다. 이전의 노동당의 문건 혹은 담화 내용과 비교해보면, 김일성의 보고가 개인숭배 문제를 상당한 분량으로 다루었다는 점에서 다르지만 그가 여전히 소련의 개인숭배와 조선에서의 박헌영 개인숭배 문제만을 제기하고, 지도자 김일성에 대한 개인숭배는 선전 사업을 토론할 때 잠깐 언급했다는 점에서 동일하였다.

김일성의 보고는 "최근 수년간 중앙위원회는 개인숭배 현상을 교정하는 문제를 극히 중시"하였다고 강조하고, "개인숭배는 사회주의 제도 본질에서 발생하는 것이 아니며, 적들이 단언하듯이 사회주의 제도의 약점도 아니다"고 지적하였다. 과거와 같이, 김일성 보고에서 주요 비판 대상은 당내 종파주의 잔여세력과 교조주의 및 형식주의에 관한 것들이었다.[243]

김일성이 보고를 마친 후 토론이 진행되었다. 토론의 두 번째 발언자의 발언이후 회의장은 곧바로 혼란에 빠졌으며 격렬한 투쟁이 연출되었다. 이 상황에 관해, 문헌자료에서 각각의 인물들이 서로 다른 설명을 할 뿐 아니라 당사자들의 회고는 더욱 각양각색이다.

이에 관한 당안 자료로는 김일성, 박의완이 각각 이바노프 대사와 나눈 대화기록, 서휘 등이 중공 중앙에 보낸 서신, 이상조가 조선노동당 중앙에게 보낸 서신, 고희만과 소련 대사관 일등비서 삼소노프(G. E. Samsonov)와의 대화, 미코얀과 조선노동당 대표단과의 담화, 그리고 8월 사건에 대한 이바노프의 보고가 있다.[244]

243) ГАРФ, ф.5446, оп.98, д.721, л.69-103.

244) РГАНИ, ф.5, оп.28, д.410, л.319-321, 326-332; ГАРФ, ф.5446, оп.98, д.721, л.161-181; РГАНИ, ф.5, оп.28, д.410, л.233-295; 1956년 8월 31일 삼소노프와 고희만 담화기요, АВПРФ, ф.0102, оп.12, п.68, д.6; 1956년 9월 16일, ГАРФ, ф.5446, оп.98с, д.718, л.48-57; РГАНИ, ф.5, оп.28, д.486, л.1-17.

그동안 학자들이 자주 인용한 것은, 임은(즉 허진, 전 조선노동당 중앙위원), 고봉기(전 김일성 비서실장), 강상호(전 내무성 부상), 이상조(전 소련 주재 조선 대사) 및 김초웅(소련 대사관 조선어 통역) 등이 남긴 구술 자료들이다.[245] 분석과 비교를 통하여 필자는 박의완이 소련 대사관에 설명한 것이 비교적 전면적이고 객관적이며 신뢰할 수 있다고 생각한다. 따라서 특별한 설명이 없는 한 주로 박의완의 보고 내용을 기초로 서술하였다.

대회장에서 토론이 시작된 후 곧바로 나와서 발언한 인물은 국가계획위원회 위원장 이종옥과 함경북도 위원장 김태근이었다. 그들의 발언은 아첨과 찬양을 제외하면 실질적인 내용은 없었다.

세 번째 발언대에 오른 자는 무역상 윤공흠이었다. 러시아 문헌에 기록된 그의 발언에 따르면 윤공흠은 단도직입적으로 당내 생활과 사업 중의 엄중한 결함과 과오 문제를 제기하였다. 즉 개인숭배 사상의 만연, 비판과 자아비판에 대한 억압, 아첨, 직권 남용 및 전횡이 남발되고 있다고 지적하였다. 그는 실명을 거론하며 구체적인 문제를 제기하였으며 그 실명에는 김일성, 김창만, 한상두, 박금철, 박정애, 리일경 등이 비판의 대상에 포함되었다.

그의 발언은 주로 김일성 개인숭배에 관한 것이었으며, 관련 범위가 넓고 구체적 내용이 매우 상세하게 언급된 것으로 이 문제에 관한 기타 문헌자료에서는 좀처럼 볼 수 없는 것이었다. 발언 말미에 그는 당 중앙을 향하여 당내 민주주의 보장과 각종 방식의 비판 억제 중지, 그리고 전원회의에서 김일성 개인숭배 문제의 토론 등 두 가지를 요구하였다.[246]

---

245) 임은, 『김일성정전』, 276-277쪽. 고봉기, 『김일성의 비서실장 고봉기의 유서』, 86, 92-93, 97-98쪽. 한국일보사, 『증언 김일성을 말한다』, 118-119, 183쪽, Lankov, *Crisis in North Korea*, pp.124, 128-130.

246) ГАРФ, ф.5446, оп.98, д.721, л.182-202. 윤공흠이 이렇게 격하게 발언한 이유에 대하여, 그들이 이후 중공 중앙에서 보고한 내용에 따르면, 그들은 사전에 김일성이 회의석상에서 자아비판을 할 것으로 알고 있었다. 그러나 결과가 전혀 다르게 전개되자 분개하여 발언에 나선 것으로 보인다. ГАРФ, ф.5446, оп.98, д.721, л.176-177. 그러나 사실 윤공흠의 발언 원고는 사전에 준비된 것이다. 따라서 두 가지 선택지가 있었다고 봐야 한다. 즉 김일성이 자아비판을 하는 경우 김일성에 대한 비판 발언을 하지 않는 것과 김일성이 약속을 지키지 않은 경우, 김일성을 공개적으로 비판하는 것이다.

그러나 윤공흠의 발언은 끝을 맺지 못하였다. 윤공흠이 노동당 내부의 중대한 문제를 제기하려 하자 김일성은 그의 발언을 끊고 윤공흠이 당을 모독하고 있다고 질책하였다. 그 후 윤공흠의 발언에 대해 "당신은 지금 우리를 모독하고 있다", "조선노동당은 파시스트 혹은 자본계급의 정당이란 말인가?" 등의 계속된 비난으로 중단되었다.

윤공흠이 최용건의 이름을 언급했을 때, 최용건은 일어나서 윤공흠을 향해 "개자식"이라고 큰 소리로 욕하는 등 각종 모욕적 언사를 사용하였으며, 심지어 단상 앞으로 다가가 그를 때리려고까지 하였다(서휘의 증언). 이때, 최창익은 발언을 하고자 하였지만 기회를 얻지 못하였다. 윤공흠의 발언이 절반쯤에 이르렀을 때 그의 발언은 중단되었다(최용건의 증언).

김일성은 반당분자와 반혁명분자들에게 발언 기회를 줄 필요가 없다고 주장하며 토론을 즉각 중지할 것을 제안하였다. 그 후 그의 제안은 표결에 부쳐졌으며 대부분 동의하고 7명만이 반대하였다(서휘의 증언). 그 후 회의는 휴회되었고, 회의가 재개된 후에도 윤공흠 등은 회의장에 돌아오지 않았다. 회의에서 윤공흠의 당적을 박탈하는 결의가 즉각 통과되었다(임해의 증언).

이후의 발언들은 모두 윤공흠과 기타 반대파 간부들에 대한 극렬한 비판 혹은 김일성에 대한 변호로 일관되었고, 발언자로는 재정상 이주연, 외무상 남일, 청년동맹위원장 박용국이었다. 그 후 최창익이 발언에 나섰다. 그는 당 정책의 정확성을 부인하지는 않았지만 개인숭배 문제 역시 노동당 내의 큰 문제라고 지적하였다. 그의 발언은 수차례에 걸쳐 비판을 받았으며, 뒤이어 평안남도 도당 위원장 김만금은 최창익을 수괴로 하는 반당 집단에 대해 조사를 진행하고 모두 구금할 것을 제안하였다.

그 후 김창만, 현정민(함경남도 위원장), 리일경, 최용건은 윤공흠 뿐만 아니라 최창익, 박창옥, 서휘, 리필규 등의 실명을 거론하며 비판하였다. 회의 말미에 박창옥은 자신에 대한 변호를 위해 발언권을 요구하였지만 항의 때문에 그의 발언은 이루어지지 않았다. 김일성은 폐회사에서 최창익과 박창옥에 대한 조치를 요구하였고 회의 참가자 전원은 이에 찬성하였다.

회의가 휴회되었을 때 서휘, 윤공흠, 리필규 3인은 귀가하였는데, 전화선이 모두 끊어져 있고 분위기가 좋지 않음을 감지하였다. 그들은 문화성 부상 김강 (전 조선의용군 압록강지대 정치위원)과 논의를 거쳐, 당일 밤 군용차로 중조 국경의 압록강 대교까지 곧장 달렸다.[247]

다음날 속개된 회의에서 '최창익, 윤공흠, 서휘, 리필규, 박창옥 등 동무들의 종파적 음모 행위에 대하여'라는 결의가 통과되었으며, 죄상을 일일히 나열한 후 그들을 당내의 모든 직책에서 해임, 출당할 것을 선언하고, 내각의 모든 행정직책에서 그들을 해임하도록 건의하였으며 감찰위원회는 책임지고 최창익과 박창옥 등 기타 관련자들에 대한 조사를 시작하도록 결정하였다.[248] 박의완의 설명에 따르면 회의 후 "국가 전체가 대규모 수색과 체포로 심한 공포에 빠져 들었다."[249]

8월 사건은 이렇게 일단락됐다. 상술한 과정과 상황을 종합하면 필자는 다음과 같은 결론에 도달하였고, 학계 동료들과 토론하고자 한다.

첫째, 이전 8월 사건에 관한 설명에서 사건 주모자 다수를 "연안파"로 칭하였으나 이는 타당하지 않다. 첫 번째 근거로, 조선노동당 각 계파 중에 남로당파 이외에 연안파와 모스크바파는 진정한 의미의 파벌을 형성하지 못했으며 조직적인 활동도 없었다. 둘째, 각 파벌 간부 사이의 개인적으로 연락 관계가 있었다 하더라도, 수차례에 걸친 정치 숙청과 재배치 과정을 거쳐 1956년 초에는 이미 원래의 간부 구조가 와해되어 있었다. 이는 노동당 제3차대회에서 결정된 지도부 구성에서 확인될 수 있다. 셋째, 연안파 출신이 김일성 반대파의 주요 구성원 다수를 차지하고 있지만 박창옥, 김승화, 고봉기 등과 같은 소련계 및 국내파 인사들도 적지 않았다. 넷째, 김일성의 지지자 중 모스크바파, 국내파, 심지어 연안계 간부도 존재하였다. 이 사건 발생 과정에서 연안파가 단독으로 지하조직을 조직했고 그 조직을 중심으로 김일성을 반대하는 행동을 하였다는 것을 증명할 수 없는 한, 이 정치적 투쟁 사건을 "연안파"가 조직 혹은 지도했

247) ГАРФ, ф.5446, оп.98, д.721, л.161-181; ГАРФ, ф.5446, оп.98с, д.718, л.48-57; 필자의 김강 인터뷰 기록.
248) ГАРФ, ф.5446, оп.98, д.721, л.14-25.
249) РГАНИ, ф.5, оп.28, д.410, л.326-332.

다고 말하기는 매우 어렵다. 사실 이 정치투쟁 사건은 김일성과 그 지지자들에 불만을 품은 모든 간부들이 참여하였으며, 따라서 노동당 내에서의 김일성에 대한 "반대자"로 통칭하는 것이 더욱 적합하다.

둘째, 그럼에도 불구하고, 반대파의 핵심 인물은 확실히 연안파 간부, 즉 서휘, 윤공흠, 리필규였다. 가장 먼저 도망한 사람들도 바로 이 세 사람(김강은 단지 망명의 협조자일 뿐이다)이며, 바로 이 점이 문제를 설명할 수 있다. 최창익, 박창옥, 김승화, 이상조 등은 모두 이 투쟁에 적극적으로 참가하였지만, 이 사건의 기획자 혹은 중심인물은 아니었던 것으로 보인다. 김두봉은 장외의 인물이며, 반대파들이 지지를 얻고자 했던 대상이었다. 가장 근거가 없는 과거 주장은, 최용건을 반대파가 지지를 얻고자 했던 중심인물로 보거나 심지어 반대파의 실패 원인을 최용건의 "배반" 혹은 "배신" 행위로 보는 것이다. 최용건은 일관되게 김일성의 추종자였으며, 특히 1955년 김일성은 주위의 반대의견에도 불구하고 최용건을 중앙위원회 부위원장 자리에 임명하였다. 1956년 출국할 때 최용건에게 국내질서 유지 책임을 맡겼으며 이 상황은 모든 반대파 간부들도 알고 있었는데, 그들이 어떻게 최용건에 기대를 걸 수 있고 자신의 생명을 김일성 심복에게 맡길 수 있었겠는가? 당사자들의 이러한 증언은 지지를 얻거나 혹은 세력 과시, 또는 실패 책임을 전가하려는 것에 불과하다고 생각된다.

셋째, 8월 사건의 성격은 당 내부의 합법적인 정치투쟁으로 정의해야 한다. 우선 조선노동당이 훗날 반대파의 죄를 확정할 때 말한 군사정변은 결코 아니다. 반대파들은 군권뿐만 아니라 경찰력도 갖고 있지 못했다. 그들이 이러한 상황에서 어떻게 무장정변을 조직하고 일으킬 수 있었겠는가? 반대파들의 활동을 "반당음모"리고 말하는 것 또한 근거가 없으며 그들의 활동은 비밀이라고 할 것도 없었다. 그들은 소련 대사관에 계속해서 통보하고 그들의 지지를 얻고자 하였고, 한편으로는 곳곳을 다니며 김일성 반대 역량을 발동하기 위해 다른 사람들에 대한 설득에 나섰는데, 거기에 어떤 "음모"가 있을 수 있었는가? 그들은 처음에 비판과 자아비판 같은 전통적인 당내 투쟁 방식을 통하여 김일성의 지도권을 뺏기를 희망하였거나 최소한 "최고 지도자 주변의 간신들을 제거"하려 하였으며, 후에 역량이 부족할 뿐만 아니라 소련의 지지 또한 받을 수 없다는 것을 알고, 중앙위원회 전원회의에서 김일성을 공개적으로 비판함으로써 그 목적을 달성하려는 승부수를 띄운 것이다.

넷째, 반대파들이 실패한 결정적 원인은, 소련이 조선노동당의 문제를 처리하는 태도가 변한 것에 있다. 조선노동당의 개인숭배 문제는 김일성의 치명적인 약점일 뿐만 아니라 반대파들의 무기였다. 소련 지도자들은 처음에 소련공산당 제20차 당대회 방침에 대한 저항에 대항하기 위하여, 김일성 개인숭배에 대해 비판하는 것을 지지하였다. 소련 자신 또한 김일성과 이 문제에 대해서 대화하였는데, 바로 반대파들에게 정보가 누설(소련인들의 책임이 아닐 가능성이 높다)되었으며, 이것은 반대파의 활동 동력을 증가시켰다. 후에 사상혼란과 시국불안을 우려하여 모스크바는 김일성 개인숭배에 대한 비판을 자제하고, 김일성을 격렬히 비판하는 방식에 반대를 명확히 하였다. 이에 김일성은 고무되었고 반대파들은 사기가 크게 꺾었으며, 정치투쟁의 저울이 한쪽으로 확 기울었다. "성패가 모두 소하에게 달렸다"는 중국의 속담처럼, 반대파의 성공 여부는 오로지 소련에게 달려 있었다.

마지막으로, 이 사건에서 아주 중요한 문제가 하나 있다. 바로 이 사건에 있어서 중국의 역할이다. 이에 대한 견해 가운데 일부는 필자로선 동의하기 어렵다. 강상호는 "이 사건의 음모자들과 중국 대사관 사이에 비밀 연락 통로가 있었다"고 회고하였으며, 일부 학자들은 이를 근거로 반대파들이 처음부터 끝까지 중국 대사관과 밀접한 관계를 유지하였고, 심지어 "이 사건 전체를 중국 측이 부추겼다"고까지 주장하였다.[250]

몇 년 후 반대파들이 "감히 소란을 벌일 수 있었던 것은 팽덕회가 그들을 지지했기 때문"이라는 팽덕회의 발언은 자신과 타인을 기만하는 것이라 할 수 있다. 현재까지 사료로서 확정할 수 있는 것은 1956년 7월 소련 지도부와 김일성이 회담한 후, 그 내용을 중공 중앙에게 통보한 것뿐이다. 그러나 그것도 내용이 상세하지 않으며, 중공 또한 이에 별 반응을 보이지 않았다.[251]

---

250) Lankov, *Crisis in North Korea*, p.111.

또 다른 러시아 측 자료에 의하면, 8월 3일 조선 주재 중국 대사관 참사 조극강(曹克强)은 소련 대리대사 페트로브와의 회담에서 "일부 조선 동지들이 중국 대사관원과의 대화에서 중국은 조선의 개인숭배 문제를 어떻게 생각하고 있는지에 관해 큰 흥미를 갖고 있었지만", 중국 대사관원들은 모두 『인민일보』의 설명을 따르고 있다고 대답하였다.[252] 이는 필자가 인터뷰한 김충식의 증언과도 완전 부합한다. 연안파 간부들의 중국 대사관과의 연락 여부에 대해, 김충식은 중국 대사관의 태도는 매우 냉담 혹은 만남을 피하고 애매모호한 태도를 보였다고 증언하였다.[253]

8월 17일 이바노프 대사가 중국 대사관을 방문하였다. 그의 중국 대사관 방문 시기로 보아 소련인들은 조선 정국에 대한 중국의 입장을 알고 싶었던 것으로 보인다. 그러나 교효광(乔晓光) 대사는, 조선이 계획 중인 5년 계획에서 조선은 중국에 어떠한 원조 제공을 희망하는지에 관한 한 가지 문제에 대해서만 언급하면서, 현재까지 조선으로부터 중국 대사관에 어떠한 통보도 없었으며, 아마도 김일성이 대표단을 이끌고 중공 제8차 당대회에 참석할 때 이 문제를 논의할 것 같다고만 말하였다.[254] 이는 중국은 당시 조선노동당내의 투쟁에 관하여 상세한 상황을 이해하지 못하였거나, 별 관심이 없었음을 보여준다.[255]

그러나 이후 상황이 급변하게 된다. 반대파 간부들이 중국으로 망명한 후 며칠 뒤, 중공 중앙은 조선노동당 8월 사건에 휘말려 들어갔을 뿐 아니라 중요한 역할을 담당하게 된다.

---

[251] 1956년 9월 18일 모택동과 소련공산당 중앙대표단 접견 담화기록, 미출간.

[252] РГАНИ, ф.5, оп.28, д.410, л.313-314.

[253] 필자의 김충식 인터뷰 기록.

[254] РГАНИ, ф.5, оп.28, д.410, л. 346-347.

[255] 1956년 4월 조선노동당 제3차 대회에 중공은 당내에서 중앙위원의 직함만 가지고 있는 섭영진을 단장으로 임명하여 대표단을 파견하였다. 이는 바로 당시 중공의 의사일정 중 조선 문제가 차지하는 순위가 어느 정도였는지를 잘 보여준다.

제4절 조선 내정에 대한 중소의 공동간섭

1956년 2월 개최된 소련공산당 제20차 당대회에서 일련의 "새로운 정책노선"이 제기되었다. 평화공존, 평화경쟁, 평화적 연변(演変)을 기초 강령으로 대외적으로 서방과 긴장을 완화하고, 대내적으로 인민생활 수준의 향상과 경제관리 체제의 개선을 강조하였으며 수많은 구체적 조치와 이후 진행될 경제개혁을 위한 사상, 정책적 준비를 제공하였다. 이 두 방면에 있어서 소련공산당의 방침은 새로운 사회주의 발전 방향을 모색하고 있던 중국공산당과 약속이나 한 듯이 완전히 일치하였다. 이에 관해서는 소련공산당 제20차 당대회와 중국공산당 8차대회의 문건을 조금만 비교해 보면 매우 분명하게 알 수 있다.

2월 25일 흐루시초프의 개인숭배 비판을 주제로 한 비밀 보고에 대해 모택동은 "기뻐하면서 또 한편으로 우려"하였다. 소련 스스로 오랫동안 중국공산당 머리 위의 큰 돌을 치워주어 모스크바에 더 순종할 필요가 없어졌으니 이는 매우 축하할 만한 일이었다. 그러나 스탈린 격하는 공산당 내에 오랫동안 형성되었던 지도자의 신화를 타파하여, 사회주의 세계의 사상적 혼란을 야기할 수 있다는 점을 우려하였다. 개인숭배 비판에 대하여 모택동 자신은 못마땅하게 여긴다 하더라도 당시 분위기에서 이에 대한 불만을 드러낼 수는 없었다. 종합적으로 평가했을 때, 1956년은 소련과 중국 및 기타 사회주의 국가들의 발전 과정에 있어서 중요한 분수령이었다. 이중적 정치적 배경속에서 소련공산당과 중공은 동시에 사회주의 발전 방향의 문제를 고려하기 시작하였다. 중국공산당 제8차대회와 소련공산당 제20차 당대회는 시간상 맞물릴 뿐 아니라 사상 인식, 정책, 및 발전 노선 등 방면에서 일치하고 서로 통하였다. 특히 중공 중앙은 즉시 『인민일보』에 이론 논문을 게재함으로써 개인숭배 현상을 사상 문제로 결론짓고, 스탈린의 공과에 대해 7:3 주장을 제기하여 각국 공산당의 찬성을 받았으며 이로써 소련이 국면을 안정시킬 수 있도록 도왔다. 스탈린에 대한 평가 문제에 있어서 견해차가 있었지만, 소련공산당은 중공의 발걸음에 보조를 맞추었다. 따라서 이전에 많은 사람

들이 생각하는 것과는 다르게 이 시기 중소관계는 악화된 것이 아니라 오히려 강화되었다.[256]

중국 주재 소련 대사관은 업무보고에서 "1956년은 중소 간 형성된 상호관계 형식의 정확성과 생명력을 검증하는 1년이었다. 우리의 우호적 관계는 완전하게 이 검증을 받았다"고 평가하였다. [257] 더욱 중요한 것은 소련공산당 제20차 당대회 결과 중의 하나로 사회주의 진영에서 중공의 지위와 영향력이 제고되었다는 점이다. 즉 소련공산당이 중공을 지도하고 경제적으로 중국을 지원하던 과거의 형식에서 이제는 중공이 정치적으로 소련공산당을 지원하는 형식으로 변모하였다. 소련과 중국공산당이 동등한 자격으로 사회주의 진영을 함께 영도해나갔으며, 이는 조선노동당 8월 사건을 처리하는 과정에서 더욱 두드러졌다.

1. 중소 양당은 대표단을 평양에 파견하기로 결정

조선노동당 8월 전원회의가 끝난 후, 조선은 즉시 "살벌한" 분위기에 휩싸였다.[258] 9월 5일 『로동신문』은 전원회의의 '최창익, 윤공흠, 서휘, 이필규, 박창옥 동무들의 종파적 음모 행위에 대하여'라는 결의문을 게재하였고, 그들을 당에서 출당시키고, 당내의 일체 직무로부터 해임하였다. 동시에 최창익, 박창옥 및 윤공흠의 내각 직위를 모두 해임하고 이 사실을 공표하였다.[259] 당내 정치 숙청도 즉시 시작되었다. 신문에서는 "우리 내부의 적", "분열분자", "종파분자", "반당분자"들에 대한 폭로와 비판 기사가 봇물 터지듯 쏟아지기 시작하였다.[260]

256) 소련공산당 제20차 당대회와 중소관계에 대한 그 영향에 관하여 필자는 다음에서 상세하게 토론하였다. 沈志华, 『无奈的选择』, 제6, 7장.
257) АВПРФ, ф.05, оп.28, п.103, д.409, л.4-6.
258) 黃长烨, 『我所看见的历史真理』, 111-112쪽.
259) 『로동신문』 1956년 9월 5일 1면, 2면.
260) 『로동신문』 1956년 9월 15일 2면.

직위에서 해임된 후 박창옥은 동해안의 목재가공 공장으로, 최창익은 양돈장으로 쫓겨났다. 검찰기관은 최창익, 이필규, 이상조 등의 죄를 입증할 수 있는 자료 수집을 대대적으로 시작하였다. 반대파 간부들에 대해 과거부터 공급되던 물품 공급과 의료복지가 취소되었으며, 그들의 가족 또한 검찰의 엄격한 감시를 받았다.

노동당 평양시위원회 부위원장 2명과 조직부장이 직무에서 해임되었으며, 민족보위성 부상 김원송, 군사과학원 부원장 이운규, 해군정치부 부주임 이영호 등도 "반당집단" 사건과 연루되어 조사를 받았다. 이미 소련에 학습을 위해 파견되었던 건설상 김승화도 "반당집단" 지도자 박창옥, 최창익과의 빈번한 접촉을 이유로 추적조사를 받았으며, 체신상 부상 김창흠은 그들을 "동정"한 혐의로 연루되었다. 조선 정부는 영국 정보기관과의 관련을 이유로 이상조 소련 대사에게 소환령을 내렸다.[261] 당과 정부의 기관뿐 아니라, 대학에서도 대규모 사상검열 운동이 시작되었다. 김일성대학 당위원회 위원장 홍낙웅(홍광)은 중국으로 도망갔으며, 적지 않은 수의 교수와 학자들이 비밀리에 경찰에 연행된 후 돌아오지 못했다.[262]

중국 지도부는 "8월 사건"의 상세한 내용을 가장 먼저 알았다. 중국으로 도망한 문화성 부상 김강은 윤공흠, 서휘, 이필규와 함께 8월 30일 밤 차를 몰고 평양을 떠나 매우 순조롭게 중조 국경에 도착하였다. 다음날 안동의 중조 국경을 넘을 때 불심검문을 받았으며 그들은 자신들의 신분을 직접 밝혔다. 깜짝 놀란 중국 국경 초소는 즉각 연락을 취하였으며, 중앙의 지시에 따라 직접 그들을 북경으로 호송하였다. 주은래 총리와 나서경(羅瑞卿) 공안부장은 처음으로 윤공흠 등을 만나 보고를 청취하였다. 그 후 중공 중앙은 성(省)의 부장급으로 그들을 대우하며 일본식 별장을 안배하고, 그들에게 상세한 서면 보고를 제출하도록 하였다.[263]

261) ГАРФ, ф.5446, оп.98, д.721, л.153-155; РГАНИ, ф.5, оп.28, д.412, л.302-303, 304-306.
262) 黄长烨, 『我所看见的历史真理』, 111-112쪽.
263) 필자의 김강 인터뷰 기록.

· 2010년 2월 김강(金剛)을 인터뷰하는 필자.

　9월 4일, 조선 주재 중국 대사 교효광(喬曉光)은 소련 대사 이바노프의 요청에 응하여 회담에 참석하였다. 소련 대사는 "외무성 부상 이동근이 3일, 무역상 윤공흠 등 4명이 안동지역의 국경을 넘어 중국 변방군에 억류되어 있으며, 조선 정부는 중국 정부에 이들 4인의 송환을 요구하였다"고 통보하였다는 사실을 알렸다. 교효광 대사는 즉각 중국 정부에 보고할 것을 약속하고, 중국 변방부대 역시 이들에게 조선으로 돌아갈 것을 종용하였지만 이들은 조선으로 송환을 완강히 거부하고 있다고 말했다.

　그 후 교효광 대사는 조선 정부의 요구에 대한 중국 정부의 회신을 전달하였다. 중국 정부는 회신에서 "상술한 인사들은 일반적인 월경자들이 아니기 때문에, 그들을 강제로 송환하는 것은 불가능하다"고 통보하였다. 그 직후, 중조 양측은 이에 관해 의견을 교환하였지만 모두 즉답을 회피하였다.264) 그러나 송환 문제에 대한 중국정부의 회신은 중국지도부가 과거 조선에 대하여 관용과 양보의 태도를 보였던 것과는 매우 다른 것으로 보인다.

소련 외교부의 관찰에 의하면, 정전 이래 중조관계는 일부 "비정상"적이었으며 조선정부는 중국 인민지원군 부대에 매우 냉담하였고, 중국 측은 "조선인들에 대하여 매우 자제"하였다.[265]

미 국무성 정보실 통계에 의하면 1954년 11월부터 1956년 7월까지 조선 정부는 4차례 대표단을 중국에 파견하였지만 최고 직급은 부부장급이었다. 반면에 1955년 8월부터 1956년 6월까지 중국대표단의 조선 방문은 5차례, 최고 직급은 국가 부주석이었다.[266] 1955년 3~4월, 신임 지원군 사령관 양용(楊勇)과 정치위원 이지민(李志民)은 조선에 대한 존중과 열정을 표시하면서, 그들이 조선에 도착한 후 제일 먼저 한 일은 김일성을 예방하는 것이었고, 여러 차례 김일성에게 주도적으로 보고하고 지시를 요청하였다.[267]

주은래의 지시에 따라, 중조 간의 우호증진을 위해 중국 국무원은 1955년 8~12월 대북 원조(베트남 포함) 사업에 대한 조사를 처음 전면적으로 실시하여 국가건설위원회 주임 박일파(薄一波)가 이를 직접 관장하였다. 국무원은 유관 부서에 사업상 어려움의 극복을 위해 노력할 것을 지시하고, "배상할 것은 배상하고, 보충할 것은 보충하며, 바꿀 것을 바꾸고, 새로 건설할 것은 건설"하도록 하고, 엄격한 책임을 지웠다.[268]

조선에 대한 중국의 대규모 경제원조와 중조관계 개선을 위한 중국의 노력에 조선이 되돌려 준 것은 연안파 간부의 망명과 이들에 대한 조선의 송환요구였다. 이에 모택동은 분노하지 않을 수 없었다. 동시에 조선노동당의 정치상황 또한 중국 지도부를 심히 우려케 하였다.

9월 5일 서휘, 윤공흠, 리필규 및 김강은 20쪽(러시아어)에 달하는 서신을 중

264) РГАНИ, ф.5, оп.28, д.410, л.322-325.

265) РГАНИ, ф.5, оп.28, д.314, л.48-50.

266) 沈志华, 杨奎松主编, 『美国对华情报解密档案(1948-1976年)』第3卷, 上海: 东方出版中心, 2009年, 402-405쪽.

267) 姜铎等, 『杨勇将军传』, 北京, 解放出版社, 1991年, 328-331쪽; 李志民, 『李志民回忆录』, 北京: 解放军出版社, 1993年, 690쪽.

268) 하북성당안관, 694-7-188, 1-46쪽; 호북성당안관, SZ34-03-0244, 5-23쪽.

공 중앙에 전달하고, 조선에서 발생한 상황과 이에 대한 그들의 견해를 밝혔다. 서휘 등은 먼저 조선노동당 상황에 대한 자신들의 기본적 생각을 밝혔다. 그 주요 내용은 다음과 같다.

그들은 "김일성 1인이 당, 내각, 군대, 사법의 권력을 독점하고 당내 민주는 경시되고 다른 견해는 무시되고 있다면서, 당과 국가, 그리고 인민 위에 군림하는 절대 독재 통치가 수립되었다"고 주장하였다. 그들이 지적한 조선노동당의 중대한 과오는 다음과 같다.

"첫째, 잘못된 정세 판단으로 인한 전쟁 발동, 전쟁 과정 중 수많은 오판, 극단적인 좌경노선 채택으로 인한 당과 인민 간 괴리현상. 둘째, 당내 생활의 민주성 결여, 김일성에 대한 개인숭배, 간부 선발에서 파벌주의와 자신과 가까운 인사만을 임용, 사업 중 관료주의 행태의 만연, 당내의 처벌 남용으로 인한 12만 명의 출당 처분, 당내 관계의 파손 및 진정한 단결의 결여. 셋째, 종파주의의 만연과 민주당파와의 관계 악화, 농공연맹의 무시, 농민에 대한 수탈과 도시 소자본가계급에 대한 약탈 및 과중한 세금 부과, 폭력적인 법제 파괴, 무고한 학살, 공화국 공민의 10%가 넘는 인민의 구금 경험, 인민생활의 경시. 넷째, 선전사업에서 김일성에 대한 찬양과 숭배 분위기 일색, 역사 왜곡과 거짓의 유포, 김일성 신화 만들기, 소위 '민족정신'을 강조하면서 소련, 중국 및 형제국가들의 원조에 대한 불충분한 선전" 등이 그들이 지적한 내용이었다.

그들은 노동당 제3차 대회부터 8월 전원회의까지 자신들이 겪은 일들을 자세히 서술한 후, "김일성은 이미 혁명을 배반하기 시작하였으며 김일성의 존재는 이미 조선혁명의 장애가 되었고, 김일성을 제거해야만 조선의 혁명이 빠르게 발전할 수 있으며 조국의 통일과 사회주의 건설을 촉진시킬 수 있다"고 주장하였다.[269]

---

[269] ГАРФ, ф.5446, оп.98, д.721, л.161-181. 이후 상황을 통해서 보면, 이 문건은 당시 중공이 소련 공산당에게 전달한 것으로 보이며, 이는 당시 중소 간의 소통이 매우 긴급하게 이루어지고 있었음을 증명한다.

СОВ.СЕКРЕТНО.Экз.№ 2

Перевод с китайского.

ПИСЬМО ЧЛЕНА ЦК ТРУДОВОЙ ПАРТИИ КОРЕИ СО ХУЭЯ И ДРУГИХ ТРЕХ ТОВАРИЩЕЙ В ЦК КПК

В Политбюро Центрального Комитета Коммунистической партии Китая:

В связи с тем, что в Трудовой партии Кореи создалось трудно разрешимое серьезное положение и в связи с предпринятыми товарищем Ким Ир Сеном безрассудными и жестокими действиями на созванном 30 августа в Пхеньяне пленуме ЦК Трудовой партии Кореи, мы не имеем больше возможности находиться в пределах Кореи, и тем более не можем прилагать дальнейшие эффективные усилия для улучшения нынешнего положения в Трудовой партии Кореи, поэтому мы не могли не пересечь границу и эмигрировать 31 августа в пределы нашего великого соседа Китая.

Товарищеская забота, которую проявил о нас Центральный Комитет КПК, еще более укрепила нашу решимость бороться за дело коммунизма.

Мы выражаем глубочайшую благодарность Центральному Комитету КПК. Одновременно мы выдвигаем нижеследующие первоначальные соображения и мнения относительно серьезного положения в Трудовой партии Кореи, создавшегося в настоящее время, и надеемся,что они будут рассмотрены; надеемся также, что нам будет оказана определенная помощь ради улучшения дальнейшей работы Трудовой партии Кореи, ради корейской революции и корейского народа.

▲ 1956년 9월 5일, 서휘 등 망명간부들이 반대파에 대한 김일성의 박해와 관련하여 중공중앙에게 보낸 서신.

거의 비슷한 시기에 소련 지도부 역시 8월 사건에 대한 보고를 받았다. 9월 3일 소련 주재 조선 대사 이상조는 흐루시초프에게 서신을 보내 8월 30일 회의 상황을 설명하고, "조선노동당이 과오를 시정하고 이를 실행하도록 전면적이고 깊이 있는 지원을 제공하기 위해, 소련공산당 중앙위원회가 책임 간부를 조선에 파견하여 조선노동당 중앙위원 전원(출당된 중앙위원을 포함)이 참가하는 회의를 소집하는 방안, 조선노동당 중앙대표단과 이미 출당된 동지들을 모스크바로 불러 소련공산당 중앙 주석단과 함께 회의를 개최하는 방안, 혹은 소련공산당 중앙의 명의로(만약 중공 중앙과 공동명의로 할 경우 더욱 좋음) 조선노동당 중앙에게 실제 문제에 대하여 설명을 요구하는 호소문을 보내는 방안 중 하나를 채택하여 실행해줄 것"을 요청하였다.[270]

270) ГАРФ, ф.5446, оп.98, д.721, л.159-160.

9월 5일 외교부 부부장 페도렌코(N. T. Fedorenko)는 이상조의 서신을 소련 공산당 중앙에 전달하면서, "이상조가 현재 당내에 발생하고 있는 체포 및 공포적 상황을 설명하였으며, 중앙위원회 후보위원이자 내각 부수상인 박의완(소련계 조선인)도 위협을 받아 비판적 의견을 다시는 낼 수 없는 상황"이라고 보고하였다. 서신에서 이상조는 "자신은 조선으로부터 두 차례의 소환 명령을 받았지만 병을 핑계로 미루고 있으며 만일 중국이 동의하면 자신은 중국으로 가고 싶다"고 밝혔다. 이상조는 서신 말미에 소련공산당 중앙의 태도를 하루빨리 알려줄 것도 희망하였다.[271]

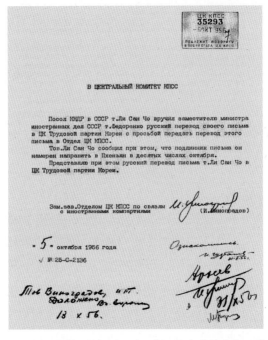

▸ 1956년 10월 5일 이상조가 조선노동당 중앙에게 보낸 공개서신.

9월 6일, 소련공산당 중앙주석단은 회의를 개최하고 다음의 결의를 통과시

---

[271] ГАРФ, ф.5446, оп.98, д.721, л.156-1,158.

컸다. "첫째, 소련공산당 중앙은 조선노동당 중앙위원회 전원회의에서 발생한 사건을 주목하고 있으며, 이와 관련하여 조선노동당 지도부 및 중국공산당과 의견을 교환하도록 한다. 둘째, 중공 제8차대회에 참석하는 소련공산당 대표단에게 조선노동당 및 중공 지도부와 접촉하여 조선노동당 상황에 대한 의견을 교환하도록 위임한다. 셋째, 소련공산당 중앙위원회 서기 수슬로프(M. A. Suslov)와 포노마례프(B. N. Ponomarev)는 조선 문제에 관해 중공 중앙에게 보낼 성명 초안을 준비하여 3일 내에 제출하도록 한다."[272]

또한 회의기록에 따르면, 소련공산당 중앙은 포노마례프에게 이상조를 면담할 것과, 중국 대사에게 소련공산당 대표단이 중공 중앙과 의견을 교환할 것임을 통보하도록 지시하였다.[273]

9월 10일, 포노마례프와 이상조 사이에 회담이 진행되었다. 이상조는 자신이 모택동에게 서신을 보냈다고 알리면서 조선 문제에 대한 소련공산당중앙의 견해를 청취하기를 희망하였다. 회담에서 소련 측은 이상조에게 중공 중앙이 4명의 조선 간부가 중국으로 왔다는 사실을 소련에 통보해 주었으며, 평양 주재 소련 대사 역시 이 사실을 보고하였고, 소련 지도부는 이를 "매우 중시"하며 "발생한 모든 상황에 대해 심각하게 우려하고 있다"는 점을 밝혔다.

소련 측은 중공 제8차대회에 참가하는 소련공산당 대표단이 위임받은 바대로 조선대표단 및 중국 동지들과 조선노동당의 내부 상황에 대해 각각 토론할 예정이라고 이상조에게 설명하였다. 소련공산당의 입장에 관해 포노마례프는 건의와 의견을 제기하는 것은 원칙적으로 가능하지만, "조선노동당은 독립된 정당이기 때문에, 각 형제 공산당들이 그 내부 일에 간섭하는 것은 불가능"하며, "소련과 중국공산당이 조선당에게 의견을 제기하는 문제에 있어 존재하는 여러 가지 복잡한 상황을 이해해 줄 것"을 당부하였다. 또한 일반적인 비판 의견이라도 신문에 게재해줄 것을 요구하는 이상조의 제안에 대해서, 지금은 이 문제를 토론해서는 안 된다고 답변하였다.[274] 소련이 문제 처리의 구체적 방침

---

272) РГАНИ, ф.3, оп.14, д.56, л.3.

273) РГАНИ, ф.3, оп.12, д.1005, л.30.

274) РГАНИ, ф.5, оп.28, д.410, л.228-232.

을 아직 정하지 않았든, 혹은 이상조에게 상세한 설명을 하길 원하지 않았든지 간에, 최종적으로 소련이 선택한 8월 사건의 처리 방식은 이상조가 제안한 3가지 방안 중 하나였다.

9월 14일, 미코얀은 중공 제8차 대회 참석을 위하여 소련대표단을 이끌고 북경에 도착하였다. 당일 개최된 의례적 만남에서 모택동과 미코얀은 조선 문제를 간략하게 언급하였다. 미코얀은 자신은 소련공산당 중앙의 위임을 받아, 중공 중앙정치국과 조선노동당 당내의 정세 문제를 논의하고자 한다고 밝혔다.

모택동은 이에 흥분하며 조선에서 중국으로 도망한 동지들이 작성한 보고 자료를 보니, 조선노동당의 당내 상황이 매우 심각한 것 같다고 말하였다. 모택동은 "그들에게 귀국을 권했지만 그들은 완강하게 거절했으며, 이는 김일성이 중공의 권고를 무시하고 박헌영을 사형시킨 것과 같이 다른 의견을 가진 자를 박해하고 탄압하기 때문"이라고 주장하였다. 미코얀은 "김일성이 (7월) 모스크바를 방문하였을 때, 소련공산당 중앙은 김일성에게 당내 생활원칙에서 레닌주의를 준수하고 당의 지도체제를 개선해줄 것"을 권고했었다고 설명하였다.[275]

9월 15일 소련공산당 중앙은 조선노동당 문제에 관하여 중공 제8차 대회에 참석한 소련공산당 대표단에게 지시를 비준하였다. 그러나 이 지시는 아직까지 비밀 해제가 되지 않고 있기 때문에, 연구자들은 이후의 몇 차례 회담 기록을 통하여 소련공산당 중앙의 지시에 관한 실마리를 찾을 수밖에 없었다.

9월 16일 미코얀은 소련공산당 중앙위원회의 지시에 따라 최용건 및 조선대표단과 회담을 개최하였다. 이 회담에서 미코얀은 먼저 "조선노동당 간부가 중국으로 도망한 사실을 중국 동지들로부터 들었지만, 김일성이 설명한 8월 전원회의 통보에는 이에 대한 설명이 없었다"고 지적하였다. 이에 최용건은 "조선은 이 사실을 곧 통보할 예정이며, 중국 동지들과의 회담을 요청하였지만 아직 회신을 받지 못하고 있다"고 대답하였다. 이후 최용건 등은 노동당 전원회의 상황을 간단하게 설명하고, 회담은 끝났다.[276]

---

[275] ГАРФ, ф.5446, оп.98с, д.717, л.2-4.

미코얀은 소련공산당 중앙에 보내는 서신에서, "회담은 소련 측이 먼저 요청하였고 조선 측은 아무런 준비를 하지 않은 것처럼 보였다. 따라서 내용 또한 매우 간단하였으며, 자신들의 행동을 변호하는 내용뿐이었다"고 보고하였다. 미코얀은 "김일성이 북경에 올 계획이 없기 때문에" 당 중앙이 자신들에게 위임한 방안, 즉 김일성과 기타 상무위원회 위원들을 북경으로 불러 회의를 개최하는 것은 불가능하다고 설명하였다. 지금 "조선 문제를 토론하기 위한 유일한 방법은, 중공 중앙 대표단과 함께 평양으로 가는 것뿐"이며, "만약 중앙의 별도의 지시가 없다면 우리는 곧 바로 그렇게 할 것이다"고 보고하였다.[277]

9월 18일 18시부터 22시까지 소련대표단은 모택동 등 중공 지도부와 회담을 진행하였다. 소련의 기록에 따르면 미코얀은 조선노동당에 "불건전한 상황이 출현"하였으며, 그들은 "레닌의 당내 생활 준칙을 위반"하였다고 지적하였다. 그는 "모스크바에서 소련 지도부가 건의하였고 김일성 역시 과오를 수정할 것을 약속하였음에도 불구하고, 그들은 정반대로 행동하였고 전원회의에서 당에 비판적 의견을 제기한 중앙위원들을 출당 처분하였다"고 하였다.

모택동 또한 중국 측이 파악하고 있는 상황을 설명하면서 조선노동당이 체포한 박일우는 아주 우수한 공산당원이라고 밝혔다. 중소 양측은 조선 상황에 관하여 토론한 후 미코얀은 "우리 양당은 반드시 조선노동당 지도자가 과오를 수정하도록 도와야 한다"고 강조하면서, "우리는 김일성을 믿지만 그의 행동을 용인할 수 없으며, 소련공산당과 중국공산당이 공동 대표단을 구성하여 조선을 방문할 것"을 제안하였다.

모택동은 이에 동의를 표하고 "김일성은 우리당에게 적대적 정서"를 가지고 있다고 말하면서, 그러나 "만약 김일성이 자신의 과오를 수정하지 않으면 결코 자신의 지도적 위치를 공고히 할 수 없음을 알게 해야 한다"고 하였다. 모택동은 "우리는 김일성의 극단적 반응에 반드시 준비를 해야 한다. 김일성이 심지어 중국 인민지원군을 조선에서 철군하는 문제를 제기할 수 있다. 중국 군대는

276) ГАРФ, ф.5446, оп.98с, д.718, л.48-57.
277) ГАРФ, ф.5446, оп.98с, д.718, л.47.

당연히 고국으로 돌아오고 싶다. 그러나 미국이 현재 남조선에서 자신의 힘을 부단히 강화하고 있다는 것을 우리 모두가 알고 있으며, 우리는 여전히 중국 지원군이 조선에 주둔할 필요가 있다고 생각한다"고 보충 설명하였다.

이어 모택동은 "중소 대표단이 평양에서 조선노동당과 문서로 합의하고 이를 신문에 반드시 발표하도록 하는 것이 최선이며, 대표단이 떠난 후에도 조선과의 합의사항 이행을 감독하기 위해 조선에 주재하는 소련과 중국 대사를 대표단에 반드시 참가시키도록 제안"하였다. 회담에서 중국 측은 "도망한 조선의 간부들을 평양으로 돌려보내 당내 직위를 회복시킬 것을 건의하고 동시에 박헌영 문제도 제기할 생각"이라고 밝혔다. 이에 소련은 중공의 주장에 동의를 표하였지만, 박헌영 문제를 다시 제기하는 것은 좋지 않다고 주장하였다.

중소 양측은 회담 말미에 최용건에게 결정 내용을 통보하고 최용건이 중소 공동 대표단과 함께 조선에 가기로 합의하였다. 미코얀은 보고에서 중국 동지들과의 대화로부터 그들은 이미 조선노동당 내부 상황에 대해 자세히 알고 있으며 김일성에 대하여 비판적 태도를 갖고 있다는 것을 알 수 있었고, "중국 동지들 입장에서 보면 조선노동당과의 문제는 시급히 해결되어야 할 문제"라고 평가하였다.[278] 모택동이 제기한 요구로 보면, 중조 간에 가장 기본적인 신뢰가 결여되어 있고 이는 이후의 위기를 암시하고 있었다.

중국 측 회담 기록은 내용이 약간 더 상세할 뿐이고 대체로 소련의 기록과 같다. 회담 중 팽덕회는 "방호산이 조선전쟁 시작의 시기를 오판했다고 말했기 때문에 해임되었다"고 말하였다. 모택동은, 김일성은 소련공산당 제20차대회 이후에도 "여전히 스탈린 방식을 고수하고 있고, 반대 의견은 한 마디도 수용하지 않으려 하며, 반대하는 자는 누구든 죽인다"고 말했다. 조선 문제 처리에 대해, 모택동은 우리는 "김일성이 과오를 시정하도록 설득하고 숙청된 자들에게 화해의 태도를 취할 것을 권고해야 한다"고 주장하였다.

헝가리 상황에 관해 언급할 때, 미코얀은 제20차 당대회 이후 라코시 역시 많은 이들의 반대에 직면했지만 후에 직접 부다페스트로 가서 상황을 처리했

278) ГАРФ, ф.5446, оп.98с, д.718, л.35-46.

으며 라코시는 소련의 권고에 따라 사퇴했다고 설명하였다. 이에 모택동은 "라코시 동지는 좋은 사람이며 마르크스 레닌주의 수준이 높다. 라코시 동지는 물러날 수 있지만 김일성은 그렇게 하기 힘들다"고 말했다. 또한 모택동은 미코얀에게 "이번에는 주로 당신에게 달려 있다. 조선인들은 중국인의 말을 듣지 않는다"고 말하였다. 이에 미코얀은 "그들이 듣는 것은 듣는 것이고, 이행하는 것은 또 다른 문제" 라고 말하였다.

모택동은 "김일성은 우리 양당이 자신의 뿌리를 흔들까 두려워한다. 솔직히 말해, 그가 바뀌지 않으면 우리가 흔들지 않아도 무너질 것"이라고 주장했다. 중소 양측은 회담 후에 중국공산당이 최용건과 회담을 먼저 진행한 뒤 소련공산당이 다시 그를 만나 의견을 나누고, 다음 날 아침 일찍 3자가 함께 평양으로 출발할 것을 결정하였다.[279]

9월 18일 밤 10~12시까지, 모택동은 조선대표단 일행을 접견하였다. 모택동은 단도직입적으로 조선노동당의 잘못된 행위들에 대하여 비판하고, 명령하듯 내일 오전 7시에 소련공산당과 중국공산당 대표단이 평양으로 출발하며, 최용건 또한 같이 가야하고 한 사람은 북경에 계속 남아서 중공 제8차 당대회에 참석해야 한다고 통보하였다.

모택동은 조선대표단에게 다음과 같이 말하였다. "우리는 당신들의 문제 해결을 돕고자 하는 것이지, 결코 당신들을 타도하려는 것이 아니다. 과거에도 당신들의 행위에 반대 의견을 가지고 있었지만, 이번처럼 비판한 적은 없었다. 조선전쟁에 관해서도, 나는 김일성에게 이 전쟁은 하면 안 된다고 경고하였다."

팽덕회와 이극농은 심지어 "조선전쟁은 도대체 누가 일으킨 것이냐? 미 제국주의가 일으킨 것인가 아니면 당신들이 일으킨 것이냐?"라고 물었다. 이주연은 매우 놀라면서, "왜 이 문제를 제기하는지 나는 정말 모르겠다"라고 중얼거렸다. 이에 모택동은 "전쟁은 조선인민들에게 엄청난 재앙과 고통을 안겨주었으며 이는 매우 쓰라린 교훈"이라고 대답하면서 소련, 중국, 조선의 관계가 매우 밀접하여 만일 "조선 국내에서 문제가 발생하면 중국과 소련에도 영향이 미치

---

[279] 1956년 9월 18일 모택동과 소련공산당 중앙대표단 접견 담화기록, 미출간.

기 때문에, 당신들의 이 문제들에 대해 우리는 간섭하지 않을 수 없다"고 말하였다.

최용건과 이주연의 해명 후 모택동은 "당신들은 이렇게 당내 문제와 반혁명 문제를 하나로 묶어서 동지들에게 '반혁명'과 '반혁자'의 죄명을 씌우고 체포하고 죽인다. 이는 중대한 잘못이다"고 격렬하게 비판하였다. 팽덕회는 "이는 노선상의 과오"라고 보충하였다. 이어서 모택동은 "조선노동당은 공포 분위기로 가득 차 있으며, 반대 의견을 가진 동지들과 반드시 화해하고, 그들의 당적과 직책을 회복시켜야 한다"고 주장하였다. 또 중국으로 도망 온 동지들 역시 "그들의 당내와 당외의 직책을 회복시키고 모든 문제를 당의 회의에서 냉정하게 토론하여 해결해야 한다"고 강조하였다. 이에 최용건은 마지막에 "말한 것 모두가 맞는 말이며, 우리가 이를 수용하지 않을 수 없다"고 마지못해 대답하였다.[280]

이전 연구에서는 당안과 문헌이 공개되지 않았기 때문에, 일부 학자들은 당사자들의 회고 사료에 근거하여 중소가 공동대표단을 평양에 파견한 목적은 김일성의 정치숙청을 제지하고, 김일성을 대체할 수 있는 인물을 물색하기 위한 것이며, 이러한 생각은 중국이 먼저 제안했고 최소한 중소 양방은 이 문제를 토론하였다고 주장하였다.[281] 지금은 중소 양국 지도부의 조선 문제 토론에 관한 당안이 모두 공개되었으며 이 당안들을 근거로 단정할 수 있는 것은, 소련공산당과 중국공산당은 모두 당시 김일성을 교체하려는 의도가 전혀 없었다는 점이다.

소련과 중국은 회담 중에서 여러 차례에 걸쳐 그들은 김일성을 여전히 지지해야 하며, 그가 과오를 시정하도록 돕고 그 목적은 조선의 정국을 안정시키는 것이라고 강조하였다. 비록 중국 지도자의 표현이 매우 날카롭고 그들이 확실히 조선 지도부에 대해 분노했지만, 모택동의 주요 목적은 중조관계를 개선하는 것이며 그의 뜻은 김일성이 비판을 수용하고 과오를 인정하고 시정할 수만 있다면, 아무도 그를 무너뜨리지 못한다는 것이었음을 알 수 있다.

280) 1956년 9월 18일 모택동과 조선대표단 접견 담화기록, 미출간.
281) Lankov, *Crisis in North Korea*, p.138.

2. 김일성, 중앙위원회 전원회의를 어쩔 수 없이 다시 개최

9월 19일 미코얀, 팽덕회, 최용건이 평양에 도착했다. 김일성은 평소 기차역에서 손님을 영접하는 것과 달리 이번에는 형제당에서 온 불청객을 직접 영접하지 않았다.[282]

미코얀과 팽덕회는 평양에 도착하자마자 김일성과 4시간에 걸친 단독회담을 진행하였다(남일이 러시아어 통역을, 사철(師哲)이 중국어 통역을 담당하였다). 미코얀과 팽덕회는 이번 회담의 목적이 김일성을 설득하여, 그가 중소 양당 대표단의 방문 목적이 "조선노동당 내에서 김일성 동지의 영도 지위를 약화하려는 게 아니라, 더욱 공고하게 하기 위한 것"이라는 점을 이해하도록 하는 것임을 사전에 설명하였다.

중소 지도부는 김일성에 대해 매우 깊이 이해하고 높게 평가하고 있었지만 조선에서의 그의 지도 방식에는 동의할 수 없었다. 중소 양당은 "자신들의 제안을 통하여 조선 지도자를 돕고, 그가 일부 정책에서 견해가 다른 중앙위원들에게 억압 대신 민주적으로 대함으로써, 당의 영도에 있어서 대중의 신뢰를 획득하고 지도부 내의 일치단결"을 이루기를 희망하였다.

이를 위하여, 조선 측의 동의하에 "전원회의 소집을 건의하여 지난(8월전원회의) 회의의 과오를 시정"하고, 8월 전원회의에서 결정한 일부 중앙위원들에 대한 출당 처분 등 잘못된 결정을 취소하며, 동시에 조선노동당의 잘못된 지도 방식에 대해 비판할 것을 주장하였다. 장시간의 토론을 거친 후 김일성과 남일은 원칙적으로 중소의 의견을 수용했지만, 다른 중앙위원들에게 전원회의 결정 취소에 대해 동의를 구할 것인지의 여부는 연구가 필요하다고 말하였다.

김일성은 중앙위원회의 일부 중앙위원 출당에 대한 결정 취소에는 동의하였다. 그러나 중국으로 도망한 자들에 대해서 그들의 당적은 회복시킬 수 있지만 중앙위원회에 계속 직무를 담당하는 것은 불가능하다고 밝혔다. 이에 미코얀과 팽덕회 역시 동의하였다. 김일성은 박창옥 내각부수상의 직무 회복은 불가

---

282) Lankov, *Crisis in North Korea*, pp.140-141.

제3장 | 주체의 제창   **497**

능하며, 최창익 또한 중앙상무위원에 계속 있을 수 없다고 주장하였다. 이에 대해 미코얀과 팽덕회는 그렇게 할 경우의 손익을 계산하여 다시 생각할 것을 주장하였다.

중앙위원회 전원회의를 소집하는 시기에 대해 김일성은 중앙상무위원회에서 토론이 필요하다고 말하였다. 다음날, 조선은 당일 저녁 중앙상무위원회가 개최된다고 통보하였다. 미코얀은 조선노동당은 중앙상무위원회 개최 전에 중소 대표단이 참석하지 않는 자신들만의 단독 회의를 사전에 개최하려는 결정을 한 증거들이 있다고 보고하였다.[283]

9월 20일 저녁 중소 대표단은 조선노동당 중앙상무위원회 회의에 참석하였다. 김일성은 모두 발언에서 중소 대표단이 조선에 온 의미를 설명하며, "나 자신은 형제당 대표단의 모든 건의를 수용하기를 원한다"고 말하였다. 그러나 김일성은 조선노동당이 최창익 등에게 내린 조직 처분은, 그들이 반당 활동에 종사했기 때문이라고 강조하였다. 이어서 김일성은 8월 전원회의 개최 이전, 상무위원회는 그들에게 줄곧 인내와 교양적 태도를 취하고 조직 처분을 내리지 않았지만, 전원회의에서의 그들의 발언이 중앙위원들을 격분시켰고 노동당중앙은 분노의 정서 속에 그들에게 출당 결정을 내렸다고 설명하였다.

그는 지금 돌이켜보면 "우리는 일시적 분노에 좌우되어, 일 처리가 과도하게 격앙"되었다고 말하고, "형제당의 건의와 작금의 정세를 고려"하여 이번 회의에서, 8월 전원회의 결정을 다시 심사하고 오류를 범한 동지들에게 "넓은 마음"으로 "관용의 태도"를 취할 것을 제안하였다. 김일성은 이를 교훈으로 삼아, 과거의 사업을 재검토하고 당의 대오를 단결시켜야 한다고 덧붙였다.

김일성이 상무위원들에게 자신의 의견을 발표할 것을 요청했지만 몇 분이 지나도록 아무도 발표하지 않았다. 미코얀은 남일의 이름을 직접 거명하며 입장 표명을 요구하였다. 이에 남일은 김일성의 의견에 동의한다는 말만 되풀이하였다. 이때 김일성은 출당 처분을 받은 자들이 잘못을 범했다는 것을 반드시 인정한다는 전제하에, "우리는 관용을 보여야 한다"고 재차 설명하였다.

---

[283] ГАРФ, ф.5446, оп.98с, д.718, л.12-16.

이어 최용건, 남일, 김창만이 발언하였고 그들은 김일성의 논지에 따라 형제당의 건의에 동의를 표하면서도, 출당 처분을 받은 자들이 범한 오류에 대한 비판이 발언의 주를 이루었다. 김창만은 심지어 최창익 등의 활동을 불가리아와 헝가리에서의 지도부 교체와 비교하였으며, 이에 미코얀은 부득이하게 나서 이를 수정하기에 이르렀다. 미코얀은 조선의 상황은 동유럽과 다르며 소련공산당 제20차 당대회가 각국 공산당 지도부의 위기로 이어졌다고 보아서는 절대로 안 된다고 주장하였다.

그 후 박의완은 8월 전원회의 결정의 과오에 중점을 맞추어 발언하였다. 그는 전원회의에서 윤공흠의 발언이 격렬하고 날카로웠지만 그가 발언을 마치지 못하게 하였으며, 기타 중국으로 망명한 자들은 발언을 한 적이 없었음을 지적하였다. 또한 그들은 공격을 받았고 체포당할 것이 두려워 도망간 것뿐이라고 주장하였다. 그는 전원회의가 그들이 무슨 발언을 할지도 모르는 상황에서 그들의 출당을 결정한 것은 옳지 않다고 주장했다. 박창옥에 대해서, 상무위원회는 회의에서 발언할 기회조차 주지 않았으며 그는 자신이 질문을 받았을 때 일어나서 자신을 변호한 것뿐이었는데, 그 결과는 출당 처분이었다고 지적하였다.

그는 현재 근본적인 문제는 누가 다른 견해를 제기하기만 하면 그를 반당분자로 몬다는 것이라고 주장하며, 이번 회의에서 출당된 동지들의 과오를 추궁할 것이 아니라, 중앙위원회 전원회의 결정이 정확했는지 여부를 판단해야 하며, 만약 정확하지 않다면 철회되어야 한다고 주장하였다.

이어서 박금철이 8월 전원회의 결정에 대한 변호를 한 후 미코얀이 긴 연설을 하였다. 그는 먼저 평양에 온 목적이 국제주의 의무의 이행과 노동당에 출현한 "위기의 조짐"을 해소하고, 사회주의 진영의 "전초기지" 조선을 안정시키기 위한 것임을 다시 한 번 분명히 하였다. 미코얀은 조선노동당의 과오를 비판한 후, 김창만이 앞의 발언에서 주장했던 당적을 박탈당한 중앙위원들의 활동이 반당적이라는 인식의 근거가 "완전히 틀린 것"이라고 강조하였다. 그는 "자신의 관점을 표명하고 싶어 하는 모든 사람을 반당과 종파주의로 보는 상황은, 매우 비정상적인 것"이라고 주장하였다.

미코얀은 "당신들은 거대한 권력을 가지고, 반대자들을 출당, 체포, 심지어 죽일 수도 있지만, 전원회의에서 자신의 견해를 발표하는 것은 모든 당원의 신성한 권리"라고 강조했다. 미코얀은 재차 "소련공산당 중앙과 중국공산당 중앙은 모두 김일성의 영도를 믿고 지지하지만, 그의 영도 방식만은 반드시 바꾸어야 하며, 조선노동당은 가까운 시일 내에 전원회의를 개최하여 8월 전원회의의 과오를 시정하고 새로운 결의를 통과시켜야 하며, 이 새로운 결의를 길지는 않더라도 신문에 발표해야 한다"고 주장하였다.

그 후 펑더화가 발언하였다. 그는 중공이 과거에 과오를 범한 동지들을 어떻게 대하였는지의 역사에 관하여 주로 설명하였다. 펑더화는 "8월 전원회의 결의의 과오는 단순히 지나치게 경솔했다는 데 있는 것이 아니라, 노동당 중앙이 비판을 두려워하여 의견이 다른 동지들을 당헌을 위반해가면서 처벌한 것"에 있는 것이라고 지적하였다. 펑더화는 마지막으로 "중공 중앙은 지금까지 김일성 동지를 대신할 사람은 없을 뿐만 아니라, 그를 대신하기를 원하는 사람도 없다고 생각한다"고 강조하였다.

최용건은 재차 전원회의에서 먼저 당적을 박탈당한 자들의 반당적 오류를 지적한 후, 당의 단결을 위해 더욱 관용적인 결의문을 준비할 것을 제안하였다. 이때 김일성은 이를 받아, 논쟁이 발생하는 것을 피하기 위해, 새로운 결의를 8월 전원회의와 연결 짓지 말아야 하며, 만일 그들의 반당활동에 대한 증거자료가 있으면 이를 더욱 자세히 발표해야 한다고 지적하였다. 그는 계속해서 "전원회의는 당적 박탈자들의 과오에 대한 결의를 반드시 수정해야 한다"고 역설하면서, 전원회의 개최 전에 상무위원회는 당내에 이를 설명하는 일을 전개할 것을 주문하였다.

상무위원회 회의는 2일 후 중앙위원회 전원회의를 개최할 것을 결의하고, 회의 개최 전 중앙상무위원회는 결의문 초안을 기초한 후 전원회의의 심사를 거쳐, 전원회의 결의문을 신문에 게재할 것을 결정하였다.[284]

상기의 발언 내용을 보면, 박의완 이외에 김일성 및 대다수 조선 지도부는

---

[284] ГАРФ, ф.5446, оп.98с, д.718, л.17-34.

비록 중소 대표단의 의견에 동의하고 8월 전원회의 결의 취소에 동의하였지만, 발언 중에서 강조한 것은 모두 출당 처분 받은 간부들의 반당 행위는 엄중한 것이며, 다만 그들에 대한 조치가 약간 성급하고 경솔했을 뿐 이라는 것이었다. 그러나 이 논리는 성립할 수 없다. 만약 해당 인사들이 반당적이었으면 그들에 대한 출당 조치가 정당한 것이고, 만일 전원회의 결의가 잘못되었다면 그들은 반당이 아닌 것이다.

김일성은 내심 과오를 인정하지도 동의하지도 않았지만, 단지 소련과 중국의 압력을 받아 그들의 제안을 부득이하게 수용한 것일 뿐이었다. 미코얀, 팽덕회, 박의완의 발언은 모두, 출당된 인사들은 결코 반당행위를 하지 않았으며 그들에 대한 조직 처분 결의가 잘못된 것이기 때문에 중앙위원회 전원 회의를 재차 소집하여 재심사가 필요하다는 것이었다.

이상한 점은 미코얀이 소련공산당 중앙에 보낸 보고서에서 이 점을 특별히 언급하지 않았다는 점이다. 그는 단지 "결론적으로 말하면 김일성의 발언은 괜찮았으며, 발언자 모두가 그의 제안에 동의하여, 전원회의를 재소집하여 8월 전원회의 결정을 재심사하기로 하였다"고 보고하였다. 또한 상무위원회는 22일 밤 혹은 23일 오전 전원회의를 소집하고 결의문은 상무위원회가 기초한 후 중소 대표단의 참석 아래 협의하기로 하였다고 말했다.

미코얀은 보고서에서, 박의완이 8월 전원회의 과오를 "과도하게 성급했다"는 데 반대하고, 노동당이 "억압과 공포 방식"을 취했다는 점을 강조했다고 지적했으나, 이 부분에 대해서는 간략하게 기술했을 뿐 상무위회의가 문제없이 순조롭게 진행된 것처럼 기록하고 있다.[285] 이렇게 기술한 이유는 아직 확실하게 단언할 수 없지만 이후의 미코얀의 태도와 연결 지어 볼 때, 아마도 그는 이 임무를 하루빨리 완수하기를 희망했으며, 의외의 상황이 발생하는 것을 원치 않았던 것일 수 있다.

9월 22일, 중소 대표단과 김일성, 김두봉, 최용건, 남일, 김창만은 상무위원회가 기초한 결의문 초안을 놓고 토론하였다. 미코얀과 팽덕회는 결의문 초안

---

285) ГАРФ, ф.5446, оп.98c, д.718, л.12-16.

을 기본적으로 수용할 수 있지만, 초안 중의 "8월 전원회의는 과오를 범한 동지들을 구제하는 데 충분한 인내심을 발휘하지 않았다"는 부분에서 "구제"라는 단어는 반드시 삭제해야 한다고 주장하였다. 또한 "반드시 당내 민주를 실행하고 비판과 자아비판을 전개하며, 과오를 범한 동지들에 대하여 인내심을 가지고 대해야 한다"는 내용을 보충할 것도 제의하였다.

미코얀은 상무위원회가 "내각 직무에서 해임된 간부들의 직무를 회복 또는 직책을 다시 배치하는 것에 관한 결정서를 기초할 것"을 제안하였다. 김일성 등은 모두 이 제안에 동의하였다. 또한 펭더화이는 "8월 전원회의 이전의 일부 간부들에 대한 처벌 결의 역시 다시 심사할 것"을 제기하였다(박일우 등의 문제를 암시한 것으로 보인다).

김두봉과 김일성은 일부 중앙위원은 새 결의에 다른 견해가 있기 때문에 더욱 상세하게 설명하는 것이 필요하다고 지적하였다. 회의는 전원회의 개막시간을 23일 오전으로 결정하였으며, 미코얀은 만일 전원회의가 순조롭게 끝나면 자신은 당일 북경으로 돌아갈 예정이라고 보고하였다.[286]

22일 밤, 김일성의 요청에 따라 소련대표단과 김일성, 남일은 단독회담을 진행하였다. 회담은 9시부터 새벽 2시까지 계속되었다. 일부 경제 문제에 대한 토론이 있은 후 김일성은 수정된 결의안 초안 문제를 제기하였다. 미코얀은 재차 소련과 중국공산당은 김일성을 지지한다고 말하면서, 그가 주동적으로 자아비판을 하고 과오를 시정할 것을 확실히 하기만 하면 된다고 말하였다.

이 소모임에서 김일성은 소련인에게 전면적이고 성실하게 자신의 과오를 인정하고, "최선을 다해 과오를 시정하고 레닌의 당내 생활 원칙과 조선노동당의 모든 활동에서 집단지도체제 원칙을 지켜나갈 것"을 약속하였다. 미코얀은 김일성이 다음날 개최되는 전원회의 석상에서 "이 말을 모두에 발언해 줄 것"을 희망하였다. 김일성은 그렇게 할 것을 보장하였으며 "소련공산당 중앙의 모든 건의를 지침으로 삼을 것이고, 그의 마음속에 소련공산당은 의심의 여지가 없는 권위를 가지고 있으며", "조선노동당은 최근에 범한 과오를 다시는 범하지

286) ГАРФ, ф.5446, оп.98с, д.718, л.9-11; ГАРФ, ф.5446, оп.98, д.721, л.27-30.

않을 것"을 자신의 명예를 걸고 약속하였다.

마지막으로, 미코얀은 박일우를 하루빨리 석방할 것을 김일성에게 요구했고 김일성은 그렇게 할 것을 약속하였다.[287] 김일성은 확실히 미코얀의 환심을 사려하였고 이를 통해 자신이 중국과 소련 중에 모스크바를 더욱 신뢰하고 의지하고 있음을 보여주고자 하였다. 이것은 이후 김일성에 대한 미코얀의 칭찬 태도와 무관하지 않을 수 있다.

9월 23일, 조선노동당 중앙위원회 전원회의가 개막되었다. 김일성은 모두 발언에서 8월 전원회의에서 최창익 등에 대한 처분이 "지나치게 과하고 성급하였으며", 중국으로 도망한 간부들도 결코 "적을 위하여 복무한 것도 아니다"고 인정하였다. 김일성은 중앙상무위원회의 결정을 선포하여 최창익과 박창옥의 중앙위원 자격을 회복하고 윤공흠, 서휘, 리필규의 당적 회복과 그들이 조선으로 돌아오기를 희망한다는 입장을 표명하였다.

김일성은 전 당의 단결을 호소하고 민주집중제를 실현할 것과 과오를 범한 동지들에 대해 더욱 신중하고 인내의 태도로 교양할 것이라고 밝혔다. 그러나 그 뒤에 이어진 일련의 발언 중에서 노동당중앙 조직부장 한상두, 함경남도 도당위원장 현정민, 평안북도 인민위원회위원장 한태전, 과학원원사 리청원, 함경남도 인민위원회 위원장 리유민, 평양시 당위원장 리송운, 개성시 당위원장 리창옥 등은 마치 사전에 약속이나 한 것처럼, 발언 내용이 모두 최창익, 박창옥, 윤공흠, 서휘, 리필규 등을 집중 비판하는 것이었다.

발언자들은, 이들이 "개인숭배 비판을 구실로 당을 반대하고 당의 분열을 획책하였으며, 악명 높은 종파주의자, 이승만에 맞장구친 자, 생활이 부패하고 부녀자들을 강간하고, 사치와 낭비를 하였다"고 비판하였지만, 발언 말미에는 모두 한 목소리로 이들의 당적을 회복시키는 당 중앙의 결정에 동의한다고 밝혔다.

김일성과 박정애는 때때로 그들의 발언 중에 끼어들어 본론으로 돌아갈 것을 요구했지만 그들의 발언을 중단시키지는 않았다. 노동당 농업부장 박훈일

---

287) ГАРФ, ф.5446, оп.98с, д.718, л.3-6.

(연안파 간부)만이 8월 전원회의 처리 방법을 거리낌 없이 비판하고, 박금철, 김창만, 한상두의 이름을 거명하며 질책하였으며, 심지어 "국가 지도자 역시 잘못한 점이 있다"고 지적하였다. 박훈일은 자신이 직접 겪은 일을 열거하면서 8월 전원회의 이후 당내 분위기가 매우 긴장되었고, 일부 당원 간부들은 취조, 통제, 고발을 당했다고 주장하였다.

이에 김일성은 그에게 흥분하지 말라고 경고하였다. 그러나 박훈일은 당내 간부들 간의 복수 분위기를 조장한다는 것을 이유로 박금철, 김창만, 한상두를 당내 직책에서 해임할 것을 건의하는 등 매우 민감한 문제들을 제기하였다. 이때 사회를 보던 박정애는 토론을 중지할 것을 제안하였고, 일부는 곧 바로 박훈일을 종파집단으로 규정하고 전원회의에서 박훈일 문제를 토론할 것을 요구하였다. 김일성은 일어나서 박훈일 문제는 이후에 별도로 논의하기로 하고 곧바로 대회 폐회사를 하였다. 이후 김창만은 결의안 초안을 낭독하고, 대회는 이를 통과시킴으로써 전원회의는 막을 내렸다.[288]

전원회의의 결의문은 최창익 등에 대한 당내 처분 결정을 수정하는 이유를 다음과 같이 해명하였다.

"이상의 동무들이 범한 과오가 엄중하다는 데에는 의심의 여지가 없다. 그러나 이번 전원회의는 8월 전원회의가 이 동무들과 관련된 문제를 연구하는 과정에서 필요한 신중함이 부족하고, 문제 해결의 태도도 일부 간단하였으며, 결과적으로 이 동무들의 잘못을 시정시키기 위한 교육방법에서 충분한 인내심이 발휘되지 않았다고 인정한다. 본 전원회의는 당내의 사상 통일을 더욱 공고히 하고 우리 당의 모든 역량을 집중하여 당면한 혁명 과업 수행의 임무를 실현하기 위한 절실한 염원으로부터 출발하여, 비록 그들의 과오가 엄중하다 할지라도 그들을 관대하게 포용하여 그들로 하여금 자기의 과오에 대하여 반성할 기회를 주며 그들의 과오를 시정하고 올바른 길에 들어서도록 계속 꾸준히 교양해야 한다고 생각한다."

결의문은 각급 당 조직은 당내 민주주의를 더욱 확대 발전시키고, 당내 비판

288) ГАРФ, ф.5446, оп.98, д.721, л.31-43.

과 자아비판, 특히 아래로부터의 비판을 더욱 강화할 것과 모든 당 조직은 당의 단결과 전투력을 강화하고, 당원의 적극성과 능동성을 강화하는 데 전면적인 투쟁에 나설 것을 촉구하였다.[289]

미코얀의 평양 방문에 동행했던 소련 외교관 코비젠코는 1991년 인터뷰에서, "전원회의 결의 초안은 미코얀과 포노마레프가 기초하였으며, 처음에는 미코얀이 평양에서 자신이 일찍이 부다페스트에서 했던 역할을 담당하려는 것 같았다"고 말하였다. 또 "중국인(팽덕회)이 김일성의 해임을 계속해서 주장하였기 때문에 최초 초안에는 김일성 사임 내용이 들어 있었지만, 자신(코비젠코)의 계속된 설득으로 소련대표단은 이 내용의 삽입을 포기하였으며, 소련대표단의 태도가 소극적으로 변하면서 중국인들 역시 자신들의 주장을 포기하였다"고 증언하였다.[290]

그러나 위의 당안 자료와 대조하여 보면 이 구술 사료는 믿을 수 없다는 것이 명백해졌다. 실제로 소련인들은 이 결의안 초고를 기초하지도 않았고 팽덕회 또한 김일성의 해임을 요구한 적도 없다. 확실한 것은, 이번 방문을 통해서 김일성에 대한 미코얀의 인상이 확실히 변한 것으로 보인다.

중소 대표단이 9월 23일 북경으로 돌아온 후, 모택동은 저녁에 소련대표단을 접견하였다. 미코얀과의 회담에서 모택동은 이번 방문의 결과에 결코 만족하지 못하는 듯 보였으나 미코얀은 곳곳에서 김일성을 위해 변호하였다. 모택동이 먼저 결의문에서 "위의 동지들은 엄중한 과오를 범하였다"는 어구에 대하여 의문을 제기하자, 미코얀은 "해당 인사들은 전원회의에서 지도자의 경질을 주장했던 사람들"이라고 설명하였다.

모택동은 "조선노동당에 대한 비판이 부족하며 정치 분야에 대한 언급이 없을 뿐 아니라, 전쟁을 일으킨 문제에 대해서도 언급이 없다"고 지적하였다. 미코얀은 회피하듯이 지금 그들에게 너무 많은 주문을 하면 그들은 듣지 않을 것이라고 말했다. 이에 모택동은 "김일성이 전쟁을 일으킨 것은 큰 잘못이며

---

289) ГАРФ, ф.5446, оп.98, д.721, л.44-45.

290) Lankov, *Crisis in North Korea*, pp.140-142.

제3장 | 주체의 제창 **505**

아직도 이를 인정하고 있지 않다"고 주장하였다.

이에 미코얀은 스탈린도 역시 이에 대하여 책임이 있으며 김일성은 어쨌든 젊고 경험이 없었다고 대답하였다. 모택동은, "김일성은 소련이 심은 한 그루의 작은 나무 같은 것이며, 당신들이 이 나무를 심었고 미국인이 이를 뽑았지만, 우리가 다시 원래 자리에 다시 심어 놓았는데, 조선은 지금 매우 우쭐대고 있다"고 말하였다. 미코얀은 이미 큰 진전이 있었으며, 이번 결의안은 머리를 많이 쓴 것이라고 말하였다. 총체적으로 미코얀은 만족하였으며 "우리의 계획은 완성되었다"라고 평가하였지만, 모택동은 이에 동의하지 않고 "문제가 해결된 것이 아니라, 이제 막 시작되었다"고 의미심장한 말을 남겼다.[291]

확실히 조선의 문제는 해결과는 거리가 멀었으며, 중국과 소련은 조선 문제 처리의 태도와 입장에서 차이를 보이기 시작하였다.

3. 모택동 김일성을 동방의 임레 나지로 비유

미코얀이 귀국한 이후, 9월 25일 소련공산당 중앙위원회 주석단은 소련대표단이 조선노동당 중앙 및 중공 중앙과 진행한 담판의 활동을 높이 평가하는 결의문을 채택하였다.[292] 소련 지도부가 보기에는 조선 문제는 이미 해결된 것처럼 보였다. 사실 조선에서 표면적 안정은 매우 짧은 기간 동안만 유지되었다.

소련공산당과 중국공산당의 간섭으로 인해 한 달도 안 되는 기간 동안 상호 모순되는 두 가지 결정을 한 것은 김일성에게는 큰 굴욕이며 이제 막 시작한 주체사상 운동에 큰 타격이 아닐 수 없었다. 김일성은 이 상황을 절대로 받아들일 수 없었다. 김일성은 중소 대표단의 건의 및 그에 대한 약속 이행을 미루는 한편, 은근히 새 결정에 저항하며 반격의 시기를 기다렸다.

중소 대표단이 평양을 떠난 후 중국은 조선노동당의 9월 전원회의 결의문

---

291) 1956년 9월 23일 모택동과 소련공산당 중앙대표단 접견 담화기록, 미출간.
292) ГАРФ, ф.5446, оп.98, д.721, л.1.

발표에 주목하였다. 9월 26일 팽덕회는 "조선은 지금까지 9월 전원회의 결의문을 발표하지 않고 있다. 결의문 발표는 이전에 중소 대표단의 평양 방문시 조선노동당과 합의한 사항이다. 만일 내일도 신문에 발표하지 않는다면, 중소 대표단의 지도자들은 이 문제의 해결을 위해 조선을 재차 방문할 필요가 있으며, 중앙위원회 전원회의를 재차 소집하든지 심지어 대표자대회를 개최하는 것도 못할 게 없다"고 소련공산당 국제 부장 포노마레프에게 말하였다. 대화중에 통역 사철은 중공 중앙은 평양 방문 기간 김일성이 자신의 부하들에게 "두 명의 큰 형(중국과 소련)"이 조선에 온 것은 "조선노동당의 내부 일에 간섭하기 위해서이다"라고 말한 정보를 가지고 있다고 말했다.[293]

모스크바의 지시에 따라 이바노프 대사는 다음날 박금철을 만났다. 박금철은 조선노동당 중앙은 결의를 신문에 발표하는 것은 부적절하며, 8월과 9월 전원회의 문건 자료를 하나의 소책자로 묶어서, 각급 당 조직에게 배포하고 토론하도록 할 것을 제안하였다. 소련 외교관은 조선노동당이 미코얀, 팽덕회와 전원회의 결정문을 신문에 발표할 것을 이미 합의하였음을 환기시켰다. 그는 결의문을 신문에 발표하는 것이 조선노동당에게 유리하며, 형제당들이 조선노동당의 상황을 이해할 수 있게 한다고 말하면서, 동시에 신문에 발표하는 것은 "원칙의 문제"이며 "김일성과 미코얀, 팽덕회 동지와의 합의를 이행"하는 의미를 가진다고 주장했다. 이에 박금철은 이번 대화 내용을 당 중앙상무위원회에 보고하겠다고 대답하였다.[294]

9월 28일 평양 주재 중국 대리대사 조극강(曹克强)은 이바노프 대사를 만나 중공 중앙연락부와 국무원 판공청이 최근 매일 대사관에 조선 신문을 반드시 주목하고, 조선 동지들에게 9월 전원회의 결의문 발표를 재촉하고 있다고 알렸다. 조극강은 팽덕회가 평양을 떠나기 전 결의문을 신문에 발표하는 문제는 김일성과 이미 합의한 내용이라고 특별히 거듭 당부하였다고 말했다. 소련 대사는 이에 관한 박금철의 대답을 전한 후, 조극강에게 북경으로부터 특별지시가

293) ГАРФ, ф.5446, оп.98с, д.718, л.2.
294) РГАНИ, ф.5, оп.28, д.486, л.20-23.

있을 경우 결의문 발표 문제는 소련 대사관과 연락하여 공동보조를 취할 것과, 필요할 경우 조선 친구들에게 이 문제에 대한 해명을 요구하는 조치를 취할 것이라고 말하였다.[295]

중공 중앙은 이 문제를 매우 중시하였으며 신경이 곤두서있었던 것이 분명하다. 이런 상황에서 조선노동당은 "선처리 후보고" 방식을 택하여, 중소 양당과 사전 상의 없이 9월 29일 로동신문에 다음과 같은 한 토막의 짧은 소식을 게재하였다.

> 조선노동당 중앙위원회 전원회의가 9월 23일에 진행되었다. 전원회의에서는 최창익, 윤공흠, 서휘, 리필규, 박창옥 동무들의 규율 문제에 대한 당 중앙위원회 8월 전원회의 결정을 재심의하였다. 이상의 동무들이 범한 과오는 8월 전원회의에서 심의한 바와 같이 물론 엄중하다. 그러나 9월 전원회의는 당내의 사상의지의 통일을 더욱 강화하여 우리 당의 단합된 모든 역량을 당면한 혁명 과업 수행에 경주하는 것이 필요하다는 절실한 염원으로부터 출발하여 비록 이들이 과오가 엄중하다 할지라도 그들을 관대하게 포용하며 그들로 하여금 자기의 과오에 대하여 반성할 기회를 주며 그들이 과오를 시정하고 올바른 길에 들어서도록 계속 꾸준하게 교양하기 위하여 최창익, 박창옥 동무들을 당 중앙위원회 위원으로 회복시키며 윤공흠, 서휘, 리필규 동무들의 당 생활을 회복시킬 것을 결정하였다. 9월 전원회의는 각급 당 단체들이 8월 전원회의에서 채택된 '형제국가를 방문한 정부 대표단의 사업 총화와 우리 당의 당면한 몇 가지 과업들에 관하여'의 결정서에서 제기된 과업들을 철저히 진행하며 특히 과오를 범한 당원들을 꾸준히 내심하게 교양하며 설복함으로써 그들의 잘못을 고쳐 주는 데 커다란 당적 주목을 돌릴 것을 강조하였다.

같은 날 로동신문은 '해석, 설복, 교양은 우리당 지도의 기본 방법이다'라는 사설을 게재하고, 여러 차례에 걸쳐 "당내 민주"와 "비판과 자아비판의 정신"을 강조하였다.[296] 이날 조극강은 박금철을 예방하여 북경은 오랫동안 결의문 발표가 늦어지는 것에 관심을 갖고 있다고 통보하였다. 이때 박금철은 로동신문

---

295) РГАНИ, ф.5, оп.28, д.486, л.23-26.
296) 『로동신문』 1956년 9월 29일 1면.

1면에 관련 내용을 게재하였다고 말하면서, 노동당은 조직 문제에 관한 8월 전원회의 및 9월 전원회의 결의는 단독으로 소책자를 발행하여 각급 당 조직에서 배부할 예정이기 때문에, 이 내용을 신문에 다시 게재하는 일은 없을 것이라고 밝혔다.[297]

모택동을 더욱 참지 못하게 했던 것은, 중공 지도부가 결의문 발표에 가장 큰 관심을 가지고 있었으며 이후에도 부단히 이를 추궁하였음에도 불구하고, 조선노동당은 중공과의 아무런 사전협의 없이 사후에 통보도 하지 않았다는 점이었다. 로동신문에 '결정문'을 발표한 이후에도 조선 측은 소련과 중국에 아무런 설명도 하지 않았다.

10월 5일, 소련외교부 부부장 그로미코가 평양 주재 소련 대사관에 이 문제에 대해 문의하였고, 김일성은 10월 8일이 되어서야 이바노프를 접견했다. 김일성은 신문에 전원회의 결정문이 게재되었을 때 자신은 평양에 없었으며, 발표된 자료는 상무위원회의 다른 위원들이 준비한 것이라고 설명하였다. 또한, 김일성은 자신은 결정서 전문 공개를 미코얀과 팽덕회 동지와 합의한 적이 없으며, 다만 그렇게 하는 것을 고려해 보겠다고 대답했을 뿐이라고 말했다.

후에 상무위원회에서 이 문제를 연구할 때, 8월 전원회의의 잘못된 결정의 내용이 누설될 경우 남조선에 의해 지나치게 이용될 수 있기 때문에 전문을 발표하는 것은 불가능하다고 밝혔다. 이 밖에도, 신문 발표에는 결의문 중에 있는 중국과 소련공산당 대표단이 건의한 내용, 즉 당 전체가 당내 생활의 원칙과 준칙에 있어서 레닌주의 준수를 호소하는 부분이 삭제되어 있었다. 김일성은 당원들에게 형제당이 조선 내정에 간섭하였다는 인상을 주는 것을 피하고, 외부의 압력에 의해서 조선노동당 8월 전원회의 결정이 번복되었다고 적에게 이용당하는 것을 피하기 위해 이 부분을 삭제하였다고 설명하였다.

김일성은, 결의문은 이미 소책자로 발행되어 당내에 배포되었으며, 노동당중앙은 9월 전원회의 결의를 이행해나갈 것이라고 밝혔다. 그러나 김일성은 기층 조직에서 토론할 때 당원들은 계속해서 당내 파벌 활동을 질책하고 있으며, 그

---

297) РГАНИ, ф.5, оп.28, д.486, л.26.

들을 더욱 엄하게 처벌할 것을 요구하였다고 의도적으로 밝혔다.

마지막으로, 이바노프 대사는 중국으로 망명한 인사들이 자신들과 관계된 9월 전원회의 결정을 알고 있는지 질문하였다. 김일성은 당 중앙과 그들은 연락이 없으며 그들이 어디있는지도 모른다고 냉담하게 대답하였다. 그는 또한 중국 동지들이 이 소식을 거기에 있는 그들에게 통보해줄 수 있을 것이라고 덧붙였다.[298]

김일성은 합의한 결정서 발표를 이행하기를 원치 않았다. 그 이유는 김일성은 자신의 "주체" 형상이 손상을 입을 것을 우려하였기 때문이며, 당내에만 배포하게 되면 자기 마음대로 해명만 하면 되기 때문이었다.[299] 김일성이 한 입으로 두 말하며, 특히 중공과 직접 연락을 피하는 행위는 모스크바를 어찌할 수 없게 만들었다. 소련공산당 중앙위원회 연락부 부부장 비노그라도프는 (Vinogradov)는, 김일성의 이러한 행동은 "조선노동당 전원회의 결의 전문 공표 제안을 사실상 거절한 것"이라고 보고하였다. 이미 기정사실화된 상황에서 소련공산당 중앙은 소련 대사에게 김일성의 회답을 중국에 전달하도록 할 수밖에 없었다. 중국 측이 난처하지 않도록 하기 위해 중앙연락부는 소련 대사관에 보내는 전보에서 "이는 모스크바의 위임을 받았다고 언급하지 말 것을" 특별히 강조하였다.[300]

현재까지의 당안 자료에 따르면, 중공 중앙은 로동신문에 소식이 발표된 후 한 달 정도가 지난 후에 조선 측의 해명을 들을 수 있었으며, 이마저도 소련인들로부터 들은 것이었다. 10월 26일 이바노프 대사는 중국 대사관을 예방하고, 조극강에게 10월 8일 김일성이 노동당중앙 전원회의 결의 발표에 관한 해명을 전달하였다. 이에 조극강은 어떠한 반응도 보이지 않았다.[301] 이 침묵이 중국의 불만을 나타내는 것임은 두 말할 필요가 없다. 중국을 더욱 불만스럽게 한

---

[298] РГАНИ, ф.5, оп.28, д.486, л.28-33.

[299] 9월 전원회의 소식이 전달된 후, 확실히 수많은 노동당원들은 곤혹스러움을 느꼈다. 1956년 11월 22일 페리셴코와 박금철 담화기요; 1956년 11월 23일 삼소노프와 이송운 담화기요는 Lankov, *Crisis in North Korea*, pp.143-144에서 재인용.

[300] РГАНИ, ф.5, оп.28, д.410, л.296-297.

[301] РГАНИ, ф.5, оп.28, д.412, л.344-347.

것은, 조선노동당이 다른 합의 약속에 대해서도 각종 핑계를 대면서 이행을 차일피일 미뤘다는 점이었다.

9월 전원회의 결의에 따라 최창익과 박창옥은 중앙위원 자격을 회복했지만 그에 상응하는 직무는 주어지지 않았다. 11월 중순이 되어서야 박창옥은 하방되었던 목재 가공 공장에서 건설 중인 마동시멘트 공장 총지배인으로 전보되었다. 김일성은 박창옥에게 자신을 증명할 1년 동안의 시간을 준 것이라고 설명하였다. 최창익은 한직인 문물 문화 및 역사 문물보호국국장으로 전보되었지만 최창익은 이를 거절하고, 원사로서 과학연구사업에 종사하게 해줄 것을 요청하였다.[302]

윤공흠, 서휘, 리필규, 김강에 관해서 9월 28일 김창만은 중국 대사관에 "조선은 이미 그들을 필요로 하지 않는다"고 알렸다. 사실상 김일성이 소련 대사관에 의도적으로 암시한 바에 따라 그들의 과거 문제에 대한 조사가 시작되었으며, 장래에 죄명을 꾸며내기 위해 증거가 수집되고 있었다. 심지어 9월 전원회의에서 비판적 발언을 했던 박훈일 역시 조사 대상에 올라있었다. 그들의 가족들은 전원회의 이후 원 거주지에서 쫓겨났고, 정상적 식량 공급도 중단되었다. 최소한 10월 26일까지 이 조치들이 회복되지 않았으며, 김강의 부인이 문화성에 도움을 요청하러 갔지만 총무처장에게 욕설만 들었다.

윤공흠 등은 9월 전원회의 정황을 이해한 후에도 여전히 조선으로의 귀국을 거부하면서, 조선 정부가 그의 가족들이 중국으로 오도록 허락해줄 것만을 희망하였다.[303] 11월 19일 남일은, 조선 정부는 그들의 가족들이 중국으로 가는 것에 반대하지 않는다고 소련 대사에게 밝혔다.[304] 그러나 이 약속은 이행되지 않았으며 중국으로 도망한 간부들은 이후 자신들의 가족을 전혀 만나지 못했고 어떠한 소식조차 듣지 못했다.[305]

중국 지도부의 가장 큰 관심은 박일우의 신변 문제였다. 팽덕회는 직접 김일

302) РГАНИ, ф.5, оп.28, д.411, л.293-395.
303) РГАНИ, ф.5, оп.28, д.486, л.23-26; д.412, л.344-347; д.412, л.366-370; д.486, л.28-33.
304) РГАНИ, ф.5, оп.28, д.411, л.293-395.
305) 필자의 김강, 김충식 인터뷰 기록.

성에게 조선 정부는 박일우를 석방하고 그를 중국으로 보내줄 것을 희망하였다.[306] 김일성이 팽덕회의 요청에 동의하고, 노동당중앙 상무위원회는 10월 회의에서 박일우 석방에 동의하여 가택연금 혹은 중국으로의 송환을 결정하였다. 그러나 이후 상황변화에 따라 이 결정은 끝내 집행되지 못했다.[307]

김일성의 지연 전략은 신속히 효과를 발휘했으며 역사는 그에게 재차 기회를 제공하였다. 10월 하순, 폴란드와 헝가리에서 연이어 위기가 발생하자 흐루시초프는 모택동에게 동유럽 형제당 문제 해결을 위해 도움을 요청하였고, 이에 중소 양당의 관심은 한 순간에 유럽으로 쏠렸다.[308]

김일성은 이 천재일우의 기회를 놓치지 않고 곧 바로 "집안 내부정리"에 나섰다. 9월 전원회의 이후, 김일성은 박금철에게 당내 학습과 결의문 전달 사업, 그리고 기타 잔여 문제 처리를 맡겼다.[309] 박금철은 당내 반대파들의 주요 공격 대상이었는데 그에게 이 책임을 맡긴 것은 그 목적과 결과가 매우 분명하다고 할 수 있다.

노동당 평양시위원회 조직부장 김충식은, 9월 전원회의 이후 김일성이 태도를 일부 바꾸어 °실제 처분 받은 간부들을 복직시키기도 하였지만, 폴란드와 헝가리 사태 발생 이후 김일성의 태도는 "급변"하여, 종파주의를 대대적으로 비판하고 반혁명분자를 철저하게 진압할 것을 요구하였다고 회고하였다. 김충식 본인은 조선에서 출생한 토박이 간부였지만 김일성에 대한 불만 표시와 연루되어 공장 지배인으로 좌천되었다. 이러한 압력을 받는 중에 그는 출장증명서를 위조하여 안전 부문의 감시망에서 운 좋게 벗어나 중국으로 탈출할 수 있었다.[310]

주요 대상 중의 하나는 김일성대학이었다. 지식인들이 모여 있는 김일성대

---

306) РГАНИ, ф.5, оп.28, д.412, л.344-347.

307) РГАНИ, ф.5, оп.28, д.486, л.1-17.

308) 폴란드 헝가리 사태 및 중공이 소련공산당과 협력하여 위기를 해소하는 과정에 대하여, 필자의 다음 논문을 참고할 것.沈志华,「1956年十月危机: 中国的角色和影响」,『历史研究』2005年 第2期, 119-143쪽.

309) 1950년 5월 21일 모택동과 김일성 회담담화기록, 미출간.

310) 필자의 김충식 인터뷰 기록.

학은 "정치적 견해가 다른 자"들과 "정치 자유사상"의 온상인 동시에, 최창익의 "대본영"으로 간주되었다. 9월 전원회의 결의에 대한 학습과 토론이 전개된 직후 사업은 사상투쟁으로 변질되었고 교장 유성훈, 역사학과 주임 김정도와 일부 교원은 비판받고 숙청을 당하였다.[311] 노동당 평양시위원회, 건설성, 무역성, 직업동맹의 수많은 간부들이 직위에서 해임되었다.

노동당 평양시위원회 선전부 부부장은 당내 민주를 옹호하는 발언을 했다는 이유로 출당 처분을 받았으며, 부위원장 홍순관은 "과오 시정"을 원치 않는다는 이유로 재차 출당 조치되었다. 리송운은 1차 회의에서 미코얀과 팽덕회가 평양에 온 것은 조선노동당을 흠집 내기 위한 것이라고 말하였으며, 김창만은 반대파들의 활동을 겨냥하여 그들은 고생을 해야 하며, 내무성과 군대가 우리의 수중에 있다고 독살스럽게 말하였다.[312]

이런 긴장된 분위기에서 다수의 간부들이 해외로 망명하였다. 이미 해임된 소련 대사 이상조가 귀국을 거부한 것 이외에도, 중국으로 도망간 국장급 이상 간부들이 모두 16~17명에 달했으며, 윤공흠 등에 뒤이어 홍순관(홍전으로 개명), 김일성대학 당위원장 홍광, 인민군종합병원 당위원장 김정룡(양일평으로 개명), 소련 주재 대사관 당위원장 이희상, 직업동맹 당위원장 김지홍(한경으로 개명), 평양시위원회 조직부장 김충식 등이 중국으로 망명하였다.[313]

소련에 유학 중인 노동당중앙위원 김승화의 평양 가족들도 박해를 받았다. 이에 김승화는 자식 3명을 모스크바에서 교육받게 해달라고 소련 정부에 요청할 수밖에 없었다.[314] 중간파라고 여겨지던 부수상 박의완도 "당내의 살벌한 분위기"를 느꼈다. 그는 "김일성은 겉보기에는 중소의 건의를 수용하였지만 실질적으로는 과오를 계속 범하는 길로 나아가고 있으며, 다른 의견을 가진 수많은 간부들이 교체되고 전출되고, 심지어 출당되고 있다"고 소련 대사관에 호소

---

311) 북한연감간행위원회 편, 『북한총람(1945-1968)』, 178쪽; Lankov, *Crisis in North Korea*, pp.148-149.

312) РГАНИ, ф.5, оп.28, д.412, л.344-347; д.486, л.1-17.

313) 필자의 김강, 김충식 인터뷰 기록; РГАНИ, ф.5, оп.28, д.412, л.373-374. 모택동이 9월 23일 미코얀과 담화 중 언급한 인원수는 15명이었다.

314) РГАНИ, ф.5, оп.28, д.412, л.379-382.

하였다. 이런 상황에서 박의완 자신도 소련 국적과 당적을 회복하고 소련으로 돌아갈 것을 희망하였다.[315)

중공이 가장 받아들일 수 없었던 것은 헝가리 위기가 고조되고 있을 때, 조선 정부가 조선통일과 정전 등의 문제를 해결하기 위해 유엔총회에 참가하겠다고 주장하고 나선 점이었다.

1954년 제네바회의에서 조선 문제는 해결되지 못했다. 이후 유엔군과 정전 담판에서 중국 대표는 계속해서 군사정전위원회를 실질적으로 책임지고 있었다. 정전 회담의 장기화를 고려하고 조선의 주권을 옹호하기 위하여, 1954년 11월 24일 중국은 자진해서 이후의 회담 업무를 조선이 책임지도록 하였다. 조선 측의 동의를 거쳐 12월 16일 군사정전위원회 중조 대표단에 업무관계 조정 방안을 하달하는 한편, "군사정전위원회의 일체 사무를 조선인민군 대표단의 주재하에 처리하도록 하고, 평양의 직접적 지도를 받도록" 하였으며 중국지원군 대표단 기구를 축소하였다. 그러나 중요한 문제는 평양과 북경이 협상하여 해결한다는 규정을 두었다.[316)

1955년 11월 29일, 제10차 유엔총회는 유엔의 목표에 따라 제11차 유엔총회에서 조선 문제를 계속 토론할 것을 결정하였다. 1956년 4월 9일 중국 정부는, 조선민주주의인민공화국의 위임을 받아 관련국회의를 개최하여 조선 문제를 해결할 것을 호소하였다. 5월 8일 유엔군 측은 영국 정부를 통하여 성명을 발표하고 회의 참가를 거부하였다. 유엔군 측이 내세운 이유는 조선과 중국 측이 "유엔의 목표"라는 선결조건에 반드시 동의해야 한다는 것이었다.

중국 정부는 1956년 "미국과 이승만 집단이 중립국위원회와 정전협정 취소에 박차를 가한 것"을 고려하여 조선 정세를 안정시키고 미국의 음모를 분쇄하기 위한 방침의 제정과 실행의 책임을 다시 맡았다. 그러나 소련 대사관의 관찰에 따르면, 이때 중조 정부 사이에 일련의 외교 문제에 있어서 일치된 견해가 부족했으며 중국 친구들은 이에 불만을 가졌다.[317)

---

315) РГАНИ, ф.5, оп.28, д.411, л.295-296.
316) 『建国以来毛泽东军事文稿』中卷, 251쪽; 『抗美援朝战争史』第3卷, 474쪽.
317) АВПРФ, ф.05, оп.28, п.103, д.409, л.139-140.

조선노동당 8월 전원회의 이후 중조관계는 나날이 긴장되었으며 김일성은 중공에 조선 문제 해결의 주도권을 다시 맡길 수 없다고 여겼다. 헝가리 사태가 발발했던 1956년 10월 23일, 남일은 돌연 소련 대사관에 조선노동당 중앙상무위원회는 외무성이 제기한 건의, 즉 조선은 조선 대표를 파견하여 11차 유엔총회에 참가하고, 조선 문제 해결을 위한 새로운 제안을 할 것이라고 소련 대사관에 통보하였다.[318]

이 구상은 사전에 중국에게 통보되지 않았고, 상의한 적은 더더욱 없었다. 11월 5일 소련이 유소기의 건의로 재차 출병하여 부다페스트를 점령한 다음날, 조선 정부는 유엔총회 참가에 관한 비망록을 소련과 중국 정부에 전달하였다. 중국 정부는 회신에서 이 구상에 대한 의문을 제기하였다.

중국은, 유엔이 조선전쟁 교전의 당사자이기 때문에 조선과 중국에 유리한 결의를 할 수 없다고 보았다. 그러나 조선은 유엔회원국 중에 14개 회원국만이 전쟁에 참여하였으며 참전하지 않은 회원국들이 조선의 제안을 지지할 수 있다고 주장하였다. 중국은 일부 "핵심사항에 대한 조치"를 취한 후 조선이 제출한 비망록의 입장에 동의하였다.[319]

김일성이 비망록을 전달한 시기 선택이 매우 중요했다. 소련과 중국 모두 동유럽의 위기 해결에 골머리를 앓고 있었기 때문에 조선 문제를 자세하게 살필 만큼 한가하지 않았다. 그럼에도 불구하고 중국은 여전히 다른 방식으로 불만을 표시하였다.

11월 16일 주은래는 모든 사회주의 국가들의 대사들을 소집하여 중국의 경제상황을 설명하면서, 중국은 제2차 5개년 계획이 종료될 때까지 기타 사회주의 국가들에게 새로운 원조를 제공할 수 없다고 통보하였다. 이는 사실상 조선을 겨냥한 것이었다. 왜냐하면 8월 21일 김일성은 중국 대사 교효광에게 1957년에 재차 조선에 새로운 원조를 요청하였기 때문이다.

그 후 1957년 중조 양국 간 무역계획을 확정할 때 조선이 요청한 원조금액

318) РГАНИ, ф.5, оп.28, д.412, л.341-342.

319) РГАНИ, ф.5, оп.28, д.411, л.301-302; АВПРФ, ф.05, оп.28, п.103, д.409, л.139-141.

은 총 1.85억 위안(元)이었는데, 그중 5천만 위안은 새로운 무상원조 요청이었고 중국 정부는 이에 대해 시간을 끌면서 대답을 하지 않고 있었다. 본래 조선 정부는 부수상 김일을 중국에 파견하여 1957년 무역협정을 체결할 예정이었다. 중국 주재 조선 대사관의 통보를 받은 조선 정부는 김일의 중국 방문을 취소할 수밖에 없었고, 1957년 경제계획을 재심의하고 건설자금의 투입을 축소하였다.[320]

확실히 중공 지도자들이 보기에 김일성이 제기한 문제는 예삿일이 아니었다. 조선의 이러한 제안은 조선 문제 처리에서 중국의 영향을 벗어나려 하는 것일 뿐만 아니라, 더욱 심각한 것은 유엔에게 도움을 청하는 이러한 외교 행위는 헝가리의 나지 정부가 중립을 선포하고 유엔의 지원을 호소한 것과 다를 바 없었다. 따라서 헝가리 위기가 수습되자 곧바로 모택동은 조선 문제 처리에 착수하였다.

11월 28일 모택동은 중공 중앙정치국 상임위원회 확대회의를 개최하고 조선 문제를 집중 토론하였다.[321] 회의 내용은 현재로서 알 수 없지만, 이틀 후 모택동과 소련 대사 유딘이 장시간의 대화를 가진 것으로 볼 때, 조선 문제 처리 및 중조관계에 대한 중공의 기본 태도와 입장이 반영되어 있다고 할 수 있었다.

1956년 11월 30일 밤 11시, 모택동은 중남해 이년당에서 소련의 유딘 대사를 접견하였다. 모택동은 헝가리 정세가 이미 일부 호전되었지만 이제는 동방에서 또 문제가 나타났다고 말을 꺼내면서, 이 문제가 헝가리 사건과 비슷하게 전개될지는 지켜봐야 한다고 말했다. 그것은 바로 조선 문제였다.

모택동은 최근 조선은 유엔이 나서서 교전 양측에게 조선 문제를 평화적으로 해결하도록 권고해줄 것을 요청하려 하고 있으며, 교전 양측의 일방은 미국을 중심으로 하는 16개국이고 또 다른 일방은 김일성이라고 말하였다. 모택동은 "이 경우 우리는 무엇이란 말인가? 우리 중국은 일방의 반쪽에 불과하며, 교

320) 『周恩来年谱(1949-1976)』上卷, 639쪽; РГАНИ, ф.5, оп.28, д.410, л.322-325; д.411, л.301-302; д.486, л.1-17.

321) 中共中央文献研究室编, 『邓小平年谱(1904-1974)』, 北京: 中央文献出版社, 2009年, 1,330쪽; 中共中央文献研究室编, 『陈云年谱(1905-1995)』 中卷, 北京: 中央文献出版社, 2000年, 351쪽.

전의 비공식 일부에 불과하다"고 덧붙였다. 모택동은 김일성이 중국을 버리고 유엔과 직접 관계를 맺으려고 하는 것에 큰 불만을 갖고 있었음이 분명하다. 이어서 모택동은 "유엔은 교전의 한쪽 당사자인데, 유엔군 측이 유엔 감독하에 자유선거를 실시하자고 하면 그 결과가 어찌 될 것 같은가?"라고 반문하였다.

유딘 대사는 장문천(张闻天)이 전한 중국 측 견해를 이미 흐루시초프에게 전화로 보고하였다고 대답하면서, 개인적으로 조선의 행동은 사회주의 진영의 이익을 위배한 것이며 소련 정부 역시 중국의 견해에 동의할 것으로 믿는다고 말했다.

모택동은 단도직입적으로, 조선이 이 문제를 제기한 것이 매우 이상하며 그들의 사상 또한 위험하다고 지적하면서 "김일성은 아마도 나지처럼 변할 것"이라고 말하였다. 그는, "김일성이 보기에 우리는 그들에게 별 효험이 없고, 다른 곳에 효험이 있는데 그곳이 바로 유엔"이라고 생각한다고 말하였다. 그는 조선의 정세는 매우 불안정하고 내부 투쟁 역시 매우 격렬하다고 말했다. 또한 얼마 전 미코얀과 팽덕회가 평양에 가서 우호적 권고를 했는데 김일성은 이를 간섭으로 보고 있으며, 현재 김일성은 조선에서 내부 숙청을 하고 있고, 유엔에 도움을 청하려 하고 있다고 모택동은 보았다.

조선 문제의 해결 방안에 대해 모택동은 다음과 같이 말하였다. "조선 국내의 정치상황은 개선의 여지가 전혀 없는 것처럼 보인다. 국내에는 김일성을 대신할 고물카가 없으며, 그는 국내의 고물카 모두를 죽였다. 동시에 김일성 자신은 고물카, 로코소우스키가 아니고, 카다얼도 아니며, 나지에 가까운 것으로 보인다."

모택동은 계속해서 "조선에는 세 갈래의 길, 즉 고물카와 카다얼의 길, 티토의 길, 또는 나지의 길이 있다. 제국주의는 사회주의 국가들이 사회주의 진영에서 이탈하길 원하고 있으며, 나지는 성공하지 못했지만 김일성은 성공할 수도 있다"라고 말하면서 "이 경우 김일성은 조선에서 중국 군대의 철수를 요구할 것이다. 소련 군대는 바르샤바 조약이 있어 폴란드에 주둔할 수 있지만 우리는 지원군이며 또 김일성이 싫어한다. 그가 중국 군대에게 나가라고 하면 어떻게 해야 하는가? 안 가기엔 남아 있을 명분이 없고, 나가자니 조선이 사회주의 진영을 이탈하여 서방 혹은 티토의 길을 갈 수 있다"고 말했다.

대화가 여기에 이르러 모택동은 소련과 협의하여 조선이 첫 번째의 길로 가도록 돕기를 희망한다고 밝혔다. 이때 유딘은 자신도 조선의 정세에 대해 매우 우려하고 있으며, 조선이 중소간 이간질을 할 의도를 가지고 있고, 말하는 것과 행동하는 것이 다르다고 말했다. 모택동은 조선의 소련에 대한 태도가 비교적 좋으니 소련 동지들이 좀 더 역할을 해주길 바란다고 희망했다.

모택동은 중국이 일찍부터 중조관계에 문제가 있음을 느꼈고, "김일성은 중국이 중국에서 조선으로 돌아간 간부들을 사주하여 그를 반대했다고 생각하며, 현재 그 간부들을 모두 숙청해서 자신의 지위가 공고해져 중국도 이제 그를 간섭할 수 없다고 생각한다"고 토로했다. 모택동은 계속해서 "현재 우리는 두 종류의 의견을 가지고 있다. 첫째, 지원군을 철수하여 조선 동지들이 하고자 하는 대로 내버려 두는 것. 둘째, 지원군을 철수하지 않고 적극적인 조치를 취하여 정세를 회복하고 김일성과 회담을 통하여 상호관계를 개선하는 것"이라고 말했다. 마지막으로 모택동은 유딘 대사에게 중국의 의견을 흐루시초프와 소련공산당 중앙에 즉시 보고하여 의견을 제기해 줄 것을 요청하였다. 모택동은, 중소가 함께 연합하면 해결하지 못할 문제는 없을 것이라고 했다.[322]

모택동이 유딘 대사와 나눈 대화와 이 시기 중조관계를 깊이 고찰하면서 필자는 모택동이 마지막에 조선 문제 해결을 위한 두 가지 방법을 제기하였지만, 전체 대화 내용을 보면 사실상 자신의 태도를 분명히 했다고 생각한다. 조선 문제를 해결하려는 중국의 목적은 매우 확고하고 명확했다. 첫째, 조선은 반드시 사회주의 진영에 남아있어야 한다. 둘째, 중조 양국은 정상적인 관계를 반드시 회복해야 한다는 것이었다.

조선 상황에 대한 모택동의 판단은, 김일성이 동양의 나지가 될 가능성이 매우 높으며, 사회주의 진영을 벗어나 유엔에 의지하려 하고 있다는 것이었다. 김일성은 중국을 전혀 신임하지 않고 있으며 당내 연안파 간부 숙청 이후 중조 관계는 이미 교착 국면으로 접어들었다. 이러한 전제하에, 모택동이 "조선 동지

---

322) 1956년 11월 30일 모택동과 유딘의 담화기록, 미출간.

들이 하고자 하는 대로 내버려 두는 것"이라고 한 발언은 명백히 조선이 중국군 철수를 원하는 것에 대하여 홧김에 한 말이며, 사실상 중국은 이 선택을 원치 않고 있음을 나타낸다. 따라서 남은 방법은 단 하나뿐이었다. 그것은 조선에 주둔하고 있는 수십만의 중국 인민지원군에 기대어 김일성이 생각을 바꾸도록 압박하고, 중소 양당의 지도를 받아들이도록 하여 사회주의 진영에 계속 남도록 하는 것이었다.

그렇지 않을 경우에는 조선의 지도자를 바꿀 수밖에 없다. 이것이 바로 모택동이 말한 첫 번째 길과 "적극적 조치", 즉 고물카와 카다얼의 길이다. 이로써 중공이 조선 문제 해결을 위하여 소련공산당에 제안한 것은, 적극적 수단을 취하는 것이며 그 이유는 김일성이 사회주의 진영을 이탈하려고 하는 것 때문이고, 실질적 목적은 중조관계를 개선하고 조선을 중공의 혁명노선에 복종하도록 하는 것이라고 판단된다.

모택동이 언급한 바 김일성이 "손님을 나가라고" 하는 문제에 관해 조선이 직접적으로 철군을 요구한 적은 없었다. 그러나 모택동의 예상은 정확하였다.

1955년 8월 남일은 중국 대사관에 외국 군대를 남조선에서 철수하는 문제와 중국군을 조선에서 철수하는 문제를 중조 양국이 공동으로 제안할 것을 희망하였다. 이에 중국 정부가 시간을 끌면서 대답을 미루자 10월 남일은 특별히 소련 대사관에 와서 소련이 "중국 인민지원군의 철군 문제"를 최대한 빨리 도와주길 요청하면서, 조선은 오래 전에 중국에 이를 요청하였지만 지금까지도 소식이 없다고 불만을 표시하였다. 소련 대사는 중국 대사 반자력(潘自力)으로부터 원래 중국에 제안했던 것은 쌍방의 철군을 중조 양국이 공동으로 건의하자는 것임을 확인하였다.[323]

문제는 외국 군대를 남북에서 동시에 철군하는 문제는 일찍부터 제기되었고, 중국은 정전 후부터 계속해서 철군을 진행하였으며 당시에도 이를 멈추지 않았다는 점이다(뒤에 상세히 다루었다). 이때 조선은 애매모호하게 소련에게 이 문제를 다시 제기한 것이며, 그 목적은 소련을 이용하여 중국군 철군을 독

---

[323] 1955년 10월 1일, 3일 소련 대사 이바노프 일기, АВПРФ, SD44964.

촉하려는 데 있음이 분명했다. 그리고 1957년 6월 4일, 남일은 소련 대사와의 대담 중에 유엔총회에서 중국 인민지원군의 일방적 철군을 제안하는 것이 어떤지 물었다. 당시 푸자노프 대사가 이 구상을 단호히 거부하자, 남일은 자신의 뜻은 철군한 부대를 중조 국경에 주둔시키자는 것이며 이는 자신의 개인적 생각일 뿐이라고 급히 해명하였다.[324]

소련 대사와 면담이 끝난 후 모택동은 모스크바의 회신을 기다리지 않고 조선에 자신의 강경한 입장을 표명하였다. 12월 8일 중국 정부는 두 번째 비망록을 조선 정부에 보냈는데 이전의 제1차 답변과는 완전히 다른 것이었다. 중국은 이 비망록에서 "유엔은 실제에 있어서나 법률적으로도 모두 조선전쟁의 교전 당사자이고 장기간 미국의 조종을 받으면서 조선 내정에 간섭하였기 때문에, 조선 정부의 조선 문제 해결을 위한 유엔 참여 제안을 받아들일 수 없다"고 통보하였다.[325]

12월 16일, 중국 주재 소련 대리대사는 명을 받들어 진운 총리대리를 방문하였다. 이 자리에서, 모스크바는 모택동이 유딘 대사와의 대화에서 언급한 조선 문제를 "특별 주의"하고 있으며, 소련 정부는 "당장 유엔에 협조를 구하여 조선 통일 문제를 해결하자는 조선의 제안은 부적절하며, 평양 주재 소련 대사관에 조선 정부에 이 문제에 관해 같은 권고를 할 준비를 하고 있다"고 통보하였다. 또 담화 중에 제기된 다른 문제에 대해서는, 주은래가 모스크바로 와서 면담할 때까지 소련 정부가 기다릴 것이라고 덧붙였다.[326]

당시 중조관계와 조소관계의 상황으로 볼 때 조선은 확실히 소련과 더 가까웠다. 심지어 소련에 의지하여 중국의 영향을 차단하고자 하였다. 따라서 모택동은 조선 문제를 해결하고 중조관계를 개선하기 위해서는 반드시 소련의 도

---

[324] АВПРФ, ф.0102, оп.13, д.5, л.116-117.

[325] АВПРФ, ф.05, оп.28, п.103, д.409, л.141-142.

[326] 중국외교부당안관, 109-00743-10, 52-54쪽. 실제로 모스크바는 모택동의 태도를 알고 난 후, 즉각 조치를 취하였다. 12월 3일 조선 주재 소련 대사관 대리대사는 모스크바가 보낸 전보의 요구에 의하여 남일을 접견하였으며, 조선이 제기한 유엔에서 조선 문제를 토론하는 방안을 잠시 포기하는 것을 건의하였다. 남일은 소련의 의견을 수용하였다. 1956년 12월 3일, 페리센코와 남일 간의 회담기요. АВПРФ, SD44609.

움이 필요하였다. 모택동은 흐루시초프에 대해 믿음을 가졌던 것으로 보인다. 중국은 소련공산당이 폴란드와 헝가리 문제를 처리하는 데 적극 협조하였다. 이에 대한 보답으로 중국이 조선 문제를 해결하는 데 있어 소련이 도움을 줄 거라고 판단했다. 하지만 안타깝게도 모택동의 기대는 빗나갔다.

회유정책

회유정책
전력을 다해 김일성을 도운 모택동(1956~1960)

【개요】

　1956년 10월 발생한 폴란드·헝가리 사건은 사회주의 진영 전체를 진동시켰다. 그 결과 사회주의 국가 간의 관계, 특히 중소관계와 소조관계 및 중조관계에 모두 영향을 미쳤다. 폴란드와 헝가리 사건 처리 과정에서 소련공산당 중앙은 모택동의 독촉 아래 '사회주의 국가관계 평등발전 선언'을 발표하고, 동유럽 및 기타 사회주의 국가와의 관계 개선에 나섰다. 당시 소련과 조선노동당의 관계는 매우 가까워졌고 그 결과 소련은 조선에 강경한 조치를 취해 조선 문제를 해결하자는 중국의 입장을 지지하지 않았다.

　중공과 소련공산당의 관심이 동유럽에 집중되어 있을 때, 김일성은 한편으로 과거 경제정책을 수정하여 민심을 안정시키고, 또 다른 한편으로 당내의 숙청을 통하여 특히 친중 세력을 포함한 반대파를 철저하게 제거하면서 자신의 국내 통치기반을 더욱 공고히 하였다.

　이와 동시에 조선은 중국에게도 우호적인 신호를 보냈다. 중공이 폴란드와 헝가리 사건의 해결을 위해 소련공산당과 협력한 이후, 사회주의 진영 내에서 중공의 지위와 명성은 날로 높아져 국제공산주의 운동에서 소련공산당과 어깨를 나란히 하는 지도국이 되었다. 모택동은 공산당 세계에서 중공의 이미지를 수호하고 지도적 지위를 확립하며, 더 많은 지지를 얻기 위해 조선에 대한 태도를 바꾸기로 결정하고, 회유정책으로 전환하였다.

1957년 말 모택동은 김일성 앞에서 과오를 인정하고 김일성의 국내 정책에 동의를 표하였다. 동시에 중국으로 도피한 연안파 간부들을 조선으로 귀국시킬 뜻을 조선에 통보하였다. 심지어 조선에 주둔하고 있는 모든 중국 인민지원군의 철군을 주동적으로 결정하였다. 이에 중조관계는 개선되고 급속히 발전되었다.

이때 김일성은 거칠 것 없이 당내 숙청을 계속 진행하였고 조선에서 자신의 절대적 권위를 대대적으로 수립하였다. 1958년 모택동은 "대약진"과 인민공사 운동을 시작하였고, 조선에서는 "천리마" 운동이 시작되었다. 조선은 중국의 공공식당을 모방하고 전 인민의 무장화를 실행하였다. 의기양양해진 모택동은 조선에 대규모 경제원조를 재차 제공하였다. 중조 양국은 손에 손잡고 앞으로 나아가는 환희의 노래를 부르며, 모택동과 김일성은 누가 먼저 "공산주의" 사회에 진입할 것인가의 문제를 토론하였다.

제1절 폴란드·헝가리 사건과 중국의 조선에 대한 정책 전환

10월 혁명 성공 이후 세계공산주의 운동은 모스크바의 지도로 진행되었다. 레닌과 스탈린이 조직한 코민테른과 코민포름은 줄곧 각국 공산당의 대본영과 지휘부가 되었다. 그러다가 소련공산당 제20차 당대회에서 스탈린 비판이 있은 후, 소련공산당과 각국 공산당(특히 집권당) 관계에 미묘한 변화가 나타나기 시작하였다.

중국공산당을 제외하고, 공산당이 집권하고 있는 대다수 국가의 지도자들은 모두 스탈린에 의해 선발되었다. 소련의 새로운 방침 이후 그들과 소련공산당의 관계는 매우 모순된 상황에 빠졌다. 과거 그들은 모스크바를 따라 언제나 친소 정책을 실행하였으나 지금은 소련공산당 제20차 당대회 노선에 반대하며 저항하였다. 그러나 과거 스탈린의 압제에 반대했던 반대파들의 심리상태는 이와는 정반대였다. 폴란드와 헝가리 사건은 이러한 모순의 전형적인 폭발이었다.

소련의 위성국 조선의 상황 또한 동유럽과 매우 비슷하였다. 이때 중국공산당은 소련공산당을 제외한 국제공산주의 운동의 제2당이었으며, 중공 지도자 또한 모스크바가 지정한 것이 아니었다. 그러나 유고슬라비아공산당과 다른 점은, 티토는 스탈린과의 모순 때문에 사회주의 진영을 이탈하였지만, 모택동은 사회주의 진영의 주요한 지도자 중의 하나가 되었으며 아시아혁명을 책임지고 있었다. 폴란드와 헝가리 사건 발생 이후, 사회주의 진영 내에서 중공 지위 역시 미묘한 변화가 나타나기 시작하였다. 즉 아시아혁명의 책임자 중공이 유럽 사무에 관여하기 시작한 것이다. 이 과정에서 모택동은 조선에 대한 방침과 중조관계를 재차 조정하였다.

1. 형제당과 관계 처리에 있어서 중소의 곤경

폴란드 · 헝가리 사건은 확실히 소련과 동유럽 형제당의 관계를 위기로 몰아넣었다. 1956년 10월 19일 흐루시초프는 소련공산당 대표단을 이끌고 바르샤바에 도착하였다. 모스크바는 고물카가 반 소련 성향이며 그가 권력을 장악할 경우, 폴란드가 사회주의 진영을 이탈할 것이라는 정보를 가지고 있었다.

흐루시초프의 방문 목적은 고물카가 권력을 잡는 것을 저지하는 것이었다. 이를 위해 폴란드에 주둔 중인 소련군에게 바르샤바로 진군할 것을 비밀리에 명령하였다. 흐루시초프는 고물카와 회담을 가진 후 소련의 정보에 착오가 있었음을 알았다. 고물카는 폴란드가 사회주의 진영을 이탈하지 않을 것이라고 보장하면서, 다른 한편으로 폴란드 내무부 병력을 동원하여 소련군 행동에 저항할 준비를 하였다. 소련 또한 이러한 사실을 알게 되었고 흐루시초프는 이에 소련군의 군사행동 중지를 결정하였다.

그럼에도 불구하고 소련 지도자는 폴란드 상황에 대해 안심하지 못하였다. 10월 21일 소련 정치국회의는 형제당 대표를 모스크바로 불러 폴란드 사태를 논의하기로 하였다. 특히 전용기를 북경에 보내 중공 대표단을 모스크바로 초청하기로 결정하였다.

모스크바의 요청을 받은 후 모택동은 정치국 상무위원회 확대회의를 개최하여 유소기를 모스크바에 중국 대표로 파견할 것을 결정하였다. 중공 대표단은 소련의 대국주의 비판에 중점을 두고, 동시에 전반적인 정세를 고려하여 폴란드 당을 설득하여 사회주의 진영의 단결을 옹호하기로 방침을 정하였다. 중공 대표단은 모스크바에 도착한 후, 소련이 폴란드에 취한 화해의 태도에 지지를 표하는 동시에 소련을 완곡하지만 솔직하게 비판하였다. 흐루시초프는 이를 받아들였다.

그러나 당일(23일) 밤, 동요한 지 오래되었던 헝가리 정세가 결국 가두시위로 발전하였고 소련은 군대를 파견하여 이를 진압하기로 결정하였다. 소련 군대가 출동하고 또한 개혁파 나지와 카다얼이 권력을 장악하면서, 부다페스트의 위기 국면은 어느 정도 진정되는 듯 보였다. 이에 따라, 29일 중공 중앙은 동유럽으로부터 소련군의 철수와 동유럽 국가들에게 평등과 독립을 부여하고, 동시에 소련이 다른 나라의 내정을 간섭하지 않겠다는 공개적인 성명을 발표할 것을 소련에 권고하였다.

30일 밤, 소련정치국 회의는 중소 쌍방이 이미 동의한 '소련과 기타 사회주의 국가들 간의 친선 협조의 발전 및 강화의 기본에 관한 소련 정부의 선언'을 통과시켰다. 그러나 소련이 헝가리에 무장간섭 포기를 결정할 때 중국이 생각을 다시 바꿨다. 29~30일 헝가리 상황이 매우 악화된 것과 나지 총리가 일당제를 포기한 점을 고려하여, 모택동은 30일 밤 유소기에게 전화를 걸어 헝가리 문제는 이미 성격이 변하였기 때문에, 소련군은 부다페스트로 돌아가 혁명정권을 보위해야 한다고 통보했다.

당일 밤 유소기 등은 소련공산당 정치국회의에 참가하여 중공 중앙의 이 견해를 전달하였지만 소련 지도부는 여전히 출병을 망설이고 있었다. 31일 회의를 거쳐 소련공산당 중앙위원회는 부다페스트에 재차 출병하여 반혁명 반란을 진압할 것을 결정하였다. 11월 4일 주코프는 작전명 "회오리바람"을 시작하였고 수십만의 소련군은 부다페스트를 신속하게 재차 점령하였다.[1]

소련 지도부는 중공과 헝가리 출병 문제를 논의할 때 다음과 같은 어려움을 느꼈다. 즉, 왜 폴란드에 대해서는 화해와 단결 방침을 취해야만 하고, 반대로 헝가리에는 출병하여 반드시 진압해야만 하는가? 헝가리는 평등하게 대할 필요가 없는가? 먼저는 헝가리 철군을 결정하고, 후에 재차 출병하려는 근거는 무엇인가? 등에 관한 고민이었다.

중공은 폴란드의 고물카가 내심 소련에 불만을 가지고는 있지만, 사회주의에 반대하고 있지 않을 뿐만 아니라 사회주의 진영 탈퇴도 원하고 있지 않다는 것을 잘 알고 있었다. 그러나 헝가리의 나지는 소련에 반대할 뿐만 아니라, 사회주의 진영을 이탈하려고 하고 있기 때문에(이 판단은 사실 정확하지 않다), 구분해서 처리해야 한다고 보았다.

이에 대한 중공의 공개적인 설명은 매우 간단했다. 즉 헝가리가 반혁명의 길에 들어섰기 때문에 반드시 진압해야 한다는 것이었다. 중공 중앙선전부는 소련 정부의 10월 30일 선언, 이 선언에 대한 중국 정부의 지지 성명, 그리고 『인민일보』의 이에 대한 사설 등에 근거한 선전 개요를 작성하여 헝가리 사건을 모든 간부와 인민대중에게 설명할 것을 각급 단위에 통보하였다. 소련이 출병하여 헝가리 혁명 정부를 돕고 반혁명을 진압한 것은, 제국주의가 사회주의 진영에 들어올 수 있는 빈틈을 막고, 각국의 사회주의를 공고히 하기 위한 것이라고 설명하였다.[2]

11월 5일, 주은래는 인도 대사와의 면담에서 모든 주권국가들은 자신의 동맹국에 질서유지를 위한 지원을 요청할 권리가 있고, 이는 주권 침해 혹은 내정 간섭도 아니며, 헝가리는 폴란드와는 달리 반혁명으로 성격이 변했다고 설명하였다. 같은 날, 주은래는 폴란드 대사를 접견하여 동일한 설명을 하고 폴란드 정부가 소련의 행동을 지지해줄 것을 요청하였다.[3] 뿐만 아니라 소련이 헝가리에 출병하여 국제여론의 비난과 형제국들의 의심에 직면하면서 전에 없던 외교적 고립에 빠져 있을 때, 주은래는 소련의 초청을 수락하고 모스크바, 바르

---

1) 沈志华, 『无奈的选择』, 제7장 1, 2, 3절을 참고할 것.

2) 중국외교부당안관, 109-01042-01, 7-8쪽.

3) 중국외교부당안관, 105-00327-12, 1-18쪽; 109-01017-17, 166-169쪽.

샤바, 부다페스트를 오가며 소련을 대신해서 해명하고, 사회주의 국가의 정세 안정을 위하여 노력하였다.[4]

중공의 해명과 선전은 모스크바의 부담을 크게 줄여주었다. 중국 주재 소련 대사관은 "중공 중앙과 중국 정부는 복잡한 상황에서 인내와 평정심을 잃지 않고, 소련공산당 중앙과 소련 정부가 취한 각종 기본 조치들에 대하여 절대적인 지지를 재차 표명하였다. 중국공산당과 국가의 지도부는 국제 문제에 대한 상호 협의와 통일된 행동에 있어 소련과의 사이에 약간의 동요나 주저함도 없었다"고 중공의 노력을 높이 평가하였다.[5]

헝가리 사건 처리에 관하여 중공이 제시한 의견과 원칙, 중공이 후에 진행한 일들은 확실히 소련이 동유럽 각 당과의 사이에 처한 어려움에서 벗어나는 데 큰 도움이 되었다. 그러나 중공 자신은 조선노동당과의 관계 처리에 있어서 진퇴양난의 상황에 빠졌다.

11월 30일, 모택동이 소련 대사와의 면담에서 조선 문제 해결을 위해 "소극"과 "적극" 두 가지 방안을 제시한 것은 중공이 사실상 "적극"적인 방안을 선호하고 있음을 의미한다. 즉 조선에 주둔하고 있는 중국 인민지원군을 이용하여, 김일성을 압박하고 기존 방침을 바꾸도록 강요함으로써 조선 상황을 완화하고 중조관계를 개선하는 것이었다. 모택동이 이러한 결정을 한 주요 근거는, 김일성이 이미 혹은 곧 나지로 변하여 혁명을 배반하고 사회주의 진영을 이탈할 것이라는 우려 때문이었다. 이에 따라 헝가리에 대한 처리 방침에 근거하여 조선에 마땅히 강경한 조치를 취하여 사회주의의 동방 "빈틈"을 막아야 한다는 것이었다.[6]

그러나 소련공산당 중앙은 중공의 제안을 지지하지 않았다. 모스크바는 조선은 결코 헝가리처럼 사회주의를 배반할 위험성이 전혀 없다고 보았다. 반대로, 헝가리 사건이 발생한 이후 조선은 소련에 더욱 의지하고 지지를 표시하였다. 소련공산당 중앙은 그 근거로 중공 중앙의 촉구에 따라 발표한 '사회주의

---

4) 沈志华, 『无奈的选择』, 제7장 4, 5절을 참고할 것.

5) АВПРФ, ф.5, оп.28, п.103, д.409, л л.6-7.

6) 본서의 제3장 4절을 참조할 것.

국가들 간의 친선 협조의 발전' 선언에 대해 조선노동당이 적극 지지한 점을 들었다.

10월 30일 소련 정부의 "선언" 발표 이후, 조선노동당 중앙상무위원회는 즉각 이 문제를 토론하고 11월 2일 "이 선언을 적극 찬성"한다는 입장을 소련 정부에 통보하였다. 조선 정부는 "조소 쌍방의 정치 문제 관계 처리는 매우 양호하고, 경제관계는 완전한 정상이며, 평등의 기초 위에 발전되었다"고 평가하였다. 조선 정부는 이어서 "소련 정부가 조선에 제공한 형제적 원조에 깊이 감사하며 이후 우리와 소련과의 우의는 더욱 공고해지고 발전할 것"이라고 덧붙였다.

폴란드와 헝가리에서 반 소련 사건이 발생했기 때문에, 조선노동당은 "모든 진보적 역량은 소련을 중심으로 더욱 단결해야 하며, 이후 소련과의 우의를 공고히 하기 위한 일련의 조치를 취해야만 하고, 조선 매체에서 소련과 날로 깊어진 경제관계와 소련의 조선인에 대한 사심 없는 원조를 크게 선전할 것"임을 소련에 통보하였다. 소련 대사관은 조선 정부의 신속한 태도 표명을 매우 높게 평가하였다.[7]

다음 날, 남일은 소련 대사관에 헝가리로부터의 보고를 전하면서 소련 대사관의 의견을 구했다. 동시에 조선 정부는 소련 정부가 제안하는 대로 집행할 것이라고 덧붙였다.[8] 11월 28일, 김일성은 소련 대사에게 헝가리 사건은 "제국주의자들이 사회주의 진영의 빈틈을 만들려는 시도이며, 반드시 공산당 독재를 유지해야 하고, 경계심을 늦추어서는 안 된다"는 교훈을 우리에게 주었다고 말했다. 김일성은 "소련과의 관계와 우의를 공고히 하는 것 이외에, 조선에게는 다른 정치노선이 있을 수도, 할 수도 없다"라고 잘라 말했다."[9]

이 밖에도 모스크바의 비위를 맞추기 위하여 조선 외무성은 계속해서 소련 대사관에 중국과 관련된 소식을 전달하면서 중소 관계의 이간질을 시도하였다.

---

7) РГАНИ, ф.5, оп.28, д.412, л.364-365. 소련군이 부다페스트를 점령한 후 국제적으로 완전한 고립상태에 빠진 자세한 상황에 관해서는 다음을 참조할 것. 沈志华, 『无奈的选择』, 제7장 4절.

8) РГАНИ, ф.5, оп.28, д.412, л.365-366.

9) РГАНИ, ф.5, оп.28, д.411, л.297-300.

예를 들면, 중국 외교부 부부장이 조선, 월맹, 몽고 대사를 불러 헝가리 사건에 관해 설명한 사실을 전하면서 "중국인들은 소련이 폴란드에 대한 생각에 과오가 있었음을 인정했다고 말하고," "이상조는 친중적이고 소련을 경시한다"라고 소련 대사관에 전달하였다.[10]

김일성이 소련에 이렇게 했는데 어떻게 조선이 소련을 중심으로 하는 사회주의 진영을 이탈할 수 있다고 소련이 볼 수 있었겠는가? 김일성의 태도는 모스크바를 감동시켰으며 소련은 조선에 대한 정책을 전환하기 시작하였다.

우선 경제원조에 대한 태도를 바꾸었다. 1957년 2월, 소련공산당 중앙은 1957년도 '소조무역협정'과 조선에 대한 '물자 무상제공협정'을 비준하였다. 협정에 따라 조선에 제공하는 다량의 기계설비, 공업용 재료와 기타 물자, 그리고 1957년도에 정한 수출입 이외에 소련은 소맥(밀) 4만 톤을 조선에 제공하고, 조선에 대량으로 매장되어 있으나 소련이 필요로 하지 않는 10만 톤의 아연(Zn) 정광, 3.5만 톤의 탄화칼슘, 5,000톤의 모자나이트(인·세륨·란탄) 정광을 조선으로부터 제공받는 것에 동의하였다.

조선으로부터 화물 수입을 위해 소련 재정부와 내무부는, 1957년 제1분기에만 0.5톤의 금을 무역부로 이전해 주어 외화로 바꾸어 사용할 수 있도록 하였다. 소련은 또한 1949년 쌍방이 체결한 상품 교역과 지불 합의 유효기간을 1957년까지 연장하였으며, 김일성의 특별 요구 즉, 5,000만 루블의 무상원조를 조기에 사용할 수 있도록 하였다. 이 밖에도 소련 정부는 세계 시장가격보다 높게 조선의 상품을 수입하는 것에 동의하였다.[11] 조선의 5개년계획에 대해 소련 정부는 대대적으로 협력하였다.

8월 16일, 김일성은 신임 소련 대사 푸자노프(A. M. Puzanov)에게, 내각 부수상 김일이 모스크바에서 5개년계획 초안에 관해 논의할 때, 조선의 인민경제 발전을 위한 소련 인민과 지도부의 성의 있는 지원과 노력을 도처에서 느낄 수 있었으며 일은 매우 순조롭게 진전되었다고 전했다.[12]

---

10) РГАНИ, ф.5, оп.28, д.411, л.292-294, 297-300.

11) РГАНИ, ф.5, оп.30, д.228, л.15-36.

12) АВПРФ, ф.0102, оп.13, д.5, л.193-195.

모택동이 제기한 조선 문제 처리의 2가지 방안에 관한 소련의 태도에 관해서는, 지금까지는 사료가 극히 한정되어 있다. 라첸커(Sergey Radchenko) 교수가 러시아 외교부 당안관에서 조사한 바에 따르면, 유딘 대사는 당시 단 한 통의 전보만 보내 자신과 모택동 간의 대화가 있었음을 통보하였다. 그러나 대화 내용은 외교부에 보내지 않고 소련공산당 중앙위원회로 직접 보냈다. 이는 유딘 대사가 이 대화 내용을 극히 중요한 기밀사항으로 보고 있었음을 시사한다.

1957년 1월 4일 주은래가 모스크바를 방문하기 전날 밤, 소련 외교부장 쉐필로프(D. T. Shepilov)는 소련공산당 중앙위원회에 보낸 보고에서 "모택동이 유딘 대사와 면담할 때, 조선 지도부와 김일성에 대하여 비판적 의견을 제기하고 불만을 표시하였다"고 전했다. 이에 소련 외교부는 "조선 정세 문제에 관해 주은래와 토의하기를 희망"하고, 동시에 "소련 정부는 현 조선 정세하에서, 조선 인민의 이익 혹은 전체 사회주의 진영의 관점에서 조선 민주주의인민공화국에 중국 인민지원군의 주둔이 계속 필요하다"고 특별히 강조하였다.[13]

소련 외교부는 유딘 대사와 모택동이 나눈 대화의 내용 혹은 이 대화의 진정한 의도를 이해하지 못하고, 중국 인민지원군의 잔류 문제에 국한하여 미국과의 투쟁에서 조선의 역할만을 고려하였다. 이에 따라 소련은 전체적인 상황을 감안하여 중국이 지원군을 조선에 계속 주둔시키기를 희망한 것처럼 보인다. 소련이 모택동의 제안에 답변을 직접 보내지 않았다면(현재로서는 이 가능성이 아주 높다), 소련 지도부는 이 문제에 관해 신중한 태도를 유지하고 있었다고 볼 수 있다. 소련 외교부는 이 문제에 대해 아직 충분히 이해하지 못하고 있었다고 추정할 수 있는 대목이다.

모스크바에서 주은래와 흐루시초프가 나눈 대화에 대해서는 현재로서는 오직 중국 한쪽의 단편적인 기록만을 볼 수 있다. 대체적인 내용은 1월 8일 독일 문제를 토론할 때 흐루시초프는 "미국이 미소 간 세력을 분할하는 선을 그었고, 헝가리는 소련에, 중동과 이집트는 미국에 속하며 쌍방 모두 선을 넘

13) 沈志华主编, 『俄罗斯解密档案选编: 中苏关系』 第7卷, 129-131쪽.

지 말 것을 소련에 제안하였고, 아울러 현재 독일 통일의 실현은 불가능하며 이는 사회주의 진영과 자본주의 진영 간의 투쟁의 문제"라고 주은래에게 설명하였다.

이에 대해 주은래는 중국의 입장을 다음과 같이 설명하였다. "자본주의 국가에 대하여 군사적으로는 방위전략을 취해야 한다. 사상적 · 정치적으로는 영향력을 확대할 수 있지만 우리가 먼저 주동적으로 해서는 안 된다. 만일 제국주의가 사회주의 진영 국가를 공격 혹은 전복하려 할 경우, 이를 반드시 진압해야 하고 사회주의 국가들은 이를 지지해야만 한다. 민족주의 국가와 중립국에 대해서는 "평화공존 5원칙"에 따라 이들 국가의 내정에 불간섭한다."

마지막으로 주은래는 2개의 구체적인 현안을 고려해줄 것을 소련 측에 제기하였다.

"첫째, 미국이 소련의 헝가리 출병을 용인할 수 있다는 점을 고려할 때 만일 이러한 문제가 동독에서 발생하면 이는 더욱 심각한 문제가 된다. 때문에 동서독에서 쌍방이 철군하는 것을 고려하여 중립지대를 설치해야 한다. 둘째, 우리는 과거 조선에서 쌍방이 철군하는 문제를 제기하였으나 미국은 동의하지 않았다. 그러나 장래에 미국이 여기에 동의할 수도 있다. 만일 그들이 철군을 제안한다면 우리는 철수하지 않을 수 없다. 이 두 가지 문제는 우리의 세계전략 방침과 상호관계가 있다."[14]

1월 9일의 회담에서 쌍방은 계속해서 향후 국제정세에 관해 토론하였다. 대화가 조선에서의 철군 문제에 이르자, 주은래는 11월 5일 조선이 밝힌 유엔총회 참가 건의를 겨냥하여 "우리는 유엔에서 조선 문제를 토론하는 것이 타당치 않다고 생각한다. 제네바회의에서 우리는 역시 우리의 원칙을 견지하였다"고 말하였다. 흐루시초프는 "조선에는 중국의 군대가 있다. 따라서 당신들이 더 많이 관여하는 것을 고려해야 한다"고 대답하였다.[15]

---

14) 1957년 1월 8일 중소양국정부대표단 제1차 회담 기록.
15) 1957년 1월 9일 중소양국정부대표단 제2차 회담 기록.

▸ 1957년 1월 4일, 셰피로프가 주은래의 소련방문 회담내용에
관하여 소련공산당 중앙에게 송부한 지시요청서.

필자가 본 자료가 완전하지 않지만 대강 그러한 뜻이었다. 9일 밤, 주은래는
중공 중앙과 모택동에게 보낸 전보에서 "흐루시초프는 우리가 조선에서 철군하
는 문제에 대해 동의하였다. 동독에서 소련군이 철군하는 문제에 대해서는, 소
련은 반드시 조건과 시기를 봐야 한다는 생각을 내놓았다"고 보고하였다.[16]

만일 『주은래연보』에 나타난 이 사료만을 보게 되면, 흐루시초프가 중국이
조선에서 일방적으로 철군하겠다는 주장에 동의했다는 인상을 주기 쉽다. 그
러나 사실은 그렇지 않다. 모스크바에서 주은래는 결코 중국의 일방적인 철군
방침을 제기하지 않았다. 이 생각은 10개월 후 모택동이 모스크바에서 제기한
것이다. 이에 대해 흐루시초프는 어떻게 반응하였을까? 흐루시초프가 동의한

---

16) 『周恩来年谱(1949-1976)』 中卷, 5-6쪽.

것은, 주은래가 제기한 조선에서 중국과 미국의 동시 철군 주장이었다.

상술한 자료로 보면 조선에서의 철군 문제에 관해 흐루시초프와 주은래 사이에 이루어진 대화의 언어와 의미는, 모택동과 유딘 대사의 대화와 완전히 다르다. 그 당시 모택동이 이 문제를 제기했을 때는 주로 조선의 정치적 입장과 중조관계로부터 출발하여 조선 내부 문제를 처리할 때 중국의 일방적인 철군을 의미하였다. 반면 주은래와 흐루시초프는 조선반도에서 적에 대한 투쟁이라는 입장에서 중국과 미국의 동시 철군을 말하였다. 왜 이렇게 큰 차이가 있을까?

흐루시초프는 모택동이 11월 30일 유딘 대사와 나눈 대화 주제에 대해 회피하였으며, 중국군이 조선에 계속 주둔하는 문제에 대해서도 자국 외교부의 건의에 따라 이를 적극 권고하지도 않았다. 다만 중국 자신이 이 문제를 더욱 고려할 것을 권고하였을 뿐이다. 다시 말해 소련은, 중국이 조선에 대해 "적극적인 조치"를 취하는 것을 지지하지는 않지만 이러한 점을 중국에 솔직히 말하기가 불편했던 것으로 보인다.

그 이유는 대체로 다음 3가지로 요약된다. 첫째, 소련공산당은 김일성에게 과오가 있지만 혁명을 배반할 정도로 심각한 것은 아니라고 생각하였다. 둘째, 현재 조선이 적극적이고 주동적으로 소련에 접근하고 있었으며 이는 제20차 당대회 이후 날로 약화된 소련의 정치적 위상을 높이는 데 극히 유리하였다. 셋째, 흐루시초프는 유소기와 주은래의 소련 대국주의에 대한 비판에 대해 비록 말은 안했지만 내심 매우 불만이었다.[17] 특히 중공이 다른 국가에 대한 소련의 내정간섭을 비판하고 '사회주의 국가들 간의 친선 협조의 발전' 선언 발표를 독촉하면서도, 자신은 조선, 월맹 그리고 몽고에 대해 대국주의 행태를 보이고 있다고 보았다.[18]

그렇다면 주은래는 왜 모스크바에서 모택동이 제기한 화두를 회피하고, 철

---

[17] 1959년 10월 중소 양당 사이에 격렬한 논쟁이 발생했을 때, 흐루시초프는 자신의 마음속에 담아두었던 불만을 토로하였다. 흐루시초프와 모택동이 회담 기록, 1959년 10월 2일, Новая и новейшая история, 2001, No.2, c.94-106.

[18] 소련 대사관은 사회주의 건설에서 중국이 탁월한 성과를 거두었고 국제적 지위가 크게 높아졌기 때문에, 중공의 일부 간부들 사이에 오만한 정서가 생겨났고, 조선, 베트남, 몽고 인민들에 대하여 현저한 대국주의를 노출하였다고 지적하였다. АВПРФ, ф.5, оп.28, п.103, д.409, л.111-112.

군 문제의 방향을 바꾸었을까? 논리적으로 두 가지 가능성이 있다. 즉 소련 측이 먼저 모택동이 제기했던 화두를 꺼내기를 기다렸거나, 혹은 주은래의 소련 방문 이전에 중공 중앙의 방침이 바뀌었을 가능성이 있다. 관련 자료가 모두 공개된 후에야 이 문제에 대해 더욱 정확한 서술을 할 수 있지만, 현재로썬 이렇게 추측할 수밖에 없다.

그러나 분명한 점은, 소련의 지지가 없으면 중공은 조선에 대한 방침을 바꿀 수밖에 없었다. 공교롭게도 그 즈음에 소련 지도부가 조선에 대한 방침을 바꾸었을 가능성을 보여주는 정황이 있었다. 1957년 초 소련은 조선 주재 소련 대사를 경질하였다.[19] 조선에 대한 소련의 정책에 상당한 불만을 가졌던 이바노프 대사가 경질되고, 푸자노프가 신임 대사로 부임하였다. 이와 동시에 조선에 새로 벌어진 상황 역시 모택동으로 하여금 조선에 대한 기존 방침을 다시 생각하게 하였다.

2. 김일성은 기회를 놓치지 않고 국내 문제를 해결

폴란드와 헝가리 사건이 연이어 발생한 후 소련 정부는 '사회주의 국가들 간의 친선 협조의 발전' 선언을 발표하였고, 소련군은 부다페스트를 점령하였다. 이 일련의 상황은 김일성에게 국내 문제 처리를 위한 절호의 기회와 구실을 제공하였다.

중국과 소련의 관심은 동유럽에 집중되었으며(동시에 이집트 수에즈운하 위기가 발생하였다), 자연스럽게 조선 문제에 관심을 기울일 틈이 없었다. 소련이 사회주의 국가 간의 평등을 강조한 것은, 조선의 내부 사무에 대해 간섭하는 것은 잘못이라고 인정하는 것과 다름없었다. 소련이 무력을 동원하여 나지 정부를 전복한 행동 역시 김일성에게는 조선에서 무산계급 독재를 강화하고 적대 세력을 제거할 동력을 제공하였다.

소련 대사관의 보고에 따르면, 조선노동당이 9월 전원회의 이후 가장 먼저

---

19) АВПРФ, ф.0102, оп.13, д.5, л.1-2.

한 일은 인민생활 개선책을 강구하는 것이었다. 이를 위하여 조선 정부는 다음과 같은 일련의 조치를 취하였다.

새로운 급여규정을 제정하고 이를 실행하였다. 노동자와 사무원의 월급을 평균 35% 높였다. 중요한 공업생산품의 시장가격을 평균 10% 내렸다. 농업세 혜택자와 특히 생활이 곤란한 빈농 및 이재민의 그해 농업현물세를 면제하였다. 낙후된 농업협동조합, 군인가족, 이주자 및 난민에 대해 1956년에 대부한 식량과 종자의 상환을 전부 혹은 부분 면제하고, 과거에 대부한 것은 탕감하였다. 관개시설 사용 현물세를 평균 4% 인하하였다. 소상인, 사기업, 수공업자 및 자유직업자의 소득세와 지방세를 50% 경감하였다. 국영상점 혹은 집단 물품거래소가 없는 지역에서 민간 상인의 국유공산품 판매를 허용했을 뿐 아니라, 그들을 위해 이러한 활동에 종사할 수 있도록 자금을 제공하였다. 이와 동시에, 이데올로기 개혁사업 중에 중학교와 고등교육기관의 교수요강 중 특히 정치경제학을 새로이 심사하고 교과서와 참고서에 대한 재출판 작업을 진행하여, 개인숭배의 관점으로 사회생활을 해석한 부분을 삭제하였다. 조선 인민대중의 혁명 경험과 성과에 대한 연구와 수집에 노력을 기울였다. 신문에 더 많은 소련의 각종 자료를 발표하고, 당의 건설과 국가의 경제문화 분야에서도 소련의 경험을 전면적으로 널리 보급하였다.

또한 조선노동당은 "정치생활의 민주화"를 강화하고 11월 하순 지방권력기관 선거를 실시하였으며, 당의 결의와 문건에서 조선에 개인숭배의 존재(비록 부정적 결과를 가져오지 않았다고 강조하였지만)를 인정하고, 선전, 문학 및 예술 방면에서 "다시는 김일성을 칭송하지 않고", 당과 국가의 중대 문제는 자주 집단토론에 의해 해결되었으며, 지도자를 비판한 자들에 대해서도 "더 많은 인내심을 보이고 있다"고 보고하였다. 소련 대사관은 이 조치들이 인민대중의 지지를 받고 있으며 인민대중은 이에 매우 만족하고 있다고 평가하였다.[20]

폴란드·헝가리 사건의 충격은 조선에 일부 문제들을 야기하였다. 주로 대학생, 교사, 지식인 사이에 현실과 정책에 대한 불만정서가 나타나기 시작하였

---

[20] РГАНИ, ф.5, оп.28, д.486, л.1-17; АВПРФ, ф.0102, оп.13, д.5, л.147-151.

다. 회의에서 민감한 정치 문제를 제기하거나 의견이 다른 전단이 배포되기도 하였다.[21] 이러한 상황들에 대하여 김일성은 두 가지 조치를 취하였다.

첫째, 당원증 교환을 통해 당내에서 그들에 대한 정리 작업을 진행하였다. 이 사업은 1956년 12월부터 시작되어 1957년 초에 끝났다.[22] 비록 조선노동당은 이번 당원증 교환사업이 결코 숙당이 아니라고 설명하였으나, 당원증 교환 방식에는 모든 당원들에 대하여 조사와 구금 등의 방법이 사용되었다(이는 과거 허가이가 사용했던 방법으로, 김일성으로부터 거센 비난을 받았던 방법이다). 1957년 1월『로동신문』에 게재된 한 편의 문장은 당원증 교환사업이 당 간부들의 과거 생활과 신뢰성을 검사하는 데 절호의 기회를 제공했다고 토로함으로써 이를 간접적으로 인정하였다.[23] 조선노동당 조직부장 한상두는 소련 대사관에 당원증 교환사업의 목적이, "궁극적으로는 당내 적대분자들을 폭로하기 위한 것"이라고 그 목적을 분명히 하였다.[24]

김일성이 취한 또 다른 조치의 하나는 반혁명 숙청 운동을 전개하고 사회정화 운동을 진행한 것이었다. 폴란드·헝가리 사건 이후 모택동은 중국에서 당의 기풍을 정돈하고 인민 내부의 모순을 정확하게 처리하는 문제를 제기하였다.[25] 그러나 조선노동당은 이에 대해 견해가 달랐다. 김일성은 제1차 내각회의에서 모택동이 제기한 인민 내부 모순 처리는 현명하고 위대하지만, 조선에서의 주요 모순은 적대적 모순이라고 주장하였다. 부위원장 김창만도 조선에서 정풍운동의 전개는 혼란을 야기할 수 있기 때문에 불가능하다고 보았다.[26] 중국에서 정풍운동이 전개되던 1957년 5월, 대규모의 "비판대회"와 "사상 검토" 활동이 전국적으로 진행되어 수많은 사람들이 심사와 비판 및 정치적 박해를 받았다.[27]

---

[21] 이 부분에 대한 자세한 설명은 다음을 참조할 것. Lankov, *Crisis in North Korea*, pp.147-150; Син Се Ра Политическая борьба в руководстве КНДР, с.132.

[22] Dae-sook Suh, *Kim Il Sung*, pp.152-153; Lankov, *Crisis in North Korea*, pp.145-146.

[23] 『로동신문』 1956년 12월 1일 1면; 1957년 1월 16일 2면.

[24] 1957년 4월 25일 삼소노프와 한상두 회담기요, АВПРФ, SD44665.

[25] 관련 내용은 필자의 다음 책을 참조할 것. 沈志华, 『处在十字路口的选择—1956-1957年的中国』, 广州: 广东人民出版社, 2013年, 314-349쪽.

[26] 『各国共产党简况』 1957年 第61期, 2-3쪽. 하북성당안관, 855-18-566, 50-51쪽.

김일성이 우려한 것은 당연히 당내 반대파의 존재와 그 영향이었으며, 모든 정치운동의 진정한 초점 역시 소위 "종파분자"들에게 모아졌다. 1956년 11월 19일, 남일은 소련 대사관을 방문하여 "8월 전원회의의 반대파들 모두가 무기를 내려놓았다고 볼 수 없다"고 소련 대사에게 말했다. 그는 예를 들어 최창익 지지자, 특히 과학 분야 종사자와 지식분자들은 그의 사무실에서 자주 모임을 갖고 있다고 전했다.[28]

1957년 1월 9일, 『로동신문』은 과학원 통신원사 겸 노동당 후보중앙위원 리청원의 '종파가 우리나라 노동운동에 끼쳤던 해악'이라는 제목의 문장을 게재하고, 구체적인 실명 거명이 없이 8월 전원회의 반대파 주장을 비판하면서 그들은 외부의 적과 서로 내통하였다고 주장하였다.[29] 2월 14일 김두봉은 공개적인 담화를 발표하고 8월 종파사건 종파분자들은 당의 집단지도를 무시했다고 비난하면서 그들에 대하여 폭로와 비판을 진행하는 것은 "완전히 정확"한 것이었다고 인정하였다.[30]

2월 25일 로동신문은 직접 이름을 거명하면서 서휘는 "당의 원칙을 벗어난 잘못된 언행"을 하였으며 그 목적이 "반당"이었다고 보도하였다.[31] 4월 9일, 김일성은 소련 대사에게 "우리가 현재 헝가리 사건의 발발 이전에 이 반당집단의 행동을 적시에 폭로한 것은 정확한 것이었으며, 만일 그렇지 않았으면 우리는 더욱 복잡한 상황에 직면할 수 있었다"고 강조하였다.[32]

일련의 포석 작업을 진행하면서 이 시기 조선 지도부는 연설과 신문 발표문을 통해 서휘, 윤공흠, 이필규, 최창익, 박창옥 등 소위 종파분자들을 집중 비판하고, 그 "추종자들" 일부가 아직까지 당의 직책에 여전히 남아 있다고 강조하였다. 동시에 조선 지도부와 신문은 노동당이 전개하고 있는 종파주의자들과

---

27) Lankov, *Crisis in North Korea*, pp.181, 150-151; 『로동신문』 1957년 6월 2일 2면.

28) РГАНИ, ф.5, оп.28, д.411, л.287-295.

29) 『로동신문』 1957년 1월 9일 2면.

30) 『各国共产党简况』 1957年 第29期, 2쪽.

31) 『로동신문』 1957년 2월 25일 2면.

32) АВПРФ, ф.0102, оп.13, д.5, л.1, 3-11.

의 투쟁이 소련을 중심으로 하는 사회주의 단결 강화에 도움이 되고 있다고 강조하였다.[33]

바로 이때, 소련에서 발생한 "반당 사건"은 김일성에게 9월 전원회의 결의를 완전히 무효화시킬 수 있는 절호의 기회를 제공하였다. 1957년 6월 하순, 말렌코프, 몰로토프 등 당내 보수파의 "궁정 반란"이 미수에 그쳤다. 흐루시초프는 주코프 등의 도움과 중앙위원회 대다수 지지자들에 의지하여 위기를 극복하고 화를 모면하였다.[34]

김일성은 모택동처럼 흐루시초프의 승리에 대하여 축하와 지지를 표하였다. 또한 이는 사회주의 진영 내에서 중공의 지위를 더욱 강화시켰을 뿐만 아니라, 반대파를 가혹하고 공개적으로 제재를 가할 수 있는 "본보기"와 이유를 분명하게 제공하였다.

소련도 중앙위원회에서 "원로 근위군"을 제명하였는데 조선노동당 8월 전원회의 결정과 방법에 무슨 잘못이 있단 말인가? 7월 4일 조선노동당 중앙위원회는 상무위원회를 열어 소련공산당 중앙의 반당집단에 관한 결의에 대해 절대적 지지를 표하고, 기층 당 조직에 이를 배포할 것을 결정하였다.[35]

『인민일보』와 기타 각국 공산당 신문과 마찬가지로 7월 5일 『로동신문』은 소련공산당 중앙이 전체회의를 개최한 소식을 보도하고, 7월 4일 『프라우다』의 말렌코프 반당집단에 관한 결의를 게재하였다. 과거 조선의 신문은 언제나 형제국가, 형제당 간의 충돌 혹은 내부의 충돌 소식을 은폐하거나 약화시켜 보도하였으나, 평소와 다르게 조선 신문들은 이번 소련 "반당집단사건"을 상세히 보도하였다. 조선은 소련공산당 중앙 결의에 대한 각국 공산당의 지지 소식을 전했을 뿐만 아니라, 소련 반당집단 사건을 조선노동당의 종파주의 비판 투쟁과 결부시켰다.[36]

[33] 『各国共产党简况』 1957年 第45期, 5-6쪽.

[34] 이 사건에 관해서는 필자의 다음 책을 참고할 것. 沈志华, 『无奈的选择』, 제8장 2절.

[35] 1957년 7월 5일 페리센코와 김창만의 회담기요, АВПРФ, SD44684.

[36] 『로동신문』 1957년 7월 5일 2면, 7월 6일 4면, 7일 1,4면, 8일 4면, 9일 3, 4면, 10일 2, 4면, 11일 4면, 13일 2,4면, 16일 4면.

종파주의 투쟁을 전면적으로 전개하기 위하여 조선노동당은 재차 소련의 태도를 탐색하였다. 7월 5일, 남일 외상은 소련 대사에게 조선노동당 내부의 "반당 소집단"은 8월 전원회의에서 폭로된 이후에도 "결코 활동을 중지하지 않았으며" 그들은 당내에 "일정한 수의 지지자들을 가지고 있다"고 말했다. 남일은 소련 당내의 6월 사건을 조선노동당 8월 사건과 동일선상에 놓으면서 모스크바의 비판을 받은 숙청 행위로부터 벗어나려고 하였다.

소련 대사는 이에 이의를 제기하며 소위 파벌활동이라는 것에 관해 남일은 그 어떤 증거도 제시하지 않았으며, 조선 내무성의 소련 고문이 제공한 정보에 근거하여 "미행조사"하였지만 "종파집단의 수괴"가 종파활동을 하였다는 구체적인 사실을 발견할 수 없었다고 모스크바에 보고하였다.[37]

이때에 이르러 조선에 대한 소련의 비판은 이미 매우 약해졌다. 이를 계기로 조선노동당은 내부에서 새로운 "반종파주의 투쟁"을 시작하였다. 8월 6일 『로동신문』은 사설에서 9월 전원회의 이후 최초로 최창익, 윤공흠, 서휘, 이필규, 박창옥 등을 "반당 종파주의자"라고 공개적으로 칭하며, 그들은 작년 8월 전원회의에서 폭로된 이후 표면적으로는 당 중앙에 복종하지만 배후에서는 여전히 암해활동을 하였다고 보도하였다. 이와 동시에, 이후 발생한 상황들은 8월 전원회의 결정이 전적으로 정확했음을 증명하였다고 덧붙였다.

사설은 "당은 계속해서 당과 인민 내부의 반당분자들의 죄상을 폭로해야 하며 그들의 여독을 철저히 제거하기 위해 투쟁할 것"을 호소하였다. 당일 신문은 중앙의 지도하에 3개월간에 걸쳐 반당 종파주의 분자를 비판하고 폭로한 김일성대학의 정황을 장편으로 보도하였다. 투쟁의 성과로 "서휘의 졸개", "사상적 반역자"인 홍낙웅 당위원장을 우두머리로 하는 종파주의자들이 적발되었으며, 많은 학자와 교원 및 100여 명의 대학원생과 학부생들이 그로부터 세뇌를 받았다고 발표하였다.[38]

9월 초, 남은 목숨을 겨우 부지하고 있던 최창익과 박창옥은 끝내 감옥으로

---

37) АВПРФ, ф.0102, оп.13, д.5, л.138-141.

38) 『로동신문』 1957년 8월 6일, 1, 2면.

보내졌다. 39) 10월 17~19일, 노동당 중앙위원회 전원회의는 전 건설상 김승화를 수괴로 하는 보수분자와 반당분자를 비판하고 건설 부분의 "전면적인 개조" 및 최창익, 박창옥과 결탁하여 반당 활동을 한 전임 소련 주재 대사 이상조의 당적을 박탈하는 두 가지 결정을 통과시켰다.40) 8월 사건 발생 1년 후, 역사는 또 다시 원점으로 되돌아왔다.

김일성의 행위는 최종적으로 모스크바의 묵인을 받았다. 1957년 10월 22일 『프라우다』는 김일성의 문장을 게재하였다. 문장에서 김일성은 "우리당은 외부와 내부로부터 당의 대오를 와해하려는 적대분자들의 파괴활동을 분쇄하고, 우리당의 정확한 노선과 배치되는 좌경 및 우경주의 경향을 극복하였다. 노동당은 당의 단결을 파괴를 기도하는 종파주의자들과의 타협 없는 투쟁과정에서 더욱 강화되었다"라고 지적하였다.41)

이 밖에도 김일성은 현 사회주의 진영 내에서 중국공산당의 위치와 영향 및 중조 간 역사 연원을 잘 알고 있었다. 따라서 반대파를 철저히 숙청하고 조선공산당 내에서 자신의 통치기반을 더욱 공고히 하기 위해서는 모택동의 지지를 얻어야만 하며 최소한 중국과 정상적인 국제관계를 유지해야 한다는 사실을 충분히 이해하고 있었다.

사실, 김일성은 모택동의 노여움을 살 의도가 없었다. 중국과의 관계가 결렬까지 가는 것은 더더욱 원치 않았다. 김일성의 요구는 조선 내정에 관한 사무를 스스로 결정할 수 있도록 하여 자신의 당과 국가가 중국의 직접적 통제와 영향으로부터 벗어나는 것이었다. 그리하여 조선노동당은 폴란드와 헝가리 사건을 이용하여 종파주의에 대한 투쟁을 다시 개시하는 동시에, 중국과의 관계를 매우 조심스럽게 처리하면서 북경을 향하여 우호적 신호를 계속해서 보냈다.

조선은 소련의 제2차 부다페스트 출병을 지지하는 동시에 중공에 대해서도 우호적 태도를 취했다. 중공 중앙의 '무산계급 독재의 역사경험 재론' 문장

---

39) 1957년 9월 11일 지토렌코와 유성훈 담화 기요, 이 자료는 Lankov, *Crisis in North Korea*, p.145에서 재인용.

40) 『各国共产党简况』1957年 第100期, 5-6쪽.

41) Правда, 22 октября 1957 г., 3-й стр.

발표 이후 김일성은 "이 문장은 중요한 현실적 정치 의의를 포함하고 있다"고 소련에게 말하며, 조선 신문에 전문을 게재하고 소책자로 발행할 것을 결정하였다.[42]

1957년 신년부터 김일성과 최용건은 중국 인민지원군 사령관, 정치위원 및 전체 관병에게 각각 편지와 전보를 보내 신년을 축하하고 대규모 물자를 선물로 보냈다.[43] 1월 19일, 1957년 조선에 대한 중국의 물자원조 의정서와 중조 무역협정 서명을 기회로 『로동신문』은 중국 정부 무역대표단의 조선 방문과 김일성의 대표단 접견 사실을 보도하였다. 비록 중조 양국의 무역협상 결과가 만족스럽지는 못했지만 노동당은 발표를 통하여 "중조 양국 우호와 경제협력의 발전"을 찬양하고, 동시에 『인민일보』의 중조 경제협력 강화에 관한 문장을 『로동신문』에 게재하였다.[44]

2월 3일, 『로동신문』은 '조중 인민의 형제적 친선'이라는 제목의 기사에서 중국 인민지원군이 1956년에 조선인민에게 준 "거대한 원조"와 중국 인민지원군 장병들에 대한 조선인민의 원호를 대대적으로 선전하였다. 2월 4일『로동신문』은 조선인민군 창건 9주년에 대한 중국 인민지원군 장병들의 경축 활동을 보도하였다.[45] 2월 5일 개성에서는 조선인민군과 중국 인민지원군 열사능비 제막식이 각각 거행되었으며, 최용건은 지원군 열사능비 제막식에서 중조 양군과 양국 인민 사이의 피로 맺은 우정을 높이 찬양하였다.

『로동신문』은 중국 인민지원군 사령부가 거행한 중조 양국 청년 우호 만찬회 상황과 지원군 의료부대가 현지 조선인민을 위해 진행한 적극적인 봉사활동, 군사정전위원회 조선인민군 대표단을 위한 중국 인민지원군 문예공연단의 공연 상황을 연일 보도하였다.[46] 이 모든 것은 조선이 양국 관계의 긴장된 상황을 완화하고자 하는 뜻을 북경에 알리는 신호임에 틀림없었다.

---

[42] 1957년 1월 5일 페리센코와 김일성 회담기요, KM011501.

[43] 『人民日報』 1957년 1월 2일 4면.

[44] 『로동신문』 1957년 1월 19일 2면, 1월 26일 1면, 1월 27일 1, 2면.

[45] 『로동신문』 1957년 2월 3일 1면, 2월 4일 1면.

[46] 『로동신문』 1957년 2월 6일 1, 2, 3면, 2월 8일 3면, 2월 20일 3면.

3. 모택동은 이해득실을 따져 조선과 관계 완화를 결정

이 비상시기에 모택동은 당연히 조선 문제를 매우 중시하였다. 1956년 말과 1957년 초, 중공 중앙연락부와 선전부의 내부 간행물과 당보(党报)는 조선에 관한 소식들을 연이어 보도하였다. 1956년 12월 16일『인민일보』는 며칠 전 조선노동당 중앙위원회 전원회의에서 김일성이 한 발언을 보도하였다. 보도에 따르면 김일성은 소련과의 관계를 언급할 때 "최근 국제 반동세력은 소련의 위신을 손상시키기 위해 날뛰고 있으며, 국제적 긴장 국면을 악화시키고 있다"고 강조하였다. 김일성은 이 상황에서 "우리는 그 어떤 시기보다 통일과 단결을 강화하고 특히 위대한 소련을 중심으로 하는 사회주의 진영 각국의 우의와 단결을 더욱 강화하는 등 언제나 경계심을 늦추어서는 안 된다"라고 말했다.[47]

중공 중앙연락부에서 12월 19일 편찬한『각국 공산당 개요』라는 간행물에는 조선『로동신문』의 11월 7일자 사설을 게재하였다. '사회주의 위업은 필승불패이다'라는 제목의 이 사설은, 소련군의 "헝가리 반혁명 폭동 분쇄" 행동을 열렬히 지지하고, 오직 사회주의 제도만이 인민들에게 자유와 독립 및 행복을 가져다 줄 수 있다고 지적하며 무산계급의 국제주의 우호협력을 견지해야만 사회주의가 공고화되고 발전될 수 있다고 주장하였다.[48]

이 간행물은 대량의 평양 소식을 계속해서 게재하였다. 예를 들면, 조선의 지방 각급 인민대표 선거상황과『로동신문』의 다음과 같은 사설을 게재하였다. '이번 선거는 전체 인민의 단결과 당과 정부에 대한 무한한 지지와 신임을 표명하였다', '조선의 농업 협동화 운동의 일련의 상황들에 관하여', '노동당은 조급 정서를 극복하고 자발적 원칙을 강조하며, 농업 협동화 운동을 적극 촉진시켰다', '조선노동당의 관료주의 반대를 호소한 상황을 보도하였다', '조선노동당은 집단지도 체제의 강화, 당내 민주를 발양 및 자유토론을 장려

---

47) 『人民日報』1956년 12월 16일, 5면.

48) 『各国共产党简况』1956年 第1期, 11-12쪽.

하였다', '조선노동당은 각종 조치를 취하여 인민생활 개선을 위해 노력하였다', '임금을 올리고 농업세를 내리며, 개인 상업을 허가한 것' 등을 게재하였다.[49] 이 밖에도, 1957년 1월 7일『인민일보』는 조선의 로동신문이 5일과 6일에 중공 중앙정치국의 '무산계급 전정의 역사 경험 재론' 문장을 게재하였다고 보도하였다.[50]

이 밖에도 중조관계에 관한 보도가 있었다. 즉 중공 중앙선전부가 편집 출간한 1956년 12월 8일『선교동태(宣教动态: 선전 및 교육 동태)』는 조선 작가 한설야가 10월 8일 중조 간 축구경기에 관한『인민일보』의 보도, 즉 조선축구팀은 한 골을 넣은 후 "곧장 죽자 살자 수비전략"만을 취했다는 신문보도를 본 후, 그가 후에 북경회의에 참석했을 때 통역에게 이 보도는 불공평하며 대국주의의 표현이라고 말했다는 것을 보도하였다.[51] 1957년 1월 11일『선교동태』는 요녕성 성위원회 보고를 게재하면서, 안동 국경수비대 및 항구의 노동자들과 현지 군중들 사이에 잘못된 사상풍조가 있는데, 주로 조선인에 대한 태도가 불손하고 예의가 없다는 것이었다. 일부는 "6억 대국"으로 행세하며 "조선은 작고 가난하다"고 여겼다. 인민지원군 주둔을 근거로 "우리가 없으면 그들은 안 된다"고도 한다. 일부 어민이 월경하여 고기를 잡다가 방해를 받으면 극히 난폭한 태도로 "조선인들은 뇌물로 조개를 줘도 원치 않는데, 만일 우리 지원군이 아니었으면 너희들 목은 진즉에 없었을 것"이라고 말한다. 일부 국경 검문 요원 가운데는 조선인들은 문제가 많고 음모 꾸미기를 좋아한다고 생각하며, 고의로 그들을 괴롭히기도 한다. 월경한 조선인들을 대할 때 심각한 위법 행위가 존재하며 심문할 때 인격모독, 욕설 및 구타, 심지어 먹을 것조차 주지 않는다.[52]

이 소식들이 꼭 정확하고 믿을 수 있는 것은 아니지만, 중공중앙에 매우 중요한 소식이 전해졌다. 즉 조선노동당은 소련의 헝가리에 대한 행동에 대해 전

49) 『各国共产党简况』1956年 第5期, 9-11쪽; 第6期, 9-11쪽.

50) 『人民日报』1957년 1월 7일 1면.

51) 『宣教动态』1956年 第37期, 8쪽.

52) 『宣教动态』1957年 第3期, 7-8쪽.

적인 지지와 찬성을 표명하였는데 이는 마침 중공이 건의하고 격려한 것이었다. 또한, 김일성은 소련과 사회주의 형제국가들 간의 단결과 통일을 강화해야한다고 거듭 강조하였다. 이는 또한 유소기의 모스크바 방문일정의 주요한 임무 중 하나였다. 이 모든 것들은 조선노동당이 결코 사회민주주의 진영을 이탈하지 않을 것이며, 더욱이 김일성이 혁명을 배반하지는 않을 것임을 증명하는 현상으로 볼 수 있었다. 따라서 중공은 조선에 강경하고 적극적인 조치를 취할 수 없었다. 과거에 노동당이 경제정책, 간부 노선 및 당내 생활 원칙 등에 있어서 일부 과오가 있다 하더라도, 지금은 표면적으로는 최소한 과오를 시정하는 과정에 있었다. 이러한 상황에서 중공이 조선인들을 더 압박할 필요는 없었다.

중국 지도자를 가장 난처하게 느끼게 만든 것은 폴란드와 헝가리 사건이 발생했을 때, 소련을 대국주의라고 비판하고 '사회주의 국가들 간의 친선 협조의 발전'을 선언할 것을 소련에 촉구했던 중국 자신이, 반대로 주변국에 대해 대국주의적 태도를 보였다는 것이었다. 이에 따라 모택동은 조선에 대하여 정책방식을 바꾸고 조선과의 관계 조정을 고려해야만 하였다. 1957년 1월 주은래가 모스크바를 방문했을 때 중국은 이미 조선 철군 문제에 관한 제안을 바꾸었을 가능성이 아주 높다.

지금까지의 자료로만 보면 조선과 관계 완화의 첫 조짐은 중국 자신에 대한 자아비판에서 나타난다. 1957년 3월 7일 중공 중앙은 조선, 월남 실습생 작업 검사에 관한 지시를 하달하고, 국무원 관련 부서와 실습생이 배치된 3개 직할시와 16개 성(省) 당 기관의 책임하에 실습생의 작업에 대한 전반적인 검사를 진행할 것을 지시하였다. 실습생 작업에 관련된 공장 및 광업소 책임자들의 이에 대한 중시 여부, "실제 작업 과정에서 대국주의의 사상과 행동의 존재 여부," 그리고 학습과 생활 중에서 실습생들에게 어떠한 문제가 있었는지에 대해 조사가 중점적으로 이루어졌다.[53]

동시에 조선에서 도망쳐 온 간부들에 대한 중공의 태도에도 미묘한 변화가 있었다. 3월 4일 중국으로 도망한 지 얼마 되지 않은 조선노동당 평양시위원회 조

---

53) 하북성당안관, 855-4-1050, 1쪽.

직부장 김충식은, 중공 길림성위원회 제1서기 오덕신(吳德信)에게 소련공산당 중앙과 중공 중앙에 자신 및 조선노동당의 관련 자료를 전달해줄 것을 요구하고, 자신이 직접 북경에 가서 이를 제출할 수 있도록 해줄 것을 요구하였다.[54]

몇 달 전 만 해도 중공은 이 자료들이 극히 필요하였지만 지금은 이미 아무런 관심도 없어 보였다. 3월 16일, 중공 중앙의 회신을 받은 후, 중공 길림성성위원회 서기 부진성(富振声)은 김충식에게 "귀하는 조선으로부터 우리나라에 왔다. 그러나 합법적이고 정상적이지 않았기 때문에 조선으로 귀국할 것을 귀하에게 요구하였으나, 귀하가 귀국을 한사코 거부하는 바람에 할 수 없이 중국에 남도록 하였다"고 말했다. 동시에 중조 양당과 양국관계는 언제나 우호적이며, 중국 또한 "형제당과 형제 국가의 내부 사무에 간섭하기를 원치 않는다"라고 엄숙하게 지적하였다. 부진성은 마지막으로 "다른 조선인이나 중국 조선족과의 접촉을 최대한 피하고, 조선 문제를 거론해서는 더욱 안 된다"라고 경고하였다.[55]

그러나 이때에 조선에 대한 중국의 정책이 이미 바뀌었다고 말하기에는 여전히 시기상조로 보인다. 1957년 상반기, 중조관계는 여전히 미지근한 상태에 있었다. 중국의 소련 대사관은, "중조 쌍방은 1월에 진행된 1957년 무역협정에 관한 회담에서, 조선인들은 1957년 20만 톤의 식량을 조선에 제공해줄 것을 중국에 요구하였으나, 중국은 자국의 물자공급 곤란을 이유로 9만 톤의 식량만을 제공하는 데 동의하였다. 그러나 오랜 협상을 거쳐 15만 톤의 식량 제공에 동의하였다"고 보고하였다.[56]

3월 9일, 남일은 소련에 제강용 코크스탄 3만 톤 지원을 긴급 요청하였다. 그는 조선에서 유일하게 가동되고 있는 한 대의 용광로는 본국의 코크스탄으로는 생산능력의 60% 밖에 보장할 수 없으며, 나머지 13만 톤의 코크스탄 부족분은 원래 중국이 공급하고 있었는데 지금 중국은 단지 10만 톤밖에 공급할 수 없다고 통보하였기 때문에 소련에 지원을 요청할 수밖에 없다고 설명하였다.[57]

54) 길림성당안관, 1-13/1-1957.41, 174쪽.
55) 길림성당안관, 1-13/1-1957.41, 169쪽.
56) АВПРФ, ф.5, оп.28, п.103, д.409, л.143.
57) РГАНИ, ф.5, оп.28, д.486, л.71-73.

소련 대사 푸자노프의 또 다른 보고서에 따르면, 4월 10일 푸자노프 대사는 김일성의 위탁을 받아 중국 대사관에 조선은 5개년계획(1957~1961)을 5~6월 사이 제정할 예정이며, 중소의 견해를 청취하고 상호분담의 조정을 위해 계획 초안을 중국과 소련에 제출하기를 희망한다고 통보하였다. 이때 중국 대사 교효광의 첫 반응은 조선의 국민경제 발전에 중국은 추가 원조를 제공할 수 없다는 것이었다.[58]

5월 조선노동당 중앙위원회 상무위원회가 5개년계획을 심의하기 전에, 김일성은 교효광 대사에게 6월 초 조선대표단을 접견하도록 중국 정부에 전달해 줄 것을 요청하였다. 그 목적은 중국의 제1차 5개년계획의 경험을 배우고 양국의 국민경제 발전에 관련된 문제를 토론하는 것에 있었다. 중국은 답변을 계속 미루다가 후에 7월에야 이 방문이 가능하다고 통보하였다. 이 밖에도 조선 지도자들은 중국 대사를 만나기도, 친하게 지내기도 어렵다고 소련인들에게 자주 토로하였다.[59]

조선대표단은 7월 말 모스크바에서 5개년계획을 소련과 논의할 때, 1961~62년 만기가 되는 2억 4,000만 루블 차관의 상환연기를 소련에 요구하였지만 거절당하였다. 소련 지도부는 갈수록 과해지는 조선인들의 지원 요구에 염증을 느꼈으며, 미코얀은 소련공산당 정치국회의에서 조선의 계획은 비현실적이고 그 속도가 너무 빠르며, 차관을 기일에 맞추어 상환하고 이자도 제때에 지불할 것을 단도직입적으로 조선에 요구해야 한다고 주장하였다. 흐루시초프는 김일성에게 차관을 상환할 것과 만일 상환하지 않을 경우 차관을 다시는 제공하지 않을 것이며, 우리의 원칙은 "경제적 결산은 반드시 해야 한다"는 것이라고 강조하였다.[60]

소련으로부터의 좌절을 겪자, 조선인들은 중국이 얼마간의 지원을 해줄 것이라고는 별로 기대하지 않았다. 김일성은 소련 대사에게 과거 중국에 무리한 지원 요구를 하였지만, 이번에는 가능한 지원 요구를 줄이려 한다고 말했다.[61]

[58] АВПРФ, ф.0102, оп.13, д.5, л.1, 12-13.

[59] АВПРФ, ф.0102, оп.13, д.5, л.46-47, 48-51, 52-55, 62-69.

[60] РГАНИ, ф.3, оп.12, д.1007, л.64-65об; АВПРФ, ф.0102, оп.13, д.5, л.196-201.

따라서 조선은 이번 중국 방문을 조용하게 진행하기로 하고 방문 중에 원조 제공 문제를 직접 제기하지 않으며, 활동 또한 비공개적으로 하고 대외적으로 발표하지 않기를 희망하였다.[62] 그러나 1953년과 마찬가지로 조선인들은 중국에서 또 한 번 의외의 큰 수확을 얻었다.

조선에 대한 중국공산당과 중국 정부의 방침을 철저히 바꾸게 한 것은 아마도 1957년 하순 중국 국내에서 발생한, 영향력이 매우 큰 정치 폭동인 '반우파운동'일 가능성이 높다.

폴란드와 헝가리 사건은 사회주의 발전 문제에 대해 모택동에게 심각한 고민을 안겨 주었다. 그는 무산계급 정권에 대한 주된 위협은, 국내의 적대 계급과 외국의 반동세력이 아니라 집권당으로서의 공산당과 인민대중 간의 모순과 대립이라고 인식하고, 이에 따라 인민 내부의 모순을 어떻게 정확히 처리할 것인가 하는 문제를 제기하였다. 모택동은 모순은 주로 집권당에 있기 때문에 당내에서 정풍운동을 전개할 것을 제안하였다.

이에 대하여 당내 고위층의 반대 의견이 있었고, 대다수 간부들의 연안 정풍운동의 후과에 대한 기억이 아직도 생생했기 때문에 정풍운동의 구상과 방법은 큰 반대에 부딪혔다. 그러나 모택동은 당 정풍운동 진행을 고집하면서 민주당파와 지식인들의 힘을 빌렸다. 이에 따라 "폐쇄적 정풍(关门整风)"이 "개방적 정풍(开门整风)"으로 변했다.

그러나 상황은 모택동의 예상을 벗어났다. 동원된 민주당파와 지식인들은 한편으로 "대명대방(大鸣大放: 큰 문제에서 대중들은 자신의 관점을 자유롭게 말할 수 있음을 이르는 말 – 역자 주)" 중에 "공산당 영도와 사회주의 길"과 관계되는 매우 첨예한 문제를 제기하였다. 공사합영(公私合营: 개인기업에 정부의 주식 비율을 높이고, 정부가 파견한 간부가 그 기업을 경영하는 것 – 역자 주) 후 수입이 감소한 노동자들은 계속해서 소란과 파업을 일으켰고 농업합작사에 불만을 가진 농민들은 대규모 "퇴사" 사태를 일으켰다.

[61] АВПРФ, ф.0102, оп.13, д.5, л.276-279.
[62] 중국외교부당안관, 117-00665-03, 10-11, 14-15, 20-24쪽.

특히 대학생과 퇴역 군인들은 가두시위를 시작하며 불만과 항의를 표시하였다. 모택동은 상황의 위중함을 느끼면서 중국에서도 "헝가리 사태"가 나타날 수 있다고 보았다. 이에 모택동은 이러한 현상에 대해 "급브레이크"를 걸고, 당의 모든 역량을 반우파 투쟁에 돌릴 것을 제안하였다.

6월 8일 『인민일보』는 사설에서 반우파를 핵심으로 하는 계급투쟁을 신속하게 전당과 전국으로 파급시킬 것을 촉구하였다.[63] 이 시기 중국의 반우파 운동은 조선노동당의 정풍 및 반혁명 숙청 운동과 완전히 같은 것이며, 중국 내부의 이런 중차대한 정치파동을 수습하는 데에 각 형제당의 이해와 지지를 얻을 필요가 있었다. 이 상황에서 모택동이 조선에 대해 "적극적 조치"를 취할 여유가 있었겠는가? 중조관계에서 드리워져있던 먹구름은 갑자기 사라졌다.

1957년 6월 21일 모택동은 조선의 신임 중국 대사 이영호를 접견하고, "우리 사회주의 국가들은 당연히 단결하고 소련을 중심으로 사회주의 진영으로 단결하여 공동의 적에 대항하여야 한다"고 강조하면서, "우리는 조선과 계속 협력하고 단결을 강화할 것"이라고 예상외의 말을 하였다. 이에 이영호는 조선노동당은 현재 모택동 주석의 '인민 내부 모순에 관한 정확한 처리' 보고를 학습하고 있으며 "우리는 이 문건을 자세히 연구해야 한다"라고 회답하였다.[64]

8월 13일 모택동, 유소기, 주은래는 조선 지도자에게 연명 전보를 보내면서 조선 해방 12주년을 축하하였다. 이들은 축하 전보에서 조선이 그동안 경제 회복과 재건 과정에서 이룬 성과를 높이 평가하고, 정전협정을 옹호하고 평화통일을 실현하기 위한 조선의 노력을 찬양하면서 "중조 양국의 견고하고 형제적인 우의가 더욱 공고하게 되고 발전된 것"을 축하하였다.[65]

조선 역시 적극적인 반응을 보였다. 중국과 밀접한 관계를 유지해야 한다는 소련의 수차례에 걸친 경고와 제안을 고려하여, 8월 23일 남일은 소련 대사와의 대담에서 조선노동당은 "최근 우리 사이에 이 문제에 관한 대화를 전면적으로 고

---

63) 관련 내용은 필자의 다음 책을 참고할 것. 沈志华, 『思考与选择—从知识分子会议到反右派运动』, 香港: 香港中文大学出版社, 2008年, 제6, 7, 8장.

64) 1957년 6월 21일 모택동과 이영호 접견 담화기록, 『人民日报』 1957년 6월 22일 2면을 참고할 것.

65) 『人民日报』 1957년 8월 15일 1면.

려하고 있으며, 가까운 기간 내에 중국 대사 교효광과 친밀하고 솔직하며 동지적 관계 수립을 위하여, 자신이 일련의 행동을 취할 것"이라고 통보하였다.[66]

9월 2일, 중국 우전부(郵电部)는 '조선에서 수입한 신문 업무에 관한 통지'에서, "과거 연변 신화서점이 책임지고 배포했던 조선 신문 수입 업무를 우체국이 통합 주문할 예정이며, 전국의 각 우체국, 특히 동북지역의 모든 우체국은 대대적으로 구독자 모집 작업을 진행하고 적극적으로 신화서점과 연계하여 판매 업무를 전개할 것"을 지시하였다.[67]

이어 조선 경제대표단의 중국 방문은 중조 우의 분위기를 더 한층 고조시켰다. 내각부총리 김일을 단장으로 하는 조선 경제대표단은 1957년 9월 13일부터 10월 6일까지 중국을 방문하였다. 회담에서, 중국은 조선의 5개년계획에 대해 전반적으로 찬성을 표시하면서도 수정 의견을 제시하였다.

예를 들면, 예정 성장속도(중국의 제1차 5개년계획보다 성장 속도가 높음)가 지나치게 높은 반면에, 농업 투자가 불충분(매년 평균 투자액이 3개년 계획보다 낮음)할 뿐만 아니라, 적립금 비율과 투자율이 지나치게 높고(같은 가격으로 계산하면 중국을 초과) 소비수준 또한 과도(1962년 중국의 수준을 초과)하게 높다는 의견을 제시하였다.

중국 측 대표는 중국의 경험을 들어가며 조선에 계획을 수정할 것을 간접적으로 건의하였다. 중국의 조선과의 향후 무역 방침은 "쌍방의 수요와 가능성의 원칙에 입각하여, 조선에 물자를 공급하고 조선의 어려움을 해결하도록 돕는다"는 것이었다.

중국의 예상에 따르면 1958~1961년 기간 동안 조선에 대한 중국의 무역 흑자액은 매년 인민폐 8,000~1억 원에 달할 것으로 보았다. 그 차액에 대하여 중국 측은 무상 혹은 차관 공여 방식으로 해결하지 않고, 가능한 중국이 시급히 필요로 하지 않는 물자를 조선에서 수입함으로써 조선 자신의 생산과 건설을 활성화시키도록 하였다. 당시 중국은 제2차 5개년계획이 아직 확정되지 않았

[66] АВПРФ, ф.0102, оп.13, д.5, л.215-222.
[67] 하북성당안관, 975-2-233, 60-61쪽.

기 때문에 이번 회담에서는 오직 1958년 무역에 관한 문제만을 토론하였다.

조선이 가장 큰 관심을 가지고 있는 물자에 대해서 중국은 이를 해결해주고 자 최선을 다하였다. 예를 들어 중국은 1958년 계획에서 600만 톤 이상의 석탄 이 부족하였음에도 불구하고 조선의 요구를 모두 들어주었다(87만 톤). 유황은 중국 자신도 부족하고 고무 또한 외국으로부터의 수입에 의존하고 있었지만, 조선의 요구를 완전히(유황) 혹은 대체로 만족(고무)시켜 주었다.

면화만은 조선의 요구를 만족시켜주기가 어려웠다. 중국은 2년 연속 면화 파 종 계획을 달성하지 못했기 때문에(1956년은 500만 무(畝), 1957년은 700만 무 (畝)가 계획에 미달), 1958년에는 소련으로부터 수만 톤의 면화를 수입할 계획 이었다. 조선이 요구한 면화(12,000톤), 면사(1,500톤)과 면포(1,000만 미터) 공 급 요구에 대해서 중국은 협상을 통하여 면화 8,000톤, 면사 500톤, 면포 500만 미터를 공급할 것을 약속하였다.

조선으로부터 수입할 물자는 시멘트, 표백분, 질산암모늄이 대부분이었으며, 흑연 등은 실제로 중국이 필요로 하지 않고 마땅히 중계할 곳도 없어 받아들일 수 없었다.

이 밖에도 중국은 조선의 물자 공급 목록을 최대한 받아들였다. 예를 들어 중국의 탄화칼슘은 충분하였지만, 조선의 3만 톤 수출 요청에 중국은 8,000톤 을 수용하였다. 조선 측은 담판 결과에 매우 만족하였으며 "주요 문제가 모두 해결되었다"라고 자평하였다.[68]

더 나아가 중국은 무역계획의 실제 집행 과정에서 무역차액 처리 등을 재차 양보하였다. 중국의 무상원조 항목은 1957년에 사용을 이미 완료하였고 조선 이 중국에 제공 가능한 물자는 매우 적었기 때문에, 이전 쌍방의 무역액은 매 우 제한적일 수밖에 없었다. 조선 측의 수요를 만족시키기 위해, 일반물자 차 관을 제공하는 이외에도 중국은 무역 확대를 위한 적극적인 조치를 취하였다. 이에 따라 중조 무역총액은 1957년 5,601만 달러에서 1959년에는 1억 1,584

---

[68] 1957년 9월 30일 중조 무역담판에 관한 이부춘의 지시, 1957년 10월 4일 중조 무역담판 상황에 대한 이부춘의 보고, 국가계획위원회 당안과; АВПРФ, ф.0102, оп.13, д.5, л.260-264, 274-280, л.255-256.

만 달러로 2배로 대폭 증가하였고 1960년도 무역총액은 1억 2,307만 달러에 달하였다. 또한 1957~1960년까지 조선에 대한 중국의 무역 흑자는 6,229만 달러에 달하였는데, 이 금액은 대부분 중국이 조선에 차관을 제공하는 방식으로 사용되었다.[69]

조선대표단의 중국 방문 이후 양국 관계는 빠르게 호전되었다. 10월 25일 지원군 작전 개시 7주년 기념식 때 중조관계 호전 현상은 더욱 뚜렷하게 나타났다. 김일성은 지원군사령관 양용(楊勇) 상장에게 서신을 보내 감사를 표시하고 동시에 모택동에게도 축하서신을 보냈다. 이에 모택동 또한 감사의 답전을 김일성에게 보냈다. 조선 정부는 평양에서 기념집회를 개최하고 군중을 조직하여 위문활동, 동상 세우기 및 성묘 활동을 진행하였다. 『인민일보』는 "중국의 경축일로 여겨졌던 10월 혁명 기념일에, 조선인들에 의해 중국 인민지원군 주둔지에서 축하 광경이 펼쳐졌다"고 보도하였다.[70]

그러나 원조와 선전활동의 확대는 표면적이고 국부적인 조치에 불과하였다. 중조관계를 철저하게 개선시키기 위해서는 조선 정책에 대한 근본적인 조치를 실행해야만 하였다.

그렇다면 모택동의 태도 변화는 김일성에 대한 인식 변화에서 비롯된 것인가? 아니면 일종의 정치적 수완에 불과했던 것인가? 필자는 전자가 더 가능성이 높다고 생각한다. 진심 여부를 떠나서 김일성의 행동은 사회주의 진영에 대한 그의 충성을 증명하였고, 모택동은 공인받은 1인의 국제공산주의 운동의 지도자로서 이를 주목하였다. 이외에도 조선 문제에 대한 소련의 처리방식 또한 모택동을 우려하게 하였다. 아시아 국가로써 동시에 중국의 주변국으로써 조선은 어떻게든 중국과 더욱 우호적인 관계를 가져야만 했다.

그러나 김일성에게 중공의 지도적 지위를 진심으로 인정하도록 유도하고,

---

69) 沈覚人主編, 『当代中国的対外貿易』上冊, 301쪽, 下冊, 371쪽. 차액의 구체적 금액은 필자가 일년 총무역액에 근거하여 산출한 결과이다. 이외에 조선은 1949년, 1953년, 1956년 소련으로부터 받은 차관 약 17.7억 루블 중 1961년까지 단지 0.8억 루블만을 상환하였다. 나머지는 대부분 감면되었으며, 일부는 상환을 연기하였다. 관련 자료는 다음을 참고할 것. Agov, "North Korea in the Socialist World", p.208.

70) 『人民日報』 1957년 10월 25, 26, 30일, 11월 9일.

중국에 의존하게 하기 위해서는 여전히 지속적인 노력이 필요하였다. 따라서 모택동은 쇠는 단김에 두들겨야 한다고 생각하고, 내친 김에 더 진일보한 행동을 취하였다. 즉 조선에 주둔하고 있는 지원군을 완전히 철수시키기로 결정한 것이다.

제2절 중국 인민지원군의 자발적인 조선 철수

아시아혁명의 지도국이자 사회주의 진영의 주요 지도국으로서 중공은 당연히 각국 공산당 특히 아시아 각국 공산당의 추종과 지지를 필요로 하였다. 아시아의 제일 대국으로서 중국은 주변 국가들과 우호관계를 유지하며 주변 지역의 안정을 필요로 하였다.

주변 국가들의 자신에 대한 우호정책을 보장하고 더 나아가 주변 국가를 통제하기 위한 전통적인 방법 중의 하나는 주변 국가에 자신의 세력 혹은 대리인을 찾아 심고 키우는 것이다. 두 번째는 일정한 수의 군대를 주변 국가에 주둔시켜 언제든지 상황을 통제할 수 있도록 하는 것이다. 제2차 세계대전 이후 스탈린이 사용한 정책이 바로 이러한 방법들이다.

그러나 모택동은 조선에 대해 상기의 방법을 사용하지는 않았다. 그는 비록 전략 방침과 정치적으로 중대한 문제에 있어서 자신의 견해를 굽히지 않고 심지어 조선에 복종을 압박하였으나, 조선노동당 내의 연안파로 김일성을 대체하여 정권을 장악하려는 시도는 하지 않았다.

조선전쟁 이후 지원군이 조선에 주둔하게 된 것은 전적으로 적과의 투쟁을 위한 국제적 필요성 때문이지 결코 조선을 통제하기 위한 것이 아니었다. 하지만 김일성은 정반대로 느꼈다. 조선전쟁 이후 중조관계는 표면적으로는 협력적이었으나 사실은 지속적인 긴장 상태에 있었다.

이러한 상황에서 당내에는 다수의 연안파 간부가 있었으며, 그들은 배후에 중국이라는 강력한 배후가 있었을 뿐만 아니라 큰 권력도 가지고 있었다. 동시에 수십만의 중국 군대가 밤낮으로 평양 주위를 지키고 있었으니, 김일성은 마음을 놓을 수 없었다. 김일성은 자신의 세력 범위 내에 다른 사람이 침범하는 것을 용인할 수 없었다.

1956년에 이르러 친중 세력은 기본적으로 이미 제거되었지만 남은 위협은 조선에 여전히 주둔하고 있는 중국 군대였다. 이 점을 김일성은 똑똑히 알고 있었고 모택동 역시 이를 예상할 수 있었다. 따라서 김일성을 철저하게 안심시키고 중조관계를 근본적으로 개선시키기 위한 가장 유효한 조치는, 중국이 자발적으로 모든 지원군 부대를 조선에서 철수시키는 것이었다.

1. 모택동은 김일성에게 직접 과오를 인정

1957년 11월, 세계 각국의 공산당 대표대회가 모스크바에서 개최되었다. 중공과 소련공산당은 공동으로 이 공산당회의를 소집하였다. 그 목적은 각국 공산당 간의 단결과 통일을 강화하고, 냉전으로 대치 중에 있는 사회주의 진영의 입지를 공고히 하는 데에 있었다. 중공의 설명에 따르면, 이 대회는 단결을 강화하는 데 중점을 두었고 이를 위해 모택동은 부단한 노력을 기울였다. 모스크바 회의는 중소 양당의 긴밀한 협력의 모범사례가 되었다. 정치적 협력은 주로 3개 분야에서 실현되었다.

첫째, 중소 양당은 서로 긴밀히 협력하여 참석자 모두가 만장일치로 동의한 소위 '모스크바 선언'을 기초하였다. 둘째, 모택동은 "사회주의 진영은 소련을 중심으로" 라는 구호를 제안하고 이를 도처에서 역설하였다. 셋째, 모택동은 유고슬라비아 대표단에 대해 특별한 열의와 관대함을 보이며, 유고 공산당이 사회주의 진영에 남도록 설득하였다.[71] 바로 이 회의 기간 동안 모택동은 대국 지도자와 사회주의 진영 지도자의 풍모와 기백을 김일성에게 보였다.

11월 9일 오후 4~7시, 모택동은 크렘린 궁 자신의 숙소에서 김일성, 남일, 김창만과 만났다.[72] 중국과 조선은 이 회담 기록을 공개하지 않아서 연구자들

---

71) 관련 내용은 필자의 다음 책을 참고할 것. 沈志华, 『无奈的选择』, 제8장 4, 5절.
72) 『毛泽东年谱(1949-1976)』 第3卷, 241쪽; 杨尚昆, 『杨尚昆日记』上, 北京: 中央文献出版社, 2001年, 289쪽.

이 볼 수 있는 자료는 러시아와 중국 당안 중의 관련 내용뿐이다. 대담자들의 신분, 의도 및 시각이 모두 다르기 때문에 연구자들은 반드시 이 문건들을 비교 분석하여 오해와 단편적인 이해를 피해야 한다.

11월 9일 모택동이 중국 주재 소련 대사 유딘 대사에게 전한 바에 따르면, 회담에서는 조선에서 중국 인민지원군의 철수와 중국에 있는 조선의 정치 망명자 상황에 관한 두 가지 문제가 논의되었다.

모택동은 김일성에게 지원군의 철수가 매우 필요한 조치임을 표명하고, 철군은 3단계로 하되 단계별로 2개 군씩 철수를 진행할 것을 제안하였다. 철군 이유에 대하여 모택동은 중국은 이 부대들의 병참 보급을 제공해야 하는데 국가예산상 부담이 매우 크기 때문이라고 설명하였다.

그는 조선에서 중국군의 철수는 미군 2개 사단의 남한 철수를 촉진시키고 이승만의 군대 감축에도 도움이 될 수 있다고 강조하였다. 모택동은 "조선의 국경은 이미 상당히 안정되어 있고, 조선이 30만 군대를 보유하고 있기 때문에, 중국 인민지원군의 조선 철수가 전적으로 가능하며, 만일 미국과 이승만이 도발을 해온다면, 지원군은 이전과 같이 조선인민을 지원할 것"이라고 설명하였다.

모택동은 과거 김일성은 조선으로부터 중국 인민지원군의 철수를 계속 반대하였으나, 이번 회담에서는 이 문제를 신중하게 고려할 것이라고 말했다고 전했다. 중국에 있는 조선의 정치 망명자 문제에 관해 모택동은 김일성이 중국을 경유하여 베트남을 방문할 때 그들 모두를 북경에 모이게 한 후, 그들에 대해 "대사면을 선포"할 것을 제안하였다. 모택동은 김일성에게 중국은 절대로 이들 조선인들을 이용하여 조선민주주의인민공화국에 반대하지 않을 것이라고 보장하였으며, 김일성은 "조선 역시 이들을 필요로 하지 않는다"라고 대답하였다.

마지막으로, 모택동은 주은래가 조선을 공식 방문할 것이라고 말하면서 모택동 본인의 조선 방문을 환영하는지를 물었다. 이에 김일성은 최선을 다해 열렬하게 영접할 것이라고 화답하였다.[73]

1958년 1월 8일 주은래가 유딘 소련 대사에게 설명한 바에 따르면, 모택동은

---

73) АРАН, ф.1636, оп.1, д.199, л.1-6.

모스크바에서 중국 인민지원군의 조선 철수 문제를 제기하였으며, 첫 회담에서 "김일성은 지금 지원군을 철수하는 것은 좋지 않다"고 우려를 표시하였지만, 두 번째 회담에서는 동의를 표시하고 이렇게 할 경우 "미국을 골탕먹일 수 있다"라고 말하면서, 귀국 후 조선노동당 중앙에서 이 문제를 논의한 후, 다시 회신할 것을 약속했다고 설명했다.[74]

11월 12일 김일성이 평양 주재 소련 대사 푸자노프에게 설명한 바에 따르면, 모택동과의 "회담은 매우 친절하고 우호적이며 솔직하였으며, 우리는 이에 매우 만족"하였다고 말했다. 회담에서 모택동은 중국 정부는 주은래를 조선에 파견할 것이며 자신 또한 후에 친히 조선을 방문할 예정이라고 밝혔으며, 이에 김일성은 조선인민은 감격한 마음으로 친절하고 성의를 다해 중국 친구를 영접할 것이라고 말했다고 설명하였다.

회담에서 김일성이 1956년 조선노동당중앙 8월 전원회의 이전 반당집단의 활동 사실들을 모택동에게 설명하였고, 이에 모택동은 자신들 역시 이 소그룹에 관하여 심층 연구하였으며, 작년 이 소그룹에 속한 일부 조선인이 중국에 와서 중공 중앙에 보낸 서신을 통해 조선노동당 상황을 단편적으로만 보고하고 조선 지도자의 결점과 과오만을 말했다는 결론을 얻었다고 말하였다.

모택동은 또한 작년 9월 팽덕회가 조선에 간 일은, 조선노동당 내정에 대한 간섭이라고 할 수 있으며 "우리는 이러한 일을 다시는 하지 않기로 결정하였다"고 김일성에게 말했다. 모택동은 모든 당은 과업 수행 중 잘못과 결점이 있고, 이는 그들 자신이 스스로 고쳐야만 하며 가장 중요한 것은 우리 양당 간에 우호관계를 수립하고 전적으로 서로 이해하는 것이라고 강조하였다.

김일성은 우리 동지들 중 일부가 작년 "조선방문(팽덕회가 조선에 온 것을 지칭함 – 역자 주)"을 조선에 대한 내정간섭이라고 생각하지만, 우리는 이 일을 두 형제당 간의 우호적인 연구 토론이라고 보고 있으며 우리 형제 공산당 간의 정상적 우호관계 유지는 우리들의 가장 중요한 임무라고 말했다.

이어서 김일성은 헝가리 사건이 발생하였을 때 우리가 즉각 결연하게 소련의

---

74) 중국외교부당안관, 109-00828-01, 4-7쪽.

정책을 지지한 것처럼, 우리는 중공 중앙과 소련공산당 중앙의 정책을 전적으로 지지한다고 말했다. 또한 모택동이 중국으로 도망한 조선인들의 귀국을 제안하였지만, 김일성은 "우리는 그들에게 귀국을 강요하지 않는다"고 대답하였다.

마지막으로 모택동은 김일성에게 "중국 인민지원군의 조선 철군에 동의할 것을 제안하면서, 이 조치를 취하는 것은 정치적으로 적절하며 세계 여론의 이해를 얻을 수 있을 뿐만 아니라, 남조선에 있는 미군 2개 사단을 철수하도록 미국인들을 압박할 수 있다"고 설명하였다. 이에 김일성은 "이 건의를 진지하게 연구할 것"이라고 대답하였다.[75]

조선대표단은 귀국 후 모택동과의 회담 내용을 당내에 광범위하게 전달하였다. 11월 27일 김창만은 고등교육기관 교장 및 연구실 주임회의에 참석하여 자신이 모스크바에서 받은 느낌을 말하였다. 김창만은 조선 당정대표단은 모스크바에서 예상 밖의 환대와 접대를 받았고 김일성은 여러 차례 소련공산당 지도부와 회담을 했을 뿐만 아니라, 흐루시초프는 대화 중 조선노동당이 시행하고 있는 정책을 높이 평가하고 지지하였다고 말했다.

중국 지도자와의 회담에 관해서 김창만은, 모택동은 김일성에게 1956년 9월 조선 내정에 간섭한 과오를 인정하고, 이후 비슷한 실수를 다시는 범하지 않을 것이라고 약속하였다고 설명하였다. 또한 모택동은 중국으로 도망한 간부들의 조선 송환을 제안하였지만 김일성은 이들의 귀국을 원치 않는다고 말했다고 설명하였다. 회의에 참가한 김일성대학 총장 유성훈은 소련 대사관 1등서기관에게 이 사실들을 보고할 때, 자신은 이러한 설명을 청취한 후 일반적 회의석상에서 어떻게 이러한 중대한 문제를 말할 수 있는가하는 곤혹감을 느꼈다고 전했다.[76]

외무성 국장 박길용이 소련 대사관에 보고한 바에 따르면, 김일성은 귀국 후인 11월 28일 약 150명의 간부들이 참가한 회의를 개최하였다. 김창만은 회의에서 간부들을 향해, "김일성과 담화에서 모택동 동지는 수차례에 걸쳐 작년

75) АВПРФ, ф.0102, оп.13, д.5, л.325-329.
76) 1957년 11월 29일 지토렌코와 유성훈 담화기요, АВПРФ, SD44715.

9월 중공이 조선노동당에 무리한 간섭을 한 것에 관해 사과를 했다"고 말했다.

김창만은 "중국 측은 김일성과의 회담을 각국 공산당 지도자들이 대회에서 발언하기 전에 안배해줄 것을 요구하였으며, 그 이유는 중국은 우리가 모스크바대회에서 간섭 문제를 제기할 것을 두려워했기 때문"이라고 설명하였다. 더 나아가 김창만은 "김일성과 모택동 회담 이후 팽덕회는 김일성을 예방하고, '9월 사건'과 중국 인민지원군의 '부당한 행위'에 대해 사과했다"고 밝혔다.[77]

남일은 김일성은 모스크바에서 모택동과 두 차례 회담을 가졌으며, 팽덕회 역시 김일성 숙소에 와서 장시간 담화를 나누었다고 밝히고, 김일성과 대화에서 중국인들은 작년 9월 팽덕회가 조선에 온 사건을 "매우 중시"하고 있었다고 푸자노프 소련 대사에게 설명하였다.[78]

박의완 또한 소련 대사에게, 12월 4일 중앙상무위원회 회의에서 김일성이 모스크바에서 모택동, 팽덕회와의 회담 내용을 자세히 설명하면서 "모택동은 작년 조선노동당 내부 사무에 대한 간섭에 대하여 사과를 하였다"고 전했다. 이때 최용건이 "그러면 미코얀은?"이라고 끼어들자, 김일성은 최용건을 쳐다보며 "나와 당신들 모두 이는 중공 중앙이 저지른 것이라는 사실을 알고 있다"고 말했다고 박의완은 설명하였다.[79]

이번 회담 내용에 관해 중조 양국의 설명에 큰 차이가 있다. 이번 회담 내용에 관한 조선인들의 설명에는 모택동이 1년 전 유딘 대사와의 대화에서의 내용, 즉 중국의 경제적 부담이 너무 크기 때문에 철군해야 하며 김일성이 중국군의 철군에 동의하지 않았지만 중국인이 그를 설득했다는 내용은 이미 찾아보기 어렵다.

중국으로 도망한 간부들의 귀국 문제에 관해 그 전제 조건은 그들에 대해 먼저 사면을 선언하는 것이었다. 그러나 조선인들의 설명과 주 내용은 모택동의 사과와 작년 팽덕회가 평양에 간 것이 조선 내정에 간섭한 것임을 중국이 인정했다는 데에 있었다. 동시에 중국으로 망명한 조선인 간부의 귀국 및 중국

77) 1957년 11월 28일 피메노프와 박길용 담화기요, 해당 사료는 다음 책에서 재인용. Lankov, *Crisis in North Korea*, pp.161-162.

78) АВПРФ, ф.0102, оп.13, д.5, л.322-324.

79) АВПРФ, ф.0102, оп.13, д.5, л.328-330.

인민지원군 철군의 문제는, 모두 이 바탕 위에서 논의된 것이라는 것이 조선 측의 설명이다.

여기에서 다음 두 가지가 가장 핵심적인 문제라 할 수 있다. 첫째, 필자가 보기에는 모택동이 모스크바에서 김일성과의 회담에서 주요하게 말한 것은, 조선노동당을 향한 사과이다. 둘째, 필자는 조선의 내정에 다시는 간섭하지 않겠다는 진일보한 표시의 필요성이, 모택동이 중국 인민지원군의 일방적 철수를 제기한 진정한 원인이라고 본다. 이 두 가지 사이에는 서로 간에 밀접한 관계가 있다. 과중한 경제 부담 및 미군의 남조선 철군 촉진, 그리고 북한의 방위 능력이 충분하다고 말한 것은 모두 구실에 불과하다. 모택동은 소련인 면전에서 약한 모습을 보이기도 자신의 과오를 인정하기도 원치 않았다.

상술한 필자의 판단에는 다음과 같은 3가지 근거가 있다. 첫째, 모택동이 귀국한 후 당내 고위급회의에서 행한 대화, 둘째, 김일성과 그의 항일연군 전우 풍중운(冯仲云)과의 대화, 셋째, 모택동과 김일성의 과거를 회고하는 대화이다.

1958년 2월 18일 모택동은 중앙정치국 확대회의에서 조선에서 철군하는 문제는 "우리가 건의한 것이며", 김일성은 매우 뜻밖이라고 느꼈지만 이 제안에 찬성했다고 말하였다. 그는 철군 문제는 "중공 중앙이 고려한 결과이고 철군하는 것이 그래도 나으며", 이렇게 함으로써 "우리와 조선과의 관계 또한 개선할 수 있다"라고 설명하였다.[80]

1958년 9월 수리전력부 부부장 풍중운은 수풍 수력발전소 가동식에 참석한 자리에서, 1956년 중소 양당대표단이 평양에 왔을 때 조선노동당은 기분이 매우 나쁘지 않았는지를 김일성에게 단도직입적으로 물었다. 이에 김일성은 "우리는 당연히 기분이 매우 좋지 않았다. 사전에 어떤 통보도 없었고 두 대국 형제당 대표가 제멋대로 여기에 왔으며, 심지어 노크도 없이 문을 열고 들어왔다." 그러나 "이 일은 이미 지나간 일"이며 "이와 관련된 모든 문제는 작년 11월 모스크바에서 모택동과의 회담에서 이미 해결되었다"고 대답하였다.[81]

---

80) 1958년 2월 18일 중앙정치국 확대회의에서 모택동이 한 연설.
81) АВПРФ, ф.0102, оп.14, д.6, л.364-365.

1960년 5월 21일 모택동은 북경에서 김일성을 만났을 때 이렇게 말했다. "1957년 모스크바에서 나는 여러분께 자아비판을 하고 당신들의 정치노선이 정확했다는 점을 인정하였다. 당신들은 제국주의에 반대하고 국제주의를 견지하였으며 사회주의를 건설하였다. 실제 당신들이 정확하였다. 양국 대표단은 비행기를 타고 평양에 갔지만 도움이 된 것이 없었다. 당신들의 일은 마땅히 당신들 스스로 결정해야 하며, 당신들이 우리의 의견을 구한다면 우리는 참고가 될 만한 것을 제공할 수 있다. 이후 지원군 철수와 주은래의 조선 방문 후에 이를 더욱 똑똑하게 이해하게 되었다." 그리고 결론적으로 "9월 대표단 파견은 하지 말았어야 했으며 후에 지원군을 철수하니 아무 문제가 없었다"라고 모택동은 지적하였다.[82]

모택동의 두 차례 발언과 풍중운의 질문에 대한 김일성의 대답은, 중국이 이러한 조치를 취한 원인과 지원군 철군 문제의 본질을 분명하게 보여준다.

• 1958년 김일성과 최용건. 풍중운.

---

82) 1960년 5월 21일 모택동과 김일성의 회담 담화기록.

중국의 주도적이고 일방적인 철군의 원인과 동기에 관하여, 중국 정부는 미군 철수와 남한 군대의 감축을 압박하여 조선반도의 평화를 촉진하고 동북아 및 국제 긴장 국면을 완화시키는 데 있다고 대내외에 설명하였다.[83] 그러나 앞에서 분석한 바와 같이 이 설명은 단지 부차적이고 지엽적인 것일 뿐 문제의 본질을 설명하고 있지 않다.

중국 정부의 갑작스런 철군 결정에 대해 미국 정부는 확실히 매우 의외라고 생각하였다. 일찍이 1954년 제네바회의가 개최되기 전, 미국은 중국과 조선이 장래에 취할 행동들에 관해 상세한 예측을 진행하였으며, 그중 철군 문제에 관해 "현재 북한의 군사력이 여러 분야에서 남한을 능가하고 있기 때문에, 소련이 1948년 조선에서 했던 것처럼 중국 공산당 또한 언제든지 조선에서 자신의 부대를 일방적으로 철군하여, 미국과 유엔에 같은 행동을 취하도록 압력을 가할 수 있다"고 분석하였다.[84] 그럼에도 불구하고 중국이 철군을 선언했을 때 미국인들은 즉각적인 반응을 보이지 않았다.

중국 외교부는 다음과 같이 평가하였다. "미국 정부는 우리 지원군의 철수 행동을 사전에 예견하지 못하고 있었고, 중국은 결코 철군에 성의를 보이지 않을 것으로 보았다. 과거 미국은 철군 문제의 해결에 관해, 중국이 먼저 철군하는 것을 그 전제조건으로 하였다. 그러나 우리가 지원군 모두의 철군을 선언한 이후 이를 매우 뜻밖이라고 느껴, 한편으로 환영을 표시하면서 또 다른 한편으로는 남조선으로부터 미군 철수를 여전히 완강하게 거부하고 있다."[85]

미 국무성 정보연구분석실은 중국군 철수 동기에 대한 전반적 분석을 통하여 다음과 같은 4가지 이유가 작용하였다고 최종 결론지었다. 즉, 소련의 선전 공세를 지원하고, 평화적 면모를 과시하며, 한국 대통령 선거에 영향을 미치고, 중국의 "침략자" 이미지를 바꾸기 위해 철수하였다고 분석했다.[86] 이러한 미

83) 하북성당안관, 855-4-1307, 64-65쪽;『国际时事通报』第3期, 1958년 3월 10일;『人民日报』1958년 2월 7일 1면.
84) 중앙정보국평가보고(NIE 10-2-54), 1954년 3월 15일,『美国对华情报解密档案』第6卷, 75-82쪽.
85)『情报简讯』第1号, 1958년 3월 10일, 4-5쪽.

정보기관의 분석은 중국군 철군 문제를 중조관계의 측면에서 전혀 고려하지 않고 있다는 것에 그 문제가 있다.

1958년 지원군 철군의 동기에 관한 연구에는 한국학자들의 연구 결과가 특히 많으며 각종 추측이 있었다. 즉 중국이 철군한 동기는, 군비지출을 감축하고 막대한 경제적 부담으로부터의 벗어나기 위해서, 지속적인 김일성의 중국군 철군 요구 때문에, 국내에서 진행하던 "대약진"에 역량을 집중하기 위하여, 조선의 대한 군사원조를 경제원조로 전환하기 위하여, 소련에 압력을 가하여 동유럽에서 소련군 철수를 압박하기 위해서 라는 등의 주장들이 제기되었다.[87]

중국의 관영 역사서적들은 조선 정세가 이미 안정으로 접어들었고 인민군이 날로 강대해져 "지원군이 조선에 주둔할 필요가 없어져" 모택동이 모스크바에서 철군을 제안하였다고 서술하고 있다.[88] 한편 러시아학자는 중국의 인민지원군 철수는 분명 "미국이 일으킬 수 있는 침략에 대한 공동 반격"이라는 정치적 의무로 "손발이 묶이는"것을 원치 않았기 때문이라고 보았다.[89] 아마도 중국과 러시아의 관련 당안 문헌을 자료를 보지 못했기 때문에, 이러한 추측과 설명들은 문제의 본질에 다가가지 못한 것으로 보인다.

뿐만 아니라, 한 중국학자는 지원군은 원래 1956년 내에 철군을 완료하도록 준비하였지만 헝가리 사건 발생 후 미국이 동북아지역에서 새로운 분쟁을 도발할 것을 우려하여 잠시 중지되었다고 주장하였다.[90] 이 주장은 근거가 무엇

---

86) Division of Research and Analysis for the Far East, Intelligence Report: Implications of Communist Chinese Withdrawal from North Korea, March 17, 1958, MF2510409-0073, The University of Hong Kong Main Library.

87) 김용현, 『북한의 군사국가화에 관한 연구: 1950~60년대를 중심으로』, 동국대학교 정치학박사학위논문, 2001년, 81-82쪽; 박영실, 「정전 이후 중국 인민지원군의 대북한 지원과 철수」, 『정신문화연구』 제29권 제4호, 2006년, 265-291쪽; 김용현, 「한국전쟁 이후 중국 인민지원군의 역할에 관한 연구」, 『북한연구학회보』 제10권 제2호, 2006년, 148-162쪽; 박종철, 「중국 인민지원군의 철군을 둘러싼 북중관계 연구」, 『군사사 연구총서』제5집(2008년 3월), 212쪽; 이상숙, 「1958년 북한주둔 중국 인민지원군 철수의 원인과 영향」, 『북한연구학회보』 제13권 제1호, 2009년, 104쪽.

88) 『抗美援朝战争史』 第3卷, 520쪽.

89) Шин В.А. Китай и корейские государства во второй половине XX столетия, Москва: Изд-во МГУ, 1998, c.25.

인지는 모르겠지만, 러시아 당안의 내용을 보면 중국은 1957년 이전에 일방적인 철군 계획이 없었던 것으로 보인다. 1956년 1월 말, 소련 대사가 지원군사령부를 방문했을 때 그는 38선 주둔 부대의 주거환경이 너무나도 열악했기 때문에 지원군은 대규모 건설을 진행하고 있었으며, 연내에 더 많은 영구적 건물을 건설할 계획이라고 들었다.[90]

결론적으로, 필자는 모스크바에서 모택동이 주동적으로 김일성에게 과오를 인정하고, 동시에 모든 중국 인민지원군의 일방적 철군을 제안하였으며, 그 핵심적인 고려는 중조관계의 철저한 개선에 있다고 본다. 이 점은 중국으로 망명한 조선노동당 간부들에 대한 중공의 갑작스런 태도 변화로부터 분명하게 감지할 수 있다.

모택동은 김일성이 가장 우려하고 미워하는 것이 중국으로 도망한 "반혁명분자"임을 당연히 잘 알고 있었기에, 모스크바에 있을 때 특별히 그들을 조선으로 송환하는 문제를 제기하였다. 김일성은 이를 완곡히 거부했지만, 귀국 후 얼마 지나지 않아 도망한 간부들을 모두 출당 제명하고, 조선 국적을 취소하였다는 소식을 중국 대사관은 접했다.[92] 김일성은 모택동의 태도를 이미 알고 있었기 때문에 자연히 우려할 것이 없었다.

중국도 이 방면에서 적극적으로 협조하였다. 1957년 12월 15일 출판된 『문예보(文艺报)』(제36기)에 실명 문장 한 편이 게재되었다. 문장은 "조선노동당 중앙 전원회의에서 폭로된 반혁명, 반국가, 반당분자 최창익, 박창옥, 서휘, 이필규, 김승화, 이상조 등은 과거 문예계에 음흉한 손길을 뻗치려고 음모를 꾸몄다"고 기술하였다. 중앙선전부에서 발간한 『선교동태』가 이 소식을 발췌 인용할 때 "과거 우리나라 간행물에 이 소식을 발표한 적이 전혀 없다"는 특별 부연설명을 덧붙였다.[93] 간행물에 대한 중공의 엄격한 관리 제도에 비추어 보면, 정치적으로 극히 민감한 이러한 뉴스는 최고위층의 비준이 없었다면 발표가

90) 徐焰, 『毛泽东与抗美援朝战争』, 北京: 解放军出版社, 2003年, 328쪽.
91) РГАНИ, ф.5, оп.28, д.412, л.126-127.
92) АВПРФ, ф.0102, оп.14, д.6, л.20-22.
93) 『宣教动态』 1957年 第152期, 5쪽.

절대 불가능하였다.

1958년 2월 21일, 주은래와 진이(陳毅)는 조선 방문을 마치고 귀국 길에 특별히 심양을 방문하면서 요녕성 간부들에게 조선과 중조관계를 어떻게 새롭게 대할 것인가에 관해 말했다.

주은래는 "중조 양국은 입술과 이(脣齒)의 관계이며, 전통적 우호관계 뿐만 아니라 제국주의 침략에 반대하고, 동북아와 세계평화를 옹호하는 투쟁 과정에서 선혈로 굳게 맺어진 전투적 우의관계를 가지고 있다. 과거 조선에 대한 수많은 우리 동지들의 시각은 단편적이고 주관적이었으며, 조선인들은 그 무엇도 할 수 없는 사람들이라고 여기고 그들의 어두운 면만 보았다"고 말했다.

동시에 주은래는 과거 몇 차례에 걸쳐 중국으로 도망한 "그들에 대한 보고서 역시 매우 큰 편견이 있다. 서휘, 이필규 두 사람은 매우 나쁘고, 가는 곳마다 근거 없이 함부로 말하며, 조선노동당에 반대할 뿐만 아니라 소련 공산당과 중국공산당에도 반대한다"고 말했다.

주은래는 특별히 김일성에 대한 자신의 시각을 말하였다. 주은래는 소련이 김일성을 발탁하였으며 "당연히 그는 이상적 인물은 아니지만, 조선의 상황에 근거해서 난쟁이 중에서 그나마 가장 키가 큰 사람을 선택한 것이다. 만일 우리가 불신임하면 중조 우호 단결에 불리하고, 중소 우호 단결에도 영향을 미친다. 현재 김일성은 조선인민 대중에게 여전히 신망이 있다"고 설명하였다. 그는 마지막으로 조선과의 관계를 자발적으로 개선해야 한다고 강조하였다.[94]

1958년 3월 9일, 『인민일보』는 조선노동당 대표회의에서 박금철의 보고를 발췌 게재하였다. 『인민일보』는 이름을 직접 거명하며 "최창익, 박창옥 반당 종파"를 비판하고, 그들은 "오래 전부터 지도자 자리를 탈취하려는 개인적 야심을 위해 음지에서 반당 종파활동을 해왔다"고 설명하였다. [95]

---

[94] 길림성당안관, 1-14/1-1958. 94, 106-108쪽.

[95] 『人民日報』 1958년 3월 9일 3면.

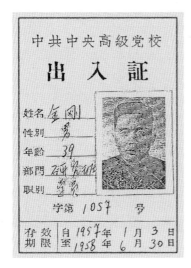

中共中央高級党校

出入証

姓名 金剛
性別 男
年齡 39
部門 理論班
職別 學員

字第 1057 号

存数 自 1957年 1月 3日
期限 至 1958年 6月 30日

• 김강의 당교출입증.

이와 동시에, 중공 중앙연락부는 중공 사천성(四川省) 성위원회에 중공 중앙은 윤공흠, 서휘, 이필규 및 김강을 북경을 떠나 성도(成都)에 안치하고 동시에 그들을 단독으로 거주시키기로 결정했다고 통지하였다. 중국으로 도망 온 기타 간부들 역시 그 후 심양에서 산서(山西)로 이주시켰다. 1958년 여름, 중공은 이 간부들을 아미산(峨眉山)에 집결시켜 학습시키고 이후 그들을 차례로 내지에 정착시켰다.

중공의 요구에 따라 이 간부들은 "조선에서 중국으로 온 사람들과 접촉하지 않고, 조선 국내에 서신을 보내지 않으며, 조선 문제를 밖으로 말하지 않을 것"을 서약하였다. 중공 중앙연락부는 그들의 국적과 당적을 당분간 해결하지 않고, 태도가 양호한 자는 당정 부서의 업무를 제외한 기업 혹은 행정기관의 일상적인 업무에 배치하기로 결정하였다. 또한 그들이 결혼과 가정을 꾸리는 것을 허가하고, 동시에 생활에 필요한 배려를 하였다.96)

과거 연안에서 중공과 함께 어깨를 나란히 하며 투쟁하고 후에 국경을 넘어 중국으로 건너온 다수의 조선인 간부들은, 마침내 중조관계 개선의 희생양이 되었다. 이러한 배경에서 지원군의 조선 철군이 순조롭게 진행되었다.

2. 모든 중국 인민지원군 부대의 철수와 그 결과

모스크바에서 평양으로 돌아온 이후 김일성은 즉각 중앙상무위원회를 개최하고 모스크바 방문 결과를 보고하였다. 상무위원회는 모스크바에서의 대표단

---

96) 사천성당안관, 建川1-7-617, 1, 9-10, 19-20쪽; 김강, 김충식과 필자의 인터뷰 기록.

의 활동, 특히 흐루시초프 및 모택동과의 회담 결과에 "큰 만족"을 표시하였다. 상무위원회는 다음 해 2월 "제4차 당대표대회" 개최 후, 4~5월 사이에 주은래의 조선 방문 초청과, 10~11월 김일성의 중국 방문을 결정하였다.[97]

11월 30일, 조선 외무성은 김일성의 주은래 초청장을 중국 대사관에 전달하였다.[98] 12월 4일 개최된 중앙상무위원회는 다음해에 개최되는 당대회에서 외국 군대의 조선 철수를 결정하는 문제를 토론하였다. 문제 처리 방식에 관해서 김일성은 조선이 중국과 유엔에 각각 철군을 건의하는 것으로 결정하였다.[99] 김일성의 최초의 생각은, 1958년 2월 전에 철군 문제 방안을 중국과 논의 결정하고, 그 후 당대회를 개최하여 이를 통과시킨 후 마지막으로 4~5월 주은래가 조선을 방문하는 시기에 이를 실현한다는 것이었다.

1957년 12월 17일, 김일성은 모택동에게 보내는 서신을 중국 대사 교효광에게 전달하면서 모스크바에서 모택동이 두 차례 제기한 중국 인민지원군의 조선 철수에 관해 조선노동당정치국은 토론을 거쳐 "모 주석이 말한 철군 원칙이 매우 훌륭하다"고 결론지었다고 말했다. 16일자로 되어 있는 이 서신에서 김일성은 모스크바 회담에 만족을 표시하고 중조 양당의 단결과 우의의 촉진을 강조한 것 외에도 구체적인 철군 방안을 제안하였다.

김일성은 서신에서 "첫째, 조선 최고인민회의가 유엔에 서신을 보내 유엔과 중국 인민지원군의 동시 철군을 제안, 둘째, 중화인민공화국 정부가 이 제안에 동의하는 성명을 발표하고, 1958년 말까지 철수를 완료할 것임을 선언할 것, 셋째, 주은래 총리가 조선을 방문하여 중조 쌍방이 공동성명을 발표할 때, 이 문제를 포함시킬 것" 등을 제안하였다.[100]

그 후 김일성은 소련 대사를 만나 이상의 내용을 설명하였다. 대화중에 김일성이 설명한 철군 순서는, 1958년 1월 조선 최고인민회의가 중국 정부와 유엔에 동시에 서한을 보내 양군의 철군을 요구한 후, 5월경 주은래의 조선 방문을

---

97) АВПРФ, ф.0102, оп.13, д.5, л.322-324.

98) 중국외교부당안관, 203-00111-01, 1-2쪽.

99) АВПРФ, ф.0102, оп.13, д.5, л.328-330.

100) 『毛泽东年谱(1949-1976)』第3卷, 268-269, 288쪽.

요청하는 것이었다.[101]

이 두 자료의 주요 차이점은, 전자에는 조선이 중국 정부에 서신을 보내 철군을 요구하는 부분이 빠져있는 반면에 후자에는 중국 정부가 성명을 발표하여 조선의 제안에 동의하는 부분이 빠져있다.

중국 문헌과 러시아 당안 모두 완전한 문건이 아니다(서신 전문과 담화 기록). 따라서 김일성이 중국에 보낸 서신과 소련 대사에게 설명한 내용 사이에 다른 점이 있는지 혹은 어떤 다른 점이 있는지를 단정하기는 매우 어렵다. 그러나 논리적으로 말하자면 김일성은 철군 문제에 있어서 문제를 일으킬 필요가 없었다―김일성은 중소 간에 이 문제에 관해 의견교환이 있었음을 잘 알고 있었다. 따라서 이 두 자료의 서술은 완전하지는 않지만 내용은 일치한다고 볼 수 있다.

이 두 자료를 종합해보면 김일성이 제기한 철군 방안은 다음과 같다. 먼저 조선이 동시에 중국과 유엔에 서한을 보내 쌍방의 철군을 요구한 후, 중국 정부가 이 제안을 지지하는 성명을 발표한다. 마지막으로 주은래의 조선 방문 기간, 중조 양국은 공동성명을 발표하고 중국의 철군을 선언한다는 것으로 정리된다.

12월 25일, 김일성은 재차 모택동에게 보낸 서신에서 새로운 방안을 제기하였다.[102] 주은래와 소련 대사 사이의 대화 기록에 따르면 김일성은 이 서신에서 두 가지 방안에 대한 중국 측의 의견을 구했다.

"첫 번째 방안은, 조선 정부가 쌍방의 철군을 요구하는 성명을 발표하고, 중국 정부는 이에 호응하고 지지를 표한다. 또 다른 방안은, 중국 정부가 쌍방의 철군을 요구하는 성명을 발표하고, 조선 정부가 이에 동의하고 지지하는 성명을 발표한다."[103]

이 두 가지 방안이 처음 방안과 다른 점은, 조선의 쌍방 철군 요구가 중국과 유엔에 서한을 보내 요구하는 것이 아니라 공개적으로 호응하는 성명을 발표

---

[101] АВПРФ, ф.0102, оп.14, д.6, л.14-19.

[102] 中共中央文献研究室编, 『毛泽东文集』第7卷, 北京: 人民出版社, 1999년, 340쪽.

[103] 중국외교부당안관, 109-00828-01, 4-7쪽.

하는 것에 있다. 조선과 중국 누가 성명을 먼저 발표할 것인가 하는 문제는 사실 그 의미가 크지 않다. 왜냐하면 중조 양국은 군사정전위원회에서 모든 외국군의 철군을 계속 요구하고 있었기 때문이었다.

조선의 안배와 계획에 대해 중국의 첫 반응은 철군 일정 발표를 3개월 앞당기는 것이었다. 교효광의 12월 17일 전보에 대해, 중국외교부는 12월 27일 평양 주재 중국 대사관에 중국대표단은 2월 중순 조선을 방문할 것이라고 통보하며, 12월 30일 조선의 초청 사실과 이에 대한 중국의 동의를 방송을 통해 공개하도록 제안하였다.[104]

12월 30일 주은래는 중공 중앙정치국 상무위원회 및 서기처가 입안한 '조선에서 중국 인민지원군 철수 방안에 관한 문건'을 수정, 비준하였다.

이 방안에 따르면, 첫째, 조선 정부는 성명을 발표하여 조선에서 유엔군과 중국 인민지원군의 철수를 요구하고 남북한의 대등한 협상을 진행하여 외국군대가 철수한 후 중립국 기구의 감독하에 조선반도에서 총선거를 실시할 것을 건의한다. 둘째, 중국 정부는 조선의 주장을 지지하는 성명을 발표하고, 중국은 시간을 정해 철군하는 문제에 대해 조선과의 협상 시작을 정식으로 발표하는 동시에, 유엔 또한 같은 행동을 취해 줄 것을 요구한다. 셋째, 소련 정부는 중조 양국의 성명을 지지하는 성명을 발표하고, 관련국 회의를 개최하여 조선 문제의 평화적 해결을 토론할 것을 제의한다.

또한 이 방안에 의하면, 지원군은 세 차례에 걸쳐 모두 철수하며 첫 번째는 1958년 3~4월, 두 번째는 7~9월, 마지막은 연말까지 철수하도록 확정하였다. 12월 31일 모택동은 이 철군 방안을 비준하였다.[105] 중국이 최종 확정한 철군 방안은 사실상 조선의 첫 번째 방안을 기초로 수정된 것이며, 단지 두 번째 방안 중에 첫 번째 방안의 "유엔과 중국에 서신을 보내"를 "조선 정부는 성명을 발표"로 대체하였음을 알 수 있다.[106]

---

104) 중국외교부당안관, 203-00111-01, 5쪽.

105) 金冲及主编, 『周恩来传』, 北京: 中央文献出版社, 1998年, 1,371-1,372쪽; 『建国以来毛泽东军事文稿』 中卷, 371쪽.

그 후의 모든 철군 절차는 중국이 확정한 방안에 따라 순조롭게 진행되었다. 1958년 1월 8일 주은래는 소련 대사에게 진행 상황을 설명하고 소련 측의 견해를 물었다.[107) 1월 16일 소련외교부는 이 방안은 "매우 현명하다"고 회신하였다.[108) 1월 24일 모택동은 김일성에게 서신을 보내 중국 측 제안을 상세하게 통보하고 설명하였다.[109)

2월 5일 조선 정부는 성명을 발표하고 모든 외국 군대의 남북한 동시 철군과 전 조선에서 자유선거를 실시하여 남북한의 평화통일을 실현할 것을 요구하였다. 2월 7일 중국 정부 또한 성명을 발표하고 조선의 평화 제안에 호응하면서, 지원군 철군에 관한 협상을 조선과 시작할 것임을 천명하고 미국과 기타 관련 국들 역시 남조선에서 철군 조치를 취해줄 것을 촉구하였다. 뒤이어, 소련 정부 역시 성명을 발표하고 이 제안에 지지를 표하였다.[110)

2월 14일 주은래는 중국 정부대표단을 이끌고 조선으로 떠나 15일 김일성과 중국의 일방적 철군에 관한 구체적 절차를 마지막으로 확정하였다.[111) 2월 17일 주은래는 지원군 간부대회에서 지원군 철수 결정을 발표하였다. 2월 20일 중조 양국 정부는 공동성명을 발표하고 이 결정을 선언하였다. 같은 날, 지원군사령부 역시 성명을 발표하고 본국 정부의 결정을 굳게 지지하며 미국과 유엔군 기타 각국도 동일한 조치를 취해줄 것을 촉구하였다.[112) 뒤이어 조선의 중국 인민지원군은 철수 행동을 시작하였다.

---

106) 김일성이 제출한 철군방안 및 중국 측의 회답에 관해서는, 다음 논문을 참고할 것. 田武雄,「中国人民志愿军撤军回国的若干史实考辩」,『军事历史研究』 2015年 第2期, 84-86쪽. 필자는 조선 측이 제기한 두 방안의 중요한 차이는 결국 의제를 중국과 조선 중 누가 먼저 제기할 것인지에 있었다고 본다.

107) 중국외교부당안관, 109-00828-01, 4-7쪽.

108) 중국외교부당안관, 109-01813-01, 1-2쪽.

109) 『毛泽东文集』第7卷, 340-342쪽.

110) 『人民日报』 1958년 2월 6일 1면, 2월 7일 1면, 2월 22일 5면.

111) 1958년 2월 15일 주은래와 김일성의 회담 기록, 이 사료는 다음에서 재인용. 金冲及主编,『周恩来传』, 1,372쪽.

112) 『人民日报』 1958년 2월 20일, 21일 1면,『抗美援朝战争史』第3卷, 523쪽.

‣ 조선을 방문한 주은래가 환영을 받고 있다.

‣ 주은래는 조선을 방문하고 김일성을 만났다.

• 조선에서 지원군을 철수하는 협정에 서명하고 있다.

1953년 7월 정전협정이 조인될 때 조선의 중국 인민지원군 부대는 17개 군, 1개 사단 및 지휘부 등 모두 120만 명에 달했다.[113] 제네바회의 이후, 중국은 미국에 철군을 촉구하는 동시에, 주도적으로 지원군 부대를 지속적으로 철수하기 시작하였다. 공개적 철수는 총19개 사단으로 다음과 같다.

1954년 9~10월 7개 사단, 1955년 3~4월 6개 사단, 1955년 10월 6개 사단을 각각 철수하였다.[114] 이 밖에도 6개 군, 5개 포병 사단, 4개 고사포 사단, 1개 공안 사단, 10개 철도병 사단 및 기타 특종부대, 병단 일부를 비공개적으로 철수하였다. 1955년 말에 이르러, 조선의 지원군 부대는 5개 군과 일부 포병, 장갑부대, 공정부대와 보급부대만이 남았다.[115]. 그 후에도 일부 부대가 조선을 떠났다. 예를 들면 1956년 4월 4일, 유소기, 주은래 등은 4만 명 지원군 부대의 철수를 논의하였다.[116] 1957년 말 조선에 남아있는 중국 인민지원군 부대는 총

113) 『抗美援朝战争史』第3卷, 519쪽.
114) 『人民日报』1954년 10월 5일 1면, 1955년 4월 21일 1면, 1955년 10월 28일 1면.
115) 『抗美援朝战争史』第3卷, 520쪽.

30만 명에 달하였다.[117)]

부대 철수의 구체적 실시 방안은 지원군사령관 양용(杨勇)에 의해 구체화되었다. 팽덕회로부터 모든 지원군 철수 통보를 받은 후 1958년 1월 28일 양용은 중앙군사위원회에 철군에 관한 보고서를 제출하였으며, 총참모부의 수정을 거쳐 비준을 받았다.[118)]

3월 15일 철군이 시작되었다. 중앙군사위원회가 확정한 "최전방 부대 우선 철수, 다음은 서해안 부대, 나중에 중간지대 부대 철수" 방침에 따라, 첫 번째 철군 부대로 제23군, 제16군 6개 사단 및 일부 특종병, 병참부대, 그리고 공병 지휘부와 제19병단 지휘부 등 총 8만 명이 3월 15일부터 4월 25일 사이에 조선에서 철수하였다. 이 밖에도 제20병단 지휘부는 3월 12일 철수하였다. 두 번째 철군 부대는 제54군, 제21군 6개 사단과 일부 특종병, 병참부대 및 탱크병 지휘부 등 총 10만 명이 7월 11일부터 8월 14일 사이에 철수하였다. 마지막 철군 부대는 지원군사령부, 제1군 3개 사단, 포병지휘부 및 보급부대 등 총 7만 명이 9월 25일부터 10월 26일 사이에 철수하였다.[119)] 철군의 모든 과정은 순조롭게 이루어졌으며, 유일한 사건은 조선 정부가 9월 9일 즉 건국 10주년 경축행사 이전까지 철군을 완료해 줄 것을 요구했지만, 대만해협에서 긴장 국면이 출현함에 따라 뜻대로 이루어지지 않았다.[120)]

철군 과정에 중공 중앙은 광범위한 선전활동을 전개하였다. 1958년 6월 22일 첫 번째 철군이 완료되고 두 번째 철군이 시작되기 직전, 중공 중앙판공청은 인민지원군 조선 철수 선전에 관한 통지를 발송하였다. 통지에서 중앙과 모든 성(省)과 시(市)의 선전 부분은 "효과를 극대화하기 위해" 지원군 철군과 조선전쟁 발발 8주년 및 정전 5주년의 일자를 결부하여 선전을 진행하도록 지시하였다.

---

116) 『邓小平年谱(1904-1974)』, 1,282쪽.

117) АВПРФ, ф.0102, оп.14, д.6, л.20-22.

118) 姜锋等, 『杨勇将军传』, 344-345쪽; 中共江苏省委党史工作办公室编, 『粟裕年谱』, 北京: 当代中国出版社, 2006년, 620쪽; 『彭德怀年谱』, 672쪽.

119) 『抗美援朝战争史』 第3卷, 529쪽. 철군 인원에 대한 상세한 고증은 다음 논문을 참고할 것. 田武雄, 「中国人民志愿军撤军回国的若干史实考辩」, 『军事历史研究』 2015년 第2期, 89-90쪽.

120) АВПРФ, ф.0102, оп.14, д.3, л.312-314.

『인민일보』,『대공보』,『광명일보』는 신화사가 발표한 지원군 철군공보 및 양용의 담화 보도를 게재한 이외에도, 사설, 평론 및 특별 문장을 발표하였으며 기타 각 신문 역시 관련 문장을 전제하였다. 선전의 중점은 두 가지 방면, 즉 "미 제국주의가 발동한 조선 침략의 죄행을 단호하게 규탄하고, 침략에 반대한 조선인민의 영웅적 기개와 큰 공헌을 열렬히 찬양하며", 둘째 "조선인민과 피로 굳어진 우의와 단결의 위대한 국제주의 정신과 평화사업에 대한 중조 인민의 공동 노력의 거대한 공헌을 집중 설명" 하는 데에 있었다.[121]

중국의 철군과 선전 공세가 서방에 압력이 되기는 하였지만 그 효과는 미미하였다. 중국은 쌍방 군대를 모두 철수한 후 "관련국"의 공동 참여하에 조선 문제를 해결할 것을 일관되게 주장하였다.[122] 중국의 단독 철군 발표이후, 미국과 유엔군은 감군은 진행하되 철수하지는 않는다고 발표하였다. 또한 여전히 유엔의 관리 감독하에 전 조선의 통일선거를 실시할 것을 주장하고 이를 철군의 전제조건으로 제시하였다.[123]

미국은 당연히 중국과 조선 모두 유엔회원국이 아니며, 이 주장을 받아들일 수 없음을 잘 알고 있었다. 때문에, 중국의 일방적 철군은 단지 미군철수 여론을 만들어 낼 수 있을 뿐 그 어떤 효과도 유발할 수 없었다. 그러나 철군과 선전은 조선에서 지원군의 이미지를 개선하고, 중국과 조선인민의 관계를 밀접하게 하는 데 지대한 영향을 미쳤다.

사실상, 일찍이 1956년 말에 중공 중앙은 지원군과 조선과의 관계에서 문제가 있음을 알고 있었다. 신화사 기자의 내부 보도에 따르면 지원군과 조선 당국 및 인민들과의 관계는 날로 악화되었다. 1954년부터 1956년 8월까지 지원군이 조선 정부 관원과 인민을 구금 혹은 모욕한 사건은 총 355건에 달했고, 그중 가장 심각한 것은 사냥을 위해 지원군 관할구역에 들어온 조선의 고위 당정

---

[121] 『国际时事通报』第12期, 1958년 6월 22일.

[122] 중국 측의 가장 최근 성명은 1957년 11월 18일 유엔총회 정치위원회에서 통과된 조선 문제에 대한 결의에 대한 반응이다. 『人民日报』 1957년 11월 20일 6면.

[123] 중국지원군 철군에 대한 미국의 반응과 대책에 관해서는 다음 연구를 참고할 것. 冯东兴, 任东来, 「1958년中国从朝鲜撤军与中美外交交涉」, 『当代中国史研究』 第17卷 第2期(2010년 5月), 82-89쪽.

지도자, 남일, 방학세, 박정애 등을 구금한 사건이었다.

제멋대로 조선인들을 수색, 체포하고 불법적 심문을 진행하는 것 또한 허다하였다. 이 밖에도 교통사고, 표적 사격 훈련, 총기 오발, 강간 폭행 등으로 인한 조선인 사망은 417명에 달했으며, 그중 교통사고로 인한 조선인의 사망과 부상이 그 주를 이루었다. 1954~1955년 총 68건의 강간 사건이 발생하였고 간통의 숫자는 강간 사건의 열 배에 달하였다. 1956년 상반기에만 208건의 강간, 강간미수 및 간통 사건이 발생하였다. 이로 인한 사생아 출산이 적지 않았고, 다른 지역으로 부대가 이동한 후 아이를 업은 조선 부녀자들이 부대를 찾아다니는 등 영향이 매우 나빴다.

지원군이 건설공사, 병영 및 군사훈련 등의 군사적 필요로 인해 조선에 끼친 손실 또한 비교적 심각하였다. 1955~1956년, 지원군은 병영 건설을 위해 농경지 약 800만 평방미터를 점유하고 사용하였다. 1954~1955년 조선 정부의 허가 없이 벌목한 목재가 54,000여 그루에 달했다. 1956년 1년 동안 총11만평 550무(亩)에 이르는 농작물이 지원군의 군사훈련으로 피해를 입었다.

일상생활 중에서 인민지원군 관병이 조선인민을 존중하지 않는 상황 역시 매우 보편적이었으며, 말하는 태도가 불손하고 욕설을 퍼붓고, 조선과 조선인민을 무시하는 행위가 빈번하였다. 심지어 비행장을 건설하고 공사할 때 조선인들의 조상 무덤을 파내는 상황까지 발생해 당 지역 조선인민들의 반감을 샀다.

비록 이런 위법 및 군기를 어기는 행위는 모두 인민지원군 군법의 법률적 제재를 받았으나, "치외법권"적 성격을 가지는 처리 방식은 조선인민의 굴욕감을 자아냈다. 상술한 지원군의 조선의 법률과 풍속 위반, 조선인민에 대한 오만한 태도 및 조선 내정에 대한 각종 간섭은 조선인민 심지어 정부 지도자들까지 지원군을 점령군으로 여기게 하였다. 그들은 지원군이 조선의 주권을 침범했기 때문에 지원군이 조선에 계속 주둔하는 것을 환영하지 않았다.[124] 이러한 상황은 주변 국가들에게 중국의 이미지를 크게 훼손시켰고 이로 인한 부정적

---

124) 『內部參考』 第2073期, 1956년 12월 8일, 158-163쪽; 第2111期, 1957년 1월 22일, 427-429쪽. 필자의 백조림(白兆林)과 영해풍(荣海丰) 인터뷰 기록.

영향이 모택동이 철군 결정을 내리도록 한 원인 중의 하나가 되었다.[125]

수십만 인민지원군의 철수는 조선 정부 및 조선 인민과의 관계 개선의 기회가 되었다. 철군을 선언하기 전인 1958년 2월 13일, 인민지원군 총사령부는 현지 인민과의 관계 개선을 위하여 일련의 규정을 제정하였다.

첫째, 적의 상황과 군대 사무를 인민군에게 상세하게 인계하고, 모든 부대 병영과 도구들을 무상으로 인도한다. 둘째, 일체의 사고를 방지하고, 기강검사를 철저히 하며 배상과 사과 등 후 처리를 잘하도록 한다. 셋째, 부대 철군 시지방정부와 인민에게 작별인사를 하도록 하며, 환송식이 있을 경우 반드시 성의를 다해 답례할 것 등을 규정하였다.

2월 21일, 지원군 총정치부는 '지원군의 조선 철군에 관한 정치공작 지시' 하달과 6월 '철군공작 31조' 제정을 통하여, 조선 정부 존중과 조선인민 애호에 관한 6개 조항을 제기하면서, 각 부대는 유종의 미를 거두고 철수하여야 하며 조선과의 우의를 오랫동안 유지할 것과 전체 관병은 중조우의를 위해 노력할 것 등을 호소하였다.

불완전한 통계에 의하면 지원군은 철군 기간 인민폐 1억 5,700만 원에 해당하는 각종 물자를 조선인민군에게 인도하였다. 간부와 사병들의 기증은 20만건, 위문과 감사의 편지 3만 3,000통, 그리고 파종과 모내기 4만 8,000무(畝), 풀베기 6만무(畝), 수확 1.5만무(畝), 식수 376만 그루, 8만 4,000미터의 제방 및 둑 건설, 수로 건설 27.7만 미터, 교량 건설 271대, 도로 건설 13.5만 미터, 주택 건설 966동 및 247동의 공공건물을 건설하였다.[126]

지원군의 이러한 행동과 공헌은, 조선의 『로동신문』과 중국의 『인민일보』의 다음과 같은 보도가 결코 허언이 아님을 보여준다. "조선인민은 모두 깊은 석별의 정을 가슴에 품고", 평양시민 30만 명은 "손에 손에 생화를 들고 열렬히

---

125) 교효광은 일찍이 소련 대사에게 군기 위반으로 인하여 지원군과 현지주민들의 관계가 "비정상"이며, 따라서 "지원군의 철수는 조선의 정치 방면에서도 매우 큰 이익이 된다"고 말한 바 있다. АВПРФ, ф.0102, оп.14, д.6, л.20-22.

126) 『抗美援朝戰爭史』 第3卷, 526-530쪽; 梁必業, 「志愿军撤军中增进中朝友谊政治工作的情况和经验」, 『军事历史』 2000年 第4期, 23-25쪽. 량필업(梁必業)은 당시 지원군 정치부 부주임을 역임하였다.

환송"하고, 신의주 6만 조선 군중은 강변에서 깊은 마음으로 송별"하였다.

또한 조선노동당 평안북도위원장은, 조선인민은 모두 "한마음으로" 중국인민과 지원군 관병에 대해 "무한한 사랑, 감사 및 존경"으로 충만해 있다고 말했다. 송별연에서 "조선인민은 반침략 투쟁에서 영원히 중국과 함께할 것"이라는 김일성의 말 역시, 진심에서 우러나온 것이라 할 수 있다.[127] 10개월 동안 조선은 중조우호의 달(月) 활동을 전개하였으며, 이 기간 동안 중조협회를 설립하였다.[128] 1958년 11월 김일성이 중국을 방문할 때, 680만 명의 조선인이 지원군에게 보내는 감사 편지에 서명하였다고 모택동에게 말했다.[129] 지원군 철수는 중국에 대한 조선의 우호를 촉진시키는 효과를 가져왔다고 할 수 있다.

• 김일성이 지원군 본부를 배웅하고 있다.

127) 『人民日報』 1958년 10월 25일 1면, 26일 1, 2, 3면, 27일 1면.
128) 『人民日報』 1958년 10월 5일 3면, 10월 21일 5면.
129) 1958년 11월 25일 모택동과 조선 정부대표단 담화기록.

그러나 모든 중국 인민지원군의 철수의 가장 큰 수혜자는 역시나 김일성이었다.

3. 김일성, 조선에서 천하통일 실현

노동당 창당 이후, 종파분자와 종파활동에 대한 반대 명분하에 시작된 김일성의 정치투쟁은 모두 당내에서 자신의 절대적 지도지위를 수립하고 강화하는 것이 그 목적이었다. 그러나 김일성은 당시의 국제공산주의 운동과 사회주의 진영 체제하에서 소련공산당과 중국공산당의 지지 없이 일련의 당내 투쟁에서 최종적으로 승리할 수 없었다. 1957년 소련공산당과 중공은 김일성을 변함없이 지지하였으며, 특히 모택동은 조선에서 중국 인민지원군을 모두 철수시킴으로써 김일성에 대한 신뢰와 지지를 표하였다. 이를 발판으로 김일성은 궁극적으로 정치적 반대파를 철저하게 제거하고, 조선에서 개인독재체제 수립의 기반을 마련할 수 있었다.

김일성은 모스크바에서 평양으로 돌아온 후 1957년 12월 5~6일 양일 동안 1,500명이 참석하는 중앙 전원회의 확대회의를 개최하였다. 김일성은 보고에서 소련을 중심으로 하는 사회주의 진영의 단결과 협력 그리고 중조 인민의 밀접한 우의관계를 강조하고, 미군과 중국 인민지원군을 포함한 모든 외국군의 철수를 주장하였다. 마지막으로 그는 1956년 8월 폭로되어 비판받은 종파분자들은 이미 "당과 혁명을 배반하는 길을 가고 있으며", 반종파 투쟁을 지속적으로 전개하여 "종파의 독소를 뿌리 뽑고 당의 통일을 강화"하는 것을 "당원들의 역사적 임무"로 할 것을 호소하였다.[130]

란코프 교수가 제공한 다른 사료에 따르면 김창만은 회의에서, 모스크바에서 모택동이 김일성에게 한 사과를 재차 보고하면서, 작년 9월 중소대표단이 평양에 온 것을 "소국에 대한 대국주의"라고 비판하였다. 회의에서는 구금되어 조사를 받은 바 있는 고봉기가, 8월 전원회의에서 반대파의 음모와 계획을 폭

---

[130] 『金日成著作集』第11卷, 平壤: 外国文出版社, 1982年, 328-357쪽.

로하여, 그들이 박일우를 조선노동당의 신임위원장으로 추대하고 최창익, 박창옥 및 김승화를 대리인으로 계획하였다고 말하였다.

내무상 방학세는 반대파가 무장반란을 계획하였다고 고발하였다. 연안파의 정신적 지도자 김두봉 또한 반대파의 일원으로 정식 고발당하였으며, 그는 회의에서 자신의 죄를 순순히 인정하였다. 심지어 거리낌 없이 말하기를 좋아하는 박의완 역시, 반대파를 단순하게 지지한 것이 아닌 "적극적 가담자"로 고발당하였다. 신임 사법상 허정숙은 회의에서 종파분자들은 반드시 인민법정의 심판을 받아야 한다고 주장하였다.[131] 당내 반대파 숙청 투쟁은 확대되기 시작하였다.

1958년 2월 8일, 조선인민군 건군 10주년 기념식에서 김일성은 '조선인민군은 항일무장투쟁의 계승자이다'라는 제목의 연설을 하였다. 연설에서 김일성은 자신이 이끌었던 항일유격대가 조선인민군의 전신임을 최초로 선언하고, 김두봉이 이끌었던 조선독립동맹과 연안파의 조선의용군은 "왜놈만 보면 도망치는", "마르크스주의의 군대가 아니다"라고 멸시하였다. 김일성은 또한 "이번 반당 종파분자의 핵심 인물은 원래의 신민당 인물, 즉 김두봉, 최창익을 대표로하는 일당"이며, 그들은 "원 공산당 핵심 간부들을 제거하고, 신민당 인물 즉 소자본가 계급 사람으로 당 장악을 시도하였다"고 그들의 죄상을 상세히 나열하였다. 그 후 김일성은 최종학(총정치국장), 김을규(육군대학 교장), 최일중 등의 이름을 열거하며 군내의 종파분자들을 비판하였다.[132]

주은래의 조선 방문 기간 김두봉은 환영연회에 모습을 나타내지 않았다. 소련 대사는 이에 주목하였다. 이에 대해 남일은 가까운 시일 내에 조선노동당 상무위원회에 김두봉이 재차 참석하지 않을 것이며, 동시에 그가 통상적으로 참석하던 연회와 모임에 그를 다시는 초청하지 않을 예정임을 소련 대사에게 통보하였다.[133]

주은래가 평양을 떠난 이후 3월 5일 조선노동당은 제1차 대표회의를 개최하

---

131) Lankov, *Crisis in North Korea*, pp.162-164.

132) 『金日成著作集』第12卷, 平壤 外国文出版社, 1983年, 53-87쪽.

133) АВПРФ, ф.0102, оп.14, д.6, л.41-46.

였다. 회의에서 박금철은 조선 해방 이후의 반종파주의 투쟁의 역사를 회고하고, 당내 반대파를 철저하게 발본색원할 것을 주장하였다. 박금철은 박헌영, 이승엽 등 간첩도당과 허가이 등 종파분자들이 적발된 이후, 최창익, 박창옥 반당집단이 다시 출현하였으며 이 집단의 "유일한 목적은 당과 정부의 지도권을 탈취하는 것"이라고 강조하였다.

박금철은 그들은 "각종 거짓 비방과 유언비어를 미친 듯이 날조 유포하고, 극히 비열하고 몰염치한 중상모략 행위를 거리낌 없이 저질렀을 뿐 아니라, 당대회에서 당을 전면적으로 공격하는 도발행위를 일삼고, 그들의 반당적 공격에 호응하기 위하여 일부 지역에서 비밀리에 당과 정부를 반대하는 시위와 폭동을 조직하였다"고 비난하였다. 동시에 그들의 "이러한 죄악적 활동은 이 반당종파분자 일당들에 대한 전당적이고 전 인민적인 반대투쟁을 불러일으켰다"고 주장하였다.

마지막으로 박금철은 "당내외 적들의 모든 도발과 공격을 분쇄하였기 때문에, 우리 당의 발전은 이미 새로운 단계에 접어들었으며, 모든 당원은 김일성 동지를 수반으로 하는 당중앙위원회 주위에 더욱 굳게 단결하고, 당의 당면한 임무를 완성하기 위하여 투쟁할 것"을 호소하였다.[134]

그 후 내무상 방학세, 사법상 허정숙 및 인민군 총정치국장 김태근 등은 연이어 "종파분자"들의 반당, 반정부 음모 책동과 정변 기도를 비난하면서, 연안파 간부와 전 내각총무국장 양계(杨界)가 그들에게 증언을 제공하였다고 공개하였다.[135]

3월 6일 김일성은 종결보고를 통해 다수의 "반당종파분자"들의 이름을 직접 거명하며 비판하였다. 즉, "최창익의 개인적 야심은 점점 커졌으며, 김웅은 참모장과 전선사령관을 역임한 후에도 여전히 당을 의심하였고, 한빈은 파괴분자이며 당을 증오하는 자이다. 또한 김두봉 일당은 '동상이몽'하고 있으며 한 번도 '진심어린 말'을 하지 않았고, 사실 죄상이 매우 무겁다"고 말하였다.

134) 『로동신문』 1958년 3월 6일 1면, 『各国共产党文选』 总第77期, 1958년 6월 23일, 39-49쪽.

135) 1958년 3월 5일 지토렌코와 최성훈, 주창준 담화기요, 이 자료는 다음 책에서 재인용함. Lankov, *Crisis in North Korea*, pp.168-169.

김일성은 계속해서, "오기섭은 지난 10년간 중앙위원을 담임하는 동안 우리와 같은 길을 걷지 않았으며, 서휘와 김을규는 직업동맹과 군대를 당의 지도로부터 벗어나도록 기도하였다. 비록 김두봉, 박의완 및 오기섭이 반혁명 폭동음모에 가담하였다는 증거는 아직 없지만, 그들은 공개적 혹은 암암리에 당의전복을 기도하고 당의 지도자를 축출하려 하였다. 그들을 적당히 처리해서는안 되며, 반드시 그들의 종파주의 보따리를 모두 펼쳐야 하며, 그들의 무장을완전히 해제해야 한다"라고 강조하였다.[136]

이제, 김일성은 마침내 마음 놓고 과감하게 그의 정치적 반대자들을 제거할수 있게 되었다. 따라서 그들을 사지에 몰아넣기 위해 "당과 국가의 영도권 찬탈" 죄명을 꾸미는 것이 반드시 필요하였다. 이에 대해 북경과 모스크바 모두다시 간섭할 수 없었다.

3월 9일, 『인민일보』는 박금철 보고의 개요를 보도하였고 이는 김일성에 대한 확실한 격려였다. 이후 반대파에 대한 철저한 처치가 잇따랐다. 조선노동당의 고위 간부가 소련 외교관에게 설명한 바에 따르면, 1년 전 종파분자들에 대한 전면 비판이 시작된 이래 1958년 7월까지 3,912명의 당적이 박탈되었다. 그중 대다수가 최창익을 지지한 혐의를 받았다.[137]

가을부터 소련계 조선인들에 대한 체포가 시작되었다. 부수상 박의완을 포함한 4~5명의 소련계 조선인 중요 인물들이 숙청되었고, 수많은 사람들이 외지로 유배되거나 직위가 강등되었다. 또한 더 많은 소련계 조선인 간부(대략 전체 총인원의 절반)들은 소련으로 귀국을 선택하였다.[138]

9월 9일 남일은 소련 대사관을 방문하여 최창익에 대한 조사가 아직 끝나지않았고 그는 이미 군사정변 참여를 제외한 모든 죄상을 자백하였으며, 박창옥은 가택연금 중에 있고, 박의완은 당적을 박탈당하였고 김두봉은 이미 "은퇴"하였다고 통보하였다.[139] 이러한 "중량급" 인물 외에, 종파분자들에 대한 폭로,

136) 『金日成著作集』第12卷, 108-115쪽.
137) 1958년 7월 22일 피메노프와 원형구 담화기요. 이 자료는 다음 책에서 재인용하였음. Lankov, Crisis in North Korea, pp.153-154.
138) Lankov, Crisis in North Korea, pp.189-193.

비판, 및 숙청투쟁이 모든 분야에서 차례로 전개되었다.

1958년 10월에서 12월까지 조선문화계는 자산계급 사상과의 전면적 비판투쟁을 정풍운동 방식으로 진행하였다. 이 투쟁 과정을 통해 직무로부터 해임된 인물은 다음과 같다. 교육문화성 부상 안막, 작가동맹 중앙위원회 부위원장 서만일과 윤두헌, 교육문화성 예술국국장 김승구, 조선작가동맹 소설 분과위원장 조중곤 등은 해임되었으며, 유명 인민배우 최승희 또한 무용학교 교원으로 강등되었다.[140]

11월 10일, 소련 대사관은 천도교 청우당 김달현과 민주당위원장 홍기황(洪箕璜)의 국가전복 및 간첩죄에 관한 조선 정부 자료를 입수하였다. 이 두 당은 조선노동당의 "동반자"로서 "민주"의 간판을 내걸었을 뿐인데, 숙청의 운명을 피하지는 못했다. 김달현은 박헌영과 이승엽의 "비밀 협력자"로 암살과 소요를 시도했다고 고발되었고, 홍기황은 최창익 집단과 함께 미 제국주의와 접촉했다는 죄목으로 기소되었다. 몇 달 후, 당 지도자들이 죄를 인정함에 따라 두 당은 실질적으로 그 존재의의를 상실하였다.[141]

1959년 7월 『로동신문』은 당내 종파분자 폭로 비판 운동 과정에서 일부 미흡한 지역과 부문에 관해 연이어 보도하였다. 첫째, 강원도는 부원장 김창만과 내각부수상 정준택 주재하에 당위원회 확대회의를 개최하고, 이 지역에서의 반종파투쟁 거부 상황을 타개하여, 반당반혁명분자 김원봉(중앙위원)과 문태화 등의 최창익, 박창옥 집단과 결탁한 반당활동을 폭로하였다. 둘째, 농업성은 당원대회를 개최하고 성 내에 남아있는 종파주의 및 가족주의의 여독을 비판하였으며, 특히 전 농업상을 역임한 중앙위원 한전중(韓典钟)의 반당 죄행을 비판하였다. 셋째, 평안북도 인민위원회의 지도적 위치에서 오랜 기간 암약해온 이유민(중앙위원, 최고인민회의 부위원장)과 김승섭(金承燮)이

139) 1958년 9월 9일 소련 대사 푸자노프 일기 AВПРФ, ф.0102, оп.14, д.6.

140) 『宣教动态』 1959年 第24期, 15-16쪽.

141) Lankov, Crisis in North Korea, pp.197-199. 김일성은 모택동에게 민주당과 천주교청우당에 대한 개조를 이미 진행하였으며, 현재 일부 지도급 인물만 남았다고 하였다. 1958년 12월 6일 모택동과 조선 정부대표단 담화기록.

당의 정책에 대해 태업 의도를 가지고, 종파주의 수법을 부식하려 하였다고 폭로하였다.[142]

당내 간부들에 대한 숙청뿐만 아니라 일반 인민들 또한 이 투쟁의 소용돌이에 휘말려 들었다. 1958년 10월부터 1959년 5월까지 조선 정부는 전 인민을 대상으로 하는 반혁명 진압운동을 전개하고, 군중운동 형식을 점차로 일상적 형식으로 바꾸었다. 조선 내무성 통계에 따르면 이 짧은 기간 동안 1945~1958년 동안에 적발된 "적"의 총 숫자와 맞먹는 약 10만 명의 "적대 및 반동분자"들이 적발되었다.[143]

심지어 조선에 살고 있는 화교 역시 이 재난을 피하지 못하였다. 조선의 중국 대사관 영사부 보고에 따르면, 1959년 4월까지 각급 화교연합회는 조선내무성과 합동조사를 통해 14,000여 명 화교 중에서 반혁명 활동의 과거가 있거나 현재 활동하고 있는 반혁명분자 428명을 적발하고, 그중 52명은 체포, 12명은 유기징역, 5명은 사형에 처하고 기타 나머지는 조사 중에 있었다.[144]

"군사정변" 음모에 대한 조사는 약 1년간 진행되었다. 1959년 10월까지, 내무성과 인민군 보안부서가 각각 진행한 조사 결과에 따르면, 당과 군대에서 약 160명의 간부들이 이 음모에 가담하였고, 방호산과 김웅 이외에 평양방어사령관 장평산, 제2집단군 사령관 이광무, 제1집단군 참모장 노철갑, 군사과학원 원장 최원(崔源) 등이 재판을 받았다. 최창익을 포함한 대다수 피고인들은 자신들의 죄를 인정하였다. 1960년 1월, 비밀재판을 통해 35명의 피고인 중 최창익, 박창옥, 고봉기, 양계, 김웅과 전 민족보위성 부상 김원송을 포함한 20명이 총살형을 선고 받았고, 15명은 장기구금형을 언도받았다.[145] 재판을 받지 않은 인물들은 대다수가 이미 사망한 뒤였다.[146]

---

[142] 『로동신문』 1959년 7월 14일 2면, 7월 20일 2면, 7월 24일 2면.

[143] 1960년 2월 12일 페리센코와 방학세 담화기록, 이 자료는 다음 책에서 재인용하였음. Lankov, *Crisis in North Korea*, pp.182-183.

[144] 하북성당안관, 937-1-27, 14-21쪽; 『外事动态』 1959年 第41期, 16쪽.

[145] 1959년 10월 24일, 1960년 2월 12일 페리센코와 방학세 회담기요, 이 자료는 다음 책에서 재인용. Lankov, *Crisis in North Korea*, pp.170-172. 북한연감간행위원회편, 『북한총람(1945-1968)』, 178쪽; Шин В.А. Китай и корейские государства, с.26-27

반대파 인물이 연이어 숙청됨에 따라 김일성에 대한 개인숭배가 다시 나타나기 시작하였다. 1958년부터 신문, 잡지 및 길거리에 김일성의 이름과 초상이 대량으로 나타나기 시작하였으며 그의 활동에 대한 보도 역시 더욱 빈번해지고 상세해졌다. 1958년 말에는 "위대한 수령 김일성 원수 혁명활동 학습실"이 정부기관, 공장, 협동농장 및 학교에 매우 빠르게 생겨났다. 보도에 따르면 이 학습실은 평안북도에만 863개소에 달하였다.[147]

1958년 12월, 조선노동당 중앙상무위원회는 "찬란한 혁명전통"의 연구를 대폭 강화한다는 특별결정을 통과시켰다. 이에 따라 김일성이 지도한 항일 유격대 회고록과 관련 서적이 급속히 대량 배포되었다. 조선 정부가 제공한 통계에 따르면, 1958~1960년 3년 동안 이와 관련된 도서출판은 9,580만 권에 달하였다. 이는 어린이를 포함한 조선인 1인당 9권에 해당하였다.[148]

이러한 분위기에 1961년 9월 개최된 조선노동당 제4차 대표자대회는 한마디로 당내 투쟁에서 승리한 김일성과 유격대파의 대 열병식이었다. 란코프와 이종석의 분석에 따르면 85명의 중앙위원 중 유격대파는 37명에 달했다. 즉, 일찍부터 김일성을 따랐던 유격대원의 1/3이 이때에 중앙위원이 되었다.

기타 파벌 인사 중에서는 오직 충실하고 가장 믿을 수 있는 자들만이 중앙위원회에 남게 되었다. 그중에는 소련파의 남일과 박정애, 연안파의 김창만, 하앙천 및 김창덕, 국내파의 백남순, 기타 일부 남로당 출신들이 있었다. 이 밖에도 김일성이 직접 발탁한 젊은 간부와 기술전문가 약 30~35명이 중앙위원으로 선발되었다.

11명의 정치위원회(원래의 상무위원회) 위원 중 6명은 유격대파, 3인(남일, 박정애, 김창만)은 김일성에게 이미 투항한 소련계 조선인 및 연안계, 2인(정일룡과 이종옥)은 해방 후 김일성이 발탁한 기술관료 출신이었다. 50명의 후보위

---

146) 일설에 따르면, 방호산과 박일우는 비밀리에 죽음을 맞았다.(필자와 김강의 인터뷰 기록), 김두봉은 하방된 협동농장에서 병으로 사망하였다(김일성에 대한 증언, 119쪽), 박의완 역시 농촌으로 하방되어 비명횡사하였다(金学俊, 『朝鮮五十七年史』, 250쪽)

147) Lankov, *Crisis in North Korea*, pp. 200-203.

148) Lankov, *Crisis in North Korea*, p. 205.

원 중 49명이 새로 선출되었으며, 그중 8명은 유격대, 37명은 김일성이 해방 후 발탁한 젊은 관료 출신이었다.[149] 김일성은 이제 안심하고 잠을 잘 수 있게 되었다.

수년간의 투쟁을 통하여 김일성은 마침내 조선 권력의 정점에 올랐고, 권력 독점이라는 정치적 희망을 실현하였다. 이러한 성공은 당연히 조선 내부의 정치 환경, 김일성의 정치적 지혜 및 투쟁수단과 깊은 관련이 있지만, 반드시 주의해야할 매우 중요한 외부적 조건, 즉 변화무쌍한 사회주의 진영의 정치 환경이 김일성에게 기회와 운을 제공하였다는 점이다. 헝가리 사건, 소련의 반당 집단사건, 중국의 반우파 운동 및 중소 간에 잠복한 의견 불화 등은 특정 시점에 소련과 중국의 조선에 대한 태도를 바꾸는 데 큰 영향을 미쳤으며, 김일성이 계속해서 위기에서 벗어날 수 있게 하였다.

그중 가장 관건은 모택동이 조선과의 관계 처리 방침을 바꾼 것, 즉 조선에서 중국 인민지원군을 모두 철수한 것이라고 할 수 있다. 수십만의 중국군이 조선에 주둔하는 것은 김일성의 머리 위에 다모클레스(Damokles: 상시적인 위협-역자 주)의 칼이 걸려있는 것과 같은 것이며, 객관적으로 김일성을 제약하는 역량이었음이 틀림없었다.

스탈린과 달리 모택동은 러시아가 습관처럼 취했던 주변 국가에 통제를 가할 생각이 전혀 없었으며, 힘으로 복종시키려 하지 않고 마음을 공략하는 것을 상책으로 하였다. 이에 따라 조선에 완전한 독립과 자유를 주고, 회유정책을 통해 잠재적인 적수를 마음에서 우러나 진정으로 복종하는 친구로 변화시키려 하였다. 이에 따라 조선은 김일성의 천하가 되었다.

1958년 주은래의 조선 방문 이후 중조관계는 뚜렷하게 회복되기 시작하였다. 아울러 양국 간의 정치 문제 또한 해결되었으며 모택동과 김일성은 손에 손을 잡고 대규모의 경제건설을 시작하였다.

---

149) 『朝鮮劳动党第四次代表大会文件』, 北京: 世界知识出版社, 1962年, 365-366쪽; Lankov, *Crisis in North Korea*, pp.207-208; 金学俊, 『朝鮮五十七年史』, 276-278쪽.

제3절 '대약진'과 '천리마'를 유인

일찍이 1956년 중국의 제2차 5개년계획을 계획하던 기간, 모택동은 매우 "급진"적인 계획을 세우려 하였으나, 주은래 등 국무원 주관 부처의 간부 및 소련 전문가들의 공동 반대에 부딪쳐 마음속으로 울화가 치밀었다.[150] 1957년 11월의 모스크바 회의에서, 모택동은 중국공산당에 대한 소련 및 각국 공산당의 존경 및 흠모를 느끼고 매우 만족하였다. 따라서 흐루시초프가 소련이 15년 내에 미국을 능가한다는 구호를 제창한 후, 모택동 역시 중국 또한 재차 "약진"을 실시할 것을 생각하였다.

모스크바에서 귀국한 이후 모택동은 제2차 5개년계획의 수정을 요구하며 신문 사설을 직접 기초하고 관련 회의를 개최하면서 "대약진"을 전국에 호소하였다. 곧이어 재차 인민공사운동을 힘차게 시작하였다.[151] 그러나 모택동이 보기에 사회주의 경제건설을 위한 창의적 행동인 "대약진"과 공산주의로 가는 교량인 인민공사는, 사회주의 진영 특히 소련에서 냉대를 받았다.[152]

모든 사회주의 국가 중에서 모택동의 이 위대한 "거사"를 지지호응하고 따라 한 사람은 김일성이 유일하였다. 조선은 "대약진"과 똑같은 "천리마" 운동을 제기하였으며 곳곳에서 중국을 따라 배웠다. 모택동은 이를 높이 평가하고 조선에 지지와 원조를 제공하였다. 모택동은 영국을, 김일성은 일본을 능가하겠다고 큰 소리쳤다. 중조 양국은 손에 손을 잡고 공산주의를 향한 상상의 노래를 함께 연주하였다. 중조관계에 한편의 화합 하모니가 연출되었다.

---

[150] 필자의 다음 논문을 참고할 것. 沈志华, 「周恩来与1956年的反冒进——中共高层关于经济建设方针的争论」, 『史林』, 2009年 第1期, 88-106쪽.

[151] 관련 내용은 다음 책을 참고할 것. 林蕴晖, 『乌托邦运动——从大跃进到大饥荒(1958-1961)』, 香港: 香港中文大学出版社, 2008年, 第1, 2, 3章.

[152] 필자의 다음 논문을 참고할 것. 沈志华, 「苏联对"大跃进"和人民公社的态度及结果」, 『中共党史资料』 2003年 第1期, 118-139쪽.

1. 김일성의 중국 '대약진'에 대한 전면적 학습

1956년 4월 조선노동당 제3차 대표자대회에서, 김일성은 "더욱 빠른 속도의 공업 발전을 통하여" 사회주의 공업화를 촉진시키고, "농업생산을 크게 증가시켜," "조직 및 경제면에서 농업합작화를 강화하여 농업의 합작화를 완성"시키는 웅대한 제1차 5개년계획(1957~1961)을 제안하였다. "전후에 이룩한 성과의 기초 위에서, 공화국 북부에서 사회주의 건설의 위대한 진전을 이루는 것"을 목표로 제시하였다.[153]

그러나 3개년계획의 좌절과 당내 투쟁의 격화, 그리고 조선의 제1차 5개년 계획에 대한 소련의 반대 의견 때문에, 1957년 시작된 5개년계획은 전면적으로 시작되지 못했다.[154] 중국 인민지원군의 전면적 철수와 당내 반대파 일망타진 으로 김일성은 뒷근심을 해소하고, 중국의 지원과 지지를 확보하였으며, 소련 의 반대 의견도 잠시 잊고 김일성은 정력적으로 "거사"를 진행하려 하였다.

주은래의 평양 방문 이후, 조선노동당은 1958년 3월 3~6일 사이 제1차 대표 자대회를 개최하고 제1차 5개년 경제발전 계획을 통과시켰다.[155] 6월 11일 김 일성은 제2기 최고인민회의 제3차 회의에서, 조선에서 "사회주의 혁명과 사회 주의 건설이 고조기에 접어들었다"고 선언하고, "전체 노동자들은 당의 호소에 호응하여 천리마를 타고 사회주의를 향하여 나아가야 한다"고 강조하였다.[156]

6월 13일 『로동신문』 제1면에 제목 '천리마로 달리자'라는 문장이 게재되었 다.[157] 이때부터 조선은 전국적인 "천리마"운동을 시작하였다. 6월 23일, 김일 성은 "현재 전국 방방곡곡에 천리마가 질주하고 있다." "우리는 사회주의 혁명 의 대고조기에 있으며, 사회주의 건설의 왕성한 광경이 나타나고 있다." "노동

---

153) 『金日成著作集』第10卷, 180-205쪽.

154) 소련 대사는 보고서에서 조선의 제1차 5개년계획은 "여전히 전면적 공업화를 가속화하는 것으로 설정되어 있으며 노동인민들의 생활수준을 최대한 빨리 제고해야 하는 점은 경시되고 있다"라고 평가하였다. 또한 중공업을 중점적으로 발전시키는 데 "현실적 가능성을 고려하지 않고 있다"고 하였다. РГАНИ, ф.5, оп.28, д.411, л.143-159; д.486, л.1-17.

155) 『人民日報』 1958년 3월 9일 3면.

156) 『金日成著作集』第12卷, 287쪽.

157) 『로동신문』 1958년 6월 13일 1면.

당은 전국 인민이 천리마로 달리도록 지도해야 한다"고 흥분하며 말했다.[158]

모택동의 방식과 마찬가지로, 조선의 "천리마" 운동 역시 우경 보수주의에 대한 비판과 함께 전개되었다. 1958년 6월부터 9월까지 김일성은 각지를 시찰하고 각종 회의에서 미신과 보수를 타파혁신하고 약진해야 한다는 요지의 연설을 하였다. 김일성은 평안북도를 시찰하고 당 지역의 간부들을 향하여 "다른 사람이 할 수 없다고 해서 왜 우리 또한 할 수 없다고 생각하는가?", "우리는 인민대중의 역량을 믿지 못하고 인민대중의 혁명 기세를 무서워하는 모든 보수주의자들과 결연한 투쟁을 하여야 한다", "보수주의는 완고하게 우리의 전진을 막고 있다. 보수주의를 철저하게 분쇄하지 않으면, 우리는 천리마를 타고 계속 달릴 수 없다. 우리는 과거의 관념에 사로잡혀 있고 대중의 혁명열정을 무시하고, 자신의 잘못된 주관적 견해와 모든 주관주의자들과 보수주의자들에 대하여 완강하고 엄정한 사상적 투쟁을 진행해야 한다"고 경고하였다.[159]

김일성은 자강도를 시찰한 자리에서 재차 해당 지역 간부들에게, 우리는 "자신의 두 손을 이용하여 과거에 상상하지 못했던 위대한 사업을 승리적으로 진행하고 있다"고 강조하였다.[160] 시군 인민위원회 강습회장에서 김일성은 "우리는 소극적 정서와 보수사상에 대하여 무자비한 투쟁을 계속해야만 한다. 이 투쟁을 강화해야만 전진과 혁신을 계속할 수 있다"라고 호소하였다.[161] 중앙당교 졸업생들을 향한 연설에서 김일성은 재차 "보수사상과 소극적 정서와 투쟁하지 않으면, 사회주의 건설 과정에서 혁명과 비약을 격발시킬 수 없고, 군중들의 고양된 투지가 지속될 수 없다"고 되풀이 강조하였다.[162]

전국 생산혁신노동자회의 석상에서 김일성은 사상혁명과 기술혁명의 두 가지 임무를 제기하면서, 보수주의자는 "눈은 단지 다른 사람만 쳐다보며, 단순히 기계적 반복을 계속하고 있으며, 자신의 적극성과 창조성을 발휘하지 않으려 한다"고

---

158) 『金日成著作集』 第12卷, 297, 310쪽.

159) 『金日成著作集』 第12卷, 297, 309-310쪽.

160) 『金日成著作集』 第12卷, 311쪽.

161) 『金日成著作集』 第12卷, 333쪽.

162) 『金日成著作集』 第12卷, 364쪽.

지적하고, 우리는 "다른 사람의 뒤만 따라 갈 이유가 없고, 반드시 다른 사람보다 더 빠르게 달려야 하며, 다른 사람이 한 발짝 갈 때 우리는 열 발을 가야 한다"고 강조하였다.[163] 김일성에 호응하여 『로동신문』은 8월 9일과 16일 두 차례 사설에서 당 전체가 보수주의와 소극 정서를 반대하고 비판할 것을 호소하였다.[164]

중국의 "대약진" 역사를 잘 알고 있는 사람들은 김일성의 의기충천한 이 발언들이 1958년 모택동의 호언장담과 매우 유사함을 발견하는 것이 어렵지 않다. 당내 간부회의에서 모택동의 많은 발언들이 공개되지 않았음을 고려하면 김일성이 앵무새처럼 모택동의 말을 되풀이했다고 단정할 수는 없다. 그러나 한 가지 확실한 점은, 김일성과 모택동이 유사한 정치적 경험을 가졌고 또 서로 비슷한 정치적 환경에 처했기 때문에 그들이 비슷한 정치적 논조의 발언을 할 수 있었다고 할 수 있다. 중국은 확실히 조선의 본보기가 되었으며 김일성 또한 "대약진"을 전면적으로 학습하였다.

1958년 8월 이주연 부수상이 대표단을 이끌고 중국을 방문하기 전, 김일성은 그들에게 "열심히 공부하고, 꼼꼼히 연구하여, 배운 경험을 조선에 가지고 와 조선의 5개년계획을 앞당겨 완성"시키도록 지시하였다.

대표단은 중국을 참관한 후 큰 감동을 받았다. 국가계획위원회 위원장 이종옥은 과거 조선에서 1헥타르에서 쌀 27톤 생산하는 것도 매우 드물었는데, 믿을 수 없게 현재 중국에서 1헥타르에서 300톤을 생산하는 것은 우리에게 믿음을 주었으며, 우리는 생산을 확대할 수 있는 방법을 널리 보급해야 한다고 말했다.

대표단은 중국의 여러 가지 방법, 예를 들면 간부들을 노동에 종사하도록 하방시키고, 일하면서 공부하고 학교가 공장을 운영하며, 교육과 생산노동을 상호 결합시키는 교육방침 등은 조선이 본받을 수 있다고 보았다. 이주연과 이종옥은 "중국의 대약진은 중국의 명운을 결정했을 뿐 아니라, 세계의 명운도 결정하였고 전 세계의 역사를 반전시킬 것"이라고 찬양하였다.[165] 기세 드높은 "대약진"은 조선을 강렬하게 자극하였다.

---

[163] 『金日成著作集』第12卷, 431, 438-439쪽.
[164] 『로동신문』1958년 8월 19일 1면, 9월 16일 1면.
[165] 『外事工作通報』第4号, 1958년 10월 11일, 3-5쪽.

중국 방문 대표단의 귀국 후, 조선은 중국의 성과와 그 방법에 대해 대대적인 선전활동을 전개하고 일부의 의심을 타파하고자 하였다. 조선 신문에는 중국에서 1무(亩)당 벼 6만 근(30,000Kg), 1무(亩)당 옥수수 3만 5천 근(17,500Kg) 생산 소식이 게재되었다. 조선 각지에서는 품종 시험을 진행하는 논 및 풍작계획, 그리고 1무당 4만 근 생산계획을 발표하였다. 뿐만 아니라 "약진하고 또 약진하자", "청결을 장려하자", "담대하게 생각하고 대담하게 실행하자" 등의 구호가 제기되었다.[166]

이러한 상황에서 조선의 경제발전 목표치는 급속히 높아졌다. 처음 조선의 목표는 일본을 능가하는 것이었으며, 제1차 5개년계획의 각종 계획 목표 역시 일본을 겨냥하여 만들어졌다. 조선 건국 10주년 행사에서 김일성은 금후 7년 경제발전의 목표치, 전력석탄 2,500만 톤, 철 400만 톤, 강철 300~350만 톤, 화학비료 150~200만 톤, 식량 700만 톤을 제시하였다. 그러나 1958년 계획을 작성할 때의 원 목표치는 단지 각각 670만 톤, 50만 톤, 41만 톤, 45만 톤과 320만 톤에 불과하였다.

조선노동당 중앙위원회 서기 채희정(蔡喜正)은 중국 인민대표단에게 행한 보고에서, 상술한 목표를 달성하는 것은 우리나라의 주요 공업생산이 인구비례로 따져 영국, 프랑스 및 독일을 넘어 미국을 능가하는 수준이라고 호기스럽게 말하였다. 또한 채희정은 모택동의 "일궁이백(一窮二白: 농공업이 발달하지 않았고, 문화·과학 기술 수준이 낮음을 뜻함 - 역자 주)" 관점을 재차 설명하면서 "모택동 동지의 이 말은 중국인민뿐만 아니라, 조선인민에게도 부합하다. 중국의 대약진과 조선의 천리마운동의 공통된 원인은 모두 바로 여기에 있다"라고 강조하였다.[167]

천리마와 대약진은 확실히 공통점이 있었다. 당시 중국의 많은 행동을 조선 역시 하나하나 따라 배우고 행동하였으며 일부에서는 중국을 앞서기도 하였다. 공업 분야에서 김일성은 "대형, 중형, 소형을 결합하는 중국 방식이 좋으며, 우리는 중국에서 배워야 한다"고 여러 차례 강조하면서, 친히 참관단을 조직하여 중국을 배울 것을 주장하였다. 그는 모든 군(郡) 단위에 2개의 방직공장을 건설해야 하며 이렇게 하면 조선의 매년 방직품 생산량은 3,000만 미터에 달할 수

---

166) 『各国共产党简况』 1958年 第76期, 3-5쪽.

167) 중국외교부당안관, 106-01131-01, 2-17쪽; 『金日成著作集』 第12卷, 400쪽.

제4장 | 회유정책   591

있다고 주장하였다.[168]

1958년 6월, 조선노동당 중앙위원회 전원회의는 식품가공업과 일용생산품 생산 부분에서 대형, 중형, 소형 결합방식을 실행하여 지방과 군중의 역량을 적극적으로 동원한다는 방침을 정식으로 제기하였다. 대형공장 내에 폐품을 이용한 일용품 생산공장을 설립하도록 규정하였을 뿐만 아니라, 중소형 공장 심지어 노동자 가족이 일용품을 가공 생산하도록 요구하였다. 식품가공업 방면에서는 군중의 지혜와 창조정신을 발휘할 것을 더욱 강조하고, 이동식 가공 공장과 가정에서 식품가공에 종사하도록 하는 것을 포함한 일체의 잠재력과 가능한 조건을 모두 동원하여 생산을 늘릴 것을 요구하였다.[169]

김일성은 11월 중국을 방문할 때 주덕에게 "금년에 많은 우리 대표단이 귀국을 방문하였다. 우리의 경공업상과 금속공업상이 귀국에 와서 많은 재래식 방식의 경험을 보았다. 특히 재래식과 현대화 공업이 결합된 방식이 우리에게 큰 도움이 되었으며 많은 것을 배우도록 하였다. 우리는 매우 낙후한 국가로서, 수공업기술을 이용한 생산이 가능할 수 있다." "우리의 몇몇 대표가 귀국을 한번 다녀온 후 천여 개의 소기업을 꾸렸으며, 이 소기업들의 생산액이 경공업성의 1년 생산총액과 맞먹고, 경공업성 1개가 더 있는 것과 마찬가지이다"라고 흥분하며 말하였다.[170] 1959년 5월, 노동당상무위원회는 또 모든 시와 군에 육류 가공공장을 설립토록 하고 모든 도, 시, 군에 소기업을 건설하도록 하였다.[171]

농업 분야에서 김일성은 인민공사를 매우 중시하고, 인민공사의 정관을 얻고자 하였다. 외무상 박성철은 "중국의 인민공사는 공농상학병(工農商学兵)간 협력을 포함한 생산조직 및 통일된 정권기구이며, 실제적 효과와 이론 측면에 있어서 집단농장보다 우월하며 공산주의를 향한 거대한 일보"라고 강조하였다.[172]

중국의 "공동식사(大锅饭)"을 본받아, 조선 역시 공공식당을 대대적으로 만

---

168) 『宣教动态』 1958年 第111期, 12-16쪽.

169) 『各国共产党简况』 1958年 第69期, 3-4쪽.

170) 중국외교부당안관, 204-00064-01, 1-8쪽.

171) 중국외교부당안관, 106-01129-04, 52쪽.

172) 『宣教动态』 1958年 第111期, 15쪽.

들기 시작하였다. 당시 보도에 따르면, 평양에는 각각 1만 명에게 식사 제공이 가능한 두 곳의 식당을 건설되기 시작하였다.[173]

인민공사에 대한 소련의 태도를 고려하여 김일성은 9월 28일 소련 대사와 담화할 때 중조 양국의 상황이 서로 다르기 때문에 "조선은 인민공사를 만들어서는 안 되고, 농업생산합작사를 강화해야만 하며, 금후 농업생산에서 첫 번째 임무는 전면적인 기계화를 실현하는 것이다"고 설명하였다.[174]

1957년 초, 김일성은 농업합작사 방면에서 "단지 형식에서 고급을 추구하는 것"에 반대하면서, 농업합작사 규모를 과도하게 확대하는 것에 사실상 반대하였다. 김일성은 그렇게 할 경우 경영관리에 불리하고 농민들 역시 이를 받아들이기가 매우 어렵기 때문이라고 설명하였다.[175]

그러나 1958년 중국에서 인민공사가 출현한 이후 조선은 이를 극히 중시하고 2개월의 준비기간을 거친 후, 다시 말해 소련 대사와의 대담 이후 반 개월이 지나지 않은 10월 11일, 조선내각은 농업합작사의 합병을 명령하고 11월 전에 이를 완성하도록 지시하였다. 그 결과 10월 15일 시작된 합작사 합병 작업은 15일이 지난 후 완성되었다.[176]

중국의 인민공사와 마찬가지로 조선의 농업합작사는 농, 공, 상, 학, 신용대부, 위생 등 일체를 실현하였다. 조선의 선전 방식 또한 중국과 매우 비슷하였다. 즉 농업합작사 합병과 모범규약의 통과로 성격에 변화가 발생하였다. 모범규약은 "집단소유제에서 점차로 전민소유제로 가는 과도기적 방향"으로 확정하였으며, 농업합작사의 여러 가지 행동들은 "모두 공산주의의 싹"이라고 선전하였다.[177]

11월 중국을 방문한 김일성은 모택동에게 "우리는 합작사를 공고히 하기 위하여 비록 이름은 인민공사를 칭하지는 않았지만 금년에 이미 합병조치를 취하였다." "우리는 15,000개의 합작사를 3,873개로 합병하였으며, 리(里)(중국의

173) 『各国共产党简况』 1958年 第76期, 3-5쪽.

174) АВПРФ, ф.0102, оп.14, д.6, л.363-373.

175) 『金日成著作集』 第11卷, 20-21쪽.

176) 중국외교부당안관, 106-01129-04, 55쪽; 『各国共产党简况』 1958年 第88期, 11쪽.

177) 『로동신문』 1959년 1월 27일 3면, 『各国共产党简况』 1959年 第9期, 11-12쪽.

향(乡)에 해당 – 역자 주)당 농업합작사 1개로 통합하였다"고 설명하였다. 이에 모택동은 "정치와 합작사가 일치를 이루었다"고 매우 기뻐하였다.[178]

1958년 11~12월, 김일성은 중국을 방문하고 13일간의 일정으로 각 지역 참관과 공장 및 농촌을 방문하고 전람관 등을 시찰하였다. 동시에 모택동을 비롯한 중국 지도자들과 회담을 갖고 중국의 "대약진" 열기를 몸소 체험하였다.[179]

중국의 격려와 자극을 받은 김일성은 귀국 후 1959년 각 중요 공산품의 생산을 배로 늘리도록 요구하고, 1년을 다시 고군분투하고 천리마를 채찍질하여 제1차 5개년계획을 2년 앞당겨 완성할 것을 전국에 호소하였다. 그는 또한 "철강과 기계는 공업의 왕"이며 당의 모든 역량을 기울여 이를 발전시키는 문제를 제기하였다.

▸ 북경에 도착한 김일성.

178) 1958년 11월 25일 모택동과 조선 정부대표단 담화기록. 1개월쯤 뒤에 김일성은 13,309개의 합작사를 3,843개로 합병하였다고 구체적 수량을 언급하였다. 『金日成著作集』第13卷, 平壤 外国文出版社, 1983年, 27쪽.
179) 관련 상황은 『人民日報』에 모두 보도되었으며, 내부에 보고되었다. 중국외교부당안관, 204-00609-01.

• 중국을 방문한 김일성을 환대하고 있다.

• 팽덕회와 김일성이 건배하고 있다.

• 무한(武汉)에서 김일성과 모택동.

   이와 동시에 중국의 상황과 경험에 관한 보도를 더욱 중시하였다. 『로동신문』 주필은 신화사 기자에게 매월 『인민일보』로부터 5~6편의 중국 사회주의 경제건설을 소개하는 글을 제공해줄 것을 정식으로 요청하였다. 북경에 주재하는 조선 기자는 중국 상황 보도에 최선을 다하지 않았다는 이유로 교체되었다.[180] 중국 "대약진" 경험에 대한 조선의 학습은 더욱 전면적으로 전개되었으며 이 시기 조선이 취한 행동과 조치들은 모두 1950년대를 살아온 중국인들은 매우 익숙한 것이었다.

   1958년 겨울, 조선은 대대적으로 행정기구와 절차의 간소화를 추진하고 권력을 지방에 이양하는 등 지방의 적극성 발휘를 자극하는 조치들을 취하였다. 농업성은 대규모 국영기업을 제외한 기타 국영농장과 관개시설의 지도권을 도 혹은 군 인민위원회로 모두 이양토록 하였다. 상업성은 중요 상품의 도매사업

---

180) 『各国共产党简况』 1959年 第13期, 8-9쪽.

외에 기타 상업지도권은 모두 지방기구에 넘겼다.[181]

1959년 1월 초, 김일성은 전국 농업합작사대회에서 농업의 대규모 집단화 경작을 하고 단위면적당 생산량을 높이는 기본 방법으로 "심경(깊이 갈기), 밀식(빽빽이 심기), 다비농법(비료를 많이 사용하기)"을 제안하였다. 더욱 구체적으로 심경은 30cm 이상, 밀직은 논 1평당 모 300포기 이상, 옥수수는 15포기 이상, 밀은 1정보당 파종량을 300kg 이상, 1정보당 비료는 1,000kg를 사용하도록 요구하였다. 또한 1정보당 벼 4.5~5톤, 옥수수 3~3.5톤, 밀은 2.5~3톤을 생산하도록 요구하였다.[182]

1월, 조선노동당 중앙은 민병조직 "적위대"를 전국적으로 조직할 것을 결정하였다. 1개 군에 1개 연대(중국의 단(团)에 해당)를 조직하도록 하고, 정예 1개 대대(중국의 영(营)에 해당)를 선발하여 총을 지급하였다. 각 공장에도 적위대가 조직되었다. 조선노동당 중앙상무위원이 각각 전국 각지를 시찰하며 상황을 이해하고, 적위대 조직의 구체적인 방법을 연구하도록 하였다.[183]

3월 14일 『로동신문』은 사설에서 지도부 공작 중의 형식주의를 단호히 반대하며 지도간부 하층 조직들은 일을 "대충대충 하지 말고, 철저하게 자신의 일을 살피도록" 주문하였다. 그 후 주요 간부 들을 광산기업소로 내려 보내 노동자들과 함께 먹고 자고 입고 노동할 것을 주문하였다. 예를 들면 금속공업성 부상은 청진의 제강소에서, 전기성 부상은 독노강(禿魯江) 발전소에서, 도시건설성 부상은 온천의 화강석 공장에서 각각 1개월씩을 보냈다.[184]

3월 21일 민족보위성 열성분자대회는 군관들을 일정 기간 사병으로 근무시킨다는 결의안을 통과시켰다. 이 결의는 4월 3일부터 전면적으로 실행되었는데, 장교 군복에서 장교 신분을 표시하는 하의의 붉은 선을 없애고 계급장은 사병 계급장으로 바꾸었다.[185]

---

181) 중국외교부당안관, 106-01129-04, 48-49쪽.

182) 『金日成著作集』第13卷, 58, 37-38쪽; 중국외교부당안관, 106-01129-04, 55-56쪽. 1평은 대략 3.3평 방미터이다. 1정보(町步)는 대략 1헥타르이다.

183) 『外事动态』 1959年 第9期, 13쪽.

184) 『로동신문』 1959년 3월 14일, 1면.

이 밖에도 1958년 5월 조선은 전국민적 위생문화운동을 전개하고, 흡혈충병을 전면 소멸하고 "3가지 해로운 것", 즉 파리, 모기, 쥐를 박멸할 것을 제기하였다. 김일성은 중국 방문 후 조선은 '중국 배우기'를 시작하였고, 참새를 "4가지 해로운 것"에 새롭게 포함시켰다.[186] 김일성은 북경에서 "10대 건축물"을 참관하고 귀국한 뒤 조선건설위원회 대표단을 북경에 보내 비결을 배우게 한 후 내년 조선 해방 15주년 때 몇 개의 큰 건축물을 건설할 영감을 얻었다.[187]

모택동이 친히 시작한 "대약진"과 인민공사운동은 사회주의 진영으로부터 그가 기대했던 반응을 이끌어내지 못했지만, 유일하게 김일성만이 이를 대대적으로 찬양하고 온 힘을 다해 배웠다. 이에 따라 모택동은 김일성을 긍정적 시각으로 바라보게 되었다. 1959년 2월 13일, 모택동은 국무원 외사판공실이 정리 중인 대외관계 문서에 "과거 일부 동지들은 조선 동지들의 성과보다는 그들의 결점을 비교적 많이 보는 과오를 범하였다"는 문구를 특별히 첨삭하였다.[188]

2. 천리마 운동에 대한 모택동의 전폭적 지지

조선에 대한 중국의 원조는 양국관계가 날로 가까워짐에 따라 계속해서 크게 증가되었다. 모택동은 "대약진"은 중국 단독으로 진행될 수 없고, 반드시 "천리마"와 함께 나아가야 한다고 보았다.

1958년 2월, 주은래는 조선을 방문했을 때 조선에 경제원조를 제공하는 문제를 먼저 제안하였다. 1957년 9월 김일이 북경을 방문하여 12,000톤 면화 제공

---

185) 중국외교부당안관, 106-01129-04, 61-62쪽.

186) 『로동신문』 1958년 5월 9일 1면, 『各国共产党简况』 1959年 第13期 8쪽. 소련 전문가는 일찍이 중국에게 "4가지 해로운 것에 대한 박멸"에서 참새는 제외시켜야 한다고 지적하고, 도시에서 참새를 멸종시키면 해충 박멸과 나무 보호에 손실이 크다고 조언한 바 있다. 김일성은 아마도 이를 몰랐을 것이다(『内部参考』, 第2517期, 1958년 6월 30일, 22쪽). 이후 중국은 도시에서 다시는 참새 박멸운동을 개시하지 않았으며, 흡혈충을 "4가지 해로운 것"에 포함시켰다.

187) 『外事动态』 1959年 第110期, 4쪽.

188) 中共中央文献研究室编, 『建国以来毛泽东文稿』 第8册, 北京: 中央文献出版社, 1993年, 41-43쪽.

을 요청했을 때, 중국은 5,000톤을 제공할 능력밖에 없었지만 후에 8,000톤 공급을 약속한 바 있었다.[189] 이번에 주은래는 김일성에게 "중국은 면화를 조선에 계속 공급할 수 있으며, 매년 1만 톤의 공급도 가능하고 어찌되었건, 중국은 면화가 부족할 수밖에 없다"고 특히 강조하였다.

또한 그는 주동적으로 조선의 코크스탄 수요량을 질문하고, 귀국 후 중국이 제공 가능한 구체적 양을 연구할 것이라고 대답하였다. 뿐만 아니라, 주은래는 인민지원군의 철수 이전에 조선인민군의 진지 건축공사를 지원할 수 있으며, 중조가 공동으로 운봉(云峰) 수력발전소(50만 와트) 건설을 제안하면서, 중국은 중국 측 투자분을 조선에 우선 제공할 수도 있다고 말했다. 이에 김일성은 일본인의 자료에 따르면 압록강에 3곳의 수력발전소를 건설할 수 있다고 회답하였다. 주은래는 귀국 후 외교부에 즉각 상술한 사항들을 구체화시키도록 지시하였다.[190]

조선에 대한 주은래의 태도는 일종의 격려였다. 6월 초, 조선은 방직공장 한 곳과 종이봉투 공장 두 곳 건설에 대해 중국에 지원을 요청하였다. 주은래와 천이(陳毅)의 지시에 따라 국가계획위원회는 즉각 유관부처와 토론 후, 중국은 무이자 장기차관 방식(1961년 공장 완성 후 10내 차관 상환 완료)으로 조선의 3개 공장 건설 지원 제안에 동의한다고 회신하였다.[191]

이에 김일성은 즉각 이주연에게 대표단을 이끌고 중국을 방문하여 협상하고 계약을 체결할 것과, 기회를 보아 더욱 진일보한 요구를 제기하도록 지시하였다. 1959년 8월 3일 조선 정부대표단은 북경에 도착하여 공업설비 제공과 장기무역협정 체결에 관한 협상을 진행하였다. 공업설비 방면에서 조선은 연산 1만 추 견직공장 3개 설비 제공과 1960~1962년 3년 동안 매년 1곳씩 완공해줄 것을 요구하였다. 동시에 연산 100만개 생산규모의 베어링 공장, 연산 1.5~3만 톤의 제당공장, 그리고 연산 10만 톤의 제분소 공장 각 1곳을, 1959~1960년 사이에

---

189) 1957년 9월 30일, 중조무역담판에 대한 이부춘의 지시, 国家计委档案科; АВПРФ, ф.0102, оп.13, д.5, л.26 0-264.

190) 중국외교부당안관, 203-00111-04, 84-86쪽; АВПРФ, ф.0102, оп.14, д.6, л.41-46, 46-49.

191) 중국외교부당안관, 204-00614-02, 36-38쪽.

제4장 | 회유정책 **599**

건설해 줄 것도 아울러 요청하였다.

더 나아가 조선은 일산 30톤의 제지설비 6대를 1959~1960년에 제공해 줄 것과 매 시간 50톤 규모의 보일러 및 발전설비 4대를 1960~1961년 내에 제공해 줄 것도 요청하였다. 중국 측은 조선의 요청을 기본적으로 받아들였으며, 단지 제당공장과 제분소 공장은 원료 생산지에 분산하여 소규모로 건설하도록 제의하였다.

전용설비 공작기계 방면에서 조선은 1958년부터 1961년까지 야금설비 17종 29대, 선광설비(选矿设备) 11종 97대, 대형 공작기계 15종 20대, 편직기 50대, 광궤용 소형기관차 7대, 광궤용 기차 100대를 제공해 줄 것을 중국에 요청하였다.

당시 중국은 "대약진" 중에 있었으며 국가계획위원회는 조선이 요구한 일부 설비의 납기기한은 너무 촉박하고(4종의 야금설비와 5종의 대형 공작기계), 중국의 일부 설비 제조능력 또한 한계가 있으며 국내 공급 또한 부족(광궤용 기차)하다고 느꼈다. 그럼에도 불구하고 국무원은 조선의 요구를 기본적으로 만족시켜 주었다.

이 밖에도 쌍방은 중국이 차관을 제공하고 조선 정부가 1963년부터 10년간에 걸쳐 이를 물자로 상환하는 운봉 수력발전소 공동투자 건설협정을 체결하고 서명하였다. 조선 측은 의주(义州) 수력발전소 건설을 다시 제안하고 중국은 다소 이를 고려하기도 하였으나, 최후 합의에 이르지는 못했다.

쌍방은 1959~1962년 무역협정에 서명하고 중국은 석탄, 면화, 면사, 타이어, 정련주석, 압연강재, 망간철, 유황, 파라핀, 석고 등 주요 물자를 조선에 제공하기로 하였다. 이번 양국회담은 『인민일보』가 "중조 경제관계가 이미 장기 협력의 새로운 단계에 접어들었다"고 보도한 바와 같이, 다루는 범위가 광범위하고 내용 또한 풍부하였다.[192]

---

[192] 중국외교부당안관, 204-00315-04, 57-67, 69-71쪽; 1958년 9월 3일 페리센코와 조극강 담화기요, АВПРФ, ф.0102, оп.14, д.3(일반적으로 당안 복사본에서 페이지 수가 확인 불가한 경우, 일괄적으로 "편명"(篇名)만을 기재하였다. 다음 내용들도 위의 원칙에 따라 작성되었다); 『人民日報』 1958년 9월 28일 1, 3면.

상술한 상황들은 조선의 3개년계획 기간 중국이 조선에 제공한 것들이 생필품이었다면, 5개년계획이 시작되면서 조선에 대한 중국의 지원이 이미 공업설비와 물자 제공 중심으로 바뀌었음을 보여준다.[193] 이를 위해 10월 18일 쌍방은 다시 중조 과학기술합작위원회 규약 및 집행 결의의 공동조건에 서명, 중조 과학기술합작위원회 구성을 결정하고 매년 최소 1차례 이상 회의를 개최하고 위원회 업무범위는 상호 도면·자료·샘플 제공과 상호 전문가와 실습생 파견, 상호 기술감정 위탁 등을 포함하기로 하였다.[194]

합작위원회의 제1차 회의에서는 상해시 정부가 22개 공업프로젝트를 책임지도록 할 것과 1958년 말부터 1959년 초까지 관련 자료를 조선 측에 제공토록 규정하였다.[195] 10월 29일 중공 중앙은 진이(陈毅) 이부춘(李富春)이 제출한 '대외 경제기술원조 공작지도 강화에 관한 보고'를 비준하였다.

보고서는 "모든 대외원조 상품은 상업부가 우선적으로 공급을 보장하고, 철도부와 교통부는 수송을 우선 배정토록 할 것과, 모든 대외 원조 프로젝트는 반드시 유관 기관와 관련 성시자치구(省市自治区)의 경제계획에 각각 포함시켜 프로젝트의 이행을 담보하고, 추가된 대외 원조 프로젝트의 경우 설비와 원료가 부족한 상황에서는 국내 프로젝트보다 우선적으로 설비와 재료를 사용토록 할 것을 제기하였다.[196] 김일성은 중국의 지원에 매우 만족하였으며 재차 감사를 표하였다.[197]

1958년 11월 22일, 김일성이 4년이 지난 후 재차 중국을 방문했을 때 분위기는 과거와 판이하게 달랐다. 30만 북경시민이 가도에서 징과 북을 치고 폭죽을 터트리며 김일성을 환영하였다. 『인민일보』가 중조관계를 묘사하며 사용한 "이와 입술(唇齿相依) 관계", "행복과 불행을 같이 하는(安危与共) 관계", "형제처럼 가까운(亲如手足) 관계", "공동의 이해를 가지는(休戚相关) 관계" 등의 용어

193) 다음을 참고할 것. 남현욱, 『중소 대북원조 및 무역현황』, 11쪽.

194) 상해시당안관, B163-2-666, 1-9쪽.

195) 상해시당안관, B163-2-666, 10-12쪽.

196) 상해시당안관, B134-1-11, 1-4쪽.

197) 중국외교부당안관, 204-00064-01, 1-8쪽, 204-00064-02, 9-25쪽.

는 매우 감동적이었다.[198]

회담에서 모택동은 우리는 조선당의 노선이 정확하다고 확신하며, 중국의 방침은 조선민족 존중, 조선 당 존중, 조선 지도자 존중의 3대 존중이라고 말했다. 김일성은 매우 감동하며 중조 양국 관계는 매우 특별한 관계라고 재차 표시하며, 많은 간부들이 중국에 왔었고 그들은 모두 중국공산당의 교육하에 성장하였다고 말하였다.

쌍방은 더 많은 접촉과 비공식 방문의 강화 필요성을 피력하였다. 경제발전에 관해 말할 때, 김일성은 기회를 노려 조선은 원료가 부족하며 특히 주요하게 면화와 코크스탄이 부족하다고 말했고 이에 모택동은 즉석에서 "면화는 당신들이 달라는 대로 제공하겠다"고 약속하였다. 주은래 또한 "조선이 필요로 하는 100만 톤의 코크스탄 역시 공급"할 것이라고 약속하였다.[199] 김일성은 조선의 공업이 원료부족으로 가동률이 낮은 것을 언제나 우려하였으나 마침내 그의 희망대로 이 또한 해결되었다. 조선의 지도자와 신문은 김일성의 방문 성과를 크게 찬양하고 대대적으로 선전하였다.[200] (도표 58) (도표 59) (도표 60).

김일성은 중국의 경제능력과 지원 한도를 당연히 잘 알고 있었다. 따라서 김일성은 중국에 대량의 원조를 요구하는 동시에 소련에게 손을 벌리는 것도 잊지 않았다. 1958년 10월, 조선은 소련에 중국이 제공해줄 수 없는 설비와 물자, 즉 트럭 생산을 위해 필요한 5,000톤 용량의 프레스와 1,300~1,400톤의 스테인리스강 등을 제공해줄 것을 요구하였다.

소련 대사는 조선의 요구에 곤혹스러워하면서, 소련이 제공해줄 수 있는 스테인리스강은 조선 요구의 10분의 1에 불과하다고 말했다. 이에 김일성은 흐루시초프에게 직접 지원 요청을 하였고 1958년 소련 무역대표단의 조선 방문 때 흐루시초프의 회신을 가져왔다.

김일성은 "소련은 일관되게 능력 범위에서 조선의 요구를 충분히 만족시켜주었다"고 감사를 표시하면서 소련이 제공할 예정인 기기, 설비, 재료, 특히 스

198) 『人民日報』1958년 11월 23일 1면.
199) 1958년 11월 25일, 12월 6일 모택동과 조선 정부대표단 담화기록.
200) АВПРФ, ф.0102, оп.14, д.6, л.1-25.

테인리스강, 트랙터, 불도저, 굴착기 및 자동차는 조선 국민경제 발전에 중대한 의의를 가진다고 지적하였다[201].

소련으로부터 더 많은 원조의 획득을 위해, 조선은 소련에 대해 정치적 태도를 다소 수정할 필요성을 느꼈다. 1959년 1월 소련공산당 제21차 당대회 보고 중에, 흐루시초프는 중국의 경제발전 방침에 대해 함축적으로 비판하였다.[202] 이 대회에 참석한 김일성은 "보고 내용이 매우 본질적이며 우리는 어떠한 길을 가야만 더 빠르고 더 정확히 우리나라의 사회주의와 공산주의를 건설할 수 있는지에 관한 문제의 답을, 흐루시초프 보고로부터 찾았다"고 지적하였다.

김일성은 대회 발언을 통해서 조선은 언제나 "소련의 풍부한 집단농장 경험"을 배워왔다고 강조하였다.[203] 양국 지도자 회담에서 김일성은 조선의 비현실적 경제발전 방침에 대한 소련의 비판을 겸건하게 받아들였다. 소련 또한 조선의 진일보한 지원 요구를 만족시켜 줄 것을 약속하였다.[204]

3월 17일 소련과 조선은 새로운 경제협력 협정을 체결하였다. 협정에 따라 소련은 향후 조선의 화력발전소, 화학공장, 마방직공장 및 모방직공장 건설과 김책제철소와 평양제사공장 확장을 위해 5억 루블에 해당하는 공업설비와 기술원조를 조선에 제공하고 이에 관한 모든 기술자료와 도면을 무상으로 제공하기로 하였다[205].

강력한 국내 동원체제와 대규모의 대외원조에 힘입어 1958~1959년 기간 조선은 기록적인 경제 발전을 이룩하였다. 조선중앙통계국의 통계에 따르면 1958년 공업생산은 1957년에 비해 40% 증가하였으며, 이는 1956년에 비해 2배, 1949년에 4배에 해당하는 것이었다. 식량생산 또한 12%를 초과 달성하여 370만 톤에 달하였다. 기본 건설 투자액은 341억 원(조선 돈)에 달해 전년에 비해

201) АВПРФ, ф.0102, оп.14, д.6, л.436-438; АВПРФ, ф.0102, оп.14, д.3, л.8-9.

202) 『人民日報』 1959년 2월 1일 5-8면.

203) АВПРФ, ф.0102, оп.14, д.6, л.27-28; Правда, 30 январь 1956 г., 8-й стр.

204) АВПРФ, ф.0102, оп.14, д.6, л.30; 조선 주재 헝가리 대사관이 외교부에 보낸 보고서, 1959년 12월 16일, CWIHP Bulletin, Issues 14/15, pp.112-114.

205) Тихвинский С.Л.(отв. ред.) Отношения советского союза с народной Кореей 1945-1980, Документы и материалы, Москва: Наука, 1981, с.169-172;『人民日報』 1959년 3월 19일 4면.

26% 늘어났다. 1959년 제 1분기 공업총생산액은 전년 동기에 비해 75%, 전년 4분기에 비해 7% 증가하였다. 5월 8일 개최된 조선노동당 중앙상무위원회는 "1959년 8월 15일까지 제1차 5개년계획을 2년 이상 앞당겨 완성할 것"을 선언하였다.[206)

이에 크게 고무된 김일성은 조선의 대부분 주요 공업생산품 1인당 평균생산량은 "일본을 이미 따라잡거나 앞질렀으며" 천, 기계 등과 같은 부분 역시 곧 일본을 따라 잡을 것이고, 조선은 지금 "천리마를 탄 기세로, 사회주의 최고봉을 향하여 진군하고 있다"고 선언하였다.[207)

3. 중조 손을 잡고 '공산주의'로 나아가다

"대약진" 시기 중국인들은 공산주의의 "입에 발린 과장"을 경험하였고 이는 조선인들에게도 심각한 영향을 미쳤다.

모택동은 이 문제를 1958년 제8차대회 2차 회의에서 처음으로 제기하며 5월 17일 연설에서 다음과 같이 발언하였다. "우리는 스탈린이 제기한 간부가 모든 것을 결정하고, 기술이 모든 것을 결정한다는 구호를 제기하지 않으며, 레닌이 제기한 '소비에트(해방구)의 전기화(電氣化)가 이루어진 것이 바로 공산주의다'라는 구호 역시 제기하지 않는다. … 우리의 구호는 '더 많고, 더 빠르고, 더 좋고, 더 절약하고'이다. 이것이 더 훌륭하지 않는가? 나는 우리의 구호가 더 훌륭하다고 생각한다. 왜냐하면 선생이 가르친 학생이 당연히 더 훌륭하며, 새 세대가 낡은 세대보다 앞서는 것 아닌가! 내가 보기에 공산주의가 소련보다 우리에게 먼저 도래할 것으로 보인다."[208)

8월 29일 중공 중앙을 통과한 '농촌에서 인민공사 설립에 관한 결의'는 다음과 같이 말하고 있다. "우리나라에서 공산주의 실현은 아득히 먼일이 아니라 이미 장래의 일이 되었다. 우리는 인민공사를 적극적으로 운용하여 공산주의

---

206) 『人民日報』 1959년 1월 17일 4면, 3월 26일 4면, 5월 9일 4면.
207) 『金日成著作集』 第12卷, 491-493, 489쪽; 『人民日報』 1959년 2월 22일 3면.
208) 길림성당안관, 1/1-14/59, 6-9쪽.

로 가는 과도적 경로를 모색해야 한다."209)

11월 정주에서 모택동은 유소기, 등소평 등 일부 중앙 지도부와 함께 스탈린 저서『소련 사회주의 경제문제』를 탐독하고 중소의 상황을 비교하며 공산주의로 가는 과도 문제에 대해 토론하였다. 토론에서 모택동은 "무엇을 사회주의 건설이라 부르는가? 과도 공산주의는 무엇인가? 이에 관해 정의를 내려야 한다"고 문제를 제기하였다. 중국의 상황에 관해 논할 때, 모택동은 "3년을 악전고투하고 재차 12년을 고생한 15년이 공산주의로 가는 과도기이다. 발표할 필요는 없지만, 하지 않으면 안 된다"고 결연하게 설명하였다.210)

모택동은 11월 21일 무창회의에서 중국은 사회주의 과도기에 진입했다고 의기양양하게 선언하면서, "우리가 이를 더 빠르게 완성하여 소련을 우리의 뒤에 처지게 할 수도 있다. 그러나 비록 우리가 공산주의 사회의 대문에 먼저 도착한다 하더라도 들어갈 수 없으며 소련을 기다려야만 한다. 그렇지 않을 경우 소련의 체면이 서지 않고 전 세계 무산계급의 체면 또한 떨어지게 된다"라고 주장하였다.211)

모택동 혼자만이 이런 황당한 생각을 하고 있는 것이 아니었다. 당시 조선 지도자 역시 이러한 생각을 하고 있었다. 심지어 그들이 사용한 언어 또한 극히 비슷하였다. 1958년 10월 10일, 조선노동당 중앙 서기 채희정(蔡喜正)은 조선을 방문한 중국 인민대표단을 향한 보고에서, 천리마운동의 장대한 목표를 실현했다고 말했다. 그는 "우리는 지금 한 걸음 한 걸음 공산주의 과도기를 지나고 있다. 우리는 공산주의가 아득한 미래 이상이 아니고, 우리 세대에서 완전히 실현시킬 수 있는 사업이라고 확신한다"고 말했다.212)

11월 20일, 김일성은 전국 시, 군 당위원회 선동원들을 위한 강습회에서 한 연설에서 더욱 명확하게 이 문제를 제기하였다.

209) 中共中央文献研究室编,『建国以来重要文献选编』第11册, 北京: 中央文献出版社, 1995年, 450쪽.
210) 길림성당안관, 1/1-14/71, 6-11쪽.
211) 길림성당안관, 1/1-14/72, 1-6쪽; 中共中央文献研究室编,『建国以来毛泽东文稿』第7册, 北京: 中央文献出版社, 1992年, 553-554쪽.
212) 중국외교부당안관, 106-01131-01, 2-17쪽.

"우리가 사회주의 사회를 건설하려면 무엇보다도 먼저 공업화에 박차를 가하여 사회주의의 강력한 물질기술적 토대를 준비해야 합니다." "다른 사람들이 공산주의 사회로 진입할 때 우리 또한 뒤떨어져 있으면 안 되고 그들과 함께 공산주의로 진입해야 합니다." "우리는 공산주의는 결코 먼 장래의 일이 아니라 멀지 않은 일이라는 것을 알 수 있습니다. 그때에는 사회주의 사회가 완전히 건설되었다고 말할 수 있을 것입니다. 만약 지금부터 4~5년간 투쟁을 진행하면 이 목적을 달성할 수 있습니다. 한두 해 더 악전고투하고 6~7년 안에 이미 말한 과업들을 실행한다면 우리는 사회주의의 높은 봉우리에 올라설 수 있습니다."

그는 또한 "이런 형편에서 우리도 형제나라 인민들과 같이 발맞추어 나가기 위하여 그들이 세 차례의 5개년계획으로 이룩할 수준을 우리는 두 차례의 5개년계획으로 이룩해야 하겠다는 희망을 가지고 있습니다. 오늘 우리 당원들과 전체 근로자들이 투쟁하는 기세를 보면, 우리의 한 차례의 5개년계획만으로 그 목표를 실현할 수 있을 것 같습니다"라고 말했다.[213]

또 다른 연설에서 김일성은 "금후 제일 먼저 공산주의에 진입하는 나라는 첫 번째가 소련, 그 다음이 중국과 조선"이라고 말하였다.[214]

12월 1일 조선노동당 중앙위원회 부위원장 김창만은 회의에서 "우리는 지금 공산주의에 진입하는 입구에 관한 문제를 논의하고 있다. 이 문제는 지금 우리의 눈앞에 있다. 만일 우리가 당이 말하는 바에 따라 주먹을 꽉 쥐고 일이 년 악전고투 한다면, 당이 현재 제시한 모든 과업들을 성공적으로 완성하여 직접 공산주의 사회로 진입할 수 있다"고 강조하였다.[215]

김일성은 모택동보다 더 조급했던 것으로 보인다. 모택동이 말한 것은 사회주의로 가는 과도기였는데 김일성은 조선이 공산주의에 "진입"하는 것을 지적

---

213) 『各国共产党动向』第91号, 1959년 1월 13일. 주목할 점은, 중국 상황과 유사하게 이후 조선에서 공개적으로 출판된 김일성 문집에서는 이러한 발언은 모두 수록되지 않았다. 다음을 참고할 것. 『金日成著作集』第12卷, 489-511쪽.

214) 중국외교부당안관, 106-01129-04, 62-63쪽.

215) 『各国共产党动向』第82号, 1958년 12월 25일.

606　최후의 천조(天朝)

하였다. 모택동은 중국이 소련보다 공산주의의 문에 먼저 도달할 수 있다고 말한 반면, 김일성의 내심 목표는 조선이 반드시 중국보다 먼저 이를 이룩하는 것이었다.

김일성은 중국 방문 때에도 모택동과 공산주의에 진입하는 문제를 토론하였다. 김일성은 조선은 1961년 제2차 5개년계획을 시작할 예정이며, 조선의 공업 생산 속도가 동유럽 국가보다 빠르기 때문에 이 기간 내 "사회주의를 건설"할 것이라고 밝혔다.

이에 모택동은 "우리가 다른 방법을 취할 순 없는가요? 사회주의 건설 선포를 서두르지 말고, 목표를 좀 높일 것"을 냉정하게 말하였다. 그는 또 "당신들의 수준이 우리보다 높아 우리보다 일찍 사회주의를 건설할 수 있지만 우리는 시간을 연장하여 목표치를 높여야 한다. 공산주의에 진입하는 문제는 소련이 먼저 진입한 이후에야 우리도 진입할 수 있다. 우리는 소련이 공산주의에 진입한 이후 3~5년 지난 후에 진입할 수 있다. 소련은 15년 내에, 우리는 20년 혹은 더 많은 시간이 필요하다. 이렇게 하는 것이 전 세계 무산계급의 단결에 유리하며, 이는 하나의 국제 문제이다."

조선대표단 성원들은 모택동의 말을 들은 후 고개를 끄덕이며 찬성을 표시하였다.[216] 김일성은 자신의 실언을 알고 난 뒤, 귀국 후 공산주의 진입에 관한 논조를 즉각 바꾸었다. 중공 중앙연락부가 확보한 정보에 따르면, 조선노동당 중앙위원회 선전부는 공산주의에 진입하는 문제를 함부로 선전하지 말도록 각급 선전기관에 통지하였다.[217]

그러나 조선노동당은 군중들의 혁명 열기에 찬물을 끼얹지는 않았다. 1959년 1월 개최된 전국 농업합작사 대회에서 김일성은 여전히 "작년 9월 노동당중앙이 제기한 6~7년 내 완성해야 될 경제임무가 현재에는 4년 반 내에 실현될 수 있다. 이 임무만 완성되면 우리는 인민들이 오랫동안 갈망한 사회주의 사회 건설과 멀지않은 지평선 상의 인류의 이상인 공산주의의 높은 봉우리를 오르

---

216) 1958년 12월 6일 모택동과 조선 정부대표단 담화기록.
216) 1958년 12월 6일 모택동과 조선 정부대표단 담화기록.
217) 『各国共产党简况』 1959年 第13期, 9쪽.

고 바라볼 수 있게 될 것"이라고 격앙된 목소리로 말하였다.[218] 이 점에서 김일성과 모택동은 모두 같은 생각을 가지고 있었다.

모택동은 1958년 말부터 이미 대약진운동과 인민공사운동 중의 과장 현상과 조급 정서를 느끼고 있었다. 11월 21일 무창에서 개최된 중공 중앙정치국 확대회의에서 모택동은 공업목표, 수리목표, 식량목표 모두 현실에 맞게 축소할 것을 제기하였다. 찬물을 끼얹은 것은 아닌지? 기회주의는 아닌지? 반드시 객관적인 실현 가능성이 있어야 했다.[219] 그는 "우리가 강대하다고 말하지만, 이는 아무런 근거가 없으며 현재 과장이 너무 심하고 사실과도 맞지 않는다. 우리의 건설은 양버들과 포플러처럼 매우 빨리 자라지만 견고하지 못하다. 땅을 빨리 뚫고 들어가지만, 불안정하며 천하대란을 유발할 수 있다"고 설명하였다.[220]

모택동은 '인민공사 몇 가지 문제에 관한 결의'를 검열할 때 "집체소유제가 전민소유제로 넘어가는 것이 빨리 되느냐 늦게 되느냐 하는 문제는, 생산 발전의 수준과 인민 각오의 수준 등 객관적인 형세에 달려있다"는 단락 뒤에 다음과 같은 문구를 첨가하였다. "인간의 주관적인 바람에 좌지우지되어 늦추고 싶으면 늦추고, 빨리하고 싶으면 빨리하면 안된다."[221]

모택동은 농민 출신인데, 어찌 무(畝)당 만 근(5,000Kg) 생산 보고를 믿을 수 있었겠는가? 공업경제에 대해 충분히 알지 못한다 하더라도 소련 전문가 다수의 비판 견해를 직접 대면하면서, 모택동 또한 이를 못 본 척 넘어갈 수 없었다.[222]

그러나 모택동은 대중의 역량을 믿었고 대중에 의지하는 것은 중공의 기본 방침이자 법보였다. 이 때문에 12월 6일 모택동은 무창에서 호교목(胡喬木), 오

---

218) 『各国共产党简况』1959年 第8期, 6-8쪽. 해당 발언은 공개적으로 출판된 문집에는 수록되지 않았다. 『金日成著作集』第13卷, 8-64쪽.

219) 『建国以来毛泽东文稿』第7册, 554쪽.

220) 길림성당안관, 1/1-14/72, 1-6쪽.

221) 『建国以来毛泽东文稿』第7册, 570쪽.

222) 신화사가 편집한 『内部参考』는 "대약진"에 대한 다수의 소련 전문가들의 구체적 견해와 의견을 게재하였다. 자세한 내용은 필자의 다음 책을 참고할 것. 沈志华, 『苏联专家在中国(1948-1960)』第三版, 北京: 社会科学文献出版社, 2015年, 248-272쪽.

냉서(吳冷西)와 선전공작에 관해 말하면서 "허위과장 풍조는 반대해야 한다. 그러나 부정적인 부분의 확대 방지, 대중의 적극성 보호, 국제관계에 미칠 영향 등 3가지 사항에 특별히 주의할 것"을 당부하였다.[223]

그는 12월 9일 중국공산당 제8기 중앙위원회 제6차 전체회의 연설 요강을 준비하면서 "노동열정의 보호"와 "기세충천한 혁명열정의 귀중함", "소자산 계급의 광적 정서의 위험성"과 "혁명열정과 실제정서의 결합"을 재차 적어 넣었다.[224] 모택동은 줄곧 "현명한 군주"가 되기를 희망하였으며, 당연히 잘못된 것을 알았으면 고쳐야 하는 이치를 잘 알고 있었다.

그러나 이 잘못된 부분을 자신이 알고 있고 수정하면 그것으로 충분하다고 보았다. 때문에 다른 사람에 의해 들추어 질 필요는 없고, 다른 사람의 압력에 의해 "자신의 과오를 인정"할 수는 더더욱 없었다. 따라서 흐루시초프가 옆에서 "불난 집에 부채질"하고 있는 상황에서, 팽덕회가 보낸 개인 서신은 벌집을 쑤신 것과 같았다. 따라서 원래 "신선회(神仙会: 구속 없이 속심을 터놓는 회의 −역자 주)"가 될 여산회의(庐山会议)는 반대로 팽덕회를 중심으로 하는 우경기회주의를 비판하는 정치투쟁으로 변질되었다.[225]

조선의 "천리마"운동 역시 비슷한 문제에 부딪쳤다. 3개년계획과 마찬가지로 조선이 5개년계획을 집행하며 얻은 성과 역시 중대한 결함과 문제를 안고 있었다. 소련 대외경제연락위원회와 평양 주재 헝가리 대사관의 보고에 따르면 1957~1959년 기간 조선경제는 고속 발전과 동시에 다음과 같은 문제점을 안고 있었다.

즉, 공업 각 부문 간 발전에 심각한 불균형이 존재하였다. 예를 들어 전력과 연료공업 발전 속도는 기타 부문보다 크게 뒤떨어져 두 차례나 계획을 축소할 수밖에 없었다. 공업제품의 품질이 낮고 심지어 수출용 강재와 내화벽돌은 기술표준에 크게 못 미쳤다. 소형공장 혹은 수공업으로 생산되는 대량의 주철제품 등은 완전히 폐품 수준이었으며 인력과 원료의 낭비를 초래하였다. 도시노

223) 하북성당안관, 855-4-1268, 130-135쪽.
224) 『建国以来毛泽东文稿』 第7册, 636, 637, 641쪽.
225) 자세한 내용은 필자의 다음 책을 참고할 것. 沈志华, 『无奈的选择』, 626-636쪽.

동자와 직원 수가 급증하여 노동자와 직원의 임금상승율(55%)이 공업 노동생산성 증가율(31%)을 크게 초과하였다. 다수의 노동력이 도시로 가고, 경제 작물 재배로 전향함에 따라 식량 재배 면적이 감소하여 식량 총생산량(옥수수를 포함)은 계속 하락하였다(1958년 343만 톤, 1959년 340만 톤). 도시인구 증가에 따른 소비품 수요 증가로 인하여 주요 농산품 수출을 감소시킬 수밖에 없게 되어 대외 무역적자로 이어졌다. 예를 들어 소련에 대한 참깨, 피마자, 해바라기씨의 수출은 계획량의 6%, 7% 및 27%만을 완성하였다. 생산목표량이 과중하고 노동력이 부족하였기 때문에 노동자들은 8시간 노동 이외에 정치회의에 참가하는 것을 제외하고도 매일 4~5시간 무상노동에 시달려야만 하였으며, 농업 노동력의 70~80%는 부녀와 어린이였다.226)

조선 주재 중국 대사관 역시 조선의 "천리마"운동이 성과가 있기는 하지만 과장 현상, 허위생산 보고 및 지나치게 높게 설정한 목표 때문에 대 중국무역 적자가 4,000만 루블에 달하는 등 몇 가지 문제와 불균형을 초래하였다고 보고하였다. 농업합작화 과정에서 돌출된 문제는, 관리 경험이 매우 부족하고 평균주의 사상이 만연하며 명령의 강제 집행이 자주 발생한다는 점이었다.227)

계획, 자금, 노동력 및 원재료 등 모든 것이 부족한 것을 파악하였음에도 불구하고, 김일성은 1959년 5월 노동당 중앙상무위원회 회의에서 여전히 "사회주의 고조가 떨어질 수 없다", 계속 "박차를 가해야 한다", "허리띠를 단단히 하고 1년을 더욱 열심히 일해야 한다"고 강조하였다. 이 밖에도, 김일성은 모든 일의 수행에 있어 정치공작을 선행할 것을 요구하였다.228)

그러나 동시에 김일성은 1960년을 완충기로 삼아 경제질서를 조정 및 정돈하고 제2차 5개년계획의 집행을 연기할 것을 제기하였다. 8월 말 조선노동당 중앙상무위원회는 이 소식을 대외적으로 공표하였다.229) 12월 당 중앙위원회 전원회의는 이 결정을 정식으로 채택하고 1960년을 "완충년"으로 정하였으며,

---

226) РГАНИ, ф.5, оп.30, д.337, л.70-92; Balazs, "You Have No Political Line of Your Own", pp.93-95.
227) 『外事动态』1959年 第53期,14-15쪽,第82期,13-15쪽 ;중국외교부당안관,106-01132-04, 1-5쪽.
228) 『各国共产党简况』1959年 第29期, 4-5쪽.
229) 『人民日報』1959년 8월 31일 5면.

그 중심 임무를 "과거, 특히 1959년 제1차 5개년 경제계획 완성 과정에서 일부 경제 부문에서 초래된 긴장을 완화하고 취약한 부분을 강화하는 동시에 인민 생활 수준을 더욱 향상"시키는 것으로 정하였다.[230]

그 시기, 모택동과 김일성은 함께 미래로 나아가고 같은 야망을 품었고, 동일한 기쁨과 좌절을 겪었다. 1959년 6월 주은래가 조선 부수상 정일룡(鄭一龙)에게 "우리는 대약진과 천리마로 관례적인 발전 속도를 뛰어넘었으며, 전진 과정에서 새로운 문제가 발생할 수 있다"고 말했다. 정일룡으로부터 조선이 직면한 각종 문제와 어려움을 청취한 후, 주은래 역시 "우리와 똑같다. 조선과 중국 두 집이 별 차이가 없다. 참으로 난형난제다"라고 토로하였다.[231] 1959년 중화인민공화국 건국 10주년 기념식에 김일성과 모택동은 나란히 천안문 망루에 섰다.

• 천안문에서 김일성과 모택동.

230) 『로동신문』 1959년 12월 8일 1면.
231) 하북성당안관, D822-312-511, 14-31쪽.

전진의 어려움을 겪는 상황에서 중조 양국은 서로를 도왔다. 중국은 경제적으로 조선을 전력을 다해 지원하였으며, 조선은 정치적으로 중국을 적극 지지하였다.

1959년 3월 티베트 반란이 평정된 이후 반중국 정서가 세계적으로 고조되었다. 중국 외교부의 관찰에 따르면 15개국(그중 10개국은 아시아 국가) 정부가 입장을 표시했으며, 30개국 신문이 중국을 비난하는 평론을 발표하였다. 항의문 발표와 항의 데모, 중국 대사관 혹은 영사관 앞 시위 등이 있었고, 심지어 중국 영사를 모욕하는 사건까지 발생하였다.

사회주의 진영 각국과 자산계급 국가의 공산당 대다수는 중국의 티베트반란 평정을 지지하였다. 하지만 인도와 관계된 문제에 있어서는 매우 신중한 태도를 보였고, 인도와 네루에 대한 비판을 회피하였다. 중국의 인도 반격에 대해 소련 신문은 전문을 게재하지 않았고, 게재된 내용 중 "인도 팽창주의 분자"라는 문구와 인도를 비판하는 부분 역시 모두 삭제되었다. 기타 각국의 공산당도 공개적인 입장 표명을 꺼렸다. 유일하게 조선의 신문만이 인도를 팽창주의자라고 직접 비판하고, 중국이 인도를 비판한 소식을 전하며 평론과 사설을 발표하였다.[232]

여산회의에서 반우경화 투쟁이 전개된 후, 소련공산당과 동유럽 각 당의 기관지 대부분은 소식과 공보만을 게재하였을 뿐, 사설 게재는 거의 하지 않았다. 그러나 조선의 모든 신문들은 중국공산당 제8기 중앙위원회 제8차 전체회의(줄여서 제8기 8중전회 – 역자 주) 공보 전문을 게재했을 뿐만 아니라『로동신문』은 장문의 사설 '중국공산당 총로선의 빛나는 승리'를 게재하고 8중전회의 결의는 계속해서 약진하고자 하는 중국인민의 투쟁의지를 나타낸다고 찬양하였다.[233]

중국 외교부는 소련과 기타 각 당들이 제8기 8중 전회의 인민공사와 우경화 반대 등의 결정에 대해 대부분 언급하지 않았지만, 오직 조선, 월맹 및 체고슬

---

232)『外事动态』1959年 第48期, 8-18쪽.

233)『苏联和其他兄弟国家报刊材料』, 1959年 8月 27日 第28期, 8月 28日 第29, 30期;『로동신문』1959년 8월 28일 4면.

로바키아만 적극적이고 전면적으로 보도한 점에 유의하였다. 특히 조선의 신문은 "우리는 2차 5개년계획을 앞당겨 완수하였으며, 이는 '거대한 앞으로의 약진'이고, 동시에 우리 인민공사의 기초가 이미 공고화되었다고 특별하게 강조"하였다고 평가하였다. 김일성은 8중 전회의 문건을 받은 후 "반우경화는 매우 정확하며 우경화에 반대하지 않으면 더 전진할 수 없다"고 중국을 찬양하였다.[234]

흥미로운 것으로 9월 21일 김일성은 중국 대사 교효광을 접견하면서 자신이 북경에 가서 모주석과 유(소기)주석을 만나기를 희망한다고 말했다. 김일성은 8기 8중전회의 결의에 대해 전적인 지지를 표시하였으며 대약진, 인민공사, 총노선을 전적으로 지지하고 팽덕회를 중심으로 하는 우경 기회주의 반당집단에 반대를 표시하였다.

김일성은 다음과 같이 강조하였다. "조선 당은 팽덕회의 반당행위에 대해 전혀 놀라지 않았으며, 완전히 이를 예상할 수 있었다. 조선노동당 중앙위원회는 과거 팽덕회에 대해 많은 의견을 가지고 있었지만, 당시 양국 간의 단결을 고려하여 이를 제기하지 않았다. 이번에 북경에 가서 만일 기회가 있으면 중공 중앙에 이 문제를 제기할 예정이다." 모택동은 이를 극히 중시하고, 즉각 교효광 대사의 이 전보를 중공 중앙의 문건으로 각급 기관에 배포하도록 하였다.[235]

1958~1959년은 제1차 중조우호 고조기라 할 수 있다. 모택동은 전력을 다해 정치적·경제적으로 조선을 도왔으며, 김일성 또한 큰 열정을 가지고 중국을 진심으로 추종하였다. 그러나 시대는 달라졌다. 중조관계는 이미 이전의 종번관계가 아니었다. 김일성이 일시적으로 감지덕지하는 마음은 그렇다고 조선이 머리를 조아리고 신하를 자처할 수 있다는 의미는 아니었다. 중소관계가 악화

---

234) 『外事动态』 1959年 第90期, 2-3쪽.
235) 산서성당안관, C54-1011-39, 76쪽. 1960년 5월 김일성이 중국을 비밀리에 방문하였을 때, 모택동은 그의 면전에서 팽덕회를 크게 비판하였다. 양측의 대화는 조선전쟁부터 8월 사건까지 중조관계가 긴장되었던 책임을 모두 팽덕회 한 사람에게 전가시키고 있다. 1960년 5월 21일, 모택동과 김일성의 담화기록.

됨에 따라 김일성은 사회주의 국가관계속의 외교공간을 한껏 키웠고, 중조관계 조정의 주도권도 점차 김일성의 수중으로 옮겨갔다. 김일성은 마침내 "주체사상"을 실천할 기회를 잡게 되었다.

제5장

중소분열

중소분열

김일성의 등거리 외교(1960~1966)

【개요】

 중소 간의 불화가 깊어짐에 따라 중공과 소련공산당 모두 조선을 자신의 편으로 끌어들이기 위해 계속해서 우호적인 태도를 취하였다. 사회주의 진영에서 조선의 정치적 지위는 크게 높아졌다.

 중국은 국내 경제상황이 극도로 어려운 여건에서도 조선이 급히 필요로 하는 대량의 식량을 제공하였다. 반면에 흐루시초프는 태연하게 1956년 11월 모택동이 김일성을 신랄하게 비판하는 대화 기록을 김일성에게 보여주었다. 김일성은 북경과 모스크바 사이에서 균형외교를 벌이며 양쪽 모두에게 영합하여 중소 양측에서 지원을 얻었다. 1961년에는 소련, 중국과 동맹조약을 체결하면서 수많은 지원과 이익을 획득하였다.

 중국은 대량의 경제원조를 지속적으로 제공할 수 없는 여건에서도 평양을 붙잡기 위해 중조관계의 정치적 측면을 고려할 수밖에 없었다. 조선 교민과 동조선족 변경지역 주민들의 중조 국경 월경 문제 처리에 있어서, 중국 동북 변경지역의 사회적 동요로 인한 엄중한 결과를 무시하면서까지 조선 측 주장에 따르고 양보하였다. 김일성은 점점 더 욕심이 커져 중조 역사상 계속되어 온 국경분쟁의 해결을 요구하였다.

어려움에 직면한 중국 지도자는 중대한 양보를 할 수밖에 없어, 역사적으로 줄곧 중국 영토에 속한 장백산(백두산을 지칭–역자 주)과 천지의 태반을 조선에 내줬다. 이 밖에도 모택동은 재차 중국 동북은 조선의 후방이며, 일단 전쟁이 발생하면 조선에 주어 관리토록 할 것임을 표명하였다.

한편 흐루시초프의 평화공존 대외정책이 조선의 외교정책과 배치되고 소련의 대외원조도 크게 감소하였기 때문에 조선은 중소분쟁 중에 점차 모택동에 기울었다. 또한 수정주의 비판에도 적극적으로 참여하였다. 중조관계는 이로부터 점차 호전되어 최고봉에 달하였다. 그러나 크렘린의 주인이 바뀌고 중국의 "문화대혁명"이 본격적으로 시작됨에 따라, 조선은 다시 중국과는 거리를 유지하며 "소련 일변도"로 기울었다.

제1절 조선 중소 양측에서 지원을 획득

1958년 하반기, "대약진"과 인민공사, "금문(金門)포격" 등 중국 대내외 정책에 관해 중소 간에 심각한 의견차이가 발생하기 시작하였다. 1959~1960년 사이, 흐루시초프의 중국에 대한 핵무기 지원 협정 파기와 이 문제에 관한 중소 지도부의 얼굴을 맞댄 격렬한 설전, 세계노동자연맹 회의에서 소련공산당 이론 및 노선에 대한 중국공산당의 공개적인 도전, 부쿠레슈티에서 중공에 대한 소련의 집중적인 공격, 특히 중국에 파견된 전문가들에 대한 소련 정부의 기습적인 철수 등 일련의 사건들은, 중소관계가 이미 악화되고 공공연해졌음을 보여준다.

1960년 말 모스크바회의에서 중소 쌍방은 다소 양보하여 관계 완화를 시도하였지만 이는 사실상 잠시 인내한 것에 불과하였다. 1962년 10월 발생한 중국과 인도 간의 국경충돌과 쿠바 미사일 문제와 함께 쌍방의 갈등은 재차 표면화되고 중소동맹은 파탄을 향해 나아갔다.[1]

국제공산주의 운동 지도권 쟁탈전 과정에서 중소 양당 모두는 사회주의 진영내 각 당의 지지를 필요로 했다. 그중에 조선노동당도 당연히 포함되어 있었다. 중국과 인접하고 아시아 국가인 조선은 중국에 특히 중요하였다. 이러한 배경에서 중소 쌍방은 조선의 정치적 지지를 얻기 위해 경쟁적으로 조선에 우호와 선의를 표시하였다. 원조 금액과 규모 또한 크게 증가하였다. 김일성은 중소 양쪽으로부터 지원을 얻으면서 등거리 외교 정책을 유지함으로써 최대 수혜자가 되었다.

1. 조선에 대한 북경과 모스크바의 격렬한 쟁탈전

먼저 1959년 10월 중소 양국 지도자 사이에 격렬한 논쟁이 붙었다. 이후 중국과 인도 사이의 국경충돌 문제에서 중소 쌍방의 입장은 선명한 차이를 드러냈다. 자신들 정책의 정확성을 표시하기 위해 1960년 4월 중소 양당은 자신의 신문에 이론성 문장을 발표하고 마르크스-레닌주의를 동원하여 자신들의 행위를 변호하였다. 비록 상대방의 이름을 직접 거명하지는 않았으나 중소 간의 갈등이 공개적으로 진행될 것임은 충분히 예견되었다. 6월 세계노동자연맹 회의와 부쿠레슈티 회의에서 중소 간 논쟁이 발생한 후, 특히 소련이 중국으로부터 소련 전문가들을 전면적으로 철수시키면서, 중소동맹에 균열이 나타나기 시작하였다. 미국 정보기관에 따르면 이때 "중소 갈등은 이미 최고조에 이르렀다."[2]

미국인들은 북경과 모스크바 언론 논조에 민감하였지만, 중공과 소련공산당의 문장은 외부인들을 위한 것이 아니었다. 이 이론 문장들은 국제공산주의 운동 중에 자신의 지도적 위치를 확립하기 위해, 사회주의 진영 내부의 각 형제당에게 자기 당이 진정한 정통 마르크스주의자라는 것을 증명하기 위한 것이었다. 모택동은 조선노동당의 태도를 가장 주목하였다. 중국은 당연히 자기 쪽의 형제를 소련이 데리고 가게 할 순 없었다.

---

1) 자세한 내용을 다음 책을 참고할 것. 沈志华, 『无奈的选择』 제9, 10장; 李丹慧, 「最后的努力: 中苏在1960年代初的斗争与调和」, 『社会科学』 2006年 第6期, 132-162쪽.

2) 「国务院情报和研究部署的情报报告」, 1960년 8월 3일, 『美国对华情报解密档案』 第9卷, 384-403쪽.

1959년 제11기 『선교동태』에 다음과 같은 소식이 게재되었다. "『인민일보』는 1958년 9월 9일 김일성의 건국 10주년 기념대회 연설문을 곧바로 게재하지 않았고, 그나마 신화사만 3,000자 정도로 요점을 간추려 보도하였다." 조선 주재 중국 대사관과 신화사 조선 지사가 이에 이의를 제기한 후에야, 9월 13일자 『인민일보』에 전문이 보도되었다. 소련 『프라우다』는 조선 건국 10주년 특집을 발행하고, 김일성 연설문을 많은 지면에 걸쳐 게재하였다.

1959년 1월 5일, 조선은 전국 농업합작사 대회를 개최하였고 노동당은 이를 크게 중시하였다. 신화사 평양 지사가 3,000여 자 정도의 김일성 보고의 개요를 보내왔지만 본사는 이를 별도 기사로 처리하지 않고, 대회 소식 보도 중에 축약 편집하여 처리(겨우 1,000자 정도)하였으며, 『인민일보』도 따로 보도하지 않았다. 그러나 소련 『프라우다』는 신문지면 절반 을 할애하여 김일성의 보고를 보도하였다. 『선교동태』는 인민일보와 신화사가 김일성 보고의 정치적 의의에 대한 고려가 부족했다고 비판하였다.[3]

흐루시초프가 보기에 사회주의 진영 중에서 유럽 각 당과 몽고는 모두 자신과 함께 하고 있으며, 중국 주변의 조선과 베트남, 특히 소련과의 관계가 더욱 밀접한 조선노동당을 쟁취 대상으로 보았다. 흐루시초프가 1959년 중국을 방문했을 때 모택동과 논쟁이 발생하였고 그는 이에 격분하여 조기에 귀국하였다.

10월 15일, 소련공산당 중앙위원회는 "중국 친구들과의 대화 내용을 사회주의 형제국 제1당 서기들과 톨레스(프랑스당)와 톨리야티(이탈리아당) 동지에게 구두로 통보"할 것을 결정하는 결의안을 통과시켰다. 동시에 특히 "김일성이 모스크바에 오면, 김일성에 관한 유딘 대사와 모택동의 담화내용을 김일성에게 알리도록 할 것"을 제기하였다.[4]

---

3) 『宣教动态』 1959年 第11期, 9쪽. 중앙선전부가 펴낸 『宣教动态』는 모택동이 자주 열람하던 자료이며, 또 자주 문장을 추천하여 게재하도록 하였다.

4) РГАНИ, ф.3, оп.14, д.327, л.20, Фурсенко А.А.(гла. ред.) Президиум ЦК КПСС. 1954-1964. Том 3. Постановления. 1959-1964, Москва: РОССПЭН, 2008, с.55-56.

1956년 11월 30일 유딘과 대담에서 모택동은 김일성을 동방의 나지라고 비난하면서 그가 혁명을 배반할 가능성이 매우 높다고 말했다.[5] 흐루시초프가 이 기록을 김일성에게 보여준 목적은 당연히 모택동과 김일성 사이를 이간시키는 데 있었다. 후에, 김일성이 모스크바 방문을 취소했기 때문에 흐루시초프는 그 뜻을 이룰 수 없었다. 그러자 그는 즉시 조선이 희망해 온 경제원조를 제공하는 방식으로 바꿨다.[6]

조선은 경제 분야에 대한 정비와 조정을 결정하는 동시에, 재차 새로운 대외 경제원조 요청을 전개하였다. 김일성의 최우선 원조 요청 대상은 여전히 모스크바였다. 1959년 6월, 조선은 소련에 3만 톤의 밀을 긴급 지원해 줄 것과 1960년 만기가 돌아오는 1.23억 루블 차관의 상환을 5년 동안 연장해 줄 것을 요청하였다.[7] 흐루시초프는 즉각적으로 조선의 요구를 허가하고 차관의 상환 기한을 조선의 요구보다 2년 더 연장해 주었다.[8]

1960년 2월, 조선은 재차 무역협정에서 약속한 외에 5만 톤의 식량(5월 이내에)을 지원해줄 것을 소련에 요청하고, 동시에 조선의 경제발전에 필요한 석유 수요를 만족시켜 줄 것을 희망하였다. 비록 소련은 얼마 전 모스크바 길거리에서 조선 대사관 직원이 조선 유학생을 납치하여 강제 귀국시킨 것에 대해 매우 경악하여 불만을 표시하고 항의했지만, 석유 공급 요청에 즉각 동의하고 얼마 지난 후에는 조선에 식량을 제공하기까지 하였다.[9]

그러나 조선은 여전히 더 많은 경제원조를 필요로 하였다. 소련과 교섭 후 조선은 재차 헝가리에 밀가루 5만 톤을 제공해줄 것을 요청하였다. 비록 헝가리는 식량의 수출 여력이 없었지만, 조선의 강력한 요구에 2만 톤의 밀가루를 수입하여 조선에 제공할 것을 약속하였다.[10] 1960년 5월 2일, 김일성은 소련

---

5) 자세한 내용은 본서 제3장 4절을 참고할 것.

6) 1960년 1월 26일, 흐루시초프가 바르샤바조약국 정치협상회의 개최를 제안한 것(사회주의 진영 각국의 당과 정부 수뇌들의 참가를 건의)에 대한 조선노동당의 회답, 김일성은 병으로 인하여 참석할 수 없었다. АВПРФ, ф.0102, оп.16, д.6, л.19-20.

7) АВПРФ, ф.0102, оп.14, д.6, л.135-137, 155-157, 176-179.

8) АВПРФ, ф.0102, оп.14, д.6, л.135-137, 155-157, 176-179.

9) АВПРФ, ф.0102, оп.16, д.6, л.29-33, 54-57, 96-99.

대사와의 회담에서 만일 흐루시초프가 가까운 시일 내에 조선을 방문할 수 없다면 자신이 모스크바로 갈 것이라고 통보하였다.

푸자노프는 김일성의 소련 방문 목적이 경제원조 제공 요청에 있다는 것을 잘 알고 있었기 때문에 조선이 무슨 지원을 필요로 하는지 떠보듯이 질문하였다. 김일성은 조선의 7개년계획 실현을 위해서는 9~10억 루블의 외환이 부족하며, 이 밖에도 소련이 1.5만 톤의 면화와 10만 톤의 식량을 제공해 줄 것을 희망하였다.[11] 소련 대외경제연락위원회는 조선의 경제발전 상황과 조선과 소련의 경제관계를 분석한 후, 계획과 협정 이외에 소련이 조선에 다시 보충 원조를 제공할 가능성은 크지 않다고 보았다.[12]

김일성 본인이 모스크바에 가야 한다는 말은 그 자체가 소련에 대한 불만을 드러낸 것이라 할 수 있었다. 1959년 9월 흐루시초프가 조선 방문을 약속했다는 소식을 들었을 때 김일성은 매우 감격한 듯했다. 그는 흐루시초프의 방문 기간에 그에게 1급 국기훈장(조선 최고 상위훈장)을 수여하고, 평양 명예시민 칭호를 부여할 예정임을 소련에 즉각 통보하였다.[13]

후에, 흐루시초프는 이 시기 조선을 방문 하는 것이 자신의 미국 방문 후 조성된 미국과의 긴장완화 국면을 깨트릴 수 있다는 우려로 인해, 10월 김일성이 기대하고 오랫동안 준비해온 소련 지도자의 조선 방문을 연기하였다.[14] 뿐만 아니라 소련이 조선의 경제원조 요구에 즉각 대답하지 않아 김일성은 더욱 소련을 불쾌하게 생각하였다.

바로 이때, 1960년 5월 흐루시초프가 열망하던 4개국 수뇌회담이 무산되고 전 세계에 충격을 일으키면서 국제정세가 갑자기 긴장되었다.[15] 이는 중공에 조선을 끌어들일 수 있는 기회가 되었다. 흐루시초프는 미국과의 관계

---

10) АВПРФ, ф.0102, оп.16, д.6, л.135-137.

11) АВПРФ, ф.0102, оп.16, д.6, л.184-187. 당시 조선은 소련을 배워 이미 제2차 5개년계획을 7개년 계획으로 수정하였으며, 1961년부터 시행하였다.

12) РГАНИ, ф.5, оп.30, д.337, л.70-92.

13) АВПРФ, ф.0102, оп.14, д.6, л.187-189, 197-201.

14) АВПРФ, ф.0102, оп.14, д.6, л.206-207.

15) 『人民日報』 1960년 5월 18-30일.

완화를 주장했고 모택동은 그가 제국주의를 두려워한다고 비판하였다. 조선 반도의 긴장 국면을 마주하고 있는 김일성은 당연히 중국의 대외정책을 지지하였다.

김일성은 내부회의에서 '레닌주의 만세'란 문장에 대해 "주요 관점이 우리 당의 대외정책의 관점과 가장 가까우며, 이를 열심히 연구해야 한다"고 지적한 바 있다. 『로동신문』 주필 현필훈(玄弼勳)은 중공의 3편의 문장은 제국주의 본질을 폭로하였으며 국제노동자운동의 발전에 긍정적인 역할을 하고 있다고 주장하였다. 『로동신문』은 '레닌주의 만세' 문장의 전문을 게재함과 동시에, 20만부를 발행하고 편집자 주를 통해 간부들이 이 문장을 반드시 읽을 것과, 조선의 모든 대학은 정치교원의 학습과 토론을 조직할 것을 요구하였다.[16] 이를 위해 김일성은 모택동의 견해를 청취하고자 특별히 항주로 갔다.[17]

5월 21일 모택동과 김일성은 회담을 거행하였다. 분위기는 매우 우호적이었다. 모택동은 우선 소련의 평화공존과 평화과도의 방침을 비판하였다. 이에 김일성은 즉각 동의하고 " '레닌주의 만세' 논문은 매우 우수하며, 조선이 많은 문제를 해결하는 데 큰 도움을 주었다고 말하였다." 이에 모택동은 "무장을 포기하는 것은 투쟁을 포기하는 것"이라 대답하였다.

김일성은, "1955년 흐루시초프가 우리에게 미 제국주의에 반대하지 말 것을 요구하였지만 우리는 이를 듣지 않았다. 소련이 보내온 흐루시초프 미국 방문 기록 영화에 대해, 우리 간부들은 모두 시청 후에 좋지 않다고 여겼으며, 군중들에게 한 차례 방영했는데, 역시 불만을 야기하였다. 당신들의 문장은, 우리가 여러 가지 모호한 문제들에 대해 대답할 수 있도록 도움을 주었다"고 말했다.

또한, 김일성은 흐루시초프가 스탈린을 비판할 때, 중공 중앙정치국의 두 편의 문장은 "우리 당 내부의 많은 문제를 해결해주었으며, 그렇지 않았다면 우리의 혼란한 사상을 바로잡기 매우 어려웠을 것"이라고 두 편의 문장을 찬양하였

---

16) 『外事动态』 1960年 第45期, 1-2쪽.
17) 逄先知, 金冲及, 『毛泽东传(1949-1976)』, 1,075-1,076쪽.

다. 그리고 모택동과 김일성이 1956년 8월 사건에 대해 말할 때에는 약속이나 한 듯 책임을 미코얀과 팽덕회에게 전가하였다.

이러한 분위기 속에서 등소평은 북경에서 김일성과 조선의 통일 문제와 경제원조 문제, 국방전략 문제에 관해 논의한 것을 제기하며 이에 대한 중국 측의 결론을 설명하였다. 등소평은 조선은 7년 계획 기간 4억 위안의 원조를 필요로 하고, 중국은 이에 동의할 수 있으며 그 구체적 내용은 별도로 연구 중이라고 말하였다. 또한 조선이 면화를 심는 것은 수지타산이 맞지 않고, 이후 중국은 식량 제공을 줄이는 대신에 더 많은 면화를 제공할 수 있다고 대답하였다.

모택동은 말미에 중국의 건설 전략으로 화제를 돌리면서 "총노선, 대약진, 인민공사는 절대 흔들리지 않는다"고 강조하였다. 이를 받아 김일성은, 1955년 소련은 우리의 농업합작화 속도가 너무 빠르다고 보았으나 후에 우리는 모 주석의 문장을 보고 이를 계속하기로 결정하였다고 말했다.[18]

대담에서 김일성과 모택동은 서로 맞장구치며 친밀함을 한껏 드러냈다. 그러나 김일성이 모택동에게 영합한 이유는 몇 마디 칭찬과 등소평의 부도수표와 같은 말뿐인 약속을 듣기 위한 것이 아니라 실질적인 경제 이익을 얻기 위함이었다. 얼마 후, 김일성은 모스크바로부터 자신이 필요로 하는 원조를 얻어 낼 수 있었다.

소련은 김일성의 중국 비밀 방문 소식을 들었을 가능성이 높다. 1960년 6월 5일, 소련 대사관은 돌연 '소련 지도부는 6월 8일 전후 김일성의 비공식 방문을 환영할 준비가 되어 있다'고 김일성에게 통보하였다. 쌍방은 논의를 거쳐 6월 13일 김일성의 소련 방문을 결정하고, 이를 위해 소련이 평양으로 전용기를 보내기로 하였다.[19]

6월 15일 회담에서 소련공산당 중앙위원회 서기 코즈로프(F. R. Kozlov)는 중공 지도자가 북경 세계노동자연맹 회의에서 과오를 범했다고 김일성에게 지

---

[18] 1960년 5월 21일 모택동과 김일성 회견 담화기록.

[19] АВПРФ, ф.0102, оп.16, д.6, л.195-196, 197.

적했다. 미코얀은 당시의 회담 기록을 가지고 1956년 9월 조선노동당 내부 사무에 대해 간섭을 진행한 정황에 대해 "사실은 중공이 나서서 평양에 사람을 파견하자고 제안하였다"고 해명하였다. 김일성은 명확한 태도를 표명하지 않으면서 중소 양당은 반드시 화해해야 한다고만 말하였다.

흐루시초프는 회담 결과를 파악한 후 승부수를 꺼내들었다. 그는 모택동이 김일성을 비판한 회담 기록을 김일성에게 보여주도록 지시하였다. 흐루시초프는 전적으로 이 문건을 보여주려고 김일성을 초청한 것이었고, 이 방법은 효과적이었다.

소련 대사 푸자노프의 관찰에 따르면, 김일성은 방안에서 혼자서 이 문건을 읽을 때 매우 분노하며 치를 떨었으며, "이 말은 거짓말이다. 모택동이 어떻게 자신에 대해 이렇게 말할 수 있는가"라고 말하였다. 문서를 읽은 후, 김일성은 "이 말들은 모두 모독이고 거짓말이다. 중국 지도자는 한 입으로 두 말을 하며, 표리부동하다"고 매우 큰 소리로 말하였다. 또한 김일성은 "조선노동당은 과거, 현재, 및 장래에도 모든 중대한 문제에 있어서 소련공산당 중앙위원회를 지지할 것"이라고 소련인들에게 다짐하였다.[20]

조선으로 귀국하는 도중에 김일성 자신은 인민공사 등 중국의 많은 정책들에 대해 전혀 동의하지 않는다고 강조하였다. 김일성이 중국을 방문하였을 때, 모택동은 조선에 인민공사를 설립하도록 설득하였으며, 김일성은 귀국 후 중국을 모방하여 "공동식당(大锅饭)"를 실행해 보았지만, 결과는 전혀 실행될 수 없다는 것이었다고 말했다. 현재 조선은 이미 인민공사의 실행을 포기하였고, 점차로 평균주의의 영향을 제거해가고 있다고 설명하였다.[21]

귀국 후, 김일성은 즉각 국장급 이상 간부회의를 개최하여 "분노에 떨며 자세하게" 중국 지도부의 잘못된 행동에 관하여 설명하였다. 김일성은 모택동이 소련공산당을 반대하는 것은 전혀 타당한 이유가 없으며, 모택동은 단지 마르크스, 엥겔스, 레닌, 스탈린에 이어 "세계의 5번째" 혁명지도자가 되고 싶어 할

---

[20] АВПРФ, ф.0102, оп.16, д.7, л.5-10.

[21] Record of Conversation between the Czech Ambassador in the DPRK with the Soviet Ambassador, July 26, 1960, http://digitalarchive.wilsoncenter.org/collection.

뿐이라고 모택동을 비난하였다.

중조관계에 관해 언급하면서 김일성은 "중국의 정책은 조선을 자신의 식민지로 만드는 것"이라고 말했다. 내무상 방학세는 소련 대사에게 "김일성의 이 말은 진심이고, 그는 지금 다시는 중국인을 믿지 않으며 다시는 중국에 가지 않을 것"이라고 말했다.[22] 그러나 김일성은 결코 중국과 정면충돌할 생각은 없었다. 조선 지도자는 소련인들과의 비공개 만남에서 중국의 과오를 재차 범하지 않을 것이고 중국에 대한 경계도 게을리 하지 않을 것이라고 다짐하였다.[23] 그러나 공개적 석상에서는 전혀 중국을 비난하지 않았다.

흐루시초프는 조선을 더욱 자신의 편으로 끌어들이기 위해 김일성이 요청한 경제지원 요청의 대부분을 수용하였다. 김일성이 떠난 후, 7월 19일 흐루시초프는 푸자노프 대사를 접견한 자리에서 "차관 제공과 밀, 면화 제공 문제는 잘 해결되었으며, 기타 문제 역시 관련 부서에서 현재 긍정적으로 연구 중"임을 김일성에게 통보하도록 지시하였다. 뿐만 아니라, 흐루시초프 자신이 9월 중순 직접 조선을 방문하기로 결정하였다고 말했다.[24]

며칠 후, 푸자노프대사는 흐루시초프의 친필 서신을 김일성에게 전달하였다. 김일성은 소련공산당 중앙위원회와 소련 정부 결정에 몹시 흥분하며 소련이 "우리의 요청을 모두 받아들였다"라고 만족을 표시하였다. 김일성은 소련에 감사를 표하는 동시에 중국에 대한 비판을 제기하였다. 김일성은 푸자노프가 전한, 중국으로부터 소련 전문가 철수 결정에 관한 소련 정부의 조회 사본을 읽은 후, 소련 전문가들이 중국에서 받은 "불공정 대우"에 대하여 분노를 표시하면서, 수차례에 걸쳐 "음모"라는 용어를 사용하여 중국 지도자들을 비난하였다.[25]

8월, 조선은 정부대표단을 모스크바에 파견하고 양측은 차관 제공 협정을 체

---

22) АВПРФ, ф.0102, оп.16, д.7, л.12-14.
23) АВПРФ, ф.0102, оп.16, д.7, л.31-35, 36-37.
24) АВПРФ, ф.0102, оп.16, д.7, л.17.
25) АВПРФ, ф.0102, оп.16, д.7, л.23-29.

결하였다. 소련은 한국전쟁 시기 조선에 제공한 군사차관 7.6억 루블을 면제하고 나머지 경제차관 1.4억 루블의 상환 연기에 동의하였다. 김일성은 이 소식을 접한 후에 이는 사실상 9억 루블의 무상원조를 제공한 것과 같다고 감격하였다.[26]

이때, 중국은 중국에 대한 조선의 정책에 변화가 발생하였음을 감지하였다. 대사관원들은 조선인들이 중국과 조선 외교관이 같이 있을 경우에만 중국인에 대해 매우 친절히 대한다는 사실을 발견하였다.[27] 지도자들의 공개적인 연설과 언론 보도에서는 "소련은 부각시키고 중국은 소홀히 다루기"시작하고 있으며, "단지 중국 국내 건설의 성과에 관한 것만 말하고 중국의 대외정책과 국제적 역할에 대해서는 언급하지 않고 있으며" 심지어 "교조주의를 철저히 반대한다"는 구호를 제기하고 있다고 보고하였다.[28]

이 느낌은 결코 틀리지 않았다. 조선 주재 헝가리 대사관 역시 "최근 평양은 소련의 입장에 기울고 있는 반면에, 조선에 대한 중국의 영향력은 감소되고 있다"고 분석하였다.[29] 만일 중공이 조선에 다소간 성의를 표시하지 않는다면 중국에 대한 지지자 하나를 잃을 수 있을 뿐 아니라 반대로 반대자 하나를 추가할 것이 확실해 보였다.

중국은 경제가 가장 어려운 상황에서 조선에 대한 지원을 확대할 것을 먼저 제안하였다. 이에 따라 조선 정부 경제대표단의 중국 방문은 매우 순조롭게 진행될 수밖에 없었다. 1960년 9월 10일, 중국 외교부는 이번 조선의 경제대표단 방문에 관한 선전 통지문을 하달하면서 『인민일보』와 『대공보』에 환영 사설을 개제하고, 방문 기간 동안 각 신문은 조선의 건설 성과 소식과 사진을 가능한 한 많이 게재할 것을 요구하였다.[30]

---

[26] АВПРФ, ф.0102, оп.16, д.7, л.73-78.

[27] 중국외교부당안관, 109-02090-01, 8-9, 10-12쪽.

[28] 중국외교부당안관, 109-02090-01, 6-7, 3-4, 13-16쪽.

[29] 조선 주재 헝가리 대사관이 외교부에 보낸 보고서, 1960년 7월 2일, *CWIHP Bulletin*, Issue 14/15, pp.115-116.

[30] 중국외교부당안관, 204-00492-06, 61-62쪽.

9월 17일, 소련 주재 중국 대사관은 다음과 같은 정보 보고를 하였다. "조선전쟁 기간 소련은 조선에 순수 군사차관은 7억 루블을 제공하였으며, 이미 두 차례나 상환을 연기하였다. 6월 조선은 이 모두를 탕감해줄 것을 요청하였고 소련은 이에 동의하였다. 단지 흐루시초프가 조선을 방문하여 이를 선언하는 것만을 기다리고 있다."[31] 이 정보 보고는 중국지도부를 한층 자극하였다.

이러한 배경에서 중조 양국은 1개월간의 담판을 거쳐 차관협정과 플랜트 설비 공급 및 기술원조 제공 협정을 체결하였다. 협정에 따라 중국 정부는 1961~1964년 기간, 조선에 4.2억 루블의 장기차관을 제공하고, 조선의 고무타이어 공장, 무선통신기자재 공장 및 생활필수품 생산을 위한 경공업 공장의 건설을 지원하기로 결정하였다. 이 밖에도 조선에 면방직 설비와 무선통신 설비 등을 제공하기로 하였다.[32]

대표단 단장 이주연과의 회담에서 주은래는 최근 알바니아, 쿠바, 기니, 알제리 등에서 계속해서 원조를 요청하고 있으며, 소련 전문가들이 중국에서 철수하면서 중국은 경제적으로 매우 큰 어려움을 겪고 있지만, 중국은 다른 국가들에 대해 채무를 져서라도 조선에 대한 지원은 보장할 것이라고 약속하였다. 주은래는 중국이 제공한 차관에 대해 만기가 되어 능력이 되면 갚고 상환할 수 없으면 상환을 연장할 수 있으며, 10년 심지어 20년 후에 상환해도 괜찮다고 말하였다.[33]

이주연은 이에 대해 "조선인민에 대한 중국인민들의 형제적이고 돈독한 우정과 무산계급 국제주의적 원조를 우리는 영원히 잊지 않을 것"이라고 깊은 감사를 표하였다.[34] 후에 김일성은 "조선 7개년계획 전반기에 수공업과 경공업이 크게 발전하였으며, 중국이 원조한 18개 공장 모두 경공업이었다. 이 공장들이

---

31) 중국외교부당안관, 109-02090-02, 35쪽.

32) 『人民日報』 1960년 10월 14일 1면.

33) 『周恩来年谱(1949-1976)』 中卷, 355-356쪽. 경공업부는 대외원조 항목이 과도하게 많아 전선이 너무 길어진 상황이라고 판단했다. 상해시당안관, B163-2-1033, 9, 10-12쪽.

34) 중국외교부당안관, 204-00432-01, 1-3쪽; 『人民日報』 1960년 10월 15일 1면.

생산을 시작한 후에 조선의 큰 문제들이 해결되었다"고 중국의 지원을 긍정적으로 평가하였다.[35]

협정 이행을 위해, 10월 18일 중조 양국은 '과학기술합작의정서'에 서명하였다. 중국 경공업부는 26개 프로젝트 실습생 76명의 교육과 23개 프로젝트 기술전문가 45~48명을 파견하기로 하였다.[36] 이때 조선의 "완충년"과 마찬가지로 1960년 중국 역시 "대기근" 1년에 접어들기 시작하였다.

이러한 상황에서도 중국 정부는 한편으로 자신의 어려움을 감수하면서 23만 톤의 식량을 조선에 제공하였다.[37] 미 중앙정보국은 연말 공산당 모스크바회의에서 조선에 대한 영향력을 유지하기 위해 국내 경제상황이 열악함에도 불구하고 중국은 조선에 대한 지원을 강화하였다고 평가하였다. 미국인들은 이번에 중국이 차관을 제공함으로써 조선전쟁 이래 중국이 조선에 제공한 원조 총액은 소련을 초과하였으며, 평양은 중소분쟁 속에서 "중립적 입장"을 계속 유지하고 있다고 평가하였다.[38]

중국이 조선에 제공한 경제원조는 최소한 표면적인 효과를 얻었다. 이 시기 중국과 소련 간에 발생한 충돌 과정에서 조선은 공공연하게 혹은 은밀하게 중국의 입장을 지지하였다. 예를 들면, 중국의 "대약진"과 경제건설 총노선에 대해, 조선은 계속해서 찬양의 태도를 유지하고, 중국이 성취한 위대한 승리는 중국공산당과 모택동의 정확한 영도의 결과라고 주장하였다. 심지어 1961년 중국 경제가 이미 심각한 상황에 처했을 때도 조선 지도자들은 여전히 중국의 노선과 정책이 정확하다는 입장을 유지하였으며, 중국의 대내외 정책에 지지를 표시하였다.[39]

35) 중국외교부당안관, 201-01451-01, 1-12쪽.
36) 『人民日報』 1960년 10월 19일 4면; 상해시당안관, B163-2-1033, 2-8쪽.
37) 沈覚人主編, 『当代中国的对外貿易』 上册, 301쪽.
38) ESAU Document 14, Sino-Soviet Competition in North Korea, 5 April 1961, http://www.foia.cia.gov/cpe.asp.
39) 『人民日報』 1960년 1월 25일 6면; 중국외교부당안관, 106-00577-04, 60-61, 62-63쪽.

• 1960년 10월 30일 밤, 인민대회당. 모택동과 이영호 조선대사가 조선인민군 협주단의 중국방문공연을 관람하고 있다.

　실례로 1960년 6월 부쿠레슈티 회의 기간, 조선대표단은 비록 알바니아 대표처럼 소련공산당의 행위를 직접적으로 비판하지는 않았지만, 중국공산당에 대한 공격에 가담하지 않고 개인적으로 중국공산당 대표단에게 정보를 전달하기도 하였다.[40)]

　7월 1일 『로동신문』은 부쿠레슈티 회의에 관한 사설에서 "사회주의 대가정의 통일과 단결"을 주로 말하였고, 소련 대표가 회의에서 직간접적으로 중공을 비판하는 데 통상적으로 사용했던 "교조주의", "종파주의", "편협한 민족주의" 등의 용어 사용을 피했다.[41)] 특히 1960년 11월 모스크바 회의에서 조선은 중공

40) 阎明复, 『阎明复回忆录』, 北京: 人民出版社, 2015年, 569, 564, 585쪽. 중국 대사관이 보고한 바에 따르면, 회의 전(6월 15일) 조선노동당 중앙조직부장 김영주(김일성의 동생), 선전부장 김도만, 외무상 박성철은 교효광 대사와의 담화에서 세계노동자연합회의에서 중국의 입장을 지지한 바 있으며, 중국과 함께 수정주의에 반대할 것이라고 발언하였다. 『各国共产党简况』 1960년 第18期, 2-3쪽.

41) 『로동신문』 1960년 7월 1일 제1면.

의 입장을 옹호하였다.

중소 공산당 양당은 양당의 관계를 완화할 생각이 있었음에도 모두 자신의 입장만 고집함으로써 격렬한 논쟁이 벌어졌다. 조선 대표는 알바니아와 베트남 대표처럼 중국 대표와의 논의에 참가하지 않고, 비밀리에 흐루시초프와 만났다. 논쟁에 강제로 휘말려 들어가는 것을 피하기 위해 조선 대표는 중국대표단 면전에서 자신의 발언을 조정하기까지 하였다.[42]

그럼에도 불구하고 선언 초안 논의를 위한 예비회의와 정식회의 발언에서 조선은 알바니아, 베트남, 일본공산당 대표들과 함께 중공의 관점을 지지하는 의견을 발표하고 각자의 입장에서 소련공산당의 관점과 행동을 비판하였다. 이 회의에서 기본적으로 일치된 의견을 이룰 수 있었던 데에는, 중소 양측 모두 화해의 태도를 가진 것 이외에도 조선 등의 대표들이 분명하게 중국을 지지함으로써 부쿠레슈티 회의처럼 중국공산당을 집중 공격하는 상황을 피할 수 있었던 것 역시 하나의 중요한 이유였다.[43]

중국의 조선에 대한 원조 제공 및 김일성의 친중적 태도는, 반대로 재차 소련과 조선 간의 장기원조와 무역협정 체결을 촉진시켰다. 협정 체결을 위해 조선 정부대표단이 1960년 9월 모스크바에 도착하였으나 담판은 줄곧 순조롭게 진행되지 않고 있었다. 소련 주재 중국 대사관 상무참사관의 보고에 따르면, 조선의 무역적자에 대해 소련은 차관 제공 형식으로 해결할 것을 제안하였으나 조선은 이를 원치 않았다.

즉, 조선은 소련이 조선에 대한 원료 수출을 줄이고 기계 공급을 늘려줄 것을 요구했으나 소련은 이에 동의하지 않았다. 조선은 협의안 원안의 턴키베이스 프로젝트에 대한 수정을 요구하였으나 소련 측은 조선 측의 요구를 만족시킬 수 없었다. 조선은 7년 협정 체결을 요구했지만 소련 측은 단지 5년 협정

---

42) 『邓小平年谱(1904-1974)』, 1,581쪽; Report Embassy of the Hungarian People's Republic in the DPRK to the Foreign Ministry of Hungary, March 1, 1961, http://digitalarchive. wilsoncenter.org/ collection.

43) 阎明复, 「回忆两次莫斯科会议和胡乔木」, 『当代中国史研究』 1997年 第3期, 16-19쪽; 『杨尚昆日记』(上), 562, 568, 573-576, 598-599, 616-617쪽. 해당 회의에 관한 연구는 다음 책을 참고할 것.李丹慧, 「最后的努力: 中苏在1960年代初的斗争与调和」, 『社会科学』 2006年 第6期, 132-162쪽.

체결에만 동의하였다.[44]

소조협정 체결이 계속 늦어지면서 아무런 결실을 맺지 못한 사이, 중조협정 체결 소식이 신문지상에 보도되기 시작하면서 모스크바는 더욱 곤혹스럽게 느꼈다. 이 밖에도, 조선 정부는 흐루시초프의 10월 평양 방문 예정 소식을 군중대회에서 선포하고 전국적인 환영 준비에 들어갔다.[45] 그러나 방문이 임박한 시기에 소련은 방문을 재차 취소하였고 이는 김일성의 큰 불만을 샀다. 이에 대한 보복으로 김일성은 대표단을 이끌고 10월 혁명 43주년 경축행사에 참가해 줄 것을 바라는 소련의 요청에 대해 병을 핑계로 끝내 참가하지 않았으며, 평양에서 개최된 10월 혁명 경축행사에도 모습을 드러내지 않았다.[46]

그러나 이 시기(10월 23일~11월 11일)에 하룽을 단장으로 하는 중국 군사대표단을 위한 평양에서 개최된 주요 활동(경축대회, 연회 및 회담)에 김일성은 모두 참석하였다.[47] 흐루시초프는 이 점을 고려할 수밖에 없었으며 동시에 양보조치를 취하였다.[48] 마침내 12월 24일, 양국은 1961~1967년 기간 소련이 조선에 기술원조를 제공하는 협정과 1961~1965년 기간 조소 양국 간의 장기 무역협정을 체결하였다.

이 원조협정에 따라 소련은 김책제철소 확장 건설을 지원하여 생산능력을 강철 280만 톤, 강재 230만 톤으로 확대시키기로 하였다. 동시에 박주에 발전용량 60만 kW의 화력발전소와 평양에 40만 kW의 화력발전소를 건설하고, 연 200만톤 규모의 원유를 처리할 수 있는 정유공장을 건설하며, 소련은 이에 필요한 원유를 제공하기로 하였다. 뿐만 아니라, 영화제작소, 마방직 공장과 모방직 공장 등을 건설해주기로 합의하였다. 무역협정에 따라 소련은 기계와 설비, 면화, 석유제품 및 수많은 기타 상품을 조선에 제공하고, 5년 내에 쌍방무역액

---

44) 중국외교부당안관, 109-02090-02, 36-37쪽.

45) АВПРФ, ф.0102, оп.16, д.7, л.46-49; 중국외교부당안관, 109-02090-01, 21-24쪽.

46) АВПРФ, ф.0102, оп.16, д.7, л.159-162, 163-165, 171.

47) АВПРФ, ф.0102, оп.16, д.7, л.153-155, 155; 『中国人民解放军军事工作大事记』上册, 452-453쪽.

48) 중국 대사관은 조선이 중소 간에 있었던 논쟁에 대하여 1960년 10월 이전엔 회피적 태도였고, 이후 명확한 태도를 갖게 되었다고 판단하였다. 중국외교부당안관, 109-03052-06, 8-21쪽.

을 80% 확대하기로 하였다.[49]

중국과 소련이 분열하고 있는 사이 조선은 힘들이지 않고 이익을 챙겼다. 김일성은 중소 간의 대립과 경쟁을 효과적으로 이용하여 양쪽에서 지원을 얻었으며 최대한의 이익을 이끌어냈다.[50] 그 결과 조선은 큰 어려움 없이 "완충기"를 극복하며 이후 경제발전을 위한 토대를 마련하고, 동시에 소련과 중국 모두와 동맹조약을 체결하는 외교적 성과를 이루었다.

2. 김일성, 중소 양국과 동맹조약 체결

중소분쟁이 날로 격화되는 가운데 김일성은 중소 양대국 사이를 종횡으로 누비며 양측으로부터 지원을 얻어냈다. 그 외교술 또한 나날이 성숙해지고 만족할 만한 성과를 얻었다. 한편으로, 조선은 대외 선전활동에 있어서 미 제국주의와의 투쟁을 강조하고 민족해방운동을 지지했으며, 중국 외교관을 향해 소련의 실질적 원조가 충분치 않다고 원망하면서도 외교활동에 있어서 중국 측의 의견을 적극적으로 구하였다.[51]

다른 한편으로 흐루시초프를 대신하여 평양을 방문한 코시킨에게 조선 정부는 적극적이고 우호적인 태도를 보였다. 김일성은 5차례에 걸쳐 각종 행사에 직접 참석하였고 소련대표단이 가는 곳마다 군중 환영행사를 준비하였다.[52] 그리하여 중소 양국 모두 조선이 자신들에게 기울었다고 생각하도록 하였다.

조선 주재 체코슬로바키아 대사관의 보고에 따르면 소련 대사 푸자노프는 조선에 대한 자신의 호감을 거듭 표시하면서, 소련은 조선의 입장을 이해하고 지지한다고 강조하였다. 반면 동독, 헝가리, 폴란드, 불가리아와 체코 대사 모

---

49) 중국외교부당안관, 109-02090-02, 40-41쪽, 109-03052-06, 8-21쪽; 『人民日報』 1960년 12월 28일 5면.

50) 조선 주재 불가리아 대사관은 조선 지도자가 중공과 기타 각국 공산당 간의 불화를 이용하여 경제적 이익을 얻고자 함이 아닌지 의심에 찬 어투로 지적한 바 있다. АВПРФ, ф.0102, оп.16, д.7, л.140-141.

51) 중국외교부당안관, 106-00579-01, 140-143쪽, 109-03023-04, 73-74쪽, 106-01361-03, 48, 49쪽.

52) 중국외교부당안관, 106-00580-01, 2-5쪽.

두 소련 대사의 견해에 동의하지 않았고, 조선은 중소 사이에서 "양면 정책"과 "절충적 입장"을 취하고 있다고 보았다.[53]

그러나 김일성은 자신의 행동이야말로 조선의 독립자주 정신과 정책을 반영한 것이라고 믿었다. 1960년대 말부터 조선은 사대주의와 교조주의를 반대하고 주체사상을 수립하는 운동을 재차 전개하기 시작하였다.[54] 중소관계가 악화된 이후, 김일성이 취한 중립 정책의 가장 성공적인 사례는 1961년 7월 소련, 중국과 연이어 체결한 동맹 조약이며, 이로써 상호 대립중인 대국은 동시에 조선의 안보 후견인이 됨으로써, 조선은 안전보장을 이중으로 확보하게 되었다.

전후 얄타체제의 중요한 내용 중의 하나는 바로 스탈린의 안보관에 따라 소련 주변에 소련에 우호적인 국가들로 완충지대를 형성하는 것이었다. 모스크바는 이들 주변국을 실질적으로 통제하였을 뿐 아니라 각 국가와 동맹 성질의 조약을 체결하였다. 그러나 서구의 반감을 피하기 위해 조약들의 명칭은 모두 '우호합작 상호원조조약'으로 정하였다.[55] 단지 중소조약만이 중국 측의 주장을 고려하여, 소련 측 조약 초안 기초위원회가 제6차 조약 초안을 수정할 때, "합작" 두 글자를 "동맹"으로 수정하였을 뿐이었다.[56]

그러나 유독 조선과는 1949년 3월 '문화경제 합작협정'만 체결하고 동맹조약은 체결하지 않았다. 어떤 학자는 이를 근거로 "조선은 러시아의 특별 관심지역인 적이 없었다"고 주장하기까지 하였다.[57] 그러나 사실, 조약은 단지 하나의 형식에 불과하였고 조선은 실질적으로 소련의 위성국이 되었을 뿐만 아니라 동맹조약이 없다는 점이 모스크바가 평양을 통제하는 데 있어 전혀 문제가 되지 않았다. 만약 그렇지 않았다면 스탈린이 조선에서 일방적인 철군을 단행

---

53) Report on Political Develoment in the DPRK, April 18, 1961, http://digitalarchive.wilsoncenter. org/collection.

54) 중국외교부당안관, 106-00579-03, 124-135쪽, 109-03052-06, 8-21쪽.

55) 世界知识出版社编, 『国际条约集(1945-1947)』, 北京: 世界知识出版社, 1959年, 212, 439-441쪽; 『国际条约集(1948-1949)』, 35-38, 52-53, 86-89, 167-168쪽.

56) АВПРФ, ф.07, оп.23а, п.18, д.235, л.1-4.

57) Ткаченко В.П. Корейский полуостров и интересы России, Москва: Восточная литература РАН, 2000, с.17.

할 수 없었을 것이다.

중국과의 동맹조약 체결 문제도 크게 다르지 않았다. 1950년 5월 김일성이 북경에서 모택동과 조선전쟁을 시작하는 문제에 관해 논의할 때, 중국과 동맹조약을 체결할 것을 제안하였다. 비록 스탈린의 전보를 받은 후 모택동은 조선전쟁 발동을 기정사실로 받아들이고 김일성이 한반도에서 군사행동을 취하는 데 동의하였지만, 중조동맹조약 체결에 관해서는 조선이 통일된 후 중소조약의 형식에 따를 것을 신중하게 제안하였고, 스탈린 또한 모택동의 제안에 동의하였다.[58] 동맹조약이 없었음에도 불구하고 조선전쟁 기간 중국·소련·조선 3자 간의 동맹관계는 말할 나위 없이 좋았다.

1958년 10월 조선에 주둔 중인 중국 군대 모두가 철군하였다. 중국군의 철군이 비록 국내정치 방면에서 김일성에게 유리한 기회와 조건을 제공하였지만, 불가피하게 남북 간의 군사력 불균형을 초래할 수밖에 없었다. 이 문제의 해결을 위해 김일성은 1959년 1월 모스크바에서 개최된 소련공산당 제21차 당대회에 참석하고, 우호합작호조조약을 체결할 것을 흐루시초프에게 요구하였다.

일정 기간의 준비를 거쳐 9월 17일 중국 주재 소련 임시대리대사 안도노프는 조소 양국의 조약 체결에 관한 비망록을 진의(陳毅)에게 전달하였다. 조약 내용은 소련과 기타 사회주의 국가 간에 체결된 관련 조약과 유사하였으며, 중요한 것은 "조약국 일방이 어떤 일국 혹은 다국 연합의 무장공격을 당해 전쟁상태에 처할 경우, 다른 일방은 군사 및 기타 원조를 즉시 제공한다"는 조항이라 할 수 있다. 9월 19일 중국 측은 소조 간 우호합작호조조약 체결에 전적인 동의를 표시하였다.[59]

9월 18일, 소련 대사는 10월 초 흐루시초프가 당정대표단을 이끌고 조선을 방문할 것이라고 김일성에게 통보하였다. 김일성은 매우 들떠 흐루시초프가 조선을 최소한 10일 이상 방문하기를 희망한다고 말하였다. 푸자노프는 모스크바가 조소우호합작호조조약 체결에 동의하였음을 통보하면서, 조선 측이 사

58) РГАСПИ, ф.558, оп.11, д.334, л.56, 57, Ледовский А.М. Сталин, Мао Цзэдун и корейская война, с.94-95.
59) 『外事动态』 1959년 第97期, 15쪽.

전에 검토할 수 있도록 소련 측의 조약 초안을 김일성에게 전달하였다.

김일성은 재차 상기되어 조선인민은 흐루시초프와 미국 대통령의 회담 결과를 기대하고 있으며 "흐루시초프 동지가 모든 문제를 잘 처리할 수 있을 것"이라 믿는다고 말하였다.[60] 후에 흐루시초프의 조선 방문이 연기되면서 조약 체결 또한 연기되었다.

1960년 2월 김일은 모스크바에서 개최된 바르샤바조약기구 회의에 참석하는 동안 흐루시초프를 예방하고, 미국이 남조선에 핵무기를 반입한 것과 미일 간 새로운 군사조약이 체결된 것에 관해 큰 관심을 나타내면서, 흐루시초프가 금년 내에, 가장 좋기는 8월 15일 이후에 반드시 조선을 방문하여 소조우호호조조약을 체결해줄 것을 희망하였다. 흐루시초프는 이를 적극적으로 고려할 것이라고 대답하였다.[61] 1959년 말~1960년 초 기간은 흐루시초프가 미국을 방문하고 매우 적극적으로 미소관계 완화를 추진하던 시기였기 때문에, 소련은 조선과의 동맹조약 체결에 소극적일 수밖에 없었다. 바로 이때, 중국이 이 문제에 개입하기 시작하였다.

1959년 7월, 조선은 중국에 군사원조 제공을 요청하였으며, 중국은 1960년 초부터 조선에 소련 규격에 따라 대량 생산된 군사기술장비를 제공하는 데 동의하였다. 중국은 미그 19기 전투기, 1226 MS형 대잠구축함, 포병, 보병용 다종 R형 레이더 기지, P-10레이더 등과 같은 군사무기를 조선에 제공하였다.[62] 11월 8~23일, 조선인민군 공군사령관 최광(崔光)은 조선 군사대표단을 이끌고 중국을 방문하여 군사원조 제공에 관하여 구체적으로 논의하였다. 중국 인민해방군 부총참모장 장애평(張愛萍)과 최광은 중국의 대조선 무상 군사원조 5개년계획의 첫해(1960년) 공급 계획 의정서에 서명하였다.[63]

1960년 3월 9일, 몽고 주재 중국 대사관은 몽고 정부가 중몽우호호조조약 체결을 제의하였으며, 만일 중국이 동의하면 몽고 지도자 체덴발(Yumjaagiin

---

60) АВПРФ, ф.0102, оп.14, д.7, л.186-189.

61) АВПРФ, ф.0102, оп.16, д.6, л.54-57.

62) АВПРФ, ф.0100, оп.52, д.3, п.442, л.15.

63) 『中国人民解放军军事工作大事记』 上册, 559쪽.

636   최후의 천조(天朝)

Tsedenba)이 직접 북경을 방문하고 동시에 경제원조 제공 문제를 논의하고자 한다고 보고하였다.[64] 3월 20일, 주은래는 답변 초안에서 중국 정부는 몽고 정부의 중몽우호합작조약 체결 제안을 열렬히 환영하고 동의하며, 만일 몽고 정부가 동의하면 주은래 총리가 울란바토르에 직접 가서 이 조약을 체결하고자 한다고 강조하였다. 동시에 조약 초안을 첨부하여 몽고 정부에 보내도록 지시하였다.

3월 21일, 모택동은 전보 원고에 "동의하는 바이며, 소련, 조선, 베트남에도 조약초안을 보낼 것"을 지시하면서, 만일 조선과 베트남이 원한다면 군사원조 조항이 포함된 조약을 체결할 수 있다고 말하였다.[65] 같은 날 유소기, 주은래 및 등소평은 회의를 개최하여 몽고, 조선, 베트남과 우호동맹호조조약 체결 문제를 논의하였다.[66]

1960년 6월 중소 분쟁이 가장 격렬했던 시기 흐루시초프는 중국공산당을 고립시키기 위해 김일성을 모스크바로 불렀다. 6월 17일 회담에서 김일성은 재차 조약 체결 문제를 제기하였다. 김일성은 현재 남조선 군대는 70여 만 명에 이르고, 미군 또한 47,000명에 달한다고 지적하면서, 조선은 이미 8만 명을 감군하여 현재 인민군은 32만 명, 국경수비부대는 6만 명에 불과하며, 미국이 남조선 군대를 40만 명으로 감군할 경우 조선은 계속해서 병력을 감축해야 하는지에 관해 흐루시초프에게 질문하였다.

이에 흐루시초프는 만약 소조 양국 간에 조약이 체결된다면, 남조선의 군국주의를 억제할 수 있으며 조약 체결 문제는 작년에 논의를 마쳤는데 후에 사정으로 인하여 지연된 것이라고 대답하였다. 흐루시초프는 자신은 9월 조선을 방문하여 동시에 소조조약을 체결할 계획이며, 이후 조선은 병력을 감축할 수 있을 것이라고 주장하였다.

또한 흐루시초프는 소련은 극동에 미사일을 배치하고 있어 조선을 보호할 수 있으며, 조약이 있으면 이승만이 감히 공격할 수 없을 것이라고 말했다. 이에 김일성은 매우 만족하고 9월 초순에 조선을 방문해줄 것을 희망하였다.[67]

---

[64] 중국외교부당안관, 102-00014-02, 25-26쪽.
[65] 『毛泽东年谱(1949-1976)』第4卷, 350-351쪽.
[66] 『邓小平年谱(1904-1974)』, 1533쪽.

8월 11일에 이르러 소련은 흐루시초프의 조선 방문을 10월 초로 연기한다고 통보하였다. 김일성을 안심시키기 위해 소련은 조선 측이 흐루시초프의 조선 방문 예정 소식을 공개하는 것에 동의하였다.[68] 9월 14일, 김일성은 소련 대사에게 조선은 "조약 초안에 대해 아무런 이견이 없으며", 흐루시초프의 조선 방문 기간 이 조약이 체결될 수 있기를 희망하였다.[69]

흐루시초프의 조선 방문을 환영하기 위해 조선은 많은 준비를 하였다. 『로동신문』은 연속 15차례, 『민주조선』은 연속 11차례에 걸쳐 흐루시초프의 조선 방문 관련 소식을 게재하였고 소조 양국 우호관계 강화에 관한 소책자 10종을 인쇄하였다. 또한 조선은 군중대회를 개최하고 청결위생 운동을 대대적으로 벌였으며, 군중들에게 소련 대사관에 편지(매일 300여 통)를 보낼 것을 촉구하였다. 심지어 "흐루시초프 동지를 열렬히 환영한다"는 제목의 노래까지 만들어 학생들에게 연습하도록 하였다.[70]

그러나 10월 8일 소련은 흐루시초프가 조선을 방문할 수 없다고 재차 통보하였다. 김일성은 "우리는 소련공산당 중앙위원회의 견해에 전적으로 동의하며, 가장 중요한 것은 국제적 긴장 국면의 완화를 위해 노력하는 것이다. 이는 조선을 방문하는 것보다 중요하다"고 체념하듯 말하였다.[71]

10월 11일, 조선의 중국 대사관 역시 흐루시초프의 방문 연기 소식을 들었으며, 그 이유는 흐루시초프가 너무 바쁘고 신체적으로 피로하다는 것 이었다.[72] 1961년 3월, 부수상 김광협이 모스크바에서 개최된 바르샤바조약국 정치협상회의에 참석하였다. 흐루시초프는 김광협에게 김일성이 자신의 방문 연기와 조약 체결을 연결하여 생각하는 것 같은데, 실제 상황은 그렇지 않다고 특별히 해명하였다. 그는 소련은 조선과 조약체결을 반대하지 않으며, 미국과 남조선이 조약을

---

67) Ткаченко В.П. Корейский полуостров и интересы России, с.19-20.

68) Ткаченко В.П. Корейский полуостров и интересы России, с.19-20.

69) АВПРФ, ф.0102, оп.16, д.7, л.105-107.

70) 중국외교부당안관, 109-02090-01, 21-24쪽.

71) АВПРФ, ф.0102, оп.16, д.7, л.141-144.

72) 중국외교부당안관, 109-02090-01, 32쪽.

체결했는데 소련이 왜 조선과 조약을 체결할 수 없겠는가하고 반문하였다. 흐루시초프는 실제로 일이 너무 바빠 방문을 연기한 것일 뿐이라고 해명하면서, 김일성의 주장처럼 금년에 소련공산당 중앙 주석단 성원 한 명이 소련대표단을 이끌고 조선을 방문할 것이라고 설명하였다.[73] 이에 따라 소련 내각 제1부주석 코시긴이 6월 흐루시초프를 대신해서 조선을 방문하였다.[74] 코시긴 방문 기간 소련과 조선은 조약 내용에 합의하고, 6월 29일 김일성이 소련을 방문할 때 조약을 정식 체결하기로 확정하였다.[75]

　김일성이 모스크바로 출발하기 3일 전인 1961년 6월 26일, 조선외무상 박성철은 노동당 중앙위원회의 위임을 받아 김일성의 소련 방문 소식을 중국 대사 교효광에게 통보하면서, 방문 목적은 "군사동맹조약 체결이 그 핵심"이며, 조약의 대외적 명칭은 우호합작호조조약이라고 통보하였다.

　중국 외교부는 이전부터 조선과 우호동맹호조조약 체결 계획이 있었고, 동시에 대사관에 이에 관한 조선 측 견해를 탐색하도록 위임하였기 때문에, 교효광 대사는 이 기회를 이용하여 중조 간 조약을 체결할 것을 조선 측에 개인 자격으로 제안하였다. 6월 28일, 김일성은 교효광을 접견한 자리에서 중국 측의 견해에 전적인 동의를 표시하고, 조약 체결은 "빠르면 빠를수록 좋다"라고 말하였다.

　김일성은 소련과 조약 체결 과정에서의 우여곡절을 설명하면서, 소련과 조약을 체결할 수 있는데 "어깨를 나란히 하고 함께 싸운 중국과 왜 조약을 체결할 수 없겠는가?"라고 반문하였다. 조약 체결 시기에 관해서 김일성은 7월 10일 소련으로부터 귀국하는 도중에 이르쿠츠크에서 북경으로 직접 갈 수 있으며, 만약 준비가 필요하다면 귀국 일주일 후에 북경을 방문할 수 있다고 제안하였다. 김일성은 개인적으로 첫 번째 방안을 희망한다고 말하면서, 오늘 내로 회답해줄 것을 요청하였다.[76]

---

[73] Ткаченко В.П. Корейский полуостров и интересы России, с.21-22.

[74] 자세한 내용은 다음 자료를 참고할 것. 중국외교부당안관, 106-00580-01, 2-5쪽; 『人民日報』1961년 6월 8일 6면.

[75] 중국외교부당안관, 204-00761-06, 4쪽.

6월 29일 오후, 중국 외교부는 매우 분주하게 움직였다. 13시 45분 주은래 총리 사무실은 외교부에 전화로, 김일성이 중국을 방문하여 조약을 체결하는 일을 당일 오전 전화로 교효광 대사에게 이미 통보하였고, 중국 측은 조선의 첫 번째 방안에 동의하였으며 이를 조선 측에 전달할 것을 교효광 대사에게 지시하였다고 통보하였다. 동시에 초청장 초안을 신속하게 작성하여 외교부 지도부의 심사를 거친 후 주은래 총리 사무실로 보내 비준을 받을 것과, 김일성이 소련으로 출발하기 전에 초청장을 평양에 전보로 보내도록 지시하였다.[76]

14시, 외교부는 조선 주재 중국 대사관에 이 상황을 전보로 통보하고, 조선 측에 조약에 대한 다른 견해와 고려가 있는지 조선 정부에 문의할 것을 별도로 지시하였다. 주은래는 전보 초안에서 "주석과 상무위원회 각 동지들에게 보고하고 동의를 구했다"고 특별히 첨가하였다.[78] 15시 30분, 외교부는 조선 주재 중국 대사관이 보내 온 소조조약 초안을 받았다.[79] 16시 45분, 교효광 대사는 김일에게 중국 측 견해를 전달했으며, 김일은 김일성의 중국 방문 시간과 활동 계획 및 중국 방문 소식 발표 시점에 관해 중국 측이 견해를 제시한 후에 재차 논의할 것을 제안하였다. 만일 3일간의 김일성의 중국 방문 일정이 너무 짧다면 하루 더 연장할 수 있다고 덧붙였다.[80]

얼마 후, 조선 측은 조약과 공보는 중국 측이 견해를 제기한 후에 중조 양측이 논의하여 결정할 것을 제안하였다.[81] 그 후, 중국은 즉시 김일성의 방중 의전과 선전공작에 관한 면밀한 준비를 진행하였으며, "열정, 우호, 성대, 친절 및 겸허의 정신을 관철"하도록 요구하였다. 동시에 소조조약과 중소조약을 참고하여 중조조약 초안을 기초하였다.

조약은 정치, 군사, 경제, 문화 등의 분야에서 중조 양국이 상호원조하고 전

---

76) 중국외교부당안관, 204-00761-06, 4쪽; 114-00206-01, 1-2쪽.

77) 중국외교부당안관, 204-00761-08, 13쪽.

78) 중국외교부당안관, 114-00206-01, 6쪽.

79) 중국외교부당안관, 114-00206-01, 3-5쪽. 기본 내용은 소련과 기타 사회주의 국가 간의 조약과 같다.

80) 중국외교부당안관, 204-00761-08, 14쪽.

81) 중국외교부당안관, 114-00206-01, 3-5쪽, 204-00765-03, 27-28쪽.

면적인 협력을 하도록 규정하였으며, 특히 "그중 중요한 특징 중의 하나는 군사 동맹의 성질을 가진다"는 점이었다.[82] 마지막에 발표된 문건을 보면, 중조조약과 소조조약은 기본적으로 같은 내용이며 유일한 차이는 소조조약이 조약의 유효기간을 10년으로 정하고 이후 매 5년마다 한 차례 연장할 수 있는 반면, 중조조약은 "쌍방이 수정 혹은 폐지에 합의하기 전까지 계속 유효하다"라고 규정하고 있는 점이었다.[83]

이는 명백히 중국이 조선의 안보에 더 장기적이고 중한 의무를 진 것이며 주도권은 결여된 것이다. 중국은 조약 기초 시 일부러 이런 차이를 만들었는데, 단지 소련과의 조선쟁탈전을 위한 것일 뿐이었다.[84]

• 중조우호합작호조조약 체결.

[82] 중국외교부당안관, 201-00761-05, 54-57쪽; 114-00206-01, 16-21쪽.

[83] 소조조약과 중조조약의 원문은 각각 다음 자료를 참고할 것. 『人民日報』 1961년 7월 8일 5면, 7월 12일 1면.

[84] 1961년 7월 9일, 주은래는 국무원 전체회의 중 조약에 대하여 설명할 때, 조선 정전 이후 우리는 이 문제를 의식적으로 회피하였으며 체결하든 체결하지 않든 같다고 생각하였다. 그러나 최근 상황을 볼 때 이는 필요하다고 지적하였다. 『中华人民共和国中央人民政府大事记』 第7卷, 112쪽.

김일성의 소련 및 중국 방문은 모두 매우 성공적이었다. 김일성은 가는 곳마다 열렬하고 성대한 환영을 받았다. 소련 주재 중국 대사관의 관찰에 따르면, 소조 양국은 모두 조약을 높게 평가하였고, 조약의 군사조항이 지닌 의의를 특히 강조하였다. 또 미 제국주의를 비난하는 조소 쌍방의 논조는 매우 유사하였으며, 특히 남조선 문제를 논의할 때 흐루시초프는 수차례나 미 제국주의를 언급하였다. 쌍방은 사회주의 진영의 단결을 강조하였으며, 동시에 모스크바 형제당 회의의 성명 문구를 인용하여 사회주의 진영의 단결을 강조하였다. 아울러 쌍방은 대화 중에 중국과의 관계를 배려하는 데 주의하였다.[85]

북경에 도착한 김일성은 비행기에서 내리자마자 열렬한 환영 분위기를 감지하였다. 그는 도로 양쪽에 늘어선 군중들의 환영에 매우 감동하였다. 7월 10일 당일, 유소기와 주은래는 조선대표단과 회담을 가졌고, 11일에 주은래는 김일성을 예방하고 중국 정부를 대표하여 중조조약에 서명하였다. 12일에는 북경에서 군중대회를 개최하여 김일성을 환영하였고, 13일에 주은래와 진의는 김일성과 함께 항주로 갔다.

모택동과 김일성은 항주에서 장시간 대담을 나누었다. 중조 양측 모두, 김일성의 중국 방문에 매우 만족하였다. 주은래는 '중조우호합작호조조약'은 "우리 양국 인민이 피로써 맺은 전투우의를 법의 형식으로 인정한 것"이라고 평가하였다. 김일성은 조약은 양국 인민이 장기간 투쟁 중에서 형성 발전된 형제적 우애와 동맹관계를 진일보 발전시키기 위하여 "새로운 기초를 다진 것"이라고 말하였다.[86]

조선 주재 중국 대사관은 김일성의 중국과 소련 방문에 대한 조선 신문의 보도 분량과 논조 및 조선 간부들의 대화를 분석한 후, 조선이 중국에 대해 "더욱 친절해진 것 같다"고 평가하였다.[87] 그러나, 다량의 당안 자료를 분석해보면, 조선대표단의 전형적 수법은 중국인 앞에서는 중국을 칭찬하면서 소련을

---

85) 중국외교부당안관, 109-03023-04, 91-92쪽.

86) 중국외교부당안관, 204-01457-01, 1-2, 6-8쪽; 『周恩来年谱(1949-1976)』中卷, 423-424쪽; 『人民日報』 1961년 7월 13일 1면.

87) 중국외교부당안관, 201-00761-01, 91-94쪽.

깎아내리고, 반대로 소련인 앞에서는 소련을 칭찬하고, 중국을 깎아내리는 것이었다. 사실상 소련에 대한 조선의 "충성" 표시는 결코 중국에 대한 것보다 낮지 않았다. 7월 6일 모스크바 군중대회에서 김일성은 곧 개최되는 소련공산당 제22차대회는 "소련 공산주의 건설에 새로운 단계를 열 것"이며, 동시에 "국제공산주의 운동에도 거대한 공헌을 할 것"이라고 강조하였다. 7월 15일 평양시 군중대회에서도 김일성은 "조소 양국 인민의 우애와 단결은 확고부동하며 영원불멸할 것"이라고 주장하였다.[88] 소련공산당이 발표한 새로운 당 강령 초안에 관한 8월 3일자 『로동신문』 사설은 "소련의 새로운 당 강령 초안은 우리 시대의 기본 특징과 공산주의 사회 건설의 모든 기본 문제를 과학적으로 논증하였으며, 소련공산당과 소련 인민의 공산주의 사회 건설 투쟁 및 국제공산주의 운동과 노동운동의 발전에 대하여 모두 중대한 역사적 의의를 지닌다"고 주장하였다.[89] 중국 대사관의 판단은 "착각"에 불과했던 것으로 보인다.

중국과 소련에 대한 등거리 외교를 통하여 김일성은 당내와 국내에서 자신의 입지를 공고히 하였을 뿐만 아니라, 자신은 사회주의 진영에서 없어서는 안될 중요 구성원이라고 느꼈다. 김일성이 평양으로 돌아온 후 얼마 지나지 않아 조선노동당은 제4차 대표자대회를 개최하였고, 각국 공산당이 모두 대표단을 파견하여 축하하였다.

대표자대회 기간, 조선노동당은 국내 경제건설에서 이룩한 성과와 7개년계획의 장대한 청사진을 반복 선전하면서 "조선노동당 3차대회에서 제기한 소련과 중국을 중심으로 하는 사회주의 진영의 우의와 단결을 강화하는 임무는 이미 완성되었으며, 특히 김일성의 이번 소련과 중국 방문은 사회주의 진영의 단결에 획기적인 역할을 하였다"고 자평하였다.[90]

조선이 "중립노선을 취하여" 중소가 경쟁적으로 조선에 "더 많은 경제원조로 지지를 얻으려 한다"는 미 중앙정보국의 판단은 정확한 것이었다.[91]

88) 중국외교부당안관, 106-01129-01, 28-37쪽.

89) 『로동신문』 1961년 8월 3일 제1면.

90) 중국외교부당안관, 106-00578-03, 19-21쪽; 『人民日報』 1961년 9월 13일 5면.

91) 中央情报局的评估报告(NIE 10-61), 1961년 8월 8일, 『美国对华情报解密档案』第6卷, 130-147쪽.

3. 중국은 곤경 중에도 조선에 우호를 표시

1960~1962년은 중국에게 가장 힘든 시기였다. 국제환경은 매우 악화되어 남쪽에서는 미국이 베트남 침략전쟁을 하고 있었고 북쪽에서는 소련과 극도로 대립하고 있었다. 또한 동쪽에서는 장개석이 대륙을 공격하겠다고 큰 소리치고 있었고 서쪽에서는 중국과 인도 사이에 국경충돌이 발생하여 가히 사면초가 상황이라 할 수 있었다.

국내경제 또한 곤경에 처했다. 물자공급 부족으로 수많은 공장과 광산이 생산을 멈추었다. 식량 부족으로 인하여 농민 인구의 대규모 이탈 및 비정상적 사망률이 증가하였다. 그러나 소련과의 동맹국 쟁취 경쟁을 위해 중국은 여전히 허리띠를 졸라 매고 조선에 각종 원조를 제공하면서 모든 방면에서 우호적인 태도를 보였다.

조선은 전후복구 시기 대외 경제원조를 가장 성공적으로 쟁취한 국가 중의 하나였다. 소련의 통계에 따르면, 1960년 4월 1일까지 조선이 사회주의국가들로부터 받은 무상원조 총액은 55억 루블에 달하였다. 그중 소련은 13억, 중국은 9억 루블을 제공하였다. 이 밖에도 소련은 36억 루블의 저금리 차관을 제공하였고 중국 또한 3차례에 걸쳐 무이자 차관을 제공하였다.[92]

조선에 대한 사회주의 국가들의 원조는 전후 경제복구 시기에 집중되었으며, 그중 주요 원조는 중소 양국이 제공하였다. 한국의 통계에 따르면, 전후부터 70년대까지 조선에 대한 사회주의 국가의 경제원조 총액은 20.43억 달러에 달하였다. 1950~1960년 사이에 제공된 액수는 16.53억 달러, 그중 무상원조가 16.38억 달러(상환을 면제받은 차관 3.4억 달러 포함)였다. 이 시기 원조 금액은 소련이 43.14%, 중국이 30.75%를 차지하였다.[93]

또 다른 동유럽국가 당안에 따르면, 1961년의 신 루블화 환율을 적용하여

---

[92] РГАНИ, ф.5, оп.30, д.337, л.70-92; 石林主编, 『当代中国的对外经济合作』, 32, 630-632쪽. 중국이 제공한 차관의 구체적 수량은 상세하지 않다.

[93] 남현욱, 『중소의 대북원조 및 무역현황』, 5쪽. 인용된 수량은 필자가 통계표에 근거하여 산출한 것이다.

1954년~1961년 사이 사회주의 국가들의 조선에 대한 무상원조 제공 총액은 11.4억 루블로, 그중 중국은 4.11억 루블, 소련은 4.09억 루블, 동유럽 국가들은 3.2억 루블을 각각 제공하였다.[94]

경제가 회복되고 발전함에 따라 조선의 재정 수입에서 대외원조 비중은 1954년 33.4%에서 1960년 2.6%로 크게 감소하였다.[95] 그러나 이 감소 추세는 조선에 대한 대외원조가 조선경제의 회복을 도운 결과라는 점을 간과해서는 안 된다. 또한 5년 계획과 이후 경제건설 과정 중에서 대외원조가 해결했던 문제들은 모두 조선 스스로 완성하기 어려운 문제들이었다. 따라서 대외원조가 없었으면 조선의 신속한 전후 복구는 불가능하였으며, 특히 전후복구 초기 대외 경제원조가 결정적 역할을 하였다고 할 수 있다.

다른 한편으로, 경제복구 및 제1차 5개년계획 기간 조선은 중공업을 과도하게 중시하고 농업과 경공업을 경시하였다. 조선은 본래 농업이 상대적으로 낙후되어 식량이 부족한 국가였으며, 1962년 이전까지 매년 약 20만 톤의 식량을 수입하였다. 1959년 농업생산에 대한 지도 소홀로 인하여 식량생산이 평년보다 40~50만 톤 감소하여 1960년에 54.7만 톤의 식량을 수입할 수밖에 없었는데, 이는 역사상 최대 수입량이었다.

1960년부터 3년 동안 "식량자급"을 위해 최대의 노력을 기울여 1964년에 이르러 낮은 수준의 식량자급을 이루었지만, 전국적으로는 여전히 정량 공급제를 시행하였다.[96] 이 시기 조소관계가 재차 긴장되기 시작하였다.

소련공산당 제22차 대회에서 스탈린 개인숭배에 대한 비판이 재차 제기되었다. 그 창끝은 모택동을 겨냥한 것이었으나 이는 김일성을 자극하고 분노케 하였다. 1961년 11월 27일, 김일성은 조선노동당에서 소련공산당 대표대회에 관하여 보고할 때 국제공산주의 운동에 대한 제22차 대회와 소련공산당 당 강령의 의의를 제시하지 않고, 단지 목전의 국제공산주의 운동이 처한 주요 위험요소인 '수정주의'에 결연히 반대한다고만 말하였다.

94) Agov, "North Korea in the Socialist World", p.208.
95) 중국외교부당안관, 204-00612-02, 53-97쪽.
96) 중국외교부당안관, 106-01132-05, 148-150쪽.

스탈린 비판 문제에 관해서 김일성은 이는 소련공산당 당내의 문제이며 조선노동당과는 무관하다고 말하였다.[97] 그 후 얼마 지나지 않아 평양 중앙방송국은 모스크바방송국의 조선어 프로그램 중계방송을 즉각 중지하였으며, 우체국 역시 『프라우다』와 『공산당원』 간행물에 첨부된 스탈린주의 문제에 관한 문건들에 대해 압류 조치하였다.[98]

조선 주재 동유럽 대사들은 "김일성 자신이 개인숭배 실시에 경도되어 있기 때문에, 그는 당연히 이 문제에 관한 소련공산당의 비판을 자신에 대한 위협으로 인식하고 있으며, 이 때문에 소련에 반대하고 중국에 접근하는 것으로 입장을 선회하였다"고 분석하였다.[99]

이에 대한 소련의 대책은 매우 간단하였다. 경제적으로 조선을 옥죄는 것이었다. 원래 약속한 매년 10만 톤 식량 공급을 중지하고, 무역 담판을 질질 끌면서 진전을 이루지 못하게 하였으며, 약속된 수출물량임에도 불구하고 조선이 필요로 하는 양의 절반도 공급하지 않았다. 또한 조선의 1961년 미납화물 면제 요청에 소련은 동의하지 않았을 뿐 아니라 거꾸로 제 1분기 내에 완납하도록 요구하기까지 하였다. 이에 조선 정부는 한편으로 자력갱생을 강조하면서 또 다른 한편으로는 중국에 도움을 요청할 수밖에 없었다.[100]

조소관계가 소원해지는 것은 중국으로선 당연히 매우 원하는 바였다. 하지만 경제적으로 대량의 원조를 계속 제공할 의향은 있었으나 여력이 매우 부족하였다. 1960년대 초, 중국의 국내 경제상황은 매우 좋지 않았다.

1961년의 식량생산량은 계속 감소하여 1958년 수준에도 미치지 못하였다. 1960년 대비 불변가격으로 농업총생산은 2.4%, 경공업 총생산은 21.6%, 중공업 총생산은 46.5% 감소하였고, 재정수입은 37.8%, 사회상품판매 총액은 12.8% 감소하였다. 1961년 국가재정은 10.96억 위안의 적자가 발생하였다. 전국 도농

97) 중국외교부당안관, 109-03023-04, 134-135쪽.
98) 중국외교부당안관, 106-00645-03, 120쪽; 조선 주재 헝가리 대사관의 보고서, 1962년 2월 5일. 이 자료는 다음 논문에서 재인용함. Balazs, "You Have No Political Line of Your Own", p.97.
99) 조선 주재 동독대사관의 보고서, 1961년 12월 21일. 이 자료는 다음 논문에서 재인용함. Schaefer, "Weathering the Sino-Soviet Conflict", p.29.
100) 중국외교부당안관, 109-03222-07, 133-134, 135-136쪽.

주민들의 식량, 기름, 면포 소비량은 3년 연속 감소하였고, 생활수준도 신 중국 이래 가장 곤란한 시기였다.[101]그러나 중국은 조선을 쟁취하기 위하여 허리띠를 더욱 졸라매고 무리를 해서라도 조선의 요구를 들어주고자 하였다.

1960년 12월 10일 경공업부 당 조직은 국무원에 다음과 같이 보고했다.

"금년 11월까지, 정부가 정식으로 체결한 대외 경공업 플랜트 지원 항목은 54개이며, 이는 중국의 전체 대외원조 항목의 3분의 1에 해당한다. 최근 베트남, 조선, 쿠바, 버마는 새로운 플랜트 지원 제공을 중국에 부단히 요청하고 있으며 총 44개에 달한다. 이 항목들은 업종이 잡다하고, 품종이 많고, 시급을 요하며, 건설기간 또한 짧다. 이는 중대한 정치적 임무이며 국제주의 정신의 발양을 위해서 반드시 감당해야 한다. 그러나 현재 경공업부의 대외원조 임무는 국내 기본건설 임무를 이미 크게 초과하였다. 전선을 과도하게 확대하지 않기 위해서 새로 제출된 44개 대외원조 항목을 연구 중이며, 감당할 수 있는 것과 없는 것으로 나누어 대외무역부에 통보하고, 이후 새로운 대외원조 항목은 체결 전 국가계획위원회 주재하에 유관부서와 함께 상세히 연구하고 준비하여 실행을 확실히 보장하기를 희망한다."

주은래와 이선념, 박일파, 이부춘 등 3인 부총리는 이를 비준하면서, 이 사업들은 "반드시 성공해야 하며 실패해서는 안 된다"라고 특별히 요구하였다.[102]

1961년 7월 7일, 국무원은 이 건설지원 항목에 관한 구체적 임무를 하달하였다. 그중 조선에 대한 지원 항목은 11개로 그 구체적 내용은 다음과 같았다.

"요녕성은 바늘과 제관공장 건설, 절강성은 켤련지 공장, 천진시는 자명종 공장과 공업용지 공장의 건설 및 잉크생산 설비의 공급을 책임진다. 또한 북경시는 단추공장 건설과 지퍼 생산설비 공급을 책임지며, 상해시는 만년필, 향료 및 인쇄공장 건설의 책임을 맡는다. 국무원은 경공업부가 통일된 계획을 세우고 유관기관과 협력할 것과, 동시에 각 성과 시에 대한 지도를 강화하고 관련

---

101) 中共中党史研究室, 『中国共产党历史』 第二卷(1949-1978)下册, 北京: 中共党史出版社, 2011年, 593쪽; 中国社会科学院, 中央档案馆 编, 『1958-1965中华人民共和国经济档案资料选编』 财政卷, 北京: 中国财政经济出版社, 2011年, 108쪽.

102) 상해시당안관, B163-2-1033, 9-12쪽.

기구를 조직하여 인력 배치 및 공정을 적시에 검사하여 품질을 보장하는 동시에, 기한 내에 완공토록 해야 한다."

각 성에 이러한 요구를 한 얼마 후 경공업부는 시찰 및 설계 기초자료 수집을 위해 출국하는 전문가들이 7월 중순에 출국 예정임을 통보하였다. 그러나 이후 준비가 늦어져 7월 말 출국하는 것으로 일정을 조정하였다.[103]

1961년 6~7월 조선 군사대표단은 중국을 방문하고, 무선전기 기자재 공장 건설에 대한 지원을 요청하였다. 양측은 협상을 거쳐 중국이 무선전기통신기기 공장 건설에 필요한 설비 일체와 관련 기술을 제공하는 의정서를 체결하였다.[104]

1961년 7월 김일성이 북경을 방문하여 중조우호조약을 체결하던 시기, 주은래와 회담을 가졌다. 조선에 대한 경제기술원조 제공에 관해 논의할 때, 주은래는 양측은 "설비와 화물의 품질이 좋지 않거나 혹은 기술자들의 수준이 만족스럽지 않을 경우, 언제든지 통보하면 중국은 즉각 교체 및 교환해주는 합의서를 작성할 수 있다"고 김일성에게 말했다. 또한 김일성이 조선은 식량 증산을 위해 면화 재배 면적을 감소시켰다고 말할 때, 주은래는 "중국의 면화 생산이 감소하였지만 조선 방직공장의 생산이 중단되는 것을 방지하기 위해 중국은 조선에 대한 면화 수출을 여전히 보장할 것"이라고 김일성에게 약속했다.[105]

1961년 12월, 이주연은 비밀리에 중국을 방문하여 지원을 요청하였다. 중국은 능력 범위 내에서 최대한 조선의 문제를 해결하고자 하였으나 조선의 요청을 모두 들어줄 수 없었다. 예를 들어 조선이 필요로 하는 강관 같은 경우 조선은 3,000톤을 긴급 주문하였고, 1962년 무역으로 25,000톤을 공급해줄 것을 요구하였다. 또한 10만 개의 방적 추를 제공해줄 것도 요구하였다. 이에 대해 주은래는 중국 역시 강관이 부족하여 일부는 수입에 의존하고 있다고 말하면서도 결국에는 조선 요구량의 절반을 제공하겠다고 약속하였다. 10만 개의 방적 추에 대해서 중국은 공급할 능력이 없기 때문에 조선이 인력을 파견하여 중국

---

103) 상해시당안관, B163-1-955, 9, 11쪽.
104) 『中国人民解放军军事工作大事记』上册, 456쪽.
105) 중국외교부당안관, 204-01454-01, 1-12쪽.

의 방직공장을 시찰한 후, 원하는 공장의 설비를 모두 조선으로 이전도록 할 것을 제안하였다.[106)]

이주연이 떠난 후 국무원은 곧바로 "조선이 10만 개 방적추 면방 설비 제공을 요청하였는데, 시일이 촉박하여 이를 맞추기 어렵다. 총리의 비준을 거쳐 한단(邯鄲), 석가장(石家庄) 및 정주(鄭州)에 최근 신설된 방직공장들 중 일부 설비를 해체하여 조선에 제공한다"는 통지를 발송하였다.[107)]

1962년 초, 중국은 소련에 아직 상환하지 채무 12억(구) 루블이 남아 있었다. 그러나 중국 대외무역부부장 엽계장(叶季壯)은 1월 조선을 방문하여 조선이 중국에 진 모든 채무를 탕감하였다. 김일 부수상은 이에 대해 "이것이야말로 진정한 형제간의 행동이다"라고 칭송하였다.[108)]

조선의 석탄자원은 결코 부족하지 않고 1956년 이후 생산량 또한 대폭 증가하였다. 그러나 천리마운동이 시작된 이후 각 공업부문이 신속하게 발전됨에 따라 국가 생산 부분과 민간 수요가 급격히 증가하면서 석탄 공급이 크게 부족하게 되어 국민경제의 가장 큰 문제로 대두되었다. 특히 철강 생산에 필요한 코크스탄을 생산하는 데 필요한 점결탄이 특히 부족하여 매년 상당량을 수입에 의존하였다. 중국은 조선에 매년 200만 톤의 점결탄 수출을 기본적으로 유지하였다.[109)] 중국경제가 급격히 악화되고 운송수단 부족으로 1961년 초에는 계획대로 적시에 석탄을 조선에 보낼 수 없게 되었다. 김일성은 소련 대사와의 대담에서 중국이 처한 어려움을 이해하고 있고 조선 또한 이행을 독촉하지 않을 것이라고 말했다.[110)] 그러나 중국지도자들은 반대로 이를 매우 중시하였다.

1961년 1월 20일, 국무원은 조선에 수출하는 석탄의 긴급 운송에 관한 긴급 통지를 하달하였다. "1월 1~20일 사이 조선에 대한 석탄수출 계획의 완성도는

---

106) 중국외교부당안관, 106-01381-06, 17-24쪽.

107) 하북성당안관, 907-5-178, 31-33쪽.

108) 중국외교부당안관, 106-01381-04, 32-35쪽.

109) 중국외교부당안관, 106-01133-08, 1-11쪽; 『外事动态』 1959년 第53期, 14-15쪽.

110) Balazs Szalontai, Soviet-DPRK Relations and the roots of North Korean despotism, 1953-1964, Washington, D.C.: Woodrow Wilson Center Press, Stanford: Stanford University Press, 2005, pp.163-165.

제5장 | 중소분열　649

극히 부진하다. 조선에 석탄을 수출하는 것은 정치적 임무이며 1톤도 부족해선 안 된다."

이에 1월 21일부터 1월 말까지 다음과 같은 응급조치를 취한다. "흑룡강성은 반드시 매일 쌍압산(双鴨山) 특수 원석탄 2,500톤을 조선에 보내도록 보장한다. 요녕성은 반드시 매일 무순(抚順) 중결탄 500톤을 조선에 보내도록 보장한다. 산시성은 반드시 매일 대동(大同) 중탄 500톤의 제공을 보장한다. 하북 개란(开滦) 탄광은 1월 조선에 수출할 계획은 없었지만, 조선의 긴급수요를 지원하기 위해 매일 조선에 개란 코크스탄 1,500톤을 반드시 보내도록 한다. 동시에 철도부는 운수문제를 책임지고 안배할 것과 이를 보장토록 한다." 통지는 또한 "상황이 긴급하며, 즉각적인 이행을 요한다"고 강조하였다.[111]

1월 말, 국무원은 재차 1961년 제1분기 조선에 대한 석탄 수출계획의 통지를 하달하고, "조선에 대한 수출 공작이 차질을 빚을 경우, 이는 조선의 강철 생산에 직접 영향을 미치게 되고 조선의 경제건설의 발전에 전반적인 영향을 미치게 된다. 따라서 조선에 대한 코크스탄 수출은 정치적 임무인 동시에 중요한 국제주의 의무의 하나이다. 반드시 신속하고 결연하게 조선에 대한 석탄 수출이 지체되는 상황을 바꾸어야 한다"고 강조하였다. 통지는 각 탄광은 계획에 따라 완성하고 지체되지 않도록"해야 한다고 특별히 강조하였다.[112]

그럼에도 불구하고 중국의 공급은 여전히 조선의 수요를 따라가지 못했다. 1961년 연말, 조선은 1962년 조선에 수출 예정인 석탄을 앞당겨 보내줄 것을 거듭 요구하였다. 이에 따라 국무원은 12월에 1962년 조선에 수출 예정인 석탄 중에 8만 톤을 앞당겨 보내기로 결정하고 대외무역부와 석탄부, 철도부에 이의 완성을 위한 구체적인 협상을 요청하여, 정해진 기한 내에 임무를 완성하기 위해 2월 3일부터 조선에 석탄을 공급하도록 하였다.[113] 시간이 부족하고 임무가 긴박했기 때문에 중국이 수출한 석탄은 조선의 요구한 품질 수준에 일부 미치지 못했으며 때로는 지체되기도 하였다. 이에 대해 이선념(李先念)은 1962년

---

111) 산서성당안관, C55-1013-23, 1-2쪽.
112) 산서성당안관, C55-1013-23, 5-6쪽.
113) 하북성당안관, 907-5-222, 9-13쪽.

4월 신임 주중 조선 대사 한익수를 접견한 자리에서 사과를 표시하면서, 당시 자신의 "마음은 매우 편치 않았다"고 밝혔다.[114]

이때 조선과 중국은 모두 식량이 매우 부족하였다. 비록 조선이 1960년을 대풍년이라고 대외적으로 선언하였으나, 각종 원인들로 인해 실제로는 식량이 적지 않게 부족하여 대량의 식량 수입을 필요로 하였다. 예를 들면, 1960년 조선은 소련으로부터 무역협정상의 9만 톤 이외에 5만 톤의 식량을 추가로 수입하였다.[115] 1961년 조선은 30만 톤의 식량수입을 소련에 요구하였고 소련은 금으로 비용을 지불해줄 것을 요청하였다. 소련과 조선은 협상을 거쳐 총 지불 금액의 3분의 1만을 금으로 지불하기로 하였다.[116]

중국 역시 조선에 식량을 수출하는 주요 국가였으나 1960년대 초 중국 자신의 식량 부족이 매우 심각하였다. 1960년 9월 14일 중공 중앙은 티베트 지역을 제외한 전국의 모든 도시, 공장, 탄광지역에서 식량 판매에 대한 대규모 정돈을 단행하고, 식량 배급 기준을 적정수준으로 낮추어 1950~1961년 도시의 식량소비량을 작년 대비 40억 근(200만 톤)을 줄이도록 요구하였다. 동시에 도시의 배급 정량 표준은 일인당 매달 1Kg 줄이도록 하였다.[117]

이 결과 1961년부터 1962년까지 도시의 식량 소비량은 55억 근 정도 감소되었고 농촌의 식량배급량 역시 147억 근 감소하였다. 중국은 이렇게 하여 "해당년도의 식량 부족을 간신히 이겨낼 수 있었다."[118] 이러한 상황에서도 중국은 이를 악물고 조선의 식량 요청을 최대한 만족시켜주었다.

1959년 12월 18일 조선무역상 임해(林海)는 중국 대사관에 1960년에 대두 3만 톤과 잡곡 10만 톤을 제공해줄 것을 요청하였다. 중국은 관련 부문의 연구를 거친 후 1960년 무역계획 중에 이를 공급하는 것에 동의하였다. 1960년 2월에 이르러 부수상 김일은 밀과 잡곡 10만 톤을 제공해줄 것을 재차 중국에 요

114) 중국외교부당안관, 106-01380-17, 82-88쪽.
115) АВПРФ, ф.0102, оп.16, д.6, л.54-57.
116) 중국외교부당안관, 109-03023-04, 75쪽.
117) 안휘성풍양현당안관, 1960XW21, 118-119쪽.
118) 안휘성풍양현당안관, 1962XW14, 81-83쪽.

구하고 7, 8월 사이에 보내줄 것을 희망하였다.

그 후 얼마 지나지 않아 조선은 무역 부문을 통하여 중국 대외무역부에 자본주의 국가로부터 식량 구매에 필요한 200만 파운드를 중국 정부가 대신 지급해 주도록 요청하였다. 김일은 식량 공급 부족으로 인해 조선은 올해 50만 톤의 식량을 반드시 수입해야 하며, 소련에 20만 톤 공급을 이미 요청하였다고 설명하였다.

조선의 별도 요구에 대해 이선념은 회의를 소집하고 연구를 거친 후 중국은 원칙상 10만 톤의 식량을 조선에 다시 제공하는 데 동의하지만, 조선이 필요로 하는 외환 200만 파운드는 중국 상황이 곤란하여 제공할 수 없다고 회신하였다. 만일 조선이 식량 상황을 해결할 방도가 없다면 중국은 가을 수확이 끝난 후에 능력 범위 내에서 일부 식량을 다시 공급하겠다고 약속하였다.[119]

1960년 중반에 이르자 조선은 1961년 무역에서 공급하기로 한 식량을 앞당겨 공급해줄 것을 요청하였다. 중국 대외무역부와 중국 주재 조선 대사관은, 중국은 1960년 6월부터 1961년 수출 예정 식량을 미리 조선에 공급하는 데 동의하는 문서를 상호 교환함으로써 식량 공급을 재차 확정하였다.[120]

가장 어려웠던 시기에, 중국이 조선에 최대한 우호를 표시한 사례는 이 밖에도 매우 많다.

1960년 6월 4일 국무원의 비준을 거쳐 조선 해방 15주년을 축하하기 위해 중국은 요녕성과 길림성에 각각 중조우호협회 분회를 설치하고 전국총공회 등 10개 단체가 공동으로 발기하여 이를 위한 군중 경축대회를 개최할 것을 요구하였다.[121] 1960년 10월, 중조 양국 축구대회에서 군중들이 조선 심판을 야유한 사건이 발생하였다. 주은래는 국가체육위원회 관련 부문을 비판하고 군중들을 심화 교육을 시키도록 지시하였다.[122]

1960년 10월 14일 조선 주재 중국 대사관은 조선 신문이 중국의 국경절 관련

119) 『外事动态』 1960年 第15期, 8쪽.

120) 호북성당안관, SZ73-02-0435, 16-18쪽.

121) 중국외교부당안관, 106-00582-10, 65쪽.

122) 『周恩来年谱(1949-1976)』中卷, 371쪽.

소식을 게재하면서 내용을 삭제 및 수정했던 일에 관하여 보고하였다. 대외문화 교류위원회와 외교부는, 이 사건은 조선 신문사 직원들이 매우 엄격치 못한 태도를 취한 것으로 보이며, 조선 측이 최근 일정 기간 중국에 대해 동요하는 태도를 보인 것과 관련 있다고 보았다. 이에 대해 중국 측은 현 상황에선 구두나 서면의견 제시를 자제하는 것이 옳다고 결정하였다.[123]

1960년 11월 13일 조선 축구팀이 천진에 도착하였다. 하룡 부총리는 과거보다 더 우호적, 열정적으로 중요하게 대접할 것과 승패보다는 우의에 역점을 두고 어떠한 불쾌한 사건도 발생하지 않도록 할 것을 지시하였다. 국가체육위원회는 조선 축구팀에 지불할 용돈을 2배로 올리기로 결정하였다. 천진체육위원회는 모든 간부들은 모든 기층 단위까지 동원하여 군중들의 경기 참관을 조직, 관객석의 만석을 보장할 것을 요구하였다.[124]

1961년 12월 5일 조선 신문은 경락을 연구하는 조선 과학자들이 실질 방면에서 중요한 발견을 소개하는 문장을 발표하였다. 조선 정부는 이를 극히 중시하여 발명자에게 박사학위와 교수 칭호 및 공화국 인민상을 수여하고, 김일성이 친히 경축대회에 축하서신을 보냈을 뿐만 아니라 『로동신문』은 이를 사설로 발표하기도 하였다.

이 소식을 『인민일보』가 보도하자, 일부 중국인들은 1958년부터 중국은 경락측정기를 이용하여 인체의 경락을 측정, 동일한 결론을 이미 얻었다고 지적하면서 발명권이 조선에 있지 않다고 주장하였다. 또 일부에서는 중국의 연구 성과를 동시에 발표하여야 한다고 건의하였으며, 일부는 이번 조선의 연구 성과의 과학성에 의문을 표하였다. 그러나 중국의 "관련 부문"은 조선의 연구 성과에 대해 마땅히 적극적인 지지를 표해야 하며, 조선과 "공을 다투어서도 안 될 뿐 아니라" 정치적으로 중조관계를 훼손하는 것을 방지하기 위해서 중국이 연구 성과를 동시에 발표하여 조선과 경쟁하는 모습으로 비쳐져서는 안 된다고 지적하였다.[125]

---

[123] 중국외교부당안관, 116-00498-07, 51쪽.

[124] 하북성당안관, 1033-4-6, 41-46쪽.

[125] 『宣教动态』 1961년 第28期, 2-3쪽.

중국 대사관원의 회고에 따르면 1960년대 초 주은래는 김일성을 매우 배려하였다. 여지(과일 이름)가 익어가는 계절, 주은래는 광동에서 제일 먼저 수확한 여지를 곧바로 비행기로 북경을 보내도록 한 다음, 비행기를 바꾸어 평양으로 운송하도록 하여 김일성이 당일 신선한 여지를 맛볼 수 있도록 하였다.[126]

가장 이해할 수 없는 점은, 조선의 기분과 정서를 맞추기 위해 중국은 조선에 대한 외교사무 처리에 있어 "실사구시"와 "여실보고(如实汇报: 사실대로 보고─역자 주)"와 같은 기본적인 원칙들을 포기한 점이다.

1961년 7월, 김일성은 북경에서 조약을 체결하고 항주에서 모택동을 만났다. 회담에서 모택동은 고강과 팽덕회에 관해 그들은 중앙의 결의를 집행하지 않았으며 조선을 존중하지 않았다고 말하였다. 김일성이 1956년 중소의 조선에 대한 간섭 문제를 제기하자 모택동은 조선에 있는 우리 대사 역시 "자신도 모르는 사이에 영향을 받아 조선의 결점만을 많이 보았다"고 말하였다.

당시 교효광 대사가 회담장에 배석하고 있었는데 모택동은 그를 가리키며 "당신은 조선을 도왔어야 했고, 조선 문제를 연구했어야 했다. 그러나 당신은 연구하지 않았으며, 이는 정치적으로 매우 나약한 것"이라고 질책하였다.[127] 그 결과 외교부는 조선 주재 중국 대사를 즉시 교체하였고, 헝가리 주재 대사로 있던 학덕청(郝德青)에게 즉시 조선 대사로 부임하도록 하였다.[128]

조선 외무성은 줄곧 교효광에게 불만이었다. 모택동이 이에 대해 상황을 알고 있었는지 알 수 없지만 어쨌든 조선은 이때에 바라는 바를 이루었다.[129] 사실, 모택동은 교효광에 대해 불만이 있었던 게 아니라, 김일성에게 보여주기 위한 것이었을 뿐이었다.[130] 그러나 이러한 처리 방식은 거꾸로 외교 부문의

---

126) 필자와 하장명(何章明)의 인터뷰 기록, 2013년 11월 29일, 북경. 하장명(何章明)은 당시 조선 주재 중국 대사관 참사관을 역임하였다.

127) 1961년 7월 13일 모택동과 김일성 회견담화기록.

128) 『人民日报』 1961년 7월 26일 1면. 필자와 하장명의 인터뷰 기록.

129) 조선 측은 교효광에 대한 불만과, 그의 "직분에 어울리지 않는" 정황을 전달하였다. АВПРФ, ф.0102, оп.13, д.5, л.52-55, 147-151.

130) 7월 22일 대사에서 해임된 교효광은 광서장족자치구 당위원회 상무서기로 발령되었다. 中共中央组织部等编, 『中国共产党组织史资料(1921-1997)』第五卷, 北京: 中共党史出版社, 2000년, 651쪽.

조선 문제 처리에 오랜 기간 중대한 영향을 미쳤다.

학덕청이 부임한 직후 박성철 외무상은 그에게 "만약 조선의 상황을 이해하고자 한다면 나를 찾으면 된다. 신문도 보지 말고 분석도 할 필요 없으며 수고해 봐도 알 수 없다. 과거에 교효광이 그렇게 하였지만 결국엔 중앙의 비판만 받았다"고 말하였다.[131]

학덕청이 대사로 부임한 후, 첫 내부회의에서 다음과 같이 발언한 것은 결코 이상한 게 아니었다. "내가 조선에 온 임무는 오직 하나 우호이다. 중조우의를 촉진하고 중조 간 단결을 보장하며 그 어떤 사람도 함부로 말하지 못하게 하는 것이다. 단결에 불리한 말은 허락되지 않으며 단결에 불리한 일은 허락되어서도 안 된다. 이후 대사관은 조선에 대해 좋은 것만 보고하고 나쁜 것은 보고하지 않으며, 오직 좋은 것만 말하고 조선의 결점과 문제는 절대로 말해서는 안 된다"고 말하였다.[132]

비록 중국이 조선에 대해 이렇게 "성의를 다하고" 조선 또한 누차 "대단히 감사하다"고 말했지만 김일성의 중소 간 "등거리" 외교방침은 결코 바뀌지 않았다. 비록 흐루시초프의 대외정책과 정치노선에 불만이 있었으나, 소련은 경제대국이었으며 실력 면에서 중국은 비교조차 되지 못했다. 소련이 우호적 태도를 조금이라도 보이기만 하면, 조선은 노련하게 기회를 살려 소련과의 우호를 강화하였다.

소련공산당 제22차 당대회 이후 조선은 흐루시초프에게 확실히 불만을 품고 있었다. 조선과의 긴장 완화를 위해서 소련은 김일성의 50세 생일을 기념하여 『김일성저작집과 연설집』을 출판하고 『공산당원』 잡지에 이를 소개하는 글을 발표하였다. 김일성의 반응은 매우 빨랐다. 김일성은 출판되는 책의 서문을 쓰고, 『로동신문』 1면 주요 위치에 이 소식을 실으면서, 『공산당원』 잡지에 실린 문장의 요약문을 게재하였다.[133]

1962년 4월 18일 박성철은 중국 대사에게 김일성의 다음과 같은 구두 메시

---

131) 중국외교부당안관, 106-00577-06, 67-68쪽.
132) 필자와 하장명의 인터뷰 기록.
133) 중국외교부당안관, 109-03222-07, 145쪽.

지를 전달하였다. "중소 양국의 단결을 희망하며 우리는 누가 뭐라고 해도 스스로 결정한 노선에 따라 전진할 것이다. 조선의 일관된 태도는 험담은 하지 않으며, 단결에 불리한 행동은 하지 않는다는 것이다."[134]

중국인들은 극히 곤란한 상황에서도 배고픔을 참고 허리띠를 졸라매면서 조선에 그 많은 석탄, 밀, 및 각종 설비들을 제공하였지만, 소련은 소책자 한권을 출판함으로써 결과적으로 김일성을 소련의 편으로 끌어들이는 데 성공하였다. 조선과 절대적인 우호관계를 유지하고 수정주의 반대투쟁에서 조선을 확고하게 중공의 편으로 만들기 위해 모택동은 다른 방면에서 김일성에게 더 많은 희생과 양보를 해야만 하였다.

중 · 소 · 조 삼각관계를 총체적으로 보면 1959년~1961년은 김일성이 등거리 외교를 실시하는 출발이었다. 이전 중소 간의 관계가 우호적이고 단결했을 때 조선은 피동적이고 억압받는 위치에 처해 있었다. 이후 중소관계가 계속 악화 일로를 걸으면서 김일성은 자신감을 가지고 등거리 외교적 기교를 발휘할 수 있었다. 두 강대국 사이에 낀 약소국의 외교적 지위는 본래 매우 초라하고 취약하지만, 만약 두 강대국이 대결 상태에 들어가고 모두 약소국의 지지를 얻고자 한다면 주도권은 곧 약자의 손으로 옮겨간다. 이는 냉전국면 중에서 출현한 "꼬리가 몸통을 흔드는" 특이한 현상 중 하나였으며, 김일성이 대대적으로 선전한 "독립자주"와 "주체사상"의 외교적 기초라 할 수 있다.

제2절 중국, 변경지역 조선족의 대규모 월북을 용인

고난의 3년 시기 중국에서는 변경(边境, 국경을 지칭하는 말 – 역자 주) 지역 민의 대규모 인구 이탈현상이 주로 광동, 신강(위구르) 및 동북 지역에서 발생하였다. 이러한 대규모 인구 이탈현상 처리문제에 있어서 동북 조선족 주민에 대한 중국 정부의 처리 방침과 태도는 광동과 신강지역 사례와 매우 달랐다.

---

[134] 중국외교부당안관, 106-00645-01, 97-98쪽.

같은 민족이 각기 다른 국가에 거주하며 서로 다른 국적을 갖는 현상은 1980년대 국제학술계의 큰 관심을 끌었고 동시에 중국 민족학 연구의 초점이 되었다.[135] "과계민족"으로서 중국 동북의 조선족 주민의 이민과 인구 유동은 중조 관계 역사 연구 중에서 피할 수 없는 문제이다. 필자는 이 문제를 민족학 분야의 논쟁 측면에서 토론하기보다, 동북 조선족의 인구 유동 문제에 대하여 냉전적 배경 즉, 미국에 대항하고, 소련을 억제하며 조선을 원조하고 용인해야 하는 상황 속에서 중국이 어떠한 태도와 정책으로 이 문제를 처리하였는가를 토론하고자 한다.

학술계에서는 일반적으로 중국 조선족을 토착민족이 아닌, 조선반도에서 이동한 "과계민족"으로 보고 있다. 언제부터 대규모로 중국 이주가 시작되었는지에 관해서 여전히 논쟁이 존재하지만, 연구자들은 대체적으로 청조 말기 이후 조선족의 중국 이민사(移民史)에서 1910년 한일합방 후 조선인들의 한 차례 대규모 중국 망명과 1931년 일본의 동북 강점 후 일본에 의한 조선인의 강제이민 등 두 차례의 대규모 인구 이동이 있었다는 점에 동의한다. 조선 이주민의 집중 거주지역으로서 연변지역의 조선족 인구 변화는 이 문제를 잘 설명해줄 수 있다. 지방지 기록에 따르면 1908년 연변의 조선족은 8.9만 명에 불과했지만 1930년 38.8만 명으로 큰 폭으로 증가하였으며 1945년 일본이 항복하기 직전에는 63.5만 명으로 증가하였다.[136] 이 시기 동북지역의 전체 조선족 인구는 이미 216.3만 명에 달하여 중국 역사상 조선족 인구가 가장 많았던 해로 기록되었다.

전후 조선이 독립되면서 동북에 거주하던 조선족들은 대규모 귀향길에 올랐다. 약 70만 명이 조선으로 돌아갔으며 1947년에 동북에 거주하는 조선족은 140만 명 정도였다. 그중 대부분은 공산당이 점령하고 있었던 해방구에 거주하

---

135) 민족학 이론에 대한 토론 중, 학자들이 제기한 "과계민족"(Cross-border Ethnicity), "과경민족" (Trans-border Ethnicity), "과국민족"(International Ethnicity) 등은 각기 다른 개념이며, 정의 및 내포된 의미에 대해서 서로 다른 해석이 존재한다. 자세한 내용은 다음 책을 참고할 것. 葛公尚, 「試析跨界民族的相关理论问题」, 『民族研究』 1999年 第6期, 1-5쪽; 王清华, 彭朝荣, 「跨国界民族"概念与内涵的界定」, 『云南社会科学』 2008年 第4期, 19-23쪽.

136) 安龙祯主编, 『延边朝鲜族自治州志』, 北京: 中华书局, 1996년, 254-256, 277쪽.

고 있었다. 반면 국민당 정부가 통치하고 있던 지역에는 93,283명만이 거주하고 있었다.[137] 1949년 중화인민공화국 건국 전 동북에는 오직 70.77만 명만이 남아 있었고 그중 연변에 51.9만 명이 거주하고 있었다.[138] 이를 보면, 조선족 인구 유동현상은 역사적 기원이 있었다는 사실을 알 수 있다.

시간이 지난 뒤, 중국에 정착한 조선인들은 점차 중화민족의 일부로 편입되어갔으며 중국의 소수민족의 하나가 되었다. 지금까지 조선인의 이민과 정착에 관한 역사에 대해 중국학자들은 이미 체계적이고 심도 있는 연구를 진행해 왔다. 그러나 1940년대 말기까지 연구된 저작들이 대부분이며 신 중국 성립 이후 동북지역 조선족 주민의 월경사건 및 인구유동, 그리고 이에 대한 중국의 정책에 대해서는 학술 연구가 매우 적으며, 깊이 있는 연구가 진행되지 못했다.[139]

1. 조선족 주민의 국적 문제와 해결 과정

국가 정책의 관점에서 과계민족 문제해결의 가장 우선적이고 중요한 조치는 국적 확정이다. 동북지역 조선족의 대규모 이동과 이민 문제를 해결하려면 먼저 그들의 국적을 확정해야만 하였다. 즉, 중국 국내 거주하는 조선 국적의 교민과 중국 국적의 조선족 주민으로 구분해야 한다. 신 중국 성립 전에 중공은 이 문제들을 이미 인식하고 있었지만 여전히 해결되지 못하고 있었다.[140]

신 중국 성립 초기 특히 조선전쟁 기간 동북의 조선족 주민의 유동 상황은 더욱 복잡해졌으며 이는 이후 중국 정부의 그들에 대한 국적 문제 처리를 더

---

137) 『東北韓僑槪況』, 辽宁省档案馆藏, 东北行辕, 全卷号JEI, 이 자료는 다음 책에서 재인용함. 孙春日, 『中国朝鲜族移民史』, 635-636쪽.

138) 安龙祯主编, 『延边朝鲜族自治州志』, 276쪽.

139) 1950년대 이전 조선족 이민사에 대한 연구성과는 중국학계에 매우 풍부하다. 朴昌昱, 『中国朝鲜族历史研究』, 1-39쪽; 金元石, 「中国朝鲜族迁入史述论」, 『延边大学学报』 1996年 第3期, 93-100쪽; 车哲九, 「中国朝鲜族的形成及其变化」, 『延边大学学报』 1998年 第3期, 137-142쪽; 孙春日, 沈英淑, 「论我国朝鲜族加入中华民族大家庭的历史过程」, 『东疆学刊』 2006年 第4期, 54-60쪽. 이 분야에서 가장 대표적인 연구성과는 손춘일(孙春日)의 저작 『中国朝鲜族移民史』이다.

140) 본서 제1장 2절을 참고할 것.

욱 어렵게 하였다. 중국에서 조선으로 간 사람들은 주로 중국 인민해방군 중의 조선족 부대와 중국 지방정부가 조선을 원조하기 위해 조직한 간부, 의사, 운전수 등이었다. 조선전쟁 이후 이들은 조선에 남거나 일부는 다시 중국으로 돌아왔다.[141]

조선에서 중국으로 건너 온 사람들은 길림성에서 재정비하고 재편성되었던 인민군 부대원들을 제외하면 대부분이 동북으로 도망 온 조선 간부 및 그 가족들과 다수의 난민들이었다. 군인들은 전쟁 기간 다시 조선으로 돌아가 전쟁에 참가하였기 때문에 문제가 되지 않았다. 그러나 중국으로 도망 온 조선인들 다수는 이후에도 중국에 계속 남았다.[142] 중국으로 도망 온 난민의 수에 관한 자세한 통계는 없지만 그 수가 결코 적지 않았다. 중국 정부는 1951년 1월부터 조선난민 구호를 위한 모금운동을 전개하였다.[143]

이 밖에도, 다수의 조선 거주 화교들이 전화(战火)를 피하기 위하여 귀국을 신청하였다. 1951년 3월 9일부터 7월 5일까지 조선 주재 중국 대사관에 854명의 화교가 귀국을 신청(848명이 비준되었다)하였다. 1951년 말까지, 조선에서 귀국한 화교들은 3,000명이 넘었다. 조선전쟁 기간 3만 명에 가까운, 조선에 거주하던 화교들이 귀국하여 중국에 정착하였다.[144]

대체적으로 조선인들은 전쟁 초기 때 주로 중국에서 조선으로 이동(참전

---

141) 자세한 내용은 다음 연구를 참고할 것. 본서의 제1장 2절, 金东吉, 「中国人民解放军中的朝鲜师回朝鲜问题新探」, 『历史研究』 2006年 第6期, 103-114쪽; 金景一, 「关于中国军队中朝鲜官兵返回朝鲜的历史考察」, 『史学集刊』 2007年 第3期, 52-61쪽.

142) 길림지역 내, 인민군부대 휴식 및 재정비 결정 및 구체적 상황은 다음 자료를 참고할 것. РГАСПИ, ф.558, оп.11, д.334, л.134-135; АПРФ, ф.45, оп.1, д.347, л.81-83. 전쟁 기간 중국으로 유입된 조선인의 수에 대하여 소련의 자료는 8만 명 정도로 추산하고 있다. 1954년 3월 조선 주재 소련 대사관의 총괄 보고서를 참고할 것. 『俄国档案原文复印件汇编: 朝鲜战争』 第16卷, 2,134-2,153쪽. 중국 사료는 일부 구체적 수치가 나온다. 가령, 연변지역으로 유입된 조선인은 약 11,000명이었다. 동북에 있는 조선 간부의 가족들은 1951년 11월 이미 2,500여 명이었다. 다음을 참고. 중국 외교부당안관, 118-00175-01, 1-3쪽, 106-00026-03, 23-29쪽.

143) 하북성당안관, 855-1-73, 1쪽. 다른 자료에 따르면, 연변지역에 한하여 1953년 조선난민은 11,728명이었으며, 정전 이후 6,862명은 귀국하였다. 남은 인원은 중국에 거주하는 교민이 되었다. 安龙祯主编, 『延边朝鲜族自治州志』, 503쪽.

144) 曲晓范, 刘树真, 「当代朝鲜华侨的归国定居及其安置史略」, 『华人华侨历史研究』 2000年 第4期, 46-47쪽.

목적)하였다. 그러나 미군의 인천상륙작전과 전세가 역전된 이후에는 조선에서 중국으로 유입(후퇴 및 도망)되었다. 정전 후 일부 사람들은 재차 조선으로 돌아갔다. 이러한 상황은 조선인과 중국 국적 조선족의 구분을 더더욱 어렵게 하였다. 1950년 11월, 동북인민정부 공안부는 조선족이 중국 국적에 가입하는 조건을 다음과 같이 규정하였다. 즉, "일본 투항 이전부터 동북에 거주하고 있었던 자, 일본 투항 이후 조선으로 돌아갔다가 다시 동북에 돌아와 동북에서 가옥, 토지를 소유하거나, 상업경영에 종사하거나, 직계가족을 두고 있는 자, 일본 투항 후 토지와 가옥을 분배받고 농업생산에 종사하던 자"로 한정하였다.[145]

1949년 9월 중국 인민정치협상회의가 개막했을 때, 동북 조선족 대표는 중국 내의 소수민족 자격으로 회의에 참석하였다.[146] 그러나 당시에도 중국에 거주하는 모든 조선족 주민의 국적 문제는 근본적으로 해결되지 못하였다. 1952년 말, 천진시 외사처는 현지의 조선 교민들이 빈번하게 중국 국적 취득을 요청하고는 있으나 상황이 매우 복잡하다고 보고하였다.

"어떤 이는 중국에서 장기간 생활하여 '이 땅에 대해 이미 감정이 생겨났'고 하였다. 어떤 이는 동북에서는 소수민족으로 인정되었으나 관내에서는 조선인으로 취급되고 있다고 말했다. 또 어떤 경우는 일하는 기관에서는 중국인으로 인정되다가, 공안국에서는 자신을 외국인으로 대하는 경우도 있었다. 일부 가정에서는 남자는 중국인 여자는 조선인인 경우가 있다. 어떤 조선족 학생은 가족 중에 중국 거주 외국인으로 분류되어 있어 공산주의청년단에 가입할 수 없다는 등의 사례가 보고되었다."[147]

얼마 후, 연변자치구 역시 비슷한 보고를 보내왔다. 보고는 조선전쟁 이후 11,000여 명의 조선인이 조선에서 연변으로 건너왔으며 연변의 각 도시와 농촌에 나누어 거주하고 있고, 정부의 구호와 군중의 도움에 의존하거나 친척 또는 친구에 의지하여 생활을 유지하고 있다고 보고하였다. 비록 일부는 정부로부

---

[145] 韓哲石主编, 『长白朝鲜族自治县志』, 北京: 中华书局, 1993年, 287쪽.

[146] 『人民日报』 1950년 12월 6일 3면.

[147] 중국외교부당안관, 118-00150-06, 48-50쪽.

터 직업을 배치 받았으나, 여전히 신속하게 해결되어야 하는 문제들이 있으며 그중 가장 시급한 것이 어떻게 이 조선 이민들의 국적 문제를 처리할 것인가라고 연변자치구는 보고하였다.[148]

• 1952년 9월 3일 주덕해 동지가 연변조선민족자치구의 성립을 선포하고 있다.

1953년 4월, 중공 동북국은 중앙에 다음과 같이 보고하였다. "하부조직 선거가 곧 시작된다는 점을 고려하여 인구조사와 선거권자 등록이 필요하다. 따라서 중국에 거주하는 다수의 조선족 주민의 국적 문제에 해결이 시급하다. 그러나 동북연변 등지와 조선은 강을 사이에 두고, 양측 인민들의 왕래가 밀접하고 상황이 복잡하여 중국 거주 조선 교민과 중국 국적 조선족 주민이 뒤섞여 구분이 어렵다. 현재 조선은 전쟁 상황에 처해 있고 많은 조선인들이 중국 국적을 얻고자 하여, 그들이 원하는 대로 처리하면 조선 친구들의 오해를 살 수 있다."

---

[148] 중국외교부당안관, 118-00175-01, 1-3쪽.

이에 대해 동북국은 다음과 같은 원칙적 의견을 제시하였다. "1949년 10월 전에 동북에서 가정을 꾸리고 사업을 하고 있는 자는 모두 중국의 소수 민족으로 대우하도록 한다. 그러나 본인이 조선 교민이 되기를 원하면 그렇게 하도록 한다. 특히 조선전쟁이 발발한 후에 동북으로 건너온 자는 모두 조선 교민으로 대우하도록 한다." 이 밖에도 동북국은 일부 구체적 상황에 관한 처리방법에 관해서도 의견을 제시하였다. 주은래는 외교부에 넘겨 연구한 후 의견을 제시하라고 지시하였다.[149]

6월 28일 주은래와 등소평은 모택동에게 동북국에 보낼 답변 초안을 제출하면서, 동북국의 조선족 주민 국적 문제 처리 원칙에 동의를 표하였다.[150] 8월 17일 중공 중앙은 동북국에 보낸 답변에서, 1949년 10월 1일을 기준으로 중국에 온 조선인들의 국적을 구분한다는 기본 원칙에 동의하였다. 구체적인 상황은 다음의 원칙에 따라 각각 처리하도록 하였다.

1) 동북에서 가정을 꾸린 지 오래되고 중국 국적을 이미 취득하였으나, 나중에 조선으로 갔지만 조선공민증을 발급받지 않은 자는 여전히 중국 국적의 조선족으로 인정한다. 가정은 조선에 있지만 자신은 동북으로 와서 사업하거나 거주하고 있는 자는 조선 교민으로 구분한다.

2) 한 가정이 중조 양국에 각각 나누어 거주하고 있는 자 중에서, 가정의 주요 구성원이 조선에 있는 자는 조선 교민으로 처리하며, 가정의 주 구성원이 동북에서 오랫동안 거주하였고 중국의 국적을 가지고 있는 경우에는 중국의 조선족으로 처리한다. 만약 구분이 명확치 않은 자는 자신의 희망에 따라 처리하도록 한다.

3) 중국 국적 조선인과 1949년 10월 1일 이후 중국에 온 조선 교민이 결혼한 경우, 만일 본인이 국적 변경을 신청하지 않을 경우에는 당분간 국적을 변경하지 않도록 한다. 조선 국적을 가진 남자 혹은 여자 쪽이 중국 국적 취득을 요구하면 일정기간 이를 처리하지 않도록 한다. 만약 중국 국적을 가진 남자 혹은

---

[149] 중국외교부당안관, 118-00018-01, 1-7쪽.

[150] 『邓小平年谱(1904-1974)』, 1,125쪽.

여자 쪽이 스스로 정전 후 조선 국적의 남자 혹은 여자 쪽을 따라 조선에 가서 건설에 참여하고자 하는 자는, 이를 더욱 장려한다. 중국 국적을 포기하고 조선 국적을 취득하고자 하는 자는 반드시 비준하도록 한다.

4) 부모 모두 중국 국적을 가지고 있는 경우, 중국과 조선 어디에서 자녀를 출산하였든지 간에 그 자녀는 중국 국적 조선족으로 인정한다. 부모중 한쪽이 조선 국적인 경우, 그 자녀가 조선에서 출생하였다가 지금 중국으로 왔다면 조선 교민으로 인정한다. 중국에서 출생한 자는 마땅히 중국 국적 조선족으로 인정하고, 만 18세가 되어 국적 변경을 희망할 경우 자원원칙에 따라 처리하도록 한다.[151]

이 지시는 후에 중국 각 지역 행정단위가 중국에 거주하는 조선인의 국적 문제를 처리하는 법적 근거가 되었다.[152] 상술한 처리 방침으로부터 알 수 있듯이 동북 조선족의 국적 문제 처리에 있어서 중국 정부는 조선 정부의 정서에 특히 주의하였으며 조선 정부는 이에 당연히 만족하였다. 1954년 1월 23일, 중앙민족사무위원회는 외교부에 보낸 서한에서 "북경, 상해, 천진에서 과거 조선 교민으로 등기하였던 많은 자들이 국적 문제 해결을 절실하게 요구"하고 있으며, 조선 대사관은 "그들은 현재 조선 교민 문제를 해결할 수 없고, 중국 정부가 동북 방식으로 처리할 때까지 기다려야 한다"고 밝혔다고 보고하였다.[153]

1956년 8월 1일자 한 문건은 1953년 8월 17일 중공 중앙의 지시 원칙과 구체적 의견을 재천명하고, 조선 거주 화교와 중국 국적 조선족의 중국 귀국 신청에 관한 처리 방법을 추가하였다. 문건은 노약자, 환자, 장애인, 귀국 혼인자, 생활 곤란자와 기타 조선 측이 직업을 안배하기 어렵거나 조선에 곤란함을 야기하는 자들에 대해 귀국을 허가하도록 규정하였다.

반면에 다음과 같은 사람들에 대해서는 귀국을 허가하지 않도록 하였다. "노

---

[151] 중국외교부당안관, 108-00018-02, 13-15쪽.

[152] 수개월 후, 내무부는 일반국적 문제 처리에 대한 지시에서, 동북지역 중국 국적 조선족과 조선 교민의 구분은 1953년 7월 18일 중공 중앙 지시에 따라 집행하며, "본 지시가 규정한 제한을 받지 않는다"고 하였다. 중국외교부당안관, 118-00506-02, 3-6쪽.

[153] 중국외교부당안관, 118-00249-15, 104-107쪽.

동능력이 있는 자는 최대한 조선에 남아 일을 하도록 권고한다. 일시적 실업자들은 화교연합회에 요청하여 자신의 생활 및 직업 등의 문제를 해결하도록 한다. 공부하고 진학하기 위해 귀국을 신청한 자는 조선에서 계속 공부하여 장래에 거주국의 건설에 참여하도록 권고하도록 한다."[154]

이러한 문제에 대한 처리 결과는 조선 정부를 더욱 만족시켰음이 분명하다. 연변지역 민족 문제의 난맥상이 계속되면서, 주은래가 연변 시찰 업무를 한 1962년 6월까지도 여전히 조선에서 온 사람들의 국적 문제 해결을 도와야 했다.[155]

중공 중앙과 중국 정부는 조선족 국적 문제 처리에 있어서 조선의 뜻을 존중하고 조선의 이익을 배려하였는데, 그 출발점은 주로 정치와 외교 두 방면에 대한 고려로, 국제투쟁에서 조선을 지지하고 대외관계에서 중조 단결을 강화하고자 한 점을 고려한 것이다. 그러나 다민족 국가 구성원들의 국가에 대한 동질감 관점에서 보면 이러한 처리방식은 중국 국적 조선족들로 하여금 중화민족 의식을 상당히 박약하게 했으며, 이에 따라 객관적으로 "과계민족"의 민족의식과 지방 민족주의사상을 강화시켰다.

원하는 경우에만 국적을 부여하는 원칙은 당연한 것이지만 법률적 형식으로 이 원칙과 구체적 실시 방법이 결합된 후에야 변경지역 거주민의 근본을 안정시킬 수 있다. 그렇지 않고 장기간 인접국의 의향에 따라 국적정책을 계속해서 수정하거나 임시규정을 만들 경우, 변경지역 과계민족의 국가적 연대감과 민족의식 강화에 도움이 안 될 뿐만 아니라 심지어 변경지역 주민들로 하여금 국적을 바꾸어 외부로 이주하려는 생각을 고무시킬 수 있었다.[156]

1957년 5월 말 중공 길림성위가 연길시에서 개최한 민족사업좌담회에서의 조선족 대표의 발언은 당시 동북 조선족의 민족감정을 여실히 보여준다. 좌담

---

154) 중국외교부당안관, 118-00671-08, 97-98쪽. 이 당안은 문서작성자가 표기되어 있지 않다.

155) 1962년 6월 23일 연변자치주 상무위원회 회의기록, 이 자료는 다음 책에서 재인용함. 『朱德海一生』, 北京: 民族出版社, 1987年, 180-181쪽.

156) 주목할 점은, 중화인민공화국 국적법은 1980년에야 공표되고 시행되었다는 점이다. 이는 중국이 국적을 처리하는 문제에 있어서 임의적이고, 법적인 개념이 부족했음을 어느 정도 보여준다.

회 첫날, 연변대학 청년 강사와 조교는 조선족의 조국 문제를 제기하였다. 역사교육연구팀 이수송(李寿松)은 현재 수많은 조선족 사람들은 조선민주주의인민공화국이 외국이라는 생각을 감정적으로 받아들이기 어렵다고 말했다. 그는 연변의 조선족은 오래전부터 내려오는 토착민족이 아니라 조선에서 온 민족이라고 생각하고 있으며, 지금의 중국을 조국으로 여기는 것은 중화인민공화국 성립 이후부터 시작된 것이고, 그 이전 조선족의 조국은 조선이었다고 주장하였다. 그는 따라서 당연히 조선을 "민족조국"으로 보아야 한다고 주장하였다.

조선어 강사 최윤갑(崔允甲) 또한 조선인과 연변의 조선족은 동일한 언어, 문화, 심리상태 및 민족기원을 공유하고 있기 때문에, 중국을 "조국"으로 조선을 "모국"으로 보아야 한다고 주장하였다.

4일간 계속된 좌담회에서 비록 주제는 애국주의 교육이었으나 아무도 이러한 "민족조국"과 "모국"의 견해에 이의를 달지 않았다. 많은 교육계의 대표들은 조선과 직접적이고 광범위한 관계를 수립할 것과 다시는 행정수단을 이용하여 조선과 연변 사이에 관문을 지나치게 통제하지 말 것을 요구하였다. 좌담회 이후 연변자치주 제1서기 주덕해는 현재 조선족 중에 중국이 조국이 아니라고 대놓고 말하는 사람은 많지 않지만, 마음속으로 대부분의 조선족(최소 40세 이상의 조선족)들은 중국을 자신의 조국으로 인정하지 않고 있으며, 특히 어려운 일을 당하였을 때 더욱 조선을 그리워한다고 보고하였다.[157]

당시 전개되고 있던 정풍운동의 "백가쟁명, 백화제방" 중에 유사한 주장이 더욱 격렬해졌다. 연변지역의 일부 조선족 간부, 교원 및 학생들은 중국을 조국으로 인정하지 않음을 명확히 표명하였다. 일부는 조선을 "민족조국", "제1조국", "감정조국"이라 부르는 한편, 중국은 "법률조국", "제2조국", "현실조국"으로 불렀으며, 소련을 "무산계급의 조국", "제3조국"으로 불렀다. 일부 간부들과 상류 인텔리들은 자치주 정부는 "형식"에 불과하며, "불필요"하다고 주장하였다. 또한 일부에서는 자치 확대를 요구하고 동북 100만 조선족을 모두 연변으로 귀

---

157) 『內部參考』 第2233期, 1957년 6월 18일, 34-35쪽. 다음 책을 참고할 것. 赵凤彬, 『我的人生自述: 一个朝鲜家族变迁史录』, 北京: 民族出版社, 2013年, 149쪽.

속시켜 자치지역의 행정 지위를 제고해야 한다고 주장하였다. 심지어 일부는 조선족이 공산당의 지도를 받는 것은 조선족의 "자주성", "주체성", "민족적 자신감" 결여를 나타낸 것이며, 조선족 간부들은 "노예근성"이 있고 민족의 이익을 중공 중앙에 팔아 조선족을 "멸망"의 길로 끌어들이는 자들이며, 조선족 간부야말로 한족 간부들이 조선족을 "감시"하는 구체적인 증거라고 말하였다. 어떤 이들은 차라리 연변에 "노동당"을 만들 것을 제안하면서, 공산당은 "조선인의 정서에 맞지 않는다"고 말하기까지 하였다.158)

신화사의 내부 보도에 따르면 그 직후 시작된 반(反)우파운동 과정 중에서 지방주의에 대한 비판이 진행되었지만, 연변의 상황에는 근본적인 변화가 없었으며 여전히 다음과 같은 적지 않은 문제들이 존재하였다.

1) "다조국론"과 "다당론"으로, 자치주를 자치구로 승격시켜달라는 요구를 포함하여 심지어 중국에서 분리하여 떨어져 나오자는 주장이다. 중화인민공화국이 조국임을 부정하고, 중국공산당도 필요 없고, 노동당만을 원하며, 한족 간부들의 지도도 필요 없다는 주장이다. 주 위원회는 이 문제는 정도의 차이는 있지만 조선족 사이에 보편적으로 존재하는 그들의 "생명선"과 같은 문제라고 보았다. 2) 조선족 선진론과 한족 낙후론으로, 한족의 주체성과 선진성을 인정하지 않고 한족이 단지 인구가 많았기 때문에 주류가 되었다고 본다. 3) 민족적 특성과 차이점, 언어 순화 등에 대한 독자적인 강조다. 이에 자치주 당위원회는 1959년 4월 부득이 정풍을 시작하여, 1년 정도의 기간에 간부들에게 있는 지방 민족주의를 철저하게 비판하는 동시에 군중들에게 사회주의와 공산주의, 애국주의를 교육할 것을 결정하였다.159)

동북 조선족 주민의 이러한 정서와 상황은 이후 중조 양국 사이에 일상적 유동의 사상적, 감정적 기초를 구성했으며, 조선족 주민들이 대규모로 조선으로 돌아가게 되는 기반이 되었다.

---

158) 『內部參考』第2393期, 1957년 12월 31일, 9-10쪽.

159) 『內部參考』第2758期, 1959년 4월 24일, 15-16쪽.

2. 조선의 노동력 수요와 국경지역 주민의 북한 이동

다민족 국가의 입장에서 "과계민족" 혹은 국경지역 주민들의 빈번한 대규모 인구이동은 사회 불안정 요인 중 하나로 신속히 해결되어야 할 문제이다. 당시 동북 거주 조선족 주민들의 인구이동과 비슷한 상황이 운남, 광동 및 신강에서 발생하고 있었다.

운남에서는 1958년 말까지 외부로 도망한 인구가 이미 11.5만 명에 달했다. 그중에는 3,000명의 향촌사회 간부들이 포함되어 있었다. 이들은 주로 미얀마로 도망갔다(전체의 81%). 성위원회와 지역위원회의 연구결과, 도망한 주된 원인은 적의 공작 이외에도, 정치운동 과정에서 공격 대상의 폭이 지나치게 넓고, 경제정책의 좌편향, 수매 강요, 저축 및 현물 출자 강요, 급진적인 인민공사 추진, 그리고 민족정책의 문제 때문이라고 보았다.[160]

광동성에 인접한 홍콩의 보안(宝安) 등 지역에 중국의 변경지역 주민들의 유입은 보편적인 현상이었다. 특히 "3년 고난 시기"와 "문화대혁명" 시기에 홍콩으로 대규모 밀입국하는 사건들이 끊임없이 발생하였다. 비정상적인 국가정책이 초래한 경제 및 생활수준 방면에서 홍콩과의 큰 차이가 그 주된 원인이었다. 후에 개혁개방이 진행되어 광동지역의 경제 수준이 대폭 높아지면서 불법이민의 사회 문제는 자연스럽게 사라졌다.[161]

신강 국경지역 주민들의 인구 유출은 대부분 민족 문제 때문이었다. 역사적 원인으로 신강 북부에는 소련에서 건너온 이민자들이 거주하고 있었다. 국경이 불분명하고 국적이 확정되지 않은 상황에서 1950년대 신강의 국경지역 사람들은 소규모지만 일상적으로 자유로이 국경을 넘나들었다.

이후 중소관계가 악화되면서 1962년 6만여 소수민족 변경지역 주민들이 집단적이고 불법적으로 국경을 넘어 소련으로 넘어가는 사건이 발생하였는

---

160) 『外事动态』 1959年 第15期, 2-3쪽. 동원을 거쳐, 외부로 도망간 인원들 중 약 7만 명은 중국으로 다시 돌아왔다. 『零讯』 第25期, 1959년 3월 7일.

161) 광동 국경지역 거주민이 홍콩으로 밀입출국한 상세한 역사 과정에 관해서는 다음 책을 참고할 것. 陈秉安, 『大逃港』, 广州: 广东人民出版社, 2010年.

데, 이를 역사적으로는 "이탑(伊塔)사건"이라고 부른다. 후에 중국 정부가 신속하게 신강지역 소련 교민들의 국적 문제를 해결하면서 국경지역에 접근금지 구역을 획정하고 국경관리를 엄격하게 한 뒤, 이러한 현상은 빠르게 감소하였다.[162]

광동과 신강에 비해 동북의 상황은 더욱 복잡하였으며, 운남과 유사하였다. 여기에는 정책적 요소뿐만 아니라 민족적 요소도 존재하였다. 월경 사건의 유형으로 보면 동북과 신강이 비슷하지만, 당시 중조관계와 중소관계의 상황이 달랐기 때문에 두 지역의 국경 주민들이 소련과 조선으로 도망한 사건에 대한 중국 정부의 처리 방식과 그 결과가 완전히 달랐다.

많은 조선족 가정이 중국과 조선에 거주하고 있는 특수한 상황 때문에 변경지역 거주민들의 합법적인 왕래에 대해 중조 쌍방은 줄곧 비교적 느슨하게 관리해왔다. 1950년대 초, 중조 양국 인원들이 동북지역과 조선 사이를 왕래할 때 여권과 비자를 면제하였다. 중국인들은 각 성, 시 공안기관에서 출국여행증을 발행받으면 양국을 자유롭게 왕래할 수 있었다. 조선 주민 또한 내무성에서 발급한 통행증을 소지하면 동북 경내를 아무런 제약 없이 돌아다닐 수 있었다.[163]

1953년 7월, 중조 양국은 '중조 변경 양국 거주민 국경통행 방법'에 대한 협약을 체결하였다. 양측은 국경을 통과하는 거주민들에게 현, 시 공안국에서 발행한 통행증을 사용하도록 하였다. 동북공안부가 반포한 국경통행증 발급에 대한 규정은 다음과 같았다. "만18세 이상의 공민으로, 가족과 친구를 방문, 진학, 치료, 혼례 및 장례에 참가하는 등 정당한 이유로 조선에 가고자 하는 자는, 모두 소재지 공안기관에 조선에 가는 통행증을 신청하여 받을 수 있다."

1954년 2월, 동북공안부는 '중조 변경지구 거주민 국경통과 통행증 발급에

---

162) 자세한 내용은 다음 책을 참고할 것. 李丹慧, 「对1962年新疆伊塔事件起因的历史考察」, 『中共党史研究资料』1999年 第4期, 1-8쪽; 第5期, 1-22쪽. 중공 중앙은 이 사건을 "국외 모종세력이 장기간에 걸쳐 신강지역에서 진행해온 전복파괴활동이 표면화"한 것으로 정의하였다. 『毛泽东年谱(1949-1976)』第5卷, 108-109쪽.

163) 요녕성대련시당안관, 2-2-794, 26쪽; 하북성당안관, 684-1-552, 32-33쪽.

관한 보충규정'을 반포하고, 국경통행증 발급에 일부 제한을 가해 원래 한 달 유효기간 내 왕복횟수에 제한을 두지 않았던 것을 단 한 차례만 통행할 수 있도록 수정하였다.164) 그럼에도 불구하고 중국 정부의 원칙은 "중국 내의 모든 조선족들은 조선으로 돌아갈 것인지 여부를 자신이 결정한다"는 것이었다.165)

1955년 3월 중조 양국 간에 7월 1일부터 새로운 통행제도를 시행하고 출입국 관리를 다소 강화한다는 합의가 이루어졌다. 변경지구의 조선족 주민과 조선 교민, 그리고 업무 관련 인원들 외에는 모두 여권과 비자를 받도록 하였다. 그러나 통행증이 여러 곳에서 발급되었고(흑룡강, 길림, 요녕, 여순과 대련 등), 국경 출입 지역은(단동, 장전, 하구, 집안, 임강, 도문, 개산둔, 삼합촌과 남평 등)으로 분산되었으며, 특히 조선의 요청을 배려하기 위해 조선의 건설에 참가하기 위하여 조선으로 가는 조선족과 조선 교민들에 대한 신분증 관리는 여전히 과거 방식에 따라 편도 임시출국증을 발급받을 수 있도록 하였다.166)

이 밖에도 통행증의 발급 수속 역시 매우 간편하였다. 6월 8일 쌍방 정부가 비준한 합의 규정에 따르면, 조선 교민은 외국 교민 거류증과 외국 교민 주관 부서의 소개서만 소지하면 당지의 공안파출소 혹은 변경업무 사무소에 신청하여 통행증을 발급받도록 하였다. 파출소와 변경업무 사무소가 설치되지 않은 공사(협동농장 – 역자 주)에서는 특파원이 대신 통행증을 발급할 수 있도록 하였다. 일반적인 국경지역 주민(중국 국적 조선인)이 국경을 넘을 경우에는 반드시 조선쪽 친척의 서신과 1급 중국 인민공사의 소개서만 있으면 통행증을 신청하여 발급받을 수 있었다.167)

조선 공민이 중국의 친척을 방문하거나 장기 거주하는 경우 신청수속은 더욱 간단하였다. 친척증명서에 1급 인민공사 혹은 정권기관의 도장만 찍혀있으

164) 韓哲石主編, 『长白朝鮮族自治县志』, 302쪽; 安龙祯主编, 『延边朝鮮族自治州志』, 545쪽.

165) 1954년 5월 27일 라자레프 일기 KM010501.

166) 요녕성대련시당안관, 2-2-794, 25-27쪽.

167) 중국외교부당안관, 118-01342-04, 50-56쪽.

면 조선에서 이에 근거하여 입국증명서를 발급받을 수 있었다.[168] 이러한 제도로는 당연히 국경지역 주민들의 출입국에 대한 효과적인 관리가 어려웠다.

장백 조선족 자치현의 사례로 보면 1954년 조선족 주민은 모두 9,963명이었고 국경을 건너 조선에 간 사람은 3,852명이었다. 그러나 1957년에 이르러 조선족 주민은 9,791명으로 감소하였으며 출국하여 조선에 간 사람은 4,896명으로 증가하였다. [169] 조선족 거주민의 빈번한 인구 이동과 1955년 새로운 통행제도 실행 후, 조선으로 건너간 인원의 증가로부터 이를 짐작할 수 있다.

그러나 출입국 수속을 통해 조선을 단기 방문한 사적 방문과 조선족 주민이 대거로 조선으로 돌아간 것은, 비록 전자가 후자에 일정한 영향을 주었지만 그 성격은 같지 않다. 사실, 근본적 문제는 출입국 관리에 있는 것이 아니었다. 조선전쟁 후 조선 정부는 상당기간 대규모 인구가 절실하였다. 특히 기술 혹은 특수 노동력이 매우 필요하였다. 동북 변경지역의 출입국 관리 및 조선족 주민의 조선으로의 이동에 대한 중국 정부의 처리 방침은 대체로 조선의 이러한 수요를 배려하기 위함이었다.

정전 이후 조선이 경제회복과 전후 재건사업에 착수하는 과정에서 노동력 부족은 가장 큰 어려움이었다. 이 문제의 해결을 위해 1953~1954년 조선은 간부들까지 육체노동에 참가시켰다.[170] 1957년 제1차 5개년계획시행 후 노동력 부족은 조선의 건설 가속화를 제약하는 더욱 큰 걸림돌이 되었다.[171] 이 문제의 해결을 위해 조선 정부는 다수의 부녀자와 아동들을 노동에 투입하는 한편

---

[168] 중국외교부당안관, 118-00806-03, 69-70쪽. 조선 주민의 중국 방문을 통제하기 위해서 1959년 2월 조선내무부는 중국에게 심사절차에 대한 관리를 강화해줄 것을 요청하였다. 수차례 협상을 거쳐, 1960년 11월 중국 외교부는 이후 조선 공민이 친인척 방문 및 거주 목적으로 중국으로 입국을 신청하는 경우, 그와 관련된 중국 국내 연락인의 신청서를 반드시 현, 시 1급 공안기관의 인장을 받은 후 조선으로 보내서 사용할 수 있도록 결정하였다. 중국외교부당안관, 118-01159-20, 27쪽.

[169] 韓哲石主編, 『长白朝鲜族自治县志』, 46, 302-303, 320쪽.

[170] 1955년 5월 16일, 1957년 12월 13일 조선 주재 헝가리 대사관의 보고, 다음 연구에서 재인용함. Balazs Szalontai, "You Have No Political Line of Your Own", p.96.

[171] 조선국가계획위원회의 통계수치에 근거하면, 1958년 노동자와 직원들의 서류상 인원은 107.8만 명이다. 그러나 1959년의 계획을 완성하려면 이 인원수는 151.7만 명으로 증가시켜야 했다. АВПРФ, ф.0102, оп.14, д.6, л.267-269.

"노동 자원" 제도를 대대적으로 시행하였다.[172]

중국 대사관이 제공한 통계자료에 따르면 정전 이후 정부는 퇴역군인 수 만 명을 농촌에 배치하였다. 전후부터 1958년 상반기까지 총 8만 명의 중·고등학 교 학생들을 농촌에 투입하였고, 1960년 한 해만에도 8만 7,000명을 재차 투입 하였다. 1963년 농사에 투입된 노동자와 간부는 모두 20만 7,000명에 달했고 1964년에는 20만 명을 투입할 계획이었다.[173]

조선전쟁이 끝난 후 조선의 대학생은 매년 한 달간 의무노동에 참가하도록 규정하였다. 1950년 12월에는 의무노동에 참가하는 시간은 일반 전문대학교 학생은 매년 2개월, 4~5년제 대학생 중 3학년 이상의 학생은 매년 3.5개월 이상 을 의무노동에 참가하도록 규정하였다.[174] 그러나 조선 정부가 더욱 흥미를 느 낀 것은 외국에 거주하거나 일을 하는 조선인들을 대량으로 귀국시킴으로써 인구부족 문제를 근본적으로 해결하는 것이었다.

먼저 소련에 거주하는 조선인들을 조선 인구로 편입시키는 방안이 있었다. 이민을 통해서 러시아 시베리아 지역의 조선인 수는 1915년 4.4만 명에 달했으 며, 그중 1.9만 명은 러시아 국적을 취득하였다.[175] 1939년에 이르자 시베리아 지역의 조선인은 이미 18.23만 명에 달했다.[176]

소련군은 조선을 점령했던 기간 다수의 조선인 노동자들을 징용하였다. 조 선전쟁이 끝난 후 조선 정부는 소련에 1946~1948년 사이 징용된 조선인 노동자 들 모두를 사전에 귀국시켜주도록 요청하였으나, 소련 정부는 노동계약서에 따 른 집행원칙을 견지하며 1953~1954년에 계약이 만료 되는 모든 조선인 노동자 들을 귀국시키는 데 동의하였다.[177]

172) 1955년 2월 9일, 5월 10일, 1959년 2월 24일, 6월 4일 조선 주재 헝가리 대사관의 보고서, 다음 논문에서 재인용. Balazs Szalontai, "You Have No Political Line of Your Own", p.93.

173) 중국외교부당안관, 106-01132-05, 148-150쪽.

174) 『宣教动态』 1959年 第12期, 14-15쪽.

175) 王晓菊, 『俄国东部移民开发问题研究』, 北京: 中国社会科学出版社, 2003年, 138쪽.

176) 车哲九, 「中国朝鲜族的形成及其变化」, 『延边大学学报』 1998年 第3期, 137-138쪽.

177) 1953년 9월 29일, 10월 9일, 하린과 양용순 담화기록, 1953년 10월 15일 쿠얼듀코프와 양용순 담 화기록KM010105.

1958년 4~5월, 조선은 재차 소련에 조선 거주 이중국적의 소련계 조선인들이 계속 조선 잔류를 희망한다면서, 소련 극동지역 기업에서 일하고 있는 조선인들을 사전에 귀국시켜주도록 요구하는 동시에 사할린에 살고 있는 무국적 조선인들에 대해서도 관심을 나타냈다.[178] 6월 5일 소련 부장급 회의는 현지의 지방정부가 1958년까지 조선 공민의 귀국 사업을 완성하도록 할 것을 결의하였으나 효과는 크지 않았다.

당시 사할린 주에서 살고 있던 조선인은 13,313명으로 그중 9,482명은 일제 식민지 시기에 소련으로 이주한 후, 후에 조선 국적을 취득하였고 1,227명은 조선에서 모집하여 사할린으로 간 조선 공민들이었다. 그들 대부분은 귀국을 원하지 않았다. 11월 귀국사업이 잠시 중지될 때까지 귀국한 사람은 327명에 불과하였다.[179]

일본에 거주하는 조선인 역시 조선 정부의 관심 대상이었다.[180] 일찍이 1954년 8월 조선외무상 남일은 일본에 거주하는 조선인의 귀국을 호소하는 호소문을 발표하였다. 친조선 성향의 재일조선인총연합회(조총련) 역시 이에 적극 협조하여 선전활동을 벌였다. 조선 정부는 교육비 명의로 조총련에 막대한 자금을 제공하였고, 그 액수가 1957년에만 1억 2000만 엔에 달하였다. 1958년 9월 8일 조선민주주의인민공화국 건국 10주년 기념행사에서 김일성은 귀국 동포들을 열렬히 환영할 것을 지시하였다. 1959년 10월 14일 제1차 귀국자들이 조선을 향한 배에 몸을 실었다. 그해 귀국자는 2,942명이었고 1962년까지 귀국자는 가족을 포함 74,335명에 달하였다.[181]

---

178) 1958년 6월 17일 캐피사와 박덕환 담화기요, 1958년 8월 23일, 9월 8일 치미아닌과 리신팔 담화기요, 1958년 4월 8일, 9월 16일, 투얼빈코프와 강병옥 담화기요, АВПРФ, ф.0102, оп.14, д.5.

179) ГАСО, ф.53, оп.1, д.23, л.31; ф.523, оп.3, д.3, л.7; ф.53, оп.25, д.2453, л.45, 다음에서 재인용. Кузин А.Т. Послевоенная вербовка северокорейских рабочих на промышленные предприятия Сахалинской области(1946-1960е гг.)// Россия и АТР, 2010, No.3, с.156.

180) 일본으로 이민한 조선인 상황은 다음 책을 참고할 것. 朴婷姬, 吕秀一,「论解放前中国东北朝鲜人社会与在日本朝鲜人社会的特点及其形成原因」, 『东疆学刊』 2010년 第1期, 64-70쪽.

181) 郑信哲, 『在日朝鲜人历史及其现状研究』, 北京: 中国方正出版社, 2007年, 132-135쪽. 김일성의 발언에 따르면, 일본에 체류 중인 60만 조선인 중 귀국을 희망하는 자는 40만 명이었다. 1958년 말 이전까지 조선이 교육경비로 일본에 체류 중인 조선 교민에게 보낸 자금은 약 4억 엔에 이른다

중국에 거주 중인 조선 교민과 중국 국적 조선족 또한 조선 경제건설을 위한 잠재적 노동력이었다. 절차상 일본의 조선인 귀국보다 간편하였다. 동시에 인원수에서도 소련의 조선 교민 혹은 소련의 조선인들보다 훨씬 많았다. 따라서 중국의 조선인들은 조선 정부의 큰 주목을 받았다.

현재까지 열람이 가능한 중국 당안에 따르면 정전협정이 체결되고 얼마 지나지 않은 1954년 5월, 동북과 내몽고지역의 일부 중국 국적 조선족과 조선 교민들이 조선의 경제건설에 참여하기 위해 조선으로 가겠다고 신청하였다. 이에 대해 중국 정부는 즉시 이 요청을 비준하였다.[182]

1955년 8월, 조선 정부는 처음으로 이 문제를 주동적으로 제기하며 62명의 조선 교민 기술자들을 귀국에 협조해 줄 것을 중국 정부에 요구하였다. 조선의 경제발전 수요를 만족시켜주기 위하여 중국 정부는 관례를 깨고 일반 교민의 귀국 절차에 따라 그들이 최대한 빨리 귀국할 수 있도록 협조하였다.[183]

1차 5개년계획의 첫 번째 해에 조선은 대규모 인원을 동원하여 중국에 살고 있는 조선 교민 귀국사업을 시작하였다. 1957년 1월, 중국 주재 조선 대사관은 "현재 수많은 중국의 조선 교민들이 귀국을 신청하고 있으며, 조선 정부는 금년 내에 관내 265명을 귀국시켜 건설에 참가하도록 비준할 것을 결정"하였다고 중국 정부에 통보하였다. 또, 그들 중 일부는 중국의 정부기관에서 일하고 있었으며 중국 정부가 그들의 인사 파일을 조선 측에 제공해줄 것을 희망하였다.

3월이 되어 조선 정부는 5월 초에 253명의 조선 교민을 즉시 귀국시키도록 결정하였다고 통보하고 귀국 후 그들의 일자리 배치를 위해 이들의 인사파일을 제공해줄 것을 거듭 재촉하였다. 중국 측의 자문을 통해 조선 대사관 관계자들은 조선 교민들이 귀국 통보를 받은 후 일부는 귀국을 원치 않거나, 또 일

(중국외교부당안관, 204-00064-02, 9-25쪽). 박금철의 발언에 따르면, 1962년 6월까지 일본에서 귀국한 인원은 8만여 명이다(1961년 6월 21일 모택동과 박금철 접견담화기록) 이 기간 일본에서 체류하던 조선인이 대거 북으로 귀국하였던 것은 대부분 조선 정부의 선전활동의 결과이며, 귀국자들이 북한의 현실을 전하면서, 1963년 이후 조선으로 향하는 인원은 매년 감소하였다.

[182] 중국외교부당안관, 118-00027-03, 4-5쪽.
[183] 중국외교부당안관, 118-00301-01, 1-20쪽. 당시 규정에 따르면, 과학기술 방면에 종사하는 교민들은 귀국 수속 시 일반 교민보다 절차가 복잡하였다.

부는 귀국 경비 준비에 어려움을 있다는 사실을 인지하였다.[184] 중국 외교부는 4월 12일과 16일 관련 성(省)과 시(市)에 통지하여, 조선이 관내 조선 교민들의 송환을 요청한 바, 공안부가 이미 명단을 관련 성과 시로 하달하였다고 통보하였다. 동시에 "우리는 원칙적으로 이들의 귀국을 저지해서는 안 되며 만일 우리의 업무에 곤란을 초래한다면 다른 방법을 통해 해결"해야 한다고 지시하였다.

조선 정부가 요구한 인사 자료에 관해 기관, 기업 및 학교에서 일을 하거나 학습 중인 자의 자료는 각 소재 단위가 일괄하여 보내도록 하였다. 사회에 흩어져 거주하고 있는 자의 자료는 공안기관이 수집하여 4월 말 이전까지 한데 모아 외교부로 발송하도록 지시하였다. 조선 교민의 귀국 경비는 모두 스스로 해결하도록 하였고 만약 곤란할 경우 조선 교민 자신이 조선 대사관과 협의해 해결하도록 하였다.[185]

4월 26일 외교부는 재차 서한을 보내 기관, 공장, 학교 및 기업에 있는 조선 교민들이 "최대한 조속히 귀국할 수 있도록 할 것"과 경비는 전적으로 스스로 책임질 것을 강조한 외에 "만약 중국 국적의 직계 친족이 조선 교민과 함께 귀국하기를 원하는 경우 이를 비준할 수 있다"고 보충하였다. 또한 귀국 조선 교민의 "퇴직금과 연금 지급은 각 소속 단위에서 일반적인 절차에 따라 처리할 것"을 지시하였다.[186]

같은 해 5월 귀국 사업이 시작되었지만 일부 문제들이 발생하였다. 먼저, 대다수 조선 교민들은 모두 본인들이 귀국경비를 부담할 능력이 없다고 주장하였다. 예를 들어 상해시 외사판공실 보고에 따르면, 조선교민협회는 원래 140~200명의 귀국을 계획하였으나, 현재 114명이 귀국을 예정하고 있으며 그중 귀국 희망자는 60명(별도의 동반 아동은 58명)이고, 스스로 경비를 부담할 수 있는 사람은 10여 명에 불과하였다.

조선 대사관은 귀국하는 조선 교민들에게 조선 정부는 어떠한 보조금도 지급할 수 없음을 통보하였다. 그 결과, 송환시간은 부득이하게 지체될 수밖에

---

184) 중국외교부당안관, 118-00691-03, 16쪽; 118-00691-04, 20-21, 22-23쪽.

185) 중국외교부당안관, 118-00691-03, 36-41쪽; 118-00691-02, 6-8쪽.

186) 중국외교부당안관, 118-00691-04, 27-34쪽.

없었다. 외사판공처는 조선 교민의 경제상태에 근거하여 부분 혹은 소요경비 일체를 보조해야 하는지 질의하였다. 남경시 역시 동일한 문제에 직면하여, 남경시 민정국이 귀국하는 조선 교민에게 일인당 평균 40위안의 보조금을 지급하고(젊은 노동자들의 한 달 수입에 해당), 환자의 경우 별도로 25위안을 추가로 지급하였다.

한편, 조선으로 귀국하기 전 일부 중국의 조선 교민은 자본주의 국가 혹은 홍콩, 마카오 등지로의 이주를 신청하였다. 상해시 공안국은 유관 규정에 따라 엄격하게 진상을 파악하고 이의 처리를 늦추어 처리하였다. 외사판공실은 조선 교민들이 자본주의 국가로 가는 것을 계속 허가할 경우, 조선의 교민 귀국사업에 영향을 줄 것을 우려하여 조선 교민 귀국사업이 종료 후에 이를 비준하는 문제에 관해 상급기관에 지시를 요청하였다.[187]

외교부는, 조선 교민의 귀국 경비는 원칙상 스스로 부담하도록 하고, 곤란한 자는 조선 대사관에 보조금을 신청하도록 하였다. 또, 확실히 상황이 어렵고 조선 측도 돌보지 않는 자에 한해, 중국이 보조금을 지급한다고 회신하였다. 자본주의 국가로 이주를 신청한 자들에 대해서는, 사안별로 각각 처리하도록 할 것과 조선 교민 귀국사업이 완료된 후에 다시 처리할 것을 지시하였다.[188]

이 밖에도 조선 정부는 준비가 불충분하여 이들 조선 교민들을 동시에 받아들일 수 없었다. 7월 초에 이르러 조선 측은 조선 교민 귀국사업을 잠시 연기해 줄 것을 요청하며 국내의 직업 배치를 마친 후에 재차 통보할 때까지 기다릴 것을 요구하였다. 통보를 받은 교민에 한해 귀국하도록 하며, 기타 인원은 중국에 남아 계속 현업에 종사할 것을 요청하였다. 중국 외교부는 즉각 각 관련 부서들에게 조선 정부의 요청을 전하고, 조선 정부의 요구대로 처리하도록 지시하였다.[189] 전체적으로 조선 교민의 귀국 문제에 있어서 중국은 조선 측 요구에 완전히 보조를 맞춰주었다.

하지만, 재중 조선 교민은 한계가 있었고, 더욱이 적극적으로 귀국을 신청한

---

187) 중국외교부당안관, 118-00691-02, 4-5, 9-10, 11쪽.
188) 중국외교부당안관, 119-00691-02, 12-13, 14-15쪽.
189) 중국외교부당안관, 119-00691-04, 60-61쪽.

자가 많지도 않았다. 비록 대대적으로 기계화를 추진하고 여자를 노동에 참여시키며, 행정기구를 간소화하고 간부들을 하방(평양시 기관의 하방인원은 50%)시키는 등의 조치를 취하였음에도 불구하고, 1959년의 약진 목표를 실현하는 데 있어서 노동력 부족은 여전히 조선의 경제건설에 큰 문제였다.[190] 이 방면에서 인원수가 많고 조선으로 가고자 하는 사람들은 그래도 동북지방의 조선족들이었다.

1957년 말까지 중국 조선족 중에 각종 경로를 통해 조선에 가서 건설에 참가한 인원은 이미 5만여 명에 달하였지만, 이후 조선에서 돌아온 사람은 4만 명뿐이었다.[191] 1958년 2월 주은래가 조선을 방문하여 원산에서 조선인민군 장군들과 회견할 때 그들 중 상당수가 연변에서 출생했다는 사실을 발견하였다. 환담 중에 어떤 이는 연변의 조선족 주민들은 조선으로 이주하기를 원한다고 주장하였다. 주은래는 그 후 김일성에게 그러한 조선족들을 조선으로 이주시켜 조선의 인구를 늘리도록 제안하였다.[192]

김일성은 11월 중국 방문 기간 동안, 중국 국적 조선족을 조선으로 이주시켜 조선의 경제건설에 참여하게 해주도록 중국 정부에 정식 요청하였다. 중국 정부는 즉각 긍정적인 반응을 보여 4만 명의 동북 조선족 주민의 조선 이주를 결정하고 그들이 춘계농업 생산에 투입할 수 있도록 제1차 이주는 3월 말까지 조선에 도착시키도록 계획하였다. 조선 노동력 원천 확대를 위해 조선 주재 중국 대사관은 조선에 거주하는 13,000여 명의 화교를 상대로 그들이 조선 국적을 취득하기를 희망하는 지에 대해 조사를 진행하였다. 그러나 조사 결과는 별로 긍정적이지 못하였으며 전통과 습관에 따라 조선에 거주중인 화교들은 모두 중국 국적 보유를 희망하였다.[193]

이외에 조선 부녀와 중국인의 결혼 문제에 있어 중국 정부는 조선 정부를 배려하였다. 1958년 10월 내무부는 문건 중에서 "노동력 부족 때문에 조선인과

190) 『內部參考』 第2719期, 1959년 3월 3일, 19-20쪽.

191) 중국외교부당안관, 118-01026-01, 13-20쪽.

192) 중국외교부당안관, 203-00111-04, 84-86쪽.

193) АВПРФ, ф.0102, оп.14, д.6, л.44-46.

외국인 결혼에 대해 조선 정부의 통제가 비교적 엄격하다. 우리는 이러한 조선 정부 정책과 잘 배합하여 일련의 조치들을 취해야 한다"고 지적하였다. 문건은 "조선의 여성이 중국에 와서 중국인과 결혼을 하려는 경우는 원칙적으로 엄격하게 통제해야 하며, 조선 여성과 중국인의 결혼은 최대한 만류하고, 만류를 듣지 않아 그 결혼을 허락할 경우에는 남자가 조선으로 가서 가정을 꾸리도록 권장해야 한다"고 규정하였다.[194]

조선 정부의 입장에서는 노동력 부족을 근본적으로 해결할 수 있는 방법이 중국 국적 조선족의 국적을 변경한 후 조선으로 이주시키는 것이었다. 이러한 경우가 이전에도 있었으나 그 수가 많지는 않았다. 가령, 1957년과 1958년 2년간 길림성에서 이주한 인구는 600가구에 불과했다. 그러나 중국 정부가 나서 조직을 하면서 상황은 당연히 크게 바뀌었다. 1959년 1월 18일 국무원은 길림, 흑룡강, 요녕, 내몽고에 중국 국적 조선족을 조직하고 조선 교민을 동원하여 조선으로 귀국하여 건설에 참가하도록 지시하였다.

조선으로의 이주 사업이 원활하게 진행되도록 하기 위하여 국무원은 3월 14일 조선으로 가서 건설사업에 참가하도록 비준받은 자에 대해 다음과 같이 규정하였다. "합영기업 자본가일 경우 출자금을 환불받을 수 없지만, 이자는 사전에 지불받을 수 있다. 합자상점 소매상인의 경우, 상황을 참작하여 출자금의 전부 혹은 일부를 반환받을 수 있다. 국가 혹은 기타 공공자금 대출 미납자 혹은 상환하기 곤란한 자는 상황을 참작하여 감면하도록 한다."

각 성은 중국 정부의 이 사업을 매우 중시하여 관련 부서를 소집하고 즉시 이주위원회 구성하여 이를 위한 사무실을 마련하였다. 각급 지도간부들이 책임을 맡아 적시에 일의 진행 사항을 감독하도록 하고 4월 말까지 이주를 순조롭게 완성하도록 하였다.

그해 길림 등 4개 성에서 조선으로 이주한 조선족 주민과 조선 교민은 10,297가구 52,014명(조선 교민 1,084명 포함)이었다. 그중 길림성은 7,127가구 36,274명, 흑룡강 성은 2,000가구 9,817명, 요녕성은 1,071가구 5,583명, 내몽고

---

194) 호북성당안관, SZ67-01-0540, 6-8쪽.

는 99가구 340명이며, 남녀 노동력은 총 24,148명이었다. 이들 중 절대다수는 인민공사 사원이었으며 그 다음은 공장노동자와 기술자들, 및 소수의 간부들이었다. 정치성향으로 보면 중공당원은 988명, 공청단원은 1,991명(내몽고의 당원과 공청단원은 미집계)이었다.

이들은 조선에 도착한 후, 3분의 1은 노동력이 부족했던 황해남도, 황해북도 및 평안남도의 농촌에 배치되었고 3분의 2는 공장기업소에 분배되었다. 이번 이주사업은 처음부터 신청자들이 쇄도하였다. 특히 조선족이 집중 거주하던 지역에서는 생산대대가 부분 혹은 전원이 이주신청을 하였다. 그 결과 많은 지역에서 모두 원래 계획한 이주 숫자를 초과하였다.

예를 들어 길림성은 7,000가구의 이주를 계획하였으나 신청자는 2만여 가구에 달해 2배를 초과하였다. 해룡, 반석, 영길 및 수란 4개 조선족 자치현에서는 5,118가구가 신청하여 예정보다 2.4배를 초과하였다. 요녕성과 흑룡강성의 신청자 역시 계획된 인원보다 배 이상 많았다.

조선 이주를 신청한 사람들의 각종 동기가 관련 부서의 관심을 끌었다. 그 동기로는 인민공사에 가입한 후 자유를 상실했다는 사람이 있었고 조선이야말로 진정한 자신의 조국이라고 생각하는 사람도 있었다. 친인척이 조선에 있어 가족과 함께 살고자 하는 사람과 농민이 되기 싫어 조선에 가서 노동자로 살고자 하는 사람도 있었다. 또한 조선에서 승진하고 중용되길 원하는 사람과 국적을 바꿈으로써 과거의 정치적 과오 기록을 지우고자 하는 사람도 있었고, 심지어 일부는 채무를 피해 도망하거나 투기로 폭리를 취하기 위해 조선으로 가고자 하는 사람도 있었다.[195]

이후로도 중국 정부는 조직의 방식을 통해 동북 조선족 주민을 계속 조선으로 이주시켰다.[196] 이 밖에 귀국을 요청하는 조선화교에 대한 중국의 정책도

[195] 중국외교부당안관, 118-00777-01, 43-48쪽; 『中华人民共和国中央人民政府大事记』 第5卷, 206쪽; 『内部参考』 第2724期, 1959년 3월 8일, 13쪽.

[196] 1959년 이후 조선족 주민이 조직적으로 조선으로 귀국한 상황에 관한 전면적인 자료는 현재까지 확인하지 못했다. 그러나 1962년 4월 흑룡강 1개성에 한해서 1만여 명이 조선으로 건너가 건설사업에 참여하였다. 중국외교부당안관, 118-01028-03, 30-31쪽.

가능한 조선에 남아 현지 건설 참가를 독려하는 것이었다.[197]

일반 노동력 이외에도 조선은 간부와 지식인을 더욱 필요로 하였다. 1962년 여름 주은래가 연변을 시찰할 때, 주덕해는 자치주위원회 위원(강위룡과 석동수) 2명을 조선이 높은 처우를 주고 데려갔으며, "이곳의 지식인과 연예인 중 우수한 자들을 조선이 적극 데려가려 한다"고 보고하였다. 교육 부문의 통계에 따르면 1965년까지 연변지역 3개 대학(연변대학, 의학원, 농학원)의 3,200명 졸업생 중 조선으로 가서 일하는 인원이 1,640명으로 절반을 넘었다. [198]

동북 조선족은 주로 민족의식에서 비롯되어 조선으로 이주하고자 하는 경향이 매우 뚜렷하였다. 조선 정부의 선전이 더해지면서 이주계획의 초과달성은 예견되었다고 할 수 있었다. 중국 정부는 조선의 희망을 충족시켜 대규모 인원의 조선 이주를 조직하였다. 비록 정치적 고려가 있었지만 동북 조선족 주민들이 보편적으로 중화민족 의식과 조국 개념이 부족했던 상황에서, 짧은 시간 내에 황급히 이민을 조직한 방법은 조선족이 조국(중국)을 떠나도록 부추기고 중국 국적을 포기하도록 격려하는 신호가 되었음이 틀림없다.

따라서 조선으로 이주를 요청하는 사람들이 갈수록 많아졌다. 중국 국적 조선족은 비준을 받아 국적을 조선으로 바꾸었다. 이 숫자는 1955년 12명에 지나지 않았지만 1956년에는 26명으로 늘었으며, 1957년 1월부터 9월 사이 104명으로 급격하게 증가하였다. 그중 실제로 조선의 경제건설에 참가한 사람은 5명에 불과하였다.[199]

연변자치주와 용현(龙县) 덕화인민공사(德化人民公社) 이수관리구(梨树管理区) 총 192가구 사람들의 경우, 가구단위 신청과 개별 신청으로, 1960년 11월 12가구와 8명, 12월에는 29가구와 20명이 신청하였다. 1961년 1월에는 63가구와 58명이 조선 이주를 신청하였다.[200]

불완전 통계에 따르면 흑룡강성에서 조선으로 가겠다고 개인이 신청하여 비

197) 하북성당안관, 937-2-35, 88-90쪽.

198) 『延边头号党内走资本主义道路的当权派朱德海卖国罪状』, 9-10, 15쪽.

199) 중국외교부당안관, 118-01026-01, 13-20쪽.

200) 중국외교부당안관, 118-01026-04, 58-63쪽.

준 받은 조선족은 1958년 1월부터 1962년 3월까지 7,086명(장기 거주 6,700명)이었다. 그중 1961년에는 1,586명(장기 거주 876명)의 요청을 심사하였으며 비준된 인원은 1,108명, 1962년 1월부터 3월까지 450명(장기 거주 291명)이 심사를 받고 418명이 비준을 받아 1961년과 비교하여 95%가 증가하였다.[201] 이러한 상황은 계속 발전하였다. 여기에 중국 경제상황의 악화가 더해지면서 급기야 불법적으로 국경을 넘는 더욱 심각한 현상을 초래하였다.

3. 불법 월경 문제에 대한 중국의 처리방식

압록강과 두만강 유역의 국경 상황과 민족 문제의 특수성으로 인해 중조 국경지역 주민들이 불법적으로 국경을 넘나드는 현상은 오래 전부터 있어왔다. 그리고 이런 현상은 시간이 지날수록 증가되고 있었다. 중국의 통계에 따르면 조선전쟁 정전부터 1957년 9월까지(4년여 동안), 조선으로의 밀입국자는 총 296명(그중 한족은 11명)에 이르렀고, 또 다른 통계에 따르면 300여 가구에 달했다.[202] 그러나 1959년(1년간) 연변지역에서 불법적으로 조선으로 건너간 사람은 357명이며, 조선에서 중국으로 건너온 사람은 534명(주로 친지 방문 목적)이었다.[203]

관련 부문의 분석에 따르면 이 시기 동북 조선족 주민이 조선으로 건너간 주된 이유는 조선의 생활조건이 중국보다 좋았기 때문이었다. 1956~1957년 조선의 농업은 풍년이었으며 식량 징수량도 1955년 국가 수매에서 문제가 발생한 영향으로 다소 감소하였기 때문에, 일인당 평균 식량배급량이 중국에 비해 훨씬 많았다. 이와 동시에 조선 정부는 조선족에 대해 조선 국적 취득을 장려하였다. 일단 조선족이 조선에 오기만 하면 곧바로 조선 국적을 취득할 수 있었고, 공민증만 있으면 취업뿐만 아니라 진학이 편리하고 또한 식량배급(0.5Kg당 조선 돈 5원)도 받을 수 있었다. 식량시장의 표준가격이 0.5Kg당 50~60원이

---

201) 중국외교부당안관, 118-01028-03, 30-37쪽.
202) 중국외교부당안관, 118-01026-01, 13-20쪽.
203) 安龙祯主编, 『延边朝鲜族自治州志』, 548쪽.

었던 상황에서 이는 조선족에게 극히 매력적인 조건이었음에 틀림없다.

다른 이유로는 다음 두 가지 사실을 주목할 필요가 있다. 우선, 중조 화폐가치와 물가 차이를 이용하여 투기로 폭리를 취하는 것이 가능했다. 인민폐와 조선화폐 환율의 경우, 정부 기준 환율은 1:60이었으나 암시장에서는 1:250~300이었으며, 조선의 물가가 중국에 비해 훨씬 높았다. 다음으로, 인민공사화 운동과정에서 취해진 정책들에 대한 불만과 중국 농촌의 집체노동 참가에 대한 불안감 등이 조선족이 조선으로 밀입국하게 된 이유라 할 수 있다.[204]

소련은 국경 관리가 매우 엄격하였다. 불법적으로 조소 국경을 넘어 소련으로 건너 온 조선인들에 대해서도 전적으로 규정대로 처리하였다. 1955년 8월 소련 외교부는 조선 내무성에 조선에 대한 질책을 전달하였다. 1954년 이래 소련에서 조선으로 이주한 대규모 조선 주민이 불법적으로 국경을 넘어 소련으로 돌아왔기 때문에, 조선 정부에 국경 관리를 강화해줄 것을 요청하였다.[205]

10월 소련 외교부는 재차 조선 측에 금년에만 이미 425명의 불법 입국 조선공민을 체포하였으며 10월에만 142명을 체포했다고 통보하면서 조선에 국경관리를 강화해줄 것을 다시 요청하였다. 동시에, 소련이 과거에 석방하였거나 조선으로 송환을 준비하고 있는 224명의 명단과 별도로 조선에 송환되는 441명의 재소 범법자 명단을 전달하였다.[206]

반면 조선인들이 중국으로 불법적인 밀입국을 하는 행위에 대한 중국의 조치는 크게 달랐다. 불법 입국 행위에 대한 처리에 있어서 중조 양국 간에도 약정이 있었다. 중국 공안부와 조선 내무성의 1955년 6월 8일 연석회의기록에 따르면 다음과 같다. "불법 입국자를 체포한 경우, 만약 범죄 의도 및 행위가 없는 경우에는 상대측에 인계하여 처리하고, 만일 이렇게 하는 것이 여의치 않고 초범일 경우 현장에서 강제 출국시키도록 한다. 만약 범죄 의도와 행위가 있을 경우 체포한 측은 당사국 법률에 따라 처리하고 필요할 경우 상대방에 인계하여 처리하도록 한다"는 것이었다.[207] 그러나 이러한 원칙들은 실제 운용에서

---

204) 중국외교부당안관, 118-01026-01, 3-4, 13-20, 26-27쪽.
205) 1955년 8월 9일, 페투호프와 박덕환 담화기록, KM010702.
206) 1955년 10월 33일 수즈달레프와 박덕환 담화기록, KM010702.

제대로 집행되지 않았다.

불법 입국자의 규모가 커지자, 1957년 12월 5일 중국 외교부, 공안부와 교민위원회는 회의를 개최하고 대책을 강구하였다. 회의 참가자 다수는 모두 곤혹스러워 했다. 조선 측이 1955년 6월 합의를 집행하길 원치 않았고, 조선으로 밀입국한 자들을 돌려보내길 원치 않았기 때문이었다.

예를 들어 중국으로 불법 입국한 조선인 313명(1957년 1~9월 기간)을 합의에 근거하여 전원 귀국 조치하였지만, 조선으로의 불법 입국자(수백 명) 중에서 조선은 겨우 27명밖에 돌려보내지 않았다. 조선 외무성은 중국 대사관에 "만일 중국 정부가 협의에 근거하여 처리하기를 견지한다면, 조선은 협조할 수 있다. 그러나 본인이 돌아가기를 원치 않는데 그들을 중국으로 압송한다면 부정적 영향을 초래할 수 있다. 조선은 중국 정부가 이들이 조선에 거주하도록 동의해주길 희망"한다고 밝혔다.

이러한 상황에서 중국 정부는 진퇴양난에 빠졌다. 즉 중조 합의를 엄격히 집행하는 것은 조선과의 관계를 파괴할 수 있고, 조선의 의견에 동의하는 것은 사실상 불법 밀입국을 종용하고 장려하는 것이 되는 것이었다. 토론 결과, 협의된 원칙에 입각하여 처리하자는 방향으로 의견이 모아졌다. 동시에 개인의 뜻을 고려하여 이후 국적 변경, 친지 및 친구 방문 등의 이유로 조선에 가기를 원할 경우 관대하게 허가하기로 결정하였다.[208]

12월 17일, 외교부, 공안부와 교포사무위원회는 조선 주재 중국 대사관과 흑룡강, 길림, 요녕 3성에 다음과 같은 내용을 정식으로 통보하였다.

"쌍방의 국경 출입 인원에 대하여 합법적 출입국 비준은 완화시킨다. 불법 밀입국에 대한 처분은 엄격한 원칙에 따라 처리한다. 이를 위해, 불법적으로 이미 조선에 간 주민에 대해서는 원칙적으로 귀국시키도록 그들을 설득한다. 설득이 안 될 경우, 교민여권을 발급해주거나 국적을 말소하는 수속을 밟도록 한다. 불법적으로 중국에 온 조선 공민은 원칙적으로 조선에 돌려보낸다. 만일

207) 中华人民共和国外交部条约法律司编,『中华人民共和国边界事务条约集』中朝卷, 世界知识出版社, 2004年, 66-67쪽.
208) 중국외교부당안관, 118-01026-01, 13-20쪽.

이미 정착하였고 조선 측이 동의할 경우 중국에 체류하는 것을 허가할 수 있다. 장래에 필요할 경우 그들을 조선으로 귀국하도록 설득할 수 있다. 이미 범죄를 저질렀거나 범법사건에 연루되어 있는 밀입국자에 대해 쌍방은 모두 법률에 따라 본국에 돌려보내도록 한다. 이후 1955년 6월 협의를 엄격히 집행하며 불법으로 밀입국하는 현상이 계속 발생하는 것을 감소시키고, 조선 측의 요구를 고려하기 위하여, 금후 중국 조선족의 조선 방문 요청에 대해서는, 원칙적으로 관대히 비준하도록 한다."[209]

중국 측의 견해를 전달받은 후 조선외무성 영사부와 중국 대사관은 1958년 2월 초 일치된 견해를 확정하였다. 5월 초에 쌍방은 불법 입국자 처리에 관한 구체적 방안에 관해 의견을 교환하고, 조사 등기표 서식을 확정하였다. 12월 조선 내무성은 다시 출입국 등기표와 처리절차를 제정하고, 1959년 1월 1일부터 이를 시행할 것을 제기하였다. 조선 외무성은 중국이 중국으로 건너온 불법 입국 조선 공민에 대해 상술한 방식에 따라 처리해줄 것을 희망하였다. 중국은 이에 동의를 표시한 후 조사 업무를 시작하였다.

1959년 4월 9일, 조선 측은 내무성 기관이 조사한 231명의 중국인 불법 입국자 자료를 중국 측에 제출하면서, 중국 측도 불법적으로 중국으로 간 조선 공민들에 관한 조사 자료를 제공해주도록 요구하였다. 조선 측이 제공한 자료에 따르면 불법 입국자 231명은 모두 중국 국적 포기와 조선 국적 취득을 희망하고 있으며, 조선 내무기관의 견해는 그들의 조선 국적 취득에 동의하고 중국 측이 이에 협조해주길 희망한다는 것이었다.[210]

이전인 2월 20일, 조선 외무성은 중국에 조선인 불법 입국자 문제를 최대한 빨리 처리해줄 것을 재촉하면서, "이 사람들 중 절대다수는 선량한 사람들이며 단순히 가족을 만나기 위해서 중국에 간 것이고, 지금은 계속해서 본국으로 돌아가기를 요구하고 있지만 중국 공안이 이를 처리하지 않고 중국 주재 조선 영사관에게 떠넘겼다"고 주장하였다. 조선 측은 "그들이 본국으로 귀국하여 건

209) 중국외교부당안관, 118-01026-01, 1-2쪽.
210) 중국외교부당안관, 118-01026-01, 5-7, 22-23쪽.

설에 참여할 수 있기를 희망한다"고 명확히 밝혔다.[211]

협상을 거쳐 중국 측은 기본적으로 조선의 견해에 따라 처리하기로 하였다.[212] 조선은 "불법 입국자들을 최대한 빨리 조선으로 귀국시켜 건설에 참가하도록 한 중국의 기본 정신에 대해 감사를 표시"하면서, "중국이 그들 전원을 귀국 조치한다면 조선은 매우 기쁘게 이들 전부를 수용할 것"이라고 하였다. 또한 이미 교민증을 받은 자들에 대해서도 같은 방법에 따라 처리할 수 있음을 암시하였다.[213]

1960년 말에, 조선 측이 제공한 자료에 따라 조선 주재 중국 대사관은 234명의 중국 국적 조선족 불법 입국자들에 대해 각각 다음과 같이 처리하였다. 이미 사망한 4명을 제외한 195명의 중국 국적 말소(함께 국적이 말소된 자녀 77명은 별도)를 비준하고, 조선 측에 처리를 위임한 사람은 5명(조사 결과 그들은 원래 조선 공민), 국적 말소 절차를 밟고 있는 사람은 25명, 자료가 늦게 도착하여 아직 처리가 되지 않은 자 4명, 그리고 중국에 남기를 요구하는 자 1명이었다.

비록 중국은 조선의 뜻에 따라 불법적으로 월경하여 중국에 온 자들을 처리하였으나, 최근 몇 년 간 중국 국경을 넘어 조선으로 간 인원이 계속 증가하는데다, 조선 측이 송환 원칙 집행에 별로 힘쓰지 않는 상황을 볼 때, 조선으로 불법 입국하는 문제가 여전히 존재할 것임을 조선 주재 중국 대사관은 예감하였다.[214] 중국 대사관의 예감은 매우 빨리 현실이 되었다.

중국이 변경지역 주민들의 이탈 방지를 위한 강력한 조치를 취하지 않는 상황에서 중국의 경제적 빈곤과 생필품 부족 상태가 맞물리면서 동북 조선족 주민들이 조선에 밀입국하는 현상은 수백 명 밀입국에서 전 가족 혹은 무리지어 수 만 명이 밀입국하는 심각한 사건으로 발전하였다.

1961년 구정이 지난 얼마 후 동북지역에는 사람들을 불안하게 하는 소식이

---

211) 중국외교부당안관, 118-01026-01, 8쪽.

212) 중국외교부당안관, 118-01026-01, 10-11쪽.

213) 중국외교부당안관, 118-01026-01, 33쪽.

214) 중국외교부당안관, 118-01026-02, 47-49쪽.

전해졌다. 단동시 공안국의 보고에 따르면 현재 변경지역 주민들의 탈출현상이 비교적 심하며, 일부 지역은 매우 심각하게 발생하고 있었다. 예를 들어, 구로자(古楼子) 지역의 조선족 81가구 중에 3월 14일부터 24일까지 14가구 80명이 조선으로 밀입국하였고, 이미 가구를 팔고 밀입국을 준비 중인 경우가 9가구, 계속 흔들리고 있는 경우가 32가구, 나머지 26가구는 태도가 불분명하였다. 단동시위원회는 통일전선부를 중심으로 공작 소조를 편성하여 지역민에 대한 설득 교육을 진행하였지만 효과는 별로 없었고, 요녕성 공안청 민경총대가 조치를 검토하고 있었다.[215]

4월 5일 조선 주재 중국 대사관은 올들어 불법으로 국경을 넘어 조선으로 온 인원이 갑자기 늘면서, 조선 측 통지에 따르면 불법 입국자가 이미 1,500여 명이나 되었다고 보고하였다. 이에 대해 조선 측이 취한 조치는 조선에 친족이 있는 경우에는 모두 조선 정부가 임시로 안치시키고, 친족이 없는 경우 최대한 중국으로 돌아가도록 설득하였으나 대부분은 완강히 중국으로 돌아가기를 원하지 않았다.[216]

요녕, 길림 두 성의 불완전한 통계에 따르면 1~4월 사이 조선으로 밀입국을 기도한 자는 4,701명이나 되었다. 그중 밀입국에 성공한 자들은 3,331명이었다. 5월에 접어들어 상황은 더욱 심각해졌다. 단동시 공안국과 요녕시 공안청은 심양, 안산, 본계 등지의 조선족들이 "무리를 지어 노인과 아이들을 데리고 일부는 야간에 몰래 강을 건너고, 일부는 낮에 몽둥이를 손에 쥐고 국경 민병대의 제지에도 아랑곳하지 않고 단체로 도망하고 있으며", 요녕성 이외에도 길림, 흑룡강, 북경, 천진에서 온 조선족들도 이 대열에 가담하고 있다고 전화로 보고하였다. 동시에 현재 불법 밀입국은 "개인 혹은 가구별로 야간에 도주하는 정도를 넘어 대낮에 공개적으로 무리를 지어 강행하는 수준으로 발전"하였다.[217]

필자의 인터뷰에 따르면 요녕의 몇 개 현에서는 조선족으로 "저지대"를 조직하여 부현장, 법원 부원장 등이 밀입국을 저지하기 위해 "저지대"를 이끌고 단

---

215) 중국외교부당안관, 118-01026-02, 52쪽.
216) 중국외교부당안관, 118-01026-02, 53-55쪽.
217) 중국외교부당안관, 118-01026-04, 58-63쪽, 118-01026-03, 82-83쪽.

동에 왔다. 그러나 효과는 전혀 없었으며 권고를 듣고 돌아온 자들은 소수의 한족들뿐이었다.[218]

"문화대혁명" 기간 이 문제에 관한 조사가 있었다. 심양 화공연구원의 조선족 간부가 "진술"한 자료에 따르면, 당시 그의 고향마을에서는 걸을 수 있는 사람이면 모두 한 번쯤 국경을 넘어보았고 많은 사람들이 조선으로 도망간 지 얼마 지나지 않아 되돌아왔다. 그 이유는 조선의 노동시간이 너무 길고 매일 정치학습을 해야 했으며 밤 10시가 되어서야 겨우 집으로 돌아올 수 있었기 때문이었다. 조선은 모든 정보와 소식을 차단하여 그곳에서 몇 개월을 지내는 동안 외부사정에 대해서는 전혀 알 수가 없었다.[219]

위와 같은 상황을 맞아 중국 측은 외교 경로를 통해서 조선 측과 의견을 교환하였다. 조선 외무성은 "양국 주민의 이동은 역사적으로 있었던 일이며 그들을 설득하여 돌려보내는 것밖에 다른 방법이 없다"고 주장하였다.[220] 중국 외교부와 공안부 역시 곤혹스러워 하며 조선 측이 문제 해결에 협조해줄 것을 계속 희망하는 한편, 지방정부가 조치를 취해줄 것을 재촉하였다.[221]

이에 연변자치주 당위원회는 일련의 조치를 취했다. 예를 들어 선전교육을 강화하고 군중들의 생활실태를 더욱 상세하게 파악하며 정상적인 출입국 수속을 더욱 빨리 처리하여 이 현상의 발생을 억제하려 하였다.[222] 그러나 이 보다 더 상위 측면에서 유효한 조치들이 시행되지 않았기 때문에 사태는 계속 악화되었다. 중국 공안기관의 통계에 따르면 1961년 1월부터 1962년 3월까지 요녕과 길림의 국경지역을 통하여 조선에 밀입국한 인원은 38,590명에 달하였다. 설득으로 돌아온 이는 9,205명, 몰래 강을 넘다가 익사한 자는 252명, 나머지 29,133명은 국경을 넘는 데 성공하였다.[223] 5월에 이르러 불법 밀입국자는

---

[218] 2013년 6월 7일, 오동권과 필자의 인터뷰 기록, 요녕성 청원현, 오동권은 이 현의 저지대원이었다.

[219] 崔敬希的交代材料, 1968년 11월 24일, 개인 소장.

[220] 중국외교부당안관, 118-01026-03, 66-68쪽.

[221] 중국외교부당안관, 118-01026-02, 56쪽, 118-01026-03, 74-75쪽.

[222] 중국외교부당안관, 118-01026-04, 58-63쪽.

[223] 중국외교부당안관, 118-01025-02, 1-3쪽.

71,000명으로 급격하게 늘어났다. 그중 조선으로 건너가는 것에 성공한 사람은 55,000여 명이었다. 이 밖에도 중조 간에는 오직 강 하나만을 사이에 두고 있었기 때문에 일부 지역에서는 한걸음만 건너면 될 정도로 국경을 넘는 것이 극히 용이하여 사실상 발견되지 않은 경우 역시 부지기수였다.[224]

1961~1962년 국경지역 주민의 대규모 조선 밀입국 사건은 중국 동북지역에 매우 불리한 후과와 영향을 가져왔다.

첫째, 노동력이 유실되어 수많은 부서들의 생산과 업무 수행에 직접적인 차질을 가져왔다. 다수 농민들의 이동으로 농촌의 인력이 부족하게 되어 토지를 묵힐 수밖에 없었다. 예를 들면 연길현 개산둔 선구일대(船口一队)인민공사에는 90명의 노동력이 있었는데, 그중 50명의 노동력 유실이 발생하여 그해 식량생산 감소가 4.8만 근에 달하였고 식량 수매 임무를 완성하지 못하였을 뿐만 아니라 먹을 식량조차 부족하게 되었다.

개산둔 제지공장의 조선족 기술자 총 353명 중 전체 인원의 32%에 달하는 113명이 한꺼번에 조선으로 도망갔고, 계속 동요하는 인원 또한 89명에 이르러 생산에 막대한 지장을 가져왔다. 연변 가무단은 20명의 공연자들이 조선으로 도망하는 바람에 한때 대형 행사를 연출할 수 없었다.

둘째, 사회질서의 혼란을 가져왔고 범죄 현상이 크게 증가하였다. 도망자들은 자주 무리를 지어 국경을 넘어 국경지역 일대가 혼란에 빠졌다. 국경 경비원 혹은 민병대의 저지가 있을 때 일부는 아랑곳하지 않고 노인과 자녀를 버리고 혼자 도망쳤다. 일부는 저지를 받아 돌아온 후 큰 소리로 울며 소리 지르며 자살 위협을 하기도 하였다. 일부는 곤봉과 쇠파이프로 국경 경비원을 구타하고 위협하였으며, 일부는 배와 총기를 탈취하기까지 하였다. 중간에 길을 잃거나 강의 물길에 익숙하지 않았던 이유로, 익사, 동사 및 떨어져서 죽는 월경자들이 적지 않았다.

외부로 유출된 인원들은 가기 전에 물건들을 마구 구입하여 시장의 물자공급에 문제를 불러일으켰다. 각급 기관 간부와 직원들은 일부 비밀문건과 내부

---

[224] 중국외교부당안관, 118-01028-04, 76-85쪽.

자료를 가지고 가기도 하였다. 더욱이 소수 불량배들은 이를 기회로 절도, 사기와 부녀자 유괴 등의 범죄활동을 벌였다. 도문세관을 통해 검거된 밀수 사건은 1959년 446건(94,614위안)에서 1961년에는 2,410건(148,995위안)으로 급증하였고 1962년 3,071건(398,374위안)으로 증가하였다.[225]

셋째, 국경 주민의 대규모 유동은 중조 양국 사이의 정상적인 경제관계 발전에도 악영향을 미쳤다. 연변자치주 국경무역 총액은 1959년 471.8만 위안에 달했으나 1960년에는 122.8만 위안으로 급감하고, 1963년에는 112.2만 위안으로 더욱 감소하였다.[226] 이 밖에도 조선으로 간 사람들은 대량의 인민폐와 조선화폐를 휴대하여 불법적으로 유통시켰고, 조선중앙은행은 인민폐에 대해 공개적으로 태환하였다. 조사에 근거하여 추산해보면 연변자치주 이탈자들이 불법적으로 유출시킨 인민폐는 약 30여 만 위안에 달했고, 돌아온 7,000여 명은 2~3만 원의 조선화폐를 지니고 있었다. 국경지역에는 이로 인해 외환 암시장이 출현하여 중국의 금융시장을 어지럽혔다.[227]

동북지역 관련 부서의 조사에 따르면, 조선족 주민들의 조선으로의 대규모 이탈이 발생했던 주된 원인은 다음과 같았다.

첫째, 중국이 경제적으로 어려움에 처하여 주민들의 생활수준이 떨어졌다는 점이다. 1960년 11월 연변지역에서 식량 정량 공급제도가 실시된 이후, 하루 식량 배급기준이 중국 내륙지역보다 높았지만 많은 주민들이 여전히 충분하지 않다고 느꼈으며, 동시에 "조선의 생활수준이 좋고 식량이 많으며, 조선에 가면 정착하고 취직할 수 있다"는 소문이 돌았다. 따라서 각종 이유를 대면서 전 가족이 조선으로 가고자 하였다. 이러한 이유로 조선으로 도망한 사람은 화룡현 덕화인민공사 이수 관리구의 불법 밀입국자 중 42.8%를 차지하였다.

둘째, 도시인구의 축소, 공장의 노동자 감원 및 학교의 학생 모집 축소가 국경지역 주민들의 불만을 야기하였다는 점이다. 안동지역에서 1962년 6월 조선으로 밀입북한 116명의 노동자 중 104명은 감원된 사람들이었다. 연변 일대의

225) 중국외교부당안관, 118-01028-03, 31-36쪽, 118-01028-04, 76-85쪽.
226) 安龙祯主编, 『延边朝鲜族自治州志』, 1,372, 1,325-1,326쪽.
227) 중국외교부당안관, 118-01027-02, 9-13쪽.

통계에 따르면 1962년 졸업생의 3분의 1에 해당하는 1만 명이 상급학교에 진학할 수 없었고, 그들에게 조선으로 도망은 자연스러운 탈출구가 되었다.

셋째, 지방정부가 민족정책 집행에 있어 과오를 저질렀다는 점이다. 즉, 조선족의 민족 특성과 풍속 습관을 충분히 고려하지 않았다. 예를 들면 미역, 고무신, 비단, 냉면 및 소주 등 특별 수요품의 공급이 부족하였고, 조선어 방송, 신문, 출판물 및 민족 형식의 문화체육 활동들이 일정 시기 동안 중지되고 취소 혹은 감소되었다. 조선족 학교에서 일반적으로 중국어 위주로 학업이 너무 빨리 진행되어 교원들과 학생들의 부담이 가중되었고 동시에 사상적 혼란을 일으켰다.

넷째, 조선 방문 신청에 대한 지방기관들의 허가가 제한적이고 엄격하였다. 심사 횟수가 많아지고 수속이 복잡해지면서 일부 조선의 친지를 만나거나 거주하려는 정상적인 요구들을 만족시킬 수 없었다.

다섯째, 조선 정부는 협의에 따라 불법 월경자들을 적시에 돌려보내지 않고 그들을 정착시키는 조치를 취했다. 조선 정부는 국경선상에 "접대소"를 설치하고, 모든 단신 월경자들은 중국으로 송환 조치하는 한편 전 가족이 국경을 넘어온 경우에는 협동농장에 배치하여 노동자 1인당 40원의 정착비와 일정량의 식량을 제공하였다. 이러한 조치는 사실상 중국 국경주민들의 탈출을 부추기는 것과 다를 바 없었다.

필자는 다량의 자료와 보고서를 분석한 후, 1961~1962년 동북 조선족이 대규모로 조선에 밀입북하게 된 가장 기본적인 원인은 두 가지라고 생각한다. 첫째, 실제론 그렇지 않지만 다수의 사람들이 조선에 가게 되면 생활조건이 중국보다 좋다는 소문을 믿었다. 둘째, 동북 조선족 주민들은 이미 중국 국적을 취득하였으나 중국에 대한 동질감이 부족하였고 그들의 조국은 여전히 조선이라고 생각하였다.[228]

동북 조선족 주민의 불법 밀입국 사건의 전조가 없었던 것은 결코 아니었다.

---

[228] 중국외교부당안관, 118-01028-04, 58-63, 76-85쪽, 118-01026-03, 74-75, 69-70쪽, 118-01027-02, 4-6, 9-13쪽, 118-01028-01, 98-100쪽.

그러나 왜 조기에 막지 못했고 갈수록 상황이 악화되었는가? 가장 중요한 원인은 당시 중소관계가 이미 악화되기 시작하여 소련공산당이 동유럽 공산당을 조직, 중국공산당을 포위하는 상황에서 중국은 단지 몇 개밖에 안 되는 자신 주위의 아시아 형제당과의 관계를 반드시 안정시켜야만 하였다. 이를 위하여 중국 정부는 다음과 같은 일련의 조치를 취하였다.

1958년 말부터 1960년 초까지 중조 양국은 국경지역의 물물교환, 수풍댐 양어의 공동 이용, 각 지방들과 조선 지방정부의 관계 수립 및 국경지역의 해운 합작 등과 관련된 의정서와 협정을 연이어 체결하였다.[229] 이러한 배경에서 동북 국경지역 조선족 주민의 조선으로의 이동은 자연히 주목할 바가 못 되는 작은 문제가 되었다.

앞에서 설명한 것처럼, 불법 밀입국 규모가 커질 때 중국 당국은 적극적으로 이를 처리하지 않고 조선의 주장에 따랐다. 문제가 심각해진 뒤로도 조선과의 우호관계 유지를 위해 중국 지도부는 여전히 기피하는 태도를 취하였고, 이로 인해 조선 정부가 불쾌해하는 것은 더욱 원치 않았다.

1961년 5월 10일, 공안부는 동북에서 발생한 상황을 중공 중앙과 국무원에 보고하였다.[230] 5월 24일 공안부와 외교부의 보고에서, 조선족 주민들이 대량으로 조선으로 밀입국하는 것을 방지하기 위해 지방정부 기관에게 생활안정 계획을 세우고, 교육 강화 및 국경 차단의 조치를 취하는 이외에, 중조 국경수비대 대표의 협정 규정에 따라 조선 측과 양국 협상대표회의 개최를 논의하고 불법 밀입국 조선족 주민의 귀환 문제 교섭에 나설 것을 제안하였다.

이 회의 준비에 시간이 많이 소요될 것을 감안하여 회의 개최 전에 교효광 대사가 조선 외무상과 필요한 교섭을 먼저 진행하고 조선 측이 상응하는 적극적인 조치를 취해줄 것을 요청토록 하였다.[231] 중공 중앙과 중국 정부가 이 문제에 대하여 토론한 적이 있는지는 현재까지는 관련 자료가 없다. 그러나 6월 6일 외교부는 조선 주재 중국 대사에게 다음과 같이 중국 측 입장을 전달하였다.

229) 『中华人民共和国边界事务条约集』中朝卷, 169-177, 178-186, 195-202, 203-257쪽.
230) 중국외교부당안관, 118-01026-03, 69-70쪽.
231) 중국외교부당안관, 118-01026-05, 131-132쪽.

"조선족의 불법 밀입국 사건에 대해 외교부는 별도로 상세한 답변을 보낼 예정이다. 그러나 총체적 방향은 다음과 같다. 우리는 외교적 수단을 취하지 않을 것이며, 국내 사무를 잘 진행하여 이들을 안정시켜야만 한다. 조선 측이 '접대소'를 설치한 것은 마땅하며 하등 이상할 것이 없다. 중조관계는 최근에 매우 좋으며, 조선족 불법 월경사건은 크게 중시할 필요가 없다. 그러므로 귀하가 길림에 가서 상황을 파악할 필요가 없다." [232]

중국이 이렇게 용인하는 태도를 취한 것은, 장기적으로 보면 중소분쟁 와중에 조선을 자신의 지지자로 끌어들이기 위함이었고, 단기적으로는 김일성의 방중을 앞두고 이로 인해 조선의 불만을 일으켜서는 안 되기 때문이었다. 1961년 7월 11일, 주은래와 김일성은 회담을 개최하고 국경지역 조선족 주민들의 조선 밀입국 상황에 대하여 논의하였다. 다음의 대화는 문제의 본질을 잘 보여준다.

주총리: 우리 연변지역에서 적지 않은 사람이 건너갔습니다. 젊은이들이 간 것은 매우 좋습니다. 장정이 될 수 있기 때문입니다. 노인이 가는 것은 골치 아픈 일입니다. 건너간 젊은이들이 얼마나 됩니까?

김수상: 2만여 명 되는데 젊은이와 노인이 각각 절반입니다.

주총리: 이는 노인과 청년 수가 딱 맞군요. 우리의 국경은 구분하기가 매우 어렵습니다. 우리는 조선에 문호를 개방해 왔습니다. 조선이 필요한 만큼 주도록 하겠습니다.

김수상: 전쟁이 끝난 후 일부 인원은 돌아왔습니다. 우리는 그들에게 귀국을 설득했습니다. 일부는 왜 일본에서 귀국한 사람들은 받아들이면서, 왜 우리들은 받아들이지 않느냐고 물었습니다.

주총리: 그들을 설득할 필요 없습니다. 조선은 지금도 여전히 그들을 필요로 합니까?

김수상: 지금은 필요치 않습니다. [233]

이 대담의 정신에 따라 외교부는 재차 조선 주재 중국 대사관에 조선족의

232) 중국외교부당안관, 118-01026-06, 104쪽.
233) 중국외교부당안관, 204-01454-01, 1-12쪽. 담화기록 중, 이 단락 이후 몇 행의 내용은 중국외교부가 당안 기밀을 해제할 때 공개하지 않았다.

국경 월경 문제의 처리 방침으로 "외교적 조치를 취하기에 부적절하며, 조선 정부에 교섭을 제기할 필요가 없다"고 지시하였다. [234]

이와 같은 대규모 인원의 갑작스러운 유입은 조선에도 부담이었다. 함경북도 인민위원회 노동국 지도원 안재수(安在秀)는 1958년 1월 조선에 와 건설에 참가하고 정착하여, 당시 중국에서 온 불법 입국자들을 주관하는 부서에서 일했다. 1961년 11월 그는 불법 입국자들에 대한 조선의 처리 상황을 중국 대사관에 상세히 보고하였는데, 그 내용은 다음과 같다.

"함경북도와 연변은 강을 사이에 두고 마주하고 있으며 조선족의 불법 밀입국 다발 지역이다. 1961년 상반기 국경을 넘어오는 사람은 많지 않았고 조선으로 오기만 하면 일자리를 배치 받는다. 하반기에 조선으로 건너오는 인원수가 급증하여 국경지역에 6곳의 '접대소'가 설치되었다. 접대소는 도인민위원회, 내무국, 노동국에서 파견된 간부들로 구성되었다. 월경자들이 접대소에 도착하면, 우선 내무부의 신상카드를 작성하고 심사 후 문제가 없는 경우 여비와 식량배급표를 수령받고, 각군(郡) 인민위원회 노동부에 인계되어 직업을 배정받았다. 이미 조선으로 건너 온 2만 여 명은, 대부분 공장과 농업합작사 노동직에 배치되었다. 그러나 대학 3년 이상의 학력과 전문기술을 보유한 500여명은 중앙의 지시에 따라 조선의 고등교육성, 중공업위원회 등 관련 부서에 안내되어 직장 배치를 받았다. 현재 함경북도의 노동력은 여전히 부족하며, 노동력 배치 계획에 따라 각 광산마다 4,000명 정도의 노동력이 필요하다. 또한 농업합작사도 여전히 7,000여 명의 노동력이 필요하다. 그러나 대규모 밀입국은 조선에 여러 가지 문제들을 초래하였다. 가장 심각한 문제는, 많은 사람들이 조선에 도착한 후 직장조건 혹은 생활조건에 불만을 품고 계속 도망가고 있으며 이 숫자는 당시 이미 1,500여 명에 달했다. 그들 중 일부는 중국으로 돌아가거나 일부는 기타 지역을 유랑하고 있으며, 남은 사람들은 노동국에서 이유 없이 소란을 피워 골치가 아프다. 이 밖에도, 밀수의 창궐, 투기의 성행, 교통질서 혼란, 전염병 유행 등과 같은 문제들이 있어 조선의 관련 당국이 골

머리를 앓고 있다."235)

불법적으로 조선으로 건너간 사람들의 대규모 귀국 요청 역시 큰 문제였다. 1961년 길림성에서 불법으로 조선으로 갔다가 자발적으로 돌아온 인원은 7,528명으로 전체의 58.5%를 차지하였다.236) 이들이 대규모로 대사관에 몰려와서 귀국을 요청하자 중국 대사관 역시 매우 곤혹스러웠다. 조선의 정책이 "오는 것만 허락하고, 돌아가는 것은 허락하지 않는 것"이었기 때문에, 소수의 한족들과 귀국을 고집하는 조선족들의 문제 해결을 돕는 것 이외에는, 대다수 조선족들에 대해 대사관은 "받아들일 수 없다"는 입장을 갖고, 그들이 직접 조선 정부를 찾아가서 해결하도록 하였다.237)

외교부는 7월 11일 주은래 담화의 정신에 따라 대사관에 다음과 같이 지시하였다.

"조선족 불법 입국자 처리 문제에 관하여, 대사관은 수리하지 않고 당사자들이 조선 정부에 협조를 요청하여 귀국하도록 한다. 상황이 특수하고 귀국을 완강히 요구하는 사람들에 대해서는, 가장 좋기는 대사관이 조선 측의 동의를 얻은 후 귀국증명서를 재발급하는 것이다. 조선으로 건너간 한족에 대해서는, 조선 정부가 이미 정착시킨 자는 더 이상 관여하지 않으며 묻지 않는다. 조선 측이 송환을 요구한 자는, 조선 측이 협의 규정에 따라서 귀국 조치해줄 것을 요청한다. 월경자가 스스로 대사관을 찾아 귀국을 요청하는 경우 귀국증명서를 발급할 수 있다."238)

"국경을 넘어 중국으로 건너 온 조선인들에 대해서는 "반드시 단호한 태도를 취해 귀국하도록 설득한다. 그렇지 않을 경우, 조선 공민들이 계속해서 심지어 대규모로 국경을 넘어 중국으로 들어올 수 있게 되어 조선 정부의 오해를 불러일으킬 수 있으며 심지어 양국의 우호관계에도 영향을 미칠 수 있다."239)

---

235) 중국외교부당안관, 118-01026-07, 125-128쪽.
236) 중국외교부당안관, 118-01025-02, 1-3쪽.
237) 중국외교부당안관, 118-01026-07, 112-115쪽.
238) 중국외교부당안관, 118-01026-07, 116, 118-119쪽.
239) 중국외교부당안관, 118-00948-02, 7-9쪽.

중국이 취한 조치는 조선의 입장을 따르고 이에 영합하려는 것에서 비롯된 것임에 틀림없다. 그러나 조선 정부가 실제 필요로 했던 것은 주로 노동력이며, 특히 고학력의, 기술과 전문지식이 있는 인재들이었다. 그러나 인원이 대규모로 몰려들고 각양각색의 사람들이 섞여 있는 것은 도리어 조선에 골칫거리와 곤란을 불렀다. 이에 조선 정부가 직접 나서 이러한 상황을 제지하기 시작하였다.

1962년 3월 조선외무상 박성철은, 중국 국적의 조선족들이 조선으로 밀입국하는 심각한 상황이 발생한 것은 중국 측이 "쌍방 인민들의 왕래에 대한 협의를 잘 집행하지 않아서, 심사와 비준 수속이 너무 느리고 정상적인 출국을 제한하였기 때문"이라고 중국을 직접 비난하였다. 박성철은 현재 불법 입국자들이 갈수록 늘어나고 있고, 사망자도 발생해 정치적 영향도 좋지 않으며, 조선 사회의 질서를 어지럽히고 조선에 남아 있는 사람들 역시 안심하고 일에 전념할 수 없게 하기 때문에, 양국 정부는 협상을 진행하여 조선족이 합법적으로 왕래하기를 희망한다고 밝혔다.

이에 대해 주은래는 "조선 측에 잘못을 인정하고 사과할 것"을 구두로 지시하였다.[240] 따라서 외교부와 공안부는 조선 주재 중국 대사에게 박성철과 만나 다음과 같은 성명을 전달하도록 지시하였다.

"중국의 조선족이 대규모로 국경을 넘어 조선으로 건너와 조선에 적지 않은 곤란과 어려움을 주었다. 조선 정부가 조치를 취해 많은 이들에게 직업을 안배한 것은 우리를 도와준 것이며, 우리는 이에 감사를 표시한다. 밀입국의 원인은 다방면적이다. 역사적으로 되풀이되어 온 관습성 문제를 제외하고도 현재 가장 직접적인 원인은 우리나라에 현재 처해 있는 빈곤 때문이다. 이 문제를 해결하기 위해서는 과정이 필요하여 조선 측의 양해와 협조를 요청한다. 우리 측의 출국심사 과정에 확실히 늑장을 부리는 과오가 존재한다. 우리는 이에 대해 사과를 표하며 현재 이를 개선 중에 있다."[241]

240) 중국외교부당안관, 118-01025-02, 1-3쪽.
241) 중국외교부당안관, 118-01025-02, 4-6쪽.

이후 중국은 조선족이 조선에 불법 입국하는 문제에 대해 "관대하게 신중하면서, 심사를 완화하되 방임하지 않고, 일 처리에 완벽"을 기한다는 방침을 정하였다. 이의 실행을 위해 조선족에 대한 국내 각 방면의 사업에 필요한 배려를 하고 조선에 사회관계가 있거나 조선에 가서 건설에 참여하거나 혹은 거주하고자 하는 사람들에 대해서는 모두 출국을 허가하고 제한을 철폐하였다. 또한 조선으로의 귀국을 요청한 조선 교민은 모두 허가하도록 하며, 동시에 국경 지역에 공안, 민정, 해관, 인민위원회 공동으로 "저지소"를 설치하여 불법 입국자들에 대해 권고와 저지를 진행하였다.[242)]

조선 측 역시 외부 인구 유입이 갑자기 증가하여 처리가 어려워지자 국경관리를 강화하기 시작하였다. 1962년 제5차 중조 국경경비 총대표자회의에서 조선 대표는 "출입국 문제에 엄격함을 유지해야 하며, 마음대로 오가게 해서는 안 된다"고 주장하였다. 조선 정부도 일련의 새로운 조치를 취하였다. 가령 4월에는 국경 거주민들이 사용하던 18개의 나루터를 3개로 줄였고, 시,군에 설치했던 국경경비 총대표처를 도 단위로 승격시켰다.[243)]

1962년 하반기에 이르러 동북 조선족 주민들의 대규모 불법 입국 추세는 마침내 수그러들기 시작하였다. 여기에서 보충설명이 필요한 것이 있다. 조선 정부가 관리를 강화해달라고 요구한 대상은 조선 정부가 필요로 하는 사람들에 국한된 것이었다. 전체적으로 보면 노동력 부족으로 인해 조선 정부는 인구를 늘리기 위한 각종 조치들을 계속해서 취하였다. 실례로 1963년 10월 조선은 "국적법"을 발표하여, 조선 영토 내에서 출생했으나 부모를 모르는 아이들에게도 조선 국적을 부여하도록 하였고, 또 조선 공민과 외국인이 결혼한 후에도 국적은 변하지 않으며, 조선 국적을 가진 부모 중 한 명이 국적을 변경할 경우에도 그 자녀들의 국적은 변하지 않는다고 규정하였다.[244)]

중국 동북과 조선 사이에 조선족 주민들의 빈번한 이동은 확실히 복잡한 문제였다. 그중에는 역사적 요인도 있고 현실적 요소도 있었다. 관념 문제가 있

242) 중국외교부당안관, 118-01028-01, 98-100쪽, 118-01784-01, 8-9쪽.
243) 중국외교부당안관, 106-01128-01, 1-10쪽.
244) 『로동신문』 1963년 10월 10일 1면.

는가 하면 정책 문제도 있어 사실 처리하기에 민감한 문제였다. 상술한 동북 조선족의 조선 유출에 대한 역사적 고찰을 통해 우리는 국적 확정의 기준, 중조 간 혼인 문제의 처리, 중국 국적 조선족들의 출입국 수속 처리, 중국으로 건너온 조선 공민의 처리 및 불법 입국 문제 등 각 방면에서, 중국은 모두 조선의 의견을 수용하고 조선의 입장을 배려했다는 사실을 알 수 있다.

그 궁극적인 이유는 대체로 두 가지이다. 첫째, 정치적 필요성이다. 조선은 당시 국제사회에서 중국의 몇 안 되는 친구 중 하나였기 때문에 반드시 조선을 자신의 편으로 만들어야만 하였다.[245] 중공 중앙은 "국제사회에서 수정주의가 제국주의와 각국 반동파와 연합하여 중국과 세계인민에 반대하고 있는 지금, 조선 당은 결연하게 우리의 편에 섰으며 우리의 충실한 전우였다. 양국 관계는 매우 좋으며 서로 지지하고 있다. 따라서 조선과 관계되는 문제를 처리할 때는 반드시 진지하고 엄숙하게 대해야 하며, 잘 처리해야만 하고 절대로 잘못 처리해서는 안 된다"고 지시한 바 있었다.[246]

둘째, 중국은 인구가 많기 때문에 다소간 빠져나간다 해도 큰 문제가 되지 않았다. 모택동은 김일성에게 "동북에 100만여 명의 조선인들이 있는데 당신네 사람이기도 하고 우리 사람이기도 하다. 당신들의 병력이 부족하면 그곳에 가서 징집할 수 있다. 그들이 귀국하길 원하면 귀국할 수 있다. 어찌되었든 우리는 인구가 많다"라고 말하였다.[247]

외교와 국제관계를 처리할 때 친구 혹은 조력자를 구하는 것은 본래 매우 정상적인 것이다. 그러나 만일 일시적인 외교적 필요 때문에 국가사무(국적, 국경, 공민권 등) 처리의 기본원칙을 망각하거나 포기하면 국가의 장기적 안

---

[245] 1950년대 중후반기 이후 중국은 아시아, 아프리카, 남미의 개발도상국들과 우호관계 수립에 주의를 기울이기 시작하였으나, 진정한 의미에서 맹우(동맹관계)는 거의 없었다. 최근 연구는 "1960년대 중반까지 유고슬라비아, 인도와 이집트의 지도하에 구성된 비동맹운동은 점차 각 지역 국제관계를 재구성하기 시작하였으며, 중국의 개발도상국 외교정책에 첫 번째 정치적 장애물"이 되었음을 밝혀냈다. 다음 연구를 참고. 周万(Jovan Cavoski),「与中苏争夺第三世界: 1958-1959年铁托的亚非之行」, 沈志华, 李滨主编, 『脆弱的联盟: 冷战与中苏关系』, 266-269쪽.

[246] 중국외교부당안관, 118-01784-01, 8-9쪽.

[247] 1963년 4월 26일 모택동과 조선 『로동신문』 대표단 접견담화기록.

녕에 우환을 초래할 수 있으며 이는 득보다 실이 더 크다.

대외 경제협력에서 노동력을 수출하는 것 또한 나무랄 수 없는 정상적인 경제행위이다. 그러나 해외 파견에 대한 시간, 인원수, 전문 영역 및 방식 등은 반드시 계획적으로 질서 있게 법률적 보장 아래 진행되어야 한다. 만일 전적으로 상대방의 요구에 따른다면 무질서와 제어불능의 상태에 빠지는 것을 피할 수 없다. 국경을 몰래 넘거나 월경을 감행하는 등의 위법적 행위에 대한 가장 근본적인 대책은, 국내 경제정책을 올바르게 정돈하는 것 이외에 법제를 완비하고 엄격히 법을 집행하는 것이며, 이외의 조치들은 모두 보조적 수단일 뿐이다. 그렇지 않으면 그 후과는 아마도 소탐대실이고 후환이 끝이 없을 것이다.

그러나 조선 발전의 관점에서 보면 김일성이 필요로 했던 것은 몇 만 명의 노동력 증가만이 아니었다. 그는 줄곧 동북에 있는 백두산의 광대한 토지를 탐하였는데, 이 요구는 가장 적합한 시기에만 제기할 수 있었다.

제3절 모택동, 조선의 영토 요구를 수용

중조 국경선 문제는 중국은 물론 조선과 한국에게도 매우 민감한 사안이다. 해당 3개국 정부는 국경선 문제를 공개적으로 언급하지 않고 있으며, 심지어 중국 관방에서는 이 문제와 관련한 학계의 토론과 연구까지 금지하고 있다. 그러나 민간 영역에서는 논쟁이 계속되고 있다. 이러한 상황은 인터넷에서 "중조 국경선", "백두", "고구려" 등의 키워드만 검색해도 한눈에 알 수 있다.

그렇다면 중조 국경선 문제는 이미 해결되었는가? 또 어떻게 해결할 수 있었는가? 중조 국경선에 대한 역사적 사실들에 관하여, 중국학자들은 이전부터 매우 심도 있고 상세한 토론을 하여왔다. 그러나 이 분야의 기존 연구 성과들은 명청 시대의 국경분쟁 및 담판과 그 결과에 집중되어 왔으며, 중화민국 시기와 특히 중화인민공화국 시기 중조 간 국경 분쟁 해결에 관한 논문과 저서는 매우 드물다.[248] 그 이유는 사료가 부족하고 문제가 매우 민감하기 때문이다.[249] 중조 간 국경분쟁 해결에 관해, 기존의 연구자들 사이에 서로 다른 설명이 각기 존재한다. 우선 해결 시기에 관하여, 1970년 1월 중조 항운합작회의가 열렸을 때라는 주장이 있는 반면, 일부에서는 1970년 4월 주은래가 조선을 방문했을 때 해결되었다고 주장하였다.[250] 심지어 최근(2013년)에는 "중조 양국은 1963년 비밀협정을 체결하고, 장백산 주봉을 획정하였다"고 주장하였다.[251] 주장의 근거 또한, 적지 않은 학자들은 구술 자료에 근거하여 중조 양국이 국경분쟁 문제를 해결할 때 천지의 60%를 조선에 주기로 결정하였다고 단정하고 있다.[252] 현재까지 공개된 중국의 당안 자료를 볼 때, 이러한 주장은 근거 없는

[248] 이 분야의 대표적인 연구저작들은 다음과 같다. 杨昭全, 孙玉梅, 『中朝边界史』, 吉林: 吉林文史出版社, 1993年; 杨昭全主编, 『中朝边界研究文集』下册, 吉林省社会科学院, 1998年; 李花子, 『明清时期中朝边界史研究』, 北京: 知识产权出版社, 2011年. 이밖에 다음을 볼 것. 刁书仁, 「中朝边界沿革史研究」, 『中国边疆史地研究』 2001年 第4期, 19-25쪽. 이와 관련한 해외연구저작은 많지 않다. 주로 한국학자들이 흥미를 보였으나, 학술적 성과는 역시 많지 않다. 이종석은 자신의 저작 『북한-중국관계(1945-2000)』 제4장에서 국경문제를 서술하면서, 매우 중요한 문헌을 제공하였다. 그러나 중조의 국경정책 및 변화 과정에 대한 서술이 상세하지 않다. 양태진, 「朝中边界条约을 통해 본 北方边界线─白头山天池를 中心으로」, 『북한학보』 제32권(2007년), 79-99쪽; 김명기, 「조·중 국경조약과 간도: 간도 영유권 회복이 최상의 민족적 소명이며 국민적 성찰이 필요」, 『北韓』 제4기, 2008년, 23-29쪽; 서길수, 『백두산 국경연구』(서울 : 여유당, 2009년). 상기의 논저들은 모두 1962년 중조변계조약의 구체적 내용과 변계추세와 국경표지 등에 중점을 두고 있다. 그러나 조약의 과정 및 쌍방의 정책변화에 대한 내용은 매우 드물다. 서구학계의 이 방면 연구는 매우 단순하다. 미국학자 프라벨(Taylor Fravel)의 중국 국경분쟁 문제에 대한 저작은 서구학계에서 영향력이 있으나, 중조변경문제와 관련한 내용은 2페이지도 안 되는 서술에 그치고 있다. 다음을 참고할 것. Taylor Fravel, *Strong Borders, Secure Nation: Cooperation and Conflict in China's Territorial Disputes*, Princeton: Princeton University Press, 2008, pp.113-115.

[249] 杨昭全, 孙玉梅编, 『中朝边界沿革及界务交涉史料汇编』(长春: 吉林文史出版社, 1994年) 이 저작은 이 분야에 유일하게 권위있는 저작이다. 이 책은 1,300쪽에 이른다. 그러나 사용된 문헌 및 자료는 청조 말기까지로, 이후 시기에 대한 자료는 부족하다. 필자가 10여 년 전에 길림성 당안관에서 문헌을 열람했을 때 국경문제와 관련된 수많은 문건들을 보았다. 그러나 2011년 다시 찾았을 때 이 문헌들은 또다시 열람이 금지되어 있었다. 이 밖에도 중국외교부는 12권의 중외국경사무조약집을 출판하였고 『중조편』에는 쌍방 간에 있었던 국경사무조약과 협정 관련 거의 모든 문서가 망라되어 있었다. 그러나 유독 1962년 중조변계조약과 관련 문서들만이 수록되어 있지 않다. 이런 사실은, 해당 문제의 민감성을 잘 보여준다.

[250] 다음을 참고할 것. 이종석, 『북한-중국관계』, 228쪽.

[251] Charles K. Armstrong, "Sino-Korean Border Relations", in Bruce A. Elleman, Stephen Kotkin, and Clive Schofield(eds.), *Beijing's Power and China's Borders: Twenty Neighbors in Asia*, New York and London: M.E. Sharpe, 2013, p.119.

[252] Chae-jin Lee, *China and Korea*, pp.99-100; Eric Hyer, *The PragmaticDragon: China's GrandStrategy and Boundary Settlements*, Vancouver: UBC Press, 2015, pp.157-158.

추측이거나 혹은 당사자들의 부정확한 기억들로서, 모두 신뢰할 수 없는 것임을 보여준다.

그러나 1950~1960년대 중조관계사를 연구하면 국경선 문제는 피해 갈 수 없는 연구과제이다. 그래서 필자는 중국 외교부와 관련 국경 "성(省)" 지역 당안관 그리고 대만 "국사관(国史馆)" 및 "외교부"의 당안 및 한국학자가 공개한 관련 당안 문건들을 최대한 조사하여, 이를 기초로 문제를 설명하고 동시에 중국 학자의 시각으로 해석해보았다.

1. 중국의 국경 영토분쟁 처리에 관한 방침

중국과 조선의 국경선 획정 분쟁은 역사적으로 해결되지 않은 문제이다. 국경선 문제 해결에 영향을 미치는 요인으로 자연 지리적 요인과 민족 감정을 들 수 있다.[253]

명나라 시기와 조선왕조 건국 초기까지 양국은 압록강과 두만강을 경계로 국경을 확정하였다. 압록강과 두만강은 모두 장백산(한국명 백두산)으로부터 시작되고 있으며, 장백산 주봉 북쪽에 위치한 천지는 송화강과 압록강, 두만강 세 강의 발원지이기도 하다. 압록강과 두만강의 중류 이하는 강폭이 넓고 수심이 깊어 양국의 국경이 명확하게 구분된다. 그러나 두 강의 상류지역, 특히 두만강의 발원 지대는 지류가 많고 수심이 얕기 때문에 경계가 불분명하였다. 이로 인해 경계가 모호해지고 국경지역 주민들의 월경이 빈번하게 발생하였으며 국경분쟁이 발생하기도 하였다.

일부 중국학자는 조선왕조의 발상지가 장백산이 아닌, 태조 이성계의 출생

---

253) 역사상 중조변계의 형성과 논쟁문제에 대해 중국학계에는 이미 매우 상세한 토론이 계속되어 왔으며, 연구 성과도 꽤 풍부하고, 견해가 대체로 일치한다. 본문의 간략한 서술은 필자가 기존 연구 성과들을 종합하여 정리한 것이다. 주로 다음을 참고했다. 杨昭全, 孙玉梅, 『中朝边界史』, 537-547, 614-615쪽; 编写组, 『中朝关系通史』, 长春: 吉林人民出版社, 1996年, 551-567, 733-775쪽; 赵兴元, 「"间岛"问题的由来及演变」, 『北华大学学报』 第1卷 第3期(2000年 9月), 65-69쪽; 蔡建, 「中朝边界争执与〈图们江中韩界务条款〉」, 『韩国研究论丛』 第11辑(2004年), 186-201쪽; 李花子, 「朝鲜王朝的长白山认识」, 『中国边疆史地研究』 第17卷 第2期(2007年), 126-150쪽.

지 영흥이며 당시 조선인들은 장백산을 "영토 밖의 산"으로 인식하였다고 고증한 바 있다. 1712년 강희제는, 목극등(穆克登)을 파견하여 국경을 조사한 후, 장백산 천지 남쪽으로 10여리 떨어진 분수령에, 정계비를 세우도록 하였다. 당시 정해진 경계로 청 왕조와 조선이 압록강과 두만강을 경계로 삼는다는 사실이 재확인되었고, 천지는 청 왕조 발상의 성지로서 중국의 영토에 편입되었다. 장백산은 청 왕조와 조선의 경계가 되었으며, 주봉은 중국 영토로 인정한다는 원칙이 재차 확인되었다.

조선 영조시대(1724~1776년) 군신들은 오랜 토론을 거쳐 장백산을 "북악(北岳)"으로 정하고, 왕업을 흥하게 하고 나라의 근본을 세우는 곳으로서 국가의 제사를 지내는 곳으로 정하였다. 100여 년 간 제사를 지내면서 조선 민족의 장백산에 대한 감정은 점점 깊어졌다. 고종이 황제로 즉위한 이후(1864년) 장백산은 조선왕조의 조종산(租宗山)으로 삼아 정식으로 국가의 사전(祀典:제사를 지내는 예전 - 역자 주)에 편입되었고, 『조선고종실록』에는 "우리나라 백두산"으로 기록하였다. 특히 1910년 조선이 일본에 병탄된 후, 왕조의 성산으로서 장백산은 조선인들에게 조상을 기리고 민족의식을 보존하는 상징이 되었다. 그 결과 양국 간 국경분쟁에 있어서 장백산은 더 복잡한 요인으로 작용하게 되었다.

두만강 발원지역 경계선에 관한 중조 갈등의 초점은 두만강 발원지의 확정에 있었다. 청 정부는 발원지역 남부의 홍단수(紅丹水)를 발원지로 인정하였던 반면, 조선 정부는 북부의 홍토산수(紅土山水)가 발원지라는 입장을 견지하였다. 이 논쟁을 근본적으로 해결하기 위해서 양국 정부는 1885년과 1887년 두 차례에 걸쳐 담판을 가졌다. 두 차례의 담판에서 청 정부는 홍단수를 두만강의 발원지라고 주장하던 기존 입장을 포기하고, 중간 지대에 속해 있던 석을수(石乙水)를 두만강의 발원지로 삼자는 새로운 제안을 함으로써 국경 획정 문제에서 큰 양보를 하였다. 조선 대표는 "마음속으로 이를 옳다"고 생각하였지만, 조선 정부가 두만강의 발원지를 홍토산수라는 기존 입장을 강력히 고집하였기 때문에 감히 자신의 뜻대로 처리할 수 없었다.

이후, 조선이 대표를 파견하여 회담을 진행하는 것을 거부하면서 회담은 성과 없이 끝나고 말았다. 러일전쟁 후 일본은 조선의 "보호국"이 되었고, 일본은 조선의 내정과 외교 전체를 관장하였다. 이에 따라 중조 국경선 담판은 중일 간의 담판으로 그 성격이 바뀌었다. 1909년 9월 4일, 중일 양국은 장기간의 교섭을 거쳐 "두만강중한계무조관(즉 간도조약)"을 체결하고, 두만강을 청 왕조와 조선 양국의 국경으로 삼고 두만강의 발원지는 정계비에서 석을수까지 하기로 합의하였다.

이 합의를 도출하기 위해서 중국은 동북지역의 도로, 광산 및 기타 생산권 등에서 크게 양보하고 희생해야만 하였다. 11월 9일 조선의 내각총리는 이 조약을 비준하였다. 이로써 중조 간 200여 년에 걸친 국경선 분쟁과 교섭은 마무리되었다. 그 결과가 1887년 청 정부의 주장과 대체로 일치하면서, 장백산 천지 및 주변의 군소 봉우리들은 모두 중국 영토로 귀속되었다(그림 참조, 석을수 및 서쪽과 연결된 보라색 선).

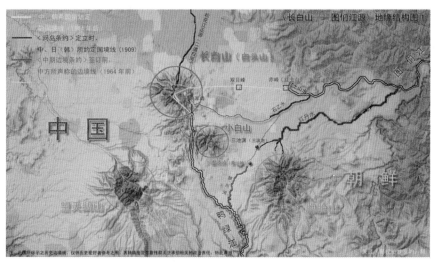

• 중조 두만강 국경지역 지도.

1945년 일본이 패전으로 투항한 이후 조선반도에서는 독립과 건국을 향한 움직임이 시작되었다. 미소 간 갈등으로 인하여, 특히 유럽에서 냉전이 시작된 이후 조선반도의 분열은 갈수록 심화되었고 1948년 두 개의 독립된 정권(한국과 조선)으로 갈라지기에 이르렀다. 독립한 조선 민족은 당연히 일본 주도하에 체결된 국경조약에 불만을 가졌으며, 한국인들은 먼저 간도조약의 합법성에 대해 의문을 제기하였다.[254] 그러나 조선은 남북으로 분열되었기 때문에 국경선 분쟁을 해결하는 데 있어 실제로 중요했던 것은 중국과 국경을 접하고 있는 북조선의 태도였다.

전후 소련은 조선의 북반부를 장악하였다. 1947년 4월 국민정부 동북행원(东北行辕) 주임 웅시휘(熊试辉)는 소련의 특무들이 장백산 및 조선 북부의 각 지역에서 측량 사업을 벌이고 있다는 사실을 두 차례에 걸쳐 외교부에 보고하였다.[255] 1948년 7월 10일 국방부 제2청이 제공한 또다른 정보는, 소련 원동국이 중국 "길림성 연길, 목단강, 목릉(穆棱) 및 그 근처 지역을 조선 영토로 획정"하였으며, 당시 이 지역에 "조선 정규군 부대가 주둔하고 각 지역 행정도 조선인이 주관"하고 있다고 보고하였다. 또한 그해 2월, 소련과 조선이 평양에서 동북 간도(연길), 안동, 길림 3개 지역을 조선 자치구로 획정시키는 협정을 체결하였다고 보고하였다. 외교부장 왕세걸(王世杰)은 이 문서를 "서아사(西亚司)에 발송하고 특히 주의"하도록 지시하였다.[256]

두 달 뒤(9월 7일), 서아사가 제출한 보고 결과는 다음과 같다. "연길 등 관련 지역을 조사한 결과, 이전부터 거주중인 한국인이 매우 많았다. 중공이 한인 국적자들로 지방 관원을 충원하고 있는 듯하다. 다른 정보에 따르면, 조선 부대가 중공 집단의 작전에 참가하였으며 해당 부대들이 그 지역에 주둔 중인 것으로 보인다. 그러나 상기 사실을 근거로 해당 지역이 조선에 귀속되었다고

---

254) 다음을 참고할 것. 陈朝阳,「中韩延吉界务之交涉(1882-1909)」, 杨昭全主编,『中朝边界研究文集』 下册, 1,028쪽. 70년대 이후, 한국학자들은 "간도조약"의 무효와 간도는 조선의 영토에 속한다는 주장을 담은 대량의 논문들을 발표하였다. 다음을 참고할 것. 杨昭全,「中朝韩三国关于中朝边界 沿革及界务交涉的研究」, 邢玉林主编,『中国边疆研究通报』, 乌鲁木齐: 新疆人民出版社, 1995年, 145-150쪽;「南朝鲜史学概况」,『朝鲜研究资料』第4期, 1979年 10月 25日, 22-40쪽; Daniel Gomà, "The Chinese-Korean Border Issue: An Analysis of a Contested Frontier", *Asian Survey*, Vol.46, No.6, Nov.-Dec., 2006, pp.867-880.

255) 唐屹主编,『外交部档案丛书·界务类第一册·东北卷』, 台北: 中华民国外交部编印, 2001年, 301쪽.

256) 唐屹主编,『外交部档案丛书·界务类第一册·东北卷』, 295-296쪽.

보기는 힘들 것 같다." 또 연길, 목단강, 목릉 등의 지역은 조선과 멀리 떨어져 있어 "이런 광활한 영토가 타국에 귀속된다면 많은 사람들이 놀랄 것이고, 사실 여부를 의심할 것이다"고 덧붙였다.

1947년 8월 26일 소련 관리들이 불법적으로 중소 국경지역의 표지를 임의로 옮기는 것에 대해, 국민당 정부 외교부는 중국 주재 소련 대사관에 공문을 보내 "국민당 정부는 실지 조사를 위해 적절한 시기에 관리를 파견하는 것 외에, 이 문제에 관해 일단 보류하고 추후 조사를 통해 사실을 규명하고 소련 정부에 필요한 요구사항을 모두 제기할 것"이라고 하였다.[257]

중국 국민당 정부가, 국방부 제공 정보를 받은 이후 재차 사실 확인에 나섰는지는 알 수 없다. 그러나 당시 외교부의 연구 결과에 따르면 국민당 정부는 국제조약을 근거로 이 사건을 비중 있게 여기지 않았던 것으로 보인다.[258] 실제로 이 시기 동북 문제가 미국, 중국, 소련, 중공 3개국 4자 관계에 있어서 극히 민감한 사안이었음을 감안한다면, 소련이 중국의 영토 문제가 관계된 이 중대한 문제를 제기하고 나서는 것은 불가능하다고 할 수 있었다.[259]

필자가 대만 당안을 조사해본 결과, 당시 중국과 조선의 영토 획정 분쟁 혹은 국경선 문제는 주로 압록강 하류지역에서 발생하였다. 예를 들면 압록강 하구의 황초평도(黃草坪岛) 분쟁과 압록강 최하류 영문항(迎门港) 일대에서, 중국 어민들의 월경에 조선 군인들이 사격을 가한 사건, 그리고 양측이 공동으로 건설한 수풍발전소의 전력 배분에 관련된 분쟁 등이 그것이다.[260]

---

[257] 唐屹主编,『外交部档案丛书 · 界务类第一册 · 东北卷』, 296쪽.

[258] 2006년 6월 26일 한국 연합통신사는 한국 포항공대 박선령 교수의 중요한 발견을 보도하였다. 그 내용은 다음과 같다. 1948년 7월 10일 중화민국 국방부 제2청이 외교부에 보낸 문건 중 "소련이 길림, 목단강, 목릉 및 그 부근지역을 조선영토로 획정"하였다는 내용이 나온다. 기사 제목은 "1948년 구소련이 간도는 조선의 영토라고 승인했던 대만 문서가 발견되다" 였다. 그러나 박 교수는 국방부가 확보한 사실 확정을 거치지 않는 정보를 기정사실화하는 명백한 오류를 범하였다. 또한 9월 7일 외교부의 이 정보에 대한 보고서를 박 교수는 보지 못했거나, 무시하였다.

[259] 1946년 외몽고 독립 이후, 몽고지도자 쵸이발산(Choibalsan)이 소련에게 제기한 내몽고 합병 제안은 스탈린에 의해 즉시 제재되었다. 그 이유는 중국과의 전쟁을 유발할 수 있었기 때문이다. 해당 사실은 이를 방증하고 있다. 沈志华主编,『俄罗斯解密档案选编: 中苏关系』第1卷, 上海: 东方出版中心, 2015年, 138-140쪽.

필자가 대만 "외교부" 당안 중에서 발견한 문건 하나는, 당시 중조 국경선 문제에 대한 국민당 정부의 태도를 대체로 반영하고 있다. 그 내용은 다음과 같다.

1909년 조약이 이미 체결되었다는 점에 비춰, "간도 문제는 이미 합의되었다. 이 지역에 거주하고 있는 백만 명의 조선 교민들을 어떻게 잘 처리할 것인가 하는 문제는 내정의 문제이다. 국경선 문제에 대해서는 두만강, 석을수의 자연적 경계선이 있기 때문에 변경할 수 없다. 1909년 중일 간 체결한 중한계무조약의 제1조가 정한 국경이 여전히 유효하며, 그 외의 조약은 모두 폐기되어야 함을 주장할 수 있다." "압록강 하구에는 갈대밭과 섬이 매우 많다. 황초평, 동적당을 제외하고도 갈대밭이 여전히 다수 존재하며 일정한 명칭이 존재하지 않을 뿐, 대부분 일본인이 강점하였다." 강이 침식되고 기슭이 무너지면서 강 전체가 점차 서쪽으로 이동되었고, 강 중류에는 모래가 사주(沙洲)를 형성하였다. 그 해결 방안에 관해서 "황초평은 우리나라(중국) 영토이며 각종 문헌들로 증명이 가능하다. 기타 갈대밭, 도서 지역은 대부분 일본인에 의해 강점되었으므로, 장래 한국 영토를 결정할 때 우리는 다시 획정할 것을 요구하여, 실지 측량과 국제법 관례에 의거하여 공평하게 처리해야 할 것이다."[261]

국공 양당의 동북 내전 시기, 연변 일대는 중국공산당이 점령한 지역이었고, 중공 정부 또한 중조 국경선 문제를 그리 중요하게 여기지 않았다. 중공 연변 지역위원회는 1948년 8월 한 문건에서 다음과 같이 지적하였다.

"중조 국경은 두만강을 경계로 한다. 이는 역사적으로 자연적 구분에 의해 획정된 것으로 대체로 큰 문제는 없다. 그러나 일부 지역에서 강의 지류가 변화하고 새로운 지류가 형성되어, 양국의 강 부근 촌락과 토지가 혼재되기 시작하면서 분쟁들이 발생하였다. 지역의 관리와 불필요한 분쟁을 초래되지 않게 하기 위하여 강 주류(主流)를 경계로 확정하고, 지역 거주민은 의사에 따라 해

---

260) (台湾)国史馆, 020-0100202-0003, 35-44, 118-122쪽; 唐屹主编, 『外交部档案丛书·界务类第一册·东北卷』, 320쪽.

261) (대만)외교부당안관, 097.1-0004, 182-190쪽. 이 문건이 전체 소장되어 있지는 않다. 작자, 시간이 모두 비어있다. 외교부의 모 부처가 1948년에 작성한 비망록의 성격을 띄는 문건인 것으로 보인다.

당 지역에서 계속 거주할지 아니면 본국으로 귀환할지 여부를 결정해야 한다. 양국 국경에서 현안이 발생하였을 때, 양국 주민들이 현지 정부에 보고하여 해결하도록 하고, 하급 정부 관리와 현지 주민들이 임의로 협상하는 것을 금지하였다."[262]

영토 문제를 보는 조선의 입장에 관해서는 세 가지 참고할 만한 사료 및 사실이 있다.

첫째, 1947년 겨울부터 1948년 여름까지 주한미군 정보부문이 수집했던 정보에 따르면, 조선이 간도지역을 조선으로 귀속하고 조선인민위원회가 관할해야 한다는 여론을 계속 유포하였으며, 이러한 여론이 사방에 퍼지면서 중국 측또한 격앙된 반응을 보이고 있었다는 사실이었다.

둘째, 1948년 9월 조선민주주의인민공화국 성립 전후, 김일성과 당시 연변공서 연락원 임춘추(林春秋)는 연변지역에서 조선 건국 경축행사를 정성들여 계획하였다. 이러한 행동의 목적이 이 지역에 대한 조선의 영향력을 확대하고 더나아가 연변을 조선으로 귀속시키는 데 있다는 의혹이 있다. 어떤 한국학자는 "문화대혁명" 시기 연변지역 조반파(造板派)의 비판 자료를 인용하여, 김책(金策)과 김광협(金光俠) 등이 비밀회의를 소집하고 연변의 간부들을 참석시켜 연변의 조선 귀속 문제를 토론하였다고 주장하였다.

셋째, 1949년 초 길림성 민족공작실 좌담회에서 연변지역 정권을 수립하는 문제를 토론하였을 때, 임춘추는 연변의 민족 문제를 근본적으로 해결하기 위해서는 연변을 조선에 귀속시켜야 한다고 주장한 바 있었다. 임춘추는 연변에서 태어나 초기에 항일연군에 참여하고, 일본 항복 후에는 88여단 중국공작단 간부로서 연변에서 일정 기간 동안 일하였다. 이후에 조선으로 돌아가, 북조선 공산당 평안남도당위원회 제2서기로 재직하면서 김일성의 두터운 신임을 얻었다. 1947년 3월 중공 동북국은 조선에게 조선 간부 1명을 파견하여 사업을 도와 달라고 요청하였는데, 김일성은 바로 임춘추를 추천하였으며 그와 계속해서 긴밀히 연락하였다.[263]

---

262) 『中共延边吉东吉敦也委延边专署重要文件汇编』 第1集, 387-388쪽.

당시 연변지역에서 생활하던 조선족 거주민(일부 간부포함)은 일반적으로 자신을 조선인으로 인식하였으며, 중국과 민족적 유대감은 아직 형성되지 않았다. 이러한 상황에서 북조선이 일본의 주도하에 체결된 "간도조약"의 합법성에 의문을 갖고, 조선인이 절대다수를 점하고 있는 연변지역 영토를 희망한 점은 이해할 수 있다. 그러나 북조선에서 소련의 특수한 지위를 감안한다면 모스크바의 비준 없이 김일성이 이 문제를 공개적으로 제기하고 나서는 것은 불가능했을 것으로 보인다. 설령 내심 희망하였다고 하더라도 약간의 시도만으로 그쳤을 것이다.[264]

결론적으로, 신중국 성립 이전 중조 국경선 분쟁은 사소한 문제였으며, 그다지 큰 문제는 아니었다.

중화인민공화국 정부 수립 이후 국경선 문제는 이전보다 신중하게 처리되었다. 1950년대 초, 중국은 조선전쟁으로 인하여 국경선 문제의 상황을 잘 이해하지 못하고 있었다.[265] 따라서 중공 중앙은 사실상 국경선 문제 해결에 있어서 지연책으로 일관하였다. 역사상 중국의 "구 정부가 외국과 체결한 국경 문제 관련 조약과 협정"을 "긍정도 부정도 하지 않는 방침"을 취했다. 중국과 주변 국가 간 국경에 존재하는 미해결 문제는 "잠정적으로 현상 유지 방침"을 정하였다. 동시에 관련 부처에 해당 문제 연구를 서둘러, 국경선 문제 해결을 적극적으로 잘 준비하라고 지시하였다.[266]

---

263) 본서의 제1장 2절을 참조할 것.

264) 양소전(楊昭全)의 관찰에 따르면, 70년대 말, 한국학자가 증정한 책은 고조선의 강역이 "서부지역에서 요동지역까지"라고 주장하고 있다. 그러나 중조변계논쟁 및 "간도조약"에 대해 어떠한 평론도 발표되지 않았다. 다음을 참고할 것. 楊昭全, 「中朝韓三国关于中朝边界沿革及界务交涉的研究」, 邢玉林主编, 『中国边疆研究通报』, 144쪽.

265) 이 시기 중국에서 출판된 지도가 각양각색이고, 오류투성이인 것이 전형적 사례라고 할 수 있다. 문화부와 외교부의 조사에 따르면, 다음과 같은 문제가 발생하였다. 카슈미르를 인도 국경으로 표시하였고, 인도와 부탄, 시킴주(州)의 경계 표시가 불분명하였다. 네팔과 부탄의 국가명을 중국 국경 내에 표기하였다. 인도차이나 지역을 베트남으로 표기하였다. 또한 라오스와 캄보디아 표기를 빠뜨렸다. 『宣传通讯』 第172期, 1955年 11月 7日, 32-34쪽.

266) 다음을 참고. 『中共中央关于中缅边界问题的指示』, 1956年 10月 31日, 다음에서 재인용. 廖心文, 『二十世纪五十年代中国处理陆地边界问题的原则和办法』, "1950년대 중국"에 대한 국제학술토론회(2004年 8月 상해)에 제출한 논문. 高飞, 「简评中国处理领土争端的原则及理念」, 『外交评论』 总第105期(2008年 10月), 25-31쪽.

1950년 4월, 조선 측은 동북 인민정부에 압록강 유역 운항 문제에 대한 담판 개최를 제안하고, 조선 측이 제작한 지도를 발송하였다. 중국 외교부는 이 소식을 접한 뒤 '조선 측이 제기한 항로 표기구역 설치에 대한 규정'의 일부 내용은 국가의 영토주권 문제를 포함하고 있어 이 문제는 외교부와 조선 측이 담판을 진행해야 하며, 지방정부와 담판을 진행해선 안 된다"고 지적하였다. 또한 즉시 동북정부 외사국에게 담판을 중지할 것을 지시하고, 모든 자료를 북경에 보내 외교부가 상황을 이해한 후 처리방침을 다시 결정하기로 하였다.[267] 이 사건의 처리 관련 당안 기록은 아직까지 발견하지 못하였다. 그러나 이러한 처리방침은 중앙정부가 국경선 문제 취급에 신중한 태도였음을 보여준다.

　　1950년대 중반부터 시작된 대규모 경제건설의 순조로운 진행을 보장하고 동시에 제국주의 세력의 대중국 포위국면을 타개하기 위해, 중국은 "평화공존" 외교노선을 지지하고, 안정적인 주변 환경 조성으로 더 많은 아시아 국가들의 지지를 얻고자 하였다. 따라서 동남아 주변 국가들과 국경분쟁으로 초래된 긴장국면의 해소는 중국의 외교 문제 처리에 급선무가 되었다.

　　1955년 11월, 중국과 미얀마 양국의 국경수비대 간에 오인으로 인하여, 국경선인 황과원(黃果园) 일대에서 교전이 벌어졌다.[268] 1956년 2월, 신강 이리지역을 놓고 중소 양국 국경수비대가 분쟁중인 영타얼(英塔尔) 지역에서 소요가 발생하여, 양측이 서로 위협사격으로 무력시위를 벌였다.[269] 이에 따라 중국과 미얀마 간의 국경선 문제 처리를 중심으로, 1956년 중공 중앙은 국경선 문제를 회의 안건으로 상정하였다.[270] 1957년 3월 16일, 주은래는 전국 정치협상회의에서 과거의 현상유지 정책은 합당하였고 필요한 것이었으나, 권익을 유지하기 위한 계책이었을 뿐 장기적인 정책은 아니었다며, 영원히 미룰 수는 없다고 지적하였다.[271] 1957년 8월, 10월 조선과 소련은 담판 방식을 통하여 국경협정을 체

267) 중국외교부당안관, 106-00021-03, 4쪽.

268) 刘金洁, 「中缅边界中的"麦克马洪线"问题及其解决」, 『当代中国史研究』 2006年 第1期, 91쪽; 冯越, 齐鹏飞, 「中缅边界谈判述略」, 『湖南科技大学学报』 第9卷 第6期(2006年), 55-60쪽.

269) 신강위구르자치구이리주당안관, 11-1-134, 3-14쪽.

270) 중국-미얀마 국경문제 해결은 다음을 참고. 金冲及主编, 『周恩来传』, 1,292-1,324쪽.

결하였다.272) 이에 따라 중국도 유사한 국경선 문제 처리를 한층 가속화하였다.

이 시기 중국 지도부는 국경 문제와 국제법 관련 원칙에 대하여 더욱 깊이 이해하게 되었다. 중국-미얀마 간 국경조약 체결 과정 중에 중공 중앙은 국경 문제 해결을 위한 지도방침을 점차 확정하게 되었다.

첫째, 중국의 평화외교 정책에 근거하여 국경선 문제는 담판 형식으로 해결하고, 무력을 사용하여 현 상황을 변화시키려 하지 않는다. 둘째, 청 왕조 말기, 북양 정부 및 국민당 정부 시기 형성된 일부 국경 담판자료들은 법리적 근거로 삼을 수 있다. 역사 자료에 대한 연구는 반드시 다음의 세 가지 원칙에 따라야 한다. 역사 사실을 인정할 것, 역사를 단절할 순 없지만 역사 발전의 흐름을 읽어낼 것, 오늘날의 상황과 국가의 정책에 의거하여 역사를 대할 것. 셋째, 중국과 주변국가의 경계선에 대하여 "구 조약으로 이미 확정된 것은 국제법의 일반적 원칙에 따라 처리한다."273)

1957년 7월, 제1기 전국인민대표대회 제4차 회의에서 주은래 총리는 "우리 정부는 국경 문제에 있어서 정식 조약에 의해 제기된 요구사항은 국제관계에 의거하여 존중할 것이다"고 밝혔다.274) 그것은 사실상 이전에 중국정부가 체결한 국경조약에 대해 승인도 부인도 하지 않는다는 입장에서 승인하는 방향으로 방침을 전환한 것이다.275)

그러나 수년 후 중조 국경선 문제를 처리할 때, 중국은 국제법에 근거한 일반적 원칙을 거의 지키지 않았으며, 1909년 체결된 간도조약의 기초 위에서 국

---

271) 姚忠明等, 「周恩来总理解决中缅边界问题的辉煌业绩」, 裴坚章编, 『研究周恩来—外交思想与实践』, 北京: 世界知识出版社, 1989年, 95쪽.

272) АВПРФ, ф.0102, оп.13, д.5, л.193-307. 문건 중 협정의 구체적 내용이 포함되어 있다. 1985년 8월 24일 소련과 조선은 양국 국경을 조정하는 조약을 체결하였다. 다음을 참고할 것.中华人民共和国外交部条约法律司编译, 『领土边界事务国际条约和法律汇编』, 北京: 世界知识出版社, 2006年, 41쪽.

273) 『中共中央关于中缅边界问题的指示』, 1956年 10月 31日, 해당 자료는 다음에서 재인용. 廖心文, 『二十世纪五十年代中国处理陆地边界问题的原则和办法』.

274) 中华人民共和国外交部, 中共中央文献研究室编, 『周恩来外交文选』, 北京: 中央文献出版社, 1990年, 233, 237-238쪽.

275) 이 시기 중국의 국경처리방침 변화에 대한 상세한 분석은 다음을 참고. 李丹慧, 「同志加兄弟: 1950年代中苏边界关系」, 『国际冷战史研究』 第1辑(2004年 秋季号), 71-102쪽.

경 담판을 전개하여 두만강 발원 지역의 대규모 영토를 포기하고, 대부분 조선의 요구에 따라 양국의 국경을 획정하였다.

1958년 4월 25일, 중국 외교부는 국경지역 성과 자치구에 다음과 같이 통지하였다. "금후 인접국과의 국경선 문제는 점진적으로 해결해 나갈 것이다. 이 문제들이 비교적 복잡하다는 점을 고려하여 우선 충분한 자료 수집과 연구가 필요하다. 이 사업은 중앙이 현재 외교부와 기타 관련 기관과 협력하여 착수하고 진행하는 것 이외에 각 성 인민위원회 외사처가 전문 인력을 지정하여 관련 부처와 협력하기를 요청한다." 동시에 통지에서는 국경 문제 연구는 국경이 획정되지 않은 곳과 이미 획정된 곳 중 분쟁이 있는 곳에 대하여 중점적으로 이루어져야 한다고 지시하였다.[276]

그해 7월, 주은래와 외교부장 진이의 지시에 따라 국무원은 변계위원회(边界委员会)를 구성하였다. 변계위원회는 국무원 외사판공실의 직속기관으로 외교부, 국방부, 내무부, 과학원 역사연구소, 과학원 지리연구소, 국가 측량총국, 민족사무위원회, 지도출판사, 총참모본부 군사측량국과 경비부 책임자들로 구성되었다. 진이가 변경위원회를 직접 지휘하였으며 위원회 주임은 외교부 부부장 증용천(曾涌泉)이 담당하였다. 변계위원회의 임무는 국경선 문제 전반에 대한 규획이었다. 즉, 국경선 문제를 순차적으로 해결하기 위해 관련 부처들의 연구 조사, 자료 수집, 현장 조사를 조직하고 담판 방안을 제안하는 것이었다. 그러나 변계위원회 임무 범위에 국경분쟁 및 국경수비 등의 현안은 포함되지 않았다.

변계위원회 산하에 사회주의 국가조(사회주의국가국 국장 왕우전(王雨田)이 조장을 담당)와 자본주의 국가조(아시아국 국장 장문진(章文晋)이 조장을 역임)가 설치되었다. 동시에 요녕, 길림, 흑룡강, 감숙, 내몽고, 신강, 서장, 운남, 광서 등 국경과 접한 성 및 자치구에는 변계 공작소조가 설치되었다. 변경위원회는 임시로 3개월마다 회의를 개최하기로 결정하였으며, 중요한 결정 사항들은 수시로 중앙에 보고하도록 하였다. 외교부 보고는 소련, 조선, 몽고, 베트남

---

276) 길림성당안관, 77-4-1, 15-16쪽.

등 사회주의 국가와 접경지역에서 최근 몇 년 간 "크고 작은 일부 갈등이 발생하였으며, 양국 국경지역 주민들의 생산 활동, 생활과 우의에 적지 않은 부정적 영향을 주고 있다"고 지적하였다.

사회주의 국가조는 적극적 방침을 택해, 1958년 협상을 통한 중국－몽고 간 국경 문제 해결, 1959년 중국－소련, 중국－베트남, 중국－조선 국경 문제 해결을 업무 목표로 정하였다. 중국과 조선 간의 국경 문제에 관해서는 "중국과 조선의 국경은 두만강과 압록강이라는 두 강을 경계로 하고 있는데, 그중 두만강의 일부는 청 왕조와 일본 정부 간의 조약에서 획정된 것이고 그 외의 부분은 정식으로 획정되지 않았다"고 보고하였다.

아울러 현재의 주요 문제는 다음과 같다고 보았다. "첫째, 천지 문제는 이미 기본적으로 파악된 상태이고 해결 방안을 준비 중이다. 천지는 중국의 영토에 속해 있어 조선 측에 이와 같은 입장을 설명하였지만, 조선 측에서는 아직까지 공식적인 반응을 밝히고 있지 않다. 둘째, 강줄기의 변화로 인한 일부 작은 섬들의 귀속 문제에 대하여 양측은 다른 입장을 가지고 있다. 관련 성(省)이 조사를 진행하고 이를 변계위원회에 보고하도록 한다. 변계위원회는 올해 안으로, 중조 국경선 문제의 초보적 담판 방안을 마련한다."[277]

이를 볼 때 당시 중국외교부가 중조 국경선 문제는 그리 심각한 문제가 아니며, 해결도 복잡하지 않을 것이라고 인식하고 있었음을 알 수 있다.

1958년 8월 8일 국무원은 국경과 인접한 성에 변계공작소조(边界工作小组)를 설치하고, 지역의 국경업무를 책임지도록 지시하였다.[278] 12월 13일, 중공중앙은 '국경사업 강화에 대한 지시'를 발표하였다. 주요 내용은 다음과 같다. "중국은 국경선이 매우 길기 때문에, 역사적으로 미획정 지역이 남아 있어 해방 후 적지 않은 분쟁이 발생하였다. 또한 경계선이 획정된 곳 중에서도 일부 불분명한 지방이 있다. 현재 우리의 국경 현황은 제대로 파악되고 있지 않다. 국경과 관련된 역사 자료와 외교 문서의 미비, 부정확한 지도, 특히 미획정

---

277) 광서장족자치구당안관, X 50-2-290, 5-10쪽. 두만강의 수원지역 국경지대에 대한 조선 측의 획정은 사진을 참고할 것. 노란색 선.
278) 광서장족자치구당안관, X 50-2-290, 4쪽.

지역에 대한 이해가 부족하기 때문에 우리의 국경 경비와 대외 교섭 업무에 어려움이 많다."

이어서 이 '지시'에서는 다음 내용을 특별히 강조하였다. "국경 문제는 우리 나라와 관련 인접국과 관련된 문제이기 때문에, 우리의 주관적 희망대로 서둘러 해결하고자 해서는 안 된다. 그러나 우리는 관련 국가들과 국경선 문제를 해결할 수 있는 기회가 왔을 때, 피동적이고 불리한 상황에 처하는 것을 방지하기 위해서 기회를 잘 활용하여 사업을 준비해야 한다."

특히 중공 중앙은 민족주의 국가와 인접한 성과 자치구 당 위원회는 국경 업무를 당 위원회의 일상적 의사일정에 넣을 것을 "특별히 지시"하였다.[279] 이는 중공 중앙의 국경 문제 해결을 위한 로드맵에서 사회주의 국가와의 국경 문제는 급선무가 아니었다는 점을 보여준다.

2. 김일성, 국경조약 체결을 돌연 제안

그러나 중조 국경선 문제는 그다지 신속하게 해결되지 않았다. 변계위원회 또한 1958년 말까지 담판 방안을 제출하지 못했다. 이는 첫째, 상황이 예상보다 복잡하여 조사사업이 지연되었고, 둘째, 중조 국경분쟁에 새로운 문제들이 출현했고, 셋째, 중국과 인도 국경에서 충돌이 발생하면서 기타 국경지역 국경 획정 사무가 미뤄졌기 때문이었다.

중조 국경에 대한 조사 및 연구 사업은 요녕성과 길림성의 책임 아래 완료되었다. 1959년 1월과 12월 요녕성은 중조 변경 사무현황 보고서와 압록강 수풍댐으로 인한 수몰지역 관련 보고서를 제출하였다. 길림성은 3월, 12월에 중조, 중소의 국경지역에 대한 조사 보고와 집안(輯安)현의 국경지대 수몰 상황 조사 보고서를 제출하였다. 국무원 변계위원회는 1960년 3월 길림성이 제출한 보고에 대해 다음과 같은 내용을 회신하였다.

첫째, 1934년 중조가 공동으로 건설한 수풍댐으로 인해, 압록강 강줄기의 원

---

[279] 광서장족자치구당안관, X50-2-258, 37-38쪽.

형이 변화되면서 국경수비대 경계선 획정 문제가 생겼다. 보고서에서 제기한 의견에 동의하며, 압록강 중심선을 기준으로 국경수비대 경계선을 획정한다. 둘째는, 중조 국경지역 하천 교량 경비 분할을 어떻게 할지에 관한 것이다. 1955년 6월 8일 중국공안부 대표와 조선내무성 대표가 참석한 연석회의 결과를 보면 다음과 같이 규정하였다. "중조 변경지역 하천 교량의 안전 확보를 위하여, 안동-신의주 간의 대교에만 적용되는 별도 임시의정서를 제외한 기타 하천 교량의 보호는 양측 국경수비대 대표나 부대표가 구체적으로 협의하여 상황에 따라 경계 구역을 획정하도록 한다."

변계위원회는 이를 중국 측 국경수비대 총대표에게 전달하고, 이 규정에 근거하여 방안을 강구하고 인민위원회에 보고하여 비준을 받은 후 처리하도록 지시하였다. 변계위원회는 또, 길림성 변계사업소조에게 보내는 회신에서, 가능하다면 지금까지 중국에서 출판된 지도들이 나타낸 장백산 지역 국경선 표기의 변화 및 그 출처, 그리고 간도조약 관련 문제들도 연구할 것을 요구하였다.[280] 당안 자료의 부족으로 길림성 변계소조 보고서의 상세한 내용은 아직은 명확하게 알 수 없다. 그러나 변계위원회의 회신을 통해서, 장백산 발원 지역의 국경지대 획정 문제가 중국 정부의 관심사로 이미 제기되었음을 알 수 있다.

1957년 출판된 『중화인민공화국지도집』에는 천지와 백두산(봉우리)이 모두 중조 국경에서 서북 방향으로 떨어진 중국쪽에 표시되어 있다.[281] 1958년 11월에는 평양에서 『조선지도책』이 출판되었다. 이 지도에서 중조 국경선은 천지에서 시작되고 있으며, 백두봉의 이름은 조선쪽에 표기되어 있다.[282] 1959년 4월 중국은 중외역사조약집을 출판하였다. 조약집에는 1909년 9월 4일 체결한 '두만강중한계무조관' 및 그 부록이 포함되었다.[283] 또한 같은 시기 출판된 『중

280) 길림성당안관, 77-6-12, 1-2쪽.

281) 『中华人民共和国地图集』, 北京: 地图出版社, 1957年, 27-28쪽. 편집에서 국경선은 항일전쟁 이전 신고된 지도에 의거해서 제작됐다고 설명하고 있다.

282) *Шин В.А.* Китай и корейские государства, с.30-31.

283) 王铁崖编, 『中外旧约章汇编』第二册, 北京: 三联书店, 1959年, 601-602쪽.

화인민공화국 괘도(挂图)』에는, 천지와 백두산(봉)이 여전히 중조국경 북쪽에 표기되어 있었으나, 역시 국경 부근이었다.[284]

1958년 7월 25일, 중국 국가측량제도총국 규정에 따르면, 국경선을 포함하는 지도 출판 시, 출판 전에 미리 국경선이 표기된 초안을 제출하고 외교부의 심사를 받아야 했다.[285] 『조선지도책』 출판 후 얼마 지나지 않아 중국이 역사조약집과 새로운 지도를 출판했다는 사실은 우연으로 치부할 수 없다. 공개적인 교섭은 없었지만 양국은 간접적으로 서로에게 국경에 대한 자국의 의향을 전달한 것으로 보아야 한다.

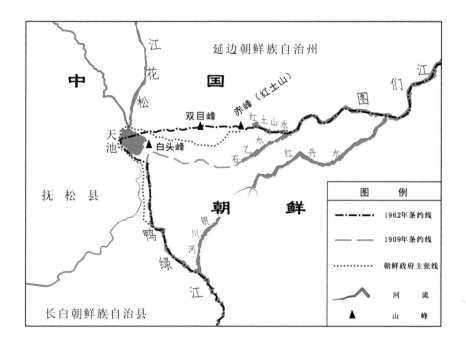

284) 『中华人民共和国挂图』, 北京: 地图出版社, 1959年. 상해에서 첫 번째로 인쇄하였을 때, "천지"와 "백두산"을 중국 국경 내에 표기하였다. 북경에서 9번째로 인쇄하였을 때, 천지는 여전히 중국 국경 내에 표기되었으나, 백두산은 국경 밖에 표시되었다.
285) 안휘성풍양현당안관, XF-1958-07, 66-69쪽.

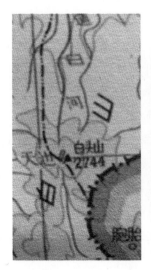

1960년 초, 조선 정부는 압록강 상류에 5개의 수문을 시공하는 문제에 대하여 중국 측 의견을 구했다. 이는 아마도 국경선 문제에 대한 중국의 의향을 떠보려던 것으로 추정된다. 조선의 질의에 중국은 동의를 표하면서도, 동시에 다음과 같은 내용을 통보하였다.

"상기한 5개 수문 중 3개는 압록강 상류의 애강하(曖江河) 안쪽에 자리하고 있다. 장백산 지역의 국경 문제에 관해 양국 정부가 정식으로 협상을 진행하지 않았기 때문에, 중국의 현행 지도는 이전 지도의 표기에 따라 애강하(曖江河)를 중국 영토로 포함시키고 있으며 이는 조선의 지도와 다르다. 이에 따라 양국 정부는 최대한 빠른 시일 내에 해당 지역 국경선 문제를 외교적 절차를 통해 협상하도록 해야 한다."[286]

중국 정부의 통보로부터 알 수 있듯이 중국 정부는 국경선 문제의 조속한 해결을 희망하면서도 이 사안을 복잡한 문제로 인식하고 있지 않았다. 중국 정부의 통보에 대해 조선은 회신하지 않고 일부 계획을 실행에 옮겼다.

1960년 3월 14일, 국무원 변계위원회에서 작성한 문건 중의 하나는 '1959년

---

286) 『外事动态』, 1960年 第20期, 3쪽.

국경 정세'에 관해 설명하면서 중국과 사회주의 주변국의 국경 상황은 대체적으로 안정적이라고 평가하면서, 세 가지 유형으로 나눠 설명하였다. 첫째, 기존의 분쟁이 해결되지 않았지만 큰 문제가 발생하지 않는 경우, 둘째, 분쟁이 아직 해결되지 않은 상황에서 다른 문제가 추가적으로 발생한 경우, 셋째, 양측이 이미 협상을 통해 국경선 문제 해결에 합의했지만, 시기가 성숙하지 않아 진전이 없고 동시에 다른 지엽적인 문제들이 발생한 경우이다. 첫 번째는 소련과 베트남의 경우이고, 세 번째는 몽고의 경우이며, 두 번째는 조선의 경우에 해당된다고 문건은 밝혔다.

문건은 "조선은 장백산 국경분쟁 지역에 도로와 주택을 건설하고, 압록강 상류에 횡강(橫江) 수문을 건설하여 점차 북진하는 상황이다"라고 설명하였다. 문건은 또한 1959년의 현장조사 작업에 대해 "중앙정부의 지시와 변계위원회 계획에 의거하여 외교적 노력과 함께 중국−인도 국경선 문제를 중심으로 현장 조사와 연구를 진행하고, 기타 국경지역은 현지 역량이 닿는 대로, 주로 각 지방 변계소조의 절차에 따른 측량 조사에 의존하였다"고 덧붙였다. 중조 국경 조사의 구체적인 성과로는, 길림성이 자신의 관할 변경지역에 위치한 압록강 수풍발전소의 상류 수몰지역에 대한 현장 조사를 통하여, 지역 범위와 운항 위치, 중조 양국의 국경 경계선을 명확히 파악하여 약도를 제작한 것뿐이라고 서술하였다.

중조 국경 지역에 대한 실질적 조사가 답보 상태에 빠진 주요 요인은, 당시 중국−인도 간 국경지역에서 무장충돌이 발생해 다른 주변 지역의 국경조사에 대해서는 "잠정적 지연" 방침이 취해졌기 때문이었다. 특히 사회주의 형제국가들과 국경 문제에 대한 정식 회담이 개최되기 전, 상대방 국경지역 주민들의 사상적 혼란을 방지하기 위해, 변계위원회는 국경 지방의 조사 작업을 은밀하게 진행할 것을 지시하였다. 변계위원회는 1960년도 업무계획에서 형제국가들과 국경선 문제에서 큰 문제는 발생하지 않을 것으로 예측하면서도 지엽적인 문제들을 피할 수 없다고 보았다. 중조 양국 간의 국경선 문제에 관한 문건에는 "현재 회담을 통해 국경 전반의 문제를 해결할 수 없으므로, 조선 측이 장백산과 압록강 상류에 건설 중인 횡강(橫江) 수문 그리고 천지 부근의 도로 및 주택 건설과 같이 현재 불거진 문제에 대해서 심층 조사와 연구를 통해, 먼저 일부 해결 방안을 강구하여 분쟁이 더 이상 확대되지 않도록 할 것"이라고 서술하였다.[287]

이상의 자료를 통해 1960년 초까지 중조 국경선 문제 해결에 대한 중국정부의 입장은 다음과 같이 정리할 수 있다. 첫째, 중조 국경 획정 문제는 중대한 사안이 아니며 "간도조약"에 의거하여 처리하면 더 큰 분쟁은 발생하지 않을 것으로 보았다. 둘째, 적지 않은 부차적인 문제가 있었다. 즉 강의 지류가 변화하고 수몰지역 발생으로 인하여 발생한 문제가 국경선 문제의 핵심이었으며, 이의 해결 방안은 일부 이미 마련되었다. 셋째, "장백산 지역의 국경선 획정"은 복잡하고 그 해결이 쉽지 않을 것으로 생각하였다. 그러므로 중국 정부는 중조 우호관계에 악영향을 미치지 않게 하기 위해 "국경선 문제의 총체적 해결은 좀 더 시간이 필요하기 때문에, 우선 일시적이고 지역적인 문제 해결부터 착수하는 접근법"을 취하기로 방침을 정하였다.[288] 중국정부의 "느낌"은 틀리지 않았으며, 조선정부가 국경획정 문제를 명확히 제기하지는 않았지만, 조선에서 출판된 지도에는 "천지와 장백산 주봉 모두 조선의 영토에 속한다"는 기본 입장을 분명히 하고 있었다.

1956년부터 1960년까지 중조 양국 정부는 다음과 같이 국경선 문제에 관한 일련의 협정과 의정서를 체결하였다. 즉 1956년 1월 '압록강과 두만강 유역 목

---

[287] 광서장족자치구당안관, X50-3-37, 85-89쪽.

[288] 당시 김일성의 비서를 역임하였던 황장엽의 회고에 따르면, 1958년 11월, 그는 김일성과 함께 중국을 방문하였고, 벽에 걸려 있는 지도에서 백두산이 중국 영토의 일부분으로 표기되어 있는 것을 보고, 매우 격분하였다. 그는 김일성에게 즉시 보고하였다. 따라서 김일성은 주은래와 회담에서 엄격하게 문제를 제기했다. 김일성은 "귀하들은 백두산을 계속 귀하들 소유라고 주장한다. 이것이 지속될 경우 조선인민은 받아들일 수 없을 것이다."라고 하였다. 이어서, "백두산은 자고 이래로 우리의 영토였으며 귀하들의 행동은 우리를 곤란하게 한다"고 하였다. 주은래는 심사숙고한 후, "중조 양국은 국경획정 과정에서 두만강과 압록강도 두 개로 나누었으니, 천지를 둘러 나누는 방안이 어떻습니까?"라고 제안하였다. 황장엽은 김일성이 이후에 이 방안을 수용하였다고 주장하였다. 黃長燁, 『我所看見的歷史眞理』, 123-125쪽. 1958년 11월 22일 주은래는 실제로 김일성과 회담을 가졌다.『周恩來年譜(1949-1976)』中卷, 191쪽. 황장엽 회고의 진위여부는 중조 쌍방의 당안이 아직 공개되지 않았기 때문에 알 수 없다. 그러나 필자는 황장엽의 주장에 의문을 가지고 있다. 1960년 3월 변계위원회의 두 건의 문서를 보면 중국지도자가 2년 전 중조변계를 해결하는 원칙에 대해서 이미 명확한 원칙적 의견을 가지고 있었다는 것은 불가능하다.

재 운송에 관한 의정서', 1957년 10월 '중조 두만강 유역 치수공사에 관한 합의', 1958년 12월 '중조 양국 변경지역 상품 교역에 관한 의정서', 1960년 5월 '국경 하천 운항 협조에 관한 협정' 등을 체결하였다.[289] 이들 협정과 의정서 내용을 보면, 이 시기 중조 간 국경 문제에 있어 비록 상호 이견이 있었지만, 갈등이 아직 표면화되지 않았고 양측은 국경지역의 하천자원 개발 사업을 공동으로 진행하고 협력하였으며, 동시에 안정적으로 발전하고 있었음을 알 수 있다.

1960년 9월, 길림성 변계소조의 실지 조사 보고서 내용 역시 다음과 같았다. "중조 국경 획정 원칙은 압록강과 두만강의 수심 깊은 곳을 경계로 하고 있으며 수많은 모래밭과 섬은 귀속 문제로 인해 미해결 상태에 있다. 역사적으로 양쪽 강변 거주민들은 이 섬에서의 파종, 땔감 및 어획 등을 둘러싼 분쟁이 늘 이어져 왔다. 해방 후 이러한 사건들의 발생 빈도는 감소하였다."[290] 그러나 얼마 뒤, 국경문제는 다시 수면 위로 떠올랐다.

1961년 7월, 김일성은 소련을 방문하고 『소조우호합작조약』을 체결한 직후, 『중조우호합작호조조약』 체결을 위해 곧장 중국을 방문하였다. 7월 11일, 주은래와 김일성은 회담을 진행하였다. 중국외교관과 인터뷰(1993년 11월)를 진행한 서방학자는, 이 회담에서 주은래는 중조 양국이 장백산과 천지를 절반씩 나눠 국경분쟁을 해결하는 방안을 제안하였지만, 김일성은 이를 받아들이지 않았다고 주장하였다.[291] 중국외교부 당안관은 7월 11일 해당 회담 기록을 공개하였는데, 당안 기록에 따르면 회담에서 주은래와 김일성의 대화의 주 내용은 경제원조 제공에 관한 문제였다. 다만, 회담 중 연변지역의 적지 않은 주민들이 조선으로 월경하는 문제를 논의할 때, 주은래는 "우리의 국경을 구분하기가 매우 어렵다. 우리는 귀하들에게 문호를 개방하고 있다. 귀하께서 원하는 사람 수만큼 우리는 제공할 것이다"고 말하였다. 그러나 그 뒤의 약 한 페이지 분량의 회담내용은 검게 칠해져 있다.[292] 중소분쟁이 공개화되고, 중소양국 모두

---

289) 구체적인 내용은 다음을 참고할 것. 『中华人民共和国边界事务条约集』 中朝卷, 102-257쪽.

290) 길림성당안관, 77-6-12, 96-101쪽.

291) EricHyer, *The Pragmatic Dragon*, pp.157-158.

292) 중국외교부당안관, 204-01454-01, 1-12쪽. 특히 5-6쪽.

조선의 지지를 얻고자 했던 당시 상황과 1959년『중화인민공화국괘도』제9차 인쇄에 백두산에 대한 분할 각주를 표시한 점을 고려해보면, 필자는 그 중국외교관의 기억이 진실일 가능성이 크다고 생각한다. 즉, 당시 중국은 국경획정 문제에 있어서 조선에 양보하는 방안을 고려하였으며,『간도조약』에 근거한 기존 국경 획정 방안을 더 이상 고집하지 않았다.

그러나 조선이 요구하는 영토는 천지와 장백산 주봉 모두였다. 당시 김일성이 주은래의 제안을 수용하지 않았다는 것은, 비록 당안의 관련 내용이 비록 검게 칠해져 있지만 엄연한 사실이다. 이를 증명할 수 있는 또 다른 상황은, 1961년 8월 즉 김일성이 귀국한 직후, 조선로동당기관지『노동신문』의 편집부가 중국어판『조선개황』을 공개 출판하였는데, 내용에서 압록강과 두만강 및 백두산(장백산)을 중조국경의 경계선으로 표시하였으며, 동시에 천지를 조선의 자연호수로 표시하였다는 점이다.[293] 이때, 중조 국경분쟁 문제 해결의 주도권과 유리한 조건이 모두 조선에 있었으며, 김일성이 기회를 보지 못했을 리 없다.

1960년대 초, 중국은 대내외적으로 큰 고난을 겪고 있었다. 국내에서는 대약진 운동과 인민공사 운동의 광풍이 휘몰아치고 있었고, 거기에 자연재해까지 겹쳐 경제발전에 큰 타격을 입었으며, 농공업 생산 하락과 생활필수품 품귀 현상까지 발생하였다. 대외적으로 중소 양당은 대내외 정책에서 입장 차이를 좁히지 못하고, 각자의 의견을 고집하며 끊임없는 논쟁을 하고 있었다. 결국 중소 갈등이 공개적으로 표출되었다. 흐루시초프는 격노하여 중국과의 합의를 파기하고 중국 주재 소련 전문가들을 모두 철수시켰다. 중국은 국내의 어려움에 대외적인 충격까지 더해져 이중의 위기를 맞고 있었다. 중소관계 악화, 중국 서부에서 인도와의 국경 충돌 및 동부에서 장개석의 대륙 침공 위협 등 중국은 사면초가의 위기에 처했다.[294] 이때, 조선은 중국 측에 국경 획정을 위한

---

293) 朝鮮『劳动新闻』编辑部,『朝鲜概况』, 1, 5쪽.

294) 林蕴晖,『乌托邦运动—从大跃进到大饥荒(1958-1961)』, 香港: 香港中文大学出版社, 2008年; 沈志华主编,『中苏关系史纲—1917-1991年中苏关系若干问题再探讨』(增订版) 第二, 三章, 北京: 社会科学文献出版社, 2011年.

협상을 전격 제의하였다.

지금까지 기밀 해제된 중국 외교부의 문건과 『주은래 연보』 등의 문헌자료를 통해서는 양측이 접촉한 구체적인 상황과 회담 내용은 알 수 없다. 그러나 중북 간 국경선 획정 문제 해결을 위한 개략적인 과정은 명확히 알 수 있다.

1962년 2월 18일, 조선 외무상 박성철은 조선 주재 중국 대사 학덕청(郝德青)과 함께 교외로 사냥을 나갔다. 식사 도중 박성철은 학덕청에게 내부협상을 통한 중조 국경 문제 해결 가능성을 타진하였다. 2월 28일 중국 외교부는 조선 주재 중국 대사관의 보고에 관한 답변에서, 중국 정부는 중조 국경선 문제 해결에 동의한다고 회신하였다. 3월 1일, 학덕청은 박성철을 만나 중국 정부의 회신을 전달하면서 회담 시간과 장소를 논의하였다. 3월 26일 박성철은 학덕청에게 4월 10일 안동 또는 신의주에서 중조 국경선 문제에 관한 부부장급 회담을 개최할 것을 제안하였다. 3월 30일 주은래는 관련 책임자와 중국-조선, 중국-몽고 간 국경선 문제에 관해 협의했다(국경선 획정 문제에 관한 중국 측 초안은 이때 협의를 통해 결정된 것이다).

4월 4일부터 8일까지 조선 외무성과 조선 주재 중국 대사관은 회담을 통해 국경회담의 시간과 장소, 그리고 양측 대표단 명단을 확정하였다. 4월 10~14일 중국 외교부 부부장 희붕비(姬鹏飞)와 조선 외무성 부상 유장식(柳章植)을 대표로 하는 중조 국경회담이 안동(安东)에서 개최되었다. 다섯 차례의 연속 회담을 통해 중국과 조선은 각자 국경 획정 방안을 제시한 뒤 휴회하였다. 4월 18일, 학덕청은 신의주에서 조선 외무성 부상 유장식과 회동하여 중조 국경선 문제에 관해 의견을 교환하였다. 같은 날인 18일, 학덕청은 박성철을 만나 다음 국경회담의 날짜를 연기해 줄 것을 요청하였으며 박성철도 이에 동의하였다.[295]

이 같은 정황으로 볼 때 조선 측의 제안에 중국 측이 난감해 하고 있었음을 알 수 있다. 이 시기, 중국 외교부 제2 아주사(亚洲司)에서는 이미 강소성 외사

---

295) 중국외교부당안관, 106-00644-03, 65, 67, 70-71쪽; 106-00644-01, 19쪽; 『周恩来年谱(1949-1976)』 中卷, 468쪽.

판공실에 중조 국경에 관한 역사자료를 요청하고 있었다. 남경에 있는 국가 제 2당안관에 보존된 북양정부와 국민정부 시기 문건들은, 장개석이 남경에서 철수할 때 중요 문건들을 대만으로 이전하였기 때문에, 4월 19일 강소성 외사판공실은 외교부에 "남경 사료정리처와 공동으로 조사한 결과 조선 국경의 천지, 황초평(黃草坪) 등에 관한 자료는 찾지 못했고, 중조 국경 관련 자료 또한 발견하지 못했다"고 회신하였다.[296] 외교부에서 강소성에 요청한 자료들의 내용을 볼 때 조선이 제시한 획정 방안은 천지 귀속 문제와 관련되어 있고, 조사 결과 조선의 제안이 중국 측의 획정 방안 연구와 국경 회담에 어려움을 가중시키고 있었다는 것을 알 수 있다.

1962년 4월 30일, 중공 중앙 총서기 등소평은 중국 주재 조선 대사 한익수(韓益洙)를 접견한 자리에서 양국 관계에 대해 언급하였다. 그는 "우리는 형제 국가이기 때문에 외교가 아닌 내교(內交)를 해야 한다. … 우리는 동지관계이니 외교가 아닌 내교를 해야 완전한 동지관계이다"고 말하였다. 그는 국경 획정 문제에 관해서 "우리 양국 간의 관점은 모두 일치하지만, 현재 남아있는 한 가지 문제는 지도 위에 어떻게 선을 긋는가의 문제이므로 쉽게 해결할 수 있다. … 우리는 별 문제가 없는 것 같아 제대로 준비하지 않았다. 협의하면 해결할 수 있기 때문에 큰 문제는 아니다"고 말하였다.[297]

등소평의 발언은 비록 길지 않지만 세 가지의 중요한 정보를 말해준다. 첫째, 중국은 중조 국경에 큰 문제가 없다고 판단했기 때문에 충분한 준비를 하지 않았다. 둘째, 중국은 조선의 국경선 문제 해결 제안이 갑작스럽고 예상치 못한 일이었다(큰 문제였음이 분명하다). 셋째, 중조 양국은 전적으로 동지관계이며 형제관계이므로, 외교는 없고 오직 내교만 있을 뿐이므로 국경선 문제 또한 쉽게 해결될 수 있다. 이 모든 것은, 조선정부가 제시한 해결 방안은 천지와 장백산 주봉 전체를 계속 요구하는 것일 가능성이 크며, 이 요구는 중국지도부의 예상과 심리적 준비를 넘어서는 것이었다. 이때 중국정부는, "균분"의

---

296) 강소성당안관, 3124-0139, 5-22쪽.

297) 중국외교부당안관, 106-01380-18, 61-66쪽.

원칙하에 조선에 양보안을 결정한 것으로 보인다.

6월 3일, 주은래는 중국공산당 동북국 책임자와 중조 국경선 문제를 협의하였다. 일반적인 중국의 정책 결정 과정은 중앙정부가 기본 입장을 먼저 정한 후에 지방정부의 의견을 청취한다.[298] 6월 28일, 주은래는 북경에서 조선 최고인민회의 대표단 단장 박금철과 중국 주재 조선 대사 한익수 등을 접견하였다. 회견 후 별도로 주은래와 한익수는 중조 국경선 문제에 관하여 회담하였다. 구체적인 회담 내용은 밝혀지지 않았으나, 중국 측의 국경선 문제 해결 방안에 대한 설명으로 짐작된다.[299]

9월 15일 유장식은 학덕청에게 조선은 중국 측의 국경선 문제 해결 방안에 동의하고, 평양에서 희붕비와의 회담을 환영한다고 통보하였다. 9월 25일 희붕비는 평양에 도착해 회담을 시작하여 10월 3일 양측은 회담 기록에 서명하였다.[300] 10월 11일 주은래와 진이는 조선을 비밀 방문하고 김일성과 회담을 가졌다. 10월 12일 밤, 평양에서는 '중조변계조약(중조국경조약 – 역자 주)'이 체결되었다.[301]

11월 7일 조선 최고인민회의 상임위원회는 '중조변계조약'을 비준하고, 중국 주재 조선 대사관에게 중국 정부와의 비준서 교환을 위임하였다. 11월 24일 진이 주재로 열린 국무원 제122차 전체회의에서 '중조변계조약'이 통과되고 전국인민대표대회에 심의를 제청하였다. 희붕비는 국무원 전체회의에서 중조국경 1,300여km는 압록강과 두만강이 양국 경계의 하천임이 분명하나, 두 강의 발원지인 백두산 일대는 역사적으로 논쟁이 끊이지 않았고, 양국 지도에도 국경선이 일치하지 않는데, 현지 실상에 근거하고, 양측의 백두산에 대한 정서를 고려하여 백두산을 경계로 하는 것이 역사적인 상황과 양국민의 이익에 부합한다고 설명하였다.

또한 희붕비는 국경선 문제의 순조로운 해결은 양국의 우의와 단결을 한 층

---

298) 『周恩来年谱(1949-1976)』 中卷, 481쪽.

299) 중국외교부당안관, 106-01379-03, 35-44쪽; 『周恩来年谱(1949-1976)』 中卷, 487쪽.

300) 중국외교부당안관, 106-00644-01, 31-32쪽.

301) 중국외교부당안관, 106-00644-01, 31-32쪽.

더 강화시킬 것이라고 덧붙였다. 12월 11일 중국 외교부 부부장 희붕비와 정봉규(鄭凤珪) 조선 외교부 대리는 각각 중국 정부와 조선 정부를 대표하여 북경에서 중조변계조약 비준서를 교환하였다. 국경조약에 의거한 현지 조사 문제는 이전에 양측이 합의한 대로 중조 국경연합위원회를 발족하고, 1963년 1월 초 평양에서 제1차 회의를 개최하였다.[302] 1964년 3월 20일 북경에서 유소기와 주은래, 박성철이 참석하여 '중조국경에 관한 의정서'에 서명하였다.[303]

중조 국경회담과 조약 체결 과정은 비교적 명확하지만, 현재 중국에서 발표된 모든 문서 가운데 국경회담의 구체적 내용과 결과에 관해 언급한 자료는 없는 상태이다. 따라서 중국과 조선 정부 사이에 국경선 문제의 교섭 과정에서 도대체 어떤 문제를 토론하였고, 양측의 이견과 논쟁에 대한 각자의 태도와 입장은 어떠했는지에 관해서는 전혀 알 수 없다. 하지만 필자는 이 시기 중국 지도자들의 담화 내용과 조선 학술계의 동향 등 관련 자료를 고찰하였는데, 아래에 열거한 것들은 혹 그 단서가 될 만한 것들이다.

1958년 11월 25일, 모택동은 중국을 방문한 김일성과의 회담에서 "우리는 조선노동당의 노선이 정확하다는 것을 인정한다. 그래서 다음 세 가지를 존중한다. 조선의 민족을 존중하고, 조선의 당을 존중하며, 조선의 지도자를 존중한다." "역사상 중국이 조선에게 잘못한 것이 있는데, 우리 조상들이 당신들 조상에 빚을 졌다. … 당신들의 조상은 조선의 영토가 요하를 경계로 한다고 말했는데, 지금은 압록강변까지 당신들을 밀어냈다."[304]

모택동은 1956년 8월 조선노동당 종파사건 이후 악화된 중조관계를 전환하기로 결심한 후로, 조선에 대하여 비정상적으로 우호적이고 관대한 태도를 유지했다. 모택동은 8월 종파사건 이후 중국으로 망명한 조선노동당 연안파 간부를 조선으로 송환하는 데 동의했을 뿐 아니라, 대규모 경제원조를 제공하고 조선에 주둔 중인 수십만의 중국 인민지원군의 철수를 자발적으로 제의하였다.[305] 이때, 국무원 변계위원회가 1959년 중조 국경선 문제 해결 방안을 제시

---

302) 중국외교부당안관, 106-00644-02, 61-63쪽; 『中华人民共和国中央人民政府大事记』 第8卷, 169쪽.
303) 중국외교부당안관, 109-03909-07, 124-129쪽.
304) 모택동과 조선정부대표단 회담 기록, 1958년 11월 25일.

한 이후 모택동은 또 다시 관대한 태도와 담담한 논조로 중국과 조선 간에 역사적으로 남아있는 국경선 문제에 대해 언급하였다. 말하는 사람은 별 뜻 없이 말할 수 있지만, 듣는 사람은 주의 깊게 듣는다는 말처럼, 객관적으로 모택동의 발언은 오랜 기간 심사숙고하여 어려운 문제에 입을 뗀 김일성을 고무시키기에 충분했을 것이다.

1961년 봄, 중국 동북에서는 국경지역에 거주하는 조선족들이 대량으로 조선으로 불법 월경하는 사건들이 발생하였다. 이에 대해 조선 정부는 용인하는 태도를 보이며 국경지역에 여러 곳의 "접대소"를 설치하고, 또한 월경한 조선인들에게 적극적으로 일자리를 배치하였다. 5월에 이르러 중국공안부와 외교부는 이 같은 상황을 중공 중앙과 외교부에 보고하면서, 국경지역의 사회 안정을 위해 기존의 '중조 불법월경자 처리'에 관한 합의에 의거하여 조선 측과 협상을 개시할 것을 제안하였고, 조선 주재 중국 대사 교효광에게 조선 외무상과 우선 협상하여 조선 측에 이에 상응하는 조치를 취해주도록 요청할 것을 계획하였다.

6월 6일 교효광은 본국으로부터 다음과 같은 지시 사항을 받았다. "조선족들이 몰래 월경하는 것은 내부에 별도로 상세한 보고를 해야 하지만, 우리의 기본 입장은 외교적 수단으로 접근하지 않고 국가 내부에서 이들을 안정시키는 것이다. 조선 측이 월경자들을 위한 "접대소"를 설치한 것은 당연한 처사이다. 최근 조선과의 관계가 원만하니 조선족들이 몰래 월경하는 것에 대하여 과도하게 신경 쓸 필요가 없다. 따라서 정황 조사를 위해 길림에 갈 필요도 없다."[306]

중국은 정치적으로 평양과의 우호 관계를 유지하고 소련에 공동대처하기 위해, 중조 간 합의를 명백히 파기하는 조선 정부의 행위에 대해서도 추궁하지 않았을 뿐만 아니라, 관련 부처가 올리는 외교관례에 따른 대응책도 받아들이지 않았다. 중국 정부는 대규모의 국경 거주 조선족의 월경을 용인하였고, 조선은 이 기회를 놓치지 않고 국경 문제에 관한 무리한 요구를 하였으며, 중국은 이 요구를 수용할 수밖에 없었음을 짐작할 수 있다.

---

305) 본서 제3장 1절, 제4장 1, 2절을 참고할 것.
306) 본서 제5장 2절을 참고할 것.

1963년 6월 28일, 주은래는 조선과학원 대표단을 접견하는 자리에서 다음과 같이 설명하였다. "출토되는 유물은 조선민족이 오랫동안 요하(辽河)와 송화강 유역에서 거주했음을 증명한다. 경박호(镜泊湖) 부근에서는 발해의 유적도 발견됐다. … 중국 고대왕조가 조선을 침략하여, 당신들의 땅을 너무 좁게 내몰았던 것에 대해 우리는 조상을 대신하여 사과한다." "역사는 왜곡할 수 없다. 두만강과 압록강 서쪽은 줄곧 중국의 땅이라 말하였고, 심지어 예로부터 조선은 중국의 속국이라 하였는데, 이는 터무니없는 말이다. 중국의 대국 쇼비니즘은 봉건왕조 시대에 매우 심하였다. … 스스로를 천조(天朝), 상국(上邦)이라 칭하는 것은 매우 불평등한 것이다. 모든 것이 역사학자들의 잘못이다. 우리가 이를 바로잡아야 한다."[307]

7월 21일 최용건과 회담할 때에도 주은래는 경박호에서 수많은 조선의 역사 문물이 발굴된 것을 근거로, 조선민족이 요하와 송화강 두 개 지류를 영토로 하였음을 재차 언급하였다.[308] 중조변계조약 서명 뒤에 한 주은래의 이러한 발언은 중국 정부가 국경선 획정 문제에 있어 조선의 요구를 수용한 것에 대한 해명임을 명확히 알 수 있고, 또한 국경선 양보에 대한 중국 지도자들의 최소한의 심리적인 위안이라 볼 수 있다.

그렇다면 중조 국경회담에서 조선의 요구사항은 무엇이었으며 중국은 또 어떻게 양보했는지에 대해 살펴보고자 한다.

3. 중국 장백산 주봉과 천지를 조선에게 할양

1962년 조선의 영토 요구와 관련된 핵심 문제는 앞에서 서술한 자료에 잘 나타나 있다. 핵심은 장백산 천지의 귀속과 그와 관련된 두만강 발원지의 확정

---

[307] 1963년 6월 28일, 주은래와 조선과학원대표단 회담. 『外事工作通报』 1963年 第10期, 다음에서 재인용. 서길수, 『백두산 국경연구』, 474-480쪽. 이 문서는 한국에서 널리 유통되었다. 필자는 중국 당안에서 원본을 아직 찾지 못했으나, 발언의 어조 및 사용된 어휘에 미루어 판단했을 때 필자는 이 문건이 사실일 가능성이 높다고 본다.
[308] 중국외교부당안관, 106-00765-01, 1-2쪽; 204-01267-05, 24-27쪽.

문제였다. 1972년 2월 23일, 주은래는 미국 대통령 닉슨과의 회담에서 다음과 같이 말하였다. "중조 국경에는 높은 산이 있고 정상에 호수가 있으며, 천지라 부른다. 과거 모든 사람들은 천지가 자신들의 영토라고 일컬었으며, 조선인들 역시 그들의 영토라고 주장하였다. 우리는 최종적으로 이 호수를 공동으로 나누는 방법으로, 문제를 해결하였다."[309]

김일성의 주장을 수용하여 천지와 장백산 주봉 대부분을 조선의 영토로 획정한 것이, 1962년 10월 중조 간에 체결된 국경조약의 핵심이다. 진이의 아들 진효로(陈晓鲁)는 어렸을 때, 아버지 측근들로부터 들었던 중조 국경조약 담판의 상황을 분명하게 기억하고 있었다. 조선은 중조 국경선을 요하까지 획정하고자 요구하였으며, 후에 연변지구 모두가 조선의 영토라고 주장하였다. 마지막에 가서는, 장백산(백두산) 주봉과 천지는 반드시 조선에 귀속되어야 한다고 강조하였다.

중국 측 협상 관계자들은 조선의 협상 책략에 관해, "3척의 높은 모자를 쓰고, 한 방에 목을 칠 준비를 하고 있었다(높은 요구조건을 먼저 제시하고, 자신의 목적을 단숨에 이루었음을 비유한 말 – 역자 주)"고 평가하였다. 처음에는 터무니없이 높은 요구 조건을 제시하고 생트집을 잡았지만, 사실 그들의 진정한 목적은 장백산 주봉과 천지를 귀속시키는 데 있었다.[310]

앞에서 이미 언급했듯이, 중국 외교부에서 출간된 '중조변계사무조약집'에는 『중조변계조약』이 수록되어 있지 않다. 외교부와 관련 성 정부의 문서 보관서에도, 이 조약문은 아직 기밀이 해제되어 있지 않다. 현재 우리가 볼 수 있는 『중조변계조약』과 관련 문서는 한국과 인터넷에 광범위하게 퍼져있다. 그래서 이 문건의 진위 여부는 중조 변계조약의 내용과 중조 회담 결과를 연구하는 데 있어서 매우 중요한 문제이다. 이를 위해 필자는 현재 광범위하게 공개된 『중조변계조약』 원문과 관련 문서에 대해 자세히 고증하고자 한다.

2000년 10월 16일, 한국의 『중앙일보』는 '북중 국경조약 전문 최초 확인, 공

---

309) Memorandum of Conversation, Beijing, February 23, 1972, *Foreign Relations of the United States*, 1969-1976, Vol.17, China, 1969-1972, Washington D.C.: GPO, 2006, p.740.

310) 필자와 진효로(陈晓鲁) 인터뷰 기록, 2013년 11월 27일 북경.

개 불가한 기밀문건'이라는 제목의 기사를 독점 보도하였다. 기사에 따르면, 중앙일보 취재팀은 최근 중국의 헌책방에서 1974년 6월 중국 길림성 혁명위원회 외사판공실이 편집 출간한『중조, 중소, 중몽 유관조약, 협정, 의정서 회편』이라는 제목의 책을 발견하였다. 같은 날, 중앙일보는 '북중 국경조약 내용 개요', '북중 국경조약 발굴의 의의' 등을 연이어 보도하였다.[311]

한 달 후, 세종연구소 연구위원 이종석(통일부장관 역임)이 저술한『북중관계(1945~2000)』에서 1962년 10월 12일 체결한 '중조 변계조약'과 1964년 3월 20일 체결한 '중조 변계조약에 관한 의정서'의 한글 번역본 전문이 부록으로 첨부되었다. 이 조약과 협정서는 중국에서 출간된 문서 모음집이며, 비공개 출판물로서 겉표지에 "기밀문건, 보관주의"라는 문구가 찍혀 있었다고 부연 설명하였다. 또한 이 책은 문화대혁명 시기 홍위병의 비판을 받은 연변조선족자치주 주장(州長) 주덕해의 자료 및 이후 문화대혁명 중 박해를 받아 사망한 주덕해의 복권에 관한 공식문서 등의 자료를 대량으로 이용하였다.[312]

2007년 12월, 한국 동북아역사재단 제3연구실은 이 문건 모음집을 한국어로 번역하여 '내부자료'로 보존하였다. 그중에 국경 문제와 관련된 중국 측의 미공개 문서는, 상술한 두 개의 문서 외에도 중국과 조선 양국 정부대표단의 '중조 국경선 문제에 관한 회담기요(1962년 10월 3일)', 중국국무원의 중조 경계하천 공동이용 위원회 대표단이 조선회담 후 체결한 '중조 경계하천 공동이용 관리에 관한 상호 협정 및 관련 보고에 관한 통지(1964년 7월 20일)'가 수록되어 있다.[313] 2009년 한국에서 출판된 서길수 교수의『백두산 국경연구』는 중조 국경에 관한 조약과 의정서 및 회담기요의 중·한본 모두가 실려 있다.[314] 현재 중국과 한국의 인터넷에서 인용되는 중조 국경조약문은 모두 위에서 소개한 한국 저서에서 인용된 것이다.

---

311) 서길수,『백두산 국경연구』, 298쪽

312) 이종석,『북한–중국관계』, 머리말 및 321-324, 325-343쪽.

313) 길림성혁명위원회외사판공실 편,『중북, 중소, 중몽유관조약, 협정, 의정서회편』(1974년), 한국동북아역사재단 제3연구실 (한국어판), "내부자료"(3), 서울: 동북아역사재단, 2007년.

314) 서길수,『백두산 국경연구』, 373-461쪽.

중조 국경조약과 관련 문서의 완전한 중국어판 전문을 찾지 못한 상황에서 현재 공개된 한글번역본과 중국에서 이미 출판된 관련 자료 또는 문서를 일일이 대조하는 것이, 고증의 전부라고 할 수 있다. 필자는 먼저『장백조선족자치현지(长白朝鲜族自治区县志)』에 중조 국경조약과 관련된 해당 현 관할의 국경선의 방향이 묘사되어 있다는 것을 발견하고, 한글본의 같은 단락을 대조해 본 결과 두 내용과 서술이 완전히 일치한다는 것을 발견하였다.[315]

이 외에 필자는 한글본으로 간행된 문서와 이미 출판된『중화인민공화국 변계사무조약집』과『중화인민공화국조약집』가운데 관련 문건을 비교 대조해 보았다. 중국 측이 아직 공개하지 않은 중조 양국 대표단의 '중조 변계문제에 관한 회담기요', '중조변계조약', '중조 변계에 관한 의정서' 등의 문서를 제외하고, 이미 출간된 중조 국경선 문제 관한 조약, 협정, 의정서 등이 한글본 문서와 한 치의 오차도 없이 완전히 일치하였다.[316] 따라서 필자는 한국에서 발굴한 길림성 외사판공실 편집의 문건은 진품이고, 중조 변계조약 등 문건의 한글본 또한 믿고 사용가능하다고 단정할 수 있다. 이상의 세 가지 결정적인 문건의 출현으로, 낙후된 중국 문서 개방의 심각한 결함이 어느 정도 보완되었다.

'중조 변계 문제에 관한 회담기요' 기록에 근거하면, 1962년 9월 26일~10월 2일까지 희붕비와 유장식을 단장으로 하는 중조대표단은 회담을 개최하였다. 양국 정부가 중조 국경문제 해결을 위해 이미 기본적 합의를 이룬 상황에서, 이와 관련된 구체적이고 기술적인 문제와 절차 문제가 전면적으로 해결될 수 있었다.[317] 주은래와 김일성이 서명한 '중조 변계조약과 진이와 박성철이 서명

315) 韩哲石主编,『长白朝鲜族自治县志』, 北京: 中华书局, 1993年, 312쪽;「中朝边界条约」, 1962년 10월 12일, 길림성혁명위원회외사판공실 편,『중북, 중소, 중몽유관조약, 협정, 의정서회편』(1974년), 한국동북아역사재단 제3연구실 (한국어판), 11-13, 17-54쪽.

316)『中华人民共和国边界事务条约集』中朝卷; 中华人民共和国外交部编,『中华人民共和国条约集』第1集, 北京: 法律出版社, 世界知识出版社, 1957年, 150-166쪽; 第3集(1958年), 105-120쪽; 第5集(1958年), 24-31, 199-202쪽; 第6集(1958年), 218-228, 243-254쪽; 第7集(1959年), 120-135쪽; 第8集(1960年), 173-174쪽; 第9集(1961年), 153-155쪽; 第10集(1962年), 233-236쪽; 第11集(1963年), 90-96쪽; 第12集(1964年), 193-195쪽; 第13集(1965年), 313-314, 35-337쪽.

317)『중조변계문제에 대한 회담기요』, 1962년 10월 3일, 길림성혁명위원회외사판공실 편,『중북, 중소, 중몽유관조약, 협정, 의정서회편』(1974년), 한국동북아역사재단 제3연구실 (한국어판), 14-16쪽.

한 '중조 변계의정서'의 체결로, 중조 간 국경은 최종적으로 확정되었다.

양국 간 논쟁이 된 천지와 두만강 발원지의 획정에 관하여 조약문과 의정서에는 다음과 같이 규정하고 있다. 백두산 천지는 두 부분으로 나누어, 천지를 둘러싸고 있는 백두산 산마루 서남단 2520고지와 2664고지(청석봉) 사이의 안부(鞍部:산의 봉우리와 봉우리 사이의 가장 낮은 지점─역자 주)의 중심을 기점으로, 직선으로 동북 방향 천지를 가로질러 맞은편 산마루인 2628고지와 2680고지(천문봉) 사이의 안부 중심까지이다. 그 서북부는 중국에 속하고 동남부는 조선에 속한다.

두만강 발원지의 획정에 관해서는, 즉 천지의 동쪽 국경선은, 산마루 2628고지와 2680고지 사이의 안부의 중심을 기점으로 직선으로 동쪽의 2114고지까지, 2114고지에서 다시 직선으로 1992고지까지, 1992고지에서 다시 직선으로 1956고지를 거쳐 1562고지(쌍목봉 북쪽 봉우리)까지, 1562고지에서 다시 직선으로 1332고지까지, 1332고지에서 다시 직선으로 두만강 상류 지류 홍토수(紅土水)와 북쪽의 지류가 만나는 곳(1283고지 북쪽)까지, 이곳에서부터 경계선은 홍토수(紅土水)의 수류를 따라 홍토수(紅土水)와 약류하(弱流河)가 합쳐지는 곳까지이다. 천지 남쪽의 국경선, 다시 말해 압록강 발원지의 확정은 이전과 큰 차이가 없다(사진 참고: 하얀선).

압록강과 두만강의 경계 분할에 관해서, 조약은 국제조약에서 주로 통용되는 주항로(航路) 중심의 경계 획정 원칙을 사용하지 않고, 양측이 공동으로 소유하고 관리하도록 규정하였으며, 하류 중간에 위치한 섬과 모래밭에 관해서는 양측이 협상으로 해결하기로 하였다. 협상 결과 451개 섬과 사주 중에 중국은 187개, 조선은 264개를 소유하게 되었다. 압록강 입구 바깥쪽의 양국 해역의 획정 역시 조선에 유리하게 결정되었다.[318]

주 항로를 중심으로 강의 경계를 획정하지 않은 이유는 아마도 국경 담판 중에 강줄기가 바뀌는 문제와 관련이 있는 것으로 보인다. 50년대 이래, 조선

---

[318] 『중조변계조약』, 1962년 10월 12일, 『중조변계의 의정서』, 1964년 3월 20일, 길림성혁명위원회외사판공실 편, 『중북, 중소, 중몽유관조약, 협정, 의정서회편』(1974년), 한국동북아역사재단 제3연구실 (한국어판), 11-13, 17-54쪽; 서길수, 『백두산 국경연구』, 373-384, 394-461쪽.

은 자기 영토에 해당하는 강 쪽에 다수의 T자형 둑을 건설하고, 조선 강변 쪽에서 강 중앙까지 연결하였으며, 큰 댐의 횡면은 강 중심부까지 들어가도록 하고 그 길이 또한 다르게 함으로써 강의 유속을 빠르게 하였다. 시간이 흐르면서, 강물이 강하게 강기슭을 침식시키면서 강면은 중국 쪽으로 확대되어 중국 영토의 대량 유실을 초래하였다.[319]

'중조변계조약'의 규정에 따라 중조 양국은 중조 변계연합위원회를 설치하고, 산하에 두 개의 대부서와 여섯 개의 소조를 두었다. 1963년 5월 13일~11월 15일에 걸쳐 중조 국경에 대한 전면적인 탐사를 진행하여, 경계말뚝 설치와 경계선이 되는 강의 섬과 모래톱의 귀속을 확정하였다. 경계말뚝은 155cm와 129cm(지면에 노출되는 부분) 두 종류로, 철근시멘트로 제작하였고 말뚝 중심에는 쇠 드릴을 박아 넣었다. 말뚝 위에는 '중국' 혹은 '조선'을 글자로 새겨 넣었고 일련번호와 해당 연도를 새겨 넣었다. 말뚝의 관리와 보수는 홀수는 중국 측이, 짝수는 조선 측이 맡기로 하였다.[320]

이에 따라 장백산 내 중조 국경 1,334km 분계선이 확정되었고, 중국에 속해 있던 98㎢의 천지는 조선이 총면적의 54.5%, 중국은 45.5%만 점유하게 되었다.[321] 두만강 발원지역은 1909년 '간도조약'부터 1962년 '중조 변계조약'까지 지도축적으로 추산하여, 중국이 양보한 영토는 약 500㎢ 정도이다(참고지도의 하얀 선과 보라색 선 사이의 지역).[322] 원래는 자신의 영토였던 천지를 일부분이라도 보존하기 위하여, 중국이 이 조약을 통해서 양보한 영토의 면적은, 심지어 조선의 최초 영토 요구를 초월하였다(참고지도 하얀 선과 노란 선 사이의 지역).

---

319) 필자의 하장명(何章明)인터뷰 기록.

320) 安龙祯主编, 『延边朝鲜族自治州志』, 497쪽; 韩哲石主编, 『长白朝鲜族自治县志』, 312-313쪽.

321) 다음을 볼 것. 『延边头号党内走资本主义道路当权派朱德海卖国罪行』, 1쪽; 『中共延边朝鲜族自治州委员会关于为朱德海同志平反恢复名誉的决议』, 7쪽, 다음에서 재인용. 이종석, 『북한-중국관계』, 233쪽.

322) 중국이 내준 영토 면적에 대한 계산은 다음 자료를 참조. Dae-sook Suh, *Kim Il Sung: The North Korean Leader*, New York: Columbia University Press, 1988, p.200.

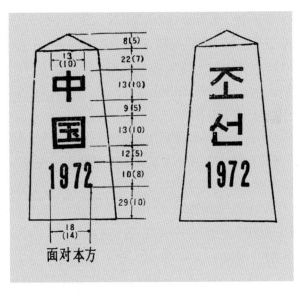

• 중조국경표주(標柱).

    국경 담판에서 중국이 천지와 장백산을 양국 국경선으로 정하는 데 동의했던 사실에 대하여, 중국 관방은 조선의 민족감정을 존중하기 위함이었다고 설명해왔다. 그렇다면, 조선 측은 어떤 이유로 천지와 장백산을 자신들의 영토로 귀속시키고자 하였을까?

    위에서 설명했듯이, 조선은 과거부터 백두산을 "성스러운 산"으로 여겨왔다. 따라서 감정적 요인은 이해할 수 있다.[323] 그러나 김일성이 각종 수단을 동원하여 장백산을 조선 영토로 귀속시키고자 한 것에는 매우 현실적인 정치적 고려가 있었다. 조선 관방은 오랜 기간 김일성이 백두산 밀림에서 항일활동을 전개했으며, 조선 해방을 위해 큰 공을 세웠다고 선전하여 왔다. 만약 백두산이 조선 영토가 아니라면 이는 조선이 고난을 겪고 있던 시기의 지도자로서 국내

---

[323] 1963년 3월 주덕해가 일찍이 중공연변자치구 상임위원회 회의에서 발언할 것에 따르면, 그는 다음과 같이 말했다. "내가 어렸을 때부터 장백산은 조선의 것이라는 것을 알고 있었다. 국경획정에서 그들에게 일부분을 주지 않는다면 조선민중은 김일성을 비난할 것이다."『延边头号党内走资本主义道路的当权派朱德海卖国罪状』, 1쪽.

에서 인민들과 함께 저항한 적이 없다고 설명될 수 있었다. 사실 조선의 국경선 문제 해결 제안도 이 점에서 시작된 것이었다.

1962년 2월, 조선 측은 중국 대사관에게 김일성은 장백산 금강온천(천지의 서북단) 지역에서 유격전을 전개하였다면서, 해당 장소에 기념비를 세울 것을 요청하였다. 동시에 지도를 제시하였는데 그 위에는 수많은 붉은 깃발들이 표기되어 있었으며, 조선 측은 붉은 깃발로 표기된 지역이 모두 김일성 동지가 당시 항일활동을 전개한 적이 있는 지역이라며, 모두 기념비를 건립해야 한다고 주장하였다.[324]

한편, 김일성은 더 먼 미래까지 고려하였다. 즉, 장남 김정일 권력승계의 합법성 문제였다. 『김일성회고록』에 따르면 "김정일은 1942년 2월 16일 새벽 백두산 밀영에서 출생하였다." "총소리가 격렬하게 울려 퍼지는 가운데 조선의 남아로 태어났다."[325] 만약 김정일의 출생지가 이국 타향이라면, 장래 조선의 최고 권력자가 되었을 때, 각종 문제가 발생할 수 있다. 천지와 백두산을 조선 영토로 귀속시키면 이 모든 문제를 일거에 해결할 수 있었다.

이렇기 때문에, 1980년대 출판된 『조선개관』에는 당당하게 다음과 같이 기술할 수 있었다. "이 장엄하고도 아름다운 백두산과 위대한 영도자 김일성 주석이 조직하고 영도한 영광스러운 항일혁명투쟁의 영구불멸의 사적은 함께 있는 것이다. 또한 이곳은 친애하는 지도자 김정일 동지가, 항일전쟁의 포성이 가득하던 날 탄생하셨던 장소이다."[326]

동시에 조선인은 새로 획득한 영토 내에서 소백수구(小白水沟)라고 불리우는 지역을 발굴하고, 이 지역을 "조선인민혁명군사령부의 소재지라고 확인하는 한편, 그 장소의 장군봉을 정일봉으로 개명하였다."[327] 사실, 김정일의 출생지는 백두산 밀림이 아니다. 김일성은 1940년 10월 이미 백두산을 떠나 소련의 원동지역에 있었으며, 1941년 몇 달 동안 소분대를 이끌고 동북으로 돌아왔던

---

324) 필자의 하장명 인터뷰 기록.

325) 金日成, 『与世纪同行』 第8卷, 254쪽.

326) 外国文出版社编, 『朝鮮概观』, 平壤: 外国文出版社, 1982年, 3쪽.

327) 金日成, 『与世纪同行』 第8卷, 271쪽.

것을 제외하면, 일본이 투항하기 전까지 계속 소련에 건설된 비밀 야영지에서 훈련받고 생활하였다. 김정일 또한 그곳에서 태어났다.[328] 그러나 중조 변계 획정 이후, 김일성이 백두산에서 항일을 전개하고 김정일이 백두산 밀림에서 출생했다는 신화는 마침내 대대적으로 선전되기 시작하였다.

• 김정일의 출생.

1964년 5월 5일, 중국과 조선 정부는 새로운 국경조약의 기초 위에 '중조 국경하천 공동 이용관리에 관한 상호 협조협정(共同利用和管理中朝界河的互助合作協定)'을 체결하였다. 이 협정에 의거하여 양측은 "공동이용위원회"를 구성

---

328) 본서의 서론을 참조할 것. 김정일의 출생과 출생지에 관해서는 양소전 선생이 매우 상세하게 고찰한 바 있다. 杨昭全, 『金日成传』, 香港: 香港亚洲出版社, 366-367쪽.

하여 중조 양국의 경계하천을 공동 이용하고, 관리하는 과정에서 발생하는 문제를 신속히 해결하도록 하였다.[329]

그러나 조선은 안심이 되지 않았는지 중국 측에 중조 간 새 국경선 획정을 확인해줄 것을 요청하였다. 1964년 8월 조선 측은 각종 경로를 통해 중국 대사관에 새 중국지도를 요구하였다. 보름 후 중국 측은 새 지도가 아직 출판되지 않았다고 답신하고 새 지도가 출판되는 대로 전달할 것을 약속하였다.[330] 사실 1964년 6월 지도출판사에서 4,000,000 : 1 축척의 최신 '중화인민공화국지도'가 출판되었고, 중국과 조선 간의 국경선은 1962년 조약에 의거해 표시되었다.[331]

중국이 무엇 때문에 조선에 새 지도를 제공하지 않았는지 그리고 후에 조선의 요구를 만족시켰는지에 관해서는 증명된 사료가 없지만, 새로운 국경선이 하루라도 빨리 현실로 이루어지길 조선 측에서 희망했던 것은 틀림없는 사실이다. 1965년 4월 14일, 중국 주재 조선 대사관은 중국 측에 조선에서 출판된 표준 조선지도를 보내면서, 중국이 앞으로 조선 지도를 펴낼 때 이를 기준으로 삼아줄 것을 희망하였다.[332]

조선은 지나치게 걱정하였다. 1964년 5월 중국 외교부는 '중조 국경 획정에 관한 해석요점'과 '중조 국경지역 강화를 위한 관리 업무에 관하여'라는 제목의 두 지시문을 연속하여 발표하였다.[333] 또, 7월 20일 국무원은 관련 부처와 요녕성, 길림성에 '중조 경계하천 호조합작 협정에 관한 보고서'를 보내 자세히 연구하고 집행할 것을 지시하였다.[334] 1965년 1월 18일 국무원은 내부통지를 내려 과거에 출판된 모든 지도의 판매를 중단시켰다.[335] 1965년 1월 31일, 중

329) 『中华人民共和国边界事务条约集』中朝卷, 258-261쪽.

330) 중국외교부당안관, 114-00174-01, 25-27쪽.

331) 강소성당안관, 3124-0124, 43-46쪽.

332) 중국외교부당안관, 106-01225-05, 97-98쪽.

333) 중국외교부당안관, 106-01236-01, 1-8쪽.

334) 国务院文件(64)国外办字337号, 1964年 7月 20日, 다음에서 재인용하였다. 길림성혁명위원회외사판공실 편, 『중북, 중소, 중몽유관조약, 협정, 의정서회편』(1974년), 한국동북아역사재단 제3연구실 (한국어판), 55-57쪽.

335) 강소성당안관, 3124-0124, 43-46쪽.

국 대외무역부는 또다시 산하 각 부서에 통지문을 보내 1964년 6월 이전 출판된 지도의 판매와 수출을 중단하도록 하였다.[336]

10년이 지난 1975년 11월 6일, 중조 양국 정부는 평양에서 '중조 변계 제1차 연합조사 의정서'를 체결하였다. 이 연합 행동은 압록강과 두만강에 본래 있었던 섬과 사주에 대하여 조사를 실시한 것으로, 130개 곳에 큰 변화가 발생하였고, 86개는 이미 소실되었음을 발견하였다. 1964년 이후 새롭게 출현한 271개의 섬과 사주의 귀속 문제에 관해, 그중 102개는 중국에, 115개는 조선에 귀속되었다. 이와 동시에, 경작지가 없고 무인도인데 양측 서로에게 연결되어 있는 섬과 모래밭은 평등의 원칙에 따라 관리하고 귀속의 조정을 시행하였다. 결과적으로, 조사를 마친 553개의 섬과 모래밭 가운데 243개는 중국에, 310개는 조선에 귀속되었다.[337]

그러나 중국과 조선이 현재까지 1962년 체결된 변계조약과 관련 문서를 공개하지 않는 이유가 무엇인지에 대한 의견이 분분하다. 1962년 12월 몽고 지도자 체덴발(Tsendenbal)과의 회담에서, 주은래는 중국은 "여전히 조선의 답변을 기다리고 있기 때문에 현재 언론에 발표할 수 없다"고 설명하였다.[338] 언뜻 듣기에, 중국이 국경회담 결과의 발표를 꺼리지 않는 것처럼 들리지만 실제 상황은 그렇지 않다.

국경조약 체결 당시 중국은 조선에 한 발 양보했고, 문화대혁명 시기에 홍위병들은 주덕해를 장백산 천지를 팔아넘긴 장본인이라고 비판하였다.[339] 당시 중국 지도부는 중조 관계 연구에 있어 국내학자들의 비판적인 태도를 느낄 수 있었으며, 일단 조약 내용이 발표되면 인민들 사이에 어떤 부정적인 영향을 미칠 것인지 명확히 알고 있었다. 따라서 중국은 조약의 공표를 원하지 않았다.[340]

---

336) 강소성당안관, 3124-0124, 47-48쪽.

337) 吉林省人民政府外事办公室编印, 『中朝条约, 协议, 议定书续编』, 1981年 4月.

338) Record of Conversation between Zhou Enlai and J. Zedenbal(from East German archives), 다음에서 재인용. Taylor Fravel, *Strong Borders, Secure Nation*, p.115

339) 『延边头号党内走资本主义道路当权派朱德海卖国罪行』, 1-3쪽.

조선 측의 태도에 관해서 서방학자들은 주로 북한이 원하지 않았다고 주장하였다. 그 이유는 김일성이 담판 과정에서 자신의 원래 주장(전체 천지의 요구)을 포기하여, 자신의 위대한 이미지에 손상을 끼칠 수 있기 때문이었다.[341] 이 주장은 어느 정도 일리가 있다. 김일성이 비록 주요 목표를 달성했지만, 절반에 못 미치는 천지 일부를 중국영토로 확정한 것은 자신의 원래 주장과는 상당한 차이가 있기 때문이다. 이밖에도, 이종석이 인용한 "북한은 남북 분단 상황에서 조약 체결 사실의 공개는 곤란하다고 느꼈으며, 따라서 통일 전 이 사실을 공개하지 않기로 하였다"는 당사자의 주장은 조선 측 역시 이 비밀이 누설되는 것을 원치 않고 있었음을 증명한다.[342]

이 증언이 사실일 수 있지만, 조선의 지도자가 국경회담을 통해 그들이 얻은 실익에 대해 확실히 알고 있었고 국경조약의 내용 또한 상당히 만족할만한 것이었다는 점에 대해서는, 조금도 부인할 여지가 없다.

어쩌면 이에 대한 보답으로서, 1964년 8월 조선 정부는 중국 외교부에게 중국 선박이 두만강 하류를 통해서 바다로 나갈 수 있도록 하는 데에 동의하였다. 조선 측은 소조 양국의 공동 소유로만 되어있는 두만강 출해구(出海口) 총 15km의 강에 관하여 지금까지 양측은 협정을 체결하지 않았지만, 중국 선박이 정상적으로 이 지역을 통과하여 바다로 나가는 문제를 철저하게 해결하기 위해, 조선은 소련과의 협정 체결에 적극적으로 임하였다.[343]

1964년 10월 7일, 모택동은 조선노동당 대표단과의 회견에서 중조 국경선 문제를 언급하였다. 다음은 대화 일부분으로 양측의 국경회담 결과에 대한 태도를 극명히 보여주고 있다.

---

[340] 실제로 중국 정부의 입장에서는 또다른 각도에서 문제를 고려할 수 있었다. 상술했듯이 장백산 양측의 조선인은 오래 전부터 "간도(연변)" 지역이 조선에 속한다고 생각하고 있었다. 1962년 조약의 획정은 연변이 중국에 속한다는 점(이 점은 1909년 조약의 내용을 계승한 것이다.)을 명시하고 있다. 그러므로 이 조약의 공표는 법률적 의미에서 조선인에게 기정사실을 수용하고, 다시는 간도문제를 재기하지 말 것을 촉구하는 것이었다.

[341] Taylor Fravel, *Strong Borders, Secure Nation*, p.115.

[342] 이종석, 『북한-중국관계』, 235쪽.

[343] 중국외교부당안관, 106-01434-07, 56-58쪽.

모택동: "조선의 영토는 중국이 아닌 수양제, 당태종, 측천무후가 점령한 것이다. 조선의 국경은 요하의 동쪽이었는데, 봉건주의가 조선인을 압록강 강변까지 물러가게 했습니다."

박금철(조선최고인민회의상임위원회 부위원장): "우리는 요동지역을 원하지 않습니다. 현재의 국경에 대해 매우 만족합니다."

모택동: "그래서 우리가 동북지역 전체를 조선의 후방으로 만들었습니다. 이는 요하유역을 뛰어넘는 것입니다."

최용건(조선최고인민회의상임위원회 위원장): "우리는 국경에 대해 매우 만족합니다."

박금철: "북중 양국의 국경은 1962년에 이미 타결되었습니다. 주은래 총리도 백두산과 천지 문제가 합리적으로 해결된 것을 잘 알고 있습니다. 수상 동지도 동북지역을 조선의 후방과 국경으로 이용할 수 있는 것에 대해 매우 만족해합니다."

모택동: "동북지역뿐만 아니라 중국 전역 곳곳을 모두 이용할 수 있습니다. 만약 적이 북경, 상해, 남경을 공격할 경우, 이런 상황이 조선에게도 비교적 좋습니다. 그때는 항미원조(抗美援朝)가 아닌 항미원화(抗美援华)가 되는 것입니다."[344]

　

자료가 불충분하지만, 위와 같은 분석을 통해 1950~1960년대 중조 양국의 국경선 문제 처리의 역사적 과정을 대체로 반영해 낼 수 있었다. 내용을 종합하여 필자가 내린 결론은 다음과 같다.

첫째, 국경선 문제 처리에 관한 국제법상의 일반원칙에 따라 역사상 체결된 국경조약을 존중한다면, 중조 양국 간에는 중대한 국경선 문제가 존재하지 않는다. 1909년 '간도조약' 체결로 두만강 발원지와 발원지대가 중국과 조선의 국경선으로 이미 획정된 만큼, 강의 지류 변화로 형성된 작은 섬, 사주(沙洲)의 귀속 문제가 남아있었을 뿐이다. 이에 대해 중화민국 정부와 중화인민공화국 정부의 입장은 일치한다.

둘째, 조선 정부가 '간도조약'과 그 결과에 불만이 있어 지속적으로 이의를 제기하였다. 그러나 양국이 이 문제를 논의하기에는 당시의 상황이 좋지 못했

344) 모택동과 조선당정대표단 회담 기록, 1964년 10월 7일.

다. 1962년 중국이 대내외적으로 어려움에 처해 있을 때, 조선은 이 기회를 이용하여 국경선 문제 해결을 제안하였다. 조선의 기본적인 요구사항은 간도조약 중의 두만강 발원지 확정 부분을 수정하여, 천지와 두만강 발원지역을 조선의 영토 범위로 귀속시키는 것이었다.

셋째, 중국 정부는 조선의 예상치 못한 요구에도 이의를 제기하지 않고, 단 6개월의 협상을 거쳐 국경조약을 체결하였다. 그 결과 중국은 장백산 천지의 반 이상 석을수(石乙水) 북쪽의 대규모 영토를 조선에 할양하였으며, 나아가 조선의 요구대로 북측에서 장백산을 백두산으로 부르게 하였다. 2개월 후, 조선의 독촉으로 양국 정부는 서둘러 의정서를 교환하고, 실지 조사를 실시한 후에 '중조 변계의정서'를 체결하였다.

넷째, 중조 국경조약의 체결 과정은 짧고 간단했지만, 모택동을 중심으로 하는 중국 지도부의 국경 협상에 대한 태도는 곰곰이 되새겨볼 만하다. 특히 결정적으로 모택동이 국가의 근본 이익이 달린 영토와 국경선 문제 있어 왜 그토록 쉽게 양보했는가 하는 문제이다.

객관적으로 볼 때, 이는 당시 중국이 처한 국제적 환경과 밀접한 관련이 있었다. 중소 갈등이 표면화된 이후, 각국 공산당은 대부분 소련을 지지하였고 중국공산당은 사회주의 진영에서 고립을 탈피하고자 적극적으로 주변의 조선과 베트남, 일본공산당과 좌파 그룹을 조직하였다. 소련은 자국의 역량을 이용, 경제지원을 통해 조선을 유인할 수 있었지만 중국은 때마침 경제침체의 수렁에 빠져 대외적으로 지원할 여력이 없었다. 바로 이때, 조선이 국경선 문제 해결을 요구하고 나선 것이다. 김일성의 정치적 지지를 얻기 위해 모택동은 조선이 제시한 영토에 관한 요구를 들어준 것이다.

1963년 9월 조선 방문을 마치고 귀국하는 도중 유소기는 자신을 수행했던 신화사(新华社) 사장 비서 왕비(王飞)에게 "사회주의 국가와 국경선 문제를 협상하는 것은 자본주의 국가와 협상하는 것보다 훨씬 어렵다"고 토로하였다.[345] 류소기의 탄식을 통해 볼 때, 중국 지도부 역시 조선의 영토 요구를 받아들이

345) 필자와 왕기성(王启星: 왕비의 아들) 인터뷰 기록, 2011년 2월 7일, 북경.

고 싶지는 않았지만 부득이하게 받아들일 수밖에 없었다. 한편으로는 당시 중국 지도자들은 내교(內交)가 외교보다 더욱 어렵다는 것을 미처 인식하지 못하고 있었음을 보여주는 것이라 할 수 있다.

주관적인 측면에서, 이는 모택동의 영토와 국가 경계에 대한 이념과 관련이 있다. 즉, 중국 전통의 "천조" 관념 및 외국으로부터 전래된 "세계혁명" 사상이다. 1935년 10월 모택동이 지은 시 '염노교－곤륜(念奴娇·昆仑)' 편에는 그의 "천자"적 기백과 "천하관"이 잘 드러나 있다.

> 지금 나는 곤륜산에 올랐네.
> 더 이상 높을 필요도 더 많은 눈도 필요가 없네.
> 평안함을 얻어 하늘에 의지할 수 있다면,
> 보검을 빼어 너를 세 조각으로 잘라 내리라.
> 한 조각은 유럽에게 남기고,
> 한 조각은 미국에게 선물하고,
> 한 조각은 중국에게 돌려주리라.
> 세계가 평화로워 지리니,
> 온 천하 모두가 뜨거운 투쟁을 식히리라.[346]

만약 이 시가 모택동의 낭만적 기질을 표현한 것이라면, 그가 국가 지도자의 위치에 있을 때의 모든 행동은 이 시에 반영된 생각을 확실히 실천에 옮겨진 것으로 보인다. 일찍이 1947년 10월 성립된 유럽 공산당정보국은 중국 공산당인들의 세계혁명 형세에 대한 지대한 관심을 불러일으켰다. 1951년 초까지 중공 중앙연락부가 성립되었을 때, 북경은 아시아 각국 공산당 대표들이 집중적으로 활동하는 중심지가 되었으며, 스탈린은 자발적으로 중국을 중심으로 하는 사회주의 연맹 구상을 제안하기까지 하였다.[347] 당시 중국혁명은 막 성공하였으며, 모택동은 아시아 혁명을 발동을 계획하는 한편 이를 세계혁명의 흐름에 편입시키고자 하였다.

346) 毛泽东, 『毛泽东诗词选』, 北京: 人民文学出版社, 2004年, 55쪽.
347) 본서의 제1장 3절을 참조할 것.

"천조" 관념과 "세계혁명" 이론은 완전히 다른 개념이지만, 영토와 국가 경계의 문제에서는 상당히 유사한 부분이 있었다. "천조는 이웃 나라와의 경계가 없다"와 "노동자는 조국이 없다"는 두 말은 상당히 유사하다. 전자의 구체적인 사례는 옹정이 서남쪽 국경을 처리하는 문제에 잘 드러난다.

1728년, 안남국(安南国) 왕이 운남(云南)과 분쟁 중인 120리의 영토를 안남국으로 귀속시켜줄 것을 진언하였고, 옹정제(雍正帝)는 80리까지 양보하였으나 안남국 왕은 만족하지 못하였다. 이에 옹정제가 "짐이 온 천하를 다스리고 모든 신하가 복종하며 온 나라가 내 영토에 예속되어 있다. 안남국 또한 이미 속국으로 삼았으니, 한 척의 땅도 내 것이 아닌 것이 없는데, 얼마 되지 않는 40리의 땅을 따질 필요가 있겠는가?"라고 말하였다. 옹정제의 뜻을 알게 된 안남국 왕은 "천자의 훈계를 받들어 죄를 뉘우치옵니다"라며 충성을 맹세하였다. 이에 옹정제는 다시 "운남이 짐의 땅이고 안남이 짐의 외번인데, 이 40리의 땅은 조금도 구분할 것이 아니다"라며, 결국 그 땅을 안남국 왕에게 선사하고, 주둔하여 지키도록 명령하였다.[348]

후자(세계혁명 관념)는 모택동이 중국과 인도 국경선 문제를 보는 시각에서 잘 드러난다. 1959년 중국과 인도 국경에서 무장 충돌이 발생하여 주은래가 위기 수습에 분주한 와중에도, 모택동은 11월 인도공산당 총서기 고시(Ajoy K. Ghosh)와 인도공산당 좌파 대표단을 접견하였다. 모택동은 중국과 인도의 국경분쟁을 언급하면서, 인도 인민이 정권을 장악하는 순간 중국은 맥마흔 라인(Mcmahon Line)을 인정할 뿐만 아니라 맥마흔 라인 이남 9만㎢의 영토도 인도에 내줄 것이라고 말하였다.[349]

이 두 가지 사고방식이 이토록 비슷할 수 있을까! 모택동은 중국의 역사적 천조의식과 무산계급 세계혁명의 이상을 완벽하게 결합시켰다. 중국을 중심으로 한 '천조'(혹은 세계혁명진영) 관념에서는, 국경은 애초에 문제가 안 될 뿐만 아니라, 아예 존재하지도 않는다. 상대방이 '천조'에 귀속되면 더 많은 땅을 내

---

348) 모택동과 인도공산당 좌파학습대표단 회담 기록, 1967년 12월 13일.
349) 모택동과 인도공산당 좌파학습대표단 회담 기록, 1967년 12월 13일.

주어도 무방한데, 이는 상대방이 이미 '천조'에 속해 있기 때문이다.

다섯째, 아편전쟁 이후의 역사는 중국 고대왕조의 '통어환우(统御寰宇, 온 우주를 통치－역자 주)', '천하일가(天下一家)'의 주권 개념과 정책이 이미 구미 열강의 현대적 '민족국가'의 주권 개념과 정책에 의해 사라졌으며, 내지(內地), 내번(內藩), 외번(外藩)은 천조의 '영토'이고, '천조는 이웃 나라와 경계가 없다'는 영토에 관한 구시대적 풍경도 이미 사라졌다는 것을 말해주고 있다.[350]

이런 맥락에서 볼 때 '사회주의 진영'의 이념적 지도아래 '혁명국가'를 '형제'로 보고, 이를 국경과 주권 문제를 처리하는 정책의 출발점으로 보았다면 역사의 후퇴가 명백하다. 결론적으로 말해서 중조 국경선 문제의 해결 방식과 그 결과는 1950~1960년대 중조관계가 충분히 정상적이고 현대화된 국제관계가 아니라는 것을 전형적으로 보여준다.

제4절 김일성의 중국일변도와 그 한계

1961~1962년 가장 힘든 시기, 중국은 조선이 요청한 모든 요구를 만족시켜 주었다. 돈을 원하면 돈을 주었고, 사람을 원하면 사람을 주었으며, 땅을 원하면 땅을 주었다. 그 결과는 김일성의 확실한 정치적 지지로 돌아왔다. 중소 분쟁 초기, 중소쌍방은 정치적 대논전을 벌였다. 특히 1963년 7월 양당 고위급 회담 이후, 중공은 소련공산당과 결별을 결심하고, 공개적으로 소련공산당의 수정주의 노선을 비판하였다. 지지자와 추종자 쟁취를 위한 정치투쟁에서, 중소 양당의 목표는 모두 분명하였다. 즉, 마르크스주의 이론의 고지를 점령하여 사회주의진영 각국에, 자신만이 진정한 마르크스주의자이며, 정확한 노선을 대표하며, 따라서 자신만이 국제공산주의 운동을 지도할 자격이

---

350) 이 문제에 관한 전면적이고 가장 훌륭한 저술은 다음을 참고. Liu Xiaoyuan, *Recast All Under Heaven: Revolution, War, Diplomacy, and Frontier China in 20th Century*, New York: The Continuum International Publishing Group, 2010; 刘晓原,「中国的民族, 边疆问题及其领土属性的近代转型」, 李小兵, 田宪生编,『西方史学前沿研究评析』, 上海: 上海辞书出版社, 2008年, 1-23쪽.

있다는 것을 증명하는 것이었다. 동시에, 사회주의 "대가정" 분열의 책임을, 상대방에게 전가하는 것이었다. 공산당 국가들의 태도를 보면, 작은 알바니아가 중공을 굳게 지지한 것을 제외하고, 모든 동유럽 국가들과 몽고, 쿠바가 소련을 지지하였으며, 베트남은 중립적 태도를 유지하며 양측에 화해할 것을 권고하였다. 따라서 혈혈단신 중공의 입장에서는 일부 비집권 공산당의 지지를 확보하는 것 외에, 조선노동당만이 쟁취가 가능한 비교적 영향력이 있는 유일한 집권당이었다. 중공은 조선을 자신의 편으로 쟁취하기 위해 엄청난 노력을 쏟았다.

1. 모택동은 김일성에게 동북지방의 처리를 맡김

역사적으로 중국은 줄곧 조선과 베트남을 자신의 번속국(藩属国)과 보호국으로 여겨왔다. 중공이 정권을 잡은 후, 가장 중요시한 친구도 이웃인 조선과 베트남이었다. 모택동이 보기에, 중국은 아시아 혁명의 중심일 뿐 아니라, 동시에 조선과 베트남의 후방기지였다.[351] 조선과 베트남은 모두 미제국주의와 투쟁에서 제일선에 있었으며, 중국의 안전을 위한 보호벽이었다. 따라서 중국은 자연히 두 동맹국에게 원조를 제공하게 되었다.[352] 그러나 지정학적 관점에서 보면, 중공이 1957년 사회주의진영 중에서 굴기한 이래, 특히 1960년 중소관계가 악화되기 시작한 이후, 조선은 중국에게 더욱 특별한 의미를 가지게 되었다.

일찍이 1953년 말, 김일성이 국가원수 자격으로 중국을 처음 방문하였을 때, 모택동은 다음과 같이 말하였다. "제국주의 침략 반대와 제국주의의 중국침략 반대 투쟁에 있어서, 조선인민은 우리를 도왔다. 조선인민의 영웅적인 투쟁이 없었다면, 중국은 안전할 수 없다. … 조선인들은 제1 방어선에 있으며, 우리는

---

[351] 중국은 세계혁명의 중심이란 구호는 문화대혁명 시기에 이르러 중국 전역에서 매우 유행하였다.

[352] 1957년 중국의 대외원조 총액은 20억 위안(인민폐)으로, 그중 조선과 베트남이 각 8억 위안을 차지하였다. 나머지 4억은 몽고, 알바니아와 기타 소국들에게 제공되었다. 『周恩来年谱(1949-1976)』中卷, 52쪽.

제2방어선에 있으며, 조선의 후방(后方)이다. 따라서, 조선인들이 승리하는 것은, 바로 우리를 돕는 것이다. 조선이 경제를 회복하는 것 역시 우리를 돕는 것이다."[353] 모택동의 이 발언은, 단순히 제국주의 반대투쟁의 국제협력의 일반적 의의를 강조한 것일 뿐이다.

1958년 12월, 모택동은 중국의 동북지역을 조선의 후방이라고 다시 칭하였다. 당시 모택동은 중국을 방문한 김일성에게 다음과 같이 말하였다. "미국이 조선침략 전쟁을 시작하자마자, 나는 동북은 당신들의 후방이며, 모두 당신들의 것이라고 말하였다. 당신들의 기관, 학교, 공군과 거기로 이전하고 싶은 것은 모두 이전할 수 있다. 뿐만 아니라, 중국전체가 조선의 후방이다." 또한 모택동은 장래에 전쟁이 벌어진다면, "우리는 무상으로 무기를 제공할 것"이며, "조선의 군사장비는 우리가 책임질 것"이라고 약속하였다.[354] 여기서 모택동은 여전히 장래 반미제국주의 전쟁에서 조선에 원조를 제공하는 관점에서 문제를 생각하였다. 1961년 소련과 중국은 차례로 조선과 동맹조약을 체결하였으며, 조약의 목표는 여전히 서방진영을 겨냥한 것이었다. 그 후, 모택동이 보기에, 조선은 중국의 동맹국으로서의 의의에 미묘한 변화가 발생하기 시작하였다.

1962년은 중소관계 발전에 있어, 극히 중요한 해였다. 그해, 중공은 내부적으로 중소 양당과 양국 사이의 투쟁을 적과 아군의 성격으로 규정하고, 양당관계의 결렬의 사상적 기초를 준비하였다. 1961년 10월 개최된 소련공산당 제22차당대회에서 중소양당은 기본입장과 강령에서의 갈등을 노정하고, 주은래는 조기에 귀국하였으며, 모택동은 공항에서 주은래를 영접하였다. 이후 중공은 당내에서, 중소양당 간의 "갈등은 원칙의 성격을 포함하고 있다." 즉 "누가 누구를 이기느냐(谁战胜谁)"의 문제가 나타났으며, 중공은 "영원히 자신의 입장을 포기할 수 없다"고 선언하였다.[355] 중공은 정세에 대한 중국의 판단과 이에 대해 확정된 방침을 즉각 조선에 통보하였다. 1962년 2월 중국 주재 조선 대사

353) 중국외교부당안관, 204-00003-01, 1-3쪽.
354) 모택동과 조선정부대표단 회담 기록, 1958년 12월 6일.
355) 다음을 참고할 것. 沈志华主编,『中苏关系史纲』第三篇 第二章.

이영호(李永鎬)가 이임할 때, 유소기, 등소평 등 국가지도부와 외교부, 중공대외연락부 책임자들이 차례로 그와 회담을 가졌으며, 주요 내용은 조선에게 자신의 입장을 명확히 전달하는 것 이었다. 흐루시초프는 전형적인 수정주의자로, 점점 심해지고 있으며, 국제 공산주의운동의 분열은 이미 피할 수 없고, 소련은 대대적으로 중국을 반대하고 있다, 중국과 조선은 반드시 일치단결하여 고난에 함께 맞서야 한다.[356]

바로 이와 같은 상황하에서, 조선이 중조국경선의 문제해결 협상을 제안하였을 때, 중국은 기본적으로 조선의 희망에 따라 국경조약을 체결하였으며, 영토 할양을 대가로 정치적 동지를 얻었다. 중조국경조약 체결 이후, 모택동은 조선을 더욱 자기 가족처럼 생각하였다. 중국은, 조선전쟁 이후 중국은 조선에 자국의 능력을 초과하는 경제 원조를 제공했으며, 심지어 조선이 요구한 영토까지 만족시켜 주었기 때문에, 조선은 당연히 두 마음을 품지 않고 중국에 감사할 것으로 생각하였다. 1963년 4월 26일, 모택동이 『노동신문』 대표단과 접견할 때, 다음과 같이 말하였다. "동북지방 전체가 당신들의 후방이다. 귀하들과 동북과 왕래가 잦지 않은가! 당신들은 요녕, 길림, 흑룡강과 더 많이 왕래하고, 익숙해져야 하며, 사람을 파견하여 연구하고 조사해야 한다. 장래 어떤 큰 일이 발생할 때, 예를 들어 세계대전이 있을 경우 귀하들은 이 지방을 이용해야 한다." 조선대표단이 이에 감사를 표시한 후, 모택동은 다시 발언을 이어갔다. "마땅히 그렇게 해야 한다. 전쟁이 없을 때, 이 성(省)들의 경제, 정치, 문화, 군사, 당, 인민들과 익숙해지지 않으면 장래에 손해 볼 수가 있다. 동시에 그 곳의 간부들과도 교류하여 친구가 되어야 한다." 또한 모택동은 조선은 군사대표단을 동북으로 파견할 수 있으며, "매년 한 차례씩 파견하는 것이 가장 좋으며," 동북의 육군, 해군 및 공군을 잘 이해하고 있어야 한다고 지적하였다.[357] 1963년 5월 말, 모택동은 무한(武汉)에서 김일성과 회담할 때, 재차 이를 언급하였다. "동북지역 전체는 조선의 대 후방"이

---

356) 중국외교부당안관, 109-03158-03, 8-17쪽, 109-03158-04, 18-23쪽, 109-03158-02, 1-6쪽, 109-03158-05, 25-30쪽.

357) 모택동과 조선 로동신문 대표단 담화기록, 1963년 4월 26일.

며, 장래에 전쟁이 발생하면, 이 대 후방을 김일성 동지에게 맡겨 "통일지휘"
를 하도록 할 것이다.358) 모택동은 진지했다. 이때 그가 고려했던 것은 단순
히 동북지역을 조선의 후방기지로 삼는 것만이 아니라, 김일성에게 동북지역
전체를 맡기려는 것이었다. 당연히 모택동의 이 말이 가지는 함의는 이전과
달랐다.

　신강 이탑(新疆伊塔)사건이 발생함에 따라, 중소국경지역에서 분쟁이 잇달
아 발생하였다. 1963년 9~10월, 중앙군사위원회는 북경에서 중소, 중몽 변방
위원회 회의를 개최하고, 중소국경 방어투쟁에 관한 몇 가지 정책 문제의 규정
및 기타 관련 규정을 토론 수정하고, 국경방어 투쟁에서 시급한 처리가 필요한
실질적 문제들을 해결하였다. 회의는 중공중앙이 확정한 "진격도, 퇴각도 하지
않는다. 먼저 문제를 일으키지 않고, 문제 발생 후 상대를 제압한다"는 국경방
어방침을 선포하였다. 동시에, "우리는 군사 방면에서 일부 경계와 준비를 해
야 한다. 수정주의는 어떠한 나쁜 일도 저지를 수 있으며, 우리는 수정주의가
각종 음모와 심지어 모험적 행위도 서슴지 않는다는 점을 예상해야 한다. 수
정주의가 도발할 수 있는 국경지역 군사충돌에 대해, 우리는 경계태세를 갖추
어야 하며, 유비무환의 태도를 가져야 한다"라고 덧붙였다.359) 이러한 상황하
에서, 동북지역은 단순히 미 제국주의 침략을 반대하는 전쟁의 후방기지 뿐만
아니라, 수정주의 소련이 일으킬 지도 모르는 군사충돌에 대한 전초기지가 되
었다.

　1964년 2월, 모택동은 김일성과의 회담에서, "소련은 중국을 압박하여 굴복
시키려는 각종 조치가 효과가 없음을 알게 된 후에도 "전쟁 도발"이라는 카드
를 여전히 들고 있다"고 지적 하였다.360) 1964년 5월 15일~6월 17일, 중공중앙
은 공작회의를 개최하였다. 회의기간, 모택동은 국민경제 제3차 5개년계획의
중요 목표를 "식량, 의류, 생필품"의 문제 해결에서, 전시태세 중심으로 전환시

---

358) 이단혜(李丹慧)와 필자의 주양방(朱良访) 인터뷰 기록, 2010년 1월, 북경. 주양방은 1985-1993년
　　 중국공산당 대외연락부 부장을 역임하였다.

359) 길림성당안관, 1/19-1/243, 2-20쪽.

360) 모택동과 김일성 담화기록, 1964년 2월 27일.

켰으며, 제3선 방어선 건설을 결정할 것을 제안하고, 각 성(省) 지역에서 모두 군사공업을 건설하는 방안을 제기하였다.[361] 모택동은 또한 5월 27일 중앙정치국 상무위원회회의에서, 흐루시초프가 전면적으로 중국을 반대하는 상황을 고려하여, 우리는 소련이 세계여론의 반대에도 불구하고 우리에게 전쟁을 위협할 경우를 고려해야 한다. 따라서 우리는 반드시 무장침입에 저항할, 대대적 준비를 해야 한다고 강조하였다.[362] 주은래는 "제3선 방어선" 지역을 획정할 때, "수정주의에 대해, 서북과 동북 각 성은 제1선," "진정한 제3선은 청해(青海), 섬남(陝南), 감남(甘南), 반기화(攀枝花, 사천성 서남단에 있는 도시명 – 역자 주)"라고 설명하였다.[363] 이러한 구상에서 모택동은 7월 정치국회의에서 다음을 지적하였다. 우리는 동쪽만 주의하고 북쪽은 소홀히 할 수 없다. 제국주의만 경계하고, 수정주의는 소홀해서는 안 된다. 양쪽에서 작전할 준비를 해야 한다.[364] 이는 대 소련 방어작전 문제를 더욱 명확히 밝힌 것이다.

이 가운데, 모택동은 중국 동북을 김일성에게 맡겨야 한다며 반복적으로 발언하였다. 이는 모택동이 한편으로 소련과 장래에 발생할 수 있는 충돌에서 동북지역을 전략적 완충지대로 고려하고 있음과, 조선동지들에 대해 절대적 신임을 표한 것이라 할 수 있다. 1964년 9월 5일, 김일성이 중국정부 경제대표단을 접견하고, 회담 중에 동북이 조선의 후방이라는 말이 나오자, 학덕청 대사는 "어떤 의미에서는 귀하들 역시 우리의 동북의 후방이다. 북쪽에서 수정주의가 나타나고 믿을 수 없기 때문에, 조선이 필요하다"고 말했다. 이에 김일성은 "우려할 만하다"고 대답하였다.[365]

361) 薄一波, 『若干重大决策与事件的回顾』下卷, 北京: 中共中央党校出版社, 1993年, 1,200쪽; 『周恩来年谱(1949-1976)』中卷, 643쪽. 제3선 건설에 대한 전면적 연구에 관해서는 다음을 참고할 것. 陈东林, 『三线建设—备战时期的西部开发』, 北京: 中共中央党校出版社, 2003年.

362) 吴冷西, 『十年论战(1956-1966): 中苏关系回忆录』, 北京: 中央文献出版社, 1999年, 778쪽.

363) 金冲及主编, 『周恩来传』, 1,769쪽.

364) 王仲春, 「中美关系正常化进程中的苏联因素(1969-1979)」, 『党的文献』 2002年 第4期, 51쪽; 『周恩来年谱(1949-1976)』中卷, 654쪽.

365) 중국외교부당안관, 106-00767-01, 1-13쪽.

· 1963년 6월 9일 주은래가 최용건(우측 3번째), 리효순(좌측 4번째)과 박성철(우측 1번째)을 영접하고 있다.

김일성은 모택동의 진정성을 느낄 수 있었다. 또한 조선이 동북을 맡는 것은 그가 매우 바라는 것이었다. 1959년 8월, 장춘 주재 조선 영사관은 중국에게 김일성 수상은 흑룡강성 각 방면의 상황에 큰 관심을 가지고 있으며, 상황 파악을 위해 조선영사관원이 다음 흑룡강성 인민대표대회에 참석할 수 있도록 해줄 것을 요청하였다.[366] 1963년 6월 주은래가 최용건과 함께 동북을 방문하였을 때, 주은래는 모주석이 동북지역은 조선의 후방이고, 흑룡강은 후방중의 후방이라고 말하면서, 조선은 무슨 일이 발생하면 그들과 직접 연락할 수 있으며, 중앙에도 당연히 알려야 한다고 설명하였다. 또한 주은래는 동북국에 통보하여 간부를 조선에 파견하여 현장 학습하도록 할 것이라고 말했다.[367] 김일성은 매우 신속하게 행동을 취했다. 7월 조선노동당중앙위원회 국제부는 김일성은 동북국, 동북3성 및 안동시 당, 정, 군 책임자들을 비밀리에 조선으로 초청하여 휴양과 참관을 하도록 할 것이라고 중국 대사관에 통보하였다.[368] 중공중앙의 비준을 거쳐, 동북지역 지도간부들은 "학습방문단"

366) 『外事动态』 1959年 第86期, 21쪽.
367) 중국외교부당안관, 204-01267-05, 24-27쪽.
368) 중국외교부당안관, 106-00719-09, 4-5쪽.

을 구성, 두 개조로 나눠 조선을 방문하였다.[369] 10월 8일 제1차 조선 방문단 동북간부들을 접견할 때, 김일성은 조선인민은 동북을 영원히 잊을 수 없으며, 자기 자신도 자주 동북에 가는 꿈을 꾼다고 말했다. 김일성은 또한 조선과 동북은 더 자주 왕래하고 가까워져야 하며, 자신들 역시 사람을 동북에 보내 참관하는 것을 준비하고 있다고 말했다. 김일성은 내년에 일부 부장급 인사들과 함께, 동북을 비공개 방문할 것을 약속하였다. [370] 10월 16일, 김일성은 2차 조선방문단 동북간부들을 맞아, 모 주석이 여러 차례 동북지역은 조선의 후방이라 했으며, "이 말은 매우 정확하고 중요하다"고 지적하였다. 김일성은 조선에 대한 동북의 역사적 역할을 열거하면서 다음과 같이 주장하였다. "금후 만일 일이 생기면, 동북은 여전히 조선이 의지할 수 있는 후방이다. 조선노동당은 이에 대해 매우 확신하고 있으며, 전적으로 믿고 있다. 동북의 동지들은 모 주석을 중심으로 하는 중공중앙의 정확한 지도하에 배양된 국제주의 전사의 모범이다. 당연히 동북은 조선의 후방으로서 역할을 할 수 있다고 말할 수 있다. 왜냐하면, 이는 공산당원들의 국제주의 의무이기 때문이다."[371] 모택동의 발언은, 김일성에게 동북에 대한 추억을 일깨워 주었을 뿐만 아니라, 그에게 동북은 당연히 조선의 손아귀에 있어야 한다고 느끼도록 하였다. 김일성은 직접 동북을 방문하여 상황을 파악할 것이라고 수차례 언급하였다.

1964년 9월 5일, 김일성은 조선을 방문한 중국대외경제연락위원회 주임 방의(方毅)와 방문단 전원에게 다음과 같이 말하였다. "중국 동북지역은 우리와 밀접한 관계에 있으며, 동시에 우리의 후방이기도 하다. 과거, 현재, 미래에도 그럴 것이다. … 작년 중공중앙 동북국의 동지들이 와서 올해 나의 동북 방문을 결정하였다. 이처럼 서로 교류하면, 관계는 더욱 밀접해지고, 상황을 서로 더욱 잘 이해 할 수 있다. 일단 일이 발생하면, 우리는 어깨를 나란히 하고 싸

---

369) 중국외교부당안관, 106-00719-09, 16, 18-21쪽.
370) 중국외교부당안관, 106-00719-04, 39-40쪽.
371) 중국외교부당안관, 106-00719-06, 49-54쪽.

울 수 있다. 중국동북은 우리의 후방이며, 일이 발생하면 동북에 의지해야 한다. 우리의 조국해방전쟁 기간 북조선인들은 거의 모두 중국 동북으로 피신하였다. 아동, 부녀 및 병원도 모두 동북으로 이전하였다. 심지어 최용건 동지 역시 새 부대를 편성을 위해 동북에 갔다. 중국 동북은 확실히 후방기지 역할을 훌륭하게 하였다. 이 일을 조선인민들은 영원토록 기억할 것이다. 금후 전쟁이 발생하면, 중국동북 역시 이 같은 역할을 발휘할 것이다. 이번에 가면, 나는 동북국 동지들에게 잘 부탁할 것이다. 우리와 중국동북의 관계는 확실히 친형제, 피를 나눈 관계이다."[372]

며칠 후, 김일성은 동북지역 비밀방문을 시작하였다. 등소평이 심양에서 그를 맞이하였으며, 3일 동안 두 차례 김일성과 회담을 가졌다. 김일성은 이번에 온 것은, "귀하들과 만나, 동북은 조선의 후방이며, 쌍방은 밀접하게 교류해야 한다는 모 주석의 말씀을 실천하기 위해서"였다고 밝혔다. 등소평은 동북상황을 소개한 뒤, 김일성에게, 이후 "이 지방은 당신들이 통제할 것이고, 어떻게 통제할 것인지는 수상께서 그들에게 직접 분부만 내리면 된다." "일단 일이 발생하면, 당신들이 통제하게 될 것"이라고 하였다. 회담이 끝나갈 무렵, 등소평은 "무슨 일이 발생다면 송임궁(宋任穷) 동지에게 말하고, 동북문제에 대해서는 수상이 명령을 내릴 수 있다"고 재차 말하였다. 등소평이 떠난 후, 김일성은 동북국 제1서기 송임궁과 중앙대외연락부 부부장 오수권(伍修权)의 안내에 따라, 심양에서 치치하얼(齐齐哈尔)까지 동북지역을 몇 주간에 걸쳐 시찰하였으며, 매우 기뻐하였다.[373] 김일성이 보기에, 동북지역은 정말로 조선의 품에 들어올 것 같았다.

2. 중국은 조선을 여러 면에서 끌려가면서 포용

조선을 자신의 지지자로 끌어들이기 위해, 중국은 정치, 경제, 외교 등 각

372) 중국외교부당안관, 106-00767-01, 1-13쪽.
373) 이단혜(李丹慧)와 필자의 주양방(朱良访) 인터뷰 기록, 중국외교부당안관, 106-01128-03, 152쪽.

방면에서 조선의 요구를 최대한 만족시켰다. 조선의 모든 행위에 대해, 중국은 일관되게 격려하고 지지하였다. 조선의 일부 행위가 관련 규정 혹은 국제관례를 위반했다 하더라도, 중국은 이를 처리할 때 매우 신중하였다. 예를 들어, 1959년 7~8월, 상해, 무한, 광주, 천진 등 지방 방송국들은 각각 조선방송위원회가 기증한 자료와 테이프들을 받고, 관계 수립의 요청을 받았다. 그러나 이러한 조선의 행동은 중국의 "지방 방송국은 외국과 직접 연계할 수 없다"는 관련 규정을 위반한 것으로 중국은 당연히 이를 비준할 수 없었다. 그러나 조선의 체면을 고려하여 광파사업국(广播事业局: 방송사업국 – 역자 주)은 지방방송국 한 곳이 대표로 이를 처리하도록 결정하였다. 광파사업국은 조선에 보내는 답장을 대신 기초하면서, 한편으로 감사를 표시하고, 다른 한편으로는 중국의 지방방송국은 외국방송국과 연계 관계를 만들 수 없음을 설명하였다. 광파사업국은 이 일을 무한(武汉)방송국 이름으로 처리하도록 결정하고, 조선에 보내는 답장의 편지 용지는 무한 방송국의 용지를 사용할 것과 날인 후 무한에서 발송할 것을 당부하였다.[374] 이는 중국이 조선관련 사무 처리에 매우 신중했음을 보여준다. 다른 예로, 1962년 8월 불가리아에서 유학중인 4명의 조선학생들이 조선정부에 불만을 이유로, 학업 종료 후 귀국을 거절하였다. 조선대사관은 불가리아정부에 학생들의 인도를 요청했지만 거부되자, 대낮에 그들을 납치하였다. 사건발생 후, 불가리아 외교부는 엄중히 항의하고, 조선 대사관이 불가리아의 국가 주권을 침범했다고 비난하였다. 불가리아 주재 중국 대사관은 이 사건을 보고하면서, "사태를 관망하고 논평하지 않는" 태도를 취할 것을 제안하였다. 그러나 중국외교부는, "사태를 관망하고 논평하지 않는 태도는 적절치 않으며, 반드시 불가리아가 잘못했다고 표명할 것과 조선 측에 대해 동정을 표해야 한다"고 회신하였다. 이후, 조선 대사는 불가리아 정부로부터 기피인물로 지정되어 48시간 내에 불가리아를 떠나도록 명령받았으며, 중국외교부는 불가리아 주재 중국 대사에게 공항까지 조선 대사를 배웅할 것을 특별히 지시하였다.[375]

374) 상해시당안관, B92-2-463, 1-15쪽.

김일성이 극도로 미워하는 중국에 망명한 간부들에 대해서도, 중공은 더욱 엄격한 조치를 취했다. 1961년 7월 김일성과 회담할 때 모택동은 1956년 조선내정에 대한 간섭 책임을 여산회의에서 이미 실각한 팽덕회에게 전가하고, 김일성의 면전에서 다음과 같이 팽덕회를 비판하였다. "고강과 팽덕회는 모두 흐루시초프의 사람이다. 팽덕회는 오직 박일우만 신뢰하였고, 이상조는 이극농의 면전에서 자주 당신들에 대한 나쁜 말을 하였으나 모두 거부되었다. 1956년 그들은 정부를 전복하고 조선을 분열시키려 하였다."376) 1962년 6월, 모택동은 박금철을 접견하고, 팽덕회는 조선에서 오직 박일우의 말만 들었으며, 후에 김두봉과 비밀리에 결탁하였다고 말하였다. 당내 위험분자들에 대해 말할 때, 모택동은 조선에는 이상조, 박일우, 김두봉, 윤공흠, 김강 등의 위험분자들이 있다고 말했다.377) 이때, 중공의 문건에서 그들에 대한 호칭은 이미 "조선에서 도망 온 간부"가 아니라, "조선반당 종파분자"였다. 1962년 4월 중앙대외연락부는 그들에 대한 새로운 처리방안을 제기하였으며, 그 내용은 다음과 같았다. 중국에 거주하는 조선반당 종파분자 및 그 가족들은 금후 모두 공안부처로 이관하여 통일관리 토록 건의한다. 그들을 몇 가지 형식으로 분류한다. 1. 서휘, 홍순관, 김충식(金忠植), 이규철(李奎哲), 박현(朴玄), 김준근(金俊根) 6인은, 이미 범법행위를 저질렀기 때문에 법원에 넘겨 법에 따라 처리한 후, 공안기관에 넘겨 관리ㆍ감독하도록 하며, 외딴 성(省)의 국영농장으로 보내 적당한 일에 종사하도록 한다. 생활상 처우는 농장 간부와 같은 수준으로 하지만, 가족과의 동거는 허용하지 않는다. 2. 윤공흠, 김정룡(金正龙)은 태도가 비교적 좋기 때문에, 조선교포로서 중국에 체류하도록 하고, 적십자사가 그들의 생활을 책임지도록 하며, 공안부문의 통제를 받도록 하며, 생활 처우는 전과 같도록 한다. 3. 리필규(李弼奎) 등 7인은 선별하여 대처할 필요가 있으며, 앞의 두 경우에 따라 처리하도록

---

375) 중국외교부당안관, 109-03275-01, 1-90쪽.

376) 모택동과 김일성 회담 기록, 1961년 7월 13일.

377) 모택동과 박금철 회담 기록, 1962년 6월 21일.

한다. 오랜 검증을 통해 확실하게 뉘우친 자에 한해, 만일 조선이 여전히 귀국을 허락하지 않는 경우, 그들에게 중국 국적 부여를 고려하고, 중국간부와 동등한 대우를 누리도록 고려할 수 있다. 얼마 지나지 않아, 중앙대외연락부는 이 의견을 사천과 산서성 당위원회에 전달하고, 그들에게 구체적인 처리 방안을 제시토록 하였다.[378]

최후 논의 결과는, 서휘, 홍순관 등 6인은 소련으로 도주 혹은 도주를 시도했기 때문에 모두 체포되어 형을 받았지만, 형량은 가벼웠다. 서휘는 5년, 나머지는 2~3년형을 언도받았으며, 리필규와 김지홍(金志红)은 체포를 면하고 경고처분을 받았다.[379] 보고에 따르면, 윤공흠은 확실히 반성의 태도를 보이고, 귀국을 신청하였다. 후에 귀국이 이루어지지 않자, 마음이 매우 우울해졌다. 사천성위원회는 윤공흠에 대한 처우와 관리는 원 상태를 유지하도록 건의하였으며, 중앙대외연락부는 다음과 같이 회신하였다. "조선노동당의 태도를 고려하여, 중국에 있는 모든 조선간부들을 중공이 나서 계속 처리하는 것은 적절치 않다. 고로 윤공흠은 새 규정에 따라 대우할 것이지만, 적절한 배려를 할 수 있다."[380] 중국지도부는 즉시 중국 주재 조선 대사 한익수에게 "배반자"들에 대한 처리 의견을 통보하였다. 한익수는 매우 만족하며, "이 종파분자들에게는 단호한 태도로 엄격하게 교육 및 처리를 할 수밖에 없다"고 대답하였다. 1958년 이후 8월 사건에 대한 중공의 태도와 입장에 대해 한익수는 "김일성 동지는 자주 이 일을 말하면서, 중국당의 처리가 매우 철저하고 훌륭하다고 생각한다"고 말했다.[381]

---

378) 사천성당안관, 建川1-7-813, 8-9쪽, 建川1-7-813, 7쪽.

379) 사천성당안관, 建川1-7-813, 17-20쪽.

380) 사천성당안관, 建川1-7-813, 10-13쪽, 建川1-7-813, 4쪽. 이를 보면, 1962년 2월 동독 주재 조선 대사관이 수집한 정보는 완전히 오류임을 알 수 있다. 어떤 연구자는 동독 당안자료를 근거로 1962년 2월 조선이 중국에게 4명의 망명자에 대한 인도를 요구하여, 결과적으로 그들은 강제로 귀국조치 됐다고 주장하였다. Bernd Schaefer, "Weathering the Sino-Soviet Conflict", p.27.

381) 중국외교부당안관, 106-01380-02, 49-52쪽, 106-01380-05, 53-60쪽.

• 중국으로 탈출한 4명의 조선 부장급 간부들이 거주했던 성도(成都)시 문묘가 92호.

　소련과 달리, 중국은 조선과 무역에 있어서 매우 관대하였으며, 요구가 있으면 반드시 이에 응했다고 할 수 있다. 1962년 10월, 이주연(李周淵)은 조선정부 무역대표단을 이끌고 중국을 방문하였다. 장기무역 협정에 관한 제1차 회담에서, 중국 측 대표 이선념(李先念)은 중국의 담판방침을 다음과 같이 설명하였다. "우리가 할 수 있고 조선이 필요로 하는 것은, 우리는 반드시 할 것이다. 조선이 필요로 하지만, 우리의 기술 혹은 기타 문제로 할 수 없는 것은, 당신들에게 솔직하게 말하고, 이후 문제가 해결된 후 다시 처리할 것이다. 올해 우리의 상황은 작년보다 좋으며, 내년에는 더 좋을 것으로 믿지만, 여전히 일부 어려움이 있다. 그러나 조선의 수요를 만족시키기 위해 최선을 다할 것이다." [382] 담판 과정에서, 조선은 중국이 설탕, 면사, 텅스텐 등에 대한 조선의 수요를 만족시켜 줄 것을 희망하고, 조선 측이 제공하는 흑연 전극, 화약, 흑연 등의 상품을 최대한 수용해주기를 희망하였다. 원래 이 상품들은 모두 소련에 수출할 예정이었지만, 지금 소련은 이들 상품을 원치 않기 때문에, 중국에 처리를 요청할

382) 중국외교부당안관, 106-01381-03, 36-40쪽.

수밖에 없었다.[383] 김일성과 조선정부는 담판 결과에 매우 만족하였다. 일부 상품의 조선 수출은 원가에 따라 계산하면 큰 손실이 있었다. 그러나 조선의 공업발전에 반드시 필요한 원료라는 점을 고려하여, 조선 측의 요구를 모두 만족시켜 주었다. 조선에 차관을 제공하는 문제에 있어서, 중국은 원래부터 상환을 기대하지도 않았다. 주은래는 대화 마지막에 다음과 같이 강조하였다. "무역에서 균형을 맞출 수 있다면 당연히 좋다. 만일 무역균형을 맞출 수 없다면, 작년과 마찬가지로 차관 중에서 지불할 수도 있고, 그 다음 해로 미룰 수도 있다." 차관 상환문제에 관해, "당신들은 이것을 마음에 담아 둘 필요가 없다. 만약 정해진 시일에 어려움이 생겨 상환할 수 없으면, 연기할 수 있다."고 말했다. 또한 주은래는 이주연에게, 중국은 사실상 조선과 베트남에 대한 차관을 예산 수입항목으로 집어넣지 않고, 예산지출로 책정하고 있다고 말하였다. 대외 무역부는 총결보고에서, 중국의 대외경제관계의 원칙은 바로 "경제를 정치에 복종시키는 것"이라고 명시했다.[384]

　장기무역협정을 집행하는 과정에서 중국 측이 관철한 방침은 정치적 전략을 우선하고, 경제적 계산을 하지 않는다는 원칙이었다. 1963년 4월 28일, 조선무역성은 자금과 자재 부족을 이유로, 중국이 지원하는 만년필 공장, 자명종 시계 공장, 제관공장, 인쇄 잉크 공장 등 4개의 프로젝트를 취소하고, 군수공장 건설과 생활필수품 해결에 집중하는 방안을 제안하고, 이에 관한 정식 조회를 중국정부에 제출하였다. 이 프로젝트들은 1960년 조선정부가 중국에게 건설 지원을 요청한 것으로, 그중 대다수는 설계가 완성되었거나, 일부 설비는 이미 제조가 완성 되어있었다. 대외경제연락총국은 중공중앙에, 조선과 협상을 진행하고, 만약 정말 조선이 필요로 하지 않을 경우, 모두 중국 측이 자체처리하고 설계와 설비 제조 등에 관한 비용 역시 조선 측에 부담시키지 않을 것이라고 보고하였다. 주은래는 이에 동의하였다. 5월 13일, 조선 측은 자국 쌀 3만 톤과 중국의 밀 6만 톤의 교환을 중국 측에 제안하였다. 그 이유는 조선 쌀을 자본주

---

383) 중국외교부당안관, 204-01487-02, 18-20쪽.

384) 중국외교부당안관, 106-01381-02, 41-47쪽, 106-01008-18, 48-53쪽.

의 국가로 수출할 길이 없어, 근본적으로 수출할 수가 없었다. 당시 중국은 자체 밀 공급이 부족하였으며, 만약 조선에 수출할 경우, 오스트리아에서 구매한 후 재수출하는 수밖에 없었다. 대외무역부는 중앙의 지시를 거쳐, 교환에 동의하였다. 이 경우, 밀 가격, 운송료, 보험료를 합해, 중국은 16만 파운드의 손실을 보게 되었다. 그러나 중국정부는 조선에 이 돈을 받지 않기로 했으며, 동시에 조선 측이 쌀을 운반하는 데 필요한 인민폐 혹은 외환 역시 중국 측이 모두 부담할 것임을 먼저 제안하였다.[385]

경제무역방면에서 조선에 대한 중국의 관대한 행동은 확실히 일련의 정치적 보답으로 돌아왔다. 조선 주재 중국 대사관의 관찰에 따르면, 1962년 초 이래 선전보도에서, 조선은 중국과 일치된 행동을 취했으며, 공개적으로 이름을 거명하지 않은 것을 제외하고, 모든 관점이 소련과 대립되었다.[386] 소련공산당 제22차 당대회 이후, 조선방송국은 소련의 조선어 방송 프로그램의 방영을 중단하였다.[387] 조선의 수많은 기관들이 자발적으로『프라우다』와 기타 소련의 정기출판물에 대한 구독을 취소하였으며, 또한 소련 및 동유럽국가 대사관과의 조선인 접촉은, 감시와 경고를 받았다.[388] 1963년 2월, 조선외무상 박성철(朴成哲)은, "조선 당은 일관되게 중국 없는 사회주의진영은 있을 수 없다고 생각하였으며, 이 때문에 김일성 수상은 최근 "소련과 중국을 중심으로 하는 사회주의진영"이라는 새로운 구호를 제기하였다"고 말하였다.[389] 같은 해 5월, 중공은 김일성의 비밀 방중을 요청하고, 『공산주의운동 총노선에 관한 건의』에 대한 그의 의견을 구하였다. 김일성이 조선에서 데려온 8명의 수재(秀才)와 중공 "구평(九評: 1963년 9월 6일부터 1964년 7월 14일까지 모택동이 주재하에 완성한 9편의 소련공산당 중앙위원회에 보내는 공개적 문장 – 역자 주)"을 기초(起草)

385) 중국외교부당안관, 106-01128-01, 47-48쪽.
386) 중국외교부당안관, 106-01129-09, 93-96쪽.
387) 중국외교부당안관, 109-03222-07, 146쪽.
388) 조선 주재 헝가리 대사관이 외교부에게 보낸 보고서, 1962년 4월 5일, *CWIHP Bulletin*, Issues 14/15, pp.123-124.
389) 중국외교부당안관, 106-00720-08, 14-15쪽.

한 그룹은 수정주의를 반대하는 9편의 문장들에 대해 함께 토론하고 매 단락과 어구에 대해 의견을 교환하였다. 모택동은 이 결과에 대하여 매우 만족하였다.[390] 6월 최용건이 방중했을 때, 유소기에게 다음과 같이 말하였다. 그는 일찍부터 세계혁명의 중심이 중국으로 옮겨오고, 중국이 세계혁명 추동에 더 많은 역할을 해야 한다고 생각해왔다고 하였다. 조선노동당은 현재 수정주의는 적이며, 적과 나를 명확히 구분하여야 하며, 반드시 중국과 함께 해야 한다고 생각하고 있다고 말하였다.[391]

1963년 7월 1일부터, 조선은 『조소우호신문』와 『조소우호월간』의 출판을 중지시키고, 『프라우다』 기자의 활동을 제한하였다. 가령, 소련기자와 다른 외신기자들은 원산과 사리원 이남 지역으로의 통행이 금지되었으며, 오직 중국기자의 통행만이 허가되었다.[392] 8·15 해방경축행사가 대폭 축소된 가운데, 전체 행사에서 소련은 한 번도 언급되지 않았는데, 이는 전에 없던 일이었다.[393] 이에 대해 중국은 매우 만족하였다. 조선 주재 중국 대사관은 다음과 같이 평가하였다. 조선노동당은 마르크스―레닌주의와 수정주의 원칙 갈등은 결국 전략적 갈등이라는 점을 이미 인식하고 있다. 따라서 그들은 표면적으로 일선에서 소련과 대립하는 것을 피하고 있지만, 국제적 투쟁 중에서 중국을 크게 지지하고 있으며, "압력에 불구하고 원칙을 견지하고 정의를 위해 공정하게 발언"하고, "제때에 의사를 표명"하고 있다고 평가하였다.[394] 중앙대외연락부 지도자는 1차 내부보고에서 다음과 같이 지적하였다. 조선노동당은 "현재 우리 당과의 관계가 매우 좋으며, 어떤 것이든 모두 말할 수 있으며, 특히 수정주의 반대 이후 우리와 생각과 언어가 완전히 일치하고 있다. 현재 그 어떤 크고 작은 일도 우리는 사전에 그들과 의견을 교환한다."[395]

---

390) 吴冷西, 『十年论战』, 571-573쪽; 모택동과 김일성 회담 기록, 1963년 5월 29일, 30일.

391) 중국외교부당안관, 204-01267-05, 7-10쪽.

392) 중국외교부당안관, 109-03351-04, 9-10쪽.

393) 중국외교부당안관, 109-03351-04, 12-13쪽.

394) 중국외교부당안관, 106-01129-06, 71-81쪽.

395) 강소성당안관, 3124-0177, 长期, 92-113쪽.

1963년 9월 유소기가 평양을 방문하면서, 중조관계는 최정점에 도달하였다. 유소기와의 회담에서, 김일성은 "조선노동당은 국제공산주의 운동의 분열을 두려워하지 않으며, 흐루시초프는 집권 이래 조선 당에 계속 압력을 행사하였으며, 간섭과 전복 행위를 하였는데, 사실 우리는 일찍부터 사상방면에서 흐루시초프와 결별하였다"고 말하였다. 또한 "조선 당은 흐루시초프에 대해 계속 경계심을 유지하고 있었으며, 속내를 말한 적이 없다"고 하였다. 흐루시초프 타도에 대해서 "조선당은 내심 원하고 있다" 말했다. 그러나 조선은 소국이고, 단독으로 할 역량이 없다면서, 중국은 큰 당이고, 만약 중국이 흐루시초프와 관계가 벌어진다면 조선 당은 결연히 중국 편에 설 것이라고 설명하였다. 소련과의 논전 문제에 대해, 조선당은 제2선에서 머물러 있기를 원치 않으며, 현재 "수재" 집단을 이미 조직하여 몇 편의 논설을 준비하여 전투에 직접적으로 참여할 것이라고 하였다. 김일성은 아시아 좌익정당 회의 개최에 관한 중국의 제안에 동의하며, 중공의 다른 당에 대한 사무도 도울 것이라고 자발적으로 제안하였다.[396] 그러나 이 같은 의기투합의 분위기 속에서도, 조선은 여전히 여지를 남겨두는 태도를 보였다. 예를 들면, 김일성은 유소기의 제안을 받아들여, 조선당이 이후 공개적으로 이름을 거명 없이 수정주의 반대 논전에 참여하기로 하면서도, 연합성명을 발표하자는 중국당의 제의는 거절하였다.[397]

　　중소관계가 갈수록 악화되는 상황에서, 조선의 지위 및 중국동북에서 조선의 역할은 더욱 중요해졌다. 중국 또한 조선과의 단결과 우의를 더욱 강조했다. 1964년 4월, 김일성은 운봉(云峰)수력발전소 건설 현장의 중국 측 작업 현장을 시찰하고자 하였다. 그러나 중국에 제안하기가 어려워, 중국 측 공사책임자를 조선 공사현장으로 초대하여 5월 1일 노동절을 함께 보내려 하였다. 이 소식을 들은 중국정부는, 김일성에게 중국 측 공사 현장을 방문해줄 것을 주동적으로 요청하고, 중국 건설현장은 사전에 잘 준비하고 김일성에게 숨기지 말고 소개하도록 즉각 결정하였다. 또한 운봉건설현장은 현재까지 대외보도를

396) 중국외교부당안관, 203-00566-02, 139-140쪽.
397) 중국외교부당안관, 203-00566-02, 137-142쪽.

하지 않고 있었는데, 보도 여부에 대하여 조선의 의견을 따를 것을 지시하였다.[398] 4월 28일 조선의 신임 중국 주재 조선 대사 박세창(朴世昌)을 접견할 때, 유소기는 "우리 양국관계와 양당관계가 매우 좋다. 이 우호관계는 이후에도 계속 발전시켜 나가야 한다." "우리 양국관계에는 어떠한 곤란한 문제도 나타나지 않았다. 문제가 발생하면 양측 모두 최대한 상대방의 요구를 만족시킬 수 있기를 희망한다. 귀하들이 어떤 도움이 필요하다면, 우리는 모두 돕기를 희망한다"고 말하였다.[399] 주은래는 아시아 아프리카단결회의(즉 제2차 아시아 아프리카 회의)와 법률종사자 회의석상에서의 조선과 중국의 협력에 대해 높이 평가하면서, 중국 주재 조선 대사에게 "수정주의 반대투쟁에서 우리는 일치하며, 수정주의자 역시 우리를 하나로 보고 있다"고 말하였다.[400]

조선은 정치적으로 중국을 지지하였고, 중국은 경제적으로 조선을 계속 지원하였다. 1964년 5월 26일, 이주연은 중국 대사와 회담을 가지고, 상환기간이 다가온 4.2억 루블의 차관에 대한 상환기한을 3년간 연기해줄 것을 중국 측에 요청하였다. 중국대외무역부는 차관 상환을 10년으로 연장했을 뿐 아니라, 중국이 조선에게 제공하는 모든 차관에 대해 무이자로 전환한다고 신속하게 회신하였다.[401] 1964년 중국으로부터 경제 원조를 받으면서, 조선 측은 빈번하게 마음대로 계획을 바꾸거나 갑작스럽게 새로운 요구를 하여 중국 관련부처와 기업에 큰 어려움과 경제적 손실을 초래하였지만, 중국 측은 한 차례의 예외도 없이 조선 측의 모든 요구를 만족시켜 주었다. 예를 들어, 11월 5일 중국 주재 조선 대사관은 "김일성 수상의 최근 지시에 따라, 조선 측은 편직공장을 앞당겨 완공하고, 연내에 부분적인 생산라인 설치를 완료할 예정이다. 이를 위해 인터로크 머신 139대, 홍본정(紅本錠) 방적기 39대, 봉합기 85대와 재봉틀 42대를 연말까지 제공해달라"고 중국에 요청하였다. 중국대외경제연락위원회는 경공업부에게 조선 측의 요청을 최대한 만족시킬 것을 요청하였다.[402]

---

398) 중국외교부당안관, 117-01164-01, 1-13쪽.
399) 중국외교부당안관, 106-01435-02, 24-31쪽.
400) 중국외교부당안관, 106-01434-03, 28-34쪽.
401) 중국외교부당안관, 106-01128-03, 142쪽.

12월 10일 중국 플랜트 설비 수출회사는 편직대외공정공사에 보낸 서신에서 다음과 같이 요청하였다. "조선에 제공하는 직물작업장 타이어 코드설비 기자재의 수량에 관하여, 쌍방은 1963년 7월 22일 이미 합의하였다. 그러나 9월 7일 조선 측이 기자재 수량을 원래 정했던 1년치에서 3개월치로 변경 요구하였고, 중국 측은 이를 받아들일 수밖에 없다. 현재 조선에서 다시 전보를 보내 와, 계속 원래 목록대로 공급해줄 것을 요청하였다. 조선의 요구를 만족시키기 위해, 귀 회사에서 이를 최대한 처리해줄 것을 특별히 요청한다."[403]

마찬가지로, 조선에 제공되는 편직공장 설비 목록 역시, 양측은 1963년 7월 22일 이미 합의하였다. 그러나 9월 7일 조선은 목록 중 면사정련기 등 8종의 설비 제공을, 취소해줄 것을 요구하였다. 중국 측이 이러한 설비 공급을 취소한 지 1년 후, 조선 측은 재차 전보를 보내어 중국에 이미 취소한 3종 설비 29대를 계속해서 제공해줄 것을 요청하였다. 중국은 즉각 동의하고, 최대한 요구를 들어주었다.[404] 또한 1964년 12월 15일, 중국은 조선에게 방직설비로 초기연사기(初捻机)와 이중연사기(复捻机)(의복원료를 꼬는 기계 – 역자 주)를 조선에 제공하려는데, 조선 측은 갑자기 주문 수량의 삭감을 요청하였고, 중국 측은 할 수 없이 동의해야 했다.[405] 이외에도 중국이 조선에 준 대규모 기술 관련 자료도 갖가지 문제를 초래하였다. 1963~1964년 국무원 각 관련부처들은 조선의 요청에 따라 다량의 과학기술 자료와 그 샘플들을 제공하였고, 그중 비교적 중요한 기술은 382개 항목이었다.

1964년 9월 조선중공업 시찰단은 동북지역 시찰 기간, 재차 1,889개 항목의 기술제공을 요청하였으며, 연말까지 중국은 1,806개 항목의 기술을 제공하였다. 또한 수많은 자료가 비공식 통로를 통하여 중국에 요청됐다. 중조관계 옹호를 위해, 중국 측은 조선의 요청을 역시 만족시켜주었다. 그러나 조선은 이러한 중요 자료에 대하여 통제와 관리가 소홀하여, 일부는 "조선 측 기

---

402) 상해시당안관, B134-6-1105, 59쪽.
403) 상해시당안관, B134-6-1105, 93쪽.
404) 상해시당안관, B134-6-1105, 70쪽.
405) 상해시당안관, B134-6-1105, 95쪽.

술자의 사유재산과 개인의 발명품"으로 변질되었다. 국가과학기술위원회는 이러한 현상에 대하여 우려를 표명하고, 분실과 기밀누출 등의 발생을 우려하였다. 그러나 "이후 관리를 통일하고 인계수속을 엄격히 해야 한다"고 건의하는 데 그쳤다.[406)

심지어 중조 양국의 근본적 이익에 관계되는 일부 민감한 문제에서도, 중국 지도부는 예외적으로 용인하는 태도를 취하였다. 1963년 2월 7일, 조선은 동북지역의 고대사 문물 문제를 공동으로 연구할 것을 제안하고, 사업계획서를 보냈다.[407) 중국 측은 이 요청을 신속하게 만족시켰다. 8월 북경에서 중조 양국의 동북지역 공동 고고학적 조사와 발굴작업 진행을 위한 협의서를 정식 체결하고, 3년에 이르는 고고학 발굴작업을 즉시 진행하였다. 조사 진행 중에 문물의 감정 및 결론에 대하여 양국 과학자 사이에는 심각한 갈등이 발생하였고, 논쟁은 매우 격렬하였다. 조선 측은 새로 발견한 고문화 유적은 중국 송화강 이남지역과 요하유역 동쪽의 광대한 지역이 "고조선"의 발원지임을 증명한다고 주장하였다. 중국 측은 발해국의 주요 민족은 속말 말갈(粟末靺鞨: 말갈의 한 부족-역자 주)을 중심으로 하는 말갈족이며, 여순, 대련 지역에서 발견한 문화유물은 중국 고대의 토착민족문화에 속한다고 주장하였다. 이러한 상황에서, 중국 측은 발굴작업 종료 후, 매우 많은 부분의 발굴 문물(모두 원본)을 조선사회과학원 고고학 및 민속학 연구소에 증여하였다. 그중에는 거의 절반의 발굴품(2,000여 점), 거의 대부분의 채집품(300여 점), 그리고 30여 개의 복제품이 포함되어 있었다. 이뿐 아니라, 조선의 협의서 위반에 대해, 즉, 제멋대로 고고 발굴 보고를 삭제 수정하고 공개 발표한 행위에 대해서 중국 측은 역시 목소리를 내지 못하였다.[408)

역사학자 고힐강(顧頡剛)은 조선의 속셈을 꿰뚫어보고, 자신의 저작에서 이를 평가하였다. 그는 1964년 8월 일기 중 다음과 같이 서술하였다. "조선사학자

406) 강소성당안관, 3124-0124, 短期, 11-13쪽.

407) 중국외교부당안관, 106-00715-02, 18쪽.

408) 孫秉根, 『关于中朝联合考古发掘队的一些情况』, 동북변경역사와 현황연구상황 조사연구 12. 90년대에야 사실 규명을 위해 중국 관련 당국이 관련보고서를 정식 출판하였다.

는 고조선족이 일찍이 우리의 동북지역에 거주했다는 사실에 자존심의 상처를 받고, '실지수복'을 기도한다. …오늘날 동북지역에서 고고학 발굴을 진행하여, 지하 문물로 이를 증명하려 한다. … 애국심에 따라, 이 사실을 알게 된 이상 폭로할 수밖에 없다." 그러나 중화서국(中华书局)은 문화부의 지시로 고힐강의 책에서 조선문제 관련 부분을 삭제하였다.[409]

이 문제에 관하여, 주은래는 1963년 조선사회과학원 고고학연구소 대표단을 접견하는 자리에서 다음과 같이 말하였다. "귀하들은 동북지역에 와서 고고학 발굴을 진행하고 지하에서 발굴한 고고학 문물의 연구를 통해서 조선민족의 기원과 고조선 건국 역사를 해결할 수 있을 뿐 아니라, 중국의 역사학자들에게 있던 과거의 잘못된 관념(물론 맞는 것도 있지만), 민족 편견과 대국주의적 편견을 수정하도록 도울 수 있다. … 과거 중국의 봉건통치자들은 대외 확장적이었고, 확실히 대국확장주의가 있었다. 중국과 베트남, 중국과 미얀마, 중국과 네팔 모두 그러하며, 중국과 조선 또한 이와 같다.[410] 중국 정부의 이러한 행동의 출발점도 대개 이와 같다."

중국은 수많은 노력과 대가를 치르면서, 가장 충실하고 믿을 수 있는 친구를 찾았다고 여겼다. 그러나 상황은 빠르게 변화가 나타났다.

3. 김일성의 실용주의 외교방침

비록 흐루시초프의 대외정책에 대해 극히 불만이었고, 이로 인해 소조 관계가 다소 냉각되었지만, 김일성은 가능한 소련과 정상적 관계를 유지하기를 원하였다. 어찌 되었든, 경제와 기술 원조 제공 방면에서, 소련의 실력은 여전히 중국을 크게 초과하고 있었다.

김일성이 적극적으로 중국에 의지한 배경에는, 자신의 이익을 만족시키기 위한 것 이외에도, 흐루시초프 개인에 대한 불만이 큰 작용을 하였다. 이 점은

---

[409] 『顾颉刚日记』第10卷, 台北: 联经出版事业股份有限公司, 2007年, 111-112쪽.
[410] 『宣教动态』 1963年 第117期, 2-7쪽.

두 가지 방면에서 잘 드러난다. 소련공산당 제22차 당대회 이후, 소련은 서방에 대해 유화적 태도를 취하는 것을 강조하였으며, 동시에 조선에 대한 지원도 삭감하였다. 이는 김일성을 매우 격분시켰다. 1962년 3월 8일 개최된 조선로동당 중앙위원회 제4기 제3차 전원회의 확대회의에서, 김일성은 중국 신문들과 매우 유사한 단어를 사용하여, 수정주의를 대대적으로 비판하였다. 그 내용은 다음과 같다. "현대수정주의는 국제공산주의 운동의 주된 위험이다." "현대수정주의자들은 사회주의혁명의 일반적 원칙인 마르크스-레닌주의 당의 영도와 프롤레타리아 독재를 부인 한다." "수정주의자들은 군비철폐에 대하여 요란스럽게 떠들면서 반제국주의 투쟁을 걷어치우라고 요구하고 있다. 그들은 말하기를 열핵무기의 시대에 만일 전쟁이 일어난다면 그것은 곧 핵전쟁으로 될 것인데 세계가 폐허로 되고 인류가 다 멸망한 다음에 공산주의는 건설하여 무엇하겠는가 라고 한다." "마르크스-레닌주의를 수정하여 이 이론의 기초인 계급투쟁론을 개작한다"라고 현대 수정주의를 강하게 비판하였다.[411]

김일성이 더 참을 수 없게 했던 것은, 흐루시초프가 조선에 대한 경제원조를 중지시킨 것이었다. 김일성은 일찍이 당내 보고에서, "당에 크고 작음은 있어도, 높고 낮음은 없다. 현재 소련은 조선에 대해 그 어떠한 원조도 하고 있지 않다. 반대로 우리에게 조기에 차관을 상환하라고 압력을 행사하고 있다. 작년 조선의 식량 생산은 원래 풍년이었다. 그러나 채무 상환을 위해, 인민들은 먹는 것을 줄이지 않으면 안 되었다. 우리 조선인민은 이에 극심한 분노를 느꼈다"고 원망하듯이 말하였다.[412] 비판 수위는 높았지만, 조선은 그래도 양국 관계를 교착국면으로 이끌고 싶지는 않았다.

사실, 조선의 행동은 대체로 소련의 원조를 계속 얻기 위해, 소련을 자극하기 위한 것이었다. 따라서 모스크바가 성의표시를 하면 조선은 즉시 반응하였다. 1962년 8월, 소련대사가 김일성의 병치료와 요양을 위해 그를 소련으로 초청한다는 흐루시초프의 초청을 전하자, 김일성은 이에 매우 감격하였다.[413] 조

411) 『金日成著作集』第16卷, 平壤: 外国文出版社, 1984年, 140-143쪽.

412) 중국외교부당안관, 109-03222-07, 137-138쪽.

413) АВПРФ, ф.0102, оп.18, п.93, д.5, л.3-8.

선은 쿠바 미사일위기와 중인국경충돌에서 중국의 입장을 지지하였다. 그러나 다른 한편으로 소련이 최근 조선에게 우호관계 유지를 희망하고, 갈등을 피하고자 한다고 표명한 사실을 중국에게 전달하면서, 조선은 소련의 원조가 여전히 필요하다며 중국 측에 이해를 구했다.[414]

김일성은 이 기회를 이용하여, 소련이 잠수함과 미그-21S 전투기를 제공하고, 12개의 지대공 미사일사단 창설을 지원하는 등, 조선의 국방력 강화에 "실질적 도움"을 줄 것을 희망하였다. 김일성은 이 원조에 약 1억 루블의 비용이 필요하지만, 조선은 지금 돈이 없기 때문에, 소련이 무상으로 제공해줄 것을 소련대사 모스코프스키에게 통보하였다. 군사 원조 이외에, 김일성은 소련에 면화 1만 톤과 밀 70만 톤의 경제원조 제공도 요구하였다. 김일성은 중국은 수년째 면화가 흉작이기 때문에, 조선을 원조할 수 없다는 점을 특별히 강조하였다.[415]소련과 조선은 정치적 관계는 좋지 않았지만, 경제무역은 결코 중단되지 않았다. 1962년 조선의 대소무역은 1.52억 루블로, 1958년에 비해 61%증가하였으며, 대외무역 총액의 40%를 차지하였다. 같은 시기, 조선의 대중무역은 9,942만 루블로, 조선 대외무역 총액의 30%를 차지하였다.[416] 1964년에 이르러 조선의 대외무역 총액은 3.4억 루블로 증가하였으며, 그중 중국과의 무역 비중은 35%로 증가하였고, 소련과의 무역은 여전히 40% 수준을 유지하였다.[417]

소련으로부터 더 많은 지원을 얻기 위해 김일성은 불평하고 원망하였지만, 뜻대로 되지 않았다. 소련은 무상원조 제공에 모호하게 동의하고, 조선군사대표단의 소련방문을 요청하였지만, 최후 합의서에 서명할 때 여전히 조선에 현금을 지불할 것을 요구하여, 군사대표단을 빈손으로 조선으로 돌아왔다. 무역담판 역시 순조롭지 않아, 50여 일의 담판을 진행하였으나 진전을 이루지 못했다.[418] 이에 김일성은 극히 불만이었고, 심지어 노동당 중앙위 제5차 전원회의

414) 중국외교부당안관, 109-03222-07, 155-156쪽, 204-01487-02, 13-17쪽.

415) АВПРФ, ф.0102, оп.18, п.93, д.5, л.152-154.

416) 중국외교부당안관, 106-00720-02, 164-185쪽.

417) 중국외교부당안관, 106-00846-01, 22-25쪽.

418) 중국외교부당안관, 106-00645-03, 135-136쪽.

에서 일부는 소련과의 외교관계 단절을 주장하기까지 하였다.[419]

1963년 1월 소련공산당중앙위원회 대외연락부부장 안드로프가 조선을 방문하고 있을 때,『노동신문』은 어떤 사람들은 중국공산당을 편파적으로 공격하고 있으며, 이는 사회주의진영의 단결을 해치고, 평화와 사회주의 공동사업에 큰 손실을 주며, 적의 중국 반대 합창에 참가하는 것과 같다고 지적하였다.[420] 김일성은 안드로프를 접견할 때, 매우 냉담한 태도를 보였다. 심지어 면전에서 1956년 소련의 조선내정 간섭을 비판하고, 중국에 대한 공격을 더 좌시할 수 없다는 뜻을 분명히 하였다.[421]

1964년 2월, 김일성은 재차 중국을 비밀 방문하고, "칠평(七評: 7편의 논문-역자 주)"「소련공산당 지도자는 당대의 최대 분열주의자이다」의 기초 작업에 참가하였다. 중소 양당 회담준비문제에 관해 논의할 때, 모택동은 기초위원회(起草委員會)를 만들 것을 제안하면서, 중공이 먼저 초고를 작성한 후 조선과 먼저 논의하고, 다시 베트남을 부르도록 할 것을 제안하였다. 김일성은 이 제안에 동의하였다. 중조 양측은 중소 양당회담 전에, 우선 좌파정당 회의를 개최하여 초안을 토론하도록 결정하였다.[422] 중조관계는 날로 더욱 밀접해졌다. 미 중앙정보국은, "지난 2년 기간 동안, 평양은 중소분쟁 중에 북평(北平)에게 대한 아시아의 가장 유력한 지지자가 되었다"고 판단하였다.[423]

그러나 조선은 공개적으로 모스크바에 불만을 표하는 동시에, 소련과의 관계를 여전히 유지하기를 희망하였다. 1962년 12월 조선 주재 체코슬로바키아 대사는 다음과 같은 흥미 있는 일화를 말하였다. 이주연은 조선이 중국과 가까운 입장을 설명할 때, 3개의 사과를 탁자 위에 올려놓고, 왼쪽 것은 중국이고, 오른쪽 것은 소련이며, 중간 것은 조선이라고 말하였다. 그는 작은 칼로 중간

419) *Ткаченко В.П.* Корейский полуостров и интересы России, с.29; *Шин В.А.* Китай и корейские государства, с.38-39.

420)『人民日報』1963년 1월 31일 1면.

421) 중국외교부당안관, 106-00718-01, 39-44쪽.

422)『毛澤東年谱(1949-1976)』第5卷, 319-320쪽; 모택동과 김일성 회담 기록, 1964년 2월 29일.

423) 중소 논전시기 조선의 입장에 대한 미 중앙정보국의 분석과 전망. 1964년 3월 6일,『美国对华情报解密档案』第6卷, 394-398쪽.

의 사과를 두 쪽으로 자르며 말했다. "우리는 사과 절반은 이쪽에 두고, 다른 절반은 저쪽에 둘 수 있는가? 이는 불가능하다. 만약 당신들이 우리와 같은 처지에 처한다면, 우리보다 선택의 여지가 많지는 않을 것이다. 우리는 오랫동안 모든 수단을 동원하여 (중소)분쟁이 공개화 하는 것을 막고자 하였다. 그러나 현재의 정세 발전은 우리에게 결정을 강요하고 있다. 우리는 여전히 중국, 소련과 계속해서 우호관계를 유지하기를 원하며, 현재의 견해 차이는 결코 이에 영향을 줄 수 없다'고 말했다.[424] 물론 이주연은 자신의 이 말이, 반드시 소련 사람의 귀까지 전해질 것을 예상하고 있었다.

과연, 소련에 대한 김일성의 불만은 그리 오래가지 못했다. 중, 소에 대한 조선의 등거리 외교는 빠르게 회복되었다. 1964년 10월 소련에서 궁정정변이 발생하여, 흐루시초프가 물러났다. 브레즈네프(L. Brezhnev)를 중심으로 하는 소련의 새 지도부는, 소련공산당 제20차 대회 노선을 점차 수정하며, 평화공존 정책을 포기하고 제국주의 반대투쟁을 강조하면서, 대외 혁명수출과 경제 원조를 확대하였다. 이는 베트남의 반미투쟁에 지원과 원조에서 확연히 드러났다.[425] 조선은 소련에 나타난 상황에 매우 주목하고, 희망을 걸었다. 11월 29일, 김일성은 "의도적으로" 조선 주재 알바니아 대사에게, 일부에서 "지금 흐루시초프의 노선을 따르도록 소련지도부에 압력을 가하고 있다"고 말하며, "소련의 새 지도부는 수정주의자가 아님"을 암시하였다.[426]

소련공산당중앙위원회는10월 전체회의 이후, 소련의 조선정책을 조정하기 시작하였다. 소련은 "총제적 정치노선"을 제정하여 조선의 미국과 일본에 대한 투쟁을 지지하였을 뿐 아니라, 조선과의 관계개선을 위한 실질적 조치를 취하기 시작하였다.[427] 1965년 2월 코시긴(A. Kosygin)은 조선을 방문하고, 베트남에 대한 소련의 군사원조를 침이 마르도록 말하면서, 미국은 침략 국가이고,

---

[424] Note about a Conversation with the Ambassador of Czechoslovakia to the DPRK Comrade Moravec, January 7, 1963, http://digitalarchive.wilsoncenter.org/collection.

[425] 다음을 참고할 것. 沈志华主编, 『中苏关系史纲』, 第三篇 第四章.

[426] Information on the Korean Workers' Party(Ministry of Foreign Affairs, Albania), October, 1966, http://digitalarchive.wilsoncenter.org/collection.

[427] РГАНИ, ф.2, оп.3, д.49, л.3-18.

동시에 과거 스탈린을 반대한 것은 잘못된 것이라고 인정하면서, 이후 다시는 스탈린을 비판하지 않을 것이라고 설명하였다.[428]

코시긴의 조선방문 이후, 소련은 조선에 재차 기계설비, 즉 가즈-69지프차, 안토노프-24형 비행기 및 평양화력발전소에 필요한 가스관 등을 공급하기 시작하였다. 조선 측 통역은, "현재 조선이 필요로 하는 모든 것을 소련은 제공한다. 많은 소련전문가들이 평양에 왔으며, 이미 100명이 넘었다. 조선은 지금 그들을 위한 주택을 건설 중에 있다. 소련은 조선의 흑연을 받기 시작하였으며, 박천(博川) 흑연공장은 문을 닫은 지 수년이 지났으나, 지금은 다시 생산을 시작하였다"고 설명하였다.[429] 5월 인민군 총참모장 최광(崔光)은 소련을 방문하고, 회담을 통해 흐루시초프에 의해 3년 동안 중지되었던 조선에 대한 무상군사원조를 회복시켰다.[430]

6월, 조선 주재 소련 대사를 교체하였다. 김일성은 신임 소련대사 고르차코프(Gorchakov)를 접견할 때, 매우 감격하며, 팜반동(베트남 지도자)이 자신에게 소련의 베트남에 대한 지원은 이미 중국을 초과하였다고 말했으며, 이는 자신에게 "깊은 인상"을 남겼다고 말하였다.[431]

소조관계가 이로써 회복되기 시작하였으며, 7월 조소우호조약 체결 경축활동은 예년에 비해, "규모가 커지고 분위기는 뜨거워 졌다."『노동신문』과『민주조선』은 모두 사설을 발표하고, 수차례에 걸쳐 소련대사의 연설을 게재하였으며, 조선에 대한 소련의 지원을 크게 찬양하였다. 반면에, 중조조약 체결 경축활동은 작년에 비해 크게 축소되었으며, 소련과 균형을 맞추었다.[432] 8·15 해방일에, 소련과 조선은 각자 성대한 경축활동을 거행하였다. 소련은 대표단을 조선에 파견하고, 동시에 모스크바에서 군중기념대회를 개최하였다. 또한,

428) 중국외교부당안관, 109-02833-03, 34-37쪽, 109-03640-02, 96-97쪽.

429) 중국외교부당안관, 109-03640-02, 106-107쪽.

430) 중국외교부당안관, 109-03640-02, 114-115쪽.

431) Note about the Introductory visit of the Soviet Ambassador Gorchakov, June 10, 1965, http://digitalarchive.wilsoncenter.org/collection.

432) 중국외교부당안관, 109-03640-02, 119-124쪽.

조선영화 특별상영관을 설치하고, 조선의 성과를 널리 선전하였으며, 조선의 경험은 "광범한 국제주의의 의의를 가진다"고 추켜세우면서, 소련은 "최선을 다해" 조소양국의 우의를 발전시켜나갈 것이라고 강조하였다. 조선 측은 소련대표단을 융숭히 대접하고, 조소우의는 장기간 투쟁 중에 형성되었음을 강조하면서, 소련의 신임 지도부와 반제국주의 투쟁에서 소련의 역할을 더욱 긍정적으로 평가하였다.[433]

10월 소련 혁명기념일의 상황도 예년과 크게 달랐다. 예년엔 스탈린과 중국 혁명에 관해서는 한 마디도 언급되지 않았으며, 수정주의 반대만 개괄적으로 제기한 반면, 사회주의 진영의 단결과 이에 대한 소련의 특별한 역할을 크게 강조하였으며, 심지어 소련공산당 제22차 당대회 상징물도 등장하였다.[434] 동독 외교부는, 흐루시초프 사임 이후, 조선의 대외정책에 "전면적인 변화가 발생하였으며," "모든 사회주의국가와 협력을 강화"하기 노력하고 있다고 결론내렸다.[435]

조선은 중국과도 당연히 전과 같은 우호관계를 유지하고자 하였다. 김일성은 조선은 미국과의 투쟁에 있어서 중국의 도움으로부터 떨어질 수 없다고 보았다. 1965년 10월 28일 김일성은 중국인민대표단을 접견할 때, "금후 조선에서 전쟁이 발생하면, 우리는 또 다시 중국에 지원을 요청하고, 공동으로 싸워야 한다. 모택동 동지는 중국 동북은 우리의 후방이며, 전 중국 역시 우리의 후방이라고 말했다. 우리는 이 점을 믿어 의심치 않는다"고 지적하였다. 12월 1일 조선 외무상 박성철은 신임 조선 주재 중국 대사 초약우(焦若愚)에게 "우리 양국은 형제국가이며, 동맹국이고, 이웃이다. 양국 인민은 선혈로 전통적 우의를 만들었다. 우리 양당과 양국은 공동으로 수정주의와 제국주의를 반대할 것이다"고 말했다.[436] 만일 조선이 우의를 말하고, 특히 "선혈로 만들어진 전통적

---

[433] 중국외교부당안관, 109-03640-02, 127-130, 131-134쪽.

[434] 중국외교부당안관, 109-03640-02, 150-152쪽.

[435] On some changes of the leadership of KWP and DPRK, July 12, 1965, http://digitalarchive. wilsoncenter.org/collection.

[436] 중국외교부당안관, 106-01480-06, 36-37쪽.

우의"를 언급하면, 중국은 대가를 지불할 준비를 해야 한다는 사실을, 경험을 통해 알려져 있다. 아니나 다를까, 이때 이주연 부수상은 중국을 방문하고, 재차 중국에 식량과 석유 지원을 요청하였다.[437]

중국은 조선이 소련에 경도될 것을 우려하였으므로, 당연히 김일성이 요구하면 응답해야 하였다. 12월 중순, 대외무역부부부장 이강(李强)은 "전쟁준비물자 초안"을 가지고 조선을 방문하여, 중국은 조선에 밀 50만 톤, 석유 30만 톤, 300만 달러의 외환을 무상으로 제공하기로 결정하였다고 통보하였다.[438] 이처럼 조선의 예상을 뛰어넘는 중국의 후한 태도에, 김일 부수상은 매우 감격하여, 조선은 "오직 중국밖에 믿을 곳이 없으며, 다른 곳은 믿을 수가 없다"고 말하면서, 경제교류와 무역 과정에서 조선이 중국에 많은 빚을 진 것에 대해, 마음속에서 우러나오는 미안함을 표했다.[439] 또한 김일은 중국 대사에게, "우리가 가장 힘들었을 때, 중국 인민은 언제나 우리에게 물심양면 지원해주었다. 우리는 이것을 영원히 잊지 못할 것이다." "국제공산주의 운동에서, 현대 수정주의 반대와 마르크스─레닌주의의 순결성 보위를 위해서, 우리는 단결해야 하고 함께 적과 맞서야 한다. 이 또한 중요한 임무다"고 거듭 말하였다.[440]

비록 매우 감격하였지만, 만족하지는 않았다. 이강과의 회담 후, 조선은 다시 3개의 요구를 제기하였다. 첫째, 미화 300만 달러는 무상원조가 아닌, 3년 후 상환하는 차관으로 할 수 있다. 둘째, 조선의 쌀은 수출할 수 없으므로, 중국이 도와주기를 바라며, 내년에 파운드화로 조선의 쌀 5~10만 톤을 중국이 구매해 주기 바란다. 셋째, 영국인은 조선인의 홍콩 진입을 금지하고 있는데, 조선이 홍콩에서 사업할 수 있도록 중국이 도와주기를 희망한다.

이에 대해, 주은래는 300만 달러를 차관으로, 협정에는 넣지 말고, 상환기한을 5년으로 할 것을 지시하면서, 조선의 기타 두 가지 요구 사항은 이강이 책임지고 해결하도록 하였다.[441] 김일성이 제기한 소위 무상원조의 차관 전환은,

437) 중국외교부당안관, 106-01476-05, 41-69쪽.
438) 중국외교부당안관, 106-01230-01, 34, 43-45쪽.
439) 중국외교부당안관, 106-01230-02, 46-51쪽.
440) 중국외교부당안관, 106-01480-05, 46-49쪽.

단지 조선인의 체면을 위한 것이었을 뿐이다. 조선이 과도하게 중국에 의존한다는 인상을 외부에 주는 것을 원치 않았다. 사실, 이전에 조선에 제공한 차관들 중에, 만기가 되어 상환한 경우는 거의 없었다.[442] 가령, 1965년 6월 11일 조선은 1964년 중국이 제공한 250만 달러 차관의 조기 상환을 제안하였다. 그러나 그 대신 1965년에 중국이 250만 달러 차관을 제공해줄 것을 요구했고, 7월 7일 중국은 이에 동의하였다.[443]

그해 연말 이선념은 조선을 방문하고, 조선에 무상원조를 제공하는 협정을 체결하였다. 김일성은 이선념과의 회담에서, 소련은 조선과 무역에서 높은 가격과 불량품을 제공하여 조선의 이익을 크게 훼손하였다고 거칠게 독설을 퍼부었다. 김일성은 중조관계에 대해 다음과 같이 말하였다. "중조 양국은 형제이며, 시종 운명을 같이하고 있다. 장래에 일이 생기면, 어깨를 나란히 하고 함께 싸워야 한다. 어떠한 것도 중조관계를 바꿀 수 없다. 현재 제국주의와 수정주의는 반중국운동을 일으키고, 중국의 고립을 기도하고 있다. 우리는 중국의 편에 함께 서서 중국을 고립시키려는 것에 대해 단호하게 투쟁을 전개하고, 동시에 중국과 함께 고립될 준비를 할 것이다." 소련을 보는 시각에 대해서, 김일성은 중조 양당의 인식이 다름을 인정하였다. 그러나 조선의 "수정주의 반대의 기본입장은 변하지 않으며, 이후에도 역시 중국의 편에서 투쟁할 것"이라고 강조하였다.[444]

김일성과 조선지도자의 보증과 약속은, 결코 실현되지 않았다. 실제로, 김일성과 이선념이 친밀한 회담을 나누고 있던 시간에, 소련 주재 조선 대사는 소련외교부 원동국 국장에게 김일성의 다음과 같은 말을 전달하였다. "조선노동당중앙은 소련공산당 중앙위 10월 전원회의 이후 조소관계 발전은 양호하며, 또한 장래에 한층 개선될 가능성이 있다."[445] 동맹국 조선을 중국 편에 붙잡아

441) 중국외교부당안관, 106-01477-02, 11-12쪽.
442) 김일성은 유소기에게 조선이 어떻게 소련에 대한 부채를 상환하지 않고 버텼는지 득의양양하게 설명한 바 있다. 중국외교부당안관, 203-00566-05, 91-100쪽.
443) 중국외교부당안관, 106-01224-01, 1-24쪽.
444) 중국외교부당안관, 106-01477-04, 21-25쪽, 106-01477-05, 51-56쪽.

두기위해, 모택동은 막대한 대가를 지불하고, 쌍방무역과 조선에 대한 경제원조, 국경지역 주민 유동문제 처리와 중조국경 분쟁 해결에 이르기까지, 중국은 거의 대부분 조선의 의견을 존중하고 조선의 요구를 만족시켰다. 그러나 이 모든 노력은, 단지 3~4년간의 조선의 달콤한 말로 돌아왔을 따름이었다. 소련의 상황이 약간만 변해도, 김일성은 더 좋은 지원을 더 많이 받고자 모스크바와 우의를 계속 유지할 것을 고려할 수 있었다. 그 결과, 중국과 소련 두 대국이 팽팽하게 맞서고 있는 상황에서, 소국 조선은 여유가 있었던 반면, 대국 중국은 수동적 상황에 빠졌다.

김일성이 조선은 중국과 운명을 영원히 같이하고, 어깨를 나란히 하고 같이 싸우겠다고 굳게 약속한 지 채 일 년도 지나지 않았을 때, 소련은 계속 조선에 우호적 태도를 표시하고, 중국은 "문화대혁명"이 극좌적 외교사상을 부추기면서, 중조관계는 다시 나락의 늪으로 빠졌다.

---

445) РГАНИ, ф.5, оп.30, д.479, л.79.

모합신리

모합신리(貌合神離)*
대북정책에서 모택동의 곤경(1966~1976)

【개요】

브레즈네프가 집권한 이후 대내외 정책을 조정하고 조선에 대한 경제·군사 원조를 확대함에 따라 소련에 대한 김일성의 태도가 완화되었다. 반면 중국에서는 "문화대혁명"이 발발하였고 연이어 대두된 "극좌" 외교노선은 조선노동당을 수정주의로 간주하여 질책과 비난을 가하였으며, 홍위병 또한 중조 국경지역에서 일련의 문제를 일으켜 김일성의 극심한 불만을 야기함으로써, 중조관계는 재차 나락으로 떨어지게 되었다.

그러나 모택동 본인은 시종일관 조선을 비판하지 않았고 김일성 또한 중국과의 관계 악화를 원하지 않았다. 1968~1969년, 조선반도 정세가 돌연 긴장되고 미국의 대북정책이 강경해졌다. 이로 인해 조선은 이웃국가인 중국의 강력한 지지가 필요하였다. 이와 함께, 진보도(珍宝岛) 무장충돌로 중소관계가 얼어붙게 되자, 중국 또한 기타 주변국가와의 긴장된 관계를 해소하고자 하였고 조선과의 관계 회복을 필요로 하게 되었다.

1969년 10월 최용건은 방중 초청을 받고 천안문 성루에 올랐다. 이때부터 중조관계는 점차 우호 관계를 회복하기 시작하였다. 베트남전쟁이 확대되어 중

---

* 모합신리(貌合神離): 겉으로는 서로 의좋은 듯하나, 속으로는 각자 다른 마음을 품다.

국의 남부 국경지역에 긴장 국면이 초래되었으며, 동시에 중소 간의 군사충돌로 인해 중국 북부지역도 극심한 압박을 받게 되었다. 양면에서 적의 압박을 받는 곤경으로부터 벗어나기 위해 모택동은 외교전략을 조정하고 미국과의 관계를 개선할 것을 결정하였다.

중국은 미국과의 담판 과정에서 조선을 달래기 위해 시종일관 조선의 이익을 옹호하였다. 주한미군의 철수를 계속해서 제기하였을 뿐만 아니라 유엔에 가입한 이후에는 한국통일부흥위원회의 해산을 적극 주장하였다. 그러나 미국과 손을 잡고 소련에 대항하는 전략은 객관적으로 중국공산당으로 하여금 이데올로기라는 깃발을 포기할 수밖에 없게 하였다. 이로 인해 중조 양국의 외교노선 역시 대립하게 되었다.

모택동은 "3개 세계" 이론을 제기하며, 중국이 개발도상국의 지도자가 되기를 희망하고 이를 위해 대규모 대외원조를 제공하였다. 조선은 다시 중국의 가장 주요한 원조 수혜국이 되었다. 그러나 중국이 여러 방면에서 조선에 대해 양보하고 백방으로 타협했음에도 불구하고 중조 양당과 양국은 마음속으로 각자 다른 생각을 가지고 있었다.

베트남과 캄보디아 혁명의 성공은 평양을 자극하였다. 김일성은 조선반도에서 재차 무력을 사용하여 조선의 통일을 이루고자 하였다. 그러나 이러한 제안은 중국의 지지를 얻지 못했고 김일성은 실망하였다. 김일성은 소련과 중국의 혁명의지는 이미 퇴조하였고, 세계는 주체사상과 김일성주의(主义)가 주도하는 새로운 시대에 접어들 것이라고 여겼다. 김일성은 모택동의 뒤를 이어 새로운 시대의 세계혁명 지도자가 되기를 희망하였다.

제1절 혁명적 우호관계의 재회복

중국 "문화대혁명" 기간의 중조관계를 깊게 연구하기에는 아직 조건이 갖춰지지 않았다고 할 수 있고, 최소한 충분하지 않다고 할 수 있다. 먼저 중국 외교부 당안은 현재까지 1965년도까지의 내용만이 기밀 해제되었으며 "문혁" 시기의 자료는 전혀 볼 수 없다. 둘째, 1950년대와 1960년대 초반의 상황과 달리, 이 시기의 러시아 외교 당안은 현재 거의 볼 수 없고 조선 문제와 관련된 자료는 더욱 드물다. 마지막으로, 기밀 해제된 동유럽 각국 당안은 1960~1970년대를 포함하고 있지만, 이 시기 중국과 동유럽 국가들 간의 교류는 거의 단절상태에 있었기 때문에 당안 자료에서 중조관계와 관련된 내용은 대부분 추측 혹은 간접적인 정보에 불과하다. 이는 지금은 이 시기의 역사에 대해 당안 문헌을 체계적으로 이용하여 연구하는 것이 매우 어렵다는 것을 의미한다.

그럼에도 불구하고 모택동 시대의 중조관계에 대한 연구로서 모택동 임기 최후 몇 년간의 상황은 어느 정도 밝혀낼 수 있다. 다행인 것은, 중국 지방 당안과 내부 간행물 중에 일부 조선과 관련된 자료, 특히 "문혁" 후기 조선에 대한 원조와 관련된 자료를 찾아볼 수 있다. 이 밖에도 미국 당안이 적시에 공개되어 중미관계 해빙기의 외교담판과 관련된 당안 중에 일부 중조관계와 관련된 내용이 있다. 기타 공개적으로 출판된 신문 및 간행물에 의존할 수밖에 없다. 가장 다행스러운 것은, 필자가 초고를 완성한 후에 러시아국립현대사문서보관소(РГАНИ)에서 새로운 문헌자료들이 기밀 해제되었고, 그중 1963~1975년 소련공산당 중앙정치국의 조선 문제에 대한 결의가 포함되어 있었다. 필자는 즉시 모스크바로 가서 관련 자료를 일부 수집할 수 있었다.

전체적으로 보면, 중조관계는 "문혁" 이전부터 파열음이 나기 시작하여 1969년에는 완전히 악화되었고 최용건이 10월 중국을 방문한 이후 급격히 완화되기 시작하여 1970년 4월 주은래가 조선을 방문한 이후에는 정상화되었다. 일부 연구자들은 이러한 역사 사실들에 대해 일찍부터 주목하였다. 그러나 중조관계 악화 수준과 원인, 중국의 조선정책과 조선의 중국정책이 지닌 본질 그리고 1970년 초 중조관계가 신속히 회복되었던 원인에 관해서는 기존 연구의 서술이 자세하지 않고, 연구자들 사이에도 서로 다른 견해들이 존재한다.[1]

---

1) 다음을 참고할 것. Bernd Schaefer, "North Korean 'Adventurism' and China's Long Shadow, 1966-1972", *CWIHP Working Paper*, No.44, October 2004, pp.2-3; Shimotomai Nobuo, "Kim Il Sung's Balancing Act between Moscow and Beijing, 1956-1972", in Tsuyoshi Hasegawa(ed.), *The Cold War in East Asia, 1945-1991*, pp.122-151; 董洁, 「"文化大革命"前期中朝关系的历史考察(1966-1970)」, 『冷战国际史研究』第18辑(2014年 冬季号), 78-97쪽.

필자는 관련 사료들을 분석한 후 다음과 같은 결론을 도출하였다. 소련의 새 지도부가 외교노선을 변경한 후 중조 양국 사이에 마찰이 발생한 근본적 원인은 다음과 같다. 조선은 1962년 이전의 외교방침으로 돌아가 중소 양국 사이에서 등거리 외교를 계속 전개하고자 하였다. 그러나 중국의 대외정책은 계속해서 극좌성향 및 급진적 추세로 나아갔으며, 이전처럼 조선의 중립적 태도를 용인하지 않았다. "문화대혁명"의 발발, 특히 홍위병의 광적인 행동은 중조관계를 나락으로 떨어뜨렸다.

하지만 모택동과 김일성 모두 양국 관계가 완전히 파괴되는 것을 원치 않았다. 따라서 조선과 중국이 각기 외부적인 위협에 직면하고, 모택동이 국내의 정상적 질서를 회복하면서 즉시 양국은 화해 국면으로 접어들게 되었다. 그러나 이후에도 조선은 중소 양국 사이에서 등거리 외교방침을 계속해서 유지하였다.

1. 원수가 된 과거의 혈맹

1965년 9월 3일, 『인민일보』는 4면의 지면을 할애하여 임표(林彪)의 기명 사설 '인민전쟁승리만세'를 게재하였다. 임표는 사설에서 농촌으로 도시를 포위하고 무력으로 정권을 탈취하는 것에 관한 모택동이론을 상세히 서술하면서, 중국공산당의 이러한 혁명 경험은 오늘날의 세계 특히 아시아, 아프리카, 라틴아메리카 인민의 혁명투쟁에 있어서 "더욱 두드러지게 보편적인 현실적 의의를 가진다"고 강조하였다.

그는 계속해서 "오늘날의 세계혁명은 어떤 의미에서 농촌이 도시를 포위하는 형세이며, 세계의 혁명 사업은 결국 세계 인구의 절대다수를 차지하는 아시아, 아프리카, 라틴아메리카의 인민혁명 투쟁으로 옮겨가야 한다. 사회주의 국가는 마땅히 아시아, 아프리카, 라틴아메리카의 인민혁명 투쟁을 지지하는 것을 자신의 국제주의적 책임으로 여겨야 한다"고 주장하였다.[2] 이 글은 중국의 대외정책기조가 세계혁명을 고취시키는 급진적 노선, 즉 혁명외교로 전환되었

---

[2] 『人民日報』 1965년 9월 3일 1-4면.

음을 알리는 선언문적 성격을 가진다고 할 수 있다.

"문혁" 이전과 초기에 중국의 지도자들은 각국 공산당 지도자들과의 대화에서 무력에 의한 정권 탈취의 중요성과 그 필요성을 반복하여 강조하였다. 1965년 7월 20일 모택동은 브라질 공산당정치국원 다니엘(Daniel)과의 대화중에 무장폭동을 일으킬 것을 권고하였다.[3] 8월 초 인도네시아 공산당중앙위원회 주석 아이디트(Aidit)가 대표단을 이끌고 중국을 방문했을 때, 유소기는 그에게 농민들을 동원하여 무장투쟁을 진행하는 것이 혁명 승리를 기본적으로 보증하는 것이라고 주장하였다.

모택동은 "아마도 귀하들은 올해, 내년 혹은 내후년에는 정권을 장악해야만 한다. 첫째, 귀하들이 정권을 탈취할 용기가 있는지 없는지, 둘째, 정권 탈취를 위한 어떠한 전술과 노선을 가지고 있는지"를 질문하면서, "30%의 좌파가 있고, 정책이 정확하고, 대다수의 중간파들을 단결시키기만 하면 승리는 곧 귀하들의 것이다"라고 강조하였다.

아이디트는 귀국 즉시 선제적 군사정변을 일으켰으나 결과는 참패하여 인도네시아공산당 전군이 전멸하였다.[4] 그러나 모택동은 이에 동요하지 않고 12월 11일 라오스 인민혁명당 대표단을 접견했을 때, 카이손 폼비한(Kaysone Phomvihane)에게 다음과 같이 말하였다.

"전체적으로 말해 아시아, 아프리카, 라틴아메리카는 용광로다. 태국과 같은 일부 지역은 아직 움직이지 않고 있고 말레이시아, 인도네시아, 필리핀, 남조선과 같은 지역은 아직 본격적으로 움직이고 있지 않다. 인도네시아 혁명이 실패했다고 생각하지 말라. … 다수 당원이 죽음을 당하고, 배반하고, 포기했다고 해서 천하가 어두워졌다고 생각하지 말라. 현재 귀하들의 상황은 매우 좋다. 내일 바로 비엔티안과 루앙프라방을 점령할 수 있을 것이다. 내가 이렇게 말하는 것은 결코 귀하들이 돌아가서 곧바로 공격을 개시하라는 뜻이 아니며, 그 조건을 준비해야 한다는 뜻이다. 첫째, 2년 혹은 더 긴 시간이 될 수도 있다.

---

[3] 모택동과 브라질공산당 정치국위원 다니엘의 접견 대화 기록, 1965년 7월 20일.

[4] 中联部办公厅编, 『中联部老部领导谈党的对外工作』, 2004년 4月, 142-145쪽; 모택동과 아이디트의 대화 기록, 1965년 8월 5일.

귀하들의 전쟁은 베트남 전쟁과 밀접한 관계가 있다. 우리 중 일부 국가들은 결국에는 함께 싸우게 될 것이다."[5]

1967년 1월 17일, 모택동은 말레이시아공산당 총서기 진평(陳平)에게 1954년 제네바회의는 잘못된 것이며, 회의 후 중소 양당이 말레이시아공산당에게 무장투쟁 포기를 지시한 것은 "잘못 지도"한 것이었다고 설명하였다. 모택동은 "소련 노선도 좋고, 중국 노선도 좋다. 10월 혁명이 바로 무장투쟁이 아닌가. 어떤 노선이 맞는가? 무장투쟁이 바로 우리가 가야 할 노선이다"고 말하였다.[6]

중국 정부는 심지어 반정부 무장폭동을 공개적으로 지지하였다. 1967년 7월 2일『인민일보』는 미얀마공산당의 6월 28일 성명 전문을 게재하였다. 미얀마공산당은 이 성명에서 미얀마 정부가 화교를 학대한 만행을 비난하고, 무장투쟁을 전개하여 네윈(Ne Win) 정권을 전복할 것을 호소하였다. 몇 개월 후『인민일보』는 인민일보 기자와 평론가의 이름으로 미얀마공산당의 무장이 날로 강해지고 있으며 네윈 정부에 심각한 타격을 준 소식을 보도하였다. 동시에 인도의 농민 무장폭동 상황을 소개하면서 "무장 토지혁명은 농민 해방의 길"이라고 설명하였다.[7]

1968년 3월 29일『인민일보』1면의 제목은 다음과 같았다. "모택동 주석의 '권력은 총구에서 나온다'는 학설의 위력은 비할 바 없다. 미얀마의 모든 피압박 인민들은 단결하여 네윈 정부를 타도하라."[8]

중국공산당은 말로 세계혁명을 선동했을 뿐만 아니라 행동으로도 각국의 반정부 무장투쟁을 지지하였다. 1960년대 초 중국과 소련이 분열되고 중국의 외교정책이 "좌편향"된 이후, "혁명 수출" 및 아시아, 아프리카, 라틴아메리카 각국의 지하정당과 비정부조직의 무장폭동을 돕는 것이 중국의 중요한 국제적인 임무가 되었다.

통계에 따르면 1961년에서 1965년 사이 아시아, 아프리카, 라틴아메리카(심

---

5) 모택동과 라오스인민당 대표단의 접견 대화 기록, 1965년 12월 11일.

6) 모택동과 말레이시아공산당 총서기 진평 등의 접견 대화 기록, 1967년 1월 17일.

7)『人民日報』1967년 7월 2일 3면, 8월 19일 6면, 9월 1일 5면.

8)『人民日報』1968년 3월 29일 1면.

지어 유럽과 오세아니아까지) 각국에 최소 74개의 정당과 조직이 있었으며 총 1,892명이 374차례에 걸쳐 중국에 파견되어 군사대학 및 부대와 관련된 곳에서 무장투쟁 경험, 유격전 전략전술, 인민전쟁과 인민군대 이론, 정치공작 활동과 민병공작, 근거지 건설, 적군에 대한 공작, 탱크 조종, 화포 사용, 경화기 사격, 통신기술, 화약 제조 및 폭파 기술 등의 과목을 학습하였다.[9]

1965년 7월 4일 인도네시아공산당 대표단은 모택동과의 대화에서 "출국 전, 우리 당 중앙은 우리가 중국 동지의 경험, 특히 무장투쟁과 농민운동의 경험을 잘 학습해야 한다고 말했다"고 소개하면서, 이번에 중국에 와서 "우리는 자부심을 느끼고 감동하였고 중국 동지의 무장투쟁과 농민운동(이는 승리의 기초이다)의 경험을 학습하였다"고 말하였다.[10]

1968년, 미얀마공산당은 곤명 군관구의 직접적인 지원하에 미얀마 동북혁명 근거지를 개척하였다. 모택동은 직접 미얀마공산당이 중국 경내에서 병사를 모집하는 것을 허가하고, 군사고문과 핵심적 군사인원을 미얀마로 파견하여 작전 지휘에 협조하도록 하였다.[11] 중국은 이 밖에도 인도의 농민폭동을 대대적으로 지지하였고 나가(那加), 미조(米佐), 케랄라(Kerala)에 대량의 무기를 보냈다.

모택동은 파키스탄 외교부장을 접견한 자리에서 다음과 같이 솔직하게 토로하였다. "인도 정부는 우리 대사관에 항의를 제기하였으나 우리는 이렇게 답하였다. 이는 우리의 정책이며 우리는 모든 약소민족을 지지한다."[12] 1971년 중국은 고문과 군사간부들을 다시 파견하여 태국공산당에 협력하여 싸웠고 1972년과 1974년에는 필리핀공산당에 두 차례에 걸쳐 무기를 보냈다.[13]

이러한 중국의 외교 방침에 협력하고 중국혁명의 경험을 전면적으로 전파하기 위해 1966년 10월 중국공산당 중앙위원회는 외국 주재 중국기관의 최우선적 임무는 모택동 사상을 선전하는 것이라고 결정하였다. 이에 따라 외국과의

---

9) 『中国人民解放军军事工作大事记』上册, 453-454, 459, 468-469, 476쪽.

10) 모택동과 인도네시아공산당 대표단의 접견 대화 기록, 1965년 7월 4일.

11) 中联部办公厅编, 『中联部老部领导谈党的对外工作』, 11-12, 83쪽.

12) 모택동과 후세인(Hussein)의 접견 대화 기록, 1968년 8월 5일.

13) 中联部办公厅编, 『中联部老部领导谈党的对外工作』, 83쪽.

관계를 처리하는 기관이 혁명을 선전하는 기지로 변하였다.[14] 1967년 말까지 중국이 출판한 모택동 저작의 외국어판은 25종, 460여 만 부나 되었으며 전 세계 148개국에 배급되었다. 55개국과 일부지역에서는 총 65종의 언어로 845종 판본의 모택동 저작이 번역 출판되었다.[15]

외국에 주재하는 중국기관과 중국 원조하에 건설되는 공사장 도처에 모택동 주석의 어록이 붙여졌고, 모택동 주석 어록과 혁명구호 플래카드가 설치되었다. 대사관 직원과 유학생, 건설 노동자들은 공공장소에서 모택동 주석의 어록을 낭독하였고 모택동 저작과 모택동 주석 배지를 길가는 행인들에게 강제로 배포하였다. 예술단은 외국에서 공연할 때 프로그램 시작 전에 반드시 모택동 주석의 어록을 낭송해야만 했으며, 심지어 국제열차를 가로막고 강제로 열차에 모택동 주석의 초상화를 붙이고 숯으로 혁명표어를 쓰기까지 하였다.[16]

당시 수많은 중국 간부와 군중들의 눈에는 세계혁명의 중심이 일찌감치 모스크바에서 북경으로 옮겨와 있었다. 사실, 이 개념을 제기하고 선전한 사람이 바로 모택동 자신이었다. 1967년 3월 20일 임표는 군단장급 이상 간부회의 담화 중에, 중국은 세계혁명에 있어서 결정적 요인으로 작용하고 있으며 "중국이 무너지지만 않으면, 세계는 희망이 있다. 중국이 적화된다는 것은 유럽 전체가 적화되는 것과 마찬가지다"라고 말하였다.

중공 중앙은 임표의 이 연설 내용을 인쇄 배포하였다. 또한 모택동의 지시에 따라 전군과 전국 홍위병들에게 연설 녹취록을 방송하였다.[17] 몇 개월 후인 7월 7일, 모택동은 해방군 군사훈련회의 대표를 접견할 때 "중국은 혁명의 정치적 중심일 뿐만 아니라, 군사 및 기술적으로도 세계혁명의 중심이 되어야 한다"고 강조하면서, 각국의 혁명을 "공개적으로 지지해야 하며, 세계 혁명의 병기공

14) 王泰平主编, 『中华人民共和国外交史(1957-1969)』 第二卷, 北京: 世界知识出版社, 1998年, 11쪽.

15) 『人民日报』 1967년 11월 25일 1면.

16) 刘树发主编, 『陈毅年谱』 下卷, 1,179쪽; 杜易, 『大雪压青松—"文革"中的陈毅』, 北京: 世界知识出版社, 1997年, 95-97쪽; 韦梅雅, 「『毛主席语录』编发全程追踪」, 『炎黄春秋』 1993年 8月号, 10-24쪽; 卢丹·里德, 「国际特快专列在边陲小镇被截」, 『炎黄春秋』 1993年 9月号, 88-93쪽.

17) 马齐彬, 陈文斌, 林蕴晖等编, 『中国共产党执政四十年(1949-1989)』, 北京: 中共党史资料出版社, 1989年, 291쪽.

장이 되어야 한다"고 말하였다.[18]

1968년 5월 16일 모택동은 한 문건을 심사할 때 "세계혁명의 중심이 북경에 있다"는 표현을 비판하면서 "이런 말은 중국인의 입에서 나와서는 안 된다. 이 것이 바로 소위 '나를 중심으로 하는' 잘못된 사상이다"고 지적하였다.[19] 사실, 모택동의 뜻은 매우 분명하였다. 즉 이러한 말을 중국인 스스로 할 것이 아니 라 세계 인민이 말하게 해야 한다는 것이다.

이와 같은 배경 아래, 국내 홍위병 운동과 조반파(造反派)의 "전면 탈권(夺 权)"운동이 일어나면서 "문혁" 초기의 중국 외교는 혼란스럽고 무질서한 상태 에 빠졌다. 1966년 9월 9일 모택동은 중국의 "문혁" 운동과 홍위병의 행동을 높이 평가하면서, 비엔나 주재 중국 대사관에 대해 비판을 제기하는 외국인이 보내온 편지 한 통을 읽었다. 모택동은 "이 비판 문건은 매우 잘 썼으며, 모든 외국 주재 기관들이 주목할 만하다. 혁명화를 이루어야 하며, 그렇지 않을 경 우 매우 위험하다"는 자신의 지시를 덧붙였다.[20]

모택동의 지시가 전달된 후, 외국 주재 중국 대사관은 "4대 구악철폐(破四 旧)"운동을 개시하였다. 외교부는 외국 주재 대사관 직원을 분기별로 귀국시켜 운동에 참가하도록 하였다. 1967년 초까지 황화(黄华)를 제외한 모든 외국 주 재 중국 대사는 상부의 명령에 따라 귀국하였고, 대사관 직원의 3분의 1이 국 내로 돌아왔다.[21]

비록 주은래가 방법을 강구하여 외교부의 정상적인 업무를 유지시키고자 하 였지만, "2월 역류" 사건 이후 조반파와 홍위병은 외교부에 여전히 심각한 타격 을 가하고 권력을 탈취하였으며, 외교부 당위원회를 점령하고 외교부 명의로 외국 주재 기관에 독단적인 명령을 내렸다. 외교부장 진의는 공개적으로 비판

---

18) 钢二司武汉大学总部等编, 『毛泽东思想万岁(1961.1-1968.5)』, 1968年 5月, 318-319쪽. 다음을 참 고할 것. 卜伟华, 『"砸烂旧世界"—文化大革命的动乱与浩劫(1966-1968)』, 香港: 香港中文大学出版 社, 2008年, 561쪽.

19) 中共中央文献研究室编, 『建国以来毛泽东文稿』第12册, 北京: 中央文献出版社, 1998年, 276쪽.

20) 『建国以来毛泽东文稿』第12册, 128-129쪽.

21) 杨公素, 『沧桑九十年——一个外交特使的回忆』, 海口: 海南出版社, 1999年, 291-293쪽; 杜易, 『大雪 压青松』, 95-97쪽; 马继森, 『外交部文革纪实』, 香港: 香港中文大学出版社, 2003年, 68-69쪽.

당하였고, 희붕비, 교관화(乔冠华) 등 부부장은 피랍당해 행동의 자유를 상실하였다. 일순간 국가의 외교대권이 다른 이의 손에 넘어갔고, 외교 영역은 전면적으로 통제력을 상실했다.[22]

중국 외교시스템이 전례 없는 혼란 국면에 빠진 것이 전형적으로 나타난 사건이 바로 소위 "삼잡일소(三砸一烧: 세 곳을 부수고 한 곳을 불태움－역자주)"사건이다. 즉 1967년 6월 18일 홍위병과 조반파는 인도 대사관을 때려 부쉈고, 7월 3일에는 미얀마 대사관을, 8월 5일에는 인도네시아 대사관을 부수었으며, 8월 22일에는 영국 대표처를 불태웠다.[23]

모택동은 후에 미국기자 스노우(Edgar Snow)에게 당시 중국은 "전면적 내전" 상태였으며 "외교부는 엉망진창이었다. 한 달 반 동안 통제력을 상실했고 이 권한은 반혁명분자들의 손아귀에 있었다"고 설명하였다.[24] 이 말은 책임전가의 혐의가 있으나 모택동의 부득이함 또한 설명하고 있다.

극좌적·급진적 외교정책 및 대외업무의 통제력 상실 상태는 중국의 대외적 이미지와 외교관계를 심각하게 훼손시켰고, 중국을 극단적 고립의 경지에 처하게 하였다. "문혁"이 시작된 무렵 미국 중앙정보부는 특별보고서에서 "2년 전에는 중국이 오늘처럼 이렇게 고립될 것이라고 전혀 예측하지 못하였다"고 탄식하였다.[25] 그 후 상황은 더욱 악화되었다.

1966년 6월 주은래가 알바니아를 방문한 이후 3년간 중국 지도자는 더 이상 외국을 방문하지 않았다. 이 기간 동안 중국은 어떠한 국가와도 새로운 외교관계를 수립하지 않았을 뿐만 아니라, 오히려 이미 수교 혹은 대표부 관계를 맺은 53개 국 중 약 30개에 이르는 국가들과 잇따라 외교적 분쟁이 발생하였다. 일부 외국 주재 중국 대사관은 강제 폐쇄당하거나 외교관계가 격하되었고 인도네시아 등 4, 5개 국가들은 연이어 중국과 단교하기까지 하였다.[26]

22) 刘树发主编, 『陈毅年谱』, 1,183-1,191쪽; 金戈, 「在外交部 '夺权' 前后」, 安建设编, 『周恩来的最后岁月(1966-1976)』, 北京: 中央文献出版社, 1995年, 216-234쪽; 马继森, 『外交部文革纪实』, 79-105쪽; 李丹慧, 「中苏分裂与 "文革" 时期中国外交」, 『党史研究资料』 1997年 第1期, 6-16쪽.

23) 상세한 내용은 卜伟华, 『"砸烂旧世界"』, 561-564쪽을 참고.

24) 中共中央文献研究室编, 『建国以来毛泽东文稿』 第13册, 北京: 中央文献出版社, 1998年, 163쪽.

25) 중앙정보부의 특별보고, 1966년 8월 5일, 『美国对华情报解密档案』 第6卷, 187-194쪽.

심지어 중국과 줄곧 우호적 관계를 유지하던 캄보디아의 시아누크(Norodom Sihanouk)조차 중국의 내정간섭 행위를 참지 못하여, 캄보디아－중국 우호협회의 해산을 선포하고 5개의 화교신문들을 폐간시켰으며, 중국 주재 캄보디아 대사관 직원들을 자국으로 소환하였다. 다만 주은래가 직접 설득하고 만류하여 캄보디아 대사는 마지못해 중국에 계속 남았다.[27]

국제공산주의 운동의 관점에서 봐도 상황은 같았다. 중소분쟁 이후 세계의 다수 정당들은 모두 소련공산당 편에 섰다. "문혁" 시기에는 절대다수의 이전 공산당들이 중국공산당과의 교류를 중단했다. 비록 중국공산당의 격려와 지지 하에 총 100여 개의 "마르크스－레닌주의당"들이 이전 공산당에서 이탈해 나오거나 신당을 창당했지만, 국내에서 그들의 역량은 사실 매우 미미했고 당원 수 또한 많지 않아 몇 년 후 대다수가 유명무실해졌다.[28]

또한 중국공산당과 관계를 유지해오던 몇 개의 이전 공산당 중, 알바니아노동당을 제외한 기타 모든 당들과 중국공산당은 서로 마음속에 응어리가 있거나 이미 서로 다른 생각을 품고 있었다. 줄곧 중국을 "동지이자 형제"로 불렀던 베트남노동당조차 결국에는 더 많고 좋은 조건의 지원을 얻기 위해 중국을 멀리하고, 반대로 소련과 밀접한 관계를 맺었다.[29]

중국과 조선의 관계는 바로 이러한 분위기 속에서 진개되었다.

전체적으로 미국을 반대하는 투쟁에 있어 중국과 조선의 방침과 이익은 여전히 일치하였다. 그러나 브레즈네프 집권 이후 중조 간의 파열음이 뚜렷하게 나타나기 시작하였다. 중국에서 "문혁"운동이 전개됨에 따라 그 갈등은 날로 커졌다. 중조 간의 갈등은 대체로 다음과 같은 세 가지 방면에서 나타났다.

첫째, 소련에 대한 입장과 태도에서 중조 양당은 점점 거리가 벌어졌다. 1965년 3월 개최된 모스크바회의는 국제공산주의 운동이 정식으로 분열됨을

26) 王泰平主编, 『中华人民共和国外交史』 第二卷, 11쪽.

27) 『周恩来年谱(1949-1976)』下卷, 185쪽.

28) 中联部办公厅编, 『中联部老部领导谈党的对外工作』, 42쪽.

29) 李丹慧, 「中苏在援越抗美问题上的冲突与矛盾(1965-1972)」, 『当代中国史研究』 2000年 第4期, 44-57쪽, 第5期, 24-37쪽.

상징한다. 이후 중소 양당의 투쟁은 나날이 심각해졌다. 1966년 3월 중국공산당의 소련공산당 제23차 당대회 참가 거절은 중소공산당 조직 간의 연결고리가 완전히 중단되었음을 의미한다.[30]

그러나 조선은 소련과 점차 가까워졌다. 1964년 11월 흐루시초프가 실각한 직후, 김일성은 북경에서 모택동과 의견을 교환할 때 "브레즈네프는 경솔하고 침착하지 못하며", 소련공산당 지도자에게 지나친 기대를 해서는 안 된다고 말하였다.[31] 일 년이 지난 1965년 12월 김일성은 소련 주재 조선 대사 김병직(金秉稷)에게 위임하여 소련외교부에, 조선은 소련의 경제원조에 대해 크게 주목하고 있으며 "브레즈네프가 본인을 접견해줄 것을 요청한다"고 말하였다.[32]

1966년 3월 북경이 평양에 소련공산당 제23차 당대회에 대표를 파견하지 않도록 거듭 압력을 가하였음에도 불구하고, 김일성은 박성철 외무상을 단장으로 하는 대표단을 파견하였다. 소련 외교부장 그로미코는 박성철을 접견하고, 소련은 조선의 조국통일과 미군의 조선반도 철수 요구 입장을 전적으로 지지한다고 밝혔다. 소련은 조선 정부의 입장이 정확하며 사회주의 진영 전체의 이익에 부합한다고 강조하였다.[33]

이어 소련의 통제를 받는 세계민주청년연합회는 1966년 5월 조선에서 회의를 개최하고 베트남 문제를 토의할 것을 제안하였으나, 중국의 반대로 인해 무산되었고 이에 조선은 매우 불만스러워했다. 이에 평양은 재일본 조선인총연합회(조총련)에 보낸 편지에서 중국이 사회주의 진영의 단결을 파괴하려는 의도를 가지고 있다고 비난하였다. 조선 측은 서한에서 중국 측이 베트남에 대한 소련의 원조를 공개적으로 비방한 점 또한 신랄히 비난하였고, 중국이 쿠바를

---

30) 자세한 내용은 李丹慧, 「从分裂到对抗(1960-1978)」, 沈志华主编, 『中苏关系史纲』, 410-420쪽을 참고할 것.

31) 모택동과 김일성의 회담 기록, 1964년 11월 8일.

32) РГАНИ, ф.5, оп.30, д.479, л.79.

33) The Sino-Soviet Struggle in the World Communist Movement since Khrushchev's Fall(Part 3), September, 1967, DNSA: U.S. Intelligence and China: Collection, Analysis, and Covert Action, CI01830, pp.25-26; Record of Conversation with Gromyko and Pak Song-ch'ol, April 9, 1966, http://digitalarchive.wilsoncenter.org/collection.

"수정주의 국가"고 칭하는 것은 라틴아메리카에서 "패권을 탈취"하기 위한 목적이라고 비난하였다.[34]

알바니아 주재 중국 대사는 조선과 소련의 관계가 "현재 급속하게 발전하고 있고", 쌍방이 많은 영역에서 교류하는 규모로 보아 조선과 기타 수정주의 국가들의 관계 역시 "지속적으로 개선되고 있다"는 견해를 밝혔다.[35]

조선은 실제 소련으로부터 실질적 이익을 얻었다. 6월 20일 소련과 조선 정부는 경제기술합작협정을 체결하고, 1966년부터 1972년까지 소련은 차관, 전문가, 기술 원조를 조선에 제공하고 금속, 에너지, 석유화학공업기업 및 프로젝트 건설을 지원하고 증축하기로 하였다. 또한 조선의 요구를 만족시키기 위해 소련이 이번에 제공한 모든 차관과 1966~1970년 내에 상환해야 하는 장기 차관의 상환기간을 14년 연기하고, 차관 이자를 받지 않는다는 데에 동의하였다.[36]

소조우호조약 체결 5주년에 쌍방은 각각 경축행사를 개최하고 서로를 치켜세웠으며, 단결과 우의에 관해 한 목소리를 냈다.[37] 소련에서 개최된 조선건국 축하 군중대회에서 소련은 조선의 "공동 행동" 지지 노선에 거듭 기쁨을 표시하였다. 조선 측 대표는 연설에서 소련의 "국제주의 지지와 원조"를 영원히 기억할 것이며, "반제국주의 투쟁 중에 언제나 소련과 함께 할 것"임을 밝혔다.[38]

이에 중국은 자연히 크게 반발하였다. 1966년 9월 9일 조선 대사관이 개최한 건국 축하연에 참석한 진의는 연설 중 의도적으로 다음과 같이 지적하였다. "제국주의를 반대하려면 반드시 현대 수정주의를 반대해야 한다. 모든 진정한 혁명가는 반드시 현대 수정주의와의 경계를 분명히 해야 하며, 노동운동 배신자의 면모를 결연히 폭로하고 절대 그들과 '공동 행동'을 해서는 안 된다."[39]

34) The Sino-Soviet Struggle in the World Communist Movement since Khrushchev's Fall(Part 2), September, 1967, DNSA: U.S. Intelligence and China: Collection, Analysis, and Covert Action, CI01829, pp.106-116.

35) Information on the Korean Workers' Party(Ministry of Foreign Affairs, Albania), October, 1966, http://digitalarchive.wilsoncenter.org/collection..

36) *Тихвинский С.Л. (отв. ред.)* **Отношения советского союза с народной Кореей**, c.240-245.

37) 『国际共运参考资料』 1966년 7월 6일, 16-19쪽.

38) 『国际共运参考资料』 1966년 9월 8일, 23-25쪽.

그러나 조선은 중국의 권고를 완전히 무시했다. 신화사가 편집 발표한 내부 간행물은 조선의 외교활동을 보도할 때 다음과 같이 지적하였다. 1967년 이후 조선의 "외교활동의 특징은 한층 더 소련 수정주의에 의탁한 점이다."[40]

그해 2월 키프로스에서 개최된 아시아아프리카인민연대기구(AAPSO) 이사회에서, 소련의 조종으로 원래 중국에서 개최되기로 되어있던 제5기 아시아아프리카인민연대 대회를 취소할 것을 결정하여 중국의 강력한 항의를 야기하였으며, 중국은 결국 아시아아프리카인민연대기구 상설 서기처와 다시는 어떠한 관계도 맺지 않을 것을 선언하였다.[41] 회의 전 중국은 이미 소련의 의도를 인민일보에서 지적하고 이사회에 참석하지 않을 것을 선언하였지만, 조선은 여전히 대표를 파견하여 키프로스 회의에 참석하였고 회의에서 소련의 주장을 지지하고 옹호하였다.[42]

이와 동시에, 조선내각 제1부수상 김일은 모스크바에 방문하고, 양국은 조선의 국방능력을 더욱 강화시키는 협정을 다시 체결하였다.[43] 조선 주재 헝가리 대사관의 보고에 따르면, 이전의 조선의 군사적 개념은 주로 중국의 유격 전략과 전술의 영향을 받았지만 이후에는 미사일과 핵무기를 포함한 소련의 군사 경험과 이념을 도입하고 학습하였다.[44]

1968년 8월 소련군은 체코슬로바키아를 침공하여 "프라하의 봄"을 무력으로 진압하였다. 중국은 이에 대해 논설위원의 글을 발표하며 소련의 행동을 강력히 비난하였지만 조선은 이에 동조하지 않았다. 심지어 사석에서는 소련의 행동에 칭찬과 지지를 표하였고, 소련의 행동을 "일종의 적극적인 태도"라고 주장

39) 『人民日报』 1966년 9월 10일 1면.

40) 『国际共运参考资料』 1967년 3월 8일, 20-21쪽.

41) 『人民日报』 1967년 2월 8일 4면, 3월 24일 4면.

42) 『人民日报』 1967년 2월 4일 5면; The Sino-Soviet Struggle in the World Communist Movement since Khrushchev's Fall(Part 2), September, 1967, DNSA: U.S. Intelligence and China: Collection, Analysis, and Covert Action, CI01829, pp.106-116.

43) 『人民日报』 1967년 3월 13일 6면.

44) 조선 주재 헝가리 대사관이 외교부에 보낸 보고, 1967년 3월 10일, Balazs Szalontai and Sergey Radchenko, "North Korean's Efforts to Acquire Nuclear Technology and Nuclear Weapons: Evidence from Russian and Hungarian", CWIHP Working Paper, No.53, August 2006, pp.40-42.

했다.[45] 중국은 소련 "수정주의자"가 있어 공개적으로 의견을 밝힐 수 없다는 이유로, 조선 건국 20주년 경축행사에 대표단을 파견하지 않았다.[46]

소련을 대하는 입장과 태도에 있어 중조 간의 의견 차이는 평양에서 가장 드라마틱하고 극명하게 드러났다. 즉, 중국 대사관 지붕에 "반제필반수(反帝必 反修: 제국주의를 반대하려면 반드시 수정주의를 반대해야 한다 — 역자 주)"라 는 플래카드가 널리고, 그 맞은편에는 "사회주의 진영의 단결을 결연히 옹호한 다"는 조선의 플래카드가 걸려 있었다.[47]

둘째, 중국은 스스로를 세계혁명과 국제공산주의 운동의 중심이라고 여겼지 만, 조선은 자주독립을 곳곳에서 강조하면서 북경의 "지휘"에 복종하지 않았다. 심지어 과거의 고사를 빌려 현재를 풍자하고 사대주의에 대한 비판을 통해 중 국의 대국주의를 에둘러 비판하였다.

당시 소련과 미국은 다른 경로를 통해 다음과 같은 동일한 정보를 얻었다. 1966년 초, 중국인은 베트남 인민을 지지하기 위해 조선에게 38선 부근의 비무 장지대에서 제2차 전역을 개시하거나, 남조선에서 유격전을 펼칠 것을 권고하 였다. 그러나 김일성은 "이 압박에 아랑곳하지 않고" 중국의 제안을 거절하며, 조선 지원자를 베트남에 파견할 것을 결정하였다(1년 후 조선은 중국의 계속된 방해를 물리치고, 100명의 비행사를 베트남 전쟁에 보내 참전시켰다).[48]

1966년 7월 20일, 조선노동당은 재일본조선인총연합회(조총련)에 비밀지 령을 보내, "문혁"의 발발은 중국이 이미 "극단적 좌경 모험주의로 전향하였 으며, 현재 그들의 사상을 기타 국가의 공산주의자들에게 강요하려고 시도하 고 있음"을 나타낸다고 지적하면서, 많은 증거를 열거하며 중국이 "권세를 등

---

45) 『人民日報』1968년 8월 23일 1면; 동독정부대표단의 조선국경일행사 참석 보고, 1968년 8월 16 일, SAPMO-Barch, DY 30/JIV 2/2J/2340.

46) Schaefer, "North Korean 'Adventurism' and China's Long Shadow", *CWIHP Working Paper*, No.44, p.15.

47) 马继森, 『外交部文革纪实』, 285쪽.

48) АВПРФ, ф.0102, оп.23, п.112, д.24, л.5-12; ESAU Document 39, "Kim Il-Sung's New-Military Adventurism", 26 Nov. 1968, http://www.foia.cia.gov/cpe.asp; 조선 주재 소련 대사관의 비망록, 1966년 12월 2일, *NKIDP Document Reader*, No.2, pp.23-27, 30-33;『金日成著作集』第20卷, 平壤 外国文出版社, 1984年, 309쪽.

에 업고 약소국가에 압력을 가하고, 다른 나라의 내정에 간섭하고 있다"고 비난하였다.[49]

이어 조선은 국내에서 김일성 저작 학습운동을 대대적으로 전개하면서, 학습의 목적은 바로 "교조주의와 형식주의를 없애고, 주체사상을 철저히 확립하는 것"임을 특히 강조하였다.[50] 8월 12일 『로동신문』은 장문의 편집부 기사 '자주성을 옹호하자'를 발표하고 다음과 같이 지적하였다. "어느 한 나라, 어느 한 당이 세계혁명의 중심이 될 수 없다. 만일 국제공산주의 운동에서 세계혁명의 중심을 허용한다면 그것은 어느 한 당의 특권적 지위를 인정하는 것이다."[51]

이틀 후 『민주조선』, 『평양신문』, 『노동자신문』은 『로동신문』의 편집부 기사 전문을 게재하였다.[52] 1967년 4월부터 조선은 김일성에 대한 대규모 우상화 운동을 시작하였다. "문혁" 기간 중국이 모택동에 대해 사용했던 글귀와 방법을 조선은 똑같이 김일성을 찬양하고 미화하는 데 사용하였다.

1969년 4월, 중국공산당 제9차 전국대표대회가 "모택동사상은 제국주의가 전면 붕괴하고, 사회주의가 전 세계에서 승리를 거두는 시대의 마르크스-레닌주의이다"라고 높게 평가한 것과 같이, 김일성의 주체사상 역시 "마르스크-레닌주의와 무산계급의 위대한 혁명 위업을 끝까지 진행하는 유일한 옳은 지도사상이다"라고 칭송하였다.[53]

이와 동시에 조선의 각종 신문 및 간행물은 계속해서 역사 글과 사진을 게재하며 고구려가 수나라와 당나라의 침략에 저항한 이야기를 서술하면서, 옛사람의 입을 빌려 "대국주의"와 "사대주의"를 비판하고, "사대주의자와 봉건 대국주의자는 '천자'가 있는 국가를 '만승지국'이라 불렀고, 조선을 이보다 낮은 '천승

---

49) The Sino-Soviet Struggle in the World Communist Movement since Khrushchev's Fall(Part 2), September, 1967, DNSA: U.S. Intelligence and China: Collection, Analysis, and Covert Action, CI01829, pp.106-116. 다음을 참고할 것. 『金日成著作集』 第20卷, 326-327쪽.

50) 『国际共运参考资料』 1966년 8월 3일, 23-28쪽.

51) 『로동신문』 1966년 8월 12일 1면.

52) 『国际共运参考资料』 1966년 8월 14일, 16쪽.

53) 金学俊, 『朝鮮五十七年史』, 316-321쪽; 『国际共运参考资料』 1969년 4월 22일, 28쪽, 5월 3일, 20쪽; 『로동신문』 1969년 4월 29일 2, 3면.

지국'으로 불렀다." "우리나라를 동방국가로 칭한 것은 어떤 중심국가가 있음을 의미하는데, 이는 잘못된 것이다'고 서술하였다.[54]

더 나아가 조선의 선전매체는, 항일전쟁 기간에도 김일성은 사대주의와 대국주의를 소멸시킴으로써 인민대중을 단결시켰고 항일구국투쟁을 승리로 이끌었을 뿐만 아니라 "이웃국가의 민족해방운동에도 새로운 국면을 열어주었다'고 주장하였다.[55]

이 문제에 대해 조선 주재 불가리아 대사관은 "모택동의 개인숭배는 김일성의 지위를 위협하기 시작하였다'고 분석하였다. 모택동에 대한 숭배가 확산되는 것을 방지하기 위해 조선은 화교학교를 폐쇄하였으며, 중국 대사관에 선전게시판을 폐쇄할 것을 30여 차례나 경고하였다. 중국 대사관이 이를 묵살하는 상황에서 조선은 사람들이 접근하는 것을 방지하기 위해 대사관 근처의 도로에서 공사를 벌였다.[56] 또한 조선 주재 헝가리 대사관은 "이전에 널리 퍼져있던 모택동 저작은 지금은 조선의 서점 진열대에서 사라졌다'고 설명하였다.[57]

마지막으로 가장 중요한 것은, 모택동이 직접 발동하고 지도한 '문혁'에 대해 김일성이 배척하고 심지어 비판하는 입장을 취한 것이다. "문혁" 운동이 전면적으로 전개된 이후, 조선의 신문은 연속으로 글을 게재하여 "좌경 기회주의자"를 비판하였다. 그들이 "극단적 주관주의에 빠져 폭력수단만 부추기고, 우매한 모험의 길로 나아가고 있으며, '혁명전쟁'을 절대화 하고, 혁명을 다른 나라로 수출시킬 것을 주장하고 있으며, 혁명역량(세력) 내부의 불화를 조장하고 있다'고 비방하였다.

또한 국내 문제에서 그들은 "계급투쟁을 절대화하고, '자본주의의 복벽(復辟)'을 지나치게 우려하여, 사회주의 사회 안에서의 인민생활 향상을 부정적인 태도로 대하고, 개인 소비생활에서 평균제(平均制)와 균형화를 실행할 것을 주

---

54) 『国际共运参考资料』 1966년 7월 15일, 34-35쪽, 7월 21일, 60쪽, 8월 19일, 10-14쪽, 8월30일, 14-18쪽, 9월 15일, 17-18쪽, 10월 15일, 31-35쪽.

55) 『国际共运参考资料』 1969년 5월 5일 6-7쪽, 7월 16일, 22-27쪽, 8월 21일, 24-28쪽, 9월 22일, 14-16쪽, 9월 23일, 20-21쪽.

56) 조선 주재 불가리아 대리대사의 보고, 1969년 5월 20일, AMVRB, Opis 20p, delo 17, No.289.

57) 조선 주재 헝가리 대사관의 보고, 1967년 1월 22일, *NKIDP Document Reader*, No.2, pp.28-30.

장하고 있다"고 비난하였다.[58]

평양 주재 쿠바 대사의 관찰에 따르면 1966년 9월 조선 관리는 중국의 문화대혁명을 언급할 때 점점 오만과 멸시를 나타냈다. 정부 관리들은 심지어 모택동 주석을 이용한 농담을 하고, 모택동이 이미 노망이 들었으며 이런 병을 치료할 수 있는 유일한 처방은 아마도 고려인삼 뿌리일 것이라고 말하기도 하였다.[59] 조선 주재 소련 대사관의 보고서 또한 조선 지도자가 문혁을 일종의 "극도의 광적 행동"으로 여기며, 모택동을 "이미 제 정신이 아닌 연로한 늙은이"로 부른다고 서술하였다.[60]

10월 5일 개최된 노동당대표회의에서 김일성은 현재 "국제환경이 매우 복잡"하며 국제공산주의 운동에 많은 문제가 발생했다고 지적하였다. 그는 또한 조선노동당은 "현대 수정주의를 반대하는 동시에 반드시 좌경 기회주의를 반대하기 위해 투쟁해야 한다. 좌경 기회주의는 이미 변화된 현실을 고려하지 않으며, 교조주의적으로 마르크스－레닌주의의 개별 판단을 반복하고, 초혁명적 구호를 제기하여 사람들로 하여금 극단적인 행동을 하게 한다. 또한 당이 대중을 이탈하게 하고 혁명세력을 분열시킨다. 만일 좌경 기회주의가 발전하게 되면, 아마도 현대 수정주의에 못지않은 엄청난 위험이 될 것이다"라고 지적하였다.

중국의 국내 문제를 언급할 때 김일성은 "지식인을 의심하고 배척하는 것은 일종의 종파주의 경향이다. 지식인의 역할을 과소평가하는 것은 과학과 기술을 무시하는 경향이다. 적대분자는 극소수에 불과하다. 때문에 함부로 사람을 의심해서는 안 된다"고 특히 강조하였다.[61]

비록 연설 전체에서 중국을 직접적으로 거명하지는 않았지만 창끝은 모두 의심할 바 없이 "문혁" 운동을 겨냥하고 있음이 분명했다. 10월과 11월 소련 대사와의 두 차례 담화 중에 김일성은 조선노동당이 학습과 선전활동을 전개

---

58) 『国际共运参考资料』 1966년 7월 14일, 7-17쪽; 8월 19일, 9-10쪽; 8월 29일, 9-12쪽; 10월 5일, 18-21쪽.

59) Schaefer, "North Korean 'Adventurism' and China's Long Shadow", *CWIHP Working Paper*, No.44, p.5.

60) АВПРФ, ф.0102, оп.23, п.112, д.24, лл.12-23.

61) 『金日成著作集』 第20卷, 314, 348-350쪽.

하는 동기를 설명하였다.

김일성은 다음과 같이 말하였다. "현재 중국에서 발생한 '대혼란'은 조선에 큰 영향을 미칠 수도 있으며, 우리를 매우 우려하게 한다. 조선노동당이 신봉하는 정책의 정당성을 증명하고, 당 중앙이 중국의 이른바 '문혁'의 입장을 부정하는 것을 당 전체가 지체 없이 지지하도록 하기 위해, 조선노동당 당원 사이에서 이와 관련된 설명을 하는 것이 매우 필요하다고 본다"고 설명하였다.[62]

"문혁"에 대한 가장 단도직입적 평가는 1966년 5월 브레즈네프와 블라디보스토크에서 비밀 회담을 가졌을 때 제기한 것이다. 당시는 "문화대혁명"이 막 시작되던 때였는데, 김일성은 경멸하듯 다음과 같이 말하였다. 이는 "그야말로 우매하여, 불가사의하게 느껴진다."[63]

상술한 세 가지 방면의 설명에서 볼 수 있듯이 중조 간에는 이데올로기 영역에서 이미 심각한 의견 충돌과 파열음이 발생하였고, 이로 인해 쌍방관계는 더욱 냉각되었다―과거의 "혈맹"형제 관계는 결국 원수 관계로 변질되었다.

2. 최용건, 천안문 성루에 돌연 등장

이데올로기의 분열과 중국 외교 통제력 상실의 특수 상황으로 인해 중조관계는 확실히 나락으로 떨어졌다. 그러나 자세히 관찰해보면 중조관계의 냉담함과 악화는 중소, 중미 간의 적대관계와는 근본적인 차이가 있고, 중국과 기타 국가(이후의 베트남을 포함하여) 간의 관계가 악화된 상황과도 큰 차이가 있음을 발견할 수 있다. 간단히 말해 단지 냉담해졌을 뿐 서로 대립하지는 않았고 악화되었지만 결코 분열되지는 않았다.

표면적으로 중조 간 교류는 1967년에 이르러 이미 매우 미미해졌다. 필자가 『인민일보』의 제목을 검색해본 결과, "조선" 또는 "김일성"과 관련된 뉴스는 1965년에 350여 건, 1966년에 96건이 있었다. 그러나 1967년에 12건, 1968년에

---

[62] 조선 주재 소련 대사의 비망록, 1967년 3월 7일, *NKIDP Document Reader*, No.2, pp.33-36.
[63] РГАНИ, ф.2, оп.3, д.49, л.3-18; д.13, лл.77-89.

는 22건으로 급감하였으며, 그나마도 대부분이 미국 간첩선 사건과 관련된 내용이었다. 또 1969년에 17건이었지만, 1970년에는 400건으로 급격히 증가하였다. 『로동신문』의 제목을 검색한 결과도 대체로 같았다. 중국과 직접 관련된 기사는 1967년에 23건, 1968년에 20건이 있었으며, 이 모두 의례적 교류 소식이었다. 1969년의 33건 보도 역시 주로 최용건이 방중한 이후의 소식이었다. 그러나 1970년에는 급증하였다.

1966년 말 조선 주재 소련 대사는, 조선의 간행물은 중국으로부터의 어떠한 소식도 보도하고 있지 않으며, 라디오방송국의 중국 뉴스에 관한 30분 프로그램은 이미 폐지되었고, 중조 간의 문화교류 또한 완전히 중단되었다고 보고하였다.[64] 1966년 10월 26일 중국 대사 초약우(焦若愚)는 귀국 소환되어 "문혁"에 참가하였고 다시는 조선으로 돌아오지 않았다.[65]

11월 21일 중국 주재 조선 대사 박세창 또한 이임 후 귀국하였다.[66] 1969년 5월까지 조선 주재 중국 대사관 외교관의 3분의 2가 귀국하였다. 중국은 조선 건국 20주년 기념행사에도 대표를 참석시키지 않았으며, 조선은 이를 자신들에 대한 모욕이라 여겼다.[67] 조선 주재 루마니아 외교관의 관찰에 따르면, 중조의 인적교류와 국경무역은 기본적으로 모두 중지되었으며, 친인척 교류 또한 모두 중단되었고, 조선의 중국어 학교 역시 폐교되었다.[68]

사실상 "문혁" 초기에 조선 화교학교의 교장은 모두 조선인으로 바뀌었다. 대부분의 중국인학교는 이미 취소되거나 조선인학교로 통합되었다.[69] 많은 조선의 화교들은 배척당하고 학대 받아 비밀리에 국경을 넘어 귀국하기 시작하였다. 1966년에서 1968년까지 길림성 도문, 집안, 장백 등 7개 출입국 사무소는 총

---

64) 조선 주재 소련 대사관의 비망록, 1966년 12월 30일, *NKIDP Document Reader*, No.2, pp.27-28.

65) Telegram from Pyongyang to Bucharest, May 20, 1967, http://digitalarchive.wilsoncenter.org/collection.

66) 『人民日報』 1966년 11월 22일 4면.

67) 조선 주재 불가리아 대리 대사의 보고, 1969년 5월 20일, AMVRB, Opis 20p, delo 17, No.289.

68) Telegram from Pyongyang to Bucharest, May 20, 1967, http://digitalarchive.wilsoncenter.org/collection.

69) 楊昭全, 孫玉梅, 『朝鮮華僑史』, 316-317쪽.

6,285명의 조선화교의 입국을 받아들였고 요녕성은 1,900여 명을 받아들였다.[70]

홍위병 소형 전단과 대자보는 조선을 공격하는 소식과 견해를 빈번히 발표하였다. 그중 외국 언론의 주의를 끈 내용은 다음과 같다. 1967년 1월 조선에서 정변이 발생한 것과 부수상 김광협이 체포된 것에 관한 소문, 2월 19일 북경 거리에 나타난 "김일성은 흐루시초프의 추종자"라는 대자보, 1967년 10월 27일 홍위병 소자보『동방홍(东方红)』의 조선 "수정주의자"에 대한 날카로운 비판 및 1968년 2월, 김일성의 부패한 생활에 대한 광동 홍위병 소자보의 공격 등이 있다.[71]

1967년 1월, 정변에 대한 소문에 공개적으로 성명을 발표한 것 외에 홍위병의 도발과 공격에 대해 조선은 일반적으로 간행물을 통해 대응하는 방식을 취하지 않고 외교적 장소에서 서면과 구두성명만을 배포하였다. 경우에 따라 중국 대사관에 항의하였다.[72] 1967년 2월, 조선은 중국 대사관 게시판에서 홍위병 운동과 관련된 선전 자료를 떼어낼 것을 중국 대사관에 요구하였으나 거절당하자, 조선 민중이 영향을 받지 못하도록 중국 대사관 문 앞의 도로를 봉쇄하고 행인이 지나가는 것을 금지하였다.[73]

문혁 초기 중조관계 악화의 사회적 현상은 주로 조선과 인접한 지역과 중국 조선족 집단 거주 지역에서 발생하였다. 그중 영향이 가장 컸던 것은 바로 중조 국경에서의 "확성기 대전"이었다. 1968년 여름, 압록강에 중조가 공동 건설한 수력발전소에서 쌍방의 노동자들은 함께 일하고 댐을 보수하면서 라디오를 통해 각자의 관점을 홍보하고, 각자의 혁명구호를 외쳐 매일 10시간에서 12시

---

70) 曲晓范, 刘树真, 「当代朝鲜华侨的归国定居及其安置史略」, 『华人华侨历史研究』 2000年 第4期, 48쪽.

71) The Sino-Soviet Struggle in the World Communist Movement since Khrushchev's Fall(Part 2), September, 1967, DNSA: U.S. Intelligence and China: Collection, Analysis, and Covert Action, CI01829, pp.106-116; Report Embassy of Hungary in China to the Hungarian Foreign Ministry, November 20, 1967, http://digitalarchive.wilsoncenter.org/collection; 『广东文革通信』 1968年 2月 15日, 다음에서 재인용. Scalapino and Lee, Communism in Korea, p.641.

72) 『国际共运参考资料』 1967년 3월 2일, 4-5쪽; 헝가리 주재 몽고 대사와 조선 대사의 대화 기록, 1967년 3월 20일, 몽고외교부당안관, 3-1-115, 56-57쪽; Schaefer, "North Korean 'Adventurism' and China's Long Shadow", *CWIHP Working Paper*, No.44, p.8.

73) ESAU Document 39, "Kim Il-Sung's New-Military Adventurism", 26 Nov. 1968, http://www.foia.cia.gov/cpe.asp.

간가량 어수선하였다.[74]

1969년 초까지 연변지역에서는, 상해에서 농촌으로 하방한 인사들과 현지 조반파 조직이 자발적으로 도문 항구에 거대한 모택동 동상을 세우고 확성기를 설치하여 매일 조선에 라디오 방송을 통해 모택동 주석의 어록을 낭송하고 수정주의 반대 글을 방송하였다. 조선도 이 방법을 그대로 모방하여 김일성 동상을 세우고 대형 확성기를 설치하여 양쪽에서 서로를 향해 외치고 선전하였다.[75]

요녕성의 단동 항구도 같은 상황이었다.[76] 이 일이 심각하게 되자 1971년 6월 4일, 주은래는 중앙공작회의에서 쇼비니즘을 반대하고 "극좌" 사조를 비판할 것을 제기하며 그 예로 다음과 같이 지적하였다. "동북에서 조선을 향해 확성기를 이용해 소리치고, 그들을 비방하는 표어를 쓰는 것은 우리를 매우 피동적으로 만든다."[77]

이 밖에도 중조 국경지역에서는 다음과 같은 사건이 발생하였다. 1967년 말, 조선의 기관사가 "모택동 주석 배지 받기를 거절"하여 조선 열차 한 대가 국경에서 수 일간 강제로 억류되었다.[78] 또, 중조변계조약 체결 시 주요 항로의 중심선 경계를 확정하지 않아 1967년부터 1969년까지 양측은 경계하천으로 간주되는 강에서 끊임없이 충돌하였다. 조선은 중국 어선, 수송선을 빈번히 저지하였고 선원을 억류하거나 선박을 충돌시켜 파괴하고 어구를 끌어갔으며, 중국 인원에 대해 조사를 강행하였다.[79]

"문혁" 기간 중 한 가지 비교적 심각한 사건은 조반파가 도처에서 조선의 간첩을 잡는 일이었으며 주로 중국의 조선족 간부들을 겨냥하였다. 조선을 수정

---

74) Schaefer, "North Korean 'Adventurism' and China' s Long Shadow", *CWIHP Working Paper*, No.44, p.15.

75) 필자의 임영해(林永海) 인터뷰 기록, 2011년 10월 16일, 임영해는 후에 도문시 정협부주석을 역임하였다.

76) 요녕성단동시당안관, 48-永久-52, 9-25쪽.

77) 감숙성당안관, 91-007-0028, 61쪽.

78) 조선 주재 동독대사관이 외교부에 보낸 보고, 1967년 12월 13일, *NKIDP Document Reader*, No.2, pp.45-46.

79) 요녕성단동시당안관, 48-永久-53, 57, 69, 77-86쪽; 필자의 하장명(何章明) 인터뷰 기록.

주의로 간주했기 때문에 자연히 조선족 간부들을 더 이상 신임하지 않았다. 조선족 간부들은 작업 배치에 영향을 받았을 뿐만 아니라 심지어 조반파에 의해 적발되고 공개적으로 비판당하고, 구금과 심문을 받았다.[80] 많은 조교(朝侨)들과 국경지역의 조선족들은 조선의 간첩으로 학대를 받았다.[81] 이 같은 상황은 조선족 집중 거주지 연변에서 특히 심했다. 1968년 4월에 시작된 "계급청산단체" 운동 중, 사법 부문에서만 175명의 조선족 간부가 외국의 간첩으로 몰렸다. 그중 12명의 간부와 경찰이 학대를 받아 사망하였고 82명은 불구자가 되었다.[82] 1967년 8월에서 1970년 10월까지 연변지역에서 "조선수정주의 간첩" 사건으로 체포된 사람은 약 1만 명에 달하였다.[83]

당시 소문은 무성했으나 결코 사실이 아닌 사건이 하나 있다. 1969년 3월 중소 국경에서 충돌이 발생했을 때 소련, 베트남 및 일부 동유럽 국가의 외교사절단 사이에서 중조 간에도 "일부 소규모의 국경 충돌이 발생"하였다는 소문이 있었다.[84] 몇 년 후에 김일성은 대화 중에 실제로 중국 군대가 두만강을 넘어 조선 영토를 침범하였다고 증언하였다.[85]

그러나 당시 연변으로 하방당한 지식인 청년들과 실무자들의 말에 따르면 중조 국경지역에서는 단 한 번의 군사충돌이 발생한 적이 없었다. 그들은 당시 다수 상해지역의 지식인 청년들이 중소, 중조 국경지역으로 하방되었는데, 그들 모두 상해시 혁명위원회가 배분한 황색 솜 옷, 솜 모자를 걸치고 있었기 때문에 조선인들이 그들을 군대로 오해했을 가능성이 크다고 밝혔다. 때문에 조선은 중국 군대가 습격하는 것을 막기 위해 국경지역의 나무를 모두 베어내고 벙커를 구축하였다.[86]

80) 赵凤彬, 『我的人生自述』, 221-222쪽; 李在德, 『松山风雪情』, 227쪽; 최경희(崔敬希)가 보내준 자료, 1968년 11월 24일, 개인 소장. 최경희는 당시 심양화학공업연구원의 조선족 간부였다.

81) 하북성당안관, 1057-2-8, 1-4쪽; 필자의 임영해 인터뷰 기록.

82) 郑判龙, 「延边的"文化大革命"」, 『风浪』, 191-201쪽.

83) 文兴福, 「延边平反四大冤案」, 『延边文史资料』 第17辑(2012年), 236-272쪽.

84) Schaefer, "North Korean 'Adventurism' and China's Long Shadow", CWIHP Working Paper, No.44, pp.15-16.

85) 호네커와 김일성의 회담비망록, 1984년 5월 31일, NKIDP Document Reader, No.2, pp.63-67.

김일성의 반응은 확실히 지나치게 예민하였다. 1968년 5월 31일 소련부장회의 부주석 노비코프와의 회담에서, 중국 영공 또는 영해를 지나가는 것을 피하기 위해 조선 지도자들이 평양에서 곧바로 모스크바로 갈 수 있는 특별항로를 열어줄 것을 소련 측에 요청하였다. 김일성은 중국 영공을 비행할 경우 중국에 강제 착륙당할 가능성이 있으며 심지어 홍위병에게 모욕을 당할 수도 있다고 설명하였다.[87] 이 사례로 당시 중조관계가 얼마나 긴장되었는지 알 수 있다.

• 문화대혁명시기 모택동의 "사령부를 포격하자" 연설 이후, 연변지역 군중행렬.

86) 朱金元, 「难忘的年代」, 延边文史资料委员会编, 『难忘的岁月: 上海儿女在延边』, 沈阳: 辽宁民族出版社, 2007년, 207-208쪽; 필자의 임영해 인터뷰 기록; 필자의 장련괴(张琏瑰) 인터뷰 기록, 2011년 11월 16일, 북경. 장련괴는 당시 도문시 공안국에서 일하였다.

87) 조선 주재 동독 대사관의 비망록, 1968년 7월 29일, NKIDP Document Reader, No.2, pp.50-52.

• 1966년 문화대혁명시기 연변지역. 주자파(走資派)를 공격하고 있다.

비록 중조 간의 외교가 딜레마에 빠지고 사회적 정서가 대립하였으나 지도부 측면에서 보면 쌍방 모두 사태가 확대되어 분열의 수준에 이르는 것을 원치 않았다. 중국 정부의 입장에서 보면 중국은 최대한 조선과의 관계정상화를 유지하고자 하였다. 1967년 1월 26일 조선중앙통신사는 조선 정부를 대신해 발표한 성명서에서 다음과 같이 밝혔다.

"최근 북경을 비롯한 중국 각지의 홍위병 신문, 벽보, 전단 대부분에서 우리 나라에서 모종의 '정변'이 발생했으며, 이로 인해 정국이 요동치고 있다는 허위 선전을 하고 있다. 이러한 선전은 완전히 어떠한 사실근거도 없는 날조이며 우리 당, 정부, 인민, 그리고 인민군대에 대한 용인하기 어려운 중상이다."[88]

조선은 성명서 발표를 통해 단지 중국에 퍼져있던 소문을 반박했을 뿐, 중국 정부에 항의를 제기하지 않았고 더욱이 이 성명은 중국 정부를 겨냥한 것도 아니었지만 중국 지도자들의 큰 주목을 끌었다. 주은래는 강서성에서 북경에 온 홍위병을 면담한 자리에서 "조선정변에 관한 소문은 남조선이 지어낸 유언비어"라고 질책하였으며, 홍위병에게 "계급 적들의 농간에 넘어가지 말 것"을 경고하였다. 미국 중앙정보부는 주은래의 이 행동은 중국 중앙정부의 입장을 밝히고 조선을 달래기 위한 의도였다고 분석하였다.[89]

문혁 초기 중국에서 발생한 조선과 조선인에 대한 과격행위는 기본적으로 모두 홍위병과 조반파 조직이 만들어낸 행동이었다. 현재까지의 사료에 의하면, 조선이 수정주의라는 말은 실제로 홍위병 소자보와 일부 내부간행물(가령, 신화사의 『국제공산주의운동참고자료(国际共运参考资料)』)에서 대량으로 나타났고, 중국 고위 간부의 보고와 연설에는 유사한 표현이 있었지만 주로 척본우(戚本禹)과 요문원(姚文元) 같은 중앙문혁소조 구성원들의 발언에만 있었으며, 홍위병 소자보를 통해 유출된 것일 뿐이었다.[90]

반면 정부당국의 간행물과 중공 중앙 및 중국 정부의 문건에서 조선을 수정주의국가로 칭한 적이 전혀 없으며, 정책 문건에서도 조선에 불리한 어떠한 지시도 발견되지 않고 있다. 일부 국가기관 또는 외교 부문에서 실제 조선을 비난하는 발언과 조선에 비우호적인 표현이 있었으나, 대부분은 "극좌" 사조의 영향을 받은 것으로서 그들 스스로가 본래 조반파였다. 그러나 조선 주재 루마니아 대사관의 보고서가 지적한 바와 같이, 조선 간행물은 중국 홍위병 소자보에서 끊임없이 나타난 조선에 대한 비판과 "지도자 담화"를 늘상 무시하였다. 조선 간행물에서 중국을 에둘러 비난하는 대량의 보도나 글에 대해, 중국 지도부도 대부분 "보고도 못 본 척, 방관하는 태도"였다.[91]

조선 주재 루마니아 대사관은 1967년 4월, 조선 주재 중국 대리대사 왕팽(王

---

88) 『로동신문』 1967년 1월 27일 1면; 『国际共运参考资料』 1967년 1월 27일, 3-4쪽.

89) ESAU Document 39, "Kim Il-Sung's New-Military Adventurism", 26 Nov. 1968, http://www.foia.cia. gov/cpe.asp.

90) 『井冈山通讯』 第206期, 1967년 7월 18일; 『青峰』 第29, 30期, 1967년 10월 19일, 11월 2일.

91) Telegram from Pyongyang to Bucharest, May 20, 1967, http://digitalarchive.wilsoncenter.org/ collection.

彭)과의 대화에서 다음과 같은 말을 들었다. 조선이 조선반도 위기에 대해 과장하는 것은 단지 더 많은 원조를 얻기 위함이다. 조선은 현재 이미 중국을 적대하는 대열에 합류했기 때문에, 미국과 남조선은 모두 중조관계를 격상시킬 만한 그 어떠한 과격행동도 하지 않을 것이다. 중국의 입장은 매우 분명하다. 즉 "미국과 남조선이 일단 38선 부근에서 군사충돌을 일으키기만 하면, 중국 군대는 개입할 것이다."

중조 경제관계에 대해서도 왕팽 대리대사는 "조선 지도자가 중국이 협정을 이행하지 않고 대북 원조를 중단하고 조선 내정을 간섭한다고 비난한 것은 조선인민을 기만하는 것이며, 소련이 원조를 증가시키도록 압박하기 위한 목적"이라고 지적하였다. 또한 중국은 조선의 자립에 대한 것은 "일종의 보장"이며 "어떠한 상황에서도 중국인민은 조선인민을 돕고 향후에도 계속 도움을 줄 것"이라고 강조하였다.[92]

1967년 초 조선 외교관은 중국이 1956년 조선에서 망명한 간부들을 이용하여 조선을 반대하려 한다는 유언비어를 퍼뜨렸다.[93] 이는 조선 지도부의 우려와 공황 상태를 여실히 보여준다. 그전에, 소련 외교부의 정보에 따르면 조선은 중국에서 항일투쟁에 참가하고 후에 충성을 다해 김일성을 추종한 일부 간부, 예를 들어 노동당 중앙 정치위원회위원 김창만(金昌滿), 후보위원 하앙천(河仰天) 등을 "중국사상이 노동당에 영향을 미치게 하는 주요 유포자"라는 이유로 해임하였다.[94]

1968년 11월 노동당 중앙 전체회의에서는 재차 인사이동이 있었는데, 민족보위상 김창봉, 민족보위부부상 오백룡, 인민군총참모장 최광과 같은 친중 성향의 지도급 간부와 사단장급 장교들이 숙청되었다.[95] 반면 중국은 이 문제에 있어서 매우 자제하는 태도를 취하였다. 문혁 초기, 중조관계가 긴장됨에 따라

---

92) Telegram from Pyongyang to Bucharest, April 7, 1967, http://digitalarchive.wilsoncenter.org/collection.

93) Schaefer, "North Korean 'Adventurism' and China's Long Shadow", *CWIHP Working Paper*, No.44, p.7.

94) АВПРФ, ф.0102, оп.23, п.112, д.24, лл.5-12. 이로 보아, 홍위병신문이 조선에서 "정변"이 발생했다고 전한 것은 전혀 근거가 없는 것은 아니었으며, 단지 인명이 틀렸을 뿐이었다.

95) 조선 주재 불가리아 대리대사의 보고, 1969년 5월 20일, AMVRB, Opis 20p, delo 17, No.289.

중국으로 망명한 조선노동당 간부들의 처우는 점차 개선되었다. 그들은 유배 및 노동개조 장소를 떠나 각각 북경, 상해, 청도, 태원, 서안 등 주요 도시로 이동 배치되었으며, 생활환경 또한 다소간 개선되었다.[96]

그러나 서휘를 포함한 일부 사람들이 제안한 "역량을 조직하여 조선에 진입하여 투쟁하자"는 요구에 대해 중공 중앙 대외연락부는 다음과 같이 회신하였다. "그들이 서로 연락하도록 해서는 안 된다. 계속해서 각지에 분산되어 학습시키도록 한다. 그들을 조직하여 조선 문제를 연구할 수 있다."[97] 이 사람들의 존재는 당연히 김일성에게는 골칫거리였지만, 중국 지도자는 결코 이들을 이용할 의도가 없어 보였으며, 단지 조선에서 망명한 간부들을 과거에 적으로 간주했던 사실을 부끄럽게 여겨, 현재 그들에게 위로를 표시하고자 했을 뿐이었다.

경제관계에 관해서 김일성은 소련인에게 다음과 같이 말한 바 있다.

"조선과 중국의 관계는 '정체상태'에 빠졌고, 양당은 서로 연락하지 않고 있으며 정부 간 왕래도 없다. 무역관계가 완전히 중단된 것은 아니지만 단지 최저 수준을 유지하고 있을 뿐이다. 쌍방은 대외 무역협정을 체결했지만 중국은 협정을 결코 이행하지 않을 것으로 보인다."[98]

실제로 문혁초기 중조 간의 경제관계는 하향추세를 보였다. 1966년 쌍방 무역액은 2억여 달러로 역대 최고수준에 달하였고, 1967년에는 1억 7천 6백만 달러, 1968년에는 1억 천만 달러로 감소하였으며, 1969년에는 불과 9천 2백만 달러였다. 1967년 중조 장기 차관협정이 종료된 후 쌍방은 새로운 차관협정을 체결하지 않았다.[99]

중국 주재 불가리아 대사관의 통계에 따르면, 1968년 중국은 계획대로 석탄 (80만 톤 적게)과 석유(10만 톤 적게)를 조선에 제공할 수 없었다. 중국무역대표는 체코슬로바키아 무역대표에게, 조선이 당시 중국에 대한 수출계획의 71% 만을 완성하였으며 철광, 무연탄, 고려 인삼(톤당 10만 루블) 등 일부 수출상품

---

96) 필자의 김충식(金忠植) 인터뷰 기록; 섬서성당안관, 196-1-340, 68-72, 87, 140-141쪽.

97) 섬서성당안관, 196-1-340, 88-93, 24-25쪽.

98) 동독 조선 대사관의 비망록, 1968년 7월 29일, *NKIDP Document Reader*, No.2, pp.50-52.

99) 沈觉人主编, 『陝西省当代中国对外貿易』上册, 301-302쪽; 下册, 371쪽.

을 중국에 강매하려 하였다고 말했다.[100]

그러나 또 다른 일부 자료는, 소련은 당시 "조선이 그들과 중국과의 갈등을 과장하였다"고 여기고 있었음을 보여준다.[101] 실제 중조 간 연간 무역공급협정 및 과학기술 등 방면의 합작협정은 대체로 여전히 적시에 체결되었으며, 단지 내용이 비교적 간단하고 빈약할 따름이었다.[102] 당안 자료가 보여주는 상황으로 보면 일부 협정은 이행될 수 없었고 이는 결코 중국 측의 책임이 아니었다.

예를 들어 1967년 중국 제1기계공업부 산하 각 부문은 조선 실습생 육성을 "엄중한 국제정치 임무로 여기고 모든 준비 작업을 적극적으로 이행"하고자 하였지만, "조선 측이 계약을 이행하지 않고 인력을 파견하지 않았을 뿐만 아니라, 또 이에 대해 어떠한 입장도 표명하지 않아", 중국은 결국 대북원조 각 항목의 준비 작업을 잠정적으로 중단할 수밖에 없었다.[103]

대외무역부와 제1경공업 부문이 북한에 대한 설탕 수출 임무를 계획할 때도 다음과 같이 지적하였다. "대북 수출은 현재 수정주의 반대투쟁의 정치적 임무"이며, 각 부문은 반드시 제때에, 알맞은 품질과 양에 맞춰 완수할 것을 보증해야 한다.[104]

1967년 6월 12일 회담에서 조선 주재 중국 대리 대사 왕팽은 루마니아 외교관에게 금속, 방직, 통신, 석유탐사 및 항공연료 등 방면에서 중국의 조선에 대한 원조 상황을 소개하였으며, 중국은 조선에 대한 경제원조와 군사적 지지를 계속해 나갈 것임을 재차 밝혔다.[105]

---

[100] 조선 주재 불가리아 대리 대사의 보고, 1969년 5월 20일, AMVRB, Opis 20p, delo 17, No.289. 중국의 정치운동으로 초래된 국내의 경제적 어려움이 조선에 대한 공급부족의 주요 원인이다. 국가계획위원회가 1970년 1월 13일 보고한 것과 같이, 석탄 공급의 부족으로 인해 중국 5대 전력망의 발전(发电)이 이미 영향을 받았다. 陈东林, 杜蒲主编, 『中华人民共和国实录第三卷(上): 内乱与抗争——"文化大革命"的十年(1966-1971年)』, 长春: 吉林人民出版社, 1994年, 557쪽.

[101] 소련 주재 헝가리 대사관의 보고, 1968년 3월 27일, Christian F. Ostermann, James Person(eds.), Crisis and Confrontation on the Korean Peninsula, 1968-1969: A Critical Oral History, WWIC History and Public Program, Washington D.C., 2011, p.224.

[102] 『人民日报』 1966년 7월 31일 6면, 12월 4일 5면, 1967년 11월 27일 6면, 1968년 3월 6일 4면, 1969년 1월 25일 5면; 卫生部国际合作司编, 『卫生合作协议汇编(1957-2001)』, 2002年 5月, 118-119쪽.

[103] 상해시당안관, B112-5-132, 24-26쪽.

[104] 하북성당안관, 965-4-482, 28-30쪽.

중국이 만약 외교적 고립에서 벗어나기 위해 조선과의 관계 유지를 희망했다고 한다면, 조선은 국가 경제와 안보 두 방면에서 초래될 수 있는 중국과 관계 결렬의 후과를 감당하기 힘들었다. 1968년 4월 중순 동독 통일사회당 대표단이 조선을 방문하였고, 회담에서 김일성은 중국에 대한 정책적 입장을 다음과 같이 표명하였다. "100여 만 명의 적군을 마주한 상황에서 조선은 중국과의 동맹관계가 중단되는 것을 원치 않으며, 그렇게 될 경우 앞뒤로 적의 공격을 받게 될 것이다. 현재 우리와 중국인 사이에는 큰 의견 차이가 있지만, 그들은 필요하다면 여전히 우리와 함께 미 제국주의를 반대할 것이라고 말한다. 그들은, 우리 사이의 주요 차이는 모두 전술상의 차이일 뿐 결코 전략의 차이는 아니라고 말하였다. 그들이 우리를 수정주의라고 공격했지만 우리는 시종일관 냉정을 유지하였다. 홍위병이 우리를 모욕했을 때, 중국 동지는 우리에게 그들 당과 정부는 이에 책임을 지지 않는다고 말하였다. 오직 『인민일보』가 우리를 공격했을 때 그들은 비로소 책임을 졌다."[106]

외무상 박성철 또한 "최근 3년간 우리는 더 이상 중국과 당제 관계의 교류가 없었다. 그들은 우리를 수정주의자라고 비방했으며 다시는 우리를 동지라고 부르지 않았다. 그럼에도 우리는 여전히 단결 유지를 희망한다."[107]

김일성은 후에 다음과 같이 회상하며 말하였다. "당시 중국은 모든 중조국경에서 확성기를 통해 끊임없이 '조선 수정주의'를 공격했지만 조선은 결코 이에 반응하지 않았다. 만일 조선이 중국과의 관계를 개선한다면 미국을 걱정하지 않아도 된다. 이것이 바로 왜 조선이 문화대혁명이 거의 끝나갈 무렵 중국과의 관계 개선에 적극 나섰는지에 대한 이유이다."[108]

---

[105] Telegram from Pyongyang to Bucharest, June 15, 1967, http://digitalarchive.wilsoncenter.org/collection.

[106] 동독 당정대표단과 김일성의 회담비망록, 1968년 4월 16일, *CWIHP Working Paper*, No.44, pp.62-69.

[107] 동독 당정대표단과 조선 당정대표단의 회담 기록, 1968년 4월 12일, SAPMO-Barch, DY 30/11493.

[108] 동독 당정대표단의 조선 방문에 관한 보고, 1977년 12월 11일, *CWIHP Bulletin*, Issues 14/15, pp.49-54; 조선 주재 폴란드 대사관의 정보 보고, 1973년 7월 16일, *NKIDP Document Reader*, No.2, pp.55-56.

바로 공동의 적 미국을 공동으로 반대하는 전략적 이익이, 취약했던 중조관계를 그나마 유지시킬 수 있었다. 문혁 기간 모택동의 논조에 관해 공식 및 비공식 경로를 통해 드러난 것이 많지만, 필자는 모택동이 김일성에 대한 험담을 단 한마디도 한 적이 없었음을 발견하였다. 사실상, 쌍방 고위층의 우호관계 회복을 위한 노력은 한 번도 중단된 적이 없었다.

중국 주재 조선 대사가 이임한 후 조선 정부는 매우 신속하게 신임 대사를 임명하였지만 중국의 혼란한 상황으로 인해 부임이 지연되었다.[109) 그럼에도 불구하고 신임대사 현준극(玄峻極)은 1967년 6월 16일 북경으로 와서 취임하였으며, 20일에 송경령에게 신임장을 제출하였다.[110) 이는 김일성이 의도적으로 보낸 하나의 신호였을 가능성이 크다.[111) 중국은 매우 신속하게 반응하였다.

1967년 10월 모리타니 대통령 다다흐(Daddah)가 중국을 방문하였고, 모택동은 그를 접견하였다.[112) 주은래는 그에게 외국을 방문할 때 김일성, 시아누크(Sihanouk), 나세르(Nacer)에게 다음과 같이 전해줄 것을 부탁하였다. "우리는 화교들에게 소재국 법률을 준수하도록 줄곧 교육해 왔지만 그들의 행동에 대해 파악할 수가 없다. 우리 대사관은 업무에 다소간의 편차가 있을 수 있지만, 우리는 결코 이를 감추지 않으며 수시로 시정하고 있다. 제국주의는 우리를 비방하고 있지만 조선, 캄보디아에 대한 우리의 정책은 결코 변하지 않았다. 우리는 일관되게 그들의 반제국주의 투쟁을 지지한다."

며칠 후 다다흐는 방북을 마치고 북경에 들러 주은래에게 김일성의 다음과 같은 4가지 구두 메시지를 전달하였다.

"중국에 대한 조선의 정책은 변하지 않았으며 이후에도 변하지 않을 것이다.

---

109) Report Embassy of Hungary in China to the Hungarian Foreign Ministry, April 11, 1967, http://digitalarchive.wilsoncenter.org/collection.

110) 『人民日报』1967년 6월 16일 6면, 21일 5면.

111) 당시 독일민주공화국의 외교관이 바로 이러한 견해를 가지고 있었다. 다음을 참고할 것. On Current Relations between the DPRK and the PRC, March 3, 1968, http://digitalarchive.wilsoncenter.org/collection.

112) 『毛泽东年谱(1949-1976)』第6卷, 135쪽.

본인은 모택동 주석 및 주은래 총리와 깊은 우정을 맺고 있으며 공동의 투쟁 중에 맺은 우정을 매우 소중하게 생각한다. 쌍방 간에 의견 충돌이 존재하지만 심각하지 않으며 만나서 토론을 통해 해결 방법을 모색할 수 있다. 본인은 '만일' 조선이 공격을 받을 경우 중국이 과거 수차례 말했던 것처럼 조선을 도와줄 것이라고 믿는다."113)

그 전에『로동신문』은 사설을 발표하여 중국 인민지원군 참전 17주년을 기념하여, 조선의 내각 및 각 성 정부기관과 개성시가 조중우의탑과 지원군 열사묘에 화환을 바쳤다.114) 그러나 "만일"은 곧 현실이 되었다.

1968년 1월, 조선은 특수부대를 파견하여 한국 청와대를 습격하고 미국 간첩선 "푸에블로"호를 나포하여 동북아지역 정세가 급속히 긴장되었다.115) 중국 정부는 성명을 발표하여 조선의 "미 제국주의의 난폭한 도발을 반격한 정의로운 입장"을 결연히 지지하였다.116) 2월 중순, 주은래는 인편으로 중조가 의견 충돌을 극복하고 함께 노력하여 관계 정상화를 실현하기를 희망하며, "조선인민과의 전통적 우의를 계승하여 중국인민은 언제나 조선인민에게 전면적 지원을 제공할 준비를 하고 있다"는 메시지를 김일성에게 전달하였다.117)

조선 주재 루마니아 대사는, 중국 대리대사 왕팽의 조선에 대한 태도가 과거 조선에 대한 단호한 어조에 비해 3월 16일 루마니아 외교관과의 대화에서 "완

113) 『周恩来年谱(1949-1976)』下卷, 195-196쪽; 马继森, 『外交部文革纪实』, 285-286쪽.

114) 『로동신문』 1967년 10월 25일 4면, 26일 3면.

115) 자세한 사항을 다음을 참고할 것. 梁志, 「"普韦布洛"号危机与美朝秘密谈判」, 『历史教学』 2008年 第8期, 49-52쪽; Mitchell Lerner, "A Failure of Perception: Lyndon Johnson, North Korean Ideology, and the Pueblo Incident", *Diplomatic History*, Vol.25, No.4, Fall 2001, pp.647-675; Mitchell Lerner, "A Dangerous Miscalculation: New Evidence from Communist-Bloc Archives about North Korea and the Crises of 1968", *Journal of Cold War Studies*, Vol.6, No.1, Winter 2004, pp.3-21; Sergey Radchenko, "The Soviet Union and the North Korean Seizure of the USS Pueblo: Evidence from RussianArchives", *CWIHP Working Paper* No.47, April 2005. 관련된 당안과 구술자료는 다음을 참고할 것. Ostermann, Person(eds.), *Crisis and Confrontation on the Korean Peninsula*.

116) 『人民日报』 1968년 1월 29일 1면.

117) Telegram from Pyongyang to Bucharest, March 1, 1968, http://digitalarchive.wilsoncenter.org/collection.

전히 바뀌어 있음"을 발견하였다.[118] 극동 정세의 긴장상태는 자연스럽게 중조 관계 개선의 기회를 제공하였다. 아마도 김일성이 중조관계 개선이라는 이 목 적을 위해 의도적으로 위기를 조장했을 수도 있다. 하지만 이때 중국의 문화대 혁명은 최고조 상태에 있었기 때문에 중조관계의 전면적 회복을 위한 여건은 아직 성숙되지 않았다.

1969년 봄, 3가지 사건이 잇따라 발생하여 중조관계 완화의 객관적 조건이 완성되었다.

첫 번째 사건은 3월 2일 진보도에서 중소 간 국경 무력충돌이 발생한 일이었다. 군사행동의 규모는 크지 않았으나 쌍방의 대립 국면은 극에 달해 소련은 극동지역 으로 대규모 군대를 이동시켰고 중국 역시 전국에 "전투준비" 동원령을 내렸다.[119]

두 번째 사건은 4월 1일, 중국공산당 제9차 전국대표대회가 개막되고 "무산계 급 문화대혁명"이 위대한 승리를 거두었음을 선포한 일이었다. 모택동의 본뜻 은 문화대혁명을 "끝맺을 준비"를 하고, 전국 "정세를 정상궤도에 올리는 것"이 었다.[120]

세 번째 사건은 4월 15일, 조선인민군이 조선의 해역 상공에서 미국 대형 전 자정찰기 EC-121를 격추시켜 승조원 31명이 전원 사망한 사건이다. 이로 인해 미국의 대규모 해군함대가 신속하게 동해안에 나타나 조선을 향해 이동하였다. 조선반도의 정세는 재차 위기에 빠졌다.[121]

---

118) 포파(波帕 Popa)가 부카레스트에 보낸 전보, 1968년 3월 17일, Mitchell Lerner and Jong-Dae Shin, "New Romanian Evidence on the Blue House Raid and the USS Pueblo Incident", *NKIDP E-Dossier*, No.5, March 2012, p.44.

119) 자세한 내용은 다음을 참고할 것. 李丹慧, 「1969年中苏边界冲突: 缘起和结果」, 『当代中国史研 究』 1996年 第3期, 39-50쪽; 牛军, 「1969年中苏边界冲突与中国外交战略的调整」, 『当代中国史 研究』 1999年 第1期, 66-77쪽; 詹欣, 「美国对华核战略与一九六九年中苏边界冲突」, 『中共党史研 究』 2011年 第10期, 76-84쪽. 모택동은 4월 28일 다음과 같이 지시하였다. "물질적, 정신적으로 전투 준비를 해야 한다." 『建国以来毛泽东军事文稿』 下卷, 359-360쪽.

120) 逄先知, 金冲及主编, 『毛泽东传(1949-1976)』, 1,556-1,557쪽.

121) 자세한 내용은 다음을 참고할 것. 邓峰, 「美国与 EC-121 危机——对 1969年美国大型侦察机被朝鲜 击落事件的研究」, 『世界历史』 2008年 第2期, 14-23쪽; Richard Mobley, *Flash Point North Korea: The Pueblo and EC-121 Crises*, Annapolis MD: Naval Institute Press, 2003; Mitchell Lerner, "'Mostly Propaganda in Nature': Kim Il Sung, the Juche Ideology, and the Second Korean War", *NKIDP Working Paper* No.3, December 2010.

이러한 배경들로 인해 중조 양국의 국가안보에 관한 공동수요가 양국 간의 정상적 관계 회복의 대문을 활짝 열어주었다.

1969년 5월 1일 밤, 모택동은 천안문 성루에서 외국사절과 대화할 때 중국은 세계 각국과 관계를 개선하고 발전하기를 희망한다고 밝혔다. 그 후 중국은 계속해서 사절을 외국에 파견하였으며, 외국 주재 중국 대사관의 정상적 업무를 회복하였다.[122]

같은 달 조선 신문은 소련 최고 소비에트 주석 포드고르니의 조선 방문 사실을 격을 낮추어 보도하였다.[123] 6월, 조선노동당은 모스크바에서 개최하는 "공산당과 개인의 국제회의"에 대표를 파견하지 않았으며, 브레즈네프는 이 회의에서 조선과 베트남 두 당이 대표단을 파견하지 않은 것은 중국과의 관계 악화를 우려한 것이라고 지적하였다.[124]

실제로 김일성은 이러한 고려를 하였다. 신화사는 조선의 간행물이 지난 2년간 중국에 대한 거의 모든 보도를 중단했던 태도를 바꾸어, 8월부터 신화사의 소식을 연이어 전문을 전재 혹은 요약해 게재하는 것에 주목하였다.[125] 9월 11일 조선 최고인민회의 상임위원회위원장 최용건은 호치민의 장례식에 참석하고 귀국하는 길에 북경에 잠시 체류하였고, 주은래와의 회담에서 조중 양국의 관계 개선과 발전에 대한 김일성의 희망을 전달하면서, 소련의 "아시아 집단안보체제" 제안에 대한 반대를 표명하였다. 쌍방은 그간의 문제들에 관해 의견을 교환하였다.[126]

폴란드 외교 당안에 따르면 최용건은 주은래에게 양국 간 관계 개선을 위한 조건, 즉 국경지역에 설치된 확성기 철거를 포함하여 조선의 내정에 간섭하지 않을 것과 조선과 소련의 관계에 대해 간섭하지 않을 것 등 두 가지 조건을

---

122) 『毛泽东年谱(1949-1976)』第6卷, 249쪽; 金冲及主编, 『周恩来传』, 2,037쪽.

123) 『国际共运参考资料』 1969년 5월 24일, 24-25쪽; 한국외교사료관, D-06-0024-02, 2쪽.

124) 소련공산당 중앙 전체회의 속기, 1969년 6월 26일, РГАНИ, ф.2, оп.3, д.161, л.3-200б.

125) 『国际共运参考资料』 1969년 11월 18일, 4-5쪽.

126) 『周恩来年谱(1949-1976)』下卷, 320-321쪽; 王泰平主编, 『中华人民共和国外交史(1970-1978)』第三卷, 北京: 世界知识出版社, 1999年, 36쪽.

제시하였으며, 중국은 이 조건들을 받아들였다.[127] 상황이 이미 여기에 이르렀으니 10월 1일 최용건이 "돌연" 천안문 성루에 나타난 것은 갑작스러운 것이 아니었다.

1969년 중화인민공화국 건국 20주년을 맞이하여 본래 성대한 경축행사를 하고자 하였으나, 당시 외교적 고립 상태에서 벗어나지 못한 점을 고려하여 부득이하게 외국 대표단을 초청하지 않기로 결정하였다. 그러나 9월 30일 오후, 모택동은 갑자기 조선에 대표단을 파견하여 경축행사에 참석해주도록 초청할 것을 결정하였다. 15시 20분, 외교부는 조선에 전보를 보냈다. 당시 김일성은 평양에 머무르고 있지는 않았지만 이를 알고 즉각 회의를 소집하였다. 18시 25분, 조선은 즉시 중국의 초청에 동의한다고 회신하였다. 그날 밤 11시 30분 최용건은 조선의 당정 대표단을 이끌고 북경공항에 도착하였으며, 주은래가 직접 마중하였다.[128]

10월 1일 오전, 모택동은 천안문 성루에서 최용건을 접견하며 화기애해한 분위기에서 대화를 나누었다. 모택동은 중조 양국은 "마땅히 좋은 관계를 만들어야 하고, 우리의 목표는 일치한다"고 말하였다. 이에 최용건은 즉각 중조 양국은 역사상 "어깨를 나란히 하고 싸웠으며, 함께 피를 흘렸다"고 대답하였다.

현실 문제를 논의할 때 모택동은 "미국과 일본 관계가 매우 밀접하며, 그들은 단순히 조선을 공격하고자 하는 것이 아니고, 그들의 목표는 중국이기 때문에 우리 양국은 긴밀히 협력해야" 한다고 강조하면서, 향후 중조가 함께 반미전투를 치를 "가능성이 여전히 있다"고 설명하였다. 이어서 최용건이 소련에 대한 조선의 정책을 설명하자 모택동은 이를 이해한다고 말했다. 회담이 끝난 후 모택동은 최용건의 손을 잡고 천안문 망루를 향해 걸어갔다.[129]

중조관계의 지평선에 드디어 한줄기 서광이 비추기 시작하였다.

---

[127] 조선 주재 폴란스 대사관의 정보 보고, 1973년 7월 16일, *NKIDP Document Reader*, No. 2, pp. 55-56.

[128] 王泰平主编, 『中华人民共和国外交史(1970-1978)』第三卷, 36-37쪽; Brief summary of conversation between Zhou Enlai with Kazbiu Hazbiu and Xhoxhi Robo, June 16, 1970, http://digitalarchive.wilsoncenter.org/collection.

[129] 모택동과 최용건의 접견 대화 기록, 1969년 10월 1일.

· 천안문 성루에서 모택동과 최용건.

3. 모택동과 김일성의 화해

최용건의 방중 이후 중조관계는 급속도로 완화되었다. 소련과 그 추종국의
외교관들은 모두 조선이 현재 "중국과의 관계를 완화하는 일부 조치들을 취하
고 있으며, 핵확산방지 문제에 관하여 조선은 사실상 암암리에 중국을 지지하
고 있다"고 느꼈다.[130] 프랑스 신문은 "조선과 중국의 관계는 이미 다소 개선된
것으로 보이며, 이러한 관계 개선의 상징이 바로 최용건의 북경 방문"이라고
보도하였다.[131]

1969년 12월 박성철은 소련 방문 기간 중 브레즈네프에게 다음과 같이 말하

---

[130] 소련 주재 헝가리 대사관이 외교부에 보낸 보고, 1968년 2월 29일, *CWIHP Working Paper*, No.53,
  p.49; 중국 주재 동독 대사관의 보고, 1969년 10월 30일, *NKIDP Document Reader*, No.2, pp.52-53.
[131] 『国际共运参考资料』 1969년 11월 19일, 10-12쪽.

였다. "우리는 무력이 아닌, 평화적 방법을 통해 국가의 통일을 실현하기를 희망한다. 그러나 미국이 남한에 주둔하여 계속 도발하는 한, 우리가 아무리 자제하는 태도를 취해도 이러한 목적은 모두 이루어질 수 없다. 만일 조선전쟁이 다시 발발한다면, 국지전의 범위를 넘어, 전쟁의 불길은 신속하게 우리와 동맹 조약을 맺은 소련과 중국으로까지 퍼질 것이다."[132]

만일 중국이 뒷받침해주고 있다고 생각지 않았다면 조선은 모스크바에서 이처럼 강경한 말을 하지 못했을 것이다. 1969년 말부터 『로동신문』은 비록 보도 범위는 여전히 제한적이었지만 매월 증가된 중국 관련 기사와 보도를 내보냈다.[133]

중국에게 있어 조선과의 관계를 회복하는 데 우선 처리해야 할 문제 중의 하나가 바로 중국으로 망명한 조선노동당 간부 문제였다. 1969년 말, 이들은 농촌에 분산 거주하고 있었고 동시에 감시를 받고 행동이 제한되어 있었다. 1970년 1월 중국공산당 대외연락부는, 이 조선인들은 우리들에게 "그 무슨 손님이 아니며, 더욱이 양당 관계의 중요한 인물 그리고 혁명좌파는 더더욱 아니며, 그들에 대해 통제를 강화해야 하고, 활동 범위를 정할 것"을 전화로 지시하였다. 몇 개월 후, 중조관계가 이미 개선된 상황에서 중련부는 "이들 조선인의 신분을 모두 무국적 교민으로 규정하고 적십자회에서 생활비를 지급할 것과 가족들은 자력으로 살아가도록 할 것"을 지시하였다.[134]

1970년 2월 17일 주은래는 조선으로 귀임한 지 2년 후에 북경으로 재차 돌아온 조선 대사 현준극을 접견하였다.[135] 3월 7일 주은래는 중공 중앙정치국회의를 주재하여, 김일성이 전보로 보낸 주은래의 방북 초청 문제에 관해 토론하였다. 회의는 주은래가 4월 초에 조선을 공개적으로 방문할 것을 결정하였다.[136]

---

[132] 브레즈네프와 박성철의 회담 기록, 1969년 12월 9일, Ткаченко В.П. Корейский полуостров и интересы России, с.31.

[133] 『国际共运参考资料』 1970년 3월 19일, 7-8쪽.

[134] 섬서성당안관, 196-1-399, 6쪽, 196-1-412, 43-46, 63-66, 153-154쪽. 필자의 김충식 인터뷰 기록.

[135] 『人民日报』 2월 18일 2면.

회의는 조선 방문의 성공을 보장하기 위해, 중미 북경회담을 주은래가 조선을 방문한 이후로 연기할 것을 제안하였고, 조선 지도자들과의 더 많은 의견교환을 위해 이번 방문의 외교적 의전은 간소화할 것을 제안하였다. 이 의견에 모택동은 동의하였다.[137]

4월 4일, 모택동은 주은래가 기초한 조선 측 환영연 연설문을 심사하였다. 모택동은 "사회제국주의" 비판과 관련된 단락 옆에 줄을 긋고, "이 글의 기조는 매우 좋지만, 개별 단어와 개별 단락은 상대방이 받아들이기 어려울 것이다"라는 의견을 첨부하였다. 이에 주은래는 즉각 수정을 가하였다.[138] 모택동은 주은래의 이 차례 조선방문을 매우 중시하고 있었다.

4월 5~7일, 주은래의 조선 방문은 성공적으로 진행되었다. 이는 문혁 이래 중국 지도자의 첫 해외 방문이었으며, 중국 총리가 12년 만에 조선을 방문한 것이기도 하였다. 주은래는 김일성과 4차례에 걸쳐 총 14시간의 회담을 가지면서 중조관계, 조선반도 정세 및 동북아와 국제정세에 관해 충분하고도 심도 있는 의견을 나누었다. 쌍방은 허심탄회하게 서로 양해하며 의견충돌은 회피하고 공통된 인식을 강조하면서, 중조 양국이 일치단결하여 적에 대항해야 한다고 밝혔다.[139]

4월 9일 발표된 공동성명에서 쌍방 공동의 의도와 목표를 충분히 표시하였다. 조선은 중국인민의 대만 해방을 지지하며, "무산계급 문화대혁명"이 승리하였음을 찬양하였고, 중국은 조선의 조국통일 방침을 지지하고, 소련 사회제국주의에 대해 반대를 제기하지 않았다. 동시에 쌍방은 창끝을 미국 제국주의와 일본 군국주의를 향해 겨누었고, 중조의 단결과 공동 대적을 강조하며 전력을 다해 베트남의 반미 투쟁과 아시아─아프리카─라틴아메리카 민족해방운동을 지원할 것을 다짐하였다.[140]

136) 『周恩来年谱(1949-1976)』 下卷, 354쪽.

137) 『周恩来年谱(1949-1976)』 下卷, 357쪽.

138) 『毛泽东年谱(1949-1976)』 第6卷, 290쪽; 『周恩来年谱(1949-1976)』 下卷, 360쪽.

139) 王泰平主编, 『中华人民共和国外交史(1970-1978)』 第三卷, 37-38쪽.

140) 『人民日报』 1970년 4월 9일 1면.

• 평양에서 주은래와 김일성.

쌍방 관계의 구체적 문제에 관해 양측은 주로 다음과 같은 4개항의 문제를 토론하고 합의를 이루었는데, 1) 경계하천의 공동이용 2) 경계하천 수력발전소의 공동관리 3) 장기무역협정 체결의 필요성 4) 각자 영토에 있는 상대 교민의 국민 신분 확정문제였다.[141]

6월 25일 조선 내각부수상 박성철은 대표단을 이끌고 방중하여 "조국해방전쟁" 20주년 기념행사와 미국의 대만 강점을 성토하는 행사에 참가하였고, 북경 공항에서 성대하고 열렬한 환영을 받았다.[142] 6월 27일 모택동은 박성철을 접견하고 중조관계를 논의할 때 "나와 김일성 동지는 오랜 친구이다. 별다른 큰 문제가 없으며, 극복하지 못할 문제 또한 없다. 큰 적이 눈앞에 닥쳤으니, 양국 인민은 반드시 단결해야 한다"고 지적하였다.[143]

141) 조선 주재 헝가리대사관이 외교부에 보낸 보고, 1970년 5월 5일, MOL, XIX-J-1-j Korea, 1970, 54.doboz, 81, 00843/6/1970.

142) 『人民日報』 1970년 6월 25일 2면.

6월 26일 북경은 "조선 조국해방전쟁" 20주년 기념 군중대회를 개최하였다. 『인민일보』는 수도 홍위병 대표의 연설 '홍위병은 조선인민과 함께 싸울 것을 맹세한다'는 제목의 전문을 특별히 게재하였다.[144] 이는 중국인민의 조선에 대한 지지 결의를 나타낼 뿐만 아니라, 홍위병이 문혁 초기 조선과 김일성에 범한 무례함에 대해 사과한 것이기도 하였다.

7월 25일 조선인민군 참모장 오진우는 대표단을 이끌고 방중하여 중국해군과 육군부대 및 군수공장, 조선소, 비행기 제조공장, 인민들의 방공참호를 참관하였다.[145] 7월 29일 모택동은 오진우를 접견한 자리에서, 중국은 "가능한 범위 내에서" 조선에 군사원조를 제공해주길 희망하는 조선의 요구에 대해, 중국이 있기만 하면 다 제공할 수 있으며, "그 어떠한 대가도 바라지 않는다"라고 대답하였다. 모택동은 또한 "우리는 하나의 규정이 있는데, 그것은 바로 무기를 팔지 않고 무기 장사도 하지 않는다는 것이다"라고 강조하였다.[146]

8월 19일 국무원은 조선 교민에 대한 정확한 처리 지침에 관한 문건을 각 기관에 보냈다. 문건은 문혁기간 조선 교민은 일반적으로 괄시받고 일부는 적발되어 공개 비난을 당하였으며, 재산을 몰수당하고 구타 및 욕설을 당했다고 전제하였다. 이어서 이는 확실히 중앙의 정책에 부합하지 않는다고 지적하면서 "현재의 중조관계에 따라 특히 이 점을 중시해야 하며, 신속하게 바로 잡아야 한다"고 강조하였다. 또한, 문건은 조선 교민은 내부의 정치운동에 참여해서는 안 되며, 조선 교민들을 하방해서는 안되고, 그들 자녀들도 강제로 산으로 보내거나 하방시켜서는 안 된다고 규정하였다. 또한 조선 교민들의 귀국 신청은 일반적으로 각 성(省)과 시(市)에서 자체적으로 비준할 것과, 중국 국적으로의 귀화 신청은 성과 시의 비준을 거쳐 공안부가 국적변경 증명서를 발급하도록 규정하였다.[147]

143) 『毛泽东年谱(1949-1976)』第6卷, 305쪽.

144) 『人民日报』 1970년 6월 26일 7면.

145) 『中国人民解放军军事工作大事记』上册, 495쪽.

146) 모택동과 조선 군사대표단의 접견 대화 기록, 1970년 7월 29일.

147) 하북성당안관, 1057-2-1, 8-9쪽.

이 모든 것은 김일성이 그해 10월 중국을 비밀리에 방문하는 초석이 되었다. 방문 기간 동안 모택동은 김일성과 두 차례에 걸쳐 회담을 가졌다. 10월 8일 밤 회담에서는 주로 쌍방 관계에 관하여 논의하였다. 중조 쌍방은 우선 지난 몇 년간의 관계 악화에 대하여 "자아비판"을 하였다.

김일성은 조선이 중국에 즉시 상황을 통보하지 않아 다소 오해가 생겼다고 말하였다. 모택동은 중국 대사관이 "극좌파"의 지휘를 받아 대국 쇼비니즘 행위가 있었음을 인정하였다. 뒤이어 김일성은 군사원조 제공을 요청하였고 모택동은 이에 동의를 표시하였다. 모택동이 문혁의 본래 의도는 "혁명을 계속"하는 것이었지만 혼란 상황 역시 발생하였다고 설명하였다. 이에 김일성은 우리는 혼란한 면만 보았기 때문에 "문화대혁명에 대해 올바른 인식이 없었다"고 회답하였다.

또한 김일성은 소련과 동유럽 국가와의 관계에 관해, 우리는 그들이 노동계급의 입장을 떠났음을 분명히 알고 있지만, 우리의 투쟁 상황을 고려할 때 그들과 단호한 투쟁을 진행할 수 없었다고 말하였다. 모택동은 조선이 지속적으로 소련의 군사적 경제적 원조가 필요한 점을 고려하여, "당신들이 소련과의 관계가 결렬되는 것을 원치 않는다"라고 말하였다.[148]

10월 10일 오전 회담에서는 주로 국제투쟁에 관하여 논의하였다. 모택동은 작금의 국제정세는 제국주의의 위험이 여전히 존재하고 있지만, 주요 대세는 혁명이라고 설명하였다. 또한 일부에서 중국을 호전주의자와 모험주의자라고 비난한 것에 대해 모택동은, 중국은 파키스탄이 인도에 저항하는 것을 지원하고, 미국에 대한 베트남의 저항을 도왔는데, "그들을 돕지 않는 것이 바로 혁명을 배신하는 것이다"라고 힘주어 말하였다. 모택동은 "항미원조보가위국" 구호를 예로 들면서 이는 국제주의와 애국주의를 합친 것이며, "조선인민이 조선을 보위하는 것을 지지하지도 않으면서, 어떻게 자신의 집을 지키고, 나라를 지킨다는 말이냐?"라고 격정적으로 말했다. 이에 김일성은 즉각 동의하였다.[149] 모

148) 모택동과 김일성의 접견 대화 기록, 1970년 10월 8일.

149) 『党的文献』 2000年 第5期, 13쪽; 모택동과 김일성의 접견 대화 기록, 1970년 10월 10일.

택동과 김일성, 이 "오랜 친구"들은 마침내 이전의 의심을 풀고 손을 맞잡고 화해하였다.

김일성의 중국 방문 이후 중조관계는 전면적으로 격상되었다.

러시아학자의 자료에 따르면, 1961년에서 1970년 사이 조선은 총 1억 4,170만 루블의 차관을 중국으로부터 제공받아 1971년까지 2,000만 루블만을 상환하였다.[150] 그럼에도 불구하고 1970년 10월 17일 중조 양국 정부는 북경에서 중국이 조선에 경제기술 원조를 제공하는 협정과 1971~1976년 사이 상호 주요화물을 공급하는 협정을 체결하였다.

협정에 따라 중국은 조선에 무상차관 7억 1,400만 인민폐를 제공하였고, 16개의 중대형 프로젝트를 담당하였다. 그중 비교적 규모가 크고 기술이 복잡한 것으로는 평양 지하철 설비, 20만 km 화력발전소 2곳, 노즐 오일펌프공장, 초고주파 전자파이프공장, 해주 제지공장, 사리원 방직공장, 방송국 설비 등이 있다.

그 전인 8월 10일, 중국은 조선에 무상 군사원조 6억 원을 제공하는 군사합작협정을 체결하였다.[151] 10월 23일, 증사옥(曾思玉)을 단장으로 하는 중국 인민우호대표단은 조선을 방문하여 조선의 중국 인민지원군 조선전쟁참전 20주년 기념행사에 참가하였다. 김일성과 최용건은 중국대표단을 접견하면서, 조선 최고인민회의 상임위원회는 중국 인민우호대표단과 조선 정전위원회 지원군 대표에게 훈장을 각각 수여하였다.[152]

10월 24일, 중국은 '영웅 소년소녀', '침략자를 타도하자' 등 5편의 영화를 전국에 재차 방영하였다. 이는 문혁 이후 처음으로 방영하는 이전 영화였다.[153] 특히 항미원조 전쟁 고사를 바탕으로 한 '영웅 소년소녀'는 외국에 주재하는 중국 대사관 연회에서 자주 상영되기도 하였다.[154]

---

150) Шин В.А. Китай и корейские государства, с.49.

151) 『人民日報』1970년 10월 18일 1면; 陈东林, 杜蒲主编, 『内乱与抗争—"文化大革命"的十年』(中华人民共和国实录 · 第三卷), 长春: 吉林人民出版社, 1994年, 640쪽; 石林主编, 『当代中国的对外经济合作』, 52, 643쪽.

152) 『人民日報』1970년 10월 24-30일; 『로동신문』1970년 10월 24-27일.

153) 陈东林, 杜蒲主编, 『内乱与抗争』, 642쪽.

조선은 중국의 지위와 역할을 특별히 강조하기 시작하였다. 11월 2일 조선노동당이 개최한 제5차 전국대표대회가 바로 전형적인 예이다.『로동신문』은 각국 공산당이 보내온 축전 소식을 보도할 때, 중국공산당을 제일 먼저 소개하였으며 소련, 베트남, 루마니아의 축전을 뒤이어 보도하였다.[155]

김일성은 정치보고에서 중국을 수차례 언급하면서도 소련은 거의 언급하지 않았다. 국제 문제와 대외정책에 관해 보고할 때 김일성은 고의로 소련에 대한 언급을 피하고 오직 아시아혁명과 아시아, 아프리카, 라틴아메리카 민족해방투쟁에서 중국의 역할만 언급하였다.

당의 건설에 관해 말할 때 김일성은 오직 수정주의 반대에 관해서만 언급할 뿐, 이전 연설처럼 수정주의(은연중 소련을 지칭)와 교조주의(은연중 중국을 지칭) 모두를 비판하지 않았다. 김일성은 보고에서 "수정주의의 가장 큰 위험성은 당의 지도와 프롤레타리아 독재, 계급투쟁 반대를 부정하고, 평화에 대한 환상과 '전쟁공포 정서'를 퍼뜨리는 것"이라고 지적하였다. 그는 또한 수정주의는 "마르크스-레닌주의의 혁명 진수의 말살을 기도하고 있으며, 자산계급 사상의 화근을 조장하려 한다"고 말하였다.[156] 이 구절들은 중국『인민일보』에서 그대로 베껴온 것처럼 보였다.

중국 지도자 역시 조선에 대한 생각을 교정하기 시작하였다. 12월 23일 주은래는 외교부 간부들을 접견할 때, 조선을 올바르게 대해야 한다고 특히 강조하였다. 주은래는 조선에 대해 "항상 전체적인 방향을 보아야 하며, 설사 그들의 잘못이 있다 하더라도 그들 스스로가 시정할 것이며, 우리가 그들을 대신할 수 없고, 결코 강요할 수도 없다. 일부 국가와 소련 수정주의와의 관계 또한 그들 자신이 인식하도록 해야 한다"고 말하였다. 주은래는 외교부에 "대국 쇼비니즘 반대에 관한 모택동 주석의 최근 지시를 열심히 학습"할 것을 요구하고, "스스로를 대단하다고 여기고, 남을 업신여기며, 건방지고 정신적으로 고상한 사람인 듯 착각하는 것이 곧 대국 쇼비니즘이다"고 말하였다.[157]

154)『人民日報』1970년 10월 5일 5면, 7일 6면, 10일 5면.

155)『로동신문』1970년 11월 4일 1면;『国际共运参考资料』1970년 11월 5일, 6쪽

156)『金日成著作集』第25卷, 平壤: 外国文出版社, 1986年, 256-290쪽.

이쯤에 이르면, 중조 간의 혁명적 우의 관계는 "다시 회복"된 셈이라 할 수 있다. 일부 학자는 중조관계가 점차 개선된 것은 주로 조선의 노력 때문이라고 주장하였다.[158]

사실, 상술한 역사적 사실들이 보여주듯이 중조는 미국과 일본을 반대하는 투쟁에 있어 밀접한 이해관계를 가지고 있고 입장이 일치하며, 쌍방 고위층 모두 양국 관계가 파국으로 치닫는 것을 원치 않았다. 이데올로기에서의 의견 충돌과 한때 중국 사회의 통제력 상실로 인해 쌍방은 실제로 매우 적대시하였고 서로를 비난했다고 말할 수 있다. 그러나 양측의 안보적 이익이 일치했고, 정책 차원에서 양국 지도자 모두가 절제의 태도를 취했기 때문에 극동 정세에 긴장국면이 발생했을 때 양국관계는 신속하게 회복될 수 있었다.

한 가지 지적해야 할 것은, 우호관계가 회복되었음에도 불구하고 조선은 중국 "일변도" 정책을 펴지 않고 중국과 소련에 등거리 외교정책을 취하였다. 반대로 중국은 양보하고 조선의 중립적 태도를 묵인하였다. 중조 간 의견 충돌은 실제로 해결되지도 않았으며 단지 보류되었을 뿐이었다.

예를 들면 1971년 7월 조선 내각부수상 정준택이 몽고인민공화국을 방문했을 때, 그는 몽골인민혁명당 주석 체덴발에게 조선과 중국은 여전히 "이데올로기 분야에서 의견 충돌이 존재하며, 주요하게 중국은 우리가 소련 및 기타 사회주의 국가들과 우호관계를 유지하는 것을 결코 원하지 않는다"고 말하였다. 문화대혁명에 관해서 정준택은 "중국은 조중관계를 파괴하려는 활동을 했지만 조선은 중국의 이런 불합리한 행동에 대해 아무런 반응도 하지 않았다. 왜냐하면 당시에 양국 간에 우호관계를 유지하는 것이 매우 중요했기 때문이다"라고 토로하였다.[159]

이러한 상황에서 중국의 대외 전략에 중대한 변화의 발생은, 중조관계에 재차 여러 가지 불확실한 요소를 가져왔다.

---

157) 하북성당안관, 979-10-6335, 91-96쪽.

158) Schaefer, "North Korean'Adventurism'and China's Long Shadow", *CWIHP Working Paper*, No.44, pp.28-29.

159) 체덴발과 정준택의 대화 기록, 1971년 7월 14일, 몽고외교부당안관, 3-1-126, 1-14쪽.

제2절 중미 화해가 중조관계에 미친 영향

키신저에 의해 "외교혁명"이라고 일컬어지는 중미화해 및 양국 간 관계정상화는 냉전시기 전 세계를 깜짝 놀라게 한 역사적인 사건이었다. 그 영향의 크기는 최소 두 가지 방면에서 나타났다. 첫째, 과정으로 보면 중미관계의 해빙은 비단 중미 양국 간의 문제가 아니었으며, 더 나아가 중·미·소 삼각관계와 중국과 미국 각자 동맹국의 이익 및 안보와 관련되었다. 둘째, 결과로 보면 중미관계 정상화는 일련의 지역 및 국가들에 영향을 미쳤고 그들은 모두 미국 및 중국에 대한 자국의 정책을 조정해야만 하였다.

이 방면에 대한 연구 성과는 매우 풍부하고, 학자들은 중미 화해 과정 중의 소련 문제, 일본 문제, 대만 문제 그리고 베트남 문제를 토론하였다.[160] 필자는 조선 문제 및 중미 화해가 중조관계에 미친 영향 및 이와 관련된 토론이, 그리 많지 않음에 주목하였다.[161]

---

[160] 다음을 참고할 것. 宮力等主编, 『从解冻走向建交: 中美关系正常化进程再探讨(1969-1979)』, 北京: 中央文献出版社, 2004年; 沈志华, 李丹慧, 「中美和解与中国对越外交(1971-1973)」, 『美国研究』 2000年 第1期, 98-116쪽; William C. Kirby, Robert S. Ross, and Gong Li(eds.), *Normalization of U.S.-China Relations: An International History*, Cambridge and London: Harvard University Press, 2005; Yafeng Xia, "Vietnam for Taiwan?——A Reappraisal of Nixon-Zhou Enlai Negotiation on Shanghai Communiqué", *American Review of China Studies*, Vol.3, No.1, Spring 2002, pp.35-55; Yafeng Xia, "The Taiwan Issue in Sino-American Rapprochement Negotiations", in Xiaobing Li and Zuohong Pan(eds.), *Taiwan in the 21st Century*, Lanham: University Press of America, 2003, pp.281-317.

[161] 최근 몇 년간 이 시기의 중미관계에 대한 논저는 조선 문제에 대해 비교적 적게 언급하거나 생략하고 언급하지 않았다. 쉐퍼와 브래진스키의 연구가 이 문제에 대해 언급하였으나, 주로 남북관계의 각도에서 고찰하였다. 다음을 참고할 것. Bernd Schaefer, "Overconfidence Shattered: North Korean Unification Policy, 1971-1975", *NKIDP Working Paper*, No.2, December 2010; Gregg Brazinsky, "Korea's Great Divergence: North and South Korea between 1972 and 1987", in Tsuyoshi Hasegawa(ed.), *The Cold War in East Asia*, pp.241-264. 브래진스키의 또 다른 글은 1968년 이후 조선반도에 대한 중국의 안전전략을 토론하였으며, 그중 1970-1975년의 중조관계에 대해서는 간단하게 서술하였다. Gregg Brazinsky, "Between Ideology and Strategy: China's Security Policy toward the Korean Peninsula since Rapprochement", in Robert A. Wampler(ed.), *Trilateralism and Beyond: Great Power Politics and the Korean Security Dilemma during and after the Cold War, Kent*, Ohio: The Kent State University Press, 2011, pp.166-171. 투다(Tudda)의 저작은 조선 문제를 전혀 언급하지 않았다. 다음을 참고할 것. Chris Tudda, *A Cold War Turning Point: Nixon and China, 1969-1972*, Baton Rouge: Louisiana State University Press, 2012. 필자가 아는 바에 의하면 한 한국학자가 이 방면에 있어 비교적 포괄적인 연구를 하였다. 李东俊, 『未完成的和平——中美和解与朝鲜问题的演变, 1969-1975』(일문), 东京: 法政大学出版社, 2011年.

필자는 주로 중미 양국의 당안을 이용하고 동시에 한국 및 동유럽 국가 자료를 보충자료로 이용하여 중미관계 정상화 초기의 중조관계 상황을 중점적으로 고찰하였다. 즉 중국이 미국과의 관계를 조정하는 동시에 조선 문제에 대한 입장, 태도 및 처리방식은 어떠했는지, 중국은 어떻게 조선의 이익을 보호하고 조선과의 우호관계를 유지하였는지, 이 시기 중조 간에 어떠한 공통된 이익이 있었으며, 어떠한 잠재적 갈등이 있었는지, 중미관계 호전의 전기가 중조관계에 어떠한 영향을 미쳤는지에 대해 살펴보았다.

1. 중미관계 정상화의 국제적 배경

1969년 닉슨 집권 초기 미국이 직면한 것은 극단적으로 동요되고 불안한 세계였다. 미국의 외교는 많은 어려움에 부딪혔다. 우선 그의 숙적 소련은 급속한 발전을 이루었다. 비록 소련의 실력이 많은 분야에서 미국에 미치지 못하였지만 장거리미사일 능력에 있어서 이미 미국과 기본적으로 균형을 이루었다.

1968년 8월 체코슬로바키아 침공 이후 크렘린궁은 자신감에 가득 차 보였다. 이에 대한 미국과 그의 동맹국의 자제된 반응은, 소련이 동유럽에서 마음대로 무력을 사용하여 사회주의 진영의 안정을 보호할 수 있음을 서방세계가 이미 인정하였음을 의미하였다. 이 밖에도 1967년 중동 6일 전쟁 이후 소련은 일부 아랍 국가들을 계속해서 지지하였다. 특히 이집트와 시리아가 이스라엘에 대해 보복 공격을 하는 것을 지지하였다. 소련 세력은 이미 동유럽 국가들 밖으로까지 확장되어 있었다.[162]

이 밖에도, 미국은 유럽 및 일본 동맹국들과의 관계에도 많은 모순을 안고 있었다. 유럽 동맹국들은 미국이 베트남에서 지구전을 벌이는 것에 대해 큰 불만을 가졌고, 닉슨이 대통령으로 취임 이후 첫 유럽 방문 기간, 드골 프랑스

---

162) 叶书宗, 『勃列日涅夫的十八年』, 北京: 人民出版社, 2013年, 279-305쪽; Jussi M. Hanhimaki, *The Flawed Architect: Henry Kissinger and American Foreign Policy*, New York: Oxford University Press, 2004, pp. 28-29.

대통령은 이에 대해 분명한 태도를 밝혔다. 독일 정부의 신동방정책은 미국을 더욱 우려케 하였다. 1969년 9월 집권한 브란트 총리는 공산주의 진영과의 관계개선을 적극 모색함으로써, 북대서양조약기구가 일치단결하여 소련에 대항하자는 정책은 위기로 치닫고 있었다. 정치 문제 이외에도 유럽공동체 구성과 일본 경제의 신속한 발전은 제2차 세계대전 이후 형성된 국제경제 질서에서 미국의 지위를 심각하게 위협하였다.[163]

중국 또한 백악관을 매우 골치 아프게 하는 문제였다. 미국 정부는 중국의 문화대혁명을 면밀히 주시하였지만, 중국 국내의 변화가 미국의 외교정책에 미칠 영향을 이해하지 못하고 있었다. 중국은 한편으로 북베트남을 대대적으로 지원하면서 남베트남에 대한 미국의 지원을 강하게 비난하였다. 미국은 "원자탄을 손에 쥐고 있는 10억 중국인"의 위협에 직면하고 있었다. 중국은 또 다른 한편으로, 문혁이 야기한 내부 혼란으로, 베트남전쟁에 직접 파병할 가능성은 크게 약화된 것처럼 보이기도 하였다. 이 밖에도 진보도에서의 중소 간 충돌은 이미 긴장된 중소관계를 더욱 얼어붙게 하여 이후 어떤 일이 발생할지 예측하기 어려웠다.[164]

미국이 직면한 가장 큰 문제는 베트남전쟁을 어떻게 마무리 지을 것인가 하는 문제였다. 1968년 2월 베트남 남부지역의 애국 무장역량이 일으킨 구정대공세(테트 공세)는, 적이 신속하게 섬멸될 것이며 전쟁이 즉시 끝날 것이라던 존슨 정부의 약속이 완전히 비현실적인 것임을 보여주었다. 여러 방면으로부터 압력으로 인해 백악관은 북베트남에 대한 폭격을

---

163) Jussi M. Hanhimaki, "En Elusive Grand Design", in Fredrik Logevall and Andrew Preston(ed.), *Nixon in the World: American Foreign Relations, 1969-1977*, New York: Oxford University Press, 2008, pp. 29-30.

164) 다음을 참고할 것. Michael Lumbers, "'Staying out of this Chinese Muddle': The Johnson Administration's Response to the Cultural Revolution", *Diplomatic History*, Vol. 31, No. 2, April 2007, pp. 259-294; William Burr, "Sino-American Relatioms, 1969: The Sino-Soviet Border War and Steps Towards Rapprochement", *Cold War History*, Vol. 1, No. 3, April 2001, pp. 73-112; Yafeng Xia, *Negotiating with the Enemy: U.S.-China Talks during the Cold War, 1949-1972*, Bloomington and Indianapolis: Indiana University Press, 2006, p. 121; 何慧, 「美国对 1969 年中苏边界冲突的反应」, 『当代中国史研究』 2005年 第3期, 66-75쪽; 詹欣, 「美国对华核战略与一九六九年中苏边界冲突」, 『中共党史研究』 2011年 第10期, 76-84쪽.

부분적으로 중지하고 평화회담 진행을 모색할 것을 발표하였다. 베트남전은 의심할 여지없이, 존슨 행정부가 미국의 새 행정부에 남긴 가장 골치아픈 난제였다.[165]

큰 도전에 직면하여 닉슨은 과거의 양극 대립체제를 포기하고 대국 간의 "세력균형"을 재건하고자 하여 "미, 소, 서유럽, 일본과 중국"을 중심으로 하는 "국제 신질서"를 구축할 것을 제시하였다. 이 방침을 실현하기 위한 필요 전제조건은 소련 및 중국과의 교착 상태를 타개하는 것이었다. 다른 한편으로 아시아에서 처리해야 할 급선무는 체면을 유지하면서 최대한 빠르게 베트남전쟁을 끝내는 것이었다. 이를 위해서는 우선 중국과의 관계를 개선해야만 하였다.[166]

같은 시기, 북경이 직면한 국제적 어려움도 미국에 전혀 뒤지지 않았다. 1968년 소련이 프라하를 침공하고 브레즈네프주의를 제기하면서 중국으로 하여금 북부지역 안전에 즉각적인 위협을 느끼게 하였다. "사회제국주의"라는 개념이 중국 간행물에서 빈번하게 보인 것은 이러한 중국의 우려를 충분히 반영하는 것이다.[167]

이와 동시에, 베트남 문제에서 중미 간 대결은 여전히 매우 격렬하였다. 닉슨은 대통령선거 기간에 베트남전을 끝낼 것을 약속하였지만, 반대로 그의 집권 뒤 베트남에서 미국의 공중전은 확대되기 시작하였다―닉슨은 이를 통해 그의 임기 첫해에 하노이를 강제로 굴복시키기를 희망하였다.[168]

1969년 3월 진보도에서 발생한 심각한 유혈충돌은 중국에게 있어 "설상가상"이었다. 중소 양국은 이미 전쟁 직전의 위험에 처했다. 심지어 소련이 원자탄

---

165) Larry Berman, *No Peace, No Honor: Nixon, Kissinger, and Betrayal in Vietnam*, New York: The Free Press, 2001, pp.12-15; Hanhimaki, The Flawed Architect, p.28.

166) Melvin Small, *The Presidency of Richard Nixon, Lawrence*, Kansas: University Press of Kansas, 1999, pp.61, 97; 张曙光,『美国对华战略考虑与决策(1949-1972)』, 上海: 上海外语教学出版社, 2002年, 326-330쪽; 夏亚峰,「尼克松主义与美国对外政策的调整」,『史学集刊』 2009年 第4期, 46-57쪽.

167) 『人民日报』 1968년 8월 23일 1면; 沈志华主编,『中苏关系史纲』, 429쪽.

168) Robert McMahon and Thomas Zeiler(eds.), *The Guide to U.S. Foreign Policy: A Diplomatic History*, New York: DWJ Books, 2012, pp.348-349.

을 이용하여 중국에 대응할 것이라는 소문이 돌았다.[169]

이 밖에도 동부 연안에서 일본과 한국이 끊임없이 적의를 보이는 것 외에도, 중국공산당은 국민당 군대가 수시로 대만으로부터 반격을 개시할 가능성에 대해서도 경계해야 했다. 서남 국경지역에서 1962년 중인전쟁(중국－인도전쟁)의 포연이 사라졌지만 양국 관계는 계속 긴장되어 다시 불길이 살아날 수도 있었다. 1969년 6월 미국이 캄보디아와 수교함으로써 중국 정부는 또다시 동남 지역 안전을 크게 우려하기 시작하였다.[170]

흑룡강에서 통킹만까지, 히말라야산에서 태평양까지 중국은 그야말로 "사면초가"였으며 국가 안보는 심각한 외부 위협에 직면하였다.[171] 주변 국제환경이 날로 악화되면서 중국 지도자는 외교정책을 조정할 수밖에 없었다.

1969년 2월 19일 모택동은 회의를 개최하여 진의, 서향전(徐向前), 섭영진, 엽검영 등에게 국제문제 연구를, 이부춘 등에게 국내문제 연구를 지시하였다.[172] 5월 중순, 즉 진보도 충돌이 발발한 후 주은래는 모택동의 지시에 따라 4명의 원수들에게 국제문제 연구를 재차 지시하였다.

7월 11일 진의 등 4명은 기명 서면 보고서 '전쟁 형세에 대한 초보 평가'를 주은래에게 제출하였다. 보고서는 "중, 미, 소 3대 역량 사이의 투쟁"을 상세히 분석하고, 중국을 겨냥한 전쟁은 쉽게 발생하지 않을 것으로 보았다. 동시에, 현재 중소 간 갈등이 중미 간 갈등보다 크고, 미소 갈등이 중소 갈등보다 크다고 판단하여 중·미·소 3자 역량이 상호견제하며 균형을 이루는 국제전략 구

---

169) 이 소문에 관하여 다음을 참고할 것. 舍甫琴柯, 『与莫斯科决裂』, 王观生等译, 北京: 世界知识出版社, 1986年, 194-195쪽; Henry Kissinger, *The White House Years*, Boston: Little, Brown, 1979, p.183; Henry Kissinger, On China, New York: Penguin Books, 2011, p.219. 관련 연구는 다음을 참고. 詹欣, 「美国对华核战略与一九六九年中苏边界冲突」, 『中共党史研究』 2011年 第10期, 80-83쪽.

170) 王泰平主编, 『中华人民共和国外交史(1957-1969)』第二卷, 16-27, 70-84쪽; 王宏纬, 『当代中印关系评述』, 北京: 中国藏学出版社, 2009年; Qiang Zhai, *China and the Vietnam Wars, 1950-1975*, Chapel Hill and London: The University of North Carolina Press, 2000, pp.184-185.

171) 1969년 중국이 직면한 전쟁 공황상태에 대한 토론은 다음을 참고할 것. Yang Kuisong, "The Sino-Soviet Border Clash of 1969: from Zhenbao Island to Sino-American Rapprochement", *Cold War History*, Vol.1, No.1, August 2000, pp.35-37; Xia, Negotiating with the Enemy, pp.138-139.

172) 『李先念年谱』第4卷, 北京: 中央文献出版社, 2011年, 566쪽.

조의 윤곽을 설명하였다.

9월 17일, 4명의 원수가 제출한 '현 정세에 대한 견해'에 기초하여, 진의는 "전략적으로 미소 갈등을 이용해야 하며, 중미관계를 열어야 할 필요가 있다"고 분명하게 제기하면서, 기존 "통념과는 완전히 다른" 견해를 주은래에게 보고하기로 결정하였다. [173) 국제 정세에 대한 이러한 분석은 미국의 견해와 겉만 다를 뿐 실제에 있어서는 거의 같았다. 이후 얼마 지나지 않아 모택동은 "핑퐁 외교"를 전개하면서 작은 공이 큰 공을 움직여 중미관계는 드디어 본 궤도에 오르게 되었다.

중미관계가 완화되기 전 조선의 외교정책도 서서히 변하기 시작하였다. 1960년대 말 조선-미국 관계는 극도로 긴장되어 조선은 미국과 한국에 대해 일련의 극단적인 공격 수단을 취하였다. 첫째, 1967년 5월부터 1968년 1월까지 미군이 통제하는 비무장지대 내에서, 관련보도에 나온 것만 300건이 넘는 적대적 충돌이 발생해, 미국 사병 15명이 숨지고, 65명이 다쳤다.[174) 둘째, 1968년 1월 21일 새벽 한국 대통령 관저 청와대를 습격하였다. 셋째, 1968년 1월 23일 미국 간첩선 "푸에블로"호를 나포하였다. 넷째, 1969년 4월 조선은 미국의 EC-121정찰기를 격추하여 조선과 미국과의 관계는 날로 긴장되었다.

김일성의 과격한 행동은 미국으로 하여금 동북아에서 미국의 해공군을 강화시키고 한국에 대한 미국의 군사원조를 크게 증가시켰으며, 박정희 정부가 이 기회를 이용하여 반공정서를 부추긴 것 외에는 아무런 효과도 얻지 못하였다. 소련과 중국은 단지 도의적인 지지를 표시하였을 뿐 군사적 혹은 경제적인 실질적 지원은 제공하지 않았다.

조선 정부는 전략을 바꿀 수밖에 없었다. 1971년 4월 12일 조선최고인민회의는 8개 항으로 이루어진 평화통일을 위한 새 강령을 제시하면서, 남한에서의

---

173) 金冲及主编, 『周恩来传』, 2,039-2,040쪽; 熊向晖, 『我的情报与外交生涯』, 北京: 中央党史出版社, 1999年, 169-187쪽.

174) Department of Defense, "Report of the 1971 Quadrennial Review of Military Compensation", (Washington, D.C.: Manpower and Reserve Affairs, 17 March 1972), p.45, in Vandon E. Jenerette, "The Forgotten DMZ", http://www.koreanwar.org/html/dmz_war.html.

미군 철수와 한미·한일조약 폐기, 총선거를 통해 통일된 중앙정부 수립, 과도적 조치로서 남북연방제 실시 및 남북 정치협상회의 개최를 주장하였다.[175] 남북한 적십자회는 9월 20일 판문점에서 첫 회담을 열어 이산가족의 연락 문제의 해결을 논의하고, 남북분단 이후의 첫 직통전화를 연결하였다.[176]

이러한 상황에, 논리적으로 보면 장기간의 적대적 대치 이후 출현한 중미관계 호전은, 조선이 남한 및 미국과의 관계를 개선하고 자신의 국제적 지위를 높이는 역사적인 기회를 제공하였다고 할 수 있다.

문화대혁명 초기 북경과 평양 사이에 상호 격렬한 비난을 주고받았음에도 불구하고 모택동과 김일성은 모두 양국관계가 철저히 파괴되는 것을 원치 않았다. 또한, 중소국경 충돌 후 중조 쌍방 모두 화해의 필요성을 느꼈다.[177] 중조관계는 중미관계가 완화되기 이전에 이미 최악을 벗어나 정상을 되찾았다.

그러나 동서양 냉전 대치 시대였던 만큼 중미관계의 화해는 경천동지할 대사건이었다. 미국의 동맹국이 큰 충격을 받은 것과 같이 중국의 "형제"국 역시 큰 충격을 받았다. 키신저의 첫 번째 비밀 중국 방문 이후, 주은래는 즉시 얼마 되지 않았던 중국의 동맹국에 이 사실을 통지하고 해명하였다. 소식이 전해지자 베트남 지도자는 중국에 극도의 불만을 표시하였고, 베트남은 이로부터 점차 소련에 기울어졌다.[178]

중국 주재 베트남 대사관은 중국 정부에, 이후 중국에서 실습 중인 베트남

175) 다음을 볼 것. 梁志, 「普韦布洛"号危机与美朝秘密谈判」, 『历史教学』 2008年 第8期, 49-52쪽; 邓峰, 「美国与EC-121危机—对1969年美国大型侦察机被朝鲜击落事件的研究」, 『世界历史』 2008年 第2期, 14-23쪽; Richard Mobley, *Flash Point North Korea: The Pueblo and EC-121 Crises*, Annapolis MD: Naval Institute Press, 2003; Mitchell Lerner, " A Dangerous Miscalculation: New Evidence from Communist-Bloc Archives about North Korea and the Crises of 1968", *Journal of Cold War Studies*, Vol.6, No.1, Winter 2004, pp.3-21; Sergey Radchenko, "The Soviet Union and the North Korean Seizure of the USS Pueblo: Evidence from Russian Archives", *CWIHP Working Paper*, No.47, April 2005.

176) 『朝鲜研究资料』 第5期, 1979年 12月 10日, 27-28쪽.

177) 자세한 내용은 이 책의 제6장 1절을 참고할 것.

178) 李丹慧, 「中美缓和与援越抗美—中国外交战略调整中的越南因素」, 『党史研究资料』 2002年 第11期, 1-18쪽, 第12期, 38-46쪽; Li Danhui, "Vietnam and Chinese Policy Toward the United States", in William C. Kirby, Robert S. Ross and Gong Li(eds.), *Normalization of U.S.-China Relations: An International History*, pp.175-208.

학생이 미국인의 방중과 관련된 영상을 보지 않도록 해줄 것을 정식 건의하였다.[179] 알바니아 당 중앙위원회는 중공 중앙에 보낸 편지에서 중미 "결탁"을 단호히 반대하였으며, 중국의 이러한 행동은 "기회주의"라고 비난하였다.[180]

그렇다면 조선은 중미 양국 간의 이러한 타협을 어떻게 보았는가? 중국 지도자는 중미관계 완화 과정에서 또 어떻게 조선 문제를 처리하였나?

2. 중미 외교담판 중의 조선 문제

중국 지도자는 미국과 빈번한 외교적 담판을 진행하는 과정에서 대만 문제와 베트남 문제 외에도 동북아시아에서 사실상 중국의 유일한 동맹국인 조선을 시종일관 잊지 않았다.

1971년 7월 9일, 미 대통령 안보담당보좌관 키신저가 중국을 비밀리에 방문하였다. 그 전 7월 4일, 주은래가 제출하고 모택동의 동의를 받은 '중미 예비회담에서의 몇 가지 중요한 문제'라는 문건에서, 주한미군 철수 문제를 제기하였다.[181]

첫 회담에서 주은래는 "귀하들은 남조선에 군대를 주둔시키고 있으며, 남조선도 남베트남에 군대를 파견하였다. 그러므로 귀하들이 철수할 경우, 베트남에 있는 남조선 군대 또한 철수해야 한다. … 남조선에 주둔 중인 귀하의 군대도 철수해야 한다"라고 키신저를 향하여 주장하였다. 조선 문제 해결에 관한 주은래의 주장은 다음과 같았다. "모든 외국 군대는 반드시 조선반도에서 철수해야 한다. 이 국가의 인민들이 외부의 간섭을 받지 않는 상황에서 자신의 문제를 해결하도록 해야 한다."

이러한 주은래의 제안에 키신저는 긍정적인 답변을 하였다. 키신저는 "만일 우리 양국 관계가 우리가 희망한 것과 같이 발전해나갈 수 있다면, 인도차이나

---

179) 하북성당안관, 979-10-826, 14-16쪽.

180) 范承祚, 「阿尔巴尼亚支持中国"文化大革命"始末」, 『中共党史资料』 2004年 第4期, 149-151쪽. 범승조는 1986년 알바니아 주재 중국 대사를 역임했다.

181) 『毛泽东年谱(1949-1976)』 第6卷, 385쪽.

전쟁이 끝나고 한국 군대가 귀국한 이후, 우리는 닉슨 대통령의 다음 임기가 끝나기 전에 대다수의 미국 군대(비록 전부는 아니더라도)가 한국에서 철수하는 것을 얼마든지 생각해볼 수 있다"고 호응하면서, 더 나아가 "솔직히 말하자면, 본인은 조선 문제가 오랜 기간 동안 우리에게 지장을 주지 않을 것으로 생각한다. 현재 조선에는 정치적 변혁이 발생하고 있으며 문제가 해결될 것으로 믿는다. 주한미군의 주둔은 우리 외교정책의 장기적 목표가 아니다. 닉슨 대통령은 아마도 귀하와 철군의 구체적 시간에 대해 토론할 수 있을 것이다"라고 밝혔다.[182]

주은래가 조선반도에서 미군이 철수한 후 일본 군대가 들어올 가능성을 제기하자, 키신저는 "이는 일본 군대가 일본 본토 이외 지역으로 나가는 것을 절대 허용치 않는다는 닉슨 대통령의 정책에 절대적으로 위반되는 것이다"고 말하였다. 주은래가 남조선 사이에는 정전협정만이 있을 뿐이며, 조선이 미군 주둔에 대해 불안해한다고 말한 것에 대해, 키신저는 "우리는 북한에 대한 남한의 군사적 공격을 반대한다. … 만일 귀하들이 북한에 대한 중국의 영향력을 이용할 수 있다면 조선에게 미국과 남조선에 대해 공격 행동을 하지 말 것을 경고해주기를 바라며, 이렇게 하는 것은 아시아의 평화에 이로울 것이다"라고 대답하였다. 이에 대해 주은래는 이의를 제기하지 않았다.[183]

이렇듯, 다사다난한 시기에 중미 쌍방은 모두 조선반도가 안정된 국면을 유지할 수 있기를 희망하였고 이는 중미 양국의 전략적 이익에도 부합하였다. 그러나 1970년 11월 2일 김일성이 말한 바와 같이, 조선에게 "미 제국주의는 당대 가장 흉악하고 파렴치한 침략자이며 약탈자이고, 세계 모든 진보 인민들의 최대의 적"이었다.[184] 중국은 중미회담의 "주제"가 조선 문제가 아니었음에도 불

---

182) Memorandum of Conversation between Kissinger and Zhou Enlai, July 9, 1971, *FRUS*, 1969-1976, Vol.17, China, 1969-1972, Washington D.C.: GPO, 2006, pp.388-391.

183) Memorandum for Kissinger, August 6, 1971, Memorandum for the President from Kissinger, July 14, 1971, Box 1033, National Security Council(NSC)Files, Nixon Presidential Materials Project(NPMP), National Archives; Memorandum of Conversation between Kissinger and Chou En-lai, July 11, 1971, *FRUS*, 1969-1976, Vol.17, pp.449-450.

184) 『金日成著作集』第25卷, 平壤: 外国文出版社, 1986年, 257쪽.

구하고, 당시 북경을 방문 중인 조선대표단에게 키신저의 방중 소식을 사전에 통보하지 않았다.[185] 그러나 회담 중에 주은래는 여전히 조선의 평화통일 방안 중의 첫 번째 요구, 즉 주한 미군 철수 문제를 주동적으로 제기하였다. 이는 주은래가 얼마 후 김일성에게 "미국과 접촉할 때 중국은 원칙을 저버리지 않으며, 동맹국의 이익을 위반하지 않는다"고 보장한 사실로부터 충분히 알 수 있다.

중미회담이 끝난 후 주은래는 먼저 7월 13일 하노이로 가서 통보하였고, 이어서 곧장 북경에 돌아와 알바니아대사 로브(Robb)를 접견하였으며, 마지막으로 서둘러 평양으로 갔다. 알바니아와 베트남의 강경한 반대 태도와는 달리, 김일성이 먼저 고려한 것은 중미관계 완화가 조선에 어떠한 이익을 가져다 줄 것인지의 문제였다.

7월 15일, 주은래는 김일성과 두 차례 회담을 가지고 무려 7시간에 걸쳐 설명을 하였다. 주은래는 중국의 원래 주장은 변하지 않았고, 원칙을 가지고 거래하지도 않을 것이며, 중국은 미국 국민에게 희망을 걸고 있다고 강조하였다. 비록 김일성은 즉각 동의를 표시하였지만 여전히 놀라움과 불안감을 드러냈다. 그는 "조선에게 있어 닉슨의 방중은 새로운 문제이며, 조선노동당은 인민에게 설명해야 한다"고 말하였다.[186] 그러나 조선 지도자는 곧 타협의 필요성을 인식하였다. 즉, 중미관계 완화는 조선이 미국과의 관계를 개선하고, 자신의 방식대로 한반도를 통일할 수 있는 좋은 계기가 될 수 있는 것이다.[187]

1971년 7월 30일, 조선은 심사숙고를 거쳐 내각 부수상 김일을 중국에 파견하여 주은래와 심도 깊은 회담을 가졌다. 김일은 조선노동당은 중미회담을 충

---

[185] Memorandum of Conversation between Kissinger and Kim Yong-sik, September 28, 1971, *FRUS*, 1969-1976, Vol. 19, Part 1, Korea, 1969-1972, Washington: GPO, 2010, pp.281-285.

[186] 王泰平主编,『中华人民共和国外交史』第三卷, 39-40쪽; 外交部外交史研究室编,『周恩来外交活动大事记(1949-1975)』, 北京: 世界知识出版社, 1993年, 597쪽.

[187] 중앙정보국은 이후의 연구보고서에서 다음과 같이 지적하였다. "조선은 중미관계의 변화를 환영하는 것이 조선 자신의 목표 실현에 유리할 것으로 여겼음이 분명하다." Intelligence Memorandum, Directorate of Intelligence, July 24, 1972, CIA CREST, CIA-RDP85T00875 R001100140013-7, College Park, National Archives.

분히 이해하며 이것이 세계혁명의 촉진에 크게 유리하다고 생각하고 있고, 중국공산당의 반제국주의 입장은 결코 변하지 않을 것으로 굳게 믿고 있다고 밝혔다. 동시에 미국에 다음과 같은 조선 측의 8개항 주장을 전달해주기를 희망하였다.

즉, 모든 외국 군대의 남조선에서의 철수, 남조선에 대한 핵무기와 미사일 및 기타 각종 유형의 무기 공급의 즉시 중단, 한미연합군의 해산, 유엔 한국통일부흥위원회의 해산, 유엔에서 조선 문제 토론 시 조선 대표의 무조건적인 참가 등을 포함하는 요구였다.

주은래는 키신저가 중국을 방문할 때 미국에 이러한 요구들을 전달할 것을 약속하였다.[188] 8월 9일 조선 정부 경제대표단 환영연회에서 이선념(李先念) 부총리는, "중조 양국은 친밀한 우호국이다. 우리 양국 인민은 생사고락을 함께 한 전우이자 형제이다"고 강조하였다.[189] 이는 분명히 중국이 공개적인 장소에서 조선에 한 안위의 약속이었다.

뿐만 아니라 중국은 즉각 실질적인 행동을 취하였다. 1971년 8월 18일~9월 7일까지 오진우가 인솔하는 26명의 조선 군사대표단은 중국 정부의 초청을 재차 수락하여 중국을 방문하였다. 중조 쌍방은 두 차례의 전체 회담을 가졌으며 해군, 공군, 군용차량, 장갑차, 통신, 대외경제, 대외무역 등 방면의 문제에 대해 그룹별 회담을 가졌다.

9월 6일, 중국은 군사적 원조를 무상으로 조선에 제공하는 협정에 서명하였다. 그 후 조선의 또 다른 29명의 군사시찰단이 중국을 방문하여 소그룹별로 전국에 분산되어 있는 10여 개의 병기 공장을 시찰하였다.[190]

『인민일보』는 중조의 무상 군사원조협정 체결 소식을 공개적으로 보도하였다. 이는 미국이 조선 문제에 대한 중국의 입장을 알게 할 뿐 아니라, 동시에 평양을 안심시켜 중미관계 변화가 조선의 안보를 위태롭게 하지 않으며, 중조 쌍방의 대외정책 방향이 완화의 방향으로 한층 근접시키기 위함이었다. 바로

---

[188] 王泰平 主編, 『中华人民共和国外交史』 第三卷, 40쪽.

[189] 『人民日报』 1971년 8월 10일 3면.

[190] 『中国人民解放军军事工作大事记』 上册, 497, 500쪽; 『人民日报』 1971년 9월 8일 1면.

키신저가 후에 닉슨에게 "의심할 바 없이, 중국인은 이미 김일성의 조선반도 정책을 완화시키도록 하기 위한 대가를 치를 준비가 되어있다"고 말한 것처럼 말이다.[191]

중국의 보장은 의심할 바 없이 조선의 자신감을 높여주었으며 중미가 정식 접촉을 시작하기 전에 김일성은 먼저 행동을 취하였다. 1971년 9월 12일, 조선 정부는 곧 개최되는 제26차 유엔총회의사 일정에 주한미군 철수와 한국통일부흥위원회 해산 등 조선 문제와 관련된 2가지 의제를 포함시켜줄 것을 요구하는 성명을 공개적으로 발표하였다. 조선이 이를 요구한 이유는 이 두 조건이 조선의 평화통일을 실현하기 위한 "중요한 선결조건"이었기 때문이었다.[192]

이처럼 김일성은 중미 양국의 접촉이 국제사회로 하여금 조선 문제를 더욱 중시하도록 하고, 동시에 조선의 국제적 지위를 향상시킬 수 있는 기회가 되기를 희망하였다. 앞서의 8개항 요구와 2가지 의제 포함 요구로 조선의 목표는 더욱 명확해지고 구체화되었다. 이는 또한 사실상 조선이 미국에게 직접 전달하고자 하는 내용이었다.

이에 대해『인민일보』는 즉각 논설위원 명의의 글을 발표하고, 조선의 요구사항에 대해 적극적인 지지를 표시하였다.[193] 그러나 시기가 아직 무르익지 않고 있었다. 9월 25일 유엔총회는 조선 문제의 토론을 1년 연기할 것을 결정하였다.[194] 유엔의 대문이 열리지 않았기 때문에, 조선 문제를 해결에 있어서 중미 간 담판의 역할은 더욱 두드러졌다.

1971년 9월 25일과 10월 8일, 김일성은 일본『아사히신문』과 교도통신 기자와의 대담에서 중미관계의 급변에 대한 조선의 태도를 공개적으로 표시하였다. 두 차례의 대담에서 김일성은 다음과 같은 4가지 의미를 분명히 하였다.

첫째, 조선은 자주적인 대외정책을 실행하고 있으며 중미관계 변화의 영향을 받지 않고 있다. 동시에 조미관계 변화는 조선에 대한 미국의 태도 여하에 달려

191) Kissinger to Nixon, 8 February 1972, Box 847, NSC files, NPMP, National Archives.
192) 『人民日報』 1971년 9월 14일 5면.
193) 『人民日報』 1971년 9월 15일 1면.
194) 자세한 내용은 『人民日報』 1971년 10월 1일 6면을 참고할 것.

있다. 둘째, 닉슨의 방중은 "승리자의 전진이 아닌 실패자의 고된 행보일 뿐"이며, 미 제국주의가 이미 곤경에 빠졌음을 보여주는 것이다. 셋째, 사회주의 제도와 자본주의 제도 사이에는 적대적 모순이 있으며, 중국은 사회주의 국가이고 원칙적인 문제에 있어서 타협해서는 안 된다. 넷째, 만일 중미대화가 국제 긴장 국면을 완화시킬 수 있다면 이는 좋은 일이며, 조선은 결코 이에 정면으로 배치되는 정책을 취할 생각이 없지만 미국의 이중 책략을 경계해야 한다.[195]

키신저가 북경에 도착하기 전에 김일성이 서둘러 이러한 입장을 발표한 것은 미국과 직접 대화를 희망하는 입장을 밝히면서 중국이 자신을 이익을 위한 카드로 삼지 못하도록 중국에 압력을 가하는 것에 그 목적이 있었다.

1971년 10월 20~26일, 키신저는 공개적으로 중국을 방문하고 주은래와 10차례에 걸쳐 총 23시간 40분간의 회담을 갖고, 주로 닉슨 방중 시 발표할 중미 공동성명 내용을 토론하고 확정지었다.[196] 키신저는 귀국 후 닉슨에게 보고서를 제출하였다. 보고서에 나타난 조선 문제 관련 내용은 다음과 같다.

주은래는, 중국은 대국으로서 자신의 직접적 이익과 관련된 문제(예를 들면 대만 문제)는 기다릴 수 있지만, 중국 주변의 작은 동맹국들의 문제, 예를 들어 인도차이나와 조선 문제가 가장 시급하다고 여러 차례 강조하였다. 또 동맹국의 이익을 대하는 면에 있어서 중국은 남의 재물로 생색을 내지 않는다고 하였다. 중미관계 정상화 과정의 실질적인 문제에 대해, 주은래는 대만 문제가 가장 관건이며, 인도차이나 문제는 다음, 그리고 조선 문제는 세 번째로 중요한 문제라고 언급하였다.

그러나 7월 첫 번째 회담과 비교하면, 주은래는 조선 문제를 이전보다 더욱 중요하게 보고 있으며 중미 쌍방은 1954년 제네바회의에서 해결하지 못한 문제 해결의 책임이 있다고 주장하였다. 주은래가 1971년 4월 조선 정부의 8개항 요구 성명을 전달한 이후, 키신저는 "미국은 관련 부분과 조선 문제 해결을 위한 영구적 법률기초를 토론할 준비를 하고 있고, 남조선의 적대적 충돌을 재차

---

195) 『金日成著作集』 第26卷, 平壤: 外国文出版社, 1986年, 242-248쪽.

196) Xia, *Negotiating with the Enemy*, pp.177-180.

유발할 수 있는 방안에 대해서는 관심을 가지고 있지 않다"며 조선반도에 대한 미국의 입장을 분명하게 밝혔다.

주은래는 이에 대해 중국은 남조선에 평등한 지위를 부여하는 문제에 관심을 가지고 있고, 남조선의 통일 문제에 대해서는 보류한 후 나중에 논의하여 해결할 수 있다고 밝혔다. 키신저는 토론이 끝났을 때, 주은래는 사실상 조선 문제의 해결에 아직 시간이 필요하며 조선 문제를 철저히 해결하기 전에 중미 쌍방이 먼저 의견을 교환해야 한다는 미국의 주장을 받아들였다고 보았다. 키신저는 조선 문제의 해결은 조선의 자제 여부에 달려있다고 분명히 밝혔다.

주은래는 이 모든 것은 상호적인 것이며, 중미 쌍방 모두 동맹국에 대한 자신의 영향력을 이용하여 그들이 군사행동을 취하는 것을 막아야 한다고 회답하였다. 이에 관련된 내용을 '공동성명'에 어떻게 표현할지에 관해, 중미 쌍방은 원칙을 확정하였다.[197] 이로 미루어보면 중국의 입장은 명확했다. 즉 원칙적으로 평화통일에 관한 조선 정부의 방안 및 요구를 지지하고 옹호하지만, 조선 문제의 철저한 해결은 장기간의 노력이 필요하다는 것이었다.

김일성은 중미회담의 결과를 최대한 빨리 알고 싶어 했고, 중화인민공화국의 유엔에서의 합법적 지위가 회복(10월 25일)된 이후 발생 가능한 국제정세의 변화에 주목하면서, 조선의 국제 지위 개선 및 남북대화의 문제를 중국 지도자와 논의하기를 강력히 희망하였다. 때문에 키신저가 중국을 떠나자마자 김일성은 즉시 11월 1일~3일까지 북경을 비밀리에 방문하여 모택동, 주은래와 회담을 가졌다.[198]

이 회담에 관한 당안 자료는 현재 아직 기밀 해제되지 않았으나, 김일성의 귀국 후 연설이 회담에 대한 자신의 생각을 반영했을 수 있다. 12월 2일 당내 간부에게 한 연설에서, 김일성은 이전의 "실패자의 방문" 표현을 반복한 것 이

---

[197] Memorandum From Kissinger to President Nixon, November 1971, *FRUS*, 1969-1976, Vol.17, p.526.

[198] 『周恩来年谱(1949-1976)』下卷, 493쪽. 조선 외교관은 이에 대해 부인하였으나, 소련 외교관은 긍정적 견해를 유지하였으며, 심지어 조선대표와 닉슨대표단이 북경에서 회담을 가졌을 가능성도 배제할 수 없다고 생각하였다. Schaefer, "North Korean 'Adventurism' and China's Long Shadow", *CWIHP Working Paper*, No.44, pp.36-37을 참고할 것.

외에, 곧 다가오는 닉슨의 중국 방문에 대해 "지나치게 예민하거나, 중국을 비난할 어떠한 이유도 없으며", "장기간 국내 반동파 및 제국주의 침략자와 투쟁을 진행한 중국공산당이, 닉슨의 방문으로 인해 혁명을 포기하거나 사회주의 국가의 이익에 위배되는 일을 할 리가 절대로 없다"고 강조하였다.[199] 중국 지도자와의 만남은 김일성에게 안정제를 먹인 것처럼 보였다.

1972년 1월 초 미 대통령 안보부(副)보좌관 헤이그(A. M. Haig)가 닉슨 대통령의 중국 방문 선발대로 파견되어 중국을 방문하였다. 헤이그가 닉슨 대통령에게 제출한 서면보고서에서는 "주은래 총리가 회담이 끝났을 때, 베트남의 상황이 조선과 다름을 지적하였다. 조선 문제는 주은래 자신이 많은 언급을 하였으며, 미국인들과 토론하여 합의를 이룰 수 있다"고 설명하였다.[200] 주은래의 태도는, 중국이 보기에 베트남의 미중회담 거부 태도와는 달리 김일성은 중국이 미국과 접촉하는 것에 반대하지 않았고, 중국도 조선 문제의 해결에 있어 자신감이 있었음을 보여준다.

1972년 2월 닉슨이 중국을 방문한 기간, 주은래는 미국 대통령과 조선 문제에 관한 토론에서 다음과 같이 말하였다. "이 문제에 관해 우리는 미국 대통령의 생각을 이해한다. 대통령 역시 우리의 생각을 이해한다. 대통령의 입장은 미국이 향후 최종적으로 조선반도에서 철군을 하고, 일본 군대의 남조선 진입을 막는 것이다. 왜냐하면 이렇게 하는 것이 아시아의 평화에 유익하기 때문이다. 어떻게 남북 접촉을 촉진하고, 평화통일을 추진할지에 관한 문제는, 비교적 긴 시간이 필요하다."

이에 대해 닉슨은 "남북 조선인 모두 지극히 감정적으로 일을 처리한다"고 불평을 토로한 뒤, 중미 양국이 각각 조선 북방과 남방에 압력을 가해 충돌 발생을 방지하여 강대국이 끌려들어가는 것을 방지하길 희망한다고 밝혔다.[201]

2월 27일 서명한 상해 '공동성명'에서 중미 양국 지도자는 양국 관계와 국제문제에 관해 "진지하고 솔직하게 의견을 교환하였다"고 말하였다. 조선반도 문

---

199) 『金日成著作集』第26卷, 416-418쪽.

200) Message From Haig to Kissinger, January 8, 1972, *FRUS*, 1969-1976, Vol.17, p.652.

201) Memorandum of Conversation, February 23, 1972, *FRUS*, 1969-1976, Vol.17, pp.732-733.

제에 관해 중국 측은 조선 정부가 주장한 평화통일의 8개항 방안과 한국통일부흥위원회 취소를 굳게 지지하며, 미국 측은 한미가 긴밀한 관계를 계속 유지할 것이며, 한국이 조선반도에서의 긴장완화와 교류 증진을 위해 노력하는 것을 지지한다고 발표하였다.[202) 중국은 공동성명에서 한국통일부흥위원회 취소 요구를 별도로 언급하였다. 이는 회담 후 미국에 철군을 요구하는 것에 비해 이 목표를 실현하는 것이 더 자신이 있다고 여겼을 가능성이 크다.

3월 3일 주은래는 중공 중앙과 국무원 산하기관의 책임자들을 접견하면서 중미 공동성명에 대해 설명하였다. 주은래는 조선이 주장한 8개항 방안에 대해 "우리는 줄곧 이를 지지해 왔다"고 설명하면서, 한국통일부흥위원회에 관해서는 "원래 26차 유엔총회에서 해결하려 했으나, 당시 남조선적십자사가 접촉 중이었기 때문에 유엔총회에서 별도로 토의하지는 않았다"고 말하였다.

중국은 "이 위원회를 취소하지 않는 것은 조선과 중국을 침략하는 것과 같다"고 수차례에 걸쳐 말하였다. 미국은 중국이 이에 불만을 가지고 있다는 것과, 이 위원회가 앞으로 잘 진행되지 않을 것을 감지하였다. 중국은 "아마도 27차 혹은 28차 유엔총회에서는 이 위원회를 해체해야 할 것"이라고 주장하였으며, 미국은 이에 대해 "방어적 태도"를 취하였다. 공동성명 제4항에 관하여 주은래는 이 조항(미중 양국 모두 제3자를 대표하여 담판을 준비하지는 않으며, 기타 국가를 겨냥한 합의 혹은 양해를 체결할 준비를 하지 않음)을 삽입한 이유는, "인도차이나 3국과 조선을 안심"시키기 위한 것이라고 설명하였다.[203)

3월 4일, 즉 중국이 평양에 회담 내용을 통보하기 이전, 조선『로동신문』은 사설을 발표하고 중미관계의 정상화 실현이 국제긴장 국면 완화에 유익하며 이는 "좋은 일"이라고 인정하였다. 동시에 이는 미국의 "중국에 대한 봉쇄 고립 정책이 총파탄이 났음"을 의미하는 것임을 강조하였다. 조선 문제에 대한 중국의 성명에 대해서 『로동신문』 사설은 "이는 우리 인민이 남조선 철수를 압박하여 조국의 자주평화통일을 실현하려는 정의로운 사업에 대한 형제 중국인민의

202) Joint Statement Following Discussions With Leaders of the People's Republic of China, February 27, 1972, FRUS, 1969-1976, Vol.17, pp.813-814; 『人民日報』 1972년 2월 28일 1면.
203) 하북성당안관, 1057-8-44, 194-217쪽.

강력한 지지이다"라고 지적하였다. 이어서 사설은 많은 지면을 할애하여 조선 정부의 주장을 재차 표명했다. 중미 공동성명에서 미국이 주한미군 철수와 한국통일부흥위원회 해산 문제에 관해 언급하지 않은 것을 비난하고, 일본 군국주의의 부활을 경계하며, 아시아를 다시 정복하려는 일본의 침략 야욕을 좌절시켜야 함을 강조하였다.[204]

주목할 것은, 이 시기 『인민일보』는 조선에서 출판되는 많은 간행물들의 문장을 대량으로 발췌 보도하였지만 유독 이 사설만은 게재하지 않았다는 점이다. 이는 조선이 중미 '공동성명'에서 주한미군 철수를 언급하지 않은 것에 불만을 느끼고 있음을 중국 지도자가 감지하고 있었음을 설명한다.

3월 7일, 주은래는 재차 평양으로 가서 김일성에게 중미 공동성명의 협의 과정을 설명하였다. 주은래는 조선 문제에 관한 공동성명에 대해, 중국이 "가장 중요하고" 관건이라고 생각하는 것은 바로 한국통일부흥위원회를 취소하는 것이라고 지적하였다. 주은래는 또한 미국은 본래 한미상호방위조약 문제를 공동성명에 삽입하고자 하였으나, 중국이 미국－대만조약(美蔣条约)을 '성명'에 포함시키는 것을 단호히 반대했기 때문에, 미국은 한미조약, 미일조약 역시 제기하지 않았다고 설명하였다.

『로동신문』 사설에서 조선에 대한 일본의 위협을 크게 언급하였지만, '공동성명'에서 이를 전혀 다루지 않은 점을 고려하여, 주은래는 의도적으로 김일성에게 "회담에서 닉슨은 일본이 대만에 진입하지 못하게 할 것이며, 일본이 남조선에 진입하는 것 또한 지지하지 않을 것이라고 밝혔고, 이는 암묵적인 합의와도 같다"라고 말하였다.

공동성명 제4항에 관해 주은래는, 이는 미국이 주동적으로 제기한 것이며, 중국과 미국이 "제3자를 대표하지 않는다"고 한 것은 조선 문제에 동일하게 적용되지만, 군사정전위원회에 있어 중국과 조선은 여전히 한편이다"라고 말했다고 설명하였다. 김일성은 중미회담에서 중국이 조선 문제에 대해 각별한 관심을 쏟아준 것에 대해, 재차 감사를 표시하였다.[205]

---

204) 『로동신문』 1972년 3월 4일 1면.

조선 주재 동독 외교관의 관찰에 따르면 조선 지도자는 닉슨의 중국 방문 결과, 특히 성명에서 중국이 조선의 평화통일의 8개항 요구 사항과 한국통일부흥위원회 해산 요구에 대해 지지를 언급한 것에 매우 만족하였다. 조선 지도자는 조선 문제에 대한 중국의 입장은 확고부동하다고 여겼다. 『로동신문』은 단지 극소수의 문구만을 삭제하고 상해성명의 전문을 게재하였다.[206] 중국은 분명히 자신의 동맹국의 이익을 보호하는 것을 언제나 잊지 않았으며, 중미외교 담판의 결과 또한 실제로 조선에 실질적인 이익을 가져다주었다.

3. 중미관계 완화 중에 이익을 얻은 조선

1971년 10월 25일 중화인민공화국은 유엔에서 합법적 지위를 회복한 동시에 상임이사국이 되었다. 『로동신문』은 이에 대해 사설을 발표하고 열렬한 옹호와 지지를 보냈다.[207] 중미관계의 완화 및 중국의 유엔 가입은 냉전시기 국제 구도를 크게 바꿔놓았다. 동시에 김일성이 제안한 평화통일방식에 따라 조선반도 문제를 해결하도록 하는 데에도 매우 유리하였다.

11월 15일 중국대표단 단장 교관화(喬冠華)는 유엔총회에서 행한 첫 발언에서 "조선의 평화통일은 전 조선인민의 공통된 염원이다"라고 주장하였다. 중국은 조선이 제기한 평화통일 8개항 강령을 적극 지지하였고, 조선 문제에 관한 유엔의 모든 비합법적 결의 폐지와 한국통일부흥위원회 해산 요구를 굳게 지지하였다.[208]

이와 동시에 교관화는 사석에서 중국 주재 폴란드 대사에게, 조선반도의 통일은 반드시 평화적 수단을 통해 이루어져야 하며, 조선이 제기한 협상제의는 이 문제 해결을 위한 정확한 방법이라고 말하였다. 평양 주재 중국외교관은 북경은 정전협정 폐기를 제의하기를 원하며, 동시에 조선민주주의인민공화국이

205) 王泰平主编, 『中华人民共和国外交史』 第三卷, 40-41쪽; 『周恩来年谱(1949-1976)』下卷, 515쪽.
206) 조선 주재 동독대사관 비망록, 1972년 3월 13일, *NKIDP Document Reader*, No.3, Doc.9.
207) 『人民日报』 1971년 10월 31일 5면.
208) 『人民日报』 1971년 11월 17일 1면.

유엔에 가입하는 것을 지지하고 있다고 외부 세계에 토로하였다.[209]

어쩌면 중국의 건의를 듣거나 혹은 이에 동의하여, 김일성이 1972년 1월 10일 일본『요미우리신문』기자에게 "정전협정을 남북의 평화협정으로 바꾸는 것"을 제의하는 대화를 발표했을 수도 있다. 김일성은 또한 세계여론은 유엔 문제에 관해 1972년은 "조선의 해"라고 말하고 있다고 낙관적으로 설명하였다.[210] 조선은 자신의 국제적 영향력이 현재 상승하고 있음을 감지하고 있었다.

1972년 2월에도, 평양 주재 소련 외교관은 조선이 미국을 반대하는 이유는 단지 미군이 남조선에 주둔하고 있기 때문이며, 만일 이 상황이 어느 정도 변한다면 미국에 대한 평양의 입장 역시 바뀔 수 있다고 예상하였다.[211] 사실상, 자신의 목표를 더욱 신속하게 실현하기 위해 조선은 실제로 중미관계 완화의 기회를 이용하여 미국과의 관계를 개선할 용의가 있었다.

5월 26일, 김일성은『뉴욕타임스』기자를 접견할 때, "미국 정부는 대국과의 관계만 개선해서는 안 되며 소국과의 관계도 개선해야 한다. 미국이 대국과의 관계를 개선하는 것이 소국과의 관계에 별로 큰 영향을 미치지 못할 것"이라고 주장하였다.『인민일보』는 곧장 이 보도문 전면을 게재하였다.[212] 아마도 이는 조선의 대미정책 역시 중국과 비슷해지기 시작하였으며, 조선이 미국과 직접 대화할 용의가 있다는 것을 북경이 이미 알고 있다는 신호를 보내기 위한 것일 수 있다.

이에 중국 지도자는 미국인들에게 조선을 위해 말하였다. 6월 22일 북경을 재차 방문했을 때 키신저는 "미국은 남북한의 정치적 대화를 찬성하며, 남북 간에 어떠한 합의에 이르더라도 이를 지지한다"고 주은래에게 말하였다. 주은

---

209) 중조관계에 대한 중국 주재 동독대사관의 평가, 1971년 11월 16일, PA MfAA, C 502/75; 조선 주재 동독대사와 소련 대사관의 1등 비서와의 회담 기록, 1971년 11월 15일, *CWIHP Working Paper*, No.44, p.36.

210) 『金日成著作集』第27卷, 平壤 外国文出版社, 1986年, 38, 43쪽.

211) 조선 주재 동독대사와 소련 대사관의 2등 비서와의 회담 기록, 1972년 2월 18일, *CWIHP Working Paper*, No.44, p.38.

212) 『로동신문』1972년 6월 2일 1, 2면;『人民日報』1972년 6월 5일 5면.

제6장 | 모합신리(貌合神離) **835**

래는 이에 동의를 표시하면서, "남북한은 최종적으로 평화통일을 실현해야 하지만, 현재 그 시기가 이직 무르익지 않았다. … 지금 그들이 해야 할 것은 전쟁 소동이 아닌 서로 간의 양해이다. … 우리는 무력통일을 지지하지 않는다"라고 설명하였다. 주은래는 또, "원칙적으로 당신들의 군대는 마땅히 남조선에서 철수해야 하며, 일본 군대도 진입하게 해선 안 된다"고 강조하였다. 한국통일부흥위원회 해산 문제에 관해서는, 공개적으로 진행되는 중미 간 논쟁이 지금 막 시작된 남북대화의 진전에 악영향을 줄 것을 우려하여, 키신저는 유엔총회에서 이 문제에 대한 논의를 연기할 것을 제안하였다. 그러나 주은래는 키신저에게, 중국은 조선 문제와 한국통일부흥위원회 해산 문제를 올 가을 유엔총회 의사일정에 포함시키도록 노력할 것임을 분명히 일러두었다.[213]

키신저는 다음과 같이 이해하였다. "조선 문제에 대한 주은래의 관점이 다소 변했다. 물론 원칙적으로는 여전히 주한미군 철수를 주장했지만, 주은래는 일본 군대가 진입하는 것을 막기 위해 한동안 미군이 조선에 남아야 한다고도 말했다."[214]

주은래의 "관점이 다소 변하였다"는 부분은 사실상 이렇게 이해될 수 있다. 즉, 미국이 조선반도에서 즉각 철군하도록 하는 것은 비현실적이다. 그러나 유엔 또한 조선 문제 논의를 미룰 수 없다. 따라서 평양의 조바심을 막기 위해서 중국은 한국통일부흥위원회 문제를 먼저 유엔총회 의사일정에 포함시켜야 했을 수도 있다.

이에 비해 김일성은 절실했다. 평양이 서둘러 성사시킨 남북고위층 비밀협상은 신속히 진전되어 놀라운 결과를 가져왔다. 1972년 7월 4일, 남북한은 '공동성명'을 발표하여 '조국통일 3대원칙'을 선언하고, 외부 간섭을 받지 않는 상

213) Memorandum of Conversation between Chou En-lai and Kissinger, June 22, 1972, *FRUS*, 1969-1976, Vol.17, pp.987-990.

214) Memorandum From Kissinger to President Nixon, June 27, 1972, *FRUS*, 1969-1976, Vol.E-13, Documents on China, 1969-1972, http://history.state.gov/historical documents/frus1969-76ve13/comp1, Doc.147. 유엔에서의 조선 문제 논의 연기에 관한 건의는 다음을 참고할 것. Memorandum from Richard H. Solomon of the National Security Council Staff to Kissinger, June 9, 1972, *FRUS*, 1969-1976, Vol.17, p.907.

황에서 평화적 방식을 통해 이데올로기와 제도 차이를 뛰어넘는 위대한 민족 통일을 실현할 것을 약속하였다.215) 이 행동은 의심할 여지없이 유엔에서 조선 문제에 관한 논의를 받아들이기 좋은 분위기를 조성하였으며, 미국의 '독립선 언' 날을 택해 이 성명을 발표한 것 자체가 조선의 미국을 향한 호의적 태도의 표시였다. 이에 관해 후에 조선노동당의 한 정치국위원은 루마니아인에게 "현 정세에 따라, 우리는 지금 평화공세를 펼치는 것이 가장 좋다고 생각한다"고 말하였다.216)

중국 역시 조선 문제의 해결을 희망하였다. 7월 19일 유엔 주재 중국 대표 황화는 사무총장에게 서신을 보내, 중국대표단은 조선 문제에 관한 알제리 등 13개국의 제안을 긴급 문제로서 유엔총회 제27차 회의 의사일정에 포함시키는 것을 지지하며, 이 의제의 제안국으로 참여하기로 결정하였다고 통보하였다. 황화는 또한 이 서신을 총회 문건으로 배포해줄 것도 요구하였다.217)

미국은 이에 즉시 반응하였다. 7월 26일 키신저는 뉴욕에서 황화에게 미국은 중미 양국이 조선 문제로 유엔에서 정면충돌하는 것을 막기 위해 1972년 유엔 총회에서는 조선 문제를 논의하지 않기를 희망한다고 밝혔다. 키신저는 이 역 시 중미관계 완화의 하나의 성과라면서, 만약 유엔에서 논쟁을 피할 수 있다면 미국은 자신의 영향력을 이용하여 한국통일부흥위원회 해산을 실제 추진할 것 임을 황화에게 제안하였다.

황화는 중국은 조선반도 정치의 새로운 발전을 환영하고, 조선 측은 유엔이 독립된 조선을 위해 유리한 조건을 만들어줄 것을 희망하고 있으며, 한국통일 부흥위원회의 존재는 유엔에 대한 풍자라고 말했다.218) 아마도 상황이 갑자기 발생하여 국내로부터 미처 지시를 받지 못했기 때문에 황화의 태도는 비교적

---

215) 다음을 참고할 것. Bernd Schaefer, "Over confidence Shattered", *NKIDP Working Paper*, No.2, p.11. 공동성명의 전문은 『人民日報』 1972년 7월 5일 1면을 볼 것.

216) 차우셰스쿠와 조선경제대표단의 회담 기록, 1972년 9월 22일, *NKIDP Document Reader*, No.3, Doc.28.

217) 『人民日報』 1972년 7월 22일 5면.

218) Memorandum of Conversation between Kissinger and Huang Hua, July 26, 1972, *FRUS*, 1969-1976, Vol.17, pp.1,032-1,035.

모호했다.

1972년 7월 31일 조선 정부는 성명을 발표하여 알제리 등의 국가가 제출한 의제를 당해년도 유엔총회 의사일정에 포함시킬 것을 강력히 요구하였고, 중국 정부도 즉각 적극적으로 지지를 표하였다.[219] 중국은 또한 조선에 유엔에서 조선 문제를 논의할 때, 중국은 소련과 충돌이 일어나지 않을 것이라고 보장하였다.[220] 8월 4일 황화는 키신저와의 만남에 나서, 유엔에서의 조선 문제 논의를 연기하려는 미국의 책략을 바꿀 것을 요구하였다. 키신저는 11월 미국 대통령 선거를 이유로 중미 양국은 금년 내에 이 문제로 유엔에서 충돌하지 않기를 희망한다고 재차 밝혔다. 키신저는 조선 문제의 논의를 연기할 수 있다면 내년에는 한국통일부흥위원회의 해산이 가능할 것이라고 보장하였다. [221]

미국의 강경한 태도는 중국을 매우 난처하게 했다. 이 때문에 중국은 조선인의 달아오른 열기를 식혀야 했다. 8월 22~25일, 김일성은 재차 중국을 비밀리에 방문하여 모택동 및 주은래와 각각 회담을 가졌다. 8월 24일 김일성과의 회담에서 주은래는 구체적으로 문제를 거론하지 않고, 다만 김일성에게 "미국과 고위급 외교를 전개하는 것은, 인민의 이익을 위한 것이며, 중국은 미국과 원칙 있는 왕래를 하고 있지만 유연성이 필수적이다"라는 설명만 되풀이하였다.

주은래는 조선을 안심시키기 위해 심지어 김일성에게 "우리는 미국에게도 매우 명확히 말하였다. 만일 미국이 남조선에서 떠나지 않고 도발을 한다면, 우리는 조선에 대한 의무가 있고 전쟁이 발발하면 우리는 참전할 것"이라고 말했다고 설명하였다.[222] 주은래의 목적은 김일성에게 예방주사를 놓는 것이었다. 즉, 곧 개최될 유엔총회에서 조선 문제가 논의될 가능성은 결코 낙관적이

219) 『人民日報』 1972년 8월 1일 5면, 1972년 8월 2일 1면.

220) РГАНИ, ф.5, оп.64, д.424, л.64-66.

221) Memorandum of Conversation: Kissinger and Huang Hua, August 4, 1972, Box 329, Winston Lord Files, RG 59, National Archives.

222) 『周恩来年谱(1949-1976)』 下卷, 545-546쪽; 『毛泽东年谱(1949-1976)』 第6卷, 446쪽; 하북성당안관, 1057-8-44, 53-64쪽. 이번 방문에 관한 중문자료 또한 매우 제한적이며, 필자는 현재까지 이 대화 기록의 일부 내용만 보았다. 아울러 설명할 것은, 주은래가 말한 마지막 구절의 경우, 필자는 현재 미국의 공개된 당안에서는 발견하지 못하였다.

지 않지만, 중국은 조선의 이익을 결코 해치지 않을 것이라는 점을 분명히 한 것이었다.

이런 상황임에도 중국의 노력은 그칠 줄 몰랐다. 9월 19일 황화는 키신저를 만나, 중국은 조선 문제의 복잡성과 금년 미국의 난처한 상황을 이해하고 있으며, 중국 역시 미국을 어렵게 하고 싶지 않다고 밝혔다. 중국은 극동의 정세가 점차 안정 추세로 가기를 원하지만, 미국 측도 알제리 등의 국가가 기초한 결의안 초안과 과거 일련의 제안과의 차이를 주목해야 하며, 이번 결의안은 동북아시아에 나타난 새로운 상황을 고려하여 남북한 쌍방 간의 거리를 좁히고자 한다고 주장하였다.

중국 측은 조선 문제에 관한 새로운 의제를 토론하는 것은 분위기 완화의 이점이 있으며, 각국의 상호이해를 촉진시킬 것으로 보았다. 황화는 또한 만일 미국이 유엔총회 의사일정에 조선 문제의 논의를 포함하는 것을 계속해서 반대한다면, 유엔총회 개최와 함께 곧 논란이 발생할 가능성이 높다고 지적하였다.[223]

10월 30일 김일성은 다시 한 번 비밀리에 중국을 방문하여 모택동 및 주은래와 각각 회담을 가졌지만, 이에 관해 토론하였는지는 현재로썬 알 수 없다.[224] 그러나 일 년이 채 안 되는 기간에 김일성이 세 차례 비밀리에 중국을 방문한 것은, 중미관계 개선이 조선 문제의 해결과 중조관계에 미칠 영향에 대해 김일성이 얼마나 민감해 했는지를 충분히 보여준다. 이 기간에 중일관계는 정상화하여, "일본정부는 중국과 함께 수교의 절차에 올라", 이 또한 조선의 주목과 "극도의 불안"을 불렀다.[225]

중국과 알제리 등 대표들이 유엔총회에서 극구 반대했음에도 불구하고 미국, 영국, 일본 등은 유엔총회에서 조선 문제의 토론을 연기하는 결의를 끝내 통과시켰다.[226] 이후 중국 정부는 계속해서 조선 정부의 자주평화통일 주장을

---

223) Memorandum of Conversation Between Kissinger and Huang Hua, September 19, 1972, *FRUS*, 1969-1976, Vol.17, p.1,075.

224) 『周恩来年谱(1949-1976)』下卷, 561쪽;『毛泽东年谱(1949-1976)』第6卷, 453쪽.

225) РГАНИ, ф.5, оп.64, д.424, л.55-57.

지지하고 성원하였다.

1972년 12월 25일, 중국 외교부장 희붕비(姬鵬飞)는 조선을 방문하여 중국 정부는 주한미군이 반드시 남조선에서 철수해야 하고 유엔한국통일부흥위원회는 반드시 해산해야 한다는 중국 정부의 강력한 주장을 발표하였다. 1973년 2월 조선 외교부장 허담(许锬)이 중국을 방문하였을 때 중국은 재차 동일한 성명을 발표하였다.[227] 이때 중국은 사실상 소련을 대신하여 유엔에서 조선의 대변인이 되었다. 하지만 조선은 중국의 노력에만 의존해서는 문제 해결이 어려울 것으로 보았다.

허담은 중국을 방문하는 동안 중국에게 조미 간의 직접 접촉 가능성을 미국에 타진해 줄 것을 요청하였다. 주은래는 이번에 키신저가 오면 조선의 요구를 전달할 것이라고 약속하였다. 중국은 키신저와 다음과 같은 원칙적 문제를 논의할 것을 결정하였다. "조선 문제는 오직 남북 간 대화를 통해 해결될 수 있으며, 어떠한 외국도 간섭, 방해 혹은 대화를 파괴해서는 안 된다. 모든 군대는 조선반도에서 철수해야 한다. 한국통일부흥위원회는 마땅히 해산되어야 한다. 조미 접촉 문제를 타진해 본다."[228]

1973년 2월 15~19일, 키신저의 중국 방문 기간 동안 주은래는 상술한 문제를 논의하였다. 우선 한국통일부흥위원회 해산 문제는 주은래의 압박하에 키신저는 하반기에 이 문제를 해결할 것이며, 만일 남한과 이 문제에 대해 논의가 이루어 지지 못할 경우, 기타 유엔회원국들과 다시 협상할 것을 약속하였다. 철군 문제에 관해서, 주은래는 조선이 이 요구를 제기하는 것은 합리적이며, 미국 또한 점진적으로 철군할 것임을 밝혔다고 주장하였다. 키신저는 미군은 남조선에서 점진적으로 철수할 것이며, 내년에는 그 구체적 철군 계획이 발표될 수도 있다고 밝혔다. 조미가 직접 접촉하는 문제에 대해 키신저는 미국 측은 아직 이를 고려하고 있지 않다고 말하였다.

주은래는 마지막으로, 중국은 조선 문제가 점진적으로 해결되어야 한다는

---

[226] 『人民日报』 1972년 9월 22일 5면, 9월 25일 5면.

[227] 『人民日报』 1972년 12월 26일 1면, 1973년 2월 10일 2면.

[228] 王泰平主编, 『中华人民共和国外交史』 第三卷, 42쪽.

점을 인정하고 있으며, 평양에 미군 철군과 조선반도 통일은 인내심을 필요로 한다고 줄곧 권고해왔고, 조선 역시 점차 이를 이해하고 있다고 밝혔다. 동시에 미군 철수 이후 일본이 조선반도에 진입하는 것은 허락할 수 없다는 점 또한 강조하였다.[229]

주한미군 철수와 한국통일부흥위원회 해산에 관해 아직 결과가 도출되지 않고 있을 때 조선반도에는 새로운 문제가 출현하였다. 6월 23일, 한국 대통령 박정희는 한국은 "북한과 함께 유엔의 정식회원국으로서 유엔에 가입하는 것을 반대하지 않는다"는 성명을 발표하였다. 같은 날 김일성은 담화를 발표하여 "단일 국호하의 남북연방제 실시", 즉 고려연방공화국 실시를 주장하였다.[230]

정리하자면, 한국의 방안은 주로 외국의 간섭을 배제하여 조선 민족이 대등한 협상을 통해 자주적으로 통일 문제를 해결할 수 있도록, 북한이 가능한 한 조속히 국제사회의 승인을 얻기를 희망한다는 내용이었다. 북한이 제기한 방안은 김일성의 정세 판단이 지나치게 낙관적이며, 조선 문제가 유엔의 의사일정에 포함되기 전에 통일을 실현하려는 방안이라고 할 수 있다. 그러나 이는 분명 비현실적 것이었다.

남북한이 장기간 대립하고, 조선 또한 줄곧 국제사회에서 고립된 상황에서 한국통일부흥위원회의 해산과 주한미군 철수조차 부단한 노력의 과정이 필요하였다. 이런 상황에서 어떻게 통일을 단숨에 이룰 수 있겠는가?

당시의 국제정세가 확실히 조선에게 유리했고, 중미관계 완화와 중국의 유엔 가입은 의심할 바 없이 조선의 평화통일 강령에 유리한 국제환경을 조성하였다. 한국 외교부의 관찰에 따르면, "중국은 유엔 지위회복 전후 세계 각국과 광범위하게 외교관계를 수립하였고, 조선 또한 이 기회를 이용하여 대외 수교 활동을 대대적으로 전개하였다. 특히 일부 제3세계 국가들에서 조선은 중국의 뒤를 바짝 따라 외교 공간을 넓혀나갔다." 1973년 4월에 이르러 10개 국가가

---

[229] Memorandum of Conversation, February 18, 1973, *FRUS*, 1969-1976, Vol.18, China, 1973-1976, Washington D.C.: GPO, 2007, pp.169-174; Memorandum From Kissinger to President Nixon, March 2, 1973, *FRUS*, 1969-1976, Vol.18, p.219; 王泰平主编, 『中华人民共和国外交史』第三卷, 42쪽.

[230] 『参考消息』 1973년 6월 25일 3면; 『人民日报』 1973년 6월 25일 4면.

조선과 정식으로 수교하였다.[231]

조선과 일본과의 관계 역시 개선되기 시작하였고 조일 간의 민간 왕래가 날로 증가하였다.[232] 이와 동시에 유엔의 대문은 조선을 향해 활짝 열리고 있었다. 1973년 4월 28일 국제의원연맹 이사회는 조선의 의원연맹 가입을 승인하였으며, 5월 17일 세계보건기구는 조선을 정식회원으로 받아들였다. 6월 4일 조선은 제네바에 상주하는 국제기구 대표처를 설립할 것이라고 발표하였다.[233]

조선 문제 해결 전망이 밝게 드러났으며, 이런 상황에서 중국은 차근차근 문제를 해결할 생각이었지만, 조선 측은 인내심이 부족하여 성급하게 일을 성사시키려고 하였다. 이는 곧 바로 중조 간의 전략적 차이와 의견 불일치로 이어졌다. 그럼에도 중국은 최선을 다해 동맹국을 도왔다.

4. 중국, 최선을 다해 조선의 이익을 옹호

이때에 이르러 조선 문제가 제28차 유엔총회 의사일정에 포함되는 것은 이미 기정사실화 되었다. 그러나 한국통일부흥위원회의 해산, 미군을 중심으로 하는 유엔군의 철수시기(전제조건은 유엔군 사령부의 폐지), 남북의 유엔가입 방식 등 3가지 쟁점이 있었다. 이번 총회에서 이러한 문제를 해결할 수 있을 것인지, 얼마나 해결할 수 있을지에 관해 중·미·조·한 각국 모두 자신의 계산과 기대가 있었지만, 최종 결과는 중미가 각자의 동맹국을 설득한 후 상호 타협하는 방식으로 이루어졌다.

유엔한국통일부흥위원회는 1950년 10월 유엔결의에 근거하여 조선반도 통일을 촉진하기 위해 조직되었으며, 오스트레일리아, 뉴질랜드 등 7개국 대표로 구성되었다.[234] 1970년대 초에 이르러 미국은 한국이 이미 부흥하여 이 위원회가 더 이상 전략적 의의를 갖지 못하며, 조선통일 문제에서도 아무런 역할을

---

231) 한국외교사료관, D-0013-1, 81-82쪽.

232) 『로동신문』 1972년 6월 7일 1, 2면; 『人民日报』 1972년 1월 20일 5면.

233) 『人民日报』 1973년 5월 2일 6면, 5월 18일 6면, 6월 6일 6면.

234) 관련 상황은 『라주바예프 6·25전쟁보고서(3)』, 15-33쪽을 참고할 것.

할 수 없다고 보았다.

그러나 유엔군사령부 문제는 훨씬 복잡하고, 중요하였다. 1950년 7월 유엔 결의에 따라 미국은 유엔군사령부 지휘 권한을 부여 받았고, 이 사령부는 법률적으로 "미국이 사실상 한국 군대를 지휘하는 것에 대한 보호막을 제공하였다."[235] 1973년 3월까지 미국인은 여전히 유엔군사령부가 조선 정전협정 유지와, 대북 심리적 위협 측면에서 일정한 역할을 한다고 여겼다.[236]

때문에 6월 19일 키신저는 황화에게 미국은 유엔총회 이후 유엔군사령부 문제를 재차 토론하고 해결할 준비를 할 것이라고 통보하였다.[237] 9월 26일, 황화는 다시 신임 미국 국무장관 키신저를 만났다. 회담에서 키신저는 미국이 유엔한국통일부흥위원회 해산에 동의하였지만, 안전보장을 위한 새로운 합법적 기제를 함께 모색하기 위한 시간을 확보하기 위해 유엔군사령부 철폐 문제는 최소 1년간 보류해 줄 것을 희망하였다.

황화는 미국이 남북 동시 유엔 가입에 관한 남한의 입장을 포기하도록 권해주길 건의하였으나, 키신저는 이에 대한 입장 표시를 거절하였다.[238] 주로 주한미군 철수와 조선의 유엔 가입 형식 문제에 있어서 조미 간 의견 차가 심각했다. 하지만, 양측은 교류가 부족하였고, 그 사이에 끼어 있는 중국의 상황은 가히 짐작할 수 있었다.[239]

이제 유엔총회 앞에는 조선 문제 관련 두 개의 결의안 초안이 놓였다. 우선 중국과 알제리 등이 제출한 결의안은 한국통일부흥위원회와 유엔군사령부의

---

[235] Henry Kissinger to the President, February 14, 1972, Box 848, NSC files, NPMP, National Archives.

[236] 로저스(Rogers)미국 국무장관과 김영식(金永植) 한국 외무부 장관의 회담 기록, 1973년 3월 18일, 李东俊, 『未完成的和平』, 261쪽에서 재인용.

[237] Memorandum from Richard H. Solomon of the National Security Council Staff to Secretary of State Kissinger, April 12, 1974, FRUS, 1969-1976, Vol.18, pp.477-479.

[238] Nixon Presidential Materials, July 10-October 31, 1973, FRUS, 1969-1976, Vol.18, pp.321-322.

[239] 1973년 8월 27일 미국과 북한외교관은 중국 주재 미국대표부에서 첫 접촉을 가졌으며, 대표부 주임 브루스는 키신저에게 다음과 같이 보고하였다. "시기가 무르익는다면, 평양은 북경을 미국과 직접 접촉하기에 편리하고 안전한 곳으로 여길 수 있을 것이다." Bruce to Kissinger, August 28, 1973, Box 328, Winston Lord Files, RG 59, National Archives.

해산 및 주한미군의 철수를 요구하였다. 또 하나 미, 영, 일 등이 제출한 결의 안은 한국통일부흥위원회 해산에는 반대하지 않지만, 유엔군사령부는 남한에 유지할 것과, 미국 군대의 주둔 및 남북한 유엔 동시 가입은 보류를 주장하였다.

1973년 11월 14일, 유엔정치안보위원회는 조선 문제에 대한 토론을 시작하였다. 50여 개국 대표들이 발언을 이어가며 치열한 논쟁을 벌였다. 미리 토론에 참가할 것을 처음으로 초청 받은 조선대표단이 뉴욕에 도착하면서 회의장 분위기는 더욱 고조되었다.[240]

실질적 성과를 거두고 조선 문제의 해결을 촉진하기 위해 중국은 총회 토론 전에 적극적인 외교적 활동을 전개하고, 조선 및 미국과 각각 협상을 진행하였다. 10월 21~22일 주은래는 심양으로 날아가 유엔에서의 투쟁 전략에 관해 김일성과 여러 차례 회담을 가졌다.[241] 11월 11일, 주은래는 재차 북경에서 중국을 방문한 키신저와 수 차례 회담을 가졌다. 주은래는 조선반도의 평화 문제 해결은 많은 시간을 필요로 하며, 중국은 유엔군사령부 문제의 해결이 법률적으로 많은 준비가 필요하다는 데에 동의하고, 동시에 지역 안정에 대한 유엔군사령부의 역할 또한 인정하였다.[242]

회의 기간, 중조 양국 대표단은 긴밀한 연락을 유지하며 수시로 깊은 논의를 하였다. 또, 주은래는 북경에서 긴급회의를 소집해 관련 문제를 논의하였고, 유엔총회에 참가중인 중국대표단 대표 장정연(张庭延)을 뉴욕에서 긴급 소환하여 상황을 설명하였다. 긴급회의는 중조대표단이 유엔에서 융통성 있는 태도를 취하여 최상의 결과를 얻도록 할 것을 결정하였다.[243]

여기서 "융통성 있는 태도"란 부득이한 경우, 주한미군 철수 요구를 포기하는 방안을 의미하였던 것으로 보인다. 이는 이번 유엔총회에서 미군 철수 문제

[240] 『人民日報』 1973년 9월 12일 5면, 10월 3일 1면, 11월 13일 6면, 11월 23일 5면.

[241] 『周恩来年谱(1949-1976)』 下卷, 632-633쪽.

[242] Memorandum of Conversation between Chou En-lai and Kissinger, November 11, 1973, *FRUS, 1969-1976*, Vol.18, pp.354-357.

[243] 张庭延, 「联合国讨论朝鲜问题」, 万经章, 张兵主编, 『风云际会联合国』, 北京: 新华出版社, 2008年, 53-55쪽. 장정연은 1992년 한국 주재 중국 대사를 담당했다.

를 해결할 수 없을 수도 있다는 중국의 견해에 대하여, 조선 측이 어느 정도는 수용하고 있었을 가능성을 보여준다. 이에 따라, 중국은 반대급부로써 조선의 안보에 대해 진일보한 보장을 제공해야만 했다. [244]

두 개의 결의안이 대립하고 쌍방 모두 자신들의 주장을 포기하지 않았기 때문에 유엔총회에서 표결이 강행된다면 쌍방 모두의 실패의 결과로 이어질 가능성이 높았다. 어떻게 하면 교착 국면을 피해 조선 문제 해결의 출구를 찾을 수 있을까? 이를 위해 중국은 쌍방의 체면을 세울 수 있는 절충 방안, 즉 두 개의 결의안 초안을 모두 유엔총회 표결에 부치지 않고, 유엔총회가 쌍방의 협의를 거쳐 하나의 "합의된 의견"으로 통과시킬 것을 제안하였다.

황화는 미국의 유엔 대표 스컬리(Sculley)와 논의할 때, 미국이 이미 화해할 의향이 있고 중국 또한 대결을 피하기를 원한다면, 중조 쌍방이 합의한 방침에 따르는 것도 고려할 수 있다고 밝혔다. 최종적으로 중미 쌍방은 협상을 거쳐, 이번 유엔총회에서 "합의된 의견"을 이룬다는 데에 합의하였다.[245]

1973년 11월 21일, 유엔총회 정치위원회는 조선 문제에 관한 토론을 마치고 동시에 성명을 통과시켰다. 성명은 유엔 한국통일부흥위원회의 즉각 해산을 결정하고, 조선 남북 쌍방이 1972년 7월 4일 공동성명 중의 세 가지 원칙에 입각하여 계속해서 대화할 것을 희망하였으며, 동시에 조선 문제에 관한 두 가지 결의안 초안을 본 유엔총회에서는 표결에 부치지 않을 것을 선언하였다. 그 후에, 중조 양국은 사설과 성명을 각각 발표하여 이 결과에 대해 모두 만족을 표시하였다.[246]

유엔 한국통일부흥위원회가 무사히 해산될 수 있었던 원인은 중국의 노력과 관계가 있으며, 미군 철수 문제가 보류된 것이 조선 문제 전체논의에 영향을

---

244) 평양 주재 베트남 외교관이 1973년 11월 밝힌 바에 따르면, 최근 조선을 비밀방문한 중국 고위급 군사대표단이 다음과 같이 약속하였다. 조선에게 전례 없는 군사장비를 제공할 것을 보장하며, 심지어 전술핵무기가 포함될 수도 있다. 예전에 중국은 이미 조선에게 미사일 방어시스템 장치를 제공하였다. 조선 주재 헝가리 대사관이 외교부에 보낸 보고, 1973년 11월 22일, *CWIHP Working Paper*, No.53, pp.51-52.

245) 王泰平主编, 『中华人民共和国外交史』第三卷, 42-43쪽.

246) 『人民日报』1973년 11월 23일 5면; 11월 24일 2, 5면.

주지 않았다는 점 또한 중국이 미국, 조선과 수차례 협상하여 타협해낸 결과라고 볼 수 있다. 미국의 안전보장위원회의 한 문건 역시, 중국은 한국통일부흥위원회가 임무를 마치고 해산되는 데 중요한 역할을 했다고 서술하였다.[247]

유엔 총회 이후, 중국 지도자는 계속해서 남한으로부터 미군 철수 목표를 실현하기 위해 노력하였으나 객관적인 환경이 이미 변하였다. 즉 조선반도의 정세가 엄중하게 변하였다. 남북 간의 근본적 이익 충돌과 심각한 차이로 인하여 1973년 여름에 이르러 남북대화는 교착상태에 빠졌으며, 김일성은 심지어 남조선 지도자가 예측 가능한 장래에 조국통일 문제를 진지하게 토론하는 것을 원치 않기 때문에 남조선 인민 "혁명"을 일으키는 것 외엔 다른 선택이 없다고 생각하기까지 하였다.[248]

12월 1일, 조선 정부는 돌연 한국의 통제하에 있던 황해도 휴전선 부근에 위치한 백령도, 연평도 등 5개 도서에 대해 관할권 행사를 선언하였다. 이에 한국 국방부는 당일 무장부대가 비상경계 태세에 돌입했다고 발표하였다.[249] 1974년 1월 29일, 김일성은 기자의 질문에 단호하게 "제국주의자에게 구걸하는 방식으로는 절대로 평화를 실현할 수 없으며, 오직 제국주의에 대한 강경한 반대 투쟁을 통해서만 평화를 쟁취할 수 있다"고 강조하였다.[250] 이런 국제 정세에 미군 철수를 논의하는 것은 허황된 목표라고 할 수 있을 것이다.

조선 정세에 대한 통제를 보장하기 위하여, 미국은 유엔군사령부 해산의 전제 조건을 제시하였다. 1974년 3월 29일 작성된 미국 국가안전보장회의 비망록 제251호 문건은, 유엔군 사령부의 해산은 기존의 권한을 한미연합군 사령관에게 이전한 후에만 가능하다고 하였다.[251] 6월 13일, 미국 정부는 이 문건 중의

---

247) Memorandum From Richard H. Solomon of the National Security Council Staff to Secretary of State Kissinger, April 12, 1974, *FRUS*, 1969-1976, Vol.18, pp.477-479.

248) Bernd Schaefer, "Overconfidence Shattered", *NKIDP Working Paper*, No.2, pp.22-23.

249) 『参考消息』 1973년 12월 3일 3면.

250) 『로동신문』 1974년 4월 5일 1면.

251) National Security Decision Memorandum 251, Termination of the UN Command in Korea, March 29, 1974, http://www.fas.org/irp/offdocs/nsdm-nixon/nsdm_251.pdf; NSDM: Dissolution of the UNC, March 29, 1974, Box 376, Winston Lord Files, National Archives.

유엔군사령부 해산과 관련된 부분을 중국에 통보하였다.[252]

7월 27일, 미국 주재 중국대표부 주임 황진(黃镇)은 중국이 이미 유엔군사령부 해산과 관련된 미국의 방안에 관해 조선과 여러 차례 토론하였으며, 중국은 작년과 마찬가지로 유엔에서 미국과 긴밀히 협조하여 조선 문제가 원만하게 해결되기를 희망한다고 미 국무부에 통보하였다.

그러나 며칠 후, 중국은 미국 주재 중국대표부를 통해 미국이 제시한 방안을 "수용하기 어렵다"고 밝혔다. 중국 측은 해당 방안이 남북 상호불가침조약 체결과 유엔사령부 해산을 연계시켜서, 이미 유명무실한 유엔군 사령부의 해산을 주한미군의 지속적 주둔과 맞바꾸고, 한반도 분단을 영구화시키려는 의도라며 비난하였다. 이어서 미국이 1974년 내에 유엔군 사령부를 해체하고 주한미군을 조속히 철수할 것을 강력하게 요구하였다.[253]

중국은 최소한 표면적으로 조선 문제에 대하여 기존의 강경한 입장으로 선회한 것처럼 보였다. 8월 16일, 중국 등 32개국 대표는 유엔 사무총장에게 "유엔의 이름으로 남한에 주둔한 모든 외국 군대의 철수"를 제안하는 의제를 제29차 유엔총회의 임시 의사일정에 포함시킬 것을 요구하는 서신을 전달하였다. 다음 날, 유엔 사무처는 이 서신과 첨부된 해설 비망록을 배포하였다.[254]

8월 28일, 미국은 재차 수정된 방안을 중국에 건네주었지만, 이에 중국은 직접적인 대답을 회피하였다.[255] 9월 16일, 중국을 비롯한 기타 34개국은 '유엔의 명의로 남조선에 주둔 중인 모든 외국 군대의 철수' 결의안 초안을 유엔에 정식으로 접수시켰다. 얼마 후 미국 측도 자신의 의제와 이에 관련된 결의안 초안을 유엔에 제출하였다.[256] 비공식 협상이 결과를 내지 못하자 양측은 유엔총회

---

252) PRC Response to our Proposal on UNC, August 1, 1974, Box 349, Winston Lord Files, National Archives.

253) DOS to USLO Peking/AmEmbassy Seoul, July 26, 1974, Box 376, Winston Lord Files, RG 59; PRC Response to our Proposal on UNC, August 1, 1974, Box 349, Winston Lord Files, National Archives.

254)『人民日报』1974년 8월 19일 5면.

255) Memorandum to the Secretary, August 15, 1974; DOS to AmEmbassy Seoul, August 20, 1974; DOS to AmEmbassy Seoul, August 29, 1974, Box 376, Winston Lord Files, RG 59, National Archives.

256)『人民日报』1974년 9월 18일 5면, 12월 1일 5면.

에서 대결할 수밖에 없었다.

1974년 10월 2일, 유엔총회 발언에서 중국대표단 단장 교관화(喬冠華)는 미국이 기초한 초안을 격렬히 비판하였다.[257] 그러나 다른 한편으로, 중국은 여전히 대화를 통한 해결을 포기하지 않았다. 당일 저녁, 교관화는 키신저와 비공식 회동을 갖고 유엔군사령부의 문제를 논의하면서 다음과 같이 말하였다. "귀하는 우리와 조선민주주의인민공화국의 관계가 좋다는 것을 잘 알고 있다. 이 문제에 있어서, 우리는 그들의 의견을 존중해야 한다. 물론, 당신들이 구체적인 의견이 있다면 우리가 대신 전해줄 수 있다."

교관화는 또, 우리 의견은 주로 조선의 입장을 반영하는 것이며, 중국이 중간에서 어떠한 이익도 취할 생각은 전혀 없다고 주장하였다. 이어서, 그는 모택동 주석이 말한 것처럼 전 세계 정세로 보면 조선 문제는 그리 큰 문제가 아니라고 지적하였다.

이에 키신저는 만일 정전을 유지할 수 있는 법률적 보장이 없다면, 미국은 유엔군사령부 해산의 주장을 받아들일 수 없다고 밝혔다. 키신저는 또한 "북한인들도 역시 루마니아인, 이집트인 및 은행가 록펠러(Rockefeller) 등의 경로를 통해 우리와 관계를 맺기를 희망하고 있다. 그러나 우리는 유엔군사령부 문제가 해결되기 전에 그들과 접촉할 수 없다. 원칙적으로 우리는 그들과의 접촉을 반대하지 않는다. 이를 북한에 전달해 달라"고 말하였다.[258]

10월 4일 교관화는 키신저에게, 중국은 미국의 의견을 이미 조선에 전달하였지만 아직 조선의 회신을 받지 못했다고 전했다. 또, 조선이 중국과 사전 논의 없이, 일부 국가의 지지를 받아내 스스로 평화협상 및 유엔군사령부 해산과 관련된 방안을 유엔에 직접 제출하였다고 밝혔다.[259]

불행한 것은, 유엔총회에서 조선 문제를 논의하기 전에 문제 해결의 주관적

---

[257] 『人民日報』 1974년 10월 3일 1면.

[258] Memorandum of Conversation between Kissinger and Chi'ao Kuan-hua, October 2, 1974, *FRUS*, 1969-1976, Vol.18, pp.534-535.

[259] Memorandum of Conversation: Chiao Kuan Hwa and Kissinger, October 4, 1974, Box 331, Winston Lord Files, National Archives.

조건 역시 변화가 발생하였다. 즉 중미관계의 발전이 각자 국내정치의 영향을 받아 곤경에 빠졌다. 중국에서 "좌경 모험주의"를 수정하려는 주은래의 노력이 좌절되었고, 주은래 자신 또한 11월 정치국회의에서 엄중한 비판을 받았다.[260]

키신저는 교관화가 이후 회담에서 "극히 적대적"인 입장을 취하고 있음을 발견하였다. 미국에서는 닉슨 대통령이 "워터게이트 사건"으로 인해 사임하고, 그 후 11월 의회선거 과정에서 미국 여론은 닉슨이 전개한 "적극적 외교정책에 대한 지지가 크게 하락하였다."[261] 11월 25~30일 제7차 중국방문 때, 키신저는 고의적으로 조선 문제에 대한 언급을 회피하였다.[262] 중국의 완충 및 교량 역할이 없어지자 미국과 조선 사이에 타협에 이를 가능성은 거의 희박해졌다. 12월 17일, 제29차 유엔총회에서 진행된 투표 결과, 찬성 61표, 반대 43표, 기권 31표로 조선 문제에 관한 미국의 결의안이 통과되었다.[263]

조선 문제에 관한 유엔의 토론은 여기서 일단락 지어졌다. 이를 위한 중국 정부의 노력 또한 최종적으로 원만한 결과를 얻지 못하였다. 유일한 동맹국 북한을 잡기 위해 중국은 다른 방면에서 조선에 지원을 제공할 수밖에 없었다. 1970년대에 경제, 기술, 군사, 문화 등 분야에서 양측 간의 교류와 협력은 전면적으로 발전하였고, 양국 정부는 5개의 차관협정과 9개의 '과학기술협력의정서' 및 기타 협정들을 체결하였다.[264]

일부 학자는, 중미 화해에 대한 조선의 지지는 중국의 "중대한 외교성과"중 하나였으며, 중미관계 완화가 가져온 부수적 결과는 "조선이 모택동주의 시대에 중국의 가장 가까운 국제적 동맹국이 된 것"이라고 주장하였다.[265] 겉보기

---

[260] 『周恩来年谱(1949-1976)』 下卷, 634쪽; 宫力, 「通向建交之路的艰难跋涉—1972-1978 的中国对美政策」, 『党的文献』 2002年 第2期, 67-68쪽.

[261] Kissinger, *On China*, pp.292, 317.

[262] Memorandum of Conversation between Teng Hsiao-p'ing and Kissinger, November 26, 27, 28, 1974, *FRUS*, 1969-1976, Vol.18, pp.562-636; Brent Scowcroft to the President, November 27, 1974, DNSA: China and the U.S., CH00324.

[263] The War History Compilation Committee(ed.), *The History of the United Nations Forces in the Korean War*, Vol.VI, Seoul: The Ministry of National Defense, 1981, p.605; 『人民日报』 1974년 12월 19일 5면.

[264] 王泰平主编, 『中华人民共和国外交史』 第三卷, 39쪽.

엔 분명 이러했지만, 조선이 동맹국으로서 중국을 "지지"한 것은 조선으로서도 어쩔 수 없는 행동이었지, 결코 진심에서 우러나온 것이 아니었음을 간과해서는 안 된다. 어쨌든, 김일성의 눈으로 볼 때 중국은 이미 자신의 적과 손을 맞잡고 화해하였다. 비록 베트남과 알바니아처럼 둘 중 한쪽을 택하지는 않았지만, 내심 존재하는 공포와 불안감을 해소할 수 없었다. 당시(1972년 12월) 조선 주재 소련대사는 보고서에서 다음과 같은 견해를 밝혔다. "조선인은 수 세기 동안 이어온 '고난의 역사'에 대한 생생한 기억을 갖고 있다. 중국의 미, 일과의 교류를 조마조마한 마음으로 관찰한다. 조선의 매체들이 이 과정을 '중국의 대외정책의 위대한 승리'로 묘사한 것은, 설령 표면적일지라도 북경을 만족시키기 위함이었다. 실제로는 조선의 지도자는 한편으론 중소관계의 대립 속에 '자기를 위한 최대한의 이익을 도모'하고, 한편으론 '미일중 삼각관계에서 나타나는 새로운 정세를 적극 이용하여 조국 통일 회담 추진을 시도했다."[266]

1970년대 초 국제정세의 변화는 미국, 중국 그리고 조선 모두에게 각자의 생존조건 혹은 안보환경을 바꿀 수 있는 역사적 호기였다. 중국과 미국은 이 점을 민첩하게 인지하고 이를 기회삼아 이데올로기적 장애를 돌파하였으며, 양자 관계 정상화를 점진적으로 실현하였다. 이 과정에서 중미 양국은 자신의 정치 목표를 실현하면서도, 자신의 동맹국들의 이익을 고려해야 하는 문제에 직면해 있었다.

조선은 중국의 몇 안 되는 동맹국 중의 하나였으며, 냉전체제에 동북아지역에서 중국의 완충지대였을 뿐만 아니라, 중소 대립 중에 없어서는 안 될 조력자였다. 때문에 미국과의 관계를 개선을 하는 동시에 중국은 반드시 미국의 직접적 적대국인 조선의 기분도 똑같이 고려해야만 하였다.

이 때문에, 중국 지도자는 미국과 외교적 담판 중에 조선 문제를 언급할 때, 한편으로 제국주의에 대한 반대 입장을 견지하고 상황을 잘 살펴 조선이 정치적 목표를 점진적으로 실현하는 데 도움이 되는 타협적 태도를 취하면서도, 다

---

265) Bernd Schaefer, "Overconfidence Shattered", *NKIDP Working Paper*, No.2, pp.6-7.
266) РГАНИ, ф.5, оп.64, д.422, л.230-239.

른 한편으로 중미관계 완화와 전반적인 정세를 손상시킬 수 있는 조선의 주장과 행동을 지지하지 않고, 동시에 동맹국 조선을 안심시키기 위해 대규모 군사 경제 원조를 제공하였다. 그러나 지정학적 측면에서 관찰하면, 중미관계 개선의 필연적 결과는 의심할 바 없이 중국 동북지역 관문의 안전 및 전략적 완충지대인 조선의 역할을 약화시켰다.

중미관계의 완화는 객관적으로 조선의 국제환경 개선과 국제적 지위 향상을 선도하고, 북미, 남북한 대치 및 긴장상태 완화에 도움이 되었으며, 심지어 조선의 평화통일 목표 실현에 유리한 조건을 일정 부분 제공하였다. 조선 지도자는 이 점을 충분히 인식하고 이를 위해 적극적으로 나섰지만, 지나친 낙관과 과신으로 조선의 목표는 너무 높았고, 단기간에 자기 방식으로 조선반도 통일을 단숨에 해결하려 하였다.

조선반도의 평화통일 과정에 영향을 준 요인은 다양하였고, 중·미·조·한 4자 사이의 관계 역시 복잡하게 뒤얽혀있었지만, 가장 중요한 문제는 여전히 남북한 쌍방 간에 신뢰와 이해가 만들어지지 않았다는 점에 있었다. 어려움과 좌절 앞에서 조선 지도자는 인내심이 부족했고 타협을 원치 않았으며 결국 이 역사적 기회를 잡지 못하고 다시 긴장 대치의 과거의 길로 돌아갔다.

때문에 조미관계가 여전히 긴장대립 상태인 상황에서, 중미관계의 지속적인 발전은 하나의 큰 문제를 야기하였다. 즉, 중국과 조선 사이에 대외정책과 전략이익 방면에서 심각한 마찰이 발생하기 시작하였다. 외교 전략적 측면에서 볼 때 중국은 지난 날의 적과 악수하고 화해했지만, 조선은 여전히 미국을 주적으로 삼고 있었고, 중조동맹이라는 외교적 측면에서의 특수관계는 균열이 나타났다. 이로 인해, 중국이 온갖 방법을 통하여 조선을 돕고자 하였음에도, 김일성은 이에 대해 안심하고 만족할 리 없었다.

중미관계의 해빙이 중조관계에 미친 영향을 말할 때 또 한 가지 볼 것은, 모택동은 줄곧 김일성에게 백방으로 배려하고 용인해줬지만, 중대한 전략적 문제를 다룰 때는 조선전쟁 당시와 같이 "자기 생각대로 결정했고", 사전에 평양과 상의하거나 의견을 구하지 않았으며, 사후에 해명과 설득을 했다. 이 점은 몇 년 후 "조선혁명"의 문제를 대할 때 또다시 표출됐다.

제3절 조선, 중국을 대신해 혁명을 지속

미국에 대한 모택동의 정책 수정은 주로 안보 전략적 시각에서 비롯되어 중국이 국제적으로 "두 전선에서 싸우는" 상황 즉, 양측에서 적과 대치하는 곤경에서 벗어나기 위함이었다. 중미관계가 점진적 정상화를 실현했기 때문에 이러한 전략적 의도는 예상한 효과를 거뒀다고 할 수 있을 것이다. 하지만 조선은 이와 같은 국제정세의 근본적 변화 과정에서 더욱 고립적 상황에 몰리게 되었다.

중국이 아무리 조선에게 도움이나 지지 입장을 표명해도, 과거와 달리 양국은 전략 면에서 더 이상 미국을 필두로 한 제국주의 진영에 반대하는 "전우"가 아닌데, 김일성이 어떻게 모택동을 계속 신뢰할 수 있겠는가? 이데올로기 면에서의 문제는 더욱 심각하였다. 조선이 보기에 중국은 미국과의 해빙정책을 취하면서 미국을 더 이상 적으로 간주하지 않았으며, 이는 곧 과거 모택동이 흐루시초프를 비난한 것과 마찬가지로 세계혁명을 포기하는 것과 같았다. 이러한 상황에서 김일성은 마땅히 모택동의 반제투쟁의 큰 깃발을 넘겨받아 "혁명을 계속"해야 한다고 여겼으며, 조선에 대한 중국의 정책은 더욱더 어찌할 바를 모르는 곤경에 빠졌다.

1. 중국의 대외전략 조정과 그 영향

중국이 미국에 대한 정책을 수정하면서 가장 먼저 부딪친 것은 이데올로기 영역에서의 중대한 장애였다. 지금까지 중국공산당의 투쟁 목표는 언제나 자본주의를 소멸시키고 공산주의를 건립하는 것이었다. 여론 선전에서도 미국은 줄곧 중국의 "불구대천"의 첫 번째 원수였다. 심지어 중공은 중소분쟁의 원인과 관련해, 가장 주된 구실로 소련이 미국과 관계를 완화하고 반제국주의 혁명 목표를 포기했다고 설명했다. 이러한 선전은 중국에서 이미 인민들의 마음속에 깊이 각인되어 있었다.

이에 대한 가장 전형적인 예로 미국의 한 여행팀이 서안의 마기채(马旗寨)

회사를 참관할 때 닉슨 대통령의 중국 방문에 대해 어떻게 생각하느냐고 묻자, 이 회사의 생산팀장은 "닉슨의 중국 방문은 좋은 것입니다! 모택동 주석의 지도하에 그와 단결하여 우리는 함께 혁명을 할 수 있습니다"라고 대답하였다. 배석한 통역사가 이러한 답변이 통역하기가 곤란하다고 생각하여, 통역하지 않았다. 주은래는 이 보도를 접한 후에 "지당한 말이다!"라고 하였다.[267] 지금 중국이 미국과의 관계를 완화하는 것은 소련의 뒤를 따라 혁명의 큰 깃발을 포기하는 것이 아니겠는가? 그러므로 모택동은 반드시 전체 당과 인민에게 설명을 해야했으며, 동시에 국제공산주의 운동에 대해서도 설명이 있어야만 하였다. 양규송(杨奎松)교수의 견해 그대로, 중국 대외정책의 전환은 모택동 본인에게든 혹은 그의 수많은 추종자들에게든, 정책관념적 측면에서건 감정적 측면에서건 "조정 및 과도적 단계"가 필요하였다.[268] 또, 이 단계가 바로 "3개 세계" 이론의 출범 과정이었다.

미국과 관계정상화를 고려하던 초기부터, 모택동은 어떻게 하면 이론상으로 중국 대외정책 전환을 합리적으로 설명할 지 고민하였다. 1970년 6~7월, 모택동은 몇 차례 외빈들과의 회담에서 "3개 세계" 이론의 개념과 함의를 질문하면서 처음으로 명확하게 중국은 아시아, 아프리카, 라틴아메리카의 제3세계에 속한다고 표명하였다. 동시에 모택동은 제1, 제2세계에 대한 표현법에 유의하기 시작하였으며, 또한 전술적 측면에서 문제를 제기하는 것을 중시하여, "초강대국"의 표현을 겨냥하여 "중간 국가" 개념을 제기하고, 미소 양대 강국이 전 세계에 형성한 위협을 강조하였다. 이후 모택동은 또 "제1중간세력은 제3세계"이며, 영국, 프랑스, 독일 등 "제2중간세력"을 쟁취해야 한다고 강조하였다.

1973년 모택동은 3개 세계의 구분과 그 의미에 대해 비교적 명확한 표현을 갖게 되었다. 그는 일본을 제외한 아시아, 아프리카, 라틴아메리카는 모두 제3세계에 속하며 동시에 개발도상국이라 칭하였다. 모택동은 소련은 제3세계 국가를 억압하는 국가이고, 현재 세계는 불안정하며 소련은 유럽, 아시아 그리고

---

[267] 『外事动态』 1972年 第25期, 4-5쪽.

[268] 杨奎松, 「中美和解过程中的中方变奏—毛泽东"三个世界"理论提出背景探析」, 『冷战国际史研究』 第4辑(2007年 春季号), 4쪽.

아프리카에 대해 야심을 가지고 있다고 특히 강조하였다.

1974년 2월 22일 모택동은 카운다(Kaunda) 접견시, 3개 세계 구분에 대한 자신의 생각을 완전하고 정확하게 나타냈다. 같은 해 4월, 유엔총회 제6차 특별회의에서 등소평은 처음으로 전 세계를 향해 "3개 세계 구분"에 관한 모택동의 사상을 설명하고 다음과 같이 지적하였다. "국제관계의 변화로 보면 지금 세계는 사실상 상호 연계되고, 또한 상호 모순된 3개 분야와 3개 세계가 존재하고 있다. 미국, 소련은 제1세계이며, 아시아, 아프리카, 라틴아메리카 개발도상국 및 기타 지역의 개발도상국은 제3세계이고, 이 양자 사이에 놓인 선진국은 제2세계이다. 중국은 제3세계에 속한다. 제3세계 국가와 인민이 연합할 수 있는 모든 역량을 연합한다면 반드시 반식민지, 반제국주의, 반패권주의 투쟁에서 승리를 거둘 수 있다." 등소평은 특별히 "남을 괴롭히는 데는 사회주의 기치를 내건 초강대국이 특히 악랄하다"고 강조하였다. 1975년 개최된 제4차 인민대표대회는 이 사상을 헌법에 올렸고 이는 일종의 국가정책이 되었다. 1980년대 초 중국이 개혁개방 방침을 실행하기 전까지 "3개 세계"에 관한 모택동의 이론은 줄곧 중국의 "대외정책 제정의 기본 근거"가 되었다.[269]

모택동이 제기한 이 이론의 주요 논지는 패권주의 반대였으며, 핵심은 소련 패권주의에 대한 반대였다. 여기에 반제, 반미는 일종의 들러리였고, 민족국가에 호소하는 하나의 책략이자 선전적 필요였다. 즉 모택동이 키신저에게 설명한 것처럼 "중미는 공동으로 소련에 대처해야 하며, 때로는 우리 역시 당신들을 비판하며 '제국주의 물러가라'라고 말할 수 있고, 말하지 않으면 안 된다"는 것이었다.[270]

소련이 이미 중국의 주요한 적이자 위협이 된 이상, 대외전략의 조정에 있어 중국의 안보이익을 고려하여 모택동이 미국과 연합하여 소련에 대항함으로써 중국이 국제적 고립에서 벗어나게 하는 것은 긍정적인 의의가 있음은 물론이

269) 자세한 내용은 다음을 볼 것. 李丹慧, 「毛泽东划分"三个世界"战略策略思想的历史考察」, 『世界历史』 1994年 第1期, 3-6쪽; 牛军, 「毛泽东"三个世界"理论的研究提纲」, 萧延中编, 『晚年毛泽东』, 北京: 春秋出版社, 1989年, 80-87쪽.
270) 모택동과 키신저의 대화 기록, 1973年 2월 17일.

다. 그러나 국제공산주의 운동 측면에서 보면, 사회제도와 이데올로기를 잣대로 하는 외교 모델을 포기하고, 혁명외교를 실무외교로 바꾸면서, 중공은 또 다른 곤경에 빠졌다. 과거 자신과 어깨 걸고 미 제국주의를 반대했던 혁명국가들을 어떻게 대할 것인가? 과거 오랜 기간 지지하고 도와주었던 반부르주아 정부의 혁명 정당과 그 무력을 어떻게 대할 것인가? 한편으론 선전이나 행동에서 중국은 세계혁명의 주장을 단숨에 포기하기 어려웠고, 다른 한편으론 대외관계의 발전과 국제정세의 변화로 중국은 부득이 혁명의 수출이라는 일관된 방법을 줄이거나 심지어 거부해야 했다.

1970년 5월 20일 모택동은 인도차이나반도 3국 인민의 항미 구국투쟁 지원을 위해 발표한 성명에서 "현재 세계의 주된 추세는 혁명"임을 강조하였다.[271] 1971년 3월 10일 주은래는 1차 담화에서 비록 중국 정부가 네윈 정부와 여전히 외교관계를 맺고 있지만 "미얀마 인민이 혁명을 일으키면 우리는 이를 지지해야 한다"고 지적하였다.[272]

1972년 1월 주은래가 중미회담 문제를 모택동에게 보고하며, 공동성명의 초안을 언급하자 모택동은 "인민은 진보해야 한다"를 "인민은 혁명해야 한다"로 바꿀 수 있다고 지적하였다. 뿐만 아니라 그들은 혁명을 두려워하며, 그들이 두려워할수록 우리는 더욱 이를 말해야 한다고 강조하였다. 그러나 아울러 모택동은 공동성명에는 사실상 기본 문제가 들어가 있지 않다고 지적하면서, 기본 문제는 미국이든 중국이든 모두 양면작전을 할 수 없다는 것이라고 말했다.[273] 입으로는 혁명을 해야 한다고 말하면서 실제 문제는 여전히 소련의 위협에 공동으로 대처하는 것이었다.

1973년에 이르러 모택동의 마음속 모순은 더욱 깊어졌고 혁명의 열정도 더욱 떨어졌다. 모택동은 1월 13일 자이르 대통령을 접견했을 때 솔직하고 체념하듯이 말했다. "우리는 루뭄바를 지지한다. 일부 유격전을 펼치는 자들이 있어서 돈과 무기를 주었지만, 그들이 싸울 줄 모르고 싸워도 이기지 못하는데

271) 『毛泽东外交文选』, 584쪽.

272) 하북성당안관, 855-10-80, 132-139쪽.

273) 『毛泽东年谱(1949-1976)』 第6卷, 420쪽.

내가 무슨 수가 있겠는가! 우리가 혁명하지 않는 것이 아니라 그들 스스로가 분발하지 않고 싸워 이기지 못하는데 무슨 방법이 있겠는가. 과거 우리는 귀하의 반대자들을 지지했지만, 지금은 양국이 협력해야 한다. 귀하가 평화공존을 말하면 나도 반대할 수 없다."[274]

7월 29일 모택동은 콩고 대통령과 대담할 때에도 같은 내용을 반복하였다.[275] 반패권주의 단결을 위해, 중국의 안보 이익을 위해 "통치자"와 "혁명가" 사이에서 중국은 부득불 선택해야만 했다.

1974년 5월 중국이 말레이시아와 국교를 맺을 때 이 난처한 문제는 다시 수면 위로 떠올랐다. 라자크 총리를 환영하는 연회에서 주은래는 "중국 인민은 일관되게 피압박 민족과 피압박 인민의 정의로운 투쟁을 지지하였으며, 이는 우리의 국제주의 의무이다. 동시에 우리는, 한 국가의 사회제도는 오직 그 나라 인민 스스로가 선택하고 결정할 수 있으며, 다른 나라가 강요할 수 없다고 생각한다. 사회제도가 다른 국가들은 평화공존 5개항 원칙의 기초 위에서 국가 관계를 발전시킬 수 있다"고 말했다.[276]

5월 29일 모택동과 라자크의 대화는 중공이 직면한 곤경을 더욱 잘 보여준다. 라자크는 대화 도중 모택동에게 중국은 말레이시아 반정부 무장 세력에 대해 어떤 정책을 취할 것인지를 반복적이고 직설적으로 물었다. 또, 중국이 그들에게 무기를 내려놓고 정부와 협력하도록 권고할 것을 거듭 요구하였다. 모택동은 직답을 피했고, 여러 가지 뜻으로 이래저래 설명했다.

"그들이 전투를 멈추도록 중국더러 설득하라고 하는 것은 매우 어렵고 복잡하다. 우린 모두 공산당으로 관계가 없을 수 없지만, 이들이 우리의 말을 듣지 않는다. 그들을 어떻게 대할 지는 귀하의 내정이며, 우리는 간섭하지 않을 것이다. 이는 귀하의 일이며 당신들 스스로 대화해야 한다." 모택동은 마지막으로 라자크에게 다음과 같이 말하였다. "우리와 그들은 당파간의 관계이며, 귀하와는 국가 간의 관계이다. 결론적으로 이는 복잡한 문제다. 적절히 해결해야

---

274) 모택동과 모부투(Mobutu)의 접견 대화 기록, 1973년 1월 13일.
275) 모택동과 은구아비(Ngouabi)의 접견 대화 기록, 1973년 7월 29일.
276) 『人民日報』 1974년 5월 29일 2면.

한다. 이 문제가 양국 관계를 방해할 순 없다."[277]

근본적으로 모택동이 가장 우려한 것은 중국에 대한 소련의 군사적 위협이었다. 그는 1974년 12월 23~27일 주은래 등에게 다음과 같이 말하였다. "긴장 완화를 말할수록 더욱 전쟁 준비를 해야 한다. 지금은 '현재 세계의 주된 추세가 혁명이다'는 언급하지 않아도 되며, 전쟁 준비의 경각심과 각국 인민의 이에 대한 다소간의 준비를 강조해야 한다. 우리를 탐색하는 소련의 진정한 의도를 분명히 알아야 한다."[278]

인식과 입장의 변화에 따라 중국의 대외정책 또한 더욱 실용적으로 변하였다. "문혁"의 혼란기가 지난 후 중국은 다시 외국 정당과 조직의 "반정부" 요원 훈련 사업을 시작하였으나 이내 상황은 변하였다. 1971년 중국 각군 군사학교와 군구는 19차례에 걸쳐 352명의 중국 방문훈련을 받아들였으나, 1972년에는 18차례 445명을 받아들였고, 1973년에는 8차례 232명으로 감소하였다.[279] 1975년 등소평이 나서서 이 업무를 주관한 이후 이 임무는 기본적으로 중단되었다.[280]

1960년대 초기, 비록 중국의 국내외 환경은 매우 험하였지만 모택동은 세계 혁명의 기치를 높이 들고 의기양양하게 소련과 국제공산주의 운동의 지도권을 다툴 능력이 있음을 자신하였다. 중소분열 이후 대다수 공산당은 모두 "마르크스 레닌주의를 믿지 않고", 소련을 따라갔으며, "문혁"의 좌경급진 정책과 중국 내의 혼란 상황은 중국을 고립시켰다.

전략적 시각에서 모택동이 3개 세계 이론을 제기한 것은, 역량을 재통합하여 반소 국제통일전선을 구축하고, 제3세계의 지도국이 되기 위함이었다. 중국이 사회주의 진영을 지도할 수 없다 해서 개발도상국의 가난한 형제들을 지휘하지 못하겠는가? 그러나, 중국은 이데올로기의 고지를 이미 상실하였으며, 세계

277) 모택동과 라자크의 접견 대화 기록, 1974년 5월 29일.

278) 『建国以来毛泽东军事文稿』下卷, 396쪽.

279) 『中国人民解放军军事工作大事记』, 496-497, 502, 511쪽.

280) 필자와 자중균(资中筠)의 전화 인터뷰 기록, 2015년 9월 20일. 자중균은 1960년대에 통역사로 이 일에 참여하였다.

혁명의 주장 또한 포기하여, 다시는 혁명을 수출할 수 없게 되었다. 지금 제3세계에 영향력을 발휘해 국제적 대오를 다시 조직할 수 있는 주요 수단은 오직 한 가지였다. 즉, 대외 경제원조를 강화하는 것이었다. 비록 중국의 국력이 튼튼하지 않음에도 말이다.

1970년 11월 모택동은 아히야 칸 파키스탄 대통령을 접견하여 대외원조문제를 논의하였다. 모택동은 중국이 제4차 5개년계획 중에 계획한 대외 경제원조는 너무 적으며, 특히 파키스탄에 대한 원조가 불충분하여 원래 정한 2억 원에서 5억 원으로 늘려야 한다고 말하였다.[281]

1971년 11월 주은래는 영국 기자와의 회견 때 "중국은 국가 크기를 막론하고 일률적으로 평등하다는 원칙을 고수하고 있으며 남에게 강요할 수 없다"라고 말하였다. 또한 개발도상국에 대해 "만일 그들이 경제협력을 필요로 하면 그들을 돕고, 심지어 무이자 차관도 제공할 수 있고, 무상 제공까지도 할 수 있지만, 특권을 요구해서는 안 된다"고 말하였다.[282]

1972년 4월 중국은 유엔 무역 및 발전회의에서 다음과 같은 중국의 대외경제원조 방법을 선언하였다. "지원된 차관은 당연히 저금리 또는 무이자여야 하고, 수혜국의 실제적 어려움을 충분히 고려해야 하며, 절대로 상환을 독촉해서는 안 된다. 수혜국에 파견되는 기술인원은 아낌없이 기술을 전수해주어야 한다. 중국은 다수 개발도상국들이 제기하는 대외원조액 증액, 차관이자 삭감, 상환기한 연장 등 합리적인 요구를 지지한다."[283]

이 같은 방침하에 중국의 대외원조사업은 신속하게 실행되었다. 1971년 상반기 대외원조액은 7.2억 위안에 달하였고, 전년 동기대비 84% 증가하였다. 이해 중국의 대외원조 지출은 전년도 22.59억 위안에서 37.6억 위안으로 증가하였으며, 대외원조 지출이 국가 재정지출에서 차지하는 비중 또한 전년도의 3.5%에서 5.1%로 상승하였다. 그해 중국이 체결한 대외원조 협의 총액은 74.

---

281) 모택동과 아히야 칸(Yahya Khan)의 접견 대화 기록, 1970년 11월 13일; 陈东林, 杜蒲主编, 『内乱与抗争』, 648쪽.

282) 하북성당안관, 979-10-6335, 91-96쪽.

283) 『人民日报』 1972년 4월 21일 3면.

25억 위안에 달했으며, 실제 지출한 대외원조 금액은 66.77억 위안이었다. 이는 신중국 수립 32년 이래 최대치였다.

1972년 중국이 체결한 대외원조 약정 총액은 49.95억 위안이었으며, 그중 실제로 46억 위안을 부담했고, 대외원조 지출이 국가 재정지출의 6.7%를 차지하였다.[284] 1973년 연간 대외원조 약정 총액은 40.63억 위안이었고 실제 34.7억 위안이 집행되었다. 대외원조 약정 액수는 다소 감소했지만, 이전에 체결한 대외원조 약정액이 많았기 때문에, 1973년 국가재정에서 대외원조 지출이 57.98억 위안에 달했다. 이는 중화인민공화국 수립 이래 대외원조 지출이 가장 많은 해였고, 국가재정 지출에서 차지하는 비중 또한 7.2%로 가장 높은 해였다.[285]

국제정세의 발전 속에 중국 대외원조의 규모는 점점 커졌고 요구 또한 점차 늘어났다. 1970년부터 채 2년도 되지 않는 기간에, 중국이 새로 체결한 대외원조액은 과거 20년 원조자금 총액의 60%이상이었으며, 건설 원조 프로젝트는 300개에 가까웠다. 과거 건설원조 프로젝트는 소형 위주로, 플랜트 원조 프로젝트는 1970년까지 전체 누적 448개를 완성하였는데, 그중 베트남은 252개, 알바니아는 52개, 조선은 31개였다.

70년대 이후로는 적지 않은 대형 프로젝트가 증가되었다. 예를 들어 알바니아의 야금연합기업, 수력발전소, 종합정유공장 건설 원조, 베트남의 태원 제철소(복구), 홍하대교 건설 원조, 조선의 지하철 공사, 화력발전소 및 탄자니아 철도 건설 원조 등이었다. 국가계획위원회의 통계자료에 따르면, 중국의 턴키베이스 대외원조 프로젝트는 1971년 323개, 1972년 405개, 1973년 303개, 1974년 265개, 1975년 275개, 1976년 305개에 달했으며, 이 외에도 1,000여 개의 지원 프로젝트가 있었다.[286]

이상의 대외전략의 변화 과정에서 중국은 조선에 대한 정책에 있어서 특히

---

284) 陈东林, 杜蒲主编, 『内乱与抗争』, 727, 754, 871쪽.

285) 陈东林, 杜蒲主编, 『内乱与抗争』, 921쪽.

286) 하북성당안관, 940-11-43, 1-67쪽, 940-11-86, 75-117쪽, 940-11-140, 48-219쪽, 940-11-163, 5-8, 105-178쪽; 감숙성당안관, 91-007-0022, 101-148쪽.

신중하였다. "문혁"이 시작된 후 중국의 사회주의 동맹국은 오직 알바니아, 베트남, 조선만이 남아있었다. 중국의 미국에 대한 정책 변화는 알바니아와 베트남으로 하여금 점차 중국과 멀어지게 만들었고, 과거의 사회주의 대가정 중에 현재 유일하게 남아있는 "형제"는 오직 조선뿐이었다. 하지만 중미 간의 접근은 본질적으로 조선의 전략적 이익과 서로 모순되었다. 미국인과 조선인은 모두 이 점을 매우 분명히 알고 있었다.

1973년 12월 3일 미국 국무부 관리가 키신저에게 낸 비망록에는 중국이 유엔에 제의한 조선반도 문제 관련 타협안은 유엔군의 미래나 주한미군의 한국 주둔을 언급하지 않았기 때문에 "한국에 극히 유리하다"고 지적하였다. 이러한 타협안에 북한이 동의하도록 설득하는 중국의 "의지와 능력"에 미국 관리는 "매우 놀랐고", 이로 인해 "북경이 모스크바보다 평양에 더 큰 영향력을 가지고 있고, 중국인은 확실히 조선반도의 안정 유지를 그들의 이익에 부합한다"고 여겼다. 또, 미국의 방침은 중국을 끌어들여 조선반도에서 조선의 도발을 억제하게 해야 할 것으로 보았다.[287]

이에 대해 조선도 결코 느낌이 없을 수 없었다. 『동북아경제평론』 기자 스포레(Sporre)가 밝힌 바에 따르면, 조선 부총리 김일은 1974년 5월 그와의 대화에서 "중국은 미군이 남조선에 주둔하는 것을 반대하지 않으며 조선반도의 통일을 보기를 희망하지도 않는다"고 말하였다.[288] 하지만 조선이 중국에 대해 불만이 있다 해도, 중국의 지지와 지원에서 결코 벗어날 수 없었다. 중국 또한 이 유일한 동맹국을 보전하기 위해 전력을 다해 각종 원조를 제공하고, 각 방면에서 관심과 배려를 기울일 수밖에 없었다.

그러나 당시 중국의 경제력은 여전히 매우 취약했다. 정치운동은 이미 정상적인 경제발전에 큰 충격을 주었고 더욱이 "전쟁 준비", "제3선 건설" 등 대규모 건설이 시작되어, 대외원조 제공에 사용할 수 있는 자금과 자원은 매우 제한적이었다.[289]

---

287) Christian F. Ostermann and James Person(eds.), *After Détente: The Korean Peninsula, 1973-1976*, Document 55, WWIC, 미출간.
288) 한국외교사료관, D-0019-14, 4-8쪽.

1972년 말 국가계획위원회는 회의를 소집하여 국민경제 문제를 토론하였다. 회의에서는 과도한 국방건설 강조와 대외원조 비중이 지나치게 큰 것이 국내 경제건설의 인력, 물자와 자금에 영향을 주었음을 인지하고, 이에 국방건설과 대외원조 지출 투자 비중을 줄이자는 건의가 있었다.[290] 주은래 또한 중국의 대외원조가 "너무 헤프다"고 지적하였다.[291]

1973년 5월 9일, 주은래는 귀국한 대사와 외교부문 책임자 접견 때, "국가의 현재 역량은 한계가 있으며, 우리 능력이 뜻한 만큼 미치지 못한다. 지금 중국은 여전히 개발도상국이다. 따라서 이후 꼭 필요한 곳에 적정하게 대외원조를 진행할 수밖에 없다"고 토로하였다.[292]

대외원조는 1974년 이후 하향 추세를 나타냈다. 이 점은 새로 유치한 턴키베이스 건설 원조 프로젝트 숫자로 알 수 있다. 1972년 129개, 1973년 116개, 1974년 121개, 1975년 99개, 1976년 81개로 감소했다.[293] 그럼에도 중국은 여전히 조선의 요구를 기본적으로 만족시켜주었다.

무역 방면에서 1970년 10월 중조는 1971~1976년 제3차 장기무역협정을 체결하였다. 1971년 쌍방 무역액은 급증하였고 전년에 비해 45%나 증가하였다. 1976년은 3억 9천 5백만 달러에 달하여 1970년에 비해 4.4배 증가하였다. 1971~1977년, 중국은 무역 경로를 통해 상품차관을 제공하였다. 내용은 매년 원유 60만 톤, 가공유 56~59만 톤, 밀 15만 톤, 고무 1만 톤, 납덩이 1만 톤, 콩기름 4,000톤, 타이어 코오드 1,000톤, 염료 700톤이었으며, 그중 밀, 고무, 타이어 코오드는 항구를 통해 공급되었다.[294]

---

289) "삼선(三线)"은 모택동이 반침략전쟁을 준비하기 위해 중국 중서부지역에 세운 후방기지이다. 자세한 내용은 다음을 참고. 陈东林, 『三线建设─备战时期的西部开发』, 北京: 中共中央党校出版社, 2003年.

290) 陈东林, 杜蒲主编, 『内乱与抗争』, 868-869쪽.

291) 当代中国的计划工作办公室编, 『中华人民共和国国民经济和社会发展计划大事辑要』, 北京: 红旗出版社, 1987年, 330쪽.

292) 『周恩来年谱(1949-1976)』下卷, 591쪽.

293) 하북성당안관, 940-11-43, 1-67쪽, 940-11-86, 75-117쪽, 940-11-140, 48-219쪽, 940-11-163, 5-8, 105-178쪽; 감숙성당안관, 91-007-0022, 101-148쪽.

294) 沈觉人主编, 『当代中国的对外贸易』上, 302쪽.

중국 상품의 수입은 조선의 전략물자 부족 문제를 대폭 해결해주었다. 공업 건설 방면에서 1971~1975년 중국이 조선에 건설 원조를 한 턴키베이스 프로젝트는 101개로, 다음과 같다. 57고사포 레이더 제어기 생산 공장, 어뢰정 레이더 공장, 초고주파 전자파이프 공장, 사리원 방직공장, 거리측정기 공장, 질소와 산소 제조 설비, 공기압축기, 오일펌프 공장, 베어링 공장, 시간당 75톤 보일러, 지하철도 설비(301프로젝트), 고무제품 공장, 33형 잠수함 조립공장, 타닌엑스 공장, 계전기 공장, 고무타이어 공장, 열 계기 공장, 화력발전소, 무산시멘트 포대 공장, 만포 제지 공장, 무선전신기 공장, 초소형전자관 작업장, 금속막 저항기 작업장, 인조 수정 및 크리스탈 가공공장 등이다. 이 밖에도 26개의 기타 건설원조 프로젝트가 있었다.[295]

프로젝트 설계, 설비 제조 및 설치, 그리고 시공사업 각 방면에서 중국 정부는 "정치적 임무"를 완수하는 표준을 모든 관련 부서에 요구했으며, 국제주의 정신의 발로로 온갖 어려움을 이겨내며 조선의 수요를 최대한 만족시켰고, 질적 양적 하자 없이 기한 내에 임무를, 특히 정유공장, 지하철도 등 중대 사업을 완성하였다.[296] 군사 방면에서 이 시기 조선군사대표단은 자주 중국을 방문해 참관 및 학습, 자료와 지원을 요구했고, 중국 측은 친절하게 맞아들여 아낌없이 도왔다.[297]

중국은 조선과의 교류 과정에 조선이 제기한 각종 요구에 대해서는 모두 힘을 다해 돕고 최대한 배려하였다. 예를 들어 1971년 4월 중국 주재 조선 대사관은, 조선 정부가 모든 해외교민에게 신규 해외공민증을 발급, 교부해주기로 결정함에 따라, 외무성이 중국의 몇몇 주요 도시에 인원을 파견하여 공민증을 발급해줄 예정이라며, 중국 외교부에 두 차례에 걸쳐 협조를 요청하였다. 중국 외교부와 공안부는 즉시 통지를 하달하고, 각지 정부기관은 적극적인 협조와

295) 하북성당안관, 940-11-43, 1-67쪽, 940-11-86, 75-117쪽, 940-11-140, 48-219쪽. 감숙성당안관, 91-007-0022, 101-148쪽.

296) 상세한 내용은 다음을 참고. 광동성당안관, 235-2-102, 16-22, 106-116, 181-188쪽; 하북성당안관, 979-10-64, 133-162쪽, 1,021-6-79, 79-80쪽; 상해시당안관, B76-4-654, 7-8쪽; 石林主编, 『当代中国的对外经济合作』, 198-199쪽.

297) 자세한 내용은 다음을 참고. 『中国人民解放军军事工作大事记』, 497, 507-508, 510, 514, 520, 521쪽.

친절한 응대, 우호적인 협의를 할 것이며, "전반적인 원칙은 조선 측과 다투지 말 것"을 요구하였다.[298]

또 다른 예로 1973년 4월 김일성의 61세 생일에 중공 중앙 대외연락부와 외교부는 각지에 다음과 같이 통지하였다. "만일 조선대표단이 북경 이외 지역을 방문하는 경우 그에 상응하는 책임자가 나와 축하하고 식사를 대접해야 한다. 만일 조선인 교포, 조선 유학생과 실습생이 경축행사를 할 경우 편의를 제공하고 필요한 부식을 제공하며 안전을 보장해야 한다."[299]

중국이 조선을 백방으로 비호한 가장 전형적인 사례는, 바로 "치은정(郗恩庭) 사건"의 처리였다. 1971년 제31회 세계 탁구선수권대회가 일본에서 개최되었는데, 대회 시작 전 중국은 "우의제일, 경기는 그 다음"이란 구호를 내세우며 "무엇보다 무산계급 정치를 우선할 것"을 요구하였다. 조선은 비교적 실력이 약했기 때문에 본래 경기에 참가하기를 원치 않았다. 그러나 중국은 조선의 참가를 원했고, 조선의 선수에게 기회를 만들어 주기 위해 중국이 캄보디아와의 경기를 포기하고, 조선 선수와 경기에서 만났을 때 "배려"해주기로 약속하였다. 그러나 남자 단식 경기에서 중국의 치은정 선수는 "배려" 방침을 따르지 않고 조선의 최우수 선수 박신일(朴信一)을 이기면서, 조선이 8강 진출의 기회를 잃자, 이를 매우 못마땅하게 여겼다.

평양을 달래기 위해 주은래는 국가체육위원회 및 탁구팀을 여러 차례 소집하여 이야기를 하고, 그들을 엄중히 비판하였으며, 모택동의 비준을 받아 대표단을 따로 조선에 보내 사과하고, 특별히 치은정을 지정하여 직접 박신일에게 사과하게 하였다. 주은래는 다음과 말하였다. "전우로서 모든 일에 그들을 생각해야 한다. 우리는 전우에게 기꺼이 머리를 숙이고 봉사하는 소가 되어야 한다."[300]

그럼에도 불구하고, 모택동은 여전히 김일성의 마음을 잡아둘 수 없었다.

298) 하북성당안관, 1057-2-1, 24-25쪽.

299) 하북성당안관, 855-12-8, 14-20쪽.

300) 하북성당안관, 855-10-80, 110-125, 140-149쪽, 1057-1-2, 22-70쪽; 『周恩来年谱(1949-1976)』下卷, 463쪽.

2. 김일성주의로 모택동사상을 대체

중국과 소련에 대한 조선의 등거리 외교 방침은 줄곧 바뀌지 않았다. 과거 흐루시초프가 대미 완화를 주장하고 모택동은 반미투쟁을 견지할 때 소련은 각국 인민의 반제투쟁에 대한 지지를 원치 않았던 반면, 중국은 대량의 대외원조를 제공하였고, 조선의 정치적 지지를 얻기 위한 중소 간 대결에서 어느 모로나 우위를 점하였다. 그러나 브레즈네프가 방침을 변경한 이후, 중국은 우선 물질적 원조 방면에서 우위를 상실하였다. 모택동이 대외전략을 수정하여 미국과의 관계를 완화하면서 중국은 이데올로기의 우위도 상실하였다. 조선은 표면적으로는 중국에 대한 우호정책을 여전히 유지하였으나 저울은 이미 모스크바를 향해 점점 기울었다.

중조관계가 회복된 이후인 1970년 11월 김일성은 이임하는 불가리아 대사에게 조선은 마르크스-레닌주의의 기초에서 "두 명의 큰 형님"과의 관계를 강화하기를 희망하며, "과도하게 한쪽에 잘 보여서 다른 한쪽과 냉랭해지는 것을 원치 않는다"는 말을 지프코프(Zhivkov)에게 전해줄 것을 희망하였다.

조중관계의 발전에 대해 일부 "외국 동지"들이 소련과의 관계가 더욱 악화되는 것은 아닌지 의문을 제기한 것에 대해, 허담(许锬) 외무상은 "나는 이러한 일이 영원히 발생하지 않을 것이라고 말할 수 있다! 우리는 중국과 소련과의 관계를 제고하기 위해 노력할 것이다"라고 분명하게 밝혔다. 허담은 또 조선노동당 제5차 당대회 보고에서 "현대 수정주의"라는 용어가 나타나지 않으며, 이는 중국이 소련을 비난할 때 늘 사용하는 어휘임을 동유럽외교관에게 상기시켰다.[301]

조선 주재 동독 대사도, 중공 제10차 당대회가 열렸을 때, 조선의 여론이 모두 이를 칭송하고 신문에서 주은래의 보고 전문을 거의 완전하게 게재하였으나, 소련을 직접 공격하는 내용은 모두 삭제되거나 수정된 점에 주목하였다.

---

[301] Report Embassy of Hungary in North Korea to the Hungrian Foreign Ministry, December 12, 1970, http://digitalarchive.wilsoncenter.org/collection.

중공을 널리 찬양하였지만, 조선은 분명 중국의 반소 노선을 따르기를 원치 않았다. 조선 건국 25주년 기념대회에서 김일성이 행한 연설의 논조도 중국과 상반되게, "모든 진보 인민의 첫 번째 적은 미 제국주의다"라는 것이었다.[302]

그 후, 중조 외교정책 사이에 균열은 점점 더 많이 드러났다. 예를 들어 1973년 9월 칠레에서 발생한 군사정변에 대해 김일성은 군인집단을 공개적으로 비난하고, 아옌데(Allende) 부인에게 조전을 보낸 데 이어 최종적으로 칠레와 외교관계를 단절하였다. 알바니아, 베트남, 루마니아 및 많은 아시아, 아프리카, 라틴아메리카 국가 모두 성명을 발표하거나 혹은 집회를 개최하고 이번 정변을 비난하였다. 그러나 중국은 단지 몇 번의 보도를 했을 뿐 아무런 외교적 표시도 하지 않았다.[303]

조선인들은 중국이 소련을 반대하는 것 외에도 중국의 "혁명정신"이 이미 사라졌다고 생각하였다. 10월 30일 지프코프와의 회담에서 김일성은 "우리는 중국의 정책에 찬성하지 않으며, 2개의 초강대국이라는 표현 방식에 동의하지 않고, 소련에는 근본적으로 '사회제국주의'가 존재하지 않는다."고 말하였다. 김일성은 또한 동유럽 국가의 중국에 대한 공개적 투쟁을 지지하며, 조선은 "상황이 특수하여, 입을 다물고 있을 뿐"이라고 밝혔다.[304]

경제 관계 면에서도 소련이 우위를 점하였다. 1970년 9월 소련과 조선은 경제기술 협력에 관한 협정을 체결하여, 소련은 조선에 공업건설 원조를 제공하면서, 이 기업들이 생산한 자동차 배터리, 에나멜코팅 관의 80% 이상, 소형 전자엔진의 60%이상, 탄화칼슘 등의 50% 이상을 조선으로부터 장기 구매하기로 하였다.[305] 1970~1975년, 소련은 9억 달러의 차관을 조선에 제공하였으며 10개 공업기업의 건설을 원조하였다.[306] 비록 건설원조 프로젝트의 수는 중국에 미

302) Information About the Appraisal of the 10th CCP Party Congress in the DPRK, September 13, 1973, http://digitalarchive.wilsoncenter.org/collection.

303) 『人民日報』1973년 9월 14일 5면, 17일, 18일, 19일, 21일 22일, 25일 6면.

304) Memorandum on the Conversation between Kim Il Sung and Todor Zhivkov, October 30, 1973, http://digitalarchive.wilsoncenter.org/collection.

305) Тихвинский С.Л.(отв. ред.) Отношения советского союза с народной Кореей, с.279-283.

306) 남현욱, 『중소의 대북한원조 및 무역현황』, 4쪽.

치지 못했지만 차관 총액은 중국을 훨씬 상회하였다.[307]

1971년 2월, 소련과 조선은 1971~1975년 물자교환 무역협정 및 지불협정을 체결하였다.[308] 이 기간 동안(1976년 포함) 조선의 전체 대외무역에서 소련과의 무역 비중은 각각 58%, 29.2%, 35.9%, 22.9%, 38.1%, 26.9%였다. 비록 하향 추세였지만 중국보다는 여전히 높았다. 같은 시기 중조 무역액 비중은 각각 15.7%, 21.1%, 18.5%, 15.1%, 19.3%, 26%였다.[309]

조선과의 외교적 교류 역시 소련이 중국보다 현저히 많았다. 조선의 공식 통계에 의하면, 1970~1975년 사이에 중국대표단의 북한 방문은 102차례였으며 조선대표단의 중국 방문은 82차례로 총 184차례의 교류가 이루어졌다. 그러나 같은 시기 소련과 조선 간의 상호 방문은 245차례에 달하였으며, 기본적으로 대등한 상호교류가 이루어졌다.[310]

모택동을 더욱 난처하게 한 것은 중국이 포기한 세계혁명의 기치가 점차로 김일성에게 넘어가는 것이었다. 1970년 11월 조선노동당 제5차 당대회는, 김일성의 "주체사상은 이미 우리 당의 확고부동한 지도방침이 되었으며, 우리의 모든 혁명투쟁과 건설사업의 가장 정확한 지도방침이 되었다"고 결의하였다.[311]

일 년 후, 김일성은 조선노동당 중앙위원회 제5기 제3차 전원회의에서 국제정세에 관한 보고를 하였다. 회의는 "김일성의 보고가 위대한 주체사상을 관통하고 있으며, 현재 복잡한 국제정세에 대해 과학 이론적으로 가장 정확한 해답을 주었고, 보고에서 제기한 우리나라 혁명의 국제적 연대 강화와 조국통일 쟁취에 관한 당의 활동 방침은 목전의 국내외 정세에서 가장 혁명적이고 정확한 방침"이라고 보았다.[312]

중미관계가 정상화로 나아갈 때 조선은 대외정책의 주체성을 더욱 강조하였

---

[307] 중국은 1971-1976년 조선경제에 대해 7억 천 4백만 위안(3억 달러에 못 미침)의 건설 원조차관을 지원하였다. 陈东林, 杜蒲主编,『内乱与抗争』, 642쪽; 石林主编,『当代中国的对外经济合作』, 52쪽.

[308] Тихвинский С.Л.(отв. ред.) Отношения советского союза с народной Кореей, с.284-287.

[309] 남현욱,『중소의 대북한원조 및 무역현황』, 30쪽.

[310] 이종석,『북한-중국관계』, 260-261쪽.

[311] 中共中央对外联络部编,『朝鲜劳动党第五次代表大会文件』, 1971年 4月, 320-321쪽.

[312] 中共中央对外联络部编,『朝鲜劳动党历届中央全会概况』, 51쪽.

다. 1972년 1월 김일성은 이 문제를 일본 기자에게 재차 언급하면서, "주체사상은 우선 정치에서 자주, 경제에서 자립, 국방에서 자위의 노선으로 체현된다. 주체사상은 마르크스가 내놓은 '전 세계 프롤레타리아는 단결하라'는 원칙에 기초하고 있으며, 프롤레타리아 국제주의와 완전히 부합되는 것"이라고 명확히 밝혔다.[313]

3월, 최고인민회의 상임위원회는 조선 최고의 훈장인 "김일성 훈장" 수여를 결정하는 정령을 발표하였다. 정령은 "위대한 지도자 김일성 동지는 사회주의 제도 건설 후 나타나는 이론과 실천 문제를 정확하고 독창적으로 해결"하였으며, "우리나라에서 사회주의의 철저한 승리와 공산주의로 가는 길을 성공적으로 개척하였다"고 밝혔다.[314]

그해 김일성은 60세 환갑이었다. 조선 최고인민회의 상임위원회는 김일성에게 생일 선물로 "공화국 2중 영웅 훈장"을 수여하고, 그의 생일(4월 15일)을 "조선인민 최대의 민족 명절"로 정하고, 평양에 금으로 도금한 20미터 높이의 김일성 동상을 세웠다.[315] 그해 10월, 조선노동당 중앙위 제5기 제5차 전원회의는 주체사상에 따른 "사회주의 헌법"을 제정할 것을 확정하였다.[316]

1974년 2월 19일, 김정일은 '온 사회를 김일성주의화하기 위한 당 사상사업의 당면한 몇 가지 과업에 대하여'라는 연설에서, 정식으로 김일성의 주체사상을 '김일성주의'로 개괄하였다. 이 연설은 후에 "2월 선언"으로 명명되었으며, 김일성주의의 절대적 권위를 확립하였다.[317]

같은 해 10월, 일본에서 개최된 주체사상 전국 과학토론회에서 일본의 35개 연구팀 대표는, 주체사상이 우리 시대의 지도사상, 지도이념 및 지도방법이라는 일치된 주장을 내놓았다. 과거에 이 사상의 이론 체계를 "우리 시대의 마르

---

313) 『金日成著作集』第27卷, 平壤: 外国文出版社, 1986年, 21-28쪽.

314) 中共中央对外联络部编, 『朝鲜劳动党重要言论, 文件选集(1972.10-1973.12)』, 1975年, 263-267쪽.

315) 金学俊, 『朝鲜五十七年史』, 431-434쪽.

316) 『人民日报』 1972년 10월 29일 4면.

317) 黄长烨, 『我所看见的历史真理』, 179-180쪽; 김창희, 「북한의 통치이념"김일성-김정일주의"분석」, 『韓国政治研究』, 22권 3호, 2013, 193쪽.

크스 레닌주의"라고 규정했다면, 오늘날에는 주저 없이 이를 "김일성주의"라고 부를 수 있다.[318]

몇 년 전, 모택동은 "4개의 위대(위대한 스승, 위대한 영수, 위대한 최고사령관, 위대한 지도자를 지칭 – 역자 주)"를 혐오하며, 개인숭배에 대한 "열기를 가라앉히려" 하였다.[319] 그런데 지금은 조선이 급기야 김일성주의를 내놓았다. 이는 흡사 중국을 대체하기 시작한 조선이 국제공산주의운동 이데올로기의 고지를 점령했음을 보여주는 하나의 상징이나 마찬가지라 할 수 있었다.

이와 동시에, 주체사상과 김일성주의는 조선을 너머 전 세계 혁명투쟁을 지도하는 "이론적 무기"가 되었다. 1972년 5월, 노동당 중앙정치위원회 위원 김동규(金東奎)는 『로동신문』에 김일성은 "국제공산주의 운동과 세계혁명이 제기한 혁명이론과 전략전술에 관한 문제를 해결"하였으며, "당대 민족해방운동의 전략과 전술 문제를 전면적으로 해결하고 혁명에 관한 마르크스 레닌주의 이론의 새로운 경지를 독창적으로 개척하였다"고 주장하였다.

그는 계속해서, 김일성의 혁명 학설은 "당대의 마르크스 레닌주의, 노동자계급과 압제받는 인민의 위대한 전투적 기치이며, 5대양 인민의 일치된 염원과 숭고한 의지를 반영"한다고 설명하였다. 또한 김일성은 "세계의 많은 혁명가와 진보 인민의 절대적 존경과 신뢰를 받고 있으며, 그들은 김일성을 현 시대의 영명하고 걸출한 지도자로 여기고 있다"고 주장하였다.[320]

노동당 간행물 『근로자』는 1974년 제4기에 발표한 기명 칼럼에서, 주체사상은 분명 세계 인민에게 혁명 원리를 밝혀주고, 그들의 투쟁과 승리쟁취를 고무하는 무적의 혁명 기치이며, 우리 시대의 마르크스 레닌주의 지도사상"이라고 주장하였다. 또 세계 인민은 "주체사상은 마르크스 레닌주의를 새롭고 더 높은 단계로 발전시킨 현대 인류의 가장 완벽한 진보사상이며, 각국 인민에게 투쟁

---

318) 沈仪琳编, 『朝鲜主体思想资料选译』, 北京: 人民出版社, 1983年, 285-286쪽.

319) 中共中央文献研究室编, 『建国以来毛泽东文稿』第13册, 北京: 中央文献出版社, 1998年, 174-175쪽.

320) 中共中央对外联络部编, 『朝鲜劳动党重要言论, 文件选集(1971.8-1972.9)』, 1972年 12月, 530-543쪽; 『로동신문』 1972년 5월 9일 1면.

의 앞길을 밝혀주는 백전백승의 사상"으로 칭송하고 있다고 주장하였다.[321]

김일성 자신도 외빈들에게 "오늘날 세계 많은 국가들은 자주를 요구하고, 자주의 길을 가고 있다. 따라서 우리는 현 시대를 자주의 시대라고 부르고 있다. 주체사상은 현시대의 요구와 추세를 정확하게 반영하였기 때문에, 갈수록 세계 인민의 더 큰 옹호와 환영을 받을 것"이라고 말했다.[322]

1972년 4월 김일성의 60세 생일에 맞추어 만수대 대기념비가 평양에 건립되었다. 여기엔 김일성의 동상과 높이 22.5미터의 기념탑 2개, 총 길이 200미터의 조각 군상이 포함됐다. 1982년 4월 김일성의 70세 생일에는 평양시에 150미터 높이의 '주체사상탑'이 세워졌다. 탑 꼭대기에 주체의 빛을 상징하는 20미터 높이의 봉화가 있으며, 봉화대 직경은 8미터이고 전체 무게는 46톤에 달하였다.[323] 김일성의 "찬란한 빛"이 온 대지를 비추기 시작하였다.[324]

1969년 말리에서 첫 번째 주체사상연구 소조가 생겨났고, 그 후 아시아와 아프리카에서 주체사상 연구 조직이 계속해서 생겨났다. 1971년까지 이러한 조직은 50여 개 나라에서 120개가 생겨났으며 1970년대 말에 이르러서는 800여 개에 달하였다.[325] 1970년대 초부터 조선과 제3세계 국가와의 교류는 날로 빈번해졌고, 1974년 6월까지 조선과 수교한 국가는 70여 개국에 달했으며, 동시에 점점 더 많은 국제조직들이 조선을 가입시켰다.[326]

당시 소련과 일부 동유럽 국가들이 주목하였듯이, 조선은 제3세계의 역량을 중시하고, 개발도상국을 대대적으로 지지하며 대외 관계 중점을 아시아, 아프리카, 라틴아메리카에 두었다. 동시에, 김일성은 조선을 제3세계 발전의 모델로 만드는데 힘썼고, 스스로를 제3세계의 지도자로 만들었다.

소련과 동유럽 외교관 대부분은 조선이 이렇게 하는 이유가 중국의 대외정

---

321) 中共中央对外联络部编, 『朝鲜劳动党重要言论, 文件选集(1974)』, 1976年, 150-155쪽.

322) 『金日成著作集』第29卷, 平壤: 外国文出版社, 1987年, 206-217, 232쪽.

323) 外国文出版社编, 『朝鲜概观』, 16-18쪽.

324) 外国文出版社编, 『朝鲜概观』, 17쪽.

325) 沈仪琳编, 『朝鲜主体思想资料选译』, 284쪽; Балканский А. Ким Ир Сен, c.195.

326) 『人民日报』1974년 6월 25일 5면.

책과의 일관성을 유지하기 위한 것이라고 생각하였다.[327] 그러나 실제는 그렇지 않았다. 표면적으로 보면, 조선은 중국과 함께 제3세계의 단결과 영도를 주장했지만 둘의 목표는 달랐다. 모택동은 제3세계를 이끌고 소련과 패권주의에 반대하고, 중국의 안보이익을 보장하려 했지만, 김일성은 주로 제국주의와 미국에 반대하고 세계 혁명을 지속 추동을 제기하였다.

1974년 3월 4일, 김일성은 평양시 군중대회에서 다음과 같이 연설하였다. "오늘 세계 인민들이 자주의 길로 나가는 것은 막을 수 없는 시대적 추세입니다. … 아시아, 아프리카, 라틴아메리카 나라들을 비롯한 세계의 모든 나라 인민들이 굳게 단결하여 이르는 곳마다에서 제국주의자에게 숨 돌릴 여유를 주지 않고, 강한 타격과 압력을 가한다면, 능히 제국주의를 멸망시킬수 있으며, 혁명의 종국적 승리를 이룩할 수 있다고 확신합니다."[328]

구체적인 대외정책 방면에서 세계 각지에 출현한 "혁명투쟁"에 대해서도 조선은 중국에 비해 더욱 적극적인 태도를 취하였다. 소련과 동독 외교관들이 토론할 때 의견이 일치했던 대로, 앙골라 인민해방운동의 인정과 칠레 유격대 지지, 자이르 군사원조 제공 및 사하라와 중동 등 일련의 국제 문제에 있어서, 조선의 입장은 점차 소련과 일치하고 있으며, "중국의 입장에 명확히 반대하기 시작하였다."[329]

베트남의 대미 투쟁을 지지하는 과정에서 조선은 점차 중국의 주도에서 벗어났고 심지어 일부 행동은 중국을 능가하였다. 1966년 9월, 조선의 요청에 의해 조선과 베트남 군사대표단의 협상을 거쳐 조선 측은 미그-17 2개 대대와 미그-21 1개 대대를 포함한 공군부대를 파견하여 베트남전에 참가하였고, 베트남

---

327) Theses On the Present State of Relations between DPRK and PRC, February 1, 1973; Information About the Appraisal of the 10th CCP Party Congress in the DPRK, September 13, 1973, http://digitalarchive.wilsoncenter.org/collection. 이 밖에 다음을 참고. Charles K. Armstrong, "Juche and North Korea's Global Aspirations", NKIDP Working Paper, No.1, December 2010.

328) 『金日成著作集』第29卷, 94-105쪽.

329) Note About a Conversation with the Soviet Ambassador Kryulin, May 5, 1976; Note About a Conversation between Bauer and Basmanov, May 10, 1976; Note Concerning a Conversation with Kapitsa and Sudarikov, May 12, 1976, http://digitalarchive.wilsoncenter.org/collection.

은 기술 지원과 후방 보급을 책임졌다. 은퇴한 베트남 고위 장교의 회고에 따르면 1967~1969년 초에 총 87명의 조선의 공군 비행사가 북베트남에서 참전하여 그중 14명이 희생되고 총 26대의 미국 전투기를 격추하였다.[330]

중국이 "혁명 수출"을 점차 줄인 뒤로 조선은 중국을 대신하여 각국의 반정부 무장세력들을 훈련시키고 지원하였다. 한국 외교부의 자료에 따르면 1966년 조선민족보위성은 외국 유격대 훈련 정치지도소를 개설하였다. 훈련 대상은 중앙아메리카 9개국, 중동과 아프리카 15개국, 아시아 6개국이 포함되었고, 훈련 인원은 1976년까지 총 5,000여 명에 달하였다.

조선이 대외적으로 혁명을 수출하는 방법은 다음과 같았다. "대상국에 대규모의 문화, 체육, 무역대표단을 파견하고, 선물 증정 등의 수단을 통해, 대상국에서 친조선 '우호협회' 등을 조직한다. 김일성 저작과 유격전술 선전 책자를 대량으로 배포하고, 조선에서 훈련시킨 유격대원들을 통해 대상국에 혁명 기지를 구축한다. 외교행낭을 통한 대상국 유격대에 대량의 무기와 장비를 제공, 각종 경로를 통한 대상국에서의 시위 선동, 대상국 유격대에 군사고문 파견 등 등이다."

1973년 중동전쟁 이후 북한은 세계 각지에서 혁명을 수출하는 대외정책을 공개적으로 추진하였다. 예를 들어 모잠비크에 군사고문 파견, 앙골라 내전 참여, 자메이카 해방조직에 무기와 군사 고문 제공, 칠레 유격대에 기술 지원, 코스타리카에서 반정부 활동 전개, 태국공산당 유격대 훈련을 위한 라오스 주재 군사고문 파견 등이 있다.[331]

이때 "조선 전문가의 족적은 검은 대륙 전체에 널리 퍼졌고", 제3세계 특히 아프리카에 대한 조선의 영향력은 일부 방면에선 중국에 전혀 뒤지지 않을 정도였다. 1970년대 말까지 조선이 아프리카 국가들에 파견한 군사고문은 총

---

[330] Merle Pribbenow, "North Korean Pilots in the Skies over Vietnam", *NKIDP E-Dossier*, No. 2, November 2011. 중국은 베트남에 방공포(高炮), 철도, 공사, 지뢰제거(扫雷) 등 각종 원조부대를 파견했으나, 공군을 파견한 적은 없다. 다음을 볼 것. 曲爱国, 「中国支援部队在越南战场的军事行动」, 李丹慧编, 『中国与印度支那战争』, 香港: 天地图书有限公司, 2000年, 77-105쪽.

[331] 한국외교사료관, D-06-0022-01, 2-16쪽.

1,500여 명에 달했다. 이 밖에도 21개 아프리카 국가들에게 총 3억 달러의 경제 원조를 제공하였다.

하나의 전형적인 사례는, 짐바브웨가 독립투쟁에서 승리한 이후 1980년 10월 짐바브웨 지도자 무가베(Mugabe)가 가장 먼저 방문한 국가가 바로 조선이었다. 무가베는 조선의 도움에 특별히 감사하며 "김일성 주석보다 더 좋은 친구, 형제 및 동맹국은 없다"고 말하였다.[332] 반면 중국에 대해서는 귀국 도중북경에 "잠시 머물렀을" 뿐이었다.[333]

1970년대 중반, 조선은 국제무대에서의 큰 활약으로 제3세계와 비동맹국가들에 대한 영향력도 날로 커져 중국을 크게 능가하였다. 그 중요 요인가운데 하나는 바로 "혁명"을 명분으로 이데올로기 방면에서 발언권을 획득한 것이었다.

3. 두 혁명 지도자의 최후의 만남

1975년에 모택동은 82세였고 김일성은 63세였다. 정력이 왕성하고 패기 넘치는 김일성에 비해, 이때 모택동은 이미 만년에 들어서서 움직임이 부자연스럽고 "혁명"정신은 더욱 김일성에 비할 바가 아니었다.

1976년 모택동은 병세가 위중했을 때 측근에게, "중국에 옛 격언 '개관논정 (盖棺论定: 한 사람의 공과는 관 뚜껑을 덮은 후에 결정된다는 뜻 – 역자 주)'이라는 말이 있는데, 비록 아직 나의 '관 뚜껑을 덮지는 않았지만' 대체적인 '평가'는 내릴 수 있다! 나는 일생 동안 두 가지 일을 하였다. 하나는 장개석을 섬으로 몰아낸 것이며, 이 일에 대해서 이의를 가진 사람은 많지 않다. 다른 하나는, 문화대혁명을 발동한 것이다. 이 일을 옹호하는 사람은 많지 않으며, 반대하는 사람들이 적지 않다. 이 두 가지 일은 아직 끝나지 않았고 이 유산은 다음 세대에 넘겨야 한다. 잘못하면 피바람을 부를 수 있다. 당신들은 어떻게 할 것인가?

[332] Балканский А. Ким Ир Сен, с.194-195
[333] 『人民日報』 1980년 10월 14일 1면.

오직 하늘만이 알 뿐이다"라고 말하였다.[334)]

모택동이 이 말을 할 때 과연 어떤 심정이었을까? 실망, 무기력, 어찌되었든 달가워하지는 않았을 것이다. 서로 다른 견해가 있을 수 있겠지만, 한 가지 분명한 점은 모택동은 자신이 직접 발동한 "문화대혁명"을 매우 중시하였고, 그가 시작한 사업을 후에 다른 사람이 계속 계승하기를 희망하였다. 임표는 모택동이 직접 선택한 후계자이자 이 정치운동의 강력한 추진자였다. 1971년 9월 임표가 갑자기 "배반하고 도망간 것"은 모택동에게 가장 깊은 타격을 주었음은 의심할 여지가 없다.

모택동의 주치의의 말에 따르면, 임표 사건 이후 모택동은 매우 낙담했다. 풀이 죽어 잠도 이루지 못하면서 결국 몸져누웠고, 건강 상태는 날로 악화되어 갔다.[335)] 닉슨도 1972년 2월 모택동과 만났을 때, 모택동은 매우 허약하고 표정 없이 안색은 누렇고 두 눈은 메말랐다고 전했다.[336)]

모택동은 줄곧 중국을 번영되고 부강한 사회주의 대국으로 만들기를 원하였다. 그러나 "대약진"과 "문혁"은 차례로 중국경제 발전의 행보를 엉망으로 만들었다. 중공 제9차 전국대표대회 개최 이후 모택동은 겨우 시름을 놓을 수 있었다. "전면 내전"을 끝내고 국내 질서를 회복하면 원래 계획한 전면적인 경제건설을 시작할 수 있었다. 그러나 "9·13 사건"은 모택동의 계획을 또다시 망쳐놓았다. 이 밖에 임표의 실각은 당 안팎의 많은 사람들로 하여금 "문화대혁명"의 정당성에 의심을 품게 하였고, 심지어 모택동 주석의 "영명 위대함"까지도 의심하게 하였다. 때문에 모택동은 한편으로 원로 간부를 재차 대거 기용하여 생산과 건설을 추진하여 최대한 신속하게 국민경제를 발전시키고, 다른 한편으로는 "좌파" 문인들을 계속 대거 중용하여 계급투쟁과 프롤레타리아 독재를 강조하

---

334) 『毛泽东年谱(1949-1976)』第6卷, 649쪽; 逄先知, 金冲及主编, 『毛泽东传(1949-1976)』, 1,781-1,782 쪽. 모택동의 이 말에 관하여 다른 속설(传说)이 있으며, 이에 대해 당사(党史) 전문가 이해문(李海文)이 전문적으로 고찰하였다. 다음을 참고. 李海文, 「毛泽东"一生干了两件事"谈话是真是假」, 『世纪』 2014年 第3期, 16-19쪽.

335) Li Zhisui, *Private Life of Chairman Mao: The Memoirs of Mao's Personal Physician*, New York: Random House, 1994, pp.8-9.

336) 理查德·尼克松, 『领导者』, 尤勰等译, 北京: 世界知识出版社, 1983年, 279쪽.

면서, "문화대혁명"의 성과를 지키려 하였다.

그러나 이 같은 권력 균형정책은 그다지 성공을 거두지 못하였다. 원로간부의 대표 등소평과 "좌파" 기수 강청(江青) 세력은 서로 양립할 수 없었고, 싸움이 끊이질 않았으며, 모택동이 새로 세운 후계자 왕홍문(王洪文)는 중책을 감당하지 못했고, 기본적으로 정국을 장악하지 못하였다. 이에 모택동은 만년에 부득이 병든 몸을 이끌고 직접 나서, 좌우파간 화해를 백방으로 중재하며 혼신의 힘을 다했다.337) 모택동은 점점 기력이 마음을 따라가지 못함을 느꼈다. 1972년 말 이후 모택동은 외빈을 접견할 때, 자신의 건강 상태를 말할 때, "오래 못 갈 것이다", "곧 사라질 것이다", "하늘나라로 갈 것 같다"는 등의 말을 되풀이하였다.338)

비슷한 시기, 김일성은 은밀히 자신의 후계자로 큰아들 김정일을 자신만만하게 선정하였다. 1972년 조선의 헌법이 김일성의 주체사상을 전국 유일의 지도사상으로 명문화한 뒤, 1973년 9월 김일성은 비밀리에 중앙위원회 전원회의를 소집하고 김정일을 당 중앙위원회 비서국 비서로 승진시켜 조직 및 선전선동 업무를 맡겼다.

12월 조선사회과학원은 『정치사전』을 출판하여 3년 전 출판된 『정치용어사전』을 대체하도록 하였고, 소리 소문 없이 "세습제도"에 관한 조항을 삭제하였다. 이 조항은 세습제도에 대해 "착취사회에서, 특권계층의 신분에 기초하여 그 직위 또는 재산을 대대로 물려받도록 법적으로 고착시킨 반동적 제도"라고 규정하였으며, 더 나아가 "오늘 이러한 세습제도는 일부 자본주의나라들에서 여전히 남아있다. 지주, 자본가 계급은 근로대중에 대한 지배적 지위를 유지하고 강화하기 위하여, 봉건귀족적인 특권적 지위를 대대로 물려주는 것과 같은 봉건적인 세습제도를 계속 이용하고 있다"고 설명하였다.339)

사실상, 1958년~1959년 당내 반대파 숙청 이후, 김일성은 점차 김 씨 가문 통치 세습을 구축하기 시작했다. 소련국가안전위원회는 1969년 2월분 보고에

337) 관련 사료는 陈东林, 杜蒲主编, 『内乱与抗争』, 1,145-1,249쪽을 참고할 수 있다.
338) 『毛泽东年谱(1949-1976)』 第6卷, 455, 466, 539, 546, 555, 569쪽.
339) 金学俊, 『朝鲜五十七年史』, 436-437쪽.

서 김일성 친족들의 조선 당과 국가기구 내 요직 담당 상황을 다음과 같이 열거했다. "동생 김영주는 1958년부터 조선노동당 중앙위원회 조직교도부 부장을 맡았고, 1966년 10월 정치위원회 후보위원으로 지명됨과 동시에 중앙위원회 서기를 맡았다. 아들 김정일은 일찍이 조선노동당 중앙위원회 선전부에서 요직을 맡았다. 현재는 김일성의 개인 경호원이다. 처 김성애는 1965년 9월부터 조선여성민주연맹 중앙위원회 제1부위원장을 맡았다. 고종사촌 누이 김정숙(金貞淑)은 1963년 4월부터 조선청년공산주의노동연맹 중앙위원회 부위원장을 맡기 시작했다. 그녀의 남편 허담은 1960년부터 외무성 부상을 맡기 시작해 최근엔 제1부상이 되었다. 또다른 고종사촌 누이 김신숙(金信淑)은 1961년 김일성대학 역사학과 주임을 맡았다. 그녀의 남편 양형섭은 1960년 중앙 당교 교장을 맡기 시작했고, 1967년 9월 고등교육상에 임명됐다. 김일성의 외종조부 강량욱(康良煜)은 1962년부터 최고인민회의 상임위원회 부위원장을 맡았고, 친척 누이 김옥순(金玉順)은 1961년 조선부녀민주연맹 제1부위원장을 맡아, 1965년 위원장이 되었다. 그녀의 남편 최광은 1962년 10월 조선인민군 총참모장을 맡았고, 1966년 10월 노동당 중앙정치위원회 후보위원으로 지명되었다. 김일성의 처제 김성윤(金聖允)은 오랫동안 노동당 중앙위원회의 행정을 관리하는 부장을 맡았다. 다른 처제 김성갑(金聖甲)은 1965년 소련주재 조선대사관 3등 서기관을 맡았고, 1967년 귀국 후엔 사회안전성의 주요 직위에 배정되었다. 이밖에도 사회안전상(相) 김병하(金炳河)도 김일성의 친척뻘 여성의 남편이었다.[340] 이들 모두는 김일성의 왕세자 세우기를 위한 준비를 잘 하였다. 1974년 2월, 김정일은 노동당정치국위원으로 당선되었으며 정치무대에 공개적으로 나섰다.[341] 바로 이러한 상황에서 모택동은 자신의 오랜 친구 김일성을 마지막으로 만났다.

1975년 4월 16일, 『인민일보』는 김일성이 조선 당정대표단을 이끌고 곧 중국을 정식 방문할 것임을 선포하였다. 17일, 김일성의 전용열차가 단동에 도착했

---

340) РГАНИ, ф.5, оп.61, д.462, л.7-9.
341) 김창희, 「북한의 통치이념"김일성-김정일주의"분석」, 『韓国政治研究』, 22권, 3호 (2013), 193쪽.

을 때, 중국은 외교부장 교관화를 특별히 보내어 영접하도록 하였으며, 2,000여
명의 군중이 기차역에서 징을 치고 북을 두드리며 열렬히 환영하도록 조직하
였다.

18일 오후, 김일성은 북경에 도착하여 길 양쪽에 늘어선 10만 명의 성대한
환영을 받았고 등소평도 직접 열차에 올라 안부를 물었다. 환영식이 끝난 후
모택동은 즉각 대표단 전원을 접견하여 김일성과 우호적인 환담을 나누었다.
그날 저녁, 국무원은 성대한 연회를 베풀고 김일성과 대표단을 환영하였
다.[342] 방문 기간 동안, 김일성은 병이 중하여 입원하고 있던 주은래를 병문안
하였고, 등소평과 4차례에 걸쳐 "혁명적 우의와 전우애가 충만한" 화기애애한
분위기속에 회담을 가졌다.[343] 이 기간 등소평은 김일성의 남경 방문 참관까
지 동행했다.[344]

김일성의 이번 "예상 밖의" 방문과, 특히 중국 측의 성대하고 열렬한 환영
장면은 각국 외교관과 세계여론의 주목을 받았다. 사람들은 이번 방문이 최근
베트남과 캄보디아에서의 미국의 실패와 관련이 있으며, 중조 지도자 회담의
주요 문제는 인도차이나 반도에서 날로 악화되는 미국의 지위와 이것이 조선
문제에 미치는 영향일 것으로 생각하였다.[345]

중국 지도자와 김일성의 대화 내용을 중국이 공개하지 않았기 때문에, 사람
들은 단지 『인민일보』가 보도한 김일성, 등소평의 연회에서의 연설과 말미에
발표된 공동성명에 근거하여 중조 지도자 간 회담의 상황과 결과를 예측하였
다. 이들 공개 자료들을 토대로 미국, 한국 그리고 동유럽 각국의 외교관들은
거의 대부분 다음과 같은 결론을 내렸다.

즉, 베트남과 캄보디아 혁명 승리의 자극과 영향을 받아, 김일성은 남북관계

---

[342] 『人民日报』 1975년 4월 16일 1면, 4월 18일 2면, 4월 19일 1면.

[343] 『人民日报』 1975년 4월 20일 1면, 4월 21일 1면, 4월 22일 1면, 4월 26일 1면.

[344] 『人民日报』 1975년 4월 24일 1면. 미국의 일부 저작에서는 모택동, 주은래가 장강 기선 유람에
동행했다는 말도 있다. (Victor Cha, *The Impossible State*, p.321) 이는 분명 이치에 완전히 부합
되지 않는다.

[345] Ostermann and Person(eds.), *After Détente: The Korean Peninsula*, 1973-1976, Document 125;
『参考消息』 1975년 4월 20일 1면.

및 통일 문제에 강경 입장을 취하고자 하였으며, 이에 대한 중국의 지지를 얻고자 중국을 설득하였다. 중국은 예전과 다름없이 조선에 지지를 표명하였지만, 이제 막 수립된 미국 및 일본과의 관계에 영향을 줄까 우려하여, 조선반도에서 새로운 전쟁이 일어나는 것은 반대하였고, 특히 조선의 통일문제의 평화적 해결의 중요성을 강조하였다.[346]

신문 보도 내용만 보면, 확실히 위에서 말한 인상을 받을 수 있다. 4월 18일 연회에서 등소평의 환영사에는 새로운 내용이 없었다. 중조우의를 찬양하고 김일성의 조선 통일과 주한미군 철수 주장에 지지를 표한 것을 빼고는, 여전히 초강대국과 패권주의 반대의 일관된 주장이었다. 그러나, 김일성의 연설은 격앙되었고 완전히 새로운 뜻이 있었다. 김일성은, "제국주의자의 전쟁 위협에 항상 고도의 경계심을 갖고 철저한 준비를 하여, 전쟁이 발생하든 혁명이 발생하든, 곧 다가올 혁명대변혁을 성공적으로 맞아야 한다." "적의 창에는 창으로 맞서야 하고, 적의 기만적인 '평화' 술책에는 혁명원칙으로 맞서, 제국주의의 교묘한 반동적 책동을 철저히 분쇄해야 한다." "오늘날 제국주의 식민체계는 완전히 붕괴되고 있으며, 미제의 남조선 식민통치도 절대 무사할 수 없을 것이다." "만일 남조선 통치 집단이 계속 총칼로 남조선 사회 저변에 오랫동안 쌓여온 인민의 불만과 분노를 계속 억누른다면, 필연코 더 큰 혁명의 발발을 부를 것이다. 남조선에서 혁명이 일단 발생하면, 우리는 남조선인민을 적극 지원할 것이며, 같은 민족으로서 절대 수수방관할 수 없다. 만일 적이 전쟁을 감행한다면 우리는 단호히 전쟁으로 답하여, 침략자를 철저히 소멸할 것이다. 이 전쟁에서 우리가 잃을 것은 군사분계선이며, 얻을 것은 조국통일이다"라고 말했다.[347]

---

[346] Ostermann and Person(eds.), *After Détente: The Korean Peninsula*, 1973-1976, Document 129, 133; *CWIHP Working Paper*, No.53, August 2006, pp.52-53; On the Visit of a DPRK Party and Government Delegation Headed by Kim Il Sung to the PR China from 18 to 26 April 1975, April 29, 1975, http://digitalarchive.wilsoncenter.org/collection; Summarized Evaluation of Kim Il Sung's Visit to the PR China(18 to 26 April 1975), May 6, 1975, http://digitalarchive.wilsoncenter.org/collection.

[347] 『人民日报』 1975년 4월 19일 3면.

김일성은 어투에서 살기를 드러냈다. 그러나 4월 25일 고별연회상에서 김일성의 연설은 다소 실망과 낙담을 드러냈다. 중조 단결과 우의의 구호 몇 마디와 중국의 친절한 환대에 감사를 표한 것 외에, 김일성의 연설은 그 어떠한 실질적 내용도 담고 있지 않았고, 그가 중국에 막 도착했을 때의 자신만만함도 완전히 사라졌다.[348] 4월 28일 발표된 중조 공동성명에서 조선의 통일을 언급한 대목에서도, 강조한 것은 자주평화통일이었다.[349]

• 모택동과 김일성의 마지막 회담. 중남해에서.

등소평과 김일성의 몇 차례 회담에 관해 지금까지 공개된 내용은 매우 제한적이며『등소평연보』중에 몇 마디가 있을 뿐이다. 4월 20일 오전 회담에서 등

---

348) 『人民日報』 1975년 4월 26일 2면.
349) 『人民日報』 1975년 4월 28일 1면.

소평은 김일성에게 모택동의 3개 세계 구분에 관하여 소개하면서, 현재 미소의 패권 다툼이 더욱 격렬해지고 혁명과 전쟁의 요인 모두 증가하고 있다고 말하였다.[350] 그러나, 필자는 모택동과 김일성의 담화기록을 발견하였다. 이 담화로부터 대략의 실마리들을 찾을 수 있다.

북경에 도착한 당일 오후 김일성은 모택동과 회담을 가졌다. 모택동과 몇 마디 인사말을 주고받은 후 김일성은 조선 당정대표단의 모든 단원(대표단 2인자 김동규 포함)을 퇴장시키고, 오직 인민군총참모장 오진우만 남도록 하였다. 이는 군사 방면의 중요 문제를 논의하고자 했음이 틀림없다. 그러나 김일성은 자신이 하려던 말은 할 기회를 내내 얻지 못했다. 모두 자리에 앉은 후 모택동의 첫 마디는 "내 다리가 좋지 않고 말하기도 어렵고, 눈은 백내장에 걸렸고, 다리도 편치 않다"라고 말했다.

모택동이 조선의 상황을 묻자 김일성은 "현재 조선의 중점 과업은 사회주의 건설, 남조선 민주화 투쟁의 지지, 제3세계와의 단결"이라고 말하였다. 모택동은 "우리의 중점 과업 역시 사회주의, 대만, 제3세계이다"라고 대답하였다. 남조선과 대만에 대해 말할 때 모택동은 미국 패권주의자들이 눌러앉아 떠나지 않는다! 라고 말하였으며, 김일성은 "내가 보기에 제국주의 경제위기는 큰 혼란을 가져올 수 있으며, 미국 놈들은 곧 남조선과 대만에서 물러가게 될 것이다"라고 말했다. 또한 이어서 캄보디아와 베트남이 위대한 승리를 얻어 "우리는 매우 기쁘다"고 말하였다.

화제가 본론으로 들어가려 하자, 모택동은 또 다시 자신의 눈이 좋지 않고, 입이 좋지 않으며, 다리 역시 좋지 않다고 말했다. 이어 화제를 바꿨다. 잠깐 알제리, 알바니아, 베트남을 말했다가 이어 닉슨, 키신저를 잠깐 말하기도 하고, 주은래, 최용건, 김일의 병세에 대해 말하기도 했다. 마지막으로 모택동은 "나는 올해 82세이며 오래 못 갈 것 같으니 귀하들에게 부탁하겠다"라고 말한 후, 등소평을 가리키며 "나는 정치 얘기를 하지 않고, 그가 당신과 논의할 것이다. 당신들끼리 얘기하고 나는 얘기 안 한다"라고 말하였다. 30여 분 간의 회담

350) 中共中央文献研究室编, 『邓小平年谱(1975-1997)』, 北京: 中央文献出版社, 2004年, 36쪽.

은 이렇게 끝이 났다.[351]

　모택동이 정치를 논하지 않겠다고 한 것은 분명 의도적으로 그가 회피한 것
이었다. 왜냐하면 이틀 후 모택동은 벨기에 수상 틴더만스(Tindemans)를 접견
하며 유럽의 안전, 소련 위협 및 국제질서 완화 등의 문제에 대해 신나게 말했
기 때문이다.[352] 뿐만 아니라 그 후 얼마 지나지 않아 모택동은 잇달아 외국
지도자들을 만나, "정치" 관련 말을 많이 했다.[353] 모택동은 정치를 말할 수 없
는 게 아니라 김일성과 정치를 말하고 싶지 않았던 것이다.

　5월 7일 조선 외무성 제2국 국장 최창무는 조선 주재 동독 대사 에버하르츠
(Everhartz)와 회담할 때 다음과 같은 "신문보도 이외의 소식"을 말했다. "김일
성 동지는 미 제국주의의 계속된 남조선 점령 기도와 박정희와의 협력을 통해
두 개의 조선의 현상을 강화하려는 의도를 경계해야 한다고 중국 측을 환기시
켰다. 중국은 1972년 합의된 조국통일 3대 원칙과 김일성 동지의 5가지 제안이
여전히 정확한 것으로 본다고 평가하였다. 중국 측은 이들 원칙과 제안이 조선
통일의 기초가 되어야 한다고 밝혔다. 중국은 두 개의 조선을 만들려는 미 제
국주의의 기도와 남조선인민을 억압하는 박정희의 공포통치를 비난하였다. 중
국은 이러한 정책이 실패할 것이라고 확신하였다."

　"중국 측은 유엔이 미국 군에 부여한 권한을 취소하고 그들을 남조선에서 철
수시키기 위한 진일보한 조치를 취할 것이다. 중국은 계속해서 조선민주주의
인민공화국의 조국 통일을 위한 평화 공세를 힘써 지지할 것이다." "박정희가
사회주의 국가와의 외교관계 수립을 시도하는 상황에서 중국 측은 이 정권과
관계를 수립하지 않을 것이며, 박정희 정권을 고립시키는 투쟁을 계속 지지할
것임을 밝혔다."

　최창무는 에버하르츠 대사의 질문에 다음과 같이 대답하였다. 사회주의 국
가의 단결과 관련해, "조선의 입장은 중국과 결코 일치하지 않는다." 전쟁이 발
발시 조선은 통일을 실현할 것이라는 점에 관해, 중국 측은 "조선민주주의인민

---

351) 모택동의 김일성 접견 대화 기록, 1975년 4월 18일; 『毛泽东年谱(1949-1976)』 第6卷, 579쪽.
352) 『建国以来毛泽东军事文稿』 下卷, 397쪽.
353) 陈东林, 杜蒲主编, 『内乱与抗争』, 1,174, 1,234, 1,292, 1,303쪽.

공화국의 평화강령이 조선 문제 해결 방안으로서 역할을 할 것"이라고 대답한 반면, "조선 측은 평화공세는 동시에 계급투쟁을 의미하는 것이어야 한다고 생각한다. 만일 박정희가 전쟁을 발동할 경우, 조선 동지는 그들의 계급적 형제로부터의 각종 지지를 기대한다." 조선은 "전쟁이 발발한 상황에서 중국은 1950~1953년 조국해방전쟁 때와 같은 방식으로 조선을 지원할 것임"을 굳게 믿는다고 밝혔다.[354]

비록 이 담화는 외교적 언사로 가득하지만, 그 속에서 중조 간의 의견충돌이 있었음을 분명하게 발견할 수 있다.

김일성은 신이 나서 왔다가 흥이 깨져 돌아갔으니, 그 심정은 미뤄 알 수 있다. 조선이 정말로 새로운 전쟁을 시작하여 민족통일을 실현하고자 했는지는 현재 확인할 수 있는 사료가 없다. 그러나 한 가지 분명한 것은, 김일성이 제5기 제10차 전원회의에서 조선은 "혁명의 대변혁을 일으킬 수 있고", "조선반도에서 전쟁도 가능"하다고 판단했다는 점이다.[355] 당시 방문은 중국이 재차 조선을 원조해줄 것과, 조선을 중시하며, 조선과 함께 어깨를 나란히 하여 싸워달라는 희망이었다. 마찬가지로 분명한 것은, 중국 측은 비록 이러한 요구에 동의하였지만 그 조건은 반드시 동아시아지역 안정을 유지해야만 한다는 것이었다.

홍콩 『원동경제평론』의 기자 스피어가 1975년 2월 일본 주재 중국 무관과의 대화를 통해 밝힌 바에 따르면, 아시아 문제에 대한 중국의 기본적 태도는 다음과 같음을 알게 되었다.

"중국의 진정한 관심은 동아시아와 남아시아의 안정이며, 그 곳에서 격렬한 동요가 일어나는 것을 원하지 않는다. 중국은 방글라데시의 정국 불안정으로 인해 인도 대륙이 혼란에 빠져 들어가는 것을 우려한다. 중국은 일관되게 각국 인민의 혁명을 지지하지만, '문혁' 시기와 비교하면 '어떤 것이 실체이고 어떤 것이 허상인지' 분별이 가능하다"는 것이었다.[356]

---

354) Note Concerning a Conversation between Ambassador Everhartz and Choe Sang-muk, May 7, 1975, http://digitalarchive.wilsoncenter.org/collection.

354) Note Concerning a Conversation between Ambassador Everhartz and Choe Sang-muk, May 7, 1975, http://digitalarchive.wilsoncenter.org/collection.

355) 『金日成著作集』第30卷, 平壤 : 外国文出版社, 1987年, 35-40쪽.

김일성이 보기에 중국은 미국, 일본 그리고 대다수 자본주의 국가들과 이미 정상관계를 맺었기 때문에 본질적으로 그들과 협력과 완화를 모색해야 하는데, 세계혁명을 발동할 마음이 있을 리 없고, 조선이 군사행동을 취하는 것을 지지할 리는 더욱이 없었다. 비록 모택동이 여전히 조선과 우호적 관계를 유지하기 위해 노력하고 조선에 원조를 제공하고 있지만, 중조 간에 겉으로는 가까운 것처럼 보이고 속으로는 서로 다른 마음을 품고 있는 상태는 이미 바꿀 수 없었다.

1976년 2월, 모택동은 미국 전 대통령 닉슨을 접견했을 때, "중국은 미국과 관계를 잘 맺어야 하며, 유럽, 아프리카, 라틴아메리카, 아시아와도 관계를 잘 맺어야 한다. 또한 전쟁은 평화와 평화 사이의 현상이며, 전쟁은 정치의 연속이고, 다시 말해 전쟁은 평화의 연속이다. 평화가 곧 정치다"라고 말했다.[357]

동시에, 조선노동당 간행물 『근로자』 편집부는 이와 다른 견해를 발표하였다.

"경애하는 지도자 김일성 동지는 확실히 위대한 혁명사상을 전 세계에 두루 비추고, 시대와 혁명 발전의 길을 개척한 혁명 천재이자 위대한 사상이론가이다. 주체사상은 새 형의 사회혁명, 즉 반제반봉건 민주혁명에 관한 이론을 제기하고, 사회주의혁명에 관한 이론을 독창적으로 제시하여, 민족해방 및 계급해방 이론을 전면 체계화하고 완전하게 하였으며, 우리에게 인류해방의 역사적 과업을 성공적으로 실현하는 가장 올바른 길을 분명하게 제시해 주시었다."[358] 5월 4일, 『로동신문』은 편집부 글을 실으면서, "주체사상은 민족해방, 계급해방, 인류해방의 진정한 기치"라고 역설하였다.[359] 김일성은 진정 세계혁명의 기치를 이어받을 마음이 있어 보였다.

1976년 9월 9일 모택동이 서거하자 조선은 스탈린 사후 전례 없이 성대한 추도행사를 엄수했다. 조선 정부는 9월 10~18일간 전국적으로 애도기간을 선

356) 한국외교사료관, D-0019-14, 4-8쪽.
357) 陈东林, 杜蒲主编, 『内乱与抗争』, 1,329쪽.
358) 中共中央对外联络部二局, 『朝鲜劳动党文件选集(1976年)』, 1978年 2月, 7-30쪽.
359) 『로동신문』 1976년 5월 4일 1면.

포하고, 이 기간 모든 기관과 가정이 조기를 게양하도록 하였으며, 추도대회가 열린 9월 18일 오후, 전국이 3분간 일을 멈추고 모든 사람들은 자신의 자리에 숙연히 서거나, 경적을 울리며 애도의 뜻을 표하였다.[360]

김일성은 크게 비통해 했다. 비록 중조 간에 갖가지 은원이 있었지만 조선이 누린 오늘날의 지위와 발전은 모택동이 성심성의껏 지지하고 도우지 않았다면 불가능한 것이었다. 김일성도 이 점을 잘 알고 있었다. 하지만 김일성은 국제 공산주의 운동과 세계혁명의 큰 조류 속에서, 스탈린이 죽자 모택동이 이어받은 것처럼 모택동을 대신하여 혁명의 큰 깃발을 이어받을 사람이 있다면 바로 본인 자신이라는 것을 더 잘 알고 있었다.

이때에 이르러 중조관계의 한 시대는 끝났다.

---

360) 『人民日報』 1976년 9월 12일 9면, 20일 10면.

중국 개혁개방과 중조관계의 복원

에필로그　중국 개혁개방과 중조관계의 복원

　모택동이 만년에 세계혁명을 포기한 것은 어쩔 도리가 없었다고 해야 할 것이다. 소련의 위협에 직면한 중국은 부득불 미국과 손을 잡았고, 일단 서방과 자본주의 국가와의 관계의 문을 연 이상, 세계 혁명의 노선은 언제든 변해야 할 것이었다. 그러나 모택동은 천성적으로 혁명가이자 "조반파"였다. 그는 중국 혁명은 포기할 생각을 한 적이 없었다. 이 때문에 중국공산당은 한편으론 국제적으로 미국 및 서방과 데탕트를 하면서 각국의 혁명을 지원하던 기세를 점차 약화시켰고, 한편으론 국내적으로 계급투쟁과 프롤레타리아 독재를 틀어쥔 채 "계속혁명"의 열정이 식을 줄 몰랐다. 바로 이 때문에 모택동은 등소평이 "문화대혁명"을 부정하려 하고, 무산계급 혁명을 "배반"하려 한다는 걸 느꼈을 때, 그를 또다시 제거했다. 이것이 모택동의 일생 경력 중의 가장 마지막 "노선투쟁"이었다.

　또 한편으로, 모택동이 주도한 중국의 대외전략의 변화는 등소평의 이후의 "반역"을 위한 객관적 조건을 만들어주었다. 중국과 미국의 관계가 교착국면을 벗어나, 유엔에 가입하고, 대외교류의 문호를 개방한 것은 그 직접적 열매는 중국을 국제경제체제에 편입시키고, 대외경제와의 연계성 확대의 기초를 놓았다는 것이다.

　비록 모택동 본인은 중국의 경제체제를 바꿀 것을 생각한 적이 없었으나, 외교 전략의 변화가 여기에서 "역사에서 의도치 않은 도구"의 역할을 하게 되었다. 등소평이 다시 집권한 이후 단기간에 "개혁개방"의 국책을 제시하고 중국 경제체제와 발전 노선을 근본적으로 바꿀 수 있었던 것은 이와 무관치 않다. 70년대 모택동과 주은래가 외부세계로 통하는 정치적 장애물을 제거하지 않았다면, 80년대 등소평이 주도하는 중국 개혁의 길은 있기 어려웠을 것이다.[1]

경제 방침과 경제 체제의 변화는 중국 경제 발전에 거대한 활기와 여유를 가져왔다. 50년대 소련의 원조는 현대과학기술(1, 2차 공업혁명의 성과)로 신중국에 1차 대변혁과 그로 인한 현대화를 가져왔다면, 80년대의 개혁개방은 더욱 현대적 과학기술(3차 과학혁명의 성과)로 2차 대변혁을 실현시켜, 중국 부흥과 세계 강국의 대열에 진입하는 기초를 놓았다. 자연히 이러한 천지개벽의 변화는 중조관계에도 큰 영향을 미쳤다.

지난 몇 십 년을 총체적으로 보면, 중국과 조선은 모두 사회주의 국가이자 국제공산주의 운동에 속해 있고, 미국을 공동의 적으로 삼았다. 물론 중소관계 악화의 변수가 있지만, 이 같은 기본 요소가 엄연히 있는 만큼, 중조관계는 궁극적으로 그래도 일종의 특수한 "형제"관계였다. 중미관계에 데탕트가 실현되고 점차 정상화된 이후, 미국은 더 이상 중국의 주적이 아니고, 심지어 소련에 맞선 중국의 잠재적 맹방이 되자, 중조 간의 특수관계 및 "형제"관계의 토대에 처음으로 동요가 일어났다. 외교전략 차원에서의 이견은 불가피하게 지정학적 요인의 약화라는 결과를 가져왔고, 중국의 동아시아 안보의 관문이자 완충지대로서의 조선의 역할도 점차 없어지기 시작했다. 이러한 변화는 근본적으로 모택동과 김일성 시대의 말년 때부터 시작됐다. 그 때부터 조선은 더 이상 중국의 "방패막이"나 전략적 완충지대가 아니었고, 중국도 더 이상 조선의 "대후방"이 아니었다.

80년대에 와서 중국이 개혁개방을 실행하면서, 중조 간 "특수"관계의 토대는 두 번째 동요가 일어났다. 경제적 차원에서였다. 경제 체제에서 보면, 개혁개방의 핵심은 시장 메커니즘 도입이었으며, 경제 교류에서 "등가교환"의 시장 원

---

[1] 중국의 개혁의 길에 대한 심층적 연구는 다음을 참고할 것. 肅冬连, 『国步艰难: 中国社会主义路经的五次选择』, 北京: 社会科学文选出版社, 2013年.

칙을 실현해야 했다. 이러한 상황에서 본래의 사회주의 국가 간 경제교류에서 떠받들던 "국제주의"원칙은 유지해가기가 어려웠다. 그동안 중국이 조선과의 경제관계를 처리할 때의 "정치를 중시하고 경제를 따지지 않는" 방침은 더 이상 계속할 수 없었다. 비록 외교 전략적 고려로, 이 기간 중조관계가 여전히 우호 단결의 표상을 유지하고, 중국은 조선에 원조를 계속했다 하더라도, 그 내용은 은연중 변화가 일어나고 있었다. 중조관계가 예전의 "형제"관계에서 일반적인 정상국가 관계로 변화하는 것은 외교 방면은 물론, 경제방면에서도 이미 무르익었다.

80년대 말에서 90년대 초, 중국과 국제 정세는 크나큰 격동이 있었다. 중소관계 정상화와 소련 해체에 따라 중국의 최대 안보 위협이 해소되었다. 하지만 1989년의 정치파동은 중국에게 극히 어려운 새 국제환경을 제공했다. 등소평은 대외적으로 서방의 대중국 제재라는 고립 국면을 탈피해야 했고, 대내적으로 개혁개방의 경제방침 견지해야 했다. 이를 위해선 돌파구를 찾아야했다. 바로 한국과의 수교가 이 같은 돌파구였다. 그러나, 중국이 일단 한 발을 내디디자, 중조를 "형제" 관계로 묶어 두던 마지막 한 줄이 끊어지고 말았다. 1992년 중국과 한국의 정식 외교관계 수립은 중조관계의 성격을 철저히 바꾸는 조치가 되었다. 그동안의 중조관계의 특수한 정치적 토대는 더 이상 존재하지 않게 되었다. 조선은 "혁명"적 입장에서 충분한 이유를 가지고 중국을 "신의를 저버렸다"고 비난했다. 그러나 중국은 외부세계와 정상적 현대 국가관계를 수립해야 했고, "혁명외교"의 질곡에서 벗어나야만 했다.

한중수교는 중국이 조선을 극동지역의 전략적 완충지대로 삼는 전통적 안보 전략이 이미 효력을 잃었고, "특수"에서 "일반"으로 가는 중국의 대북정책에서의 장애물이 완전히 제거됐음을 보여준다. 이때에 현대국가관계의 토대 위에 중조관계 복원의 객관적 조건이 온전히 무르익었다. 문제는 정책결정자의 주관적 인식에 있었다. 이후, 조선은 외교적 고립에 빠지면서 북핵 위기를 만들고, 세계의 관심을 또다시 한반도로 끌어들이려 하는 것은 냉전 때의 "등거리외교"와 같은 외교적 공간을 다시 만들려 하는 것이다. 하지만 중국은 책임 있는 대국의 지위와 이미지로 한반도 문제의 처리에 나설 수 있게 됐다.

요컨대, "문혁"이 끝난 뒤 중국은 천지개벽의 변화가 일어났고, 등소평의 개혁개방은 중국을 현대화의 길에서 새로운 여정을 시작하게 했다. 이후의 중조 양국은 대외정책 측면에서 생각과 행동이 달랐을 뿐만 아니라, 국가발전의 길에서도 이미 각자의 길을 갔다. 냉전이 끝난 후, 중국은 조선의 숙적 한국과 정식 수교를 하면서, 객관적인 중조관계는 이미 역사상 전혀 새로운 한 시기에 들어섰다.

중조관계에 대한 적합한 평가

맺음말 　중조관계에 대한 적합한 평가

　　본서에서 다룬 역사연구 시기(1945~1976년)을 종합하면, 중조관계는 수시로 냉온탕을 오가며 기복이 심한 상태에 있었다. 그 변화는 크게 다음과 같은 단계로 나눌 수 있다.

　　제1단계는 1945~1949년 기간으로 약즉약리(若即若离), 즉 가까운 것 같기도 하고 그렇지 않은 것 같기도 한 기간이다.

　　소련군의 조선반도 진입 후 김일성은 모스크바의 지지와 지원하에 각 정파의 정치역량을 통합하고 조선 북부에 대한 통치 조직을 공고히 건립하였다. 소련이 주도한 조선 정권 수립 과정에, 중공 계열의 연안파 조선인 간부들은 배제되었고, 모택동과 중공 중앙은 김일성 등 조선 정권 지도자들에 대해 잘 알지 못하고 있었다.

　　중국 내전 (특히 중국 동북지역) 시기, 중공에 대한 조선의 지원은 본질적으로는 소련의 중국에 대한 정책의 구현이었다. 모택동은 "동방정보국" 조직을 시도하고, 아시아 각국의 공산당은 간부들을 파견하여, 중공 중앙이 중남해에 개최한 "학습반"에 참가했지만, 오직 조선노동당만은 한 명도 참가하지 않았다. 중공은 소련 "일변도" 정책을 선포했고, 조선 또한 소련의 위성국이 되었다. 그리하여 가깝지도 멀지도 않은 듯한 중조 양당은 나란히 소련을 중심으로 하는 사회주의 진영에 가입하였다.

중국공산당은 정권을 잡은 이후 소련의 아시아에서의 정치적 안배를 받았다. 신중국이 직면한 것은 스탈린이 이미 안배해 놓은 "중조관계"였다. 따라서 중조 간 "순망치한"의 역사적·지정학적 요소에, 국제공산주의 운동 구조 내의 "형제"적 요소가 주입되었다.

제2단계는 1950~1958년까지 내긴외송(內緊外松) 시기, 즉 내부적으로 긴장하고 외부적으로 긴장을 푸는 단계이다.

중국은 조선 출병으로 조선 문제에 대해 일정한 발언권을 얻었다. 조선전쟁 기간, 전쟁 목표 및 작전 방식에 대한 서로 다른 생각으로 인해 중조 양측 지도부 간에는 충돌이 잇따랐고, 관계도 매우 긴장되었다. 양국 관계는 표면적으로는 친밀하기 그지없었으나, 조선통일 문제를 어떻게 해결할 것인지, 언제 중국의 지원을 필요로 하는지, 지원군을 누가 지휘할 것인지, 중조 연합군이 38선을 넘어 계속 남하할 것인지의 문제와 철도관리권의 귀속 문제, 그리고 정전 시기 결정 등 일련의 전략 문제 및 기타 중대한 사안에 있어서 심각한 모순과 큰 의견차가 존재했다.

비록 이전에 조선은 소련의 지지와 지원에 줄곧 의존해 왔으나, 전쟁 기간에는 중국이 자주 주도적인 역할을 하였다. 따라서 중조 간의 중대한 의견 차이와 모순에 대해 스탈린은 모두 모택동을 지지하였다. 이는 김일성의 마음속에 깊은 상처를 남겼다. 중국인들은 조선에서 많은 피를 흘렸지만, 중조 지도자와 양국 사이에 깊은 우의는 형성되지 않았다.

모택동은 이를 잘 알고 있었으며, 전후 조선 문제에서 중국의 발언권과 주도적 역할을 계속 유지하기 위해 조선에 대규모의 경제 원조 제공을 결정하였다. 전후 조선의 경제복구 작업은 주로 중국, 소련, 동독, 체코슬로바키아 등 사회주의 진영 국가들의 원조에 힘입었다. 비록 소련에 비해 경제력 차이가 크고, 중국 스스로도 전쟁으로 심각한 손실을 입었지만 중국의 조선 지원은 소련을 크게 초과하였다.

김일성은 이에 대해 매우 만족하였지만 공개적인 장소에서 강조한 것은 "자력갱생"이었으며, 중국과 소련의 원조에 대해 거의 언급하지 않았다. 조선전쟁 말기부터 김일성은 국내 반대파 세력들을 몰아내고 개인 통치를 확립할 목적으로 각종 구실과 수단을 이용, 당내 각 파벌 간 싸움을 일으켰다. 김일성은 조선노동당 제3차 당대회에서 지도부에 대한 전면적 개편을 단행하여 각 파벌들의 반발을 불렀고, 소련공산당 제20차 당대회 이후 모스크바의 방침을 따르기를 거부하였다.

연안파와 소련파는 연합하여 소련공산당의 김일성에 대한 불만을 이용하여, 김일성에 대한 비판을 전개하고 김일성을 권력의 정점에서 끌어내리려 하였다. 1956년 8월 개최된 중앙위원회 전원회의에서 노동당 내부 모순이 전면적으로 폭발하였다. 김일성은 국면을 제압한 후 반대파를 반당집단으로 몰았으며, 연안파 일부 간부들은 중국으로 망명하였다.

모택동은 이에 대해 매우 분노하고 소련공산당 대표단과 논의를 거친 후, 미코얀과 팽덕회를 대표로 하는 양국 공산당 대표단을 평양에 파견하여 김일성에게 이전에 내린 결정을 철회토록 압박하였다. 북경과 모스크바의 압력하에 김일성은 자신의 과오를 인정하였지만, 내심으로는 이를 받아들이지 않았다. 이때부터 중조관계는 심각한 위기국면으로 빠져들어 갔다.

헝가리 사건과 소련공산당 반당 사건 이후, 사회주의 진영 내에서 중공과 모택동의 지위는 날로 높아졌고 점차로 국제공산주의 운동에서 소련과 동등한 지위를 차지하였다. 모택동은 더 많은 지지자들을 확보하고, 소련과의 경쟁에서 우위를 차지하기 위해 1957년 말 김일성에 대한 태도를 바꾸었다. 1956년 조선 정국에 대한 간섭에 관해 주동적으로 과오를 인정하고, 김일성의 국내 정책에 동의를 표하면서, 중국 인민지원군의 철군까지 약속하였다. 이에 따라 중조관계는 완화되기 시작하였다. 동시에 중국의 "대약진"과 조선의 "천리마"운동 중에 양국 관계는 제1차 최고조에 이르게 되었다.

제3단계는 1959~1965년 기간으로 미파요구(尾巴搖狗), 즉 개꼬리가 개 몸통을 흔드는(소국 조선이 대국 중국과 소련을 주도함을 빗댄 말-역자 주) 시기이다.

중소분쟁이 날로 심각해짐에 따라 중소 양측은 모두 조선을 자기편으로 끌어들이고자 하였다. 이는 조선에 유리한 외교적 공간을 제공하였다. 김일성은 중소 간에 대등한 외교적 책략을 취하여 성공을 거두었으며 냉전 기간 중의 특이한 현상, 즉 소국이 대국을 주도하는 현상(꼬리가 몸체를 흔드는 현상)이 나타났다.

이 기간, 한국 정부는 극심한 내부적 혼란에 직면하고 정권교체가 빈번히 발생하여 조선에 대한 무장도발을 일으킬 여력이 없었고, 미국은 한국의 경제부흥에만 집중하였다. 이 모든 것은 조선의 경제 및 사회발전을 위한 매우 이상적인 안보 환경을 제공하였다. 중국은 극히 어려운 여건에서도 대량의 식량을 조선에 제공하였다. 흐루시초프는 1956년 모택동이 김일성을 신랄하게 비판하는 대화 기록을 김일성에게 보여주었다. 김일성은 모스크바와 북경 사이에 외교적 균형을 유지하며 중소 양쪽의 환심을 얻어 많은 원조와 이익을 얻었다. 그중 가장 대표적인 것이 1961년 소련 및 중국과 각각 맺은 동맹조약이다.

흐루시초프의 평화공존 대외 외교방침이 조선의 외교 방향과 배치되고, 소련의 대외원조도 대대적으로 감소하였기 때문에, 조선은 중소분쟁 상황에서 점차 모택동에게로 기울었고, "수정주의" 비판에 적극 가담하기 시작하였다.

평양을 붙잡기 위해 대량의 경제원조를 조선에 계속 제공할 능력이 없는 상황에서, 중국은 정치적 이익을 고려하여 조선 교민과 동북 조선족의 국경 월경 문제 처리에 있어서 자주 조선의 주장에 따랐으며, 심지어 중조 국경 획정에 있어서 중대한 양보를 하였다. 즉 역사적으로 중국에 속했던 장백산 천지 대부분을 조선에 양보하였다. 이 밖에도, 모택동은 중국 동북은 조선의 후방임을 재차 강조하면서 일단 전쟁이 발발하면 동북을 조선에 넘겨 관리하게 할 것이라고 약속하였다. 중조관계는 이로 인해 점입가경이 되어, 제2차 최고조에 이르게 되었다.

제4단계는 1966~1969년까지 외긴내송(外緊內松) 시기, 즉 내부적으로는 긴장을 풀고 외부적으로는 긴장하는 시기이다.

브레즈네프는 집권 이후 흐루시초프의 대내외 정책을 조정하고 조선에 대한 경제·군사적 지원을 크게 늘렸다. 뒤이어 중국에서는 "문화대혁명"이 발발하고, 뒤이은 "극좌"적 외교노선은 중국을 공전의 외교적 고립으로 빠뜨렸다. 조반파는 조선노동당을 수정주의로 몰고 비난과 비판을 가하였으며, 홍위병은 중조 국경에서 일련의 말썽을 일으켜 김일성의 큰 불만을 샀다. 김일성은 소련에 자신은 절대로 "중국노선"에 굴복하지 않을 것임을 밝히기까지 하였다. 이런 배경으로 조선은 급속히 소련에 기울었으며, 한때 반(反)중국 대합창에도 동참하였다. 중조관계는 급격히 악화되었고 정점에서 바닥으로 떨어졌다.

그러나 소련을 주요 적으로 하는 투쟁에서, 제국주의 반대 기치를 높이든 모택동은 내심 아시아의 인접국 조선과 베트남을 포기하여 중국이 소련과 홀로 싸우는 상황에 빠지도록 할 수는 없었다. 비록 "문화대혁명" 초기 중국 외교는 일시적으로 통제력을 잃었지만, 모택동은 김일성에 대해 단 한마디의 험담도 하지 않았고, 더욱이 조선을 포기할 생각은 결코 없었다.

이와 동시에 김일성 역시 중국의 지지와 지원을 필요로 하였다. 1968~1969년, 한반도 비무장지대에서는 무장충돌이 가열되었고, 조선은 특수대원들을 한국의 청와대에 파견하여 박정희 대통령 암살을 기도하였다. 또, 미국 "푸에블로"호 간첩선과 대원들을 억류하고 미 해군 EC-12 1정찰기를 격추하여, 한반도 정세가 급격히 긴장되고 미국의 대북정책은 강경으로 돌아섰다.

이에 조선은 인접 우호국인 중국의 강력한 지지를 필요로 하였고 중국과의 관계를 개선할 것을 자발적으로 제기하였다. 더욱이 진보도에서의 무장충돌로 인해 중소관계가 얼어붙기 시작하면서 중국도 국경을 맞댄 다른 국가들과의 긴장상태를 하루빨리 해소해야만 하였다. 1969년 10월 1일 최용건이 돌연 천안문 성루에 나타나면서 중조 간의 "형제"적 우호관계 회복을 알리는 시발점이 되었다.

제5단계는 1970~1976년은 모합신리(貌合神离) 관계로서, 중조 양국 관계가 각자의 길을 가게 되는 시기이다.

중국은 자신의 안보 이익을 고려하여 대외전략 조정을 결정하고, 미국과의 장기간 대치국면을 해소하고 양국관계의 정상화에 나섰다. 김일성은 이에 이해와 동의를 표하였지만 반드시 조선의 이익을 보장할 것을 요구하였다. 중미 외교 담판 과정에서 중국은 동맹국 조선의 이익을 고려할 방법을 강구하고 조선의 모든 요구를 만족시켰으며, 동시에 군사·경제 등 방면에서 전력을 다해 조선을 지원함으로써 중조관계는 겉으로는 안정된 모습을 보였다.

그러나 미국과 연합하여 소련에 대항한다는 중국의 전략은 한국의 배후인 미국을 여전히 주적으로 간주하는 조선과의 외교 마찰을 피할 수 없었다. 김일성은 중국의 지원을 강력하게 요구하는 동시에 소련을 향해 자주 우호를 표시하며 등거리 외교를 계속하였다. 또 다른 측면에서, 중미관계의 정상화가 실현됨으로써 어쨌거나 모택동은 세계혁명을 다시는 주장할 수 없게 되었고, 부득이 이념적 기치를 포기함으로써 반제국주의 투쟁의 중심적 지위를 상실하였다.

김일성은 김일성주의와 주체사상을 전면적으로 내세우면서 세계혁명의 기치를 짊어지고 모택동의 뒤를 이어 세계혁명을 계승할 뜻을 나타내었다. 베트남과 캄보디아의 공산혁명 승리는 조선을 자극하였다. 김일성은 중국을 방문하여 모택동과 최후의 회담을 갖고 조선이 무장투쟁 방식으로 조국통일을 실현하는 것을 중국이 지지해줄 것을 요청하였지만, 모택동은 이에 대해 대답을 회피하였다. 이 시기 중조관계는 겉으로는 친한 것 같지만 속으로는 각자 제 갈 길을 가는 상황에 접어들었다. 중미관계 개선은 외교 전략과 지정학적 측면에서 중조 간 "특수관계"의 근간을 흔들었다.

본서에서는 모택동시대의 중조관계 역사 현상의 기술과 해석에 있어서, 대체로 서로 상충되지 않고 내재적 논리관계를 갖춘 다음의 세 가지 맥락 혹은 기본 방향을 가지고 전개하였다.

첫째, 전통문화와 외교이념 측면에서 중조관계에 대한 모택동과 김일성의 처리를 관찰하고, 중국의 전통적 종번(宗藩) 관념과 조선이 제창한 "주체사상" 및 반(反)"사대주의" 사이의 충돌을 실질적으로 반영하였다.

냉전시기 중국과 조선은 모두 확실한 일인 전제국가였으며 외교정책 결정 방식은 "영수외교"로 나타났다. 다시 말해, 모택동과 김일성의 개인적인 생각이 양국 관계의 기본 방향을 결정하였다. 모택동은 극히 강한 지도자적 욕망을 가지고 있었다. 신중국 초기부터 주변 국가들에 대한 중국의 역사적 주도권과 영도권을 어떻게 회복할 것인지를 고심하기 시작하였고, 중국 고대 역사서를 숙독하면서 "천조대국"으로서 역대 중국 황제들의 통치술을 잘 숙지하고 있었다.

때문에 조선과의 관계 처리에 관한 모택동의 이념 중에는 역사상 종번체제에서 주변 국가들을 통치하는 "천조"의식이 무의식중에 나타난다. 고대 중국에서는 이러한 종번관계가 조공체계로 표현되었다면, 국제공산주의 운동이 이제

막 발전하고, 동서 양대 진영이 대립하고 있는 현실 조건하에서는 이 이념과 의식은 혁명의 형식으로 표출되었다.

모택동은 중국을 아시아혁명, 나아가 세계혁명의 중심이 되게 하고 자신이 아시아, 더 나아가 세계혁명의 지도자가 되는 것을 언제나 자신의 인생목표로 삼았다. 이 목표를 이루기 위해 중국은 막대한 대가를 치렀다. 모택동이 요구한 것은 자신의 영도권에 대한 인정이었으며, 중국의 정치노선에 순종하기만 하면 영토, 국민, 경제적 이익 등은 모두 더 말할 필요도 없었다. 바로 이 점이 중국의 전통적 종번관계의 특징을 극명하게 보여준다. 또 이 점이 모택동의 천하관과 스탈린의 지도자관간의 중요 구별점이다.

이러한 측면에서 보면 모택동은 스탈린보다 훨씬 전통적이라 할 수 있다. 그러나 대국에 장기간 의존했던 소국의 지도자로서 김일성의 생각은 이와는 정반대였다. 김씨 세습 "왕조"를 세운 것으로만 보면 김일성이 전통의 일면을 계승했다고 말할 수 있으나 동시에 전통에 반하는 일면이 있다.

고대 조선의 통치자는 "사대주의"를 추종하고, 중국과의 종번관계를 이용하여 조선 자신의 국가 안전과 동아시아에서의 정치적 지위를 보장받았다. 근대이래 중국은 국력이 쇠락하고, 조선은 일본의 식민지로 전락하는 굴욕을 겪었다. 비록 전후에 독립의 서광을 보기도 하였지만 냉전체제의 출현으로 소련의 보호에 재차 의존할 수밖에 없게 되었다.

항일의 전란 중에 성장한 김일성이 일생 동안 추구한 것은 조선의 독립과 통일이었다. 스탈린이 사망하고 조선전쟁이 끝난 후, 김일성이 기회를 놓치지 않고 주체사상을 제기하고 "사대주의"를 반대하는 교육을 부단히 전개한 이유가 바로 조선의 완전하고 진정한 독립적 지위를 꾀하기 위한 것이었다.

중조관계의 변화를 외교제도 측면에서 보면, 전통적인 종번관계가 현대라는 조건하에서 실질적으로 독립적이고 평등한 국가관계로 변하는 과정이라고 말할 수 있다. 따라서 비록 냉전의 국제적 배경과 이데올로기가 중조 간의 일치단결을 요구하고 있었지만, 이 기간 중조관계는 본질적으로 대립적, 모순적이었다. 이 대립과 모순의 표현 방식은 달랐지만 시종 계속되고 있었다. 이 점이 바로 중조관계 불안정의 근본적 원인이었다.

둘째, 지정학적 및 이데올로기적 측면에서 모택동과 김일성의 중조관계를 관찰하면, 냉전이라는 국제적 배경에서 대국과 소국의 비대칭 동맹관계의 특수 현상을 실질적으로 반영하고 있다.

중국은 대국이고 강국이며 조선은 소국이고 약한 국가이다. 그들 사이에 만들어진 동맹관계는 분명히 비대칭 관계이다. 일반적으로 이러한 동맹관계에서는 소국이 대국에 복종하고 약소국은 강국에 종속되게 마련이다. 그러나 중조관계의 상황은 이와는 정반대로서 일종의 개꼬리가 개의 몸통을 움직이는 미파요구(尾巴搖狗) 현상으로 나타났다. 이 표현은 아마 우아하지 못할 수 있다.

냉전시기 비대칭 동맹관계 중에서 중조관계는 대국이 소국을 통제하지 못하고 반대로 소국의 제약을 받는 전형이라고 분명히 말할 수 있다. 그 원인으로 김일성의 완강한 의지와 소련과 중국 두 곳으로부터 지원을 얻는 외교적 수단 이외에도 주요하게 작용한 것은 먼저 지정학적 요소와 이데올로기적 요소라고 할 수 있다.

두 강대국 사이에 끼어 있는 소국의 외교적 지위는 원래 매우 가련하고 미약하다. 그러나 이 양대 강국이 대립상태에 처하게 되고 나아가 이 소국의 지지를 얻고자 경쟁한다면 결정권은 당연히 약자의 손으로 옮겨갈 수밖에 없다. 이점이 냉전 국면에서 미파요구 현상이 나타난 원인 중의 하나이며, 김일성이 "자주독립"과 "주체"사상을 널리 선전할 수 있었던 외교적 기초가 되었을 것이다.

조선은 동북아시아에서 중국, 미국 및 소련의 안보와 기타 이익이 교차하는 곳에 위치하고 있어 지리적으로 매우 중요한 전략적 의의를 가지고 있다. 따라서 1950~1959년 기간, 양대 진영이 격렬하게 대치하고 있던 기간에 중국과 소련은 사회주의 극동의 관문 조선의 이익과 요구를 배려하였다. 동시에 1960~1965년 기간, 사회주의 진영 지도권을 쟁취를 위한 중소 간의 투쟁 과정에서 중소 쌍방은 모두 자신의 권위와 영향력을 강화하기 위해 조선을 자기편으로 끌어들이고자 하였다.

그러나 1966년 중국이 사회주의 진영에서 밀려난 이후 조선은 몇 안 되는 중국의 동맹국 중의 하나였다. 이는 바로 조선 자신의 이익과 요구를 실현할 수 자격과 기회가 되었다. 중조 간의 양자 관계로부터 대국 중국이 중요시한 것은 "주의"였고 소국 조선이 주목한 것은 "이익"이었다. 김일성의 정치적 지지를 얻기 위해 모택동은 조선정책의 실용성, 불확실성 및 투기성을 등한시 혹은 무시할 수 있었으며, 중국은 계속 늘어나는 조선의 지원 요구를 용인할 수는 있었지만 그가 중국을 등지고 떠나는 것만큼은 받아들일 수 없었다.

바로 이 때문에 김일성이 중국과의 관계를 처리할 때 유리하고 주동적인 위치를 차지할 수 있었다. 장기간의 중조관계를 관찰해 보면 조선은 자신이 요구하는 물질적 이익을 얻었지만, 언제나 중국에 대해 가깝지도 멀지도 않은 태도를 유지했고, 중소분쟁 때는 중소 양쪽에 모두 발을 걸치고 있었다. 중조동맹 내부에 존재하는 많은 모순과 불화에 대해서 중조 양측은 자신의 인민들이 알지 못하게 하였을 뿐만 아니라, 공동의 적 미국은 더욱 눈치 채지 못하게 하였다. 그렇지 않을 경우 중조 간 동맹은 내부적으로 합법성을 잃게 되고, 대외적으로는 억제력을 갖추지 못하게 되기 때문이다. 이것이 중조동맹에 존재하였던 실제 상황과 결과였다.

셋째, 행태적 특징과 정치준칙의 측면에서 모택동과 김일성의 중조관계 처리를 관찰하면 공산당이 지도하는 사회주의 국가 간 관계의 구조적인 문제점을 보여주고 있다.

중국과 조선은 모두 공산당이 지도하는 사회주의 국가로서 사회주의 진영과 국제공산주의 운동에 속해 있었다. 중소관계와 마찬가지로 냉전시기의 중조관계는 실질적으로 성숙하지 못하거나 비정상적인 국가관계였다. 이 관계는 국제공산주의 운동 내부의 당제관계의 영향에서 아직 벗어나지 못하고 있었고, 심지어 큰 틀에서 당제관계 정치준칙이 계속되고 있었다. 현대 국가관계에서 주요 행태의 특징은 '주권'과 '평등'의 인정 및 존중에서 나타난다. 바로 이 두 가지 측면에서 볼 때, 사회주의 진영 내부의 국가관계 혹은 동맹관계에는 일종의 구조적 문제점이 있었다.

그 하나는, 본래 공산당 이론에는 국가와 '주권' 개념이 존재하지 않는다는 점이다. "노동자는 조국이 없다"와 "전 세계 무산자들은 단결하라"는 구호가 이를 증명하며, 정권을 장악하더라도 당제 간, 국가 간 관계의 최고 원칙은 여전히 국제주의였다.

다음으로, 공산당의 이데올로기에 본래 '평등'이라는 개념이 없었다는 점이다. 각국 공산당 당헌에 명시된 "하급은 상급에 명령에 복종하고, 전당은 중앙에 복종"한다는 규정과 공산당 국제조직의 존재가 이를 증명한다. 정권 쟁취 이후, 당제관계에서 지도하는 측과 지도를 받는 측의 조직 원칙이 국가관계에도 이식되었다. 중국의 전통적인 종번관계와 마찬가지로 사회주의 국가관계 역시 본질적으로는 일종의 종번관계였다.

"사회주의 대가정" 중에서 이러한 모순된 현상을 자주 볼 수 있다. "한가정의 가장"은 한편으로는 기타 "가족구성원"의 내부 일을 마음대로 지휘 혹은 간섭할 수 있지만, 다른 한편으로는 "동생"이 제멋대로 억지를 부려도 "형"은 반드시 참고 인내해야 한다. 중소관계가 이러하였고 중조관계 역시 마찬가지였다. 그 배역만 바뀌었을 뿐이었다.

다만 시간이 흐르면서, 사회주의 각국의 지도자 역시 평등과 주권이 모든 국가가 반드시 누려야 할 합법적 권리임을 점차 깨닫게 되었다. 그러나 아무도 무산계급이 추앙하는 국제주의와 세계혁명에 통일된 영도가 필요하다는 기본 원칙을 공개적으로 부정하지는 않았다. 왜냐하면 만일 이렇게 할 경우, 이는 마르크스레닌주의 원칙을 포기하는 것과 마찬가지이며, 이로 인해 국제공산주의 운동에서의 발언권과 이데올로기 방면에서의 고지를 상실할 수 있기 때문이었다. 중국과 조선이 상호관계를 처리할 때 봉착한 논리적 모순 또한 근본 원인이 바로 여기에 있었다.

상술한 몇 가지가 모택동시대 중조관계의 기본 특징이 되었다. 그러나 중미관계가 개선되면서, 특히 모택동이 연미항소(联美抗苏: 미국과 연합하여 소련에 대항－역자 주)의 전략적 방침을 추진한 이후, 중조 간 특수관계의 외교적 연결 고리는 무의식중에 균열되기 시작하였다. 등소평 시대에 중국은 대북 방침을 근본적으로 바꾸었다. 개혁개방은 중조 간 "국제주의"가 이끄는 경제관계를 점점 단절시켰으며, 한중수교는 중조 간 "국제공산주의 운동"을 연결고리로 하는 양국 간의 정치연맹 구조를 최종 분쇄하면서, 중국과 조선은 실질적으로 각자의 길을 가게 되었다.

냉전 시대에, 지정학적으로 볼 때, 중조관계의 특수성을 구성하는 토대는 양대 진영의 대치와 미중 양국의 적대관계였다. 이 때문에 모택동은 언제나 조선을 중국의 "방패막이"와 안전의 "완충지대"로 보았고, 중국은 조선의 "대후방"이 되었다. 그러나 중국이 사회주의 진영을 떠나고 중미관계의 정상화가 이루어지면서, 특히 냉전 종식과 한중수교로 동북아지역의 지정학적 구조에도 근본적인 변화가 발생하였다.

미국과 한국은 여전히 조선에 적과 위협으로 간주되지만 중국에는 이미 직접적인 안전 위협이 되지 않을 뿐만 아니라 심지어 어떤 의미에서는 잠재적 동맹자가 되었다. 조선은 중국의 "방패막이"와 안전의 "완충지대"가 이미 아니다. 외교 전략적 측면에서 보면 양국은 표면적으로 여전히 긴밀한 관계를 유지하고 정치적 일관성을 유지하고 있지만 이미 동상이몽의 길로 가고 있었다. 소위 "혈맹"의 특수관계는 이미 철저히 와해되었다. 이는 우리가 이 점을 분명히 인식하는지 여부를 떠나 객관적으로 존재하는 현실이다.

결론적으로, 역사는 우리에게, 중국이 조선과의 관계의 곤경에서 벗어나 한반도의 항구적인 평화와 안정을 실현하려 함에 있어, 핵심적이고 최우선적인 문제는 중조관계를 정상적 현대국가관계로 적절하게 위치시킴으로써 합리적이고 현실적인 대북정책을 만드는 것임을 시사해준다.

    다른 중국학자들과 마찬가지로, 중국과 조선과의 관계, 특히 현대 중조관계가 중국에서 정치적으로 극히 민감하고 연구자들이 꺼려하는 주제라는 사실을 필자 또한 잘 알고 있다. 필자는 사실 중조관계가 중국신문에서 보도되는 것과는 크게 다를 것이라고 짐작하고 있었으며, 기존에 밝혀진 사실들을 따라 몇 차례 탐구해보려 하였지만, 시종 착수하지 못하고 있었다. 그 주된 이유는 연구 주제가 너무 많기 때문이고, 동시에 본인 스스로에게 불필요한 어려움을 만들고 싶지 않았기 때문이었다.

    2009년 중국 정부의 관련 부서는 필자에게 조선전쟁 이래 중조관계의 역사를 정리하고 중국과 조선은 역사적으로 도대체 어떤 관계였는지를 밝혀줄 것을 요청하였다. 이에 필자는 중조관계의 역사적 진상을 밝히는 것은, 학술 및 역사의 문제일 뿐만 아니라, 현실 정치문제라는 점을 인식하게 되었다. 만약 중국의 정책결정기구가 중조 간의 역사적 과정을 정확히 이해하지 못하고 있다면, 어떻게 조선에 대한 중국의 현실 정책과 방침을 정할 수 있겠는가? 원래부터 관심을 갖고 있었던 터에, 중국 정부의 긴급 요청에 필자는 흔쾌히 응하기로 하였다.

    관련 부서의 재촉으로 필자는 2011년에 위탁 연구 프로젝트를 완성하였으며, 약 15만 자에 달하는 연구보고서를 제출하였다. 이 보고서의 이름은 『냉난

무상(冷暖无常: 냉탕과 온탕을 수시로 오감-역자 주): 중조관계의 역사진상
(1945~1965)』이었다. 프로젝트를 끝낼 때, 필자는 중국 관련 부서의 조선 문제
전문가 대부분이 중조관계에 관한 기초적인 역사 사실에 대해 아는 바가 매우
적음을 알고 크게 놀랐다. 동시에 이 연구를 더욱 세밀하고 깊게 해야겠다는
책임감이 들었다. 프로젝트는 완수했지만, 시간 부족으로 수많은 자료를 보지
못하면서 많은 문제들을 밝혀내지 못하였다. 그때부터 필자는 현대 중조관계
사를 저술하여, 학술적 관점에서 역사의 전 과정을 밝히고자 결심하였다.

필자는 원래 1945년부터 서술하고자 하였지만, 중국학계에는 이미 해당 시
기 역사에 대한 연구 성과가 많이 있었다. 따라서 해당 시기는 기존 연구를 간
명히 종합하고 배경을 소개하려 하였다. 그러나 저술할 때 과거 연구들은 의견
이 아직 분분하고 대체로 원시 사료를 매우 적게 이용하였음을 알게 되었다.
따라서 신뢰를 가지고 종합하기가 매우 어려웠다. 이에 필자는 중국공산당과
조선공산당 관계에 관한 코민테른 당안과 중국 사료를 이용하여 이 시기 중조
관계에 대해 재차 분석을 시도하였다. 또한 이 시기에 대한 본인의 논리 분석
과 기본적 판단을 추가하였다. 이러한 최신 연구 성과를 수 천자의 배경 설명
으로 서술하기에는 본인 스스로 만족스럽지 않아 "서장"을 추가하였다. 서장에
서는 1919~1945년 중공과 조선공산당 양당의 역사를 서술하였다.

책의 전체 구성을 볼 때, 이러한 배치는 어쩌면 "머리만 크고, 꼬리가 빈약"
하게 느껴질 수 있다. 그러나 필자는 이 내용을 담지 않을 수 없었으며, 독자들
의 양해를 구할 수밖에 없다. "꼬리가 빈약"한 것에는, 또 다른 이유가 있다.
즉 대부분의 당안이 아직 기밀해제 되지 않았다. 중국의 개혁개방 이래 중조관
계 변화 상황부터, 특히 한중수교의 은밀한 내막은 당연히 많은 사람들이 주목
하는 문제다. 일단 시기가 무르익으면, 필자는 "후속 편"을 재차 쓰고자 한다.

역사 연구의 가장 우선적이고 중요한 역할은 역사를 복원하고, 그 과정을 분
명하게 밝히는 것이다. 특히 아직까지 이해할 수 없거나 명확히 할 수 없었던
역사적 과정(현대 중조관계사는 당연히 이 범주에 속함)을 밝히는 것이다. 이
를 위해서 역사 연구자들은 최대한 많은 사료를 수집하고, 수집한 모든 자료들
에 대한 분석과 고증을 통해 역사 본질과 진실을 밝히고, 역사적 사건간의 논

리적 관계를 복원해야 한다. 이렇게 할 경우에만 비교적 진실 되고, 전면적이며 상세한 역사의 그림을 완성할 수 있다. 이 기초 위에서만, 역사학 연구자 및 정치학, 경제학, 사회학, 국제관계학 연구자들이 서로 다른 관점에서 이론적인 토론과 결론을 도출할 수 있으며, 서로 다른 해석의 틀에서 출발하여 대화하고 토론을 진행할 수 있다. 필자의 노력이 중조관계 역사를 이해하고, 현대 중조관계와 조선 문제 연구에 있어서 비교적 실질적인 기초를 제공할 수 있기를 바란다. 이 점이 바로 본 저서의 주목적이다.

이 연구와 저술 과정에서 필자는 각 방면의 지지와 도움을 받았다. 이 자리를 빌어 감사의 뜻을 표하고 싶다.

우선, 학술적 방면에서 저자는, 진겸(陈兼), 방수옥(方秀玉), 김성호(金成镐), 김동길(金东吉), 김충급(金冲及), 김관도(金观涛), 이단혜(李丹慧), 려성(厉声), 유효원(刘晓原), 마원(马爰), 석원화(石源华), 하아봉(夏亚峰), 양희우(杨希雨), 양소전(杨昭全), 여위민(余伟民), 장련괴(张琏瑰), 장백가(张百家), 주건영(朱建荣), 주양(朱良)과 정보를 교류하고 토론하였으며, 필자가 봉착한 난제들을 해결하는 데 큰 영감 및 도움을 얻었다.

둘째, 사료 방면에서는 사백림(谢白林), 최해지(崔海智), 등봉(邓峰), 동결(董洁), 고효천(高晓川), 곡계곤(谷继坤), 갈군(葛君), 장화걸(蒋华杰), 김천(金泉), 이예(李锐), 임의진(林宦臻), 유통(刘统), 유용(刘勇), 여설봉(吕雪峰), 사건군(师建军), 손염주(孙艳姝), 왕신의(王晨义), 서향매(徐向梅), 초유(肖瑜), 유람(游览), 장정정(张婷婷), 조청봉(赵青峰), 그리고 외국학자는 Aisu Tagirova, Anastasiya Bayok, Andrei Lankov, James Person, Sergey Radchenko, 김동길, 김광운, 임호정, 시오토마이 노부오 등은 외국학자들의 자료를 수집하고 번역하고, 주석을 검토하는 데 큰 도움을 주었으며, 이로 인해 필자의 연구가 순조롭게 진행될 수 있었다.

다음으로, 몇 명의 기업계 친구들인 진녕천(陈宁川), 전효화(钱晓华), 왕건화(王建和), 무극강(武克刚), 사여(谢黎), 양리천(杨利川), 우건동(于建东), 장건동(张建东)에게 감사를 표하고자 한다. 이들은 필자의 연구에 특별한 도움을 주었다. 본인에게 연구 자금을 제공하였으며, 함께 당안 문헌을 수집하고 현지 조사를 다녔다. 동시에 매우 쾌적한 저술 환경을 제공해 주었다.

마지막으로, 이 책의 초고가 완성된 이후, 동방출판센터의 중문편집 에디터 양혜(梁惠), 주건영(朱建荣)을 비롯한 일본어판 번역팀, 김동길을 비롯한 한국어판 번역팀, 영문번역을 맡은 하아봉(夏亚峰)은, 이 책의 원고에 대하여 많은 건의와 수정사항을 제기해주었다. 그들의 근면하고 책임감 있는 태도에 필자는 매우 감동하였다.

물론, 이 책 내용에 대한 모든 책임은 필자 본인에게 있다. 이 책에 존재하는 일체의 결함 및 오류에 대해 학계 동료들과 수많은 독자들의 아낌없는 가르침을 청하는 바이다.

2017년 4월

션 즈 화

지은이
소개

셴즈화(沈志華)^{지은이}

중국 상해 화동사범대학교 역사학과 종신교수이자, 화동사범대학교 국제냉전사연구센터의 소장이다. 중소관계와 국제냉전사 분야의 세계적인 권위자이며, 주요 연구 업적으로 『毛澤東, 斯大林與朝鮮戰爭』(廣東人民出版社, 2013), After Leaning to One Side: China and Its Allies in the Cold War(Washington: Woodrow Wilson Center and Stanford University Press, 2011) 등 10여 권의 저서가 있고, "China and the Dispatch of the Soviet Air Force: The Formation of the Chinese-Soviet-Korean Alliance in the Early Stage of the Korean War"(The Journal of Strategic Studies, 2010), "Hidden Currents during the Honeymoon: Mao, Khrushchev, and the 1957 Moscow Conference"(Journal of Cold War Studies, 2009), "Sino-Soviet Relations and the Origins of the Korean War: Soviet Strategic Goals in the Far East in Early 1950"(Journal of Cold War Studies, 2000), "Leadership Transfer in the Asian Revolution: Mao Zedong and the Asian Cominform"(Cold War History, 2014), "Sino-North Korean Conflict and its Resolution during the Korean War"(Cold War International History Project Bulletin, Issues 14/15, Winter 2003/Spring 2004) 등 지금까지 90여 편의 논문을 발표하였다.

■ 김동길(金東吉)옮긴이 |

중국 베이징대학교 역사학과 부교수이며, 베이징대학교 한반도연구센터 소장을 맡고 있다. 국제냉전사, 중소관계사, 동북아국제관계사 및 북중관계사를 연구·강의하고 있다. 대표적인 저서와 발표된 논문으로는 『民国时期中苏关系』(中国党史出版社, 2009), "Stalin and the Chinese Civil War(*Cold War History*, 2010)", "Stalin's Korean U-Turn: The USSR's Evolving Security and The Origins of The Korean War"(*Seoul Journal of Korean Studies*, 2011), "Prelude to War? The repatriation of Koreans from the Chinese PLA, 1949-50"(*Cold War History*, 2012), "The Chinese Civil War and the Ethno-genesis of the Korean Minority in Northeast China"(*Chinese Historical Review*, 2014), "China's Intervention in the Korean War Revisited"(*Diplomatic History*, Vol.40, Issue5, Nov 2016) 등 20여 편이 있다.

■ 김민철(金旻徹)옮긴이 |

현직 KBS 기자로, 현재 중국 베이징 특파원으로 일하고 있다. 2000년에 입사하여 정치외교부와 탐사보도팀, 북한부 등을 거쳤으며, 북한 핵실험과 6자회담 등 한반도 외교안보 이슈를 주로 취재·보도했다.

■ 김규범(金珪範)옮긴이 |

베이징대학교 한반도 연구센터 연구원이며, 현재 베이징대학교 국제관계학원 박사과정 중에 있다.